JN439796

青潭說法

金剛經大講座

普成文化社

간행사

금강경에 말씀하시기를 「三세의 모든 부처님이 위 없는 바른 깨달음(無上正覺)을 성취하는 법이 다 이 경으로부터 나왔다」하셨고, 또 이르시기를 「이 경 가운데 네 글귀(四句偈)만이라도 지송(持頌)한 공덕이 삼천대천세계(三千大千世界)에 가득찬 칠보로써 보시(布施)한 복보다 몇 만배나 수승(殊勝)하다고 하셨읍니다. 그러므로 이 경이 중국에서 번역된 뒤에 그 주해(註解)를 낸 것이 八백여종이나 되고 받아 지니고 읽고 외운 승속남녀의 수는 헤아릴 수 없읍니다.

우리나라에 이 경이 전해 온 뒤에도 원효대사(元曉大師)·태현법사(太賢法師)의 주석(註釋)이 있고 고려 보조국사(普照國師)는 도속(道俗)에게 금강경 지송을 적극 권장하였으며 그 뒤로 한국불교도의 필수교과(必須敎科)가 되어 오늘에 이르렀는 바 그 판본(板本)도 수십종이 있었읍니다.

그러나 그것은 만인이 이해하기 어려운 한자본이어서 그 경문을 맹인 독경식으로 읽고 외는 이는 많지만 그 깊은 뜻을 참으로 이해하는 이는 극히 드물었던 것입니다.

그런데 은사(恩師) 청담 큰 스님께서는 평소에 금강경에 대한 특수한 조예(造詣)가 깊으셨고 선과교를 함께 체득하시어 항상 말씀하시기를 「이 경은 최상승의 심지법문(心地法門)으로 삼공(三空)의 진리를 확철(廓徹)하여 금강불괴(金剛不壞)의 구경지(究竟智)를 증오(證悟)케 하는 성불작조(成佛作祖)의 비전(秘典)이며, 무상보리(無上菩提)의 보장(寶藏)이라고 찬탄하셨고 또 대중을 위해 여러번 강설하셨읍니다.

정화불사(淨化佛事)의 원만성취(圓滿成就)를 기원하는 사부대중(四部大衆)의 청으로 금강경 대법회를 열어 삼칠여일 동안 사자후(獅子吼)를 친설(親說)하셨고, 거금(去今) 七·八년 전에 조계사 대법당에서 약 一년여 五○여회의 금강경 강설을 하셨는데 그때마다 스님은 현하준령(懸河峻嶺) 같은 무진변(無盡邊)과 자재무애하신 요설방편(樂說方便)으로 현현묘묘(玄玄妙妙)한 심지법문을 가장 명이하고 자미있게 호호진진(浩浩津津)하게 풀어 내셨으며, 소납(小衲) 등은 그 법문을 길이길이 보전(保傳)하기 이를 위하여 빠짐없이 녹음하였던 것입니다.

그 뒤에 수년을 지나 큰 스님께서는 제행무상(諸行無常)의 법칙을 따라 타계(他界)로 옮기셨지만 「육신은 가도 법신(法身)은 상주(常住)한다」는 법문과 같이 스님의 법신은 그대로 녹음반(錄音盤)이 증명하고 있읍니다. 광음(光陰)이 흘러 갈수록 스님의 법음(法音)이자 육성(肉聲)인 음반에 귀를 기울이는 불자가 늘어나게 되어 그것을 다시 만인 앞에 널리 공개하기를 갈망(渴望)하는 이가 많으므로 그 법음을 다시 문자로 옮겨 엮는 작업에 착수하게 되었읍니다. 그리하여 그 편찬위원(編纂委員)으로서 趙明基박사 李鍾益박사 金觀護선생 沈載烈선생을 비롯한 인사로 구성하고 그 법음(法音)을 푸는 데 주여은 性眞 沈載烈居士가 전담하고 그 고증여은 法雲 李鍾益박사와 소납이 담당하여 오면서 춘풍추우(春風秋雨) 五년의 성상(星霜)을 쌓아 六천여장의 원고가 정리되었으며, 다시 普成文化社에서 그 활자화의 작업을 맡아 온 지 약 一년의 광음(光陰)이 흐른 뒤에 비로소 이 「금강경대강좌」가 햇빛을 보게 되었읍니다.

유교경(遺敎經)에 이르시기를 「나의 육신은 사라져도 나의 법신(法身)은 불멸하리라 하셨고 열반경에 말씀하시기를 「너희들이 나의 몸(身相)이 인연따라 허물어진다(壞滅) 이르지 말라. 여래(如來)는 금강불괴신(金剛不壞身)을 증득하였나니, 그것은 곧, 무상(無常)·괴로움(苦)·무아(無我)·더러움(不淨)의 네 가지 뒤집힌 관념(四顚倒)을 여의고 참다웁고 영원한 것(眞常), 참다운 즐거움(眞樂), 참나(眞我), 참다운 거룩함(眞淨), 이 네 가지 인연(因緣)을 성취한 상주법신(常住法身) 이니라」고 하셨읍니다.

여래의 설법이 큰 법신이며 또한 범부의 덧 없음(無常)·괴로움(苦)·나 없음(無我)·더러움(不淨)의 육신을 여읜 것이 금강불괴(金剛不壞)의 법신입니다. 청담 스님께서도 세속 인연 따라 출현하셨던 육신은 인연따라 숨으셨지만 그 법음의 법신은 이 금강경 강좌의 한 권과 함께 그대로 금강불괴신이며 그대로 금강불괴지혜도피안(金剛不壞智慧到彼岸)의 영원한 이상계입니다.

소납(小衲) 다행히 큰 스님을 모실 인연이 있어 이 세상에서 그 육성의 법음을 친승훈목(親承薰沐)하였고, 또 타계하신 뒤에 그 법신의 음반을 활자화하게 되니 한편으로는 무한히 슬프기도 하고 또한 기뻐하면서 그

전후전말(前後顚末)과 이 경의 무진공덕(無盡功德)을 서술하여 간행사(刊行辭)에 가름하는 동시에 이 법음의 편찬에 심혈(心血)을 다하신 편찬위원 제위와 법음의 녹음보존에 공이 큰 宋萬德華보살님 劉載高거사님 그리고 활자화에 적극 협조해 주신 출판사측에 감사하여 마지 않습니다.

이 인연공덕으로 이 한 권 법문을 수지독송하고 신행수증(信行修證)하는 불자는 물론이요, 경의 말씀과 같이 「이 경이 있는 곳이면 곧 부처님 탑묘가 있는 곳처럼 팔부선신(八部善神)이 수호(守護)하므로 백가지 재앙이 다 소멸되고 만가지 복이 일어날 것이며, 모든 마귀떼가 물러 나서 조국의 평화통일과 민족중흥의 성업이 성취될 것을 믿고 기원하면서 스스로 경찬(慶讚)하는 바입니다.

불멸기원 제二五二一년 불탄기원 제二六〇一년

三角山 道詵寺 住持

嗣法 愚訥 慧惺 焚香謹識

金剛般若波羅蜜經 目次

題字 金膺顯

일러두기

이 책은 청담(青潭)스님의 금강경 법문을 다음과 같은 요령으로 정리하여 엮은 청담 설법집(青潭說法集)이다.

一、청담스님의 금강경 설법은 재세(在世)하신 동안 여러 차례 거듭하셨는데 그 가운데 一九五五년 전국승려대회 때 근 사칠(四·七)일 동안 연일 설법하신 금강경대법회와 열반하시기 일년 전 一九六九년 一九七〇년의 두 해에 걸쳐 매주 토요일에 하신 설법만이 완전 녹음되어 있었으므로 이 두 녹음 설법을 원본으로 하여 정리 편찬했다.

二、문자주석(文字註釋)에 조금도 구애됨이 없이 생생한 마음의 소리인 스님의 설법을 문자화(文字化)함에 있어 조금이라도 누가 될까 염려하여 스님의 독특한 설화체(說話體)의 특성을 살리는 데 힘썼다.

三、스님의 설법 가운데 경상도 방언(方言) 같은 것은 그 설법의 뜻을 저버리지 않는 범위에서 표준말로 고쳤다.

四、편찬체제(編纂體制)에 맞추기 위해 편의상 법문의 순서를 바꾸어 엮은 데가 있다. 예컨대 꿈에 대한 스님의 설법은 서론으로 법문 첫머리에 말씀하셨지만 편찬체제상(編纂體制上) 경 제목 해설과 「구마라습 삼장(鳩摩羅什三藏)에 대한 말씀만을 서론으로 엮고 꿈에 대한 설법은 제三十二분으로 돌려서 경 전체설법의 결론으로 삼은 등이 그것이다.

五、금강경은 오조 홍인대사(五祖弘忍大師)와 육조 혜능대사(六祖慧能大師) 이래 마음을 깨치는 심지법문(心地法門)으로 널리 수지독송(受持讀誦)되어 왔고 특히 우리나라에서는 신라의 원효대사(元曉大師)、고려의 보조국사(普照國師) 이래 구산선문(九山禪門)과 오교제종(五教諸宗)의 초종파적 소의경전(所依經典)으로 필수신앙화(必須信仰化)되어 온 점을 감안하여 독송의 편리를 위해 한국출판사상 처음으로 특대활자에 의한 특수조판을 시도했다.

七、금강경은 업장소멸(業障消滅)의 공덕이 특히 커서 설사 죄업을 많이 지은 업보중생(業報衆生)이라 하더라도 생전에 금강경을 수지독송한 인연만 있으면 염라대왕(閻羅大王)이 지옥으로부터 즉시 방면(放免)한다는 불가사의(不可思議)한 과보(果報)의 위신력(威神力)을 지니고 있음에 비추어、경의 품위를 더욱 높이기 위해 四·六배판의 대형판형(大型判型)과 一호·二호·三호·四호·十二포인트·五호·九포인트 등의 활자를 적절히 활용함으로써、이 금강경을 좀더 많은 사람에게 법보시(法布施)하여 생존(生存)한 이나 사후인(死後人)을 위해 큰 복전(福田)을 짓고자 하는

불자에게도 최적(最適)의 경판(經版)이 되도록 배려했다.

八、이 책에 체제는 대개 다음의 여덟가지 점을 착안하여 짜도록 했다.

① 스님의 본문강좌(本文講座)는 소명태자(昭明太子)의 삼십이분법(三十二分法)의 과목분류(科目分類)에 따라 설법하셨음으로 전편 삼십이장(三十二章)으로 나누어 엮었다.

② 본문강좌 첫 머리에는 二호 한자에 음토와 현토(懸吐)를 하였고 이어서 한글 직역을 다시 더하여 원문의 경건함을 표했다.

③〔二七斷疑論〕 경을 연구해독하는 데 있어서 제일 중요한 것은 경의 전문(全文)의 내용을 따라 분석 구분하는 일인데、금강경 연구에 제일 귀중한 과제가 바로 이 무착보살(無着菩薩)의 「二七단의」를 파악하는 것이므로 청담스님 과태설법 상단 첫 머리에 지면이 허락하는 대로 이 二七단의론을 충실히 소개하고자 했다.

④〔六祖口訣〕 육조대사의 금강경구결(金剛經口訣)은 역대 금강경 주석(註釋) 가운데 으뜸가는 직설법문인데 청담 스님의 설법 또한 이 육조구결과 크게 상통하고 있어 뒷 사람이 대조하여 함께 공부하면 금강경의 종지(宗旨)를 터득하여 심지(心地)를 깨닫는 데 다시 없는 구감(龜鑑)이 될 것으로 믿어 삼가 그 상단에 육조구결을 빼지 않고 다 실었다.

⑤〔科　解〕 소명태자의 삼십이분법은 금강경을 입문적(入門的)으로 이해하는 데 좋은 구분법으로 전해 오는 바、각 분장(分章)마다 과해란(科解欄)을 두어 그 요의(要義)를 간략하게 풀이했다.

⑥〔原　文〕 본문의 한 구절 한 구절의 뜻을 자세히 소개하기 위해 각 분장(分章)의 경문을 다시 소분단(小分段)으로 세분하여 다루었다.

⑧〔解　義〕 문구 하나하나의 뜻을 자세히 풀이하고 소분단의 원문을 광의적(廣義的)으로 말씀하신 설법.

⑦〔說　義〕 삼십이분의 각 장에 들어 있는 숨은 뜻을 철저히 밝히기 위해 기타의 자재무애(自在無碍)한 이론이나 자미있는 설화로 이끌어 변증(辨證)하신 설법.

⑧〔涵虛說誼〕 함허득통선사(涵虛得通禪師)는 금강경 주석을 완성한 한국이 낳은 지보적(至寶的) 선지식(善知識)인 바、주석란(註釋欄)을 통해 그 중요한 일부를 소개했다.

⑨〔註〕 어려운 낱말이나 금강경을 연구하고자 하는 이에게 도움이 될 내용을 자전적(字典的)으로 소개했다。

九、큰 스님 설법의 깊은 뜻을 편찬자가 미처 바로 알지 못하여 잘못 옮긴 점이 발견되면 판을 거듭하는 데 따라 시정하도록 독자 제위의 편달을 바라며 끝으로 본 설법집을 편찬하면서 참고에 자(資)한 중요한 경론 주석서를 다음에 소개한다。

彌勒菩薩八十偈頌

金剛經口訣一卷唐六祖慧能說

金剛般若波羅蜜經論三卷天親造

金剛般若波羅蜜經五家解

(安邊釋王寺板 靈鷲山興國寺板 伽耶山海印寺板)

金剛經八解鏡——朝鮮白坡亘旋

金剛經譯解——白龍城

金剛般若論二卷無著造

金剛經贊述二卷唐窺基選

金剛經觀心釋一卷明智旭際明述

金剛般若經疏論纂要刊定記會編 金華山定光寺板

金剛經三家解——한글학회刊

金剛經三家解——方漢岩題吐

등 이하 생략。

金剛般若波羅蜜經

法會因有分 第一

如是我聞하오니 一時에 佛이 在舍衛國祇樹給孤獨園하사 與大比丘衆 千二百五十人으로 俱러시니 爾時에 世尊이 食時라 着衣持鉢하시고 入舍衛大城하사 乞食하실새 於其城中에 次第乞已하시고 還至本處하사 飯食訖하시고 收衣鉢하시며 洗足已하시고 敷座而坐러시다

善現其請分 第二

時에 長老須菩提— 在大衆中하시다가 即從座起하사 偏袒右肩하사

右膝着地하시고 合掌恭敬하사와 而白佛言하사대 希有世尊하 如來善護念諸菩薩하시며 善付囑諸菩薩하시나니 世尊하 善男子 善女人이 發阿耨多羅三藐三菩提心하니는 應云何住며 云何降伏其心이니이까 佛言하사대 善哉善哉라 須菩提야 如汝所說하야 如來—善護念諸菩薩하며 善付囑諸菩薩하나니 汝今諦聽하라 當爲汝說하리라 善男子 善女人이 發阿耨多羅三藐三菩提心하니는 應如是住며 如是降伏其心이니라 唯然世尊하 願樂欲聞하나이다

大乘正宗分 第三

佛이 告須菩提하사대 諸菩薩摩訶薩은 應如是降伏其心이니 所

有一切衆生之類—若卵生 若胎生 若濕生 若化生 若有色 若無色 若有想 若無想 若非有想非無想을 我皆令入無餘涅槃하야 而滅度之하리니 如是滅度無量無數無邊衆生하되 實無衆生이 得滅度者니 何以故오 須菩提야 若菩薩이 有我相人相衆生相壽者相하면 即非菩薩일새니라

妙行無住分 第四

復次須菩提야 菩薩은 於法에 應無所住하야 行於布施니 所謂不住色하고 布施하며 不住聲香味觸法하고 布施니라 須菩提야 菩薩은 應如是布施하고 不住於相이니 何以故오 若菩薩이 不住相布施하면 其福德이 不可思量이니라 須菩提야 於意云何오 東

方虛空을 可思量不아 不也니이다 世尊하 須菩提야 南西北方四維上下虛空을 可思量不아 不也니이다 世尊하 須菩提야 菩薩의 無住相布施福德도 亦復如是하야 不可思量이니라 須菩提야 菩薩은 但應如所敎住니라

如理實見分 第五

須菩提야 於意云何오 可以身相으로 見如來不아 不也니이다 世尊하 不可以身相으로 得見如來니 何以故오 如來所說身相은 即非身相이니이다 佛이 告須菩提하사대 凡所有相이 皆是虛妄이니 若見諸相非相이면 即見如來니라

正信希有分 第六

須菩提ㅣ 白佛言하사대 世尊하 頗有衆生이 得聞如是言說章句하고 生實信不이까 佛이 告須菩提하사대 莫作是說하라 如來滅後ㅣ 後五百歲에 有持戒修福者하야 於此章句에 能生信心하야 以此爲實하리니 當知是人은 不於一佛二佛三四五佛에 而種善根이라 已於無量千萬佛所에 種諸善根하야 聞是章句하고 乃至一念이라도 生淨信者니라 須菩提야 如來ㅣ 悉知悉見하나니 是諸衆生이 得如是無量福德이니라 何以故오 是諸衆生이 無復我相人相衆生相壽者相하며 無法相하며 亦無非法相이니 何以故오 是諸衆生이 若心取相하면 即爲着我人衆生壽者니 何

以故오 若取法相이라도 即着我人衆生壽者며 若取非法相이라도 即着我人衆生壽者니라 是故로 不應取法이며 不應取非法이니라 以是義故로 如來常說하되 汝等比丘ㅣ 知我說法을 如筏喩者라하나니 法尙應捨온 何況非法가하니라

無得無說分 第七

須菩提야 於意云何오 如來得阿耨多羅三藐三菩提耶아 如來有所說法耶아 須菩提言하사대 如我解佛所說義컨댄 無有定法을 名阿耨多羅三藐三菩提며 亦無有定法을 如來可說이니 何以故오 如來所說法은 皆不可取며 不可說이며 非法이며 非非法이니 所以者何오 一切賢聖이 皆以無爲法으로 而有差別이니이다

依法出生分 第八

須菩提야 於意云何오 若人이 滿三千大千世界七寶로 以用布施하면 是人의 所得福德이 寧爲多不아 須菩提言하사대 甚多니이다 世尊하 何以故오 是福德이 卽非福德性일새 是故로 如來說福德多니이다 若復有人이 於此經中에 受持乃至四句偈等하야 爲他人說하면 其福이 勝彼하리니 何以故오 須菩提야 一切諸佛과 及諸佛阿耨多羅三藐三菩提法이 皆從此經出일새니라 須菩提야 所謂佛法者는 卽非佛法이니라

一相無相分 第九

須菩提야 於意云何오 須陀洹이 能作是念하되 我得須陀洹

果不아 須菩提言하사대 不也니이다 世尊하 何以故오 須陀洹은 名爲入流로되 而無所入이라 不入色聲香味觸法일새 是名須陀洹이니이다 須菩提야 於意云何오 斯陀含이 能作是念하되 我得斯陀含果不아 須菩提言하사대 不也니이다 世尊하 何以故오 斯陀含은 名一往來로되 而實無往來일새 是名斯陀含이니이다 須菩提야 於意云何오 阿那含이 能作是念하되 我得阿那含果不아 須菩提言하사대 不也니이다 世尊하 何以故오 阿那含은 名爲不來로되 而實無不來일새 是故로 名阿那含이니이다 須菩提야 於意云何오 阿羅漢이 能作是念하되 我得阿羅漢道不아 須菩提言하사대 不也니이다 世尊하 何以故오 實無有法하야 名阿羅漢이오니 世尊하 若阿羅漢이 作是念하되 我得阿羅漢道라하면 即爲着我人衆生壽

者니이다 世尊하 佛說我得無諍三昧人中에 最爲第一이라 是
第一離欲阿羅漢이라하시오나 世尊하 我不作是念하되 我是離欲阿
羅漢이니이다 世尊하 我若作是念하되 我得阿羅漢道라하오면 世尊이 即
不說須菩提—是樂阿蘭那行者라하시련만 以須菩提—實無所
行일새 而名須菩提—是樂阿蘭那行이니이다

莊嚴淨土分 第十

佛이 告須菩提하사대 於意云何오 如來昔在然燈佛所하야 於法에
有所得不아 不也니이다 世尊하 如來在然燈佛所하사 於法에 實
無所得이시니이다 須菩提야 於意云何오 菩薩이 莊嚴佛土不아 不
也니이다 世尊하 何以故오 莊嚴佛土者는 即非莊嚴일새 是名莊

嚴이니이다 是故로 須菩提야 諸菩薩摩訶薩이 應如是生淸淨心이니 不應住色하고 生心하며 不應住聲香味觸法하고 生心이니 應無所住하야 而生其心이니라 須菩提야 譬如有人이 身如須彌山王하면 於意云何오 是身이 爲大不아 須菩提言하사대 甚大니이다 世尊하 何以故오 佛說非身을 是名大身이니이다

無爲福勝分 第十一

須菩提야 如恒河中所有沙數하야 如是沙等恒河ㅣ 於意云何오 是諸恒河沙ㅣ 寧爲多不아 須菩提言하사대 甚多니이다 世尊하 但諸恒河도 尙多無數온 何況其沙리이까 須菩提야 我今實言으로 告汝하노니 若有善男子善女人이 以七寶로 滿爾所

恒河沙數三千大千世界하야 以用布施하면 得福이 多不아 須菩提言하사대 甚多니이다 世尊하 佛이 告須菩提하사대 若善男子善女人이 於此經中에 乃至受持四句偈等하야 爲他人說하면 而此福德이 勝前福德이니라

尊重正教分 第十二

復次須菩提야 隨說是經하되 乃至四句偈等하면 當知此處는 一切世間天人阿修羅ㅣ 皆應供養을 如佛塔廟어든 何況有人이 盡能受持讀誦함이리오 須菩提야 當知是人은 成就最上第一希有之法이니 若是經典所在之處는 即爲有佛과 若尊重弟子니라

如法受持分 第十三

爾時에 須菩提―白佛言하사대 世尊하 當何名此經이며 我等이
云何奉持하리이까 佛이 告須菩提하사대 是經은 名爲金剛般若波羅
蜜이니 以是名字로 汝當奉持하라 所以者何오 須菩提야 佛說
般若波羅蜜이 卽非般若波羅蜜일새 是名般若波羅蜜이니라 須
菩提야 於意云何오 如來―有所說法不아 須菩提―白佛言
하사대 世尊하 如來―無所說이니이다 須菩提야 於意云何오 三千大
千世界의 所有微塵이 是爲多不아 須菩提言하사대 甚多니이다
世尊하 須菩提야 諸微塵은 如來說非微塵일새 是名微塵이며
如來說世界도 非世界일새 是名世界니라 須菩提야 於意云

何오 可以三十二相으로 見如來不아 不也니이다 世尊하 不可以三十二相으로 得見如來니 何以故오 如來說三十二相이 即是非相일새 是名 三十二相이니이다 須菩提야 若有善男子 善女人이 以恒河沙等身命으로 布施하되 若復有人이 於此經中에 乃至受持四句偈等하야 爲他人說하면 其福이 甚多니라

離相寂滅分 第十四

爾時에 須菩提― 聞說是經하사옵고 深解義趣하야 涕淚悲泣하사 而白佛言하사대 希有世尊하 佛說如是甚深經典은 我從昔來의 所得慧眼으론 未曾得聞如是之經이니이다 世尊하 若復有人이 得聞是經하고 信心淸淨하면 即生實相하리니 當知是人은 成就第

一希有功德이니이다 世尊하 是實相者는 即是非相일새 是故로 如
來說名實相이니이다 世尊하 我今得聞如是經典하고 信解受持는
不足爲難이오나 若當來世 後五百歲에 其有衆生이 得聞
是經하고 信解受持하면 是人은 即爲第一希有니이다 何以故오 此
人은 無我相하며 無人相하며 無衆生相하며 無壽者相이니 所以者
何오 我相이 即是非相이며 人相衆生相壽者相도 即是非相
일새니 何以故오 離一切諸相이 即名諸佛이니이다 佛이 告須菩提하사대
如是如是니라 若復有人이 得聞是經하고 不驚不怖不畏하면 當
知是人이 甚爲希有니 何以故오 須菩提야 如來說第一
波羅蜜이 即非第一波羅蜜일새 是名第一波羅蜜이니라 須菩提
야 忍辱波羅蜜도 如來說非忍辱波羅蜜일새 是名忍辱波羅

蜜이니 何以故오 須菩提야 如我昔爲歌利王에 割截身體로되 我於爾時에 無我相하며 無人相하며 無衆生相하며 無壽者相하니라 何以故오 我於往昔節節支解時에 若有我相人相衆生相壽者相이면 應生瞋恨이니라 須菩提야 又念過去於五百世에 作忍辱仙人하야 於爾所世에 無我相하며 無人相하며 無衆生相하며 無壽者相하니라 是故로 須菩提야 菩薩은 應離一切相하야 發阿耨多羅三藐三菩提心이니 不應住色하고 生心하며 不應住聲香味觸法하고 生心이요 應生無所住心이니라 若心有住면 即爲非住니 是故로 佛說菩薩은 心不應住色하고 布施라하니라 須菩提야 菩薩은 爲利益一切衆生하야 應如是布施니 如來說一切諸相이 即是非相이며 又說一切衆生이 即非衆生이니라 須菩提야 如來는 是

眞語者며 實語者며 如語者며 不誑語者며 不異語者니라 須
菩提야 如來所得法은 此法이 無實無虛하니라 須菩提야 若菩
薩이 心住於法하야 而行布施하면 如人이 入闇하야 即無所見하며
若菩薩이 心不住法하야 而行布施하면 如人이 有目하야 日光明
照에 見種種色이니라 須菩提야 當來之世에 若有善男子善
女人이 能於此經에 受持讀誦하면 即爲如來가 以佛智慧로
悉知是人하며 悉見是人하야 皆得成就無量無邊功德하리라

持經功德分 第十五

須菩提야 若有善男子 善女人이 初日分에 以恒河沙等
身으로 布施하고 中日分에 復以恒河沙等身으로 布施하고 後日分에

亦以恒河沙等身으로 布施하야 如是無量百千萬億劫에 以身
布施어든 若復有人이 聞此經典하고 信心不逆하면 其福이 勝彼하리니
何況書寫受持讀誦하야 爲人解說이리요 須菩提야 以要言
之컨대 是經이 有不可思議 不可稱量 無邊功德하니 如來—
爲發大乘者說이며 爲發最上乘者說이니라 若有人이 能受持
讀誦하야 廣爲人說하면 如來—悉知是人하며 悉見是人하야 皆得成
就不可量 不可稱 無有邊 不可思議功德하리니 如是人等
은 即爲荷擔如來 阿耨多羅三藐三菩提니라 何以故오 須菩
提야 若樂小法者는 着我見人見衆生見壽者見하야 即於此
經에 不能聽受讀誦하야 爲人解說하리라 須菩提야 在在處處에
若有此經하면 一切世間 天人阿修羅의 所應供養이니 當知

此處는 即爲是塔이라 皆應恭敬하고 作禮圍繞하야 以諸華香으로 而
散其處하리라

能淨業障分 第十六

復次須菩提야 善男子 善女人이 受持讀誦此經하되 若爲
人輕賤이면 是人은 先世罪業으로 應墮惡道언마는 以今世人이 輕
賤故로 先世罪業이 即爲消滅하고 當得阿耨多羅三藐三菩
提니라 須菩提야 我念過去無量阿僧祇劫하니 於然燈佛前에
得値八百四千萬億那由他諸佛하야 悉皆供養承事하야 無空
過者니라 若復有人이 於後末世에 能受持讀誦此經하면 所得功
德이 於我所供養諸佛功德으론 百分에 不及一이며 千萬億分

乃至 算數譬喩로도 所不能及이니라 須菩提야 若善男子善女人이 於後末世에 有受持讀誦此經하야 所得功德을 我若具說者면 或有人聞하고 心即狂亂하야 狐疑不信하리니 須菩提야 當知하라 是經은 義도 不可思議며 果報도 亦不可思議니라

究竟無我分 第十七

爾時에 須菩提—白佛言하사대 世尊하 善男子善女人이 發阿耨多羅三藐三菩提心하니는 云何應住며 云何降伏其心이니이까 佛이 告須菩提하사대 若善男子 善女人이 發阿耨多羅三藐三菩提心者는 當生如是心이니 我應滅度一切衆生하리라하야 滅度一切衆生已하야는 而無有一衆生도 實滅度者니라 何以故오

須菩提야 若菩薩이 有我相人相衆生相壽者相이면 即非菩薩이니 所以者何오 須菩提야 實無有法하야 發阿耨多羅三藐三菩提心者니라 須菩提야 於意云何오 如來於然燈佛所에 有法하야 得阿耨多羅三藐三菩提不아 不也니다 世尊하 如我解佛所說義하야는 佛이 於然燈佛所에 無有法하야 得阿耨多羅三藐三菩提시니이다 佛言하사대 如是如是니라 須菩提야 實無有法하야 如來得阿耨多羅三藐三菩提니 須菩提야 若有法하야 如來得阿耨多羅三藐三菩提者ㄴ대 然燈佛이 即不與我授記하사대 汝於來世에 當得作佛하야 號 釋迦牟尼련마는 以實無有法하야 得阿耨多羅三藐三菩提일새 是故로 然燈佛이 與我授記하사 作是言하사대 汝於來世에 當得作佛하야 號 釋迦牟尼라하시니라 何以

故오 如來者는 即諸法如義니라 若有人言하되 如來得阿耨
多羅三藐三菩提라하면 須菩提야 實無有法하야 佛得阿耨多羅
三藐三菩提니라 須菩提야 如來所得阿耨多羅三藐三菩提
는 於是中에 無實無虛하니라 是故로 如來一說一切法이 皆是
佛法이니라 須菩提야 所言一切法者는 即非一切法일새 是故로
名一切法이니 須菩提야 譬如人身長大니라 須菩提言하사대
世尊하 如來說人身長大는 即爲非大身일새 是名大身이니이다 須
菩提야 菩薩도 亦如是하야 若作是言하되 我當滅度無量衆生
이라하면 即不名菩薩이니 何以故오 須菩提야 實無有法을 名爲菩
薩이니 是故로 佛說一切法이 無我無人無衆生 無壽者라하나니라
須菩提야 若菩薩이 作是言하되 我當莊嚴佛土라하면 是不名菩

薩이니 何以故오 如來說莊嚴佛土者는 即非莊嚴일새 是名
莊嚴이니라 須菩提야 若菩薩이 通達無我法者면 如來說名
眞是菩薩이니라

一體同觀分 第十八

須菩提야 於意云何오 如來有肉眼不아 如是니이다 世
尊하 如來有肉眼이니이다 須菩提야 於意云何오 如來有天
眼不아 如是니이다 世尊하 如來有天眼이니이다 須菩提야 於意云
何오 如來有慧眼不아 如是니이다 世尊하 如來有慧眼이니이다
須菩提야 於意云何오 如來有法眼不아 如是니이다 世尊하
如來有法眼이니이다 須菩提야 於意云何오 如來有佛眼不아 如

是니이다 世尊하 如來有佛眼이니이다 須菩提야 於意云何오 如恒河中所有沙를 佛說是沙不아 如是니이다 世尊하 如來說是沙니이다 須菩提야 於意云何오 如一恒河中所有沙하야 有如是沙等恒河어든 是諸恒河所有沙數佛世界一 如是하면 寧爲多不아 甚多니이다 世尊하 佛이 告須菩提하사대 爾所國土中所有衆生의 若干種心을 如來悉知하나니 何以故오 如來說諸心이 皆爲非心일새 是名爲心이니 所以者何오 須菩提야 過去心도 不可得이며 現在心도 不可得이며 未來心도 不可得이니라

法界通化分 第十九

須菩提야 於意云何오 若有人이 滿三千大千世界七寶로

以用布施하면 是人이 以是因緣으로 得福多不아 如是니이다 世尊하 此人이 以是因緣으로 得福이 甚多니이다 須菩提야 若福德이 有實인댄 如來不說 得福德多언마는 以福德이 無故로 如來說得福德多니라

離色離相分 第二十

須菩提야 於意云何오 佛을 可以具足色身으로 見不아 不也니이다 世尊하 如來를 不應以具足色身으로 見이니이다 何以故오 如來說具足色身이 即非具足色身일새 是名具足色身이니이다 須菩提야 於意云何오 如來를 可以具足諸相으로 見不아 不也니이다 世尊하 如來를 不應以具足諸相으로 見이니이다 何以故오 如來說

諸相具足이 即非具足일새 是名諸相具足이니이다

非說所說分 第二十一

須菩提야 汝勿謂如來ㅣ作是念하되 我當有所說法이라하라 莫作是念이니 何以故오 若人이 言하되 如來有所說法이라하면 即爲謗佛이니 不能解我所說故니라 須菩提야 說法者는 無法可說이니 是名說法이니라 爾時에 慧命須菩提白佛言하사대 世尊하 頗有衆生이 於未來世에 聞說是法하고 生信心不이까 佛言하사대 須菩提야 彼非衆生이며 非不衆生이니 何以故오 須菩提야 衆生衆生者는 如來說非衆生이오 是名衆生이니라

無法可得分 第二十二

須菩提 — 白佛言하되 世尊하사대 佛이 得阿耨多羅三藐三菩提는 爲無所得耶니이까 佛言하사대 如是如是니라 須菩提야 我於阿耨多羅三藐三菩提에 乃至無有少法可得일새 是名阿耨多羅三藐三菩提니라

浄心行善分 第二十三

復次須菩提야 是法이 平等하야 無有高下일새 是名阿耨多羅三藐三菩提니 以無我無人無衆生無壽者로 修一切善法하면 即得阿耨多羅三藐三菩提니라 須菩提야 所言善法者는

如來說卽非善法일새 是名善法이니라

福智無比分 第二十四

須菩提야 若三千大千世界中에 所有諸須彌山王의 如是等七寶聚를 有人이 持用布施어든 若人이 以此般若波羅蜜經으로 乃至四句偈等을 受持讀誦하야 爲他人說하면 於前福德으론 百分에 不及一하며 百千萬億分 乃至算數譬喩로도 所不能及이니라

化無所化分 第二十五

須菩提야 於意云何오 汝等은 勿謂如來ㅣ作是念하되 我當

度衆生이라하라 須菩提야 莫作是念이니 何以故오 實無有衆生하야 如來度者니 若有衆生하야 如來度者ㅣㄴ댄 如來卽有我人衆生壽者니라 須菩提야 如來說有我者는 卽非有我어늘 而凡夫之人이 以爲有我일새니 須菩提야 凡夫者도 如來說卽非凡夫일새 是名凡夫니라

法身非相分 第二十六

須菩提야 於意云何오 可以三十二相으로 觀如來不아 須菩提ㅣ 言하사대 如是如是니이다 以三十二相으로 觀如來니이다 佛言하사대 須菩提야 若以三十二相으로 觀如來者ㅣㄴ댄 轉輪聖王도 卽時如來아 須菩提 白佛言하사대 世尊하 如我解佛所說義컨대 不

應以三十二相으로 觀如來니이다 爾時에 世尊이 而說偈言하사대 若以色見我거나 以音聲求我하면 是人은 行邪道라 不能見如來니라

無斷無滅分 第二十七

須菩提야 汝若作是念하되 如來不以具足相故로 得阿耨多羅三藐三菩提아 須菩提야 莫作是念하되 如來不以具足相故로 得阿耨多羅三藐三菩提니라 須菩提야 汝若作是念하되 發阿耨多羅三藐三菩提心者는 說諸法斷滅가 莫作是念하라 何以故오 發阿耨多羅三藐三菩提心者는 於法에 不說斷滅相이니라

不受不貪分 第二十八

須菩提야 若菩薩이 以滿恒河沙等 世界七寶로 持用布施어던 若復有人이 知一切法無我하야 得成於忍하면 此菩薩이 勝前菩薩의 所得功德이니 何以故오 須菩提야 以諸菩薩이 不受福德故니라 須菩提ㅡ白佛言하사대 世尊하 云何菩薩이 不受福德이니이까 須菩提야 菩薩의 所作福德은 不應貪着일새 是故로 說不受福德이니라

威儀寂浄分 第二十九

須菩提야 若有人言하되 如來ㅡ若來若去若坐若臥라하면 是

人은 不解我所說義니라 何以故오 如來者는 無所從來며 亦無所去일새 故로 名如來니라

一合理相分 第三十

須菩提야 若善男子善女人이 以三千大千世界를 碎爲微塵하면 於意云何오 是微塵衆이 寧爲多不아 甚多니이다 世尊하 何以故오 若是微塵衆이 實有者인댄 佛이 卽不說是微塵衆이니 所以者何오 佛說微塵衆은 卽非微塵衆일새 是名微塵衆이니이다 世尊하 如來所說 三千大千世界도 卽非世界요 是名世界니이다 何以故오 若世界實有者인댄 卽是一合相이니 如來說一合相은 卽非一合相일새 是名一合相이니이다 須菩提야 一

合相者는 即是不可說이어늘 但凡夫之人이 貪着其事니라

知見不生分 第三十一

須菩提야 若人이 言하되 佛說我見人見衆生見壽者見이라라면 須菩提야 於意云何오 是人이 解我所說義不아 不也니이다 世尊하 是人이 不解如來所說義니 何以故오 世尊이 說我見人見衆生見壽者見은 即非我見人見衆生見壽者見일새 是名我見人見衆生見壽者見이니이다 須菩提야 發阿耨多羅三藐三菩提心者는 於一切法에 應如是知하며 如是見하며 如是信解하야 不生法相이니라 須菩提야 所言法相者는 如來說即非法相일새 是名法相이니라

應化非眞分 第三十二

須菩提야 若有人이 以滿無量阿僧祇世界七寶로 持用布施어든 若有善男子 善女人이 發菩薩心者ㅣ 持於此經하야 乃至四句偈等을 受持讀誦하야 爲人演說하면 其福이 勝彼하리니 云何爲人演說고 不取於相하야 如如不動이니 何以故오 一切有爲法이 如夢幻泡影이며 如露亦如電하니 應作如是觀하라 佛說是經已하시니 長老須菩提와 及諸比丘比丘尼와 優婆塞優婆夷와 一切世間天人阿修羅가 聞佛所說하고 皆大歡喜하야 信受奉行하니라

終

금강반야바라밀경

법회인유분 제一

여시아문하오니 일시에 불이 재사위국기수급고독원하사 여대비구중 천이백오십인으로 구러시니 이시에 세존이 식시라 착의지발하시고 입사위대성하사 걸식하실새 어기성중에 차제걸이하시고 환지본처하사 반사흘하시고 수의발하시며 세족이하시고 부좌이좌러시다

선현기청분 제二

시에 장로 수보리 재대중중하시다가 즉종좌기하사 편단우견하사

우슬착지하시고 합장공경하사와 이백불언하사대 희유세존하 여래 선호념제보살하시며 선부촉제보살하시나니 세존하 선남자선여인이 발아뇩다라삼먁삼보리심하니는 응운하주며 운하항복기심이니이까 불언하사대 선재선재라 수보리야 여여소설하야 여래 선호념제보살하며 선부촉제보살하나니 여금제청하라 당위여설하리라 선남자 선여인이 발아뇩다라삼먁삼보리심하니는 응여시주며 여시항복기심이니라 유연세존하 원요욕문하나이다

대승정종분 제三

불이 고수보리하사대 제보살마하살은 응여시항복기심이니 소유일체중생지류ㅣ 약난생 약태생 약습생 약화생 약

유색 약무색 약유상 약무상 약비유상비무상을 아개영입 무여열반하야 이멸도지하리니 여시멸도무량무수무변중생하되 실무중생이 득멸도자니 하이고오 수보리야 약보살이 유아상 인상 중생상 수자상하면 즉비보살일새니라

묘행무주분 제四

부차수보리야 보살은 어법에 응무소주하야 행어보시니 소위부주색하고 보시하며 부주성향미촉법하고 보시니라 수보리야 보살은 응여시보시하야 부주어상이니 하이고오 약보살이 부주상보시하면 기복덕이 불가사량이니라 수보리야 어의운하오 동방허공을 가사량부아 불야니이다 세존하 수보리야 남서북

방사유상하허공을 가사량부아 불야니이다 세존하 수보리야 보살의 무주상보시복덕도 역부여시하야 불가사량이니라 수보리야 보살은 단응여소교주니라

여리실견분 제五

수보리야 어의운하오 가이신상으로 견여래부아 불야니이다 세존하 불가이신상으로 득견여래니 하이고오 여래소설신상은 즉비신상이니이다 불이 고수보리하사대 범소유상아 개시허망이니 약견제상비상이면 즉견여래니라

정신희유분 제六

수보리—백불언하사대 세존하 파유중생이 득문여시언설장

구하고 생실신부이까 불이 고수보리하사대 막작시설하라 여래멸후
후오백세에 유지계수복자하야 어차장구에 능생신심하야 이
차위실하리니 당지시인은 불어일불이불 삼사 오불에 이종
선근이라 이어무량천만불소에 종제선근하야 문시장구하고 내지
일념이라도 생정신자니라 수보리야 여래—실지실견하나니 시제중
생이 득여시무량복덕이니라 하이고오 시제중생이 무부아상
인상중생상수자상하며 무법상하며 역무비법상이니 하이고오
시제중생이 약심취상하면 즉위착아인중생수자니 하이
고오 약취법상이라도 즉착아인중생수자며 약취비법상이라도
즉착아인중생수자니라 시고로 불응취법이며 불응취비법이니라
이시의고로 여래상설하사대 여등비구— 지아설법을 여벌

유자니 법상응사온 하황비법가하니라

무득무설분 제七

수보리야 어의운하오 여래득아뇩다라삼먁삼보리야아 여래유소설법야아 수보리언하사대 여아해불소설의컨댄 무유정법을 명아뇩다라삼먁삼보리며 역무유정법을 여래가설이니이다 하이고오 여래소설법은 개불가취며 불가설이며 비법어며 비비법이니 소이자하오 일체현성이 개이무위법으로 이유차별일새이다

의법출생분 제八

수보리야 어의운하오 약인이 만삼천대천세계칠보로 이

용보시하면 시인의 소득복덕이 영위다부아 수보리언하사대 심다니이다 세존하 하이고오 시복덕이 즉비복덕성일새 시고로 여래설복덕다니이다 약부유인이 어차경중에 수지 내지사구게등하야 위타인설하면 기복이 승피하리니 하이고오 수보리야 일체제불과 급제불의 아뇩다라삼먁삼보리법이 개종차경출일새니라 수보리야 소위불법자는 즉비불법이니라

일상무상분 제九

수보리야 어의운하오 수다원이 능작시념하되 아득수다원과부아 수보리언하사대 불야니이다 세존하 하이고오 수다원은 명위입류로되 이무소입이라 불입색성향미촉법일새 시명수다원

이니이다 수보리야 어의운하오 사다함이 능작시념하되 아득사다함과부아 수보리언하사대 불야니이다 세존하 하이고오 사다함은 명일왕래로되 이실무왕래일새 시명사다함이니이다 수보리야 어의운하오 아나함이 능작시념하되 아득아나함과부아 수보리언하대 불야니이다 세존하 하이고오 아나함은 명위불래로되 이실무불래일새 시고로 명아나함이니이다 수보리야 어의운하오 아라한이 능작시념하되 아득아라한도부아 수보리언하사대 불야니이다 세존하 하이고오 실무유법하야 명아라한이오니 세존하 약아라한이 작시념하되 아득아라한도라하면 즉위착아인중생수자니이다 세존하 불설아득무쟁삼매인중에 최위제일이라 시제일이욕아라한이라하시오나 세존하 아부작시념하되 아시이욕아라한이니이다 세존하 아약작시념하되 아득아라한도라하오면 세존이 즉불설수보리—시요아란나행자라하시련만 이수보리—실무소행일새 이명수보리—시요아란나행이니이다

장엄정토분 제十

불고수보리하사대 어의운하오 여래석재연등불소하야 어법에 유소득부아 불야니이다 세존하 여래재연등불소하사 어법에 실무소득이시니이다 수보리야 어의운하오 보살이 장엄불토부아 불야니이다 세존하 하이고오 장엄불토자는 즉비장엄일새 시명장엄이니이다 시고로 수보리야 제보살마하살이 응여시생청정심이니 불응주색하고 생심하며 불응주성향미촉법하고 생심이니 응무

소주하야 이생기심이니라 수보리야 비여유인이 신여수미산왕하면 어의운하오 시신이 위대부아 수보리언하사대 심대니이다 세존하 하이고오 불설비신을 시명대신이니이다

무위복승분 제十一

수보리야 여항하중소유사수하야 여시사등항하 어의운하오 시제항하사영위다부아 수보리언하사대 심다니이다 세존하 단제항하도 상다무수온 하황기사리이까 수보리야 아금실언으로 고여하노니 약유선남자선여인이 이칠보로 만이소항하사수 삼천대천세계하야 이용보시하면 득복이 다부아 수보리언하사대 심다니이다 세존하 불이 고수보리하사대 약선남자선여인이

어차경중에 내지수지사구게등하야 위타인설하면 이차복덕이 승전복덕이니라

존중정교분 제十二

부차수보리야 수설시경하되 내지사구게등하면 당지차처는 일체세간천인아수라가 개응공양을 여불탑묘어든 하황유인이 진능수지독송이리요 수보리야 당지시인은 성취최상제일희유지법이니 약시경전 소재지처는 즉위유불과 약존중제자니라

여법수지분 제十三

이시에 수보리—백불언하사대 세존하 당하명차경이며 아등이

운하봉지하리이까 불고수보리하사대 시경은 명위금강반야바라밀이니 이시명자로 여당봉지하라 소이자하오 수보리야 불설반야바라밀이 즉비반야바라밀일새 시명반야바라밀이니라 수보리야 어의운하오 여래유소설법부아 수보리백불언하사대 세존하 여래―무소설이니이다 수보리야 어의운하오 삼천대천세계의 소유미진이 시위다부아 수보리언하사대 심다니이다 세존하 수보리야 제미진은 여래설비미진일새 시명미진이며 여래설세계도 비세계일새 시명세계니라 수보리야 어의운하오 가이삼십이상으로 견여래부아 불야니이다 세존하 불가이삼십이상으로 득견여래니 하이고로 여래설삼십이상이 즉시비상일새 시명삼십이상이니이다 수보리야 약유선남자 선여인이

이항하사등신명으로 보시하되 약부유인이 어차경중에 내지 수지사구게등하야 위타인설하면 기복이 심다니라

이상적멸분 제十四

이시에 수보리―문설시경하사옵고 심해의취하야 체루비읍하사 이백불언하사대 희유세존하 불설여시심심경전은 아종석래의 소득혜안으론 미증득문여시지경이니이다 세존하 약부유인이 득문시경하고 신심청정하면 즉생실상하리니 당지시인은 성취제일희유공덕이니이다 세존하 시실상자는 즉시비상일새 시고로 여래설명실상이니이다 세존하 아금득문여시경전하고 신해수지는 부족위난이오나 약당래세 후오백세에 기유중생이 득문시경하고

신해수지하면 시인은 즉위제일희유니이다 하이고오 차인은 무
아상하며 무인상하며 무중생상하며 무수자상이니 소이자하오 아
상이 즉시비상이며 인상중생상수자상도 즉시비상이니이다 하이
고오 이일체제상이 즉명제불이니이다 불고수보리하사대 여시여
시니라 약부유인이 득문시경하고 불경불포불외하면 당지시인이
심위희유니 하이고오 수보리야 여래설제일바라밀이 즉
비제일바라밀일새 시명제일바라밀이니라 수보리야 인욕바
라밀도 여래설비인욕바라밀일새 시명인욕바라밀이니 하이
고오 수보리야 여아석위가리왕에 할절신체로되 아어이시에
무아상하며 무인상하며 무중생상하며 무수자상하니라 하이고오 아
어왕석절절지해시에 약유아상인상중생상수자상이면 응

생진한이니라 수보리야 우념과거어오백세에 작인욕선인하야 어이소세에 무아상하며 무인상하며 무중생상하며 무수자상이니라 시고로 수보리야 보살은 응리일체상하야 발아뇩다라삼먁삼보리심이니 불응주색생심하며 불응주성향미촉법생심이요 응생무소주심이니라 약심유주면 즉위비주니 시고로 불설보살은 심불응주색보시라하니라 수보리야 보살은 위이익일체중생하야 응여시보시니 여래설일체제상이 즉시비상이며 우설일체중생이 즉비중생이니라 수보리야 여래는 시진어자며 실어자며 여어자며 불광어자며 불이어자니라 수보리야 여래소득법은 차법이 무실무허하니라 수보리야 약보살이 심주어법하야 이행보시하면 여인이 입암하야 즉무소견하며 약보

살이 심부주법하야 이행보시하면 여인이 유목하야 일광명조에 견
종종색이니라 수보리야 당래지세에 약유선남자선여인이 능
어차경에 수지독송하면 즉위여래가 이불지혜로 실지시인하며
실견시인하야 개득성취무량무변공덕하리라

지경공덕분 제十五

수보리야 약유선남자선여인이 초일분에 이항하사등신
으로 보시하고 중일분에 부이항하사등신으로 보시하고 후일분에 역
이항하사등신으로 보시하야 여시무량백천만억겁을 이신보
시어든 약부유인이 문차경전하고 신심불역하면 기복이 승피하리니 하
황서사수지독송하야 위인해설이리요 수보리야 이요언지컨대 시

경이 유불가사의 불가칭량 무변공덕하니 여래위발대승자설이며 위발최상승자설이니라 약유인이 능수지독송하야 광위인설하면 여래실지시인하며 실견시인하야 개득성취불가량 불가칭무유변 불가사의공덕하리니 여시인등은 즉위하담여래 아뇩다라삼먁삼보리니라 하이고오 수보리야 약요소법자는 착아견인견중생견 수자견하야 즉어차경에 불능청수독송하야 위인해설하리라 수보리야 재재처처에 약유차경하면 일체세간천인아수라의 소응공양이니 당지차처는 즉위시탑이라 개응공경하고 작례위요하야 이제화향으로 이산기처하리라

능정업장분 제十六

부차수보리야 선남자선여인이 수지독송차경하되 약위인

경천이면 시인은 선세죄업으로 응타악도언마는 이금세인이 경천고로 선세죄업이 즉위소멸하고 당득아뇩다라삼먁삼보리니라 수보리야 아념과거 무량아승지겁하니 어연등불전에 득치팔백사천만억나유타제불하야 실개공양승사하야 무공과자니라 약부유인이 어후말세에 능수지독송차경하면 소득공덕이 어아소공양제불공덕으론 백분에 불급일이며 천만억분내지산수비유로도 소불능급이니라 수보리야 약선남자선여인이 어후말세에 유수지독송차경하야 소득공덕을 아약구설자면 혹유인문하고 심즉광란하야 호의불신하리니 수보리야 당지시경은 의도 불가사의며 과보도 역불가사의니라.

구경무아분 제十七

이시에 수보리—백불언하사대 세존하 선남자선여인이 발아
뇩다라삼먁삼보리심하니는 운하응주며 운하항복기심이니이까
불이 고수보리하사대 약선남자선여인이 발아뇩다라삼먁삼
보리심자는 당생여시심이니 아응멸도일체중생하리라하리 멸도
일체중생이하야는 이무유일중생도 실멸도자니라 하이고오 수
보리야 약보살이 유아상인상중생상수자상이면 즉비보살
이나 소이자하오 수보리야 실무유법하야 발아뇩다라삼먁삼
보리심자니라 수보리야 어의운하오 여래어연등불소에 유
법하야 득아뇩다라삼먁삼보리부아 불야니시다 세존하 여아해

불소설의하야는 불이 어연등불소에 무유법하야 득아뇩다라삼
먁삼보리서니이다 불언하사대 여시여시니라 수보리야 실무유법하야 여
래득아뇩다라삼먁삼보리니 수보리야 약유법하야 여래득
아뇩다라삼먁삼보리자인댄 연등불이 즉불여아수기하사대 여
어내세에 당득작불하야 호석가모니련마는 이실무유법하야 득아
뇩다라삼먁삼보리일새 시고로 연등불이 여아수기하사 작시
언하사대 여어내세에 당득작불하야 호석가모니라하시니라 하이고오
여래자는 즉제법여의니라 약유인언하되 여래득아뇩다라삼
먁삼보리하 수보리야 실무유법하야 불득아뇩다라삼먁삼
보리니라 수보리야 여래소득 아뇩다라삼먁삼보리는 어
시중에 무실무허하니라 시고로 여래설일체법이 개시불법이니라

수보리야 소언일체법자는 즉비일체법일새 시고로 명일체법이니 수보리야 비여인신장대니라 수보리언하사대 세존하 여래설인신장대는 즉위비대신일새 시명대신이니이다 수보리야 보살도 역여시하야 약작시언하되 아당멸도무량중생이라하면 즉불명보살이니 하이고오 수보리야 실무유법을 명위보살이니 시고로 불설일체법이 무아무인무중생무수자라하니라 수보리야 약보살이 작시언하되 아당장엄불토라하면 시불명보살이니라 하이고오 여래설장엄불토자는 즉비장엄일새 시명장엄이니라 수보리야 약보살이 통달무아법자면 여래설명진시보살이니라

일체동관분 제十八

수보리야 어의운하오 여래유육안부아 여시니이다 세존하 여

래유육안이니이다 수보리야 어의운하오 여래유천안부아 여시니이다 세존하 여래유천안이니이다 수보리야 어의운하오 여래유혜안부아 여시니이다 세존하 여래유혜안이니이다 수보리야 어의운하오 여래유법안부아 여시니이다 세존하 여래유법안이니이다 수보리야 어의운하오 여래유불안부아 여시니이다 세존하 여래유불안이니이다 수보리야 어의운하오 여항하중소유사를 불설시사부아 여시니이다 세존하 여래설시사니이다 수보리야 어의운하오 여일항하중소유사하야 유여시사등항하어든 시제항하 소유사수불세계여시하라면 영위다부아 심다니이다 세존하 불이 고수보리하사대 이소국토중소유중생의 약간종심을 여래실지하나니 하이고오 여래설제심이 개위비심일새 시

명위심이니 소이자하오 수보리야 과거심도 불가득이며 현재심도 불가득이며 미래심도 불가득일새니라

법계통화분 제十九

수보리야 어의운하오 약유인이 만삼천대천세계칠보로 이용보시하면 시인이 이시인연으로 득복다부아 여시니이다 세존하 차인이 이시인연으로 득복이 심다니이다 수보리야 약복덕이 유실인댄 여래불설 득복덕다언마는 이복덕이 무고로 여래설 득복덕다니라

이색이상분 제二十

수보리야 어의운하오 불을 가이구족색신으로 견부아 불야니이다

세존하 여래 불응이구족색신으로 견이니이다 하이고오 여래설구족색신이 즉비구족색신일새 시명구족색신이니이다 수보리야 어의운하오 여래를 가이구족제상으로 견부아 불야니이다 세존하 여래를 불응이구족제상으로 견이니이다 하이고오 여래설제상구족이 즉비구족일새 시명제상구족이니이다

비설소설분 제二十一

수보리야 여물위여래작시념하되 아당유소설법이라하라 막작시념이니 하이고오 약인이 언하되 여래유소설법이라하면 즉위방불이니 불능해아소설고니라 수보리야 설법자는 무법가설이니 시명설법이니라 이시에 혜명수보리 백불언하사대 세존하 파유중생

이 어미래세에 문설시법하고 생신심부이까 불언하사대 수보리야 피비중생이며 비불중생이니 하이고오 수보리야 중생중생자는 여래설비중생이오 시명중생이니라

무법가득분 제二十二

수보리 백불언하사대 세존하 불이 득아뇩다라삼먁삼보리는 위무소득야니이까 불언하사대 여시여시니라 수보리야 아어 아뇩다라삼먁삼보리에 내지 무유소법가득일새 시명아뇩다라삼먁삼보리니라

정심행선분 제二十三

부차수보리야 시법이 평등하야 무유고하일새 시명아뇩다라

삼먁삼보리니 이무아 무인 무중생 무수자로 수일체선법하면 즉득아녹다라삼먁삼보리니라 수보리야 소언선법자는 여래설즉비선법일새 시명선법이니라

복지무비분 제二十四

수보리야 약삼천대천세계중에 소유제수미산왕의 여시등칠보취를 유인이 지용보시어든 약인이 이차반야 바라밀경으로 내지사구게등을 수지독송하야 위타인설하면 어전복덕으론 백분에 불급일하며 백천만억분 내지 산수비유로도 소불능급이니리

화무소화분 제二十五

수보리야 어의운하오 여등은 물위여래 작시념하되 아당도중생이라하라 수보리야 막작시념이니 하이고오 실무유중생하야 여래도자니 약유중생하야 여래도자댄 여래즉유아인중생수자니라 수보리야 여래설유아자는 즉비유아어늘 이범부지인이 이위유아일새니 수보리야 범부자는 여래설즉비범부일새 시명범부이니라

법신비상분 제二十六

수보리야 어의운하오 가이삼십이상으로 관여래부아 수보

리언하사대 여시여시니이다 이삼십이상으로 관여래니이다 불언하사대 수보리야 약이삼십이상으로 관여래자댄 전륜성왕도 즉시여래아 수보리 백불언하사대 세존하 여아해불소설의컨대 불응이삼십이상으로 관여래니이다 이시에 세존이 이설게언하사대 약이색견아거나 이음성구아하면 시인은 행사도라 불능견여래니라

무단무멸분 제二十七

수보리야 여약작시념하되 여래불이구족상고로 득아녹다라삼먁삼보리아 수보리야 막작시념하되 여래불이구족상고로 득아녹다라삼먁삼보리니라 수보리야 여약작시념하되 발아녹다라삼먁삼보리심자는 설제법단멸가 막작시

념하라 하이고오 발아녹다라삼먁삼보리심자는 어법에 불설단멸상이니라

불수불탐분 제二十八

수보리야 약보살이 이만항하사등세계칠보로 지용보시어던 약부유인이 지일체법무아하야 득성어인하면 차보살이 승전보살의 소득공덕이니 하이고오 수보리야 이제보살이 불수복덕고니라 수보리 백불언하사대 세존하 운하보살이 불수복덕이니이까 수보리야 보살의 소작복덕은 불응탐착일새 시고로 설불수복덕이니라

위의적정분 제二十九

수보리야 약유인언하되 여래 약래약거 약좌 약와라하면 시인은 불해아소설의니라 하이고오 여래자는 무소종래며 역무소거일새 고로 명여래니라

일합이상분 제三十

수보리야 약선남자선여인이 이삼천대천세계를 쇄위미진하면 어의운하오 시미진중이 영위다부아 심다니이다 세존하 하이고오 약시미진중이 실유자인댄 불이 즉불설시미진중이니 소이자하오 불설미진중은 즉비미진중일새 시명미진중이니이다

세존하 여래소설 삼천대천세계도 즉비세계요 시명세
계니이다 하이고오 약세계실유자인댄 즉시일합상이니 여래설일
합상은 즉비일합상일새 시명일합상이니이다 수보리야 일합상
자는 즉시불가설이어늘 단범부지인이 탐착기사니라

지견불생분 제三十一

수보리야 약인이 언하되 불설아견인견중생견수자견이라하면 수
보리야 어의운하오 시인이 해아소설의부아 불야니이다 세존
하 시인이 불해여래소설의니 하이고오 세존이 설아견인
견 중생견 수자견은 즉비아견 인견 중생견 수자견일새
시명아견인견중생견수자견이니이다 수보리야 발아뇩다라

삼먁삼보리심자는 어일체법에 응여시지하며 여시견하며 여
시신해하야 불생법상이니라 수보리야 소언법상자는 여래설
즉비법상일새 시명법상이니라

응화비진분 제三十二

수보리야 약유인이 이만무량아승지세계칠보로 지용보
시어든 약유선남자선여인이 발보살심자ㅣ 지어차경하되 내
지사구게등을 수지독송하야 위인연설하면 기복이 승피하리니 운
하위인연설고 불취어상하야 여여부동이니 하이고오 일체유
위법이 여몽환포영이며 여로역여전이니 응작여시관하라 불설
시경이하시니 장로수보리와 급제비구비구니와 우바새우

바이와 일체세간천인 아수라가 문불소설하고 개대환희하야

신수봉행하니라

금강반야바라밀경 종

금강반야바라밀경—우리말 풀이

제一 법회가 열린 인연—第一 法會因由分

이와 같이 내가 들었다。 어느때 부처님께서 사위국의 〈기수급고독원〉이란 절에서 비구 천 이백 오십인과 함께 계시었다。

그때 세존께서는 진지 잡수실 때가 되어、 가사 입으시고 바리 들으시고 사위 서울에 들어가시와 성 안에서 차례대로 비시었다。 그리고 절로 돌아오셔서 진지 잡수시고는 가사와 바리를 거두시고 발 씻으신 뒤 자리 펴고 앉으시었다。

제二 선현보살이 법문을 청하다—第二 善現起請分

그때 대중 가운데 계시던 장로 수보리가 자리에서 일어나 오른 어깨를 벗어 메고 오른 무릎을 땅에 꿇고 합장하여 공경하며 부처님께 사뢰었다。

『거룩하시옵니다。 세존이시여、 여래께서는 모든 보살들을 잘 보살펴 주시고 잘 당부하시옵니다。 세존이시여、 선남자 선여인이 〈아뇩다라삼먁삼보리심〉을 일으킨 이는 어떻게 그 마음을 지녀야 하오며 어떻게 그 마음을 항복받아야 하겠사옵니까。』

부처님께서 말씀하셨다。

『갸륵하고 갸륵하도다。 수보리야、 너의 말과 같이 여래가 모든 보살을 잘 보살피고 잘 당부하느니라。 너희가 이제 자세히 들으라。 너희를 위하여 말해 주리라。 선남자 선여인이 아뇩다라삼먁삼보리심을 낸 이는 마땅히 이와 같이 마음을 지니고 이와 같이 그 마음을 항복받을 것이니라。』

제三 대승불교의 진수—第三 大乘正宗分

부처님께서 수보리에게 말씀하셨다。

『모든 보살 마하살은 마땅히 이와 같이 그 마음을 항복시킬 것이니라。 무릇 일체 중생의 종류인 알로 생긴 것、 태로 생긴 것、 습기로 생긴 것、 화하여 생긴 것、 형상 있는 것、 형상 없는 것、 생각 있는 것、 생각 없는 것、 생각 있는 것도 없는 것도 아닌 것들을 내가 모두 다 부처되는 열반에 들게 하여 제도하리라 하여 이와 같이 한량없이 많은 중생을 다 제도하지만 실로 한 중생도 제도된 바 없느니라。 왜냐 하면 수보리야、 만일 보살이 나라는 생각、 남이라는 생각、 중생살이라는 생각、 오래 산다는 생각이 있으면 곧 보살이 아니기 때문이니라。』

제四 머무름 없이 행하라—第四 妙行無住分

『또 수보리야, 보살은 온갖 법에 끄달리지 말고 보시를 할 것이니, 빛이나 모양에 집착하지 말고 보시하며, 소리나 냄새나 맛이나 촉감이나 이치에 집착하지 말고 보시해야 하느니라。 수보리야, 보살이 마땅히 이렇게 보시하지만 현상에 머물지 말 것이니, 왜 그러냐 하면 보살이 만일 현상에 머물지 않고 보시하면 그 복덕은 생각으로 헤아릴 수 없기 때문이니라。』

『수보리야, 너는 어떻게 생각하느냐。 동쪽 허공을 생각으로 다 헤아릴 수 있겠느냐。』『못하겠나이다, 세존이시여。』

『수보리야, 남쪽·서쪽·북쪽과 네 간방과 아래 위 허공을 생각하여 헤아릴 수 있겠느냐。』『못하겠나이다, 세존이시여。』

『수보리야、 보살이 현상에 집착하지 않고 보시하는 복덕도 또한 이와 같아서 생각하여 헤아릴 수 없이 많으니라。 수보리야、 보살은 마땅히 가르친 그대로 머물지니라。』

제五 실재의 마음을 보라—第五 如理實見分

『수보리야、 너는 어떻게 생각하느냐。 육신의 몸매로 여래를 볼 수 있느냐。』『아니하옵니다。 세존이시여、 육신의 몸매로 여래를 볼 수 없사옵니다。 왜냐 하오면 여래께서 말씀하신 육신은 곧 육신이 아닌 때문이옵니다。』

부처님께서 수보리에게 말씀하셨다。『무릇 있는 바 모든 것은 다 허망한 것이니、 만일 모든 현상이 진실상이 아닌 줄을 보면 곧 여래를 보리라。』

제六 말세에도 바른 신심 있다—第六 正信希有分

수보리존자가 부처님께 여쭈었다。『세존이시여、 자못 어떤 중생이 이와 같은 말씀이나 글귀를 듣고 실다운 신심을 낼 수 있겠사옵니까。』

부처님께서 수보리에게 말씀하셨다。

『그런 말을 하지 말라。 부처님이 가신 뒤 후오백세에 계를 받아 지니고 복을 닦는 수행자가 있어서 이와 같은 말과 글귀에 신심을 내어 이것을 진실하게 여기리라。

마땅히 알라。 이 사람은 한 부처님이나 두 부처님이나 셋·넷·다섯 부처님에게만 착한 마음의 바탕을 튼튼히 했을 뿐만 아니라、 이미 한량 없는 천 만 부처님 계신 곳에서 착한 마음의 바탕을 튼튼히 한 사람이니、 이 글귀를 듣고 한 생각에 거룩한 믿음을 내느니라。 수보리야、 여래는 이 모든 중생들이 이와 같이 한량 없는 복덕 짓는 것을 다 아시고 보시느니라。 왜 그러냐 하면、 이 모든 중생들은 다시는 나라는 생각、 남이라는 생각、 중생살이라는 생각、 오래 산다는 생각이 없으며、 법이라는 생각、 그릇된 법이란 생각도 없기 때문이니라。 왜냐 하면 이 모든 중생이 만일 마음에 지키는 것이 있으면 곧 나라는 생각、 남이라는 생각、 중생살이라는 생각、 오래 산다는 생각에 걸리기 때문이며、 만일 법이란 생각을 지켜도 나라는 생각、 남이라는 생각、 중생살이라는 생각、 오래 산다는 생각에 걸리며 그릇된 법이라는 생각을 지켜도 곧 나라는 생각、 남이라는 생각、 중생살이라는 생각、 오래 산다는 생각에 걸리기 때문이니라。

그러므로 정법을 지키지도 말고 그릇된 법을 지키지도 말 것이니, 그렇기 때문에 부처님이 항상 말하기를, 「너희들 비구는 알라。 내가 말한 바 법은 뗏목과 같으니 정법도 오히려 버려야 하거늘 하물며 그릇된 법이야 말할 게 있겠느냐。」 하였느니라。』

제七 얻을 것 없는 불법—第七 無得無說分

『수보리야, 어떻게 생각하느냐。 여래가 아녹다라삼먁삼보리를 얻었겠느냐。 또 여래가 어떤 법을 설명한 일이 있느냐。』

수보리가 여쭈었다。 『제가 알기로는 부처님께서 말씀하신 뜻은 결정된 법이 있어서 아녹다라삼먁삼보리라 이름할 것이 없사오며, 또한 결정한 법 없는 것을 여래께서 설명해 주셨사옵니다。 왜냐 하오면 여래께서 말씀하신 법은 취할 수도 없고 말할 수도 없고, 법도 아니고 법 아닌 것도 아니기 때문이옵니다。 그것은 모든 현성께서 함이 없는 법으로 차별이 있기 때문이옵니다。』

제八 모든 것 여기에서 나오다—第八 依法出生分

『수보리야、어떻게 생각하느냐。만일 어떤 사람이 삼천대천세계에 칠보를 가득 채워 보시했다면、이 사람이 얻는 복덕은 얼마나 많겠느냐。』수보리가 여쭈었다。『아주 많사옵니다。세존이시여、왜냐 하오면 이 복덕은 곧 복덕의 성품이 아니기 때문이오니 그래서 여래께서 복덕이 많다고 하신 것이옵니다。』

『만일 어떤 사람이 이 경 가운데 네 글귀라도 받아 지니고 남을 위해 말해 준다면 그 복이 저것보다 더 뛰어나리라。왜 그러냐 하면 수보리야、모든 부처와 모든 부처의 아뇩다라삼먁삼보리법이 다 이 경으로부터 나온 때문이니라。수보리야、이른바 불법이란 곧 불법이 아니니라。』

제九 절대의 하나인 상—第九 一相無相分

『수보리야、 네 생각에 어떠하냐。 수다원이 생각하기를 「나는 수다원과를 증득했노라」 하겠느냐。』

수보리가 여쭈었다。『아니옵니다、 세존이시여。 왜냐 하오면 수다원이라 함은 성인의 흐름에 들어갔다는 말이지만 실은 들어간 것이 아니오니、 물체·소리·향내·맛·촉감·법에 들어간 것이 아니온데 이름을 수다원이라 하였기 때문이옵니다。』

『수보리야、 네 생각에 어떠하냐。 사다함이 생각하기를 「나는 사다함과를 증득했노라」 하겠느냐。』

수보리가 여쭈었다。『아니옵니다。 세존이시여、 왜냐 하오면 사다함이라 함은 「한번 갔다 온다」는 말이지만 실은 가고 옴이 없는 것을 사다함이라 이름한 때문이옵니다。』

『수보리야、 네 생각에 어떠하냐。 아나함이 생각하기를 「내가 아나함과를 증득했노라」 하겠느냐。』

수보리가 여쭈었다。 『아니옵니다、 세존이시여。 왜냐 하오면 아나함은 오지 않는다는 말이지만 실은 오지 않는 것도 없사오니 그래서 이름을 아나함이라 하였기 때문이옵니다。』

『수보리야、 네 생각에 어떠하냐。 아라한이 생각하기를 「내가 아라한도를 증득했노라」 하겠느냐。』

수보리가 여쭈었다。 『아니옵니다。 세존이시여、 왜냐 하오면 실로 어떠한 법도 없는 것을 아라한이라 이름하는 때문이옵니다。 세존이시여、 만일 아라한이 생각하기를 「내가 아라한도를 증득했노라」 하오면 곧 나라는 생각、 남이라는 생각、 중생살이라는 생각、 오래 산다는 생각이 남아 있는 것이옵니다。

세존이시여、 부처님께서 제가 「다툼 없는 삼매를 얻은 사람 가운데 가장 제일이라」 말씀하셨사오니 이것이 첫째 가는 욕심 없는 아라한이오나 세존이시여、 저는 「내가 욕심을 여읜 아라한이라」는 생각을 하지 않사옵니다。 세존이시여、 제가 만일 아라한도를 얻었다고 생각하오면 세존께서는 곧 수보리에게 「아란나행을 좋아하는 자」라고 말씀하시지 않으셨을 것이온데、 실은 수보리가 행함이 없기 때문에 수보리는 아란나행을 좋아한다고 이름하셨사옵니다。』

제十 불토를 장엄하다 —第十 莊嚴淨土分

부처님께서 수보리에게 말씀하셨다。 『네 생각에 어떠하냐。 여래가 옛적에 연등부처님 처소에서 얻은 법이 있느냐 없느냐。』

『아니옵니다。 세존이시여、 여래께서 연등부처님 처소에서 실로 얻은 법이 없사옵니다.』

『수보리야, 네 생각에 어떠하냐. 보살이 불토를 장엄하느냐 안 하느냐.』『아니옵니다. 세존이시여, 왜냐 하오면 불토를 장엄한다는 것은 곧 장엄이 아니오며 그 이름이 장엄이옵니다.』

『그러므로 수보리야, 모든 보살 마하살은 마땅히 이와 같이 청정한 마음을 낼 것이니, 마땅히 물질에 머물지 말고 마음을 내며, 또 소리·향기·맛·부딪침·법에 머물지 말고 마음을 낼 것이니, 마땅히 머무름 없이 그 마음을 쓸 것이니라.

수보리야, 비유하건대, 어떤 사람의 몸이 수미산왕만하다면, 네 생각에 어떠하냐. 이 몸이 크다고 하겠느냐.』

수보리가 사뢰었다. 『매우 크옵니다. 세존이시여, 왜냐 하오면 부처님께서는 몸 아닌 것을 말씀하시어 이름을 큰 몸이라 하시었기 때문이옵니다.』

제十一 무한대의 절대 복력—第十一 無爲福勝分

『수보리야、항하 가운데 있는 모래 수와 같이 그렇게 많은 항하가 있다면 네 생각에 어떠하냐。 이 모든 항하에 있는 모래가 많겠느냐 많지 않겠느냐。』

수보리가 사뢰었다。『매우 많사옵니다。세존이시여、다만 저 모든 항하만 하더라도 수없이 많사온데 하물며 그 모래이겠나이까。』

『수보리야、내 이제 너에게 실다운 말로 이르노니、만일 선남자 선여인이 저 모든 항하강의 모래처럼 많은 삼천대천세계에 칠보를 가득채워서 다 보시했다면 그 복덕이 많겠느냐 많지 않겠느냐。』

수보리가 사뢰었다。『매우 많사옵니다、세존이시여。』

부처님께서 수보리에게 말씀하셨다。『만일 선남자 선여인이 이 경 가운데 내지 사구게 등만이라도 받아 지니고 남을 위해 일러 준다면 이 복덕이 앞에 말한 복덕보다 뛰어나리라。』

제十二 바른 교법을 존중하다—第十二 尊重正教分

『그리고 또 수보리야、이 경에 내지 사구게만이라도 따라서 일러 준다면 마땅히 알라、이곳은 일체 세간의 하늘·사람·아수라가 다 마땅히 부처님의 탑과 절같이 공경할 것인데 하물며 어떤 사람이 능히 받아 지니어 읽고 외는 것이겠느냐。

수보리야、마땅히 알라。이 사람은 최상의 제일 가는 희유한 법을 성취한 것이니、만일 이 경전이 있는 곳이면 곧 부처님이 계신 곳이 되고 존경 받는 제자가 있는 곳이 되느니라。』

제十三 법답게 받아 지니다—第十三 如法受持分

그때 수보리가 부처님께 사뢰었다。

『세존이시여、마땅히 이 경전을 무엇이라 이름하오며 저희들이 어떻게 받들어 지녀야 하겠나이까。』

부처님께서 수보리에게 말씀하셨다。『이 경 이름이 금강반야바라밀이니 이 이름으로써 너희가 마땅히 받들어 지녀라。왜냐하면 수보리야、부처님이 반야바라밀이라고 말한 것은 반야바라밀이 아니라 그 이름이 반야바라밀이니라。수보리야、네 생각에 어떠하냐。여래가 어떤 법을 설명한 바가 있느냐 없느냐。』

수보리가 부처님께 사뢰었다。『세존이시여、여래께서는 아무것도 말씀하신 바가 없사옵니다。』

『수보리야、 네 뜻에 어떠하냐。 삼천대천세계에 있는 모든 먼지의 수를 많다고 하겠느냐。』 수보리가 사뢰었다。 『심히 많사옵니다。 부처님이시여。』

『수보리야、 여래는 이 모든 먼지를 먼지가 아니라고 말하나니 이것이 이름이 먼지이며、 여래가 말하는 세계도 그것이 세계가 아닌 것이니 이것이 이름이 세계니라。 수보리야、 네 생각에 어떠하냐。 가히 삼십이 상으로써 여래를 친견할 수 있느냐 없느냐。』

『아니옵니다、 세존이시여。 가히 삼십이 상으로써 친견할 수 없사옵니다。 왜냐 하오면 여래께서 삼십이 상이라 말씀하시는 것은 곧 상이 아니오라 이름을 삼십이 상이라 하시는 것이옵니다。』

『수보리야、 만일 어떤 착한 남자나 착한 여인이 있어서 항하사 모래 수와 같은 몸과 생명을 가지고 보시한 사람이 있고、 또 어떤 사람이 이 경전 가운데 내지 네 글귀만이라도 받아 지녀서 남을 위해 설명해 주었다면 그 복이 심히 많으니라。』

제十四 초현상의 적멸 경계—第十四 離相寂滅分

그때 수보리가 이 경을 설하심을 듣고 그 뜻을 깊이 알고는 눈물을 흘리고 슬피 울며 부처님께 사뢰었다。

『참 희유하시옵니다。 세존이시여、 부처님께서 이와 같이 심히 깊은 이 경전을 말씀하시는 것을 제가 예로부터 오면서 얻은 바 지혜의 눈으로는 일찌기 이와 같은 경을 얻어 듣지 못하였나이다。 세존이시여、 만약 어떤 사람이 이 경의 말씀을 듣고 심신이 청정하면 곧 실상이 생긴 것이오니、 이 사람은 제일 희유한 공덕을 성취할 줄로 마땅히 알겠나이다。 세존이시여、 이 실다운 상이라는 것은 곧 상이 아니오니、 그러므로 여래께서 실다운 상이라고 이름하셨나이다。

세존이시여、 제가 이제 이와 같은 경전을 얻어 듣고 믿고 알아서 받아 지니는 것은 어렵지 않사오나、 만일 이 다음 세상 후오백세에 어느 중생이 이 경을 얻어 듣고 믿고 알아서 받아 지닌다면 이 사람은 곧 제일 희유한 사람이옵니다。 왜냐 하오면 이 사람은 나라는 생각도 없고、 남이라는 생각도 없고、 중생살이라는 생각도 없고、 오래 산다는 생각도 없는 까닭이옵니다。 왜냐 하오면 나라는 생각이 곧 관념이 아니오며 남이라는 생각、 중생살이라는 생각、 오래 산다는 생각도 곧 관념이 아닌 때문이옵니다。 왜 그러냐 하오면 일체의 온갖 상을 다 여읜 것을 부처님이라 이름하는 때문이옵니다。』

부처님께서 수보리에게 말씀하셨다。 『그러하다 그러하다。 만일 어떤 사람이 이 경을 듣고 놀라지 않고 겁내지 않으며 두려워하지 않으면 이 사람은 참으로 희유한 사람인 줄 알라。 왜 그러냐 하면 수보리야、 여래가 말하는 제일바라밀이란 곧 제일바라밀이 아니니、 그 이름이 제일바라밀이기 때문이니라。

수보리야、 인욕바라밀을 인욕바라밀이 아니라 이름을 인욕바라밀이라 한다고 여래가 말하였느니라。 왜 그러냐 하면 수보리야、 내가 옛날에 가리왕에게 몸뚱이를 베이고 찢기었을 적에 내가 그때에 나라는 생각、 남이라는 생각、 중생살이라 하는 생각、 오래 산다는 생각이 없었나니、 어찌한 까닭이냐 하면 내가 지난날 마디마디 사지를 찢길 때에 만약 나라는 생각、 남이라는 생각、 중생살이라는 생각、 오래 산다는 생각 이 있었다면 마땅히 성내고 원망하는 마음을 내었을 것이기 때문이니라。

수보리야、 또 생각하니 과거 오백세 동안 인욕선인이 되었던 저 세상에서도 나라는 생각이 없었고、 남이라는 생각도 없었으며、 중생살이라는 생각도 없었고、 오래 산다는 생각도 없었느니라。 그러므로 수보리야、 보살은 마땅히 일체의 상을 여의고 아뇩다라삼먁삼보리심을 일으킬 것이니、 물질에 머물지 말고 마음을 내며 마땅히 소리·향기·맛·부딪침·법에 머무르지 말고 마음을 낼 것이며、 마땅히 머무르는 바 없이 마음을 낼 것이니라。 설사 마음에 머무른 것이 있어도 머무른 것이 아니니、 그러므로 부처님이 「보살은 마음을 물질에 머무르지 말고 보시하라。」고 말하느니라。 수보리야、 보살은 일체 중생을 이익되게 하기 위하여 이와 같이 보시하나니、 여래가 말한 일체의 상도 곧 상이 아니며 또한 온갖 중생이라 한 것도 곧 중생이 아니니라。

수보리야、 여래는 이 참다운 말을 하는 이고、 실다운 말을 하는 이며、 진여의 말을 하는 이며、 속이는 말을 하지 않는 이며、 다른 말을 하지 않는 이니라。 수보리야、 여래가 얻은 바 법은 이 법이 진실한 것도 허망한 것도 아니니라。 수보리야、 만일 보살이 마음을 법에 머물러 보시를 행하면 어두운데 있는 사람이 아무것도 볼 수 없는 것 같고、 만일 보살이 마음을 법에 머물지 않고 보시를 행하면 밝은 눈으로 햇빛이 밝게 비칠 적에 갖가지의 온갖 물건을 보는 것과 같으니라。 수보리야、 다음 세상에 만일 어떤 선남자 선여인이 능히 이 경을 받아 지니고 읽고 외면 곧 여래가 부처의 지혜로써 이 사람을 다 알고 다 보나니、 한량 없고 가없는 공덕을 성취하느니라。』

제十五 경을 받아 지니는 공덕—第十五 持經功德分

『수보리야、 만일 어떤 선남자 선여인이 아침에 항하 모래수와 같이 많은 몸으로 보시하고、 한낮에 또 항하 모래수와 같은 몸으로 보시하고 저녁때에 또한 항하 모래수와 같은 몸으로 보시하여、 이와 같이 한량 없는 백천만억겁을 몸으로 보시하더라도、 만일 또 다른 사람이 이 경전을 듣고 신심으로 거슬리지 아니했다면 그 복이 저보다 뛰어나리라。 하물며 이 경을 쓰고 받아 지니고 읽고 외고 남을 위해 해설해 줌이겠느냐。

수보리야、 요긴하게 말하면 이 경이 가히 생각할 수 없고 가히 헤아릴 수 없는 한없는 공덕이 있나니、 여래가 대승을 일으킨 이를 위하여 설명한 것이요、 최상승을 일으킨 이를 위하여 설명한 것이니라。

만일 어떤 사람이 능히 받아 지니고 읽고 외어서 남을 위해 일러 주면 여래가 이 사람을 다 알고 보시는 바 헤아릴 수 없고 일컬을 수 없고 끝 없으며、 가히 생각해 볼 수도 없는 공덕을 다 얻어 성취하리니、 이러한 사람들은 여래의 아녹다라삼먁삼보리를 짊어진 것이 되느니라。 왜냐 하면 수보리야、 소승의 법을 좋아하는 이는 나라는 생각、 남이라는 생각、 중생살이라는 생각、오래 살겠다는 생각에 집착하여 이 경을 능히 알아듣고 읽고 왼다든지 남을 위해 해설하여 주지 못하기 때문이니라。수보리야、어느 곳이나 이 경이 있는 곳이면 일체 세간의 하늘과 사람과 아수라가 응당 공양하리니、마땅히 알라。이곳은 곧 탑을 모신 곳이어서 응당 모두 공경하고 예배하고 돌면서 모든 꽃과 향을 그 곳에 뿌리느니라。』

제十六 업장을 맑힘—第十六 能淨業障分

『또 수보리야、어떤 선남자 선여인이 이 경을 수지독송하는데 만약 남에게 업신여김을 당한다면、이 사람은 선세 죄업으로 응당 악도에 떨어질 것이지만、이 세상사람이 천히 여김으로써 선세의 죄업이 곧 소멸되고 마땅히 아뇩다라삼먁삼보리를 얻을 것이니라。수보리야、내가 생각하니 과거 한량 없는 아승지겁

전에 연등부처님 앞에서 팔백사천만억나유타 수의 모든 부처님을 만나서 다 공양하고 받들어 섬기였으며 그냥 지나쳐 버린 적이 없었느니라。 만일 또 다른 사람이 이 다음 말세에 능히 이 경을 받아 지니고 독송한다면 그 공덕은 내가 저 모든 부처님께 공양한 공덕으로는 백분의 하나도 미치지 못하며 천만억분 내지 어떤 수의 비유로도 능히 미치지 못하느니라。

수보리야、 만일 선남자 선여인이 이 다음 말세에 이 경을 받아 지니어 독송하는 이가 얻는 공덕을 내가 다 갖추어 말한다면 어떤 사람은 그 말을 듣고 마음이 곧 미치고 어지러워 여우처럼 의심하고 믿지 않으리라。 수보리야、 마땅히 알라。 이 경은 그 뜻도 가히 생각할 수 없고 그 과보 또한 가히 생각할 수 없느니라。』

제十七 마침내 나 없다—第十七 究竟無我分

그때、 수보리가 부처님께 사뢰어 말씀했다。『세존이시여、선남자 선여인이 아뇩다라삼먁삼보리심을 일으킨 이는 마땅히 어떻게 머물며、어떻게 그 마음을 항복받아야 하나이까。』부처님께서 수보리에게 말씀하셨다。『만일 선남자 선여인이 아뇩다라삼먁삼보리심을 일으킨 이는 마땅히 이와 같이 마음을 낼 것이니、내가 응당 일체 중생을 제도하리라 하여 일체 중생을 다 제도하지만 실은 한 중생도 제도된 자가 없느니라。왜 그러냐 하면 수보리야、 만일 보살이 아상·인상·중생상·수자상이 있으면 곧 보살이 아니기 때문이니라。수보리야、그것은 실로 어떤 법이 있어서 아뇩다라삼먁삼보리심을 일으킨 이가 없기 때문이니라。수보리야、 네 뜻에 어떠하냐。 여래가 연등부처님 처소에서 어떤 법이 있어서 아뇩다라삼먁삼보리를 얻었느냐。』『아니옵니다。 세존이시여、 부처님께서 말씀하신 뜻을 제가 아는 바로는 부처님께서 연등부처님 처소에서 어떤 법이 있어서 아뇩다라삼먁삼보리를 얻은 것이 아니옵니다。』 부처님께서 말씀하셨다。

『그러하고 그러하다。 수보리야、 실로 어떤 법이 있어서 여래가 아뇩다라삼먁삼보리를 얻은 것이 없느니라。 수보리야、 만일 어떤 법이 있어서 여래가 아뇩다라삼먁삼보리를 얻었다면、 연등불께서 곧 나에게 「네가 다음 세상에 마땅히 부처를 이루어서 호를 석가모니라 하리라。」고 〈수기〉를 주시지 않으셨을 것인데、 실로 어떤 법이 있어서 아뇩다라삼먁삼보리를 얻은 것이 없으므로 그래서 연등불께서 나에게 수기를 주어 말씀하시기를 「네가 다음 세상에 마땅히 부처가 될 것이니、 호를 석가모니라 하리라。」하셨느니라。 왜 그러냐 하면 여래라 함은 곧 모든 법이 같다는 뜻이니、 만일 어떤 사람이 말하기를「여래가 아뇩다라삼먁삼보리를 얻었다」고 하더라도、 수보리야、 실로 부처님은 어떤 법이 있어서 아뇩다라삼먁삼보리를 얻은 것이 없느니라。 수보리야、 여래가 얻은 아뇩다라삼먁삼보리 이 가운데에는 실다움도 없고 허도 없느니라。 그러므로 여래가 말하기들 일체법이 다 이 불법이라」고 하였느니라。 수보리야、 이른바 일체법이라 함은 곧 일체법이 아니니、 그러므로 이름이 일체법이니라。 수보리야、 비유컨대 사람의 몸이 아주 큰 것과 같으니라。」

수보리가 여쭈었다。『세존이시여、 여래께서 사람의 몸이 아주 크다고 말씀하신 것은 곧 큰 몸이 아니라 그 이름이 큰 몸이옵니다。』

『수보리야、 보살도 또한 이와 같으니 만일「내가 한량없는 중생을 제도했노라。」하고 말하는 이라면 곧 보살이라 할 수 없느니라。 어째서 그러냐 하면 수보리야、 실로 어떤 법도 두지 않는 것이 보살이기 때문이니라。 그러므로 부처님께서 말씀하시기를 일체법이 나도 없고 남도 없고 중생살이도 없고 오래 산다는 생각도 없다」고 하셨느니라。』

『수보리야、 만일 보살이 「내가 마땅히 불국토를 장엄했노라。」하고 말한다면 이 사람은 곧 보살이 아니니、 왜 그러냐 하면 여래가 말씀한 불국토의 장엄은 곧 장엄이 아니라 그 이름이 장엄이기 때문이니라。 수보리야、 만일 보살이 나 없는 진리를 통달했다면 여래가 「참으로 이것이 보살이라」 말하리라。』

제十八 온갖 것 하나로 보다 ——第十八 一體同觀分

『수보리야、 어떻게 생각하느냐。 여래가 육안이 있느냐。』

『그러하옵니다。』 세존이시여、 여래께서 육안이 있사옵니다。』
『수보리야、 어떻게 생각하느냐。 여래가 천안이 있느냐。』
『그러하옵니다。 세존이시여、 여래께서 천안이 있사옵니다。』
『수보리야、 어떻게 생각하느냐。 여래가 혜안이 있느냐。』
『그러하옵니다。 세존이시여、 여래께서 혜안이 있사옵니다。』
『수보리야、 어떻게 생각하느냐。 여래가 법안이 있느냐。』
『그러하옵니다。 세존이시여、 여래께서 법안이 있사옵니다。』
『수보리야、 어떻게 생각하느냐。 여래가 불안이 있느냐。』
『그러하옵니다。 세존이시여、 여래께서 불안이 있사옵니다。』
『수보리야、 어떻게 생각하느냐。 항하에 있는 모래에 대해 부처님이 그 모래를 말한 적이 있느냐。』 『그러하옵니다。 세존이시여、 여래께서 이 모래를 말씀하셨사옵니다。』 『수보리야、 어떻게 생각하느냐。 한 항하 가운데 있는 모래와 같은 수의 항하가 있고 이 모든 항하의 모래와 같은 수의 불세계가 있다면、 참으로 많다 하겠느냐。』『매우 많사옵니다。 세존이시여。』

부처님께서 수보리에게 말씀하셨다。『저 세계 가운데 있는바 모든 중생의 갖가지 마음을 여래가 다 아느니라。 왜 그러냐 하면 여래가 말한 모든 마음은 다 마음이 아니고 그 이름이 마음이기 때문이니、 그것은 수보리야、 지나간 마음도 얻을 수 없고 현재의 마음도 얻을 수 없으며、 미래의 마음도 얻을 수 없기 때문이니라。』

제十九 법계를 통화한다—第十九 法界通化分

『수보리야、 어떻게 생각하느냐。 만일 어떤 사람이 삼천대천세계에 가득찬 칠보로써 보시한다면 이 사람이 이 인연으로 해서 받는 복이 많겠느냐 많지 않겠느냐。』『그러하옵니다。 세존이시여、

이 사람이 이 인연으로 얻는 복이 매우 많사옵니다。』

『수보리야、 말일 복덕이 진실로 있는 것이라면 여래가 복덕을 얻음이 많다고 말하지 아니할 것인데、 복덕이 없는 것이기 때문에 여래가 복덕이 많다 말하느니라。』

제二十 색상을 여의다 —第二十 離色離相分

『수보리야、 어떻게 생각하느냐。 부처를 구족한 육신으로 볼 수 있느냐。』 『아니옵니다。 세존이시여、 여래를 구족한 육신으로 볼 수 없사옵니다。 왜 그러냐 하오면 여래께서 말씀하신 구족한 육신은 곧 구족한 육신이 아니라、 이름이 구족한 육신이기 때문이옵니다。』

『수보리야、 어떻게 생각하느냐。 여래를 구족한 몸매로 볼 수 있느냐。』 『아니옵니다。 세존이시여、 여래를 구족한 몸매로 볼 수 없사옵니다。 왜 그러냐 하오면 여래께서 말씀하신 모든 몸매의 구족은 곧 구족이 아니옵고 그 이름이 몸매의 구족이기 때문이옵니다。』

제二十一 설법 아닌 설법—第二十一 非說所說分

『수보리야、 너는 말하지 말라。 여래가 「내가 설명한 바 법이 있다고 생각하리라」는 이런 생각을 내지 말라。 왜 그러냐 하면 만일 어떤 사람이 말하기를 「여래가 설명한 바 법이 있다」고 하면 곧 부처님을 비방하는 것이고、 나의 말한 바 뜻을 알지 못하는 것이기 때문이니라。 수보리야、 법을 말한다는 것은 법이 없는 것을 말하는 것이니 이것을 설법이라 이름하느니라。』

그때 혜명 수보리가 부처님께 사뢰었다。 세존이시여、 자못 어떤 중생이 이 다음 세상에 이런 법문을 듣고 믿는 마음을 내는 이가 있겠나이까。』

부처님께서 말씀하셨다。『수보리야、중생이다 중생이다 하지만 여래는 중생이 아닌 것을 중생이라 이름하여 말하느니라。』

제二十二 법은 얻을 수 없다—第二十二 無法可得分

수보리가 부처님께 사뢰었다。『세존이시여、부처님께서 아뇩다라삼먁삼보리를 얻으신 것은 얻은 것이 없는 것이옵니까。』

부처님께서 말씀하셨다。『그러하다 그러하다。수보리야、내가 아뇩다라삼먁삼보리에 내지 조그마한 법도 얻은 것이 없으니 이것을 아뇩다라삼먁삼보리라 이름하느니라。』

제二十三 깨끗한 마음으로 선행하라—第二十三 淨心行善分

『또 수보리야、이 법이 평등해서 높고 낮음이 없으니 이것을 아뇩다라삼먁삼보리라 이름하느니라。〈나〉도 없고 〈남〉도 없고 〈중생살이〉도 없고 〈오래 산다〉는 생각도 없이 온갖 착한 법을 닦아서 아뇩다라삼먁삼보리를 얻느니라。수보리야、이른바 착한 법이라 함은 여래가 곧 착한 법이 아니라고 말하나니 이것이 이름이 착한 법이니라。』

제二十四 복과 지혜는 비교할 수 없다—第二十四 福智無比分

『수보리야、만일 어떤 사람이 삼천대천세계에 있는 모든 수미산왕만한 칠보의 덩어리로 보시해도 만일 다른 사람이 이 반야바라밀경에서 네 글귀의 게송만이라도 받아 지니고 읽고 외고 남을 위해 설명해 주었다면、앞의 복덕으로는 백분의 일에도 미치지 못하고 백천만억분의 일에도 미치지 못하며 온갖 산수의 비유로도 미칠 수 없느니라。』

제二十五 교화한 것 없다—第二十五 化無所化分

『수보리야、 어떻게 생각하느냐。 너희들은 여래가 생각하기를 「내가 마땅히 중생을 제도하리라。」 한다고 말하지 말라。 수보리야 그런 생각을 하지 말라。 왜냐 하면 실로 여래가 제도할 중생이 없기 때문이니라。 만일 중생이 있어서 여래가 제도하였다면 여래는 곧 나라는 생각、 남이라는 생각、 중생살이라는 생각、 오래 산다는 생각이 있는 것이니라。

수보리야、 여래가 나라는 생각이 있다 함은 곧 나라는 생각이 있는 것이 아닌데 범부들이 나라는 생각이 있다고 함이니라。 수보리야、 범부라는 것도 여래는 곧 범부가 아니라고 말하나니 이름을 범부라 하느니라。』

제二十六 법신은 상 아니다—第二十六 法身非相分

『수보리야、네 생가에 어떠하냐。가히 서른 두 가지 상으로써 여래를 볼 수 있겠느냐。』 수보리가 사뢰었다。『그러하옵니다。서른 두 가지 상으로써 여래를 뵈올 수 있사옵니다。』

부처님께서 말씀하셨다。『만일 서른 두 가지 상으로써 여래를 볼 수 있다면 전륜 성왕도 곧 여래라 하겠느냐。』

수보리가 부처님께 사뢰었다。

『세존이시여、부처님께서 말씀하시는 뜻을 제가 아옵기로는 서른 두 가지 상으로써 여래를 뵈올 수 없사옵니다。』

그때 세존께서 게송으로 말씀하셨다。

『만일 모양으로 나를 보려 하거나 음성으로써 나를 찾는 이는 삿된 도를 행하는 사람이니 여래를 볼 수 없으리。』

제二十七 단멸이 아니다—第二十七 無斷無滅分

『수보리야、네가 만일 생각하기를「여래는 구족상을 쓰지 않음으로써 아뇩다라삼먁삼보리를 얻으셨도다」하겠느냐。그런 생각을 하지 말라。「여래가 구족상을 쓰지 않음으로써 아뇩다라삼먁삼보리를 얻었다」고 하지 말라。

수보리야、네가 만일 생각하기를「아뇩다라삼먁삼보리심을 낸 이는 모든 법이 단멸하는 것으로 말하는구나。」한다면 그런 생각을 하지 말라。왜 그러냐 하면 아뇩다라삼먁삼보리심을 낸 이는 모든 법에 대해 단멸상을 말하지 않기 때문이니라。

제二十八 보살은 복덕을 탐하지 않는다—第二十八 不受不貪分

『수보리야、보살이 항하의 모래 수와 같은 많은 세계에 칠보를 가득 채워서 보시했더라도, 만일 또 다른 사람이 일체법에 내가 없음을 알아서 참다운 진리를 이루어 얻었다면, 이 보살이 앞의 보살이 얻는 공덕보다 더 뛰어나리라。 왜 그러냐 하면 수보리야, 모든 보살은 복덕을 받지 않기 때문이니라。』 수보리가 부처님께 사뢰어 말씀하셨다。『세존이시여, 어떤 것이 보살이 복덕을 받지 않는 것이옵니까。』『수보리야, 보살이 복덕을 짓는 것은 탐착해서가 아니니, 그러므로 복덕을 받지 않는다고 말하느니라。』

제二十九 위의 또한 공적하다 — 第二十九 威儀寂靜分

『수보리야, 만일 어떤 사람이 말하기를,「여래가 만약 온다거나 간다거나 앉았다거나 눕는다거나」한다 하면 이 사람은 내가 말한 바 뜻을 알지 못하는 것이니라。 왜 그러냐 하면 여래는 어디로부터 온 바가 없으며 또한 어디로 가는 것도 없으니, 그러므로 여래라 이름하는 때문이니라。』

제三十 이치와 상이 하나다—第三十 一合理相分

『수보리야、만일 선남자 선여인인 삼천대천세계를 부수어 먼지를 만들었다면 어떻게 생각하느냐。이 먼지를 많다고 하겠느냐。』『아주 많사옵니다。세존이시여、왜 그러냐 하오면 만일 이 먼지가 참으로 있는 것이라면 부처님께서 이것을 먼지라고 말씀하시지 않으셨을 것이기 때문이오니、그 까닭은 부처님께서 말씀하시는 먼지는 곧 먼지가 아니오라 이런 것을 먼지라 하신 것이옵니다。세존이시여、여래께서 말씀하시는 삼천대천세계도 곧 세계가 아니므로 이것을 세계라 하신 것이오니、왜 그러냐 하오면 만일 세계가 참으로 있는 것이라면 그것은 곧 하나로 되었을 것이기 때문이온데、여래께서 말씀하시는 〈하나로 된 것〉은 곧

〈하나로 된 것〉이 아니므로 이것을 〈하나로 된 것〉이라 하셨사옵니다。』

『수보리야、〈하나로 된 것〉은 곧 말로 할 수 없는 것인데 다만 범부들이 그 일을 탐하고 집착하느니라。』

제三十一 지견을 내지 말라—第三十一 知見不生分

『수보리야、만일 어떤 사람이 말하기를 「부처님이 나라는 소견、남이라는 소견、중생살이라는 소견、오해 산다는 소견을 말했다」고 하면 수보리야、네 생각에 어떠하냐。이 사람이 내가 말한 뜻을 안다고 하겠느냐。』

『아니옵니다。세존이시여、이 사람은 여래께서 말씀하신 뜻을 알지 못한 것이옵니다。왜 그러냐 하오면 세존께서 말씀하신 나라는 소견、남이라는 소견、중생살이라는 소견、오래 산다는 소견은 곧 그것이 나라는 소견, 남이라는 소견, 중생살이라는 소견, 오래 산다는 소견이 아니오니, 이런 것을 나라는 소견, 남이라는 소견, 중생살이라는 소견, 오래 산다는 소견이라고 하시었기 때문이옵니다。』

『수보리야, 아녹다라삼먁삼보리의 마음을 일으킨 이는 일체의 법에 대하여 마땅히 이렇게 알고 이렇게 보고 이렇게 믿고 깨달아서 법이란 생각을 내지 말 것이니라。 수보리야, 법상이란 여래가 곧 법상이 아니니 이런 것을 법상이라 하느니라。』

제三十二 응신·화신 참된 것 아니다—第三十二 應化非眞分

『수보리는, 만일 어떤 사람이 한량 없는 아승지 세계에 가득 찬 칠보를 보시했더라도, 다른 선남자 선여인이 보살심을 내어 이 경전을 지니되 사구게만이라도 받아 지니고 읽고 외고 남을 위해 연설해 주면 그 복이 저 복보다 더 뛰어나리라。어떻게 하는 것이 남을 위해 연설하는 것인가。상을 취하지 않고 여여하여 움직이지 않는 것이니라。그 까닭은 이러니라。

일체의 참 있는 법은 꿈같고
꼭두각시·거품·그림자이며
또한 이슬같고 번개같거니
마땅히 이와 같이 볼지어다。』

부처님께서 이 경을 말씀하여 마치시니、장로 수보리와 비구·비구니와 우바새·우바이와 여러 세계의 하늘 사람·세상 사람·아수라가 부처님 말씀을 듣고 모두 다 크게 기뻐하며 믿고 받들어 행하였다。

금강반야바라밀경 끝

解 題—경제목 해설

불법 전체의 핵심

「금강반야바라밀경(金剛般若波羅蜜經)」은 생략하여 「금강경(金剛經)」이라고도 하는데, 부처님께서 四〇년 동안 소승경을 비롯한 많은 경을 설법(說法)①하신 뒤에 말씀하신 중요한 최고의 경입니다。 그러니 당시 부처님 제자들은 금강경을 말씀하시기 전에 부처님을 四〇년 동안 모시고 다니며 아함경(阿含經)②·방등경전(方等經典)③등 금강경을 제외한 다른 대반야경(大般若經)을 다 들은 이들이었으므로 금강경을 충분히 알아들을 수 있는 기초 법력(法力 : 지식과 수도력)을 갖춘 이들이었읍니다。 이 분들은 마음을 깨달아 큰 지혜를 밝힌 십대 제자(十大弟子)④와 천 二백 대중을 비롯한 많은 대중이었읍니다。

부처님께서는 본래 설법을 하실 적에 국민학교로부터 대학원 과정까지의 순서를 따라 불법의 깊은 진리를 체계 있게 설법하셨읍니다。 그러므로 부처님의 마음의 법문(法門)⑤을 四九년간의 교육 기간을 통해 다 설파하시는 가운데 아함경(阿含經)은 국민학교 과정으로 十二년간 걸렸고, 방등부(方等部)는 중학교 과정으로 八년 걸렸으며 반야육백부(般若六百部)는 고등학교·전문학교 과정으로 二一년간이나 걸렸읍니다。 그리고 마지막 八년 동안에는 법화열반부(法華涅槃部)⑥라고 하여 대학의 최고학부(最高學部)에 해당합니다。

〔註 1〕 설법(說法) : 교법을 풀어서 알아듣도록 말하여 사람들을 진리의 길로 가르치는 것。

〔註 2〕 아함경(阿含經) : 아함부(阿含部)에 속하는 소승경(小乘經)의 총칭。 북방불교(北方佛敎)의 전하는 것은 四아함 외에 잡아함(雜阿含) 곧 잡장(雜藏)이 있으나 따로 세우지 않았고、 남방불교(南方佛敎)인 파리어 대장경에는 장아함·중아함·승육다아함·앙굴다라아함·굴라가아함의 五아함으로 나뉜다。 한전번역(漢典飜譯)은 안 세고(安世高)로부터 서기 一四八년 뒤로 몇가지 번역이 있었으나 주요한 경전은 아니었다。

그 가운데 금강경은 육백부의 반야사상(般若思想)뿐만 아니라 불교의 전체 사상의 골수骨(髓)가 되어 있읍니다。 그래서 조사(祖師)⑦님들도 이 금강경을 특히 존중해 왔던 것입니다。 말과 문자를 버리고 교(敎)⑧ 밖에서 직접 마음을 깨치려는 선종(禪宗)⑨에서까지 존중하는 경전이 금강경입니다。 특히 우리 나라에서는 더욱 더 그렇습니다。

부처님께서 四九년 동안 설법하시는 가운데 그 반이나 되는 시간을 기울여 반야경을 말씀하신 것은 이 반야사상(般若思想)이 불교 정신의 핵심이며 중심이 되기 때문인데、특히 그 가운데 금강경은 반야경의 마지막 부분에 해당하는 대문으로서 반야육백부를 거의 다 말씀하신 五七七부째에 해당합니다。 그래서 금강경은 반야사상의 핵심을 결론적으로 천명(闡明)하신 경이면서 동시에 우리의 마음을 깨치는 요체(要諦)로서 중생이 이것을 의지하여 마침내 불타의 지혜인 반야를 성취하게 되는 것입니다。

마음보다 강한 것은 없다——金剛

금강(金剛)이란 요새 말로는 다이어먼드입니다。 다이어먼드는 모든 자연 물질 가운데서 가장 강한 물질입니다。 쇠를 아직 발견하지 못한 옛날에는 돌로 연장과 무기를 만들어서 사용했는데、그것은 돌이 흙이나 나무보다 더 강했던 때문입니다。 그러다가 쇠가 발견되면서부터는 쇠가 돌을 대신하게 됐으니 쇠가 돌보다 훨씬 강했던 때문입니다。 또 쇠를 자르는 강철이 나오면서부터는 강철이 더 강한 것으로 되었읍니다。 그러나 이런 쇠나 강철보다 더 강한 물질이 있는데 그것이 금강석입니다。 금강석에 의해서 깨지지 않는 물질은 없고 다이어먼드를 당할 물질은 이 세상에 없읍니다。 과학이 고도로 발달된 현대에 와서는 금강석보다도 더 강한 물질을 만들 수 있겠지만 그러나 자연물질 가운데서는 그

一七三년 이후에 대승경(大乘經)이 번역되면서 한때 쇠퇴했다가 三八○년대부터 담마난제 삼장이 〈증일아함경〉 四一권을 四七二년경 불념 삼장이 〈중아함경〉 五九권을 가지고 와서 번역한 것을 비롯하여 서기 四○○년대 사이에 여러 삼장법사(三藏法師)에 의해 여러 차례에 걸쳐 四아함경의 전체 번역이 완성되었다。

〔註 3〕 방등경(方等經)：부처님께서 유마경(維摩經)·금광명경(金光明經)·능가경(楞伽經)·승만경(勝鬘經)·무량수경(無量壽經) 등의 방등부에 딸린 여러 경을 말한다。 곧 성도(成道) 후 十三년부터 二十년까지의 八년동안 부처님께서 아함경을 말씀하실 때인 아함시(阿含時)에서 부처님의 설법을 듣고 어느 정도의 공부가 된 교리를 기초로 하여 대승(大乘)의 진리를 말씀하셨는데 주로 소승이 고집하는 것을 나무라셨다。

이상 굳센 물질은 없으므로 금강은 강한 것 중에 가장 강한 것을 뜻합니다.

이와 같이 부처님의 진리는 인류의 모든 가르침 가운데서 제일 완전하고 가장 강하여 다른 어떤 지혜에 의해서도 견줄 수 없는 진리이므로 여하한 물질에 의해서도 부서지지 않는 금강석을 부처님 법에 비유한 것입니다. 그것은 우리 마음자리가 물질도 허공도 아니므로 불로 태울 수도 없고, 원자탄이 터져서 온 지구가 녹아 없어진다 해도 우리 마음자리에는 변화가 있을 수 없는 때문입니다. 우주 안에 존재하는 모든 것, 물질·허공·에너지 등 변하지 않는 것이 없고 우리의 생각·감정까지도 다 변하지만 오직 우리의 마음자리만은 영원히 변하지 않는 것임을 강조하는 뜻에서 금강이라 하고 금강경(金剛經이라 한 것입니다. 그런데 또 금강(金剛)은 물질 가운데 경도(硬度)가 가장 강한 최고의 강철로 된 철퇴(鐵槌)를 뜻합니다. 어떤 물건이든지 이것에 맞으면 다 부서지지 않는 것이 없으며 어떤 물건으로도 이 금강은 부술 수가 없는 것이므로 금강을 우리 마음자리에 비유한 것입니다. 우리 마음자리는 온 우주 모든 현상계를 창조한 근본 바탕이고 동시에 우주를 다 거두어 들여서 없앨 수도 있읍니다. 금강 철퇴와 같은 이 마음자리는 내가 지금 말하는 이 마음자리이고 여러분이 듣고 있는 그 마음자리인데, 자기 스스로나 남이 부술 수도 없는 영원 불멸의 존재이면서 우주 만유에 자유자재하는 그런 거룩한 존재입니다.

우리는 육체 그 자체를 나라고 생각하기 때문에 금강처럼 이렇게 위대한 실재(實在)인 자아(自我)를 망각(忘却)해 버려서, 웬만큼 설명을 들어 봐도 이런 마음자리가 있다는 사실조차 모를 정도로 자신을 잊어버렸읍니다. 그러나 우리는 이제 부처님의 금강경 법문을 통해 이런 마음자리가 확실히 있다는 것을 말하고 듣게 되었으니 다시 없는 공덕(功德)이라 할 것입니다.

〔註 4〕 **십대제자(十大弟子)**: 석존의 제자 중에 가장 위대한 제자 열 분. 一、사리불존자(舍利弗尊者)는 지혜제일(智慧第一) 二、목건련존자(目犍連尊者)는 신통제일(神通第一) 三、대가섭존자(大迦葉尊者)는 두타제일(頭陀第一 곧 萬行第一) 四、아나율존자(阿那律尊者)는 천안제일(天眼第一)、五、수보리(須菩提)존자는 해공제일(解空第一) 六、부루나(富樓那)존자는 설법(說法)제일 七、가전연(迦旃延)존자는 논의제일(論議) 八、우바리(優婆離)존자는 지계제일(持戒) 九、라후라존자(羅睺羅)는 밀행제일(密行) 十、아난존자(阿難)는 다문 제일(多聞)

〔註 5〕 **법문(法門)**: 법은 교법, 문은 드나드는 출입의 뜻。 부처님의 교법은 중생으로 하여금 나고 죽는 고통 세계를 벗어나서 생사해탈(生死解脫)의 이상경(理想境)인 열반(涅槃)에 들게 하는 문이라는 뜻。

마음 밝으면 반야—般若 1

금강경을 자세히는 「금강반야바라밀경」이라고 하는데, 반야(般若)는 지혜란 뜻입니다. 그러나 그 지혜는 세상에서 생각하는 지혜와는 크게 다른 뜻을 가지고 있기 때문에 세간의 지혜와 구별하기 위해 번역을 하지 않은 것입니다. 세간의 지혜는 객관세계에 대한 지식, 논리와 개념에 의한 지식, 이런 것들을 분별하는 지혜를 말하지만, 반야의 지혜는 마음을 깨쳐서 육체가 〈내〉가 아니고 시간 공간이 벌어지기 이전, 주관 객관이 나누어지기 이전, 곧 마음의 근원에 돌아간 지혜를 말합니다.

〈마음〉은 곧 〈나〉입니다. 허공도 물질도 배설하는 기계인 이 육체도 내가 아니고 〈나〉는 오직 순수한 〈나〉라는 생각까지도 아니며, 글자도 아니고 생각도 아니며 내가 아니라는 것도 아니면서 살아 있어서 얘기할 줄 알고 얘기를 시켜 놓고 그것을 다시 비판도 하는, 이 만사의 주체, 생각의 주체, 우주의 핵심이 곧 〈나〉입니다. 이것이 생각을 내서 과학·철학·종교를 만들고 그것을 마음대로 뒤집어 엎기도 합니다. 이것보다 앞서는 사건은 아무것도 없읍니다.

그러므로 생각도 아니고 허공도 아니고 물질도 몸뚱이도 아닌 〈나〉, 일체가 다 아닌 〈나〉, 이것이 우주의 핵심이고 실재(實在)이며 곧 우주와 인생의 근본을 아는 것이 지혜이고 반야지혜입니다. 그런데 또 아무것도 아닌 이 〈내〉가 자유자재로 온갖 생각을 내서 과학도 만들고 철학도 만들고 현상 세계, 즉 꿈속 세계의 모든 것을 만들고 다 압니다. 그런 걸 〈반야〉라 합니다.

가령 「신심명(信心銘)⑩을 들었다.」 「금강경을 듣는다.」 또 「경을 듣는 이걸로 해서 부처

〔**註 6**〕 **법화열반부**(法華涅槃部)는 최후의 八년 동안에 법화경(法華經)을 말씀하시고 열반하실 즈음에 열반경(涅槃經)을 설법하셨으므로 일컫는 말.

〔**註 7**〕 **조사**(祖師): 一종一파의 대선덕(大先德)으로 불 보살님 다음으로 후세 사람들의 귀의 존경을 받는 스님. 보통은 一종 一파를 세운 스님을 이르는 말.

〔**註 8**〕 **교**(敎): 부처님의 말씀을 통해 논리적으로 가르쳐 주신 경전. 부처님의 말씀을 교(敎)라 한다.

〔**註 9**〕 **선종**(禪宗): 일명 불심종(佛心宗). 달마대사가 중국에 종지(宗旨) 교외별전(敎外別傳)을 종(宗)의 강령으로 하여 참선(參禪)을 주된 수행 방법으로 하는 종. 자기의 심성(心性)을 사무쳐 보고 불·조사의 지위를 증득하는 것을 종요(宗要)로 삼는다. 선종이란 말은 부처님의 설교(說敎)를 소의

(所依)로 삼는 종파를 교종(敎宗)이라 함에 대하여 선을 닦는 종지라는 뜻으로 지어진 이름。

〔註 10〕 **신심명**(信心銘): 一권。선종의 제三조사인 승찬 대사가지은 유명한 글。네 글자를 한 귀절로 하여 一백四六구(句) 五백八四자로 된운문체(韻文體)이다。간단하고 명료하며 직절(直截)하게 선리(禪理)의 극치를 나타낸 책。

〔註 11〕 **마하가섭**(摩訶迦葉) 범Mahakasyapa 대가섭(大迦葉): 부처님의 십대 제자 중 첫째。마하가섭(摩訶迦葉)이라고도 하며 대음광(大飮光)대귀씨(大龜氏)라 번역함。본래 바라문으로서 석존이 성도한 지 三년쯤 뒤에 부처님께 귀의하여 두타(頭陀) 제일이 되었다。부처님의 심인(心印)、곧 마음 법을 전해 받았으며 석존이 입멸하신 뒤 五백 아라한을 데리고 제一결집(結集)을 하면서 그 우두머리가 되다。

님 말씀을 배운다。」하는 것은 결국 내 마음을 설명 듣는 것이 되고 내가 어떻게 생겼는가를 듣는 것이 되는데、그래서 그 법문을 듣고 〈나〉를 확실히 깨쳐 〈마음〉이 열리면 이때는 전체가 〈반야〉의 지혜입니다。내 마음을 어떻게 깨칠는지 정신 바짝 차리고 금강경 법문의 핵심을 그대로 들어서 따라가 보면 결국 마음을 깨치게 되고 반야를 얻게 됩니다。

부처님의 많은 제자 가운데 마음 깨친 법을 가장 정통으로 이어받은 분이 우두머리 제자이신 마하가섭존자(摩訶迦葉尊者)⑪입니다。또 이 어른의 마음 법을 정통으로 전해 받은 분이 이조(二祖)⑫ 아란존자(阿難尊者)이고、이렇게 내려 가서 二八대의 조사(祖師)가 되는 분이 바로 유명한 달마대사(達磨大師)⑬입니다。이 달마대사는 중국에 오셔서 선종(禪宗)의 초조(初祖)가 되셨고 마음 깨치는 법을 혜가(慧可)스님에게 전해 주셨읍니다。

이렇게 해서 중국에 부처님의 마음 깨치는 법을 크게 일으키신 분이 육조 혜능대사(六祖 慧能大師)⑭이신데、이 어른은 본래 글도 모르는 무명의 나무장수였읍니다。육조 스님이 마음을 처음 깨치게 된 동기가 바로 이 「금강반야바라밀경」에 있읍니다。시장에서 나무를 팔고 돌아가던 길에 어느 스님에게 금강경 가운데 「응무소주 이생기심(應無所住 而生其心)」이란 경문을 듣고 마음을 활짝 깨쳐서 반야지혜를 성취하셨던 것입니다。「응무소주 이생기심」의 뜻은 본문을 해설할 때 자세하게 소개되겠지만、그 대의(大意)를 우선 알기 쉽게 설명하면 이렇습니다。『싫다·좋다·내 것이다·네 것이다·주관이다·객관이다·나쁘다·착하다 하는 분별심(分別心)을 버리고、본연(本然)의 마음 자세 그대로의 마음을 지니고 오직 중생제도(衆生濟度)를 위해 살라。』는 뜻입니다。하나 더하기 둘은 셋이 된다는 수학의 기본원리를 두 살 세 살된 어린애들은 해결 못하지만 어른은 듣자마자 알게 됩니다。그것은 어렸을 때는 하나 둘을 들어도 곧 잊어버릴 정도로 지혜가 아직 밝아지지 못했기 때문이고、나이가 들어서 곧 알게 되는 것은 지적 능력(知的能力)이 열리

〔註 12〕 이조(二祖): 제二대 조사란 뜻이니, 여기서는 선종의 제二대 조사 혜가(慧可) 대사를 가리킨다.

〔註 13〕 달마(達磨): 보리달마(菩提達磨)의 약칭으로서 중국의 선종을 전해 온 시조(始祖), 곧 제一조이다.

〔註 14〕 혜능(慧能)(六三八~七一三): 중국 스님. 선종 六조. 남해(南海) 신흥(新興) 사람. 어려서 아버지를 여의고 땔나무를 팔아 어머니를 봉양하다가 어느날 장터에서 〈금강경〉 읽는 것을 듣고 마음을 깨치다.

〔註 15〕 반야심경(般若心經): 반야바라밀다심경의 약칭. 반야바라밀다심경(般若波羅蜜多心經) 범Prajnaparamtta-hrdaya-sutra 一권. 당나라 현장 번역 〈반야심경〉 〈심경〉이라 약칭함.

〔註 16〕 사생육도(四生六道): 사생과 육도이니 중생은 다 네 가지로

고 지혜가 생겼기 때문입니다.

불교에 대한 지식을 많이 넓히려면 설법을 듣고 경전을 많이 익혀서 부처님의 가르침에 널리 통해야 할 것입니다. 그러나 불교의 참 지혜는 말과 글을 따라 뜻을 파악했다고 얻어지는 것이 아니고, 말과 글 밖에 나에게 있는 마음을 바로 깨쳐야만 반야지혜를 성취하게 됩니다. 그동안 신심명(信心銘)·반야심경(般若心經)⑮을 들었으니 여러분들은 짐작으로나마 『아, 이런 것이 마음이구로나. 마음의 불생불멸(不生不滅)이란 이런 것이로구나.』하고 판단되는 것이 있을 것입니다. 그렇다고 해서 〈반야지혜〉가 지식이며 판단이냐 하면 그런 것은 아니며 이것은 인식할 수 없고 판단할 수 없는 것입니다. 이 마음을 어떻게 인식합니까.

싫다 좋다 없어야 ── 般若 2

〈마음〉의 반야지혜는 일반 경전을 읽거나, 과학이나 철학을 알고 객관의 원리를 짐작하는 것과는 전혀 다릅니다. 일반 지식은 객관을 아는 것이고 논리와 개념을 세우는 것이지만, 이 마음은 주관이니 객관이니가 아니기 때문입니다. 보고 듣고 옷입고 밥먹고 싸우고 좋아하는 것이 다 내 〈마음〉이 하는 것인데, 그 마음이 어디 있느냐. 이런 일을 할 수 있는 이 〈마음〉 곧 〈나〉(我)를 어떻게 찾느냐. 그 해명을 먼젓번에 우리가 공부한 「신심명(信心銘)」 첫 구에서 잘 풀이해 주었읍니다.

『지도는 무난이니 유혐간택(至道無難 唯嫌揀擇)이라 지극한 도, 곧 〈마음〉을 깨쳐서 부처가 되는 길이 어렵지 않다. 쉬운 일 가운데 가장 쉬운 일이다. 밉다 곱다 싫다 좋다 하는 간택만 없으면 된다.』고 한 것이 그것입니다. 그러면 이 말이 가리키는 속 뜻은 무

엇인가。 그 말의 조리를 알아야 합니다。 우리는 흔히 말의 조리를 놓치기 때문에 그 속뜻이 막연해지고 확실히 깨닫지 못하게 됩니다。

여기서 부처가 되는 길이 어렵지 않다는 말은 다름 아닌 이 마음을 가리키는 것입니다。 이 〈마음〉은 물질도 허공도 남성도 여성도 아니고 선악도 아니며, 지식이거나 사상은 더욱 아니고 예술도 정치도 물론 아닙니다。 아무것도 아닌 이것은 수정보다도 더 깨끗하고 망상(妄想)과 잡념이 없는 순수한 상태로 살아 있을 뿐입니다。 그런 이것이 천당 가려면 천당 가고 지옥 가려면 지옥 가고 사생육도(四生六道)⑯를 돌아다닙니다。 알듯알듯한 소리입니다。

이것을 더 쉽게 말하기 위해 「네 마음을 깨쳐 부처되기란, 곧 생사 해탈하기란 제일 쉬운 일이다。 그런데 그렇게 쉬운 일이 왜 쉽지 않은가。 그것은 다름 아니라 꼭 마음을 깨쳐서 부처가 되어야하겠다고 하는 그 생각 때문이다。 그것이 장애가 되어 마음이 드러나지 않는다。」고 삼조 승찬(三祖僧璨)⑰스님께서 간절히 일러 주신 것입니다。

생각해 보면 눈을 껌벅껌벅하다 깨칠 일이고, 세수하다 코 만지기보다도 더 쉬운 일입니다。 이 〈마음〉이 모든 생각의 주체이고 학문의 주체이며 온 우주의 주체이요 인류 문화의 주체입니다。 그러므로 이 〈마음〉을 깨쳐 부처가 되고 생사를 초월하여 우주에 자유하기란 참 쉬운 일 가운데 쉬운 일입니다。 이 깨치려는 마음만 집어 내면 된다는 것입니다。 〈신심명〉의 一四六구절이 다 이것을 되풀이한 것입니다。

신심명은 계속해서 「단막증애(但莫憎愛)하면 통연명백(洞然明白)이니라」했읍니다。「이것은 좋고 다른 것은 나쁘다는 이 분별만 내버리면 툭 트이어 환히 명백해진다。」는 것입니다。 깨치려는 마음 이것이 최후의 장애이니 이것만 버리면 진짜 마음 밖에 남을 것은 없읍니다。 눈을 세 번만 깜짝깜짝하면 탁 드러날 텐데 그것을 또 바라면 틀립니다。 그래

태어나 크게 여섯가지 세계에 살고 죽는다는 뜻。 지옥·아귀·축생·인간·천상·아수라의 여섯 세계를 가리키며, 어떤 중생을 막론하고 그 태어나는 방법에 따라 알로 낳는 것(卵生)·태로 낳는 것(胎生)·습기로 아메바와 같은 미생물에 의해 태어나는 습생(濕生), 지옥·천당처럼 화하여 나는 화생(化生)의 네 가지로 분류되므로 「사생육도」라 한 것。

〔註 17〕 **삼조승찬**(三祖僧璨 ?~六〇六): 중국 선종 제三조(祖), 二조 혜가(慧可)의 종요(宗要)를 잇고 신심명을 지었으며 제四조 도신대사(道信大師)를 만나 법과 의발(衣鉢)을 전하다。

〔註 18〕 **선지식**(善知識) 범 Kalyanamitra: 또는 지식(知識), 선우(善友), 승우(勝友)라고도 함。 부처님의 법을 닦아서 체득하고 그 교법(敎法)을 많은 중생에게 말하여 다른 이로 하여금 고통세계를 벗어나 이상

서 옛날 도인들이 선지식(善知識)⑱을 찾아 다닌 것도 전부 이 때문입니다。 알듯알듯한데 알 수 없으니 선지식을 천 명 만 명 찾아 다니며 무슨 말 한마디 눈짓 손짓 한 번의 가르침가운데 깨치려는 것입니다。

선재동자(善財童子)—般若 3

화엄경(華嚴經)의 선재동자(善財童子)⑲가 五三 선지식을 찾아 다닌 것도 구경(究竟)은 이 소식을 모르기 때문에 어린 것이 맨발로 수백 수천리를 찾아 다녔던 것입니다。 한 선지식을 만나 한 가지를 배우고 또 물으면 다른 선지식 있는 곳을 가리켜 주면서 거기 가면 백천삼매를 얻는다고 합니다。 그 선지식을 또 찾아가서 온갖 지식을 더 배워 보면 마음 생김이나 부처님 법을 좀 더 깨닫게 되는데 그러나 아직은 무엇인지 미진(未盡)한 게 있읍니다。

이렇게 해서 찾아 다닌 선지식 가운데는 음녀(婬女) 탕녀(蕩女)도 있고 사람을 하루에도 몇 명씩 죽이는 폭군(暴君)도 있고 목사(牧師)도 있고 신부(神父)도 있어서 선지식이라고 인정하기 어려운 행세(行勢)를 하는 이가 많았읍니다。 또한 선지식을 찾아 배우고 깨달음을 얻고 나면 한결같이 그 선지식은 나는 아는 것이 이것뿐이다、그러니 어디어디에 가서 아무 선지식을 찾으라는 것이었고、이렇게 하는 가운데 스님 세 분을 만났고 마지막으로 五三번째 선지식을 만났을 때、문수보살(文殊菩薩)⑳을 만나 깨달음을 성취했읍니다。

이렇게 해서 마음을 깨달으면 그때 밝은 지혜가 생기는데 그 지혜가 〈반야〉입니다。 그런데 그 마음을 깨달으려면 깨치고 싶어하는 생각을 내지 말라는 것입니다。 생각은 따

경(理想境)에 이르게 하는 이로서 뭇 중생과 수도하는 이에게 스승이 될 만한 분。

〔**註 19**〕 **선재동자**(善財童子)범 Sudhana:〈화엄경〉 입법계품에 나오는 구도자(求道者)。五三 선지식을 두루 찾아 뵙고、맨 나중에 보현보살을 만나서 십대원(十大願)을 듣고 아미타불 국토에 왕생하여 입법계(入法界)의 지원(志願)을 채웠다 함。

〔**註 20**〕 **문수보살** 범어 Manjusri : 대승보살 문수사리(文殊師利)·만수 시리(滿殊尸利)라 음역。만수실리(曼殊室利)·묘덕(妙德)·묘수(妙首)·

져서 알 수 있고 언어로 통할 수 있지만 생각을 내는 모든 생각의 주체인 마음、곧 자성(自性)은 이렇게 해서는 이해할 수 없고 따져 볼 길이 없읍니다。

이에 대한 부처님의 법문이 금강경에 다 나와 있읍니다。반야를 성취하는 방법이 금강경에 자주 되풀이해서 설명됩니다。부처님의 반야지혜는 객관적인 사리(事理)를 는 지식이거나 지식에 의한 그런 지혜가 아니고 모든 지식의 주체인 이 마음、아무 생각이 아닌 청정본연(淸淨本然)한 내 본 마음을 말합니다。이것을 열반이니 보리니 반야니 화엄(華嚴)이니 법화(法華)니 하는 온갖 이름으로 부르기도 합니다。그러므로 반야지혜는 청정한 자기 마음의 경계、부처도 중생도 다 끊어져서 일체를 상대하지 않는 주객 이전(主客以前) 피아(彼我)의 대립 이전의 밝은 지혜 그것을 가리킵니다。이런 반야는 금강석처럼 파괴되지 않는 지혜이고 영원 불멸하는 광명이며 본래 마음 그대로의 고향이며 생사고해(生死苦海)㉑를 내버리고 자기 본래의 낙원(樂園)에 돌아온 지혜입니다。

알 줄 아는 마음자리 — 般若 4

육신은 기계와 같고 자동차와 같으며 마음자리는 운전수와 같고 기사(技士)와 같으며、몸뚱이가 옷이라면 말하고 듣는 마음자리는 옷을 입는 사람 몸에 비유됩니다。그러므로 알 줄 알고 말할 줄 아는 이 마음자리인 나는 육체를 뒤집어 쓰고 있을 때나 몸뚱이를 걷어 치웠을 때나 변하지 않습니다。중생놀음하는 범부 시절에도 마음자리는 조금도 덜함이 없이 제 성능을 다 하고 있으며、이 다음에 성불해서 부처가 되었을 때도 무엇을 알 줄 아는 그 힘은 더 거룩해지는 것도 아닙니다。마치 소금을 입에 집어 넣어서 짠 맛을 아는 것은 아기 때나 학사 박사 때나 변함 없이 똑같은 것과 마찬가지입니다。

묘길상(妙吉祥)이라 번역함。문수(文殊)와 만수(曼殊)는 묘(妙)라는 뜻이고、사리(師利) 실리(室利)는 두(頭)·덕(德)·길상(吉祥)의 뜻。보현보살과 짝하여 부처님의 보처(補處)로서 왼쪽에 있어 지혜를 맡음。

〔註 21〕 **생사고해(生死苦海)**：중생들은 본래 생사가 없는 근본 마음자리를 깨닫지 못하여 육신을 나라고 믿고 생각이 마음인 줄로 착각하여 번뇌 망상을 일으키게 된다。따라서 상대세계인 현실에 구속되고 생사의 고통을 벗어나지 못하게 된다。사생육도(四生六道) 참조。

그런데 알 줄 아는 이 성품은 분별을 하는 생각과는 다릅니다。 아무 것도 없는 바닥에 거울을 엎어 놓으면 아무 그림자도 없이 깨끗한 거울의 바닥뿐이지만 바로 젖혀서 물건을 갖다 대면 무엇을 대하든지 그대로 다 나타납니다。 만일 빨간 옷감을 대면 거울 전체가 빨갛게 물든 것처럼 보이는데、 그렇다고 해서 거울이 실상 빨갛게 물든 것은 아닙니다。 따라서 거울은 빨간 헝겊을 댔을 때나 아무 물건도 안 비췄을 때나 깨끗해지고 더러워질 것이 없읍니다。 그와 같이 우리 마음자리도 말하고 듣고 죄를 짓고 선을 행하고 온갖 짓을 다 하지만 알 줄 아는 마음자리는 항상 그대로입니다。

육체는 산 채 그대로 송장입니다。 눈동자가 무엇을 볼 줄 아는 것이 아닙니다。 처음부터 지각성(知覺性)을 가지지 못한 그것이 생리적(生理的)으로 체계(體系) 있게 조직이 되어 있다고 해서 알 줄 아는 능력이 물질에서 나올 수는 없읍니다。 그러므로 눈이 볼 줄 알고 귀가 들을 줄 안다는 것은 말이 안됩니다。 범부(凡夫)였을 때는 눈을 빌어서 보기는 하지만、 그것은 마치 사람이 뚫린 창구멍으로 밖을 내다 보고 사진기의 렌즈를 통해서 사진을 찍듯이 사람이 창구멍으로 비치는 것들을 내다보고 알고 렌즈에 찍혀 나온 물건을 보고 느끼고 아는 것이지、 창구멍이나 렌즈 자체가 알 줄 아는 것은 아닌 것과 똑같습니다。 그러므로 눈이 보고 귀가 듣고 코가 냄새 맡는 것이 아니라 알 줄 아는 마음자리가 직접 보고 냄새 맡고 듣고 하는 것입니다。

아무것도 아닌 허공 그것이 무엇을 보고 듣고 할 수 없고、 물질이 본래 원자(原子) 전자(電子) 시대부터、 에너지 시대부터、 그 이전부터 무엇을 지각할 수 없읍니다。 따라서 무엇을 알 줄 아는 능력이 본래 없는 무정물질(無情物質)로 조직된 이 육체는 알 수 없읍니다。 이 알 줄 아는 마음가리를 성품(性品)이다、 불성(佛性)[22]이다、 보리(菩提)다、 진여(眞如)다、 한 물건(一物)이다 하지만 제일 가깝게 말하면 〈나〉입니다。 그래서 우리가 알

〔註 22〕 불성(佛性) Buddhatva : 부처를 이룰 근본 성품。 미한 중생때나 깨달은 부처때나 사람이나 신이나 본래부터 있는 변하는 일이 없이 중생에게 갖추어져 부처될 성품、 곧 중생의 성불할 가능성이 본래 갖추어 있는 성품을 말한다。

〔註 23〕 보(報)：과보(果報)·인과응보(因果應報)를 뜻한다. 모든 현재의 결과는 과거의 원인에 의해 필연적인 결실이며 현재의 일거수 일투족은 미래의 결과에 대한 원인이 되는 바 우연이란 있을 수 없다. 이렇게 어떤 원인에 의해 결과로써 받아진 과보를 〈보〉라 한다. 따라서 금생의 행 불행은 전생에 자신이 지은 원인에 의해 받아진 과보이며 업보(業報)라는 뜻으로 많이 쓰인다.

줄 아는 힘이 있는 성품을 유정(有情)이라 하고 동물(動物)이라 하는데, 돼지·고양이·개의 형상을 뒤집어쓴 몸뚱이가 유정이란 뜻이 아니고 그것을 뒤집어쓰고 이리저리 다니는 운전수를 동물이라 하고 유정이라 합니다. 몸뚱이는 하나의 물질이고 말할 줄도 들을 줄도 모르는 무정물(無情物)이기 때문입니다.

그렇지만 알아지는 인식(認識)의 대상(對象)이 있고 아는 자신, 곧 주관(主觀)이 있어서 아는 것은 분별심(分別心)으로 아는 망상(妄想)이고, 있다 없다 하는 생사법(生死法)입니다. 산을 보고서 높은 줄 알고 물을 보고 깊은 줄 아는 그 자리, 생각 아닌 자리, 생각을 일으키기 전의 온전하고 오롯한 자기 마음자리입니다. 그러므로 이러한 마음자리에서 보면 과학이니 철학이니 종교니 심지어는 발심(發心)하느니 성불(成佛)하느니 생사를 해탈(解脫)하느니 하지만 다 잡된 생각입니다. 본 마음자리를 미(迷)해서 생사(生死)의 보(報)㉓를 받고 있는 우리로서는 그런 생사를 하긴 해야 하겠지만 그러나 이것은 다 부처가 되기 전, 내 마음을 돌이키기 전의 인이고 제 정신을 똑똑히 제대로 찾은 사람에게는 일체의 생각을 다 버리게 됩니다.

그래서 「성불(成佛)해야 하겠다. 생사를 해탈(解脫)해야 하겠다. 이 세상의 모든 것은 다 무상(無常)하다.」고 하지만 이것도 모두 다 쓸 데 없는 생각일 따름입니다. 부처가 된다는 생각도 없어지고, 그것이 없어져야 한다는 생각도, 없어졌다는 생각도 없어져서 온갖 생각이 없어진 자리에 들어가면 「성품〔自性〕이 이렇구나, 내가 견성(見性)을 했구나.」 하는 생각이 누구나 한 번 날 수 있습니다. 이럴 때 「아차!」 하고 곧 그 생각을 돌려서 저절로 끊을 줄 알아야 합니다. 「이렇구나!」 하는 생각도 망상(妄想)이기 때문입니다. 이 생각 저 생각 다 버리고 상대적으로 존재하는 객관대상(客觀對象), 곧 산보고 높은 줄 알듯이 객관의 사물(事物)을 아는 것이 아니라, 제가 저를 알 때는 아는 걸로 아는 것이

〔註 24〕 인과(因果)：원인과 결과라는 뜻。원인중에 인(因)과 연(緣)이 있는데 사연(四緣) 육인(六因) 오과(五果)를 말하기도 하고 사연 십인 오과를 말하기도 한다。일체 만상의 생성괴멸(生成壞滅)하는 미오(迷悟)의 세계의 모양들은 하나도 이 인과관계에 말미암지 않은 것이 없다。

이니고 다만 객관세계를 보고 잘못 안 지식(知識)을 정리해 버리는 것이므로 아무 생각 없고 아무 허물 없는 알 줄 아는 마음만 남아 있읍니다。그렇게 되면 알았다는 생각도 저절로 없어집니다。

일체 생각이 아닌 이것이 온갖 사상이 되고 인과(因果)㉔의 업(業)을 지어 육도(六道)에 생사윤회(生死輪廻)하는데 이 한 놈이 한 짓이고 이 한 놈은 절대적(絶對的)인 초절대(超絶對)의 실재(實在)이고 실상(實相)입니다。이렇게 위대한 마음자리 이것이 있다는 것을 「금강반야 바라밀경」이란 경 제목의 해설을 들음으로써 짐작이라도 하게 되는 것은 마치 담너머 쇠뿔이 움직이는 것을 보고 확실히 담너머에는 소가 있겠다고 인식하게 되는 것과 같습니다。그래서 이렇게 우리들 자신에게도 시방제불(十方諸佛)이 깨치신 도리가 있다는 것을 확실하게 짐작하는 것을 경학(經學)에서는 해오(解悟)라 합니다。깨달아서 그 경지에 들어가서 아는 게 아니고 생각으로 안다는 뜻입니다。

그러나 알 줄 아는 이 마음자리는 지혜라고 할 수도 없고 뭐라고 할 수도 없는 초절대(超絶對)도 아니고 하나조차도 아닌 자리입니다。굳이 말하자니 실상(實相)이라 하고 반야(般若)라 하는데 이것이 금강반야(金剛般若)입니다。그런데 반야에도 그 내용을 몇가지로 살펴 볼 수 있읍니다。중생들이 이 반야의 본성(本性)이 미(迷)해서 종소리 하나를 가지고도 한국 사람은 땡땡으로 듣고 일본사람은 강강으로 듣고 서양 사람은 딩동으로 들으니 이것은 다 업보중생(業報衆生)이기 때문입니다。업에 따라서 지옥을 천당으로 보고 천당을 지옥으로 보고 사바세계를 극락으로 착각하며 온갖 고생을 하기 마련인데、이것도 지혜이므로 반야는 반야입니다。그러므로 반야에도 바른 반야、잘못된 반야가 있고 깊은 반야도 있고 얕은 반야도 있읍니다。

세 가지 반야—般若 5

앞에서 말한 마음자리인 나 자신을 깨달은 것을 실상반야(實相般若)㉕라고 했는데, 부처님께서 실상반야를 깨달으신 뒤 중생들을 제도하기 위해 아함경(阿含經)·방등(方等)·반야(般若)·열반(涅槃) 등의 초·중·고·대학 같은 과정의 체계를 세우셨는데, 이것은 부처님이 아니면 하나님도 공자님도 구상할 수 없는 내용이고 체계입니다. 이런 지혜를 관조반야(觀照般若)라고 합니다. 실상반야가 체(體)이고 관조반야는 용(用)·작용(作用) 곧 활용(活用)입니다. 비유하면 실상반야는 물이고 관조반야는 수분(水分)의 작용(作用)인 이슬·파도·얼음과 같습니다. 그렇지만 부처님의 관조반야는 무엇을 따져 보고 아는 것이 아니고 실상반야로 대보면 그냥 알아집니다. 마치 거울에 비치면 대상물(對象物)이 그대로 나타나듯이 연구해서 아는 것이 아니고, 우리들이 산을 보고 높다고 직관적(直觀的)으로 아는 것처럼 환하게 전지전능(全知全能)하게 다 아십니다.

발심수행(發心修行)을 해서 참선(參禪)을 하든지, 염불(念佛)·진언(眞言)을 하든지, 경(經)을 보든지, 기도(祈禱)를 하든지 용맹정진(勇猛精進)하다가 견성(見性)한다 해도 번뇌(煩惱)의 깊은 밑바닥까지 뿌리째 뽑아 없애지 않으면 안됩니다. 바다에 파도가 없을 때에도 육안(肉眼)으로 보이진 않지만 아주 미세(微細)하게 잔잔한 물결이 남아 있어서 이것이 모여 가지고 어느 때인가는 큰 파도가 됩니다. 이와 같이 최후의 잠재의식(潛在意識)인 제팔장식(第八藏識)도 정신을 통일해서 닦아 들어가면 차차 없어져서 마지막에는 현상계도 없어지고 육체도 없어지고 시간 공간(時間 空間)도 없어지고 자기 마음

〔註 25〕 **실상반야**(實相般若): 반야 중에서도 실다웁고 근본되는 반야라는 뜻이다. 반야의 본체는 본래 참이다·거짓이다·진리다·아니다라는 상대경계를 떠난 마음자리를 가리키는 마음의 이체(理體)이므로 실상반야니 방편반야(方便般若)니 하고 구별지울 수는 없지만 그러나 중생에게 반야의 내용을 접근시키기 위해서 二종반야·三종반야·五종반야 등의 구별을 해서 설명하게 된다.

하나 실재만 오롯하게 나타납니다。 본래 아무 것도 없고 정신 마음 하나니까 그렇게 되는데 이런 정도만 되어도 오래 있으면 신통(神通)이 납니다。 그러면 내가 이제 견성해서 부처가 다 된 줄 알고 아무런 행동이나 해도 괜찮고 막행막식(莫行莫食)을 해도 좋다고 하다가 잘못되는 사람이 있읍니다。 선지식을 못만나면 이 몸뚱이가 없는 것인데 불을 지른다고 탈 것이냐、 도끼로 친다고 부서질 것이냐 하면서 계율(戒律)을 안 지키고 육바라밀(六波羅蜜)안 닦아서、 만행공덕(萬行功德)을 쌓는 거룩한 대승의 보살도(菩薩道)를 게을리 하게 됩니다。

경을 자세히 공부하지 못한 무식한 사람들이 참선하다 이렇게 잘못 되면 그 사람 말을 막을 수 없게 됩니다。 마음이 영특해져서 한마디 들으면 열·백을 알기는 아는데 자기가 부처가 다 된 줄 아는 고집이 생겨서 남의 말을 귀담아 들으려고 하지도 않기 때문에 큰 도인 못만나면 잘못되기 쉽습니다。 그래서 능엄경(楞嚴經)같은 데에 이런 잘못을 경계하는 부처님의 말씀이 자세하게 기록되어 있읍니다。 그러므로 반야에도 젖먹이 아기 정도의 반야가 있고 유치원 정도의 반야、 국민학교·중학교 정도의 반야、 대학교·석사·박사 정도의 반야가 있어서 견성을 해서 반야가 열렸다 해도 번뇌의 깊은 뿌리까지 뽑혀진 완전무결(完全無缺)한 실상반야(實相般若)의 경계를 참선을 하기 전에 다 배워야 합니다。 부처님께서 이런 반야를 중생에게 정도에 맞추어 체계적으로 가르쳐 주시기 위해 팔만대장경(八萬大藏經)을 자세히 말씀해 주셨고 육백부(六百部)의 대반야경(大般若經)을 말씀해 주셨던 것입니다。

이 금강경은 대반야의 六백부 경을 총결산한 반야의 핵심 경으로서、 앞에서 말한 아공(我空)·법공(法空)·구공(俱空)의 도리를 잘 설파(說破)한 경이므로 이것을 공소식(空消息)이라 합니다。 그런데 부처님께서 이 금강경의 공소식을 말씀하셨을 때는 이미 四

〔註 26〕 **구경각**(究竟覺) : 보살의 수행이 끝나서 얻은 구경의 깨달음, 곧 부처되는 자리를 말한다。 깨달음에 처음과 구경이 있을수 없지만 그러나 처음 구경이 없는 가운데 八만 四천의 계급이 있다。 다만 그것은 없는 것으로 있을 뿐이므로、 금강경에서도 함이 없는 법으로 차별이 있다(一切賢聖皆 以無爲法而有差別)고 했던 것이다。

그러므로 처음 마음을 깨달았다고 곧 부처의 구경각에 이르는 것은 아니며 깨친 마음을 잘 닦고 지니고 항복하고 보살만행을 해서 五二위의 보살의 계급을 거쳐야 하는 내용이 또 있게 되는 것이다。 그래서 보살의 초지(初地)·이지(二地)·십지(十地)니 묘각등각(妙覺等覺)의 〈구경각〉을 말하게 된다。

○년 동안이나 인과(因果)의 도리를 말씀하셨고 계행(戒行)과 바라밀법(波羅蜜法)과 대소승(大小乘)의 온갖 수행법(修行法)을 말씀하시고 난 뒤였으므로 그 당시의 천 이백 대중(大衆)은 이 공(空)의 도리를 잘못 이해할 이치가 없겠지만、이런 도리를 전혀 모르고 불교 사상이 이것뿐인가 보다、이만 하면 부처가 다 된 것이로구나 하며 구경각(究竟覺)㉖에 도달하지 못했으면서 굵은 번뇌 망상(煩惱妄想)만 없어진 것을 가지고 다 된 줄 잘못 알고 방심(放心)하여 마음을 풀어서 술・고기 먹고 오입하고 아무렇게나 행동하다 보면 깊은 잠재의식(潛在意識) 속에 미세(微細)한 허물이 차차 도로 일어나서 마지막에는 태산을 무너뜨릴 큰 파도로 됩니다。언제 그렇게 됐는지 자기도 모르게 그렇게 됩니다。그래서 부처님께서 四九년 동안 인과(因果)의 도리・삼법인(三法印)㉗・사제법(四諦法)・三七조도품(助道品)・계정혜(戒定慧) 삼학(三學)과 육바라밀(六波羅蜜)・반야경(般若經) 등의 말씀을 하신 것은 이런 잘못이 없으라고 하신 것입니다。위에서 말한 실상반야(實相般若)와 관조반야(觀照般若)에 대해 부처님의 이런 말씀을 문자반야(文字般若)라고 그럽니다。실상반야의 그 자리는 말이나 글로 표현될 수 없지만 문자반야는 중생으로 하여금 마음을 닦아서 실상반야에 들어가게 하기 위한 안내서(案內書)로서 말과 글로 가르쳐 주신 것입니다。

정말 부처가 되려고 원을 세운 사람이면 경을 자세히 봐서 반야가 어떤 것이고 어떤 것을 정말 견성(見性)이라고 하는 것인지 잘 알아야 합니다。촌사람 금강산(金剛山) 구경하듯이 해서는 안 됩니다。금강산 구경을 제대로 하자면 적어도 일 년은 걸려야 하는데 촌사람이 남 따라갔다가 바쁘다고 二・三일 둘러 보고 오면 누가 물어 봐도 「아아、굉장하더라。」하는 소리 밖에 못합니다。이런 식으로 경을 연구해서는 안 됩니다。이렇게 공부 해서는 자기가 정진(精進)해서 얻은 정도가 어디쯤 왔는지를 모르게 됩니다。

〔註 27〕 삼법인(三法印)：불교의 근본 교의(敎義)를 셋으로 표시한 것。인(印)은 인신(印信) 표장(標章)이란 뜻으로 일정 불변하는 진리라는 뜻。

곧 첫째、제행무상인(諸行無常印)은 온갖 물질과 정신적 현상은 모두 생멸 변화하여 무상한 것인데 사람들은 이를 항상 한 존재인 것처럼 잘못 알고 있음을 밝힌 진리。둘째、제법무아인(諸法無我印)은 만유의 모든 법은 인연으로 생긴 것이어서 실로 자아(自我)인 실체가 없음을 밝힌 진리。세째、열반적정인(涅槃寂靜印)은 생사에 윤회하는 고통을 벗어난 이상경(理想境)인 열반 적정의 진상을 말한 것。

반야경(般若經)을 「고름 닦아 놓은 종이」 라고 하는 사람들도 있지만, 그것은 구경각(究竟覺)에 들어가서 부처가 다 된 뒤에 경이 소용 없을 적에 하는 말이지, 아직 공부를 마치지 못한 사람이 그런 말을 해서는 안됩니다. 반야경을 걸머지고 다녀야 합니다. 오조 홍인(五祖弘忍)㉘ 스님도 육조 혜능(六祖慧能)에게 금강경(金剛經)을 전하셨고 육조 스님께서는 후학(後學)들을 위해 금강경의 뜻을 친히 풀어서 말씀해 주신 것이 오늘날까지 전해 오고 있읍니다. 설사 부처가 되었다 해도 부처님께는 필요 없지만 중생에게는 역시 필요하게 됩니다. 유치원 교과서와 마찬가지이고 어린 아기를 가르치는 그림책과 마찬가지이기 때문입니다.

그러므로 보조국사(普照國師)㉙·서산대사(西山大師) 같은 조사(祖師)님들께서 선교(禪敎)가 둘이 아니고 부처님의 〈말씀〉과 부처님의 〈뜻〉이 하나라고 하셨던 것입니다.

육체는 나 아니다—波羅蜜 1

우리는 육체를 〈나〉라 하고 오온(五蘊)을 〈나〉라고 하기 때문에 천당 지옥을 생사윤회(生死輪廻)합니다. 만날 돌아다녀 봐도, 시집을 천만 번 가 봐도 소용 없고 장가가도 별수 없고 세계 갑부가 되어도 별수 없읍니다. 생로병사(生老病死)를 면할 수 없고 반야지혜는 얻을 수 없읍니다. 인류의 물질 문화가 더욱 진보하여 一〇년 二〇년 후에는 우주여행을 하루에 다녀올는지 모릅니다. 〈아폴로〉가 발달해서 달나라뿐만 아니라 화성(火星)·금성(金星)에 가서 사람이 사는지 안 사는지 다 보고 올는지 모르겠지만, 그러나 아무리 그래봐도 육신을 〈나〉라고 하는 이상, 옛날 물질문명 미개시대(未開時代)에 먼 길의 여행을 두 발로 꼬박꼬박 걸어다녔고 좀 호강한다면 가마를 타거나 당나귀를 타고 다

〔註28〕 오조홍인(五祖弘忍 六〇二~六七五): 중국 당나라 스님. 중국 선종의 제五조. 황매현(黃梅縣) 사람. 四조 도신(道信)을 만나 그 심인(心印)을 받고 법을 六조 혜능(慧能)에게 전하다.

이 五조 홍인 대사 밑에 七백여 제자가 수학하였고 비로소 선종(禪宗)의 토대를 닦은 분으로서 북종(北宗)의 종주(宗主) 신수대사(神秀大師)도 바로 이 五조의 상수제자(上首弟子)였다.

니던 그 때와 아무 것도 다를 것이 없읍니다. 기계는 발달했을지 모르지만 사람은 다 그대로입니다. 원시인 야만인인 때와 근원적으로 무엇이 다릅니까. 사람이 만물의 영장이라 하지만 그 때도 밥 먹고 지금도 밥 먹고, 밥 먹으면 똥 싸고 오줌 누어야 하고 밤엔 자야 하고 그밖에 무엇이 또 다른 게 있읍니까. 인간 자체는 아무 것도 진보된 게 없고 다만 물질문명과 악한 수단, 남을 한 사람이라도 더 많이 일시에 죽일 수 있는 무기가 발달했을 따름입니다. 공산주의도 그렇고 자본주의도 그렇고 예수니 공자(孔子)니 어떤 종교도 저만 옳다는 자기 중심으로만 살려는 것 밖에 안됩니다. 그러니 인간 세상에 전쟁이 없을 수 없고, 이 혼란을 벗어날 도리가 없읍니다.

그러다 보니 비행기가 나오고 원자탄이 나오고 아폴로가 나와 가지고 달나라까지 가서 거기에 군사기지를 설치하게 되어 달이 이제는 사람 죽일 한 개의 무기장치 곳간으로 변합니다. 그러므로 결국 육체를 〈나〉라고 하는 사고가 횡행(橫行)하는 이상 이런 인간세상에는 영원히 불안과 공포를 면할 길이 없읍니다. 어딜 가나 무엇을 해도 설사 이 우주를 다 내 것으로 차지해 놓았다 하더라도 마음이 편하지 못합니다. 거지로 돌아다니면 하루가 참으로 긴 것 같고 오래 산 것 같지만, 돈이 좀 많거나 권리가 높아지면 하루가 일년같이 지나갑니다. 이런 것은 다 육체가 〈나〉라는 유물적 사조(唯物的思潮)에 의한 인생관에 얽매여 살기 때문인데, 이 사상은 인류가 저희끼리 서로 잡아 죽여 전멸하게 하는 화(禍)의 근원이 됩니다.

내가 늘 하는 말인데, 미국이 세계에서 제일 잘 산다 부자다 하지만 그 나라의 제일 부자집 아들 딸들이 요새 어떻게 되어가고 있읍니까. 인물도 다 잘나고 재주도 천재이며 모자라는 것이 하나도 없는 청소년들이 히피가 되어가고 있읍니다. 인간사회의 모든 것은 부조리(不條理)이고 허무하고 뚜렷한 인간의 목표가 없지 않으냐. 도대체 〈나〉란 무엇

〔註 29〕 보조국사(普照國師) : (一一五八~一二一〇) 고려 스님으로 속성은 정(鄭)씨이고 법명(法名)은 지눌(知訥), 자호(自號)를 목우자(牧牛子)라 하며 선과 교의 불법을 깊이 통달하여 선과 교가 둘이 아니라는 한국불교의 전통을 확립했으며 당시의 타락한 불교계를 개혁하여 참신한 교단 기풍을 세워서 불법을 크게 진흥했다. 이래 보조 국사의 종풍(宗風)은 한국 불교의 정통(正統)으로 되었다.

일찌기 八세에 九산 선문(禪門)중 사굴산(闍崛山) 범일국사(梵日國師)의 후손인 종휘(宗暉)선사에게 출가 득도하고 二五세에는 담선법회(談禪法會) 곧 승과시험(僧科試驗)에 합격하였으나 왕사(王師)·국사(國師)가 되는 명리(名利)의 길을 버리고 진정한 수도의 기풍을 세우기 위해 동지 一〇여명과 정혜결사(定慧結社)를 하고 더욱 정진하여 마침내 「육조단경」에 「진여자성」(眞如自性)이 생각을 일으키어 여섯가지 감각·의식

이 어떻게 된 것인가。 삶이란 무엇인가。 자아상실(自我喪失)、윤리기준(倫理基準)의 상실、생의 의의에 대한 욕구불만(欲求不滿) 등으로 몸부림치는 그들입니다。 잘 먹고 잘 입고 욕망(欲望)을 채우면 인생은 행복하다는 수박 겉핥기 식의 피상적 인생관(皮相的人生觀)으로는 이미 이들의 허탈을 해결해 줄 수 없게 됐읍니다。

그리하여 병적으로 난동을 부리다시피 하니 미국의 앞날이 걱정입니다。 이들은 전쟁도 반대하고 삶에 대한 애착도 집착한 것 같지 않습니다。「전쟁한다고 이익될 것이 뭔가、전쟁에 죽는 사람만 원통하다、전쟁에 희생 당하고 나면 엉뚱하게 딴놈이 호강한다、결국 인생은 부재(不在)다、무엇하는 것이 나인지 모르겠다。」 이런 등의 실망에 떨어진 것입니다。 그래도 죽기는 싫어서 자살은 못합니다。 환각제(幻覺劑)를 먹든지 술이나 마시든지 아편을 맞든지 하여 송장처럼 쓰러져 갑니다。 희망도 없는 내일이지만 그래도 또 만나보고 싶고 죽기는 싫다는 것입니다。

그런데 덴마아크 총각 처녀들은 자살까지 한다고 합니다。 도의적인 구속도 없고 성도 개방했고 음식도 마음대로 먹고 그야말로 지상의 극락세계이고 천당입니다。 그런데 이상하게 많은 청년들이 자살을 한다는 것입니다。 먹고 배설하고 죽는 것보다는 좀 통쾌하게 죽자 해서 오토바이를 타고 가다 수십 길 되는 낭떠러지로 떨어져 죽고 택시를 타고 가다 강이나 바다에 떨어져 물이나 꼴딱꼴딱 먹다 죽자、그래봤자 하나도 억울한 게 없다는 것입니다。 그러니 유물사상(唯物思想)으로는 아무리 고도로 진보해 봤자 먹고 똥싸는 것밖에 인간을 만족시킬만한 이상이 없읍니다。 결국 자살할 길 밖에 없읍니다。 영혼을 부정하는 인간의 말로(末路)는 결국 비참하게 끝납니다。 그 중에는 머리는 좋은데 나쁜 사람들이 인간사회를 한 개 도박장으로 만들어 갑니다。 머리가 우수한 권력자들은 강력한 조직을 가지고 전 국민이 한 사람도 반대를 못하고 최후 일인까지 싸우게 만듭니

기관인 육근(六根)으로 보고 듣고 알음알고(見聞覺知)하지만 만상(萬像)에 물들지 않고 본성(本性)은 항상 청정하고 자재하다는 구절을 보다가 홀연히 크게 깨달았다고 한다。

국사는 이해 이통현거사(李通玄居士)의 화엄론(華嚴論)을 보다가 또 마음에 더욱 깊이 깨달은바 있고 마지막으로 송(宋)의 대혜종고(大慧宗杲)선사 어록(語錄)을 보다가 마지막으로 증득했다。 이것을 三차의 심기전오(心機轉悟)라고도 할 것인데、 그 사법제자(嗣法弟子)에 진각국사혜담(眞覺國師慧諶)과 수백의 문도(門徒)가 있었다。 법상에서 법문하시며 그대로 입적(入寂)하시니 문도는 향을 사르고 七일동안 공양하였는데 안색이 생시와 같았고 수염과 털이 자랐으며 다비(茶毘)하니 뼈가 다 五색이며 사리(舍利)는 큰 것이 三〇、작은 것이 무수하였다。

저서에 「勸修定慧結社文」·「修心訣」·「眞心眞說」·「圓頓成佛論」·「看

話決疑論」·「念佛論」·「法集別行錄節要竝入利記」·「華嚴論印要」 등이 유명하다。

다。 뒤에서 호령 한 마디 하면 전쟁에 나가 죽으라면 죽습니다。 말 안 들으면 당장 죽겠으니 적을 만나는 동안이라도 살아 있고 싶어서입니다。 생(生)의 애착(愛着)이란 이런 것입니다。

그런데 자살이 부쩍 늘어난다면 정말 이것은 생의 애착도 없어진 상태입니다。 백년 다 살아봐도 아무 것도 아니다、 금방 죽어도 아깝지도 않다、 아무 것도 하고 싶지 않다、 인간이 여기까지 가면 다 끝난 것입니다。 물론 이것이 소수에 한한 일이고 전부는 아니지만 인생의 근본 문제를 해결해 주지 못했다는 점에서 더욱 중요합니다。

싣달태자의 바라밀——波羅蜜 2

싣달 태자(悉達太子)께서도 三천년 전에 이것을 걱정했읍니다。 「사람은 죽는다、 나도 죽을 것이다、 어느 누가 나를 죽게 만들었으며 왜 그렇게 된 것인가。」 그 깊은 비밀을 낱낱이 파헤치고 쳐부수고 싶었던 것입니다。 그래서 이렇게 생각했읍니다。 「우주는 상대적인 원리로 되어 있다、 높은 것이 있으면 낮은 것이 있고 더운 것이 있으면 찬 것이 있고、 남자가 있으면 여자가 있고 전부 이렇게 대조적인 원리로 되어 있으니 죽는 것의 대조는 안 죽는 것이 아닌가。 그렇다면 죽지 않는 원리가 있을 것이다、 내가 안 죽는 원리를 발견하고야 말겠다。」 이렇게 생각한 그는 밤새도록 잠도 못잤읍니다。 마침내 싣달 태자는 궁전과 미녀(美女)를 버리고 산으로 도망가서 인도 천지에 있는 도인들을 다 만나 물어 봤지만 몇 백년 몇 천년 살 수 있는 방법은 없지 않으나 아주 안 죽는 방법은 없었읍니다。 그러나 「나는 조금 오래 사는 것이 원이 아니고 영원히 안 죽는 방법、 허공이 없어진다 해도 안 죽는 원리를 발견하자는 것이 나의 원이다。」 이렇게 생각한 싣달 태자는 개 소리 닭 소리 안 나는 산에 들어가 가만히 앉아서 그 해결을 위해 참선을 했읍니다.
「내가 영원히 안 죽는다. 뭐가 그리 영원히 안 죽느냐. 그것은 두말할 것도 없는 〈나〉다. 그러면 내가 무엇인데 영원히 안 죽나.』 가만히 자꾸 따집니다.

「이제까지 〈나〉라고 하는 것은 육체였는데, 만일 육체가 〈나〉라면 영원히 안 죽을 수 없다. 그러면 정신이 〈나〉인가. 그러나 이 생각 저 생각 변화무쌍하니 그 가운데 어느 생각을 〈나〉라고 할 수도 없다.」 싣달 태자는 선정삼매(禪定三昧)에 들어서 모든 생각이 어디서 나오나 살펴보았읍니다. 싣달 태자의 생각은 아버지 생각도 어머니 생각도 아우 자식의 생각도 아니고 확실한 자기 생각이었읍니다. 「그런데 생사를 면(免)해야 하겠다, 영원히 죽지 않는 원리를 찾아보자, 이 생각은 분명히 내 생각이다, 그러나 내 생각을 〈나〉라고 할 수 있을까. 이 생각을 내는 〈나〉는 무엇인가. 생각을 내는 것이 〈나〉지 생각이 〈나〉일 수는 없다. 그러니 생각을 나게 하는 이 주체가 무엇인가.」 이것이 의문으로 되었고 일차적인 결론이었읍니다.

「허공은 아는 능력이 없으니 생각을 내 놓을 수 없다. 그렇다고 지구나 바위나 땅 속에서 나온 것도 아니고, 그러니 확실히 무엇을 생각하는 이 주체는 물질도 허공도 아니로구나. 이것들은 생명이 없으니 무엇을 생각하지 못할 것이기 때문이다. 그러므로 확실히 물질도 허공도 아닌 것이 생각을 내고 그것이 바로 〈나〉로구나. 또 확실히 물질도 허공도 아니니 생사가 없겠구나. 육체가 〈나〉라고 하지만 육체도 따지고 보면 결국 물질임에 틀림없고 지식이라는 것도 생각을 근거로 하여 이루어진 것이므로 이 지식 또한 〈나〉는 아니다. 육체와 지식을 초월한 모든 생각의 핵심이 〈나〉이니 이 〈나〉야말로 죽을 수 없는 것이 아닌가.」 이렇게 생각을 한 뒤부터 싣달 태자는 六년 동안 가속도(加速度)로 생각을 했읍니다. 이것은 말이 가속도로 생각을 했다고 하는 것뿐이지 실제로는 생각을 한 것도 아니고 안 한 것도 아니고, 한 것도 안 한 것도 아니라고 해도 안되고 가만히 있었다고 해도 안되고 가만히 있지 않았다고 해도 안됩니다.

남한테 아주 분한 소리를 들으면 생각할수록 분이 더 나서 밥을 먹을 수 없게 됩니다. 저녁에 드러누워 자려고 해도 잠이 안 와서 벌떡 일어나 앉아 있게 됩니다. 날만 새 봐라 칼을 가지고 너 죽고 나 죽자 하고 분한 생각 하나로 골똘하게 될 뿐입니다. 사람의 마음은 어떤 중대한 문제에 부딪치게 되면 딴 생각을 멈추고 한가지 문제에 정신을 집중하게 됩니다.

이와 같은 정신통일·주의집중(注意集中)의 힘을 가속화(加速化)하여 인생일대의 생사문제를 앞에 놓고 일념부동(一念不動) 깊은 마음의 바닥을 향해 들어가는 것을 선정(禪定)이라고 하는데 싣달 태자는 이렇게 해서 마음을 깨쳐 부처를 성취했읍니다. 그래서 우주에 대자유하고 번뇌·생사의 구속으로부터의 해방을 얻었읍니다. 생각의 주체인 〈나〉, 우주와 인생의 핵심인 〈마음〉, 그것을 깨달았기 때문입니다. 〈마음〉, 〈참나〉를 깨달아서 저절로 바르게 아는 지혜를 〈반야지혜〉라 하고 〈보리설법(菩提說法)〉이라 합니다.

욕심 끊어야 큰 복—波羅蜜 3

어떤 집념(執念)이 강한 생각은 우리를 구속하게 되는데, 소위 지식이 하나하나 늘어나서 학문이 한가지 한가지 발달하면 할수록 우리의 생명을 구속할 상대가 그만큼 더 늘어나는 것입니다. 공산주의가 옳다 하면 꼼짝 못하고 공산주의에 구속 당하고, 자본주의가 옳다고 해도 구속되고, 기독교도 불교도 마찬가지입니다. 정말 대자유·대해방을 얻으려면 이 세상 학문을 다 초월해야 하고, 〈나〉 아닌 다른 외부의 지식이나 힘에 의해서 이루어질 수 있는 것이 아니라 오직 〈나〉 자신만이 할 수 있는 것이라야 합니다. 남을 사랑하는 것도 내가 구속 당하는 것입니다. 그 사랑하는 사람한테 꼼짝 못하고 마음이 끄달려서 뿌리치고 나갈 수가 없기 때문입니다. 또 남을 미워하는 것도 구속입니다. 무슨 생각이 일어나면 그 사건에 구속됩니다.

아무 욕심이 없어야 그때가 비로소 자유뿐이고 모든 것이 마음대로 되고 천하가 다 우리 집이 됩니다. 모든 것을 다 털어 놓으면 모든 것이 내 것이 되고, 붙들어 쥐려면 내 것이 되지 않습니다. 돈이 많아지면 많아질수록 점점 더 고독해지고, 권리가 높아지면 높아질수록 적이 많아집니다. 권리와 돈 다 버리고 나면 천하 물건 다 내것이 됩니다. 아무 욕심 없이 농사짓고 장사하면 무슨 사업을 해도 잘 되지만 욕심장이는 혼자 돈을 벌어서 남을 위해 한 푼도 쓰지 않으니 천 사람 만 사람이 다 증오하게 됩니다. 그런 욕심 버리고 돈을 모으면 온 세상사람이 다 내 식구고 재미가 날 것이며 욕심을 떠나면 내가 없어도 하나 걱정 안됩니다. 욕심 없는 처녀 시집가면 오직 남편만을 생각하고 위해주니 이런 아내는 다시 없다고 업고 다니며 좋은 물건 다 사다 줄 것입니다. 욕심 없는 총각이 장가 들면 자기의 모든 것 다 희생해서 아내만 위해 줄 것이니 그 아내는 우리 남편 제일이라고 자랑할 것입니다. 그 남편이 조금만 다쳐도 큰일 납니다.

모두 제 욕심만 채우려니 첫날 저녁부터 남의 사정 하나도 안봐 준다고 싸우고 원수가 됩니다. 욕심을 가지면 자유를 맛볼 수 없읍니다. 욕심 없는 대자유의 맛은 안 가져 본 사람은 모릅니다.

이와 같이 모든 욕심을 버리고 내 마음을 깨쳐야 그것이 반야이며 참다운 지혜를 얻습니다. 이런 법문을 듣고 「그런 것이 깨달음이로구나.」 하고 알아들은 정도를 가지고 반야지혜라고 하지는 않습니다. 그러나 그것도 한개의 지혜가 아닌 것은 아닙니다. 그런데

〔註 30〕 멸도(滅度): 열반(涅槃)을 번역한 말。 나고 죽는 큰 환난을 없애어 번뇌의 바다를 건넜다는 뜻。 여기서는 부처님께서 저 세상으로 돌아가신 것을 뜻함。 부처님은 몸은 가셨지만 그것은 죽는 것이 아니고 열반에 들어가신 것이므로 이렇게 일컬음。

부처님 소식을 듣고 마음을 깨쳐야 하겠는데 그러자면 모든 욕심을 버려야겠다고 하여 아무것도 하지 말고 가만히 있으라는 소리냐 하면 그런 것은 아닙니다。 그것은 바위되는 것이 아니라 허공되는 것이니、 불교의 뜻에 맞지 않기 때문입니다。

큰 즐거움은 깨닫는 것—波羅蜜 4

『욕심 버리고 일하라。 남을 위해 할 일밖에 없다。 이 육체는 내가 아니니 완전히 내버리고 나면 육체를 위해 할 일은 아무 것도 없다。 이런 정신으로 다만 내 이 본 마음의 자세를 그대로 지니고 간직할 뿐、 오직 부모와 형제와 아내와 남편을 위해서 살고、 친구와 이웃을 위해서 일하라는 뜻입니다。

그러기 위해서는 쉬운 말로 「정신을 차려야」 하는데、 정신을 따로 차릴 것이 아니라 「기분을 내지 말라」「부정(否定)이나 긍정(肯定)을 하지 말라」는 것입니다。 그러면 마음의 본연 자세 그대로 드러나는데 그때의 즐거움이란 말로 다 할 수가 없고 그것은 즐거움도 아닙니다。 그것은 돈푼이나 모아 가진 즐거움이 아니라、 우주를 다 얻고 영원한 생명을 얻은 생(生)의 환희(歡喜)이며 누구한테 얘기도 못하고 혼자 웃는 정말 통쾌한 즐거움입니다。 지구가 녹아서 이 마음의 창고에 들어오고 저 태양이 녹아 들어오고 일월성신(日月星辰) 온 우주가 다 녹아 나의 마음 가운데 들어옵니다。 그러니 모르는 것도 없고 아는 것도 없고 다 알고 다 모르고 나와 우주가 일체(一體)가 됩니다。 사람이 아는 것처럼 큰 고통이 없읍니다。 아는 것 때문에 고통인데 불교를 알아 놓으면 하나도 모릅니다。 하나도 모르면서 다 아는 그곳에 참으로 큰 기쁨이 있읍니다。 이때는 아무 근심 걱정이 없고 원수가 없읍니다。 이것이 대반야이고 지혜입니다。

남만을 위해 살 때—波羅蜜 5

이렇게 해서 불생불멸하는 내 마음을 깨쳐야 하는 노력, 그것이 〈바라밀다〉입니다. 바라밀다를 도피안(到彼岸)이라 번역하는데, 그 뜻은 저 언덕으로 건너갔다. 「이 세상에 살다 저 세상에 갔다. 이 중생 세계에 살다 저 불보살세계에 갔다. 사바세계에서 극락세계로 갔다.」 그런 뜻입니다.

이것을 좀 쉽게 현세에 비유해 말한다면, 가난하여 고학을 한 끝에 부처님 법대로 일도 잘하고 아껴 먹고 저축해서 부자가 됐다. 나중에 병들어도 약 먹을 때 돈 염려 없다. 가난하다가 부자가 되어 모든 사람의 부러움의 대상이 됐으니 이것도 하나의 도피안(到彼岸)이라 할 수 있으며, 자기가 발전하는 모두가 도피안일 수 있습니다. 그러나 이것은 세상살이에서 보면 도피안이란 말이 되겠지만, 우리가 마음을 깨쳐 부처가 된다는 의미의 도피안은 아닙니다. 우리 범부가 천당·지옥·귀신세계로, 동물세계로, 인간세계로, 아수라세계로 육도윤회(六道輪廻)하는 것은, 내 마음이 〈참나〉인 줄 모르고 육체를 나라 하여 육체의 생존을 위해 업(業)을 짓기 때문입니다. 그 업의 인과에 따라 개도 되고 소도 되고 합니다.

육체가 내가 아닌 진리를 깨닫고 나면 지식·사상이 내가 아닌데 그러면서 또 지식을 알고 사상을 아는 〈참나〉를 찾게 됩니다. 이제까지 육체가 〈나〉라는 착각으로 고생을 하고 육도로 돌아다니다 도인을 만나 마음이 〈나〉지, 육체가 나는 아니다. 육체는 내 소유는 될지언정 나를 대표할 수는 없다. 이런 진리를 듣고 이제부터는 참마음을 단속해야겠구나, 지식이나 학사·박사·노오벨상 다 필요 없다. 돈도 권리도 의식주(衣食住)

〔註 31〕 결집(結集): 범 Saṃgīti 석존이 멸도한 뒤 그 교법이 흩어지지 않게 하기 위하여 부처님제자들이 저마다 들은 것을 외오 내고, 그 바르고 그릇됨을 논의하고 기억을 새롭게 하여 정법(正法)을 편집한 경전의 편찬인데, 이 사업은 여러 차례 있었다. 제一 결집은 석존이 멸도하던 해에 왕사성 칠엽굴(七葉窟)에서 대가섭(大迦葉)을 상좌(上座)로 하여 五백 비구가 모여 경·율 이장(二藏)의 내용을 결정했는데, 이를 오백결집(五百結集) 혹은 상좌결집(上座結集)이라 한다. 이 결집에 참가하지 못한 비구들이 따로 굴밖에서 바사가(婆師迦)를 중심으로 결집한 것을 굴외결집(窟外結集)이라 한다. 제二 결집은 불멸후 백 년에 야사(耶舍)의 제의로 비사리(毘舍離)에서 일어난 계율에 대한 십사비법(十事非法)을 조사하기 위하여 七백 비구에 의하여 열렸는데 이를 칠백결집(七百結集)이라 한다. 이때 유법(遺法)의 전체

(일설에는 율만이)가 교정되었다 한다. 제三 결집은 불멸후 三三〇년경 아육왕의 보호 아래 제수(帝須)를 사회로 천명 스님네가 모여 파타리자성에서 삼장(三藏)을 확정, 이를 일천 결집이라 한다. 제四 결집은 불멸후 六백 년경 가니색가왕이 가습미라에서 五백 비구를 소집하여 협(脇)·세우(世友) 두 존자를 상좌(上座)로 그때의 三장을 결집하고 이에 주석을 붙이다.

도 필요 없다고 결심하여 육체 본위의 생활을 차차 청산해 갑니다. 하루 세 끼에서 두 끼만 먹고 두 끼에서 한 끼로, 나중에는 안 먹어도 됩니다. 정신의 도가 높아지고 마음의 힘이 커져서 이 마음이 우주도 창조할 수 있으므로 굶어도 몸이 축나지 않습니다. 그렇다고 밥을 안 먹는 것이 불법이라는 것도 아니고 도의 깊이를 굶는 능력으로 안다는 것도 아닙니다. 그것도 집착이고 구속이기 때문입니다. 어떤 물질이나 사건에 대해도 부정·긍정의 아무 생각없이 대합니다. 누워 자도, 장사를 해도, 정치를 해도 나를 위해선 아무 것도 할 일이 없읍니다. 나는 망하고 내가 없을 때, 그리고 남만을 위해서 살 때 〈나〉는 자꾸 커 갑니다. 온 우주가 전부 다 내것으로 되기 때문입니다.

자아완성이 도피안(到彼岸)—波羅蜜 6

자아완성(自我完成)이란 물질인 육체를 위해 산삼 한 뿌리씩 먹는 것인가. 대통령되면 완성(完成)인가. 세계 대통령이 된다 해도 그것은 인격완성(人格完成)일 수 없읍니다. 그렇게 하는 동안에 사람은 자꾸 죽어 갑니다. 어제 다르고 오늘 다른 것이 나인데, 자아도 쓸데 없고 지식도 신앙도 필요 없읍니다. 불교도 믿을 필요 없읍니다. 내가 부처이니 〈나〉만 잘 다스리면 됩니다. 석가여래만 천만번 믿어 봐야 석가여래 믿는 인간이고 중생일 뿐 별수 없읍니다. 내가 내 마음을 단속해 나아가서 번뇌 망상 자꾸 없애 버리는 그것이 자아완성(自我完成)입니다. 그래서 순수한 본래의 자기 마음, 청정한 〈나〉를 깨달아 놓으면 온 우주가 그대로 먹을 것도 마음대로 무엇이든 안되는 것이 없이 전지전능(全知全能)해집니다. 이것이 비로소 해방이고 인격완성입니다. 우리가 마음을 정화(淨化)하고 교단(敎團)을 정화하는 것도 바로 이 인간 해방운동입니다. 다시 말하면 결국 부처가 되고 싶어하는 생각을 내는 그 생각의 주체인 〈참나〉를 발견하는 일입니다. 이제부터 객관의 천당 지옥으로 돌아다니다가 마음의 고향으로 돌아온 것이고 딴데 어디로 가서 부처가 되는 것이 아닙니다. 내 마음을 찾아 〈참나〉를 완성하는 것이 불교 최후의 목표이기 때문입니다.

도피안은 돌아온 것—還此岸

도피안이란 결국 인도(印度)말로는 저 언덕에 간 것이라고 하지만, 부처님이 말씀하신 그 말의 뜻과는 다릅니다. 부처님의 뜻대로 하자면 환차안(還此岸), 곧 이리로 돌아온다고 표현해야 맞습니다. 만일 〈도피안〉이라 하여 어느 딴 곳에 가는 것이라 하면 나로부터 멀어지게 됩니다. 어디까지나 마음을 깨치는 것이 성불이고 자기 마음을 단속하는 것이 도피안의 길이니, 이렇게 함으로써 생사를 초월할 수 있고 대자유인이 될 수 있는 것입니다.

이것을 〈도피안〉(到彼岸)이라 번역했는데, 이곳이란 뜻을 저쪽이란 말로 표현했다면 부처님의 뜻과 다르지 않지만, 참말로 저쪽 어디로 멀리 가서 보살이 되고 성불하는 것이란 뜻으로 알고 그렇게 번역했다면 그것은 부처님의 뜻과 크게 어긋납니다. 이 도피안을 보통 한문대로 알다가는 진리가 자기 마음자리인 〈나〉한테 있지 않고 다른 곳에 있다고 생각하여 어디로 가려고 하게 되니 큰 일입니다. 불생불멸(不生不滅)하고 부증불감(不增不減)하며 청정한 것도 아니고 더러운 것도 아닌 그러한 금강 같은 내 본 마음으로 돌아온다. 모든 객관 사물에서 모든 비판을 버리고, 소위 철학이니 과학이니 하는 모든 학문, 일체의 지식을 안 따라가는 내 마음자리로 돌아온다」 그런 뜻으로 한 말이 〈도피안〉

〔註 32〕 구마라습(鳩摩羅什) : (三四三—四一三) 인도 스님으로 구마라시바(鳩摩羅時婆)·구마라기바(拘摩羅耆婆)라고도 하며 구마라습(鳩摩羅什)·라습(羅什)·습(什)이라고도 하고, 범어로 Kumarajiva라고 쓴다. 아버지 구마라염(鳩摩羅炎) 어머니 기바(耆婆·구자국왕의 누이동생). 구자국에서 출생했는데 아버지 이름과 어머니 이름을 합하여 「구마라기바」(拘摩羅耆婆)라 했다. 출가(出家)하여 어머니를 따라 여러 곳으로 돌아다니다가 七세에 북인도의 계빈국(罽賓國)에서 반두달다(槃頭達多) 스님에게 소승교(小乘敎)를 배운 뒤에 소륵국(疏勒國)에 가서 수리야소마(須梨耶蘇摩) 스님에게 대승불교(大乘佛敎)를 통했으며 다시 구자국에 돌아와서는 비마라차(卑摩羅叉) 율사에게 율장(律藏)을 통했다. 진왕(秦王) 부견(苻堅)의 신하 여광(呂光)이 三八三년에 구마라습 삼장을 중국으로 모셔 왔고 그뒤 후진(後

秦)에 요흥(姚興)이 四○一년에 장안(長安)으로 모셔 국빈으로 대접했다. 여기서 성실론(成實論)·십송률(十誦律)·중론(中論)등 七四부 三八○여권의 三장을 번역했으며, 그 뒤 삼론종(三論宗)의 조사가 되었고 三천명의 제자가 있었으며 四一三년 七四세를 일기로 세상을 떠났다.

입니다.

경 중의 경—經

경(經)이란 성인께서 말씀하신 진리의 내용을 이야기한 〈말씀〉·〈글〉·〈이야기〉란 뜻입니다. 이 경자(經字)를 〈날경〉·〈법경〉이라 하고 〈글경〉이라고도 합니다. 옷감으로 쓰는 베를 짤 적에 요사이는 방직기계(紡織機械)로 짜지만 원리는 다 한가지어서 날이 있어야 그 날 사이로 실을 감은 실톳이 왔다갔다하면서 길쌈을 짜게 되므로 날이 무명을 짜는데 핵심이 됩니다. 이와 같이 성인의 말씀이 모든 이치의 핵심이 되므로 〈경〉이라고 한 것입니다. 또 〈經〉자 대신 〈徑〉자를 쓰기도 하는데 〈徑〉자는 〈지름길경〉·〈빠를경〉자이니, 빠르게 지름길로 간다는 뜻입니다. 중생들은 삐뚤어진 길로 꼬불꼬불 돌아다니지만 성인이 말씀한 진리는 인생을 바른 길로 가게 하는 지름길로 빠르게 가게 한다는 뜻으로 〈徑〉자를 씁니다. 그러나 이것은 〈경〉에 〈徑〉자의 뜻이 있다는 정도이지 실제로는 〈經〉자로 그 뜻을 포함하여 표시합니다.

그래서 경전(經典)·경교(經敎)·경률(經律)·경서(經書)·장경(藏經)·성경(聖經)이란 말이 있고, 유교(儒敎)에서도 사서삼경(四書三經)이 있는데 불교에는 팔만대장경(八萬大藏經)이 있읍니다. 부처님께서 四九년간 하루도 쉬지 않으시고 고구정녕(苦口叮嚀)으로 중생들의 근기(根機)와 정도에 맞추어 이렇게 말씀하시고 저렇게 설명하셔서 마음을 깨치도록 하신 八만 四천 법문이 경 가운데, 실려 있다고 해서 팔만대장경(八萬大藏經)이라고 합니다.

이 팔만대장경은 부처님께서 멸도(滅度)[10]하신 뒤 그 교법(敎法)이 흩어지지 않고 후세에 잘 전해지도록 하기 위해 부처님의 제자들이 저마다 들은 것을 외워 내어 부처님의 정법(正法)을 비로소 경으로 체계(體系)있게 결집(結集)㉛함으로써 완성된 것입니다.

수보리존자가 부처님께 법문을 청함으로써 묻고 대답하는 이야기를 통해, 마음을 깨쳐서 〈참나〉(眞我)를 완성하고 부처를 이루어 반야의 지혜를 말씀하신 것이 이 「금강경」이니 이 「금강반야바라밀경」은 경(經) 중의 경인 것입니다.

구마라습삼장—(鳩摩羅什三藏)

구마라습㉜은 인도 구자국(龜玆國) 스님의 이름인데 번역하여 동수(童壽)라 합니다. 어린이면서 노인처럼 학문이나 모든 것이 대성(大成)해 있다는 뜻으로 지은 이름입니다. 어린이면서 마음 쓰는 거나 생각하는 게 팔십 늙은이처럼 속에 영감이 들어앉아 있어서 사람 대하는 법이 실수를 안합니다. 어려서부터 천재이어서 학문이 밝고 덕이 높으며 하나를 들으면 열을 알고 그래서 어려서부터 〈선생님〉 소리를 들은 분입니다. 일찌기 어려서 출가(出家)하여 소승교(小乘敎)를 배운 뒤에 대승불교(大乘佛敎)에 능통했으며 다시 율장(律藏)을 통하여 경률론(經律論)의 삼장(三藏)을 두루 통달(通達)했으므로 삼장법사(三藏法師)로 존칭(尊稱)되었으며, 이래 구자국에서 대승불교를 널리 전포(傳布)했읍니다. 그런데 중국의 진왕(秦王) 부견(符堅)이 구자국을 정벌했을 때 구마라습 삼장을 중국으로 모셔 왔던 것입니다.

〔註 33〕 산림(山林): 불교에서 법회하는 것. 경전강의하는 것을 「산림」이라 하고 많은 승려들이 모여서 수행하는 곳을 총림(叢林)이라 하고 선원(禪苑)·선림(禪林)이라 하는데, 하나나 둘이 외로이 서서 자라는 나무는 꾸부러지고 잘 자라기 힘들지만 나무가 많이 들어서서 자라는 숲속의 나무들은 모두 꼿꼿하게 잘 자라는 이치에 비유해서 승려와 신도가 많이 모이는 도량은 사람을 곧 바르게 기를 수 있다는 뜻으로 지어진 이름이다.

그 뒤부터 장안(長安)에 있으면서 「대품반야경(大品般若經)」·「묘법연화경(妙法蓮華經)」등 많은 「경률론」을 번역했는데, 『금강경』도 이때 구마라습 삼장이 번역한 것이 지금까지 제일 많이 유행했으며 우리가 지금 공부하는 이 「금강반야바라밀경」도 이 구라마습 삼장이 번역한 것입니다.

법회산림——(法會山林)

불경(佛經)을 강의하는 것을 절에 가면 산림(山林)㉝한다 그럽니다. 이 말은 파인아산(破人我山)하고 양공덕림(養功德林)한다고 하는두 글귀의 끝자 둘을 합해서 만든 말입니다. 너니(人) 나니(我) 하고 집착(執着)하는 착각(錯覺)을 두드려 부수는 것이 불교 공부하는 것이고, 태산(泰山)처럼 높은 〈나〉라는 감정을 앞세우는 아상(我相)㉞·인상(人相)을 없애는 말씀을 한 것이 팔만대장경(八萬人藏經)이므로 파인아산(破人我山)한다는 뫼산자(山)를 떼어서 쓴 것입니다. 그런데 아상·인상만 부수는 것이 아니고 중생상(衆生相)·수자상(壽者相)㊱도 두드려 부수는 것이니, 결국 말은 〈인아산〉(人我山)이라 했지만 뜻은 아상산(我相山)·인상산(人相山)·중생상산(衆生相山)·수자상산(壽者相山)을 다 부수어 없앤다는 말로 봐야 합니다. 〈아상〉은 몸뚱이를 〈나〉라고 생각하고 생각을 〈나〉라는 고집이며 〈인상〉은 〈나〉에 대한 상대적인 존재, 곧 남을 뜻하며 객관을 뜻합니다. 〈중생상〉은 살림살이하는 것, 좀 잘 살아 보자 남과 같이 살아 보자는 생각이며, 〈수자상〉은 이 몸뚱이로 타고난 백년 목숨을 살려니 하고 좀더 오래 살려는 생각입니다. 이것을 사상(四相)이라고 하는데 역시 금강경의 중요한 사상(思想)입니다. 이 四상만 끊어지면 보살의 지위에 나아갈 수 있고 깨달을 수 있게 됩니다. 이 四상에 대해서는 본문을 공부할 때

〔註 34〕 **아상**(我相)∶ 제三절 대승정종분 본문 二三七페이지 및 二五一페이지 주 참조。

〔註 35〕 **인상**(人相)∶ 二三七페이지 본문 및 二五一페이지 참조。

〔註 36〕 **중생상·수자상**(衆生相 壽者相)∶ 제三 대승정종분 二三七페이지 본문 및 二五一페이지 주 참조。

에 많이 나오게 되므로 자세한 설명은 뒤로 미루기로 합니다.

수풀림(林)자를 쓴 것은 숲은 뜨거운 태양을 가려 주고 재목이나 화목(火木)으로도 쓰고 과일도 있고 온갖 짐승들이 깃들고 또 무성(茂盛)하는 것을 뜻하며 사람에게 덕(德)을 끼친다는 것을 뜻합니다. 그래서 공덕의 숲을 기른다는 뜻으로 양공덕림(養功德林)이라 했는데 그 끝자인 임(林)자를 따서 산림(山林)이라 한 것입니다. 그러므로 우리가 이렇게 설법(說法)을 하고 법문(法門)을 듣고 하는 것은 모두 산림을 시작한 것이며, 인아산(人我山)을 부수고 불보살님과 같은 완전한 인격을 성취하는 공덕의 숲을 기르는 사업이 됩니다.

金剛經大講座

法會因由分 第一

如是我聞하오니 一時에 佛이 在舍衛國祇樹給孤獨園하사 與大比丘衆千二百五十人으로 俱러시니 爾時에 世尊이 食時라 着衣持鉢하시고 入舍衛大城하사 乞食하시되 於其城中에 次第乞已하시고 還至本處하사 飯食訖하시고 收衣鉢하시며 洗足已하시고 敷座而坐하시다

이와 같이 내가 들었다。 어느때 부처님께서 사위국의 〈기수급고독원〉이란 절에서 비구 천 이백 오십인과 함께 계시었다。

그 때 세존께서는 진지 잡수실 때가 되어、 가사 입으시고 바리 들으시고 사위 서울에 들어가시와 성 안에서 차례대로 비시었다。 그리고 절로 돌아오셔서 진지 잡수시고는 가사와 바리를 거두시고 발 씻으신 뒤 자리 펴고 앉으시었다。

第一 法會因由分—법회가 열린 인연

〔科 解〕

법회인유분(法會因由分)은 이 금강경을 부처님께서 설법(說法)하시게 된 동기(動機)를 아란존자(阿難尊者)께서 설명하신 대문(大文)입니다。 법회(法會)가 열리게 된 인유라 하여 법회인유(法會因由)라 했고、과목(課目) 장절(章節)이란 뜻으로 분(分)이라 했고、제일장(第一章) 또는 제일과(第一課)란 뜻으로 제일(第一)이라 했읍니다。 그러므로 요사이 말로 고치면 「제일장 법회가 열리게 된 인연」이라 해야 할 것입니다。

부처님의 경은 어느 경이거나 대개 삼분(三分)으로 나누어 그 뜻을 이해합니다。 처음이 서분(序分)이고 다음은 정종분(正宗分) 마지막은 유통분(流通分)이라 합니다。 서분은 서론(序論)이란 뜻이고 정종분은 본론(本論)이란 뜻이며 유통분은 결론(結論)과 아울러 후세에 길이 전해져서 인류 사회에 큰 이익이 되도록 널리 펴라고 당부하신 대문입니다。 이 가운데 서분은 부처님께서 직접 말씀하신 대문이 아니고 정종분과 유통분만이 부처님께서 말씀하신 것인데、유통분 가운데도 「맨 끝에 부처님께서 이 경을 말씀하시고 나니 누구누구가 어떻게 듣고 기뻐하며 받아 지니었다(佛說是經已 長老須菩提

二七斷疑論 금강경 과판(金剛經科判)에 대해서 북인도(北印度)의 무착보살(無着菩薩 : Asanga 불멸(佛滅) 一천년경 건타라국(乾陀羅國) 출신(出身)。 대승불교를 중흥한 분」은 이 금강경의 해득(解得)을 위해서 일광삼매(日光三昧)에 들어가 도솔천(兜率天) 내원궁(內院宮)의 미륵보살(彌勒菩薩)께 친견(親見)하여 얻은 법문(法門) 八○게송(偈頌)을 근거(根據)로 하여 무착론(無着論) 二권을 지음으로써 비로소 금강경의 깊은 진리를 후인(後人)이 이해(理解)할 수 있도록 하는 최초(最初)의 주석서(註釋書)를 세상에 전했는데、이에 의하면 전 경문(經文)을 一八 주위(住位)로 나누어 풀었으므로 결국 무

及諸比丘 比丘尼 優婆塞 優婆尼一切世間天人阿修羅 聞佛所說 皆大歡喜信受奉行)」 하는 이 경문(經文)도 부처님의 말씀이 아니고 역시 아란존자(阿難尊者)의 말씀입니다。

경문의 내용을 장절(章節)로 나누는 것을 과목(科目)·과판(科判)이라 하는데、 중국 위나라 때 위제(魏帝)가 대덕법사(大德法師)들을 초청하여 경 강의하는 것을 듣고 묻기를 「공자의 유교나 노자의 도교는 경문(經文)에 장단(章段)이 있는데 불경에는 왜 과단(科段)이 없읍니까。」하고 물었읍니다。 그때 대덕(大德) 스님네가 경문에 과목 나누는 것을 대답을 잘 못했는데、 양양(襄陽)에 계시던 도안법사(道安法師)가 이 말을 듣고 경문에 서(序)·정종(正宗)·유통(流通)의 三분(分)이 있다고 하셨읍니다。 이때부터 경문에 三분으로 과판(科判)하는 것이 통례가 되어 왔다고 합니다。

그런데 경문(經文)을 三분으로 나누는 것은 어떤 경이든 거의가 다 이렇게 분석(分析)하여 공부할 수 있는 공통(共通)의 과판법(科判法)일 뿐이지 그 이상은 나눌 수 없다는 뜻은 아닙니다。 그래서 금강경도 三二분으로、 더욱 구체적으로 나누어 공부하게 됩니다。 그래서 이 법회인유분(法會因由分)도 三분(分) 가운데 서분(序分)이면서 三二분 가운데 제일분(第一分)이 됩니다。

착보살님의 금강경 과판(科判)은 一八장(章)으로 나누어졌다 하겠다。

그 뒤 천친보살(天親菩薩 : Vasubandhu) 무착보살의 친동생으로 四세기·五세기경의 북인도 출신、 처음에는 소승불교(小乘佛敎)에 몰두(沒頭)했으나 나중에 형의 감화(感化)를 받아 대승불교(大乘佛敎)를 크게 일으킴。 세친 보살(世親이라고도 함)은 금강경에 대한 천친론(天親論) 三권을 찬술(撰述)하는 가운데 경전문(經全文)을 二七종의 문단(文段)으로 과판(科判)하여 경의 의심(疑心)을 끊어가는 二七단의(斷疑)를 금강경(金剛經)연구의 요체(要諦)로 내세웠다。

또 불교를 위해 많은 공헌(貢獻)을 한 중국 양(梁)나라 무제(武帝)의 아들 소명태자(昭明太子 : 五〇一—五三一、 어려서부터 총명(聰明)하여 五세에 유교(儒敎)의 五경(經)을 외웠고 불경(佛經)도 많이 연구(硏究)해서 조예가 깊었음)는 三十二분(分)으로 나누

原文 如是我聞

解義 부처님께서 四九년 동안 말씀하신 것을 그대로 기록한 것이 해인사(海印寺)의 팔만대장경(八萬大藏經)①입니다。 부처님께서 돌아가신 뒤에 제자들이 한 자리에 모여서 엮어 낸 것인데、그 때 아란존자(阿難尊者)②가 부처님의 말씀을 외워내는 중역(重役)을 했읍니다。

아란존자는 부처님께서 아침에 샛별 보고 마음 깨쳐 도통(道通)하신 그 시간에 태어났다 하여 아란을 한문자로 경희(慶喜 : 경사스럽고 기쁘다)라고 번역합니다。 이 아란존자가 스무살이 되어서 부처님께 왔읍니다。 그때 아란존자는 자기가 중이 되는데 세 가지 조건으로 「첫째、부처님은 당시 최고의 대접을 받는 분이었으므로 임금도 못먹는 음식을 대중들이 갖다 드리고 하는데 부처님 잡수시다 남은 음식을 나에게 먹으라 하지 말아야 합니다。 그것은 내 위신에 관계됩니다。 둘째、부처님은 옷을 해다 드리는 이들이 많아서 당신 입던 옷을 제자에게 주고 또 부자들이 사서 입고 하는데 나에게 부처님의 헌 옷을 입으라 하지 말아야 합니다。 세째、제가 출가하기 전에 부처님께서 二○년동안 설법하신 것을 새로 한번 낱낱이 개인교수(個人敎授)해 주셔야 합니다」하고 사뢰었읍니다。

부처님은 이 세 가지 조건을 다 받아 주고 그의 출가를 허락하셨읍니다。 그래서 여가 나는 대로 밤이고 낮이고 아란존자 출가하기 전 二○년 동안 설법하신 내용을 다시 일러 주셨읍니다。 아란존자는 한 번 들은 것은 무엇이나 기억하는 좋은 기억력(記憶力)과 지혜를 가지고 있는 분이었읍니다。 그래서 아란존자는 십대제자 가운데 한 사람으로 다문

었는데、오늘날 우리가 독송(讀誦)하는 과판(科判)은 이 소명태자의 과판에 따른 것이다。

六祖口訣 첫 자인 如(같다)는 뜻을 가리키고 是(이것)는 무엇을 정해 주는 말(지시 대명사=指示代名詞)이니、「이 법을 부처님께 들었고 내가 스스로 말하지 않았다」는 뜻으로 「여시아문」(如是我聞)이라 하셨다。 또 我(나)는 성품이 곧 나임을 말씀하신 것이니、안팎의 동작이 다 성품으로 말미암은 것이며。이 성품이 다 들었다는 뜻으로「내가 들었다」(我聞) 하신 것이다。

如者 指義 是者 定詞 阿難自稱如是之法 我從佛聞 明不自說也 故 言如是我聞 又我者 性也 性即我也 內

外動作 皆由於性 一切盡聞故 稱我聞也

〔註 1〕 팔만대장경(八萬大藏經) : 八만四천법문(法門)을 실은 대장경(大藏經)이란 뜻이다。「八만 四천법문」이란 부처님의 일체 교법(敎法)을 통틀어 일컫는 말。중생(衆生)에게 八만 四천의 번뇌가 있으므로 이것을 다스려서 구제(救濟)하는 방법도 八만 四천 가지 법이 있게 되었음을 일컫는다。「대장경」이라 함은 불교의 일체경(一切經)、불교의 일대 총서(叢書)를 말하는데 그 줄거리 되는 내용이 경·율·논(經律論)의 三장(藏)이므로 삼장경(三藏經)이라고도 하고 줄여서 장경(藏經)이라고도 한다。산스크리트(梵語) 장경·파리어(巴里語) 장경의 원전(原典)과 이것을 번역한 한역장경(漢譯藏經)·서장장경(西藏藏經)이 있고 한역장경을 다시 번역한 몽고장경(蒙古)·만주장경(滿洲)이 있는데 그 가운데 양이나 질로 가장 우수한 것은 역시 한역대장경을 손꼽게 된다。

제일(多聞第一 : 제일 많이 들었다는 뜻)이 되셨읍니다。

이 아란존자가 부처님 열반하실 때 「경전 맨 첫머리에 무슨 말을 해야 하겠읍니까。」하고 물었읍니다。이 때 부처님께서 「여시아문(如是我聞)이라 하라」고 하셨으니、「나는 이렇게 들었다。」「내가 들은 대로 쓴다。」「이렇게 쓰라고 하셨다。」는 뜻입니다。그러니 자기 마음대로 하는 것이 아니라는 뜻을 강조한 것입니다。그러므로 경전 첫머리에는 어느 경에나 「여시아문」이 있는데 이것은 곧 부처님이 만드신 제도입니다。「누구도 이 제도를 어기지 말고 경전에 찾아 보라。부처님의 말씀이 그대로 다 있다。」는 뜻입니다。

原文 一時佛

解義 「불법은 역사가 없다。역사를 무시한다。」고 흔히 말합니다。실제로 불교 사상이 그런 경향이 있고 경에도 그렇게 되어 있기도 합니다。한 평생 걸어온 것을 내가 기억할 필요가 없으며 구태여 사람 이름도 기억하려 하지 않고 장소도 사건도 기억하지 않습니다。그런 것을 구체적으로 기억하고 애착해 보았자 마음 공부에 도움이 안 되는 까닭입니다。박 누구라고 하지만 참말로 그런 사람 없다는 것입니다。이러니 역사성을 전연 무시하는 것이 됩니다。그런데 이것이 불교 수행에 있어서는 장점이기도 하고 한편으로는 역사적인 고찰을 한다든지 하는 때에는 불편이 많습니다。그래서 경전(經典)에도 일시(一時)에 어느 때、각설 이 때 그런 식으로 돼 있고 아무 날 아무 시라고 구체적으로 밝히지 않았읍니다。그 이유는 있읍니다。첫째 시간은 없는 거다。「서기(西紀) 몇 해다 불기(佛紀) 얼마다 해 봤자 그것은 어림없고 말도 안 된다。왜냐 하면 시간은 그 자체가 본래 없기 때문」이라는 것입니다。둘째 중생 따라 시간이 다 다르다는 것입니다。예컨대 천당

이 스물 여덟하늘이나 되는데 맨 아래 천당인 사왕천(四王天)③의 하루가 우리 인간의 五○년이 되고 도리천(忉利天)④에 올라가면 그 하늘 一주야가 우리의 백년이나 되며, 또 더 올라가면 우리 二백년·四백년이 거기 하루가 됩니다. 그래서 우리가 여기서 역사적인 시간을 말해 봤자 천당 사람에게는 안 맞으며 또 다른 세계에도 역시 시간이 맞지 않습니다. 한국의 열시는 유럽에서는 밤 한 시가 되고 인도의 아침 열 시는 미국에서는 역시 밤이 될 것입니다. 또 달나라의 시간이 다르고 하루의 시간도 다릅니다. 자전(自轉)이 다르기 때문입니다. 따라서 달나라의 一년, 수성(水星)·금성(金星)의 一년은 지구의 一년과 크게 다릅니다. 이와 같이 중생의 세계가 다 시간이 다르므로 완전한 시간을 말할 수 없읍니다. 불교는 인간계뿐만 아니라 전 중생계(衆生界)를 구제의 대상으로 삼기 때문입니다.

세째, 불타(佛陀)의 경지에서는 시간 공간을 초월했기 때문에 인간 세상의 시간 관념에 얽매이는 것은 경답지 못하다는 것입니다. 신선놀음에 도끼 자루 썩는다는 옛날 이야기가 있읍니다. 어느 나뭇군이 산에 나무하러 올라가서 나무를 찾아 여기저기 돌아다니다가 노인들이 바위 위에 앉아서 바둑을 두는 것을 보았읍니다. 노인들은 수염을 날리면서 얼굴이 하도 잘 생겼을 뿐 아니라 신선 같은 거룩한 풍채에 마음이 끌린 나뭇군은 정신을 잃고 영감들을 쳐다보는 동안에 바둑 한 판이 다 지났읍니다. 그래 너무 시간을 지체했다 생각한 나뭇군은 자기 지게 있는 데로 가 보니 그동안 벌써 몇 백년이 지나갔는지 지게도 없어지고 도끼 자루도 다 썩어서 조금 남았더라는 옛날 이야기가 있읍니다.

꿈에 한 이십년 삼십년 사는 때가 있읍니다. 아들 딸을 다섯 여섯 낳고 온갖 사업을 다 하고 한국 갑부가 되어 택시를 여나무대 놓고 밤이나 낮이나 재미나게 호강을 하면서 살았는데 깨고 보면 꿈입니다. 그러나 깨어서 시계를 보면 채 일분도 안 되었는데 꿈에

부처님이 열반(涅槃)하신 뒤에 제자들이 모여서 말로 외워서 결집(結集)한 제일결집(第一結集)과 그 뒤에 몇차례에 걸쳐 결집이 있었다. 이것은 다 말로 외워서 전하였고 글자로 기록(記錄)되기는 그 뒤의 일인데 글로 옮길 때 파리어로 된 것은 소승불교의 쎄일론·월남·태국 등 남방불교권(南方佛敎圈)이 됐고 범어로 기록된 경전은 중국·몽고·서장 한국·일본 등의 대승불교권(大乘佛敎圈)으로 되었다.

중국에는 촉본(蜀本)·송본(宋本)·원본(元本)·만력본(萬曆本)明本)·속장(續藏)·용장(龍藏) 등이 있는데, 우리나라에서는 고려때 二차에 걸쳐 완성된 해인사(海印寺) 소장(所藏)의 고려본(高麗本)이 세계적으로 유명한 장경본(藏經本)이다.

六祖口訣 한때(一時)라 함은 스승과 제자가 한 곳에 집합하여 만났을 때를 가리키

며 불이라 함은 법문을 말씀하시는 주인공, 곧 석가세존을 가리킨 말이다.

言一時者 師資會遇齊集之時 佛者 是說法之主

六祖口訣 佛(부처님)이라 함은 깨달았다(覺)는 뜻인데, 두가지 뜻이 있다. 첫째는 밖으로 모든 법이 공했음을 깨닫고, 둘째는 안으로 마음이 공적함을 깨달아서 여섯가지 객관에 물들지 않으며 밖으로 남의 허물을 보지 않고 안으로 삿된 것에 미혹되지 않으므로 깨달음(覺)이라 했다.

佛者 梵語 唐言覺也 覺義有二 一者 外覺 觀諸法空 二者 內覺 知心空寂不被六塵所染 外不見人之過惡

들어가서는 二〇년의 생활이 지난 것입니다.

이렇게 꿈에 들어가 몇십년 살았다는 것도 우리의 한낱 생각일 뿐 사실 二〇년이 아니며 손목시계가 一초가 안 됐다고 하는 것도 우리 생각일 뿐 역시 일초는 아닙니다. 일초란 생각 그것이 꿈에 이십년이란 생각으로 된 것이며 아들 딸 낳고 살림 산 그것도 내 생각이 그렇게 나타나 보인 것뿐입니다.

꿈이 우리의 생각으로부터 창조된 것이듯 시간과 공간은 우주와 인생의 근본인 우리의 마음으로부터 벌어진 현상이며 그 실상은 없는 것입니다. 그러므로 시공(時空)을 완전히 초월한 부처님 세계에서는 반드시 어느 나라 몇년 갑자년 을축년 등을 기록하는 것이 오히려 부처님 법답지 않다는 것입니다. 그래서 「내가 이렇게 들었노라. 한 때 어느 때…」 그렇게만 기록했던 것입니다.

原文 在舍衛國 祇樹給孤獨園

解義 부처님께서 사위국(舍衛國)⑤의 기수급고독원(祇樹給孤獨園)⑥에 계셨다고 했는데, 사위국은 가비라국 옆에 있던 나라 이름입니다. 〈기수급고독원〉이란 그 나라 서울에 남산공원·탑골공원 같은 큰 공원 이름입니다. 그 이름은 기수와 급고독원의 두 말이 합해진 말입니다. 사위국의 기타태자(祇陀太子)가 본래 참 좋은 정원을 가지고 있었는데 사방 한 五〇리쯤 되고 큰 정원에 온갖 나무와 꽃이 다 있고 온갖 정자가 있고 온갖 시설이 다 있는 정원 중의 정원이었읍니다. 그래서 기타태자가 자기 공원에 심은 나무를 뜻하여 기수(祇樹)라 한 것입니다. 또 급고독(給孤獨)이라는 장자(長者)는 부처님을 만나 불법을 듣고 세상에 없는 거룩한 법임을 알고나서는 그는 「만일 이 부처님과 같은 이

內不被邪迷所惑故名曰覺

〔註 2〕 아란존자(阿難尊者범어 Arada):一○대제자의 하나이며 부처님의 사촌(四寸) 동생으로 八세에 출가했다。 미남(美男)이어서 여자의 유혹(誘惑)이 많았으나 지조(志操)가 굳어 잘 물리쳤으며 나중에는 부처님의 시자(侍者)가 되어 부처님 법문을 제일 많이 들은 다문제일(多聞第一)이 되었다。 부처님 멸도(滅度)하신 뒤에 대가섭(大迦葉)을 중심으로 하여 제一차 결집(結集) 때 법문을 외워내는 중요한 역할을 했다。

〔註 3〕 사왕천(四王天): 욕계육천(欲界六天)의 제一천(天)、인간세상에서 제일 가까운 첫째 하늘、지국천(持國天)·다문천(多聞天)·증장천(增長天)·광목천(廣目天)의 네 하늘로 나누며 제석천(帝釋天)을 섬기고 불법(佛法)을 보호한다。 절 입구에 무서운 모습을 하고 있는 신장(神將)이 곧 이 사천왕상(四天王像)이다。

가 세상에 나오지 않으셨다면 인간은 영원히 고민과 번뇌를 해탈하지 못하고 죽음의 문제를 해결하지 못할 뻔했구나、내가 이제 부처님을 만나서 생사(生死)를 초월(超越)하고 진리를 배우게 됐으니 이 얼마나 다행한 일이냐。」하고 환희심을 내면서 부처님 거처를 하나 만들어 드려야 하겠다고 생각했읍니다。 그래서 여기저기 장소를 물색한 끝에 기타태자가 가지고 있는 공원이 인도에서 제일 좋다고 생각하여 그 공원을 사기로 결심했읍니다。 그러나 기타태자는 온 정성을 다해서 가꾼 정원이고 보니 매우 애착하여 팔지 않을 뜻으로 「그렇게 꼭 사고 싶으면 손바닥 두께의 순금을 내 정원에 꽉 채우시오、그렇게 깔아 주면 내가 팔겠소。」했읍니다。

본래 급고독장자는 불쌍한 이 도와 주기를 좋아하는 큰 부자였으므로 고독한 사람이나 없는 사람에게 무엇이든지 잘 준다고 하여 급고독(給孤獨)이라고 이름한 것입니다。 밥이 없으면 밥을 갖다 주고 옷이 없으면 옷을 대 주고 병이 났으면 병을 낫게 해 주고 불우한 사람에게 모든 것을 다 도와 주는 큰 자선사업가(慈善事業家)였고 큰 부자였읍니다。 급고독장자는 인도 천지의 금이란 금은 다 모았읍니다。 그래서 절 지을 자리를 깔아 들어가다가 금이 모자라 한쪽을 못깔았는데 급고독은 그 자리에 앉아서 울었읍니다。 기타태자는 이 광경(光景)을 보고 「왜 우느냐」고 물었읍니다。「내가 인도 천지의 금을 나 사들였는데도 이렇게 못다 채워서 부처님 계실 정사(精舍)⑦를 세우지 못하게 됐으니 이 소원을 어떻게 이루나 하고 슬퍼서 웁니다。」하였읍니다。「석가여래가 어떤 분입니까。 나도 듣기는 들었지만 얼마나 거룩하기에 그렇게 지극정성을 다해서 받드십니까。」

「제가 인도의 모든 도인 철인을 다 만나 보았지만 부처님에게는 지혜로나 수도력으로나 무엇으로나 비교할 상대가 되지 않습니다。 부처님의 말씀은 참으로 진리 중에 진리이고 완전 무결한 인생을 처음으로 밝혀 주시는 분입니다。 나는 재산뿐 아니라 이 몸뚱이

〔註 4〕 도리천(忉利天) : 욕계육천(欲界六天)의 둘째 하늘로서 三十三천이라고도 한다。 四방에 각각 八성(城)이 있어서 三十二성이 되는데 중앙에 선견성(善見城)이 있어 三十三천이 되며 선견성에 이 하늘의 임금인 제석천(帝釋天)이 있다。 사방에 각각 八성이 있으므로 三二성이 되는데 중앙의 선견성을 합하면 三十三성이 되므로 三十三천이라고도 한 것이다。

六祖口訣 在(있다)라 함은 부처님이 계신 곳을 밝히고자 한 것이고 사위국은 그 나라 임금인 파사익 왕이 있는 수도로 나라 이름이며、 祇는 태자 이름이고 樹는 이 태자가 보시한 나무임을 뜻하여 기수(祇樹)라 했으며、 급고독(給孤獨)은 수달장자의 달명이다。 園은 수달장자의 동산임을

까지 다 공양을 바친다 해도 하나도 아깝지 않습니다。」 이 말을 들은 기타태자는 「그렇게 위대한 도인이 나왔습니까。 그러면 나머지는 동산에 모든 나무들과 함께 내가 시주(施主)⑧하겠읍니다。 장자님은 너무 걱정하지 마십시오。」 하고 다 내놓았읍니다。 이렇게 해서 기타태자와 급고독장자의 두 힘으로 이 절이 이루어졌기 때문에 이 절을 〈기수급고독원〉(祇樹給孤獨園)이라 했던 것입니다。

지금도 누가 개인으로 절을 지으면 그 사람 개인의 이름으로 절 이름을 지어 기념하는 예가 많습니다。 도선사도 도선국사가 지었다고 하여 지은 이름인데、 이것이 비석보다도 더 큰 기념이 됩니다。 고려 때 조성한 팔만대장경은 다 목판(木版)⑨인데 경책 가운데에 시주 이름을 함께 새겨둡니다。 가령 돈을 만량 냈다면 만 장에다가 이름을 하나씩 다 적어서 영원히 그 경전의 법문과 함께 기념하자는 것입니다。 이와 같이 절 이름을 창건공덕주(創建功德主)⑩의 이름으로 짓는 예는 일본이나 중국·인도에도 다 있었읍니다。 그 가운데 〈기수급고독원〉은 부처님 재세시(在世時)에 있었던 대표적인 예라 하겠읍니다。

原文 與大比丘衆 千二百五十人俱

解義 「큰 비구⑪ 천 二백 五〇인과 함께 계셨다。」 함은、 부처님 당시의 제자 가운데 대표적인 큰 스님네를 일컫는 말입니다。 계 시키는 것이나 수행하는 신심이나 마음을 깨달은 법력(法力)⑫이나 아는 것이나 모든 것이 다 비구대중의 모범이 될만하고 부처님의 제자다운 도인(道人)이란 뜻입니다。

부처님께서 제일 처음으로 제도하신 제자는 사실은 五비구입니다。 이 五비구는 세존께서 신달태자의 몸으로 몰래 밤중에 성을 넘어 출가(出家)하시자 부왕(父王)이 다섯 사람

가리키는 뜻이므로 급고독원(給孤獨園)이라 한 것이다。

在者 欲明處所 舍衛國者 波斯匿王所居之國 祇者 太子名也 樹是祇陀太子所施故 言祇樹給孤獨者 須達長者之異名 園 本屬須達故 言給孤獨園

〔註 5〕 **사위국**(舍衛國):부처님 당시에 인도 가비라국의 서북쪽에 있던 교살라국의 수도。지금의 중인도 콘다(Conda)주의 세트마헤트(Setmahet) 지대에 있던 바사익왕·유리왕의 나라·본래는 교살라국의 서울을 사위라 했지만 그 수도를 가지고 나라 이름으로 삼아서 「사위국」이라고도 하는데, 이 「사위성」 남쪽에 당시에 부처님의 유명한 절인 기원 정사가 있어서 유명하게, 「사위」라는 말은 실라벌(室羅伐)이라고도 하니 물자가 풍부하다는 뜻。 범어로 sravasti

에게 명하여 태자를 잘 보살피도록 하였던 아야교진여(阿若憍陳如) 등입니다。이 五비구는 석존(釋尊)의 초전법륜(初轉法輪)이라고 하여 유명한 녹야원(鹿野苑)[13]에서의 첫 법문하실 때 제자가 되므로 비로소 불법승(佛法僧)의 삼보(三寶)[14]를 갖추게 한 인연 깊은 제자들입니다。

그 다음에 또 중인도(中印度)의 비사리성(毘舍離城)[15]의 선각장자(善覺長子)의 아들로서 그 일족(一族)과 친구들 五○인이 함께 출가한 야사장자(耶舍長子)가 있으니 이렇게만 해도 五五인이 됩니다。그리고 부처님의 제자 가운데 가섭존자(迦葉尊者)가 네분인데 첫째는 부처님의 심법(心法)을 바로 전해 받은 제일 상좌(上佐)[16]인 마하가섭(摩訶迦葉)과 三가섭이라고 하는 三형제가 있읍니다。그런데 제일 처음에 녹야원에서 부처님 제자가 된 五비구 중에 십력가섭(十力迦葉)이란 분이 계셨으므로 이분까지 합하면 다섯 분의 가섭이 되는 턱입니다。그 가운데 三형제의 三가섭은 가야성(迦倻城)[17]이라는 지방에서 천명이나 되는 많은 제자들을 거느리고 있는 정신적 지도자였읍니다。그들은 불을 숭상하는 외도(事火外道)로서 맏형인 우루빈나가섭(優樓頻螺迦葉)은 五백인의 제자를 거느리고 있었고, 둘째인 나제가섭(那提迦葉)이 二백 五○인, 막내인 가야가섭(迦耶迦葉)이 二백 五○인과 함께 수도하고 있었읍니다。이들 삼형제가 부처님을 한번 만나서 그 위대한 인격과 법력(法力)에 귀의(歸依)[18]하였읍니다。

그 뒤에 또 사리불(舍利弗)[19]과 목건련(目健連)[20]이 각각 자기의 제자 一백인씩 이끌고 부처님께 귀의했으므로 천二백 五五 비구가 되는데, 야사비구(耶舍比丘)와 함께 출가한 도중(徒衆)도 자세히는 五四인이라고 하므로 이렇게만 해도 천二백 五九인의 비구가 됩니다。

그뿐 아니라 이분들 말고도 마하가섭존자(摩訶迦葉尊者)나 수보리존자(須菩提尊者)나

우바리존자(優婆離尊者)、아란존자(阿難尊者)같은 십대제자(十大弟子)와 또 십대제자의 제자가 있고 그밖에도 많은 비구가 있으며 비구니(比丘尼)㉑만 해도 부처님을 길러주신 부처님의 이모 대애도비구니(大愛道比丘尼)㉒는 많은 여인과 함께 출가하여 비구니의 시조(始祖)가 되었으며 부처님이 태자로 계실 당시 태자비(太子妃)였던 야수다라비(耶輸陀羅妃)㉓도 五백의 여인을 이끌고 출가하여 비구니가 되었읍니다. 그러므로 여기서 천 二백 五○인이라 한 것은 부처님을 늘 모시고 다니며 처음부터 四八년간 법문을 들은 제자 가운데 큰 수만을 따서 부르는 이름입니다. 경의 처음에 대개 이 천 二백 五○인이 나오는 것은 부처님의 제자가 많은 것을 뜻합니다.

原文 爾時 世尊 食時 着衣持鉢

解義 부처님께서는 하루 한번씩만 공양(供養)㉔ 식사를 하시는데 그 시간은 사시(巳時=九시—十一시)로 됐읍니다. 사시에서 일분 전도 안되고 일분 후에도 안 잡수십니다. 아침이나 저녁에 누가 부처님께 음식을 바치고 드시라고 하면 이것은 부처님을 욕뵈는 것입니다. 때가 아닌데 식사를 하라고 하면 이것은 죄가 되면 됐지 복이 될 수 없읍니다. 우리나라 신도들은 밤중 새벽을 가리지 않고 음식만 차려 놓고 빌고 하는데 부처님은 허기져서 돌아가신 분이 아닙니다. 사시 이외에 불공하는 데는 한국밖에 없읍니다. 그러니 한국불교는 부처님 욕뵈는 불교로 됐읍니다. 「내가 음식을 많이 드렸으니 나한테 복을 많이 주시오.」하는 식의 무식한 미신불교(迷信佛敎)로 전락했읍니다. 여기서 식시(食時)라 함은 부처님이 하루 한끼 사시(巳時)에만 공양하시는 그 시간이 되었다는 뜻입니다. 〈착의〉(着衣)는 큰 가사㉕를 입었다는 말입니다. 마을에 외출하거나 유명한 학자를 만

〔註 6〕 기수급고독원(祇樹給孤獨園)：부처님께서 많은 설법을 하신 유적지(遺蹟地)·부처님 당시의 사위국왕인 바사익왕의 태자 기타태자(祇陀太子)와 급고독장자(給孤獨長者)가 함께 세워서 부처님께 바쳤으므로 이렇게 이름을 지음. 범어로「Jctavana ha pindadasyarama」

〔註 7〕 정사(精舍)：수도하는 이가 거주하는 집 곧 절 수도도량을 뜻한다.

〔註 8〕 시주(施主)：보시하는 사람. 음식 돈 물품을 교단에 바치는 사람. 범어로 단월(檀越)이라 한다.

나거나 점잖은 사람을 대한다든지 국왕 대신을 만난다거나 법문을 할 때는 꼭 큰 가사를 입어야 합니다。 아무렇게나 입지 못하게 되어 있읍니다。 큰 가사를 입으시고 바리때를 가지시고 사위성 가운데에서 밥을 비십니다。

原文 入舍衛大城 乞食於其城中 次第乞已 還至本處

解義 사위성(舍衛城)은 사위국(舍衛國)의 수도 서울입니다。 부처님은 복잡한 시내(市內)를 피하여 교외(郊外)에 계시는데 그렇지만 시내에서 아주 멀게 떨어지지 않고 성안의 출입이 불편하지 않을 정도입니다。 그래서 아침이면 성안으로 들어가셔서 제자들을 데리고 질서정연하게 밥을 비시는 이것이 곧 법을 행하시는 것이 됩니다。

차제걸이(次第乞已)란 부잣집만 가고 가난한 집을 빼어 놓아서도 안 되고 가난한 집만 다니고 부잣집은 빼어 놓아서도 안되며 꼭 순서대로 다니며 일곱집만 얻어 먹게 돼 있는 제도를 말합니다。 똑같이 일곱집을 얻어 가지고 기원정사로 돌아와서(還至本處) 적게 얻어 온 사람은 많이 얻어온 사람이 나누어 주고 반찬이 좋은 것이 있으면 나이 많은 노장도 드리고 젊은이는 아무렇게나 먹읍니다。

그런데、 가섭존자는 가난한 집만 다니며 밥을 얻어 오고 아란존자는 부잣집만 다니며 밥을 얻어 오므로 부처님이 아란존자에게 말씀하셨읍니다。 「너는 왜 부잣집만 다니며 밥을 얻느냐」고 하니 부잣집에 가면 밥 얻기가 좋고 가난한 사람은 자기 먹을 것도 모자라니 딱해서 그랬다고 했읍니다。 또 부처님은 가섭 존자에게 물으셨읍니다。

「너는 왜 가난한 집만 다녔느냐。」 「가난한 집은 가난해서 복을 못 짓게 되므로 그래서 가난한 집을 골고루 다닙니다。」

〔**註 9**〕 **목판(木版)**：경전이나 글을 새겨서 찍어 낼 수 있도록 만든 나무로 된 판。 구리쇠에 새긴 판은 동판(銅版)이라 함。

〔**註 10**〕 **창건 공덕주(創建功德主)**：절이나 탑 같은 불사를 할 때에 화주(化主)로서 공덕이 크든가、 시주를 많이 했든가 특히 처음부터 그 불사를 주선하고 주관한 사람。

이때 부처님은 이렇게 말씀하셨읍니다。「사기 마음을 모르고 자기를 모르는 사람이 돈 없는 가난한 사람보다도 더 가난한 사람이다。저 가난한 사람이 밥이 없다고 가난한 것이 아니고 불교를 믿고 곧 자기 마음을 믿으면 이것이 부자다。장차 우주를 다 차지할 사람이기 때문이다。잘 생겼다 못 생겼다 그것도 차별 말고 똑같이 불법에 인연 맺어 주고 똑같이 복을 짓도록 해 주어야 한다。가난한 사람은 남에게 무엇을 주고 좋은 일 한 것이 없어서 가난한 것이니까 가난한 집일수록 빼놓지 말라」고 하셨읍니다。그 뒤부터는 부잣집이나 가난한 집이나 골고루 평등하게 일곱집씩 빌게 되었읍니다。다만 기생집이나 창녀(娼女)·음녀(婬女)가 있는 집에는 가지 않도록 했는데 여기에도 연유(緣由)가 있읍니다。

아란존자가 한번은 밥을 빌러 나왔는데 기생 딸이 반해서 아란존자에게 최면술을 걸어서 불러 들여가지고 옷을 벗기고 끌어 안고 누워서 막 음행을 하려는 찰나에 부처님께서 신동으로 두 남녀를 잡아들였읍니다。수천명 대중 가운데 끌어 내어 놓았더니 아란존자는 얼굴이 빨개가지고 고개도 못들었고 그 기생 딸도 결국은 참회 발심을 해서 불법에 귀의한 일이 있었는데 아란존자가 비록 최면술에 그렇게 되었다고는 하지만 여하튼 그런 위험한 곳에는 가지 말라고 하셨읍니다。만일 술집 같은 곳에 밥 얻으러 갔다 여럿이 끌어들여 술도 자꾸 먹이고 여자도 데려다 놓으면 술기운에 또 파계(破戒)할 위험이 있으니 애당초 그런 위험한 곳에는 가지 말라고 하신 것입니다。

지금 동남아시아에는 한 집만 얻어 먹어도 배가 터질 정도로 많이 줍니다。시주들이 미리 준비를 잘 해가지고 있다가 주니 지금은 한 집만 해도 먹습니다。그것은 저만 복 짓고 나만 복을 많이 달라는 욕심이니 복을 고루 나누어 짓게 하기 위해 다른 사람에게도 시주할 기회를 주어야 더 큰 복이 된다는 것이 부처님의 가르침입니다。

六祖口訣…과 더붙어 함께 했다(與)함은 부처님의 비구들이 금강반야의 상 없는 도량에 함께 머물러 계시다는 뜻으로 더불어라고 한 것이다。큰 비구라 함은 큰 나한이란 뜻이며 비구는 범어인데 당나라 말로는 여섯 가지 도적을 능히 깨뜨리므로 비구라 한 것이다。무리(衆)는 많다는 뜻이며 천二백五○인은 사람 수를 말하고 한가지 했다(俱)함은 평등한 마음의 법회에 함께 있다는 뜻으로 한 말이다。

與者 佛與比丘 同

住金剛般若 無相道場故 言與也 大比丘者 是大阿羅漢故 比丘者 是梵語 唐言 能破六賊故 名比丘 衆多也 千二百五十人者 其數也 俱者 同處平等法會

〔註 11〕 비구(比丘)∴二〇세를 넘은 남자 승려로서 사미(沙彌)의 견습 수련(見習修鍊)을 거쳐서 二백 五십계를 받은 사람。여자 승려는 비구니라 하는데 여기서는 비구라는 한 말 가운데 비구니 남녀신도、하늘신·보살등 일체 대중을 포함하고 있다。범어로 Bhiksu라 하고 한자로 乞士·怖魔 破惡이라 번역함。

〔註 12〕 법력(法力)∴불법을 닦아서 얻은 공덕의 힘 또는 불법의 위신력(威神力)을 말한다。

〔註 13〕 녹야원(鹿野院苑 범어 Mrgadāva):석존께서 성도(成道) 三일 뒤에 처음으로 설법하시어 아야교진여(阿若

原文 飯食訖 收衣鉢 洗足已 敷座而坐

解義 밥을 얻을 때는 바리때를 잡는 법이 군대 무기 다루듯 일정한 법칙(法則)이 있어야 하고 밥먹을 때는 대중이 함께 단체행동을 해야 하는데 지금 동남아시아에서는 식당이 따로 있어 가지고 가끔 얻어다 먼저 오면 먼저 먹고 하니 불교의 방법은 무너진 것입니다。식사를 할 때는 또 큰 가사를 꼭 입고 먹으라고 했읍니다。그것은 공양을 제공한 시주에게 복이 되라는 뜻입니다。물마시는 소리、수저소리 하나 없이 해야 합니다。그런데 요새는 모두 벗어 버리고 맨몸뚱이 러닝 바람으로 모두 공양을 하고 있으니 시주한 사람에게 복이 안 갑니다。

대중들은 서로 음식을 똑같이 하고 의식주(衣食住)를 절대평등하게 해야 합니다。그대신 지식과 수행은 어디까지나 계급을 찾아서 아는 것이 많고 수행이 높은 사람 앞에서는 부처님같이 섬기고 절하고 그 지식 앞에 꼼짝 못하니 그것이 정말 이상적입니다。부처님께서 만든 이 대중 사회제도를 소위 원융제도(圓融制度)라 합니다。네것 내것이 없고 높고 낮음이 없고 꼭 평등하며 좋은 개성(個性)을 인정하면서 또 평등을 유지하고 평등사상(平等思想)을 가지고 개성을 인정하고 용납한다는 뜻입니다。그러니 밥도 한 그릇 가지고 안될 사람에겐 좀 더 주어라、그래서 똑같이 나누어 먹고 절대 차별을 하지 말라는 것입니다。이런 가운데 철저한 수련을 합니다。

이렇게 찌는 삼복 더위에도 화로를 피워 놓고 겨울 옷을 서너 벌 끼어 입고 앉아서 참선을 하는 것과 같은 수련도 요사이같이 안일한 생활만을 찾는 세상에는 필요합니다。몸뚱이 훈련이 아니라 마음 훈련이기 때문입니다。마음만 결정하면 더운 줄도 모르고 몸에 병도 안 납니다。 이런 훈련이 특히 우리나라에 꼭 필요합니다。 한국 사람같이 마음이 이랬다 저랬다 하고 믿을 수 없어서는 큰 탈입니다。 우리나라는 화랑정신(和合精神)이 다시 부활해야 민족혼(民族魂)이 살아나지 지금 이대로는 게을러 빠지고 욕심만 꽉 차 있어서는 나라가 안됩니다。

공양을 끝내신 세존은 대중과 함께 가사를 벗어 놓고 발을 씻고 선상(禪床：앉는 자리)㉖에 좌선(坐禪)㉗하는 자세로 올라 앉으셨읍니다。 그 당시 수행하는 비구들은 맨발로 다니게 돼 있었기 때문에 식사가 끝나면 발을 씻읍니다。 이렇게 발을 씻고 선상에 올라 앉아 참선(參禪)을 하는 데까지 말을 했으면 이것이 팔만대장경(八萬大藏經)을 한번 다 설명한 것입니다。 이렇게 결가부좌(結跏趺坐)㉘하고 앉으면 이제부터는 일체 정진에 들어가는 것이 참선을 하는 자세이기 때문입니다。

「부처님께서 기원 정사에 대중을 거느리고 계시다가 때가 되니 밥을 얻어와 가지고 선상에 올라 앉으시더라、」 여기까지가 이것도 금강경 법문에 큰 문제가 됩니다。 금강경 가운데 어느 구절이 가장 중요한 구절인가가 첫째 문제이겠지만、 금강경은 이 구절까지에서 일단은 다 설법해 맞춘 것입니다。 부처님과 스님들의 하루 생활은 밥 한 끼 빌어서 먹는 생활이니 그날 한 끼 먹으면 하루 다 마쳤고 다른 일 없으니 대소변 볼 것 제외하면 선상에 가만히 가부좌 틀고 앉아서 설법 듣고 하는 것으로 마친 것입니다。

천 이백 대중이 마음을 깨치신 부처님을 따라 질서정연(秩序整然)하고 장엄 거룩하게 내일도 모레도 죽을 때까지 이 육신이 죽은 다음 내생까지도 계속될 것입니다。 부처님이 천여명 대중을 거느리고 새벽에 일어나서 참선(參禪)하고 사시(巳時)가 되면 부처님이 맨 앞에 바리때를 들고 나가 거지대장이 되어 수천명이 질서 장엄하게 밥을 빌어다가 나누어 먹고 참선하며 불법으로 사는 생활은 정말 멋진 생활입니다。 아무 근심·걱정 없고

憍陳如) 등을 제도하신 곳。 중인도 바라내국 왕사성의 동북 쪽에 있음。 지금의 베나레스시의 북쪽에 있는 사라나이드의 유적지(遺跡地)。

〔註 14〕 **삼보**(寶)：불교의 삼대신앙대상(三大信仰對象)、곧 부처님은 불보(佛寶) 부처님께서 가르치신 법보(法寶)。부처님의 제자들로 이루어진 교단(僧寶)의 세가지 보배이니 세가지 보배란 뜻으로 三보라 했다。

〔註 15〕 **비사리성**(毘舍離城)：중인도에 있던 나라 이름이니 항하를 사이에 두고 남방으로 마갈다국과 대치했던 발기인(跋祇人)의 도성(都城)。

〔註 16〕 **상좌**(上佐)：상자(上資)라고도 하니 우리나라에서 도제(徒弟) 제자(弟子)라고 하는 말과 같은 뜻。혹 상족(上足)이라고도 하는데 법을 배운 법상좌(法上佐)·계를 받은 수계상좌(受戒上佐)·출가를 시켜 준 은상좌(恩上佐)·선을 전해 준 참회상좌(懺悔上佐)가 그것이다。

친하고 먼 것도 없고 자유스런 생활·평등한 생활·이상적인 생활입니다。육체를 초월하여 여자 걱정 남자 걱정 없고 풍년 들거나 흉년 들거나 아무 상관 없고 굶어 죽는다 해도 걱정이 안되며 배가 터져 죽을 걱정도 없읍니다。그야말로 예술적인 생활이고 신성한 생활입니다。그러므로 이 같은 불법의 진리를 실현하는 일과(日課)는 곧 불법의 설명을 맞춘 것이 된다고 하는 것입니다。

〔說 義〕

중생은 죽기 싫어한다

모든 사람에게 가장 귀중한 것이 뭐냐고 물으면 누구나 다 서슴지 않고 생명이라고 대답합니다。생명보다 더 소중한 것은 없읍니다。이 우주를 다 준다 해도 자기 생명과는 바꿔 주지 않을 것은 물론이며 생명은 손톱만큼도 안 떼어 줍니다。그렇게 소중한 것이 이 생명이지만 그러면 그 생명이 무엇이냐고 물으면 대답이 안 나옵니다。요새 무슨 가치、가치(價値)하고 떠들지만 우리의 생명이 무엇인지도 모르면서 어떻게 사람의 참다운 가치를 논합니까。속담에 「살기 위해 먹느냐 먹기 위해 사느냐。」하지만 만일 먹으면 죽인다고 총을 갖다 대면 아무리 먹고 싶은 진수성찬이 있어도 먹을 마음을 내지 못합니다。먹는 것은 오직 살기 위한 수단입니다。농사를 하든가 장사를 하든가 정치를、철학을、과학을 하는 것은 다 살기 위한 하나의 수단입니다。아무리 농사를 짓기 싫다 하더라도 부득이 농사를 지어야 하겠고、부득이 장사를 해야겠고、부득이 정치인이 되고 경제인이 되고 하는 것은 삶의 목적을 위한 수단입니다。그런데 이 산다는 말은 「누가 무엇

〔註 17〕 가야성(迦耶城): 중인도 마갈다국 파트나의 서남쪽 六二마일 지점에 있으며 지금도 가야라 부른다。부처님이 성도하신 부다가야는 여기서 남으로 六마일 지점。

〔註 18〕 귀의(歸依) 범 Sarana: 귀입(歸入) 귀투(歸投)라 하는데 돌아가서 의지하여 구원을 청하는 것을 뜻함。

〔註 19〕 사리불(舍利弗): 부처님 제자 가운데 지혜가 제일인 제자。사리자(舍利子)·추로자(鶖鷺子)·신자(身子)라고 번역하는데 아버지가 실사(室沙)이기 때문에 별명을 우바실사(優婆室沙)라고도 한다。

〔註 20〕 목건련(目犍連) 범어 Maudgalyayana: 부처님의 一〇대 제자중에 신통(神通)이 제일이며 목건나야나(目犍羅夜那)·목가약자(目伽略子)·목련(目連)이라고도 하며 왕사성 근방의 바라문의 아들。처음에는 사리불과 함께 외도(外道)를 배웠으나 부처님의 제자 五비구 가운데 아설시(阿說示)를

때문에 무엇을 위해서 살려고 하느냐」가 문제입니다. 〈내〉가 살아야 합니다. 내가 사는 것으로 살아야 만족한 것입니다.

현대인은 「무엇 때문에 살아야 하는가.」「내가 무어냐.」 제일 중요한 이 두 가지를 확실히 모르고 삽니다. 그러니 아무것도 아닌 셈입니다. 다른 것은 다 몰라도 좋지만 「무엇 때문에 살아야 하는가. 이 생명을 어떻게 어디에 바쳐야 할 것인가」가 있어야 하고 확실히 내가 있는데 나는 무엇인가. 이것이 제일 큰 선결문제(先決問題)입니다. 다른 것은 다 아나마나입니다. 알아 보았자 별수 없고 철학박사 돼 보았자 별수 없읍니다. 먹고 똥싸고 늙고 병들고 죽는 것은 똑같습니다. 착하다고 더 나은 것도 아니고 악하다고 더 못한 것도 아니고 미련하다고 더 못한 것도 아니고 먹고 똥싸고 늙고 병들고 죽고 하기는 똑같습니다. 그걸 누가 조작하는 것도 아니고 그렇게 되도록 되었을 따름입니다. 이런 문제를 해결하는 것이 경전(經典)입니다. 석가여래(釋迦如來)는 四九년 동안을 꼭 이 문제를 다루었고 글자 한 자도 딴 목적을 가르쳐 보이신 곳은 한군데도 없읍니다.

철학이니 과학이니 뭐니 해 보아도 깊은 내용을 파 보면 속이 비어 있읍니다. 아무 내용도 없는 걸 껍데기로 싸 가지고 있는 것이 보자기로 똥싸 놓은 것과 같습니다. 파초(芭蕉[24]대를 까보면 꼭 그 안에 기둥이 있을 것 같은데 껍데기뿐이지 알맹이도 기둥도 없읍니다. 모든 학문은 그 근원(根源)을 캐고 보면 파초 껍데기 까 놓은 거나 한가집니다. 그것은 부처님에게서와 같이 「무엇 때문에 사느냐. 누가 사느냐.」 하는 이 문제가 해결되어 있지 못하기 때문입니다. 팔만대장경 어느 한 글자도 이 문제를 떠나서 이야기된 글자는 없읍니다. 사람들은 남자나 여자나 노인이나 어린애들이나 모두 제 잘난 멋에 삽니다. 만약에 내가 못생겼다고 확실하게 확정만 되면 너도 나도 자살하는 사람 많을 겁니다. 그렇지 않으면 아무도 없는 데 가서라도 제 혼자지만 저 잘난 멋으로 살려고 합니다. 그

만나 부처님의 제자가 되었다.

〔**註 21**〕 **비구니**(比丘尼) 범어 Bhiksuni: 필추니(苾芻尼)라 음역하며 걸사녀(乞士女)·근사녀(勤事女)라 번역한다. 여자로서 출가하여 三八四계를 받아 지니고 수행하는 이(부처님의 이모인 대애도 비구니(大愛道))가 비구니의 처음

〔**註 22**〕 **대애도**(大愛道) 범어 Mahaprajapati: 마하파사파제(摩訶波闍波提)라 음역하며 부처님의 이모로서 부처님을 직접 길렀으며 부처님 교단에서 맨 처음으로 부처님 허락을 받고 출가하여 비구니가 되다.

〔**註 23**〕 **야수다라**(耶輸陀羅): 명문(名聞)·명칭(名稱)이라 번역하며, 널리 알려졌다는 뜻. 구리성주 선각왕의 딸로서 석존의 외사촌이며 석존 출가전 태자 당시 태자비(太子妃)로 아들, 나후라(羅睺羅)를 낳았고 그 이모 대애도와 함께 五백의 석가족 여자들과 함께 출가했다.

六祖口訣 그 때(爾

時)라 함은 바로 그 때를 말하며 진지 잡수실 때라 함은 지금의 진시 곧 九시경을 말하며 재 올릴 때인 사시가 거의 다가 왔음을 가리킨다. 가사 입으시고 바루를 가진다 함은 그 교를 나타내고 법다운 자취를 보이고자 하심이다.

爾時者 當此之時 食時者 是今辰時 齋時欲至也 着衣持鉢者 爲顯敎示跡故也

〔註 24〕 공양(供養 범어 Pujana): 공급하여 자양한다는 뜻. 음식·옷 따위를 삼보·부모·스승 죽은 이들에게 드리어 공경하는 것.

〔註 25〕 가사(袈裟 범어 Kasaya): 출가수도하는 이가 입는 법의(法衣)이니 적색(赤色)·부정색(不正色)·염색(染色)이라 번역한다. 시주에게서 얻은 낡은 옷으

런데 막상 「네가 무엇인데 그렇게 잘났단 말이냐.」 하고 물으면 얼른 대답 못합니다.

나는 일체가 아니다

〈나〉라는 말은 첫째 「네가 아니다」라는 뜻입니다. 객관이 없으면 나라는 생각 안납니다. 상대가 있으니까, 나라는 생각을 내고 나라는 행동을 합니다. 이 법당 안에 있는 물건을 낱낱이 열거(列擧)해 봐도 〈나〉는 아니고 서울 시내 사람 다 대보아도 내가 아닙니다. 이 우주에 있는 모든 사물(事物) 모든 동물을 다 쳐들어도 내가 아닙니다. 그러므로 이 〈나〉라 하는 말은 일체가 다 아니라는 소리입니다.

그러면 일체를 부정하는 〈나〉 이 자체는 무엇입니까. 다음 문제로 한걸음 더 나아가 생각하면 일체가 아니란 말은 일체를 부정하다 보니 결국 나는 일체를 초월한 것이 됩니다. 따라서 〈나〉는 우주 이전부터 있었던 긍정적(肯定的)이고 적극적인 의미를 가집니다.

나는 육신이 아니다

세째는, 나는 살았다. 우주도 아니다. 모든 걸 초월한 게 나다. 과학이나 철학이나 다 들어 봐도 아니다. 선과 악을 초월했다. 따라서 아무것도 아닌 그것이 나다. 물질도 허공도 아니다. 허공이 생각을 할 줄 모른다. 왜냐 하면 허공은 그 자체가 생명이 아니기 때문이다. 아무것도 아닌 것이 이렇게 보면 나란 생각을 뚜렷이 내가지고 모든 것을 구별하고 일체를 부정하고 동시에 모든 것을 초월한 자리에서 모든 것을 비판도 하고 주재하는 살아 있는 생명입니다. 그러므로 〈내〉가 무엇이냐 하는 뜻은 살았다 이 소립니다. 「모

로 조각조각 꿰매어 만드는데 五조·七조·九조 十一조 二十조 등의 구별이 있으며, 안타회(安陀會)·울다라승(鬱多羅僧)·승가리(像伽梨)의 삼의(三衣)가 그것이다.

六祖口訣 들어간다(入)함은 성 밖에서 성안으로 들어감을 뜻하고 사위대성은 사위나라의 풍덕성을 뜻하니 곧 파사익왕이 있는 수도 서울이므로 사위대성이라고 한다. 밥을 빌으셨다 함은 부처님께서 마음을 지극히 낮추시어서 일체의 중생에게 겸손하심을 표한 것이며, 차례대로 한다 함은 빈부귀천을 가리지 않고 평등하게 교화하심을 뜻한다. 빌기를 마치셨다 함은 많이 빈다 해도 일곱집을 더 빌

든 것이 아니고 다 초월했으면서 살아 있다」고 할 것입니다. 공간이 크지만 생명이 없어 생각할 줄 모르고 또 지구·태양과 저 많은 별들과 같이 엄청난 물질이 뭉쳐 있지만 생명이 아니기 때문에 생각할 줄 모릅니다. 그러므로 우리가 아는 우주는 커다란 한 개의 송장입니다. 따라서 우주에서는 어디에서고 생각이 나올 데가 없읍니다. 생각의 주체는 이 우주에는 없읍니다. 나는 허공도 아니고 물질도 아니기 때문입니다. 살아 있다는 말은 그것이 일체가 아니지만 일체가 아니기 때문에 이것이 분명히 살아 있는 것입니다.

「무한대(無限大)의 공간이 죽어 있고 한 없는 물질의 현상계가 죽어 있고 그러니 허공도 물질도 아닌 것이 있다 하면 그것은 산 것일 것이다. 그것은 생명일 것이다. 그것이 다름 아닌 〈나〉다. 즉 말을 듣는 이 것이다」이런 결론이 나옵니다. 허공이 얘기할 줄 모르고 지구덩이가 얘기할 줄 모릅니다. 「오늘 오후 네시 반부터 설교를 한다. 우리가 약속을 했으니 그대로 해야 한다.」 이렇게 그 약속을 지킬 줄 아는 것도 허공·물질은 못합니다. 육체도 물질적 요소들이 모인 것뿐이므로 그걸 못합니다. 그러면 그 약속을 지키는 것은 허공도 물질도 아닌 쉬운 말로 생명이고 우리말로 마음[30]입니다. 육체의 오장육부(五臟六腑)는 말할 것도 없고 신경(神經)이나 모든 세포(細胞), 뇌신경(腦神經)까지라도 그것들은 하나의 물질적 요소에 의해 구성(構成)된 것이며, 그 신경 자체가 아는 것은 아닙니다. 자동차의 경우와 같아서 엔진이 스스로 가고 바퀴가 알아서 구르고 서는 것이 아니라 운전수가 세우고 발동(發動)시켜서 가고 오고 하는 것과 한가지입니다. 육체는 자동차와 같고 마음은 운전수와 같은 것입니다.

지 않고 일곱집이 만수이므로 그 이상은 다른 집에 가지 않음을 뜻한다。 본래 처소에 돌아오셨다 함은 부처님의 뜻으로 모든 비구들을 제지하시어 특별히 초대하는 경우를 제외하고는 세속의 인가에 가서 머물지 못하게 하셨다는 뜻이다。

入者 自城外而入也 舍衛大城者 名舍衛國豊德城也 即波斯匿王所居之城故 言舍衛大城也 次第者 不擇貧富 平等以化也 乞已者 如多乞 不過七家 七家數滿 更不至家也言乞食者 表如來 能下心是 一切衆生也 還至本處者佛意制諸比丘 除請召外不得去向白衣舍故 云爾

마음은 모든 것의 주체

마음이 모든 생각의 주체입니다。 그런데 이 마음은 생각이 아닙니다。 지식·사상·정치·경제·예술도 아니고 아무것도 아닌것조차 아닙니다。 그런데 이렇게 이야기할 줄 압니다。 얘기하다가 하기 싫으면 집어치우고 하는 이런 자유행동(自由行動)을 합니다。 그런데 결국 이 〈나〉라는 것도 한 개의 생각입니다。 그런 것이 일체를 부정하고 모두를 초월했으며 우주의 태초이전(太初以前)、 지구이전부터 실재(實在)한 것이라고 긍정하며 동시에 영원불멸(永遠不滅)의 긍정체(肯定體)로서의 뜻을 내포(內包)하고 있읍니다。 이것을〈나〉라는 글자 한 자로 말한 것인데 그러므로 〈나〉라 하는 것도 결국 한 개의 생각임을 면하지 못합니다。 객관을 상대로 하여 나라는 생각이 성립된 것이고 상대가 없으면 나라는 생각이 나지 않기 때문입니다。 왜냐하면 생각의 주체는 생각이 아니기 때문에 모든 과학의 주체·종교의 주체·온갖 학문·사상의 주체는 될지언정 생각 그것이 본래부터 과학·철학이 되어 있는 것은 아닌 까닭입니다。 이것은 살아 있는 것이기 때문에 미리 준비할 필요없이 만들면 자꾸 창조할 수 있는 능력을 가지고 있읍니다。

제二의 가아(假我)

〈나〉라는 이것이 한 개의 생각이라면 나라는 생각도 본래부터 있는 것이 아니니까 나라는 생각을 내는 본체(本體)가 있어야 합니다。 다시 말하면 〈나〉라는 생각도 아니고 〈나〉라는 생각을 내기 전부터 〈나〉라는 말입니다。 생각을 낸주체(主體)인 〈나〉는 〈나〉라는 생

「解」 **六成就** 부처님께서 열반하시기 바로 전에 아란존자가 네 가지를 여쭈었다。이에 대해 부처님께서 다음과 같이 대답하셨다。

「내가 멸도한 뒤에、첫째 네 가지 관하는 수행법(四念處住)에 의지할 것이며、둘째는 계율로 스승을 삼을 것이며、세째는 악진 비구에 대해서는 말없이 돌린(默擯) 것이며 네째、경 머리에 如是我聞一時佛在某處與衆若干等을 넣으라」

이같은 부처님의 말씀에 따라 경문에는 반드시 「如是我聞……」 등의 기록이 있는데 여기에 여섯 가지 뜻이 들어 있다고 하여 육성취(六成就)라고 하니、믿음(信)·들음(聞)·때(時)·주인(主)·곳(處)·대중(衆)·이 그것이다。

一、믿음(信成就)…… 내가 들었다(我聞)의 두 자를 합해서 해석하면 법을 가리켜 내가 부처님께 들은 것임을 믿게 하는 신성취(信成就)의 뜻이 있다。지도론(智度論)에 「불법」의 큰 바다에 믿음으로 능히 들어가고

각도 아니고 말도 아니고 글자도 아닙니다。그러면 이 아무 생각도 아닌 이것이 〈나〉라는 생각을 냈다면 〈나〉라는 생각은 이것은 제二의 가아(假我)입니다。거짓 〈나〉이기 때문인데 그러나 우주의 삼라만상(森羅萬像)이 다 여기서부터 벌어지는 것이므로 이것을 〈우주의 샘〉이라고 할 수 있읍니다。〈나〉라는 이 한 생각 때문에 전체가 다 생긴다。생각의 나·육체의 나·우주 현상계 이 모든 것이 가아인 한 개의 생각으로부터 있는 것입니다。그렇다면 〈나〉 이것은 제一의 진아(眞我)로 볼 수밖에 없읍니다。이건 〈나〉라는 생각을 낼 수는 있지만 〈나〉라는 생각은 아니니까 이것은 진짜 자기입니다。모든 망아(忘我)、가아를 건설하기 전에 가아를 건설할 수 있는 〈나〉이기 때문에 진아로 볼 수밖에 없읍니다。이것은 물질도 허공도 아니기 때문에 이것 이전에 진아(眞我) 이전에 그 무엇도 존재할 수 없읍니다。그러므로 이렇게 이런 진리가 있다고 할 수 없읍니다。진리란 이름을 지으면 그것은 벌써 생각 뒤가 되고 하느님이다 부처님이다 해봤자 다 생각 이후가 되는 때문입니다。

따라서 진아 이것은 현상이 아닙니다。빈것도 진공조차도 아닙니다。진공도 산소도 공기도 아무것도 없는 것이 진공인데 그것이 진아(眞我)일 수 없읍니다。진공은 아무 생명이 없는 것이고 〈진아〉인 〈나〉는 살아 있으면서 아무것도 아니어서 진공조차도 초월한 것이고 아무것도 없는 것조차도 아닙니다。유무(有無)를 다 초월한 것입니다。지금 말하는 이것 오직 살아서 말하고 듣고 있는 이것입니다。 우리나라의 환인(桓因)·하느님·일본의 가미사마·이스라엘의 여호와 하느님·인도의 옥황상제(玉皇上帝)㉛ 중국의 천(天) 등등 나라마다 자기네 민족 고유의 신앙대상(信仰對象)이라고 하는 신(神)이 있지만 이것들이 모두 〈진아〉 밑에서 나온 것입니다。종교도 그렇고 정치·과학·사상이 전부 생각 뒤이고 생각 이하에서 벌어진 것이 모든 학문입니다。그런데 불교는 학문 이것을 대상으로 하는

것이 아니고 「내가 무엇인가。」 하는 것을 찾자는 것입니다。 「살아도 내가 살아야 하고 또 무엇 때문에 살아야 하느냐。」이 것을 밝히는 것이 불교입니다。 우리가 지금 먹고 입고 자고 늙고 병들어 죽는다는 것은 아무 의미가 없읍니다。 〈내〉가 무엇인지를 모르는 육체생활이기 때문입니다。

우리가 산다는 것은 죽어가는 것입니다。 가령 어느 사람이 백 년의 명을 타고 났다면 오늘 하루 살았다 하는 것은 二四시간 목숨을 짤라 버렸다는 뜻이 됩니다。 산삼 하나를 달여서 쭉 들이마시는 그 시간도 자꾸 죽어 가는 것밖에 아무것도 아닙니다。 누워서 자는 것도 죽어가는 것이고 오면서도 죽어가고 가면서도 죽어가고 사는 것이 다 죽어가는 것뿐입니다。 아무 사정도 없이 만분의 일초도 정지함이 없이 자꾸 가는 겁니다。 그러니 살아간다 소리는 죽어간다 소립니다。 농사를 뼈가 빠지도록 지어도 자꾸 가는 것이고 장사를 해서 한국 돈을 다 모아 놓아도 그것도 자꾸 가는 것이니 하루하루 백원、백원 돈을 모으는 것이 가는 것일뿐 아무것도 남는 것은 없읍니다。 빈손으로 왔다가 빈손으로 간다지만 빈손도 갖고 가지 못하고 통째로 다 버리고 내버릴 것도 없이 갑니다。 차라리 본래 죽어간다고 말이나 바로 했더라면 그렇게 각오(覺悟)라도 하고 사니까 죽어도 섭섭한 마음이 덜했을 터인데 살아간다 해놓으니까 별수없이 시집가고 장가가려고 죽기살기로 애를 써서 시집·장가가고 첫날 저녁부터 서로 맞지 않아서 속고 마는 겁니다。 아무 것도 없는 파초 껍데기 벗기는 것과 한가지입니다。 살아봤자 아무것도 없읍니다。

그런데 살았다는 우리나라 말의 어원도 옳은 이치를 가지고 있읍니다。 살아간다 하는 소리는 곧 태워간다는 뜻으로 볼 수 있읍니다。 오늘 하루 살았다 하는 말은 오늘 하루 태웠다 이 소립니다。 그러니 죽어간다는 소리와 같은 뜻입니다。 한국 사람의 말은 진리에 꼭 맞는 말이 많습니다。 과학적이고 철학적이고 그리고 종교적입니다。 그러니 이런

지혜로 능히 건넌다(佛法大海 信我能入 智爲能度)」고 했다。 여기서 믿는다 함은 이 일이 이와 같음(如是)을 믿는 것이니 성인의 설법은 이 진여(眞如)의 여(如)를 나타내기 위하심이니 오직 이「여」가 옳은 진리가 됨을 일컫는다。 또 유와 무가 둘이 아닌 자리(有無不二)가「여」가 되며「여」는 유무가 아니므로(非有無) 옳은 진리(是)가 된다。

二、들었다(聞成就)함은 몸뚱이(五蘊)로 이루어진「아란」을 가리켜 나(我)라 했고、들었다(聞)함은 귀로 들어서 알았다는 뜻이니 낱낱의 말뜻을 버리고 전체의 뜻을 중시하여(廢別從摠)「내가 들었다」(我聞)한 것이다。 아란은 뒤늦게 출가하여 二〇년 동안의 경을 듣지 못했으므로 여래께서 아침·저녁·밤으로 거듭 말씀하셨으며、아란은 같은 삼매를 성취하여 한 번 들으면 잊어버리지 않는 대권보살(大權菩薩)이므로 어느 법인들 통하지 않겠는가。

이치를 생각하면 자살(自殺)할 마음이 안 날 수도 없읍니다。 오늘날 세계 청소년들이 전부 히피족으로 돼 가고 미쳐서 날뛰는 것도 까닭이 깊은 데 있다고 할 수 있읍니다。 이런 결 하나도 생각하지 않고 개·돼지처럼 살면 백년 살아도 지루하지 않을 겁니다。 오늘도 먹고 똥싸고 늙고 병들고 아무 생각 없이 그렇게 살 수 있겠지만、 본래의 인간은 삶의 가치를 찾으려 하고 동물과는 다릅니다。

현재 서양의 물질문명이 진보하여 가다가 마침내 벽에 부딪쳐서 이제 더 찾을 길이 없게 되었읍니다。 그래서 미국 청년들이 적어도 심리적으로는 전부 히피족이 되는 것인데 히피란 환장했다는 뜻입니다。 그들의 머리는 뒤집혔고 알맹이 없는 거품입니다。 무엇 때문에 사는지를 발견할 수 없고 자기를 발견할 수 없으니 히피족이 안되고 어떻게 합니까。 히피족이라도 되는 사람들은 똑똑한 사람이고 히피족도 못되는 것은 비맞은 쇠똥 한 가지의 썩은 청년들입니다。 비맞은 쇠똥은 거름도 안 되기 때문입니다。 히피족도 못되는 그것은 개만도 못합니다。 개는 보신탕이라도 하지마는 히피족도 안 된 인간은 곰탕도 못됩니다。 그러니까 세월이 그만큼 밝아졌다고 할 수 있읍니다。 미국 청년들은 무언가 생명의 애착이 있어 환각제(幻覺劑)를 먹을지언정 자살은 하지 않습니다。 죽기는 뭔가 억울하다는 것입니다。 덴마아크 청년들은 미국사람보다 앞서 있읍니다。 그 사람들은 교육도 완전히 의무교육이고 교통도 무료·의료기관도 무료고 전부 공짜로 살 수 있는 극락세계㉜고 지상천국(地上天國)입니다。 성(性)도 개방(開放)을 해서 여자로 생긴 것은 전부 친척이건 누구건 다 자기 마누라고 남자는 전부 영감이고 자기 남편입니다。 성을 개방해서 법률에 저촉되지 않도록 돼 있으니 그럴 수밖에 없읍니다。 그래 놓고 나니 지극히 고독한 것이 사람입니다。 사람이 성장하면 결혼해서 내 남편 내 아내가 결속(結束)되고 임자가 있어야 할 터인데 개방을 해 놓고 나니 굴레벗은 망아지처럼 마음대로 뛰어다

三、한 때(時成就)라 함은 스승과 제자가 한데 모여서 구경의 법을 말씀하고 들으므로 한 때(一時)라 했다。 일시(一時)라 함은 부처님께서 스스로 하신 말씀이었다。 시간은 곳을 따라 다르니 인간 五〇년은 사천왕천(四天王天)의 하루이며 인간의 一백년이 도리천(忉利天)의 일주야(一晝夜)이고 도리천의 수명은 四천왕천의 수로 五백년의 배인 一천년이 된다。

또 구사송(俱舍頌)에 「남섬부주(南洲)에 오정이 되면 북구로주(北洲)에는 三경을 울리네(子正、밤중)·서우화주(西洲)에서 아침 문을 열면(卯時아침) 동승신주(東洲)에서는 집안으로 돌어가네 (酉時 저녁 때) 南洲日卓午 北洲打三更 西洲開門戶 東洲入歸去」라고 했다。 그러므로 어느 시간을 고정하여 말하지 않고 한 때(一時)라고 하신 것이다。

법문을 들을 때에 망령된 마음이 일어나지 아니하여 경계가 생기지 않으므로 주관·객관(心

녀도 어디가 죽어도 아무도 간섭을 하는 사람이 없읍니다。 그러므로 덴마아크 처녀 총각은 처녀 총각도 아니고 옛날 우리 습관(習慣)대로 하면 잡년、잡놈들이 되어 버려서 이 사람들은 삶에 염증(厭症)이 난 것입니다。 미국 사람들은 아직 삶에 대한 염증은 안 났기 때문에 생에 대한 애착이 남아 있읍니다。 덴마아크 청년들은 오토바이 타고 가다가 여러 백길 되는 데 막 떨어져 죽기까지도 합니다。 병들어 죽고 똥만 싸다 죽으면 남도 괴롭고 나도 괴롭고 할텐데 통쾌한 처녀들、통쾌한 총각들이라 할 것입니다。 살아야 할 이유가 없는 이상 무엇 때문에 병이 나서 죽도록 기다릴게 있느냐、맹렬하게 한번 죽어보자、그런 뜻입니다。

그러니 이것은 유물사상(唯物思想)㉝이 찾아 가는 생의 말로라 할 것입니다。 전쟁할 필요도 없지만 전쟁하고 싶으면 한번 해보자 이런 식으로 미국 히피족들 월남 가서 싸우면 제일 잘 싸웁니다。 그것도 미친 히피족들의 행각(行脚)의 연속이기 때문입니다。 아무 걱정 없이 싸우는 그것뿐이기 때문에 당할 수 없읍니다。 그러니까 지금 二〇세 이상 사람 다 죽고 나면 이 지구상은 뭐가 되고 인간 세상은 뭐가 되겠나、온 인류는 좌익이나 우익이나 이 걱정은 똑 같습니다。 다행히 서양 사람들은 뒤늦게나마 동양의 정신문화(精神文化)를 찾으려 하고 있읍니다。 동양의 정신문화 가운데 대표적인 것이 불교인데、불타의 정법(正法)인 대승불교(大乘佛敎)는 중국·한국·일본입니다。 그런데 또 중국은 공산당의 유물교육(唯物敎育)을 받고 있으니 불교는 없고 지금 한국과 일본만 남았는데 또 일본 불교는 학문적·형식적인 내용으로 전락했고 대승불교의 참 골수(骨髓)를 지니고 있는 것은 한국불교뿐입니다。

내가 이번에 일본에 가서 그 요지(要旨)를 밝혔읍니다。 일본 불교는 껍데기고 우리 한국 불교는 알맹이라고 내가 그런 증거(證據)를 댔더니 자기들도 긍정을 했읍니다。 한국에

境)이 다 없어진 하나의 경계이므로 마음과 경계가 둘이 아닌 진실일 따름이므로 한 때(一時)라 한다。 범부와 성인이 하나가 되고 인과(因果)의 일대(一對)·처음과 끝(始末)이 하나고 체와 용이 하나이므로 한 때(一時)라 했다。

四、설법의 주인(主成就)은 부처님 곧 깨달은 이를 뜻하니、마음의 본체에 생각을 여의어、허공계와 평등한 여래의 평등 법신을 뜻하며 이렇게 생각 없는 성품을 「불」이라 한다。 그런데 깨달음에 세가지 뜻이 있다。 첫째는 스스로 깨달음(自覺)이니 마음에 본래 생멸이 없는 줄을 깨달아 아는 것이고 둘째는 현상계의 차별법은 깨달음(覺他)이다。 일체법이 이 여(如)가 아닌이 없음을 깨달음이요 세째 깨달음이 원만함이니(覺滿) 위의 두 가지 깨달음이 원만하게 갖추어졌음을 뜻한다。 그러므로 첫째 자각(自覺)은 진여(眞如)를 증득한 것이고 둘째 각타(覺他)는 세속을 요달한 것이며

태어난 것을 가장 행복스럽게 생각하고 불교의 정신으로 언젠가 인류를 한번 지도할 때가 올 것입니다。 다시 말하면 우리 손으로 인류평화를 건설할 때가 온다는 말입니다。 불교정화(佛敎淨化)㉞한다고 근 二〇년 동안 애쓴 목적도 여기 있읍니다。 비구 비구니가 잘 살아 보려고 절 뺏자는 것이 아닙니다。 나는 약소민족(弱小民族)이 강대국(强大國)에 압제(壓制)를 당하는 三六년간을 절실히 느껴 본 사람입니다。 독립만세(獨立萬歲) 운동을 했다고 왜병(倭兵)에게 고생을 치르고 나서 헤매다가 마침 불교를 만나 중이 된 것입니다。 「인류가 불교에 돌아오면 전쟁이 없어지고 약소민족들은 완전히 해방이 되어 영원한 독립을 얻을 수 있는 사상이 불교에 있다」고 기뻐하여 불교에 귀의(歸依)한 것입니다。 그러므로 「불교사상을 바로 한다、 불교정화(佛敎淨化)한다는 말은 한국독립이요 동시에 인류의 해방(解放)이다、 그래서 시간이 모자라면 내생에 또 와서 하자。」 이것이 우리의 뜻입니다。 실제로 죽어도 또 한국에 태어납니다。 이 좋은 이론이 한국에 있기 때문에 우리가 인류평화를 위해 약소민족이 일어나는 횃불 노릇을 하게 될 것입니다。

생명은 생명、 허공은 허공

나라고 하는 가아(假我)를 상대하기 때문에 나라고 하는 생각도 아닌 나라는 생각이전의 진아(眞我)를 말했지만 사실 이것도 부득이해서 이걸 설명하기 위한 방법으로 가설(假設)한 것뿐입니다。 〈참마음 참 내〉가 이런 생각을 일으킨 것인데 〈진아〉니 〈가아〉니 하는 분별도 다 떨어진 그 이전의 〈나〉、 나도 아닌 내가 이걸 상대해서 〈진아〉니 〈가아〉니 하는 가짜를 부쳤을 뿐임을 확실히 알아야 합니다。 「나는 생각한다。 고로 나는 존재한다。」 참 피눈물 나게 서러운 말입니다。 유물사상으로 찾아 봐도 자기가 없으니까 〈나〉라

세째 각만(覺滿)은 두 가지를 남김없이 두루 원만하게 깨달은 것을 뜻한다。

五、 곳은 사위국(處成就)이니、 사위(舍衛)는 명문(名聞)이 넓고 보물(寶物) 등의 물자가 많이 산출(産出)함을 뜻한다。 기수(祇樹)는 기타태자(祇陀太子)가 보시한 나무란 뜻이고、 급고독원(給孤獨園)은 수단장자(須達長者)가 산 동산이란 뜻인데、 기타(祇陀)는 전승(戰勝)이란 말이니 그 부왕(父王)인 파사이왕(波斯匿王)이 태자를 낳을 때에 외국과 전쟁을 해서 많이 이겨 국위(國威)가 크게 떨쳤으므로 지은 이름이며、 수달(須達)은 우리말로 선시(善施)니 항상 외로운 이를 잘 도와주므로 일컫는 말이며、 인도에서는 절을 승가람(僧伽藍)이라 하는데 이쪽 말로는 대중의 공원(衆園)이란 뜻이 되므로 원(園)이라 한 것이다。

六、 대중(衆成就)은 청중(聽衆) 곧 천 이백 대덕과 기타의 四부대중을 뜻한다。

七、대비구(大比丘)라 함은 이름이 높고 덕이 뛰어난 이들을 말하며 비구는 범어로 세 가지 뜻이 있어서 번역하지 않는다。첫째는 마귀들이 두려워하여 달아나는 포마(怖魔)의 뜻이 있고、둘째는 빌어먹는 선비라는 뜻의 걸사(乞士)이며、세째는 거룩한 계를 지킨다는 뜻의 정계(淨戒)가 그것이다。一천二백 五〇인은 부처님이 말씀하신 진리를 다 잘 알고 모든 일을 화합하여 단체적인 수련이 잘 되고 있는 화합중(和合衆)임을 뜻한다。

六祖口訣 발을 씻으셨다(洗足)함은 여래께서 범부와 한가지로 되어서 수순해 주시는 때문에 발을 씻으셨다 한 것이다。또 발을 닦는 것은 대승의 법이니 손이나 발만 닦는 것으로 깨끗함을 삼지 않는다。손발을 닦는 것이 그 마음을 깨끗이

는 생각 이것이 〈나〉가 아닌가 해서 한 말입니다。 이것이 소위 동서의 철학을 대표했다 하니 참 불쌍한 일입니다。 그것은 죽도 살도 못해서 자살하기는 무언가 아깝고 그러니 그런 소리를 해서 위안하고 있을 뿐인 것이니、마치 한강 건너에서 사람이 많이 빠져 죽는데 「잠깐만」하고 외쳐서 우선 위급(危急)을 구하는 격(格)입니다。일본사람들이 물에 빠져 죽는 사람을 어떻게 구제할 수 있느냐고 현상을 걸었는데、〈죠또맛데〉가 당선이 됐읍니다。「잠깐만 기다리라」는 뜻입니다。

요사이 실존철학(實存哲學)㉟이란 바로 이 〈잠깐만〉 철학인데 이런 법 가지고는 이번엔 안 죽을는지 몰라도 다음엔 죽습니다。「나는 생각한다。고로 나는 존재한다。」이것 가지고 안심입명(安心立命)㊱하는 철학이 될 수는 없다는 것입니다。다행히 부처님이 삼천년 전에 이미 생각조차도 아닌 〈나〉 이것이 실재(實在)임을 밝혀 주셨읍니다。「물질도 아니고 허공도 아니다。」그것들은 생명이 없기 때문에 무엇을 생각할 줄 모릅니다。허공이 바위로 될 수 없고 진공이 바위돌로 될 수는 영원히 없을 겁니다。바위돌은 고사하고 모래도 안 될 것입니다。모래뿐 아니라 산소나 수소도 안 될 것이고 전자도 에너지로도 안 될 것입니다。그러니 허공은 태초(太初)부터 없는 것으로 영원토록 없을 것입니다。없는 것까지도 될 수 없읍니다。그와 마찬가지로 처음부터 에너지 자체가 생명이 없는 것이기 때문에 생명이 없는 물질 그것은 어떠한 상태에 놓인다 해도 생명으로 변할 수도 없고 거기서 생명이 생겨날 수도 없는 것입니다。

가령 요새 무기물질(無機物質)㊲이 유기물질(有機物質)㊳로 화(化)했다는 소리를 하지만 무기물질이 유기물질로 화했다는 소리는 「새 물질의 세포가 이루어져서 이것이 생명으로 된 것이다。」이런 뜻으로 한 말인데、그러나 세포 아니라 세포보다 더 정밀한 조직이 된다 해도、그것이 근본적으로 여하한 구조(構造)가 된다 해도 생명으로 변화할 수 없는

하는 것만 같지 못하니 한 생각의 마음이 깨끗하면 곧 죄의 때가 다 없어지리라。 여래께서 설법을 하려고 하실 때는 항상 하시는 위의로써 올라 앉으시는 선상을 펴시는 것이 예였으므로 자리를 펴고 앉으시었다고 하였느니라。

洗足者 如來示現順同凡夫故 言洗足 又大乘法 不獨以洗手足爲淨 蓋言洗手足不若淨心 一念心淨 即罪垢悉除矣 如來欲說法時 常儀 敷施榻座故 言敷座坐也

〔**註 26**〕 **선상**(禪床): 인도의 당시 스님네가 앉고 눕고 하는 상이며, 참선할 때도 펴고 앉아서 하고 부처님께서 법문하실 때도 이것을 펴고 앉으신다. 나무 틀에 노끈으로 엮어서 만든

것은 허공이 바윗돌로 될 수 없는 것과 같은 이치입니다。 만일 허공이 바위로도 되고 바위가 허공 됐다 한다면 허공이라 할 수도 없고 바윗돌을 바윗돌이라 할 수도 없읍니다。 우리는 말도 못 만들고 생각도 못합니다。 그러니까 지금 허공은 영원히 허공이고 물질은 영원히 물질입니다。 생명은 영원히 생명이고 죽음은 영원히 죽음입니다。

마음이 보고 듣는다

그런데 요사이 현대사조(現代思潮)의 영향을 따라 누구나 국민학교에서부터 대학까지 거의가 서양의 유물적인 사상만을 배우게 됩니다。 그래서 눈이 없으면 보지 못하고 귀가 없으면 듣지 못한다고 가르칩니다。 확실히 상식으로는 육안(肉眼)이 성하고 신경(神經)이 성해야 하고 대뇌(大腦)가 성해서 이 세 가지 구조가 건전(健全)할 때 비로소 뭐가 보입니다。 눈을 감아도 안보이고 눈이 탈이 나도 안보이고 신경이 조금 고장이 나도 안보이고 대뇌가 조금 고장나도 판단을 못합니다。 중생들은 꼭 그런 줄만 알지만 부처님은 이걸 반대합니다。「그러면 무엇이 보나。 마음이 본다。 어째 마음이 보나。 네 마음이 보고 싶은 생각을 할 때는 보이지만 네 마음이 딴 생각만을 하고 보려는 생각을 안하면 눈을 뚝바로 뜨고 있고 아무리 건전한 신체를 갖고 있다 하더라도 안 보인다」는 것입니다。 만일 이 육체적인 구조가 무엇을 보는 것이라고 하면 마음이 아무리 딴 것을 생각한다 하더라도 눈만 뜨면 안볼 도리가 없을 것입니다。 카메라와 한가지이어야 합니다。 그러나 마음으로 二○시간、 한 달 동안 꼬박 밤새우며 책만 보려는 마음만 먹으면 책을 꼬박 볼 수 있지만 그러나 딴 생각을 골똘하게 하면 한 시간도 책속에 글자가 한 자도 안 보입니다。 영화를 보더라도 어떤 사람은 재미있는 영화가 있으면 잠도 안 자고 먹지도 않고 하루

열 번씩 그것만 보는 사람이 있읍니다。 그러나 그렇게 미쳐 보는 영화라도 딴 걱정을 크게 하거나、어떤 사람을 생각하든지、원수를 생각하면 금방 안 보입니다。 그러므로 확실히 마음이 보는 것이고 눈이 보는 것이 아닙니다。

그러면 왜 눈을 감으면 안 보이는가。 그것은 내가 눈이 본다고 생각을 했기 때문입니다。 눈을 감으려 할 때 이제부터 안 보인다는 확정(確定)을 내렸으므로 눈 감기 전에 벌써 보려는 생각을 없앴다는 것입니다。

생각 잡념이 허트러진 실처럼 복잡한 망상을 네 마음에서 다 없애고 오롯이 마음만 남아 있으면 눈을 감기는커녕 두 눈 다 빼 버린다 해도 뒤꼭지로도 보입니다。 네가 마음만 어지럽지 않아서 마음만 순수(純粹)하면 그래서 본심(本心) 그대로 〈참 나〉만 드러나면 땅속의 밑바닥까지 투시(透視)가 되고 여기서 아폴로 타고 달나라까지 갈 것 없이 다 보인다는 것입니다。

따라서 눈을 감았다고 안 보이는 것이 아니라 눈을 감았다고 하는 것은 안 보기로 마음 정하는 행동이기 때문에 안 보이는 것과 같이 귀도 마찬가지입니다。 마음이 뭘 들으려 할 때는 개미가 기어가는 소리도 확실히 들립니다。 그러나 마음이 딴 걸 골똘하게 생각할 때는 시장 복판에 저물도록 서 있어도 사람소리 하나 안 들립니다。 또 들으려고 하기만 하면 세상 분주한 소리가 한꺼번에 들려 옵니다。 또 금방 안 들으려고 하면 심할 때는 옆에 대포가 터져도 안 들립니다。 큰 대포가 터지면 목조건물 같은 것 여간 잘 지어놔도 무너지고 두꺼운 유리창도 가루가 되지만 마음이 딴 걸 생각하기 때문에 고막도 안 터집니다。 소리는 못들더라도 고막은 터져야 하는데 고막조차 안 터졌다는 말은 물질이 진공으로 돌아왔다는 말이 됩니다。

다른 오관(五官)[32]도 똑같습니다。 코도 냄새를 맡고 싶어 해야 냄새가 나지 마음이 딴

승상(繩床)과 송판으로 만든 목상(木床)이 있으며 그 크기가 높이 등의 규격이 정해 있다。

〔註 27〕 **참선**(叅禪)：선법(禪法)을 스스로 참구하는 것。 주로 앉아서 좌선(坐禪)을 일컫게 되며 오늘날 우리나라에서는 주로 화두선(話頭禪)을 하게 된다。

〔註 28〕 **결가부좌**(結跏趺坐)：부동좌(不動坐)라고도 하며 앉는 법의 한 가지다。 먼저 오른발을 왼편 넓적다리 위에 놓고 앉는 것。

〔註 29〕 **파초**(芭蕉)：잎은 긴 타원형이고 꽃은 황갈색이고 따스한 곳에서 나온다。

〔註 30〕 **마음**：지각작용·사고·감정 등의 마음을 가리키는데 여기서는 감정이나 생각을 초월한 생각 이전·주관·객관 이전의 본체자리를 뜻한다。

〔註 31〕 **옥황상제**(玉皇上帝)：욕계(欲界) 제二천의 천주(天主) 제석천(帝釋天)을 가리킨다。 「주 4」 도리천 참조 바람。

걱정을 하거나 깊은 연구에 몰두(沒頭)할 때는 똥을 갖다 코밑에 발라 놔도 아무것도 모릅니다. 그 독한 냄새가 두 코에 가득 찼는데 아무리 딴걸 생각했다 해서 모른다면 말이 안 됩니다. 냄새는 모르지만 두통(頭痛)이라도 나야 할 게 아닌가. 육체는 한 개의 기계니까 확실히 두통이 나야 할 텐데 두통도 안 납니다. 그것도 물질이 진공으로 돌아왔기 때문입니다. 그렇지 않고서야 두통이 대번에 나지 않을 수 없습니다. 맛도 마찬가지입니다. 마음이 맛을 알려는 생각을 안할 때는 또 큰 걱정 큰 기쁨이 있을 때는 그 사람이 즐겨 먹는 음식 열 가지 백 가지를 입에 넣어 주어도 아무 맛을 모릅니다. 씹어서 꿀떡 넘기기는 넘겼지만 나중에 물어보면 씹은 것도 넘긴 것도 모릅니다. 혓바닥이나 목구멍이 맛을 안다는 소리는 거짓말이 됩니다.

생각이 아프다

오관(五官)과 우리 마음은 서로 관계는 있을망정 전혀 별개의 것이라 하겠읍니다. 이 오관은 물질로 구성된 기계이므로 마치 전자계산기(電子計算機)가 사람보다 억만배나 정확한 성능(性能)을 갖고 있지만 전자계산기는 맞게 했는지 빨리 했는지 그걸 모릅니다. 왜냐하면 무정물(無情物)㊵로 만들어진 기계이므로 마음이 없기 때문입니다. 이와같이 과학이 발달하여 아주 치밀한 인조인간(人造人間)을 만들어서 이 육체인간보다 억만배나 훌륭한 인간이 나오겠지만, 그러나 그것은 아무것도 모릅니다. 아무 가치 없는 기계인간인 때문이니 우리에겐 이용가치가 있겠지만, 기계 그 자체는 아무 가치가 없읍니다.

그러므로 이 육체는 무기물질(無機物質)로 구조한 한개의 기계고 이 마음은 살아 있는

〔註 32〕 **극락세계**(極樂世界)：안양(安養)·안락(安樂)·묘락(妙樂)이라고 하며, 극락정토(極樂淨土)·극락국토(極樂國土)라고도 한다. 사바세계에서 서쪽으로 一〇만억 불토를 지나서 있는 아미타불(阿彌陀佛)의 원력정토(願力淨土). 즐거움만이 있고 생사의 괴로움이 없을 뿐만 아니라 여기에 태어난 이는 누구나 다 성불하도록 되어 있다.

〔註 33〕 **유물사상**(唯物思想)：우주 만유의 실제가 물질이라고 보고 우리의 정신까지도 물질적 소산으로 보는 유물론(唯物論) 내지는 물질본위의 사상 및 황금만능주의까지도 광의(廣義)의 유물사상이라고 볼 수 있다.

〔註 34〕 **불교정화**(佛敎淨化)：한국불교의 본지(本旨)를 잃고 이조의 배불 정책(排佛政策)과 일제의 식민지정책에 의해 퇴폐적으로 속화된 교풍을 바로 잡고 구세의 대도사를 양성하는 의 청정본연의 수행종단을

운전수입니다。 육체는 죽어 있읍니다。 그러니 이 마음이、 옛날 말로 영혼이 이 육체를 떠나기 전까진 지금도 아무것도 모르는 송장인 무기물질입니다。 그런데 손톱 끝에 가시가 들어 놓으면 참 아픕니다。 다른데 아픈 것보다도 손톱 밑에 가시가 조금 박혀놓으면 마누라도 귀찮고 남편도 싫고 자식도 돈도 싫고 다 귀찮아집니다。 아무리 대통령 하라 해도 그것도 싫고 아픈 것밖에 모릅니다。 그러면 육체는 아무것도 모르는데 왜 아픈가。 그것은 육체가 요것 하나뿐이다、 이것이 나의 전 생명이라고 이걸 애착하고 아끼기 때문에 아파지는 것입니다。 마음이 다른 것만 생각하면 보지도 듣지도 못하고 마치 이놈의 세상 더러운 세상 안 살겠다고 크게 결심하고 이 몸뚱이 탁 버리고 나면 도끼를 가지고 이 몸뚱이를 끊더라도 아픈 줄 모릅니다。

기미년(己未年) 삼일운동 독립만세운동(三一運動獨立萬歲運動)할 때 그런 청년 많았읍니다。 그때 고등보통학교(高等普通學校) 졸업하면 나이가 많아서 요새 대학 다니는 처녀총각보다 더 컸읍니다。 그런 청년들을 옷을 발가벗겨 가지고 유치장(留置場)에 갖다 넣읍니다。 밤 열두시만 되면 하나씩 하나씩 불러 내서 부젓가락을 뻘겋게 달구어 가지고 전신만신을 쑤십니다。 사람이 참 참을 수 없을 지경입니다。 고함지르는 소리에 오장(五臟)이 다 녹아 버립니다。 그래서 한 청년이 결심하기를 「저렇게 두들겨 맞다가 내가 병신이 될 것이다。 나라가 망하는지 그것도 모를 일이니 이렇게 살면 뭘하느냐。 그러니 개자식들한테 매 맞는다 해서 다리가 부러져도 아프다고 고함지르면 내가 항복하는 것이나 다름 없구나。 나는 나가서 소리 지르고 하지 않겠다。 너희야 나를 죽이든지 가루를 만들든지 톱으로 썰든지 맘대로 해라」 하고 차례가 되어 나갔읍니다。 이짓저짓 다 하고 마지막으로 부젓가락으로 여기저기 쑤십니다。 처녀들한테도 가슴 양쪽에 젓가락을 뻘겋게 달구어 허벅다리고 어디고 안 쑤시는 데가 없읍니다。 별짓을 다 해도 나는 결심을 한

세우고자 하여 일어난 불교계의 정화운동。

〔註 35〕 **실존철학**(實存哲學): 우주와 인생의 실재인 실존을 주제로 하고 또한 그것을 자기 문제로 삼아 나가려는 주장。 불교에서 인생과 우주의 실재를 마음으로 보고 마음 자체의 바탕을 깨닫는 것을 근본명제로 삼는 것과 유사한 점이 있을 뿐만 아니라 이 철학이 잘 진전되면 불교와 현대사상은 쉽게 접근될 수 있을 것으로 보인다。

〔註 36〕 **안심입명**(安心立命): 본래 생사가 없는 마음자리의 자성을 깨달아 우주에 대자유함으로써 정말 안심할 수 있는 것이며 비로소 설 땅을 얻은 것이라는 뜻。

〔註 37〕 **무기물질**(無機物質): 생활의 능력이 없는 물질。 물·공기·광물 같은 무기물질이니 곧 생명이 없는 죽은 물체를 일컬음。

〔註 38〕 **유기물질**(有機物質): 생활 기능을 가진 생명 있는 물체를 일

것이 있어서 눈도 깜짝 안하고 눈물도 안 흘립니다。 그 당시는 죽을 작정하고 몸을 내버렸기 때문입니다。 그러면 취재하는 사람은 더 미칩니다。「이자식 입을 딱 다물고 상도 안 찌프리니、에라 요놈의 자식 네가 참으면 얼마나 참나 두고 보자。 조센징(조선 사람) 요놈의 자식。」하고는 이를 갈며 별짓을 다 합니다。 그래도 눈 하나 깜짝 안하고 가만히 앉아 있으니까 나중에는 일본 순사고 한국순사고 겁이 나서 곁에 보지를 못하고는 세상에 독하다 독하다 이렇게 독한건 처음이다。 만일 죽어 귀신이 있다 하면 이 귀신한테 다 죽은게다。」 그러면서 먼저 그 사람을 내놨읍니다。 다른 사람 일년 내내 고문한 것보다 더 했으니 그만하면 독립만세 부른 값을 치뤘다는 것입니다。

보통사람 같으면 뼈가 다 부서지고、살이 다 뭉게져서 거의 못 삽니다。 그런데 이 사람은 치료도 안했는데 얼마 안가서 건강해져 버렸읍니다。 그것은 왜냐하면 아픈 줄 모르고、몸을 버리고 당했기 때문에、다친 데가 없어서 쉽게 나은 것입니다。「이거 크게 다쳤다」 이거 큰일 났다 하면 금방 신경(神經)이 죽기 때문에 한 달 갈 게 일 년도 더 갑니다。 그러니 아픈 것을 못 참을수록 인욕(忍辱)㊶을 하지 않을수록 병은 오래 가게 마련이고 겁을 낼수록 병은 오래 가게 마련입니다。 시치미 뚝 떼고 있으면 병이 쉽게 낫고 뼈가 부서져도 그게 갑작스러이 나 버리는 수가 있읍니다。 몸뚱이를 버리고 나면 그렇게 됩니다。

몸뚱이를 버리면 아픈 줄 모릅니다。 그러니 몸뚱이를 챙긴다든지 하는 수양이 필요합니다。 애착하기 때문에 내가 살을 잡으면 아프지만 사실 몸뚱이 제가 생명이 없으니 아플 수 없고 감각할 수 없는 것입니다。 마음은 또 본래 물질도 허공도 아니기 때문에 아픔이 생길 수 없읍니다。 살이 아픈 것도 마음이 아픈 것도 아니고 육체가 아픈 것도 아닙니다。 그러면 뭐가 아프냐。 마음으로 생각을 내서 아픈 것뿐입니다。

킴음。

〔註 39〕 **오관**(五官)：눈・귀・코・입・피부의 다섯 가지 감각기관。

〔註 40〕 **무정물**(無情物)：생명이 없는 것、물질적인 것。 무기물・식물 같은 것은 무정물이고 아는 능력이 있는 사람、동물은 유정(有情)이라고 한다。

〔註 41〕 **인욕**(忍辱) 범 Ksant: 六바라밀의 하나。 욕됨을 참고 안주(安住)하는 뜻。 온갖 모욕과 번뇌를 참고 원한을 일으키지 않는 수행。

〔註 42〕 천상천하유아독존 (天上天下唯我獨尊):「하늘 위 하늘 아래서 나홀로 높다」는 말인데, 그 뜻은 하늘이니 땅이니 하는 현상계는 상대적인 것이고 죽은 것이며, 우리의 마음자리만이 정말 위대한 것으로서 이 마음을 깨치고 보면 우주는 자유롭게 되고 현상계는 한갖 나의 그림자에 불과하므로 이렇게 말한 것。

오직 〈마음〉이 〈나〉입니다。 몸뚱이도 내가 아니고 나는 순수한 〈나〉라는 생각조자도 아니고 글자도 아니고 내가 아니라는 것도 아니면서 살아 있어서 얘기할 줄 알고 얘기를 시켜 놓고 저게 된 소리인지 안 된 소리인지를 비판할 줄 알고 그리고도 아무 생각 없는 이것이 만사의 주체인 〈나〉입니다。 이 〈나〉가 생각으로 과학을 만들어 내고 철학을 만들어 내고 뒤집어 엎어 버리려면 엎어 버릴 수 있고 이것이 만사의 주체이며 우주의 핵심(核心)입니다。 이것보다 앞서는 사건은 아무것도 없읍니다。 하느님도 부처님도 여기서 나왔고 진리 진리 해도 그것은 생각 밑에 있을 뿐입니다。 그러나 사람보다 앞설 것은 아무것도 없으며 사람이 우주의 주체입니다。

이걸 발견한 이가 싣달 태자입니다。 그래서 그분은 이 세상에 나오면서 제일성(第一聲)으로 부르짖은 것이 「천상천하 유아독존(天上天下唯我獨尊)」㊷이라 했는데, 그 뜻은 온 우주에 〈나〉 곧 〈자아(自我)〉가 오직 위대한 생명임을 외친 것입니다。

육체를 정리하는 생활

「육체가 나라는 착각을 버려 보자。」 다시 말하면 「육체생활을 좀 정리해 가지고 하루 밥 세 끼 먹던 것을 노력하여 두 끼 먹고 수양하자。 더욱 더 자아완성을 위해 노력하자。」는 것입니다。 우리 마음의 본래 자세에서 보면 무슨 지식이니 신앙이니 하는 것은 흙탕물처럼 된 것이고 헝클어진 실같이 번잡한 망상입니다。 도서관의 서적을 다 마음에서 떨어놓으면 사람의 제 생명·본 면목을 찾을 수 있을 것입니다。「그건 무슨 귀중품이다, 보물이다, 잘 보관하자, 이 사람 무슨 병이냐, 어려서 애들과 장난을 하다 피가 많이 날 정도로 피부가 상했어, 그 때 균이 들어가 지금 파먹고 있다.」이 생각이 병이 되고 이 관념이 몸뚱이를 지배합니다. 이런 관념이 절대원리라 믿고 중생심(衆生心)㊸으로 얽매이지 말라는 것입니다. 모든것 다 버리고 마음을 탁 놓으라는 것입니다. 그러면 본래의 마음이 드러나고 육체의 주인공·우주의 핵심·생각의 주체를 알게 된다는 것입니다.

무엇을 배우는 것이 아니고 배운 것을 자꾸 버리자는 것입니다. 이렇게 자꾸 들어가서 마음이 뚜렷이 드러나면 나중에는 우주에 모를 일이 하나도 없이 모두가 내 목전(目前)입니다. 마음을 깨쳐 놓으면 내 눈이 하나가 아니라 오관(五官)이 다 눈이 되고 귀가 됩니다. 귀라면 귀고 코라면 코고 거리가 없어집니다. 거리가 없다는 말은 둘이 아니라는 말이고 주관 객관이 통일됐다는 뜻입니다. 육체를 나라고 하다 보니 주관 객관의 거리를 인정하게 되고 둘로 생각하지만 마음도 아닌 이 마음이 나인줄 어느정도 깨달으면 이 우주와 나는 둘이 아니라는 대목(大目)이 나옵니다. 그때 비로소 사람이 살 기분이 생깁니다. 「나는 영원히 죽을 방법이 없구나. 물질도 허공도 아니니 불에 탈 수도 없다, 내 몸뚱이는 두들기면 깨지지만 이건 자살도 못한다, 자살할래야 방법이 없다, 세계의 수소탄이 다 내 몸에 맞는다 해도 육체는 죽을지 보르고 지구는 다 녹아 없어질지 모르지만 나는 죽을 수 없구나.」하는 진리를 환하게 보게 됩니다.

이렇게 불교를 알고 나면 죽음에 대한 공포(恐怖)가 그 시간부터 없어집니다. 동서 어디에도 구속된 데가 없고 이것 이전에 어떤 진리도 있을 수 없으며 이것을 구속할 아무것도 없읍니다. 그게 모두 이렇게 앉아서 말 듣고 있읍니다. 절대 자유인 것이 이 마음입니다. 내가 가령 어떤 사람을 일어서라 해서 일어났다면 그것은 그 사람 몸뚱이가 일어난 것도 아니고 내가 일으킨 것도 아니며, 오지 그 사람 마음이 정한 것입니다. 만일 그 사람의 마음에 그런 결정이 안나면, 일어설 생각이 안나면 칼로 목을 쳐도 안 일어섭니다.

〔註 43〕 중생심(衆生心) 〈기신론〉에서 중생의 근본마음, 곧 중생이 본래 갖추고 있는 진여심(眞如心)을 말한다. 이것은 보편 평등(普遍平等)한 실체(實體)로서 일체 만유와 전 우주를 포용하는 근본진리 제법(諸法)에 있어서는 법성(法性)·진여(眞如)라 하고 중생에 있어서는 불성(佛性), 여래장(如來藏), 자성청정심(自性淸淨心)이라 한다. 여기서는 중생들이 번뇌 망상에 이끌려서 제잘난체하는 마음을 내는 것을 가리킨다.

〔註 44〕 지계(持戒): 계를 받아서 지니고 지켜 나가는 수행을 말함。六바라밀 가운데 두 번째 수행 덕목。계에 五계·一〇계·二五〇계·五〇〇계·四八경계·三취정계 등이 있다。

절대 자유인 게 생명입니다。아무리 시집가라 해도 안 가고 장가를 오라 해도 안 옵니다。

그러므로 생명이란 영원한 것이며 절대 자유인 것이며 그리고 남녀노소 똑같이 평등하고 완전한 것입니다。이 마음을 내놓고는 상대가 다 있고 대조(對照)가 다 있으며 완전한 게 없읍니다。가령 이 막대기는 짧은 것도 긴 것도 아닌데 긴 것이 나타나면 짧아지고 짧은 것이 나타나면 길어집니다。저 혼자는 자유롭게 뜻을 가질 수 없읍니다。그러니 마음 내 놓고는 모든 것이 완전한 게 없읍니다。이 세상에 불이 뜨겁고 태양이 뜨겁다고 하지만 우리가 만일 태양 가운데 살고 전 우주가 태양으로 돼 있다 하면 뜨거운 게 없읍니다。뜨겁지 않은 게 있기 때문에 불이 뜨겁지 불 그놈 자신은 뜨거운 걸 모르고 태양도 제가 뜨거운 걸 모릅니다。이것이 상대성 원리고 불교의 연기(緣起)의 원리입니다。나는 너 때문에 있고 여자 때문에 남자가 있고 나쁜 놈 때문에 착한 놈이 있읍니다。모두 악한 사람이라면 악한 사람 없고 모두 착하면 착한 것이 없읍니다。이것을 현상계의 모든 것은 연기의 원리로 건립되었다고 합니다。

그러므로 불법은 이런 상대성원리(相對性原理)로 이루어진 현상계(現狀界)를 초월하고 육체본위의 생활을 포기(抛棄)하여 오직 남을 위해 아무 조건 없는 생활을 하는 부처님의 깨달은 마음과 부처님을 따라 배우는 천二백대중의 수행생활을 보인 것이 이 일 장입니다。따라서 오늘날 우리의 교단도 부처님의 정신을 배우고 그 말씀대로 지계(持戒)㊹하고 인욕(忍辱)하고 정진(精進)하고 실천하는 교단이 되어야 합니다。

부처를 배우는 수행 생활

마음을 깨친 부처님은 무슨 조건부(條件附)로 사건을 처리하는 것이 아니고 아무 생각

없이 합니다。 인생의 최대문제(最大問題)인 생사대사(生死大事)를 초월했고 지식으로도 부족한 게 없이 완전하며 마음대로 안 되는 게 없이 전능(全能)하고 또 그리고 의식주(衣食住)가 필요 없으니 그야말로 부처님은 편한 분이고 천상천하유아독존(天上天下唯我獨尊)이고 말씀한 그대로 원자탄이고 뭐고 눈썹 하나 까딱할 수 없는, 그 위에 누가 있을 수 없는 분입니다。

또한 부처님은 자기 기분에서 보고 들은 판단력(判斷力)이 아니라 그건 완전하고 깨끗한 마음이 사실 그대로를 보고 듣고 판단하는 것이기 때문에 바로 깨친 정각(正覺)㊺ 그대로입니다。 바리때를 들고 밥을 얻어 먹으러 나가지만 아무 생각없이 합니다。 그것은 복이 없어서 얻어 먹는 것이 아니라 중생을 구제하기 위해서 진리를 모르는 사람·삐딱걸음으로 걸어가는 인간들을 바른 길로 가게 하기 위해서 자기가 앞서서 시범(示範)을 하는 것입니다。

「비구승은 반드시 거지가 되라, 얻어 먹어라, 왜냐 하면 많은 중생을 고루 대해야 하는 것이니 가난한 사람이나 거지나 국왕(國王)이나 어떤 권리층(權利層)도 어떤 천한 사람도 조금도 차별없이 대하려면 얻어 먹어야 한다。 꼭 얻어 먹어라, 모든 사람에게 기회(機會)를 균등(均等)히 주기 위하여 진리의 말씀 고루 듣게 하기 위해서 평등하게 빌어 먹어라。」한 것입니다。 한군데 장소를 따로 정해 놓고 「쌀 가져 오너라, 돈 가져 오너라, 불공 가져 오너라。」 하면 부자나 오고 권리층이나 오지 가난한 사람은 오지 못하니 그런 짓하지 말고 날으는 구름처럼 흐르는 물처럼 운수생활(雲水生活)㊻을 하라 하셨읍니다。

인도는 나무 밑에서 참선하고 비만 안 오면 거기서 자고 거기가 집입니다。 그런데 또 부처님은 「한 나무 밑에 사흘 저녁을 계속 지지 말라。」 하십니다。 그러면 거기 정이 생긴다, 애착이 생긴다, 사흘밤 자고는 다른 나무 밑으로 옮겨가라。 이게 다 공동소유물(共同

〔註 45〕 **정각(正覺)**：부처님의 깨달음을 뜻하고 부처님의 열 가지 호 가운데 하나다。 부처님의 깨달음은 최고무상의 깨달음이어서 어느 누구의 깨달음과도 비교할 수 없는 깨달음이며 보편타당성이 있는 두루하고 원만한 깨달음이므로 무상정등정각(無上正等正覺)이라고 하는데, 만유의 실상을 바로 깨달았다는 뜻으로 정각이라 하며 정등각(正等覺)의 준말이다。

〔註 46〕 **운수생활(雲水生活)**：선승(禪僧)들이 물이나 구름처럼 한군데 집착하지 않고 정처없이 행각(行脚)하는 것을 일컫는데, 아무 뜻없이 이리저리 방랑하는 생활이 아니라 선지식을 찾아 또는 만행을 위한 구도의 행각생활을 뜻한다。

所有物)인데 이게 내거라고 생각 말라는 것입니다。

전에 윤보산 스님이라는 분이 중 되기 전후해서 그가 나와 二년 꼬박 같이 있은 일이 있읍니다。 그는 기독교 집안이어서 집에 가면 붙들릴 것이 뻔하므로 나에게 글을 하나 써 달라면서 편지 쓸 용지를 내놓는데 보니 윤가용전(尹家用箋)이라 윤가집에서만 쓴다는 글이 인쇄돼 있읍니다。 그래서 내가「천지의 공공물로 있는 종이를 너희 윤씨네만 쓰려고 도장을 찍어 놨는가。 인쇄를 했는가。 천지만물이 다 공공된 공물인데 윤가는 공인이 아니기 때문에 글쓸 자격이 없다」하고 농삼아 비판한 적이 있읍니다。 세상 사람이 하는 일이 왜 내것 네것을 가리어 그러는가 하고 한탄하게 될 때가 많습니다。 배고픈 사람이 있으면 먼저 먹어야 할게고「배부른 사람 나중 먹어야 할 게 아니냐。」이것이 불교의 공한(空)㊼ 진리로 사는 생활원칙입니다。

공양하는 법

불교의 대중생활제도(大衆生活制度)는 원융제도(圓融制度)이며 내것 네것이 없고 서로가 위하는 가장 이상적인 제도입니다。 이것은 자본주의(資本主義)도 아니고 사회주의제도(社會主義制度)도 아닙니다。 신도들이 어떤 물건을 공양하는데 있어서도 가령「양말 몇 켤레 가져왔읍니다。 스님 나누어 신으십시오」이렇게 하면 됩니다。 이것이 요새는 잘못 타락되어 가지고「이것은 큰 스님부터 신고 이것은 아무스님 이것은 아무스님 신으십시오」합니다。 이렇게 하는 것은 불법을 아는 신도가 아닙니다。 누구누구 신도라 하는 것은 그 양말 신은 사람도 죄가 됩니다。 대중평화도 깨집니다。 그것은 내 신도다、그것은 네 신도다、하고 싸우게 됩니다。 쌀이나 돈을 가져와도 옷을 가져왔어도 어쩌고 어쩌고

〔註 47〕 공(空) 범어 Sunya:순야(舜若)라 음역하며、 물건이 없는 곳 보통 말하는 공간·공허·공무(空無)의 뜻으로 쓰인다。 또 유(有)가 아니란 뜻이니、 실체가 없고 자성(自性)이 없는 것을 말한다。 불교에서 말하는 공의 종류는 매우 많으나 이를 크게 나누면 실답지 않은 육체의 자아(自我)를 실재(實在)라고 인정하는 미집(迷執)을 부정하도록 가르치는 아공(我空)과 나와 세계를 구성하는 물질적·정신적 요소에 대하여 항상 있는 것이라고 인정되는 미집을 부정하도록 가르치는 법공(法空)의 두 가지가 있으며、 또 아공(我空)하고 법공(法空)했다는 생각까지 없는 경지、 공도 아닌 구공(俱空)이 있다。

할 것이 없읍니다。 아무 소리 말고 들여 놓고 가는 것이 참 공양입니다。 그러면 여기는 중이 먼저 된 사람은 먼저 앉고 나중 된 사람은 나중 앉는 순서가 다 있고 모든 것을 다 평등하게 합니다。

그런 의식주는 절대 평등을 주장하지만 시식이나 도(道)에 대해서는 그렇지 않습니다。 한시간 먼저 중이 된 사람과 한 시간 나중에 된 사람과의 차이를 엄격히 하고 앉는 차례까지 순서가 정확하지만 먼저 도통(道通)㊽한 사람이 있다면 아무리 나중에 들어온 사람이라도 그 사람은 최고의 자리에 앉힙니다。 그리고 최고의 대우를 하고 그의 지도를 따라 법을 배웁니다。

내가 없는 구도 생활

금강경은 실재(實在)의 나、 얘기하고 얘기 듣는 마음자리、 실재(實在)의 자기、 쉽게 말해서 육체가 지닌 영혼、 영원히 불멸하는 영혼을 깨우쳐 줍니다。 이것만 깨달으면 의식주가 필요 없고 만가지 소원을 한꺼번에 성취해 버리는 것입니다。 돈도 밥도 아무것도 필요 없읍니다。 부처님을 배우는 승려도 절도 집도 없이 하는 것입니다。 젊은 중이 거처하는 곳인 줄 알지만 지나가다 하룻밤 자고 가는 곳입니다。 더군다나 구름 같은 운수생활(雲水生活)이 곧 성직자(聖職者)의 생활입니다。 아무 욕심이 없어야 그게 성직(聖職)이지 남에게 대우나 받고 호강이 필요하든지 하면 그 시간부터 그 사람은 타락(墮落)하는 것이고 탐진치㊾의 업보(業報)㊿에 떨어지는 것이며、 종교는 멸망(滅亡)하는 것입니다。

〔註 48〕 **도통(道通)**：도를 통했다는 말이니 외도에서는 귀신을 보거나 이상한 경지를 얻으면 그것을 도통이라고 생각하지만、 불교에서는 아무 잡념이 없는 적멸 아공(我空)・법공(法空) 구공(俱空)의 경지를 지나서 마음의 본성을 깨달은 것을 도통이라 한다。

〔註 49〕 **탐진치(貪瞋癡)**：욕심・성냄・어리석음 이 셋은 수행인을 해롭게 함이 가장 심하므로 삼독(三毒)이라 한다。

〔註 50〕 **과보(果報)**：인과 응보(因果應報)의 준말이니 선악의 행을 따라 선악의 과보를 받게 되므로 일컫는 말。

善現起請分(선현기청분) 第二(제이)

時(시)에 長老須菩提(장로수보리)—在大衆中(재대중중)하시다가 卽從座起(즉종좌기)하사 偏袒右肩(편단우견)하시며 右膝着地(우슬착지)하시고 合掌恭敬(합장공경)하사와 而白佛言(이백불언)하사대 希有世尊(희유세존)하 如來(여래) 善護念諸菩薩(선호념제보살)하시며 善付囑諸菩薩(선부촉제보살)하시나니 世尊(세존)하 善男子善女人(선남자선녀인)이 發阿耨多羅三藐三菩提心(발아뇩다라삼먁삼보리심)하니는 應云何住(응운하주)며 云何降伏其心(운하항복기심)하리잇고 佛言(불언)하시되 善哉善哉(선재선재)라 須菩提(수보리)야 如汝所說(여여소설)하야 如來(여래)—善護念諸菩薩(선호념제보살)하며 善付囑諸菩薩(선부촉제보살)하나니 汝今諦聽(여금제청)하라 當爲汝說(당위여설)하리라 善男子善女人(선남자선녀인)이 發阿耨多羅三藐三菩提心(발아뇩다라삼먁삼보리심)하니는 應如是住(응여시주)하며 如是降伏其心(여시항복기심)이니라 唯然世尊(유연세존)하 願樂欲聞(원요욕문)하노이다 그때 대중 가운데 계시던 장로 수보리가 자리에서 일어나 오른 어깨를 벗어 메고 오른 무릎을 땅에 꿇고 합장하여 공경하며 부처님께 사뢰었다。

『거룩하시옵니다。 세존이시여、 여래께서는 모든 보살들을 잘 보살펴 주시고 잘 당부하시옵니다。 세존이시여、 선남자 선여인이 〈아뇩다라삼먁삼보리심〉을 일으킨 이는 어떻게 그 마음을 지녀야 하오며 어떻게 그 마음을 항복받아야 하겠사옵니까。』

부처님께서 말씀하셨다。『갸륵하고 갸륵하도다。 수보리야、 너의 말과 같이 여래가 모든 보살을 잘 보살피고 잘 당부하느니라。 너희가 이제 자세히 들으라。 너를 위하여 말해 주리라。 선남자 선여인이 아뇩다라삼먁삼보리심을 낸 이는 마땅히 이와 같이 마음을 지니고 이와 같이 그 마음을 항복받을 것이니라。』

第二 善現起請分—선현보살이 법문을 청하다

〔科 解〕

선현기청분(善現起請分)은 선현(善現)이 법을 청한 대문(大文)이란 뜻입니다。 선현(善現)이란 수보리(須菩提) 존자를 가리키는데 금강경은 수보리

二七斷疑論 규봉 밀선사(圭峯密禪師)의 과판(科判)에 따라 과해설법

존자가 부처님께 묻고 부처님께서 대답하신 내용이므로 수보리존자가 많이 나옵니다。부처님 설법 가운데 제일 어려운 법문(法門)인 공(空)의 진리、곧 아공(我)·법공(法空)을 지나서 구공(俱空)의 경지인 실상반야(實相般若)를 가장 잘 체득(體得)하고 있기 때문에 해공제일(解空第一) 수보리라고 합니다。아공(我空)은 우리가 오온(五蘊)으로 이루어진 몸뚱이를 〈나〉라고 생각하는데 이것이 〈나〉가 아니라 이것은 공하여 없는 것(空無)이란 진리를 체득한 것을 말하며、법공(法空)은 물질적 현상이나 객관을 대상으로 한 상대적 정신 작용은 다 인연으로 모인 거짓 존재로서 만유(萬有)의 본체가 본래 공무(空無)한 것이란 진리를 말하며、구공(俱空)은 아공(我空)·법공(法空)을 다 초월하여 공했다는 생각까지도 없어져서 비로소 마음자리의 본성(本性)에 계합한 것을 말합니다。이렇게 공의 진리를 잘 깨달았다고 해서 해공제일(解空第一) 또는 혜명수보리(慧命須菩提)라고 하는데、〈수보리〉란 말은 본래 인도의 고대어(古代語)입니다。그 말이 세 가지 뜻을 가지고 있어서 어느 한 가지 뜻을 따라 번역하게 되면 나머지 두 가지 뜻은 묻혀 버리게 되므로 인노 말 그대로 〈수보리·수보리〉하고 부릅니다。세 가지 뜻은 선현(善現)·선길(善吉)·공생(空生)이니 출생할 때에 창고·상자·그릇들이 텅 비어서 공의 도리를 잘 알 상서를 보였었고、그 뒤 상보는 이(相師)가 「오직 착하고 오직 길할 것이라。」고 예언(豫言)했으므로 그렇게 이름했던 것입니다。

이 수보리존자께서 대중 가운데 계시다가 일어나셔서 금강반야의 법문을

주석란을 통해 소개하기로 한다。경문 전체를 일단 서분(序分)·정종분(正宗分)·유통분(流通分)의 세 대문으로 나누는 원칙을 따라 세친 보살(世親)의 二七단의(斷疑)와 함께 자세한 판석(判釋)을 했다。

법회 인유분(法會因由分)은 서분(序分)인데、증신서(證信序)와 발기서(發起序)로 나눈다。법회인유분 중 아란존자가 임의로 하는 말이 아니라、부처님께 들은 그대로를 말하는 것이며 어느 곳에 누구와 함께 계실 때라는 내용의「千二百五十人俱」까지는 증신서(證信序) 곧 믿음의 증빙을 보인 서분이고「敷座而坐」까지는 발기서(發起序)인데 爾時世尊食時에서 還至本處까지는 삿되게 살지 않고 계율과 위의를 지키는 내용이고、그 다음은 정(定)에 드는 것을 뜻한 내용으로 되어 있다。

선현기청분 (善現起請分)에서부터는 정종분(正宗分)에 해당하는데 그중 善付囑諸菩薩까지는 거동을 정제하고 부

청하셨으므로 선현기청분(善現起請分)이라 한 것입니다.

原文 時 長老 須菩提 在 大衆中 即從座起 偏袒右肩 右膝着地 合掌恭敬而白佛言

解義 수보리존자(須菩提尊者)①는 없는 것도 없고 없는 것 없다는 것도 없는 공(空)의 진리를 제일 잘 알아듣는 제자이므로 一〇대 제자 가운데 해공제일(解空第一)이십니다. 그래서 공의 진리인 금강경은 수보리존자가 먼저 발기해서 법을 청합니다. 「그때 부처님께서 대중과 함께 공양을 마치시고 발을 씻고 자리에 앉아서 정진하실 시간이 됐읍니다. 수보리께서 대중 가운데 계시다가 곧 자리에서 일어나셔서 웃옷을 벗어 메어 어깨를 드러내고 공경한 뜻으로 합장을 합니다(合掌恭敬). 우리는 가사를 입을 때 도포 입듯 막 입는데 그러나 인도의 승려나 달마대사(達磨大師)②는 그대로 뒤집어 써서 입읍니다. 날이 좀 추우면 가사를 위에서부터 뒤집어 쓰고 덜 추우면 양 어깨를 걸쳐서 입읍니다. 부처님이나 국왕 대신을 만나러 갈 때는 오른쪽 어깨가 드러나도록 입는데 왼쪽 어깨는 그대로 걸쳐 입고 오른쪽 어깨만 드러냅니다. 이것을 편단우견(偏袒右肩)이라 합니다. 그리고 오른쪽 무릎을 땅에 꿇고 왼쪽 무릎을 세웁니다(右膝着地). 또 열 손가락을 모아 가지고 합장하고 지극히 공경하는 마음을 표했읍니다. 그리고 부처님께 사뢰었읍니다.

옛날에 불교를 잘 모르는 사람들이 불경에 이백불언(而白佛言)이 자주 나오니까 이것

처님을 찬탄한 내용으로 정의 찬불(整儀讚佛)의 대문이고 世尊善男子에서 云何降伏其心까지는 묻고 싶은 것을 묻는 본론이므로 정발문단(正發問端)이라고 한다. 그리고 정의찬불과 정발문단의 두 대문을 합하여 선현존자가 청법(請法)한 내용이므로 선현 신청(善現申請)이라 한다.

六祖口訣 장로(長老)란 무슨 뜻인가. 덕이 높고 연령이 많다는 뜻이다. 수보리는 범어이니 당나라 말로 공을 잘 안다(解空)는 뜻이다. 여러 사람과 더불어 한 자리였으므로 자리로부터 일어났다(即從座起)고 한 것이다. 제자가 부처님께 법문을 청하는데 먼저 다섯가지 위의를 행하게 되어 있으니 첫째는 자리로부터 일어나는 것이고 둘째

는 의복을 단정히 하는 것이며 세째는 오른쪽 어깨를 벗어메고 오른쪽 무릎을 땅에 꿇는 것이며 네째는 합장하고 거룩한 부처님 얼굴을 우러러서 잠시도 한눈 팔지 않는 것이고 다섯째는 한마음으로 지극히 공경하여 여쭙는 것이다。

何名長老　德尊年高故 名長老 須菩提是梵語 唐言 解空 隨衆所坐故 云卽從坐起弟子 請益 先行五種儀 一者 從座而起 二者 端整衣服 三者 偏袒右肩右膝著地 四者合掌 瞻仰尊顔 目不暫捨 五者 一心恭敬 以伸問辭

〔註 1〕 **수보리**(須菩提) 범어 subhūti : 부처님의 一〇대 제자 가운데 한 분。 공한 진리를 제일

을 우습게 새긴 일화가 있습니다。 백불언(白佛言)을 〈흰 부처님〉이 말씀했다고 새기면서 부처님도 흰 부처·누런 부처가 있다고 해석한 우스운 이야기도 있습니다만 〈而白佛言〉 이것은 부처님께 어떤 말을 묻든지 대답할 때를 가리킵니다。

原文 希有世尊 如來 善護念 諸菩薩 善付囑 諸菩薩

解義 희유세존(希有世尊)이라 한 희유는 드물다、 거룩하다、 그런 뜻입니다。「거룩하십니다。 희유하십니다。 여래(如來)③께서는 부처님께서는 제자들이 잘못 될까、 힘이 들까 보살님들을 잘 보살피십니다。

부모가 어린 자식이 다칠까 어떨까 보살피는 것을 호념(護念)이라고 합니다。 아이들이 여행을 간다든지 소풍을 간다든지 하면 어디 가서 다치지 않을까。 혹은 돈이 모자라 배가 고파도 먹을 것을 마음대로 사먹지 못하지나 않나。」 하고 애태우며 걱정하는 부모의 마음 가짐을 호념(護念)이라 합니다。 보살(菩薩)④은 아직 부처가 되기 전 모든 중생을 위해 고행(苦行)과 만행(萬行)⑤을 닦는 이들이므로 어려운 수련(修鍊)에 부딪쳤을 때、 또는 마음을 더욱 완전하게 깨쳐 나감에 있어 힘에 겨워 너무 벅차지나 않나 하고 보살피는 부처님의 마음을 말합니다。

선부촉제보살(善付囑諸菩薩)이란 부처님께서 보살들에게 「이런 것은 하지 말고 이런 일은 이렇게 하라」 하고 구체적(具體的)으로 수행요체(修行要諦)를 가르쳐 주시는 당부를 말합니다。 보살의 만행도 부처님의 대자대비한 호념과 부촉(付囑)아래 더욱 가속도로 성취되어 갑니다。

原文 世尊 善男子 善女人 發阿耨多羅三藐三菩提心 應云何住 云何降伏其心

解義 선남자 선여인(善男子善女人)은 거룩한 남자, 거룩한 여인들이 인생이 무엇인가를 똑바로 알려고 발심(發心)해 들어서는 사람들, 그런 남자와 그런 여인들을 가리킵니다. 마음을 깨친 반야의 지혜를 아뇩다라삼먁삼보리⑥」라 했는데 이것을 번역하면 〈무상정등정각(無上正等正覺)〉이 됩니다.

아(阿)는 무(無) 없다는 뜻이고 뇩다라(耨多羅)는 상(上) 최고란 뜻이며 삼(三)은 정(正), 바르다, 틀림없다는 뜻이며 먁(藐)은 두루하다(徧), 전 우주에 꽉 찼다, 보편타당하다는 뜻이니, 진리는 있는 데 없는 데가 있어서는 안된다, 두루 꽉 차 있어야 하며 불공평하게 어디 치우치지 않아야 한다는 뜻이며 삼보리의 삼은 역시 정(正), 바르다는 뜻이고 보리(菩提)는 깨달았다는 말입니다.」

그러므로 〈발아뇩다라삼먁삼보리심(發阿耨多羅三藐三菩提心)〉이란 깨닫는 마음이 생겼다, 보리심을 발했다, 또 더 줄이면 발심(發心)했다는 말이 됩니다. 마음이 〈참 나〉라는 불법의 원리에 대해 조금도 의심 없는 사람, 생사에 얽매이지 않고 부동하게 실천하는 것을 발심이라 합니다.

이렇게 발심을 해서 모든 것이 환각임을 확실히 깨닫고 아뇩다라삼먁삼보리심을 일으킨 선남자 선여인이 내 생각 내 마음을 어떻게 가져야 하며 어떻게 행동을 해야 하고 어떻게 살아야겠읍니까. 무슨 말을 하고 무슨 밑을 안 해야겠읍니까. 내 마음 가운데 죽 끓듯이 일어나는 이 번뇌, 나만 살겠다는 욕심, 이 욕심이 우주에 가득차서 남이야 죽건 말건 내 육신이 내라 하여 끝없이 짓는 죄와 번뇌를 어떻게 하여야 없앨 수 있겠읍니까.

잘 깨달았다고 하여 해공 제일(解空 第一)이라 하며 「장로(長老) 수보리」라 한 것은 덕이 높은 이를 장(長)이라 하고 나이가 많은 것을 노(老)라 한 것이다. 당역(唐譯)에는 구수(具壽)라 했는데 이것은 나이가 많은 것을 뜻하고 위역(魏譯)에 혜명(慧命)이라 함은 덕과 지혜가 높음을 뜻한 것이다. 범어로 subhuti라 하고 선현(善現)·선길(善吉)·공생(空生)이라 한역(漢譯)한다.

〔註 2〕 달마대사(達磨大師) : 청담 설법서 註 14 참조

六祖口訣 희유(希有)에 대해 세 가지로 간략히 말하겠다. 첫째 희유는 왕위를 능히 버리신 것이고 둘째의 희유는 열 여섯자의 금빛나는 몸과 서른두 가지 거룩한 상 여든가지 좋은 모습이 三계에 비할데 없는 것이고 세째의 희

이 번뇌의 마음을 쉬는 방법이 무엇이옵니까。」

하고 수보리존자가 부처님께 피눈물 나는 호소를 했고 청법(請法)⑦을 한 것입니다。

이에 대한 대답을 하신 부처님의 말씀은 여러가지로 반복되어 있읍니다。

原文 佛言 善哉善哉 須菩提 如汝所說 如來善護念諸菩薩 善付囑諸菩薩

解義 부처님은 수보리존자의 물음을 칭찬하시고 「네 말대로 여래는 모든 보살을 잘 호념해 주고 우리 마음을 알뜰히 생각해 주느니라。 어디가 다칠까 하여 행여나 계를 파(破)할까 하여 모든 보살들에게 할 일 안 할 일을 분명히 구별해 주시고 이것은 목에 칼이 들어 와도 하고 이런 말은 목에 칼이 들어 와도 하지 말라 하고 가르쳐 준다」고 하셨읍니다。

그래서 승려들은 계도(戒刀)를 가지고 다닙니다。 본의(本意) 아니게 계를 파하게 될 때는 자결(自決)이라도 해야 됩니다。 가령 여승이 어떤 산중에서 혼자 공부하다 강제로 겁탈(劫奪)당하게 될 때는 파계(破戒)⑧당하기 전에 할복(割腹)해 죽어 버려야 합니다。 무슨 짓을 하는지 모를 정도면 괜찮지만 내가 겁탈을 당하면서 흥미를 알게 되는 정도이거든 동맥(動脈)만 끊으면 됩니다。 이런 때 쓰기 위해 가지고 다니는 칼이 계도입니다。 계를 살리기 위해、 육신의 생명을 살리기 위해 계를 지키는 것이 아니라 참 자기를 지키고 영원히 죽지 않는 것을 찾기 위해 계를 지키는 것입니다。 〈참 나〉를 완성하기 위해 〈거짓 나〉를 서슴없이 버리기로 발심한 이에게는 당연합니다。

유는 성품이 八만 四천의 법을 능히 머금어서 세 가지 진리의 몸을 원만히 갖추신 것이니 이상의 세 가지 뜻을 갖추었으므로 희유라 한 것이다。 세존(世尊)이라 함은 지혜가 三계를 뛰어나서 능히 미칠 자가 없고、 그 덕은 다시는 더 높은 이가 없어서 일체의 하늘이나 사람이 다 공경하므로 세상에서 제일 높은 이란 뜻으로 세존(世尊)이라 한 것이다。

호념(護念)이란 여래께서 반야바라밀법으로 모든 보살을 호념하시는 것을 뜻하고 부촉(付囑)한다 함은 반야바라밀법으로 모든 보살을 부촉하신다는 뜻이다。 그러므로 잘 호념하신다(善護念)함은 모든 학인으로 하여금 반야지혜로써 자신의 마음을 호념하여 미워하고 사랑하는 망상을 망령되이 일으키어 여섯 가지 티끌의 객관에 물들어서 생사의 고해(苦海)에 떨어진 중생의 마음을 뒤집어서, 마음을 생각 생각 바르게 하여 삿된 마음이 일어나지 않게 하여 자성의 여래를 스스로 잘 호념하도록 하는 것을 선호념(善護念)이라 하셨다. 잘 부촉한다(善付囑者)는 말씀은 앞생각이 청정한 마음 그대로를 가지고 뒷생각이 청정하도록 부촉하여 잠시도 사이가 끊어짐이 없이 하여 마침내는 해탈

原文 汝今諦請 當爲汝說 善男子 善女人 發阿耨多羅三藐三菩提心 應 如是住 如是降伏其心

解義 수보리야, 너와 여기 있는 천 二백 대중들은 자세히 듣고 잘 생각해 보아라. 마땅히 해야 할 일, 예컨대 二백 五〇계를 받을 때는 마땅히 해야 할 당위성(當爲性)이 있는 것이니, 인간을 동물로 보지만 짐승과 다른 것은 법도덕을 안 지키면 안 된다는 것입니다. 선남자·선여인들, 아뇩다라삼먁삼보리심을 일으켜 발심한 사람은 참으로 똑바른 소견(所見)이 난 사람이니, 「이와 같이 살고 이와 같이 생각하고 이와같이 마음을 항복하라.」고 하셨읍니다. 여기서 〈이와 같이〉란 말을 하셨는데 이것은 우리의 〈마음〉 그대로 살라는 뜻이니 「이와 같이 살라.」는 이것으로써 금강경은 여기서 일단 다 설명된 것입니다. 그 이상의 설명은 필요 없이 된 것입니다. 금강경은 이것을 설명하기 위해서 상권·하권으로 나누어졌고 이십 일년 동안 반야를 설명하신 것입니다. 육백부 반야경 가운데 보면 인왕반야(仁王般若)니 금강반야(金剛般若)⑨니 반야심경(般若心經) 등 방대한 경전이 있으나 그 구체적인 설명 방법은 다르긴 하지만 결론적인 핵심은 〈여시주 여시항복기심〉하라는 여기에 귀결(歸結)됩니다. 이것을 금강경에서도 되풀이해서 설명한 것이고 육백부 모든 반야경에서도 되풀이한 것입니다.

〈여시주 여시항복기심〉하라는 부처님의 말씀에 수보리존자는 말할 수 없이 기뻐합니다.

原文 唯然世尊 願樂欲聞

解義 「세존이시여、원컨대 기꺼이 듣고자 합니다。」해공제일인 수보리존자는 반야제경(般若諸經)의 요의를 가장 잘 알고 계신 어른이기 때문에 부처님의 이 말씀을 곧 알아들으시고 부처님께 말씀합니다。「기꺼이 듣겠사오니 어서 말씀해 주십시오」이렇게 시작해서 법문이 나온 것입니다。

「아뇩다라삼먁삼보리를 발심한 사람은 어떻게 그 마음 가운데 쓸데 없는 번뇌망상을 항복받겠읍니까。육체가 〈나〉라는 이 마음을 뿌리채 뽑아서 잠재의식조차 다 없어지도록 수양하려면 어떻게 해야 하겠읍니까。」하는 이 물음에 대한 부처님의 二차적인 법문을 목마르게 재촉하는 뜻에서 기꺼이 「듣고자 하오니 어서 말씀해 주십시오」한 것입니다。이 뒤에 정말 재미난 대목이 나오고 생사를 해탈하는 방법도 구체적으로 나옵니다。또 결국 말하자면 우리가 옳은 불법을 알고 그대로만 살아 나가면 그것이 곧 한량 없는 복을 짓는 것이 되는데、고해(苦海)에 빠진 중생을 건지려면 복이 많아야 되기 때문에 보살의 복 짓는 수행법을 자주 말씀하십니다。

모자람이 없는 지혜、어떤 것을 물어도、어떤 학자가 어떤 사상 어떤 진리를 물어도、어느 철인 어느 종교인이 어떤 진리를 물어도 그것을 다 풀어 주어야 됩니다。그래서 그것은 다 네가 꿈꾼 이야기고 네 소식이 아니다。그것을 잘 알아듣도록 설명하려면 그 준비를 갖추어야 되는데、그것은 남을 일러 주는 것보다 우선 내가 완전히 의심이 없어져야 되기 때문에 보살들의 마음가짐・번뇌 항복하는 방법이 여러가지로 되풀이되어 나오게 된 것입니다。

을 성취하게 되는 것을 뜻한다。여래께서 중생과 당시의 법회의 대중에게 자세히 가르쳐 보이시어 마땅히 항상 이렇게 행하게 하셨으므로 잘 부촉한다(善付囑)고 말씀하셨다。

보살(菩薩)이라 함은 범어이니 당나라 말에 도심을 낸 중생(道心衆生)이며 또한 깨달은 중생(覺有情)인데 도심(道心)이란 항상 공경을 행하여 꿈틀거리는 버러지로부터 일체중생에 이르기까지 두루 다 공경하고 사랑하여 업신여기는 마음을 내는 일이 없으므로 보살이라 이름한 것이다。

希有 略說三義 第一希有 能捨金輪五位

第二希有 身長丈六紫磨金容 三十二相八十種好三界無比第三希有 性能含吐八萬四千法 三身圓備 以具上三義故云希有也世尊者 智慧超三界 無有能及者 德高更無上一切成恭敬故曰世尊護念者 如來以般若波羅蜜法 護念 諸菩薩 付囑者如來以般若波羅蜜法 付囑諸菩薩 言善護念者 令諸學人以般若智 護念自身心不令妄起僧愛 染外六塵 墮生死苦海 於自心中 念念常正 不令邪起 自性如來 自善護念 言善付囑者 前念淸淨 付囑後念淸淨無有間斷 究竟解脫如來委曲誨示衆生及在會之衆 當常行此故云善付囑也 菩薩 是梵語 唐言 道心衆生

〔說 義〕

조건 없는 마음의 생활

「진리는 하나지 둘일 수 없읍니다。우주의 핵심(核心)이 하나지 둘일 수 없으니 따라서 그것은 허공일 수도 진공일 수도 없고 그것은 살아 있는 것이어야 합니다。그래야 그것이 물질도 허공도 만들어 낼 것입니다。그런데 이 하나인 산 핵심을 어디로부터 어디로 찾아 가느냐。허공으로 아무리 끝까지 간다 해도 찾을 수 없을 것입니다。또 물질을 아무리 살펴 봐도 거기서 생명은 안나옵니다。그러면 어디서 찾느냐。지금 말하고 말 듣고 앉아 있는 이〈생명〉·〈나〉에게서 찾아야 합니다。이 말이 이론에 맞나 안맞나 생각하는 그 생각의 주체、그 주체를 찾아 캐어 들어가 보면 거기에 너도 나도 아니고 남녀도 선악도 아닌 것이 살아서 분명히 주고 받고 얘기할 줄 알고 일체의 주체가 되어 있는〈나〉를 발견합니다。부처님·하느님·공자님·여기 가면 다 만납니다。길은 이 길 하나뿐입니다。객관세계에는 아무리 찾아 봐도 진리는 찾을 수 없고 진리가 될 수 있는 사건이 하나도 없읍니다。

부처님은 아무 생각 없이 남과 얘기하고 음식을 잡수셔도、누가 무엇을 물어도 사실대로 받아들입니다。아무 조건이 없기 때문입니다。우리는 모두 자기 기분에 따라 싸우고 이해에 끌려 남과 통할 수 없읍니다。제일 가까운 내외 사이에도 통하지 않는데 누구와 통할 수 있읍니까。모든 생각을 초월했을 때、아무 생각도 없을 때、또는 그 이상 더 신선할 수 없을 때、모든 죄악도 복도 초월했을 때、기분을 떠난 때、이 때가 정말 참 자기이니 이때에야 비로소 서로 이해가 되고 모든 것이 다 통할 수 있을 것입니다。 부처님께서 오고가고 밥 얻으러 나가고 공양 자시고 하는 것이 다 마음 그대로의 인생 전체이며 더 설명할 것이 없읍니다。

「부처님께서 진지 다 잡수시고 큰 가사 벗어 걸고 선상(禪床)에 올라 앉으셨다」 하는 거기까지 법문 다 했다 하지만 밥 얻으러 나가는 거나 바리때 챙기는 거나 다 불법이고 인생 전체가 거기서 다 나옵니다。 한 생각 한 행동이 전부 생명 전체 그대로고 불법 전체가 생명 전체이어서 진실한 인간인 부처님은 일거일동이 조작이 없는 본래 마음자리 그대로의 발로(發露)입니다。 또 생사를 자유하여 의식주(衣食住)도 필요 없으니 어떤 조건으로 사람을 대하지 않습니다。 아무 근심 걱정 없고 모든 것을 초월해 있으니 오직 깨끗한 마음으로 마음을 대할 수 있는 이는 부처님 밖에는 없읍니다。 중생은 모두 조건이 있읍니다。 나한테 이가 되나 해가 되나、 시집을 가도 장가를 가도 안심이 안 되고 돈을 모으면 모을수록 권리가 높아지면 질수록 위험과 괴로움이 더 많아집니다。 이런 것을 초월하려면 일체가 공한 진리를 깨달아야 합니다。

일체의 핵심은 공한 것

공(空)한 것까지 공한 것을 공이라 하는데 이것도 그냥 공이라 하면 알기 어렵지만 내가 항상 말하는 〈마음〉·〈나〉를 찾아 가면 됩니다。 〈나〉라고 하는 이것도 하나의 생각인데 이 생각의 주체가 무엇인가。 그것이 곧 우리가 말하는 마음 불성(佛性)자리·열반자리이고 이것이 하루도 천번 만번 생각을 냅니다。 나라는 생각부터 내가지고 모든 조건을 내세웁니다。

亦云覺有情 道心者常行恭敬 乃至蠢動含靈普敬愛之 無輕慢心故 名菩薩

〔註 3〕 여래(如來) 범어 Tathagata: 부처님 一〇호의 하나 다타아가타(多陀阿伽陀)·다타아가도(多陀阿伽度)·달타벽다(怛他蘖多)라 음역하며 이 말뜻에 대하여는 이 말을 조성한 두 단어(單語)를 나누어 푸는 것이 좋다。 첫말을 tatha 또는 tatha 둘째 말을 gata 또는 agata 진실·진리라는 뜻 tatha는 같이 곧 여시(如是) 또는 여실(如實)의 뜻이고 gata는 가다(逝)의 뜻이며 agata는 도달、 오다(來格)의 뜻이다。 그러므로 만일 ① tatha+gata라 하면 지금까지의 부처님네와 같이 저들과 같은 길을 걸어서 열반의 피안(彼岸)에 간 사람이란 뜻이니 곧 선서(善逝)·도피안(到彼岸) 등과 같은 뜻이 된다。 ② tatha+agata라 하면 지금까지의 제불과 같이 저들과 같은 길을 걸어서 동일한 이상경(理想境)에 도달한 사람이란

「육체는 하루에 밥 세 그릇 잘 먹어야겠다、 맛있는 것을 먹어야겠다。」 이것이 온갖 사고와 번뇌를 다 일으키고 저만 잘 살기 위한 사고방식・육체를 나라 하여 三五억 인류가 내 밥 세 그릇에 방해를 한다면 三五억이 다 나의 적이 됩니다。 가령 이 조계사(曹溪寺) 법당(法堂)에 어떤 사고(事故)가 나서 무너지게 됐다든지 불이 났다든지 하여 그대로 있다간 당장 죽게 되었다면 서로 먼저 나가려고 앞에 있는 사람을 밟아 버리고 뛰어 나가려 합니다。 가만히 생각해 보면 육체를 나로 하여 사는 한 그 생활은 모두 뱃속에 독사가 들어 앉아 있는 무서운 생활입니다。 배가 고프면 정든 남편이라도 버려야 할 판입니다。 배고픈 남편 옆에 있으면 죽는다는 생각 때문입니다。 육체가 나라는 생각이 붙어서 육체아(肉體我)가 생기고 사상아(思想我)・지식아(知識我)・예술아(藝術我)라는 제二의 가짜 나가 생깁니다。 그래서 이 생각이 근본이 되어 나는 예술이 좋다、 나는 정치가 좋다、 나는 술이、 나는 아편이 좋다、 술 안먹는 사람과는 말도 안하겠다、 이래가지고 온통 저 좋아하는 것만 좋아하라는 것입니다。

그러나 이 모든 생각의 주체・모든 생각의 실상인 〈나〉는 의식주도 권리도 돈도 필요없고 생사(生死) 그것도 나에게 아무 상관 없읍니다。 지식도 허공도 아닌 여기에 들어서 보면 만사가 다 이것에 통해 있고 모를 것이 없고 마음대로 안되는 것이 없읍니다。 그것을 설명하기 위해 진아(眞我)라 했지만 실제에 있어서는 가아가 진아고 진아가 가아행세를 합니다。 이것이 들어서 착각을 했고 육체를 〈나〉라 하여 육체 이놈을 앞세우고 이놈 살리겠다고 하루 밥 세 그릇 먹이고선 온갖 전쟁을 다 해야 합니다。「힘이 진리다、 철두철미하게 싸워 이기는 것이 행복이다、 다른 사람 입에 들어간 음식이 내 입에 들어갈 때 행복하다、 무엇을 하든지 싸워 이기는 것이 행복이다」 이같은 착각을 하고 있는 이상 남북통일 아니라 세계통일을 해 봐도 저만 살려는 독사가 되어 싸움만 하게 됩니다。

뜻이 된다。 또 이밖에도 agata를 오다(來格)의 뜻이라 하면 여래라는 것은 부처님네와 같은 길을 걸어서 이 세상에 내현(來現)한 사람 또는 여실한 진리에 수순하여 이 세상에 와서 진리를 보여 주는 사람이란 뜻이 된다。 한역(漢譯)에서는 이 뜻에 의하여 여래를 해석하기를 여(如)로서 내생(來生)한 이라고 한다。

〔註 4〕 **보살(菩薩)** : 보리살타(菩提薩埵)의 준말。 부살(扶薩)・살타(薩埵)라고도 하고 각유정(覺有情)・개사(開士)・대사(大士)・시사(始士)・고사(高士)라 번역。 마음을 깨달은 이로서 아뇩다라삼먁삼보리심을 일으켜서 성불하기 위하여 수행에 힘쓰는 이의 총칭。 넓은 의미로는 일반으로 대승교에 귀의한 이를 가리킨다。 보살이란 것은 큰 마음을 내어 불도에 들어오고 四홍서원을 내어 六바라밀을 수행하며 위로는 보리를 구하고 아래로는 일체 중생을 교화하여 三아승지 백억겁의 긴 세월에 자리(自

산 것과 죽은 것

모든 것을 초월한 이것이 진아행세도 하고 가아행세도 하는데 우주의 핵심이 이것이고 다른 것이 아닙니다。

가령 우주를 나누면 죽은 것 한쪽과 산 것 한쪽으로 구별됩니다。 여하튼 어떻게 살아 있든 산 것은 산 것이다。 지금 말하고 말을 듣는 자리는 산 것이며、 무정물(無情物)인 돌·막대기는 들을 줄도 생각을 낼 줄도 모르는 죽은 것입니다。 죽은 것 가운데는 있는 물질과 없는 진공(眞空) 허공이 있습니다。 에너지 자체도 죽은 것이며 생명이 없습니다。 과학이다、 철학이다、 종교다、 하는 등의 문화는 살아 있는 생명세계의 산물(產物)입니다。 물질계가 죽은 것이고 진공·허공이 무생명체(無生命體)이고 그러므로 산 것은 있는 물질도 없는 허공도 아닐 터이니、 유무(有無)를 초월한 비유비무(非有非無)의 본질입니다。 본래 생길 수도、 없어질 수도 없는데 진공마저 초월한 이 마음자리는 모든 것을 초월했고 그러니 영원히 살아 있으며、 대자유하며、 절대평등한 것입니다。 인류문화가 五천년이 아니라 앞으로 五억만년을 진보한다 하더라도 그것은 생각으로부터 나는 것일 뿐 생각외 주체인 〈나〉·생명 자체의 주인공을 밝힌 것은 아닙니다。 〈나〉라는 말은 네가 아니란 뜻으로 상대적인 일체를 부정합니다。 선도 악도 아니고 남성도 여성도 아닙니다。 따라서 모든 것 이전이고 동시에 일체를 초월한 것이 〈나〉라는 뜻으로 됩니다。 〈나〉는 오직 〈나〉일 뿐 나에게 무슨 조건을 붙일 수 없는 신성불가침(神聖不可侵)한 것이며 영원히 살아 있다는 것입니다。

利) 이타(利他)의 행을 닦으며 五一위(位)의 수행계단을 지나 드디어 불과(佛果)를 증득하는 이、지장 보살과 같이 다만 중생제도를 위하여 영영 성불하지 않는 이도 있으니 이는 대비천제(大悲闡提)라 한다。 소승에서는 아라한과(阿羅漢果)를 최상의 증과(證果)로 삼고 부처님은 오직 석가모니불과 미래에 성불할 미륵불뿐이라고 하므로 보살은 석가모니불이 성불하기 전의 호명보살과 앞으로 성불할 미륵보살 밖에는 없다고 하지마는 대승에서는 성불하는 것을 목적으로 하므로 석가모니불 한 분만이 아니고 한없는 부처님을 말하고 또 재가 출가(在家・出家)를 막론하고 수행하는 이는 모두 보살이라 한다。

〔**註 5**〕 **만행**(萬行): 육도만행(六途萬行)이라고도 하며 보살이 중생의 제도를 위해 온갖 선행을 하고 차원 높은 보시·지계·인욕·정진·선정·지혜의 六바라밀을 행하는 것을 뜻한다。

六祖口訣 선남자(善男子)는 평탄심(平坦心)을 가리키며 또한 바르게 정한 마음을 가리키니 이런 마음으로 일체의 공덕을 성취해서 어디에서 어떤 일을 해도 걸림이 없음을 뜻한다。

선여인(善女人)은 바른 지혜를 지닌 마음을 가리키며 이 바른 지혜의 마음으로 말미암아서 일체의 유위무위(有爲無爲)의 공덕을 내는 것이다。

수보리존자께서「보리심을 일으킨 모든 사람이 어떻게 마음을 머물러 가지며 어떻게 마음을 항복받아야 하겠나이까。」하고 물으셨다。 수보리존자는 일체중생의 마음이 소란하기 그

우주(宇宙)는 오직 이것의 발로(發露)

〈나〉 이전엔 아무것도 없읍니다。 우주가 다 〈나〉 이전에는 없읍니다。 현상계의 모든 것은 생각의 발로이며 환상일 뿐 다 실제가 아닙니다。 이 마음은 본래 평등하고 자유롭고 완전한 것이기 때문에 우리는 현상계에서 완전한 것을 생각해 볼 수 없읍니다。 이 〈마음〉은 신령하고 산 생명이며 우주의 본체이므로 있는 것 없는 것을 다 창조해 냅니다。 그 증거가 바로 꿈에서 꿈인 줄 모르는 그것입니다。 꿈에 꿈인 줄 모르는 이유가 두 가지가 있는데 그 하나는 생시의 현실과 꿈이 백프로 같기 때문입니다。 마누라·남편·아들·딸 다 똑같고 산천초목(山川草木)이 다 똑같다는 것입니다。 꿈 속에서 꿈인 줄 모르는 둘째 이유는 꿈 자체가 내 기억 내 주관이 객관으로 나타난 것이기 때문이며、 이 주관과 객관은 둘이 아니고 고정된 자리가 없는 때문입니다。 설탕은 달고 소금은 짜다는 그 자기 주관이 꿈속의 객관으로 나타난 것이니 주관과 객관은 본래 거리가 없읍니다。 생각의 본체인 내가 이렇게 서서 얘기를 하고 얘기 듣고 있었고 이것을 내 놓고는 아무것도 없읍니다。 다른 것은 다 거짓말이고 천당 가나 지옥 가나 단지 육체를 나라고 하는 착각 때문에 좀 분주했을 뿐이지、 그러나 분주했다고 해서 마음의 본체가 달라진건 또 아닙니다。 이것은 사상도 지식도 신앙도 아니니 질량(質量)을 초월한 것이므로 에네르기도 아닙니다。 천상천하유아독존(天上天下唯我獨尊)이 세상의 정신、 물질 온갖 것 가운데 마음자리、 불성자리인 〈참 나〉가 제일이어야 합니다。

지 없어서 마치 먼지 일어나듯 하고 마음 흔들리는 모습이 회오리 바람이 일듯 하며 생각생각 잠깐도 이렇게 끊일 사이가 없음을 보시고 중생들의 이 산란한 마음을 항복시키기 위한 마음으로「수행을 하고자 하면 어떻게 그 마음을 항복 받아야 하겠나이까」하고 부처님께 여쭈었던 것이다。

善男子者 平坦心也 亦是正定心也 能成就一切功德 所住無礙也 善女人者 是正慧心也 由正慧心 能出生一切有爲無爲功德也

須菩提 問 一切發菩提心人 應云何住 云何降伏其心 須菩提見一切衆生 躁擾不停

이것만이 현대의 구세주

마음을 깨치면 전 우주에 모르는 것이 하나도 없고(全知)、모든 근심걱정 다 떨어내고 일체를 다 포기하여 완전한 자유와 완전한 즐거움을 얻습니다(全能)。그래서 모르는 세상을 바로 깨우쳐 주고 중생을 바른 길로 이끌어 누구에게나 모든 고통을 해탈할 수 있는 환한 길이 있음을 일러 주고 개발해 주자는 것입니다。이 보살정신(菩薩精神)을 현대의 젊은이에게 하루빨리 가르쳐 주지 않고는 진정한 의미의 청소년선도(青少年善導) 내지 참다운 인간교육은 기대할 수 없을 것입니다。오직 육체가 나인 줄 알고 물질문명에서 참다운 자아(自我)를 찾으려 하는 것은 마치 파초(芭蕉)의 껍질을 벗기는 것과 같아서 아무리 벗겨도 알맹이는 없고 껍데기뿐이며 그러한 인간사회는 아무 실상(實相)이 없기 때문입니다。

발심한 이의 마음가짐

아뇩다라삼먁삼보리에 대한 발심을 한 사람은 누가 죽여도 죽지 않고 매를 때려도 가만히 맞고 있을 뿐 대항이 없지만 안 죽습니다。일본에 백은 선사(白隱禪師)라는 거룩한 스님이 있는데 지금 한국에도 그보다 더 거룩한 노장이 살아 계십니다。

지리산(智異山)에 법계토굴(法界土窟)이 있는데 거기 올라가 보면 전주시내 불이 환하게 내려다 보이는 곳입니다。본래 이곳에는 선방(禪房)이 있습니다。그런데 한 백 년 전에 공부하는 두 스님들이 이 절에 와서 있게 됐읍니다。두 스님들이 동냥을 해서 양식을

猶如隙塵搖動之心起如飄風念念相續 無有間歇爲令降伏故 問若欲修行如何降伏其心

〔註 6〕 아뇩다라삼먁삼보리(阿耨多羅三藐三菩提)범 Anuttara-Samyak-Sambodhi:줄여서 아뇩삼보리、아뇩보리라고도하며 번역하여 무상정등정각(無上正等正覺)·무상정등각(無上正等覺)이라 하니 불과(佛果)의 지혜를 말한다。 아뇩다라는 무상(無上)、삼먁삼보리는 정변지(正遍智) 또는 정등정각이라 번역하니 앞것은 구역、뒷것은 신역인 바 줄여서 정각이라 한다。 범부가 불각(不覺)인데 대하여 미계(迷界)를 여의고 각지(覺智)가 원만하여 일체의 진상을 모두 아는 부처님의 전지전능한 깨달음을 일컫는 말이다。

〔註 7〕 청법(請法): 법사에게 부처님의 법을 설명해 주기를 의식을 갖추어 정중하게 간청하는 일。

六祖口訣 갸륵하

준비해 가지고는 절에 일찍 올라가서 다음해 삼월까지 땔 나무를 준비했읍니다。 그리고 노장(老丈) 두 분이 지리산 꼭대기에서 공부를 하는데 동지섣달 한참 추운 어떤 날 오후 힘센 장정 네 명이 와 가지고 「너희들이 며칠 전에 돈 五백냥 가져온 일이 있지」 하고 위협을 합니다。 그래서 한 스님이 나가서 대답했읍니다。 「그런 일이 없읍니다。」「다 알고 왔다。 내 눈으로 봤는데 무슨 잔소리냐。 돈을 지고 이리 들어오는 것을 봤다。 생명이 아깝거던 돈을 내놔라。」「돈 그까짓것 있다가 없어지는 것인데 있으면 내놓지 사실 없으니까 못주는 것입니다。」

그러니까 그들은 노장을 끌고 나가 타작하는 식으로 때려 주었읍니다。 그런데 이 두 스님은 사실은 장사입니다。 힘으로 따지면 이 네 사람 아니라 열 네 사람이라도 쓰러뜨릴 힘이 있지만 잠자코 얻어맞기만 합니다。 맞다가 맞다가 하도 맞아서 나중에는 죽을 지경이 되었읍니다。 노장이 가만히 생각하니 살아나서 공부를 해야 할 것인데 이 도둑놈한테 맞아 죽게 생겼으니 큰 걱정이었읍니다。 그렇지만 이들은 약속한 것이 있었읍니다。 「우리는 인과(因果)를 믿고 있다。 모든 것이 다 인과로 오는 것이니 목숨을 바쳐 그 빚을 갚자、 세상이 좋아한다고 환영하지 말고 어떤 역경(逆境)에 처하더라도 거기 반발(反撥)하지 말자、 누가 어떤 곤란한 죽음을 주다 해도 대항하지 말고 그대로 받아 내자、 우리가 아득한 전생을 돌이켜 보면 부모도 잡아 먹고 자식도 잡아 먹고 죄란 죄는 다 지었을 것이니 그 죄로 말하면 몇 천만겁 곤란한 〈죽음〉을 당해도 마땅할 것이다。 누가 어떠한 어려움을 준다 해도 하나도 대항 말자」 하는 약속이었읍니다。 다른 한 노장이 때려 주지 못하게 거들어 주면 되고 그 노장 혼자라도 안맞으려면 안맞을 수 있지만 한 노장은 방에 가만히 앉아서 자기 공부만 하고 있읍니다。 한 노장이 맞다 맞다 원체 다급하니、「이 사람 이것을 어찌할까。」 하고 물읍니다。 방에 앉아 공부만 하던 그 노장이 하는 말이、

다 갸륵하다(善哉善哉) 하심은 수보리가 내 마음을 잘 얻어서 잘 알고 있음을 칭찬하신 것이며, 자세히 들으라(諦聽) 하심은 부처님께서 설법하실 적에는 먼저 청법(請法)하는 대중들에게 마음을 고요하게 갈아 앉히도록 주의를 환기시키신 다음에 비로소 법을 해설하시는 법이므로 하신 말씀이다.

是佛 讚嘆須菩提 善得我心 善知我意也佛欲說法 常先戒勑念諸請者 一心靜默故云 汝今諦聽 吾當爲說

〔註 8〕 파계(破戒): 범계(犯戒)라고도 한다. 한 번 계를 받은 사람이 신·구·의 삼업(三業)을 조심하지 못하고 계법에 위반되는 일이 있는 것.

「이 사람아 인과를 믿게, 공부하는 마음 움직이지 말아, 정각(正覺)에서 움직이지 말아, 네가 그 사람 죽여 놓으면 그 사람한테 천번 만번 죽음을 당해, 그러니 아무 소리 말고 달게 맞아 죽게나.」 그럽니다. 그래서 이 노장님 아무 말도 안하고 그냥 맞아 죽었읍니다.

그래서 정말 돈이 없는 것을 달라고 그랬음을 알게 된 도둑들은 그냥 돌아갔읍니다. 방에서 혼자 공부하던 노장님은 소변을 보러 나갔다가 쓰러져 있는 노장을 일으켜 안고 방에 들어가서 참선하는 것같이 가부좌를 틀어 앉혀 놓고는 「이 사람아 금생에 인연은 그것뿐이야. 자네는 빚을 다 갚고 갔네, 나는 빚을 못 갚았으니 자네보다도 나는 더한 업을 지었는지 아나, 아무것 괘념하지 말고 화두(話頭:참선하는 공부)나 잘하게.」 하면서 윗목에 앉혀 놓고 자기는 아랫목에 앉아 공부를 합니다. 아무리 겨울이라도 송장을 들여 놓았으니 썩지 않을 수가 없읍니다. 창자 썩는 소리가 꿀꿀 납니다. 그러니 하는 말이 「아 그 사람, 참선이나 하지, 그까짓 일 가지고 뭘 마음이 상해 그러나.」 이렇게 나무라고는 돌아 앉아서 또 공부만 합니다. 이렇게 자꾸 경고를 하면서 공부를 하다가 나중에는 화장하고 혼자 공부를 했다는 이야기입니다. 참 하기 어려운 일입니다. 맞는 사람은 맞아 죽을 각오(覺悟)를 하고 죽었지만 그것을 보고도 친구의 참된 공부를 위해 조금도 마음이 움직임이 없었다는 것은 본래의 발심(發心)이 되어 있기 때문입니다. 이것이 발심한 사람의 수행이고 아뇩다라삼먁삼보리심을 낸 이의 마음가짐입니다. 육체생활(肉體生活) 때문에 한 생각이라도 까딱해선 안된다는 것입니다.

이런 인과를 믿는다면, 저녁에 남자가 집에 안 들어온다고 남편 못살게 굴면 안됩니다. 내가 전생에 나쁜 일을 많이 해서 남편이 저러는 것이니 머리 깎고 중된 요량만 하고 꿀꺽 참고서 남편에게 전보다 더 잘해 줘야 합니다. 마누라가 또 잘못 되어 남편이 벌어준 돈 갖고 하룻밤 안 들어와도 왜 어디 갔었느냐고 야단만 하지 말고 잘 보살펴 주고 받아 주어야 이것이 참 불교식입니다。 이 세상일을 불평하고 원망하다 보면 탐진치(貪瞋痴)만 늘 뿐이지 일 초도 마음 편할 도리가 없읍니다。 원망하기로 말하면 원망이 이 허공에 꽉 찰 것입니다。 이래 가지고야 무슨 염불이나 참선이 되고 복닦을 도리가 있겠읍니까。 원망하는 마음뿐인데 무슨 복이 됩니까。 백일기도 천일기도 만일기도 해도 죄가 사하지 않습니다。 남을 원망하는 마음으로 천지가 꽉 차서 아무것도 안됩니다。

우리가 마음으로 잠깐 생각하는 것이라도 전 세계로 펴지고 우주에 가득찹니다。 마음이라는 것은 라디오、 텔레비젼의 원리와 같아서 지금 말하는 이것도 전 우주에 가득찹니다。 그리고 잠깐 생각하는 것이 죄거나 복이거나 선악 차이 없이 우주 전체에 영향을 주고 인과를 가져옵니다。 가령 짐승이라도 몽둥이로 매질을 하든지、 다리를 분질러 놓든지、 또는 바위나 나무 같은 무정물(無情物)이라도 함부로 하면 나중에 어느때엔가 어느 곳에서 그 나무나 돌멩이에 다리를 다치거나 합니다。 이렇게 인과라는 것은 필연적(必然的)인 것입니다。 그러니 무정을 천대하면 무정이 오고、 유정을 해치면 유정의 인과를 받습니다。 왜냐하면 그것은 다 내 그림자이기 때문이고 내 환각(幻覺)으로 있는 바윗돌이기 때문입니다。 사물(事物)과 인과관계가 있기 때문에 우리의 일거일동은 이것이 그대로 원인이 되어 고스란히 그 결과인 보(報)를 다 당해야 하고 빚을 다 갚아서 저쪽 원수들 완전히 풀어 주어야 된다는 것입니다。 나는 항상 빚 갚을 생각만 하면 됩니다。 그렇게 작정하면 이 사람은 그 날부터 아주 행복해지고 마음이 편해져서 잠도 잘 오고 소화도 잘 됩니다。 이것이 아뇩다라삼먁삼보리심을 낸 마음가짐입니다。

六祖口訣 아뇩다라 삼먁삼보리에 아(阿)는 없다(無)는 뜻이고 욕다라(耨多羅)의 뜻은 위(上)라는 뜻이며 삼(三)이라 함은 바르다(正)는 뜻이고 먁(藐)은 두루하다(徧)는 뜻이며 보리(菩提)는 안다 깨닫았다(知覺)는 뜻이니 없다(無)함은 모든 때와 물듦이 없다는 뜻이고 위(上)라 함은 이 三계 우주에는 비할 것이 없다는 뜻이며 바르다(正) 함은 바른 지견(知見)을 뜻하고 두루하다(徧) 함은 온갖것 다 아는 지혜(一切智)를 뜻하며 깨달았다(知覺)함은 일체 중생이 다 불성이 있어서 다만 수행만 잘 하면 다 부처가 될수 있다

는 성품을 잘 안다는 뜻이니 부처는 곧 위 없이 청정한 반야바라밀을 뜻한다。 그러므로 모든 선남자 선여인이 수행하고자 하면 마땅히 위없는 보리의 도를 알아야 하며 마땅히 위없이 청정한 반야바라밀법을 알아서 이것으로써 그 마음을 항복받으라고 하신 말씀이다。

阿之言 無 耨多羅之言 上 三之言 正 藐之言 偏 菩提之言 知 無者 無諸垢染 上者 三界無能比 正者 正見也 偏者 一切智也 知者 知一切有情 皆有佛性 但能修行 盡得成佛 佛者 即是無上清淨般若波羅蜜也 是以 一切善男子善女人 若欲修行 應知無上菩

아뇩다라삼먁삼보리의 세 단계

발아뇩다라삼먁삼보리심(發阿耨多羅三藐三菩提心)하라는 말을 줄이면 발보리심(發菩提心)하라는 넉 자로 되고 이것을 더 줄이면 발심(發心)하라는 두 자로 됩니다。 아뇩다라삼먁삼보리도、보리도 다 깨달은 마음자리를 말하는 것이기 때문입니다。

그런데 범부중생이라도 이런 법문을 듣고 「내 마음자리가 본래 생사가 없는 이렇게 위대한 존재였구나、나도 마음을 어서 깨쳐서 생사를 해탈해야겠고 본래 내가 부처인 자리를 찾아야겠구나。」 하고 결심을 했다면 이것도 중생으로서 아뇩다라삼먁삼보리심을 일으킨 것입니다。 또 수행을 해서 마음이 밝아지므로 육체가 내가 아니라는 원리를 깨닫고 주관 객관이 떨어져서 실상반야가 오롯이 드러나면 이것이 아무 생각 없는 적멸(寂滅)의 본심(本心) 자리를 깨달은 것이니 역시 아뇩다라삼먁삼보리심을 일으킨 것이며 중간 발심인데 이것이 곧 견성(見性)입니다。

이렇게 해서 아뇩다라삼먁삼보리심을 일으킨 사람은 첫째 마음을 어떻게 가지고 마음을 어디다 두느냐 하는 것을 알아야 합니다。 또 아무리 견성을 해서 마음을 가지고 두는 법을 알았다 하더라도 다생겁(多生劫)、무량겁(無量劫)으로 남을 못살게 하고 나만 잘 살겠다고 욕심으로 살던 버릇 때문에 八만 四천 번뇌가 죽 끓듯이 하므로 이것을 완전히 항복해야 합니다。 그래야 아뇩다라삼먁삼보리를 체득합니다。 그러니 처음에는 중생으로 아뇩다라삼먁삼보리에 대한 발심을 했고 그 다음에는 아공・법공・구공의 三공을 체득해서 공리(空理)를 증득하게 되면 이것도 역시 아뇩다라삼먁삼보리심을 체득한 것이고 참으로 발심을 한 것입니다。 그렇지만 무량겁래(無量劫來)로 오던 여습(餘習)이 제팔장식(第八藏

提道 應知無上清淨般若波羅蜜法 以此 降伏其心

〔註 9〕 **인왕반야경**(仁王般若經):〈인왕호국반야바라밀다경〉의 준 이름。인왕호국 반야바라밀다경 (仁王護國般若波羅蜜多經二) 2권 불공(不空)번역、인왕경(仁王經二) 2본(本)이 있다。구본(舊本)은 〈불설인왕반야바라밀경〉 二권、구마라습 번역。신본 (新本)은 〈인왕호국반야바라밀다경〉 二권、당나라 불공(不空) 번역。부처님이 一六국왕으로 하여금 각각 그 나라를 보호하고 편안케 하기 위하여서는 반야바라밀을 수지(受持)하여야 한다고 말씀한 경。예부터 이 경과 〈법화경〉·〈금광명경〉을 호국삼부경(護國三部經)이라 한다。

六祖口訣 그려하옵니다(唯然)하심은 응낙하는 말이고、바라옵건대 기뻐하옵니다(願樂) 함은 부처님께서 널리 말씀하시

識)으로 남아 있어서 그 뿌리까지 다 녹아 없어져서 정말 자기 정신이 완전하게 드러나게 되는데 차차차차 공부가 될수록 아는 것도 많아지고 신통도 생기게 됩니다。그래서 마지막으로 허공도 녹고 진공까지도 녹아서 근본무명(根本無明)이 다 녹아 없어지면 완전한 부처님의 불과(佛果)를 성취하게 되는데 그러면 열반이 생사고、생사가 곧 열반이고 만법(萬法)하고 나하고 둘이 아닌 그때는 정말 아뇩다라삼먁삼보리를 완전히 체득한 때입니다。

먼저 올바른 발심을

〈아뇩다라삼먁삼보리〉를 성취하면 그렇겠다 내 마음이 본래 부처라 하는 것을 똑 바로 알고 들어가야 갑니다。그러니 먼저 정신(正信) 성취가 되어야 합니다。아직 내가 법을 체득하지 않았지만 그럴 수 있겠다고 믿는 것이 신심인데 그 신심에 사신(邪信)이 있고 정신이 있읍니다。사신은 지금 우리가 어느 곳으로 향해서 견성성불한다고 하는 건지 그것도 모르고 그냥 하는 것、무엇을 하는 것인지 방향없이 마구잡이로 하는 것을 말합니다。눈 먼 장님이라도 눈 밝은 사람이 앞장서 가지고 끌고 가면 그건 틀림없이 제대로 가는 겁니다。그렇지만 만약 그런 선지식을 만나지 못한 채 의지할 곳이 없는 사람이 참선하고 견성할 거라고 아무나 따라다니면서 하다가 보면 대개 미친사람이 되거나 도깨비 되거나 하다가 중간에 도로 불교비방이나 하고 그럽니다。신통조화나 하나 얻어 볼까、도통이나 해서 견성하고 선지식이나 한번 되어 볼까。선지식이 되면 신도들한테 절도 받고 공양도 좀 받으려고 하는 욕심입니다。이런 것은 전혀 근거가 없는 발심이니 되는 건지 안되는 건지 남이 한다니까 해보는 것이고 한번 해 봐서 되면 다행이고 안되면 본전이다

어 중근기(中根機)·하근기(下根機) 사람들로 하여금 다 깨달음이 열려지기를 바라는(願) 것이고 깊고 그윽한 부처님의 법문(法門) 듣기를 즐거워한다(樂)는 뜻이다. 또 들으려 한다(願聞) 함은 자비하신 부처님의 자애(慈愛)로운 가르침을 목마르게 우러러 고대한다는 뜻이다.

唯然者 應諸之辭願樂者 願佛 廣說 令中下根機 盡得開悟樂者 樂聞深法 欲聞者 渴仰慈誨也

하는 생각, 이건 다 사신(邪信)입니다. 그렇더라도 옳은 선지식을 만나 의지해 놓으면 괜찮습니다. 끝까지 믿고 이렇게 들어가면 그이가 경전이요 바로 부처님이니까 그이가 지도하는 대로 하면 글자 하나 몰라도 됩니다. 글자를 몰라도 된다는 소리는 글을 잘 아는 선지식 공부를 잘하시는 큰스님이 내내 팔만대장경이니까 그이한테 직접 가서 법문 듣는 것이 역시 경보는 것이기 때문이라는 말입니다. 무식한 영웅은 있을 수 없고 모르고는 천하 없어도 남의 지도자가 될 수 없는 겁니다. 모르는 사람이 또 될게 아무 것도 없읍니다.

그러니까 사람이 지혜가 근본인데 그러므로 먼저 발심(發心)을 똑바로 해야 하고 가는 길, 견성해서 부처되는 길을 먼저 알고서 참선도 해야 합니다. 그래서 五조스님, 三조스님께서도 다 이 「금강반야바라밀경」, 〈발아뇩다라삼먁삼보리심(發阿耨多羅三藐三菩提心)〉하는 법으로 지도하셨고 금강경에 의지하도록 법을 전하셨던 것입니다. 다음 장에서 이 〈아뇩다라삼먁보리〉의 발심하는 법을 차례대로 자세히 말씀해 주십니다.

大乘正宗分(대승정종분) 第三(제삼)

佛告(불고)ㅣ 須菩提(수보리)하사되 諸菩薩摩訶薩(제보살마하살)이 應如是降伏其心(응여시항복기심)이니 所有一切(소유일체) 衆生之類(중생지류)ㅣ 若卵生(약란생) 若胎生(약태생) 若濕生(약습생) 若化生(약화생) 若有色(약유색) 若無色(약무색) 若有想(약유상) 若無想(약무상) 若非有想非無想(약비유상비무상)을 我皆令入無餘涅槃(아개영입무여열반)하야 而滅度之(이멸도지)하리니 如是滅度無量無數無邊衆生(여시멸도무량무수무변중생)하되 實無衆生得滅度者(실무중생득멸도자)니 何以故(하이고)오 須菩提(수보리)야 若菩薩(약보살)이 有我相人相衆生相壽者相(유아상인상중생상수자상)하면 卽非菩薩(즉비보살)일세니라

부처님께서 수보리에게 말씀하셨다。

『모든 보살 마하살은 마땅히 이와 같이 그 마음을 항복시킬 것이니라。 무릇 일체 중생의 종류인 〈알로 생긴 것〉·〈태로 생긴 것〉·〈습기로 생긴 것〉·〈화하여 생긴 것〉·

〈형상 있는 것〉·〈형상 없는 것〉·〈생각 있는 것〉·〈생각 없는 것〉·〈생각 있는 것도 생각 없는 것도 아닌 것〉들을 내가 남김없이 다 부처되는 열반에 들게 하여 제도하리라。하여 이와 같이 한량없이 많은 중생을 다 제도하지만 실로 한 중생도 제도된 바 없느니라。왜냐 하면 수보리야、만일 보살이 〈나라는 생각〉·〈남이라는 생각〉·〈중생살이라는 생각〉·〈오래 산다는 생각〉이 있으면 곧 보살이 아니기 때문이니라。』

第三 大乘正宗分 — 대승불교의 진수

〔科解〕

대승정종분 제삼(大乘正宗分第三)이라 함은 대승의 골수를 말하는 제三장이란 뜻입니다。대승불교(大乘佛敎)、소승불교(小乘佛敎)하는데 소승불교는 자기 하나만 열반(涅槃)을 얻어 가지고 이 세상에 근심·걱정 없이 나 홀로 편안하게 지내는 불교를 말합니다。「열반의 대해탈(大解脫)을 증득(證得)했으므로 지구(地球)가 깨지거나 우리 민족 다 죽거나 정치 거꾸로 하거나 그것은 내가 알 바가 아니다。이 육신(肉身) 잡아다 마음대로 해라。나는 그런 것 때문에 신경 쓸 것 하나도 없다。말도 잘 안 듣는 중생들한테 타이르고 가르쳐 줘 봐야 말 안 들으면 욕하고 야단하고 똑같이 해야 되니 그러다가 마지

二七斷疑論 대승정종분(大乘正宗分)부터는 정종분(正宗分) 가운데 여래정설(如來正說)、곧 본론을 말씀하는 내용으로 묻는대로 바로 대답하시는것(正答所問)과 차례를 따라 의심을 끊어 들어가는 섭적단의(躡跡斷疑)의 두 가지가 있다。첫째 정답소문 가운데 다시 佛告에서 如是降伏其心까지는 한 가지 물음에 대해 전체의 핵심되는 포괄적 대답이

막에는 중생들 시비에 나까지 말려 들어서 번뇌망상(煩惱妄想)이 다시 일어나고 말겠다」고 하여、자가 본위(本位)로만 생각하고 중생들 구제(救濟)할 생각을 안하는 것이 소승불교(小乘佛敎)의 태도이고 나한(羅漢)님들의 용심(用心)입니다。 그러니 이런 열반은 옳은 열반이 아니고 옳은 깨달음이 되지 못하므로 소승불교라 이름했고、대승불교에서는 이것을 하나의 염세주의(厭世主義)라고 지탄합니다。

대승보살(大乘菩薩)은 자비심을 일으켜서 고약한 중생에게 이런 법을 얘기해 주고 그들을 괴로움으로부터 건져주는 일에 헌신하는 구세주의(救世主義)입니다。 내 옳은 것을 남에게 옳다고 인식시키는 설교 시간이 나에게 가장 철저(徹底)하는 시간입니다。 나 혼자 독경(讀經)을 일년내 또는 평생 하는 것보다도 금강경을 한 번 읽고 단 반시간만이라도 남을 위해 해설하는 그 공덕(功德)이 참으로 비유도 안 되는 정도로 더 크다는 것입니다。 남이 알도록 설법하는 그 시간이 정말 불법이 사가 뼈 속에 골수 속에 박혀 자리 잡는 시간입니다。 그러가 때문에 남에게 법문해 주는 공덕이 가장 크다고 한 것입니다。 대승불교는 「나쁜 중생 이것이 나를 부처로 만드는 좋은 부처로구나、도가 되는구나。」하고 부처와 중생과 마음을 하나로 봅니다。 그러니 가령 신부나 목사나 유교의 선비나 누구나간에 몇 달 며칠이 걸리든지 그 사람이 아뇩다라삼먁삼보리를 일으키는 걸 봐아 안심하고 가만히 있지 그전에는 밥을 얻어 먹어 가면서 매일 자꾸 얘기만 합니다。「내 얘기가 안 들으면 못가겠다、

니 거총표별이첩문(擧總標別以牒門)이고 그 이하는 그것을 더 구체적으로 벌려서 설명한 내용이다 (約別顯總以答門)。

그런데 여기서 전체의 핵심이며 포괄적인 뜻을 가진 거총표변이첩문의 내용은 다름아닌 번뇌망상을 항복하는 항복기심을 가리키며 벌려서 구체적으로 설명한 이하의 대문은 마음을 어디에 머물러서 어떻게 닦느냐 하는 것을 문답을 통해 말씀한 것이다。 머물러 닦는(住修) 내용이라고 하지만 역시 항복하는 뜻이 다 들어 있음은 물론이다。 그래서 무착보살(無著菩薩)의 一八주(住) 가운데도 다 머물고 닦고 항복하는 뜻을 밝힌 것이다。

「약변현총이답문」 가운데도 마음을 잘 머물러서 번뇌를 항복하는 내용인 「답안주항심문」(答安住降心門)과 행을 닦아서 마음을 항복하는 내용의 「답수행항심문」(答修行降心門)의 두 가지가 있는데、이것은 제四절 묘행무주분(妙行無

住分)에해당한다。

六祖口訣 앞 생각이 청정하고 뒤 생각이 청정한 것을 보살이라 이름하며 생각 생각 물러나지 않아 시 비록 번뇌의 티끌 속에 있지만 마음이 항상 청정한 것이 마하살이라 이름한다。 또 즐거움을주고(慈) 괴로움을 없애 주며(悲) 재물을 기쁘게 주는(喜捨) 등의 가지가지 방편으로 중생을 교화 인도하는 것은 보살이라 이름하고 교화를 하는 주체인 보살 자신이나 교화를 받는 중생에 아무런 집착도 없는 것을 마하살(摩訶薩)이라 이름하며 일체 중생을 공경하는 것이 곧 그 마음을 항복하는 것이다。 참된

죽여도 좋다、죽이려면 죽여라、죽은 귀신이라도 당신에게 설교하고 말겠다。」 이렇게까지 적극적이고 중생과 나는 일심동체(一心同體)라는 대자비심(大慈悲心)으로 대원력(大願力)의 수행을 목적으로 하여 마침내 성불하려는 것이 대승불교입니다。

이와 같은 대승(大乘)의 참 불교가 여기서부터 나오게 된다는 뜻으로 대승정종분(大乘正宗分)이라 한 것이며、또한 이것이 금강경의 요긴(要緊)한 대의를 밝힌 대문(大文)이라 할 것입니다。 금강경의 정종분(正宗分)은 서분(序分)과 맨 끝의 끝 부분인 유통분(流通分)을 뺀 전부이지만 그러나 금강경의 정종분(正宗分)을 다시 三十一분으로 나누어서 볼 때에도 정종분 중의 정종분이 된다는 뜻으로 대승정종분(大乘正宗分)이라고 한 것입니다。

原文 佛告須菩提 諸菩薩摩訶薩 應如是降伏其心

解義 부처님께서 수보리존자에게 「이와 같이 마음을 가지고(應如是住)、」 이와 같이 번뇌망상을 항복받으라(降伏其心)하신 〈이와 같이〉에 대한 자세한 내용을 말씀하시려는 차례입니다。 보살마하살(菩薩摩訶薩)①이란 말이 많이 나오는데、 보살은 인도 말로 보리살타(菩提薩埵)、 곧 보리의 보(菩)자와 살타의 살(薩)자를 줄여서 합친 말입니다。 보리는 〈깨달음〉이란 말이고 〈살타〉는 중생이란 말이니 〈보리살타〉의 뜻을 번역하면 〈깨친 중생

것에 자리하는 것을 불변이라 하고 진리 사리에 계합(契合)하는 것을 다르지 않다(不異)고 하니 모든 경계를 만나서 마음에 변함이 없는 것을 이름하여 진여(眞如)라 한다。 또 밖으로 거짓이 없는 것을 참(眞)이라 하고 안으로 어지럽지 않은 것을 여(如)라 하며 생각생각 어김 없음을 이것(是)이라고 한 것이다。

前念清淨 後念清淨 名爲菩薩 念念不退 雖在塵勞 心常清淨 名摩訶薩 又慈悲喜捨種種方便 化導衆生 名爲菩薩 能化所化心無取着名摩訶薩 恭敬一切衆生 即是降伏其心處 眞名不變 契如名不異 遇諸境界

(覺有情)〉이 됩니다。『마음을 깨쳤는데 아직 업이 남아 있어서 이성(異性)끼리 만나면 딴 생각이 나고 좋은 음식 봐도 먹고 싶고 그런 오욕업(五欲業)이 남아 있어서、요새말로 덜 떨어진 걸로 봐선 중생이고 깨친 것으로 봐선 보리고 그래서 부처도 중생도 아닌 도인이다。』이런 뜻을 가진 말이 보살입니다。 또 〈마하살〉(摩訶薩)이라고 하는데 마하(摩訶)는 크다는 뜻이며、큰 보살이란 뜻으로 씁니다。

우리가 도인이란 말을 흔히 쓰는데 부처가 다 됐느냐 하면 아직 그렇지는 못하고 그렇다고 마구잡이 중생이냐 하면 중생도 아니란 뜻입니다。 참 중생도 참 부처도 아니고 부처되려 가는 그런 중생、부처에 가까와 가는 선비라는 뜻입니다。 그래서 「아직 성인은 아니고 부처가 되지는 못한 보살들、마음이 완전히 밝게 드러나지 못한 도인은 이와 같이 마음을 항복받아라。」 그렇게 말씀하고는 여기서부터 조금씩 풀어 나가며 어찌해야 부처가 되는지를 말씀하십니다。 다 같이 동냥해서 밥 먹고 똥 오줌 누고 부처나 비구나 누구나 대중과 함께 앉았으니 표면상(表面上)으로는 똑 같은 것 같습니다。

수보리존자는 여기서 부처님과 우리의 차이가 무엇이며 우리가 부처님을 어떻게 따라 배우겠읍니까。 부처님께 여쭌 것입니다。 아란존자가 경 첫머리에 『나는 이와같이 들었다。 나는 이렇게 들었다。』고 한 「이렇게」와 여기서 이와같이 마음을 가지고 이와같이 항복하라고 한 「이렇게」는 같은 말입니다。 곧 자세한 내용이 그 경 안에 들어 있다는 뜻을 암시합니다。 하나의 전제로써 「이와 같이」란 말씀을 해놓고 이제 그 부처되는 길、마음 항복 받는 방법을 이렇게 말씀하시기 시작하신 것입니다。

原文 所有一切衆生之類 若卵生 若胎生 若濕生 若化生 若有色 若無色 若有想 若無想 若非有想非無想

解義 「소유일체 중생지류」(所有一切衆生之類)란 광대 무변한 우주에 무수한 중생들이 살고 있음을 말합니다。 그 많은 중생들은 그 종류와 수가 많아서 사람·벌레·물고기·날짐승 등 온갖 것이 다 있는데、 금강경에서는 이 중생들을 대체로 아홉가지로 분류합니다。

첫째 난생(卵生)②인 알로 까는 중생이 있고、 둘째 태로 나온 태생(胎生)③이 있고 세째 습생(濕生)④은 습하고 썩은 데서 나오는 세균 같은 벌레들을 말합니다。 또 화생(化生)⑤이란 꿈의 몸뚱이、 지옥천당의 몸을 말합니다。 꿈에 있는 몸뚱이는 아버지 어머니한테 받는 몸뚱이가 아니고 우리 마음으로 만든 몸뚱이인데 이 몸뚱이는 기억에 의해 생겨 나온 기억의 몸뚱이며、 이것은 난생·태생도 아니고 습생도 아니며 이 몸뚱이는 허공에서 생긴 것이라 할 수도 있지만 사실은 허공에서 생긴 것도 아닙니다。 지옥 중생의 몸뚱이도 영혼이 바로 지옥으로 들어가 받는 몸으로 꿈에 있는 몸뚱이와 똑같습니다。 그곳에는 부부 생활을 통해 태어나는 난생、 태생류의 출생(出生)이 아니고 영혼이 바로 천당 지옥에 가서 태어나는 출생입니다。 천당사람은 영혼이 그대로 하늘 나라에 태어나며 극락 세계는 빨간 연꽃이 피어 나와 가지고 그 속에서 사람이 저절로 생깁니다。

일정(日政)때 원산서 있던 실화로서 화생의 실제를 말해주는 재미난 이야기가 있읍니다。 번뇌가 있어서 크게 고민하고 있던 한 청년이 밝은 달밤에 명사십리(明沙十里)로 나갔읍니다。 사람들을 피해 한 쪽에 자리를 잡고 눈을 감은 채 이 생각 저 생각 얼마를 고민하

心無 變異 名曰眞如 亦云 外不假曰眞 內不亂曰如 念念無差曰是

(註 1) 보살마하살(菩薩摩訶薩)：큰 마음을 낸 중생 곧 큰 중생이란 뜻이니 보살의 존칭。 부처님을 제외하고는 제일 큰어른이므로 한자로 大士·大有情이라 번역하며、 범어로는 Bodhisattva Mahasattva라 함。

六祖口訣 알로 나온 중생(卵生)은 주로 성품을 미한 탓이고 태로 낫는 중생(胎生)은 업의 습관을 따라 제二의 성품을 익힌 탓이고 습기로 낫는 중생(濕生)은 삿된 성품을 익힌 때문이며 화해서 나는 중생(化生)은 재촉하는 성품 탓이다。 미했기 때문에 가지가지 업을 짓게 되고 익힌 버릇 때문에 항상 흐르게 되며 삿된 것을 따르므로 마음

이 정하지 못하게 되고 소견이 재촉하므로 자주 떨어지게 된다。 마음을 일으키고 마음을 닦아서 망령되이 시비를 보므로 안으로 상 없는 이치에 계합하지 못하면 형상 있는 중생(有色)이 되고、 안으로 마음에 곧은 것만 지킬 뿐 공경하고 공양하지 못하고 단지 곧은 마음이 부처인 줄만 보고서 복과 혜를 함께 닦을 줄 모르면 형상 없는 중생(無色)이 되고 중도를 사무쳐 알지 못하고 눈으로 보고 귀로 듣는 것이 항상 마음으로 헤아리고 생각함이 있어서 이것이 진리라는 집착이 가하여 입으로 부처의 행을 말하지만 마음으로는 그

다가 눈을 떠보니 달도 지고 오고가는 사람도 없는 한밤중이 되었습니다。 그래서 그 청년은 이제 집에나 들어가보자 생각하고 천천히 발걸음을 옮기고 있었습니다。 얼마쯤 가다가 고개를 들어보니 나이도 자기와 비슷하고 키도 비슷한 웬 처녀가 자기 앞을 지나갑니다。 이 깊은 밤에 처녀가 혼자 가는 것을 보니 저 처녀도 나처럼 번뇌가 있나보다 하는 생각이 들어 이야기나 해 보려는 마음으로 자꾸 가까이 붙어 따라가는데 그 여자는 뒤도 보지 않고 급히 가기만 합니다。 이 처녀는 무슨 번뇌인지는 모르지만 나와 동지적 입장일 것이라는 호기심에 끝까지 따라가기로 마음 먹고 가는데 나중에는 어떤 집으로 들어가더니 마루에 올라서서 건너방으로 들어가 버렸읍니다。 그래서 청년은 닭 쫓던 개처럼 그집 마당에 혼자 우두커니 서 있게 되었는데 갑자기 여러 사람이 나와서 『너 이놈 웬놈인데 밤중에 남의 집에 왔느냐。 도둑놈 아니냐。』 하고 끌어내어 파출소로 붙들려 갔읍니다。 청년은 범인이 아님을 밝히기 위해 사실 이야기를 했읍니다。 『나는 어떤 고민이 있어서 명사십리에 나갔다가 정신없이 저녁 늦게까지 있게 되었는데、 마침 깊은 고민에 잠기어 걸어가는 처녀를 보고 나와 같은 입장인가 싶어 동정하는 뜻에서 끝까지 따라 왔을 뿐입니다。』 『이놈아 우리집 딸은 몸이 아파 석달째나 몸져 누워서 바깥 출입을 못하고 지금도 미음을 못마시는데 명사십리를 어떻게 갈 수 있겠느냐。』 하며 그 딸의 아버지가 호통을 합니다。 그런데 집에서 딸이 아버지하고 그 청년을 부른다고 합니다。 그래서 가보니 딸의 이야기가 『아버지 제가 조금 전에 꿈을 꾸었읍니다。 제가 평소에도 명사십리 한번 나가 봤으면 하는 생각이 있었는데 오늘따라 밝은 달이 창문에 비춰 오는 바람에 명사십리 생각을 몹시 하다가 깜박 잠이 들어 꿈 가운데서 명사십리로 나갔읍니다。 꿈속에서 저도 너무 늦도록 오래 있었다는 생각이 들어 부지런히 집으로 오는 중인데 웬 청년이 제 뒤를 자꾸 따라 왔읍니다。 저는 걸어가는 사람들도 없는 밤중에 가뜩 무서운데 청

대로 행하지 못하면 생각 있는 중생(有想)이 되며, 미한 사람이 참선을 할 적에 한갖 망령됨을 없앨 뿐 자비와 기꺼이 베푸는 마음과 지혜로운 방편을 배우지 않아서 나무나 돌처럼 산 활동이 없으면 생각없는 중생(無想)이 되며 두 가지 법이란 생각에 집착하지 않으므로 생각 있는 것도 아니라(非有想)했고 마음에 진리를 구하는 생각이 있으므로 생각 없는 것도 아니라(非無想)고한 것이다. 번뇌가 만가지 차별이 있지만 다 때 있는 마음일 따름이고 몸뚱이 형상이 수없지만 모두 중생일 뿐이다.

卵生者 迷性也 胎

년이 따라 오므로 더 무서워져서 부지런히 집으로 들어오자마자 꿈이 깨었는데 지금 그 청년이 꿈에 본 청년인 것 같습니다.」하는 꿈이야기였읍니다.

그러나 이 처녀의 꿈은 단순한 꿈이 아닙니다. 여러달 명사십리만 자꾸 생각하다 보니 자기 화신[6](化身 : 마음으로 화하여 된 자기의 분신(分身))이 꿈으로 나타나서 그 화신이 명사십리로 가게 된 것이고 그 청년과 만났던 것입니다. 이런 예는 많이 있읍니다. 이것은 다 자기 생각이 자기 몸으로 나타난 것인데, 꿈의 경우보다도 한층 더 강한 마음의 힘에 의해 나타난 화신의 현실적 예라 할 것입니다. 요새 미국이나 영국이나 독일 일본의 심령학계(心靈學界)에서는 자기 화신(化身)을 외국에 보내서 같이 말도 하고 같이 일도 보고 그런 사람도 있고, 말은 못하고 나타나서 얼마동안 있다가 없어지는 것도 있고 그런 화신이 있읍니다. 부처님도 백억화신(百億化身)을 나타내시어 교화하셨읍니다. 싣달타태자도 사실은 부처님의 천억 백억의 몸 가운데 해당하는 화신입니다. 그래서 화신 보신[7](報身 : 공덕의 과보로 받는 불신의 하나) 하는 것이 다 꿈에 육신이 마음으로 나타난 것이듯 다 같은 이치로 나타난 몸입니다. 인도의 싣달타태자(悉達太子)는 천백억분의 일의 화신으로서 정반왕(淨飯王)[8]의 아들로 마야부인(摩耶夫人)[9]의 뱃속에 들어가서 열달 동안 커가지고 나오느라 애썼고, 「천상천하유아독존(天上天下唯我獨尊)이라 제일성(第一聲)을 하신 것 그것이 다 마치 화신이 나타난 것과 같다는 것입니다. 우리가 보기엔 꼭 엄마 뱃속에서 나온 역사적 인물임에 틀림없는 것 같지만 그러나 역사적 인물 그대로가 화신이라는 것입니다. 요컨대 화신(化身)이란 꿈에 그 몸뚱이가 단순한 죽은 물질이 아니어서 꼬집으면 아프고 참으로 육신이 있는 것으로 느끼듯이 그런 마음으로 화해서 나서 사는 생명을 말합니다.

유색(有色)[10]이란 사람이든 짐승이든 벌레이든간에 몸뚱이가 있는 중생세계를 말하고,

生者 習性也 濕生者 隨邪性也 化生者 見趣性也 迷故 造諸業習故 常流轉 隨邪 心不定 見趣 多淪墜 起心修心 妄見是非 內不契無相之理 名爲有色 內心守直 不行恭敬供養 但見直心是佛 不修福慧 名爲無色 不了中道 眼見耳聞 心想思惟 愛着法相 口說佛行 心不依行 名爲有想 迷人 坐禪 一向除妄 不學慈悲喜捨智慧方便 猶如木石 無有作用 名爲無想 不着二法想故 名若非有想 水理心在故 名若非無想 煩惱萬差 皆是垢心 身形無數 摠名衆生

〔註 2〕 난생(卵生) 범어 Andaja:四생의 하나。알로 태어나는 중생들 닭·오리·참새들처럼 어미가 알을 까면 알에서

무색(無色)[11]이란 정신만 있는 것 마음으로만 사는 중생을 말합니다。하늘나라의 경우와 귀신의 세상이 그런 세상입니다。유상(有想)[12]은 정신활동을 하고 있는 중생세계、무상(無想)[13]은 아무 생각 없이 있는 하늘나라의 세계를 말합니다。그러나 아무 생각도 없다고는 하지만 근본적인 잠재의식까지 없는 것은 아닙니다。하늘나라 무색계천(無色界天)[14]에 가면 현상계를 초월하고 있지만 그러나 아직 어떤 근본적인 번뇌、잠재의식이 남아 있읍니다。그러므로 무상이란 잠재의식만 있는 상태의 생활、다시 말하면 잠재의식이 근본적으로 끊어진 건 아니고 우리한테 비하면 잠재의식까지도 끊어진거나 한가지인 세계를 말합니다。비유상비무상(非有想非無想)[15]의 중생세계는 무슨 생각이 있는 것도 아니지만 생각 없는 것도 아니라는 뜻입니다。있고 없고를 다 초월하고 나면 마음속에 저절로 이런 경지가 나옵니다。인간 세상에서도 공부를 해서 무아지경(無我地境)[16]에 들어가면 자꾸 깊이 들어갈수록 재미납니다。마치 고단할 때 잠이 푹 들어 깊어지면 그럴수록 재미있어서 잠을 깨기가 싫은 것처럼 선정(禪定)[17]도 그와 같습니다。그래서 모든 생각이 있는 것도 아니지만 없는 것도 아닌 상태에 사는 하늘나라의 중생을 비유상비무상(非有想非無想)의 중생이라고 합니다。하늘 나라의 가장 높은 최고의 하늘나라에 가면 비상비비상천(非想非非想天)이 있는데 이곳의 하늘나라가 바로 그런 정신의 경지에서 사는 중생들의 세계입니다。그러나 이 하늘나라도 생사(生死)를 완전히 해탈(解脫)한 것은 아닙니다。

原文 我皆令入 無餘涅槃 而滅度之 如是滅度 無量無數無邊衆生 實無衆生得滅度者

解義 이렇게 각양 각색 각종의 모든 중생의 수는 실로 무량무수이어서 한강 모래의

천만억배나 되는 그런 모래 수의 몇 억 제곱보다도 훨씬 더 많습니다。 그 많은 중생들을 「아개영입 무여열반(我皆令入無餘涅槃)、 내가 모두 부처님이 들어가시는 열반⑱에 들어가도록 공부를 가르쳐 한 중생도 남김없이 부처가 되게 하고 말겠다。」 보살은 이렇게 원(願)을 세우고 그 원을 끝까지 실천하는 것입니다。「그러나 비록 내가 중생들을 다 제도해서 그 많은 중생들로 하여금 적멸열반(寂滅涅槃)에 들어가도록 했고、 번뇌망상을 남김없이 없애어 절대의 행복을 얻게 했다 하더라도、 그리고 그것은 오로지 내가 인연 따라서 그들이 수도할 수 있도록 가르친 때문이었다 하더라도、 이렇게 하는 동안 무수한 나의 목숨을 저들을 위해 희생했고 그래서 그들이 다 부처가 되었다 하더라도、 실무중생득멸도자(實無衆生得滅度者)、 곧 한 중생도 제도한 일이 없다는 것입니다。 중생으로서 너한테 배워 발심하고 네가 지도해서 마음깨쳐 부처된 중생 하나도 없다는 것입니다。

이것이 금강경에만 있고 다른 데는 없는 법문(法門)입니다。 어느 중생도 제도(濟度)했다는 생각이 없는 이것은 일체 번뇌가 없기 때문이니 만일 그 생각이 남아 있으면 그 생각을 하는 것이 곧 번뇌가 되기 때문입니다。 번뇌가 다 떨어져서 열반의 경지에 마음이 합하면 그런 생각낼 필요도 없고 저절로 그렇게 되는 것이니 말이나 이치로만 그렇고 실제로 안 그렇다는 것이 아니라 이치도 실제도 완전하게 그렇다는 뜻입니다。 중생이니 부처니 선(善)이니 악(惡)이니 하는 것은 다 중생의 현실이라고 하는 꿈속에만 있는 번뇌이기 때문입니다。

原文 何以故 須菩提 若菩薩 有我相 人相 衆生相 壽者相 即非菩薩

解義 『한없이 많은 중생을 네가 실제로 제도했지만 제도했다는 생각이 조금이라도

성장하여 태어나는 것。

〔**註 3**〕 **태생**(胎生): 四생의 하나。 어미의 태 안에서 사지가 갖추어져서 출생하는 것。 사람·소·말 따위。

〔**註 4**〕 **습생**(濕生) 범어 Samsvedaja: 四생의 하나。 습기로 나는 생물·모기·귀뚜라미·쥐며느리·나비 등은 다 물에 의지해서 태어나는 것이므로 습생이라 한다。

〔**註 5**〕 **화생**(化生): 四생의 하나。 육신과 같은 자체가 없으며 의탁한 데 없이 홀연히 생겨나는 것。 모든 천상 지옥에 나거나 겁초(劫初)에 나는 사람들。

〔**註 6**〕 **화신**(化身) 범어 Nirmana-kaya: 변화신(變化身)이라는 뜻。 三신의 하나。 중생들을 제도하기 위하여 알맞는 대상(對象)으로 화현(化現)하는 것。 부처님 형상이 아닌 용(龍)·귀신(鬼)·사람 등 중생의 모양을 나타내는 몸。

〔**註 7**〕 **보신**(報身) 범어 Sambhoga-kaya: 三신의 하나。 부처님이 보살행을 닦을 적에 지은

있으면 너는 보살이 아니다。 왜냐하면 수보리야 만일 보살이 내가 모든 중생을 제도했다는 생각이 있기만 하면 이것은 곧 아상(我相)[19]이 되고 인상(人相)[20] 중생상(衆生相)[21]이 되고 수자상(壽者相)[22]이 되는 때문이다。」라는 부처님의 말씀이 이어서 나옵니다。 여기 아상·인상·중생상·수자상은 금강경에서 중요한 대문이니 역시 이것을 바로 알면 마음을 깨칩니다。 내가 착한 일을 했다는 생각 그것도 아상이 됩니다。〈나〉라는 것을 인정하고 나면 아무 딴 조건이 없어도 이것이 주관(主觀)이 되어 다른 사람을 인정하게 되고 무정·유정 등의 온갖 객관(客觀)이 있게 됩니다。 객관을 전제로 인식하는 것、 이것이 인상(人相)입니다。 더욱 단도직입적(單刀直入的)으로 말하면 「나는 육체를 가지고 있다。 육체가 나다。」라고 하는 그 나라고 하는 생각 그것이 아상이고 또 나 아닌 모든 것、 현상계·객관·공산주의도 자본주의도 허공도 다 나는 아닙니다。 이것이 인상(人相)입니다。 중생상(衆生相)이란 「결혼해야겠다、 돈을 벌어 살림살이 장만해서 아들 딸 대학까지 졸업시켜야겠다。 우리도 남들처럼 뭣도 하고 뭣도 해야겠다。」하여 모든 살림살이 차리는 것이 중생상입니다。「장가가려면 부자집 딸한테 가서 처가집 덕을 좀 봐야겠다、 부자집 총각한테 시집가서 호강 좀 해야겠다 하는 등의 이런 생각 내는 게 다 중생상입니다。 다시 말하면 중생 살림살이에 대한 번뇌망상을 중생상이라 합니다。

수자상(壽者相)이란 남도 칠십 팔십 사는데 나도 적어도 칠십 팔십은 살겠지、 금방 아파 죽을지도 모르면서 만날 오래 살기 위한 준비하느라고 온갖 애를 다 쓰다 준비도 못다 하고 죽는 것이 인간입니다。 언제 죽을는지 알 수 없읍니다。 술먹은 깡패에게 맞아 죽을는지、 마누라하고 싸움하다 죽을는지、 알 수 없는 것이 인생인데 칠십 팔십 나도 살거니 안심하고 삽니다。 또 칠십 팔십 살았다 해서 만족하냐 하면 그렇지 못하고 몇 억만년 살고 싶은 것입니다。 그래서 병이 들어 곧 죽게 되었을 적에 이 약 먹어야 산다고 하

한량없는 공덕으로 만덕(萬德)이 원만한 불신을 뜻한다。 여기에 자신만이 법열을 느끼는 자수용보신(自受用報身)과 다른 이도 같이 이 법열을 받을 수 있는 보신을 받는 타수용보신(他受用報身)이 있다。

〔**註 8**〕 **정반왕**(淨飯王) 범어 Suddhodana : 중인도 가비라국의 임금으로 아버지인 수두단(輸頭檀)·수도타나(首圖駄那)·선두(屑頭) 등이라 음역하며、 백정왕(白淨王)이라고도 한다。

마야부인을 왕비로 맞았으나 실달다를 낳고 죽으매 그의 동생인 마하파사파제를 왕비로 하여 태자를 기르게 하였고 그 뒤에 난타(難陀)를 낳았다。 만년에 병들어 석존 난타 손자인 라후라 등의 간호를 받으면서 죽다。

〔**註 9**〕 **마야부인**(摩耶) : 또는 마하마야(摩訶摩耶)。 부처님의 어머니며、 구리성주(拘利城主) 선각왕(善覺王)의 누이。 가비라성주 정반왕의 왕비。 왕자 실달타를 낳고 이레 만에 돌아갔다。

면 쓴 약을 자꾸 받아 먹습니다。 이것이 삶에 대한 애착이고 수자상입니다。 산삼을 보면 한 뿌리 사먹었으면 해서 침 안 삼키는 사람 없읍니다。 난 복이 없어 산삼 구경도 못한다고 한탄합니다。 좋은 약 비타민 영양제 나왔다면 다만 한 병이라도 사먹고 싶어하는 것、 이게 모두 수자상입니다。

그런데 만일 보살이 「어떤 중생 내가 제도했다」 그러면 그것이 아상입니다。 대승불교하는 사람은 아상·인상·중생상이 있으면 안됩니다。 살림살이 걱정하든지 아들 딸 걱정하면 안됩니다。 전 중생이 모두 우리 아버지고 우리 어머니고 우리 딸이고 아들이라고 그렇게 생각해야 합니다。 또 중생제도하겠다고 나선 보살이 내가 지도해서 깨달은 중생이 있거니、 제도 받은 중생이 있거니、 생각하면 이것이 인상(人相)입니다。 그래서 나는 선생이고 너는 제자라고 하면 이것이 중생상(衆生相)이고 그러면 자연히 수자상(壽者相)도 따라오게 됩니다。

說義

육신 생활 떠난 보살의 세계

무량무변 중생을 모두 내 식구로 삼고、 이 식구를 모두 불문(佛門)에 들어오게 하여 자기 자신의 인간성(人間性)을 개발해 가지고 생사를 초월하게 합니다。 이렇게 인간성(人間性)을 깨달아서 전지전능해 놓으면 아무 근심걱정 없읍니다。 내 앞에 죽은 귀신이 나대어들어도、 세계 깡패 다 모여들어도 내가 손톱 하나만 까딱하면 다 떨어지는 그런 완력(腕力)이 생깁니다。 그런 신통(神通)도 있을 뿐 아니라 지혜로도 모르는 게 없읍니다。

〔註 10〕 **유색**(有色)∶ 욕계(欲界)와 색계(色界)에 사는 중생들 몸뚱이의 형상을 가진 세계에 사는 중생들。

〔註 11〕 **무색**(無色)∶ 색계(色界) 위에 있어 물질을 여의고 순 정신적 존재인 세계의 중생들、 색계 중생들이 색신에 얽매어 자유를 얻지 못함을 싫어하고 더 나가서 정신계로만 들어가는 세계。 이 세계에는 온갖 형색(形色)은 없고 수(受)·상(想)·행(行)·식(識)의 정신작용만 있다。

〔註 12〕 **유상**(有想)∶ 이 생각 저 생각하는 번뇌 망상이 있는 세계。 욕계·색계의 세계에 사는 중생들。

〔註 13〕 **무상**(無想)∶ 은 아무 생각도 없는 정(定)의 세계에 사는 중생들、 곧 무색계천에서 깊은 정에 들어서 망상이 없는 상태에서 사는 중생들을 말하는데、 그러나 깊은 번뇌、 곧 잠재의식은 남아 있으므로 역시 중생을 면하지

과거나 현재나 미래나 항상 마음 하나입니다。 우리가 육체가 〈나〉라고 하는 데서 과오(過誤)가 있고 전생(前生)이고 후생(後生)이고가 있지、 마음이 나인 줄 깨달아 놓고 나면 과거도 현재도 미래도 없고 이 전체가 마음 하나뿐이므로、 허공이 한없이 무한허공(無限虛空)이라고 하지만 마음한테 비하면 무한대의 허공도 역시 내 털구멍에 들어갔다 나왔다 하는 적은 것에 불과합니다。 마음을 깨치면 세상의 모든 것이 그렇게 됩니다。 그러니 아무 근심걱정 일어날 조건이 없어지고 번뇌가 일어날 아무 이유가 성립되지 않습니다。 마음만 깨치면 의식주(衣食住)가 필요 없고 권리(權利)도 돈도 필요 없고 꼭 살아야 할 필요도 없읍니다。 이것은 죽을 수 없는 산 것이니까 영원히 자유한 것이고 그리고 남녀노소가 없는 평등한 것이니 오직 마음자리만이 전 우주에서 완전한 것입니다。

이렇게 완전한 것이 〈나〉이거니 생각하고 우리의 육체생활(肉體生活)을 조금씩 축소시켜야 하며 하루 밥 세 그릇 가지고 세 끼 먹던 것을 두 그릇 먹고 한 그릇 남겼다가 불쌍한 사람、 거지 오면 밥 한술 더 주는 이것이 자기 육신생활 포기(抛棄)하는 것인 동시에 참 자기 생활을 하는 것입니다。 이렇게 하여 차차 「한 그릇 가지고 하루 먹고 두 그릇 남 주자」 그렇게 할수록 한그릇 먹고 사는 때가 세그릇 먹고 사는 때보다 욕심이 없으니、 그래서 욕심이 떠나면 마음이 안정되는 것입니다。 잠 안 자도 정신이 깨끗해지고 편해집니다。 밥 세 그릇 꼭 먹어야 한다는 생각을 가지고 염불이나 참선해 봐야 큰 공부할 수 없읍니다。 아침 먹고 얼마 있다가 배고프면 또 점심먹어야 하니 「이 밥 왜 안 주나。 왜 목탁(밥 먹는 신호)을 안 치나」 하는 생각으로 화두(話頭)고 참선이고 다 달아나 버립니다。

그러므로 육체를 나라고 하는 생각을 떼어 버리는 생활、 이런 사고방식(思考方式)으로 나아가면 차차 음식을 먹어야겠다는 생각이 적어지고 조금 먹어도 건강이 유지됩니다。

못한다。

〔註 14〕 **무색계천**(無色界天) : 욕계육천(欲界六天) 바로 위에 색계천(色界天)이 있고 색계천 위에 무색계천이 있는데 이 무색계천은 순수한 정신의 세계로 三계 가운데 맨 위의 제일 차원 높은 하늘이다。 註 11 참조 바람。

〔註 15〕 **비유상비무상**(非有想非無想) : 비상비비상처(非想非非想處)라고도 한다。 무색계의 제四천(天)의 하늘은 三계(界)의 맨 위에 있으므로 유정천(有頂天)이라고도 한다。 이 하늘에 나는 이는 하지(下地)와 같은 거칠은 생각이 없으므로 비비상(非非想) 또는 비무상(非無想)이라 한다。 비유이므로 외도들은 진열반처(眞涅槃處)라 하고 비무상이므로 불교에서는 이것도 생사하는 곳이라 한다。

〔註 16〕 **무아지경**(無我地境) : 아무 생각 없는 고요한 삼매에 들었을 때의 마음의 경지를 일컬음。 주관 객관이 멀어져서 좋다 싫다 선하다

그러니 이것이 참 우리 생활 개선(生活改善)입니다. 꼭 잘 먹어야 하는 줄 일고 영양기치가 있는 것만 찾고 이런 것은 몸에 해로운 것인 줄로만 알았던 것도 마음이 편하고 나면 그렇지 않습니다. 양잿물을 먹어도 독소(毒素)가 안 됩니다. 실지로 해 본 사람은 그렇게 됩니다. 그러니 잘 먹고 못먹는 것이 없어집니다. 「항복기심」(降伏其心)을 이런 식으로 해야 합니다. 육체 생활만 치중(置重)하는 것에서 차차 육체 생활을 감축(減縮)해 가면 편안하고 잠 잘 오는 음식을 조금 먹어도 몸이 건강해지고 이렇게 마음 세계로 들어가서 마음이 드러나기 시작하다가 나중에 완전히 마음을 깨쳐 불보살 지경(地境)에 들어서면 전지전능해집니다. 집도 밥도 없는 게 승려생활입니다. 남이 해 놓은 밥 얻어 먹고 그저 만나는 대로 애나 어른이나 자꾸 따라다니며 〈마음〉을 일러 주고 알아들었으면 또 딴 사람에게 가르쳐 줍니다. 하나를 모른다면 하나를 일러 주고 누워 자도 설법해 주고 죽어 송장이 되어도 가르쳐 주고 「죽어도 네가 죽은 것이 아니다. 네가 왜 죽느냐 너는 죽을 수 없다」 우리 불교법문 전부가 이런 소리입니다. 경전이 모두 한문으로 되어 있기 때문에 그 내용을 모를 뿐입니다. 「그러므로 보살이 만일 아상·인상·중생상·수자상이 있으면 보살이 아니라」 하신 것입니다.

중생교화(衆生敎化)가 곧 나의 완성

불교는 말하기는 쉬운 것 같아도 실천하기는 참 어렵습니다. 왜정 때 개운사(開運寺)㉓에 시골서 큰 대법사(大法師)가 한 분 올라왔읍니다. 그 법사가 법화경(法華經)·화엄경(華嚴經) 설명을 하고 삼천대천세계(三千大千世界) 우주관·인생관을 설명하는 것을 보면 틀림없이 부처가 다 된 것 같습니다. 그 사람 생긴 것도 그런 법문을 할 때 보면 얼굴

악하다는 등 자타의 관념이 없는 상태, 생각이전, 자타이전의 진아 본체의 경지에 들어선 때가 참된 무아의 경지이다. 그러나 일반 사회에서는 오락이든 무엇이든 열중하여 옆의 상황을 모를 정도로 몰두하는 것을 말한다.

〔註 17〕 선정(禪定): 정려(靜慮) 기악(棄惡) 사유수(思惟修)라 번역한다. 진정한 이치를 사유(思惟)라 하고 생각을 고요히 하여 산란하지 않게 하는 것. 마음을 한 곳에 모아 고요한 경지에 드는 것.

六祖口訣 여래께서 대비로 두루 교화하시어 모두 다 남음 없는 열반에 들어가게 하여 제도한다 하심은 여래께서 三계의 아홉 가지 중생들이 열반의 묘심이 각각 다 입으로 스스로 깨닫아 남음 없는 열반에 들어가게 한다는 말씀이다. 남

음 없다(無餘)는 말은 다생으로 익힌 번뇌가 다 없어졌다는 뜻이고 열반은 원만하고 청정하다는 뜻이니, 일체의 습기가 다 없어져서 영원히 중생이 번뇌가 일어나지 않는 것이다。멸도한다 제도한다(度) 함은 생사의 큰 바다를 건너 간다는 뜻이니, 부처의 마음이 평등하여 일체 중생으로 하여금 다 함께 원만 청정하고 남음 없는 열반에 들어가서 생사의 큰 바다를 같이 건너고 모든 부처님이 증득하신 바와 같이 되기를 널리 원하시는 때문이다。사람들이 비록 깨닫기도 닦기도 하지만 얻은 것이 있는 마음을 가지면 곧「나라는

이 꼭 부처님 닮았읍니다。밑에서 쳐다보면 세상에 사람이 저렇게 잘 생길 수가 있나 할 정도입니다。그런데 법문 다 듣고 신도들이 다 돌아갔는데 어느 한 선비가 그 법사님을 개인적으로 찾아뵙고 하는 말이 우리 조모님이 한 분 계신데 돋보기가 없읍니다。스님께서도 우리 조모님과 나이가 같으신 것 같은데 그 돋보기가 좋아 보이니 그것을 주시면 참 고맙겠읍니다 하고 간청했읍니다。그 스님은「내가 이것 없이는 설법도 못하고 큰일납니다。다른 것은 다 줘도 이것만은 안됩니다」하자 그 선비는 코웃음을 치며「안경도 못 내놓는 사람이 딴 걸 어떻게 내놓겠는가。돈이 있어도 혼자만 쓰려고 할 것이 틀림없다」고 생각하고는 껄껄 웃으며「입으로만 부처 노릇 하면 됩니까。」하고는 절한 뒤 물러갔던 일이 있었읍니다。

다시 한번 부처님의 뜻을 요약하면『수보리야 발심한 보살은 이와같이 네 마음을 항복받는 것이다。네 마음 가운데 죽 끓듯이 일어나는 태평양 파도 같은 번뇌를 항복받는 방법이 무엇이냐。「이와 같이」란「여시」의 내용은 이러하다。내가 이제 무량한 중생을 다 제도하리라 원을 세워 가지고 동대문시장도 가고 남대문시장도 가고 남산도 올라가고 한강·해운대·금강산 어디에도 가서 길에서나 차안에서나 어디 가다가 아무데서나 사람 모인데 있으면 설법해 주고 그래서 미쳤다고 젊은 놈이 저런다고 쫓아내면 달아나다 안 쫓아오면 또 사람들에게 설명해 주어라。이렇게 확실히 미쳐야 하는데 여러 평생 미쳐 따라다니며 이렇게 하지만, 그래서 실지로 네가 많은 중생을 발심(發心)시켜서 성불시키지만 내 마음에는 내 설법 듣고 발심해 부처된 사람 하나도 없어야 하느니라。그것이 너의 번뇌를 꺼 버리는 항복기심(降伏其心)하는 법이다。』그러신 것입니다。

이에 대한 뜻을 잘 모르면 염불(念佛)·참선(參禪)해 가지고 그 뜻을 알 때까지 하여 그 말을 알아들으면 부처가 됩니다。사실은 우리가 몰라서 중생이지 불법을 다 알아듣고

생각을 낸 것이니 이것이 진리다。 나는 진리를 얻었다」는 법아(法)가 곧 이것이다。 그러므로 이「법아」를 다 없애야만 바야흐로 멸도라고 이름하느니라。

如來 大悲 普化 皆分得入無餘涅槃也 而滅度之者 如來 指示三界九地衆生 各有涅槃妙心 分自悟入無餘 無餘者 無習氣煩惱也 涅槃者 圓滿淸淨義 滅盡一切習氣 分永不生 方契此也 度者 渡生死大海也 佛心 平等普願與一切衆生同入圓滿淸淨無餘涅槃 同渡生死大海 同諸佛所證也 有人 雖悟雖修 作有所得心者 却生我相名 爲法我 除盡法我方名滅度也

六祖口訣 이와 같

나면 중생이 곧 부처입니다。 그러니 문수보살(文殊菩薩)㉔ 보현보살(普賢菩薩)㉕은 정말 부처님 말씀을 못다 알고 덜 닦아서 보살이 아니라 중생을 다 건지기 위해 일부러 하는 보살입니다。 그러나 일체 중생이 그 법문을 듣고 깨달아도 문수보살에게는 부처 된 중생 한 중생도 없읍니다。

그러면「어째서 그렇게 생각하는데 번뇌가 끊어지느냐。 왜 그렇게 똑바로 생각하는데 팔만 사천 번뇌를 일시에 다 해결할 수 있느냐。」하는 그 뜻을 짐작이라도 바로 해야 되지 않겠읍니까。

사상(四相)은 육체를 나로 삼는 데서

금강경에서 아상·인상·중생상·수자상의 사상(四相)을 중시하는 것은 이것만 떨어지면 〈마음〉이 드러나게 되고 〈참나〉를 깨닫게 되기 때문입니다。 여기서 〈아상〉이라 함은 내가 항상 말하는 육체를 〈나〉라 하고 생각을 〈나〉라고 하는 〈가아(假我)〉를 말합니다。 이 〈가아〉인 〈아상〉이 있기 때문에 인상·중생상·수자상이 벌어지는 것입니다。 여기서 〈나〉를 다시 한번 더 되풀이해서 사상(四相)과 아뇩다라삼먁삼보리심이 무엇인가。 발심이 무엇인가를 확인할 필요가 있읍니다。

불교를 안다는 말은 인생을 바로 안다는 말입니다。 인간의 본성(本性)을 발굴해서 자기가 갈 수 있는 길을 깨달은 사람은 아뇩다라삼먁삼보리심을 깨달은 이인데、「이런 사람은 어떻게 마음의 자세를 가져야 하며 어떻게 백팔번뇌 팔만 사천 번뇌를 항복받아야 하겠읍니까。」하고 수보리가 부처님께 질문을 하셨는데 그 뜻을 한번 더 풀어 보면 이런 것입니다。

이(如是)者는 앞에서 말씀한 설법을 뜻하고 멸도한다(滅度)함은 대해탈을 뜻한다. 대해탈은 곧 번뇌와 습기와 일체의 모든 업장이 다 없어져서 나머지가 하나도 없음을 가리키니 한량 없이 많은 모든 중생들이 각각 온갖 번뇌와 탐하고 성내는 악업이 있으므로 이것을 다 끊어 없애지 않으면 마침내 해탈할 수 없는 것이므로 한없고 가없는 온갖 중생을 이와 같이 멸도한다 하신 것이다. 미한 일체 중생이 자기 성품을 깨달으면 비로소 부처를 보겠지만 자기 성품을 보지 못하면 자신이 지혜가 없는 것인데 어떻게 중

「인생이 꿈속이란 것은 알지만 그러나 이해가 앞설 때는 욕심도 나고 남녀 이성끼리 만나면 이상한 생각이 일어나고 이런 쓸데 없는 꿈속의 일에 시달립니다. 태평양바다보다 더 복잡하고 심한 번뇌의 파도가 일어나서 잠도 제대로 못자고 음식을 먹어도 소화가 잘 안 되니 옳지 않은 이 마음을 어떻게 항복 받아야 하겠읍니까.」하고 여쭈었던 것입니다.

이에 대해 부처님께서는 이렇게 대답하셨읍니다.

『이렇게 마음을 가지고 이렇게 항복 받아라. 「모든 중생을 다 제도하고도 제도한 것이 아니다」라고, 만일 중생을 교화했다는 생각이 있으면 그것은 〈나다〉〈남이다〉〈중생이다〉〈부처다〉〈오래 산다〉하는 분별심(分別心)이 남아 있기 때문에 이것은 발심한 보살이라 할 수 없다.』

중생은 다 제 잘난 멋에 삽니다. 부처님의 말씀에 「중생을 제도하라 하시면서 제도했다는 생각이 있으면 아상·인상·중생상·수자상이 있는 것이므로 보살이 아니다.」라고 하셨읍니다. 결국 사상(四相 : 아상·인상·중생상·수자상)이 있으면 중생에 떨어진다는 것인데 이 사상은 곧 〈나〉로부터 벌어집니다. 〈나〉란 생각은 본래부터 있는 생각이 아니고 객관을 상대할 때 〈나〉라는 생각을 냅니다. 그러나 이 생각이 사람을 대표하는 것은 아니며 우리의 주체가 될 수 없읍니다. 지금은 이 물건을 사랑하는 마음을 내다가도 얼마 안 가면 싫어하고 미워합니다. 이와 같이 종잡을 수 없는 생각이 자기의 바탕일 수는 없고 그런 것을 좋다 싫다 하고 생각내는 주체가 〈나〉일 수밖에 없읍니다.

그런데 이것은 내가 항상 말한 바와 같이 물질도 허공도 아닌 산 생명입니다. 따라서 이것은 동그라미도 네모 세모도 아닙니다. 마음자리는 모나고 둥근게 아닌 형상을 초월한 것이기 때문입니다. 마치 먹물은 본래 검은 것이기 때문에 세계의 먹을 다 갈아도 하

생을 제도하겠는가。

대저 범부가 자기 본심을 보지 못하여 부처님의 뜻을 알지 못하므로 모든 형상을 집착하여 함이 없는 진리를 통달하지 못하고 나와 남을 없애지 못했으므로 중생이라 이름하는 바이다。 만일 이 병을 여읜다면 실로 멸도함을 얻은 중생이 없는 것이니、 그러므로 망령된 마음이 있을 데가 없으면 이것이 보리고 생사와 열반이 본래 평등한 것인데 무엇을 멸도하겠는가。

如是者 指前法也 滅度者 大解脫也 大解脫者 煩惱及習氣 一切諸業障 滅盡 更無有餘 是名大解脫 無量無數無邊衆生 元各

않게 될 수 없는 것과 같습니다。 따라서 물질이나 허공은 본래 생명이 아니기 때문에 그것을 아무리 뭉치고 천층만층 높이 쌓아 봐도 그것이 듣고 보고 생각할 줄은 모릅니다。 그와 같이 물질적 요소로 이루어진 육체도 무엇을 보고 들을 줄은 모릅니다。 마음이 보고 싶어야 보고 듣고 싶어야 들립니다。 육체는 내가 아니라 나의 것일 뿐이기 때문입니다。 그러므로 이 마음은 육체도 아니고 모든 것을 다 초월한 자리、 차원 이전(次元以前)이고 태초 이전(太初以前)이며 질량 이전(質量以前)입니다。 이것이 온갖 생각의 주체(主體)이고 진아(眞我)입니다。 따라서 진아의 상대가 가아(假我)이며、 생각의 〈나〉입니다。 〈진아〉니 〈가아〉니 해도 실제 마음은 〈진아〉 〈가아〉를 초월한 아무것도 아니고 아무것도 아닌 것조차 아닌 만사(萬事)의 주체(主體)입니다。 그러므로 이것은 설명으로 될 것이 아니고 스스로 깨쳐야 합니다。

깨달았다 견성(見性)했다는 말은 소위 밥 먹고 자고 일어나고 할 줄 아는 그 자기를 깨친 것이니 깨달았다고 해도 말이 안 됩니다。 부처님이 깨쳐 놓고 보니 출가(出家)하려고 할 때 애쓰던 그 마음 그대로고 실달태자(悉達太子) 그대로입니다。 「육체 말고 자기 마음 그대로 아상・인상・중생상・수자상 아닌 진실상(眞實相) 그대로의 마음이 있겠구나」 하고 이해가 될 때 그래서 우주에 대자유(大自由)있고 전지전능(全知全能)한 부처님이 될 수 있다고 믿어지는 이 마음을 깨쳤다고 하는 것이 밥 먹고 똥 싸는 그 마음、 산모(産母)가 아기 어서 나가라고 힘 주는 마음 그대로이니 이것은 깨쳤다고 해도 안됩니다。 본래 미(迷)한 것도 아닌게 어떻게 깨칩니까。 그런데 육체를 〈나〉라고 하는 데서 〈아상(我相)〉 〈가아(假我)〉가 생기고 인상・중생상・수자상의 사상이 생기는 것입니다。 그래서 육체를 나라고 하다 보니 술에 미친 사람、 아편에 미친 사람이 되고 정치에 미친 사람、 문학에 미친 사람이 되어 사는 것입니다。 이것은 다 인간의 본성(本性)이 개발(開發)되지 않아

自有一切煩惱貪嗔惡業 若不斷除 終不得解脫 故 言如是滅度無量無數無邊衆生 一切迷人 悟得自性 始知佛 不見自相 不有自知 何曾度衆生 秖爲凡夫不見自本心 不識佛意 執着諸相 不達無爲之理 我人不除 是名衆生 若離此病 實無衆生得滅度者 故 言妄心無處 即菩提 生死涅槃 本平等 又何滅度之有

〔註 18〕 **열반**(涅槃) 범어 Nirvana: 번뇌망상을 여의고 생사를 해탈한 경지의 불교 최고의 이상。니원(泥洹)·열반나(涅槃那)라 음역하며, 멸(滅)·적멸(寂滅)·멸도(滅度)·원적(圓寂)이라 번역한다。모든 번뇌의 속박에서 해탈하고 진리를 궁구하여 미(迷)한 생사를 초월해서 불생불멸(不生不滅)의 법을 체득한 경지。

서 그럽니다。인간성(人間性)은 모든 것을 초월한 것을 뜻하며 선한 것 악한 것이 인간성일 수는 없읍니다。그러므로 공부하는 사람은 번뇌가 일어나는 것을 걱정 말고 깨치지 못한 것만 걱정하라는 것입니다。망상을 안 일으키려면 더 일어납니다。망상 일어나려는 것은 내버려 두고 망상도 내가 일으키는 것이지 망상 저 혼자 일어나는 것은 아닙니다。그러니 망상은 가만두고 염불이든 참선이든 그것만 하면 오늘밤에 깨칠지 금생에 깨칠지 여하튼 깨치게 됩니다。사람이 전생에 공이 많으면 금생에 깨치고 공이 적으면 내생에 깨치게 됩니다。하여튼 깨치게 될 그 시간을 바라고 금생에 못하면 늙어 죽을 때까지 염불이나 하고 참선하고 마치면 그러면 내생에는 깨칩니다。복도 많이 지어서 내생에는 복을 가지고 태어나고 머리도 지금보다 몇 억만배 좋게 태어납니다。다만 공부하는 데는 깨치려 해도 안되고 안 깨치려 해도 안됩니다。왜냐하면 다되어 가지고 있기 때문입니다。「부처가 될 그런 요소가 나한테 있구나、오온(五蘊)㉖이 내가 아니구나、말하는 여기에 배고프면 밥 먹는 여기에 있겠구나。」여기서 자기 관혁(貫革)을 깨치게 됩니다。그 부처님께서 이것을 어떻게 하면 알아들을까 하고 말씀하신 것이 四九년 설법입니다。그러니 경전마다 다 다른 것 같아도 이 이야기입니다。온갖 세상 학문의 원리가 다 나옵니다。그걸 모르고 경을 들여다보면 불교의 핵심(核心)이 어디 있는지、무엇을 어떻게 하라는 것인지、마음이 부처란 소리가 어떤 뜻인지를 모르게 됩니다。그러니 불교가 뭔지를 모른다는 것입니다。평생 강사(講師) 노릇해서 제자가 수천명이 돼도 자기가 모르고 가르치니 제자도 모르고 듣습니다。마치 눈먼 장님에게 매달려 길을 가는 것과 같습니다。그러므로 참선을 하는 것도 그렇고 염불도 그렇고 다른 어떤 공부를 해도 불교의 근본진리가 어디로부터 어디로 가는지、생사를 어떻게 해서 해탈할 것인지를 확실히 알고 가야 합니다。그래서 부처님께서도 四九년간의 기나긴 설법을 하셨던 것입니다。

중생과 불성이 본래 다르지 않은데 중생들이 네 가지 근본 관념(四相) 때문에 나머지 없는 열반에 들어가지 못하는 것이다. 따라서 네 가지 근본 관념(四相)이 있으면 이것이 곧 중생이고 이 네 가지 근본 관념이 없으면 이것이 곧 부처이니, 마음을 미하면 곧 부처가 중생으로 되고 깨달으면 중생이 부처인 것이다. 미한 사람은 재산이나 학문과 좋은 신분이 있는 것을 믿고 모든 사람을 업신여기는 것이「나라는 관념」곧 아상(我相)이며, 비록 인의 예지신의 도의를 실천하더라도 그 뜻이 교만하여 자기를 높일

육조(六祖) 대사께서「응무소주 이생기심(應無所住而生其心)」을 듣고 깨치셨는데, 그 뜻은「번뇌 망상 없이 살아라. 아무 모양·주의·사상 그런거 개의치 말고 지금까지 배운거 다 청산(淸算)해 버리고 깨끗한 마음으로 살아라.」그런 뜻입니다. 욕심이 없어지고 아무 생각 없이 되면 물건이 제대로 보입니다.

우리가 기분으로 만물을 대하고 사람을 대하니 제 기분대로 비판해 치워 버립니다. 남의 말을 들어도 자기 기분 좋을 때는 그 말이 좋게 들리고 기분 나쁠 때는 나쁘게 처리되어 버리니 이것이 망상(妄想)입니다. 그것은 결국 육체 때문에 하루 밥 세 그릇 먹으라고 그렇게 되는 것입니다.「좋은 말도 나쁘게 받아들이고 나쁜 말도 좋게 받아들이는 것은 필요 없다. 나는 물질도 허공도 아니니 자살도 할 수 없고 타살도 할 수 없고 죽을 방법이 없다. 그게 이렇게 얘기하고 듣고 있다, 이것이 마음이다.」늘 이것을 앞세워서 〈나〉다,〈남이다〉하는 것이 없는 생활을 해야 중생을 초월하게 된다는 것입니다.

내가 오늘도 병원에 어떤 보살을 문병 갔다 온 일이 있는데 별안간 사람이 와서 스님 좀 꼭 보자고 해서 누군지도 모르고 따라가서 한 시간이나 이야기했읍니다. 집안 형편이 복잡해져서 마음을 쉴 수 없다며 눈물을 자꾸 흘립니다. 가정불화(家庭不和)가 있다는 것입니다. 그래서 인과(因果) 얘기를 해 주고 관세음보살님만 자꾸 부르라고 일러 주었읍니다. 이 세상을 원망하는 마음을 가지고 있으면 병이 됩니다. 그렇게 마음이 불안해지면 대번에 이것이 독소(毒素)로 변해서 온갖 병을 일으키는 때문입니다. 그래 당신이 그 마음을 풀기 전에는 천하 없이 기도(祈禱)를 하고 한국 돈 다 갖다 바치고 기도해도 천년 만년 해도 그 병이 낫질 않습니다. 당신이 전생에 첩이 되어 남편에게 곤란을 주었거나 그렇지 않으면 본 마누라가 되어가지고도 남편 번 돈으로 자꾸 딴놈과 쓰고 다니고 나쁜짓 했기 때문에 이생에 와서 남편이 그러는 것이지 모든 것이 다 인과법(因果法)인

뿐 진실로 일체 중생을 공경할 줄 모르므로 「나는 인의 예지신의 도의를 잘 알고 실천한다」고 말하지만 진실로 공경하는 것이 아니므로 「남이라는 관념」, 곧 인상(人相)이다. 좋은 일은 자기에게 돌리고 나쁜 일은 남에게 주는 것이 중생이란 관념, 곧 중생상(衆生相)이며 객관의 경계를 대하여 취하고 버리며 분별하는 것이 살아야 한다는 관념, 곧 「수자상」(壽者相)이니 이것이 범부들의 네 가지 관념, 곧 사상(四相)이다.

수행하는 사람도 「네 가지 관념」이 있으니 마음에 주관 객관(能所)이 있어서 중생을 업신여기는 것

데 아무 까닭없이 그러는 것이 아니라는 얘기를 한 시간 정도 해 주었읍니다. 그랬더니 「정말 그러냐」고 하다가 나중에는 그말 꼭 믿겠다고 하면서 안심하는 것을 보았읍니다. 그래서 내가 「당신이 인과를 안믿으면 죽는다. 암(癌)은 아무리 째고 해봐도 별 수 없어 다른 데 또 생긴다. 기분이 만든 암이기 때문에 뇌가 또 나빠지기도 해 그러니 마음부터 항복 받으라」고 말해 주고 온 일이 있읍니다.

마음이 먼저 바로 안정이 되어야 병도 낫습니다. 병원에 가서 의사에게 치료를 받는 것도 「병원에 가면 의사가 우리 병을 책임지고 고쳐 준다」고 믿는 마음의 안정이 있기 때문에 효과가 잘 나타납니다.

치료하기 전에 벌써 자기 마음이 반은 고치고 있는 것입니다. 모든 주체는 마음이고 이 현실은 꿈이어서 꿈은 다 마음이 꾸어내는 것이기 때문입니다. 하나서부터 백까지가 다 마음으로부터 나온 것인데, 중생들이 스스로 우주의 주재신(主宰神)의 피조물(被造物)이라 믿어 구속(拘束)되고 자연계(自然界)의 물리화학(物理化學)의 원리가 절대적이라 하여 그것에 구속되고 무당이나 점장이에 구속되고 그러지만 중생들의 마음자리 불성자리는 본래부터 완전한 부처이어서 죽을래야 죽을 수 없는 전지전능(全知全能)한 실존(實存)이어서 가사 우주를 창조(創造)한 신(神)이 온다 해도 그 앞에서는 꼼짝 못하고 항복(降伏)하게 됩니다. 그것이 다 자기 마음이 만들었던 망상(妄想)이었으니 망상이 천리만리 사라진 본 마음자리가 나타나면 자연히 신이니 과학이니 신앙이니 미신이니 불교니 유교니 하는 따위의 제二의 산물(産物)인 그야말로 피조물(被造物)들은 다 사라지기 때문입니다.

중생들이 스스로 우주의 주재신(主宰神)이 있다고 믿고 자연과학(自然科學)의 원리에 의해 우리는 지배된다고 믿는 마음에 의해 지배(支配)되는 것뿐입니다.

이 아상이고 자기가 계 지키는 것을 믿고 계깨뜨린 이를 가벼이 여기는 것이 인상이며 三악도를 싫어하고 하늘 나라에 태어나기를 바라는 것이 중생상이며 마음에 오래 사는 것을 애착하고 복된 일을 부지런히 닦으면서 허망하지 않다고 집착하는 것이 수자상이다。 이 네 상이 있으면 곧 중생이고 이것이 없으면 곧 부처다。

衆生 佛性 本無有異 緣有四相 不入無餘涅槃 有四相 即是衆生 無四相 即是佛 迷 即佛 是衆生 悟 即衆生是佛 迷人 恃有財寶學問族姓 輕慢一切人名我相 雖行仁義禮智信 而意高自負

그런데 그 실은 우리가 평소 아무것도 모르고 불법도 모르는 이런 사람이라도 심지어는 개·소·도야지 같은 금수(禽獸)까지라도 산 보고 높다는 말은 안하지만 산보고 높은 줄 알고 물보고 깊은 줄은 압니다。 이렇게 말은 없어도 알 줄 아는 이 자리는 전혀 아무것도 모르는 시간(時間)이나 공간(空間)이 아닌 실재(實在)이고 물질(物質)이나 에네르기처럼 죽은 존재(存在)가 아닌 산 생명(生命)입니다。 이것이 눈을 통해서 내다보고 귀구멍을 통해서 듣고 이러지 다른 놈은 다 죽은 것들이므로 그런 놈이 없읍니다。 보인다 들린다 하는 생각 그것이 보고 들을 줄 아는 게 아니고 일체 보는 마음도 없고 생각하는 것도 없으며、 시간 공간을 초월하여 아무 생각도 없는 실재(實在)이고 실존(實存)이고 실상(實相)이고 한 이것이 직접 눈구멍으로 내다보고 귀구멍으로 듣는 것입니다。 생각고것도 이 실상의 반야(實相般若)인 마음으로부터 생각되어진 만들어진 피조물(被造物)임에 불과합니다。

지금까지 며칠동안 이야기를 들어서 어느 정도 인식(認識)이 되었으리라 믿습니다。 맨처음 절에 와서 법문(法門)을 듣고 그것이 무슨 소리인지 모르고 들을 때에도 실상(實相)인 적멸(寂滅) 그것이 귀를 통해서 잘 듣지 못하는 대로 들었지 딴 놈이 들을 놈은 없읍니다。 허공이 들을 수 없고 고기덩어리인 육체는 물질일 뿐이니 역시 못 알아들을 것이고 다른 귀신이나 도깨비가 와서 듣고 알려준 것도 아닙니다。 설사 도깨비라 할지라도 그 실상은 역시 불성자리인 마음입니다。 지옥에 가서 두드려 맞고 아픈 줄 아는 것도 알고 보면 역시 실상 자리인 그것이 알지 이것 빼 놓고는 무엇이 아픈 줄 알고 재미있는 줄을 깨달을 놈이 없읍니다。 그러므로 모르고 들은 그때도 완전히 부처가 돼 가지고 들었고 차차 법문(法門)을 들어서 「세상은 무상(無常)한 것이다。 참선(參禪)을 해야겠구나 하고 말을 알아들을 때에도 역시 본래 완전히 부처가 되어서 듣습니다。 그러니 제도 (濟

不行普敬 言我解行仁義禮 智信 不合敬爾 名人相 好事 歸己 惡事 施人 名衆生相 對境取捨分別 名壽者相 是謂凡夫四相 修行人亦有四相 心有能所輕慢衆生 名我相 自恃持戒 輕破戒者 名人相 厭三途苦 願生諸天 是衆生相 心愛長年 而勤修福業 諸執不忘 是壽者相 有四相 即是衆生 無四相 即是佛

〔**註 19**〕 **아상**(我相): 나라는 생각。참나의 본체를 모르고 곧 몸뚱이에 참나가 있는 줄 알고 생각이 나인 줄 아는 관념。

〔**註 20**〕 **인상**(人相): 남이라는 생각。우리는 사람이고 저것은 짐승이다。나는 잘났고 너는 못났다고 집착하는 관념。

〔**註 21**〕 **중생상**(衆生相): 내가 정신적·물질적 다섯가지 요소가 화합

度)할 수 없는 것입니다。나중에 번뇌 망상이 다 없어졌다고 해서 별것이 아니고 내내 산 보고 높은 줄 알고 물 보고 깊은 줄 아는 그대로이고 다른 면목(面目)이 아닙니다。그래서 제도가 다 돼 있는 것이므로 실로 한 중생도 제도한 일이 없다(實無衆生得滅度者)고 하신 것입니다。다만 멀쩡한 부처가 딴 생각을 하고 있으니까 술취해서 길 가는 것 붙들어 준 폭 밖에 안됩니다。술이 취했다고 해서 다른 사람인 것은 아니고 술이 깨도 그 사람、취해도 그 사람인 것과 같습니다。

중생들이 탐진치(貪瞋痴) 삼독주(三毒酒)에 취해 가지고 육체만 나인 줄 알고 이해타산(利害打算)하고 온갖 아상(我相)·인상(人相)·중생상(衆生相)·수자상(壽者相)에 집착(執着)하여 복잡한 세상을 만듭니다。그래서 부처님께서 「탐진치의 삼독주(三毒酒)에서 깨어나라、육체가 나라는 생각을 버려라、내다 남이다 하는 것이 관념이고 없는 것이다」하는 법문을 하신 것입니다。이것이 아공(我空)입니다。번뇌·망상·온갖 지식(知識)과 경험(經驗)을 쌓아 가지고 하는 법은 이렇고 땅의 이치는 어떻고 인간 사회의 도리는 이럭 것이라는 관념을 가지고는 서로 죽이려고 하고 전쟁을 하고 그럽니다。그러나 네가 생각하는 그런 하늘도 없고 그런 땅도 그런 인생도 없고 그런 아버지 어머니도 없고 네가 생각하는 그런 몸뚱이도 있는게 아닌 도리를 말씀하셨는데 이것이 법공(法空)입니다。부처님의 법공(法空)의 진리를 듣고 나서 여태까지의 지식을 다 놓아 버리고 온갖 생각이 끊어지면 본래 있던 적멸(寂滅) 그 자리가 나타납니다。마치 구름이 벗겨지고 나니 본래 있던 밝은 달이 나타난 것과 같아서 아예 없던 달이 구름 벗겨지고 나서 새삼스레 생긴 것이 아닙니다。이렇게 되면 「아아 이제 알았구나!」하고 깨달았다는 생각이 있습니다。

그래서 이 깨달았다는 생각마저 놓아 버리는 이것이 구공(俱空)입니다。

그러나 이렇게 아공(我空)·법공(法空)·구공(俱空)의 이치를 깨달았다고 해서 본래 부

처자리인 마음 바탕이 더 밝아진 것도 아니고 알줄 아는 성품은 잘못된 착각을 품었다고 해서 손상(損傷)이 있느냐 하면 그런 것도 아닙니다。 근본 마음 자리는 벌러지나 굼벵이가 되었다고 해서 더러워진 것도 아니고 하나도 증감(增減)이 없이 불생불멸(不生不滅)이고 불변(不變)하는 일여평등체(一如平等體)입니다。 그러니 애당초에 이렇게 완전한 부처가 되어 있으므로 제도(濟度)한다는 생각이 성립(成立)될 수 없는 것입니다。 따라서 중생을 내가 제도하겠다、 깨우쳐 주겠다는 생각이 조금이라도 있다면 이 사람은 중생 제도할 자격(資格)이 없는 사람이고 보살(菩薩)이 될 수는 더욱더 없는 것입니다。 실제로 중생은 하나도 없기 때문이고 전체가 부처이기 때문입니다。 그래서 내가 법사(法師)거니、 내가 누구를 가르쳐 주었거니、 계(戒)를 내가 일러 주었거니、 내 제자(弟子)거니 하는 생각은 없읍니다。 그렇다고 해서 가르쳐 주지도 않고 제도하지도 않느냐 하면 그것은 아니고 제도하기는 하되 그런 생각이 없이 무심(無心)으로 하고、 〈하는 것〉 없이 한다는 말씀입니다。 만일 아무것도 안하는 것이 있다면 이것은 또 소승이고 공(空)에 떨어진 것이며、 대승(大乘)이 아니고 금강경의 말씀을 바로 배운 것이 아닙니다。 금강경의 말씀은 공의 사상을 철저히 말하지만 거기에 집착하여 머무르라는 것이 아니고 상 없는 마음으로 머무름없이 중생을 제도하고 인류의 구제를 위해 공의 원리로 백천억의 육신을 바치고 봉사하라는 것입니다。

중생을 발심(發心)시켜서 일일이 지도를 해서 견성(見性)을 하게 하고 보살만행(菩薩萬行)을 잘 하도록 호념(護念)해 주고 부촉(付囑)해서 정각(正覺)을 이루고 성불(成佛)을 하게 하는 것이 분명히 있지만 그것은 다 꿈속에서 하는 일이고 관념(觀念)일 뿐 꿈을 깨고 보면 하나도 없는 것입니다。 그러므로 부처님도 거기까지 가는 길인 노정기(路程記) 만을 말씀하신 것이지 그 당처(當處) 자리는 시방제불(十方諸佛)이 한 마디도 말씀

하여 이루어졌다고 고집하는 생각。 五온을 의지해서 내가 살아가는 중생이란 생각。

〔註 22〕 **수자상**(壽者相)：선천적으로 우리는 길든 짧든 목숨을 타고 났다는 생각이며、 이 몸뚱이로 오래 살려고 바라는 생각。

〔註 23〕 **개운사**(開運寺)：서울 특별시 동대문구 안암동에 있는 절。 一三九六년 조선 태조 五년 무학대사(無學)가 동대문에서 동쪽으로 五리되는 안암산 기슭에 창건하고 영도사(永導寺)라 이름했다。 一七七九(정조三년) 홍빈(洪嬪)의 명인원(明仁園)을 절 곁에 쓰고、 동쪽으로 二리쯤 되는 곳에 절을 옮겨 짓고 개운사라 고치다。

〔註 24〕 **문수보살**(文殊菩薩)。 문수사리(文殊師利)의 준말。 문수사리(文殊師利) 범어 Manju-sri 대승보살 구역(舊譯) 문수사리(文殊師利)・만수시리(滿殊尸利)・신역(新譯)・만수실리(曼殊室利)・신・구・六역(譯)이 있다。 묘덕(妙德)・묘

하시지 못한 것입니다。그 곳은 말이나 생각이 미치지 못하는 자리이기 때문입니다。다만 꿈속에 들어가서 꿈으로 꿈 같은 이야기를 해서 꿈으로 꿈을 깨도록 하는 말씀일 따름입니다。

그러므로 꿈 밖의 이야기는 한 마디도 이야기하지 못했고 실상(實相)의 소식에 대해서는 입을 뗄 수도 없읍니다。그러니 부처님도 아무 상관도 없는 말씀만 하셨지 사실로 중생이 제도 받은 일은 없읍니다。생각이 미치지 못하는 자리이고 본래부터 그렇게 완전한 자리이므로 제도한다는 말이 성립될 수 없읍니다。따라서 제도하는 이도 제도하고 제도받을 것 없는 줄 알고 설법(說法)해 주므로 종일 설법을 해도 법을 일러 줬거니 하는 생각이 없읍니다。이 자리는 일체 사상·인륜도덕(人倫道德)이 용납(容納)되지 않습니다。선방(禪房)에서 참선(參禪)할 때 조금만 허술하면 방망이가 막 내려옵니다。망상이나 피우는 그런 머리통은 부서져도 좋다는 것입니다。

만일 이떤 사람이 일체 중생을 실제로 세도했다 하더라도 제도했거니 하는 생각이 있다고 하면 이 사람은 곧 중생의 실재가 무엇인지를 잘 모르는 사람이고 동시에 불법을 잘 모르는 사람이니、이런 사람은 보살일 수 없고 중생을 제도할 자격이 없는 사람입니다。그러므로 굶는 사람에게 쌀말이나 주었다 하더라도 주었거니 하는 생각이 있으면 아상(我相)·인상(人相)이 있는 것이고、중생을 제도하겠다고 나선 보살이 제도를 했거니 제도를 받았거니 하는 생각이 있어서 선생이니 제자니 하는 생각이 있으면 곧 보살이 아니고 불법을 성취할 수 없다는 것입니다。

수(妙首)·보수(普首)·유수(濡首)·경수(敬首)·묘길상(妙吉祥)이라번역

〔註 25〕 **보현보살(普賢菩薩)** 범어 Samantabhadra; Visvabhadra 삼만다발날라(三曼多跋捺羅)·필수발타(〇輸跋陀)라 음역。변길(遍吉)이라 번역。문수사리 보살과 함께 석가여래의 협사(脇士)로 유명한 보살。문수보살이 여래의 왼편에 모시고 여러 부처님네의 지덕(智德)·체덕(體德)을 맡음에 대하여 이 보살은 오른쪽에 모시고 이덕(理德)·정덕(定德)·행덕(行德)을 맡았다。또 문수보살과 같이 일체 보살의 으뜸이 되어 언제나 여래의 중생제도하는 일을 도웁고 드날린다。

〔註 26〕 **오온(五蘊)**: 범어 Panca-skandha 五음(陰)·五취온(取蘊)·五중(衆)·五취(聚)라고도 한다。온(蘊)은 모아 쌓는 것、이것 저것이 합하여 조성(組成)된 것을 뜻함。

妙行無住分(묘행무주분) 第四(제사)

復次須菩提(부차수보리)야 菩薩(보살)이 於法(어법)에 應無所住(응무소주)하야 行於布施(행어보시)니 所謂不住色布施(소위부주색보시)며 不住聲香味觸法布施(부주성향미촉법보시)니라 須菩提(수보리)야 菩薩(보살)이 應如是布施(응여시보시)하되 不住於相(부주어상)이니 何以故(하이고)오 若菩薩(약보살)이 不住相布施(부주상보시)하면 其福德(기복덕)을 不可思量(불가사량)이니라 須菩提(수보리)야 於意云何(어의운하)오 東方虛空(동방허공)을 可思量不(가사량부)아 不也(불야)니이라 世尊(세존)하 須菩提(수보리)야 南西北方四維上下虛空(남서북방사유상하허공)을 可思量不(가사량부)아 不也(불야)니이다 世尊(세존)하 須菩提(수보리)야 菩薩(보살)의 無住相布施福德(무주상보시복덕)도 亦復如是(역부여시)하야 不可思量(불가사량)이니라 須菩提(수보리)야 菩薩(보살)이 但應如所教住(단응여소교주)니라

『또 수보리야、 보살은 온갖 법에 끄달리지 말고 보시를 할 것이니、 빛이나 모양에 집착하지 말고 보시하며、 소리나 냄새나 맛이나 촉감이나 이치에 집착하지 말고

보시해야 하느니라。수보리야、보살이 마땅히 이렇게 보시하지만 현상에 머물지 말 것이니 왜 그러냐 하면 보살이 만일 현상에 머물지 않고 보시하면 그 복덕은 생각으로 헤아릴 수 없기 때문이니라。』

『수보리야、너는 어떻게 생각하느냐。동쪽 허공을 생각으로 다 헤아릴 수 있겠느냐。』『못하겠나이다、세존이시여。』『수보리야、남쪽·서쪽·북쪽과 네 간방과 아래위 허공을 생각하여 헤아릴 수 있겠느냐。』『못하겠나이다、세존이시여。』『수보리야、보살이 현상에 집착하지 않고 보시하는 복덕도 또한 이와 같아서 생각하여 헤아릴 수 없이 많으니라。수보리야、보살은 마땅히 가르친 그대로 머물지니라。』

第四 妙行無住分—머무름 없이 행하라

〔科 解〕

묘행무주분(妙行無住分)이란 불교의 오묘한 법으로 수행한다는 뜻입니다。묘행(妙行)은 수행(修行)한다는 말이고、무주(無住)는 마음을 닦을 때 어떠 조건 어떤①법에도 머물러서 집착하고 걸리는 데가 있어서는 안 된다는 뜻입니다。일체의 생각을 해서는 안 된다는 뜻입니다。이것이 곧 대승의 진리인데 세번째로 묘행 무주의 도리를 말한다고 해서 제 사분(第四分)이라 한 것인데

二七斷疑論 제四 묘행무주분(妙行無住分)은 마음을 항복하는 법을 수행하는 내용의 답수행항심문(答修行降心門)인데、여기에 다시 다섯가지 분석이 있다。처음의 **應無所住行於布施**까지는 **답수행항심문** 전체의 뜻

올 일괄적으로 말씀한 것이며 所謂不住色布施 不住聲香味觸法布施는 하나하나 五관 六식(識)을 벌려서 해석한 별석(別釋)이다. 須菩提 菩薩 應如是布施不住於相은 수행항심(修行降心)하는 내용을 총체적으로 맺은 총결(總結)의 글이다.

何以故에서 亦復如是不可思量까지는 이런 수행을 해서 얻어지는 이익을 나타낸 대문이므로 현익(顯益)이라 과판(科判)하며, 이 묘행무주분의 끝부문인 須菩提 但應如所敎住는 어디에고 마음을 머물러 집착하지 말기를 권하는 마지막 대문이라 하여 결권부주(結勸不住)라 한다.

「현익문」의 何以故는 증문(徵)이고 若菩薩 不住相布施 其福德 不可思量은 법설(法說)이라고 하는 바, 복이 없음을 의심하게 되므로 복이 한량 없다고 하여 의심을 끊은 것이다. 須菩提 於意云何 東方虛空에서부터 南西北方 四維上下虛空可思量不 不也世尊 까지는 비유로 설명한 유

그 내용의 요의(要義)를 말하면 다음과 같습니다.

마음을 깨쳐서 성불(成佛)하고서야 비로소 생사를 초월한 것이 아니고 깨치기 전부터 마음은 안 죽는 것이고 천당 지옥(天堂地獄)의 ②윤회(輪廻)를 하고 돌아다니며 인과응보(因果應報)로 갖가지 몸뚱이를 받아서 깨끗한 사람이 되기도 하고 온갖 것이 다 되기도 했지만 이 마음만은 문둥이도 아니고 재주 있는 것도 아니고 질량(質量)의 변화가 있는 것도 아니기 때문에 일체의 현상계(現象界)에 걸릴 것도 없고 아무런 조건도 없는 것입니다.

세상의 학문(學問)·지식(知識)·돈·권력(權力)·육체생활(肉體生活) 등에 얽매어 아무리 애써서 죽도록 해봐도 죽음 앞에 다다르면 다 헛것입니다. 온 세계 권력을 가지고 세계 돈 다 모아 봐도, 또 도서관(圖書館)의 지식 다 알아 봐도 제일 큰 인생문제(人生問題)인 죽음만은 면할 수 없읍니다. 그러니 하루 밥 세 그릇 때문에 「밥 못먹으면 죽는다. 육체가 죽으면 내가 죽는다.」고 착각(錯覺)을 하여 가지고 「하루 밥 세 그릇 가운데 한 그릇이라도 못먹으면 영원히 못먹는다 죽은 뒤에라도 찾아서 먹어야 한다.」는 것이 세상 사람들입니다.

보살은 이런 마음을 다 쉬라는 것입니다. 세 그릇 먹든 거 두 그릇 먹고 나머지 한 그릇 배고픈 사람 주자, 배고픈 사람 배를 채워 주었으니 복이 되고 육체가 내가 아니고 마음·생명, 이것을 찾아 우주에 자유해 보자, 그래서 생사(生死)도 없어지고 의식주(衣食住)도 필요없는 사람이 되어 오직 남

설(喩說)이며 그 다음 須菩提에서 不可思量까지는 법에 다시 합치하는 복덕을 설명한 법합(法合)이라 한다。

六祖口訣 범부의 보시는 다만 몸이 단정하고 외모(外貌)가 잘 생기는 것과 오욕의 쾌락만을 구하는 보시이므로 그 복이 다하면 곧 三악도에 떨어진다。 그래서 세존께서 대자비로 교화하시어 상 없는 무조건 보시를 실천해서 몸이 단정하고 잘 생기는 것이나 오욕의 쾌락을 구하지 않고 다만 안에 있는 인색한 마음을 깨뜨리게 하시는 동시에 밖으로 일체 중생을 이롭게 하셨으니 이렇게 안팎이 서로 응하는 것을 색(色)에 머물지 않고

만을 위해서 모든 것을 다 바치라는 것입니다。「이걸 가지면 이익 되고 저걸 버리면 손해가 클 테니 절대로 그렇게 할 이유는 없다。」하는 등의 망상을 버리고 살라는 것입니다。 이런 망상은 지니기 때문에 소위 업(業)이란 게 생긴다는 것입니다。 그러니 보살은 보고 듣는 거 꼭 기억할 필요도 없읍니다。 무심(無心)이 되어 생각이 없으면 하루 종일 다녀도 남과 싸우거나 장난을 하거나 하나도 마음에 남지를 않습니다。 어제 내가 저물도록 얘기해 놓고도 오늘 만나면 또 모릅니다。 그러니 그게 재미있는 일 아닙니까。 그렇기 때문에 업(業)이 녹는 것입니다。

묘행무주분(妙行無住分) 첫 구절(句節)에 나오는 응무소주 행어보시(應無所住 行於布施)란 말은 비록 팔만 사천 계율(八萬四千戒律)을 다 지키고 육바라밀(六波羅蜜)을 닦고 육도만행(六度萬行)을 하지만 그런 모든 걸 다 마음에 두지 말라는 뜻입니다。「농사를 뼈가 빠지게 짓더라도 그 농사 지어 뭘 하겠다는 생각 버리고 그냥 농사만 지어라 장사를 해도 이 돈 벌어 무엇을 하겠다는 생각없이 아무 잡념(雜念) 없이 뼈빠지게 하라、그래서 아껴 먹고 남는 것은 없는 사람에게 몽땅 다 베풀어 줘라」 그런 뜻입니다。 이런 보살의 보시하는 마음씨와 그 공덕(功德)을 말씀한 것이 이 묘행무주분(妙行無住分)입니다。

보시한다고 이름한다

凡夫布施 只求身相端嚴 五欲快樂故 報盡 即墮三途 世尊 大慈 敎行無相布施 不求身相端嚴 五欲快樂 但令內破慳心 外利益一切衆生 如是相應 是名不住色布施

原文 復次 須菩提 菩薩於法 應無所住 行於布施

解義 부처님께서 수보리에게 거듭 말씀하시기를 「또 다시 수보리야 보살은 어떤 법에든지 머무른 바 없이 보시를 행하라。(復次須菩提 菩薩於法 應無所住 行於布施)」 하심은 아무 조건 없이 남을 위해 내 것을 주고 아무 생각 없이 남에게 무엇이든지 도와 주고 기분 내지 말고 사회봉사(社會奉仕)하라는 뜻입니다。 그러니 했다 해도 말이 안되고 안했다 해도 말이 안되고 그저 중생을 위해서 노력한 것뿐입니다。 중생(衆生)을 위해 무엇을 했다고 해서 잘 했다는 서투른 생각을 할 수도 없으니 자연히 대자대비(大慈大悲)한 성인(聖人)이 될 수밖에 없읍니다。

어법(於法)①이라 함은 모든 법이란 뜻이니 언제 어디서나 어느 경우 어떤 환경에서 어느 누구에게나 그런 말입니다。 남자건 여자건 노인이건 젊은이건 한국 사람 외국 사람을 가릴 것 없이 다 잘 살게 해 주고 바른 길로 걸어가게 해 주고 도와 주라는 것입니다。

세상 사람들은 물 한 방울만 떠 주어도 은혜(恩惠)를 베풀어 주었다 하여 공치사(功致辭)를 합니다。 그래 가지고 자기 굴레에다 뒤집어 씌워서 구속을 하려 합니다。 그러다 보니 또 한편으로 생각하면 「이 세상에 본래 있으니까 나를 준 것이지 네것을 주었느냐。」 하고 감정적(感情的)으로 말을 해도 말이 됩니다。 이렇게 되면 이러니저러니하고 시비(是非)가 분분(紛紛)해집니다。 그래서 생사 번뇌(生死煩惱)가 질펀하게 벌어져서 고통(苦痛)의 세계가 됩니다。 그러니 무신경(無神經)이 되어서 농사도 짓고 장사도 하면서

〔**註 1**〕 **법(法)**:범어 Dharma 정신적(精神的) 물질적(物質的) 모든 이법(理法)을 말한다。 각자의 고유(固有)한 특성을 가지고 있어서 (任持自性) 질서 있고 이치가 있는 것으로 이해되는 (軌範物解) 사물(事物) 온갖 물질과 정신의 일체만유(一切萬有)는 모두 다 이 뜻을 가지고 있으므로 일체제법(一切諸法) 또는 만법(萬法)이라 한다。 이것을 七五

법 백법으로 분류하기도 하며 그 대부분은 제六의식(第六意識)의 의식 대상이 되므로 법경(法境)이 된다고도 한다.

〔註 2〕 윤회(輪廻): 범어 Samsara 사람이 죽었다가 나고 낳았다가 죽어 몇번이고 이렇게 반복함을 말한다. 불교에서 말하기는 三계(界) 六도(道)에서 미(迷)의 생사를 거듭하는 것。 이것을 다 번뇌 망상의 생사심(生死心)이 근본이 되어 三계六도에 윤회가 있게 되고 중생의 생사 과보(生死果報)가 있게 되는 것이므로 마음을 닦아서 자기 본래 면목(本來面目)은 번뇌도 생사도 없는 것임을 요달하여 번뇌가 떨어지면 윤회가 없어진다.

곧 보리(菩提) 열반(涅槃)을 성취하면 상대세계의 생사법(生死法)을 초월하여 절대 세계의

남을 도와 주기도 하고 남에게 받기도 하고 해야 합니다。

보시(布施)③에 대해서 시수물삼륜(施受物三輪)이란 말이 그것입니다。 이 삼륜(三輪)이 공적(空寂)하고 청정(淸淨)해야 합니다。 출가(出家)해서 처음 절에 들어가면 이것부터 배웁니다。 곧 수레는 여기 있는 물건을 저쪽으로 옮기는 도구(道具)로서 세 가지 바퀴는 첫째 시륜(施輪)·수륜(受輪)·물륜(物輪)의 셋입니다。 시륜(施輪)은 남에게 무엇을 주는 것을 뜻하고 수륜(受輪)은 주는 물건 받는 것을 뜻하고 물륜(物輪)은 주는 사람이 있고 받는 사람이 있으면 주고 받는 돈이나 밥이나 물건이 있는 것을 말합니다。 물건을 주는 사람이나 받는 사람이나 본래 면목(本來面目)이 공적(空寂)하고 청정(淸淨)함을 알아서 주고 받는 자리가 없는 가운데 행해야 합니다。 주는 사람이 있고 받는 사람이 있으면 빚 갚을 사람이 생기고 빚 받을 사람이 생깁니다。 땅 위에 공공연(公公然)히 있는 물건을 도둑질해서 이쪽 물건을 저쪽으로 옮긴 것뿐이니, 주는 생각 없이 주어야 완전한 인간이 됩니다。 내것을 남에게 주었거니 하고 생각하면 이것이 지옥 갈 시초(始初)가 되는 것입니다。 받는 사람도 아무게한테 무엇을 받았으니 큰 빚을 졌구나 하는 생각이 없어야 합니다。 자기보다 더 급한 사람 있으면 생각 없이 또 주기도 합니다。 은혜를 졌다 해서 고맙다 감사하다는 생각으로 받으면 이 사람은 물건을 받을 줄 모르는 사람입니다。 아무 생각 없이 받아야 수륜이 청정한 것입니다(受輪淸淨)。

천지(天地)에 공공연하게 있는 땅을 마음대로 금을 그어 놓고 압록강(鴨綠江) 이쪽은 중국 땅이니 못온다 하여 국경(國境)을 만들고, 물건은 아무개 것이라고 소유권(所有權)을 인정하며, 농사를 지어 추수(秋收)해 자기 집 곳간에 쌓아 두고는 이것은 내것이니 아무도 가져가지 말라 합니다。 이런 것이 다 잘못이고 중생살이입니다。 그러지 말고 입 있는 사람 배고픈 사람 다 오라고 해서 농사를 지어야 바로 하는 농사입니다。 이것이 사람의

해탈경계에 들게 되므로 업보(業報)가 없게 되고 윤회가 없게 된다。

가장 잘못된 근본 생각이고 생사를 윤회(輪廻)②하게 된 근본 착각(錯覺)입니다。 나를 내세워서 소유권(所有權) 행사를 하려 하고 끝 없는 욕심(慾心)을 내어 점령(占領)하려는 착각(錯覺)이 삼차전쟁(三次戰爭)을 일으키려는 근본망상(根本妄想)입니다。 천지(天地)에 공공연히 있는 청정한 물건을 아무 윤리(倫理)도 도덕(道德)도 없이 대포 알이 한 개만 더 있어도 먼저 기습해서 점령하려고 하니 모두가 도둑의 심보입니다。

그러므로 삼륜(三輪)이 청정(淸淨)한 도리를 잘 배워서 부처님께서 가르쳐 주신 대로 상 없는 무상(無相) 무소주(無所住)로 아무 생각 없이 청정한 마음으로 청정하게 살자는 것입니다。 첫째 나부터 내 가정부터 시작해야 합니다。 한 나절 일해 주고 밥만 한 그릇 달라고 하면 누구든지 다 시킬겁니다。 옷은 쓰레기통에서 주어 깨끗이 빨아 꿰매 입을 요량(料量)하면 됩니다。 이것은 응무소주이생기심(應無所住而生其心)·응무소주행어보시(應無所住行於布施)를 배우는 태도입니다。

原文 所謂不住色布施 不住聲香味觸法布施

解義 남을 위해서 보시(布施)③하는 데도 여러가지가 있읍니다。 지식을 가지고 모르는 사람에게 가르쳐 주는 것은 지식 보시(知識布施)이고 돈이나 재물(財物)을 보시하는 재보시(財布施)、 어려움을 당했을 때、 외로울 때、 도와주는 무외시(無畏施) 등이 있읍니다。 그러나 이런 보시를 함에 있어서 아무데도 머무름 없이 조건 없이 불교의 올바른 진리를 가르쳐 주는 법보시(法布施)、 재물로 남을 구제해 주는 재보시(財希施)、 외로움 두려움을 보살펴 주는 무외시(無畏施) 등의 보시를 하라는 것입니다。

중생들은 눈으로 보아서 보기 좋은 것은 좋다고 집착하고、 더럽고 거칠면 싫다고 미워하여 좋아하는데 집착하든지 싫은데 집착하든지 합니다。 미인(美人)은 좋아하고 추녀(醜

〔**註 3**〕 **보시**(布施): 범어 Dana 六바라밀의 하나로서 자비심(慈悲心)으로 남에게 재물을 주는 것。 보시에 재물(財物)을 주는 재시(財施)가 있고 二교법(敎法)을 가르쳐 주는 법시(法施)와 계를 지켜서 남을 괴롭히지 않고 외로움·두려움·어려움을 도와 주는 무외시(無畏施)가 있다。 혹 四종

女)는 싫어하며 집도 크고 아름답게 지었으면 좋다고 집착하고 모양 없이 지은 초가삼간(草家三間)은 추하여 싫다는 생각에 집착됩니다。이와 같이 눈을 통해서 집착될 수 있는 객관(客觀)·시각(視覺)의 대상(對象)으로 받아들이는 물질에도 집착하지 말라고 하여 부주색보시(不住色布施)라 한 것입니다。여기서 쓰는 빛색자(色)④는 빛깔이나 물질의 모양 등 눈으로 볼 수 있는 일체의 객관을 뜻하는 글자이니 부주색(不住色)이란 말은 곧 눈에 끄달리지 말고 보시하라는 것입니다。귀에 들리는 소리(聲)⑤나 코로 맡는 향기(香)⑥나 혀로 아는 맛(味)⑦이나 몸으로 아는 촉감(觸)⑫이나、어떤 사상·지식·도덕·윤리·신앙·종교 등의 법(法)에도 집착하지 말라는 것입니다。

아무리 노래를 잘하고 성악(聲樂)을 잘하는 사람이라도「나는 성대(聲帶)가 좋다 학급에서는 내가 제일이다。」하는 자존심(自尊心)·아만심(我慢心)을 가지고 남에게 노래를 들려 주려면 잘 안 됩니다。또 말을 잘한다고 해서 청중(聽衆)을 무시(無視)하고 강연(講演)을 해도 그것은 안됩니다。더구나 불법(佛法)을 설명하는 법사(法師)로서「나 같은 법사 또 있을 수가 있나、나 말고는 법사가 또 없지」이런 생각을 한다면 이 사람은 큰 탈입니다。아상(我相)이 꽉 차서 앞서 있기 때문입니다。저 밑에 마당 가에서나 설법을 하는 사람이지 방안에서 올바른 설법은 할 수 없는 사람입니다。그래서 내가 목소리가 좋다든지 말을 잘 한다든지 하는 등의 소리에 머물지 말고 보시를 해야 된다고 하신 것입니다(不住聲布施)。

또 의복(衣服)을 한다든가、아들을 처녀한테 장가를 보낸다든가、자기 딸을 어떤 총각한테 시집 보낸다든가 하는 것을 다 보시(布施)하는 마음으로 해야 합니다。좋은 촉(觸)을 수용(受用)하도록 해 준다는 뜻입니다(不住觸布施)。또 일체 만법(萬法)을 다 설명해서 세상 지식을 다 알고 불법도 다 알아 이런 것을 다 이해시켜 주지만 그 진리가 꼭 이런

五종·七종·八종의 보시(布施)로 나누어 설명하기도 한다。

〔註 4〕 색(色):범어 Rupa 정신적(精神的)인 것에 대하여 물질적(物質的)인 총칭(總稱)。물리적·화학적 변괴(物理的化學的變壞)가 있고 형체(形體)가 있으므로 공간(空間)을 점령(占領)하여 서로 걸리는 장애(障礙)가 있다。여기서는 주로 형체가 있고 빛깔이 있어서 눈으로 볼 수 있는 시각(視覺)의 객관(客觀) 일체를 가리킨다。

〔註 5〕 성(聲):귀로 들을 수 있는 소리。구사론(俱舍論) 제一권에 의하면 소리를 동물의 소리、무정물(無情物) 곧 목석(木石) 등의 소리、듣기 좋은 소리、듣기 싫은 소리 등 여덟 가지로 나누어 설명한다。

〔註 6〕 향(香):범어 Gandha 건타(乾陀)라 음역(音譯)함。비근(鼻根)、곧 코로 맡아서 알 수 있

것이라는 결정적인 고집(固執)을 버리고 그런 생각에 머물지 말고 가르쳐 주고 보시해 주라는 것입니다(不住法布施)。

原文 須菩提 菩薩 應如是布施 不住於相

解義 부주색보시(不住色布施)、부주성향미촉법보시(不住聲香味觸法布施)를 해석할 때 「색에 머무르지 말고 보시하라」「성향미촉법에 머무르지 말고 보시하라」고 새기는 경우와 「색에 머물러서 보시하지 말라」「성향미촉법에 머물러서 보시하지 말라」고 풀이하는 두 가지 경우가 있읍니다。처음의 해석은「보시하라」는 뜻이 있지만 뒤의 해석은「보시하지 말라」는 뜻이 되므로 뒤의 해석에 따르면 중생을 제도하지 말라는 것으로 되고 불법도 전할 자비심이 없는 독성라한(獨聖羅漢)⑨이 되어 소승불교(小乘佛敎)⑩에 가깝게 될 염려(念慮)가 있읍니다。따라서 아뇩다라삼먁삼보리(阿耨多羅三藐三菩提)를 증득(證得)할 수 없게 되고 완전히 불과(佛果)를 증득하지 못하게 됩니다。색에 머물지 말고 보시를 하라」고 해석해야 대승불교(大乘佛敎)⑪로 되고 잘했다는 생각、고맙다는 생각까지 버리고 설명하는 동시에「발심(發心)하라、일일이 활동하라、생사가 곧 열반이고 열반이 곧 생사인 대승심(大乘心)을 가지고 대승행(大乘行)을 하라」는 뜻이 됩니다。그러나 결정적 앞에서처럼 새기면 소승이고 뒤의 해석대로 새기면 대승이 된다고 잘라서 말할 수는 없읍니다。어떻게 새기든지 뜻은 바로 생각할 수도 있으니、「색에 머물러서 보시하지 말라」는 말도 곧「색에 머무르지 말고 보시하라」는 뜻으로 생각할 수도 있는 것이므로 지나치게 고집할 것은 없읍니다。그러나 뜻을 바로 이해는 해야 하므로「색에 머물지 말고 보시하라」고 새겨야 합니다。

그것은 다음의 경문(經文)을 계속해서 새겨 봄으로써 더욱 확실하게 알 수 있읍니다。

는 냄새·비식(鼻識)의 대상 좋은 냄새(好香)·나쁜 냄새(惡香)등의 三종 또는 四종으로 나누어 설명하기도 한다。

향기가 좋은 나무 진이나 나무 조각 또는 잎을 피워서 나쁜 냄새를 없애고 심식(心識)을 깨끗하게 하므로 불전에 공양하고 종교적인 행사에 피우는 물건을 일컫기도 한다。그래서 불에 피우는 향·바르는 향·향수(香水) 등이 있다。그러나 여기서는 비근(鼻根) 코로 접촉해서 비식(鼻識)을 일으킬 수 있는 냄새 일체를 말한다。

〔**註 7**〕 미(味):설근(舌根) 곧 혀 접촉하여 설식(舌識)을 일으키는 음식의 맛을 뜻한다。그러나 맛을 보는 것은 반드시 혀로만 하는 것이 아니고 목이나 입 전체의 작용이니 우리나라의 말로 표현하자면 구식(口識)의 대상이라고 할 수 있다。

〔**註 8**〕 촉(觸):촉감(觸感)의 대상。몸에 닿아서 아는 것。촉감곧을 느끼게 해 주는 일체의

「수보리야、 보살은 빼빼이(마땅히) 이렇게 보시하고 상에 머물지 말라(須菩提菩薩應如是布施不住於相)」、「이와 같이 보시하고 상에 머물지 말라」한 말씀이 분명히 있으니 앞의 구절(句節)도 〈보시하라〉는 뜻으로 긍정적(肯定的)인 해석을 해야 할 것입니다。

原文 何以故 若菩薩 不住相布施 其福德 不可思量

解義 왜 그러냐 하면 만일 보살이(若菩薩) 상에 머물지 않고、객관의 현상에 대해 아무 욕심이 없이 집착하지 않고 남을 위해 노와 주고 보시하면(不住相布施)、그 복과 덕이 한량 없이 많기 때문이니라(其福德不可思量) 하셨는데、가령 농사(農事)를 짓되 추수(秋收)를 해서 내 곳간에만 쌓아 두지 말고 누구든지 배고픈 사람 있으면 먼저 먹으라고 하자는 것입니다。 이렇게만 하면 마침내는 이런 생각 저런 생각 다 없어지고 정말 무심도인(無心道人)이 되어 버립니다。

금강경이 상하권(上下卷) 두 권인데 이 금강경만 이렇게 이해하고 나면 경 보는 힘이 생겨서 다른 경전(經典)을 볼 때에도 다 이해할 수 있게 됩니다。 이것을 불교에서 경보는 눈이 열렸다고 하여 경안(經眼)이라 합니다。 뿐만 아니라 사람 사는 방법을 알게 되고 장가 들면 신랑노릇 잘 할 수 있고 시집 가도 요조숙녀가 될 수 있읍니다。 나라에는 충신(忠臣)이 되고 부모에게는 효도하게 됩니다。금강경의 도리로 무심하게 아무 생각없이 상대를 위해서 봉사했기 때문이고 나 없는 마음으로 인아산(人我山)을 부수어 버렸기 때문입니다。

이렇게 무심(無心)으로 했기 때문에 그 복덕이 한량 없어서 헤아릴 수 없다고 하셨읍니다。 몸뚱이가 내가 아니므로 이 한 몸을 다 바쳐서 하나뿐 아니라 열 백 천의 몸을 희생해서라도 남을 위해 보시할 수 있고、생각 없이 하므로 상대의 뜻에 맞추어서 남을 가

대상、곧 굳은 것(堅)·축축한 것(濕)·더운 것(煖)·찬것(冷)·흔들리는 것(動)·매끄러운 것(滑)·꺼칠꺼칠한 것(澁)·무거운 것(重)·가벼운 것(輕)·배고픈 것(飢)·목마른 것(渴) 등의 十一종으로 나눈다。 요컨대 몸으로(身根) 감촉(感觸)하여 알아지는 신식(身識)의 대상 일체를 말한다。

六祖口訣 이와 같이 상없는 마음으로 보시하면 보시한다는 마음이 없어서 보시하는 물건을 보지 않으며 보시를 받는 사람을 의식하지 않는 것이니 이것이 상에 주하지 않는 보시이다。

應如無相心布施者 爲無能施之心 不見所施之物 不分別受施之人 是不住相布施也

〔**註 9**〕 **나한**(羅漢): 아라한의 준말。아라한(阿羅漢) 범어 Arhan

소승의 교법을 수행하는 성문(聲聞) 四과의 가장 윗자리。 응공(應供)·살적(殺賊)·불생(不生)·이악(離惡)이라 번역。

〔註 10〕 소승(小乘): 승(乘)은 싣고 운반하는 탈 수 있는 수레 배를 뜻하며 사람을 태워 이상경(理想境)에 이르게 하는 교법의 내용이 그 교(敎)·이(理)·행(行)·과(果)가 모두 심원(深遠) 광대하고 따라서 수행하는 이도 대기이근(大機利根)인 사람일 것을 요하는 것을 대승이라 하는데 대해 그와 반대로 모든 것이 작은 것을 소승이라 한다。 소승에는 성문승(聲聞乘)·연각승(緣覺乘)의 둘이 있다。 성문승은 四체(諦)의 이치를 관하여 수다원·사다함·아나함·아라한의 四과(果)를 증득하여 열반에 이르는 것을 교리로 하며 연각승 十二인연의 이치를 관하여 벽지불과(辟支佛果)에 이르는 것을 교체(敎體)로 한다。 이것은 모두 자신만이 회신멸지(灰身滅智)의 공적한 열반에 이르는 것을 최후

장 잘 위하는 방법으로 온 정성을 다해서 주고 받을 수 있읍니다。 그리고 금강경의 말씀을 해설해 주고 육신이 내가 아니고 마음을 깨달아 부처가 되는 길을 가르쳐 주기 위해 온갖 보살행(菩薩行)을 할 뿐이므로 그 복덕이 한량없다고 한 것입니다。

原文 須菩提 於意云何 東方虛空 可思量不 不也 世尊 須菩提 南西北方 四維上下虛空 可思量不 不也 世尊 須菩提 菩薩 無住相 布施福德 亦復如是 不可思量

解義 부처님께서 아무 조건 없이 하는 보시의 공덕이 얼마나 큰가를 말씀하시기 위해 허공의 비유를 드셨읍니다。 그래서 「동쪽의 허공이 얼마나 되겠느냐。 허공의 끝이 있겠느냐(東方虛空 可思量不)。」 하고 수보리존자에게 물으셨던 것이다。 허공은 제일 큰 공간(空間)이어서 그 크기가 무한대(無限大)입니다。 끝이 없고 시작이 없는 무한(無限)이니 동쪽의 허공도 무한이고 서쪽의 허공도、 남쪽의 허공도、 북쪽의 허공도 무한입니다。 동남·서남·동북·서북의 간방(間方)도 그렇고 상하(上下) 아래 위의 공간도 무한하여 끝이 간 데가 없읍니다。 일반적으로는 사방팔방만을 말하지만 불교에서는 이렇게 평면적인 공간세계만을 말하지 않고 방위(方位)를 말할 때에도 입체적으로 생각하여 동서남북의 사방과 四간방(間方)에다 상하방(上下方)을 합하여 시방세계(十方世界)를 말합니다。 경문(經文)에 남서북방 사유상하(南西北方四維上下)라고 한 말들이 곧 그 말씀인데 사유(四維)는 네 간방을 가리킨 말입니다。 허공의 크기가 본래 한계(限界)가 없는 것이므로 얼마나 큰지를 비교할 수 없고 생각으로 헤아릴 수 없는 것입니다。 이와 같이 생각이 끊어져서 무심으로 하는 도심(道心)은 헤아릴 수 없고、〈나라는 생각(我相)〉·〈남이라는 생각(人相)〉·〈중생이라는 생각(衆生相)〉·〈오래 산다는 생각(壽者相)〉이 없어져서

목적으로 여기며 대승은 모든 중생을 구제하는 것을 이상으로 삼는다。

〔註 11〕 대승(大乘) : 범어 Mahayana 마하연나(摩訶衍那)라 음역하며 이상경(理想境)에 이르게 하는 교법(敎法)으로 많은 사람을 태울 수 있는 큰 배라는 뜻으로 대승이라 한 것。 그 교법이 크고 그 원력이 크며 이것을 받는 근기도 또한 큰 그릇이므로 대승이라 한다。 곧 보살의 근기가 커서 불과(佛果)의 대열반을 얻는 법문이란 뜻。 여기에 다시 형식상 방편상의 권대승(權大乘)과 실제의 법을 말한 실대승이 있다。

六祖口訣 보살이 보시를 행할 적에 마음에 바라는 바가 없으면 그 복을 얻는 것이 시방 허공과 같아서 가히 헤아려서 짐작할 수가 없다。 「또 다시」라고 한 말은 앞을 이어서 뒤에 대주는 말이며、일설

머무는 것 없는 마음으로 아무 조건 없이 중생을 위해 보시하는 공덕은 무한대(無限大)의 허공처럼 생각으로 헤아려 알 수 없을 정도로 크다 한 것입니다。

原文 須菩提 菩薩 但應如所教住

解義 부처님께서 이 묘행무주분(妙行無住分)의 결론으로 「보살은 다만 가르쳐 준 그대로 머무르라(菩薩但應如所教住)」고 하셨읍니다。 이것은 수보리존자께서 선현기청분(善現起請分)에서 처음에 부처님께 법문(法門)을 청(請)하여 여쭈어 볼 때 어떻게 마음을 머무르며(云何應住) 어떻게 마음을 항복해야 하나이까(云何降伏其心)」한 물음에 대한 마지막 대답이십니다。

부처님의 경전(經典)에는 언제든지 나중 물은 것을 먼저 말씀하시고 먼저 물은 것은 뒤에 대답하십니다。 마치 회의(會議)하는 규칙(規則)에 개의(改議)・재개의(再改議)가 나오며 재개의、개의를 결정하고 제일 먼저 문제를 낸 동의(動議)는 맨 나중에 결정하는 논리(論理)와 같습니다。 이 금강경에서도 운하항복기심(云何降伏其心)을 나중 물었으므로 잘난 체하는 아상(我相)과 인상(人相)・중생상(衆生相)・수자상(壽者相)을 없애고 일체 중생을 제도하는 것이 마음을 항복하는 것이라고 먼저 말씀하시고 나서、운하주(云何住)에 대한 말씀을 대답하셨읍니다。 이 아상・인상・중생상・수자상을 없애지 않고는 마음을 바로 가지고 바로 머무르는 일(住)도 이루어질 수 없기 때문에 항복기심(降伏其心)을 먼저 말씀하시고 운하주(云何住)를 나중에 대답하셨던 것입니다。 부처님의 말씀은 열가지든 백가지든 끝에서부터 차례대로 말씀해 주셨으며、 四九년 동안 이 순서(順序)를 어기신 적이 없읍니다。

제三장 대승정종분(大乘正宗分)에서는 먼저 마음을 항복 받는 방법으로서 중생심(衆

에 보시의 보(布)는 두루함이라 했고 시(施)는 흩으는 것이라 했으며 가슴 속에 있는 망령된 생각으로 익힌 버릇과 번뇌를 두루 다 흩으러서 네가지 상이 다 없어져서 쌓여 있는 바가 하나도 없음이 참된 보시라 했다. 또 일설에 보(布)는 두루함이니 여섯가지 티끌인 객관에 머물지 않고 번뇌를 분별하는 것이 없이 오직 항상 청정한 바탕에 돌아가서 일만 법이 공적함을 사무치는 것이라 했으니, 만일 이 뜻을 사무치지 못한다면 오직 모든 업만 더할 뿐이다.

그러므로 모름지기 안으로는 탐착 애욕을 없애고 밖으로 보

生心)⑫을 가지고 내가 잘하거나 하는 생각 아예 하지 말고 설법(說法)을 해 주라고 말씀하셨읍니다. 그리고 제四 묘행무주분(妙行無住分)에서 마음을 머무르는 법을 말씀하시기를, 「보시를 하되 삼륜(三輪)이 청정(淸淨)하도록 하라」고 말씀하셨읍니다. 그러니 주하는 방법이 「주하지 말고 하라」는 것이고 또 만일 「주하지 않는데 주한다」, 그러면 그것 역시 주하는 데에 떨어진 것이 됩니다. 마음을 주한다 함은 우리 말로 마음 먹는다는 소리인데 「이렇게 마음을 먹어라」 하는 말도 마음 먹지 말라는 소리입니다. 곧 열반을 향해서 보시를 꾸준히 행하라, 「내가 본래 부처이니 부처의 행동을 그대로 흉내 내라」는 것입니다.

〔說 義〕

처음부터 끝까지 여시의 숙제

금강경에는 처음부터 마지막 끝까지 〈여시〉(如是)가 자주 나옵니다. 이 「如是」가 어떤 〈如是〉인가. 누구든지 자신 있으면 내가 묻기 전이라도 얘기하십시오. 경산림(經山林)⑬을 다 마칠 때까지 이 여시(如是)가 숙제(宿題)가 될 사람도 있을 것이고 또 열심히 공부하다 보면 참말로 깨칠는지도 모릅니다. 뉴우톤이 사과 떨어지는 것을 보고 만유인력(萬有引力)⑭의 원리를 발견(發見)하듯이 법문 듣고 오고가고 이렇게 생각하다 보면 깨칠수도 있읍니다. 옛날 스님들 깨친 얘기를 들어 보면 닭 우는 소리를 듣고 깨치고, 물 내려 가는 소리 듣고 깨치고, 복숭아 꽃이 활짝 펴지는 것을 보고 깨치고, 사람들 싸우는 소리를 듣고 깨치기도 하고 상여 나가는데 상주(喪主)가 「아이고」하고 우는 소리 듣다가

시를 해서 안팎이 서로 응하는 보시라야 복을 얻는 것이 한량없을 것이다. 남이 나쁜 짓하는 것을 보아도 그 허물을 보지 않아서 자성에 분별심을 일으키지 않는 것을 상을 여의었다 하고, 가르침에 의해서 수행하여 마음에 주관 객관이 없는 것이 곧 선법이니 수행하는 사람의 마음에 주관 객관이 있으면 선법이라 할 수 없으며 주관 객관을 분별하는 마음이 없어지지 않으면 마침내 해탈할 수 없다. 생각생각 반야의 지혜를 행해야만 그 복이 한량없고 가 없을 것이니 이와 같이 수행하면 일체의 하늘이나 사람의 공경과 공양을 받을 것이니 이것이 이름이 복덕이라 이

깨치기도 합니다.

이「여시」에 금강경의 내용 전체가 들어 있는데 이것을 숙제로 해서 똑바로 깨달아야 합니다. 뉴우톤처럼 자나 깨나 오거나 가거나 법문을 들을 때나 식사(食事)를 할 때나 이 숙제만 가지고 있으면 홀연히 깨치게 될 수 있습니다. 우리 한국에도 이런「여시」를 완전히 대답할 수 있는 분들이 몇 분 계십니다. 우리가 잘 모르고 다같이 눈 둘 있고 코 하나 있고 하니 평범한 사람인 줄 알고 있시만 설사 우리가 그 분이 도인(道人)인 줄 모르고 산다 하더라도 이런 분이 우리 나라에 계신 것만 해도 우리한테는 큰 은혜입니다. 겉으로 보기에 용심(用心)이나 행동이 나만도 못하다고 할 사람이 있을지 모르지만 보살(菩薩)이 한 말은 보리(菩提)와 살타(薩埵)가 합해진 말인데 보리 곧 깨달음은 깨달음이고 밑에 살타 곧 중생은 아직 중생으로 남아 있는 것이니 용심이 이러니 행동이 저러니 하고 함부로 말하다가는 까닥 잘 못하면 큰 죄를 짓기 쉽습니다. 견성(見性)을 해서 깨달았다 해도 중생놀음하던 버릇은 그대로 남아 있어서 그것을 당장 떼어 낼 수는 없읍니다.

이번의 금강경 산림 가운데 정말 깨쳐서〈여시〉에 대한 도리를 아는 사람이 생기고 경을 알고 대답할 사람이 생기면 참으로 경사(慶事)지만 그렇게는 못된다 하더라도 알음알이의 분별로라도 알 수 있는 데까지는 알아야 합니다. 그런데 경을 혼자서만 보는 것보다는 남하고 이렇게 저렇게 토론(討論)을 하고 같이 연구하는 것이 좋습니다. 강원(講院)에서도 나 혼자서는 밤새도록 보고 새벽에 보고 아침에 보고 낮에 보고 해도 이해가 잘 안되다가도 서로 토론을 하는 가운데 정신이 번쩍 나서 풀리어집니다. 그것은 일종의 오기(傲氣)로서 남에게 지지 않으려고 주의(注意)를 집중하는 바람에 정신이 통일되어 알아지게 되는 것입니다. 우리가 모두 정신을 희미하게 가지니까 그렇지 정신을 일념으로 통일하여 마음 자리에 가깝게 접근하면〈여시〉의 지혜가 열리게 마련입니다.

름하리라。항상 상에 머물지 않는 보시를 행해서 일체의 함령 중생을 두루 공경하면 그 공덕이 가 없어 가히 헤아릴수 없고 일컬어 표현할 수 없느니라。

菩薩 行施 心無所希 其所獲福 如十方虛空 不可較量 言復次者 連前起後之辭 一說 布者 普也 施者散也 能普散盡胸中妄念習氣煩惱 四相泯絕無所蘊積 是眞布施 又說 布者 普也 不住六塵境界 又不有漏分別 惟常返歸淸淨 了萬法空寂 若不了此意 惟增諸業故 須內除貪愛外行布施 內外相應 獲福無量 見人作惡 不見其過 自性不生分別 是爲離相 依敎修行 心無能所 即是善法 修行人心有能所 不名善法 能所心不滅 終不得解脫 念念常行般若智 其福無量無邊 依如是修行 感得一切人天 恭

견성해도 대승행 닦아야

그래서 반야경(般若經)의 실상반야(實相般若)、곧 아공(我空)⑭・법공(法空)⑮・구공(俱空)⑯을 깨달았으면 그런 다음에는 보시(布施)를 하라、그리고 六바라밀을 다 행하라、하는 것은 실상반야만 지키고 있으면 그것은 소승(小乘)의 나한(羅漢) 밖에 안되기 때문입니다。대승불교(大乘佛敎)를 처음부터 제대로 배운 사람은 초견성(初見性)을 해서 반야가 열렸다 해도 이런 잘못은 없읍니다。

요새 참선(叅禪)하는 수좌(首座)⑱들이 보시(布施)・지계(持戒)⑲・인욕(忍辱)⑳・정진(精進)㉑은 하지 않고 참선 하나만 제일이라고 해서 복을 짓지 않고 중생제도(衆生濟度)할 줄도 모릅니다。아무것도 없는 경지(境地)에 들어가서 아무 것도 하지 않고 다 된 것인 줄로 알고 공(空)에 떨어질 것을 염려(念慮)하여 六조대사께서도 나무라신 것입니다。그래서 금강경에서는 아공(我空)・법공(法空)・구공(俱空)의 경지를 체득(體得)했으면 그때부터는 오로지 중생의 제도를 위해 전념(專念)하라는 것입니다。

우주의 일체 중생을 하나도 남김 없이 제도하라。제도를 하되 실상반야(實相般若)가 천당(天堂) 사람도 되고 태생(胎生)・난생(卵生)도 되고 지옥(地獄)도 되고 한 것이니、그 사람을 근본적(根本的)으로 내가 고쳤다는 생각을 하지 말라는 것입니다。내가 가르쳐 지도(指導)했다는 아상(我相)・인상(人相)・중생상(衆生相)・수자상(壽者相) 그런 것느끼지 말고 저건 내가 제도한 중생이거니 저건 내 신도(信徒)거니 내 제자(弟子)거니 그런 생각 하지 말라는 것입니다。법문(法門)을 듣고 배우는 중생들에게도 듣고 배운 전다 알고 나면 잊어버리고 들을 줄 아는 그것도 깨우치도록 해서 지도를 받았다거니 배웠

敬供養 是名爲福德常行不住相布施 普敬一切含生 其功德 無有邊際 不可稱計也

六祖口訣 상에 머물지 않고 보시를 해서 얻는 공덕이 헤아릴 수 없고 말로 표현할 수 없으므로 부처님께서 동방의 허공에다 비유하셨다。 그래서 수보리에게 「동방허공을 생각으로 헤아릴 수 있느냐。」 하시니 「아닙니다 세존이시여」 한 것은 동방 허공을 생각으로 헤아려 볼 수 없음을 수보리가 여쭈었음을 뜻한다。

緣不住相布施 所得功德 不可稱量 佛以東方虛空 爲譬喩故問須菩提東方虛空可思量不 不也 世尊者須菩提言東方虛空不可思量

다거니 하는 아상·인상이 없어지도록 지도하라는 것입니다。

이와 같이 보시(布施)하고 계행(戒行)도 잘 지키고 인욕(忍辱)도 하여 남이 뭐라고 욕(辱)을 보이더라도 다 참아서 참았다는 생각까지 없이 참으라는 것입니다。 남이 욕한다고 야단 치고 보복(報復)하고 칭찬해 준다고 좋아하고 이러다 보면 번뇌(煩惱)의 생사심(生死心)만 늘지 언제 보리(菩提)를 성취(成就)합니까。 그래서 육바라밀(六波羅蜜) 가운데 인욕바라밀(忍辱波羅蜜)이 중요한 것입니다。 물론 반야바라밀(般若波羅蜜)이 근본이지만 반야를 깨친 다음에는 그래서 나의 업보(業報)·망상(妄想)을 쉬고 녹이는 데는 인욕(忍辱)이 중심이 됩니다。 남이 칭찬을 해도 들은 체 만 체할 것도 없고 남이 욕을 하고 때려서 반죽음이 되었어도 「왜 그러느냐」고 한마디 따질 것도 없읍니다。 불생불멸(不生不滅)하는 이 마음 자리는 어제도 이 모양이고 오늘도 이 모양이고 내일도 이 모양이고 여러 천만년 전에도 지옥에 갔을 때나, 천당에 갔을 때나, 성불(成佛)한 뒤나 똑 같은 마음입니다。 그러므로 이 세상에 다른 건 모두 다 있다가 없어지고 없다가 생겨나고 하는 갈팡질팡하는 허망무상(虛妄無常)한 존재이지만 이 마음 자리는 중생이나 부처나 다 같은 여여부동(如如不動)한 자리이기 때문에 온 중생이 두루 다 평등한 것이므로 내가 깨우쳐 준 것이 아닙니다。 내가 부처를 만들어 준 것이 아니라 중생이 본래부터 부처라는 것입니다。

부처님 말씀을 정말 따르는 사람이라면 남을 위해서 희생하는 것이 내가 부처되는 방법이고 번뇌를 해탈하는 방법인 줄 알아야 하고 당장 천하태평객(天下泰平客)이 되는 길임을 알아야 합니다。 「농사를 짓거나 장사를 하거나 실패를 했다 성공을 했다。」 그런 것이 없는 생활입니다。 아무 조건이 없읍니다。 현실(現實)은 마음에서 생긴 꿈이니 이런 식으로 알고 내일부터라도 흉내 내어 살아 봅시다。 오늘 저녁부터라도 당장 그렇게 하겠다고 결정하면 잠을 못자고 밥을 못 먹어도 능률이 더 나고 근심 걱정이라곤 하나도 없어

六祖口訣 부처님께서 말씀하시기를 허공이 그 끝이 없어서 생각으로 헤아릴 수 없는 것인데 보살이 상에 머무름 없이 조건 없는 보시를 하여 얻은 공덕도 또한 허공과 같아서 헤아려서 알수 없이 무한대하다. 우주에서 제일 큰 것은 허공보다 더 큰 것은 없고 모든 성품 가운데 제일 큰 것은 불성보다 더 큰 것은 없다. 왜냐하면 무릇 형상 있는 것은 크다고 할수 없는 것인데 허공은 형상이 없으므로 크다고 이름한 것이다. 모든 아는 성질, 곧 모든 생각은 다 한계가 있으므로 크다고 말하지 않고 불성 곧 마음 바탕자리는 한량 없는 자리이므로 크다고 이름한 것이다. 이 허공 가운데는 본래 동서남북이 없는 것이니 만일 동

집니다. 이제는 죽고 살고 흥망성쇠(興亡盛衰)·시간세계(時間世界)를 다 초월(超越)해서 망각(忘却)했기 때문입니다. 공포증(恐怖症)이 마음 속에 조금이라도 있고 욕심이 앞서 있으면 자기의 능력을 십분 발휘할 수가 없읍니다.

가령, 정구장(庭球場) 앞을 지나치던 정구선수가 친구의 권유(勸誘)로 아무 부담 없이 잠깐 쳐 보려는 생각으로 몇 번 친 것이 선수 생활 십 년 동안에 한 번도 쳐 본 일이 없는 아주 훌륭한 볼을 칩니다. 그것은 왜 그러냐 하면 꼭 이기겠다는 욕심이나 지면 큰 일이라는 공포심이 없이 아무 생각 없는 무심(無心)으로 했기 때문입니다. 말하자면 부처가 정구를 한 것이나 마찬가지이기 때문입니다. 무심(無心)한 근본 자성자리에 합하기만 하면 이런 묘한 기술(技術)이 나옵니다. 권투나 축구나 검도나 다 마찬가지입니다. 기술을 연습한다는 것도 알고 보면 본래 만능(萬能)하던 마음 자리가 안심(安心)이 되는데서 나오는 것입니다. 그래서 무심만 되면 세계최고의 기술이 나옵니다. 글씨를 쓰는 것도 잘 써야 되겠다는 공포증(恐怖症) 때문에 잘 안 써 집니다. 왕희지(王羲之) 같은 이도 어느날 친구의 연회(宴會)에 초대(招待)되어 만취(滿醉)하여 돌아와서 아무렇게나 되는 대로 한 줄 썼읍니다. 이튿날 아침에 깨어 보니 자기로서는 십년 백년이 걸려도 쓸 수 없는 명필(名筆)이 있어서 「어느 신선(神仙)이 와서 나를 깨우쳐 주려고 써 놓은 것이 아닌가.」하고 생각할 정도였읍니다. 그는 며칠 뒤에야 자기가 취중(醉中)에 썼다는 것이 기억(記憶)이 됐는데 늙어 죽을 때까지 그 글씨의 십분의 일도 따라 갈수가 없었다고 하는 얘기가 있읍니다. 그러니 글씨도 무심하면 자연히 명필이 되고 모든 것이 다 그렇게 됩니다.

그러므로 아무 조건 없이, 어디에고 이끌림 없이, 남을 위한다는 생각 없이(應無所住) 남을 도와 주고 보시를 행한다면(行於布施) 큰 보람으로 전지전능(全知全能)한 능력을

서남북을 보면 역시 상에 머무른 것이므로 곧 해탈할 수 없다。 불성은 본래 아상·인상·중생상·수자상이 없는 것이니 만일 이 네 상을 보는 것이 있으면 곧 중생상이고 불성이 아니며 또한 상에 머물러서 보시하는 것이다。 비록 망령된 마음 가운데 동서남북을 말하지만 그러한 이치가 어떻게 있겠는가。 동서남북이 참다운 것이 아니니 남북이 어디 있겠느냐 하신 것이다。 성품이 본래 공적하여 섞인 듯 원륭하여 분별이 없는 것이므로 여래께서 분별심을 내지 않음을 깊이 칭찬하시는 바이다。

佛言 虛空 無有邊際 不可思度 菩薩 無住相布施所得功德 亦如虛空 不可度量 無邊際也 世界中大者 莫

내어 큰 공덕을 성취할 수 있습니다。 그래서 상에 머무름 없이 부주상으로 보시(不住相布施)하면 그 복덕이 한량 없이 많아서 생각으로는 헤아려 볼수 없는 무한대한 복덕을 얻게 된다고 하셨던 것입니다。

불입문자 교외 별전의 자리

그러면 머무른데 없이 보시를 행한다(應無所住 行於布施)함은 구체적으로 어떻게 보시하는 것을 뜻하는가。 앞에서도 말한바 있는 육체가 나라는 생각을 버리는 생활·육체생활을 정리해서 하루 종일 나만을 위해 살던 생활을 남을 위해서 사는 생활로 차차 돌리고 탐욕만을 위해 살던 생활을 정리해서 참을 위해서 사는 생활로 돌리며 오직 남만을 위해서 사는 보살행을 하라는 말입니다。 보살행은 본래 상구보리 하화중생(上求菩提下化衆生)이라고 하여 위로는 부처님의 보리·열반을 구하고 아래로는 중생을 교화한다는 뜻이니 보리라 함은 생사도 열반도 없고 시간도 공간도 남자도 여자도 부처도 중생도 초월하여 초월한 그것까지 없는 자리를 깨달은 마음을 말합니다。 그래서 이 보리를 깨쳐서 무심한 마음으로 오직 남을 위해 봉사하는 생활을 보살행이라 합니다。

내가 마음이라고 하는 이 마음은 생각도 아니고 생각 아닌 것도 아니고 또 아무 생각이 없기 때문에 몇 시간 얘기를 계속해도 피로가 안 오는 자리를 말합니다。 이 마음은 글이나 지식으로 분별해서 알아질 수 없는 자리이므로 「불입문자 교외별전 직지인심 견성성불(不立文字 敎外別傳 直指人心 見性成佛)」의 도리라 합니다。 말이나 문자를 가지고 설명할 수 없으므로 석가세존께서 가섭존자(迦葉尊者)에게 이심전심의 법으로 전법하셨으므로 교 밖에 따로 전했다 하여 교외별전(敎外別傳)이라 합니다。 또 이 자리는 말이나

過虛空 一切性中大者 莫過佛性 何以故 凡有形相者 不得名爲大 虛空 無形相故 得名爲大 一切諸性 皆有限量 不得名爲大 佛性 無限量故 名爲大 此虛空中 本無東西南北 若見東西南北 亦是住相 不得解脫 佛性 本無我人衆生壽者 若有此四 相可見 即是衆生相 不名佛性 亦所謂住相 布施也 雖於妄心中 說有東西南北 在理則何有 所謂東西不眞 南北曷異 自性 本來空寂 混融無分別故 如來 深讚不生分別也

六祖口訣 응한다(應) 함은 순종함을 뜻하니 다만 위에서 말한 바 가르치심대로 순종해서 상없는데 머물러서 보시하

글로 가르치는 것은 오히려 간접적인 방편에 불과하므로 마음을 직접 가르쳐서 그 본성을 깨우치게 함으로 응무소주(應無所住)해서 이생기심(而生其心)하는 도리로 성불하게 하는 법이 바로 선종(禪宗)입니다。

그래서 대선사(大禪師)에게 법문을 청할 때나 중요한 의식을 할 때면 늘 이런 계송(偈頌)을 외웁니다。「아유일권경 불인지묵성 개권무일자 상방대광명(我有一卷經 不因紙墨成 開卷無一字 常放大光明) 나에게 한 권의 경전이 있으니 사람마다 다 이 경전이 있지만 그러나 이 경전은 종이나 먹으로 쓴 글씨거나 인쇄제본해서 만들어진 것이 아니므로 펴봐야 한 글자도 없다。 이렇게 종이나 먹으로 된 책이 아니어서 한글자도 없는 이런 경전이 나에게 한 권이 있는데 상방대광명(常放大光明)」이라、항상 큰 광명을 발하여 전 우주를 환히 비추고 있다。 이것이 곧 지금 우리가 배우고 있는 금강경의 믿음으로 보면 반야(般若)고 내가 항상 말하는 마음입니다。 이 반야·마음을 얻어서 중생제도를 위해 필요할 때면 손이고 발이고 눈이고 목숨이고를 돌보지 않고 다 보시하는데 자기를 희생했다는 생각도 중생이 구제됐다는 생각도 없이 하는 것이 보살행입니다。 이것이 「응무소주」에 대한 부처님의 말씀입니다。

부처님의 설법순서

부처님께서 설법하실때는 제자들이 대개 청법을 해 오는데 무엇은 어떻게 해야 하고 그 뜻은 무엇인지 한 가지 두 가지 세 가지 때로는 열 가지 백 가지로 여쭈어옵니다。 그러면 부처님께서는 처음 물은 것부터 말씀하시는 것이 아니라 맨 나중에 물은 것부터 먼저 한문제 한문제 설명해 주십니다。

면 곧 보살이니라

應者順也 但順如上所說之敎 住無相布施即菩薩也

금강경도 제二절 선현기청분(善現其請分)에서 수보리 존자가 먼저「어떻게 마음을 머무르오며(應云何住)」를 여쭈었고 나중에「마음을 어떻게 항복하겠사옵니까」(云何降伏其心) 하고 두 가지를 여쭈었는데, 이에 대해 부처님께서는 제三 대승정종분조에서 나중 여쭈어 온「마음 항복받는 법」을 먼저 말씀하셨고 먼저 여쭈어 온「마음 머무는 법에 대해서」는 제四 묘행무주분에서 나중에 말씀하신 것입니다。

如理實見分(여리실견분) 第五(제오)

須菩提(수보리)야 於意云何(어의운하)오 可以身相(가이신상)으로 見如來不(견여래부)아 不也(불야)니이라 世尊(세존)하 不(불)可以身相(가이신상)으로 得見如來(득견여래)니 何以故(하이고)오 如來所說身相(여래소설신상)은 卽非身相(즉비신상)일새니이다 佛告須菩提(불고수보리)하사되 凡所有相(범소유상)이 皆是虛妄(개시허망)이니 若見諸相非相(약견제상비상)이면 卽(즉)見如來(견여래)니라

『수보리야、 너는 어떻게 생각하느냐。 육신의 몸매로 여래를 볼 수 있느냐。』

『아니옵니다。 세존이시여、 육신의 몸매로 여래를 볼 수 없사옵니다。 왜그러냐 하오면 여래께서 말씀하신 육신은 곧 육신이 아닌 때문이옵니다。』

부처님께서 수보리에게 말씀하셨다。『무릇 있는바 모든 것은 다 허망한 것이니、 만일 모든 현상이 진실상이 아닌 줄을 보면 곧 여래를 보리라。』

第五 如理實見分—실제의 마음을 바로 보라

〔科 解〕

여기서 금강경의 핵심이 또 나옵니다。그 골수는 소위 인생이라고 하는 것이 무엇을 기준으로 하는 말이냐、그것을 모르면 네가 아무리 불교를 믿고 四十九년 동안 부처님 모시고 법문을 들어 보았자、아무 필요 없는 헛일이 된다는 중요한 말씀을 하시는 분절(分節)입니다。소위 불성(佛性)①자리가 있다고 하지만 불성이 무엇인지 모릅니다。내가 무엇인가를 역시 알아야 합니다。내가 무엇인지를 모르는 사람이 철학자를 따라다니고 부처님을 따라다녀 봐도 마치 껍데기가 따라다니는 것에 불과합니다。흔히들 불교를 피상적(皮相的)으로만 보고「현실을 무시하고 어떻게 살 수 있느냐」고 하지만 이 몸뚱이보다 한발 더 앞에 있는 이것이 현실입니다。이것이 곧 마음입니다。몸은 마음 뒤에 따라다니는 그림자입니다。마음이 앉아야 몸이 앉고 마음이 먼저 드러누워야 몸이 따라 드러누우니 어떤 것이 현실입니까。항상 앞에 있는 이것이 현실 아닙니까。눈에 보이지는 않지만 확실히 마음이 현실이고 주체입니다。

이 마음이 만사(萬事)의 주체입니다。남에게 욕을 하거나 때리거나 마음이

二七斷疑論 제三 대승정종분부터 제四절 묘행무주분 까지는 여래정설(如來正說) 가운데 첫째 과목인 정답소문(正答所門)에 관한 설명이었고、여래 정설은 정종분(正宗分)의 네번째 과목이었다。

「여래정설」가운데 두가지 과제(課題)가 있으니、다음부터는 그 두째 과제인「섭적단의」(躡跡斷疑)에 대한 설명이 된다。이 둘째 과목은 내용이 상당히 많은 분량이어서 정종분의 대부분을 차지하므로 결국 경의 거의 전부에 해당한다。마지막 절인 제三十二절의 應作如是觀까지이다。그리고 유명한 세친 보살의 二七단의(斷疑)도 여기서부터 시작된다。첫째 보리를 구하여 보시를 행함에 상에 머무는 것에 대한 의심을 끊

먼저 시작하면 몸뚱이는 따라 하는 것뿐입니다。 그러므로 육체는 언제나 뒤에 처져 있고 마음은 어느 곳 어느 때에나 현실입니다。 우리가 현실이라고 생각하는 이 현실은 아무것도 없는 접니다。『이 몸뚱이부터가 확고한 정체(定體)가 있는 것인가。 이 모든 물건들 물질은 다 변하여 없어지는 것이며 정체가 있어서 현실이라고 지적할 만한 것이 무엇이 있느냐。』 하면 아무것도 없읍니다。

『수보리 네가 지금 나한테 묻는 그것(마음)이 무엇이냐。』 수보리 존자는 그 뜻을 아시지만 미래 중생들을 위해서 일부러 물으시고 대답하신 것입니다。 아무것도 모르고『내가 시집을 가야 산다。 장가를 가야 산다。』는 어리석은 중생들을 위해 두 분께서 신파 연극을 하신 것입니다。 여기서는『네가 무엇이냐。 여래가 무엇인가。』 하는 인생의 근본문제를 다루고 있읍니다。 이와 같은 도리를 밝힌 것이 여리실견분(如理實見分)인데 이치대로 진리 그대로를 신답게 보는 절이란 뜻입니다。 이 절에서 금강경의 진리를 대표하는 사구게(四句偈)[2]인「범소유상개시허망(凡所有相皆是虛妄)」이 나옵니다。 이 뜻을 잘 해득하면 금강경을 다 알게 됩니다。

는 대문이다。

〔註 1〕 **불성**(佛性)∶ 범어 Buddhatva 부처가 될 수 있는 근본 성품。 성품을 깨달으면 부처가 되고 이 성품을 미하면 중생인데 그러나 이 자리는 미하고(迷) 깨치는 것(悟)에 관계 없이 항상 여여(如如)한 자리이다。 따라서 중생에게 본래부터 갖추어져 있는 성품이며 불교는 누구든지 다 이 성품을 깨달아서 부처가 될 것을 목표로 하므로 이 불성을 가장 중시한다。

〔註 2〕 **사구게**(四句偈)∶사구분별(四句分別)이라고도 하니 네 글귀로 된 계송이란 뜻이다。 제一구는 공하지 않은 유를 들어 보이므로 유문(有門)이라 하니 예컨대 있는 바 현상계의 모든 상(凡所有相)이 그것이고 제二구는 있는 것을 부정하는 공의 도리를 들어 보인 부분이므로 공문(空門)이라 하니 예컨대「모두 다 허망한 것이다」(皆是虛妄)함이 그것이다。 제三구는 있는 것이면서 공한 도리를 보이는 역유공문(亦有空

原文 須菩提 於意云何 可以身相 見如來不

解義 부처님은 안으로 마음을 깨쳐 지혜가 밝으실 뿐 아니라 밖으로 생긴 몸의 모습도 곧 신상(身相)③·몸매도 보통 사람에게 비교할 수 없이 거룩하십니다. 부처님의 모습은 서른 두 가지로 거룩한 삼십이상(三十二相)④이 있고, 여든 가지로 뛰어난 팔십종호(八十種好)⑤가 있기 때문입니다. 부처님은 무량겁을 지내 오면서 보살만행(菩薩萬行)을 닦으실 적에 오직 중생만을 위하여 나에게 있는 모든 것을 다 베풀어 주었고, 불쌍한 사람이 있으면 자기가 가진 돈이 없으면 노동을 해서라도 돈을 벌어서 약도 사 주고 먹을 것도 마련해 주고 합니다. 누가 당신 팔이나 눈을 약으로 쓰겠다고 하면 조금도 주저 없이 팔도 짤라 주고 눈을 빼 줍니다.

이와 같이 선행(善行)을 하면 아주 복된 삶을 살게 되는데 부처님은 미간백호상(眉間白毫相), 곧 두 눈썹 사이에 흰털이 있어서 그 털이 보통때는 말려 있지만 그것이 펴지면서 광명이 나오고 신통이 나옵니다. 또 정상육계상(頂上肉髻相)이 있는데 정수리에 살상투(肉髻)가 있어서 보통 사람에게는 정수리의 맨 위가 보이지 않으며 또 열자나 되는 광명이 부처님의 몸 위에 항상 있는 등 세상 사람에게 없는 서른 두 가지상(三十二相)과 여든가지 좋은 모습(八十種好)이 있읍니다. 이런 상호(相好)는 물론 범부에게는 다 없는 상이고 부처님에게 특별히 있는 상이고 공덕으로 나타난 상이니『이런 상호로 여래 곧 부처님을 본다고 할 수 있느냐.』고 부처님께서 수보리존자에게 물으신 것입니다.

門)이니 예컨대「만일 보든 상이 상 아님을 보면」(若見諸相非相)이 그것이다. **제四구**는 있는 것도 공한 것도 아닌 도리를 보인 비유비공문(非有非空門)이니, 예컨대「곧 여래를 보리라」(即見如來)의 예가 그것이다.

六祖口訣 몸뚱이는 형상이 있고 진리의 몸은 상이 없다. 몸뚱이는 네 가지 물질적 요소가 모여서 부모에게 태어난 것이니 육안으로 볼 수 있지만 진리의 몸은 물체의 형상이 없어서 푸르고 누렇고 붉고 흰 빛이 아니고 어떤 모양이 없으므로 육안으로 볼수 없으며 오직 마음의 눈으로만 능히 볼 수 있다. 그러므로 범부는 다만 육신으로 된 여래만을 보고 진리의 몸으로 된 법신여

래는 보지 못하나니 진리의 몸은 허공처럼 크고 한량 없는 것이다.

이에 부처님께서 수보리에게 「몸뚱이의 모양으로 부처님을 볼 수 있겠느냐.」하고 물으셨다. 수보리 존자께서는 범부가 다만 몸뚱이의 여래만을 보고 법신여래는 볼 줄 모르는 것을 잘 알고 있었으므로 「아니옵니다. 세존이시여 가히 몸뚱이의 좋은 모양만으로는 부처님을 본다는 것은 불가능하옵니다.」하고 사뢰셨던 것이다.

色身 即有相 法身 即無相 色身者 四大 和合 父母所生 肉眼 所見 法身者 無有形 段 非有青黃赤白, 無 一切相貌 非肉眼能見

原文 不也 世尊 不可以身相 得見如來

解義 수보리존자는 부처님께 「부처님 몸의 상호가 아무리 거룩하다 하더라도 그런 육신의 몸매를 가지고 부처님을 결정지을 수는 없다」고 사뢰었읍니다. 여기서 부처님을 〈여래〉(如來)⑥라고 했는데, 이 마음은 본래 남성도 여성도 아니고 지식도 사상도 선도 악도 아니고 신앙도 아닙니다. 이 마음은 알 줄 아는 것뿐이고 순수한 생명·청정한 본심이며 질량 변화가 있을 수 없기 때문에 마음은 같은 것과 같다는 뜻으로 여여(如如)⑦하다고 합니다. 여래(如來)란 말은 이와 같이 같은 여여한 데서 그와 같은 이가 왔다는 뜻입니다. 생로병사가 없는 사람이 이 세상에 한 사람 태어났다는 소리입니다. 언제나 같으니 거래(去來)도 직위도 동서남북도 없고 높고 낮음도 없는 그런 사람이 탄생했읍니다. 그이가 바로 석가여래입니다. 몸뚱이는 비록 뱃속에 들어가서 열달 만에 아이가 되어 이 세상에 나왔고 싣달태자가 되어 커서 출가해서 견성(見性) 오도(悟道)하여 설산(雪山)을 내려오셨지만 그 마음은 여여한 그대로 마침내 우리를 제도하려 오신 여래가 바로 석가 여래십니다. 부처님의 마음 자리뿐만 아니라 석가여래의 육신도 불생불멸하는 이치가 있읍니다. 왜 그러냐 하면 이 육신은 환상이고 꿈에 있는 몸뚱이와 같기 때문입니다. 참말로 있는 것이 아니고 환상으로 있는 것이므로 허공처럼 없는 것이나 같습니다. 그런데 환상이란 불교에서 진공묘유(眞空妙有)⑧라고 합니다.

이 마음 자리는 번뇌망상이 하나도 없어져서 없는 것조차도 없어진 것이니 참으로 빈 것이며 허공도 아닙니다. 차라리 허공도 초월했다 그렇게 말하면 그 뜻이 아주 쉬운데 빌 공자(空)를 써서 온갖 강의를 다해 놓으니 도리어 알기 어려워집니다. 이 마음은 물

慧眼 乃能見之 凡夫 但見色身如來 不見法身如來 法身 量等虛空 是故 佛 問須菩提 可以身相見如來不 須菩提 知凡夫 但見色身如來 不見法身如來 故 言不也 世尊 不可以身相 得見如來

〔註 3〕 **신상**(身相): 육신의 모습·몸매를 가리키는데, 그러나 부처님의 몸매는 보통 사람과는 달리 거룩하고 훌륭하여 이 세상에서는 볼 수 없는 서른 두가지 상(三十二相)과 여든 가지 좋은 모습(八十種好)을 갖추시고 계심.

〔註 4〕 **삼십이상**(三十二相)이란 범어로는 Dvatrimsatmahapurusa-laksana이며 부처님 몸에 갖춘 三十二 표상(標相)이니 삼십이 대인상(三十二大人相)·삼십이대장부상 (三十二大丈夫相)이라고도 함. 이 상을 갖춘 이는 세속에 있으면 전륜왕(轉輪王)、출가하면 부처님이 된다고 함. ① 발바닥이 판

질도 허공도 아니고 지식도 사상도 아니고 아무것도 아닌 것조차도 아니다 보니 진짜로 공한 것인데, 그렇다고 허공처럼 그렇게 생각해서도 안됩니다. 온갖 생각이 없어지고 생각이 없어졌다는 생각도 없고 그래 물질도 허공도 아니니 없기는 없는데 어떻게 없는가를 우리는 생각해 볼 수 있읍니다. 진짜로 없는 이것이 금강경 강의해 달라고 와서 물으면 아무것도 없는 것이 대답하고 그럽니다. 이렇게 묻고 대답하고 하니 뭐가 있기는 있읍니다. 그런데 이것은 물질처럼 있는 것으로 있지도 않고 허공처럼 텅비어 없는 것으로 있는 것도 아닙니다.

아무 것도 없다는 이 소리를 잘못 알아들으면 공부하다가 아무 것도 없는 경지가 나타나면 견성했다 도통했다 그럽니다. 그러니 있기는 있는데 있는 것도 있는게 아니고 물질로 있는 게 아니고 없는 허공으로 있는 것도 아니며 그러므로 이것을 묘하게 있다(妙有)고 하는 것입니다. 물으면 대답하고 먹고 배부르면 변소 가서 끙끙 앓고 이런 신기한 짓을 하니 참 묘한 존재가 아닐 수 없읍니다. 그렇다고 붙잡을 수 있고 쳐다볼 수 있고 생각해 볼 수 있느냐 하면 그렇지도 않습니다. 들어볼 수도 없고 대질러 볼 수도 없고 그러니 이런 편으로 보면 꼭 진공입니다. 아무 것도 아닌, 중생도 부처도 아닌 그런 것이 부르면 대답할 줄 알고 먹으라면 먹고 추운 줄 알고 하는 것으로 봐서는 무엇이 분명히 있는 것이 물질처럼 있는 것도 아니고 허공처럼 없는 것도 아니므로 있기는 있는데 기이하게 있읍니다. 그러므로 우리 마음 자리인 이 생명은 진공묘유(眞空妙有)한 것이니 따라서 물질의 구성체인 이 육신이 아무리 미묘한 상(相)을 갖추었다 하더라도 그런 상호(相好)를 가지고 여래를 볼 수 없는 것입니다.

原文 何以故 如來所說身相 即非身相

解義 『왜 그러냐 하면(何以故) 여래께서 말씀하신 몸뚱이의 모양(如來 所說身相)은 곧 몸뚱이의 모양이 아니기 때문이옵니다。몸뚱이의 모양이 여래일 수 없기 때문이옵니다。(卽非身相)』하고 수보리 존자는 부처님께 사뢰었읍니다。

육체를 나라 하여 여자 몸뚱이 타고 나면 시집을 가려고 애를 쓰고 남자 몸뚱이 타고 나면 장가 가지 않으면 안 된다고 애를 씁니다。이런 망상⑨을 버리지 못하여 죽어서 또 태어나고 업을 짓고 하게 되는데 한번 나서 늙어 죽는 고생이 보통이 아닙니다。 따지고 보면 죽을 수 없어 살아 있는 것이지 살아 갈 이유란 아무것도 없읍니다。인간세상은 결국 먹고 똥 싸고 그것 때문에 무의미하게 살고 있읍니다。

우리는 이렇게 끔짝 못하고 늙고 병들어 죽는 그것을 위해 죽도록 일을 해야 합니다。모두 농사짓고 장사하는 이유는 죽기가 싫어서 안죽으려고 하는 짓에 불과합니다。단 십분이라도 더 살려고 발버둥질합니다。 그러나 농사짓고 장사하는 게 인생의 목적일 수는 없읍니다。누구든지 그 마음에 죽으려고 결정만 했다면 그 사람은 아무 것도 안 합니다。농사짓고 장사하고 무슨 일을 하는 것은 다 살기 위한 수단이기 때문입니다。육체가 아닌 우리 본래의 생명은 그대로 살아 있는 것이니 밥을 먹어 산 것도 아니고 무엇을 위해 산 것도 아니고 돈을 위해 산 것도 아닙니다。이 〈마음〉을 발견하고 발심한 보살은 육체가 나라고 생각하는 사상을 완전히 뿌리 뽑아야 하고 행동을 바꿔야 합니다。 그게 바라밀이고 응무소주(應無所住)하는 행입니다。

영원한 생명을 찾아 생사를 초월하여 죽음을 잊어버리고 살 수 있다면 그렇게 편할 수 없읍니다。하루 밥 세 끼가 재미나서 먹는 것도 아닙니다。밥 안 먹고 건강하게 살 수 있

판함。②손바닥에 수레바퀴 같은 금(무늬)이 있음。③손가락이 가늘면서 긴 것。④손 발이 매우 보드라움。⑤손가락 발가락 사이마다 엷은 비단결 같은 막(膜)이 있음。⑥발굼치가 원만함。⑦발등이 높고 원만함。⑧장딴지가 사슴 다리 같음。⑨팔을 떠면 손이 무릎까지 내려감。⑩남근(男根)이 오므라들어 몸 안에 숨어 있는 것이 말의 것과 같음。⑪키가 한 발(두 팔을 편 길이)의 크기와 같음。⑫털 구멍마다 새까만 털이 남。⑬몸의 털이 위로 쏠려 남。⑭온몸 빛이 황금색임。⑮몸에서 솟는 광명이 한 길 됨。⑯살결이 보드랍고 매끄러움。⑰두 발바닥·두 손바닥·두 어깨 정수리가 모두 판판하고 둥글며 두터움。⑱두 겨드랑이가 편편함。⑲몸매가 사자와 같음。⑳몸이 곧고 단정함。㉑양 어깨가 둥글며 두둑함。㉒이가 40개나 됨。㉓이가 희고 가지런하고 빽빽함。㉔송곳니가 희고 큼。㉕뺨이 사자 것과 갈

음。㉖ 목구멍에서 맛좋은 진액이 나옴。㉗ 혀가 길고 넓음。㉘ 목소리가 맑고 멀리 들림。㉙ 눈동자가 검푸름。㉚ 속눈썹이 소의 것과 같음。㉛ 두 눈썹 사이에 흰털이 남。㉜ 정수리에 살상투가 있음。

〔註 5〕 **팔십종호**(八十種好)는, 팔십수형호(八十隨形好)라고도 한다。부처님의 몸에서 훌륭한 것 80가지를 말한 것인데, 경·논에 따라 꼭 같지 않다。① 손톱이 좁고 길고 엷고 구리빛으로 윤택한 것。② 손가락 발가락이 둥글고 길어서 다른 사람보다 고운 것。③ 손과 발이 제각기 같아서 별로 다름이 없는 것。④ 손 발이 원만하고 보드라워 다른 사람보다 훌륭한 것。⑤ 힘줄과 핏대가 잘 서리어서 부드러운 것。⑥ 두 복사뼈가 살 속에 숨어서 밖으로 나타나지 않는 것。⑦ 걸음걸이가 곧고 반듯하여 거위와 같은 것。⑧ 걸음 걷는 위의가 사자와 같은 것。⑨ 걸음걸이가 안평하여 상자 길

다면 누가 씁쓸한 산삼을 먹겠읍니까。

그러니 우리는 안 먹고 영원히 살아 있는 우리 마음을 깨쳐야 합니다。그래서 전 우주의 관광여행이나 다니고 아무 할일 없는 관광여행、중생제도를 위한 여행 길에 올라서 모든 중생을 바른 길로 인도해 주고 모두 마음 깨쳐 생사해탈하게 해 주어야 합니다。우리 중생들은 육체와 정신 두 가지가 있는데 어느 게 참 나인가、이 육체는 언젠가는 늙어 죽을 것이며 그것은 하나의 물질에 불과하다。근육이나 뼈가 우리 몸뚱이의 주가 되는데 이것을 분석해 보면 결국 수분·당분·지방질 등의 물질적 요소에 불과합니다。혈액이나 오줌 등을 보더라도 결국 이것은 물질이며 오장육부는 물론 뇌세포까지라도 그것은 물질적 구조에 불과하며 물질은 결국 생명일 수는 없읍니다。

이 몸뚱이는 마음이 없으면 송장입니다。육체를 부려먹는 게 마음입니다。마음은 운전수고 육체는 택시와 한가지입니다。마음이 몸뚱이더러 앉으라、서라、가자、온갖 일을 다 시킵니다。

그런데 몸뚱이는 죽어 없어지는 것이므로 마음이 곧 나입니다。이 마음은 물질도 허공도 아니기 때문에 영원히 산 것입니다。이것이 확실히 믿어지면 그날 저녁부터 잠도 잘 오고 영원히 죽음을 면하는 길에 들어선 것이니 큰 환희를 얻습니다。곧 이 몸뚱이가 우리가 생각하는 그런 몸뚱이가 아닌 줄을 알아야 합니다。

原文 佛告須菩提 凡所有相 皆是虛妄 若見諸相非相 即見如來

解義 이 금강경 계통을 전부 통틀어 반야부(般若部)⑩라고 하고 그 부수(部數)만도 六백부나 되고 경책의 권수로는 二천권이나 됩니다。그 가운데는 반야심경(般若心經) 같은 작은 경도 있지만 큰 경도 있읍니다。그런데 이 六백부의 골수를 통틀어 얘기하는 대

표적인 글이 다음에 나오는 「凡所有相 皆是虛妄 若見諸相非相 卽見如來」란 네 귀절입니다。이 네귀 열여섯글자 안에 금강경의 핵심은 물론 반야 六백부 전체의 뜻을 유감없이 표현했다는 뜻에서 반야제일게(般若第一偈)라고도 합니다。 그 게송(偈頌)⑪의 뜻은 『모양으로 있는 모든 것、모든 현상은 다 허망한 것이니 이 모든 현상이 상이 아닌 줄을 직관(直觀)할 줄 알면 곧 여래를 보는 것이고 마음을 깨친 것이다』 그런 뜻입니다。

무릇 있는 바 모양(凡所有相)이란 현상계(現狀界)를 말하고 이때에 현상은 모든 생각、안 보이는 모든 것까지 다 포함해서 가리키는 말입니다。

이와 같이 우리가 보고 듣고 생각할 수 있는 모든 것은 만분의 일초도 가만히 있는 것은 하나도 없고 질량 변화를 쉴새 없이 일으키고 있읍니다。 에너지가 눈에는 보이지 않지만 무엇이 됐다가 돌아오고 하므로 이것은 결국 믿을 수 없는 허망상(虛妄相)⑫입니다。 이것이 다 우리의 마음을 속이는 것입니다(皆是虛妄)。

우리가 생각할 수 있는 모든 학문·예술·종교·불교도 다 허망하고 오직 자기 마음만이 진짜입니다。「생각할 수 있는 것은 다 허망한 것이로구나」하고 생각해야 하는데 그것은 마치 실연당했을 때보다도 더해야 합니다。 가령 어떤 여자하고 연애를 하다가 그 여자 뒤에 어떤 남자가 있었다。 또는 그 남자에게 다른 여자가 있었다는 것을 알았다면 생명을 걸고 사랑하려고 했던 그 마음이 홱 돌아섭니다。 그 총각 처녀 지나간 길로 걷기도 싫어질 겁니다。 애정 문제 가지고도 이렇게 마음이 돌아서는데 하물며 우주 인생의 근본 문제에 있어서는 말할 게 없읍니다。 온 세상이 날 죽이려 하고 부처님까지도 날 죽이려고 하는 것 같을 겁니다。 이 육신을 죽여서 구렁텅이에 꼼짝 못하게 해놓고 썩게 만드는 것입니다。 그러니 이 우주 인생과 나와는 정이 완전히 떨어집니다。 연애하다 실연 당하는 정도가 아닙니다。

같은 것。⑩ 걸음걸이가 위엄이 있어 일체에 진동하는 것。⑪ 몸을 돌려 돌아보는 것이 코끼리처럼 오른쪽으로 돌려 보는 것。⑫ 팔 다리의 마디가 수승하고 원만하고 긴 것。⑬ 뼈마디가 서로 얽힌 것이 쇠사슬 같은 것。⑭ 무릎이 원만하고 굳고 아름다운 것。⑮ 남근이 살 속에 숨어 있는 것이 말과 같음。⑯ 몸과 팔다리가 윤택하고 미끄럽고 깨끗하고 부드러운 것。⑰ 몸매가 바르고 곧아서 굽지 아니한 것。⑱ 몸과 팔다리가 견고하여 비뚤지 않은 것。⑲ 몸매가 반듯하고 두루 만족한 것。⑳ 몸매가 단정하며 검지 않고 기미가 없는 것。㉑ 몸에 둥근 광명이 있어 사방으로 한 길씩 뻗치는 것。㉒ 배가 반듯하고 가로 무늬가 없는 것。㉓ 배꼽이 깊숙하고 오른쪽으로 돌았으며 원만하고 묘한 것。㉔ 배꼽이 두텁고 묘한 모양이 있어 두드러지거나 오목하지 않는 것。㉕ 살갗이 깨끗하고 용모가 바른 것。

㉖ 손바닥이 충실하고 단정하고 어지럽지 않는 것。 ㉗ 손금이 길고 끊어지지 않고 분명하고 바른 것。 ㉘ 입술이 붉고 윤택하며 빈바의 열매 같은 것。 ㉙ 얼굴이 원만하여 크지도 작지도 않은 것。 ㉚ 혀가 넓고 길고 붉고 엷어서 이마전까지 닿는 것。 ㉛ 말소리가 위엄있게 떨치는 것이 사자의 영각과 같은 것。 ㉜ 목소리가 훌륭하고 온갖 소리가 구족한 것。 ㉝ 코가 높고 곧아서 코구멍이 드러나지 않는 것。 ㉞ 치아가 반듯하고 희고 뿌리가 깊게 박힌 것。 ㉟ 송곳니가 깨끗하고 맑고 둥글고 끝이 날카로운 것。 ㊱ 눈이 넓고 깨끗하며 눈동자가 검은 광명이 있는 것。 ㊲ 눈이 길고 넓고 속눈썹이 차례가 있는 것。 ㊳ 속눈썹이 가지런하여 소의 눈썹과 같은 것。 ㊴ 속눈썹이 길고 검고 빛나고 보드라운 것。 ㊵ 두 눈썹이 아름답고 가지런하여 검붉은 유리빛이 나는 것。 ㊶ 두 눈썹이 높고 명랑하여 반달과 같은 것。 ㊷ 귀가 두텁고 길고 귓불이 늘어진 것。 ㊸ 두

그러므로 이 육신인 가짜 나는 이 얘기 끝나고 죽을지、앞으로 계속 얼마나 살아 있을지 그걸 생각하고 일해야 합니다。그러면 사람이 착하게 됩니다。남편이 작은 여자를 얻어 속을 썩이더라도 「누가 먼저 죽을지 모른다。내가 전생에 남편에게 속을 썩여서 나에게 복수하는 것이니 달게 빚이나 갚자。」 이렇게 자꾸 생각하면 이것이 곧 지혜입니다。이것이 곧 사람이 배워야 할 지식입니다。이렇게 마음을 먹고 나면 모든 것이 상(相)이 아닌 것으로 보게 됩니다(若見諸相非相)。「이 세상에 미련이라고 남을만한 사건이란 하나도 없구나。」 이렇게 생각하는 것이 허망인 줄 아는 것입니다。그러면 곧 여래를 발견할 수 있다는 것입니다。여래는 부처를 가리키는 말이고 마음자리를 가리키는 말이니 그게 곧 참나입니다。그런데 우리는 우리의 마음자리가 닳아 없어지도록 육신을 사랑했던 것입니다。

그러다가 이 몸뚱이한테 정이 떨어지고 나니 마음만이 드러납니다。눈과 귀가 보는 게 아님을 확실히 알면 몸뚱이도 포기해 버리고 우주와 온 세상을 다 포기해서、버릴 수 있는 것을 다 버리고 나면 버릴 수 없는 것만 남는데 그것은 마음뿐입니다。마음자리를 알게 된다는 뜻입니다。지금 깨치기 전에도 여래(如來)하면 마음이 확연히 드러난다는 것입니다。연애하다 한번 배신 당하면 뜨겁던 정이 냉정하게 끊어져서 얼음보다도 더 식어 버립니다。우리도 이 육체와 무서운 연애를 한 셈입니다。그 어느 누구한테 어느 무엇에게보다도 다시 없이 이 몸뚱이를 소중히 여겨 아끼고 거두고 하루라도 더 살리려고 아들 딸도 제쳐 놓고 불성(佛性) 자리만 생각으로 알 수 있는 그것들이 다 상(相)이 아닌 줄 알면 곧 여래를 발견한다。곧 자기를 자꾸 정리해서 모든 생각을 정리하고 육체의 생각을 정리하면 마음 자리를 발견합니다(卽見如來)。

금강경에 四구절만 읽어 가지고 성불한 사람도 있고 반야바라밀만 읽어 가지고 신통(神通)이 나오기도 하고 「아제아제 바라아제 바라승아제 모지 사바하」만 외워서 견성(見性)하

기도 합니다。 이렇게 한가지만 해야 합니다。 참선을 하든지、 염불을 하든지、 다라니를 하든지 하나에 전념을 해야지 이것저것 다하면 그것은 허욕이 되고 정신이 한 가지로 통일되기 어렵습니다。 가령 〈옴마니반메훔〉만 자꾸 염송(念頌)하다 보면 나중에는 소리도 아니고 〈옴메〉만 있습니다。 이렇게 되면 깨닫는 시간이 빨라집니다。 현상은 다 허망한 것이니 그런줄 확실히 알았으면 마음이 드러난다는 금강경 四구게 곧 「범소유상 개시허망 약견 제 상비상 즉견여래」(凡所有相 皆是虛妄 若見諸相非相 卽見如來)를 마음을 다해 읽었다면 깨닫게 된다는 것입니다。 딴 생각을 하고 읽기 때문에 마음이 안 드러나는 것이니 이것을 천독만독(千讀萬讀)해서도 안된다면 내생에 또 독송할 각오로 자꾸 읽어야 합니다。

〔說 義〕

마음을 찾는 생활

모든 것이 다 허망한데 그 중에 허망하지 않은 것이 있다면 그것은 마음뿐이라는 것을 꼭 알아야 합니다。 그것을 꼭 알아야겠다 하면 그것은 이미 견성에 연결되는 생각입니다。 따라서 「모든 현상은 다 허망한 것이니 오직 이 마음을 알아야겠구나。」하는 마음으로 이 경문을 읽으면 이것이 곧 천 칠백이나 되는 참선의 화두공안(話頭公案)⑬을 다 생각하는 것과 같습니다。

육체도 내가 아니고 우주도 실재가 아니니 아버지 어머니 아들 딸이라는 것도 거짓말입니다。 그 가운데 마음만은 어제도 오늘도 그렇고 작년도 금년도 백년 후도 마찬가지입니다。 천당을 가도 지옥을 가도 이대로고、 소가 돼도 개나 구렁이가 돼도 마음은 달라진

귀 모양이 아름답고 가지런한 것。 ㊹ 얼굴이 단정하고 아름다와 보기 싫지 않은 것。 ㊺ 이마가 넓고 원만하여 번듯하고 수승한 것。 ㊻ 몸매가 수승하여 위 아래가 가지런한 것。 ㊼ 머리카락이 길고 검고 빽빽한 것。 ㊽ 머리카락이 깨끗하고 부드럽고 윤택한 것。 ㊾ 머리카락이 고르고 가지런한 것。 ㊿ 머리카락이 단단하여 부쉬져 떨어지지 않는 것。 (51) 머리카락이 빛나고 매끄럽고 때가 끼지 않는 것。 (52) 몸매가 튼튼하여 나라연천보다 훨씬 더한 것。 (53) 몸집이 장대하고 단정하고 곧은 것。 (54) 몸의 일곱 구멍이 맑고 깨끗하여 때가 끼지 않는 것。 (55) 힘이 충실하여 같을 이가 없는 것。 (56) 몸매가 엄숙하고 좋아서 보는 사람마다 즐거워하는 것。 (57) 얼굴이 둥글고 넓고 깨끗한 것이 보름달 같은 것。 (58) 얼굴빛이 화평하여 웃음을 띤 것。 (59) 낯이 빛나고 때가 없는 것。 (60) 몸과 팔다리가 항상 장엄스럽고 깨끗한 것。

게 없읍니다。 몸뚱이가 개가 되고 구렁이가 되었을 뿐 내가 개고 구렁이구나 하고 생각할 줄 아는 근본 마음자리는 달라질 수 없읍니다。 여자가 되나 남자가 되나 짐승이 되나 송장을 끌고 왔다갔다하고 배고프다고 밥 먹고 똥누는 생각을 내는 주체、부정하고 긍정하는 주체、그것이 바로 마음입니다。

지금 말하고 듣는 이대로 영원히 살아 있는 〈참 나〉를 발견하면 그때부터 논이고 밭이고 재산을 전부 팔아서 없는 사람에게 나누어 줍니다。 집 없는 사람에게 집을 지어주고 배고프고 옷 없는 사람에게 밥을 주고 옷을 주어 다 보시합니다。 의식주의 재산을 보시하고 그 다음에 또 사람이 어떻게 사는 게 옳게 사는 것인가、다른 것은 다 하나마나하고 이것만은 꼭 해야 할 일은 무엇인가를 가르쳐 주는 것입니다。 지금까지의 학문은 하나마나하고 세계제일 가는 박사가 돼 봐도 생로병사는 면하지 못하고 하루 밥 세 그릇 꼭 먹어야 합니다。 육신은 내가 아니고 죽어 없어진 한낱 물질이며 죽지 않는 마음 영원히 살아 있는 〈내〉가 어디인가를 일깨워 찾아 내야 할 것입니다。「사람이 꼭 해야 할 일이 무엇이고 꼭 가야 할 길이 어디인가」이 두 가지만은 꼭 배워야 합니다。 부처가 되는 길이 마음 깨달아 우주에 자유로운 인간이 되는 것이며 그것이 우리가 갈 길입니다。 이렇게 바른 길로 인도해 주고 바른 정신 넣어 주는 것이 정법(正法)을 펴는 법시(法施)인 것입니다。 또 위태롭고 외롭고 근심 속에 괴로와하는 중생들을 구제해 주는 무외시(無畏施)가 있읍니다。

「불교를 믿고 마음을 깨치면 생사를 초월한다。 마음을 깨치면 부처이니 석가여래를 믿는 것이 아니라 내 마음을 믿는 것이다。 석가여래도 나 같은 사람으로 마음을 깨쳐 부처가 된 것이다。 그리고 그 깨칠 수 있는 법을 그대로 남기어 놓았으니 부처님 하시던 그대로 수도를 하면 된다。」이런 이치를 알아서 몸뚱이가 나인 줄 알기 때문에 모든 근심걱

(61) 털구멍에서 좋은 향기가 풍기는 것。 (62) 입에서 아름다운 향기가 나는 것。 (63) 목이 아름답고 둥글고 평등한 것。 (64) 몸의 솜털이 보드랍고 검푸른 빛으로 광택이 있는 것。 (65) 법문 말씀하시는 소리가 원만하여 듣는 사람들의 성질에 따라 널리 맞게 하는 것。 (66) 정수리가 높고 묘하여 볼 수 없는 것。 (67) 손가락 발가락 새에 그물 같은 엷은 막이 분명하고 바로잡혀 있는 것。 (68) 걸어다닐 적에 발이 땅에 닿지 아니하여 네치쯤 떠서 땅에 자국이 나타나지 않는 것。 (69) 신통력으로 스스로 유지하고 다른 이의 호위함을 받지 않는 것。 (70) 위덕이 멀리 떨쳐서 선한 이들은 듣기를 좋아하고 악마나 외도들은 두려워 굴복하는 것。 (71) 목소리가 화평하고 맑아서 여러 사람의 마음을 즐겁게 하는 것。 (72) 중생들의 근기를 알고 그 정도에 맞추어 법문을 말하는 것。 (73) 한 음성으로 법을 말하되 여러 종류들이 제각기 알게 하는

것。(74) 차례로 법을 말하며 각기 제 자격에 맞도록 하는 것。(75) 중생들을 고르게 보아서 원수나 친한 이가 모두 평등한 것。(76) 하는 일에 대하여 먼저 관찰하고 뒤에 실행하여 제각기 마땅함을 얻는 것。(77) 온갖 상(相)과 호(好)를 구족하여 아무리 보아도 다함이 없는 것。(78) 머리의 뼈가 단단하여 여러 겁을 지내더라도 부서지지 않는다。(79) 용모가 기특하고 묘하여 항상 젊은 이와 같은 것。(80) 손·발·가슴에 상서로운 복덕상과 훌륭한 모양을 구족한 것。

〔註 6〕 여래(如來)：여(如)는 진여를 뜻하고 래(來)는 왔다는 뜻인데, 진여의 도를 타고 인(因)으로조차 과(果)에 이르러 정각을 이루었다 하여 여래라 한다고 새기니 이것은 진신여래(眞身如來)를 가리킨다。그 진여의 길을 밟아서 크게 중생의 세계를 교화하기 위해 화현(化現)하였다는 뜻이 있으니 이것은 응신여래(應身如來)를 가리킨다。

정이 있는 것인데 마음이 나인 줄만 알면 아무 근심걱정이 없어집니다。남이 내 돈을 다 들어 먹고 알거지로 만들어 놔도 그 사람이 밉지 않습니다。그러므로 불교를 바로 믿도록 정법을 일러 주면 확실히 정신을 차릴 수 있는 기회가 옵니다。그래서 모든 근심걱정이 없어지므로 육체가 내가 아니고 마음이 참나임을 가르쳐 주는 것은 확실히 법시이면서 두려움을 없애 주고 마음을 안정시켜 주는 무외시(無畏施)입니다。의식주에 구애가 없으니 아무리 굶어도 걱정을 안하고 우리 생활을 완전히 남만을 위해서 사는 것으로 바꿉니다。바라밀을 도피안이라 하지만 그 말이 어렵고 차라리 현명한 생활을 한다고 하면 좋을 것입니다。

생존경쟁에만 몰두하던 생활을 아침 저녁으로 다만 一〇분이라도 참선을 해서 이 마음이 무엇인가를 심각하게 찾아봐야 합니다。이렇게 하면 의식주 생활도 반대로 자기를 깨치는 시간이 됩니다。一〇분이 차차 二〇분이 되고 나중에는 열 시간쯤 참선을 할 수도 있읍니다。이렇게 되면 밥 먹을 때도 옷 입을 때도 똥 눌 때도 기차간이나 학교 가서 선생 강의를 들으면서도 화두 생각이 납니다。이렇게 해 나가면 二四시간 꼬박 참선이 됩니다。염불도 그렇게 됩니다。경희대학에 한 학생이 참선을 배워서 화두(話頭)를 하는데 전차를 타거나 버스를 타거나 화두만 하다가 어떤 때는 버스 종점으로 아주 간다는 것입니다。화두에 열중하다 보면 나중에는 그런 식으로 됩니다。그런데 그러면서도 학교성적은 자꾸만 좋아진다는 것입니다。강의 한 번 들으면 완전히 기억되고 시험 때가 되면 다 알게 되는 때문입니다。공부를 바로 하면 몸도 건강해지고 마음이 안정된다는 것입니다。

참선을 하든지 염불을 해서 마음을 턱 놓고 살수 있는 지경에 들어가면 그렇게 됩니다。신경이 사방에 쓰이고 온갖 번뇌가 들끓고 그래서 피가 나빠지고 신경이 약해지고 건강에 이상이 생기고 하던 것이 정신을 크게 안정하고 사니까 모든 것이 다 잘 됩니다。그래서 농사하는 사람 밭은 밭대로 더 잘 가꾸고 지혜도 나오고 하여 생(生)의 투사・진리의 투사가 됩니다。 육체본위로 살던 생활을 마음 본위로 사는 혁명투사의 생활로 바꿔 나가는 셈입니다。 이런 것을 가르치는 얘기가 이 금강경입니다。

모든 것은 생각이 만든 것

앞에서 진공묘유를 설명하는 가운데 이 육신과 일체의 물질은 다 환상이고 꿈에 있는 몸뚱이와 같으며 따라서 참 말로 있는 것이 아니고 환상으로 있는 것이므로 아무것도 없는 진공과 같다고 했읍니다。 그러나 이 진공도 한 개의 가상(假想)이고 진상은 아닐 뿐 깊이 생각하면 환각・환상으로 있는 것이라고 생각할 수 있읍니다。 가령 내가 이렇게 생시에 칠판 옆에 서서 강의하는 것을 본 여러분은 꿈에 가서도 이 청담이 칠판 옆에 서서 강의하는 걸 보는 이도 있을 것입니다。 그런데 꿈속에 나타난 이 청담은 여러분의 기억 속에 있는 이 청담이 나타난 것입니다。 여러분이 늘 보고 듣고 기억한 그 기억이 꿈에 가서 이 청담 목소리도 되고 몸뚱이도 되는 것입니다。 그러므로 여러분의 생각 그것이 객관현상으로 되고 모든 행동까지 전부 됩니다。 따라서 여러분의 생각하고 객관하고는 거리가 없는 것입니다。

생각이자 곧 이 청담이고 여러분의 생각이자 곧 법당입니다。 그러니 물어 볼 것도 없이 이것은 확실히 여러분의 환각(幻覺)⑭이고 쓸데 없는 생각입니다。 생각 그것이 환상을 만들었고 그러므로 현재의 이것이 다 하나의 환상이고 참말로 있는 것이 아닙니다。 객관은 물질로 있는 것도 아니고 허공에 의해 있는 것도 아니고 내 생각이 그렇게 된 것입니다。 객관으로 된 꿈에 가서 남편과 여러 달 살 때도 있읍니다。 이럴 때는 지금 이불 속에

또 법보응(法報應) 三신의 여래를 풀기도 한다。 일체처에 두루하지만 조금도 다르지 않으니 「여」고 움직임 없이 오셨음이 「래」인바 이것은 「법신여래」(法身如來)며、 진리를 따르는 것이 「여」고 지혜를 따르는 것이 「래」니 이것은 「보신여래」(報身如來)며 진여의 도리와 지혜로써 처처의 경계에 정각을 나투어 묘법의 수레를 굴리시나니 이것은 곧 「응신여래」(應身如來)다。

〔註7〕 **여여(如如)**: 능가경(楞伽經)에서 말하는 五법의 하나로서、 법성(法性)의 진리의 본체는 둘이 아닌、 평등체이므로 「여」며 피차의 모든 법이 다 같으므로 「여」니 이와 같이 참다운 지혜가 진리의 체와 조금도 어김없이 계합하는 것을 「여」라 한 것이다。 그런데 한 「여」 가운데 법계의 항하사 수의 불법을 갖추어서 모든 법을 분별하는 데는 그 뜻이 하나가 아니지만 본체는 피차 다 같은 도리이므로 「여여」(如如)라

했다。

〔註 8〕 진공묘유(眞空妙有)：마음자리인 「진여」(眞如)는 아무 것도 없는 「공」의 도리와 온갖 현상계의 일체만유의 제법의 도리가 함께 온전하게 갖추어 있음을 뜻한다。 그래서 「진여」를 원성실성(圓成實性)이라 하는데 이것은 소승에서 말하는 유(有)에 대해 상대적으로 없는 공이 아니고 아집(我執)・법집(法執)을 여읜 진공(眞空) 자리이며 이것은 항상 불변하는 실재로서 능히 일체 만유를 다 함섭(含攝)하므로「진공묘유」라 한 것이다。

六祖口訣 색신은 이것이 형상이고 진리의 몸은 이것이 성품이다。 온갖 선악이 다 이 진리의 몸에 매어 있는 것이고 육신의 몸뚱이에 매어 있지 않다。 진리의 몸이 만일 악을 지었다면 색신인 몸뚱이는 좋은 곳에 태

있는 남편이 자기 남편이 아니고 자기 마음 속에 남편을 기억하고 있는 그 기억이 남편이 된 것입니다。 그러면 왜 남편이 나를 그렇게 좋아하느냐 하면 그것은 남편이 좋아하는 것이 아니라 내가 나를 좋아한 것입니다。 꿈속의 남편은 내 생각이 만든 남편이기 때문입니다。 내가 꼭 생각하고 있던 남편의 모양、 성격을 기억하고 있기 때문에 그 기억이 그대로 남편이 되어 가지고 밤에 나와 어디로 놀러 가자고 하여 남편따라 호강을 하고 하는 것인데、 저 혼자 둘이 돼서 돌아다닌 것입니다。 제 마음의 생각이 자기도 되고 남편도 되고 해서 돌아다닙니다。 그러니 이게 환상입니다。

지금 우리들의 이 모든 것도 다 그렇읍니다。 이것이 다 그대로 꿈이라고 하면 처음 듣는 이들은 이해되지 않겠지만 확실히 생시(生時)도 꿈입니다。 서론에서 자세히 얘기한 바 있지만 꿈에 들어갈 적마다 생시를 모두 잊어버립니다。 나를 나아서 키워서 대학까지 보내 준 우리 어머니가 여기 시퍼렇게 살아 있는데 이것이 어찌 꿈일 수 있겠느냐는 것입니다。 목을 베어도 이것이 생시라는 것입니다。 그러나 생시에는 꿈을 부정할 도리가 없읍니다。 세 살 먹어서 꾼 꿈을 八〇노인이 기억을 하고 있으니 우리 기억에서 영원히 사라지지 않는 것이 꿈입니다。 반면에 생시는 꿈에 의해 부정됩니다。 우리 기억에서 떠납니다。

그러므로 우리는 이것을 바꾸어 생시를 꿈이라 하고 꿈을 생시라고 그렇게 생각할 수 있읍니다。 천년만년 사는게 꿈이고 백년 밖에 못사는게 생시입니다。 따라서 긴 세월을 경험하는 꿈이 생시입니다。 그런데 꿈에 있는 몸뚱이는 실제로 있는 것이 아닌 환상입니다。 환으로 있는 상이므로 있다 해도 안되고 없다고 해도 안되니 진공묘유(眞空妙有)입니다。

모든 것이 다 내 생각입니다。 생각이 에너지가 되어 있고 에너지가 물질로 남산으로 되어 가지고 올라가면 확실히 숨차고 힘듭니다。〈있다 없다〉를 초월하여 四차원세계에 들

어날 수 없고 진리의 몸이 악을 지으면 육신의 몸뚱이는 나쁜 곳에 떨어지지 않을 것이다。 범부는 오직 육신만을 볼 줄 알고 진리의 몸은 보지 못하므로 상에 머물지 않고 하는 보시를 실천하지 못하고 온갖 곳에서 평등한 행을 실천할 수 없는 것이며 일체 중생을 두루 공경하지 못하는 것이다。 그러므로 진리의 몸을 보는 이는 상에 머무름 없이 하는 보시를 실천할 수 있으며、일체의 중생을 두루 공경할 수 있으며、그리하여 반야바라밀의 행을 능히 닦아서 일체 중생이 동일한 참다운 성품의 소유자여서 본래 청정하므로 더러운 때가 없

어가면 남산도 몸뚱이도 어떤 생각도 없고 번뇌도 환상도 없읍니다。

착각의 연속 속에 산다

현상세계도 꿈과 다름 없이 하나의 환상입니다。 가령 여기 있는 나의 이 그림자도 내가 이렇게 움직이면 여기서는 없어지고 저 쪽에 나타납니다。 그렇지만 그림자는 없어진 게 아닙니다。 광학적(光學的)⑮으로 그렇게 되지 않을 수 없읍니다。 그림자는 광선을 막은 것인데 광선을 막은 그림자가 이동하는 것이 아니고 우리 육안이 착각을 한 것입니다。 그림자 자체는 없는 것이므로 움직일 수 없기 때문입니다。 우리가 달 밝은 밤에 한강 뚝에 나가 보면 한강 물 속에 비친 달이 자꾸 따라옵니다。 그런데 그때 물 속으로 따라오는 그 날은 저 허공에 매어 있는 그 달의 그림사가 따라오는 것은 아닙니다。 달의 그림자란 무수한 광선이 쏟아져 내려 온 것이므로 온 땅 위에 달 그림자는 꽉차 있는 것입니다。 한강 물에 수억만개의 달 그림자가 있어야 합니다。 내가 있는 위치가 달라져서 안 보일 뿐입니다。 그러므로 내가 A자리에 서 있다가 B의 지점으로 옮겼을 때 보이는 물속의 달은 곧 달의 그림자는 서로 다른 것입니다。 A지점에서 본 달의 그림자가 B지점에서 보이는 자리로 이동된 것이 아니고 나의 위치가 바뀌었으므로 A지점에서 보던 달 그림자는 보이지 않게 된 것이고 그 다음 B지점의 날의 그림자가 보인 것뿐입니다。 따라서 전혀 다른 달의 그림자를 보는 것이므로 우리 육안에는 달이 계속 따라오는 것 같아도 실은 먼저 달 그림자는 안 보이고 다른 달 그림자가 보이는 것이며 자리가 달라질 적마다 보이고 안 보이고 다른 그림자가 또 보이고 이것이 연속된 것입니다。 따라서 현실적으로 인식하는 그림자는 광학상 전혀 우리들의 착각에 의한 잘못된 인식임을 알 수 있읍

니다.

이와 같이 五관⑯을 가지고 각 분야에서 착각의 연속 속에 사는 것이 우리 인생입니다. 사실대로 보지 못하고 사실대로 듣지도 느끼지도 못합니다. 모든 물체가 다 환이고 꿈이기 때문입니다. 내가 이렇게 걸어서 이쪽으로 몸을 이동하면 여러분은 이 청담이 갔다고 압니다. 그렇지만 그것도 가는 것처럼 보일 뿐입니다. 그 처녀 인물이 참 잘 생겼다고 하는데 그것도 생각이 그렇게 보이는 것입니다. 그런데 四차원·五차원 세계에 들어가면 이와 같은 五관으로 잘못 알아지고 있는 물질의 환상계(幻想界)가 사라지고 마음으로만 얘기하고 생활하게 됩니다. 그 마음은 〈진공묘유〉이기 때문에 무어라 이름을 붙일 수는 없읍니다.

현실은 곧 마음

우리가 이제 육체를 가지고 나라 하고 五관에 의한 인간 이것이 참된 〈내 생명〉인 술로 소중히 여깁니다. 이 사실을 조금이라도 무시하면 곧 「현실을 부정해서 되겠느냐.」 결사적으로 항의합니다. 그러나 「현실이란 무엇인가.」 마음이 현실이지 육체가 현실은 아닙니다. 육체는 마음의 그림자에 불과합니다. 실재의 현실이 아니고 환각으로 있는 것뿐이란 뜻입니다. 이 조계사의 이 법당도 그렇고 서울 시내도 그렇습니다. 그뿐만 아니라 『모든 현상이 다 환각으로 있는 것이지 진실상이 아니며 실재가 아니다. 그런 줄 알고 보면 곧 부처님을 보리라.(凡所有相 皆是虛妄 若見諸相非相 卽見如來)』하셨는데 부처님을 본다는 소리는 곧 자기 마음을 깨친다는 소리입니다. 마음 깨치면 다 부처니 모두의 마음은 이미 다 부처가 되어 있기 때문입니다. 흔히 견성(見性)⑰했느냐 하는 말은 부처님 보았느냐는 말이 됩니다. 우리 불교는 따지고 보면 지나칠 정도로 무서운 틀림없는 이론

고 항하강의 모래수처럼 많은 묘용(妙用)을 두루 갖추고 있음을 바야흐로 믿을 것이다.

色身 是相 法身 是性 一切善惡 盡由法身 不由色身 法身 若作惡 色身 不生善處 法身 作善 色身 不墮惡處 凡夫 唯見色身 不見法身 不能行無住相布施 不能於一切處行平等行 不能普敬一切衆生 見法身者 卽能行無住相布施 卽能普敬一切衆生 卽能修般若波羅密行 方信一切衆生 同一眞性 本來淸淨 無有垢穢 具足恒沙妙用

〔註 9〕 **망상**(妄想): 「진여본체」(眞如本體)의 마음자리를 등져서 현상계의 객관을 따라 일어나는 심식(心識)의 분별을 일컫는다. 이 망상은 일체에 평등하고 삼

라만유의 근원이 되는 「진여」불변의「여여」한 「마음」자리를 미한 생각이므로 생사에 떨어지게 하는 근본이다。

六祖口訣 여래께서 진리의 몸을 나투시고자 하여「온갖 현상이 다 허망하니 만일 일체의 현상이 허망하여 실다운 것이 아닌 줄을 깨달으면 곧 여래의 상 없는 진리를 볼 것이니라。」고 말씀하셨던 것이다。

如來 欲顯法身故說 一切諸相 皆是虛妄 若悟一切諸相 虛妄不實 卽見如來無相之理也

〔註 10〕 반야부(般若部): 부처님께서 四九년 동안 설법을 하시는 가운데 제일 오랜 二一년간의 세월에 걸쳐서 하신 법문이 바로 이「반야부」이다。 일체 경전을 크게 구별하면서 여러 종류의 〈반야경〉을 총칭

입니다。 전자계산기로 계산하는 정도가 아니라 그 몇 천배 더 철두철미한 이론입니다。

그렇다고 하여 미리 질겁을 해서 어렵다고만 생각하지 말고 부처님과 수보리존자 두 분의 문답하시는 내용을 자세히 따라 들으면 견성합니다。 곧 자기 마음을 깨닫게 됩니다。 이 여리실견분(如理實見分)까지가 다섯번째 구절째로서 어느 구절에서나 견성할 수 있도록 해 주시었는데 똑같은 말을 되풀이하면 듣기 싫으니까 설명방법을 바꿔 가며 말씀하십니다。

영차원(零次元)

현상이 실다운 상이 아닌 줄 알면 곧 여래를 발견한다(若見諸相非相 卽見如來)란 말은 이것을 다른 각도에서 말을 바꾸어 하면 우리의 모든 것은 다 환상이고 진공묘유(眞空妙有)이니 지금 이 법당 안에 아무것도 없는 것 같지만 지옥도 있고 천당도 있다는 뜻이 됩니다。 이 공간에 조그마한 법당 속에 한량 없는 우주가 이 안에 다 있고 공간이 있고 시간이 다 있고 우주와 차원이 다른 하늘나라 등의 다른 현상계가 다 있다는 것입니다。

여래를 본다 했으니 그 말 조리를 놓치지 말고 따라 붙어야 합니다。 자꾸 따라가도 이 이치를 알아듣기가 어렵습니다。 사실 금강경·반야경의 공(空)⑱의 뜻이 이리 엉키고 저리 엉켜서 쉽게 알기 어려우므로 〈넝쿨반야경〉이라고 일컬어 옵니다。 진공과 막 엉키어서 이 말이 저 말 같고 저 말이 이 말 같아서 소위 전문가가 아닌 사람은 내용을 해득할 수 없다는 뜻입니다。 금강경에 〈공〉을 세웠는데 그 공의 뜻이 이리 엉키고 저리 엉키어 무엇인지 사실 알기 어렵습니다。 허공도 아니고 물질도 아니라는 뜻이며 허공도 물질도 아니면 있을 게 없으니 그것은 四차원 五차원·천차원·무한차원(無限次元)의 세계를 말합니다。 본래 우주가 처음 형성될 때 텅빈 허공만 있었는데 지구도 태양도 공기도 없을 때、텅빈

그때의 그것을 영차원이라 한다면, 이 영차원의 시대에 무언가가 하나 생겼고 그걸 점이라 치고 이 조그만 점에 대해 여러가지 술어가 있지만 이름뿐이지 반점이라 해도 기실은 없는 것입니다. 아주 작은 점을 여기 찍어 놓아도 이것은 면적이 있읍니다. 좁쌀을 쪼개어 놓는다 해도 면적이 있읍니다. 바늘 끝으로 조금만 찍어 놓아도 면은 있게 됩니다. 면이 있으면 넓이가 있는 것이므로 점은 아닙니다. 그러면 진짜 점은 무엇인가. 이 점이란 말로만 있고 글자로만 있지 실제로는 없는 것입니다. 없는 것조차도 아닌 것 다시 말하면 수자의 영이나 마찬가지로써 없는 거나 한가지입니다.

사차원(四次元) 오차원(五次元)

영차원의 세계나 점이나 그 뜻은 다같이 없다는 점에서 동일한데, 그 다음에 비로소 一차원의 세계가 벌어집니다. 一차원의 세계는 곧 물질계의 단차원, 연속된 점의 세계를 말합니다. 점을 연속시킨 직선, 곧 선의 세계입니다. 그것도 외줄 단 하나의 줄만이 있어서 오른쪽 왼쪽이 없읍니다. 앞과 뒤만 있는 기차 선로나 전차 선로는 一차원의 세계라 할 수 있읍니다. 담배씨보다도 더 작은, 가령 수소나 산소를 늘어 놓아도 선이 될 것입니다.

二차원의 세계도 선의 세계이긴 하지만 선을 포개어 놓아서 평면이 생긴 것, 그래서 앞뒤와 왼쪽 오른쪽 양면이 생긴 평면의 세계를 말합니다. 三차원의 세계는 평면을 포개어 부피가 생긴 입체적인 세계를 가리킵니다. 두께가 생기어서 아래 위까지 생긴 세계입니다. 그러므로 一차원의 세계는 전후의 二면만의 세계고 二차원의 세계는 전후 좌우 四면의 세계를 말하며 三차원의 세계는 전후좌우상하의 공간세계를 말하는데 이것을 불교에

하여 반야부라 하였으니 〈대반야경〉인데, 二一경(經) 七三六권으로 되어 있다. 불법의 중심이 된다.

〔**註 11**〕 **게송**(偈頌): 게(偈)는 범어 Gatha의 음역인 게타(偈陀)의 게(偈), 송(頌)은 그 뜻 번역. 이는 범어와 한어(漢語)를 합께 합한 말, 경론 가운데 귀글로써 부처님의 공덕을 찬탄하거나 교리(敎理)를 기록한 것, 그 글자수와 글귀의 수에는 규정이 있어 三자 내지 八자를 一구(句)로 하고 四구를 一게송으로 한다.

〔**註 12**〕 **허망상**(虛妄相): 삼라만상의 현상계와 우리의 몸뚱이는 물리적으로 화학적으로 생리적으로 변화하여 마지않아서 마침내는 부서져서 없어질 허망한 존재들이며 실다운 불변의 실재가 아닌 허망한 것이라는 뜻.

〔**註 13**〕 **공안**(公案): 참선할 때 주제(主題)가 되는 화두(話頭)를 말한다. 선종의 조사가 깨달은 기연이나 제자를 깨우치게 한 「문제」로서 공

서는 시방 세계(十方世界)라고 합니다。 십방을 시방이라고 부르는 것은 중국의 표음법(表音法)을 따른 종래의 습관입니다。 그러므로 一차원의 세계에 사는 중생은 앞뒤만 알지 옆을 모릅니다。 앞과 뒤로만 왔다갔다하는 것、 예컨대 전차나 기차 같은 것은 앞과 뒤로만 가므로 이것은 一차원의 세계라 하겠읍니다。 자동차 같은 것은 동서남북 어디고 돌아다닐 수 있으니 二차원이고、 비행기는 면을 달릴 수도 있고 아래 위로 다닐 수도 있으니 입체적인 三차원의 세계입니다。 지구나 태양은 이 三차원의 세계에 불과합니다。 지구도 선이 포개어지고 평면이 포개어져서 지구덩이가 된 것이고 태양도 그런 것입니다。 중생들은 다 이 三차원의 세계에 사는 것입니다。 거기서 살다가 거기서 죽으면 도로 흙으로 돌아가게 되고 맙니다。 우리의 육체는 三차원의 세계에서 생겨서 여기서 우물쭈물하다가 도로 흙으로 돌아가 버립니다。

「사람은 영원히 죽고 마는 것이다。 우주 전부가 오직 물질뿐이다。 사람·개·소 모두가 눈에 보이든 안 보이든 물질 놀음이다。」 이렇게 보기 때문에 유물사상이 생긴 것입니다。 제일 고등동물인 우리 인간도 이 三차원 세계에서 五관작용의 경험으로 살다가 마는 것입니다。 과학이 아무리 발달되었다 해도 이 三차원의 세계에서 헤메는 것 밖에 아무것도 아닙니다。 그런데 이 三차원의 세계 밖에 四차원의 세계를 경험하는 이들이 있읍니다。 四차원의 세계는 흔히 막연히 시간세계라고 말하지만 나는 여기서 그것을 더욱 분석해서 三차원의 원리를 초월한 정신세계를 뜻하는 말로 설명하려 합니다。 정신수양이 된 사람에게 가끔 그런 경우가 생깁니다。 정신상태가 조용해졌을 때 뜻밖에 시골에 있는 식구들이 다 보이고 애기하는 소리가 다 들리고 하는 경우가 있는데 이것은 육체의 작용으로서는 이루어질 수 없는 일입니다。 우리의 五관 가운데 육안으로 몇백리 몇천리 밖에 있는 시골 집이 보일 수도 없고 귀를 가지고 시골에서 애기하는 소리를 들을 수도 없는 것입

부안독(公府案牘)의 (公案)두 자를 딴 말이다。 곧 정부에서 공포하는 문서는 불변의 공공한 법칙을 뜻하는 말이므로 참선하여 깨닫는 법칙에 비유하여 쓴 말이다。

〔註 14〕 환각(幻覺)：정신적인 착란이나 감각기관의 병적인 장애로 말미암아 실제로 없는 현상이 있는 것처럼 눈앞에 나타나 보이는 것、 또는 불덩어리를 가지고 원을 그리며 돌리면 원상의 둥근 불 고리로 보이는 등의 착각。

〔註 15〕 광학적(光學的)：빛의 현상을 과학적으로 연구하는 학문。

〔註 16〕 五관(官)：귀·눈·입·코·피부의 다섯가지 감각기관。

〔註 17〕 견성(見性)：선가(禪家)에서 쓰는 견성성불이란 숙어의 줄인 말。 자기의 심성(心性)을 사무쳐 깨닫고 모든 법의 실상인 당체(當體)를 체득하는 것。

〔註 18〕 공(空) Sunya：순야(舜若)라 음역。 물건이 없는 곳。 보통은 말하는 공간·공허·공무

(空無)의 뜻인데, 유(有)가 아니란 말로 실체가 없고 자성(自性)이 없는 것을 가리킨다.

불교에서 말하는 공의 종류는 매우 많은데 이를 크게 나누면 실답지 않은 자아 미집(迷執)을 부정하도록 가르치는 아공(我空)과 나와 세계를 구성하는 요소가 항상 있는 것이라고 인정하는 미집을 부정하도록 가르치는 법공(法空)의 두가지가 있다. 그리고 더 나아가서는 공까지 공했다는 구공(俱空)도 있다.

니다. 이것은 三차원의 세계에서는 일어날 수 없고 경험할 수 없는 현상입니다.

따라서 이것은 「다른 차원의 세계, 곧 五관이 아닌 다른 五관의 세계가 있는 것이 아닌가. 그렇다면 그것이 四차원의 세계가 아니냐.」하는 것입니다. 가령 일본의 어느 시골 두메서 이런 일이 있읍니다. 십리만큼 집이 하나씩 떨어져 있는 시골에 두 집이 사는데 그 근방 산이 다 한 사람의 소유이어서 이 사람들은 그 산에 벌목(伐木)을 해주고 사는 사람들입니다. 그들은 하루에 두 아람 세 아람 되는 큰 나무들을 五○개 이상을 베고서야 제각기 제집으로 갑니다. 어느날 한 사람이 나무를 베어 그 나무가 곧 넘어가게 됐는데 또 한 사람이 그 나무 넘어가는 곳에 앉아 담배를 피우고 있었읍니다. 비켜 나라고 소리를 쳤지만 그 사람은 비켜나지 않고 있다가 나무에 깔렸읍니다. 세 아람이나 되는 큰 나무에 깔려 떡이 되었을 것이라 겁이 나서 나무를 번쩍 들어 저쪽으로 옮겨 놓고 보니 그 친구는 완전히 떡이 되었읍니다. 그래서 二○리 밖에 있는 경찰에 달려가서 신고를 했고 경찰은 현장 검증을 나왔읍니다. 시체는 바싹 부서졌고 확실히 나무에 친 피투성이 흔적이 있고 그런데 이상한 것은 그 나무는 몇백명이 달려 들어야 들어서 던질 수 있는 큰 나무라는 점이었읍니다. 그래서 경찰은 「네가 죽인 것이 아니냐. 누구하고 이 나무를 옮겼느냐.」고 따져 물었읍니다. 그러나 그 사람은 자기 혼자 옮겼다는 것이었읍니다. 경찰은 「거짓말이다. 저렇게 큰 나무를 네가 혼자 어떻게 옮길 수 있느냐.」는 것입니다. 그래서 여러가지로 조사도 하고 고문까지 해 보았읍니다. 마을에 가서 확인을 해 봐도 그 마을에 아는 사람도 없고 남녀노소 다 올라온다 해도 들 수도 없읍니다. 결국 네가 친구를 구해야겠다는 정성에서 이 나무가 들렸던 것 같다고 판단한 나머지 二○원을 상금으로 준 일이 있읍니다.

이것이 二○세기 부사의 사건 중에 하나가 될 것입니다. 역시 四차원 세계의 정신 능력이 발동된 것이라 할 것입니다。 그것은 아주 급하다고 생각됐을 때 그때는 나무가 크니 적으니 하는 생각도 없이 그저 「들면 들릴 것이다」 하는 생각뿐입니다。 그렇게 확신한 그 정신력이 그것을 들었다고 할 것입니다。

마음의 힘은 불가사의

옛날에 어떤 노장(老丈)⑲님이 큰 산꼭대기에 암자에서 七·八세 되는 애기를 하나 데리고 있는데 하루는 김치가 떨어져서 마을에 김치거리를 좀 얻으러 나가게 되었읍니다。 그래서 어린아이에게 단지 몇 개를 잘 씻어서 뒤집어 놓으라고 시켰읍니다。 노장님이 마을에 내려가서 먹을 것과 김치거리를 한짐 잔뜩 얻어 걸머지고 올라와 보니 지금까지 보지 못하던 낯선 단지가 절에 있었읍니다 우그러지고 비뚤어진 것들이 대 여섯개나 뜰에 널려 있기 때문에 생각하기를 「아마 옹기 장수가 왔었구나。」 하면서 「항아리를 사려면 돈을 주고 사지 왜 이런 것을 샀느냐。」고 나무랐읍니다。 「사지 않았읍니다。 옹기장수는 지나가지도 않았읍니다。」 「그러면 이 단지들은 어디서 난 것이냐。 모두 다 전에 없던 것들 아니냐。」 「아닙니다 그전에 있던 단지들입니다。 스님이 시키는 대로 했을 뿐입니다。」 「내가 뭐라 했더냐。」 「씻어서 뒤집어 엎으라고 하시지 않았읍니까。 그래서 스님 가신 뒤에 좀 놀다가 씻어서 무릎에 대고 뒤집어 놓았읍니다。」

버선짝 뒤집듯 후딱후딱 잘 뒤집어지더라는 것입니다。 그것은 그 아이가 순진해서 뒤집으면 뒤집어지는 것으로만 알았던 때문입니다。 어려서부터 아이들도 없이 산에서만 자랐기 때문입니다。 「이놈 거짓말 하지 말아。 너 그러면 한번 뒤집어 봐라。」 그래서 아이가 무릎을 대고 뒤집으려고 하니 이제는 무릎이 깨져도 안 되었읍니다。 처음에는 의심이

〔註 19〕 노장(老丈): 또는 노사(老師)·사승(師僧)의 스님되는 이。 곧 노스님、 나이가 많은 스님네를 존칭하는 말로도 쓰임。

전혀 없었기 때문이고 나중에는 의심이 생겨서 안됐던 것입니다。 요새 심리학자들도 그런 일을 혹 경험한다고 합니다。

중국에 이광(李廣)이란 사람이 있었는데 이광 사호(射虎)라고 유명한 이야기가 있읍니다。이광은 본래 힘이 많은 무사로서 중국 역사에 많은 공을 세운 사람이었읍니다。 그가 젊었을 때 달 밝은 밤에 활 쏘는 연습을 하고 저물게 집으로 돌아오는 길이었읍니다。 동네 앞에 있는 남산(南山) 근처에 왔을 때인데 큰 호랑이가 자기가 타고 오는 말을 쳐다보고 있는 것이 보였읍니다。 이광은 「저 놈이 배가 고픈 모양인데 나한테 달려 들면 나도 죽고 말도 죽을 것에 틀림 없다。 도망을 가자니 호랑이가 따라올 것만 같고 죽으나 사나 저놈하고 싸움이나 해 보는 수 밖에 없다」고 생각했읍니다。 그리고 그는 말등에 올라 앉아 활을 호랑이에게 겨누어 정면으로 쏘았읍니다。 호랑이는 자기 몸에 활을 맞으면 막 달려들어서 원수를 죽여 놓고나서 죽는 영특한 짐승입니다。 그러므로 그는 만일 자기가 소리를 한번 지르면 자기가 탄 천리마가 단 걸음에 자기 집으로 달려 나갈 것이니 동네 앞에 닿으면 큰 소리를 질러서 동네 사람들이 횃불과 몽둥이를 들고 나오면 호랑이가 도망갈 것이라고 생각한 그는 정신없이 집으로 달려갔읍니다。 그런데 어찌된 일인지 집에 다 가도록 호랑이가 달려오는 소리는 나지 않았읍니다。 그래서 그는 호랑이가 정통으로 내 활을 맞고 직사를 했다고 생각했읍니다。 그는 큰 백호(白虎) 한 마리를 잡았다고 좋아서 밤새도록 잠도 한 숨 못자고 아침이 되었읍니다。

옛날에는 호랑이를 잡으면 껍데기는 임금한테 바쳐야지 그렇지 않으면 큰 벌을 받습니다。 그리고 고기나 뼈는 귀한 약으로 쓰이므로 큰 횡재가 되는 것입니다。 그는 새벽녘에 날이 새자마자 지개를 지고 호랑이 죽은 근처에 가서 보니 호랑이가 꼼짝 않고 있읍니다。 그는 「그러면 그렇지 내 활을 네가 피하겠느냐。」하고 가까이 가 보니 화살이 꽂힌 곳은 큰 바위 돌이었읍니다。 그래서 자신도 놀라면서 한편으로는 내 활 앞에는 이 세상에 감당할 놈이 없겠다고 생각하면서 활을 겨누어 다시 한번 바위를 향해 쏘아 봤읍니다。 그러나 화살은 튀어 나왔읍니다。 다시 어제 저녁의 그 자리에 가서 활을 쏘았으나 역시 맞지 않고 튀어 나왔읍니다。

이것이 역시 부사의인데 이것도 四차원 세계의 힘이 발동된 것입니다。 五관의 힘으로는 화살이 아무리 세다 해도 불가능합니다。 호랑이 뼈가 아무리 단단하더라도 내 화살이 안들어 갈 수 없다고 자신한 때문이었고、「단지는 뒤집어 놓는 것이다。 아람드리 나무도 내가 집어 던질 수 있는 나무다。」라고 아무 생각없이 확신했기 때문에 그렇게 된 것입니다。 마음에 아무 사심(私心) 없이 한가지로만 생각하면 이 지구도 뚫고 나갑니다。 내가 경험한 일 한 가지를 더 이야기해 보겠읍니다。

내가 전에 마산에 있을 때인데 밤중에 일어나 보니 우리 바로 앞집에 불이 났읍니다。 그때는 상주(喪主)일 땐데 상복을 벗어 놓고 불을 끄려고 나가니까 상주가 그런 짓하면 안 된다고 말렸읍니다。 그래도 나는 내가 먼저 보았으니 가야겠다고 달려 가서 보니 큰 집 한 쪽에 불이 붙었는데 아무도 모르고 잠만 자고 있고 불은 곧 옆집으로 번지게 생겼읍니다。 나는 옆집 지붕에 얼른 올라 가서 「불이야!」하고 사방에다 대고 큰 소리를 질렀읍니다。 내가 올라선 그 집은 큰 부자집이었는데、「이 집에 멍석 있으면 올리라」고 소리쳤읍니다。 그 멍석이 어찌나 컸는지 약한 사람은 지지도 못합니다。 나는 발이 썩은 짚에 미끄러질까봐 한 손으로는 붙들고 내 몸뚱이도 거기 붙어 있을 수 없는 지경인데 한 짐이나 되는 멍석을 집어던졌읍니다。 그래서 불붙는 집 건너 집에 멍석을 쭉 펴놓고 물 가져 오라 해서 물을 끼얹어 불이 안 붙게 한 일이 있었읍니다。

이것이 다 평소에는 할 수 없는 일인데、급한 사정에 부딪쳐서 이것을 집어던져야 한다는 마음으로 안된다는 생각없이 던졌기 때문에 가능했던 것입니다。

천만 차원(次元)의 마음 세계

꿈에도 바위는 무겁고 모래는 가볍고 그렇지만 이것은 전부 거짓말입니다。 꿈속의 세계에서는 중량이 없는 것인데 바위는 무겁다는 생각 그것이 무거웠던 것입니다。 이와 같은 생각 그것만 끊어지면 현실 세계를 그대로 초월합니다。 화살이 돌을 뚫고 단지를 뒤집는 것과 같이 됩니다。 우리는 육체를 가지고 살고 五관으로 살기 때문에 그것이 안되지이 五관 밖에 또 세계가 있고 五관 밖의 사람이 또 무수히 있읍니다。 그것이 四차원의 세계에 의해 증명됩니다。 이 육체와 五관 밖에 참나가 따로 있다는 것입니다。

四차원세계란 우리의 모든 잡념이 쉬고 나면 그때는 육체 이대로가 땅 속으로 들어가고 여기서 미국으로 바로 뚫고 나가서 눈깜짝할 사이에 갈 수 있읍니다。 마음의 속도는 그렇게 빠릅니다。 마음만 그렇게 가는 게 아니라 육체도 같이 갑니다。 마음과 몸뚱이가 한덩어리고 물질하고도 하나고 중생하고도 하나입니다。 마음에 아무 생각없는 그 때가 四차원의 시절이며 모두가 하나로 됩니다。 구별이 없고 주객이 없어지기 때문입니다。 그런데 四차원의 세계에도 한없는 층계가 있읍니다。 五차원 六차원 천차원 만차원의 경계가 있읍니다。 경에 보면 그렇게 되어 있어서 보살만행(菩薩萬行)⑳을 닦아서 만차원의 세계에 들어선 정신상태에서는 모든 사건에 전지전능하게 됩니다。 모를 것도 하나도 없고 안되는 것도 하나도 없고 의식주도 필요 없고 불보살이 되는 것입니다。 이 마음을 깨달아 놓고 나서 중생제도를 하든지 사업을 하든지 해야 정말 사람 사는 멋을 알게 됩니다。

〔註 20〕 **보살만행(菩薩萬行)**: 보살이 위로는 부처의 보리를 구하고 아래로는 중생을 교화하기 위한 육도만행(六度萬行)을 뜻한다。 보살이 보시·지계 등의 육도만행을 통해서 원만한 불

과에 이르게 되므로 이것을 「보살만행」이라 하는데 무수한 겁을 두고 이러한 대행(大行)은 계속된다.

생각 여읜 마음자리

육체를 나라고 해서 살기 때문에 하루 밥 세 끼 먹다 시간 다 가고 바빠서 쩔쩔맵니다. 앞으로 一〇년 二〇년 지나면 지금의 백배 천배 바빠집니다. 사람이 많아지고 전부 기계가 다하고 그때는 시간이 없어 밥도 먹을 틈이 없을 지경으로 됩니다. 지금은 태고적이 될 정도로 물질문명이 진보하여, 지나온 五천년 동안 발전한 것보다 몇 배 더한 발전을 해서 달나라 가는 것도 며칠이면 갔다 오고 화성 금성도 금방 갔다 올겁니다. 그런 것들을 발명해 내는 마음자리, 지금 말하는 이것을 확실히 알면 그것이 곧 여래입니다. 내가 말하는 이것은 다 알아들을 것입니다. 그러나 「어찌 그럴 수가 있을까.」 하고 의심합니다. 이 마음만이 현실이고 이 마음은 지식·사상·신앙도 아니고 선도 악도 죄도 복도 아니고 아무것도 아닌 것조차도 아닙니다. 이렇게 이야기를 하면 꼬박꼬박 마음 속에 챙겨 가며 듣고 있습니다. 한 마디만 들려 봐라 네말 다 쓸데 없다고 집어치우라는 것입니다.

즉견여래(卽見如來)를 성취하려면 어떻게 해야 되는가. 예를 들어 말하자면 가령 마루가에 내가 앉아 있는데 마당에 호랑이 한 미리가 왔다고 하면 그 호랑이를 피하려고 안방으로 자꾸 뒷걸음치면서 앉은 채 미끌어져 들어갈 것입니다. 가만히 있다가는 호랑이에게 잡아 먹히겠으니까 안방이 수백간이나 되는 큰 방이라 치고 맨 아랫목 구석까지 엉덩이를 비비면서 눈으로는 앞에 있는 호랑이를 주시하면서 문턱을 넘어 들어가서 문을 꼭 잠그고 들어갑니다. 이와 같이 호랑이를 피해서 방으로 자꾸 뒷걸음질치듯이 마음에 모든 생각을 다 내 버리고 나면 모든 생각의 주체인 이 마음자리, 기분 이전의 마음자리에 들어가 앉게 됩니다.

생각이란 생각을 다 떼어내고 객관을 세우지 않으면 고스란히 마음자리만 남는데 그 자리에만 앉아 있으면 어떤 귀신도 날 잡아가지 못하고 하느님이 와도 안 되고 부처님이 와도 안 됩니다. 모든 생각이 떨어지고 나면 나를 볼 사람도 없읍니다. 부처님도 날 못 봅니다. 아무것도 아니기 때문에 신통으로도 안 보입니다. 그래서 부처님끼리는 서로 못 본다는 말(佛佛不相見)도 그런 뜻으로 하는 말입니다. 이렇게 못 보는 곳까지 가면 완선한 자기를 알게 됩니다. 우리가 객관을 보고 무엇을 분별하듯이 그렇게 아는 것이 아니고, 여기서 안다는 소리는 안다는 말도 아니니 알아듣기 힘듭니다. 그럴 수 있겠다 짐작할 수밖에 없읍니다.

동서남북에 일어나고 있는 모든 사건이 있어서 중생들은 그것들 한테 이끌리어 지배를 받고 사는데, 크고 작은 그 모든 사건을 다 버리면 마음의 본연 자세에 들어앉게 됩니다. 그러나 이것은 들어앉는 것도 아닙니다. 어떤 일을 한다 생각한다 하다가 생각을 내버리면, 좋다 나쁘다 하는 기분을 내버리면, 그리고 나서 남는 것은 마음의 본연자세 밖에 더 있겠읍니까. 그걸 여래(如來)라 그럽니다.

본심(本心) 자리, 마음 자리, 이것이 진짜 〈나〉입니다. 모든 생각의 주체인 자리입니다. 이것이 모든 조화를 부리는 것이며 온 우주에 이 〈나〉를 안 거친게 하나도 없읍니다. 영웅이 되든지 바보가 되든지 일체 사건의 주체입니다. 「모든 것 다 버리고 네 정신만 다소곳이 챙겨라, 거기는 호랑이도 못가고 하느님도 못가고 부처님도 못가는 마지막 자리에 도사리고 앉게 되는 자리다. 그러면 그때에는 「이제까지 쓸데없는 생각을 했구나, 엉뚱한 데 집착을 했구나」하는 것이 알아집니다. 무언가 미련이 남아 있기 때문에 그것이 짐재의식이 되어 가지고 마음의 본연 자세가 드러나지 못하는 것입니다. 미련만 근본적으로 끊어지면 잠재의식이 완전히 없어집니다.

육체를 여읜 마음이 부처

이와 같은 미련・잠재의식이 업보(業報)라는 것입니다。 이 업만 없어지면 부처님하고 똑같습니다。 지금도 다 그렇게 되어 가지고 있읍니다。 다만 육체가 나라는 착각을 가지고 이놈이 하루 밥 세 그릇 필요하니까 이것이 사건이 되어 가지고 마음이 복잡해져서 三五억 다 잡아 먹고 살아야겠다는 것입니다。 부모형제를 다 잡아먹어도 내가 살아야 하니 이것이 독사가 아니고 무엇입니까。 우리가 배타고 있다가 물에 빠져 보면 압니다。 다 집어 넣고 나 하나만 살려고 하는 지독한 독사가 한 마리씩 들어 있읍니다。 그것이 소위 무명(無明)이라고 하는 것입니다。 밝지 못하다 모른다 소리입니다。 마음이 나지 육체가 내가 아닌걸 모른다、 내 꿈인 줄 모르고 산다는 뜻입니다。

근본적으로 육체를 나라고 하는 것이 근본무명(根本無明)㉑입니다。 그 생각만 놓아 버리면 우리는 四차원 이상의 세계에 들어갑니다。 얕은 四차원 세계에 들어가서 자꾸자꾸 깊이 들어가면 부처님같이 대열반(大涅槃)・대보리(大菩提)의 여래가 되는 겁니다。 그래서 오고 가는데 구애(拘碍)가 없어서 와도 오는게 아니고 가도 가는게 아니며 하루 종일 말해도 한 마디도 하는 게 아닙니다。 마음은 그냥 가만히 있읍니다。 말하자는 상대가 있으니 말해 주는 것뿐이지 나를 위해 하는 것은 하나도 없읍니다。 나한테 아무 필요도 없는 거니까 해보아도 손해도 이익도 없고 아무 생각이 없는 이것이 불성자리고 마음자리입니다。 이것이 성불(成佛)입니다。

그러니 이 세상을 탁 내 버리고 살아라。 전 세계 재산 전부 내것 만들어 놓아도 내것 아닙니다。 돈 백만원 모아 놓으면 돈 한장 한장에 내가 구속되는 겁니다。 지위가 높으면

〔**註 21**〕 **근본무명**(根本無明): 또는 근본불각(根本不覺)・무시무명(無始無明)・원품무명(元品無明)。 진여의 실성을 알지 못하는 불각(不覺)・미망(迷妄)의 마음。 중생이 되는 근본으로 근원적인 번뇌・생사심의 미세한 근원을 뜻함。

높을수록 생명이 구속되는 것이고 좋은 마누라 얻어 놓으면 그 마누라가 완전히 나를 구속하는 겁니다。 현실이란 아무것도 아니어서 현실이라고 말할 수 있는 사건은 하나도 없는데、 그것을 현실이라고 거기에 의지했다가는 눈에 피눈물이 날 일이 생깁니다。 금방 없어질테니까 거기 속지 말고 영원히 자기 생명을 찾자는 겁니다。 그것은 먼 데 있는 것도 아니고 말하는 이놈이고 말하는 이 자체 마음을 딱 곤두세워서 듣고 앉아 있는 생각의 주체 그것이 나라는 것입니다。 이 일부터 해놓고 남 도우려고 해야지、 뭐니뭐니 해보아도 소용 없읍니다。 무슨 박사가 되어 보아도 박사 되어서 밥 수월하게 벌어 먹자는 밥벌이 수단 밖에 안됩니다。 그러나 밥먹어 보아야 아무것도 남는 것 없읍니다。 아무것도 되는 것도 없는 그걸 현실이라고 하니 그것에 속았다는 사실을 확실히 알아야 합니다。 사실대로 살아야 될 걸 알았으니 그래야 분명하고 똑똑한 사람입니다。

「허망한 것은 간직할 것 없다 간직해 보아야 없어지니까、 허망하지 않은 걸 찾자、 그것은 내 마음 밖에 없다、 다른건 다 허망하다。 우리가 이름지을 수 있는 것은 모두 다 부처도 허망이고 진리도 허망이며 허망한 것은 전부 허물어지는 범소유상 개시허망(凡所有相 皆是虛妄)이다。 모든 허망에서 탈피하여서 허망을 내 마음에서 버릴 때 나는 곧 내 본래 부처를 만날 수 있다。 딴데 간 것도 아니고 다만 육체를 나라는 착각 때문에、 딴착각을 해서 그것이 바빠진 것뿐이다。」 이렇게 확실히 알아야 합니다。 얼마나 바빴는가、 내가 이 소리를 하고 또 하는 것은 들을 때마다 그만큼 긍정하면 그만큼 가까와지는 것이기 때문입니다。 금생에 못하면 내생에라도 해야 합니다。

남이 다 성불하고 맨 나중에 성불해야 합니다。 성불해야 안심이지 성불하기 전에는 어디로 가나 고통입니다。 천당을 가나 극락을 가나 높은 것 낮은 것 다 있읍니다。 이 마음을 깨쳐 놓고 나면 나보다 높은 것도 낮은 것도 없읍니다。 잘난 사람도 없고 못난 사람도 없고 머리가 좋은 사람도 나쁜 사람도 없고 그러니 평등의 세계입니다. 거기는 시기 질투도 없고 사람 만나면 서로 부처니까 서로 반갑고 치하를 하고 지냅니다. 그래서 「모든 현상은 실다운 상이 아닌 것으로 보면 곧 객관을 다 떨어 버리면 그러면 여래를 본다.」 (凡所有相 皆是虛妄 若見諸相非相 卽見如來)고 한 것입니다.

마음에서 여래를 찾아야

이 우주 허공에는 생명이 없읍니다. 공간은 그것이 생명이 없고 무한대한 무기체(無機體)[22]입니다. 또 이 지구덩이가 생명이 없으니 그게 행동을 못하고 생각을 못합니다. 지구가 자전 공전하는 것이 제가 하는 것 아니고 자전 공전 안하면 안되게 되어 있는 피동(彼動)이고 자동(自動)이 아닙니다. 그러니 물질계도 생명이 없고 허공계도 생명이 없는 거라면 그러면 우주객관에 생명이 없는 겁니다. 생명은 지금 말하고 말 듣는 이것 밖엔 없읍니다. 그러니 이전 내 생명이면서 전 우주에 하나밖에 없는 우주 생명입니다. 이 생명은 살아 있는 것이고 물질도 허공도 아닙니다.

무기물질(無機物質)이 유기물(有機物)[23]로 화한다는 것은 과학이 뭔지 모르고 하는 소리입니다. 무기물질이 유기물질로 화했다는 건 허공이 바윗돌로 변했다는 것과 마찬가지로 될 수 없는 일입니다. 같은 이치로 무기물질이 세포로 되었다 해서 생명으로 화할 수 있다는 건 허공이 바윗돌이 됐다는 소리와 똑같습니다. 그러므로 현상계에서 생명을 찾을 수 없고 그것은 다 마음의 그림자이며 마음이 곧 여래이니 여래는 오직 마음에서 찾아야 합니다.

〔註 22〕 무기체(無機體): 제一절 법회인유분(法會因有分) 주38 참조.

〔註 23〕 유기물(有機物): 제一절 법회인유분 주39 참조.

正信希有分(정신희유분) 第六(제육)

須菩提(수보리)ㅣ 白佛言(백불언)하사대 世尊(세존)하 頗有衆生(파유중생)이 得聞如是言說章句(득문여시언설장구)하고 生實(생실)
信不(신부)이까 佛告須菩提(불고수보리)하사대 莫作是說(막작시설)하라 如來滅後(여래멸후)ㅣ 後五百歲(후오백세)에 有持(유지)
戒修福者(계수복자)하야 於此章句(어차장구)에 能生信心(능생신심)하야 以此爲實(이차위실)하리니 當知是人(당지시인)은 不(불)
於一佛二佛三四五佛(어일불이불삼사오불)에 而種善根(이종선근)이요 已於無量千萬佛所(이어무량천만불소)에 種諸善根(종제선근)
이니 聞是章句(문시장구)하고 乃至一念(내지일념)이라도 生淨信者(생정신자)니라 須菩提(수보리)야 如來(여래)ㅣ 悉知(실지)
悉見是諸衆生(실견시제중생)이 得如是無量福德(득여시무량복덕)이니 何以故(하이고)오 是諸衆生(시제중생)이 無復我相(무부아상)
人相衆生相壽者相(인상중생상수자상)이며 無法相(무법상)이며 亦無非法相(역무비법상)일새니 何以故(하이고)오 是諸衆生(시제중생)
이 若心取相(약심취상)하면 卽爲着我人衆生壽者(즉위착아인중생수자)니 何以故(하이고)오 若取法相(약취법상)이라도 卽(즉)

着我人衆生壽者(착아인중생수자)며 若取非法相(약취비법상)이라도 卽着我人衆生壽者(즉착아인중생수자)니라 是故(시고)로 不應取法(불응취법)이며 不應取非法(불응취비법)이니 以是義故(이시의고)로 如來常說(여래상설) 汝等比丘(여등비구)하되 知我說法(지아설법)을 如筏喩者(여벌유자)니 法尙應捨(법상응사)어든 何況非法(하황비법)가하니라。

수보리가 부처님께 여쭈었다。

『세존이시여、 자못 어떤 중생이 이와 같은 말씀이나 글귀를 듣고 실다운 신심을 낼 수 있겠사옵니까。』

부처님께서 수보리에게 말씀하셨다。

『그런 말을 하지 말라。 부처님이 가신 뒤 후오백세에 계를 받아 지니고 복을 닦는 수행자가 있어서 이 같은 말과 글귀에 신심을 내어 이것을 진실하게 여기리라。 마땅히 알라。 이 사람은 한 부처님이나 두 부처님이나 셋·넷·다섯 부처님에게만 착한 마음의 바탕을 튼튼히 했을 뿐만 아니라 이미 한량 없는 천 만 부처님 계신 곳에서 착한 마음의 바탕을 튼튼히 한 사람이니、 이 글귀를 듣고 한 생각에 거룩한 믿음을 내느니라。 수보리야、 여래는 이 모든 중생들이 이와 같이 한량 없는 복덕 짓는 것을 다 아시고 보시느니라。 왜냐 하면、 이 모든 중생들은 다시는 〈나라는 생각〉·〈남이라는 생각〉·〈중생살이라는 생각〉·〈오래 산다는 생각〉이 없으며、〈법이라는 생각〉·〈그릇된 법이란 생각〉도 없기 때문이니라。 왜냐 하면、 이 모든 중생이 만일 마음에 지키는 것이 있으면 곧 〈나라는 생각〉·〈남이라는 생각〉·〈중생살이라는 생각〉·〈오래 산다는 생각〉에 걸리기 때문이며、 만일 〈법이란 생각〉을 지켜도 〈나라는 생각〉·〈남이라는 생각〉·〈중생살이라는 생각〉·〈오래 산다는 생각〉에 걸리며 〈그릇된 법〉이라는 생각을 지켜도 곧 〈나라는 생각〉·〈남이란 생각〉·〈중생살이란 생각〉·〈오래 산다는 생각〉에 걸리기 때문이니라。 그러므로 정법을 지키지도 말고 그릇된 법을 지키지도 말 것이니 그렇기 때문에 부처님이 항상 말하기를 「너희들 비구는 알라。 내가 말한 바 법은 뗏목과 같으니 정법도 오히려 버려야 하거늘 하물며 그릇된 법이야 말할 게 있겠느냐。」 하였느니라。』

第六 正信希有分 ― 말세에도 바른 신심 있다

〔科 解〕

二七斷疑論 둘째는 인과의 원리가 깊은 도리를 믿지않는 의심을 끊는 제

우리가 만일 육신의 오관세계(五官世界)、 물질세계만을 본위로 하여 三차원세계에서만 산다면 四차원세계의 현실을 설명할 수 없게 되고 불법과는 거

二단의(斷疑)가 제六 정신희유분(正信希有分)이다。 여기에 다시 네 가지 구분이 있으니、 生實信不까지는 중생들이 그렇게 믿을 수 있을까 하는 의심을 표한 대문이며(約無信以呈疑)、 能生信心以此爲實까지는 수보리의 의심을 일언하(一言下)에 꾸짖어서 믿음을 일으키게 하는 대문이며(呵疑詞以顯信)、 當相是人不於一佛二佛에서 若取非法相 即着我人相까지는 깊은 신심을 밝혀서 생사가 떨어진 마음의 자성을 일으키게 하는 대문이며(明能信之所以)、 是故不應取法에서 何況非法까지는 중도의 현묘(玄妙)한 도리를 보인 대문이다(示中道之玄門)。

그런데 세번째 대문인 명능신지소이 (明能信之所以)에、 當知是人에서 生淨信者까지는 과거세의 선근(善根)을 심어서 신심의 인을 쌓은 일을 밝히는 구절이고(明歷事善友積集信因)、 若取非法相即着我人衆生壽者까지는 신심을 성취한 공덕을 밝히는 대문이다(明善友

리가 먼 생활에 떨어집니다。 예컨대 육신 가지고는 장래를 예언할 수 있는 관능(官能)은 없지만、 정신이 무아지경(無我地境)에 들어서면 온갖 것이 다 보이고 자유입니다。 전에 말했듯이 문을 닫아 걸었는데 육신 그대로 밖으로 나갔다든지、 큰 종 속에 집어 넣었는데도 쇠종을 뚫고 육안으로는 지나간 줄도 모르는새 어느 틈에 나가는 등입니다。 이런 것은 다 四차원세계에 들어서면 허다하게 많습니다。

현실세계란 이것이 근본적으로 꿈이고 환상이기 때문입니다。 모든 것이 가상(假相)으로 있는 것이니 법당은 불에 타면 재만 남는다는 생각·인식·그 관념 때문에 불이 붙는 것입니다。 三차원의 세계는 환상이고 그것은 다 생각하는 대로 될 수 있는 세계입니다。 그러므로 모든 생각 없는데 들어서면 거기서 四차원세계가 벌어지는데 여기서 너욱 더 들어가면 육신으로 살 때 오관에만 의지했던 인간 능력을 초월하여 무한대한 절대능력을 체험하게 됩니다。

불교에서는 四차원세계 정도는 초학자(初學者)의 체험입니다。 나는 불교의 내용을 사의상학(思議上學)·사의하학(思議下學)으로 분류할 수 있다고 생각합니다。 생각하기 이전、 마음이 생각을 내기 전은 〈사의상학〉입니다。 곧 이론으로 설명할 수 없는 세계를 말합니다。 〈사의하학〉은 세상에서 말하는 형이상학(形而上學)·형이하학(形而下學)이 다 포함되었다고 봅니다。 그것은 다 생각 밑에 있는 것이기 때문입니다。 사의상학(思議上學)에서부터는 불교 냄새가 조금 납니다만 그러나 그것도 아직 마음의 본바탕은 아닙니다。 그

所攝成取信德)。

六祖口訣 수보리 존자께서「이 법이 심히 깊어서 믿기도 어렵고 이해하기도 어려운데 말세 범부들이 지혜가 미천하고 용렬해서 어떻게 믿음을 내어 들어갈 수 있겠읍니까。」하고 여쭈었다。 부처님께서 이에 대해 다음과 같이 대답하신 바이다。

須菩提 問此法 甚深 難信難解 末世凡夫 智慧微劣 云何信入 佛答 在下

런데 세상에서는 四차원의 세계가 있다고 하여 전혀 없던 것、새로 발명한 것처럼 야단입니다。 四차원세계에 들어서서 시골에 있는 집이 보인다、친구들이 지금 앉아서 밥먹고 얘기하는 것이 보이고 말하는 소리가 들린다고 하지만 이것은 아직 불교의 초입(初入)에 불과합니다。

이렇게 천차원(千次元)、만차원(萬次元)의 무아경에 들어가서 생각의 주체인 마음의 본연자세(本然姿勢)를 발견하게 됩니다。 마음을 깨달으면 주객(主客)을 초월하게 되어 〈나라는 생각〉(我相)·〈남이라는 생각〉(人相)·〈중생살이라는 생각〉(衆生相)·〈오래산다는 생각〉(壽者相)을 여의게 되는데、마음이 곧 부처라는 것、육체가 〈나〉가 아니라는 진리를 믿는 것이 바른 신심(正信)입니다。 불멸후(佛滅後) 二천 五백년의 말세에도 다생으로 부처님을 따라 배운 이들이 있어서 이와 같은 바른 신심(正信)으로 계를 지키고 큰 복을 닦으며 금강경의 진리를 읽고 거룩한 신심을 내어 무량한 복덕을 짓는 일은 심히 희유(希有)하다는 뜻에서 정신희유분(正信希有分)이라 한 것입니다。

原文 須菩提 白佛言 世尊 頗有衆生 得聞如是言說章句 生實信不

解義 이제까지 말씀하신 부처님의 법문을 듣고 수보리존자가 의문을 일으킵니다。

「현상계의 모든 것 다 허망할 뿐이니 모든 현상이 현상 아닌 줄을 보면 곧 여래를 보리라(凡所有相 皆是虛妄 若見諸相非相 卽見如來)까지의 법문을 듣고 육신 본위로만 사는 중생들이 육신이 내가 아니라는 그 법문을 얼른 알아듣고 믿음을 낼 수 있겠느냐는 물음입니다。

파유중생(頗有衆生)에 파(頗)는 자못 파자인데 행여나、진정 그런 중생이 있겠읍니까。라는 뜻입니다。다음에 득문여시언설장구(得聞如是言說章句)는 어떤 중생이「부처님의 이와 같은 말과 글을 듣고 나서」란 뜻이니、〈言說章句〉는 곧 경문(經文)을 가리키며 말과 글을 가르키는데 말이 세련(洗練)되면 그것이 글이고 글이 서투른 것이 말이어서 마치 시와 소설이 다르듯이 그렇게 볼 수 있읍니다。부처님 제자가 됐을 때 부처님이 이런 연설이나 이런 글자를 보고 이 금강경 읽어 보고 천독만독(千讀萬讀) 자꾸 읽어서라도「그것이 참말이구나」하고「실다운 믿음을 내는 중생들이 정말 있을까。」(生實信不)하는 의심을 냈읍니다。「지금까지 배운 것이 전부 거짓말이고 쓸데없는 소리였구나、하나도 사실 없는 헛소리를 듣는 것이었구나、마치 미친 사람이 술을 먹고 잠들어서 잠꼬대하는 꿈속의 헛소리였구나、하고 느끼겠읍니까。」「이제까지의 모든 것은 아무것도 아닌 소리라、내가 누구인지를 모르고 나 아닌 다른 사람 얘기만 하는 도서관의 서적은 모두 다 미친 사람 술 먹고 자다가 헛소리하는 잠꼬대 녹음에 불과한 것이었구나。그런 걸 깨달을 수 있는 사람이 있겠읍니까。」「그래서 부처님 말씀이 참말로 가치가 있는 진리의 실재 내용이 있는 것이 부처님 말씀이구나 하고 그런 신심을 낼 사람이 있겠읍니까。」하고 부처님께 의문을 여쭈었읍니다。

原文 佛告 須菩提 莫作是說 如來滅後 後五百歲 有持戒修福者 於此章句 能生信心 以此爲實

解義 수보리존자의 질문에 대하여 부처님께서는 일언지하(一言之下)에 그렇지 않다고 끊어서 말씀하십니다. 『그런 말 너 함부로 하지 말라(莫作是說) 부처님이 다른 세상으로 가신 뒤에, 불멸(佛滅)①한 뒤에 부처님이 육신의 몸뚱이를 버리고 열반적멸(涅槃寂滅)의 부처님 세계에 멸도(滅度)하신 뒤에(如來滅後) 다섯번째 五백세 되는 그 때에도(後五百歲)② 계를 잘 받아서 목숨처럼 지키어 큰 복을 짓는 갸륵한 수행자가 있어서(有持戒修福者) 이 금강경의 이런 거룩한 법문을 듣든지 읽어 보고 육조대사(六祖大師)께서 응무소주 이생기심(應無所住 而生其心)④하라는 법문 듣고 깨치듯이 「참 그렇겠구나」하는 신심(信心)을 낼 것이다(於此章句 能生信心). 그리고 「아 참말로 진실한 말이구나 이런 내용 이런 말씀이었구나. 그것은 정말 한 말 한 글자도 거짓말이 없구나 하고 깨닫는 사람이 있을 것이다.」 그런 뜻입니다.

후오백세(後五百歲)란 말은 五백년을 단위로 하여 제오백세는 부처님이 돌아가신 뒤 五백년까지를 가리키고, 제二 오백세는 부처님 가신 뒤 五백년에서부터 천년까지를 가리키고, 제三 오백세는 천五백년까지 제四 오백세는 부처님 멸도(滅度)하신 뒤 二천년까지, 제五 오백세는 불멸(不滅) 二천 一년부터 二천 五백년까지에 해당합니다.

무량대복(無量大福)을 지으려는 수행인이라면 계를 바로 지키지 않고서는 큰 복을 성취할 도리가 없읍니다. 성직자라고 하면 남이 먹기 좋아하는 음식도 안 먹고 좋은 의복도 안 입고 좋은 데 거처(居處)도 안 하고 그리고 앉아서 밤에 잠도 안 자고 저녁도 굶고

〔**註 1**〕 불멸(佛滅)：멸도(滅度). 부처님께서 열반하셨다 멸도하셨다는 뜻으로 「불멸」이라 하니 여기서는 「멸도」라는 말과 같은 뜻으로 쓰인다. 멸도(滅度)는 열반(涅槃) 범어 Nirvana)의 번역이다. 나고 죽는 생사법(生死法)을 초월하여 번뇌의 바다를 건너서 불생불멸(不生不滅)의 도리를 체득한 경지. 멸(滅)·적멸(寂滅)·멸도(滅度)·원적(圓寂)이라 번역되었으며, 실상(實相)·진여(眞如)·본체(本體)·실재(實在)의 의미로 쓴다. 불교의 최고 이상인 해탈(解脫)·성불(成佛)의 경지를 뜻한다.

여기서는 생사변멸(生死變滅)을 면할 수 없는 육신(肉身)을 버리고 마음의 법신(法身)인 진여

하루 한 끼만 먹고 밤새도록 정진(精進)해야 남다른 수행도 되고 남들이 고마운 생각을 합니다. 먹을 것 다 먹고 할 짓 다 하고 공부도 잘 안하고 하면 하나도 고맙지 않습니다. 그래서 지계수복자(持戒修福者) 곧 「계 지니고 복을 닦는 사람」이라고 한 것입니다.

우선 먹을 것 다 먹어서 말하자면 고기를 먹는다, 파·마늘 먹는다 하면 영양 있고 자극성식물(刺戟性食物)이고 양기를 도웁게 되기 때문에 비구나 비구니가 혼자 살 수 없게 됩니다. 몸뚱이는 뚱뚱하게 살이 찌고 정력이 강해지니 공부도 안되고 번뇌가 막 일어납니다. 영양가치 있는 음식 먹어서 피가 자꾸 들끓고 술 같은 것 마셔 놓으면 온갖 생각이 나를 막 흔듭니다. 그래서 탐진치(貪瞋痴) 삼독(三毒)④이 강해지니 한번 흔들어 어지럽혀 놓고 나서 나중 술 깬 뒤에 생각해 봐야 후회 막심하고 이런 일이 생겨 놓으면 마음이 안정되지 않습니다. 그러므로 먹을 것을 다 먹으면 독신생활(獨身生活)도 안되지만 억지로 참고 한다 하더라도 번뇌를 참느라고 공부도 안됩니다.

수도하는 데 제일 어려운 것이 남녀 성 문제인데 음식 같은 것은 좀 안먹으면 참을 수 있지만 먹을 것 다 먹어 놓으면 이성끼리 만나면 견딜 수 없읍니다. 그러니 이성끼리 아무도 없는 데서 만나면 할 수 없읍니다. 성이란 본래 동물적인 본능일 뿐 눈도 코도 없고 머리꼬리도 없는 것이니 거기 이끌리면 동물입니다. 극단(極端)으로 말하면 애비와 딸을 이성이 하나도 없는 무인도에 갔다 놓으면 어린애라도 키워 가지고 손주를 낳습니다. 애비와 딸과 손주를 낳으면 그것은 딸이 낳았으니 손주고 애비가 낳았으니 자식이고 손주도 아니고 딸도 아닙니다. 금수가 되는 것입니다. 그런 충동 안 받으려면 애당초 영양가치 있는 것 먹지 말고 자극성 있는 음식물을 먹지 말라는 것입니다. 동시에 일상 생활에 있어서도 항상 환경에 주의하고 계율⑤에 맞추어 생활하라는 것입니다. 그러니 계를 지키고 복을 닦아야 큰 복을 닦을 수 있지 계를 지키지 않고는 번뇌 망상에 끄달리게 되고

(眞如)·열반(涅槃)의 경계에 들어갔다는 뜻으로 부처님께서 몸을 버리고 저 세상으로 돌아가셨다는 뜻으로 쓴 것.

〔**註 2**〕 **후오백세**(後五百歲)는 후오백년(後五百年)이라고도 한다. 오종오백년(五種五百年) 가운데 제五의 五백년에 해당(該當)하며, 오오백년(五五百年) 또는 오오백세(五五百歲)·오개오백년(五個五百年)이라고도 한다. 불멸 후 불교의 성쇠 상태를 五백년을 한 시기로 하여 五시기로 나눈 것. ① 제일 五백년은 지혜가 있어 해탈의 과(果)를 증득한 사람이 많아서 불법이 계속되는 때이므로 해탈견고(解脫堅固)라 하며 ② 제이 五백년은 선정(禪定)을 닦는 사람이 많아 불법이 계속되는 때이므로 선정견고(禪定堅固)라 하며 ③ 제삼 五백년은 불경(佛經)을 많이 배워 독송·학습하는 이가 많은 때이므로 다문견고(多聞堅固)라 하며 ④ 제사 五백년은 절이나 탑을 세우는 이가 많은 때이므로 탑사견고

탐진치 삼독으로 사는 중생놀음을 벗어나지 못하게 되므로 큰 복을 지을 수 없게 된다는 것입니다。 물론 계를 안 지키고도 복을 지을 수 있겠지만 그것은 계를 가지고 짓는 복에 비교해 볼 수가 없는 작은 복입니다。 이런 지계수복자(持戒修福者)가 금강경의 이런 구절을 읽어 보고서 응무소주 행어보시(應無所住 行於布施)이나、범소유상 개시허망 약견제상 비상 즉견여래(凡所有相 皆是虛妄 若見諸相非相 卽見如來) 같은 구절을 읽어 보고서(於此章句) 능히 신심을 내어 「참말로 진실한 진리였구나。 한 글자 한 마디도 진리 아닌 것이 없구나」 하고 깨달을 사람이 있을 것이라는 것입니다(能生信心以此爲實)。

原文 當知是人 不於一佛二佛 三四五佛 而種善根 已於無量千萬佛所 種諸善根聞是章句 乃至一念 生 淨信者

解義 『당지시인(當知是人)하라、마땅히 알라、이 사람이 어떤 사람인지를 잘 알아 두라。 불어일불이불삼사오불(不於一佛二佛三四五佛) 저 한 부처님이나 두 부처님이나 세 부처·네 부처·다섯 부처님이 출현(出現)하실 때마다 태어나서 이종선근(而種善根)이라。 예배도 하고 참선도 하고 부처님께 법도 묻고 같이 공부도 많이 해서 착한 바탕을 많이 심었을 뿐이 아니라。』 착한 일 하는 것은 착한 뿌리가 되고 악한 일 하는 것도 뿌리가 된다는 말은 하나의 바탕이 되고 습관이 생겼다는 뜻입니다。 한 부처님께만 뵈옵고 따라 배우면서 하나도 빠지 않고 듣고 그걸 다 기억하면 전능만능해질 것입니다。 그렇게 한 부처님만 친견하고 신행(信行)하기도 어려운 일인데 한 다섯 부처님을 이 세상에서 만났다면 그건 참 큰 복 지은 사람입니다。 다섯 부처님한테만 이런 선근(善根)⑥을 심은 것이 아닙니다。

(塔寺堅固)라 하며 ⑤ 제오 五백년은 점점 불법이 쇠미하여 옳다 그르다 승하다 못하다 하는 논쟁이 많은 때이므로 투쟁견고(鬪爭堅固)라 하므로、여기서 「후오백세」(後五百歲)라 함은 부처님 열반하신 뒤 二천년 뒤를 가리킨다。

〔註 3〕 **응무소주 이생기심**(應無所住 而生其心): 제一○절 장엄정토분(莊嚴淨土分)에 나오는 유명한 계송으로 금강경의 깊은 뜻을 잘 나타내 주고 있다。 곧 「응무소주」는 머물지 말아라、아무데도 그 마음을 집착하지 말라는 뜻이고 이생기심은 마음을 내서 六바라밀의 보살행을 하라는 뜻이니、아무 조건 없이 오직 남만을 위해서 일하고 나를 생각지 말라는 뜻이다。

〔註 4〕 **탐진치 삼독**(貪嗔痴三毒): 욕심·성냄·어리석음의 세 가지가 중생의 마음을 번뇌에 빠져 어둡게 하는 근본이고 독이므로 삼독(毒)이라 한다。

〔註 5〕 **계율**(戒律):

한두 부처님 계신 데서가 아니라 이미 오랜 과거세(過去歲)부터 한량없는 천만 부처님 계신 곳에 가서(已於無量千萬佛所) 그 많은 부처님 앞에 참회를 하고 부처님 가르쳐 주시는 대로 목숨 내 놓고 철저히 좋은 수행을 했읍니다(種諸善根)。 부처님 직접 만나 놓으면 얼마나 신심이 나겠읍니까。 휘발유가 불을 만난 것처럼 우리의 마음바탕이 그만 환하게 드러납니다。 후오백세(後五百歲)에 계를 지키고 복을 닦는 사람들은 다 이렇게 많은 부처님 앞에서 많은 선근(善根)을 심은 사람들입니다。 그래서 二천 五백년이나 지난 말세에도 어려운 불법을 듣고 「그게 참말이구나。」하고 바른 신심을 내어 바로 들어오게 되는 것입니다。 내가 이런 걸 가만히 생각하면서 매주 토요일마다 여러분들이 금강경의 어려운 법문을 듣기 위해 벌써 두 해가 넘었는데도 비가 오나 눈이 오나 꾸준하게 나오는 신심을 보고 정말 고맙고 거룩하게 느껴 본 때가 한두번이 아니었읍니다。 어쩌다가 지방에라도 가서 법문을 못하게 되면 마음이 참 아픕니다。

문시장구 내지일념 생 정신자(聞是章句 乃至一念 生 淨信者)니라。 금강경 가운데 어떤 구절을 듣든지 한 생각이라도 청정한 신심을 내는 자가 있을 것이라는 말씀입니다。 또 바로 믿는다는 정신(淨信)은 깨끗한 신심을 낸다는 말이니 이 마음에 조금도 부처님 뜻을 빼 놓지 않고 다 받아들인 것을 정신(淨信)이라 합니다。

原文 須菩提 如來 悉知悉見 是諸衆生 得如是無量 福德

解義 수보리야, 여래께서는 신령한 마음을 눈으로 다 아시고 다 보시느니라(如來悉知悉見)。 이런 중생들이 곧 다생(多生)⑦으로 부처님 처소(處所)에 인연을 맺어서 이 금강경의 네 글귀를 듣고 청정한 신심을 내는 그런 사람을 말합니다。 이 모든 중생들이 곧 말세에 가도 이런 사람이 한두 사람 있는 것이 아니고 선근중생(善根衆生)들이 인

경계하고 규율 있게 한다는 뜻。 부처님 제자들의 비도덕적인 행위를 막는 율법으로 범어 Sila이며, 계(戒)·율(律)이라고도 한다。 경률론(經律論)삼장(三藏)중 율장에서 말했고 삼학(三學)과 육도(六度)의 하나다。 불교도덕의 총칭이며, 시라(尸羅)라 음역하고, 금제(禁制)의 뜻으로 방비(防非)·지악(止惡)의 힘이 되고 적극적으로는 만선(萬善) 발생의 근본이라 한다。

六祖口訣 부처님께서 멸도하신 뒤 후오백세에 어떤 사람이 대승의 상 없는 계를 받아 지니어 망령되게 모든 상을 취하지 않으며 생사의 업을 짓지 않고 어느 때나 마음이 항상 공적하여 모든 상에서 얽힘으로부터 벗어나면 이것이 곧 머무름 없는 마음이다。 여래의 깊은 법에 마음이

능히 믿어서 들어가리니 이 사람이 하는 말은 다 진실하여 가히 믿을 것이다。 왜냐하면 이 사람은 한겁이나 두겁·세겁·네겁·다섯 겁동안 거룩한 선근(善根)을 실천해 온 것이 아니라 한량 없는 천만억겁전에 벌써 모든 거룩한 선근을 다 심은 사람들이기 때문이다。

그래서 부처님께서 말씀하시기를 「내가 멸도한 뒤 후오백세에 상을 능히 여의고 수행하는 자가 있다면 마땅히 알라。 이 사람은 하나·둘·셋·넷·다섯 부처님 앞에서만 모든 선근을 심은 것이 아니고」 하셨던 것이다。

그러면 무엇을 모든 선근을 심었다고

연 있는 곳에 태어나 불법을 받아 지니고 거룩한 신행을 닦는 중생들이 많은데 이와 같은 중생들이(是諸衆生) 무량한 복덕을 얻는 것을(得如是無量福德) 여래께서 다 아십니다。 금생에 이 중생이 죽어서 어디로 가고 내생에 공부를 많이 하여 그 후세에 가서는 어떻게 과보(果報)를 받는다、 그걸 부처님은 낱낱이 다 아십니다。 내생에는 어떤 사람으로 태어나서 글은 어디서 배우고 어떤 스님을 만나 출가(出家)하고 어디서 발심하여 어떻게 수행한다는 것을 활동사진 필름 들여다보는 것처럼 환히 듣고 보고 하시는 데、 그것은 부처님은 四차원·천차원(千次元)·만차원(萬次元)·무한차원(無限次元)의 세계에 들어가서 시간공간을 자유자재하게 초월해 있기 때문에 일일이 지나온 일을 직접 경험하고 있는 본인보다 더 잘 아십니다。

原文 何以故 是諸衆生 無復我相人相衆生相壽者相 無法相 亦無非法相

解義 이 모든 중생들이 아(我)가 있어서 나라는 생각、 곧 아상(我相) 육체가 나거니 하는 그런 망상인데 이 생각이 앞서 가지고 제가 잘났다는 것이고 육신인 나 본위로 모든 것을 내세워서 남한테 안 지려고 싸우고 칼부림하고 합니다。 금강경을 아는 사람은 아상이 없어서 내가 잘났다는 생각이 없고 동시에 남을 멸시하는 마음이 없읍니다。 그렇지만 나라는 생각이 붙어 있으면 무엇이든 조건이 있게 됩니다。 난 공산주의다、 난 자본주의다、 난 기독교다、 난 불교다、 그런 게 붙습니다。

그런데 三천 五백년 뒤에 금강경의 四구게에 발심한 이런 중생들은 아상도 없고 또 인상(人相)도 객관(客觀)도 없읍니다。 인상은 남이라는 소리도 되지만、 사회환경 전체를 뜻하기도 합니다。 말하자면 이 육체가 나인데 육체 밖에 객관을 인정하는 것이 인상입니다。 중생상(衆生相)은 「시집가 봐야겠다。 자식 낳아야겠고 그러면 돈도 벌어야겠하는 것인가。 간략히 다음에 말하리라。 이른바 모든 부처님 처소에서 한 마음으로 공양하여 부처님께서 가르치시는 법을 잘 따라서 모든 보살님네와 선지식과 스승과 부모와 나이가 많고 덕이 높은 존장에게 항상 공경하고 공양하여 그 가르침에 순종하여 그 뜻을 어기지 않는 것을 이름하여「모든 선근을 심었다」고 하느니라。 또 六도 중생에게 살해하는 일을 하지 않으며 속이지 않고 천대하지 않으며 헐뜯거나 욕하지 않으며 탓하지 않고 때리지 않으며 그 고기를 먹지 않고 항상 이롭게만 해 주는 것을 이름하여「모든 선근

다」 하는 것이 중생상(衆生相)이니 곧 살림살이입니다。 또 중생들은 금방 죽는건 생각안하고 죽게 되면 다 끝날 것인데 공연히 ㄱ 사람과 감정을 맺고 내가 공연히 마음 안좋게 해주었구나 이런 것이 모두 죽을 때 후회가 됩니다。 그러니 그거 천년 만년 살 줄 알고 생각하는 것, 오래 살려고 좋은 약이 있으면 그걸 어떻게 해서든지 하나 사 먹어야겠다고 생각하는 그것이 수자상(壽者相)입니다。

이런 법문(法門)을 처음 듣고 비로소「아 진리가 이런 것이구나, 내가 이런 법문 이제야 만났구나。」 그렇게 생각하는 게 법상(法相)⑧입니다。 그런건 진리가 아니고 불법(佛法)만이 정법(正法)이니까 그것만 지켜야겠다는 마음도 없고 불법 믿는다는 생각도 없는 것 그것을 무법상(無法相)이라 합니다。 비법상(非法相)⑨이란 건「잘못된 법」이라고도 하고 이것이 법이라고 지키려는 법이 아니다」「법이 없는 게 참말 법이구나 하는 생각」이라고도 하는데 그러니 또한 법 아닌 것, 잘못 생각하는 것도 그릇된 법이라는 생각도 없는 것을 무비법상(無非法相)이라고 합니다。

후오백세에 계를 지키고 복을 닦는 이가 금강경의 네 글귀를 듣고 깨끗한 신심을 낸 사람은 이렇게 아상·인상·중생상·수자상의 이 네 상(四相)과「법이란 생각」(法相) 그릇된 법이란 생각」(非法相)이 없기 때문에 한량없는 복덕을 짓는다는 뜻입니다。

原文 何以故 是諸衆生 若心取相 即爲着我人衆生 壽者

解義 근본적으로 마음에 지킬 것이 있다면, 모든 중생들이 마음 가운데 무언가 하나 고집하는 것이 있다면, 모두 마음에 간직하는 게 있다면(若心取相) 아상, 곧 나라는 생각에 끄달리게 되고 따라서 四상에 끄달리게 되는 까닭이니, 그렇게 되면 四상이 따라오게 되므로 중생을 면할 수 없게 되고 따라서 금강경의 이런 글귀를 듣고 보더라도 청정

을 심는다」고 하며、 일체의 가난하여 괴로운 중생에게 사랑하고 연민하는 마음을 내어 엽신여기거나 싫어하지 않으며 구하는 바가 있거든 힘을 따라 은혜로 베풀어 주는 것을 이름하여 「모든 선근 심는 것이라」 하며、 온갖 악한 중생들에게 스스로 부드럽고 화목하는 마음씨와 인욕을 행하여 기쁜 마음으로 맞아 주고 보내어 그 뜻을 어기지 않아서 그로 하여금 환희심을 일으키고 거칠고 억센 성질을 쉬게 하는 것을 이름하여 「모든 선근을 심었다」고 하느니라。

믿는 마음이란 반야바라밀이 일체의 번뇌를 없애는 것이한 신심을 낼 수 없읍니다。 四상이 다 없어져서 조건 없는 보시·지계·인욕·정진·선정으로 중생을 위해 봉사해야만 한량 없는 복만 짓고 가는 사람이 됩니다。 그러므로 마음속에 집착이 있고 선택이 있으면 아상·인상·중생상·수자상에 걸려서 결국은 육체의 속박을 벗어나지 못하고 생사의 굴레를 뒤집어쓴 중생에 떨어지며、 그러다 보면 지옥(地獄)·아귀(餓鬼)·축생(畜生)의 삼악도(三惡道)에 들어가서 한량 없는 고통을 받게 된다는 것입니다(卽着我人衆生 壽者)。

原文 何以故 若取法相 卽着我人衆生壽者 若取非法相 卽着我人衆生 壽者 是故不應取法 不應取非法

解義 또 마음 속에 이것이 참다운 진리다、 이것이 바른 진리고 정법(正法)이란 생각을 가져도 안됩니다。 불법도 법입니다。「불법 그게 옳구나。」하는 생각을 하면 불법에 이끌리는 생각이 있으니 그것도 안됩니다。 결과적으로 불법과 멀어지는 것입니다。 내가 하는 불법이 있고 그렇지 않은게 있고 그러다보니 四상에 이끌리게 된다는 것입니다。 가령 어느 사람 미워하는 생각을 내가 내 버렸다 하더라도(若取法相)「나는 분함을 내버렸다」하는 생각 그것이 아(我)가 되어 거기에 대한 중생상이 생기고 수자상이 따라오게 됩니다(卽着我人衆生 壽者)。

법 아니란 생각、 그릇된 법이라는 생각이 마음에 있어도 역시 비법이란 생각을 일으킨 내가 있고 그렇지 않은 남이 있고 하여 四상이 있게 되는 때문에 그릇된 법이란 생각도 내지 말라는 것입니다。「저런 것은 그릇된 법이다」하는 생각이 있으면(若取非法相) 상대적으로 옳은 법이 있고 옳은 법이라고 생각하는 내가 있고 남이 있게 되어 四상에 떨어집니다(卽着我人衆生 壽者)。

믿는 것이며、반야바라밀이 능히 세간의 온갖 공덕을 성취하는 것을 믿으며 반야바라밀이 일체의 부처님을 내는 것을 믿는 것이며 자기 몸 가운데 있는 부처의 성품이 본래 청정하여 때묻고 물들지 않음을 믿으며、모든 부처님의 성품으로 더불어 평등하여 둘이 아님을 믿는 것이며、육도 중생들이 본래 상이 없는 것을 믿는 것이며 일체 중생이 다 성불할 것을 믿는 것이니 이것을 이름하여 거룩한 신심이라 하느니라。

於佛滅後 後五百歲 若復有人 能持大乘無相戒 不妄取諸相 不造生死業 一切時中 心常空寂 不被諸相所

그러므로 중생을 면하고 생사를 벗어나려면 그래서 부처가 되어 우주의 주인공(主人公)⑩이 되려면 정법도 집착하지 말고 그른 법에도 이끌리지 말아야 합니다。 불법이 아무리 좋다고 하지만 불법에 취하지도 말고 기억하지도 말아야 하며 정법이 아니라는 생각 그릇된 법에 취하지 말아야 합니다。 불법까지도 초월하는데 그 밖에 불법 아닌 것을 취하지 말아야 할 것은 정한 이치입니다(不應取法 不應取非法)。

어떻게 하든지 좀 더 오래 살려고、한 시간이라도 더 살아 보려고、금방 죽을 것은 모르고 「백 년은 살겠지」 안심하고는 허둥지둥 탐욕(貪慾)으로 온갖 죄를 짓고 사는 것이 중생들입니다。 그러니 그렇게 하지 말고 「내가 언제 죽을지 모른다。 이미 사형언도(死刑言渡)를 받아 놓았으니 그 사형이 언제 집행(執行)될는지 모른다。 오늘 밤중에 갈는지 내일 새벽에 갈는지 내일 낮에 갈는지 모른다」 이렇게 생각하고 될 수 있는 대로 없는 사람 살려 주어야 합니다。 그러면 그게 선근(善根)입니다。

부처님께 이런 법문 듣고 이런 선근(善根) 심어서 이제 아상만 없애면 그 밑에 세 가지 상(相)은 저절로 다 없어집니다。 〈나〉라는 생각만 없으면 남보고 남이라 하는 생각도 없게 되고 아무 생각없이 대하니 중생이란 생각도 없어집니다。 이 몸이 〈나〉라 하니까 마음에 의·식·주가 필요하지 마음은 밥도 옷도 필요 없고、남편도 아들 딸도 필요 없고 그런이 〈나〉는 말하는 이 마음일 뿐입니다。 그러니 이 몸뚱이나 현상은 있어 봤자 필경 이별할 것이고 다 흙에 들어가 썩을 것입니다。 그러니까 내가 이런 법문을 듣고 확실히 알아들으면 벌써 나란 생각、곧 아상이 없어집니다。 이것이 여러 백천억 부처님을 섬기다 보니 「아 육체가 내가 아니구나 이 말하고 말 듣는 마음자리가 바로 나구나!」하고 깨달아지고 하는 그게 선근입니다。 그래서 계를 지키고 또 중생의 업을 안 만들려고 좋은 일은 다 하는데 계 지키는 것만 해도 큰 복이 아니면 안 됩니다。 그런데 그 위에 착한 일 또 다

縛 即是無所住心 於如來深法 心能信入 此人 所有言說 眞實可信 何以故 此人 不於一劫二劫三四五劫而種善根 已於無量千萬億劫 種諸善根 是故 如來 說 我滅後後五百歲 有能離相修行者 當知是人 不於一二三四五佛 種諸善根 何名種諸善根 略說次下 所謂於諸佛所 一心供養 隨順敎法 於諸菩薩 善知識 師僧父母 耆年宿德尊長之處 常行恭敬供養 承順敎命 不違其意 是名種諸善根 於六道衆生 不加殺害 不欺不賤 不毁不辱 不騎不箠 不食其肉 常行饒益 是名種諸善根 於一切貧苦衆生 起慈愍心 不生輕厭 有所須求 隨力惠施 是名種

합니다。부처님 법 만나 법문 듣고 아상·인상·중생상·수자상 없어져야 그런 사람이 됩니다。

原文 以是義故 如來常說 汝等比丘 知我說法 如筏喩者 法尙應捨 何況非法

解義 이런 뜻을 가지고 있기 때문에(以是義故) 여래가 항상 말하기를(如來常說) 「너희들 비구·비구니나 선남 선녀는(汝等比丘) 내가 설명한 법은(知我說法) 뗏목에 비유한 것이나 마찬가지인 줄을 알아야 한다(如筏喩者)」고 하셨는데 이것은 불법도 하나의 수단에 불과하고 불법 자체가 인생의 목표는 아니라는 것을 알 수 있읍니다。옛날에는 강물 건너는데 떼를 많이 사용했읍니다。큰 나무를 연쇄적으로 연결을 시켜서 떼를 만들어 가지고 강을 건너갔읍니다。그러나 쇠로 좋게 만든 요사이의 큰 배에 비유해도 좋고 군함이나 큰 기선으로 봐도 됩니다。하여간 강은 그 폭이 넓어서 헤엄쳐 건너갈 수 없고 꼭 건너는 가야겠고 하니 배를 타는 것입니다。그런데 배는 강을 건너가는 데까지에만 필요한 것이지 일단 강을 건너서고 나면 배는 필요없읍니다。강을 다 건너고 나서까지 배를 짊어지고 육지를 다닐 수는 없읍니다。그러므로 배가 아무리 고마와도 강 건너 저 언덕에 왔으면 배를 버리고 가야 합니다。배 타는 게 목적이 아니고 강을 건너는 것이 목적이고 집에 가는 게 목적이었기 때문입니다。

마치 서너 살 먹은 애기를 앉혀 놓고 밝은 달밤에 「저 달좀 봐라」하며 손가락으로 달을 가리켜 보이면 어린아이들은 달을 보지 못하고 엄마 손가락만 들여다보는 것과 같은 것입니다。그러니 四九년 설법은 네 마음 깨치라고 목이 터져라 하고 일러 줬는데도 그 목소리만 따라 다니며「아、깨쳐라、그 소리구나!」그러기만 해서는 안 됩니다。말에 끌려 다니는 것이 마치 소가 코에 끌려 산이나 들이나 끄는 대로 가듯이 말에 끌려 다니

諸善根　於一切惡類自行和柔忍辱　歡喜逢迎不逆其意　令彼發歡喜心　息剛戾心　是名種諸善根　信心者信般若波羅蜜　能除一切煩惱　信般若波羅蜜能成就一切出世功德信般若波羅蜜　能出生一切諸佛　信自身中佛性　本來清淨　無有染汚與諸佛性　平等無二信六道衆生　本來無相信一切衆生　盡能成佛是名淨信心也

기만 하니 한심한 노릇입니다。 이 자식 저 달을 볼 것이지 왜 내 손가락만 쳐다보느냐고 때려 줘봐야 울기만 하지 달을 볼 생각은 못냅니다。 엿을 주며 달래 봐도 「저기 저기」 하는 소리 밖엔 알아듣지 못합니다。

그러나 부처가 될 수 있는 길을 말로 가리킨 그것、 곧 팔만대장경에 있는 불법도 역시 남겨 두어 후손에게 전해 주어야 합니다。 왜냐 하면、 자기는 이미 깨쳤다 해도 후대에 모르는 사람에게는 필요하기 때문입니다。 경에서 실제로 깨치는 사람도 있기는 합니다。 그러나 경전의 말과 글은 달 가리키는 손가락의 역할을 하는 정도일 뿐、 실제의 달 자체는 아니며、 강을 건너는 뗏목과 같은 역할을 하는 것이 경이고 법일 뿐、 저 언덕의 목적지는 마음을 깨치는 데 있읍니다。

불법인 정법⑪도 버려야 하는데(法尙應捨) 어찌 하물며 법 아닌 것、 무당법、 삿된 법、 그릇된 법 그걸 의지해서 점을 친다든지 관상 보고 사주 보고 손금 보고 하는 사람이 무슨 불교하는 사람이겠느냐。 또한 이 세상은 모두 허무한 존재이고 하나의 물거품이고 이것이 꿈인데 이것을 어찌 참말이라 하고 육신이 내라고 고집하겠느냐(況況非法)。

이와 같은 그릇된 법、 불법이 아닌 법들은 마땅히 다 버려야 한다는 뜻입니다。 우리 육체는 죽어 있고 살아 있다면 마음이 살아 있는 것입니다。 몸뚱이가 산 것이 아니기 때문입니다。 육체가 확실히 나라고 그렇게 믿고 있는 일반적인 중생들은 입은 옷을 주지 않으면 네 목숨을 죽이겠다고 위협 당했을 때、 아무리 대낮이라도 종로 네거리에서 옷을 훌쩍 벗어 줍니다。 반대로 몸뚱이가 내가 아닌 걸 확실히 아는 사람은 몸뚱이 벗어라 하면 몸뚱이 내 버리고 마음만 갑니다。 옷벗어 버리듯 하게 됩니다。

이럴 때 몸뚱이를 나라고 생각하는 것은 그릇된 법이고 몸뚱이는 옷이고 마음이 나라고 생각하는 것은 정법(正法)인데 마음을 깨치고 나면 이 두 가지를 다 버려야 합니다。 대승

〔註 6〕 **선근**(善根)은 좋은 과보(果報)를 받을 좋은 인(因)이란 뜻。 착한 행업의 공덕 선근을 심으면 반드시 선과(善果)를 맺는다는 뜻이며、 온갖 선을 내는 근본이란 뜻이다。 무탐(無貪)·무진(無瞋)·무치(無痴)를 삼선근(三善根)이라 하기도 한다。

〔註 7〕 **다생**(多生)： 여러 생을 말한다。 육도(六道)를 윤회하면서 수

많은 생을 지냈다는 뜻。

六祖口訣「만일 어떤 사람이 여래께서 멸도하신 뒤에 반야바라밀의 큰 마음을 내어 반야바라밀의 행을 실천하여 이해하고 깨달음을 익히므로 부처님의 깊은 뜻을 체득한 이가 있다면 모든 부처님께서 아시지 못하는 일이 없다」고 하셨으나、 만일 어떤 사람이 상승의 법문을 듣고 한 마음으로 받아 지닌다면 곧 반야바라밀의 상 없는 행을 능히 실천한 것이고 집착없는 행을 능히 실천한 것이며 아상·인상·중생상·수자상의 네 가지 상이 없음을 사무친 것이니、 내가 없다 함은 감각(受)과 사고(想)

불법은 계를 지킬 필요도 없고 고기도 막 먹고 술도 계집질도 보리반야에 방해되지 않으니 삼가할 것도 없다는 막행막식주의(莫行莫食主義)의 그릇된 생각은 비법(非法)이고 계를 지키고 음행도 술도 하지 말고 부지런히 정진해서 육신이 내가 아니라 마음이 나라는 진리를 체득하고 깨달음을 성취해야겠다는 생각은 정법인데、 우리가 마음을 일단 깨치고 나서는 계를 지니고 마음을 닦겠다는 정법도 버려야 하는데、 하물며 아무렇게나 막행막식해도 관계없다는 그릇된 법은 더 말해 볼 것도 없이 버려야 한다는 뜻입니다。

〔說義〕

막행막식은 전도된 비법

계율(戒律)에 대한 말이 나왔으니 유감스럽지만 요사이도 더러 있는 우리 주위의 일로서 그대로 지나칠 수 없는 큰 사건을 말하지 않을 수 없읍니다。 그것은 대승불법은 마음만 깨치면 일체에 걸림 없고 아무런 행동을 다 해도 파계가 아니고 무방하다는 생각입니다。

우리나라에 해방 전만 해도 이런 식으로 견성한 도인이 많았읍니다。 모두 고기 먹고 술 마시고는 물 마시나 술 마시나 뭐가 다르냐고 하면서 술 기운에 화두(話頭)⑫가 더 잘된다는 것입니다。 그러나 그것은 술 기운에 취한 기분이지 공부가 잘 되는 것은 아닙니다。 불교 공부뿐 아니라 어떤 학문이나 과학이나 육체수련에 이르기까지 술 기운으로 인해서 더욱 좋은 효과가 나온다는 말은 그야말로 언어도단(言語道斷)⑬입니다。 특히 참선 정진을 어떤 술이나 약품에 취한 마취된 기분으로 생각하는 것은 크게 잘못된 생각입니다。 또

와 의지·경험(行)과 최후인식(識)이 없는 것을 말하고, 남이 없다 함은 몸뚱이의 네가지 요소가 다 실답지 못하여 마침내 흙·물·불·바람에 돌아가는 것을 말하고, 중생이 없다 함은 일어났다 꺼졌다 하는 생사심이 없음을 말하는 것이니 오래 산다는 생각이 어찌 있겠는가。

이미 이 네가지 상이 없으면 곧 진리의 눈이 밝게 사무쳐서 있고 없는 것에 집착하지 않아서 이 두가지 끝을 멀리 여의고 자기 마음의 여래를 스스로 알고 스스로 깨달아서 번뇌 망상을 길이 아주 끊어 버리므로 자연히 복을 얻음이 끝없이 많

그들은 야채를 먹으나 고기를 먹으나 한가시고 무엇을 먹든지 참선만 하면 그만이라고 합니다。도둑질을 하든지 음란(婬亂)한 성생활을 하든지 대보리(大菩提)에 거리낌이 없다고 하면서 마구잡이로 막행막식(莫行莫食)⑭을 합니다。

이런 풍습(風習)이 오늘까지 영향이 미쳐서 일대문제(一大問題)가 되고 있읍니다。이런 말을 하는 사람들은 불교를 거꾸로 해서하는 사람들입니다。우리가 배운 금강경의 뜻으로 보더라도 보살은 모든 것을 중생을 위해 보시하고 제도해야 할 것인데 남의 것 도둑질하고 음행하라고 한 데는 없읍니다。남을 위해 자기를 희생하는 것이 대승불교의 정신인데 이것을 편의상 남의 것을 훔친다는 것은 자기를 위해 남을 희생시키는 것으로 불교의 정신과는 정 반대되는 행위입니다。소승불교의 이기주의(利己主義)는 차라리 남을 괴롭히는 것은 아니므로 그보다는 낫읍니다。또 불교에서는 윤회(輪廻)하는 것을 절대 인정해야 하므로 금수라 하더라도 그것을 다 형제동포와 같이 보고 자비심으로 이끌어 제도해야 하는 수행자로서 육식을 하고 음행을 하는 것은 자비의 종자를 끊고 번뇌를 가중하는 전도된 행동일 뿐입니다。

아란존자의 위기

그래서 우리 승려는 비구나 비구니나 독신수행에 알맞는 생활규범을 마련해 가지고 그대로 살아야 합니다。예를 들면 비구나 비구니는 혼자 다니지 못합니다。둘도 안되고 꼭 셋씩 다니라는 것입니다。혼자 다니다 보면 불량한 사람 만나면 유혹되고 겁탈당할 염려가 있기 때문입니다。둘이 다녀도 서로 뜻이 야합하기 쉽고 또 망신을 당해 놓고는 입을 다물고 시치미를 뗄 수 있지만, 셋이 되면 서로 의사가 맞기도 힘들 뿐 아니라 일을 당했

을 것이다。 또 이것이 진리라는 생각이 없다(無法相)함은 이름을 여의고 상을 끊어서 글자에 구애되지 않는 것을 말하며 또한 그릇된 진리의 생각이 없다 함은 반야바라밀의 진리가 없다고 말하지 않는 것이니 만일 반야바라밀의 법이 없다고 말한다면 이것은 곧 진리의 법을 비방하는 것이 되기 때문이다。

若有人 於如來滅後 發般若波羅蜜心 行般若波羅蜜行 修習解悟 得佛深意者 諸佛 無不知之 若有人 聞上乘法 一心受持即能行般若波羅蜜無相無着之行 了無我人衆生壽者四相 無我者 無受想行識也 無

더라도 참회하지 않기가 어렵다는 것입니다。 그래서 스님네는 아무리 조그만 암자 움막에 살더라도 세 사람 이상이 살아야지 둘도 살지 말라는 것입니다。 둘이 살면 뜻이 맞고 파계를 하고도 서로 감추게 되기 때문입니다。

부처님 당시에 아란존자가 어디 가셨다가 일행(一行)스님 두 분은 딴데 볼일로 가시고 아란존자 혼자 오게 됐는데、 오시다가 목이 말라서 샘가에 앉아 있는 처녀에게 물을 얻어 먹게 됐읍니다。 물을 떠주던 처녀가 아란존자를 뵈오니 풍모(風貌)가 너무 잘 생긴데 아주 반했읍니다。 그 당시 부처님 다음으로 아란존자가 잘 생기셨다고 합니다。 그 처녀는 상사병(相思病)이 나다시피 되어 그 어머니에게 아란존자에게 시집을 안 보내 주면 죽고 말겠다는 것입니다。 그런데 그 어머니 되는 이는 주문(呪文)을 외워서 요즘 같으면 최면과 같은 신통력을 가진 이었읍니다。 그래서 그는 주문을 외워 가지고 아란존자를 집으로 되돌아오도록 했읍니다。 수양이 높은 사람은 수양이 낮은 사람에게 정신력으로 에너지의 압력을 가하여 강제최면을 걸어가지고 자유로 그 사람을 부립니다。 딸을 위해 주문에 능한 그 여인은 주문을 외워 가지고 아란존자로 하여금 그 집으로 들어오게 했읍니다。 그리고는 딸 방으로 그를 인도했고 딸과 단 둘이만 있도록 했는데、 그때 아란존자는 정신은 멀쩡한데 몸이 마음대로 움직여지지 않았읍니다。 그래서 자기는 결사적으로 딴데로 간다고 간 것이 그 처녀의 방으로 들어오게 됐고 아란존자는 이제 속옷 하나만을 입고 겁탈을 당하기 일보직전입니다。

그때 부처님은 아란존자가 파계의 위기에 직면해 있음을 보시고 신통을 나타내시어 허공에 석가모니 부처님 한 분을 화신(化身)으로 나투셨읍니다。 그리고는 대중이 다 볼 수 있도록 하시고 능엄주(楞嚴呪)[15]라는 천수대다라니의 일곱배나 되는 주문을 외웠읍니다。 그리고 부처님은 문수보살(文殊菩薩)을 시켜서 그대가 빨리 이 주문을 받아 가지고

人者 了四大不實 終歸地水火風也 無衆生者 無生滅心也 無壽者者 我身 本無 寧有壽者 四相 旣無 卽法眼 明徹 不着有無 遠離二邊 自心如來 自悟自覺 永離塵勞妄念 自然得福無邊 無法相者 離名絶相 不拘文字也 亦無非法相者 不得言無般若波羅蜜法 若言無般若波羅蜜法 卽是謗法

〔註 8〕 **법상**(法相) 이란 모든 법의 모양、 만유의 자태(姿態) 또는 법문(法門)의 분제(分齊)·법문상의 의리를 말할 적에 피차 전후의 구별을 세워 분명히 알게 하는 것을 뜻한다。 그러나 여기서 법상(法相)이라 함은 금강경의 반야의 진리·아공(我空)·법공(法空)·구공(俱空)의 삼공(三空)의 법을 알지 못해서 마음과 경계의 온갖 법에 집착하는 것을 말한다。

가서 외도(外道)들이 하는 주문을 풀어 주고 아란존자와 처녀를 함께 그 상태 그대로 데리고 오라 하셨읍니다。 문수보살이 부처님의 가르침을 받들고 가서 주문을 외우니 강제최면(強制催眠)은 없어지고 눈 깜짝할 사이에 대중이 수천명 있는 데서 옷을 벗고 있는 상태로 나타났읍니다。 아란존자는 부처님 앞이므로 부끄럽기 한이 없어 얼굴이 새빨개졌고 고개를 들지도 못합니다。 그리고 아란존자는 울면서 부처님께 대법문(大法門)을 여쭈어 묻게 됩니다。

「한량 없는 우리의 선각자(先覺者)이신 부처님들께서는 처음에 어떻게 발심을 하셔서 아무 사고없이 성불하시고 끝까지 어떻게 가시었읍니까。 저는 힘이 약해서 중이 되기는 했지만 문수보살님이 아니시면 오늘 틀림없이 파계를 당할 뻔했읍니다。」 부처님께서는 이렇게 말씀하십니다。 「너는 정직한 마음으로 내가 묻는 대로 틀림없이 대답하라。」 「부처님께서 저의 마음을 환히 보고 계신데 무슨 거짓말을 하겠읍니까。」 이렇게 해서 능엄경(楞嚴經)⑯의 법문이 시작된 것인데、 그 내용은 결국 네가 무엇이냐。 아란존자 네가 네 정신을 못차려서 이런 짓을 한 것이 아니냐。 네 정신을 똑바로 차렸으면 부처님이라 해도 안 될 터인데 네가 무엇인지 그것을 모르니 그런 변을 당한 것이 아니겠느냐。 네 마음이 어디 있는지 그것을 먼저 밝히도록 하라。 네 마음이 어디에 있느냐。 안도 밖도 아닌 그 중간쯤에 있느냐、 가슴에 있느냐、 눈에 있느냐。」라고 따지다가 나중에 마음이 무엇이냐는 데까지 들어갑니다。 네가 지금 속았다고 생각하는 그 주체가 무엇이냐、 무엇이 그렇게 속았다고 생각하느냐。」는 것입니다。

여기에 와서 아란존자는 눈물을 흘리면시、 「시방제불(十方諸佛)이 어떻게 발심해서 아무런 사고 없이 앉은 자리에서 부처가 되었읍니까。」 하고 파고 묻습니다。 「그런데 부처님 답변하신 말씀도 결국 「그렇게 파고 묻는 그것이 무엇이냐、 그것을 먼저 알라」는

〔註 9〕 비법상(非法相)：진리가 아니다。법이라고 할 만한 것은 없다는 고집이니 일종의 단견(斷見)으로서 특히 여기서는 반야바라밀법이 없다고 생각하는 그릇된 법에의 집착을 뜻한다。

六祖口訣 이 세 가지 상을 가지면 동시에 삿된 소견에 집착하게 되므로 미한 사람이 되어 이 경의 뜻을 깨닫지 못하게 된다。그래서 수행하는 사람은 여래의 서른 두 가지 상을 애착하지 말 것이며 내가 반야바라밀법을 안다고 말하지 못하는 것이며 또한 반야바라밀의 행을 하지 않고서 성불한다고도 말하지 못하는 것이다。

取此三相 並着邪見 盡是迷人 不悟經

것이었습니다。그것을 확실히 모르기 때문에 그런 강제최면을 당했다는 것입니다。

옛날 요술한다는 사람들이 인생의 근본을 모르기 때문에 육체본의 생각으로 살기 때문에 그런 삿된 짓을 합니다。이런 강제최면을 할 수 있는 사람은 현재 일본만 해도 천명을 헤아릴 정도고 영국 미국 같은 나라에도 많이 있읍니다。이런 사람들은 이걸 무기로 해서 별짓을 다 할 수 있읍니다。그 수양이 물론 도저한 경지에 이르러야 합니다。그러나 아란존자는 속는 줄을 알고 있었읍니다。속는 내가 무엇인가、그것을 알지 못해서 힘이 약했을 뿐이며、또 부처님께서 그 자리에서 밝히신 바 그 처녀와 아란존자는 전생에 다생겁래로 부부의 인연이 있었기 때문이라고 하셨읍니다。그리하여 그 처녀도 부처님의 설법을 듣고 그 자리에서 출가했다고 합니다。

아란존자가 여인에게 겁탈당할 뻔했을 때도 부처님은 그것을 구해 주셨을 뿐 아니라 음행과 살생계를 계 가운데 제일 무거운 계로 삼았음을 보아도 알 수 있읍니다。그래서 계를 가지고 수행을 해야 하는데、계에도 소승계(小乘戒)·대승계(大乘戒)의 구별이 있읍니다。소승은 기초지식을 가르치는 것이므로 고기라도 모르고 먹으면 허물없다고 말합니다。정 죽게 됐거든 고기 먹어라、많이도 먹지 말고 죽을 목숨만 건져 가지고 양치질하든지 참회를 해서 죄를 소멸해 가지고 수행을 열심히 하라는 내용이 소승경전에 더러 쓰여 있읍니다。

그러니 동남아시아 비구 스님들은 여자를 곁에 못오게 합니다。사진 좀 찍자고 해도 남자 처사를 불러 놓고 처사 앞에 여성을 앉게 하고야 찍지、직접 비구승 앞에다 바로 여성을 앉혀 놓고 사진 찍으면 그건 비구승이 아니라고 합니다。그래서 동남 아시아 스님들은 한국·중국·일본 승려들은 비구가 아니라고 그럽니다。

意故 修行人 不得愛着如來 三十二相 不得言我解般若波羅蜜法 亦不得言不行般若波羅蜜行 而得成佛

〔註 10〕 주인공(主人公): 내 몸 내 정신의 주인인「참 나」를 뜻한다。 주인이란 물건의 임자·집의 소유자·노예의 임자를 뜻하는 것인데, 중생들이「참나」가 누구인줄을 모르고 몸뚱이가 나인 줄 착각하고 있기 때문에 참된 주인인 마음을 불러 일깨우는 말로 쓴 것이다。

六祖口訣 법(法)이라 함은 반야바라밀법을 말하고 법 아니라(非法)함은 하늘 나라에 나는 법을 말한다。 반야바라밀법이 능히 일체 중생으로 하여금 생사의 큰 바다를 지나게 하는 것이지만 그러나 이미 다 지나가고 나서는 오히려 거기도

계(戒)를 가지고 닦는 복

계에 대해서는 부처님께서 열반[17]하실 때도 유언(遺言)으로 훈계하신 일까지 있읍니다。「부처님께서 세상을 떠나시고 나면 누구한테 의지해서 도를 받겠읍니까。」 여쭈니 「네가 계를 지키면 내가 열반하고 천년 만년 지나도 부처님 옆에 있는 것이고 계를 파하면 내 곁에 있어도 부처님과는 멀리 떨어져 있는 것이다。 계가 생명이니 성불하는 데도 그게 생명이고 또 복을 짓는 데도 그게 생명이니 계율(戒律)을 법사로 삼고 계를 따라 지키면 된다。」고 말씀하셨읍니다。

계를 가지고 복을 짓는다는 말이 보통 뜻이 아닙니다。 계 안 가지고 복을 질 수도 있겠지만 그것은 계를 갖는 복에 비교해 볼 수도 없는 복입니다。 우리 스님들이 참말로 진실하게 중노릇 잘하는 율사(律師)[18]가 하루 짓는 복이란 전 세계 인구들이 평생을 짓는 그 복을 다 모아도 억만분의 일도 못 따라갑니다。

나다 남이다 없어져야

계율 지키는 것이 어렵고 거룩한 일이지만 그러나 불법이 계를 지키는 그것만 가지고 다 하는 것은 아닙니다。 계를 지키는 것은 최소한도 지켜야 할 기본과제이고 성불하는 최초의 수단에 지나지 않습니다。 마치 강을 건너기 위해 배를 타야 하고 배를 타기 위해서는 강가의 나루터에 나가야 하는데 계를 지키는 것은 나루터에 가기 위한 신들매를 하

고 떠나는 것에 비유할 수 있읍니다. 배를 타고 싶어도 나루터에는 가지 않고 육지 한복판에서 잠이나 자고 있어서는 안되는 것이기 때문입니다. 그래서 나루터에 도착해서는 서슴치 말고 배를 타야 합니다. 만일 나루터에까지 가기는 갔어도 막상 배를 타려 하니 육지에 대한 미련은 없지만 물질이 조심되어 주저하기만 하고 배를 타지 못한다면 이런 사람은 강건너 저 언덕에는 건너갈 수 없을 것입니다.

이 배를 타는 것은 다름 아닌 마음을 깨쳐서 아상·인상·중생상·수자상을 없애는 일입니다. 그리고 이렇게 나니 남이니 하는 생각 없이 아무 조건 없는 마음으로 머무름 없는 경지에서 모든 중생을 위해 보시하고 일체 중생의 제도를 위해 지계(持戒)하고 중생들의 안락을 위해 인욕(忍辱)하고 더욱 많은 중생을 깨닫게 하기 위해 정진·선정·지혜(精進禪定智慧波羅蜜)의 보살행(菩薩行)을 해야 하는 것입니다. 아상(我相)이 없는 마음에서 계를 지키고 복을 닦아야만 정말 남을 위해서 큰 복을 지을 수 있고 참된 공덕을 지읍니다. 아상(我相)이 없어지면 참사람 진인(眞人)⑲ 좋은 사람이 되어 아무것도 적대시(敵對視)하지 않게 되므로 누구와도 잘 어울립니다. 미친사람 하고도 어울리고 잘 놉니다.

서울 여자 한 사람이 해방 二〇년 전부터 공부한다고 하다가 미쳐서 순사고 서장이고 만나면 이새끼 저새끼 하고 일본 욕을 막합니다. 난 그 사람의 그런걸 알고 있었기 때문에 그 사람 만나서 웃지도 않고 깍듯이 시치미떼고 인사를 했읍니다. 그랬더니 그 사람이 자기 지난걸 다 얘기했는데 자기는 전차 기차도 공짜로 타고 다닐 때 운전수가 돈 내라면 「아 이놈의 자식아 네가 그렇게 충성해서 좋을 게 뭐 있냐. 결국 왜놈한테 가는 게 아니냐. 우리 조선사람 좀 공짜 차 타는 게 그렇게 배아프냐.」하고 도리어 호통을 친다는 것입니다. 그래도 일본 경찰 못잡아 갑니다. 파출소나 경찰서로 데리고 가도 아무한데나

머무를 게 없는 것인데 하물며 하늘 나라에 나는 등의 법을 즐겨 집착할 것인가.

法者 是般若波羅蜜法 非法者 生天等法 般若波羅蜜法 能令一切衆生 過生死大海旣得過已尚不應住 況生天等法 而得樂着

〔註 11〕 정법(正法): 부처님의 바른 법이란 뜻이니, 부처님의 법은 진리의 법이고 마음을 깨쳐서 부처되는 법이며 해탈의 법이지만 외도(外道)의 그릇된 법은 사람을 옳지 못한 그릇된 길로 유혹하는 법이므로 이런 그릇된 법에 비교하여 부처님의 법이 바른 법이라는 뜻으로 한 말.

〔註 12〕 화두(話頭): 공안(公案)·고칙(古則)이라고도 하는데 「화두」는 「말」. 「말머리」란 「말의 말」이란 뜻이고 공안은 공부안독(公府案牘)으로 정부의 공포한 공문은 공정하여 변할수

막 욕을 하고 덤벼드니 미친여자라고 아예 건드리지 않는 게 좋다고 생각한 것입니다. 그래도 나에게는 하나도 미친 말이나 행동도 안하고 그러는데 요사이는 이제 나이도 많고 그러니 나를 만나면 아무도 모르게 손을 내밀어 돈좀 달라는 표를 합니다. 뭐가 먹고 싶은 모양입니다. 나는 누가 보는데 줄 수도 없고 따라오라고 해서 살짜기 뒤로 줍니다. 일년에 두번 세번 그렇게 그 사람이 미친 짓을 하고 그랬읍니다.

자꾸 미쳤다고 하면 누구나 미칩니다. 아무리 성한 사람이나 인격자라도 사람 서넛이 짜가지고 그 사람 미치게 만들려면 일주일 안에 그 사람 미쳐 돌아다닙니다. 인격 있는 사람은 처음엔 억울하다고 야단하지만 나중에는 여럿에게 집니다. 물론 같은 정도의 인격자가 해야 됩니다. 인격이 떨어지는 사람이 그러면 곧이듣지 않습니다. 아내가 하든가 좋은 친구들이 짜고 차차 자기를 의심하게 만들면 미쳐가지고 일어나지도 못하다가 일주일내에 미쳐서 웃고 말도 함부로 합니다. 또 미친사람을 성한 사람 대하듯 하면 미친 것이 나아집니다. 약을 먹이고 별별 치료를 해도 안되지만 성한 사람끼리 앉아 그 사람 옳게 대해 주면 그는 성한 사람으로 돌아옵니다.

애초에 〈나〉란 생각(我相)이 없어 깨끗한 순수한 마음만 튼튼히 가지고 있는 사람은 무슨 소리가 들어와도 거기 흔들리지 않습니다. 「저건 다 바람소리고 물소리다. 이해타산할 소리 하나도 없다. 사람 지껄이는 소리 역시 다 그렇다.」 이걸 알고나면 몸뚱이 그것도 내가 아닙니다. 이 몸뚱이는 지금도 자꾸 죽어가는 판이고 언젠가는 어디가다 차에 깔릴는지, 나쁜 사람만나 칼이라도 맞아 넘어질는지 그걸 모릅니다. 어디가다 물에 빠질는지 불에 타서 죽게 될는지, 집이 무너져 자다 죽을는지 누가 알 수 있읍니까. 몸뚱이가 나라고 기어이 애끼고 살아봤자 별수 없읍니다.

몸을 애착 않고 일체 사건에 내가 관심을 갖는 일이 없이 하면 농사·장사해도 피로가

없는 법칙이란 뜻이고 「고칙」은 옛날의 조사스님네가 깨달은 기연 또는 학인을 깨달음으로 지도하던 사실을 기록한 후세에 규범이 될 옛준칙이란 뜻으로 한 말이다. 곧 참선하는 데 마음을 집중하는 과제이다.

〔註 13〕 언어도단(言語道斷): 불법의 참된 구경의 진리는 사고의 영역으로는 미치지 못하는 자리며 따라서 생각을 초월한 경지이므로 말의 길이가 끊어졌고 문장이나 그림이나 음악 등의 방법으로 표현될 수 없다는 뜻이다.

〔註 14〕 막행막식(莫行莫食): 수행규범도 사회도덕도 다 헛된 형식이니 하고 싶은 대로 다 하고 먹고 싶으면 고기든 술이든 다 먹자는 주의. 불교에 있어서 이런 주의의 배경으로는 열반보리의 구경체는 선악시비와 화복길흉을 초월한 자리이므로 설사 나쁜 짓을 한다 해도 모든 것을 초월한 나하고는 아무 관계가 없다는 그릇된 생각.

안 생깁니다. 그러니 아상 없이 하라. 내가 없으니 내 소유물도 없다. 다 필요하면 누구든지 가져 가라. 남의 것은 소유로 인정하지만 나에게는 소유권 행사 없읍니다. 물질을 자기 것이라 생각하고 몸뚱이를 저라고 생각하는 불쌍한 사람 어리석은 사람이니 불법(佛法)으로 교화해 주어야 내생에 나와서 악한 마음 안 먹고 법문 잘 듣고 부처님께 인도(引導)됩니다. 그러므로 근본적으로 육체가 내가 아니니 나라도 땅도 아들 딸도 자기 미누라도 버리고 누구든지 달라면 다 주고 안간다고 그러면 업어다 주고 그런 식으로 나란 육체를 버리고 모든 지식을 다 버려 버리고 참선이나 불교공부까지 다 버리고 나면 그곳에 무슨 죄가 있겠읍니까. 정말 텅 빈 그런 경지입니다. 「내 마음 자리가 이런 것이구나.」하고 모든 생각이 없어지면 부처님까지 초월하는 것입니다. 그래야 부처님의 법을 알게 됩니다. 그러므로 나라는 생각 〈아상〉이 있어서는 안 됩니다.

그릇된 법은 뗏목도 못된다

내가 처음 도선사에 들어가니 종례에 다니던 신도가 약 七백 세대쯤 되었는데 모두 다 조상 때부터 이 절에 다녔기 때문에 다니는 것뿐 불교의 뜻은 아무것도 모르면서 미신적으로 다니는 신도들이었읍니다. 어머니가 도선사에 기도를 해서 아들을 낳았다든지, 산신각에 기도를 해서 복을 받았다든지 자손에 대한 소원을 빌어서 성취했다든지 하는 이들이고 부모의 유언에 따라서 다닌다든지 하는 무당불교에 가까운 신도들이었읍니다.

신라 고려 때에는 스님들이 사회의 지도자로서 일반 국민의 불교에 대한 신앙과 교양도 높았으며 국가 사회의 정신적 지주가 되어 왔으니, 불교의 지위와 교통이 거룩했지만, 이조때에 와서는 죽일 것을 사정 봐서 살려두는 정도의 극한적인 배불정책(排佛政

〔**註 15**〕 **능엄주**(楞嚴呪): 능엄경(楞嚴經)에서 말한 四二七귀의 주(呪)를 말하며, 불정주(佛頂呪)·수능엄다라니(首楞嚴)라고도 하며 자세한 이름은 대불정만행수능엄다라니(大佛頂萬行首楞嚴)라고 한다.

〔**註 16**〕 **능엄경**(楞嚴經): 견의보살(堅意菩薩)이 보리를 빨리 얻을 수있는 삼매를 물음에 대해 부처님께서 수능엄삼매(首楞嚴三昧)를 말씀하셨고 사리불존자(舍利弗尊者)가 마귀의 경계여의는 것을 물음에 대한 법문: 자세히는 「대불정 여래밀인수증요의 제보살만행 수능엄경」(大佛頂如來密印修證了義諸菩薩萬行首楞嚴經)이라 한다.

〔**註 17**〕 **열반**(涅槃): 절대무위의 경계이니 멸(滅)이라고도 하는데 번뇌를 없앴다고 하여 멸이고 생사를 없앴으므로 멸이며 크게 고요하고 그윽한 것이므로 멸이라 한다. 열반에도 二종 열반·四종열반·五종열반·소승열반·대승열반등의 구별이 있다.

策)[20]으로 말미암아 중은 식은 밥이나 얻어 먹는 불교로 되었읍니다。 신도들이나 스님이나 수준이 극히 낮아져서 여신도들은 부처님이 복 준다니 복 좀 타 오려고 절에 가고 스님을 무당 취급해서 그 풍습이 해방 후에까지도 그런 정도였읍니다。 쌀 외는 돈 백원 가지고 와서 아랫목 차지해 가지고 스님들 보고 밥해 오라고 상심부름이나 시키는 불교로 타락했읍니다。

그래서 한국불교는 신도정화를 하지 않으면 안 되는데, 나는 도선사에 가면서 먼저 「점도 치지 말라。 사주도 보지 말라。 절에 온다고 택일도 하지 말라。 부처님께서는 사시공양을 하셨으니 불공도 다른 때는 하지 말고 공동으로 함께 하라。 부처님께서 굶어 돌아가신 분 아니니 밥만 자꾸 때없이 해서 올릴 것이 아니라 제가끔 일심으로 마음으로 참회하라。」고 하며 미신적인 짓을 하지 말라고 했더니 그 七백세대가 다 떨어져 나가고 한 사람도 안 왔읍니다。 그래서 마을에 내려가서 밥을 얻어먹는 정도로 되었었는데 요즘은 전혀 새로운 신도들의 一만 七천 세대로 늘어났고 매월 五백 세대씩 늡니다。 나는 그 뒤에 산신각까지 헐고 신도들이 그릇된 신앙, 곧 비법(非法)을 고쳐 주기 위해 올바른 신앙을 기회 있을 때마다 이야기했고 마음을 깨쳐 생사고뇌를 벗어나야 한다는 불법을 말해 주었고, 마음을 깨치고 나면 부처님의 법문까지도 다 버려야 하는데, 미신·그릇된 법·법 아닌 법을 버려야 한다고 얘기한 보람이 있은 것입니다。

사람은 나면서부터 그 시간부터 죽음의 적에 쫓기고 있읍니다。 사람은 개구리이고 죽음은 구렁이입니다。 낮이면 낮, 밤이면 밤마다 찰라도 쉬지 못하고 죽음이란 구렁이에게 쫓깁니다。 자는 시간까지는 죽음의 구렁이에게 쫓기는 개구리의 생활을 하는 것이 우리 중생들의 생입니다。 그것도 한번 죽고 그치는 죽음이 아니고 천당·지옥·축생으로 내생에도 무량 겁을 쫓기고 죽고 합니다。 마음을 깨쳐서 육신이 내가 아닌 것을 확인해야 죽

〔**註 18**〕 **율사**(律師): 계율을 잘 알고 잘 지키어 그릇된 일을 하지 않는 모범된 승려。 비구는 二五〇계가 있고 비구니는 三四八계를 받아 지니게 되어 있으며, 더욱 구체적인 일거일동의 위의(威儀)에 대한 많은 규범들이 있다。

〔**註 19**〕 **진인**(眞人): 참다운 심성에 부합해서 세상의 부조리와 모순을 초월하여 절대무위의 세계에 사는 사람。 그 행덕(行德)이 아직 성인의 경지에는 이르지 못했으므로 중생을 교화하는 능력에 한계는 있으나, 범부의 한계를 뛰어넘어서 그 지혜나 행위가 초인적인 사람。

〔**註 20**〕 **배불정책**(排佛政策): 불교의 발전을 저해하는 국가의 정책。 곧 이조의 五백년 동안은 몇몇 임금을 제외하면 주로 유교를 국교로 하여 불교 출신의 인재를 극력 저지하려 함은 물론 사찰·승려 등에 대한 박해를 가하는 정책이었으므로 이것을 배불정책이라고 한다。

음의 쫓김을 면합니다. 이렇게 해서 마음을 깨치면 모든 근심을 여의고 어떤 법에도 걸리지 않습니다. 정법(正法)은 물론 사법(邪法)의 구애를 벗어납니다. 강을 건너서 뗏목을 버리듯 모든 것 다 버리고 사상(四相)이 떨어져 나갑니다.

말하고 듣는 그것이 주인공

이상에서 말씀하신 부처님의 뜻을 다음과 같이 간추려 볼 수 있습니다.

『지금까지 내가 四〇년 동안 하루도 쉬지 말고 법문하는 것을 따라다니며 배우고 듣고 애쓰는 제자가 많았지만 내 말에만 집착하면 안된다. 내가 너희한테 가르치고 싶은 것은 너희들이 귀를 기울이고 가만히 듣고 「과연 그렇구나, 거기 들어가면 뭐가 있긴 있겠는데 알듯 알듯하구나.」하고 생각하는, 놈, 생각할 줄 아는 그게 바로 무엇인가 그걸 알라는 것이다. 말하자면 내가 뭔지 그걸 알고 앉아서 법문을 들으라는 것이니, 내가 무엇인지 자신도 모르고 날 따라다니면서 배워봤자 그것은 한갓 바지 껍데기만 따라다닌 게 아니겠느냐. 따라서 내가 너희한테 법문을 한 것은 무엇을 깨닫게 해 주려고 한 것이지 말이나 글 자랑하려는 것이 아니니, 「그 무엇인가.」 그것 하나, 이름 성도 없는 것, 모양도 없고 빛깔도 없는 그것, 앉아 듣는 그것이 너의 마음인데, 내 이야기를 이렇게 듣고 있으면서 알지 못하겠느냐.

무량겁으로 너희가 육체를 〈나〉라고 착각하고 살아 왔으니 그래서 마음이 〈나〉라는 소리를 그렇게 못 알아듣느냐. 어째서 껍데기인 몸뚱이만을 알고 열매인 주인공을 모르느냐. 몸뚱이 위에 걸친 옷은 칼로 아무리 찢어봐야 아무 감각이 없지만, 몸뚱이는 바늘로 살가죽 어디에고 조금만 찌르더라도 곧 아픔을 느끼듯이, 몸뚱이는 너의 옷이고 껍데기며 참 너는 너의 마음이다。 몸뚱이는 하나의 기계이고 물질의 조직에 불과한데 그것을 자꾸 〈나〉라고 착각하고 있기 때문에 이 말을 듣고도 말뚱말뚱 무슨 소린가 그렇긴 한데 하면서도 정말 마음은 모르는 것이다。 마음이 어느 것인지 알아 보려고 들면 가령 또 이것이 객관세계 어디에 존재하는 것이라면 차라리 한 십년 찾아서 땅속이든 어디든 찾을 수 있을 것이다。 그런데 마음 이 놈은 다른 데 있는 것이 아니고 자기와 말하고 말듣고 모르겠다고 생각하는 그 놈인데 그게 알송달송 확실히 모르는 것은 그건 왜 모르는고 하니 모르겠다고 생각하는 관념 때문에 모르는 것이다。 그러니 그 생각만 놓아 버리면 모르겠다고 생각하던 그 주체가 드러날 것이다。

아주 천하에 제일 쉬운 일이다。 쉽기로 말하면 세수하다 코 만지기보다 마음 깨치기가 더 쉽고 낯 씻고 코 만지려면 시간이나 걸리지만 이 마음은 시간 걸릴 것도 없다。 말하는 이놈이고 듣고 있는 마음 그것이기 때문에 너무 쉬운 때문에 알려고 하는 생각이 도리어 장애가 된다。 저 말 듣지 말아야겠다고 하니 모르는 것이다。 그러니 이걸 가만히 생각하노라면 피를 토하다 죽을 일이다。 지금 이 몸뚱이는 오늘밤에 내 버릴지도 모르는데 이것만 소중히 생각해서 세계 사람 다 잡아 먹고 저만 살려는 것이다。 그러면 왜 그렇게 깨치지 못하느냐。 깨치고 싶어하는 생각이 있어서 늘 객관시(客觀視)하기 때문이다。 그래서 심지어는「마음이 어디에 있는지 모르겠다。 가슴에 있는지 머리 속에 있는지 모르겠다。」이런 망상을 다하는데 이런 생각 저런 생각 다 버리라。』고 하시는 뜻입니다。

無得無說分 第七

須菩提야 於意云何오 如來ㅣ 得阿耨多羅三藐三菩提耶아 如來有所說法耶아 須菩提言하사 如我解佛所說義로는 無有定法하야 名阿耨多羅三藐三菩提오며 亦無有定法을 如來可說이니이다 何以故오 如來所說法은 皆不可取며 不可說이며 非法이며 非非法이니 所以者何오 一切賢聖은 皆以無爲法으로 而有差別일새니이다

『수보리야、어떻게 생각하느냐。여래가 아뇩다라삼먁삼보리를 얻었겠느냐。또 여래가 어떤 법을 설명한 일이 있느냐。』

수보리가 여쭈었다。『제가 알기로는 부처님께서 말씀하신 뜻은 결정된 법이 있이

서 아뇩다라삼먁삼보리라 이름할 것이 없사오며、또한 결정한 법 없는 것을 여래께서 설명해 주셨사옵니다。왜냐 하오면 여래께서 말씀하신 법은 취할 수도 없고 말할 수도 없고、법도 아니고 법 아닌 것도 아니기 때문이옵니다。그것은 모든 성현께서 함이 없는 법으로 차별이 있기 때문이옵니다。』

第七 無得無說分—얻을 수 없는 불법

〔科解〕

여기 제七장에서는 무득무설분(無得無說分)、곧 석가여래는 아무 법도 얻은 법이 없고 깨달은 법도 없으며 부처님께서 입으로 四九년 설법을 하셨지만 꼭 해야 할 말씀은 하나도 없음을 말한 것입니다。사람이 고향으로 가는 길을 모르고 딴 길로 험한 길을 가느라고 땀만 흘리고 고생을 하고 있으니 그 사람을 위해 이리 가는 것이 옳소。이리 가시오」했지만 꼭 그 길이 참된 길도 아닙니다。이 마음 깨치는데 여행하는 것 같은 길이 있는 것도 아니고 八만 四천가지 방편이 있지만 그것도 결성된 법이 아닙니다。부처님께서는 당신도 아무것도 얻은게 없고 누구를 얻도록 해 줄 방법도 없고 또 말할 수 있는 어떤 진리도 없고 석가여래 四九년동안 단 한마디도 말한 적도 없다고 잡아

二七斷疑論 제七무득무설분(無得無說分)은 성품에는 상이 없는데 무엇을 어떻게 얻고 말하는가에 대한 의심을 끊는 제三단의(斷疑)의 한 부분이 된다。제三단의를 크게 두 가지 과목으로 나누어 새기는데、그 첫째가 묻고 대답하는 의심을 끊는 대문으로 (問答斷疑) 무득무설문 전체가 이에 해당한다。

「문답단의」의 이 과목을 다시 네 문단으로 나눈다。첫째 문단은 須菩提에서 如來有所說法耶

뻬십니다。 이것이 석가여래의 불법이라고 하면 어떤 사람은「아 이것을 불법이라고 남겨 놓았느냐。」고 실망할 것입니다。 그러나 불법은 이 금강경에 있는 것이 아니고 글자나 말에 있는 게 아닙니다。 그것은 어떤 개념으로 규정될 성질의 것이 아니기 때문입니다。

여래께서 아뇩다라삼먁삼보리를 깨달았다고 하고 그것이 무상(無上) 최고의 정법이라고 합니다。 그리고 또 그 정법은 우주 어디에고 없는 데 없이 꽉 차 있고 그것이 내 마음이라 합니다。 정법이란 사실 그대로를 보는 것을 뜻합니다。 그런데 우리는 사실 그대로를 여여(如如)하게 보고 듣는 게 없읍니다。 종소리 하나를 두고 보더라도 우리는 제대로 못들읍니다。 누구나 똑같이 듣는 것 같고 똑바로 듣는 것 같지만 우리의 얼굴·귀가 서로 다른 것 만큼이 오관(五官)의 조직도 모두 다르기 때문에 듣는 것도 다 각기 다르고 진실 그대로의 소리를 듣지 못합니다。 일본사람은〈강강〉、우리나라 사람은〈땡땡〉그렇게 듣습니다。 일본 사람은 우리 나라 사람 종소리 흉내도 낼 수 없읍니다。 그 사람들은「실지로 종을 쳐봐도 강강하는데 한국 사람은 왜 땡땡한다 하는지 모르겠다。」하고 우리들은 종소리가 강강이 뭐냐고 일본 사람들 참 우스운 사람들이라 그럽니다。

그러니 저의 어머니에게 어려서 종소리는 땡땡이라고 한번 들어 놓으면 죽을 때까지 땡땡이고、어머니한테 강강으로 들어 놓으면 평생 강강입니다。 또 가령 슬픈 마음으로 있을 때 어떤 노래를 처음 들으면 그 노래의 곡은 어찌됐

까지이니 곧 의심을 드러내어 묻는 대문이므로 거의인이문(擧疑因以問)이라고 한다。 둘째 대문은 실다운 진리로써 보인 내용이므로 二、順實理以酬라 하며、須菩提言에서 如來可說까지이다。 세째 대문은 정한바 없는 법임을 밝힌 곳이므로 三、석무정법지언(釋無定法之言)이라 하니、何以故—不可說非法非非法까지이다。 네째 대문은 所以者何—而有差別까지인바 함이 없고 취할 것 없는 법임을 말하는 대문이니 四、석무취설지소이 (釋無取說之所以)라고 한다。

「제三단의」가운데 一、「문답단의」 절과 二、교량현익(校量顯益)의 두 대문이 있는데、一、「문답단의」는 설명이 되었지만 二、「교량현익」은 다음의 제八 「의법출생분」에 해당한다。

六祖口訣 아뇩다라는 밖으로부터 얻는 것이 아니니、다만 마음에 주객이 없으면 곧 이것이다。

부처님께서는 법에 따라 약을 주시는 것인데 어찌 결정된 법이 있겠는가。여래께서 말씀하시기를「위없는 정법은 마음에 본래 얻음이 없는 것이며 또한 얻는 것이 아니라」고 말씀하시지 않으시건만 다만 중생들의 소견이 같지 않으므로 여래께서 각각의 근성에 응하시어 갖가지 방편으로 이끌어 교화하시와 하여금 모든 집착을 여의게 하셨으며 일체 중생의 망녕된 마음이 나고 꺼지고 그치지 않아서 경계를 따라 움직여 앞생각이 잠깐 일어나면 뒷생각이 문득 깨단는데、그러나 깨달음은 이미 머물지 않는 것이므로 소견도 또

든지 항상 아주 슬프게 들립니다。 그 자체의 음성이나 가사가 슬플 것이냐 하면 그렇지 않고 설사 재미있는 노래라 하더라도 그렇게 됩니다。 어떤 물건을 처음 볼 때 인상은 평생 못바꿉니다。 그것은 다 오관이 전부 불완전하게 인식하고 사실대로를 인식하지 못하기 때문입니다。 만일 깨끗한 마음을 깨단고 나면 땡땡도 강강도 궁궁도 그게 한꺼번에 다 들리고 세계사람 소리가 한꺼번에 다 들립니다。 왜냐 하면 그 소리를 모두 초월하고 있기 때문입니다。 이렇게 사실 그대로를 아무 조건 없는 마음으로 사물(事物)이나 사람을 보고 대할 때 이것이 정각(正覺)입니다。

우리는 물건의 빛깔도 노란 것을 검게도 검은 것을 희게도 봅니다。 전기불 밑에서 보면 누렇지만 태양 빛으로 보면 하얗게 보입니다。 그러니 빛깔이 뭐냐 광선의 빛깔과 물체가 조화된 빛깔이지 실제의 빛깔은 아닙니다。 태양 밑에서 희게 보인다 해서 그것이 옳은 게 아니고 태양빛깔과 섞여서 희게 보이는 것뿐입니다。 만일 여기다 붉은 전등을 비추면 모든 것이 빨갛게 보일 것입니다。 이와 같이 五관이 제대로를 보고 듣는 것은 하나도 없읍니다。

따라서 중생들의 생각、개념은 다 이렇게 불완전한 五관작용에 의지하여 이루어진 것이므로 모두 다 잘못된 것입니다。 중생의 이런 잘못된 착각을 떼어버린 마음자리만 드러난 부처님에게는 얻은 것도 설명할 법도 없읍니다。 만일 얻은 것이 있고 말할 것이 있으면 그것은 五관에 의한 착각일 뿐 마음자리가 아닙니다。 마음만 드러난 자리에서는 주관도 객관도 끊어지고 시간 공간

이 벌어지기 이전의 자리이므로 얻은 법도 얻을 주관도 없읍니다。 또 마음을 깨쳤다고 하여 새로운 것을 얻은 것도 아니고 본래부터 있던 마음 그대로 이므로 얻은 것이 아닙니다。 그래서 얻을 것도 말할 것도 없는 도리를 말하는 절이란 뜻으로 무득무설분(無得無說分)이라 한 것입니다。

原文 須菩提 於意云何 如來得阿耨多羅三藐三菩提耶 如來有所說法耶

解義 부처님께서 수보리존자에게 말씀하시기를『여래가 아뇩다라삼먁삼보리를 얻은 일이 있느냐、 또한 여래가 어떤 법을 설명한 바가 있느냐』고 하신 것입니다。〈아뇩다라삼먁삼보리〉는 제一절에서 설명한 바와 같이 번역하면 곧 무상정등정각(無上正等正覺)인데 「이 깨달음을 여래께서 얻었느냐。 또 여래께서 무슨 법을 설한 게 있느냐。」하는 말씀은 「네가 날 四○년 따라 다녔는데 부처님이 성불했더냐。 그래 내가 성불하는 방법을 얘기한 적이 있었느냐。 그런 설법을 한번이라도 들어 본 적이 있느냐。」하고 물으신 것입니다。

原文 須菩提言 如我解佛所說義 無有定法 名阿耨多羅三藐三菩提

解義 수보리존자께서 부처님 물으심에『어떤 결정한 법이 있어서 이런 진리가 아뇩다라삼먁삼보리라고 할 만한 것이 없읍니다。』하고 사뢰었읍니다。

그런데 무유정법 명아뇩다라삼먁삼보리(無有定法名阿耨多羅三藐三菩提)를 해석하는 데

한 두지 않는 것임을 가리켜 보이신 것이다。 그렇다면 어찌 정한 법이 있어서 여래께서 말씀하셨겠는가。

또「아」는 마음에 망령된 생각이 없는 것이고 「뇩다라」는 마음에 교만이 없는 것이며「삼」은 마음이 항상 바른 정으로 있는 것이고 「먁」은 마음이 항상 바른 지혜로 있는 것이고「삼보리」는 마음이 항상 공적해서 한 생각 범부의 마음이 몰록 없어져서 곧 부처의 성품을 보는 것이니라。

阿耨多羅 非從外得 但心無我所 即是也 祇緣對病設藥 隨宜爲說 何有定法乎 如來 說 無上正法 心本無得 亦不言不得

但爲衆生 所見 不同 如來 應彼根性 種種方便 開誘化度 俾其離諸執着 指示一切衆生 妄心 生滅不停 逐境界動 前念 瞥起 後念 應覺 覺既不住 見亦不存 若爾 豈有定法爲如來可說也 阿者 心無妄念 耨多羅者 心無驕慢 三者 心 常在正定 藐者 心 常在正慧 三菩提者 心常空寂 一念凡心 頓除 即見佛性也

〔註 1〕 진여불성(眞如佛性)은 일체의 언어문자로는 논의될 수 없는 것이다。 다만 소승에게는 소승의 법으로 설명해 주고 대승이 있으면 대승의 법으로 설명해 주는 것이요、정한 법이 있을 수 없다。 인연과 환경에 따라서 알맞는 법을 세우는 것이고 온갖 중생의 근기가 다르므로 법도 또한 정한 것이 없는 것은 당연하다。 그래서 야부선사(治父)는 추

시비가 있읍니다。 보통으로는「결정한 법이 없는 것 그것이 이름이 아뇩다라삼먁삼보리입니다」그렇게 새깁니다。 이것을 달리 새기는 이는「결정한 법이 있어서 그것을 아뇩다라삼먁삼보리라 이름할 수 있는 것이 없읍니다。」라고 하여 맨 나중에 전체를 부정합니다。 뜻을 아는 사람은 이리 새기나 저리 새기나 그 뜻은 똑같습니다。 그런데 처음 듣는 사람에게 차이 있게 들리기도 합니다。 첫번째 새김은 어떻다고 결정할 수 없는 것 그것을 아뇩다라삼먁삼보리라 이름했다는 것은 일정한 법이 없어서 동그라미라든지 그렇게 결정한 모양 내용이 없는 것을 아뇩다라삼먁삼보리라고 한다는 뜻입니다。 다시 말하면 아무 모양도 빛깔도 없는 것、아무 것도 아닌 것、그게 아뇩다라삼먁삼보리다 이렇게 되므로、그러면 뜻을 잘 모르는 사람은「아무것도 아닌 것이 아뇩다라삼먁삼보리라 이름할 수 있는 것이구나。」그래서 아무것도 없는 것이 아뇩다라삼먁삼보리인가。」하고 생각하게도 됩니다。

그런데 두번째 새기는 법은「어떤 결정한 법이 있어 가지고 아뇩다라삼먁삼보리라 할 수 있는 그런 것이 없다。」그렇게 하면 말로 할 수 없는거 꼼짝할 수 없는 것으로 드러납니다。 어떤 결정한 법이 있어서 그것만이 아뇩다라삼먁삼보리라고 이름할 수 있는 그런 것은 없다는 것입니다。

첫번째의「아무것도 아닌 것이 아뇩다라삼먁삼보리」라고 새긴 것과는 표현상 대조가 됩니다。 한문이니 그렇게 새길 수도 있고 또 이렇게 새길 수도 있읍니다。「어떤 결정한 법이 있어 부처님 얻은 법이 그것뿐이다。 그렇게 이름할 수 있는 게 없다。」그렇게 새기는 경우에는 어떤 생각을 붙일 수도 없읍니다。 마음을 까딱해 볼 수도 없이 아주 앞뒤가 딱 끊어져 버리게 새긴 것입니다。「그런데 결정한 법이 없는 것이 아뇩다라삼먁삼보리」라 새기고 나면 아무것도 아닌 그런 것인가 보다 하고 꼬리가 남습니다。 그래서 부처님이 아무것도 아닌 걸 깨달았나 보다 그렇게 잘 못될 수도 있기 때문입니다。

우면 추운 것을 말하고 더우면 더운 것을 말한다(寒則言寒熱則言熱)고 했던 것이다。

六祖口訣 두려워하노니, 사람들이 여래께서 말씀하신 글자와 문장에 집착하여 상 없는 진리를 깨닫지 못하고 알음알이를 망녕되게 일으킬까 염려하여 「취할 수 없는 것이라」고 하셨다。또 여래께서 갖가지 중생을 교화하심에 기틀에 응해서 여러가지로 따르셨으니 그 말씀하신 바가 또한 정함이 있겠는가。배우는 이 여래의 깊은 뜻을 알지 못하고 다만 여래께서 말씀하신 교법만을 외울 뿐 근본마음을 사무치지 못하여 마침내 성불하지 못하게 되는 것이므로 「말로 할

여기서 결정된 법이 없다는 것은 아무 것도 아닌 것조차도 아닌 것이 불법이란 뜻입니다。이것을 잘못 해석하여 어떤 관념이 마음 속에 남으면 나중에 참선이나 염불이나 하다 삼매가 나타날 때 제가 생각하던 것이 나타납니다。자기 생각이 꿈으로 나타나기 때문입니다。부처님께서 금강경 처음부터 말씀하신 내용을 생각해 보면 설명할 수 있는 법을 깨친 것은 아닙니다。따라서 「아무것도 결정한 법이 있어 가지고 그것을 아뇩다라삼먁삼보리라고 이름지은 법이 없느니라」하고 새긴 두번째 새김이 더 분명합니다。이것은 금강경뿐 아니라 일체 경전도 다 그렇습니다。따라서 여기서도 「어떤 결정한 법이 있어서 이것이 아뇩다라삼먁삼보리라고 이름지을 수 있는 법이 애초에 없읍니다。」보통은 이렇게 새기지 않지만 이렇게 새겨야 좀 가깝게 새긴 것입니다。

앞에서 새긴 것처럼 「어떤 결정한 법이 없는 것이 이것만이 아뇩다라삼먁삼보리다。그 이름이 아뇩다라삼먁삼보리다。」이렇게 새기고 보면 삼보리의 이름지은 짐작이 남게 되기 때문에 그것은 자기 개념이 생기게 합니다。처음부터 어떤 개념이 생길 수 없는 곳으로 몰고 들어가야 하는데 「아무것도 아닌 것이 아뇩다라삼먁삼보리인가 보다」하는 개념이 생겨 놓으면 안됩니다。그래서 공부하다 그런 경계가 나타나면 「아! 이게 아뇩다라삼먁삼보리」인가 보다。이것은 참 뭐라고 할수 없구나。부처도 중생도 아니고 별 보고 깨친 것도 아니고 있고 없는 것도 아니고 아무것도 아닌 것뿐이구나。」하고 아무것도 아닌 그런 경계가 나타나면 공부가 다 된 줄 알고 거기 주저앉아 버립니다。

그래서 부처님께서 『사실 그런 게 없다。꼭 그게 아뇩다라삼먁삼보리라고 지적할 수 있는 법이 없다。열반 생사도 불법이 아니다。그렇다면 아무것도 아니냐 하면 그것도 아니다。』하신 것입니다。이런 것은 공부를 해 보고 자꾸 들으면 짐작이 갑니다。

수 없다」고 했다. 또 입으로만 외우고 마음으로 행하지 못하면 이것이 곧 그른 법이고 입으로 외우고 마음으로 행하여 얻을 바가 없음을 사무치면 이것이 곧 그른 법이 아니니라.

恐人 執着如來所說文字章句 不悟無相之理 妄生知解故 言不可取如來爲化種種衆生 應機隨量 所有言說 亦何有定乎 學人不解如來深意 但誦如來所說敎法 不了本心 終不成佛故 言不可說也 口誦心不行 即非法 口誦心行 了無所得 即非非法

六祖口訣 소승네의 깨달은 정도가 같지 않아서 소견에 얕고 깊은 것이 있으므로 차별을 말씀하

原文 亦無有定法 如來可說

解義 『어떤 결정된 법이 있어서 여래께서 그 법을 얻으신 것이 없으며, 따라서 이것이 아뇩다라삼먁삼보리』라고 결정된 법을 선명할 만한 그런 것은 없읍니다. 그런 것을 저희들에게 그냥 말씀해 주신 것이오니 그것은 법을 설명하신 것이 아니옵니다. 『이것만은 오직 석가여래인 내가 깨친 법이니 팔만사천 외도(外道)에게 다 물어 봐도 아무도 모르지만 여래만은 설명할 수 있는 법이다』하고 말씀하신 그런 법은 없읍니다』하고 수보리 존자께서 말씀하신 것입니다. 그러면 팔만대장경은 뭐냐. 그건 달 보라고 가리킨 손가락일 뿐입니다. 그런데 아이들은 손가락만 봅니다. 어린 아이니까 달 보라고 가리켜 줘도 손가락만 보는 소견 밖에 없기 때문입니다. 이와 같이 우리는 四九년동안 부처님께서 팔만대장경을 말씀하신 것은 달 가리키는 손가락이고 그게 불법의 골수가 아닌 줄을 알아야 하는데 아이가 달 가리키는 손가락만 보듯이 팔만대장경에서 가리키는 마음을 깨치지 못하는 것이 중생입니다.

그러면 무엇을 〈아뇩다라삼먁삼보리〉라 하는가. 부처님께서 〈아뇩다라삼먁삼보리〉가 있다고 설명한 것은 곧 〈아뇩다라삼먁삼보리〉라 한 그 글자이고 음성이지 그것이 〈아뇩다라삼먁삼보리〉는 아닙니다. 그것이 어떻게 〈아뇩다라삼먁삼보리〉가 될 수 있읍니까. 하나의 말이고 종이에 먹칠한 것이지 그 글자 가지고 〈아뇩다라삼먁삼보리〉 찾다가는 안됩니다. 마치 어린아이가 손가락만 들여다보는 것처럼 백만년 들여다 봐도 달은 못보는 것과 같습니다. 그러니 四九년 말씀하신 팔만사천대장경이 그 음성이고 글자 먹칠한 것이어서 아무 뜻이 없읍니다. 그러므로 만일 어떤 사람이 부처님께서 무상(無上)의 정법을 깨쳐서 성불했다고 한다든지, 최고의 묘법을 四九년동안 설법해 주셨다고 한다면, 이 사람은

신 것이고、부처님께서『함이 없는 법을 말씀하심은곧 머무름 없는 것이니 머무름 없음은 곧 이것이 상 없는 것이고 상이 없으면 곧 일어날 것이 없고 일어남이 없으면 곧 이것이 멸할 것이 없는 것이니 하나도 없이 공적하여 비추고 작용함에 바루 거두고 거울하여 깨달음에 걸림 없음이 참으로 해탈한 불성이다。그러므로 불이 곧 깨달음이고 깨달음에 비추어 관하는 것이며 비추어 관함이 곧 지혜며 지혜가 곧 반야바라밀다니라。』

三乘根性 所解不同 見有淺深故 言差別 佛說無爲法者 即是無住 無住 即是無

곧 달 가리키는 손가락만 보고 달은 보지 못하는 것과 같은 것입니다。

原文 何以故 如來所說法 皆不可取 不可說 非法 非非法

解義 수보리존자께서 『부처님께서 깨달아 얻은 법도 없고 중생에게 설법하신 말씀도 없다』고 하신 뒤에 계속해서 그 까닭을 말씀하십니다。『부처님은 새삼스럽게 성불하신 적이 없으며 부처님께서 四〇년 설하신 말씀도 다 들어 두어야 할 건 한 마디도 없읍니다(不可取)。또 들었다 하여 누구에게 말해 줄 것 한 마디도 없고 확실히 얘기 안 하면 안 될 그런 법은 본래부터 없읍니다(不可說)。또한 받아들일 만하고 받아들여야 할 진짜 법은 하나도 없으며(非法) 더군다나 쓸데없는 것、법아닌 것、아무 소용 없는 법、그런 법도 없다』는 것입니다。비법(非法)은 잘못된 법、그릇된 법인데 또 그것조차도 아닙니다。만일 비법이라도 된다면 그래도 법이라고 이름을 붙일 수 있는 가치가 있지만 이런 비법도 아니라는 것입니다(非非法)。왜냐하면 그것은 중생세계의 상대법(相對法)을 초월한 현성(賢聖)의 법이기 때문이라는 소이를 다음에 말씀하십니다。

原文 所以者何 一切賢聖 皆以無爲法 而有差別

解義 왜 그러냐 하면 어째 제가 그런 말씀을 드리는고 하니 하면서 수보리존자는 이유를 이렇게 설명하십니다(所以者何)。일체 현성(賢聖)이란 곧 모든 불보살님들과 독성(獨聖)이나 나한님들의 세계를 말합니다。불교에서는 마음을 깨달아 성인이 된 지위에 나아간 분들을 부처님과 보살님들이나 조사님 나한님들이라 하며、이분들은 다 아무것도 하는 게 없는 무위법(無爲法)、텅 빈 경지、아무것도 없고、없는 것도 없다는 마음자리에 들어선 분들입니다(無爲法)。

相 無相 即是無起 無起 即是無滅 蕩然空寂照用齊收 鑑覺無礙乃眞是解脫佛性 佛即是覺 覺 即是觀照觀照 即是智慧 智慧即是般若波羅蜜多

〔註 2〕 **초지(初地)·이지(二地)·삼지(三地)·십지(十地)**：보살이 수행하는 계위(階位)인 五二위 중 제四一위로부터 五○위까지를 십지라 하는데, 이 십위는 불타의 지혜를 내고 그곳에 능히 모두르고 지니어서 온갖 중생을 짊어지고 교화하는 것이 마치 대지(大地)가 만물을 싣고 길러내는 것과 같으므로 지(地)라 했다.

초지(初地)는 보살의 수행하는 계단인 五二위 가운데 一○지위의 첫계단。 환희지(歡喜地)。

이지(二地)는 이구지(離垢地)。 수혹(修惑)을 끊고 범계(犯戒)의 더러움을 제하여 몸을 깨끗하게하는 지위。

三지란 발광지(發光地)。수혹을 끊어 지혜의

정말 마음의 본 자세에 들어가서 나와 남이 없고, 이해득실(利害得失)이 없고, 생로병사가 없고 아무것도 없는 경지인데, 그러나 이와 같이 하는게 없는 법 거기에도 보면 초지(初地) 보살·이지(二地) 보살·삼지(三地)·십지(十地) 보살도 있고 五二위(位)의 보살경계를 넘어야 부처님이 됩니다. 이 보살님들은 다 하는 것 없는데 들어가서 이렇게 등급(等級)이 있고 차별(差別)이 있읍니다. 마치 서울대학에 입학했다 하면 一학년도 서울대학생이고 三학년·四학년도 서울대학생이지만, 그러나 공부하는 내용을 보면 一학년·四학년의 차이가 있고 대학원·박사과정 이상의 더욱 깊은 내용을 공부하는 차이가 있는 것이나 한가지입니다. 그러므로 참선(參禪)을 해서 견성(見性)을 했다 해도 처음 깨친 초견성(初見性)을 가지고 다 되는 것이 아니고 거기서부터 무위법(無爲法)④에 들어선 것이므로 비로소 깊은 공부를 하게 되고 보임(保任)을 하여 참 수행을 하게 됩니다. 그래야만 초지(初地)에서부터 五二위의 보살경계(菩薩境界)를 닦아 올라가서 부처가 되는 것입니다. 그러나 이런 무위법(無爲法)의 현성(賢聖)의 경계는 하는 것 없는 세계입니다. 그래서 닦는 것 없이 닦고 무심(無心)으로 하는 수행이어서 차별 없는 가운데 있는 차별이므로 중생세계의 분별심(分別心)으로 있는 차별과는 근본적으로 다른 차별입니다(而有差別)。

〔說 義〕

상이상학(相而上學)과 상이하학(相而下學)

불교를 처음 믿고 아직 번뇌가 안 떨어져서 육체를 아직 여의지 못한 사람이면 이것을 상이하학(相而下學)이라 할 수 있고 생각이 떨어지고、 육체가 내가 아닌 줄 확인되었다면、 이것은 상이상학(相而上學)이라 할 것입니다。 부처님의 법을 듣고 배워서 생각이 뚝 떨어져 버려서 일체 모든 망상이 없어져 몸뚱이도 어디 갔는지 모르고 이 세계도 안 보여 다만 자기 정신만 하나 깨끗하게 남아 있읍니다。 그러면 여기서부터 이제 불법을 비로소 처음 만난 것입니다。 육체에 맨날 끄달려 사는 인간은 불법과 진짜 인연을 맺기 어렵습니다。 정말 진정한 불제자가 되려면 〈상이상학〉 여기 들어와서도 五二위나 되는 계급을 닦아야 합니다。 그러나 처음에는 무아(無我)는 육체를 〈나〉라는 망상을 버리는 데서 시작입니다。

무위법(無爲法)에도 차별 있다

육체를 가지고 나라 하는 뿌리가 박혀서 범부는 이것 때문에 고해(苦海)를 헤매고 돌아다니는 겁니다。 개나 돼지 그게 나라고 하여 남을 다 죽입니다。 육체가 나라고 생각하기 때문에 전 생명 다 죽이고라도 나는 살려고 덤비는 겁니다。 육체를 나라고 생각하는 여기에서 온갖 생각을 다 내는 겁니다。 박사가 되어봤자 결국은 밥 한그릇 잘 얻어 먹자는 것밖에 안됩니다。 그러니까 상이상학(想而上學)에서부터 곧 생각을 초월하는 거기서부터 현성(賢聖)의 지위는 시작되는데 五二위나 올라가야 합니다。 세상에 아무 할일없다는 노자(老子)⑥도 五二위의 어느 정도까지 갔느냐、 우리가 볼 때 그의 도덕경 같은 내용으로 미루어 보면 一二위까지 겨우 올라간 것으로 보입니다。 공자(孔子)는 그 가르침이 조리가 있긴 하지만 그러나 四서 三경의 내용으로 보아 무위법(無爲法)을 깨달은 깊이가 보살의 五二위설(位說)에 대조해 보면 노자의 경우보다 못한 것으로 판명됩니다。 또 유교에

광명이 나타나는 지위。 一○지란 법운지(法雲地)。 수혹을 끊고 끝없는 공덕을 구비하고서 사람에 대하여 이익되는 일을 행하여 대자운(大慈雲)이 되는 지위。 또 이것을 보시・지계・인욕・정진・선정・지혜・방편・원・역(力)・지(智)의 一○바라밀에 배대하기도 함。

그런데 보살 수행의 기간인 三대아승지겁 중 처음 환희지까지에 一대아승지겁、 제七지까지의 수행에 제二대 아승지겁을 요한다 함。 이상은 대승 보살의 십지(十地)이고、 이밖에 삼승을 공통하여 세운 삼승공십지(三乘共十地)인 간혜지(乾慧地)・성지(性地)・팔인지(八人地)・견지(見地)・박지(薄地)・이구지(離垢地)・이판지(已辦地)・지불지(支佛地)・보살지(菩薩地)・불지(佛地)도 있다。

〔註 3〕 五二위(位)： 보살수행의 계위를 五二로 나눈 것。 곧 一○신(信)・一○주(住)・一○행(行)・一○회향(廻向)・一○지(地)・등각(等覺)・묘각(妙覺)

서는「인간 성품이 본래는 착하다고 하고 본래 착한 것인데 공연히 너희가 악에 젖는다고 합니다。 그러나 성품이 본래 선 같으면 근본 성품이 선인데 악한 생각이 어디서 나올 수 있읍니까。」 그것은 어설픈 얘기가 됩니다。

불교의 상이하학(相而下學)이란 보고 듣고 삼천대천세계 천당 지옥 돌아다니고 하는 거 모두를 말합니다。 이것을 초월한 경지에 들어가야 상이상학이 되니 불교는 세상학문이나 종교와 너무 거리가 멀리 떨어져 있읍니다。 다른 종교에서는 겨우 영혼의 세계가 있겠다、四차원의 세계다 하지만 불교에서는 아무 생각 없는 세계 거기 들어서서도 크게 五二차원의 세계를 나눕니다。 잠재의식이 차츰 진보해 가는 과정입니다。 五二위의 처음에 들어선 것은 무(無)、곧 아무 생각 없는 데 곧 현상계가 없는 데 들어선 것、아무 것도 할일 없는 데 이른 것입니다。 그 실력에 따라 차이가 있는 것을 말한 것입니다。

범부(凡夫)때나 부처 때나 변하지 않는 것

불·보살이나 조사·나한님들은 무위법(無爲法)의 열반(涅槃) 세계에서 생사를 초월했다 하고 범부중생들은 생사윤회(生死輪廻)의 세계라고 우리는 분별하지만、이렇게 생각이 남아 있고 얻은 게 있는 한 생사다 열반(涅槃)이다 하는 것이 모두 번뇌입니다。 그러니 우리가 나고 죽고 하는 이거나 생사를 초월한 그거나 다 같은 것인데 그러면 그렇게 꼭 같다고만 결정할 수 있느냐 하면 그렇지도 않습니다。 그런데 인간·천당·지옥 축생으로 돌아다니는 그 가운데서도 뭐가 하나 안 죽는 게 있읍니다。 몸뚱이는 천당·지옥 축생이 되고 남자·여자가 됐다、부자도 가난살이도 온갖 것으로 바꿔지만 그래도 하나도 바꿔지지 않는 것이 있읍니다。 그러면 중생의 몸으로 탐·진·치(貪瞋痴)로 남과 멱살

•전(前)의 五一위는 수행의 인(因) 후의 一위는 수행의 과(果)。

〔註 4〕 **무위법(無爲法)**은 인연으로 생기어났다 없어졌다 하지 않는 법。 곧 있다 없다 하는 법이 상대세계(相對世界)의 법이라면 이 상대성 원리(相對性原理)를 초월(超越)한 절대(絕對) 경계(境界)의 법을 뜻한다。 곧 무위법은 무위(無爲)의 법을 말하며 무위는 범어 Asamskrta 곧 모든 법의 진실체(眞實體)를 가리킨다。 위(爲)는 위작(爲作)·조작(造作)의 뜻이니 곧 인연의 조작·상대세계의 인위적(人爲的)인 행위(行爲)를 초월했다는 뜻으로 무위라 한 것이다。 이 세상의 모든 것은 물질적인 것이거나 정신적인 것이거나 성주괴공(成住壞空)·생주이멸(生住異滅)의 변천을 하는데 이것을 해탈한 열반(涅槃)·실상(實相)의 세계는 하는 것이 없고 조작할 것이 없는 경지이므로 무위법이라 함。

〔註 5〕 **차별(差別)**: 여러가지가 각기 다른 것

잡고 피투성이 되어 세계전쟁을 일으킨 그 사람이나 성불한 사람이나 달라지지 않는 그게 대체 뭐냐。

석가여래가 깨쳤다고 하지만 실달 태자 때와 달라진 거 하나도 없읍니다。 다시 말하면 실달 태자가 왕자로 있을 때나 생사가 무서워 처자·권속·국가민족도 다 버리고 저혼자만 살려고 성을 넘어 야반도주(夜半逃走)한 그때나、 또 마음을 깨쳐 생사를 완전히 초월한 때나 내내 그겁니다。 인생이 허망하다고 버리고 간 그 마음이나、 나중 깨치고 나서 보니 내내 깨치려고 도망가던 그 마음이었읍니다。 그때는 육체를 나라고 믿었기에 육체 죽는 것을 겁내어 생사를 초월해야겠다고 했지만、 깨치고 보니 죽음이 싫다고 가던 그 마음이나 깨치고 난 그 마음이나 하나도 달라진 게 없읍니다。

그러므로 부처님만이 나 혼자만 깨쳤다고 설명할 수 있는 그런 특별한 법은 하나도 없읍니다。 왜냐 하면 태자로 있을 그때 내가、 사람은 누구나 죽는 것인데 이것이 급한 문제라고 하여 도망을 가서 야수다라도 자식도 국가민족 다 버리고 세상이 허망하니 도망가자고 결심하던 내내 그 마음이 꿈깨고 보니 그 마음이었던 것입니다。 그래서 부처가 되고도 그 면목(面目)은 안 바뀌었으므로 성불해도 실달타 그대로입니다。 그러니 다만 없어졌다면 육체를 〈나〉라고 하던 착각만 없어진 것입니다。 깨치기 전에는 육체를 나라고 착각을 했을 뿐이지 이 마음자리가 조금도 달라진 건 아닙니다。 배고프면 밥먹을 줄 알고 다리 아프면 쉴 줄 아는 거 그 마음자리는 똑같습니다。 뱃속에서부터 이 마음이 나인 줄 알았으면 장가 들여도 마누라하고 안 자면 그만이고 그렇게 할 수 있었지만 그땐 몸뚱이만 나라고 생각하던 범부이다 보니 마음이 〈나〉인 줄을 몰랐던 것입니다。 어떤 마음이 〈나〉인지 늘 밥먹고 생각하는 이걸 가지고 마음이라 했으니 하루에도 천가지 만가지 생각이 죽 끓듯이 끓는데 그 가운데 어떤 마음이 진짜 마음인지 그것을 모르던 때였읍니다。

울 하는데、 여기서는 부처님의 법、 보살네의 법·연각·성문의 법이 각각 다른 차이가 있음을 뜻한다。 성문(聲聞)·연각(緣覺)이 되면 다 같은 무위(無爲)의 세계에 들어가서 대각(大覺)을 성취해가는 과정에서 차별이 있을 뿐이다。 다시 말하면 성문·연각·보살네의 깨달음은 깊고 얕은 차이 크고 작은 차이가 있으므로 같은 성현이라도 부처가 되기 전까지의 무수한 차별을 인정하게 됨을 말한다。

〔註 6〕 노자(老子)：중국의 사상가(六〇四?~五三一BC)。 본명은 이이(李耳)。 자는 백양(伯陽)。 시호는 담(聃)·우주의 절대적 창조주를 부인하고、 무위자연(無爲自然)의 도(道)를 설(說)함。 그의 말을 모은 책을 「노자도덕경(老子道德經)」 또는 노자(老子)」라 함。

函虛說誼 법이 비록 한맛이지만 보는데 따라 천가지 차별이 있으며 또 그 천가지 만가지 차별은 다만 다 일념 속에 있는 바이다。 일념의 차별이

비록 적은 것이지만 그 차이가 하늘과 땅의 차이로 벌어지게 되는 것이다.

그러므로 마음의 자성(自性)을 깨달아서 무위법의 도리를 깨달은 성인들의 경지에서는 생각 생각이 다 정법이고 성품을 깨닫지 못한 범부의 소견으로 보면 온갖 것이 다 잘 못된 것뿐이니 그래서 옛 어른 말씀에 「정인이 사법을 말하면 사법이 정법으로 돌아오고 삿된 사람이 정법을 말하면 정법도 사법으로 된다」(正人說邪法 邪法悉歸正 邪人說正法 正法悉歸邪)하셨던 것이며, 三조승찬(僧璨)은 「털끝만한 차이가 있으면 하늘과 땅같이 벌어진다」(毫釐有差 天地懸隔)고 했다.

그런데 마음을 깨치고 보니 온갖 망상을 내고 죄짓던 그 마음 그대로여서 부처가 됐다 해도 다른 사람보다 다른 걸 깨친 게 아닙니다. 실달 타태자 때는 없던 것을 새로 깨친 것이 아니고 다만 육체를 나라고 했기 때문에 세상이 참 복잡했던 것뿐입니다. 부처님께서 어떤 법을 깨쳐서 범부 때 모르던 것을 새로 깨친 것도 아니고 동시에 새로 얻은 법이라 해서 나만이 설명할 수 있는 법이 하나도 없읍니다.

이론(理論)은 불법(佛法) 근처도 아니다

깨쳤다고 해서 새로 얻은 것도 없고 설명할 수도 없는 법 아무것도 할 일 없는 무위법(無爲法)의 세계를 알지 못하고 법도 아닌 것을 집착하고 〈나〉도 아닌 육신을 〈나〉로 삼아서 고해(苦海)에 헤매는 중생들을 위해 四○년동안 말이 되지도 않는 것을 부득이 입이 닳도록 법을 일러 주셨지만, 그러므로 이것은 소위 부처님께서 설하신 법은 가히 간직할 것이 못되고 한마디 기억해 둘 말이 없읍니다. 남보고 불법을 들었다고 전해 줄 말도 못됩니다. 四○년 설했다는 것은 말도 안되는 소리라는 이런 법이며 아닌 소리조차 아니어서 비판할 수 있는 대상이 못된다는 것입니다. 그것은 일체 모든 성인들은 상이상학에 올라가 있으며, 거기서도 차별이 있어서 국민학교·중·고등·대학도 있는 것 같다는 것입니다. 그런데 생각 떨어진 데를 뭐라고 설명합니까. 부처님 경지나 초지보살(初地菩薩)이나 상이상학에 올라선 자리는 설명이 안됩니다. 불교를 학문이나 이론으로만 하는 사람들은 불법 근처도 못간 사람들입니다. 저 동구 밖에 있는 사람들입니다. 그저 그 사람들 불교 설법한다고 하지만 참으로 경의 뜻을 알지 못합니다. 네가 옳으니 내가 옳으니 지도해 주는 법사마다 불법이 다릅니다. 팔만 사천법이 다 무위법에 들어서려는 것이며, 모든 번뇌를 떼어 버리려 하는 것입니다。 인생의 사건들은 허망하고 지킬 수 없는 것이고 지킬 수 없는 것을 지키는 것뿐입니다。 달아나 버리는 게 목적이고 아주 영원히 못보게 달아나 버려야 합니다。

돈도 옷도 밥도 영감도 마누라도 딸도 이 지구도 태양도 우리가 보고 듣고 생각할 수 있는 모든 것도 사실은 다 설명이 안 됩니다。 지구가 어떻게 생겼느냐 하면 과학적으로도 완전한 설명이 불가능합니다。 우리가 보고 듣고 생각할 수 있는 것 모두가 다 어떻게 생겼다고 설명할 수 없게 되어 있읍니다。 부처님 불법만이 쓸데 없는 소리가 아니라 세상만사가 다 그렇습니다。 그러니 일체현상이 다 무위(無爲) 속에 들어서 거기서부터 불법 닦는 것입니다。 그러니 얘기 듣고 불법 아는 사람 참 딱한 일입니다。 마치 속아 있는 거나 다름 없읍니다。 부처님 말씀에 속아 있는 것이고、남의 음성에 속아 있는 것이며 미친 소리에 속아 있는 것입니다。

참선하면 견성한다고 자꾸 참선만 하고 앉아만 있지、그러나 참선을 무엇 때문에 하는 줄도 모르고 맹목적으로 해서는 안 됩니다。 참선하면 견성 성불한다고 그러는데 견성 성불이 무엇인지도 모르고 하니 큰 일입니다。 옳은 선지식(善知識) 만나서 그런걸 다 알고 참선도 다 해본 사람、그런 선지식 만나 공부하면 그 지식이 내 지식이 되기 때문에 무위법에 곧바로 들어갈 수 있읍니다。 만일 선지식이 아닌 이를 만나 따라가면 극락세계 간다는 게 뒤로 되돌아가거나 까딱하면 지옥으로 가게도 됩니다。 그러므로 우리는 참선을 하든지 염불을 하든지 아무 생각 아무 하는 것 없는 무위법(無爲法)에 들어가는 것을 목표로 삼아야 합니다。

依法出生分(의법출생분) 第八(제팔)

須菩提(수보리)야 於意云何(어의운하)오 若人(약인)이 滿三千大千世界七寶(만삼천대천세계칠보)하야 以用布施(이용보시)하면 是人(시인)의 所得福德(소득복덕)이 寧爲多不(영위다부)아 須菩提言(수보리언)하사대 甚多(심다)니다 世尊(세존)하 何(하)以故(이고)오 是福德(시복덕)은 卽非福德性(즉비복덕성)일새 是故(시고)로 如來說福德多(여래설복덕다)니이다 若復有(약부유)人(인)하야 於此經中(어차경중)에 受持乃至四句偈等(수지내지사구게등)하야 爲他人說(위타인설)하면 其福(기복)이 勝彼(승피)니라 何以故(하이고)오 須菩提(수보리)야 一切諸佛(일체제불)과 及諸佛(급제불)의 阿耨多羅三藐三菩提(아뇩다라삼먁삼보리)法(법)이 皆從此經出(개종차경출)일새니라 須菩提(수보리)야 所謂佛法者(소위불법자)는 卽非佛法(즉비불법)이니라

『수보리야、 어떻게 생각하느냐。 만일 어떤 사람이 삼천대천세계에 칠보를 가득 채워서 보시했다면、 이 사람이 얻는 복덕은 얼마나 많겠느냐。』

수보리가 여쭈었다。『아주 많사옵니다。세존이시여、왜냐 하오면 이 복덕은 곧 복덕의 성품이 아니기 때문이오니 그래서 여래께서 복덕이 많다고 하신 것이옵니다。』

『만일 어떤 사람이 이 경 가운데 네 글귀라도 받아 지니고 남을 위해 말해 준다면 그 복이 저것보다 더 뛰어나리라。왜 그러냐 하면 수보리야、모든 부처와 모든 부처의 아뇩다라삼먁삼보리법이 다 이 경으로부터 나온 때문이니라。수보리야、이른바 불법이란 곧 불법이 아니니라。』

第八 依法出生分—모든 것 여기에서 나오다

〔科解〕

의법출생분(依法出生分)의 의법이란 법에 의지한다는 뜻입니다。흔히 법 법 하는데 세상에서도 법은 국회에 한 번 통과되면 다시는 변할 수 없는 성질을 가지고 있고 만인이 누구나 다 같이 지켜야 합니다。적어도 국회에서 다시 개정통과(改正通過)하기 전에는 변할 수 없다는 뜻을 가집니다。그러나 이런 법은 정당(政黨)이 한 번 바뀌면 변하게 되고 국체(國體)가 바뀌면 백팔십도로 뒤집히기도 합니다。우주만유(宇宙萬有)의 모든 존재가 전자와 에네르기가 변하는 데 따라서 물리적(物理的)·화학적(化學的)으로 다 변합니다。

二七斷疑論 제八 의법출생분(依法出生分)은 二七단의 가운데 세번째로 의심을 끊는「제三단의」구에 해당한다。그 중 제一문단은 제七 무득무설분(無得無說分)이었고、「의법출생분」은 그 제二문단이 된다。이익이 나타남을 비교하여 말한 대문이므로 교량현익(較量顯益)이라 했다。

이 「교량현의문」 중에 다시 네 가지 구분이 있으니, 첫째는 작은 복을 묻는 대문이므로 一, 거열복이문(擧劣福以問)이라 하고, 두번째 대문은 복이 많은 것으로 대답한 내용이므로 二, 복다이수(福多以酬)라 하며 세번째 대문은 경의 복이 앞의 복보다 훨씬 초과한다고 하여 三, 판경복초과(判經福超過)라고 했으며 네번째 대문은 왜 복이 그렇게 많은지에 대해서 그 이유를 말했으므로 四, 석초과소이(釋超過所以)라 했는데, 네번째 대문인 「석초과소이」의 문구는 다시 두 소문단(小文段)으로 나눈다. 그 첫째 문단은 바로 해석하는 문단이니 一, 정석(正釋)이고, 둘째 대문은 돌려서 해석하는 것이니 二, 전석(轉釋)이라 한다.

一, 거열복이문(擧劣福以問)은 이 의법출생분의 첫 구절인 須菩提於意云何에서 是人所得福德寧爲多不까지에 해당하니 이것은 물질적으로 보시하는 내용이므로 그것은 아무리 많은 양

그러므로 이런 법은 참된 의미의 법이라고 할 수 없읍니다.

그런데 알 줄 아는 알음알이의 힘은 어제도 오늘도 그대로고 二四시간 안 변하는 영원불변의 존재입니다. 변하는 법칙은 찰나(刹那)로 변하는 것이니 잠시라도 一분 一초 동안이라도 안 변하는 것은 물질의 법칙이 그것을 용납하지 않습니다. 아는 능력이 있는 이 마음만은 모든 욕심을 초월했고 이해관계(利害關係)가 없는 자성(自性)자리로서 법 중의 법이란 뜻으로 법왕(法王)이라고도 합니다. 그렇지만 이 마음의 작용(作用)은 미워하고 좋아하고 생각하고 연구하고 모든 사고활동을 다 하지만 그 마음의 그 본체(本體)인 자성(自性)은 불변합니다. 그래서 이 마음의 작용은 착하려고 하면 요순(堯舜)으로도 되고 악하려고 하면 도척(盜跖)으로도 되고 자기 마음 먹게 달렸지만 그러나 이렇게 변하는 작용은 물의 파도(波濤)와 같고 마음의 본체는 물의 수분(水分)처럼 변동이 없읍니다. 수분은 얼음도 되고 안개도 되고, 이슬도 되고, 파도도 되어 천만가지로 변하지만 물의 수분은 불변입니다.

이렇게 알 줄아는 마음자리 그것이 법입니다. 말하기 전, 생각하기 이전의 자리·오롯한 자기 정신, 이것이 우주의 진리고 가장 거룩한 자리이며 이것만이 법입니다. 그러니 법철학(法哲學)을 해도 부처님 법의 원리를 알면 다른 법은 그 지말(枝末)의 한 마디만 들어도 그 근본까지 다 알게 됩니다.

그렇다고 해서 자성자리 그 근본만 깨달아 가지고 가만히 지키고만 있으면 그것은 죽다가 못 죽은 반 송장에 불과한 소승(小乘)일 뿐입니다. 그래서

무소부지(無所不知)로 아는 것은 모르는 것 없이 다 되지만 현실적으로는 복이 없어서 마음대로 잘 안되어 무소불능(無所不能)은 안됩니다。그래서 완전한 대성인(大聖人)、완전한 인격자(人格者)가 되기 위해서는 마음의 본성(本性) 자리를 깨달아 가지고도 중생을 위해 봉사(奉仕)해야 되는 것이니 계(戒)를 가지고 육도만행(六度萬行)을 해야 합니다。만일 소승모양 자성자리만 지키고 가만히 들어앉아 있기만 하면 계행(戒行)을 가질 필요도 없고 보살만행(菩薩萬行)을 닦을 필요도 없으며 이 마음이 까딱하지도 않고 적멸(寂滅)만 지키게 됩니다。

그러므로 세상에 나와서 중생을 위해 온갖 괴로움 다 건져 주고 마음자리를 일깨워 주고 발심(發心)해서 보살행을 하고 성불(成佛)하도록까지 이끌어 지도해 주어야 합니다。그러면서 남 하는 것 나는 안하고 남 먹는 것 나는 다 안 먹으면서 오직 남만을 위해 일해 주고 돈도 벌어 주고 약도 사서 주고 병도 치료해 주고 법문도 잘 가르쳐 주고 좋은 사람이 되도록 인도할 뿐입니다。남 하는 것 다하고 먹을 것 다 먹으며 세상 생긴 대로 따라 하기만 해서는 세상에 나온 뜻도 없어지고 아무것도 안됩니다。

의법출생분(依法出生分)이란 「이렇게 법에 의지해서 마음을 내라、출생(出生)해라、사업을 해라、중생을 제도해라。」그런 뜻입니다。이런 내용을 모르고 이 네 글자만 가지고는 백 년을 읽어도 무슨 말인지 알기 힘듭니다。이런 진실한 자성에 의지해서 참선을 한다든지、보리심(菩提心)을 발했다든지、사

을 가지고 아무리 오랜 세월을 두고 아무리 많은 사람에게 보시를 하더라도 그것은 상대적인 것이고 한계가 있는 것이므로 작은 복을 물은 것일 뿐이라는 뜻으로 「거열복이문」이라 과판했다。

二、석복다이수(釋福多以酬)는 須菩提言甚多에서부터 是故如來說福德多까지이니、세속적으로 볼 때에는 복덕이 많은 것인데 공적(空寂)한 성품의 자리에서 보면 그렇지 못한 것이다。여기서는 현실적인 복、곧 세속적인 복이 많다는 뜻으로 「석복다이수」라고 한 것이다。

三、판경복초과(判經福超過)는 若復有人於此에서부터 爲他人說其福勝彼까지이니、금강경의 공덕이 물질적 복덕보다도 훨씬 뛰어난다는 내용이므로 「판경복초과」라고 과판(科判)한 것이다。

四、석초과소이(釋超過所以)는 何以故에서부터 본 「의법출생분」의 끝인 即非佛法까지인데、그 내용은 경의 뜻이 열

마나 큰가를 설명한 부분이므로 이렇게 이름한 것이다。四、「석초과소이」의 대문은 다시 두 구절로 나누어서 해석하는바、㉮ 정석(正釋)과 ㉯ 전석(轉釋)이 그것이다。

㉮ 정석(正釋)은 何以故 須菩提에서 皆從此經出까지이니 모든 부처와 부처의 깨달음이 다 이 경으로부터 나온 때문이라고 경의 공덕이 뛰어난 소이를 밝힌 부분이므로「정석」이라 했다。

㉯ 전석(轉釋)은 須菩提 所謂佛法者 即非佛法의 마지막 대문이니 이 구절은 본 대문의 속뜻을 말씀한 구절로써 최후구경의 진리에는 부처와 중생의 구별이 없고 나오고 들어감이 없으며 미하고 깨달음이 없는 것이므로 이것은 뜻을 한번 더 굴려서 말씀한 대문이라는 뜻으로「전석」이라 과판한 것이다。

상이 바뀌어졌다든지 하는 것을 말합니다。보리심 발했다는 것을 요새말로 풀어서 말하자면 범부가 육체 때문에 탐진치(貪瞋痴)에 얽매어 밥 세그릇 먹으려고 싸우고 죄를 짓기만 했는데、이제 알고 보니「인생이란 그게 아니고 내 마음을 닦아야 하겠구나、육체생활이 내가 할 일이라고 생각하여 물 불 헤아리지 않고 온갖 욕심으로만 살아 왔는데 그것은 다 헛된 것이고 주객(主客)이 전도(顚倒)된 생활이었구나、물질본위의 생활、객관 현상에 구속된 생활을 버리고 오직 마음의 성품을 찾고 온 중생을 위해서 보살행(菩薩行)을 해야겠구나。」하고 참다운 인생관·우주관에 입각한 사상의 전환(轉換)이 이루어졌다는 말이 됩니다。

「일체의 모든 부처님과 부처님의 아뇩다라삼먁삼보리법이 다 이 금강경 가운데서 나온다。」(一切諸佛及諸佛阿耨多羅三藐三菩提法 皆從此經出)는 경문이 이 절의 대문(大文) 가운데 있으므로「이 법에 의지해서 모든 법이 나온다。」는 뜻으로 의법출생분(依法出生分)이라 한 것입니다。이 경은 곧 마음 깨치는 법을 말씀해 놓은 경 중의 경인데 부처님도 다름 아닌 마음을 깨치신 분이므로 부처님도 이 경에서 나온다 한 것이고 또 깨달은 마음의 경계가 곧 이 금강경이며 부처님의 아뇩다라삼먁삼보리법도 결국은 이 경에 의지해서 나온 부처님의 마음이므로 모든 부처님의 아뇩다라삼먁삼보리법도 이 경에서 나온다고 한 것입니다。그러나 금강경도 마음이고 부처님도 마음이며 부처님의 깨달은 법도 다름 아닌 마음이니、알고 보면 셋이 다 같은 한 덩어리입니다。 그러므로 이 경으로부터 나왔다고 하는 것도 말로 하자니까 그렇지 실제로는 나온 것도 아니고 의지한 것도 아닙니다。 나오고 들어가는 자리가 아니고 얻을 것도 없으며 설명할 수도 없으며 글로 옮길 수도 없는 것이 마음이고 부처님의 깨달음이기 때문입니다。

原文 須菩提 於意云何 若人滿三千大千世界 七寶 以用布施 是人 所得福德 寧爲多不

解義 『수보리야、 네 마음에는 어떻게 생각되느냐、 만일 어떤 사람이 삼천대천세계(三千大千世界)①의 가득찬 칠보(七寶)를 가지고 남을 도와 주면 그 복이 얼마나 많겠느냐。』 하고 부처님께서 물으십니다。 삼천대천세계란 말이 여기 나오는데 一○년 二○년 절에 다닌 신도 보살님들에게 그 뜻을 물어보니 모른다는 것입니다。 들으면 인연된다 하여 부지런히 다니며 듣기만 들었지 많이 들은 말이기는 한데 그 뜻은 모르겠다는 것입니다。 애초에 알려는 생각도 안합니다。

삼천대천세계란 말은 불교 용어 가운데 가장 많이 쓰는 기본용어인데 삼천대천은 하나의 숫자의 단위입니다。 그 당시 인도에는 소천(小千)·중천(中千)·대천(大千)이라 했는데 우리가 백·천·억·조·경 하듯이 고대 인도 사람들의 숫자의 단위입니다。 소천이라 함은 하나에서 백천까지 올라간 것、 천이 하나나、 천꼬가리 모아 놨다、 금을 천개 모아 놓았다、 그런 뜻이니 곧 천이란 말입니다。 중천이란 소천을 천배 한 것、 곧 백만을 말하며 대천이

〔註 1〕 **삼천대천세계**(三千大千世界) : 일대삼천세계 (一大三千世界)라고도 한다。 불교 천문학에서 수미산(須彌山)을 중심으로 하고 사방에 사대주(四大洲)가 있고、 그 바깥 주위를 대철위산(大鐵圍山)으로 둘러쌌다 한다。 이것이 一세계 또는 一사천하(一四天下)라 한다。 사천하를 천 개 합한 것을 일소천세계(一小千世界) 일소천세계를 천 개 합한 것이 일중천세계(一中千世

界) 중천세계를 천개 합한 것이 일대천세계이니 일대천세계에는 소천·중천·대천의 삼종의 천(千)이 있으므로 일대삼천세계·또는 삼천대천세계라 한다.

〔註 2〕 **불가설불가설불찰미진수**(不可說不可說佛刹微塵數): 인도의 二백 二○ 단위의 수 가운데 마지막 대수 가운데 하나.

중천을 천배한 것이며 백만을 천배하면 십억을 가리키는 바, 대천이란 천 가운데 마지막 큰 수란 뜻입니다. 중국은 단·십·백·천하여 만 이상이 되면 배로 나가지만 만까지는 열배로 올라가는 십진법(十進法)입니다. 하나를 열하면 십이라 하고 열을 열하면 백, 백을 열하면 천, 천을 열하면 만이 되는 것이 십진입니다. 만에서부터 억까지는 만으로 올라갑니다. 여기서부터는 배수로 올라가서 억을 억하면 조고, 조를 조하면 경이고 이렇게 중국에는 스물 넉자의 스물 네개 단위가 있읍니다. 그 당시에는 천문학이나 자연과학이 발달한 때가 아니니 그 이상의 숫자도 필요 없었을 것입니다.

인도에서는 이런 수의 단위가 중국보다 훨씬 많았읍니다. 예컨대 아승지(阿僧祗)란 무수(無數)란 뜻인데 수가 하도 많으니 무수하다는 소리가 아니고 이 무수도 한 개의 숫자입니다. 그러면 이 숫자의 단위가 몇 자나 되느냐 하면 중국이 스물 넉자뿐인데 대해 인도는 二백 二십자가 배수로 올라갑니다. 나중에는 불가설 불가설 불찰미진수(不可說不可說佛刹微塵數)②라는 숫자가 있는데 이 지구를 조직하고 있는 전자 수만큼이나 될 겁니다. 이 지구를 조직한 전자알을 실제로 헤아려 센다면 얼마나 많을 것인가. 불가사의할 뿐입니다. 그 숫자의 단위들이 하도 복잡하여 나한과 보살들이나 환히 알고 있을 정도입니다.

인도의 수학 가운데는 영산법(影算法)이라고 부르는 수학이 있읍니다. 그림자영(影)자와 계산한다는 산자(算)를 써서 영산법이라 합니다. 큰 밭에 콩을 심어 놓고 이 밭에서 나올 콩이 몇 알이나 될까 물으면 영산법하는 사람들은 콩밭을 가만히 들여다보고는 몇섬 몇말 몇되 몇홉 몇작 하고 다섯개 남는 것까지 계산해 낸다고 하는데 실제로 나중에 보면 다섯알이 남는다고 하여 그렇게 신통하게 안다는 말이 전해옵니다. 우리가 어릴 때는 손가락을 보고 하나·둘·셋 하다가 그것도 잃어버리고 다섯조차도 못셉니다. 그러나 어른은 세어보지 않아도 대번에 다섯개는 압니다. 따져보고 아는 게 아닙니다. 그렇듯이 마음에 망상이 없는 때는 고단위의 숫자가 탁 보입니다。 삼천대천세계라면 이런 지구덩이가 一○억개라는 뜻입니다。 三천이란 내내 삼자승했다 하는 소리인데 천을 삼자승한 것이 一○억이므로 그런 지구덩이 一○억이 모인 것을 대천세계라 합니다。 삼천하면 대천이고 대천하면 삼천인데 한문하는 사람들이 멋으로 삼천대천세계라고 엄청나게 쓴 것뿐입니다。 그러므로 삼천대천세계란 一○억이나 되는 해·달·지구·별들의 세계란 뜻이 됩니다。

만삼천대천세계칠보이용보시(滿三千大千世界七寶而用布施)란 一○억의 해·달·별들에다 금·은·유리·마노③·자거④·산호⑤·진주(金銀瑠璃瑪瑙硨磲珊瑚眞珠)의 七보를 가득 채워 가지고 그 많은 七보를 사람만 보면 한 섬씩 주어서 없는 사람 다 잘 살게 한다는 뜻입니다。 七보 한 섬만 잘 굴리면 몇십억씩 될 것인데、 이렇게 많은 재물을 가지고 오직 남만 잘 살도록 사용했다면、 가령 고아원(孤兒院)도 수없이 많이 세워서 다 잘 자라서 학교에 잘 다니도록 해 주고、 양로원(養老院)도 많이 만들어 즐겁게 해주고 무료병원(無料病院)·무료극장 등 온갖 좋은 일을 다 했다고 가정을 해서 하는 말입니다。 『그렇다고 하면 이 사람의 복덕이 금생、 내생에 받는 이 사람의 복이(是人所得福德) 얼마나 되겠느냐、 많겠느냐、 많지 않겠느냐(寧爲多不)。』 하고 부처님께서 물으십니다。

原文 須菩提言 甚多世尊 何以故 是福德 即非福德性 是故 如來說福德多

解義 『삼천대천세계에 가득 찬 七보를 가지고 보시를 해서 많은 중생들을 잘 살게 해 준 복덕이 얼마나 많겠느냐。』고 부처님이 물으시는 말씀에 대해、 수보리 존자는 이렇게 사뢰었습니다。 『참 많습니다。 기가 막히게 복이 많을 것입니다(甚多)。 세존이시여、 제가

〔註 3〕 **마노**(瑪瑙)：짙은 녹색의 보옥。 이것은 〈아마타경〉에 있는 말。 〈법화경〉 보탑품(寶塔品)에는 파려 대신에 매괴(玫瑰)로 되어 있다。

〔註 4〕 **자거**(硨磲)：백산호。

〔註 5〕 **산호**(珊瑚)：산호충(珊瑚蟲)의 몸을 싸고 있는 석회질의 뼈。 장식용으로 쓰임。

六祖口訣 삼천대천세계의 칠보를 가지고 보시하면 얻는 복덕이 많지만 그 성품 가운데는 하나도 이익이 없다。 **마하반야바라밀다에 의지해서 수행하여** 자성으

로 하여금 모든 만유의 현상계에 떨어지지 않게 하여야 이것이 복덕의 성품이다。마음에 주관 객관이 있으면 곧 복덕의 성품이 아니며 주관 객관하는 마음이 없어져야 이것이 복덕의 성품이다。마음이 부처님의 가르침에 의지하며 행이 부처님의 행과 같으면 이것이 이름이 복덕의 성품이고 부처님의 가르침에 의지하지 않아서 부처님의 행을 밟아서 실천하지 못하면 곧 복덕의 성품이 아니니라。

三千大千世界 七寶持用布施 得福 雖多於性上 一無利益 依摩訶般若波羅蜜多修行令自性 不墮諸有是名福德性 心有能所

많다고 말씀 드리는 데는 이유가 있읍니다。이 금은칠보를 대천세계에 가득 채워 가지고 나누어 주자면 아무래도 한해 두해가 걸려도 못나눠 줄 것입니다。그러니 여러 몇 만년 안 죽고 살아가지고 끝없이 많이 보시하고 내가 죽어 다시 태어나서 또 보시하고 하여 천생 만생 해도 다 못나눠 줄 정도이니 그렇게 복만 지으면 대단할 수밖에 없읍니다。』찬물 한 그릇 떠주고 큰 부자되는 사람도 있읍니다。찬물 한 그릇이 사람 살리는 수도있고 평생 잊을 수 없는 그런 찬물이 있읍니다。밥 한 그릇 가지고도 그럴 수도 있는데 엄청나게 복을 많이 진 이런 사람의 복이야 말할 것이 있겠읍니까。

저렇게 큰 복을 엄청나게 많이 지었으니 가령 억만겁 드나들면서 전세계 화폐를 혼자 다 차지할만한 그런 복을 지은 사람이라 한 것입니다。그런 큰 복을 지어 놓으면 제가 돈을 일일이 벌어 쓰는 게 아닙니다。자기한테 신세 진 사람들이 형제·부모 되어 가지고 다 돈 벌어 놓으면 그런 집에 태어나 돈 공짜로 막 씁니다。가령 상속법이 없다 하더라도 그런 재산이 또 돌아오고 복을 지어 놓으면 설사 돈을 쫓아 내 버려도 쫓아 낼 수 없이 소낙비 오듯이 막 퍼부어 밀려옵니다。무엇을 해도 엎어지나 자빠지나 잘 됩니다。반대로 복을 못지어 놓으면 엎어져도 뒤통수가 깨지고 안되는 사람은 온 시민이 도와 줘도 안되고 대통령이 따라 다니며 밀어 줘도 그것 때문에 병이 나서 죽습니다。그 돈이 없어질 때까지 병이 납니다。배가 아프고 온갖 데가 다 아픕니다。또 돈이 떨어지면 병이 낫습니다。진주 논산이란 곳에 농사를 스물 다섯섬을 하는 사람이 있는데 아는것도 많고 똑똑해서 친구들이 돈을 막 대줍니다。그런데 양식을 스물 다섯섬만 사 놓으면 마누라가 앓든지 자식이든지 부모든지 병이 납니다。스물다섯섬을 다 잘라 먹어야 병이 낫습니다。그래서 스물 다섯번을 스물 다섯씩 해봤읍니다。동네에서는 하도 신용 있고 부지런하고 똑똑하니 자주 뒤를 대주고 나중에는 장사 밑천도 대주어 그래서 또 장사를 하고 돈 모으

即非福德性　能所心滅　是名福德性　心依佛敎　行同佛行　是名福德性　不依佛敎　不能踐履佛行　即非福德性

느라고 애를 쓰고 그러는데 그러면 꼭 병이 나고 그럽니다。 그래서 할 수 없이 그날그날 벌어 먹고 살다 죽는 그런 사람도 있읍니다。

『그런데 여래께서 이 사람에게 복이 한 없이 많다고 하시는 데는 참 이유가 있읍니다(是福德)。 그것은 이런 물질적 복덕은 복덕의 성품⑥이 아니기 때문이옵니다(卽非福德性)。 그래서 부처님께서 그것 참 복덕이 많다고 말씀하신 것이옵니다(是故如來說福德多)。』 이렇게 말씀하시는 수보리존자의 뜻은 무엇인가。

수보리존자는 四〇년 동안이나 부처님 따라 다니며 법문을 들어 다 아시지만 그러나 지금 세상의 우리는 좀처럼 그 뜻을 해득(解得)하기 어렵습니다。 여기서 〈복덕성〉(福德性)、 곧 복덕의 성품이라고 한 것은 마음을 가리킵니다。 마음은 곧 복덕을 지을 수 있는 주체성(主體性)이고 성품이 되므로 〈복덕성〉이라 한 것입니다。 재물을 아무리 많이 보시(布施)했다 하더라도 그것은 결국 한계가 있고 끝이 있는 상대적 복 밖에 되지 않습니다。 그러니 一〇억세계에다 칠보를 가득 채워서 그것을 여러 수천 만년을 두고 보시를 하면 복이 많긴 많지만 마음 깨쳐 우주 전체를 깨치는 것에 비하면 태평양 가운데 물방울 하나에 불과하다는 것입니다。 그런데 왜 많다고 했느냐 하면 그것은 불보살의 경계에서는 복이 많다는 말은 곧 복이 적다는 소리가 되기 때문이고、 정말 큰 것은 크다고 할 수가 없기 때문입니다。 크다는 말은 작은 것을 상대로 해서 성립되는 말이고 이것보다 작은 저것하고 비교해서 이게 크다는 말이 됩니다。 사바세계 중생들은 복덕이 아주 작기 때문에 그런데 비교하면 크다고 할 수 있지만 극락세계(極樂世界)⑦나 불보살세계의 복력(福力)에 비교한다면 삼천대천세계의 七보 아니라 그것 몇 억만배의 복으로 비교한다 하더라도 견주어 볼 가치조차도 없게 됩니다。 그것은 이 마음자리인 성품의 깨달음이 아니기 때문입니다。 복덕 지을 수 있는 마음자리、 곧 복덕의 근본자리인 이 마음은 물질도 허공

〔註 6〕 **성품**(性品)：일반적으로는 성질과 품격、 성질과 됨됨이를 말하지만、 경문에서는 흔히 물의 본체、 마음의 본바탕 자리、 변하지 않는 영원불멸의 본성을 뜻하는 말로 쓰이는 때가 많다。

〔註 7〕 **극락세계**(極樂世界) 범어 Suhāmati Surhvati： 수하마제(須訶摩提)·수하제(須訶提)라 음역。 안양(安養)·안온(安穩)·안락(安樂)·묘락(妙樂)· 낙무량(樂無量)·이라 번역。 극락세계·극락정토·극락국토라고 부름。 이 사바세계에서 서쪽으로 一〇만억 불토(佛土)를 지나간 곳에 있다는 아미타불의 정토。 아미타불의 전신인 법장(法藏) 비구의 이상(理想)을 실현한 국토。 아미타불이 지금도 있어 항상 설법하며 모

도 생각도 지식도 신앙도 많은 것도 적은 것도 아닌데、 그게 깨끗이 살아 있으니 거기 들어서서 원대복귀하면 우주 전체가 〈나〉입니다。 허공도 현상계도 나고 내 마음에 그게 다 나타난 것입니다。 복덕을 지을 수 있는 이 마음은、 곧 복덕성은 우주 전체를 차지하는 것인데 그까짓 一○억세계 한두 개 차지해 봤자 그게 얼마나 되겠느냐。」 그런 뜻입니다。

이런 때는 뜻이 참 어렵습니다。 큰 대학자끼리 만나서 四○년이나 불법을 들었으므로 이렇게만 얘기해도 알아들었지만 지금처럼 불교에 대한 기초도 없는데 이런 말을 내 놓아봤자 깜깜합니다。「이 사람 복덕이 많으냐 안 많으냐。」「네、 많습니다。 복덕성이 아니기 때문에 여래는 복덕이 많다고 하셨읍니다。」 이렇게 말로만 따라다니면 무슨 말인지 말이 안되고 날마다 금강경 봐야 뭘 설명한 것인지 평생 해도 모릅니다。「이 복덕은 주체성이 아니기 때문에、 많다 적다 하는 것을 초월한 마음을 깨친 것이 아니기 때문에 그래서 부처님께서도 이 사람 복이 참 많다고 하셨읍니다。」 이렇게 새겨야 그 뜻이 풀어집니다。

原文 若復有人 於此經中 受持乃至四句偈等 爲他人說 其福 勝彼

解義 여기서부터는 수보리존자의 대답을 들으시고 나서 다시 부처님께서 물질로 지은 복은 마음의 복에 비교할 바가 아니라는 말씀을 하십니다。『만일 어떤 사람이 누구든지(若復有人)이 금강경의 네 구절만 배워서 읽고 남이 알아듣도록 해석해 준다면、 금강경 전부가 아니라도 어느 한 구절 열 여섯자만이라도 설명해 줄 수 있다면、 그 사람의 복이야말로 우주를 다 차지하고도 남을 것이니 그 복은 一○억 세계의 七보를 보시한 복덕보다 비교할 수 없이 많다。』고 말씀하셨는데、 그 말을 듣는 사람도 그 뜻을 알아들

든 일이 원만 구족하여 즐거움만 있고 괴로움은 없는 자유롭고 안락한 이상향(理想鄕)。

六祖口訣 열 두부의 가르침의 대의가 다 이 네 글귀 가운데 있는데 어떻게 그런 줄 알 것인가。 모든 경 가운데 네 글귀를 찬탄한 것이 곧 마하반야 바라밀다이니、 마하반야로써 모든 부처님의 어머니를 삼는바 三세의 모든 부처님이 이 경을 의지해서 바야흐로 부처를 이루시는 바이다。 그래서 반야심경에「삼세의 모든 부처님께서 반야바라밀다를 의지하므로 아뇩다라삼먁 삼보리를 얻는다」 하셨도다。 스승을 따라서 배우는 것을 받는다(受)하고 뜻을 알고 수행

하는 것을 지닌다(持)하며、스스로 알고 스스로 행함은 이것을 자리라 하고 남을 위해 연설하는 것은 이타라 하나니 공덕이 광대하여 끝이 없느니라。

十二部敎大意 盡在四句之中 何以知其然 以諸經中 讚歎四句偈 即是摩訶般若波羅蜜多 以摩訶般若爲諸佛母 三世諸佛皆依此經修行 方得成佛 般若心經 云 三世諸佛 依般若波羅蜜多故 得阿耨多羅三藐三菩提 從師所學曰受 解義修行曰持 自解自行 是自利 爲人演說 是利他 功德 廣大無有邊際

었으면 그 복이 한가지입니다。

사구게(四句偈)는 제五 여리실견분(如理實見分)의 범소유상 개시허망 약견 제상비상 즉견여래(凡所有相 皆是虛妄 若見 諸相非相 即見如來)라고 하는 열 여섯 자와 같은 글귀를 말합니다。 이 글귀의 뜻만이라도 잘 가르쳐 주어서 보리심을 일으키게 하라는 것입니다。 육조혜능(六祖慧能)대사는 금강경의 응무소주 이생기심(應無所住 而生其心)이란 법문 강의하는 것을 한번 듣고 일자무식(一字無識)한 나무 장사하는 소년으로 그 자리에서 마음을 깨쳤읍니다。 육조대사와 같이 대번에 이렇게 되기는 어렵다고 하더라도 과학자・철학자・종교가 등 많은 사람들이 이 사구게 해설하는 그 뜻을 알아듣고 육체가 나라고 하던 마음을 돌이켜서 「나 자신을 알아 봐야겠다。 이 마음을 깨쳐야 되겠구나。 산 보면 높은 줄 알고 물 보면 깊은 줄 아는 이것만 깨치면 우주의 주인공(主人公)이고 생사를 해탈하는 굉장한 게 있는 걸 몰랐구나。 부처님을 믿고 절에 가서 불공하고 기도한다。 하느님 믿고 교회 가서 기도한다 했지만 그게 다 무엇이 그런 짓을 했는가。 복을 받아 보았자 제가 지은 것만큼 받고는 또 가난뱅이 되고 지옥도 가고 그러는 것이니 그런 것은 다 완전한 것이 못되고 참된 복이 아니구나。」 하는 마음이 생기도록 잘 설명해 준다면 곧 부처가 되도록 하는 것이고 십억세계의 七보를 가지고 자선사업(慈善事業)한 것보다 복덕이 더 클 것은 당연합니다。

마음을 깨쳐서 아는 지혜는 연구하고 따져서 아는 것이 아니고 저절로 알아지는 지혜고 무소부지(無所不知)로 알지 못하는 것이 없고、 우주를 다 차지하고도 남는 그런 절대적인 법을 알려 주는 것이 이 사구게(四句偈)를 설명해 주는 것이니、 그 공이 클 수밖에 없읍니다。 설사 이 설법을 듣고 나서 저희들끼리 지껄이는 쓸모 없는 소리라고 불평이나 하고 믿지 않는다 하더라도 이 사람은 욕하고 비방(誹謗)한 인연으로 마침내는 불법에 귀의하여 성불(成佛)하는 날이 있게 된다는 것입니다。

그러니 승려건 신도건 옳은 법사한테 이 법문을 똑똑히 배워가지고 방방곡곡(坊坊谷谷) 다니며 알아듣도록 설교해 주고 동서양 세계 각국에 흩어져서 전해 준다면 세계는 곧 평화가 올겁니다。 공산주의니 자본주의니 하는 것은 지구 위에서는 그림자도 찾아 볼 수 없을 겁니다。 사람들이 모두 자기 표준으로 살지 않고 농사 짓는 사람도 남을 위해서 농사 짓는 사람이고 장사하는 사람도 남을 본위로 하는 이타(利他)의 사회로 됩니다。 자기부터 살고 남을 살리자 하는 것은 인류가 오천년 동안에 축생으로 살아온 잘못된 역사입니다。 이런 생활을 뒤집어서 남을 위해 사는 게 내가 성불하는 방법이고 옳게 사는 방법인 줄을 아는 사람이면 혼자 한국 농토를 다 차지해서 농사를 짓더라도 온나라에 굶어 죽을 사람 하나도 없읍니다。 이렇게 남만을 위해서 사는 세상이 되면 사바세계⑧가 그대로 극락이 되고 공산주의가 발 붙일 수 없고 자본주의가 있을 수 없읍니다。

금강경의 사구게 하나만이라도 남에게 똑똑히 알아듣도록 설명해 준다면 참말로 큰 시주고 다시 없이 큰 복을 지은 것입니다。 그러니 금강경을 내가 설명할 줄 모르면 천리 만리 밖에라도 가서 법사스님을 모시고 오고 처사나 신도 가운데서라도 잘 아는 이가 있으면 모셔다가 금강경 법회를 하고 다른 경이라도 대승경의 골수를 설법하게 한다면 법사스님을 모시고 온 그이가 법사스님하고 똑 같은 공덕을 받습니다。 법사의 입이 내 입이고 법사의 공덕이 내 공덕이 되고 그런 것이니 불공을 한다든지 기도를 드린다 하는 것보다 온 우주의 재산을 다 차지하는 것보다 법회를 열어서 마음을 열어 준 그것이 비교도 안될 정도로 공덕이 큽니다。 이것이 정말 인류정화(人類淨化)고 불교정화(佛敎淨化)입니다。 그러니 견성했다고 적멸(寂滅)의 열반에만 머물러 있으면 그것은 불교도 아니고 소승불교에 불과합니다。 탑골 공원이고 장충단이고 사방으로 다니면서 중생제도를 하는 데 그

〔註 8〕 **사바세계(娑婆世界)** 범어 Sabha: 인토(忍土)·감인토(堪忍土)·인계(忍界)라 번역。 우리가 사는 이 세계。 중생들은 십악(十惡)을 참고 견디며, 또 이 국토에서 벗어나려는 생각이 없으므로 자연히 중생들 사이에 참고 견디지 않고는 살아 갈 수 없다는 뜻으로, 또는 보살이 중생을 교화하기 위하여 수고를 견디어 받는다는 뜻으로 감인세계(堪忍世界)라고도 함。

六祖口訣 이 경이라 함은 이 한 권의 글만을 가리키는 것이 아니라 불성이 그 본체로부터 작용을 일으켜서 묘한 이치가 무궁함을 나타낸 것이다。 반야라 함은 곧 지혜를 뜻하니 지는 방편으로써 공을 삼고 혜는 결단으로 용을 삼는데, 곧 어느 때 어느 곳에서나

깨달음이 비치는 마음이 그것이다。그러므로 일체의 부처님과 아뇩다라삼먁삼보리가 깨달은 마음의 비침 가운데서 나오는 것이므로 이 경으로부터 나온다고 하신 것이다。

此經者 非指此一卷之文 要顯佛性 從體起用 妙利無窮 般若者 即智慧也 智以方便 爲功 慧以決斷爲用 即一切時中 覺照心 是 一切諸佛 及阿耨多羅三藐三菩提法 皆從覺照中生 故云 從此經出

렇게 해서 종일 설법해도 말한 흔적이 없고 한번 입을 떼 본 적이 없는 그런 식으로 자꾸 닦아 나가면 〈아뇩다라삼먁삼보리〉를 얻게 됩니다。그러니 공덕 가운데 이런 법문을 설명해 주는 공덕이 제일 큰 것입니다。

原文 何以故 須菩提 一切諸佛 及諸佛阿耨多羅三藐三菩提法 皆從此經出

解義 『일체의 모든 부처님과 모든 부처님께서 얻으신 아뇩다라삼먁삼보리까지 다 이 금강경으로부터 출생했다 나왔다』고 하셨는데、여기서 경이란 말은 이 문자경(文字經)、곧 말과 글로 된 경을 뜻합니다。문자로 된 이 금강경에 의지해서 문자반야(文字般若)·관조반야(觀照般若)·실상반야(實相般若)의 三반야를 성취하게 되는 때문입니다。문자반야에 의지해서 발심하여 무명(無明)에 속지 않고、탐진치 三독에 속지 않게 되며 자성(自性)을 반조(返照)해서 자기 마음의 근본자리를 관조(觀照)하는 관조반야를 닦아 가지고 마침내는 실상반야를 체득(體得)하게 됩니다。그러니 종이 위에 먹칠해 놓은 문자경에 의지해서 필경에 성불할 수 있는 아뇩다라삼먁삼보리를 성취하게 되는 겁니다。

다시 말하면 이 문자경(文字經)에 의지해서 아공(我空)⑨·법공(法空)⑩·구공(俱空)⑪의 경지를 체득하여 성불한다는 말씀입니다。아공은 육신이 나인 줄 알았던 생각을 버리고 몸뚱이는 물질적 요소로 구성된 것인데 물질 자체는 근원적인 실체가 없는 공한 것임을 체득한 것을 말하며、또한 생각이나 희로애락의 감정 역시 찰라찰라로 변멸하는 것으로서 그 근본은 다 같이 공무(空無)한 것임을 체득한 것을 아공(我空)이라 합니다。법공(法空)은 현상계의 모든 것은 다 인연으로 모였다 흩어지는 것으로 그 실재가 없으며 따라서 어떤 결정된 법이 없어서 온갖 법이 다 공했음을 증득(證得)한 경계를 말합니다。

그러니 〈아공〉은 육신이 내가 아님을 깨달은 것이고 〈법공〉은 객관세계가 다 공해서 안으로나 밖으로나 나를 구속할 게 없고 시간과 공간을 초월해서 생사를 벗어난 경지를 체득한 것이 법공입니다。

구공(俱空)은 「이것이 진리구나、모두가 다 공했구나、내가 이제 견성을 했구나」하고 자기가 해탈 한 것을 인식하고 있는 한 인식한 주체가 주관이 되고 인식된 내용이 객관이 되므로 다시 상대세계에 떨어져서 정말 대열반·대해탈을 성취할 수 없게 되므로 아공 법공까지도 다 여의어야 비로소 마음의 본 바탕자리에 계합하는 것임을 말합니다。그러니까 정말 아무것도 없는 공무(空無)한 적멸(寂滅)의 경계에 들어가서 마음의 실재 하나만 오롯이 남아 있더라도 「아아 이런 것이로구나。」하든지 「아아 내가 이제 깨달았구나。」하는 생각이 조금이라도 남아 있으면 이것은 구공이 아니라 법공에 도달한 것 밖에 안됩니다。온갖 망상 미련이 다 끊어졌지만 「아、참 이렇구나」하는 그것만 남아 있으므로 이 생각까지 끊어져야 구공이고 참다운 견성입니다。

부처님께서 처음에 이 금강경을 설법하시기 四〇년 전부터 아공(我空)을 설명하시고 二一년간 반야경 六백부를 설명하셨는데 반야를 말씀하실 때도 처음에는 법공(法空)을 말씀하셨고 이 금강경을 설명하시게 되어서부터는 구공(俱空)을 말씀하십니다。금강경은 五七七권째이니까 반야 六백부에 거진 끝부분에 해당합니다。그러니 이런 구공 도리에 의지해서 모든 부처님이 아뇩다라 삼먁삼보리를 성취하시고 성불하십니다。그래서 반야심경(般若心經)에도 「三세의 모든 부처님이 이 반야바라밀다를 의지하므로 아뇩다라삼먁삼보리를 이루었다(三世諸佛 依般若波羅蜜多故 得阿耨多羅三藐三菩提)고 했읍니다。아뇩다라삼먁삼보리를 이루고 나서는 반야바라밀도 금강경도 필요 없지만 이 실상반야(實相般若)·구공소식(俱空消息)을 얻는데 이 문자반야(文字般若)가 근본이 돼 가지고 거기서

〔**註 9**〕 **아공**(我空) Atma-súnyatā : 생공(生空)·인공(人空)이라고도 한다。실아(實我)가 없는 것。보통으로는 몸뚱이로 나를 삼고 오온(五蘊)이 화합한 것으로 나를 삼지만 참으로 「나」라 할 것이 없고 공무(空無)한 것임을 말함。

〔**註 10**〕 **법공**(法空) : 물질계(色)·정신계(心)의 모든 법인 만유는 모두 인연이 모여 생기는 가짜 존재로서 실체가 없는 것으로 만유의 체(體)가 공무(空無)한 것을 말한다。

〔**註 11**〕 **구공**(俱空) : 삼공(三空)의 마지막 아공(我空)·법공(法空)까지도 여의어 비로소 제법(諸法)의 본체에 계합함을 말한다。

六祖口訣 여기서는 일체의 문자와 글귀는 표와 같고 손가락과 같으니 표나 손가락은 그림자와 같을 뿐이다。표에 의지해서 물건을 찾게 되고 손가락을 의지

해서 달을 보게 되는 때문인데、그러나 달은 손가락이 아니고 표는 그 물건이 아니다。이와같이 다만 경의 글자를 의지해서 법을 찾는 것이고 경이 곧 법은 아니니 경의 글을 육안으로 볼 수 있지만 법은 곧 혜안이라야 능히 볼 수 있으니、만일 혜안이 없으면 다만 그 경만 볼 뿐이고 그 법은 볼 수 없다。만일 그 법을 보지 못하면 곧 부처님의 뜻을 알지 못하는 것이니 부처님의 뜻을 알지 못했다면 마침내 불도를 성취할 수는 없을 것이다。

此說一切 文字章句 如標如指 標指者 是 影響之義 依標取物 依指觀月 月不是指

부터 깨달음을 성취하게 되는 것이므로「모든 부처님과 부처님의 아뇩다라삼먁삼보리가 다 이 경으로부터 나온다。」(諸佛及諸佛阿耨多羅三藐三菩提)고 하신 것입니다。

原文 須菩提 所謂佛法者 即非佛法

解義 부처님께서 이제까지 금강경으로부터 부처님이 나오고 이 경으로부터 아뇩다라삼먁삼보리가 나온다고 하셨는데、그 말씀하신 바로 뒤에「수보리야 이른바 불법이란 곧 불법이 아니다。」하고 딱 잡아떼십니다。당신이 평생 동안 말씀하신 팔만대장경 그것이 불법이 아니라는 것이니 이것이 큰 문제입니다。이렇게 되면 또 꽉 막힙니다。우리가 마음을 깨닫지 못해서 내 살림살이가 아니기 때문에 꿈 가운데서 꿈 이야기하는 것처럼 아득하게 됩니다。참선을 좀해서 견성(見性)은 못했다 하더라도 마음이 어느정도 가라앉기만 해도 이런 말이 머리에 쑥 들어갑니다。이런 문제가 나오면 혼비백산(魂飛魄散)이 되고 어떤 정의(定義)나 개념(概念)이 성립될 수 없어서 언어의 표현으로 뜻을 전달할 수 없고 생각으로 헤아려 볼 수 없는 문제입니다。여기서는 한번 머리를 숙이고 참구(參究)해 봐야 합니다。참으로 몇 번 죽었다 깨어나기 전에는 입김도 안 들어갑니다。불법은 천당에 가는 얘기도 지옥 가는 얘기도 아니고 철학자나 과학자가 되는 얘기도 아니고 이것을 의지하면 부처가 될 수 있는 법입니다。부처님의 말씀에 의지하고 경전에 의지해서 보리심(菩提心)을 일으키는 도리를 알아서 참된 발심을 해가지고 또 수도하는 방법까지 배워가지고 선지식 지도에 의지해서 필경에는 성불하고 아뇩다라 삼먁삼보리를 체득하게 된다고 하십니다。이때까지 꼭 내(부처님)가 시키는 대로 내 얘기만 듣고 그대로 해야지 다른 얘기 들으면 안된다。다른 얘기 듣고 다른 데로 가다가는 성불하지 못한다。

標不是物 但依經文取法 經不是法 經文 即肉眼可見 法 即慧眼能見 若無慧眼者 但見其經 不見其法 若不見其法 即不解佛意 旣不解佛意 終不成佛道

이렇게 四○년 동안 고구정녕(苦口叮嚀)으로 말씀하셨고, 또 이렇게 보살들을 잘 호념(護念)하시고 부촉(咐囑)하신다고 했읍니다.

그런데 여기서는 「불법이 아니라」고 딱 잡아떼시니, 그러면 어떤 게 불법이겠읍니까. 부처님께서 거짓말하시는 것도 아니고 엉뚱한 말을 하시기 위한 말씀도 아니고 이 말도 꼭 있어야 하겠기에 하신 말씀입니다. 이 말씀을 안하면 불법이 잘못 전해질 논리적 결함이 생기겠으므로 그래서 그 논리적인 의의를 가지고 있는 말씀입니다. 정말 이런 엉뚱한 말이 나올 적에 선근(善根)이 있는 사람이면 그 자리에서 탁 깨쳐서 대번에 생사를 초월해 버리고 불법을 성취할 것입니다.

이런 문제 때문에 옛날부터 공부하는 이들이 다시 한번 재출가(再出家)를 해 가지고 방방곡곡 찾아다니며 「어떤 게 불법이냐.」 하고 묻습니다. 그래도 마음이 확연(廓然)해지지 않으니까 또 다른 이한테 찾아갑니다. 「그이가 잘못 깨쳐서, 설명이 철저하지 못해서 그런가. 내가 이것을 깨치지 못하는 것인가.」 하고 일평생 찾아다니며 꼭 알고야 말겠다는 일념뿐 딴 생각은 아무것도 없는 도저한 경지가 되면 그때는 선지식·선사(禪師)의 말이 푹 들어와서 깨치게 됩니다.

혹 구공(俱空)의 도리를 몰라서 법공에 이끌릴까 해서 하신 말씀으로 생각할지 모르나 그렇지만 여기서는 이미 구공까지 넘어서서 하는 소리며 구공까지 체득했더라도 구공에 떨어져 있음을 경계하는 말씀입니다. 「지금까지 내(부처님)가 한 소리는 아무것도 아니고 도깨비 같은 소리니 거기에만 이끌려도 안된다」는 뜻입니다. 그렇지만 또 그렇다고 해서 팔만대장경을 다 불질러 버리고 보지도 않을 그런 경이냐 하면 그런 것은 아닙니다. 부처님께서 처음 四○년 동안 하신 설법은 말로도 할 수 있고 이론으로도 할 수 있으며 생각도 할 수 있는 대목이지만, 구공(俱空)에 들어서면 말도 아니고 생각도 아니고 생각 아닌 것도 아니고 그렇지만 구공이 불법인줄 알면 또 안됩니다. 그러면 실제로 「어떤 것이 불법인가.」 분명하고 오롯한 실재를 끄집어 내야 할 것입니다. 이 문제는 우선 숙제로 두기로 합니다.

〔說 義〕

업(業)이라는 것

내가 기회 있을 때마다 종종 하는 이야기인데, 전남 순천(順天) 송광사(松廣寺)⑫에서 혜공(惠空)스님을 내가 모시고 있을 때일입니다. 그 절에 머슴살이하는 사람의 아들이 하나 있었는데 집이 너무 가난하여 집에 두어 봐야 아무것도 먹을 것이 없으니까 절에 데려다 놓고 잔 심부름이나 시키고 군불도 좀 때 주고 하면서 밥 한그릇 더 얻어다가 나누어 먹이고 그럽니다. 그런데 그 아이가 아주 박복한 아이어서 절에 재나 불공이 들어 떡이나 뭐 먹을 게 생기면 꼭 배가 아프다고 그럽니다. 그래 참말인가 의심이 돼서 큰 불공이 들었을 때 그놈 몫을 내가 떡이랑 과자를 아무도 모르게 꼭 숨겨 놨읍니다. 그런데 과연 그놈이 그만 배가 아파서 못 일어납니다. 다음날 누가 와서 아이가 배가 아파서 물도 못 먹으니 누구든지 그 아이 몫으로 떡 받아 놓은 게 없느냐는 겁니다. 그래 숨겨 놨던 떡과 과자를 내 놓고 여럿이 하는 말이 그대로 두면 죽지도 않고 앓기만 하니 우리가 나누어 먹자고 해서 할 수 없이 그 떡과 과자를 다 먹고 나니 거짓말같이 싹 일어났읍니다. 그 때 절에 불공 온 한 신도가 광주 시내에 부자인데 장가를 들어 첫 아들을 낳았다고 애 보는 사람 구한다 하여 그 애를 추천했읍니다. 얼굴은 괜찮고 해서 부자집 애 보는 심부름군

〔註 12〕 송광사(松廣寺): 전라 남도 승주군 송광면 신평리 조계산에 있는 절. 일명 대길상사(大吉祥寺)·수선사(修禪寺)라 함. 보조국사이하 一六국사의 초상·부처님 치아·유석(鍮錫)으로 만든 불기(佛器) 九개가 있다. 이 불기는 능견 난사(能見 難思)라 하며 국보 대반열반경소·목조삼존불감 고려 고종제서 국사전·묘법연화경 관세음보살보문품삼현원찬과문 등이 있다.

〔註 13〕 업보(業報)： 선악의 업에 의하여 받는 고락의 과보, 곧 업과(業果)를 뜻한다。

으로 월급도 많이 받기로 하고 갔는데 보름 만에 자다 말고 밤중에 도망을 왔읍니다。 그래서 모두들 「저기 있으면 대학도 다니고 너 팔자 고칠텐데 왜 왔느냐。」고 물어 보니 그 집에 이 애가 가고서부터 아들이 자꾸 아프다는 겁니다。 부모가 여러가지 약을 해도 잘 안났고 그래서 그 어머니가 걱정이 되니까 점을 치게 됐는데 이 집에 박복한 애가 하나 들어와서 그 아들이 자꾸 앓는 것이니 그 애를 내보내라고 했다는 겁니다。 어느날 밤에 내외간에 소곤소곤 얘기하는 것을 듣고 부끄러워서 자다가 살그머니 도망쳤다는 것입니다。

전생에 남 잘되는 것 미워하고 도둑질이나 하고 협잡이나 하고 그런 사람은 금생뿐 아니라 내생에도 부모 덕도 없고 시집가도 남편 덕도 없고 장가가야 마누라 복도 없고 자식 낳아 봐야 모두 불효하고 명 짧고 박복한 아이만 내 앞에 태어나게 되는데 그것은 하는 수 없읍니다。 그러나 복만 짓고 나면 엎어지나 자빠지나 잘되니 큰 돈 번 사람들은 꼭 운수가 있읍니다。 마을 사람(세속 사람)들은 이것을 모르고 불교에서는 인과(因果)라 한다고 일소(一笑)하지만 그러나 인과는 알고 보면 과학적인 내용이 다 있읍니다。 운수니 사주팔자니 하는 것도 들어맞는 소리를 하기도 합니다。 얼굴도 가령 정치가라든지 큰 사업가라든지 다 업보(業報)⑬로 타고나는 운명이 있읍니다。 누가 돈을 가져가도 그 사람 갚을 건가 안 갚을 건가 그 사람 얼굴에 다 나타납니다。 볼 줄을 몰라서 그렇지 시간시간 미래에 관한 관상이 얼굴에 나와 있읍니다。 관상 잘하는 사람은 내일은 뭐가 되고 모래는 뭐가 되고 미래를 다 설명합니다。 손금에도 거기 평생이 다 들어 있읍니다。 정말 잘 보는 사람은 피 한 방울만 봐도 그것을 가지고 그 사람 평생을 알 수 있읍니다。 더 달 보면 전생도 알 수 있고 죽어 내생도 알 수 있을 것입니다。

부처님의 수기예언(授記豫言)

그래서 부처님께서는 대중에게 수기(授記)⑭를 주십니다. 이를테면 제자에게 미리 예언하시는 것인데, 가령 갑이나 을은 금생에 죽으면 내생에는 어떤 집에 태어나게 되고 아버지가 뭘하고 형제간이 어떻고 장가가면 어떤 처녀한테 가고 시집가면 어떤 총각한테 간다. 그렇게 백천만겁 돌아다니며 도를 닦아 가지고 필경 성불하면 어떻게 한다는 것입니다. 가령 실달타태자처럼 아버지는 정반왕이고 어머니는 마야부인⑮이고, 유성출가(遊城出家)하여 도망해 가지고 어느 산에 들어가 수도를 해서 몇 살에 네가 마음을 깨쳐 부처가 되겠다고 예언해 주시는 것이 수기입니다.

번뇌망상 아무것도 생각없는 무아지경에 들어서면 그것이 초차원의 세계인데, 너도 나도 없고 나도 남도 아니면서 확실히 나이기는 나입니다. 그 지경에 가면 조금조금 알아집니다. 그러니 요새 도통했다 통령했다 하는건 모두 텅 빈 데 들어간 것을 가리키는데 거기도 백천 가지 차원이 있읍니다. 四차원의 영계(靈界)에 들어가서 점점 차원이 높을수록 자유가 많아지고 아는 게 많아지고 신통도 많아지고 참으로 근심 걱정 없고 의식주가 필요 없는 그리고 생사와 아무 상관이 없는 불보살의 차원에 들어갑니다. 이때가 되면 세상에 나와서 〈천상천하유아독존〉(天上天下唯我獨尊)⑯해도 됩니다.

이렇게 복을 받든지 마음을 깨쳐 성현이 되는 것이 다 자기가 닦은 전생의 인과에 따라 이루어지는 것이므로 우주에 가득찬 보배를 보시한 그 사람이 복을 많이 받긴 받는데 그러나 그것도 부처님의 마음자리에서 보면 복이 많다는 소리는 작다는 소리가 됩니다. 크다는 소리는 작은 것을 상대해서 크다는 것이고 작은거 제해 놓고 크다는 소리이기

〔**註 14**〕 **수기**(授記): 범어로 화가라(和伽羅)라 하고 부처님께서 보살·소승 등에게 다음 세상에 성불하리란 것을 낱낱이 예언하신 말씀.

〔**註 15**〕 **마야부인**(摩耶夫人): 또는 마하마야(摩訶摩耶) 석존의 어머니. 구리성주(拘利城主) 선각왕(善覺王)의 누이 가비라성주 정반왕의 왕비이니, 왕자 실달타를 낳고 이레만에 돌아가다.

〔**註 16**〕 **천상천하유아독존**(天上天下唯我獨尊): 「하늘 위나 하늘 아래에서 나 홀로 높다」는 말인데, 여기서 「하늘위 하늘 아래」는 객관·현상계·삼라만상을 뜻하고 「나」는 자성·마음자리를 뜻한다. 현상계는 허망한 것이고 생멸의 세계이며 내 마음의 그림자이므로 「마음」인 내가 제일이란 뜻.

때문입니다. 따라서 그것은 절대로 큰 게 아니고 작다는 소리입니다.

복덕(福德)의 주체(主體)

정말 큰건 크다는 소리를 못합니다. 전체가 다 내가 되어 놓으면 무엇에다 비교해 많다고 할 수 없읍니다. 그러니 많다는 소리는 작다는 소리입니다. 따라서 모든 착한 일 해서 복을 짓는데 그런 인과로 큰 복을 많이 지었다고 하더라도 그건 우주의 어느 부분을 그 복이 다할 동안 잠시 차지한 것이며, 이 우주를 다 차지했다 해도 그건 많은게 아니라 물질을 두고 한 소리니 많다고 할 것이 못됩니다. 이 마음이 우주의 생명이며 마음은 곧 우주와 둘이 아니니 이 마음을 깨쳐 놓으면 우주와 마음이 하나가 됩니다. 너니 내니 하는 주객이 없어지고 이렇게 되면 그 성품에 들어서서 전 우주를 차지한 것이며 우주를 마음대로 창조도 하고 없애기도 하는 능력을 갖게 되어 전지전능(全知全能)⑰하시는 것이니 물질로 보시하여 얻는 공덕이 아무리 크다 해도 그것은 마음에 비교하면 태평양 한가운데 수증기 한방울 밖에 안 됩니다.

그러므로 많다고 하는 게 적다는 소리고 크다는 게 작다는 소리이며 큰건 큰게 아니라 마음에 비하면 우주 전체가 적다느니 크다느니 하고 말도 붙일 수 없읍니다. 한 생각을 내어 착한 일 해 가지고 복을 아무리 많이 받는다 해도 허공의 한쪽 구석밖에 안찹니다. 그런데 복을 짓고 싶어하는 거룩한 생각을 낼 줄 아는 주체성인 그 마음을 깨쳐 놓으면 우주 전체가 다 나이므로 작다 크다 소리는 없어집니다. 전체를 다 차지해야지 착한 일 좀 하여 한쪽 구석만 차지해 봐도 그건 네 마음을 깨치는 것만 못하다는 것입니다.

〔註 17〕 **전지전능(全知全能)** : 「전지는 모르는 것 없이 무엇이나 다 완전하게 안다는 뜻이고 전능은 무엇이나 못하는 것없이 불가능이 없다는 뜻이다 곧 절대자(絶對者)·부처·신·성인을 뜻한다.

涵虛說誼 이 경의 원리를 믿으면 나니 남이니 하는 주객이 없는 도리가 나타나고 내가 없는 줄 알게 되며 그 마음에 객관의 상대경계가 다 없어지게 되며 객관이 멀어지면 마음이 탁 터져서

청정하기 허공과 같아진다. 마음이 청정해지면 모든 부처와 조사의 신통 기용(機用)과 무량한 묘의(妙義)의 전에 얻지 못했던 바를 다 이로부터 얻어지게 될 것이다. (중략)

복덕성(福德性)은 주관 객관을 여의고 시비곡절을 끊으며, 있고 없는 것을 떠났고 얻고 잃는 것이 없어서 참으로 거룩하고 참다운 절대의 존재인 것이다. 이와 같은 복덕은 허공과 같아서 헤아리기 어려우며 상대가 끊어지고 짝할 것이 없어서 많으니 적으니 하는 상대적인 관념으로 헤아릴 수 없다. 만일 이 경을 지니어 그 진리를 깨달아서 머무름 없는 행을 실천한다면 곧 그 하는 일이 무심한 자리에서 나오는 것이므로 행동의 하나하나가 다 오직 청정할 따름이다.(중략)

이 한 권의 경이 그 크기가 저 태허(太虛)의 하늘과 같고 그 본체는 온 우주에 두루하여 부처님의 그 법이 현묘한 뿌리가 여기에 있도다.

흐르는 물 같은 인생

인생의 근본이 되고 있는 〈나〉란 과연 무엇인가. 죄를 짓고 삼악도(三惡道)에 떨어져서 한 없는 고생을 하기도 하고 복을 지어서 천상(天上)에도 나고 사람 세상에 나와서도 국왕 대신이나 큰 부자로 복을 많이 받기도 하지만 그 근본 주체는 다 마음이란 〈내〉가 하는 일입니다. 그러면 〈나〉는 무엇인가. 그 핵심을 집어 내보라는 것입니다. 우주 전체가 내가 아닐 게고 오장육부인가, 귀구멍인가, 머리인가, 다리인가, 팔인가, 그 핵심이 있을 것이니 이것이 먼저 확인되어야 합니다. 옛날에는 심장이 뭘 생각한다고 했지만 지금은 대뇌가 생각한다고 합니다. 그러면 대뇌의 어느 세포인가. 대뇌만 하더라도 세포가 여러 수백만개인데 그 가운데 어떤 세포가 나라 할 수 있을까. 그것 다 종합한 것이 나다하면 너무 막연한 말입니다. 그것은 여러가지 물건을 모아 놓은 세포의 집단이지 어째 그게 나일 수 있는가. 나라는 소리는 그 핵심을 말합니다. 여기 三五억 인구가 있지만 그건 다 내가 아니고 마누라도 부모 형제도 내가 아닙니다. 내가 무엇인지 모르고 오늘은 이 사람 따라가고 내일은 저 사람 따라가고 엎어졌다 자빠졌다 사는 겁니다.

한평생 살아 봐도 누구를 위해 살았는지, 나를 위해 살았는지, 남을 위해 살았는지 까닭도 모르고 한평생 살아 가는 겁니다. 그러니 모두 바보가 되어 한강에 가자 하면 한강에 가고 창경원에 가자 하면 창경원에 가고 이리 가라 하면 이리 가고 저리 가라 하면 저리 가고 모두가 이런 식입니다. 장사하는 사람도 다 그런 식이고 정치하는 사람은 더합니다. 흘러가는 물과 한가지입니다. 물이 흐르는 것은 정처 없이 그저 흐르다가 바위에 부딪치면 툭 치고 흙탕물이 되기도 했다가 또 거기서 빵빵 돌다가 막 뒤집힙니다. 한강 물이 어

또한 三신의 부처님이 사람의 성품 가운데 진실로 있는 것이건만 다만 무명(無明)으로 덮여서 있기 때문에 나타나지 않을 따름이니, 이제 지혜의 빛로 무명의 껍질을 벗기면 三신의 부처가 그 당처에 드러나리라(중략)

※ 왼쪽 오른 쪽에 능히 모나고 능히 둥글어서 백로와 까마귀는 눈 위에 함께 서 있어도 꼭 같은 색이 아니다. 사람마다 한 쌍의 눈썹이 있는데 한 쌍의 눈썹에서 흰 터럭의 빛(白毫光)을 일으키도다. 불법과 비법이여, 능히 주고 능히 빼앗으며 내 놓기도 하고 거두어들이기도 하며 살리기도 하고 죽이기도 한다. 참다운 성품은 현상계의 생성법칙에 구애되지 않으니 경이 능히 불법을 일으키고 또한 현상계의 연기(緣起)가 참다운 성품에 결리지도 않으니 바른 법, 곧 불법이 아닌 것이다.

떻게 흐르느냐 하면 여러 억만년 흐르긴 흘러도 어떤 모양으로 흐르는 일정한 형태가 없읍니다. 저쪽 모래에 부딪쳐 모래를 뒤집고 흐르고 그러니 한강물이 일정한 모양이 없읍니다. 강원도에서 서해 바다로 흘러 들어가는데 참 풍파가 많습니다. 강원도 오대산 산꼭대기 위로 올라갔다 아래로 내려갔다 고기가 마셔 버리기도 하고 사람이 받아 먹기도 하고 나무 뿌리에 들어갔다 돌 뿌리에 들어갔다 또 수증기가 되어 올라가는 놈 그 신세가 어찌될는지 모릅니다.

우리 인간도 한평생 사는 신세가 어찌 되는지, 오늘은 오늘 생각하고 내일은 내일 생각하고 그러니 서양 철인들이 「나는 생각한다. 그러므로 나는 존재한다.」 하는데, 이 말은 알려고 하면 머리가 아프니까 그렇게 단정해 버린 말에 불과합니다. 곧 나는 없다는 소리와 한가지입니다. 허무한 인생이고 물거품 같다 아무것도 아니다. 그래도 나는 시집을 잘 갔느니 장가를 잘 갔느니 돈이 많으니 합니다. 그렇지만 그게 어째서 제 돈입니까. 돈한테 이끌리는 겁니다. 돈 일원 모아 놓으면 일원에 구속되고 저결 누가 집어 갈까 꾸어 날라면 어쩌나. 백만원 모아 놓으면 백만장만큼 생각이 많고 백억원 모아 놓으면 백억장이 낱낱이 사람을 눌러 밤에 잠이 안 오고 꿈에서까지 걱정입니다.

그러니까 돈 많은 사람은 자유롭지가 못합니다. 원수가 많아지고 친한 친구 다 멀어지고 돈이 많으면 많을수록 고독해집니다. 권리가 높아도 높을수록 원수가 많고 고독해집니다. 그러니 돈도 모을 게 못되고 권리도 높을 게 아닙니다. 개 돼지 소리 들으면서 모았다가 나중에 죽을 때는 「지금 죽을 줄 알았으면 마음이나 좋게 쓰고 죽을 걸.」 그렇게 후회해도 소용 없읍니다. 그러니까 일생을 산다는 것이 무엇 때문에 사는 건지 그 까닭을 모릅니다. 꼭 흘러가는 물처럼 아무 까닭 없이 이리부딪치고 저리 부딪치며 삽니다.

깨달으면 지옥도 극락

부처님의 말씀하신 뜻대로 하면 「네가 너를 알고 너대로 살아라.」 그렇게 됩니다. 왜 빈 껍데기만 가지고 사느냐. 이리 끌리고 저리 끌리고 하느냐. 가령 이성끼리 상종하는 것을 보더라도 여자가 바람이 나면 오늘 저녁은 이런 남자한테 끌려가고 내일 저녁은 저런 남자한테 끌려가고 그런건 미친겁니다. 그런데 그것도 자꾸 하면 또하고 싶어집니다. 그러면 이 세상은 혼탁해 질 수밖에 없읍니다. 물질문명만이 발달되고 성을 개방해 놓으면 인생이 고독해지고 허탈해집니다. 나를 아껴 주는 사람도 없고 아껴 줄 사람도 없는 신세가 되니 이유 없는 반항과 욕구불만이 되어 자꾸 자살하는 겁니다.

결국 물질문명은 인간의 행복을 객관세계에서 얻으려고 하기 때문에 그렇게 됩니다. 나한테 본래 있는 행복이 정말 행복입니다. 죽을 수 없는 마음을 깨쳐 얻어야 영원한 행복입니다. 불에 뛰어들어도 안 죽고 칼로 쳐도 안 죽고 원자탄 다 퍼부어 놔도 까딱 없는 것 그 자리에서 얻어진 것이 비로소 행복 아니겠읍니까. 그렇게는 못됐다 하더라도 그런 원리를 알고 믿기라도 해야 합니다. 안심을 하려면 그 정도는 되어야지 그까짓 돈 천만원 얻어 놓고 안심할 수야 있읍니까. 바람만 불어도 어느 놈이 담 안 넘어 오나 깜짝깜짝 놀라고 불쌍한 게 돈버는 재미입니다. 그러나 마음을 깨치면 정말 돈도 필요 없고 의식주도 필요 없고 생사고도 아무 상관 없는 대행복을 얻습니다. 지구가 다 깨져도 나는 까딱 없읍니다. 마음을 깨쳐 놓으면 지옥을 가서 기름 가마에 집어 넣어도 거기가 극락이 됩니다. 그 자리는 뜨겁고 찬 것도 없고 마음대로 안 돌아가는 게 없으니 이 마음 앞에 나를 어찌할 수 있는 법이란 아무것도 없기 때문입니다.

우리는 아무리 그래도 오늘 저녁 법문한 후에 저녁밥을 안 준다고 위협하면 이 법회 안할지도 모릅니다。 저녁 밥 한 그릇 있으니 안심하고 하라 해서 하는 것입니다。 우리는 모두 의식주 밥 세 그릇에 생명을 달아 가지고 사는 것이고 육신에 매달려 온갖 고생하느라고 밤에 잠을 안 자고 허덕이는 때문입니다。 그것은 마치 주인과 노예와의 관계에 비할 수 없읍니다。

둥근 것도 모난 것도 아니다

그러므로 금강경 전체를 남을 위해 말해 주면 더욱 좋지만 사구계 열 여섯 글자만이라도 남을 위해서 설명해 주는 것은 우주의 핵심인 마음·만사의 주체인 진짜 나를 발견하게 해 주는 것이므로 그 공덕은 십억 세계에 가득찬 보배를 가지고 온 중생을 잘 살게 해 준 복덕보다도 몇 천만배 큰 것이라고 합니다。 물질로 보시해서 얻은 복은 그 과보도 역시 물질로 받고 몸으로 받는 중생의 과보일 뿐, 복덕 지을 수 있는 주체·주인공을 찾는 복은 아니기 때문입니다。 마음을 깨치는 일은 주인이 되는 일이고 영원불멸하는 절대자가 되는 것이지만 객관에 끌리고 몸뚱이로 사는 것은 종이 되는 것이고 생멸하는 것이기 때문입니다。

마음이 무엇인지 〈내〉가 무엇인지를 모르면 제 정신이 없는 사람이기 때문에 노름군 만나면 노름장이가 되고 술군 만나면 술군이 되고 아편장이를 만나면 아편장이 되고 도둑놈 만나면 도둑놈 되고 깡패 만나면 깡패 되어 온갖 곳으로 다 끌려 다니며 마음에도 없는 일을 시키는 대로 종노릇 하느라고 온갖 고생을 합니다。 그러니 자기를 아는 사람, 마음을 깨쳐 주객을 초월하여 부처를 안 사람은 누구를 따라 가더라도 거기 따라가서 나한테나 남한테나 이익이 되면 따라 가지만 이익이 안되면 안갑니다。 자기를 모르는 사람들 따라다니면 덕 될 것 아무것도 없읍니다。 인간이란 몸뚱이를 나라고 속아 살기 때문에 어떤 것이 나에게 정말 이익이 되는지도 모릅니다。 금강경의 사구게 스무자를 일러주는 것은 곧 영원히 행복한 행복의 모체·주체를 밝혀 주는 것이지만、 물질로 복을 짓는 것은 아무리 크게 했다 하더라도 하나의 부분밖에 안 됩니다。 사구게는 범소유상 개시허망 약견제상비상 즉견여래(凡所有相 皆是虛妄 若見諸相非相 卽見如來)도 있고、 이 금강경 맨끝에 가면、 일체유위법 여몽환포영 여로역여전 응작여시관(一切有爲法 如夢幻泡影 如露亦如電 應作如是觀)이란 게송도 있읍니다。

또 제二六장에 가면 약이색견아 이음성구아 시인행사도 불능견여래(若以色見我 以音聲求我 是人行邪道 不能見如來)란 게송도 있고 금강경 어느 구절에도 네 글귀의 내용이 다 있읍니다。 물질로 많이 보시하는 것은 아무리 잘 해도 종을 호강시켜 주는 폭 밖에 안 되고 사구게를 잘 일러 주는 것은 수 많은 종의 주인일 뿐만 아니라 이 세상에 있는 모든 것의 주인 되는 마음을 깨우쳐 준 것이므로 그 공덕이 크다는 것입니다。 그래서 경에 모든 부처님과 아뇩다라 삼약삼보리가 다 이 경에서 나온다고 한 것입니다。

이 마음은 둥근 것도 모난 것도 아니고 얻은 것도 설명할 수도 없는 것이며 어떻다고 결정된 내용이 있거나 어떤 개념으로도 규정될 수 있는 것이 아니기 때문에 「그러나 불법은 곧 불법이 아니라」고 하셨던 것인데、 그러면 그 속 뜻이 무엇인가。 강의를 안 들으면 칠판도 글씨도 아무것도 아닌 셈이고 아무런 뜻이 없으니、 팔만대장경도 그런 것입니다。 그런데 경을 일러 보고 거기서 조금 알았다고 해서 어떤 소견을 내면 그러다간 나도 속고 남도 속이는 것입니다。 장님한테 장님이 끌려가는 것 한가지어서 나중에는 둘이 다 구렁에 빠지게 된다는 겁니다。 「소위 불법이란 참말로 불법이 아니라、 그런 게 불법이다 불법이라고 이름지을 수 없는 게 불법이다.」(所謂佛法 卽非佛法)의 뜻은 글자 음성 따라 가지 말라는 것입니다。 그것은 다 마음자리가 아니기 때문입니다。 내가 설명하는 이 마음자리를 자꾸 생각하면 깨달아지는 때가 있읍니다。 밥 먹다 깨닫거나 변비로 애쓰다가 대변 보는데 툭 터집니다。 부처님은 이렇게 물으시고 수보리는 또 이렇게 대답하셨는데 그러면 그 논리가 어디로 들어맞는가。 그것을 자꾸 생각해 보면 탁 깨칩니다。 이 문자와 인연이 없어서 여기서 깨치지 못하면 더 뒤에서 깨칠 때가 있읍니다。 그리고 이 금강경 보고 못 깨치면 유마경(維摩經) 보고 깨칠 때가 있읍니다。 이렇게 깨치는 것도 여러 가지입니다。 「오직 이 법문을 설명할 줄 알고 들을 줄 아는 그것이 도대체 무엇일까。」 그것이 인생의 가장 근본문제입니다。 이것은 한마디로 대답이 안됩니다。 동서 오천년 문화를 다 듣고 나서 설명을 한다 하더라도 어떤 학문으로라도 이것은 설명이 안됩니다。

부산에 혜월(慧月) 스님이라고 하는 큰 도인(道人)이 계셨읍니다。 이 어른은 일자무식(一字無識)인데 선지식(善知識) 가운데도 한국 최근세(最近世)에서는 유명한 분이었읍니다。 동네 어린 아이들처럼 순진하게 어린애 양을 합니다。 당시에 어떤 목사(牧師) 한 사람이 혜월 스님이 불법을 잘 아는 선지식이라는 소문을 듣고 찾아 가서 「어떤 것이 불교입니까。」 하고 물었읍니다。 그러자 혜월 노장스님은 「선생님」하고 부릅니다。 「예」하고 대답하니 「저 샘에 가서 물 한 그릇만 떠다 주시요。」 그래서 목사는 할 수 없이 노장님 시키는 대로 물을 한 그릇 떠다 드렸읍니다。 그러니 노장님은 「그게 불법입니다。」하고 대답을 하셨읍니다。

그렇지만 목사는 알아들을 수가 없었읍니다。 그 목사가 혹 과거세에 불연(佛緣)이 깊은 아주 수승(殊勝)한 선근(善根)이 있는 사람이었다면 아주 깨칠 수도 있을 것입니다。 그러나 이 목사로서는 수수께끼도 아니고 사람을 놀리는 것도 아니고 싱겁기만 했읍니다。

〔註 18〕 **혜월(慧月)**(一八六一—一九三七): 조선 말기 스님으로 법명은 혜명(慧明)。 속성은 中氏、 예산(禮山)사람。 一一세에 덕산(德山) 정혜사(定慧寺)에 출가。 二四세에 경허(鏡虛) 선사에게 보조국사(普照國師)의 수심결(修心訣)을 배우고 깊은 뜻을 깨달았다。 四一세에 경허선사의 법을 받고、 四八세부터 종풍(宗風)을 크게 일으켰고 보시(布施)를 잘하고 꾸밈 없고 탐욕이 끊어진 근세에 희유한 선지식。

이론이 있는 것이 아니라, 물이나 떠 오라고 해 놓고는 불법 설명을 다 했다고 하니 그 스님이 무심해서 그런 것인가 어떤 것인가 하고 물러났읍니다.

이에 대한 대답이 고래(古來)로 수백가지 수천가지가 됩니다만 대개가 다 이 혜월스님이 보이신 것과 비슷했고 그때그때 경우에 따라서 방법이 다른 것뿐입니다.

一相無相分(일상무상분) 第九(제구)

須菩提(수보리)야 於意云何(어의운하)오 須陀洹(수다원)이 能作是念(능작시념)하되 我得須陀洹果(아득수다원과)不(부)아 須菩提(수보리)言(언)하사대 不也(불야)니이다 世尊(세존)하 何以故(하이고)오 須陀洹(수다원)이 名爲入流(명위입류)로되 而無所入(이무소입)이요 不入色聲香味觸法(불입색성향미촉법)일새 是名須陀洹(시명수다원)이니이다 須菩提(수보리)야 於意云何(어의운하)오 斯陀含(사다함)이 能作是念(능작시념)하되 我得斯陀含果(아득사다함과)不(부)아 須菩提(수보리)言(언)하사대 不也(불야)니이다 世尊(세존)하 何以故(하이고)오 斯陀含(사다함)이 名一往來(명일왕래)로되 而實無往來(이실무왕래)일새 是名斯陀含(시명사다함)이니이다 須菩提(수보리)야 於意云何(어의운하)오 阿那含(아나함)이 能作是念(능작시념)하되 我得阿那含果不(아득아나함과부)아 須菩提(수보리)言(언)하사대 不也(불야)니이다 世尊(세존)하 何以故(하이고)오 阿那含(아나함)이 名(명)

爲不來(위불래)로되 而實無不來(이실무불래)일새 是故(시고)로 名阿那含(명아나함)이니이다 須菩提(수보리)야 於意(어의)云何(운하)오 阿羅漢(아라한)이 能作是念(능작시념)하되 我得阿羅漢道不(아득아라한도부)아 須菩提言(수보리언)하사대 不(불)也(야)니이다 世尊(세존)하 何以故(하이고)오 實無有法(실무유법)하야 名阿羅漢(명아라한)이니 世尊(세존)하 若阿羅漢(약아라한)이 作是念(작시념)하되 我得阿羅漢道(아득아라한도)라하면 卽爲著我人衆生壽者(즉위착아인중생수자)니이다 世尊(세존)하 佛說我得無諍三昧人中(불설아득무쟁삼매인중)에 最爲第一(최위제일)이라 是第一離欲阿羅漢(시제일이욕아라한)이라하시오나 世尊(세존)하 我不作是念(아부작시념)하되 我是離欲阿羅漢(아시이욕아라한)이니이다 世尊(세존)하 我若(아약)作是念(작시념)하되 我得阿羅漢道(아득아라한도)라하면 世尊(세존)하 卽不說須菩提(즉불설수보리)ㅣ 是樂阿蘭那行(시요아란나행)者(자)라하시련만 以須菩提(이수보리)ㅣ 實無所行(실무소행)일새 而名須菩提(이명수보리)ㅣ 是樂阿蘭那行(시요아란나행)이니이다。

『수보리야、 네 생각에 어떠하냐、 수다원이 생각하기를 「나는 수다원과를 증득했노라」 하겠느냐。』 수보리가 여쭈었다。『아니옵니다、 세존이시여。 왜냐 하오면 수다원이라 함은 성인의 흐름에 들어갔다는 말이지만 실은 들어간 것이 아니오니、 물체·소리·향내·맛·촉감·법에 들어간 것이 아니온데 이름을 수다원이라 하였기 때문이옵니다。』

『수보리야、 네 생각에 어떠하냐。 사다함이 생각하기를 「나는 사다함과를 증득했노라」 하겠느냐。』 수보리가 여쭈었다。『아니옵니다、 세존이시여。 왜냐 하오면 사다함이라 함은 「한번 갔다 온다」는 말이지만 실은 가고 옴이 없는 것을 사다함이라 이름한 때문이옵니다。』

『수보리야、 네 생각에 어떠하냐。 아나함이 생각하기를 「내가 아나함과를 증득했노라」 하겠느냐。』 수보리가 여쭈었다。『아니옵니다、 세존이시여。 왜냐 하오면 아나함은 오지 않는다는 말이지만 실은 오지 않는 것도 없사오니 그래서 이름을 아나함이라 하였기 때문이옵니다。』

『수보리야、 네 생각에 어떠하냐。 아라한이 생각하기를 「내가 아라한도를 증득했노라」 하겠느냐。』 수보리가 여쭈었다。『아니옵니다、 세존이시여。 왜냐 하오면 실로 어떠한 법도 없는 것을 아라한이라 이름하는 때문이옵니다。 세존이시여、 만일 아라한이 생각하기를 「내가 아라한도를 증득했노라」 하오면 곧 〈나라는 생각〉·남·〈이라는 생각〉·〈중생살이란 생각〉·〈오래 산다는 생각〉이 남아 있는 것이옵니다。

세존이시여、부처님께서 제가 〈다툼 없는 삼매를 얻은 사람 가운데 가장 제일이란〉 말씀하셨사오니 이것이 첫째 가는 욕심 없는 아라한이오나、세존이시여、저는 「내가 욕심을 여읜 아라한이라는 생각」을 하지 않사옵니다。세존이시여、제가 만일 아라한도를 얻었다고 생각하오면 세존께서는 곧 수보리에게 아란나행을 좋아하는 자라고 말씀하시지 않으셨을 것이온데 실은 수보리가 행함이 없기 때문에 수보리는 아란나행을 좋아한다」고 이름하셨사옵니다。』

第九 一相無相分 — 절대의 하나인 상

二七斷疑論 천친보살(天親)의 二七단의 가운데 네번째가 되는 성문의 과위(果位)。얻은 것에 대한 의심을 끊는 대문이 바로이 제九 일상무상분(一相無相分)이 된다。

〔科 解〕

일상(一相)이란 하나로 됐다는 뜻입니다。물질과 정신이 하나로 되고 부처님과 중생이 하나입니다。모든 것이 이렇게 하나로 된 때는 아무 모양이 없읍니다。모양이 없다고 하지만 실은 모양이 없어진 그것을 말하는 것은 아닙니다。그러면 어느 때를 말하느냐。마음이 일체의 객관을 상대하지 않는 때를 말합니다(無相)。 마음이란 성품자리(品:性根本實在)이고 불성자리(佛性:깨달음의 본바탕)인데 이렇게 말할 줄 아는 이 마음이 아무것도 상대하지 않고 부처도 사바도 상대하지 않으며, 있고 없는 것도 상대하지 않으며 심지어 좋고 싫은 것도 상대하지 않는 것을 말합니다。나에게는 아무것도 없다는 뜻이고 내가 모든 기분을 내기 이전인 때를 가리킵니다。

이런 지경에 들어서면 나 자신마저 없는 무아(無我) 지경이 됩니다。내가 없으니까 모든 상대를 초월해서 마음만 오로지 있는 때이므로 이것은 아무 모양이 아닙니다。없는 것도 아니고 있는 것도 아니기 때문입니다。없는 것이란 허공을 가리킵니다。모든 현상은 있는 모양으로 나타납니다。물질로 만들어진 건 크나 작으나 다 있는 모양이고 없는 모양은 허공입니다。그런데 공기도 없는 진공은 없는 것으로 확실히 있는 것이나 한가지입니다。

그러므로 무상(無相)이란 아무것도 없는 허공이란 말이 아니고, 마음이 객관 상대를 두지 않는 것, 일체 잠재의식까지 끊어진 상태입니다。그런데 잠재의식까지 다 끊어지고 난 그것은 빈 허공이 아닙니다。허공은 뭘 생각할 줄 모르고 알 줄 아는 능력이 없지만 허공까지 끊어서 초월했는데 순수한 본래 면목 그대로 살아 있는 이 마음은 있는 모양도 아니고 없는 모양도 아닌 것입니다。그러므로 하나로 되었을 때, 상대가 없을 때, 오로지 이 마음만 살아 있을 때는 그때는 있다 없다가 아니며 허공 모양도 아니고 물질 모양도 아닌 것입니다。

여기에 네 가지 분류가 있다。

一、입류과(入流果)니 須菩提 於意云何에서부터 是名須陀洹까지이다。성인은 다 함이 없는 법으로 차별이 있을 따름이므로 취할 수도 없고 말할 수도 없는 것이니 이것은 초과(初果)인 수다원에서 제四과인 아라한에 이르기까지 동일하다。

二、일래과(一來果)는 須菩提에서부터 是名斯陀含까지이다。

三、불래과(不來果)니 須菩提 於意云何에서부터 是故名阿那含까지이다。

四、불생과(不生果)니 須菩提於意云何에서부터 是樂阿蘭那行까지이다。

불생과는 다시 세 대문으로 나누는 바, 須菩提에서 阿羅漢道不까지는 얻은 바가 있느냐 없느냐를 물은 ① 거소득이문(擧所得以問)의 문단이고, 그 다음에 爲著我人衆生壽者까지는 취할 것이 없음을 밝힌 대답이므로 ② 명무취이답(明無取以答)이라 하고 다음에 끝까지는 그러니 일상(一相)이란 구공지경(俱空地境)을 말합니다。 우리는 이 생각하다 저 생각하다 一분 동안에도 백천만 가지의 생각이 일어났다 꺼졌다 하니 이것은 일상이 아니라 다상(多相)이고 복잡상(複雜相)입니다。 이런 번뇌·망상이 아공(我空)이 되고 법공(法空)이 돼서 공했다는 생각까지 다 놓아버리어 〈구공〉이 된 것을 〈일상〉이라 한 것입니다。 그러니 〈구공〉이라 하는 그것도 〈마음〉의 별명이고 뭐라 그래도 제 이름이 아니므로 이것은 〈구공〉도 아니고 마음도 아니고 텅 빈 것도 아니고 그렇다고 해서 삼라만상이 그대로 다 있는 것이냐 하면 그것도 아니고 일체상을 다 떠나서 범소유상이 개시허망(凡所有相 皆是虛妄)하니 약견 제상비상 즉견여래(若見諸相非相卽見如來)해서 그 상을 다 초월하고 있는 것이 일상(一相)이고 무상(無相)입니다。 분(分)은 경전 전체의 내용을 몇 개의 대목으로 나누어서 이해하기 좋게 하는 장절(章節)입니다。

原文 須菩提 於意云何 須陀洹 能作是念 我得須陀洹果不 須菩提言不也 世尊何以故 須陀洹 名爲入流 而無所入 不入色聲香味觸法 是名須陀洹

解義 『수보리(須菩提)야、 어의운하(於意云何)오、 네 뜻에는 어떠하냐。 네 마음에 어떻게 생각이 드느냐。』 그런 뜻입니다。

집착하는 마음이 조금도 없음을 증명하는 대문이므로 ③ 인이증영신(引已證令信)이라고 한다。

六祖口訣 수다원은 범어니 당나라 말로는 거슬러 흐름(逆流)이 된다。 생사의 흐름을 거슬러 올라가서 여섯 가지 티끌에 물들지 않고 흠이 전혀 없는 업을 한 가지로 닦아서 결정코 거칠고 무거운 번뇌의 세계에 나지 않으며 결정코 지옥·축생·아수라의 몸을 받지 않는 것을 수다원과라 한다。 만일 상 없는 법을 사무치면 과를 증득했다는 마음이 없으니 조금이라도 과를 증득했다는 마음이 있으면 곧 수다원이라 이름할 수 없으므로 「아니옵니다」하고 여쭈

었던 것이다。 흐름(流)이라 함은 선인의 흐름(聖流)이란 뜻이니 수다원이 거칠고 무거운 번뇌를 여읨으로써 성인의 흐름에 들어간 것이고 들어간바 없다(無所入者) 함은 과위(果位)를 얻었다는 마음이 없는 것을 말하는 바、대저「수다원」이라 함은 수행인의 첫 지위가 된다。

須陀洹者 梵語 唐言 逆流 逆生死流 不染六塵 一向修無漏業 得麁重煩惱不生 決定不受地獄畜生修羅異類之身 名須陀洹果 若了無相法 即無得果之心 微有得果之心 即不名須陀洹 故言不也 流者 聖流也 須陀洹人 離麁重煩惱故 得入聖流 而無所入者

『수다원(須陀洹)이 능작시념(能作是念)하되、〈수다원〉이 이런 생각을 하겠느냐。다음과 같은 마음을 먹겠느냐。「내가 이제 〈수다원과〉①를 얻었구나。」하는 생각을 하겠느냐。안 하겠느냐。』부처님께서 이렇게 물으셨읍니다。이에 수보리 존자 말씀이、『아니옵니다。부처님、어째서 그러냐 하오면 수다원은「흐름에 들어간다」는 말이온데 색·성·향·미·촉·법에 들어가는 것이 아닌 것을 〈수다원〉이라 했기 때문이옵니다。』그렇게 대답을 했읍니다。〈수다원〉이란 본래 인도 말이지만 그 뜻은 흐름에 들어간다는 말입니다。곧 본문에 입류(入流)했다고 하는 유(流)란 말은 성류(聖流)라는 말이니 성인의 세계에 들어섰다는 말입니다。범부가 아니고 이제부터는 성인이 됐다는 뜻입니다。소승불교의 계급에 四급이 있는데、학교에 一학년·二학년 올라가서 四학년이면 졸업하는 것과 같은데、〈수다원〉은 소승불교 一학년에 입학한 것입니다。 그래서 二학년인 〈사다함과〉에 진급하려면 마음 가운데 일체의 색·성·향·미·촉·법(色聲香味觸法)에 걸리지 말아서 진리니 비진리니 외도니 사도니 정도니 불법이니 하는 그런 망상이 하나도 없어야 합니다。그런데 그 정도가 깊지 못하고 도(道)가 얕기 때문에 초과(初果)라 한 것입니다。맨 처음으로 번뇌 망상이 쉬고 조용해져서 해탈했기 때문에 성류(聖流)에 들어갔다는 것입니다。여지껏 산 보고 높다 물 보고 깊다 이렇게 생각하고 소학교에서 대학 졸업하기까지 배운 온갖 것을 기준으로 해서 생각하고 살다가 부처님 덕분에 구공에 대한 법문을 듣고 보니까 참말로 그게 가질 바 참된 지식이 아니란 것을 알았읍니다。

그런데 차차 깨닫는 것은 소승사상만 그런게 아니고 대승들도 처음에는 깊이 한꺼번에 깨닫는 수도 있지만 조금씩 깨달아 가지고 마지막에는 부처를 이루는 수도 있고 두번 세번 열번 깨닫는 수도 있읍니다。이 소승불교의 초과인 수다원과는 성인의 유에 들어갔다 하는 것이니 마음이 해탈이 되고 조용하고 번뇌가 없어졌으니 성류에 들어선 것인데、그

無得果之心也 須陀洹者 乃修行人初果也

〔註 1〕 수다원(須陀洹) 범어 shotapanna : 성문 四과중 첫째。 예류과(預流果)의 범어 이름。 무루도(無漏道)에 처음 참여하여 들어간 소승불교의 성인의 첫째 지위。 한자로 음역하여 수다반나(須陀般那)라 하는데 입류(入流)는 구역(舊譯)이고 신역(新譯)에서는 예류(預流)라 한다。 「입류」라 함은 성도에 처음 들어왔다는 뜻이지만 역시 구역에서 지류(至流)·역류(逆流)라고도 번역하는데 이때에 「역류」라는 말의 뜻은 중생들은 크고 작고 주관 객관이 있는 모순의 상대세계에 나고 죽는 세계인 생사의 세계로부터 생사가 없는 열반해탈의 세계의 흐름으로 거슬러 올라왔다는 의미이다。

三계의 탐진치만의(貪嗔痴慢疑) 등의 십견(十見) 혹은 八〇사(使)의 견혹(見惑)을 끊으면 이 과(果)를 얻는다。

대승의장(大乘義章) 제一七에 「수다원에 세

령지만 사실은 들어간 것이 없읍니다(而無所入)。 그러면 이게 또 무슨 뜻입니까。 들어갔으면 들어간 것이고 안 들어갔으면 안 들어간 것이지 들어갔는데 들어간 것 없다 그러니 말이 안 됩니다。 산 보고 높다、 물 보고 깊다、 이건 남자다 저건 여자다、 또 학교 가서 선생님 말 배우고 이론이나 지식 익혀서 참 그게 복잡했는데 인제 불교 정법을 듣고나서 그걸 다 해탈해 버린 것입니다。 그래서 지금 남은 것은 무엇인고 하니 산을 보든 물을 보든 마음자리만 남았으니 인제 그 자리 그대로 산 본 자리고 물 보든 생명 그대로이며 그 생명 그 마음자리 그게 어디 나가고 들어간 것도 아닙니다。 그 마음 그대로 조용해진 것뿐이니 어디 들어선 게 아니라는 겁니다。 우리가 항상 주관 객관 이런 저런 관념으로 진리라는 게 저 하늘나라 높은데 저 고원 어디에 있는 것으로 여기고 객관적인 진리가 있는 걸로 알아 왔읍니다。 그래서 이 약하고 얼마 안 되는 무능한 존재가 사람이라는 인식으로 삽니다。 내가 그동안 애가 타도록 벌써 여러날 불법을 얘기해 줘도 항상 집에 갈 때는 무엇을 깨쳐 가지고 들어가는 그런 관념을 가집니다。 그러니 이런 관념을 깨는 게 불법입니다。 그렇다고 해서 그 본성이 아니고 항상 그대로입니다。 배고프면 밥 먹을 줄 아는 그것입니다。 그렇지만 마음이 쉬어서 그것을 먹어도 좋고 안 먹어도 좋고 기어코 먹을 것도 아닌 걸 안 것입니다。 그래서 수보리존자께서 대답하시기를、「수다원이 성인의 종류에 들어갔다고 하지만 들어간 데는 없사옵니다。」(須陀洹 名爲入流 以無所入)라고 여쭈었던 것입니다。

그래서 모든 현상계、 곧 남자나 여자나 산하대지(山河大地) 어디에도 내 몸뚱이에도 이끌리지 않는 것이 성현의 마음입니다。 산보고 좋다 싫다는 생각 안 내는 것이 그것이 색(色)에 안 들어가는 것입니다。 산 보고 좋다 궂다 하든지 남녀간에 보고 좋다 궂다 하면 벌써 〈색〉의 현상에 빠진 것입니다。 그러므로 여기서 색(色)이라 함은 여색(女色)을 뜻하는 것이 아닙니다。

가령 세계에서 유명한 성악가가 왔는데 노래를 아주 잘 부르니 이 기회에 한번 들어보자 하더라도 들어 볼 생각 없읍니다。 또 들어 봐도 좋다고 생각하면 좋고 돼지 목 따는 소리 같다고 생각하면 이것저것 다 내 버리어 번뇌가 아주 없는 수다원은 어떤 소리를 들어도 아무 생각 없이 듣습니다。 법문하느 소리로 들을 수도 있읍니다。 그런데 차라리 아무 생각 없이 들으면 하나도 안 들립니다。 그러므로 수다원 같은 성인은 소리따라 들어가는 것이 아닙니다(不入聲)。

또 좋은 향내가 난다 해도 향한 대 더 피우면 좋겠다 하는 생각이 없읍니다。 좋은 향내도 나쁘다고 생각하면 나쁜 것입니다。 좋고 나쁘고는 나의 망상이지 듣기 싫어집니다。 돼지 목따는 소리도 「참 불쌍하구나。 죽느라고 저렇게 애를 쓰는구나。」하고 생각할 수도 있고、「야、저놈 죽느라고 노래 한 곡 잘 뽑고 죽는구나。」하고 돼지의 마지막 노래로 들을 수도 있읍니다。 이와 같이 좋다 하면 좋고 나쁘다고 생각하면 나쁜 것이니、목소리 자체는 좋은 것도 나쁜 것도 아닙니다。 마음 속에 있는 향내와 향내를 맡을줄 아는 주체인 자신과는 관계 없는 일입니다。 향내는 냄새가 좋다는 관념이 있을뿐입니다。 생각이 끊어져서 마음이 삼매에 들어 일념이 되면 똥을 코에 발라도 구린내가 안나고 방안에 향내를 꽉 채워도 향기가 안 납니다。 그러므로 성인은 냄새 같은 객관에 마음을 끄달리지 않습니다(不入香)。 (제一절。 항 80페지 참조바람)

「어느 식당에 가면 설렁탕 맛이 참 좋다는데 거기 가서 막걸리나 한잔 사 먹어야겠다。」 이런 생각을 안합니다。 온갖 음식에 생각이 없읍니다。 하루 밥 세끼 죽지 못해 먹는 것인데 하루 한끼 먹는 사람도 있는데 난 하루 두끼만 먹자。 이런 식으로 자꾸 육체생활을 줄여들어 갑니다。 그러면 「어디 술집이 새로 생겼는데 술맛이 좋다더라。」하는 유의 소리는

가지 뜻이 있으니 첫째 생사를 초월한 열반을 닦는다는 뜻으로 수무루(修無漏)라 했으니 수무루는 곧 번뇌의 생이 없다는 뜻이고 다원(陀洹)은 닦는다 수습(修習)한다는 뜻이므로 그래서 수다원(須陀洹)이라고 한다。

둘째로 뜻을 따라 의역하여 역류(逆流)라고도 한다。 생사의 흐름、거슬려 올라간다는 뜻이니 중생들은 번뇌와 생사를 따라 이리저리 흘려 다니게 마련인데 이것을 거슬려서 三도의 생사를 영원히 받지 않는다는 뜻으로 역류(逆流)라 한 것이다。 세째로 역시 뜻을 따라 의역한 이름으로 촉채(觸債)라 하니 三도의 인(因)을 막고 영원히 과(果)를 받지 않는다는 뜻으로 촉채(觸債)라 했다。

지도론(智度論) 三二에、「수다원」을 「수다반나」(須陀般那)라 하는데 「수다」는 흐름(流)이란 뜻이니 곧 팔성도분(八聖道分)의 흐름이며 「반나」는 들어간다(入)는 뜻이니 곧 팔성도분에

들어갔다, 열반에 들어갔다는 뜻으로 「입류」(入流)라 한다고 했다.

六祖口訣 「사다함」이라 함은 범어로서 당나라 말에 일왕래(一往來)란 뜻이니, 三계의 얽혀 매임을 버리고 三계의 얽힘이 다했으므로「사다함」이라 이름한다. 사다함을 일왕래(一往來)라고 이름하는 것은 인간 세상의 죽음으로부터 하늘 나라에 태어나고 하늘 나라에서부터 문득 인간 세상에 이르러서 마침내 생사의 세계를 벗어나 三계의 업이 다 없어졌기 때문에 「사다함」이라 이름한 것이다. 대승·사다함은 모든 경계를 볼 때에 마음에 한 번 일어났다 한번 꺼지는 것이

바람소리 물소리처럼 지나갑니다. 몸뚱이도 세계도 꿈인데 꿈속에 들어가 무엇이 존재하겠는가. 그리고 어느 몸뚱이가 있어 마르고 축나겠느냐. 이렇게 닦아 들어가는 것이 불법입니다(不入味).

남녀간의 이성끼리 만나더라도 생각이 안정되지 않은 범부는 가슴이 설레고 번뇌가 일어나서 들끓읍니다. 그러니 설사 이성을 만나더라도 저건 남자거니 여자거니 생각하지 말고 저건 하나의 껍데기다, 바지 껍데기고 육체의 껍데기·그림자로 봐야 합니다. 똥주머니·오줌·피·코·가래의 주머니로 봐야 합니다. 번뇌를 여의고 마음만 오롯하게 드러난 성인의 경지에선 실제로 그렇게 됩니다. 육체에 대한 일체의 애착이 없어지고 온갖 사상 관념이 없어집니다(不入觸).

유교의 교리는 어떻고 예수교의 가르킴·철학의 논리·과학의 원리 이 모든 것을 불교에서 법(法)이라고 그럽니다. 모든 이론·종교·학문이 다 법이고 불법도 그 가운데 하나입니다. 이 모든 법을 따라가지 않는다는 것입니다. 마음에 망상이 없으면 불법까지도 따로 지킬 것이 없읍니다. 팔만대장경이 모두 다 망상이니 하지 말라는 소리인데, 자아를 완성하여 번뇌를 여의었기 때문입니다. 전지전능한 주인공이 되어 생사를 초월하고 의식주도 필요 없고 영원히 아무 근심 걱정 없는 사람이 되고 나서야 남을 제도한다는 것도 말이 됩니다. 이런 경지에 도달하고서야 오직 남을 위해서만 몸이 닳아 없어지도록 농사도 지어 주고 장사하는 집에 가서는 장사하는 일 거들어 주고 설렁탕집에 가면 설렁탕 나누어 주고 하루 종일 남을 위해서 고된 줄도 모르고 봉사할 수 있고 아무 생각 없이 할 수 있게 되기 때문입니다.

그래서 객관세계에 끄달림 없이 번뇌 망상 다 초월해서 몸뚱이도 없고 생명에까지도 조금도 끄달려 들어가지 않는데 거기에 무슨 법이 필요하고 어떤 진리·어떤 원리가 필

이 있고 제이의 생멸은 없기 때문에 일왕래(一往來)라 이름한다。앞 생각이 망상을 일으킴에 뒷 생각이 곧 그치고 앞 생각은 있지만 뒷 생각이 곧 여의어서 실로 왕래함이 없으므로 사다함이라 이름한다。

斯陀含者 梵語 唐言 一往來 捨三界結縛 三界結盡故 名斯陀含 斯陀含 名一往來者 從人間死 即生天上 從天上 却到人間生 竟出死 三界業盡 名斯陀含 大乘斯陀含者目覩諸境 心有一生一滅 無第二生滅故 名一往來 前念起妄 後念即止 前念有着 後念即離 實無往來故 曰斯陀含也

〔註 2〕 사다함(斯陀

요합니까。이것을 색·성·향·미·촉·법(色聲香味觸法)에 들어가지 않는다고 한 것입니다。

그것은 수다원은 그 마음이 무아가 되었기 때문인데、그래서 망상이 끊어진 경계에 들어섰지만 그 깊이가 아직은 얕읍니다。마치 학교 교육에 비교해 말하자면 국민학교는 졸업했다는 정도에 해당할 것입니다。앞으로도 사다함과 아나함과 아나한과의 三과가 남아있기 때문입니다。

그런데 이 이무소입 불입색성향미촉법(以無所入 不入色聲香味觸法)을 새기는데 있어서 잘못 새기면 「들어감이 없으므로 색성향미촉법에 들어가지 않는다。」고 새기어 말을 두동강이를 만듭니다。이것은 「자기 마음을 깨달은 것이고 어디 들어선 것이 없다」는 뜻으로 〈이무소입(以無所入)〉이라 했고 그렇다고 해서 객관의 대천세계(大千世界)에 어디에 들어갔느냐 하면 거기도 들어간 것이 없다는 뜻으로 〈불입색성향미촉법〉이라고 한 것입니다。그러므로 마음을 깨달으면 어디로 들어서는 것이 아니니、안으로나 밖으로나 들어가고 나가는 것이 없다는 뜻으로 한 말씀입니다。

原文 須菩提 於意云何 斯陀含 能作是念 我得斯陀含果不 須菩提言不也 世尊何以故 斯陀含 名一往來 而實無往來 是名斯陀含

解義 부처님께서 또 물으십니다。『수보리야、네 생각에는 〈사다함〉②이 자기 스스로 사다함과를 얻었다고 생각할 것 같으냐 안 그러냐。』하고 먼저와 같은 요령으로 말씀하십니다。이에 수보리존자의 대답은、역시 『아니옵니다。부처님 〈사다함〉도 이름은 「한번 왔다 가는 이」라 하지만 사실은 오고 간 것이 없어서 그래서 〈사다함〉이라 한 것이옵니다。』하고 사뢰입니다。이것은 다 제七장에서 말한 무위법(無爲法)이어서 모두 다 하는 것 없이 하기 때문입니다。

요새 최면술하는 사람들이 자기최면(自己催眠)을 통해 아무 생각 없는 지경에 들어갑니다。 막연히 마음을 흐미하게 한다든지 하는 것이 아니고 마음 가운데 있는 잡념망상을 없애어 무아지경에 도달합니다。 이들은 최면에 들어선 때가 가장 기분 좋은 때라고 합니다。 생각할 수 있는 세상의 사건이란 다 불안 공포들뿐 아무것도 없다는 것입니다。 이런 걸 모두 치워 버리고 마음만 가라앉히면 일시적으로 〈수다원과〉가 나타난다는 에기입니다。 이것은 최면에 들었을 때에만 최면력에 의해 나타난 세계이고 마음을 깨달아서 성위에 들어간 것과는 물론 다릅니다。

그런데 이렇게 아무 번뇌 망상이 없는 〈수다원〉의 경지에 들어가서 산하대지가 다 없어진 이런 사람이 죽으면 천당에 태어나게 되는데 하늘세상에 태어나서 보면 아직도 미세한 망상、적은 잡념의 버릇이 조금씩 남아서 일어났다 꺼졌다 하는 번뇌가 보입니다。 그런데 천당은 모든 게 뜻대로 되고 부족한 것이 없이 만족하고 너무 편하고 즐거워서 공부가 안 됩니다。 마치 부자집 자녀들이 돈 쓰느라고 공부 못하듯이 자기의 선정(禪定)·삼매(三昧)의 힘으로는 하늘 나라의 즐거움을 이겨 가며 고도의 수행을 할 수 없음을 깨닫고 인간 세상에 다시 내려가서 수도를 더 해야겠다고 결정하게 됩니다。

그래서 인간 세상에 어느 집에 태어나야 불도를 만날 수 있으며 어려서부터 출가를 해서 수도를 마치고 또다시 하늘 나라에 올라올 수 있을까를 살핍니다。 그리하여 늙도록 아들이 없는 집、그리고 불교하는 집에 태어나서 일곱 여덟살만 되면 절에 데리고 가서 일찍 중이 되도록 하는 그런 부모를 선택합니다。 늙은 부모 자기는 불도수행을 못했지만 아들이라도 부처님께 바쳐서 큰 복을 짓자는 불심으로 그렇게 합니다。 이와 같이 불교가 있는 나라、불심이 있는 집안에 태어나서 한 평생 공부를 더 하면 나머지 번뇌 망상이 더욱 없어질 것을 알기 때문에 이 세상에 한번 더 온다는 것입니다。 그리고 나면 천당에 다시

舍):범어 sakṛdagamin 라 하며 성문 四과의 둘째。 일래과(一來果)라 번역하는데、신역에서는 수혹(修惑)이라 하니 욕계(欲界)의 아홉가지(九地) 번뇌의 혹 가운데 앞의 六품은 끊었지만 아직도 세 품 혹이 남아 있기 때문이다。 그래서 그 뒤의 三품의 혹(思惑)은 욕계의 인간세상과 육욕천(六欲天)에 한번 더 태어나서 수도하고 올라가야 하므로 일래(一來)라 한 것이니 한번 왔다 간다는 뜻으로 지어진 이름이다。

六祖口訣 「아나함」은 범어로서 당나라 말에 「안 돌아오는 이(不還)」이며 또한 「욕심을 떠남이」(出欲)라 이름하니、욕심을 떠났다 함은 밖으로 욕심 낼 경계를 볼 수 없으며 안으로 하고자 하는 마음으로 얻을 것이 없어서 결정코 욕심의 세계에 태어나지 않

으므로 이름을 또「오지 않는 이」(不來)라고 하지만 실로 오지 않을 것도 없기 때문에「안 돌아오는 인」(不還)라고 한 것이다。욕심의 습관이 길이 다해서 결정코 다시 와서 태어나지 않는 경지이므로 이름을「아나함」이라 했느니라。

阿那含 梵語 唐言不還 亦名出欲 出欲者 外不見可欲之境 內無欲心可得 定不向欲界受生故 名不來 而實無不來 亦名不還 以欲習永盡 決定不來受生 是故 名阿那含也

〔**註 3**〕 **아나함**(阿那含) 범 **Anagamin**) : 아나가미(阿那伽彌·阿那伽迷)라 음역。성문(聲聞) 四과 중 세째。줄여서 나함(那含)이라고도 하며, 불환(不還)·불래

가더라도 그때는 미세한 번뇌마저도 끊었기 때문에 천상락(天上樂)에 마음을 빼앗기지 않고 선정을 닦을 수 있으므로 이것을 일왕래(一徃來) 한번 또 〈왔다 간다〉고 하고「사다함」(斯陀含)이라 한 것입니다。

이와 같이 인간 세상에 한번 더 왔다 가기 때문에 〈일왕래〉(一徃來)라고 하긴 하지만 실제로는 왔다갔다하는 것도 없읍니다。 왜냐 하면 이 마음에 번뇌 망상이 있음으로써 오고가는 흔적이 나타나는 것이지, 몸뚱이도 세계도 없어진 경계에서 정신 하나만 오로지 깨어 있을 때는 무한대의 우주가 그대로 다 내 마음뿐이어서, 이 세상에 왔다 간다 하지만 내 본 마음에서 보면 오고 간 것이 아닙니다。 전체가 그대로 하나일 따름입니다。 다만 육체가 온 것이고 생각이 간 것입니다。 육체와 생각을 이미 초월하여 마음의 본바탕을 찾은 나에게는 오고 간 것이 없는 것입니다。 이와 같이 인간세상 한번 왔다 가는 것도 이름만 왔다 가는 것이지 마음자리 자체는 왕래를 하지 않은 것이며, 육체가 그런 것이고 생각이 그런 것이지 우주 전체가 그대로 마음인 입장에서는 왕래할 수가 없는 하나일 따름입니다。 그러므로 사다함은 왕래하는 것 같지만 사실은 왕래하지 않은 것이고 우리 마음 그게 곧 사다함인 것입니다。

原文 須菩提 於意云何 阿那含 能作是念 我得阿那含果不 須菩提言 不也 世尊何以故 阿那含 名爲不來 而實無不來 是故名阿那含

解義 〈아나함〉(阿那含)은 〈오지 않는다〉는 뜻이니 편안해도 공부를 잘 할 수 있는 정도가 된 세째의 성위(聖位)입니다。 인간 세상에 다시 안 오고 천당에서 그대로 천당의 향락을 돌아보지도 않고 선방처럼 공부할 수 있는 三학년생입니다。 자기의 참선하는 정진력(精進力)이 용맹스럽고 아무 생각 없는 정력(定力)이 깊고 견고해져서 주위의 향락에

조금도 끄달리지 않고 선정(禪定)을 닦을 수 있겠기 때문입니다.

〈수다원과〉를 증득하면 비로소 성인의 유에 들은 것인데、이 성과(聖果)의 一학년인 수다원과에 들어간 뒤 二학년인 〈사다함과〉에 이르기까지 얼마나 수행을 해야 하고 三학년인 〈아나함과〉에 오르기까지는 얼마나 수행을 해야 하느냐 하는 것에 따라 〈칠래과〉(七來果)·〈일래과〉(一來果)·〈불래과〉(不來果)라고 이름하기도 합니다。자신이 닦은 복력(福力)으로 말하면 국왕·대신이 되고 부귀할 복력이 있지만 일부러 어려서 출가하기 좋도록 조실부모할 집에 태어나서 일찍 출가해서 평생 정진만 합니다。이렇게 한평생 수도만 하다가 또 죽어서 천당에 가 보면 이 세상 잠재의식이 움직이고 있는 걸 알게 됩니다。그러면 다시 세상에 내려왔다가 또 올라갔다 하기를 일곱번이나 하는 동안이 제一과인 〈수다원과〉(須陀洹果)이므로 칠래과(七來果)라 하기도 합니다。이렇게 일곱번 왕래를 한 다음에는 사다함에 들어섭니다。그래서 사다함과에서 한번 더 왕래하는 것을 합하면 모두 팔왕래(八往來)가 됩니다。

그렇지만 그렇게 왕래하면서도 왕래가 아닙니다。천당에 갔을 때나 인간 세상에 올 때나 변하지 않는 자리가 있어서 우리의 마음자리·성품자리가 그런 꿈을 꾸는 것에 불과하기 때문입니다。꿈을 꾸는 경우에도 실상자리인 마음이 꿈을 꾸고 꿈이 깨면 생시인 것처럼 천당 가고 지옥 가는 것도 생각이 저 혼자 갔다 오고 업이 독자적인 생명이 있어서 왔다갔다하는 것이 아니라、내내 우리 마음이 오고가고 하는 것인데 이 마음의 본체는 오고가는 것이 없으며 변하지 않는 자리입니다。거리 내외가 없어서 마치 나와 몸뚱이가 둘이 아니어서 다리도 손도 배도 등도 다 나이고 몸뚱이 부분이나 전체의 구별이 없이 그것이 다 나인 것과 한가지로 온 우주가 〈나〉이며 전체가 나일 뿐입니다。그러므로 〈아나함〉이 천상에서 정진만 하고 인간 세상에 내려가지 않지만 그러나 실로는 안 간다는

(不來)라 번역。욕계(欲界)에서 죽어 색계(色界)·무색계(無色界)에 나고는 번뇌가 없어져서 다시 돌아오지 아니한다는 뜻。불래(不來)는 구역이고 신역으로는 불환(不還)이라고 하는데、그 뜻은 후 三품의 나머지 혹을 끊어서 나머지가 없어졌으므로 욕계의 세계에는 다시 태어나지 않기 때문에 이렇게 이름했다。그리고 태어나면 반드시 색계천(色界天)이나 무색계천(無色界天)에 태어나서 경진수행만 하는 소승성과(小乘聖果)의 세째자리。

六祖口訣 모든 망상이 다하여 다시는 번뇌가 없음을 「아라한」이라 이름한다。「아라한」이란 번뇌가 길이 사라져서 사물과 더불어 다툼이 없는 이니 만일 마음에 과위(果位)를 얻었다는 마음이 있으면 곧 다툼이 있게 될 것이

생각도 없읍니다。 항상 마음이 우주에 꽉 차서 가고 안 가고도 없읍니다。 그래서 실로는 가지 않는 것도 없다(實無不來)고 한 것입니다。

原文 須菩提 於意云何 阿羅漢 能作是念 我得阿羅漢道不 須菩提言 不也 世尊 何以故 實無有法 名阿羅漢 世尊 若阿羅漢作是念 我得阿羅漢道 即爲着我人衆生壽者

解義 절에 가면 지금도 나한(羅漢)님·오백 나한이 있는데 아라한이 〈아라한과〉(阿羅漢果)를 얻었다고 생각하느냐 하면 그렇지 않습니다。 그것은 법을 얻었으면서도 일부러 마음에 두지 않는 것이 아니라 실제로 실무유법(實無有法)입니다。 다시 말하면 「어떠한 내용이 있어서 이것이 〈아라한〉이다。」 할 수 있는 법이 없읍니다。 이것이 큰 일입니다。 실로는 나한이 됐다 해도 〈아라한〉이라 지목할 수 있는 그런 이치가 없으니 이 대목 참 어렵습니다。 이 대목이 四학년 졸업반의 마지막 문턱입니다。 나한님들이 「내가 〈아라한도〉를 얻었다。」 내가 四학년생입니다。」 이런 생각을 하면 즉위착아인중생수자상(則爲着我人衆生壽者相)이 꽉 남아 있는 사람이어서 무엇무엇을 해야 한다느니 하고 중생살이를 하게 되기 때문입니다。

살림살이 장만하는 게 중생상(衆生相)이고 오래 살려니、七〇·八〇 살려 하는 그것이 수자상(壽者相)입니다。 그래서 안심하고 공부도 안 하고 나중에 애들 시집 장가 다 보내고 늙어 빠진 뒤 할 일 없을 때에야 염불·참선하려 하지만 그 땐 이미 힘이 다 빠져서 참선해도 안되고 염불해도 안 됩니다。 참선이나 염불은 젊어서 미성년 때 하는 게 훨씬 좋은 건데 내가 오래 살겠거니 믿고서 할 일 다 하고 늙은 뒤에나 천천히 해 보려는 것도 〈수자상〉의 그릇된 생각입니다。 아라한이 만일 어떤 법이 있어서 그 이치를 깨달아 얻은 것

며 만일 다툼이 있으면 이것은 아라한이 아니다。

아라한은 범어이며 당나라 말로 다툼이 없다는 뜻인데 다툼이 없다 함은 번뇌를 끊을 것이 없으며 마음 속에 탐심과 진심을 여읠 것이 없어서 마음과 경계가 함께 공하고 안과 밖이 다 고요하게 된 것을 「아라한이라」 이름한다。 그러므로 만일 아라한의 과위를 얻었다는 생각이 있으면 곧 범부와 다를 것이 없으므로 「아니옵니다」 하고 사뢰었던 것이다。

諸漏已盡 無復煩惱 名阿羅漢 阿羅漢者煩惱永盡 與物無諍 若有得果之心 即是有諍 若有諍 非阿

羅漢 阿羅漢 梵語 唐言 無諍 無諍者 無煩惱可斷 無貪嗔可離 情無違順 心境俱空 內外常寂 諍名阿羅漢 若有 得果之心 卽同凡夫 故言不也

六祖口訣 무엇을 「다툼 없는 삼매」(無諍三昧)라 하는가。 이른바 마음에 생멸이나 거래가 없고 오직 근본적인 깨달음만 항상 비추고 있기 때문에 다툼 없는 삼매라 한다。 삼매는 이것이 범어이니 당나라 말에 「바로 받는다(正受)」는 뜻이며 또한 「바로 본다(正見)」는 뜻이니 九五종의 삿된 소견을 멀리 여의는 것을 이름하여 「바른 소견」이라 이름하느니라。 그러나 허공

이〈아라한〉이라면、〈아라한〉은 곧 내가 얻은 것이니 얻어진 법이 있고 얻은 내가 있게 되며、법은 객관이고 나는 주관이 됩니다。 이렇게 하여 주관인 내가 〈아라한도〉를 얻었다 하면 그건 주관 객관이 벌어져서 상대가 안 떨어지고 절대지경에 들어갈 수 없는 것이니、아상・인상・중생상・수자상이 벌어져서 결국은 중생을 완전히 여읜 것이 아니라는 뜻입니다。

原文 世尊 佛說 我得無諍三昧人中 最爲第一 是第一離欲阿羅漢 世尊 我不作是念 我是離欲阿羅漢 世尊 我若作是念 我得阿羅漢道 世尊 卽不說須菩提 是樂阿蘭那行者 以須菩提 實無所行 而名須菩提 是樂阿蘭那行

解義 부처님께서 『수보리는 무쟁삼매를 얻었다。』고 말씀하셨는데 무쟁삼매를 얻으면 남이 무슨 말을 해도 대꾸를 안 합니다。 예쁘다 해도 아무 소리 안 하고 밉다 해도 아무 소리 안하고 뭘 줘도 아무 생각 없고 빼앗겨도 아무 생각 안 합니다。 항상 남과 다투지 않아서 무슨 소리를 해도 다른 데 가서 그 소리 들었다고 하지 않습니다。 또 누가 법문을 해도 「아 법문 잘한다。」 그런 생각이 없읍니다。 만일 옳다 그르다 하면 그것도 시비가 있는 것이고 번뇌가 있는 게 됩니다。 그러므로 내가 일체 중생과 다투지 말아야 합니다。 그런 삼매를 얻은 것이 나한이고 나한이 되면 저절로 그리 되는 것인데 도대체 마음을 탁 놓아버리어 자기의 모든 번뇌를 쉬고 나면 현실 세계 이게 모두 공인 줄 알게 됩니다。 이렇게 하여 제 四학년의 아라한과를 얻은 것을 〈무쟁삼매〉(無諍三昧)라 합니다。

부처님께서 일찌기 수보리에게 「일체 사람과 시비를 안 하고 항상 마음이 편하고 그런 무쟁삼매에 들어서 일체의 다툼을 안 하는 그런 인간이 됐다。 수보리는 특히 모든 나한 가운데 오백 나한 가운데 가장 제일이다。 수보리 이 사람은 제일 욕심을 멀리 했다。 그

가운데 밝고 어두운 등의 다툼이 있고 성품 가운데 삿되고 바른 다툼이 있는 것이니 생각생각 항상 발라서 한 생각도 삿된 마음이 없는 것이 곧 이것이 다 다툼 없는 삼매다。 이 삼매를 닦는 사람 가운데 가장 제일이 되나니 만일 한 생각이라도 과위(果位)를 얻었다는 마음이 있으면 곧 다툼 없는 삼매라고 이름할 수 없다。

何名無諍三昧 謂阿羅漢 心無生滅去來 唯有本覺常照故云無諍三昧 三昧是梵語 唐言正受 亦云正見 遠離九十五種邪見是名正見也 然空中 有明暗諍 性中 有邪正諍 念念常正 無一念邪心 即是無諍三

에게는 아무 사건이 없다。 그래서 남과 시비를 안하는 〈아라한〉 가운데도 특등 〈아라한〉이 됐다。」 이렇게 말씀하셨읍니다。 그런데 수보리는 『나는 욕심을 떠난 〈아라한〉이다。 이런 생각은 안합니다。 만일 내가 아라한도를 얻었다고 생각한다면 세존께선 곧 수보리가 그 마음이 고요한 나한도의 다툼 없는 나한중 나한이라」고 말씀하지 않으셨을 겁니다。 실제로 제가 그런 생각을 하지 않으니 제일 아라한이 될 수도 있고 진짜 나한이 될 수도 있지만 나에게 〈아라한〉을 증득했다는 생각이 조금만이라도 있으면 부처님께서는 제가 〈아란나행〉을 즐긴다고 하시지는 않으셨을 겁니다。』 하셨읍니다。 아란나행(阿蘭那行)이란 다툼 없고 욕심을 여읜 무쟁삼매(無諍三昧)의 행을 말합니다。 계속해서 수보리는 〈실무소행〉(實無所行) 실제로 마음 닦은 게 실천한 게 아무 것도 없고 수행이 다 끊어졌읍니다。 그래서 〈아라한〉이란 무학(無學)이라 하는데 아무것도 없는 지위에 올라선 것입니다。 이제 四학년이 되어 어려울 게 없는데 실제는 아무 수행하는 것도 안 하는 것도 없는 그런 무위법(無爲法)의 행을 〈아란나행〉 좋아한다고 한 것입니다。

〔說 義〕

마음이 가고 마음이 온다

우리가 천당 갔다 지옥 갔다 하고 六도세계를 돌아다니고 윤회를 하고 그것이 다 번뇌의 업에 의해서 그렇게 되는 것이지만, 그러나 번뇌의 잠재의식이 우리의 근본 마음자리를 떠나서 마음으로부터 독립되어 돌아다니는 것은 아니며 본 마음자리가 한 것입니다。 그러니 죽어서 천당에 가도 그 실상 자리 자기 근본 정신이 올라간 것이지 망상 그것이

昧 修此三昧人中 最爲第一 若有一念得果之心 即不名無諍 三昧

六祖口訣 「아란나」는 범어이며 번역하면 「다툼 없는 행(無諍行)」이다。「다툼 없는 행」이 곧 이 청정한 행이고 청정행은 얻음이 있는 마음을 버리는 것이니 만일 얻은 것이 있는 마음을 두면 이것이 곧 다툼이 있는 것이고 다툼이 있으면 곧 청정한 도가 아니다。 항상 얻은 바 없는 마음을 항상 행하는 것이 곧 다툼 없는 행이다。

阿蘭那 是梵語 唐言 無諍行 無諍行 即是淸淨行 淸淨行者 爲除去有得心也 若存有所得心 即是有諍

자체가 있어서 본 마음을 떠나서 올라간 것이냐 하면 그렇지 않은 것입니다。 마음이 우주에 편만(遍滿)했다、 즉 크다고 하지만 그것도 아니고 그렇다고 해서 작은 거냐 하면 바늘 가지고 찔러 볼 수도 없는 아무것도 없는 존재입니다。 그러면 아무것도 없는 거면서 그 속에 우주가 다 들어가 있는 것입니다。 또 크기로 말하면 비행기를 타고 광속(光速)으로 몇 억만년을 달아났다 하더라도 그게 나고 바늘로도 찌를 수 없는 그 작은 극소(極小) 안에 무한대가 들어 있고 거리가 있는 것입니다。 사실은 무한한 시간을 달렸다고 해도 내내 돌아앉을 자리도 없는 거기입니다。

마치 손바닥만한 거울에 동서 二〇리가 되는 서울이 다 비춰 들어오듯이 그런 전데 사실은 그 거울 속으로 뚫고 나간 것은 아닌 것과 같습니다。 거기 동서남북이 있고 왔다갔다 하고 전차가 다니고 북악산도 있고 비행기도 떠 다니고 하는 것은 눈이 속은 셈입니다。 이런 것이 다 과학적으로 설명하는 길이 있지마는 과학으로도 불가사의(不可思議)한 일입니다。 이와 같이 우리가 왔다 갔다는 말도 그거는 꿈속에 하는 소리입니다。 지상이나 천당이나 다 공간이고 천당 있는 데가 지옥 있는 데고 극락세계 있는 데가 사바세계 있는 데고 그러니까 육체적으로 확실히 거래(去來)가 있는 것 같지만 사실은 육체도 〈거래〉를 안 합니다。 내내 그 자리니까 거래할 곳이 없읍니다。 사실은 거리가 있다 해도 안 되고 없다 해도 안 되는 겁니다。

그러니까 왔다 갔다 죽었다 살았다 하는 게 도대체가 이게 망상이고 마음으로 생각뿐이지 사실은 그런건 없는 것이며 형상으로 나타난 것도 그런 불가사의였고 이건 크고 저건 작다고 하지만 망상일 뿐입니다。 간장독을 종지 안에 집어 넣는다면 아무도 믿지 않을 것이고 미친놈이라 할 겁니다。 몇 짐의 물이 들어가는 독이 찻잔보다도 작은 종지 안에 어느 모퉁이 하나 남지도 않고 딱 맞게 들어가 버리는 도리가 마음 법입니다。 그러면 간

有諍 即非消諍道 常行無所得心 即是有諍行)

〔註 4〕 **아라한**(阿羅漢) 범어 Arhan : ① 소승의 교법을 수행하는 성문(聲聞) 四과의 가장 윗자리. 응공(應供)·살적(殺賊)·불생(不生)·이악(離惡)이라 번역. ② 여래 10호의 하나로 쓰일 때도 있는데 이때는 성문 아라한과 구별하기 위하여 『아라한』이라고 하나 원어의 뜻은 같다.

〔註 5〕 **아란나**(阿蘭那) : 범어 Aranya라 하며 아란야(阿蘭若)·난야(蘭若)·연야(練若)라 하기도 한다. 적정처(寂靜處)·무쟁처(無諍處)·원리처(遠離處)라 번역한다. 시끄러움이 없는 한적(閑寂)한 곳을 가리키는 말로 수행하기에 알맞는 숲(森林)·들·모래사장 등을 일컫는다. 일반적으로 마을에서 개소리 닭소리 들리지 않을 정도로 멀어진 곳으로 전한다. 그러나 여기서는 장소(場所)、곧 수행도량(修行道場)을 뜻

장 종지를 확대해서 넣어졌거나 큰 독이 축소돼서 줄어들었거나 두 가지 중의 하나는 돼야 할 겁니다. 그런데 둘 다 작고 큰 그대로 그렇게 된다는 겁니다. 그러니 이게 불가사의입니다. 그런데 설명할 수 있는 길이 조금 있는 것은 이 크다는 것도 거짓말로 큰 것이고 작다는 것도 거짓말로 작은 것이니, 작은 것이 큰 것으로 작은 것이고 큰 것이 작은 것으로 큰 것입니다. 그것은 왜 그러느냐 하면 다 꿈이기 때문입니다. 꿈으로 크고 꿈으로 작은 것입니다. 그러니까 반드시 작은 것도 반드시 큰 것도 아닙니다. 그러므로 우리가 크다고 생각하는 것도 우리의 생각이지 참말로 큰 게 아니고 작다고 생각하는 간장 종지도 생각이지 실제로 작은 게 아닙니다. 그렇지 않고는 부처님의 신통이 나올 수가 없는 것이고 이 화엄의 도리가 아니면 참말로 성불할 사람도 없고 불법을 얻을 도리도 없습니다. 그러니까 사실 이 물질 자체도 진공묘유(眞空妙有)입니다. 있긴 있으되 진공으로 있는 거고 사실로 있는 게 아니라 없는 걸로 있기 때문에 이게 묘유(妙有)입니다. 그러니까 인제 여기 아무 것도 없는 데라 하여 아주 없는 거냐 하면 그건 없는 걸로 없는 게 아니라 눈에 안 보이는 게 있고 이게 있는 것도 아니고 없는 것도 아니니 있어도 거짓으로 있는 것이고 그렇다고 해서 없는 거냐 하면 또 이게 있는 것입니다. 그러므로 이게 참말로 없는 것이지 없는 걸로 없는 그것은 없는 걸로 있는 것이며 없는 것의 존재라는 말이 됩니다.

그래서 있다고 하려면 부득이 〈묘유〉라고 하고 〈진공묘유(眞空妙有)〉의 존재라 그럽니다. 우리가 업(業)이 달라서 안 보이는 것뿐이지 여기도 천당도 있고 지옥도 있고 다 건립되어 있습니다. 마치 우리가 이대로 앉아 잠이 들면 제가끔의 꿈을 각각 꾸는 것과 같습니다. 독립만세 부를 땐 전부 묶여 들어가서 조금 기대 서든지 숙직실이고 유치장이고 빽빽하게 서 있습니다. 밤낮으로 그래 가지고 잠깐 자는 동안에 꿈도 꾸고 그러는데 한 사람은 서울을 차려 놓고 하나는 또 부산을 건립해 놓고 하나는 대구를, 또 다른 사

람은 평양을 건립하고 모두 이렇게 제가끔 백 가지 천 가지 꿈을 꾸어도 조금도 혼란하지 않습니다。 제각기 공간을 분리해 가지고 그렇게 꿈을 꾸는데 그게 꿈이기 때문에 될 수 있지 현실 같으면 불가능합니다。 어떤 사람은 여기가 천당세계인 줄 알고 어떤 사람은 여기가 지옥으로 되어 있고 그런데 그게 모두 뭐라고 말할 수 없는 바늘로도 찌를 수 없는 그 작은 존재 안에 천당·지옥·극락세계·사바세계가 다 있습니다。 그것이 큰 걸로 작은 것이므로 그렇게 되는데 이 실상을 우리가 깨닫기 전엔 모릅니다。 우리는 실상자리를 말로는 이렇게 하고 또 말 들을 때는 그런 것이구나 생각하지만 말 뚝 떨어지고 돌아서면 깜깜해져서 「이건 촛대고 저건 나무고 산은 산이고 물은 물이다」 하고 현상계에 끄달리게 됩니다。 그래서 돌은 물이 아니라고 하고 불은 언제 물이 아니라고 하고 이렇게 자꾸 해오다가 처음엔 속아서 그랬지만 나중에는 진리라는 고집이 되고 법집(法執)으로 됩니다。

삼매(三昧)는 마음의 정립

그래서 먼저 참선(參禪)을 하든지 염불(念佛)을 하든지 하여 번뇌를 쉬고 망상을 끊어야 합니다。 번뇌망상을 쉬는 방법이 팔만사천가지로 많은데、 자꾸 마음 공부를 해서 마음을 안정해야 합니다。 가령 〈나무아미타불〉(南無阿彌陀佛)의 염불일념(念佛一念)에 들어도 하루 종일 여섯 자 그 소리뿐이지 다른 잡념 망상은 다 없어집니다。 이렇게 되면 그것을 염불삼매(念佛三昧)에 들었다고 합니다。 〈삼매〉란 인도 말이고 우리 말로 하자면 「마음이 똑바로 정해졌다。 제자리에 들어섰다。」는 뜻입니다。 이리저리 끌리고 현상에 이끌리고 사랑에 이끌리고 돈에 목매어 번뇌 망상에 흔들리고 했는데、 이런 모든 것、 무엇을 보나 아무 생각이 없을 때、 그때엔 마음이 제자리에 바로 선 것입니다。 「일체 생각 없이 마

하는 것이 아니고 다툼이 없는 행(無諍行)、 곧 청정한 행(清淨行)을 가리키는 것이니 마음 속에 불법을 얻었다는 생각이 조금이라도 있으면 얻은 것과 얻지 못한 것과 구별하게 되므로 이것이 씨가 되어 마침내는 주관 객관이 있게 되고 능소(能所)가 있게 되므로 좋은 것 싫은 것이 있고 그리하여 다툼이 생기게 되는 것이므로 육조대사께서는 「청정행이라 함은、 얻은 것이 있다는 마음을 버리는 것이라」(清淨行者爲除去有得心也)이라 하셨다。 또 함허득통(涵虛得通)은 「다툼이 없는 실다움이 있는 것을 다툼 없다는 이름을 붙인 것인데、 이 이름과 실을 다시 다 잊어야만 비로소 얻었다 할 것이다(以有無諍之實故 有無諍之名名實更須忘却始得)」라고 했다。

〔**註 6**〕 소승성과(小乘聖果)의 제一위인 수다원에서 제四위인 아라한의 마지막 과위(果位)에 오르기까지는 아홉가지의 사혹(思惑)을 끊어

음 저 혼자 아무 상대 없이 꼭 제대로 마음이 섰다。」 대체로 이런 의미를 가진 말이 〈삼매(三昧)〉입니다。

요새 정립(定立)이란 말을 쓰는데 인생관이 정립됐다、국가관을 정립한다、확실하게 결정을 해서 흔들리지 않고 튼튼하게 서 있다、그런 뜻입니다。불교에는 또 선정(禪定)이란 말이 있읍니다。참선을 하는데 다른 생각이 하나도 없이 〈화두(話頭)〉만 뚜렷한 그것을 선정이라 하고 삼매에 들었다고 합니다。염불이나 참선이나 진언이나 어떤 공부를 해서 내 몸뚱이도 없고 생사도 없고 그렇다고 자는 것도 아니며 허망한 환상에 빠진 것도 아닌 깨끗한 정신입니다。우리는 동서남북으로 마음이 갈가리 찢겨져서 잠도 못자고 마음도 편치 못한데 이 마음이 딱 정립이 돼서 가장 깨끗한 기분、잡념이 하나도 없는 또렷한 마음만 남아 있을 때、마음이 정립되어 선정 삼매에 들어섰을 그때에는 사람의 마음이 가장 안락할 때입니다。

잡념 때문에 잠을 못자고 음식을 먹어도 소화가 안 되고 그랬는데 이제 삼매에 들어서 망상이 끊어졌으니、성인의 지위에 처음 들어섰다、참여했다는 뜻으로 초과(初果)라 하고 〈입류(入流)〉라고 한 것입니다。이것을 〈수다원〉이라 합니다。

우리 마음이 동서남북 하늘 땅 천당 지옥으로 쏘다닙니다。어디엘 가면 좋은 음식 좀 얻어 먹을까。어디 가면 좋은 사람을 만날까 이런 번뇌 망상으로 잠을 못자고 부산 갔다 대구 갔다 하며 이런 짓거리 저런 짓거리로 업(業)을 짓기 때문입니다。그런데 이 번뇌의 마음을 버리고 대구 부산 생각하던 그 마음이 없어진 것뿐이지 대구나 부산 생각하던 마음자리까지 어디로 간 것이냐 하면 그런 것은 아니고 〈마음자리〉만은 영원히 그대로 남아 있는 것입니다。그러므로 성인의 종류에 들어섰다고 해서 어디로 들어갔거나 올라간 게 아니고 아무데도 들어선 데가 없읍니다。

야 한다。그런데 「아홉 가지 사혹」이란 욕계(欲界)·색계(色界)·무색계(無色界)의 三계、곧 우주를 아홉가지로 나눈 것을 뜻한다。

一、욕계 안에는 지옥·아귀·축생·인간·천상의 다섯 세계를 제一(地)로 하는 욕계오취지(欲界五趣地)라 한다。

二、색계의 초선천(初禪天)을 가리키니 욕계를 떠났기 때문에 기쁘고(喜) 즐거움(樂)이 그지없는 마음을 일으키는 것이 역시 번뇌이므로 이것도 제二의 혹이 되는데 이 초선천의 경계를 이생희락지(離生喜樂地)라 한다。

三、색계의 제이선천(二禪天)에서 하늘 나라의 고요한 마음의 경계를 二선정(禪定)이라 하는데 이 정에서 즐거운 마음이 일어나므로 이것을 정생희락지(定生喜樂地)라고 한다。

四、색계제삼선천(第三禪天)의 정신경계이니 제二선천의 기쁘고 즐거운 마음을 여의고 마음이 더욱 안정되었으므로 묘한 즐거움이 일어나게

미친 사람이 역시 때가 되었는지 밤인지 낮인지 시간도 분간 못하고 밤새도록 떠들고 돌아다닙니다. 그래서 굶었다는 생각이 없기 때문에 몸이 축 안 나고 그것도 마음 하나이기 때문에 기운이 그렇게 세어집니다. 누구든지 때려 뉘일 자신을 가지고 있기 때문에 그 기운을 당할 수가 없는 것입니다. 마치 암탉이 병아리를 깠을 때 고양이나 개가 달려들면 암탉이 성을 내서 달려들면 개도 도망을 가고 고양이도 도망을 갑니다. 마음으로 지기 때문에 그렇게 되는 것입니다. 이 암탉이 모성애(母性愛)에서 무서운 마음으로 달려드는 때문입니다. 정신이 통일되면 마음에 힘이 생깁니다.

그런데 우리는 아무것도 안 먹었으니 어쩌나 하는 이런 것 때문에 해탈이 잘 안됩니다. 견성을 해 놓고도 깊이는 못깨달아 앞으로 점차로 보림(保任)해 가지만 돈오(頓悟)를 해서 자꾸 올라갑니다. 처음에는 깨치고도 범부 때와 마찬가지어서 때가 되면 꼭 밥 먹어야 되고 밤 되면 자고 그렇지만 나중에는 그게 먹는다 굶는다 낮이다 밤이다 삼일 되어서도 아무 생각 없이 되고 모든 사물을 무심코 대하게 되어 그때는 상(相)이 상이 아닙니다. 산이라고 보면 다 산이고 물이라고 보면 태평양 바다가 되고 불이라고 볼 때는 그 놈이 큰 불바다가 되고 그러니 그때는 보는 대로 마음 쓰는 대로 다 되어 버립니다. 이 자리가 우주의 시간 공간의 본체이다 보니까 현상계는 다 본체의 그림자이기 때문에 그렇게 되는데, 도가 거기까지 안 가면 그렇게 자유롭지는 못합니다. 소위 팔지보살(八地菩薩)을 六학년 졸업이라 치면 五학년 三학기쯤 되는 정도에 가면 색이 곧 공이고 공이 곧 색이 되어서 만물이 그 앞에서는 공해 버립니다.

이 자체는 본래 공한 것인데 참말로 있는 거라는 그 망상 때문에 정말 있는 것같이 되어 있고 바윗돌은 중력이 있는 건데 하는 생각 때문에 아무리 들려 해도 안 들리고 조그만 것은 한 손으로 들리고 그래집니다. 그런데 그 중량이 다 마음으로 정한 것이지 중량이

되는 더욱 고차원적인 정신 세계인데, 이것을 이희묘락지(離喜妙樂地)라 한다.

五, 색계제사선천(色界第四禪天)의 정신세계는 제三선천의 즐거움을 여의고 청정평등한 마음의 경계이니 이것은 괴로움도 즐거움도 느끼지 않지만 一종의 감각작용으로서 불교에서 일컫는 「선정」과는 차원이 다르므로 역시 혹의 하나고 근본번뇌가 떨어지지 않은 경계로 본다. 이 경계를 사념청정지(捨念淸淨地)라고 한다.

六, 여섯번째 경계는 무색계천(無色界天)에 올라가서 색계의 속박을 싫어하여 색에 대한 관념을 버리고 한 없는 허공에 두루하는 선정을 닦는 경계인 바 이것을 공무변처지(空無邊處地)라고 한다.

七, 「공무변처지」에서 공에 대한 생각마저 버리고 심식(心識)이 끝없이 확대되는 관상(觀想)에 머물러 선정을 닦는 곳, 이것을 「식무 변처지」(識無邊處地)라 한다.

실제로 있는 것이 아니라 진공입니다。현실도 하나의 꿈인데 여기는 밝은 광명이 나오니 보이고 저기는 광선이 막혀서 껌껌하고 한 이것이 하나의 우리 망상이지 사실로 이런 것은 아니라는 것입니다。

수보리존자께서 이런 공한 도리를 잘 알고 계시고 구공자리까지 잘 체득한 어른이니까 부처님께 「들어간 게 없고 오고 간 게 없고 얻었다는 생각이 없읍니다。」하고 사뢰었던 것입니다。

마음 스스로는 그렇지만 또 그게 불입색성향미촉법(不入色聲香味觸法)이며 또는 저 물질 세계에도 안 들어갑니다。만일 거기 가서 좋다 궂다 생각 안 낸다면 그게 안 들어가는 겁니다。산 보고 좋다 궂다 하든지 남녀가 서로 보고 좋다 궂다 그러면 벌써 들어간 것이니 남자에게 들어가고 여자에게 들어가고 빠진 것입니다。색(色)⑦이란 형상・물질계・현상계니 그리고 과학적・철학적으로 따지는 생각은 무조건 다 내 버리고 나면 산 보고 산이라고 해도 산이란 생각도 산 아니란 생각도 없이 무심이 됩니다。그리고 거기 소위 남이 날 보고 「미친놈아 도적놈아」해도 나는 탓을 안하고 조금도 언짢아하지도 않으며 또 거룩하고 장하다고 오체투지(五體投地)해서 존경해 줘도 나는 좋지도 않습니다。그러니 이렇게 되면 거기 안 들어간 것입니다。조금만 칭찬하면 좋아서 우쭐하고 욕하면 성내고 그러면 거기 들어간 것입니다。남이 나를 비방하고 욕한다고 하지만 그것이 다 거짓말이고 헛소리인 것인데 무슨 입장이 곤란합니까。육신에나 입장이 통하지、말하는 마음자리한테는 입장이 없읍니다。칭찬하고 헐뜯는데 끄달리면 벌써 거기 빠진 것이고 그 속에 들어가는 겁니다。벌써 누구한테 매여 가지고 이렇게 저렇게 넘어가는 것이고 요리조리 놀림을 당하는 것입니다。요새 보면 일본서 나온 좋은 향을 절에서 많이 갖다 씁니다。냄새 맡기 좋다고 부처님이 좋아하시겠지 하고 그럽니다。그렇지만 부처님은 구린내나는 것을 가지

八、제七지에서 닦는 관한다는 관념인 식상(識想)을 버리고 마음에 있는 바가 하나도 없는(心無所有) 선정을 닦는 곳。곧 무소유처지(無所有處地)라고 한다。

九、제八지의 「식무변처지」는 식이 한없이 확대됨을 관함으로 생각이 있는 유상(有想)이고 그 다음 八지의 「무소유처지」는 식의 비존재를 관함으로 곧 생각이 없는 무상(無想)인데 유상(有想)을 버림으로 비상(非想)이라 하고 무상을 여의므로 비비상(非非想)이라 한다。

이상 九지의 정신경계는 생각이 아주 끊어진 것이 아니며 생각 없는 경계의 선정이라 하지만 생각이 남아 있으면 이것은 망상이 있는 것이고 생각이 아주 없어서 죽은 송장처럼 되면 그것은 초목과 같은 죽은 물질이므로 참다운 선정이라 할수 없다。따라서 이것은 혹(惑)일 수밖에 없으므로 이 마지막 혹까지 끊어야만 수다원의 성류(聖流)에 비로소 들어설 수 있는 것이다。

고 불공을 한다 해도 싫다 안 하고 향내를 좋아하지도 않습니다. 불공하는 사람 자기 정성일 뿐이지 물질이 좋고 궂고는 아무 상관 없는 겁니다. 같은 값이면 남이 좋아하는 것 가져 오고 싶어서 그러지만 역시 수다원 초과만 증득해도 자기가 오고 가지도 않는 항상 그대로일 뿐 아니라 일체의 객관에도 안 들어갑니다.

그래서 아무리 좋은 음식이라도 좋지도 않고, 궂은 음식이라도 싫지도 않습니다. 부처님 당시에 어떤 큰 부자가 부처님의 비구스님네와 바라문교의 승려를 초청한 적이 있었읍니다. 그 당시 바라문교는 우리나라의 민속신앙이나 기독교처럼 창조주인 부라만신이 있다고 믿는 외도(外道)였읍니다. 이 장자가 바라문교의 거두들을 수백명 초청하고 또 부처님 제자들을 오백명 초청해서 점심 대접을 잘했는데 그 나라 국왕도 잘 못먹어 보는 진미 공양을 차려 놓고 가만히 지켜 봅니다. 거지 밥 주듯이 먹든지 말든지 줘 놓고 보지도 않으면 그건 또 실례이므로 가만히 지켜 보는데 이 바라문들은 생전 처음 먹는 음식을 얻어 먹으니까 마음이 좋아서 얼굴에 희색이 만면해서 입도 뻥긋뻥긋하고 눈도 끔뻑끔뻑 코도 쫑끗쫑끗하고 어떻게 좋아하는지 말로 형용할 수 없을 정도입니다. 그런데 머리를 빡빡 깎고 누더기옷을 입은 비구승들은 좋아서 먹는지 싫어서 억지로 먹는지 알 수 없이 담담하게 먹습니다.

장자는 그 다음에 먼저 왔던 그분들을 한번 또 청했읍니다. 그때는 꽁보리밥에다 텁텁한 된장 좀 지지고 시래기 좀 무치고 생비지에 간장 좀 하고 먹으라고 내놓았읍니다. 그러니까 바라문들은 생전 그런건 구경도 못한 맛 없는 음식이므로 억지로 숟가락을 놨다가 댔다가 하면서 상을 찡그리고 안 먹을 수 없어서 몇 술식 뜨고는 숟가락을 놓습니다. 거지 차림의 비구승들은 가만히 보니 역시 먼저번과 같이 담담하니 한 그릇씩 반찬 하나도 안 남기고 싹싹 긁어 다 먹습니다. 그 얼굴을 보아도 좋은지 궂은지 모르겠고 아무런

〔註 7〕 색(色) 범어 Rupa: 정신에 대한 물질 전반을 「색」이라 함. 물질에 대한 불교적인 통념으로서 첫째는 변하여 없어지는 변괴(變壞)의 형체와 성질이 있어서 서로 장애되고 막히는 성질, 곧 질애(窒礙)의 뜻이 있다. 다시 말하면 형상과 색체가 있는 감각적·직관적 대경(對境)을 가리킨다.

여기에 二종색(種色) 三종색·十一색·十四색 등의 구분이 있다. 二종색: 첫째는 내색(內色), 곧 눈·귀·코·입·피부 등의 五관 내지는 오장육부(五藏六腑) 신체 전반을 가리키니 이것은 객관의 환경과 달리 내 몸뚱이 자신에 있는 물질이므로 이것을 안의 물질이라는 뜻으로 「내색」이라 했다. 둘째, 외색(外色)이니 형상·빛깔·소리·향기·맛·닿이는 것등 五관의 대상, 곧 객관·물질계 전반을 가리킨다.

三종색: 첫째는 눈으로 볼 수 있는 물질이니 형상이 있든지 빛깔

표현이 [illegible]니다。

그래서 장자는 나중에 공양을 마친 뒤에 비구승에게 물어 봤읍니다。「아、스님네들 죄송합니다。 먼젓번의 초청은 제가 복을 지으려고 힘껏 차렸었는데 바라문 승려들은 그때 참 기쁜 마음으로 자시는 걸 제가 보고 아주 좋았읍니다。 그런데 스님네들은 억지로 먹는지 좋은 마음으로 자시는지 얼굴에 나타나질 않아서 하도 궁금하여 이번에 일부러 내가 시험 삼아 그래 본 겁니다。 그런데 이번에도 스님네들은 담담히 다 잡수시고 반찬 한 젓갈도 안 남겨 놓았고 그것도 싹싹 씻어 그 물까지 다 마시고 그러니 그것 먹기 싫은 걸 조작으로 억지로 그렇게 잡수십니까。 좋은 음식을 자시든 나쁜 음식을 자시든 똑 같은 얼굴로 자시는 그 내력을 알 수 없읍니다。」

그러니 노장 비구승 한 분이 일어서며「비구승 입은 아궁이와 같습니다。 불 때는 아궁이는 썩은 놈을 때도 아무 말도 안하고 장작 좋은 것 폭탄 터지듯이 잘 타는 놈을 때도 좋다고 안 하는 것이나 한가지입니다。 무심함으로 해서 그걸로 생사를 초월하려고 하는데 음식 좀 맛있으면 좋다고 까불고 나쁜 거 준다고 찡그리고 하면 도가 어디에 있고 언제 생사를 면하겠읍니까。」 그런 뜻으로 말했다는 것입니다。

얼마 전에 돌아가신 백용성(白龍城) 스님이 통도사(通度寺) 건너 안산이 소금강이라 하여 경치도 좋은 데고 해서 거기 내원암(內院庵)에 계실 적입니다。 부산의 혜월(慧月) 스님이 물 떠 오라 해서 물 떠 오니까 그게 불법이라고 하듯이 그와 같은 도인입니다。 백용성 스님이 초심학인들 데리고 수고를 한다니까 혜월 스님이 수박을 하나 사 가지고 왔었읍니다。 마침 오니까 용성 스님이 점심상을 받아 놓고 다시마 튀김을 입에 넣고 씹는 판이라 혜월 노장님이 막 들어가 밥상머리에 앉자마자 다짜고짜로「아 그거 맛이 어떻습니까。 맛이 좋습니까 나쁩니까。」 그러니까「좋지도 나쁘지도 않습니다。」 용성 스님 대답이

이 있는 안근(眼根)의 대경(對境)이며、둘째는 눈으로 볼 수 없는 물질적 존재를 말하니、소리、향기나 춥고 찬 것 맛 등의 물질적 내용을 말한다。 세째는 볼 수도 없지만 형상도 볼 수도 들을 수도 감촉할 수도 없는 물질적 내용을 가진 사물(事物)、곧 몸·입의 두 가지 업을 일으킬 때 이 업의 결과로서 받아질 과보의 원인인 동시에 자신의 내부에서 싹트고 있는데 그 원인은 볼 수도 들을 수도 감촉할 수도 없으므로 이것은 물질적 현상으로 나타날 하나의 인자(因子)이기 때문에 이것을 아직 나타나지 않은 물질이란 뜻으로 「무표색」이라 한다。 이상 색에 대한 세 가지 분류를 보였으나 이 외에도 十一색·十四색 등의 구분법도 있다。

〔註 8〕 성(聲): 귀로 들을 수 있는 대상、곧 소리를 뜻한다。 이 소리에도 구사론(俱舍論)에서는 여덟가지로 나누어 설명하기도 한다。

〔註 9〕 향(香) 범어 Gandha: 건타(乾陀)라

좋아서 먹는 것도 아니고 나빠서 먹는 것도 아니라는 것입니다. 「그럼 거 무슨 맛으로 먹습니까.」「그저 먹을 뿐입니다.」 달리 또 어렵게 하는 법도 있지만 쉽게 남도 알아듣게 하기 위해서 이렇게 말한 것입니다. 다 같은 도인들끼리의 경지이니 이렇게 마음이 통하고 말이 통합니다.

나도 한번 흉내낸다고 지금부터 한 三〇년 전 해방 전입니다. 어떤 신도가 내가 항상 다 떨어진 장삼을 입고 다니니까 모시장삼을 해 왔읍니다. 내가 입을는지 안 입을는지 그것도 물어 보지 않고 또 스님네 여러분을 청량리 청량사에 청해 가지고 음식을 차려 놓고 대접을 합니다. 나는 무슨 사연인지도 모르고 따라가서 대접을 받았는데 나중에 장삼을 내 앞에 내 놓고 절을 하고 그럽니다. 그래도 나는 가만히 내 버려 두고 앉아 있었읍니다. 스님을 새로 정하고 불명이나 하나 지어 달라는 것입니다. 그래도 나는 그리해 준다는 말도 안 하고 안 해 준다는 말도 안 하고 가만히 앉아서 남의 말처럼 그것도 남의 말이니까 덤덤히 있으니, 거기 같이 갔던 스님들이 화를 내고 야단났읍니다. 대보살 신도가 와서 절을 하고 이러는데 본체만체하고 앉아 있으니 네가 뭐 그리 대단하냐는 겁니다. 자기들이 면구해서 못 앉아 있겠다는 겁니다. 그래도 나는 말도 안 하고 있읍니다. 칼을 가지고 나를 찔러도 그건 자기네 일이고 내 일이 아닙니다. 그런 뒤에 나를 대단히 좋지 않게 여긴다는 말이 있읍니다.

그런데 촉(觸)⑫이라는 것은 다른 것이 아니고 부딪친다 대지른다 닿는다는 말인데, 남과 서로 부딪치는 겁니다. 그 가운데 여러가지 촉이 있지마는 가령 남녀간의 촉이 제일 무겁습니다. 의복도 좋은 거 부드러운 것 비단을 입으면 몸뚱이가 촉감이 좋아지고 색정(色情)이 통한다고 합니다. 그래서 부처님은 거친 걸 입으라는 겁니다. 전에 그런 얘기가 있읍니다. 七〇노인이 아들 딸도 없이 홀로 사는데 어떤 처녀가 스스로 자원해서 시

음역하며 五경(境)·五진(塵)의 하나. 코로 맡을 수 있는 냄새 일체를 말한다. 이것을 크게 세 가지로 나누어 냄새가 좋은 호향(好香)과 냄새가 나쁜 오향(惡香) 나쁘지도 좋지도 않은 등향(等香)으로 나눈다. 여기에 부등향(不等香)을 합하여 四종으로 나누기도 한다.

〔註 10〕 **부라만**(梵摩) 범어 Brahman : 범마(梵摩)·바라하마(婆羅賀摩)라 음역한다. 번역하여 이욕(離欲)·청정(淸淨)·적정(寂靜)이라 한다. 인도의 고대 종교인 우바니샤트철학·바라문교에서 세운 우주 최고의 원리이고 창조신(創造神)인 범은 부라만이 자신의 번식하려는 의지로써 우주의 모든 존재는 생겼는데 이 범으로부터 생긴 二차적인 우주의 현실계는 차별·욕망·고통 등의 모순의 세계이며 상대적인 세계라는 것. 따라서 각각 최고지대의 부라만과 합일하도록 복귀해야 한다는 인도 고대의 종교철학.

집을 갔는데 처음에 명주 옷을 해 주어서 섹정을 회복시켜 가지고 아들을 낳아서 큰 인물로 길렀다는 얘기가 있읍니다. 그런데 수다원과만 얻어도 이런 촉법에 안 걸립니다. 그러나 이런 선정삼매(禪定三昧)를 얻어도 쓸데없는 객진번뇌(客塵煩惱)를 좋다 싫다 하는 그 마음 쓰는 작용은 그대로 있는데 그게 어디 나가고 들어가고 했읍니까. 그건 어디 나가서 하는 것도 아니고 어디 들어와서 하는 것도 아니고 항상 그대로니까 또 그게 나가 버렸다 해서 어디 오고 간 것도 아니고 그 자체 그대로니까 본연한 자체뿐이란 뜻입니다.

중생이 곧 부처

부처님께서 도솔천(兜率天) 내원궁(內院宮)에서 인간 세상에 내려오시어 인도의 가비라 왕국(迦毘羅王國) 마야부인(摩耶夫人)의 뱃속으로 들어가셨지만, 그러나 부처님은 도솔천의 법상(法床 : 설법하시는 자리)에서 내리지 않고 그대로 앉아 계신 채였으며, 또한 마야부인의 태중에서 세상에 나오지 않으신 채 일체 중생을 교화하여 마치신 것입니다. 마음을 깨친 청정한 마음 자리에서 보면 일체 중생이 모두 다 부처고 부처 아닌 중생이 하나도 없기 때문이며, 자기가 깨치고 나면 본래부터 자기가 부처인 것인데, 중생이 그런 줄 모르고 육체가 〈나〉라고 해서 마음이 참 나인 줄 모르기 때문입니다.

주관과 객관은 현상으로 볼 때에만 대립되어 있고 상관관계에 있는 것이지 마음의 바탕에서는 있을 수 없읍니다. 그것은 발과 머리 사이에는 서로 거리가 있겠지만 나하고는 발이나 머리는 다같이 거리가 없읍니다. 둘이 아니기 때문입니다. 나와 몸뚱이는 어느 부분과도 거리가 없읍니다. 등도 나의 등이면서 나이고 배도 앞가슴도 나의 배 나의 앞가슴이면서 그대로 나입니다. 그러므로 나의 마음자리에서 보면 앞도 뒤도 없고 머리가 위고

〔註 11〕 **통도사**(通度寺) : 경상남도 양산군 하북면 지산리 영추산(靈鷲山)에 있는 절. 신라 선덕여왕(善德女王) 一五년(六四六) 자장 율사(慈藏律師)가 당나라에 가서 청량산(淸凉山) 문수보살 상 앞에 경성으로 기도한 결과 부처님의 사리를 받아 가지고 신라에 돌아와서 이 절을 창건했다. 이 도량은 특히 부처님의 사리를 모신 탑이 불상을 대신하고 있으며 우리나라의 남산 율종(南山律宗)의 근본도량이 되었다.

〔註 12〕 **촉**(觸)은 대상에 접촉하는 것으로서 五관의 기관인 근(根)과 그 객관인 경(境)과 알음알이인 식(識)을 화합시키는 작용을 뜻한다. 곧 몸에 닿는 대상으로 굳은 것(堅), 축축한 것(濕), 더운 것(煖), 흔들리는 것(動), 매끄러운 것(滑), 무거운 것(重), 찬 것(冷), 배고픈 것(飢), 목마른 것(渴) 등의 열 한 가지를 들 수 있다.

발이 아래라고 하지만 머리가 나의 위도 아니고 발 또한 나의 아래에 있는 것도 아닙니다。그 경계란 있을 수 없읍니다。이와 같이 우리의 마음도 작을 때는 바늘 끝 위에도 올라 앉을 수 있고、또 클 때에는 온 우주를 둘러싸고도 모자람이 없기 때문에 그 크고 작은 것을 말할 수 없으며 동시에 거리나 경계가 따로 있을 수 없읍니다。그러므로 그 가장자리를 볼 수도 없읍니다。

그러면 마음이 그렇게 우주에 꽉 찬 것이라면 그것을 우리가 어떻게 감당할 것인지 의아심이 생길 수도 있고 마치 몸뚱이가 큰 코끼리를 보는 몸뚱이가 날렵하고 작은 원숭이가「저렇게 큰 몸을 어떻게 움직이며 사는가。」하고 걱정하는 것처럼 느껴질지도 모릅니다。그러나 우리가 바늘 구멍에 실을 꿰는 경우 마음이 들어 왔다 나갔다 하는 것처럼 이 마음이 작을 때에는 바늘 끝에 올라 앉을 수도 있고 클 때는 우주에 꽉 찹니다。그렇다고 마음이 커졌다 작아진 것도 아닙니다。마음으로 바늘 구멍을 들여다볼 수도 없지만 마음이 우주에 가득 차 있는 채 그대로 보고 있는 것이며 바늘 끝에 날름 올라 앉아도 오히려 넓습니다。그러나 또한 마음이 거기 올라간 것도 아닙니다。오직 작고 크고가 자유입니다。이와 같이 마음이 인간 세상을 내려오고 올라가고 하지만 실로 올라간 것도 내려온 것도 아닙니다。

아나한도(阿羅漢道)는 소승(小乘)의 이상

불교에서 소승·대승 나누는 데 소승의 아라한도는 소승불교의 성위(聖位)로서 곧 번뇌를 끊어 가지고 망상을 쉬고쉬고 하여 번뇌 망상을 완전히 끊어서 남음이 없으면 이것이 나한인데 소승은 이것을 지상의 목표로 삼습니다。이것을 소승열반(小乘涅槃)이라 하는

데 대승에 비해 마음의 경계가 적으므로 많은 사람을 실을 수 없다는 뜻으로 소승(小乘)이라 한 것입니다。 이들은 번뇌 망상만 끊으면 된다는 지론입니다。 우리가 사는 지구도 마침내는 부서져서 수억만번 생겼다 없어졌다 그러는데、 이렇게 지구가 파멸되어 에너지로 돌아갔다가 또다시 지구가 건립되고 그러는 것을 불교에서 생겨서(生) 있다가(住) 부서져(壞) 없어진다(空)는 뜻으로 성주괴공(成住壞空)이라 그럽니다。 그런데 나한이 되면 지구가 부서져 다 없어지는 이때에도 몸뚱이가 허공에 가만히 있다는 것입니다。 늙지도 젊지도 않고 아무 생각도 없고 정말 편한 사람입니다。 이 천지에 허공이거나 아니거나 아무 상관 없고 지구가 없어지거나 원자탄으로 부수거나 나는 상관 없읍니다。 이것이 생사 밖에 뛰어나서 죽을 수 없는 지경에 이르른 것입니다。 이렇게 생사 밖에 뛰어났으면서 보살들처럼 중생을 제도하지 않습니다。 그것은 중생제도만 하면 곧 부처님이 될 텐데 소승의 나한들은 남의 말 안 듣는 중생들과 이래라 저래라 잘한다 못한다 그러다 보면 번뇌가 또 일어나서 생사 중생에 떨어지게 되기 때문이라는 것입니다。

그러나 이것은 근본적으로 번뇌가 안 쉬었기 때문이라 할 수 있읍니다。 그래서 이 사람들은 중생제도를 못합니다。 중생 잘못하는 것을 보면 꾸짖고 때려 주고 싶고 그러니 그것은 탐진치가 아직 남아 있기 때문입니다。 중생 제도하려다 나중에 도리어 중생이 되겠다는 것이니 소승불교는 결국 공부가 다 된게 아니라는 것입니다。 또 자기만 편안한 데 들어가 혼자 안주(安住)하고 있으니 이것은 염세주의입니다。 나한은 신통도 굉장한 실력을 가지고 있읍니다。 삼천대천만 해도 십억이나 되는 지구이니 굉장한 우주 공간이지만、 지구의 천백억배 되는 삼천대천세계에 하루 二四시간 소나기가 쏟아져 내렸다고 치면 그 소나기는 마치 우주 폭포일 것입니다。 그렇지만 방울방울 떨어지는 물방울이 뒤를 따라 연속 내려오니까 쭉 내려오는 물처럼 보이지만 사실은 하나하나의 물방울의 연속인데 이런 소나기가 십억 백억의 지구에 하루 종일 내렸다고 하면 그 물방울이 얼마나 많겠습니까。 그런데 나한님네는 그렇게 내린 비의 물방울 수를 다 알 수 있습니다。 전자계산기나 되면 모르지만 그 많은 빗방울의 수효를 다 알고 있다는 것입니다。 번뇌가 없으니 마음이 환하게 밝아서 다 보인다는 겁니다。 나한의 신통이 그만하면 그 마음이 그만큼 굉장하여 대자연계에 자유로운 힘도 그렇게 크다는 것입니다。 또한 이 나한의 특성 중 하나는 옳고 그른 것을 지킨다는 데도 있습니다。 그래서 중생은 그르다는 한계를 두므로 자비심이 부족하고 대승심이 없다는 것이 그 특징입니다。

대승(大乘)의 자비 구세사상

대승⑬ 불법은 중생이 그대로 부처가 다 되어 있으니 몸뚱이가 나라는 생각만 쉬라는 것입니다。 소승불법 모양 저 혼자 나한이 되어 한쪽에 가만히 앉아 있다면 초견성(初見性)만 해도 할 수 있습니다。 남의 상좌가 잘못하면 때리고 그런 가운데 그걸 초월해서 종일 만나 시비를 하였지만 나는 만난 일 없고 시비한 일 없고 그런 심정에서 얘기해 주고 가르쳐 줍니다。 그 사람은 물론 얘기해도 안 한 거고 얘기 안 해도 안 한 것도 없읍니다。 이것이 대승불법입니다。 대승불교의 이런 큰 불법을 성취하려면 이 몸뚱이를 초월하여 한국 사람처럼 남 잘되면 미워하고 시기 질투하고 도대체 남의 말 잘 안 듣는 그런 중생들 틈에 끼여 그 사람들을 착하게 만들고 불법을 깨닫게 합니다。 그리고 「내가 중생을 교화했다、 그 공이 내게 있다、 그런 생각 하지 말고 무주상보시(無住相布施)하라。」 이것이 대승사상(大乘思想)입니다。

소승은 본래부터 번뇌망상이 있는 것이니 이것을 끊어야겠다는 것이고、 대승불법은

〔註 13〕 대승(大乘)∶ 大는 작은 데 대해서 크다는 뜻이고、 승(乘)은 사람이 물건을 실어서 운반한다는 뜻이니、 그 가르침이 많은 중생을 교화해서 싣고 갈 수 있는 큰 가르침、 대교(大敎)란 뜻이다。 몸뚱이도 없고 지혜도 아는 것도 없고 오직 공적하여 아무것도 얻은 것도 잃은 것도 없으며 오직 공적한 데 들어가서 가만히만 있는 것을 소승의 최고 목표인 소승 열반(涅槃)이니 자기 하나만을 구제하려는 것에 불과하므로 작다고

한 것이다。 대승은 이와 같이 무위공적한 열반의 경지에서 중생을 위해 일체의 중생을 제도하고 자 무심한 가운데 아무 생각 없이 조건 없이 六도만행을 하므로 많은 사람을 구제하기 때문에 대승이라 한 것이다。 또 대승에서는 중생이라도 근본적으로 부처와 다름이 없다고 보는 것이다。

소승에는 성문(聲聞)·연각(緣覺)의 구별이 있고 대승에는 一승·三승의 구별이 있다。 법화경에 「만일 중생이 불세존을 따라서 법문을 믿어 받아 지니어 부지런히 정진한다면 그래서 〈일체지〉를 구하고 불지를 구한다면 그래서 여래의 지혜 스승 없이 아는 지혜를 얻어서 무량한 중생들을 불쌍히 여기어 편안하게 하였고 하늘 사람을 이익하게 하였다면 이것이 〈대승〉이라 할 것인 바, 보살이 이러한 대승을 구하므로 마하살이라 하느니라。」고 하였다。

若有衆生 從佛世尊 聞法信受勤修精進 求一切智 佛智 自然智 無師

내가 망상을 안 내면 된다。 그 망상 자체가 있는 게 아니라 내 마음 자리에서 생각을 일으키니 망상일 뿐이라고 봅니다。 그러므로 소승불교는 탐진치가 있다고 하여 천만생을 돌아다니며 이걸 끊어 내려는 것이고、 대승불교는 「내가 망상을 자꾸 내기 때문에 번뇌가 계속되는 것이니 내가 생각 안 내면 없다。 허공에서 망상이 나오는 것도 아니고 땅 속에서 나오는 것도 아니다。」 하여 근본적으로 생각을 안 내려 드는 것입니다。 이렇게 하는 것이 오히려 빨리 끊어지고 훨씬 수월합니다。 예컨대、 가정에서 어머니가 애들이 잘못하면 나무라고 안 들으면 손찌검도 하고 때리기도 하지만 참말로 미워서 진심으로 그러는 게 아니고 사람 만들려고 벌을 주는 것입니다。 철이 없는 어린애이니까 그런 나쁜 일 못하게 하느라고 겉으로 그러는 것이고 자비심으로 하는 거지 참으로 저놈 때려 없애야겠다는 생각이라면 그 사람은 지옥 갑니다。 그러므로 아무 생각 없이 그 사람 바로 잡기 위해서 빨리 부처가 되도록 하기 위해서 아무 이해 상관도 없이 아무 조건 없이 일러 주는 것뿐이며 대승불교는 처음부터 이렇게 나가기 때문에 종일 얘기를 해도 아무 피로를 모르는 실천이며 보살행이고 수행입니다。

그러나 나한들은 이런 것에 대해 귀찮은 생각을 합니다。 두번째 세번째 안 들으면 다 내 버리고 그만 도망가 버립니다。 고약한 놈、 바른 말 바른 대로 해 줘도 안 듣고 귀에 담아 줘도 못 알아들으니 그게 미워서 못 봐 줍니다。

그러니 소승은 애초에 번뇌를 끊어야 하고 중생 사회를 멀리 해야 한다는 염세적(厭世的) 불교인데 대해、 대승은 번뇌만 없으면 그 마음이 곧 보리 불성자리이며、 중생·마음·부처가 하나이니、 오로지 중생을 제도해야 한다는 구세주의(救世主義)인 불교입니다。 대승불교는 마음을 깨치면 번뇌가 곧 보리이고 중생이 곧 부처이므로 걸림이 없읍니다。 밥을 먹어도 그만、 안 먹어도 그만、 대승불법은 그렇게 쉬워야 합니다。 「우리가 주다 주다

智如來智見力 無所畏愍念安樂 無量衆生 利益天人 度脫一切 是名大乘菩薩 求大乘故名 摩訶薩

줄 게 없으면 눈도 빼 주라」는 말은 몸뚱이가 내가 아니고 눈이 보는 게 아니며 이 오관이 아는 게 아니고 마음이 보고 아는 것임을 확실히 인식하고 이 눈 때문에 못볼 내가 아니니 중생을 위해 완전히 빼 주는 것이며 설사 못 본다 해도 그래도 좋다。내가 이렇게 착하게 육신을 정리해 가면서 다리 하나 끊어 달라면 잘라 주고 피좀 빼 달라면 뽑아 줍니다。그리고 「이 몸뚱이 죽어도 좋다。당장에 쓰러지지만 내가 더 용맹정진해서 누구보다 자아완성을 위해서 부처될 수 있다。그래서 우주에 자유로운 나를 회복해야지 항상 육체가 나라는 생각에 이끌려서 좋은 일에도 시비하고 나쁜 일에도 시비하고 이렇게 해선 안 되겠다。」는 것입니다。말 안 듣는 못된 중생들을 백번 천번 일러 주게 되더라도 성내지 말아야 합니다。안 들어도 그 사람 부처가 될 때까지 자꾸 따라다니며 일러 줘야 합니다。그것이 자기가 성불하는 방법입니다。

이상사회(理想社會)는 청정한 마음으로부터

금강경도 이런 마음으로 가만히 읽으면 확실히 할 일 못할 일 구별이 납니다。사람이 꼭 할 일이 뭐냐 하면 사람을 생사에서 꼭 건져내야 하는 일입니다。육체를 나라고 하다가는 고통을 면할 길이 없다고 하는 것을 깨우쳐야 합니다。일 초도 마음이 편안할 수 없고、남과 안 싸울 수도 없고 싸워 봤자 아무 이익도 없는 싸움을 해야 합니다。전 세계 돈을 다 모아 봤자 다 버리고 가야 하는데、밤에 갈는지 七○년·八○년 살고 갈는지 모르고 돈이 많다고 밥을두 그릇 먹느냐 하면 누구나 밥 한 그릇과 옷 한 벌은 마찬가지니 밥 한 그릇 옷 한 벌 놓아 두고는 다 남 주어라、없는 사람들 내가 안 주면 속으로 날 얼마나 미워할까。그리고 내 생애 만나 형제가 되어 싸우고 자식이 되어 싸우고 곤란을 줍니다。장학제도도、병원도 만들어 직공들 처자 다 치료해 주고 직공뿐 아니라 온 동네 사람 온 나라 사람 불쌍한 사람 다 도와 주자。벌어서 다 뭐 할 것인가。가지고 가지도 못하고 다 버리고 갈 건데 보시나 좀 하라는 것입니다。 그러면 자본주의는 저만 살겠다는 욕심 버리고、공산당은 한 사람이 독재를 해서 소처럼 개처럼 부려 먹으려 할 필요가 없어져서 세상은 공산당도 자본주의도 없어지고 평화스러운 사회가 됩니다。

불교 사상에 들어서면 우리는 모두 남을 위해서 희생해야 합니다。 그러면 가정도 편해지고 내 맘도 편해지고 이렇게 내 맘이 편하면 전 세계가 편해집니다。내 맘이 더러우면 온 중생이 다 더러운 사람이 되고、내 맘이 청정해지면 온 국민이 다 청정해집니다。 그러니 이 세상을 자유평화롭게 하려거던 네 맘부터 바로잡아라。 공연히 세상이 냉혹하다 국가가 어떻다 정치하는 사람 나쁘고 부패했다 하지만 그렇게 아무리 나쁘다고 해 봤자 근본적으로 고쳐지지 않습니다。우선 너부터 고치면 모두 좋은 사람 돼 갑니다。 그러니 저만 착해지면 모두 착해집니다。 따라서 불교는 사회 정화하는 기본원리를 가지고 있읍니다。우선 너부터 나쁜 데 가담하지 말고、너 자신 하나가 정화되면 그러면 너를 대하는 사람도 다 너같이 된다。「사람이 나쁘다」「세상이 나쁘다」하는 사람은 어리석은 사람입니다。 그러니 나쁜 길로 간다는 건 그 책임이 자신에게 있는 것입니다。 이렇듯 중생을 제도하는 것이 대승불교의 정신입니다。

莊嚴淨土分(장엄정토분) 第十(제십)

佛告須菩提(불고수보리)하사대 於意云何(어의운하)오 如來昔在然燈佛所(여래석재연등불소)하야 於法(어법)에 有所得(유소득)不(부)아 不也(불야)니이다 世尊(세존)하 如來在然燈佛所(여래재연등불소)하사 於法(어법)에 實無所得(실무소득)이니이다 須菩提(수보리)야 於意云何(어의운하)오 菩薩(보살)이 莊嚴佛土不(장엄불토부)아 不也(불야)니이다 世尊(세존)하 何以故(하이고)오 莊嚴佛土者(장엄불토자)는 卽非莊嚴(즉비장엄)이니 是名莊嚴(시명장엄)이니이다 是故(시고)로 須菩提(수보리)야 諸(제)菩薩摩訶薩(보살마하살)은 應如是生淸淨心(응여시생청정심)이니 不應住色(불응주색)하고 生心(생심)하며 不應住聲(불응주성)香味觸法(향미촉법)하고 生心(생심)이요 應無所住(응무소주)하야 而生其心(이생기심)이니라 須菩提(수보리)야 譬如(비여)有人(유인)이 身如須彌山王(신여수미산왕)이면 於意云何(어의운하)오 是身(시신)이 爲大不(위대부)아 須菩提言(수보리언)하사대 甚大(심대)니이다 世尊(세존)하 何以故(하이고)오 佛說非身(불설비신)이 是名大身(시명대신)이니이다。

부처님께서 수보리에게 말씀하셨다。『네 생각에 어떠하냐。여래가 옛적에 연등부처님 처소에서 얻은 바 법이 있느냐 없느냐。』

『아니옵니다。세존이시여、여래께서 연등부처님 처소에서 실로 얻은 법이 없사옵니다。』

『수보리야、네 생각에 어떠하냐。보살이 불토를 장엄하느냐。안 하느냐。』

『아니옵니다、세존이시여。왜냐 하오면 불토를 장엄한다는 것은 곧 장엄이 아니오며 그 이름이 장엄이옵니다。』

『그러므로 수보리야、모든 보살 마하살은 마땅히 이와 같이 청정한 마음을 낼 것이니、마땅히 물질에 머물지 말고 마음을 내며、또 소리·향기·맛·부딪침·법에 머물지 말고 마음을 낼 것이니、마땅히 머무름 없이 그 마음을 쓸 것이니라。』

『수보리야、비유하건대、어떤 사람의 몸이 수미산왕만하다면 네 생각에 어떠하냐。이 몸이 크다고 하겠느냐。』

수보리가 사뢰었다。『매우 크옵니다、세존이시여。왜냐 하오면 부처님께서는 몸 아닌 것을 말씀하시어 큰 몸이라 이름하시었기 때문이옵니다。』

第十 莊嚴淨土分 — 거룩한 불토 장엄

〔科 解〕

제一〇분은 장엄정토분(莊嚴淨土分)인데 장엄은 꾸민다는 말입니다。요새 말로 도시미화(都市美化)한다、곧 가로수(街路樹)를 심고 길을 넓혀 가지고 여러가지 치장을 잘 하는 것이란 뜻입니다。정토(淨土)는 부처님 세계 곧 불토(佛土)를 가리키는데、우리 본심 자리가 점령하고 있는 전체 우주를 흙토자(土) 하나로 말한 것입니다。현상계는 흙이 대표적이니까 그렇게 말합니다。불토(佛土)라 그러면 한 부처님이 깨달아서 점령하고 있는 세계를 가리키는 말이므로 정토를 장엄한다 함은 불세계를 미화한다는 뜻이 됩니다。우리 중생들은 장엄이 안 되어 있어서 모두 오줌·똥·고름·썩은 거름·송장부스러기 같은 것들이 썩은 더러운 것을 먹고 험악하게 삽니다。그런데 우리가 소승불교에 초과(初果)·이과(二果)·삼과(三果)·사과(四果)를 증득해 올라가면 차차 이 세계가 정화됩니다。더럽고 험한 것이 없어지고 차차 우리가 먹지도 않고 그러다 보니까 대·소변도 필요 없어지고 그러므로 해서 몸이 점점 환화공신(幻化空身)으로 되어 갑니다。

二七斷疑論 제十장 엄정토분(莊嚴淨土分)은 二七단의 로는 제五·六단의(斷疑)가 된다。석가세존이 연등불께 받은 법이 있고 설한 법이 있는데 어째서 얻은 법이 없다 하고 설한 일이 없다고 하는가에 대한 의심을 끊는 대문이「제五단의」이니 佛告須菩提에서부터 實無所得까지를 말한다。

「제六단의」는 불토를 장엄하는 것은 취착하지 않는다는 뜻에 어긋나는 것이라는 의심을 끊는 대문이다(第六斷 嚴土違於不取疑)。여기에 다시 세 가지 구분이 있으니 須菩提에서 莊嚴佛土不까지는 현상의 장엄을 들어 물은 대문이고(一擧取相莊嚴問)、不也世尊

에서 是名莊嚴까지는 상을 여읜 장엄임을 설명한 대답이며(二釋離莊嚴答) 是故須菩提에서 而生其心까지는 어디에고 머물지 않는 깨끗한 마음에 의해서 장엄하는 것임을 강조하는 대문이다(三依淨心莊嚴勸)。

「제七단의」는 보신(報身)을 받고 취함이 있느냐 하는 데 대한 의심을 끊는 내용인데(第七斷受得報身有取疑), 「여기에 다시 두 가지 문단이 있어서 첫째 문납으로 의심을 끊는 대문은(一問答斷疑) 須菩提에서 是名大身까지의 장엄정토 끝부분이지만 「제七단의」의 둘째 대문은 제十一무위복승분(無爲福勝分)이 된다。

그러므로 장엄정토분 한 장이 제五·제六·제七의 「세 단의」로 분석되고 있음을 알 수 있다。

六祖口訣 부처님께서 수보리가 법을 얻었다는 마음이 있을까 염려하시어 이 의심을 없애기 위해서 물으신 것이다。

그래서 보살이 오십 이위(五十二位)를 증득(證得)해 올라감으로써 십신보살(十信菩薩)로부터 십지보살(十地菩薩)로 자꾸 올라갈수록 그 복과 지혜가 더욱 더 많아져서 그 계를 어렵게 지키고 보살행(菩薩行)을 하는데 따라 세계가 점점 장엄 미화되어 올라갑니다。 전에 말하던 이십 팔천(二十八天)의 하늘도 위로 올라갈수록 점점 수명(壽命)이 길고 인격이 고상하며, 천상의 환경도 올라갈수록 점점 화려해져서, 인간 세상에서는 꿈도 꿀 수 없는 그런 화려한 세상으로 되는 것과 같습니다。 그것은 다 위로 올라갈수록 복이 더 많기 때문입니다。 그래서 차차 높이 올라가면 갈수록 전부 얼굴도 더 거룩해지고 거대한 국토가 미화되어 올라가고 장엄이 되어 올라갑니다。

우리가 사는 여기는 오탁악세(五濁惡世)이니 다섯가지 욕심을 탐내서 죄만 짓고 서로 살육(殺戮)을 안하면 안될 이런 환경을 만들어 가지고 사는 세상입니다。 우리가 참으로 남을 위해서 희생할 수 있는 마음 한 번만 돌이켜서 정화를 해 놓으면 그때는 세계가 또 달라져 가고 산천초목(山川草木)까지 전부 달라져 갑니다。 거기는 일체 중생의 마음도 정화(淨化)가 되어 거룩하게 삽니다。 그러나 인간세계의 장엄은 뭐니뭐니해도 극락세계에 비하면 냄새가 나고 사람 자체부터 추하고 못생겨서 극락세계의 변소만도 못합니다。 그런데 부처님이 세계를 장엄한다 함은 장엄하는 장엄으로 이루어진 것이 아니고 무심(無心)에서 이루어진 장엄 아닌 장엄이며, 하는 것 없는 마음으로 중생을 이끌어 제도한다는 뜻으로 장엄정토(莊嚴淨土)라 했읍니다。

그런데 수보리는 법에는 얻을 것이 없음을 아시고 부처님께 「아니옵니다」하고 여쭈었던 것이다. 연등불은 석가모니불께 수기를 주신 부처님이므로 수보리에게 물으시었다. 「내가 스승의 처소에서 법을 듣고서 어떤 법을 얻음이 있느냐.」하고 물으시었다. 그러자 수보리는 「법은 스승으로 말미암아 열려지고 깨우침을 받으오나 실제로는 얻음이 없읍니다」하고 사뢰었다. 다만 자성이 본래 청정하여 당초부터 티끌과 번뇌가 없음을 깨달아서 고요히 항상 비추면 이것이 곧 성불이니 마땅히 알라. 세존이 연등부처님 처소에

原文 佛告 須菩提 於意云何 如來 昔在然燈佛所 於法 有所得不 不也 世尊 如來 在然燈佛所 於法 實無所得

解義 부처님께서 수보리존자에게 또 같은 뜻을 물으십니다. 『여래가 아득한 과거세(過去世)에 연등부처님 앞에서 교화를 받고 보리심을 일으켰는데 그때에 내가 어떤 법을 얻은 바가 있었느냐, 견성(見性)을 해서 깨달은 법이 있느냐.』하고 물으십니다. 그러자 수보리존자는 부처님께 여쭙니다. 『아니옵니다. 부처님, 여래께서 연등부처님 처소에서 법을 얻었다는 것은 말뿐이지 실제로 아무것도 얻으신 법이 없읍니다. 얻을 수 있는 법이 어디 있겠읍니까. 그런 법은 없사옵니다.』하고 대답하셨읍니다.

범부가 보기에는 석가여래께서 모든 것을 새로 깨달았으니 그것이 얻은 법입니다. 인생이란 밥먹고 똥싸다 죽는 것인 줄 알았는데 뜻밖에 부처님을 만나서 「확실히 내가 죽는 것이 아니구나, 내가 우주의 본 바탕이요 절대자유(絶對自由)의 존재로구나, 완전하고 영원불멸(永遠不滅)하는 존재로구나」하는 것을 부처님 설법(說法) 듣고 믿게 되었고 과연 그렇겠구나 하는 도리를 알았읍니다. 부처님께서는 내가 연등불(然燈佛)① 처소에서 발심(發心)을 해 가지고 그 후부터 열심히 수도를 하고 난행고행(難行苦行)을 하고 보살행(菩薩行)을 닦아서 오늘날 성불(成佛)했노라고 늘 말씀하셨는데, 부처님께서 성불하신 뒤 四○년동안 항상 이렇게 설법하셨는데, 四○년이 지난 지금 금강반야바라밀경을 말씀하시면서는 시침이를 떼고 「여래가 연등부처님 처소에서 법을 얻음이 있느냐.」고 물으셨던

계시어 어떤 법을 실로 얻은 바가 없느니라。 여래의 법은 마치 햇빛이 밝게 빛나서 그 광명이 끝없지만 그 빛을 가질 수 없음과 같으니라。

佛 恐須菩提 有得法之心 爲遣此疑故問之須菩提 知法無所得 而白佛言 不也 然燈佛 是釋迦牟尼佛授記之師 故問須菩提 我於師處 聽法 有法可得不 須菩提 即謂法即 因師開示而 實無所得 但悟自性 本來淸淨 本無塵勞 寂而常照 即自成佛 當知世尊在然燈佛所於法實無所得也 如來法者 譬如日光明照 無有邊際而 不可取

〔註 1〕 연등불(然燈佛): 정광불(淨光佛)을 번역한 이름。 석존이 전세에 보살로 있을 적에

것입니다。 우리의 근본 자체는 견성(見性)하기 전이나 그 뒤나 항상 마찬가지이고 부처님 만나 볼 때나 안 만나 볼 때나 그 자체는 아무런 증감(增減)도 없어서 지옥(地獄)에 가 있을 때나 굼벵이 버러지로 있을 때나 그 자리는 여여(如如)한 자리로서 아무도 엿볼 수 없고 주고 받을 수도 없고 깨칠 수도 없고 미할 수도 없는 자리이지만 중생은 그런 줄을 모르기 때문에 지도자(指導者)를 만나서 그 법을 의지하지 않으면 믿을 수도 없게 되고 깨달을 수도 없게 됩니다。

연등부처님께서 설사 이리 해라 저리 해라 하셨다 하더라도 석가모니 자신이 자기 마음을 자기 자신이 닦아서 깨달았지 연등부처님으로부터 어떤 법을 가지고 와서 닦은 것은 아니며 애당초부터 없던 것을 연등부처님한테 비로소 얻은 것은 아니지만 그래도 성불(成佛)을 다 마치기 전까지는 연등부처님의 가르침을 버려서도 안되고 마음에 기억을 해서 잘 간직해 두어야 합니다。 우리가 지금 공부를 하는데도 마음에 의지하는 소의경전(所依經典)②을 세워 가지고 염불(念佛)이나 참선(參禪)을 하게 됩니다。 부처님도 과거에 아무데도 의지하지 않고 성불을 하신 것은 아니므로 얻은 것이 전혀 없다고는 못합니다。 그런데 부처님께서 「내가 연등불한테 아무것도 얻은 법이 없다」고 말씀하신 것은 겉으로 봐서는 거짓말한 것과 한가지입니다。 확실히 연등부처님을 의지해서 발심했고 그 지도에 의지해서 성불하신 것인데 「얻은 것이 없다(無所得)」고 하심은 마치 제자가 스승을 배신(背信)하여 「전부 나 혼자 배웠지 아무한테도 배우지 않았다。」고 하는 것처럼 생각할 사람도 있을지 모릅니다。

그런데 수보리 존자께서 「안될 말씀이십니다。 연등부처님 앞에서 깊은 것이나 얕은 것이나 참된 법이나 거짓된 법이나 어떤 법이거나 얻은 바가 조금도 없읍니다。」 하셨고 부처님께서도 「너의 말이 옳다」고 긍정(肯定)하셨읍니다。 체와 용이 둘이 아닌(體用不二)

본체 자리의 본래청정(本來淸淨)한 본바탕인 마음자리를 강조(强調)하신 말씀입니다。

우리도 우리의 마음 자체가 유무(有無)를 초월하고 시공(時空)을 초월한 자리임을 알고 이제부터는 술이니 고기니 재산이니 가정・국가・민족이니 하는 일체의 집착・분별・망상을 초월하여 공부를 완전하게 마치기까지는 달리 한 번 해 봐야 할 것입니다。마치 장래를 위해서 부모의 슬하를 떠나서 조국과 가정을 버리고 먼 외국으로 유학(留學)가는 것과 같이 불교가 본래는 구세(救世)의 종교지만 내가 먼저 도(道)를 구하여 알 때까지는 조용한 곳을 찾아서 산중수도(山中修道)하는 뜻이 여기에 있는 것입니다。본체로 봐서는 영원상주(永遠常住)의 존재니까 닦는다고 해도 안되고 닦으려는 마음을 내면 벌써 때묻히는 것이 됩니다。깨달은 사람이 깨달았다 해도 안되는데 더군다나 깨치지도 못한 사람이 이걸 닦는다면 그것은 설상가상(雪上加霜)으로 더 깨치지 못하게 되기 때문입니다。그렇지만 범부로서 모순(矛盾)된 방법에 의해서 깨치는 길이 묘하게 있기 때문에 귀신도 모르게 지도하는 길이 있는 것을 나중에는 필경 알게 됩니다。깨친다는 것도 기묘(奇妙)한 일이고 깨쳐 놓고 봐도 참 기묘한 거짓말 같은 사실입니다。

우리의 실상자리(實相)③ 마음자리를 봐서는 이렇다 저렇다가 다 끊어져서 가르칠 수도 없고 배울 수도 없고 배울 것도 가르칠 것도 없으며 얻을 것도 줄 것도 없지만、범부로서 학문이니 과학이니 철학이니 유물(唯物)이니 유심(唯心)이니 하고 생각이 미치는 데까지 사상을 만들고 개념을 지어서 미혹(迷惑)되어 있다가 불법에 들어와서 상대세계(相對世界)의 생사법(生死法)을 초월해서 차차 도가 높아지면 마음의 터울이 단계적으로 굳어올라 갑니다。그래서 一학년 二학년 구별이 있듯이 초지보살(初地菩薩)・이지보살(二地菩薩)하여 처음 깨달아서 부처가 되기까지 크게 나누어도 무려 五二위(位)의 계층(階層)이 있는데 그것이 다 무엇에 의지해서 하긴 합니다。깨달은 본체 자리에서 보면 계급이 있을

이 부처님에게서 미래세에 반드시 성불하리라는 수기(授記)를 받았다 한다。

〔註 2〕 소의경전(所依經典)：어떤 종지(宗旨)를 근본으로 삼고 그것에 의해 세운 경론(經論)을 「소의경전」이라 하니、신앙의 대상이 되는 핵심적인 교리를 말한다。불교에서는 신앙 대상의 내용이 불법승(佛法僧) 삼보(三寶)인데 그 가운데 소의경전은 법보(法寶)에 해당한다。곧 화엄종(華嚴宗)의 화엄경(華嚴經)・천태종(天台宗)의 법화경(法華經)・정토종(淨土宗)의 무량수경(無量壽經)의 예이다。

〔註 3〕 실상자리(實相)：마음의 본바탕자리。우주와 인생의 근본 핵심 자리를 말한다。실(實)은 허망하지 않다는 뜻이고 상(相)은 상이없다는 뜻이며、만유의 본체를 가리킨다。진여 법성(法性)이라고도 말하니 이름만 다를뿐 그 체는 동일하다。

수 없고 닦을 것이 없지만 다겁(多劫)으로 오면서 지어 온 업습(業習)을 닦아 없애는 데 따라서 그런 계급이 생기게 되고 그것을 따라 점점 아는 것도 더 많아지고 신통(神通)이 늘어납니다。 이렇게 차츰차츰 닦아가는 과정에 있어서 모두 다 무엇에 의지해서 배우고 닦고 하는 것이 있읍니다。 그런데 여기서 얻은 법이 없다고 하신 말씀은 이와 같은 보살 인위(菩薩因位)④가 없었다는 뜻이 아니고 그것을 꿈속에서 거짓으로 있었던 일이고 실제로 실상으로는 없는 것이란 말씀이신 것입니다。 내가 본래 얻은 것이고 연등부처님 만나뵙기 전부터 내게 본래 있던 것이므로 그것은 연등불한테 얻은 법이 아니니 그래서 소득(所得)이 없다고 한 것입니다。 그러자 부처님께서 또 말씀하십니다。

原文 須菩提 於意云何 菩薩 莊嚴佛土不 不也 世尊 何以故 莊嚴佛土者 即非莊嚴 是名莊嚴

解義 『수보리야、 그러면 네 생각에 어떠하냐。 보살이 중생의 마음을 거룩하게 교화하여 불토를 장엄하는 것이냐 아니냐。 어떻게 생각이 되느냐。』 하고 물으십니다。 『아니옵니다。 세존하、 왜냐 하오면 보살이 중생의 마음을 청정하게 교화하여 불토를 장엄한다고 하지만 그것은 이름이 장엄하는 것이지 실제로 하는 장엄은 아니기 때문이옵니다。』 하고 수보리존자께서 대답하십니다。

장엄불토(莊嚴佛土)란 것은 아무 생각 없이 무심함으로 해서 무심한 것이 가장 큰 복을 짓는 것을 뜻하니、 복의 근본이 무심이기 때문입니다。 참된 복은 우주를 자유할 수 있는 것을 뜻하는데 그것은 곧 무심입니다。 중생들은 이와 반대로 유심(有心)하기 때문에 범부중생이니、 유심이라는 말은 소유욕이고 점령이고 욕심입니다。 차지하려 하기 때문에 자꾸 없어져 가고 욕심을 부리면 망해 가고 욕심을 덜면 부자가 됩니다。 우리가 지금

〔註 4〕 보살인위(菩薩因位)：보살이 성불하기 전 만행을 닦을 때를 일컫는 말。 곧 보살의 만행은 부처가 될 원인이 되므로 인위(因位)라 했다。

六祖口訣 모든 수행하는 사람은 마땅히 다른 이의 옳고 그름을 말하지 말 것이니、 자기가 스스로 말하기를 「내가 잘한다。 내가 잘 안다」고 하는 말세 학인들의 가벼운 마음은 곧 청정하지 못한 마음이다。 자기 성품에 항상 지혜를 내어서 평등한 자비를 행하여 마음을 낮추고 일체 중생을 공경하는 것

이 수행인의 청정한 마음이다. 그러므로 만일 그 마음을 스스로 깨끗이 하지 못하고 청정한 곳에 애착하여 마음에 머무름이 있으면 이것이 법이란 생각에 집착한 것이 된다. 그래서 빛깔이나 모양을 보고 집착하여 빛깔이나 모양에 머물러 마음을 내는 것은 미한 사람이고 빛깔과 모양을 여의어 빛깔이나 모양에 머물지 않고 마음을 내는 것은 곧 이것이 깨달은 사람이다. 빛깔이 모양을 보고 마음을 내는 것은 구름이 하늘을 가린 것과 같고 빛깔이나 모양에 머물지 않고 마음을 쓰는 것은 허공에 구름이 없는 것과 같아서 해와 달이 구름 한

이라도 욕심만 초월해 보십시오. 먹을 것도 넉넉해집니다. 지금 대한민국이 경제가 곤란하다 해도 서울 생활수준을 보면 지금 불란서 파리나 영국 런던과 같이 하는 이가 많습니다. 물질이 없는 게 아니라 욕심이 많은 사람들이 국가사회를 위해서 일을 잘하지 않았기 때문에 많은 사람들이 고통을 당하는 것을 알 수 있습니다. 농사짓는 사람은 뼈빠지게 농사짓게 되고 장사하는 사람은 이문 적게 먹고 저기 있는거 여기 갔다 주고 여기 있는거 저기 갔다 주고 하루 밥 세끼 있으면 그만입니다. 또 대통령은 온 국민이 무엇을 생각하고 있는가 잘 살피어 제가끔 뜻에 맞도록 해주어서 모든 분야가 잘 발전하도록 만들어 주는 것뿐입니다. 욕심을 내서 할 일은 아무것도 없읍니다. 이렇게 한국도 장엄불토를 해야 하고 남북통일도 해야 합니다.

그러면 그게 욕심으로 되는 것이냐 하면 무심함으로 해서 이루어지는 것입니다. 무심이라 해도 작심(作心)으로 하기는 하지마는 무심입니다. 천당도 올라가면 이십팔천(二十八天)이 있는데 그것도 다 욕심이 적고 복을 많이 심은 정도에 따라서 이루어진 것입니다. 불보살은 무심하다 보니 장엄하고 싶은 마음으로 하지 않고 무심으로 하는 장엄이기 때문에 극락세계(極樂世界) 같은 굉장한 장엄을 합니다. 극락세계의 장엄은 뭐라고 말할 수도 없는 장엄입니다. 극락세계를 가 보면 다이아몬드 나무가 있고 다이아몬드 잎이 열고 모두 금·은·칠보로서 도로가 장엄되고 팔공덕수(八功德水)⑤ 못이 있는데, 바닥에 금·은·칠보로 된 모래가 깔리고 갈대가 있고 그 물 속에 들어서면 키가 작은 사람은 작은대로, 큰 사람이 들어서면 큰대로 다 알맞게 물이 되고 백명이 한번에 들어가도 키가 작고 큰 것을 따라 모두 다 목욕하기 적당한 높이로 또 물이 찹니다. 발목쯤 닿았으면 하고 생각하는 찰나에 발목쯤으로 물이 내려가고 허리쯤 왔으면 하고 생각하면 곧 허리쯤으로 올라오는 그러한 자유신통한 연못입니다. 도로에 있는 가로수(街路樹)도 서울이나 영국

점없이 비치는 것이며 빛깔이나 모양에 머물러서 마음을 쓰는 것은 곧 망령된 생각이고 빛깔과 모양에 머무르지 않고 마음을 쓰는 것은 곧 이것이 참다운 지혜이니 망령된 생각이 일어나면 곧 어두운 것이고 참다운 지혜가 비치면 곧 밝은 것이다. 밝으면 곧 번뇌가 일어나지 않고 어두우면 여섯 가지 티끌이 다투어 일어나느니라.

諸修行人　不應說他是非 自言我能我解 心輕未學 此非清淨心也 自性 常生智慧 行平等慈 下心恭敬一切衆生 是修行人清淨心也 若不自淨其心 愛著清淨處　心有所住 即是著法相　見色著色住色生心　即是迷

련던이나 워싱턴 뉴욕 같은 시가를 극락세계에 비하면 변소도 안될 정도의 장엄이 경전에 쓰여 있읍니다.

삼국시대 신라 고려의 문화가 그렇게 발달하고 불교의 예술이 극치(極致)에 이르렀던 것도 타방세계(他方世界)⑥ 부처님세계의 굉장한 장엄을 경에서 그대로 보고 구상(構想)하고 설계를 하여 절을 짓고 탑을 조성했기 때문입니다. 절을 짓고 불상(佛像)을 조성(造成)하는 경우에도 정신을 일념으로 모아서 무심한 경지에서 했기 때문에 석굴암(石窟庵) 같은 위대한 예술품을 만들 수밖에 없읍니다.

금강경 주제(主題)로 되어 있는 운하주(云何住)·운하항복기심(云何降伏其心)에 대해서 「마음을 어디다 두며 마음을 어떻게 먹으며」, 「번뇌와 망상을 어떻게 항복 받으며」하는 말씀인데, 마음을 어디다 둔다 해도 틀린 말이고 마음을 어떻게 먹는다 해도 틀린 말이고 마음을 가진다 해도 틀린 말입니다. 마음은 마음이지 그걸 두려고 하며 가지려고 하며 먹으려고 해서 되겠읍니까. 그래서 「응무소주(應無所住)」하라 「아무데도 주하지 말라.」 주한다는 생각조차 내지 마라. 아무데도 주하지 않는 그게 본래 주이고 또 본래의 그 자리에 주하라 그런 말입니다. 내 본심자리는 생각을 내면 틀리는 것이기 때문입니다. 그렇지만 중생들은 망상이 죽 끓듯이 끓으니까 일체 만상(萬像)에 색신(色身)이니 성향미촉법(聲香味觸法)에 전부 주하고 의지해 가지고 집에 주하고 남편한테 주하고 아들딸한테 의지하여 모두 거기에 주하게 됩니다. 그래서 우리가 그 망상을 다 항복 받자는 것입니다. 이것이 금강경 전체의 대의(大意)입니다.

이 망상을 항복받는 게 불교공부인데 산중(山中)의 절에 있으면 요 근래까지도 그런 실례를 많이 들었읍니다. 공부하다가 흔히 노루나 토끼가 와서 도망가지 않고 옆에 와 있읍니다. 나중에는 정이 들어 안가려고 하는 정도입니다. 얼마 있다 다른 절로 가려고 하면 자꾸 따라옵니다。 그러면 사람들한테 붙들릴거고 그래 돌맹이질을 하고 막 야단을 치고 이러며는 또 눈을 꿈벅꿈벅하며 눈물을 흘리면서 올라갑니다。 올라갔다가 자꾸 내려다 보다가 그만 또 뛰어 내려옵니다。 그래 그놈 잡아가지고 온갖 설교를 해서 타이르고 「네가 여기 내려가면 잡혀서 죽으니까 너희 동무하고 가서 놀아라」 그래도 잘 가지를 않읍니다。 나중에는 할수 없이 몽둥이로 때려 주고 돌맹이로 엉덩이를 한번 되게 때려 주면 그때는 안옵니다。 옛말에 「불탐이면 야식 금은기」(不貪 夜識金銀氣)라고 하여 탐심이 없으면 그믐밤에 금과 은의 서기가 보인다고 합니다。 그리고 「원해면 조간 미록유」(遠害 朝看麋鹿遊)라고 하여 아무 해물지심(害物之心)이 없으면 아침에 일어나 뜰에 나가도 사슴과 노루가 뜰 앞에서 자고 사람이 나와도 안 달아납니다。

이런 마음 공부하는 것이 보살장엄(菩薩莊嚴)입니다。 국토를 이렇게 장엄하여 악한 짐승도 악한 사람도 없고 아무것도 없어집니다。 내 마음이 완전히 그렇게 청정해지면 다른 것은 다 모두 내마음의 그림자니까 따라서 다 청정해집니다。 이렇게 공부를 자꾸 해서 응무소주하는 주하지 않는 보리(菩提)의 마음을 깨쳐 가지고 견성(見性)해 가지고 항복기심(降伏其心)을 해서 해물지심(害物之心)이 없어지고 춘삼월(春三月)에 눈 녹아 가듯이 온갖 욕심이 사라지고 이 세상이 참말로 있는 것인 줄 알고 허덕대는 마음、 이런 마음이 자꾸 눈 녹듯 얼음 녹듯이 녹아 내려갑니다。 그래서 불성자리만 드러나서 서로 해롭게 할 그런 일이 없으니까 이 세계가 차차 극락세계가 되어 가는 겁니다。 극락세계에도 새가 있고 나무가 있지만 모두가 불보살의 화현(化現)이어서 축생 그대로가 아미타불(阿彌陀佛)⑦이며、 관세음보살(觀世音菩薩)·보현보살(普賢菩薩)이고 그렇습니다。

그러므로 부처님이나 보살님들이 불토(佛土)를 장엄한다 하는 것은 아무 생각 없이 하는 것이니 그 마음에 한 점의 티도 없이 청정하므로 그 거룩한 마음의 광명이 장엄으로

人 見色離色 不住色生心 即是悟人 住色生心 如雲蔽天 不住色生心 如空無雲 日月長照 住色生心 即是妄念 不住色生心 即是眞智 妄念生即暗 眞智照即明 明即煩惱不生 暗即六塵競起

〔註 5〕 **팔공덕수**(八功德水) : 八종의 공덕을 갖추고 있는 극락세계의 물。 八종의 공덕은 경에 따라 같지 않다。 〈칭찬정토경〉에는、 고요하고 깨끗한 것·차고 맑은 것·맛이 단 것·입에 부드러운 것·윤택한 것·편안하고 화평한 것·기갈 등의 한량없는 근심을 제하는 것·육신과 감관을 장양하는 것이라 하였다。 〈구사론〉에는、 달고 차고 부드럽고 가볍고 깨끗하고 냄새가 없고 마시고 나서 배탈나는 일이 없다고 했다。

〔註 6〕 **타방세계**(他方世界) : 현상계 곧 우주를 시방세계(十方世界)라 하며、 이 시방세계는 동서남북 어느 쪽으로도

한계가 있는 것이 아니고 무한히 광대한 것인데 극락세계는 아미타부처님의 서방의 세계이며 사바세계에 대해 타방세계가 된다. 이와 같은 타방 세계는 남방·북방·동방으로 무한수로 존재한다.

〔註 7〕 **아미타불**(阿彌陀佛) 범어 Amitadha Buddha Amitayus Buddha: 대승불교의 중요한 부처님. 줄여서 미타라 함. 범본경전(梵本經典)에는 아미타바붇다·아미타유사불타의 두 이름이 있거니와 보통으로는 아미타불·무량수불이라 한다.

정토三부경에 있는 이 부처님의 역사는 오랜 옛적 과거세에 세자재왕불의 감화를 받은 법장(法藏)이 二백 一○억의 많은 국토에서 훌륭한 나라를 택하여 이상국(理想國)을 건설하기로 기원하여 四八원을 세워 자기와 남들이 함께 성불하기를 소원하면서 장구한 수행을 지나 성불하였으니 이가 아미타불이다. 구원한 옛적에 성불한 아미타불(本佛)에

나타난 것입니다. 따라서 사바세계에서 법당(法堂)에 단청하듯이 울긋불긋 오색칠하는 게 아니고 궁전을 짓고 도로를 닦고 하는 게 아니며 오직 무심만 하면 그게 곧 장엄이고 장엄 안 하는 걸로 장엄하는 것을 장엄이라 이름하여 부를 따름이라는 것입니다.

原文 是故 須菩提 諸菩薩摩訶薩 應如是生淸淨心 不應住色 生心 不應住聲香味觸法 生心 應無所住 而生其心

解義 부처님께서 결론으로 말씀하십니다. 『그러므로 수보리야, 모든 보살 마하살들은 뻑뻑이 마땅히 이와같이 청정한 마음을 낼 것이다.』하셨는데 무심한 것, 곧 청점심이 드러나도록 수도를 하고 그래서 견성(見性)하자 그런 뜻입니다. 그런데 중생들은 전생의 과거업(過去業)이 있어서 처음 견성한 사람으로서는 아무래도 업이 들락거립니다. 그러니 아주 본성(本性)에 깊이 들어서면 모르지만 이제 처음으로 초견성(初見性)쯤 해서는 고운 여자는 한번 더 쳐다 보게 되고 행동민 안하지 그런것은 남아 있읍니다. 그래서 부처님께서 또 당부하시느라고 「이렇게 청정심을 내라」고 하신 것이니 이런 것은 선부촉제보살(善付囑諸菩薩)·선호념제보살(善護念諸菩薩), 곧 「모든 보살들을 잘 당부하시고 보호해 주시는 것」이라고 합니다.

「설교할 때도 내가 잘하거니 남 모르는 소리를 하거니」 그런 생각이 있으면 불교를 설법하는 사람이 아닙니다. 아무 생각 없이 자기 소견대로 틀렸거나 잘 알았거나 얘기한 것이고 또 듣는 사람도 들어서 부처되는 길을 확실하게 바로 알기만 하지 누구한테 들었다 할 필요도 없고 다만 바른길 그대로 바로 알아 가지고 바로 갈 뿐입니다. 이것이 바로 「청정심」 부처님께서 또 말씀하시기를 「불응주색(不應住色)하고 생심(生心)하라 하셨

대하여 이 부처님을 十겁 전에 성불한 아미타불(迹佛)이라 한다。

六祖口訣 부처님의 세계가 청정하여 모양도 없고 틀도 없거나 어떤 물건이 능히 장엄할 것인가 오직 정과 혜의 보배로 장엄한다고 거짓 이름하는 것이다。 장엄에 세 가지가 있으니 첫째 장엄은 세상의 불토인 바 절을 짓고 경을 간행하며 보시하고 공양하는 것이며, 둘째 장엄은 육신의 불토니 모든 사람에게 두루 공경하는 것이며, 세째 장엄은 마음 불토니 마음이 청정하면 곧 불토가 청정한 것이니 생각 생각 얻은 바 없는 마음을 항상 행하는 것이 그것이다。

佛土淸淨 無相無

는데, 나는 여기다 토를 답니다。 보통은 불응주색 생심(不應住色生心)하며 뻑뻑이 색에 주하여 생심(生心)하지 말며」 이렇게 새기는데, 나는 색에 주하지 말고 생심하라。「마음을 내라」는 뜻을 강조하기 위해 「生心」 위에 「하고」토를 달아서 해석합니다。「네 소유 재산 있거던 내 재산이라 생각하지 말고 있는 사람에게 주지 말고 없는 사람에게 주라」 그 말입니다。 응무소주 이생기심(應無所住 而生其心)도 같은 이유로 뻑뻑이 마땅히 주한 바 없이 어디고 마음이 걸린 바 없이 조건 없이 마음을 내어서 보살행을 하라」는 뜻으로 새깁니다。 이것이 보살행(菩薩行)이고 청정한 마음을 내어 쓰는 것입니다。 그러니 청정한 마음 자리만 깨달아 가지고 견성했다 하여 가만히 있으면 나한(羅漢)·소승(小乘)이 되어서 거기에 굳어 가지고 중생제도(衆生濟度)하기를 싫어하게 되고 그러면 불과(佛果)⑧를 증득(證得)할 수 없고 아무리 해 봐야 소승나한(小乘羅漢)밖에 안 됩니다。

그러므로 이것을 만일 뻑뻑이 마땅히 색에 주하지 말고 생심하라(不應住色 生心)。 또한 성향미촉법에 주하지 말고 생심하라(不應住聲香味觸法 生心)。 이렇게 해석하지 않고 「색에 주해서 생심하지 말고」 이렇게 새기는 경우에는 나한들 모양으로 염세주의자(厭世主義者)가 되어 가만히 정적(靜寂)⑨만 지키고 앉아서 침공체적(沈空滯寂)이 되어서는 안됩니다。 허공처럼 빈 것, 진공에 가라앉고(沈空), 적적(寂寂)한데 체했다 고요한데 걸렸다(滯寂)는 뜻입니다。 대승불교(大乘佛敎)의 보살행(菩薩行)은 천당 지옥으로 중생을 쫓아다니며 제도(濟度)해 주고 아무 보수(報酬)도 생각 없이 하면 그것은 안한거나 한가지고 안한 것도 아니고 한 것도 아니고 그렇습니다。

그런데 그것을 모르고 자꾸 정적(靜寂)만 지키려 하고 어디 가서 설법(說法)도 하고 이일 저일 돌아다니다 보면 이것 참 손해 아니냐 망상 아니냐 하면서 나한테 며칠 쉬어도 될텐데 지독한 업보중생(業報衆生)이라고 말하는 사람이 지금도 있읍니다。「아 수고

形 何物而能莊嚴耶 唯以完慧之寶 假名莊嚴 莊嚴有三 第一莊嚴 世間佛土 造寺寫經 布施供養是也 第二莊嚴身佛土 見一切人普行恭敬 是也 第三莊嚴心佛土 心淨即佛土淨 念念常行無所得心 是也

〔註 8〕 불과(佛果)：보살 위에서 수행한 인(因)으로 말미암아 도달하는 부처님 지위。

〔註 9〕 정적(靜寂)：고요하고 편안하고 시끄러움이 없음을 말한다。 그러나 객관환경의 소음(騷音)이 없는 고요가 아니라、 번뇌와 망상이 떨어져서 고요한 것이고 육체를 나라고 생각하여 생사에 떨어지는 인과로부터 벗어나서 생사의 괴로움이 없으므로 편안하고 고요하다는 뜻이니 곧 열반(涅槃)・적멸(寂滅)과 동일한 뜻이다。

六祖口訣 육신의 몸뚱이가 비록 크

한다。」 칭찬이나 하면 좋을건데 같은 말이면 업보(業報)라 하고 망상이라 욕한다고 싫게 들으면 욕도 아니고 칭찬도 아닌 말을 가지고 그렇게 들은 내가 또 잘못 들은 것입니다。 아무데도 머무름 없이 아무 조건 없이 응무소주(應無所住)해서 옳으니 그르니 좋으니 나쁘니 하지 말고 중생을 위해서 보시하고 제도하라는 말씀입니다。 그래서 미했다 깨달았다 하는 게 다 거짓말인데 또 거짓말이지만 중생의 현실 세계에는 사실처럼 있는 꿈이니까 그런줄 알고 설법도 하고 중생제도도 하라。 이렇게 해서 한량없는 중생을 제도했지만 실로 한 중생도 제도 받은 사람이 없다고 보는 그것이 마음을 항복 받는 법(降伏其心)이라고 하신 것이고 금강경이 전부 보살행을 하라는 것입니다。

原文 須菩提 譬如有人 身如須彌山王 於意云何 是身爲大不 須菩提言 甚大世尊 何以故 佛說非身 是名大身

解義 『수보리야、 비유컨대 어떤 사람이 있는데 그 사람의 몸의 크기가 백두산만 하다든지 지구덩이만 하다면 이 사람의 몸이 큰 것이냐 안 큰 것이냐』 하고 엉뚱한 말씀을 물으십니다。 여기서 수미산은 지구를 말합니다。 왕은 제일 큰 것을 뜻하니 산왕(山王)이라 함은 왕산(王山)입니다。 가령 한국은 백두산(白頭山)이 왕산이고 세계에서는 히말라야산이 왕산이 될 것입니다。 「왕산만한 몸뚱이를 가진 사람이 있다면 그 몸이 큰 것이냐」 하고 물으심에 대해 수보리는 『아주 크옵니다。 왜냐 하오면 부처님께서 말씀하신 뜻은 몸 아닌 것을 큰 몸뚱이라 하셨기 때문이옵니다。』 하고 여쭈었읍니다。 그런데 여기서 우리가 의문되는 것은 「응무소주 이생기심」이라는 말씀 다음에 수미산만한 몸뚱이 이야기를 말씀하신 논리(論理)의 연결입니다。 앞의 말과 뒤의 말의 뜻이 서로 통하지 않으니 그 까닭은 알고 넘어가야 합니다。

다 해도 그 속에 있는 마음이 작으면 큰 몸을 크다고 이름할 수 없으며, 속마음이 커서 허공계와 같아야 바야흐로 큰 몸이라 할 수 있으니, 육신이 비록 수미산처럼 크다 해도 크다고 할 수 없다。

色身雖大內心量小 不名大身 內心量大 等虛空界 方名大身 色身級如須彌然 不爲大

涵虛說誼 감관작용의 알음알이를 떼어 버리면 청정하고 지극하여 그지 없거니 원만하고 비어서 고요한 본체가 활연히 탁 트이어 드러나는 바이니 거북이 털인듯 수미산이 바다에 우뚝 솟은듯 하도다。사람들이 여기에서 아는 생각으로 집착을 가질까 염려하시는 부처님의 뜻을 잘 알았기 때문에 수보리는 몸이 아니라고 대답했던 것이다。몸이 아

「응무소주(應無所住)해서 이생기심(而生其心)하라。아무 조건 없이 중생구제해 주고 보살행 하라。소승 모양으로 적멸만 지키지 말고 중생을 제도해 복을 닦으라。아무 생각없이 해야 공덕이 크니라。」이렇게 말씀하시고도 크다는 비유로 말씀하신 것이 또 기묘(奇妙)한 턱 없는 말씀을 하십니다。「수보리야、비컨대 어떤 사람의 몸이 저 수미산왕만 하다면 그 몸뚱이가 크냐 안 크냐。」하고 물으셨읍니다。그러니 또 수보리 존자께서 말씀하시기를 「참 굉장히 큰 몸입니다。세존이시여、왜냐 하오면 부처님이 몸뚱이가 아니라고 설명하셨기 때문에 크다고 합니다。소나무에 감나무 접을 붙여 놓은 것 같은 말씀이지만 앞에 한 말씀과 앞으로 나오는 말씀과 자세히 보면 엉뚱한 말씀도 아니고 동문서답(東門西答)도 아니고 앞뒤 조리(條理)가 딱 들어맞는 말씀입니다。

지금까지 말씀한 내용을 여기서 종결짓는 구절(句節)인데 보통 책 소설 보듯이 「여시아문 보살 마하살이」하고 읽어 넘어 가서는 이해가 안 됩니다。그런 정도로 하고도 법문 들었다고 참배하고 가기는 갑니다마는 그것은 남의 잔치 구경한 것밖에 안 됩니다。

「응무소주 이생기심」나오기 전에부터 지금까지 「큰 것이 큰 게 아니고 있는 게 있는 것이 아니고 없는 게 없는 것이 아니며 중생이 중생 아니고 삼십이상(三十二相)이 삼십이상 아니라」고 전부 그렇게 나왔읍니다。그래서 제五 여리실견분(如理實見分)에서 「범소유상 개시허망 약견제상비상 즉견여래」(凡所有相 皆是虛妄 若見諸相非相 卽見如來) 「모든 상이 상이 아니다。현상계가 현상계가 아니다。이 모든 것이 확실한 존재가 아니라 그지없이 허망한 존재라고 할 수도 없이 덧없는 것들이다。이 모든 현상이 현상 아닌 줄을 알면 곧 여래를 보리라」고 한 이 말씀을 대표적으로 들어서 「금강경 사구게」(金剛經四句偈)라 그럽니다。이미 삼십이상(三十二相)이 삼십이상도 아니고 몸뚱이가 몸뚱이 아니라고 그랬으니 사실 그대로입니다。부처님이 수미산이 아니라 우주덩어리만하다고 하셨더라도 그

넌 이 도리가 무엇인가
형상이 비록 완연하지만
그러나 그것은 토끼의
뿔과 같도다.

〔註 10〕 칠전팔도(七顚八倒) : 고생이 대단함을 이르는 말로 쓰이기도 하나, 일곱번 넘어졌다가 여덟번째 일어나서 드디어 성공했다는 것이 그 바른 뜻이니, 실패에 실패를 거듭하지만 좌절하지 않고 끝까지 분발하여 마침내는 성공하고야 마는 것을 뜻함.

것은 없는 것이며 비신(非身)이고 비상(非相)이라는 말입니다. 수미산만하다고 거기에 결려서 그러는데 「부처님 삼십이상도 삼십이상이 아니고 또 중생이 중생 아니고 현상계가 현상계도 아니고 제상(諸相)이 비상(非相)이다」라는 것을 다시 설명한 것입니다. 중생들은 이런 사람을 봤다면 「오늘 큰 산만한 사람 봤다」고 모두 밥만 먹으면 만나는 사람마다 얘기하고 야단인데 그러면 벌써 거기에 떨어져 버린 것입니다. 그렇지만 우리 불자는 신도거나 선남 선녀거나 비구 비구니거나 그렇게 큰 걸 봐도 크다고 생각 안 합니다. 그게 다 모두 꿈 속이고 그게 실지 있는 게 아니고 환(幻)의 존재여서 물질적으로 있는 것같이 보이지만 현재 파멸(破滅)되는 과정에 있는 비상(非相)으로 봐 버립니다. 「아까 그 사람 굉장히 크네」하고 큰 것 작은 것 분별하면 「색성향미촉법」(色聲香味觸法)에 떨어져 거기에 주한 사람이니 번뇌망상에 쌓여서 칠전팔도(七顚八倒)⑩로 일어섰다 자빠졌다 하게 됩니다.

그래서 수보리 존자께서 한술 더 떠서 「참 큽니다」 이렇게 나온겁니다. 그것을 속아서 대단히 크다고 한 것 같으면서도 곧 「부처님께서 그 몸뚱이가 몸뚱이가 아니라고 설명하는걸 제가 잘 알고 있읍니다. 그래서 제가 엉터리로 크다고 하는 겁니다」 그런 대답입니다. 우리가 이론으로는 「응무소주 이생기심」한다고 하지만 실제로는 큰 사람 하나 만났을 때 그 생각 놓치기 쉽습니다. 크다는데 그만 다 잊어버리고 주해 버립니다. 산을 보면 큰 데 넘어가고 꿀을 먹으면 달콤한 맛에 빠져서 다 잊어버립니다. 그것은 견성(見性)한 이도 혹 어쩌다 이십사시간 제대로 가다가도 속는 시간이 있을수 있읍니다. 그러니 정말 속지 않도록 도가 아주 높아져서 잠도 없어지고 번뇌 망상도 없고 열반(涅槃)도 아니고 생사(生死)도 아닌 신비한 지경에 합치(合致)되어야 합니다. 그런데 논리상(論理上)으로는 「응무소주 이생기심」이란 말이 모순(矛盾)됩니다. 응무소주면 응무소주고 이생기심이면 이생기심이지 어떻게 「내는 게 안 내는 거고 안 내는 게 내는 거라」는 말이 성립될 수 있겠읍니까。 그러니 수보리 존자가 크다고 한 말씀은 바람소리나 물소리같이 아무 뜻이 없는 대답입니다。 우리 마음자리는 이것은 크니 작으니 말할 수 없는 자리이기 때문입니다。 이런 말은 다음에도 많이 나옵니다。 앞에서도 이미 「삼십이상(三十二相)이 삼십이상이 아니므로 그래서 삼십이상이라 했고、 일체중생이 곧 중생이 아니기 때문에 그래서 중생이라고 한다」 그랬으니 여기서는 직접 사실적(事實的)인 실례(實例)를 들어가지고 도가 칠전팔도(七顚八倒)로 움직이지 않는가 하고 시험해 보는 것입니다。

선종(禪宗)㉕에 보면 선지식(善知識)이나 도인들끼리는 별 짓을 다 해서 홍청거리고 시를 짓고 노래를 부르고 야단입니다。 부처님께서는 점잖게 말씀하셔서 어디까지나 범부중생이 알아듣도록 고구정녕(苦口叮嚀)으로 입이 닳도록 설명을 하시느라고 이렇게 순수하게 말씀하신 것이고 수보리 존자와 부처님 사이에는 그런 정도라도 척척 넘어갑니다。 도인들끼리 법담(法談)할 때에도 그야말로 석화광음(石火光陰)으로 찰나에 알게 됩니다。

〔說 義〕

배움도 얻음도 없다

세간에서는 국민학교로부터 대학을 나와서 결혼을 하고 사회에 진출(進出)하는 개체성장(個體成長)이 확실히 있읍니다。 그래서 졸업한 학교가 있고 배운 지식이 있고 그 지식을 평생토록 기억하여 이용을 해야 하는 소득(所得)이 있읍니다。 그렇지만 불법(佛法)을 배우는 것은 불법의 맨 첫자부터、 소승불교(小乘佛敎)⑫에서부터 배울 것도 없고 수도할 것도 없고 얻을 것도 없는 무소득(無所得)을 목표로 합니다。 제九 일상무상분(一相無相

〔註 11〕 선종(禪宗)：언어문자경(言語文字經)에 이끌려 학문화(學問化)에 기울어지는 데 대해 불교 본연의 자세를 마음 깨치는 데 두는 종파(宗派)。 달마대사가 중국에 전한 종지(宗旨)로써 교외별전(敎外別傳)을 종지(宗旨)로 한다。 선종이란 말은 부처님의 설교(說敎)를 소의(所依)로 삼는 종파를 교종(敎宗)이라 함에 대하여 참선을 닦는 종이라는 뜻。

이 종은 석존에게서 정법의 유촉을 받은 가섭으로부터 보리달마까지의 二八조가 있고 제二八조인 보리달마가 五二〇(양나라 보통 一년) 중국에 와서 혜가(慧可)에게 법을 전함으로부터 동토(東土)의 제五조

分)에서 말한 소승불교의 수다원(須陀洹)·사다함(斯陀含)·아나함(阿那含)·아라한(阿羅漢)이 다 내가 「아라한」이란 생각이 없고 맨 처음부터 불교의 원리를 배워서 닦을 것도 없고 깨달을 것도 없고 미할 것도 없다는 것입니다。 요사이 최면(催眠)하는 사람들이 많은데 강제최면(強制催眠)하는 정도까지만 돼도 내 정신이 통일되어 있거니 하는 관념(觀念)이 없읍니다。 정신통일이 되어 있지만 통일된 줄도 모르고 있고 그런 생각 가질 필요도 없고 나지도 않습니다。

그러니 가르치는 사람도 아무것도 배울 것 없고 깨달을 것도 미할 것도 없는 것을 가르치고 배우는 사람도 그렇습니다。 선지식(善知識)이나 보살이나 부처님도 다 그런 사상(思想)입니다。 완전한 대성자(大聖者)가 되기 전에는 감기 몸살이 들면 쌍화탕(雙和湯)이라도 먹어야 하고 병원에 가야겠구나 하지만 쌍화탕 먹는 것이 목적이 아니고 건강하려고 하는 것이 목적이듯이 불법 배우는 것도 육체가 무슨 소득이 있는 것이 아니라 우리의 본래의 마음자리 그대로가 부처로구나 하는 것을 깨닫자는 것이 목표입니다。 나머지는 다 허튼 소리고 육도만행(六度萬行)을 해라 하는 것도 부득이해서 다른 종교에서처럼 천당(天堂)에 가서 늘 편안하게 살려고 하나님에게 어기지 않고 늘 복종(服從)하는 것도 아니며 어떤 지도자의 부하(部下)가 되기 위해서 하는 것도 아니고 모르던 진리를 깨달으려고 하는 것도 아닙니다。 제 마음자리 그대로기 곧 진리이니 이 자리를 깨달아야 하겠다는 것을 확인할 때 비로소 불교 믿는 냄새도 나고 불교 믿는 신도이며 참다운 신행(信行)이고 그렇습니다。

금강경의 원리를 들어서 배운 그때부터、 공(空)의 도리(道理)를 증득(證得)해 놓은 그때부터 이런 경계가 나타납니다。 앞으로 금강경을 얼마를 더 배우더라도 우리가 배운 것은 남길 것 없는 것을 배우니까 남겨 놓은 게 하나도 없읍니다。 그렇지만 남길 것 없는

홍인(弘忍)에 이르고 그 문하에서 혜능(慧能)을 제六조로 하는 남종(南宗)과 신수(神秀)를 제六조로 하는 북종(北宗)으로 갈리었다。

북종은 오래지 않아 후손이 끊어지고 혜능의 일류(一流)만이 번성하여 오가(五家) 칠종(七宗)을 이루었다。 원나라 명나라 때에 이르러서는 다른 종파가 다 쇠퇴기(衰退期)에 들어갔으나 선종만은 오히려 번성하였다。

우리나라에 들어온 것은 신라 선덕여왕 五년(七八四) 당나라 서당지장(西堂智藏)에게서 법을 받아온 도의(道義)를 초조(初祖)로 하는 가지산문(迦智山門)을 비롯하여 역시 지장의 법을 받은 홍척(洪陟)을 초조(初祖)로 하는 실상산문(實相山門)과 염관제안(鹽官齊安)에게서 법을 받아온 범일(梵日)을 초조(初祖)로 하는 사굴산문(闍崛山門)과 지장에게서 법을 받은 무염(無染)을 초조로 하는 성주산문(聖住山門)、남천보원(南泉普願)의 법을 이

그 자리가 빨리 증득되지 않으니 이젠 듣는 게 주장(主張)이지만 쓸데 없는 것 자꾸 듣는 것이고 간직할 것 하나도 없고 지식이라곤 아무것도 없읍니다. 견성(見性)해서 성불(成佛)한 뒤에만 그런 것이 아니고 견성성불(見性成佛)⑬하기 전에도 아무것도 소득(所得)이 없는 것을 배우고 법(法)을 줄 것도 없고 애초에 주고 받고 얻고 가지고 하는 것이 아닙니다. 그래서 수보리 존자께서 실로 얻은 바 법이 없다고 하신 것입니다.

피장부아장부(彼丈夫我丈夫)

피장부아장부(彼丈夫我丈夫)、너도 대장부고 나도 대장부니 피차 똑 같은 부처자리인데 어쩌다 같은 사람끼리 한 사람은 곡차(穀茶)⑭ 잔이나 먹어서 비틀거리는 것 붙들어 주는 턱입니다. 술에 취해서 부처와 중생이 똑같은 자리、똑똑하게 아는 그 바탕이 흐뭇해진 것뿐입니다. 학문이다 지식이다 과학이다 종교다 하고 따지고 배우고 연구하며 내가 어떻게 하든지 남보다 잘 살아야겠다는 생존경쟁심으로 머리를 짜내고 잠을 안 자고 온갖 꾀를 내어 별별 짓을 다 하지만 이런 것은 다 그릇된 착각(錯覺)이고 지식의 장애라는 뜻으로 번뇌장(煩惱障)·소지장(所知障)이라 합니다. 부처님께서는 일체(一切) 아는 것을 다 포기(抛棄)해서 지식을 초월했으므로 산이 높다는 생각 없이 산을 보고 쇠가 돌이나 나무보다 무겁다는 관념(觀念)이 없이 일체의 지식·망상을 다 초월해 버리고 나면 시간이니 공간이니 하는 것을 다 초월한 아무것도 아닌 존재、그러면서 그것이 우주 전체(宇宙全體)인 자기 본래의 마음 자리를 깨치고 보면 먼 데 것도 아니고 가까운 데 것도 아니고 전체가 환히 다 드러난 것입니다. 요새 물리학(物理學)·화학(化學)·천문학(天文學) 등의 과학(科學)이 환상(幻想)이거나 과거(過去)에만 있고 지금은 없는 것이거나

은 도헌(道憲)을 초조로 하는 희양산문(曦陽山門)·장경회휘(章敬懷暉)의 법을 이은 현욱(玄昱)을 초조로 하는 봉림산문(鳳林山門)·신라말기에 운거도응(雲居道膺)의 법을 이은 이엄(利嚴)을 초조로 하는 수미산문(須彌山門)의 구산문(九山門)이 성립되어 한창 번성했으나、고려때에는 차츰 쇠퇴하였다.

고려 명종때 불일보조(佛日普照) 국사가 나서 조계산(曹溪山)에 수선사(修禪寺)를 세워 정혜결사(定慧結社)를 설립하여 종풍(宗風)을 일으켜서 한국 불교가 특수하고 위대한 전통을 세웠으며、그 전통은 오늘날까지 면면히 전해오고 있다.

고려 말기에는 다시 승행(僧行)이 타락되면서 불교는 차차 쇠퇴하기 시작했는데 태고보우(太古普愚) 국사는 중국 호주 하무산(霞霧山)의 석옥청공(石屋淸珙)의 법을 받아 왔고 나옹 혜근(懶翁惠勤)은 강서의 평산처림(平山處林)의

인간으로부터 멀리 떨어져 있어서 눈으로 볼 수 없고 증명(證明)할 수 없는 학문이 아니듯이、 우리 마음자리를 깨친 경계도 그와 같이 사무쳐 뚜렷하다는 것입니다。

우리들이 부처님은 과거사(過去事)를 다 아신다고 신통(神通)이라고 하지만 성불(成佛)하고 보면 사실은 본래 그런 것뿐이고 모든 착각을 가지고 있지 않을 뿐이어서 종소리가 깡깡이다 맹맹이다 하고 듣는 그런 업을 해탈(解脫)했기 때문에 전에는 과거를 과거인 줄 알고 봤던 것인데 이제 보니 항상 목전지사(目前之事)입니다。 비유하면 어린아이들에게 하나에 둘을 더하면 몇 개냐고 물으면 하나·둘 꼽아 보고서야 셋인 줄 알고 어른들도 좀 복잡한 계산은 수학적인 지식을 빌어서 알게 되지만 부처님은 항상 나타나 있으니까 연구하고 셈을 해서 아시는 것이 아닙니다。 일체를 분별하지 않고 즉각으로 아는 무분별지(無分別智)⑮입니다。

그러므로 과거 일을 알되 더 잘 알고 종소리를 듣되 과거 중생인 때 듣던 맹맹 강강으로 들을 줄도 아시고 또 일체 중생이 그런 식으로 듣고 있는 줄도 아십니다。 그러니까 당신도 강강으로 들으면 그렇게 들리기도 하고 그리고 강강 맹맹을 초월해서 종소리의 실상(實相)을 들으실 줄 아시는 것이 부처님이 우리보다 우월(優越)하신 것입니다。 그런데 꿈 가운데 들어가서도 자유하고 꼭 꿈같이 꿈 사람하고 중생의 살림살이를 차리시기도 합니다。 예컨대 석가여래가 범부중생이 볼 때엔 밥 먹고 오줌 누고 대변 보고 저녁때면 잠자고 다 합니다。 그렇지만 도가 높은 보살님들이 볼 때는 부처님은 음식을 잡수신 일 없고 육신으로 부처님을 보는 것이 아니므로 부처님이 오신다 가신다 주무신다 그런 것으로 보지 않습니다。 불보살님의 경지에서는 시간이니 공간이니 하는 것이 한낱 환상(幻想)일 따름입니다。 우리가 보기에 과거사(過去事)를 알고 부처님이 신통(神通)하다고 하지만 성불(成佛)하고 보면 신통이 아닙니다。 우리 중생에게는 현실 세계가 실재(實在)해 있는

법을 받아 와서 고려말기 선풍을 드높이기도 했다。

〔**註 12**〕 **소승불교(小乘佛敎)**：승(乘)은 무엇을 싣고 운반하며 사람을 대워 이상경(理想境)에 이르게 하는 교법이란 뜻이고 그 교(敎)·이(理)·행(行)·과(果)가 모두 심원(深遠) 광대하고 따라서 수행하는 이도 대기이근(大器利根)인 기류(機類)를 요하는 것을 대승(大乘)이라 하고 이에 반대되는 것을 소승(小乘)이라 한다。 소승에는 성문승(聲聞乘)·연각승(緣覺乘) 등이 있다。 ① 성문승은 사제(四諦)의 이치를 관하여 사과(四果)를 증득하여 열반(涅槃)에 이르는 것을 교리(敎理)로 하며 ② 연각승은 十二인연을 관하여 벽지불과(辟支弗果)에 이르는 것을 교체(敎體)로 한다。 그런데 이것은 다만 회신멸지(灰身滅智)의 공적한 열반에 이르는 것을 최후 목적으로 여기므로 대승의 그것과는 차이가 있

것 같고 육도세계(六道世界)에 윤회(輪廻)하는 것이 사실인듯 하지만 실상은 우리가 꿈속에서 천당(天堂)갔다, 지옥(地獄) 갔다, 돌아다니는 것이고 참말로 간 것이 아닙니다. 최면술(催眠術)에 걸린 사람이 몸뚱이는 가만히 앉아서 동경 갔다 왔다 하고 꿈을 꿀 때에도 몸뚱이는 가만히 놓아 두고 비행기를 타거나 날개를 붙여서 돌아다니지만 전부 거짓말이고 꿈을 깨고나면 다 허사(虛事)입니다. 조신대사(調信大師)⑯가 잠깐 동안의 꿈속에서 八○년을 살았듯이 과거(過去)니 미래(未來)니 하는 것도 사실로 있는 과거·미래가 아니라 지금의 현재입니다.

불이 꺼져도 눈으로 깜깜하게 어두운 것을 보고 불이 켜져도 환하게 밝은 광명을 보는 것이니 어두운 때나 밝은 때나 보는 눈은 변동이 없고, 이 마음자리는 볼 때나 안 볼 때나 변하지 않습니다. 중생들은 미래 것은 모르고 과거의 기억(記憶)은 희미해져서 망각(忘却)해야 되는 것은 번뇌망상(煩惱妄想)으로 경계를 치고 그 틈바구니에 끼여 있기 때문에 망상 그것만이 나인 줄 알고 깨끗하고 자유자재(自由自在)한 본체(本體)가 있다고 여간 설명해 줘 봐도 좀체로 인정(認定)할 생각을 내지도 않습니다. 그렇지만 망상이 어떤 자체가 있어서 능동적(能動的)으로 그런 행동을 하는 것이 아니고 내가 그러는 것이고 마음의 본체가 그러는 것입니다. 마치 파도(波濤)와 물이 따로따로 있는 것이 아니고 물의 움직임이 파도고 파도 자체가 물이듯이 실상 망상도 마음을 떠나서 존재하는 것은 아닙니다. 그래서 마음이 착각(錯覺)을 한 것이 망상일 뿐 마음을 다 정리해 놓고 보아도 그전 마음 그대로입니다. 산은 높은 그대로 있고 물도 깊은 그대로이며 성불(成佛)을 해도 항상 그대로입니다.

가령 우리가 중생살이 꿈속·생사대몽(生死大夢)⑰·천당(天堂)·지옥(地獄)으로 돌아다녔지만 그것이 참말로 돌아다닌 것이 아닙니다. 마치 최면술에 걸린 아이가 그 몸뚱이

다. 인도의 상좌부(上座部)·대중부(大衆部) 등의 二○ 분파와 동토(東土)의 구사종(俱舍宗)·성실종(成實宗)·율종(律宗) 등이 있다.

〔註 13〕 **견성성불**(見性成佛): 자기의 심성을 스스로 사무쳐 깨닫고 모든 법의 실상인 당체(當體)와 일치하는 정각을 이루어 부처가 되는 것. 곧 경이나 논 같은 글만 보고 논리에 매이고 생각에 이끌리는 것이 아니라, 마음 자체를 깨달아서 직접 지혜를 얻고 부처가 되는 것을 일컫는다.

〔註 14〕 **곡차**(穀茶): 우리나라에서 말하는 술의 변한 말. 불교에서 특히 승려는 계율로 술을 금하고 있으므로 술이라 하지 않고 곡차라 한 것임.

〔註 15〕 **무분별지**(無分別智): 올바르게 진여를 체득하는 지혜이니, 진여의 모양은 우리들의 언어나 문자로서는 어떻게 형용할 수도 분별할 수도 없으므로 분별심을 가지고는 그 체성에 계

는 가만히 그대로 두고 꿈에서 모양으로 비행기를 탔거나 날개를 붙여 가지고 동경을 갔다 왔다 하지만 그리고 본인도 그런 줄 알지만 꿈을 깨 보면 그것이 전부 거짓말이고 전혀 허사이듯이 우리의 천당·지옥의 중생놀음 이것도 역시 최면술에 걸려 가지고 왔다 갔다 하는 것과 같은 것입니다. 그래서 조신대사(調信大師)가 눈 뻔히 뜨고 八〇년을 꿈 가운데 있었듯이 중생의 생멸심으로 과거니 미래니 하지만 과거사(過去事)라고 하는 것이 실제의 과거가 아니라 알고 보면 곧 현재고 미래도 그런 것입니다.

억만년 전의 과거가 지금이고 몇 만겁을 지낸 미래도 역시 현재입니다(亘萬古而長今 歷千劫而不古). 그러니까 우리가 듣기에는 타심통(他心通)⑱이니 숙명통(宿命通)⑲이니 하지만 그게 타심통도 아니고 숙명통도 아니고 오직 항상 눈앞에 있는 목전지사(目前之事)입니다. 그러면서 분별(分別)이 아니고 망상(妄想)이 아닙니다. 흔히들 체(體)니 용(用)이니 하는 개념(概念) 때문에 잘못 생각하기 쉬운데 체와 용이 둘이 아닙니다. 우리 눈은 아까 불이 꺼져도 어두운 것을 보고 있고 불이 켜져도 밝아진 것을 보고 있으니 어두운 때나 밝은 때나 보는 눈은 변동이 없고 항상 상주(常住)하듯이 볼 때나 안 볼 때나 이 마음자리는 변하지 않습니다.

이렇게 본래가 혼란도 아닌 가운데 혼란을 일으켜 가지고 혼란이지만 그것도 본체(本體)인 내가 그러는 것이지 망상 자체가 따로 있어서 독자적(獨自的)으로 그러지는 못합니다. 마치 파도와 물이 본래부터 그 본체가 다른 것이 아니라 물이 움직이는 것이 파도고 물과 파도가 둘이 아닌데 우리가 착각을 하는 것과 같습니다. 그래서 우리가 이런 착각을 떼어 버리고 마음을 다 정리해 놓고 보면 그때도 산은 높은 그대로 있고 물은 깊은 그대로 있어서 성불을 해 놓은 뒤에도 피장부아장부(彼丈夫我丈夫)의 본래 면목 알 줄 아는 성품은 그대로입니다.

합할 수 없다. 그리하여 모든 생각과 분별을 여윈 모양 없는 참 지혜로만 비로소 알 수 있다. 이런 지혜를 무분별지라 한다.

〔**註 16**〕 **조신대사**(調信大師): 신라스님 세달사(뒤의 흥교사) 중으로 명주 날리군에 있는 송장의 지장(知莊)으로 갔다가, 군수 김흔(金昕)의 딸을 보고 반하여 낙산사 대비상(大悲像) 앞에 가서 만나게 되기를 수년 동안 기도하였다. 그러나 그녀는 이미 출가하여 자기의 소원이 이루어지지 못하게 된것을 원망하여 불당 앞에서 울며 호소하다가 날이 저물고 지쳐서 잠깐 졸았다. 뜻밖에 그녀가 와서 말하기를 「스님을 뵈옵고 항상 그리워하였으나 부모의 명으로 할 수 없이 시집을 갔었으나 이제 스님과 함께 살고자 왔나이다」 조신은 그녀를 데리고 고향으로 가서 四〇여 년을 살면서 다섯 남매를 낳았다. 살림이 구차하여져서 사방으로 떠돌아다니면서 一〇년 동안 걸

체와 용은 둘이 아니다(體用不二)

그러므로 혜(慧)는 일체 생각을 내지도 않고 작용(作用)을 내지 못하는 자리지만 용(用)을 일으키면 온갖 것이 중생과 같을 수 있다는 것이 체용(體用)의 개념입니다。 그러나 그것도 역시 금강경 말씀하시기 전 법공(法空)을 말씀한 때는 그렇게 설명하셨읍니다。 소위 우리 자성을 항상 참되고 불변한다고 해서 진여(眞如)라고 하는데 이 진여가 허공처럼 영원 불변하는 진여도 있고 또 현상계(現象界)의 인연을 따라서 용을 일으키는 진여도 있어서 대승시교(大乘始敎)⑳에 들어오면 두 가지로 말합니다만 그런데 지금 금강경 설명(說明)하실 때만 해도 그것을 용납하지 않습니다。 금강경의 경지(境地)는 관조반야(觀照般若)·실상반야(實相般若)가 둘인 듯 해도 실상은 하나이어서 관조반야가 내내 실상반야고 실상반야가 그대로 관조반야다。 물이 곧 파도고 파도가 곧 물이다。 체니 용이니 가리려고 하면 이미 불교가 아니라는 것을 주장하는 게 금강경의 특색입니다。 그러므로 부처님께서는 무분별지(無分別智)로 분별 없이 아시고 과거사(過去事)도 미래사(未來事)도 분별없이 아시고 중생을 제도하시는 것도 분별 없이 제도하십니다。 그것은 왜 그런가 하면 견성(見性)하는 그날부터 종일설이 미진설(終日說而未盡說)로 하루종일 말을 해도 말한 것이 아니다。 견성을 하고 나면 무슨 색안경을 끼고 어떤 조건으로 무엇을 하지 않고 다만 무심한 마음으로 무심 중에서 말을 하고 듣고 하므로 마치 바람소리와 물소리와 같습니다。 그래서 둘이다 셋이다 하는 것도 앞에 나타나니까 무심히 알지 우리 모양으로 어떤 선입주견(先入主見)을 가지고 아는 것이 아닙니다。 마치 거울에 물건이 비치는 것과 같은데 가만히 그림만 비치는게 아니라 일체 동작을 우리와 같이 하는 것은 움직임이

식하다가 명주 혜현령에서 一五세 된 큰 아들이 굶어 죽어 길가에 묻고 우곡현에 가서 큰 길가에 오막살이를 짓고 머물다, 두 부부가 늙고 병들어 걸식할 수 없으매 一○세 되는 딸이 밥을 빌러 다니다가 개에게 물려 돌아와 앞에 쓰러져 운다。

부부도 함께 통곡하다가 아내가 눈물을 씻고 하는 말,

「내 당신을 처음 봤을 때에는 나이 젊고 얼굴도 아름다왔으며 오십년 동안 고락을 같이하였으나 이제는 늙고 병들어 빌어 먹기도 어렵고 자식들도 헐벗고 굶주려 어찌할 수 없으니, 부부가 함께 다니면서 고생하는 것보다는 따로 헤어져서 살아 나갈 길을 찾는 것이 좋겠소」 한다。

부부가 아이를 둘씩 나누어 데리고 남북으로 길을 떠나려 하다가 문득 깨어 보니 한 동안의 꿈이었다。 하룻밤 사이에 머리가 희고 세상 생각이 다 스러져 대비성상 앞에 무수히 참회하고 혜현령에 묻은 아이

곧 움직임이 아닌 때문입니다。 꿈속에서 움직였다는 것이 꿈 밖에 가면 사실 아무것도 아닌 전혀 거짓말이듯이 사실로 가도 간 것이 아니고 와도 온 것이 아니고 가도 오도 안 했다고 해도 가도 오도 안 한 것도 아니고 그러니까 아까 그 최면술에 걸린 애가 동경을 왔다갔다했지만 안 갔다 해도 말이 안 되고 안 갈 걸로 간 거고 간 걸로 안 간 거와 같이 부처님의 지경(地境)은 이런 부사의경계(不思議境界)㉑이어서 체니 용이니를 가지고 비판할 수 없는 것입니다。

반야경、금강경 전에는 체와 용을 나누어서 일체를 망상이라 하고 심지어는 부처님께서 중생을 제도하는 것도 망상이라고 봅니다。 그러나 대승종교(大乘宗敎)인 법화경(法華經) 열반경(涅槃經) 화엄경(華嚴經)에 들어가면 체용이 둘이 아닌 수즉파 파즉수(水卽波波卽水)로 물이 곧 물결이고 물결이 곧 물인 도리로 설명합니다。 그래서 모두가 무심하기 때문에 무심 자체(無心自體)의 본 마음이 아무 생각이 없어서 미한 것도 아니고 깨친 것도 아닌 한 생각도 없는 그 자리에서 四九년간 설법도 하고 또 인도에만 나타나셨다 하지만 천백억 화신을 나타내시어 색구경천(色究竟天)에 노사나불(盧舍那佛)도 석가여래(釋迦如來)의 화신(化身)이고 그렇습니다。 그렇지만 석가여래께서는 한생각 까딱해 보신 일이 없읍니다。 생각으로 하는 것이 아닌 무분별(無分別) 그 자체가 그대로 아무 생각 없이 설법을 하고 제도하기 때문입니다。 마치 녹음기나 라디오와 한가지입니다。 그러므로 부처님은 종일 일해도 피로운 줄 모르고 피로하지 않습니다。 만일 우리 모양 체용(體用)이 다르다면 하는 일이 힘들고 괴로움이 따를겁니다。 사실은 중생들도 체용(體用)이 다르지 않고 하는 대로 생각하는 대로 되는 셈입니다。 중생들의 마음의 본바탕자리는 무심(無心)이니까 무심 자체(自體)가 천당업(天堂業)을 지녀 가지고 천당 생각을 내면 천당이 나타나고 부처님 역시 천당 생각하면 천당이 나타납니다。 다만 중생은 그것에 속고 부처님

를 파 보니 석미륵상(石彌勒像)이 나왔다。 근처의 절에 모시고 돌아가서 지장(知莊)의 책임을 사퇴하고 정토사를 짓고 정업(淨業)을 부지런히 닦았다고 전한다。

〔註 17〕 **생사대몽**(生死大夢): 중생들이 현실세계에서 몸뚱이를 나라고 생각하고 현실세계가 실제로 존재하는 것이라고 믿고 살지만、나의 본체를 깨닫고 현실 세계의 허무함을 깨닫고 나면 그것은 생사의 세계·상대의 세계·부조리의 세계로서 한낮 꿈일 따름이며、참다운 세계가 아니라는 뜻。 진여실상의 세계는 생사가 없고 남녀가 없고 빈부귀천·고락 애환이 없기 때문이다。

〔註 18〕 **타심통**(他心通): 타심지통(他心智通) 범어 Paracittajnana 六신통의 하나。 다른 이가 마음으로 생각하는 것을 모두 자유자재하게 아는 불가사의한 심력(心力)。

〔註 19〕 **숙명통**(宿命通): 六통의 하나。 또는 숙명지통(宿命智通)。 지난 세상의 생애、곧 전

세의 일을 잘 아는 신통력。 신통력의 크고 작음에 따라 一세·二세 또는 천만세(千萬世)를 아는 차이가 있다。

〔**註 20**〕 **대승시교**(大乘始敎): 현수(賢首) 五교의 하나。 시교(始敎)라고도 한다。 소승으로써 처음으로 대승에 들어온 이에게 말한 얕은 교법。 여기에 상시교(相始敎)와 공시교(空始敎)의 둘이 있다。

〔**註 21**〕 **부사의경계**(不思議境界): 부사의경(不思議境)·묘경(妙境)이라고도 한다。 현재 일념(現在一念)의 망심(妄心)을 말한 것。 관법(觀法)의 자체로써 볼 때에는 현재 일념의 마음 그대로가 본래 三천제법을 갖춘 것이므로 「부사의경」이라 한다。

〔**註 22**〕 **유마거사**(維摩居士): 부처님의 속제자(俗弟子)·유마힐(維摩詰)·비마라힐(毘摩羅詰) 등이라고 음역。 정명(淨名)·무구칭(無垢稱)이라 번역。 인도 비야리국 장자로서 속가에 있으면서 보살행업을 닦은 이。 그 수행이 갸륵

은 속지 않으실 뿐입니다。 그러므로 부처님의 무심경계(無心境界)에서는 체용(體用)이 둘이 아니므로 생각이 움직여도 무심히 움직인 것이어서 움직인 게 아닙니다。 마치 물이 일어나고 꺼지고 해도 물의 본 성질에는 아무 변동이 없듯이 이 무심히 움직인다고 하는 것은 체용이 둘이 아닌 구경(究竟)의 자리입니다。 이 자리는 부처님뿐 아니라 중생들이 제가 몰라서 그렇지 중생들 자신도 본래는 다 그렇게 되어 있는 것입니다 그러므로 이 자리는 모든 개념이 다 떨어진 근본 자체이고 그야말로 나 하나뿐이므로 대자유한 것이며、 이 자리는 생각해 볼 수도 없는 부사의경계(不思議境界)인데 체용(體用)을 가르는 따위는 용납(容納)될 수 없읍니다。 부처님의 십대 제자(十大弟子)를 비롯한 큰 비구승들이 유마거사(維摩居士)㉒에게 가서 모두 한 방망이씩 맞는 것도 대승불교(大乘佛敎)의 체용불이(體用不二)의 도리를 보이는 대문(大文)입니다。 아란존자(阿難尊者)께서 참기름을 얻으러 나갔다가 마침 유마거사의 집으로 가게 됐는데 유마거사는 「그것을 무엇하려고 하는가。」 하고 물었읍니다。 그래서 「부처님께서 등에 종기가 나셔서 기름을 발라 드리려고 합니다」라고 그랬읍니다。 부처님의 몸은 해탈공신(解脫空身)이고 환신(幻身)이라서 부스럼같이 보이지만 사실 부스럼이 아닙니다。 이 세상은 본래 꿈이니까 시방제불(十方諸佛)이 꿈으로 아뇩다라삼먁삼보리를 증득했음을 보이시기 위해 중생과 똑같이 그러하신 것입니다。 본래 환(幻)의 존재이고 망(妄)의 존재(存在)인데 우리는 육신을 참말로 있는 물질적 과학적인 실재로 알고 있는 것입니다。 그러니 온갖 나쁜 업(業)의 버릇을 정리하여 아뇩다라삼먁삼보리를 증득했다는 소리가 본래 면목을 증득했다는 말인 동시에 환(幻)을 증득했다、 삼계가 환임을 체득(體得)했다는 뜻으로 증득제환(證得諸幻)이라 그럽니다。

이렇게 완전한 환이기 때문에 무슨 짓을 해도 거리낄게 없으며 돼도 안 된 것이고 안 된

하여 그 도덕과 지혜가 불제자도 미칠 수 없었다고 한다.

것이 된거고 되고 안 된 것도 없고, 그러면서 그것이 말과 이론이 다 끊어진 자리가 무심체(無心體)이고 불보살의 마음자리입니다. 부처님이 어떻다 하지만 사실 우리도 그 무심체가 움직이는 대로 지옥으로도 되고 천당도 나타나고 사생육도(四生六道)가 다 나타나고 그러면서 거기 딴 개념을 하나 더 가진 것 그게 중생의 허물입니다. 주관·객관이 따로 있고 육체가 나인 줄 알고 개나 소나 사람이나 중생 노릇 밖에 못하는 허물, 그것은 사실 그런게 아닌데 잘못 안 허물입니다. 돌이 돌도 되고 쇠도 되고 사람도 되고 세계도 되고 공간도 되고, 허공도 온갖게 다 되는데 이 돌은 부셔 봐도 돌가루일 뿐 딴 것은 아니라고 생각하니까 그렇게 되는 것뿐입니다. 꿈속에 있는 바윗돌이 무거워서 쩔쩔 매고 못드는 것은 실제로 중량이 있어서가 아니라 돌은 무거워서 들지 못할 것이라는 관념 때문에 못드는 것입니다.

중생들이 이렇게 망념(妄念)·착각(錯覺) 때문에 모든 것에 걸려 있고 마음대로 안 되지만 사실은 마음대로 안 되는 것도 내가 마음대로 안 되도록 해 놓은 것이고 사물에 얽혀 있는 것도 부자유한 것도 내가 부자유하게 만들어 놓은 것이므로 결국은 마음대로 되고 있는 셈입니다. 그러니 한쪽 신통은 얻은 셈입니다. 이렇게 한쪽 신통만을 고집하다 도리어 구속당하는 중생의 허물을 벗어나는 비밀방법은 오직 한 길 무심(無心)뿐이니 인간은 모든 생각 비울 것 밖에는 할 일이 없읍니다. 그런데 중생들은 그 전체를 쓰지 못하고 한쪽 신통만을 고집해서 도리어 구속을 당하는 것입니다.

육조스님과 응무소주 이생기심(應無所住而生其心)

육조 혜능(六祖慧能)스님이 나무를 팔고 돌아서다가 금강경의 사구게(四句偈)의 설명하는 것을 듣고 대번에 깨치셨는데, 그 구절이 바로 이 장엄정토분(莊嚴淨土分)의 응무소주 이생기심(應無所住 而生其心)입니다. 육조스님은 팔십 노모(老母)를 혼자 모시고 산에서 나무를 해다 시장에 팔아서 어머니를 효성으로 봉양(奉養)하고 지내는 일자무식(一字無識)의 가난한 소년이었읍니다. 어느날 여관 방에 나무를 팔아 가지고 돌아가려고 지나치다가 어떤 스님이 읽는 금강경 글귀를 듣게 됐읍니다. 세상 이야기가 아니고 인생 일대사(人生一大事)㉓에 대한 이야기, 생사(生死)를 초월하는 인생 문제(人生問題)의 이야기 같아서 귀를 기울이니 결론을 짓는 대문(大文) 같은 이야기가 나오는데 바로 이게 「응무소주하야 이생기심하라」는 대문이었읍니다. 육조 스님은 이 글을 여기서 한 번 듣고 대번에 마음을 깨치셨기 때문에 이 글귀는 더욱 유명해졌읍니다. 마음을 어디다 두지 말고 그 마음을 내라. 보시(布施)도 하고 지계(持戒)도 하고 육도만행(六度萬行)을 하라는 것입니다. 소승 모양으로 가만히 정적(靜寂)만 지키고 앉았으면 역시 정적에 주하는 것이 되고 그렇다고 해서 생사에 주해도 안 되고 보살은 열반에도 주하지 않고 생사에도 주하지 않는 것을 응무소주(應無所住)라 한 것입니다.

육조스님은 여기서 이 생각도 저 생각도 아닌 궁극(窮極)을 확실히 깨달아서, 알았다는 생각도 요달했다는 생각도 없이 오로지 말하는 이 마음 자리만 환하게 남아 있는데, 그러면서 일체 번뇌 생사나 열반에나 아무데도 주하지 않고 중생을 위해 마음을 내는 보리심(菩提心)을 사무쳐 깨달으셨읍니다. 육조스님은 무식한 나뭇군으로 응무소주 이생기심(應無所住 而生其心)하라는 소리를 듣고 곧 견성(見性)하셨는데 그리고는 오조(五祖)스님을 찾아가려 했으나 늙은 어머님을 내 버리고 갈 수도 없고 하여 당황하니까 경 읽던 스님이 금을 여럿 냥(兩)을 주면서 어머니를 그동안 봉양(奉養)하도록 하고 노자 하라고 했읍니다. 그래서 팔십 노모(老母)를 자기 친구한테 부탁하고, 「나는 천생 지금부터 오조

〔註 23〕 **인생일대사(人生一大事)**: 인생의 가장 중요한 문제는 마음을 깨치는 일이고 나의 본성을 확실히 깨닫는 일이며, 이것은 곧 생사문제를 해결하는 일이다. 따라서 세상 사람들이 생각하는 출세나 부귀 영달이나 아름다운 배우자를 만나는 일 등은 여기에 비기면 다 큰 문제가 될 수 없다는 뜻으로 한 말이다.

涵虛說誼 모름지기 공한 것만이 아니라 바람과 파도를 일으키고 항상 고요한 적멸하면서도 모든 경계에 응하나니 이것이 가위 어두운 가운데 밝음이로다. 또 머무는 바 없다(無所住者) 함은 안과 밖이 없음을 사무치고 텅 비어서 한 물건도 없음을 요달해서 선악시비가 마음 속에서 떨어져 있으므로 아무데도 머물지 않는 마음으로 만사만물에 대하되 거기에 조금도 물들지 않음을 말한다.

홍인(弘忍) 대사를 찾아뵙고 내가 바로 깨친 것인지 아닌지를 물어 봐서 인가(印可)를 얻어와야 하겠고, 그리고 내가 모자라는 게 있으니 더 배워야 하겠네. 나의 인생이 나무해서 어머니나 모시다 돌아가신 뒤에 나도 죽고 하는 줄 알았더니 희한한 도를 한번 듣고 내가 깨침을 얻어서 꼭 스승을 찾아가야 하겠네」 하고 간청을 해서 승낙을 받고 떠났읍니다. 나중에 홍인 대사한테 참배하고서 지내는 동안 여러가지 얘기가 있읍니다만은 오조 스님께서 마지막 날에 말씀하시기를 「앞으로 네가 많은 중생을 제도할 사람이니 금강경을 한번 더 배우라」 하시면서 저녁에 데리고 앉아서 일러 주셨는데 여기서 「응무소주이생기심」하라 하는 소리에 또 한번 더욱 깨달았읍니다. 두번 깨달은 것입니다.

그리고 五조께 다음과 같은 오도의 게송(悟道頌)을 지어 바쳤읍니다. 「어찌 자기 성품이 본래부터 청정함을 알았으며, 어찌 자기 마음이 본래 생멸하지 않는 자리임을 알았으며, 어찌 자기 성품이 본래 구족한 줄을 알았으며, 어찌 자기 성품이 본래 동요하지 않을 줄 알았으며 어찌 자기 성품이 만 가지 법을 내는 줄을 알았으리(何期自性 本自清淨 何期自性 本不生滅 何期自性 本自具足 何期自性 本無動搖 何期自性 能生萬法)」이라 했읍니다.

현상계니 형이상학(形而上學)이니 형이하학(形而下學)이니 하는 온갖 법이 다 마음 가운데 일이고 마음의 장난입니다. 대자연의 원리에 의해서 이루어진 것도 아니고 하나님 조물주가 한 것도 아니며 오직 자기 마음에 만법이 구족해 있다는 것을 깨친 게송(偈頌)입니다. 이렇게 해서 六조스님은 부처님 때부터 전해 내려온 가사와 바리때와 금강경을 받아 가지고 五조스님 지시하신 대로 남쪽으로 피해 가셨읍니다. 그때 五조스님 문하(門下)에는 七백 대중이 있었는데 대중 가운데 신수(神秀)대사는 제일 학덕(學德)이 높아서 그이가 五조홍인대사의 의발(衣鉢)을 전해 받고 신수 문하의 대중들이 그걸로 해서 출세하려고 생각하는데 뜻밖에 저 남방 광동(廣東)에서 온 아주 시골뜨기 무식군처럼 생긴 자가 바리때와 부처님 가사를 가져갔다고 하니까 그럴 수 없다는 중생심으로 잡으러 가고 한 소설 같은 이야기가 많습니다。 이렇게 一五년 동안이나 피해 다니다가 광주(廣州) 법성사(法性寺)에 우연히 지나치게 되었는데 마침 그 절에 큰 재가 들어서 울긋불긋한 깃발들이 바람에 나부끼고 있는 것을 보고 공부하는 젊은 학인(學人)들이 한 열 댓명이 토론(討論)을 하게 됐읍니다。 그중 한 사람이 「저 기가 흔드는 것이냐。 바람이 흔드는 것이냐。」하고 문제를 냈읍니다。 그래서 한 사람은 「기가 흔든다。」하고 또 하나는 「바람이 흔든다。」고 말하여 두 편으로 갈라져서 싸움이 벌어지게 됐읍니다。「바람은 통과한 것뿐이고 흔들지는 않는다。」 그러니까 또 반대편에서는 「기는 만년을 꼽아 봐도 바람 안 불면 가만히 서 있는데 바람이 기를 흔들지 어찌 기가 혼자 흔들 수 있느냐。」 이렇게 한참 시비가 벌어져 판단이 나지 않고 있는 판에 혜능(惠能) 스님이 마침 옆에 앉아 있다가 「그것은 기가 흔든 것도 아니고 바람이 흔든 것도 아니며 오직 그대들 마음이 흔듭니다。」 그랬읍니다。 기도 마음이요 바람도 마음이니 마음이 움직이는 것이라는 뜻입니다。 학인들이 혜능행자(惠能行者)와 몇 마디 해 보니 보통 사람이 아닌 것 같아서 그곳 주지스님에게 말했읍니다。

그때 주지 인종 화상(印宗和尙)이 그 말을 듣고 생각하기를 「육신보살(肉身菩薩)㉔이 남방에 한번 출현하실 거라고 七백년 전부터 예언(豫言)이 있었고、 홍인대사의 의발(衣鉢)을 전해 받은 부처님 법을 다 깨달은 이가 남방으로 나왔다고 하던데 아마도 이분인지 모르겠다」 했읍니다。 그때까지 혜능 행자㉕는 스님이 되지 못한 채 스님 견습생(見習生)인 행자였었는데 몇 마디 문답을 통해 높은 경지의 법을 통한 사람임을 안 인종 법사는 「五조스님의 의발(衣鉢)이 남방으로 왔다는 말이 있는데 필시 행자가 아니십니까」 하고 열반경법문(涅槃經法門)을 청하여 들었고、 또 혜능행자의 머리를 깎아 주고 법부가 처

〔註 24〕 **육신보살**(肉身菩薩): 부모의 혈육(血肉)을 타고난 인간으로서의 보살을 뜻하니、 관세음보살이나 문수보살 같은 이는 응화신(應化身)으로 화하는 보살이므로 인간의 몸을 현신직으로 타고난 보살이 아니다。 원효 대사나 육조 혜능 스님 같은 이를

음 들어와 계를 받듯이 一〇계를 받고 二백 五〇계를 낱낱이 받았습니다。 밥 먹는 것、 걸음 걷는 것、 앉는 방법、 문 출입하는 것、 팔만 가지 세행(八萬細行)[26]과 위의(威儀)를 다 받았습니다。

이때부터 六조대사는 三八년간 정법(正法)을 크게 밝히셨는데 그 밑에 법을 이은 자가 四三인이나 되고 도를 깨달아 견성(見性)한 이가 천 수백이나 되기에 이르렀고、 이들이 중국의 사백여주(四百餘州)에 흩어져 크게 교화를 일으켰던 것입니다。 그래서 육조대사 이래 금강경은 더욱 선종의 소의경전으로 되었고、 응무소주 이생기심(應無所住 而生其心)의 구절(句節)은 달마 선종(達摩禪宗)과 깊은 관계를 갖게 되었습니다。 「아무 생각없이 일을 하라。」 이것이 보살행(菩薩行)이고 그것이 대승행(大乘行)입니다。

수월·혜월 스님의 무심도행

부산 혜월노장(慧月老丈)님은 견성한 스님입니다。 한번은 절에서 산꼭대기 절 근방에 논을 몇 마지기 일구어 놓고 농사를 지었는데 산돼지가 벼를 전부 뜯어먹어도 놓아 두므로 한 수좌가 노장님 보고 「저 산돼지좀 지키십시오。」「그러지。」 이렇게 대답하고는 옆에 가만히 서서 돼지가 오면 돼지 잘 먹으라고 숨도 크게 안 쉬고 있습니다。 나중에는 노장님이 왔다갔다해도 돼지가 도망을 가지 않습니다。 스님들이 와서 「노스님 돈을 얼마를 들여 해 놓은 농사인데 돼지가 다 먹으면 어쩌라고 그럽니까。」「우리는 이 벼가 아니라도 먹을 게 있지 않은가。 돼지란 놈은 농사를 짓나 장사를 하나 천생 좀 먹어야 될게 아니냐。」 그런 식으로 나옵니다。 또 마당에 벼를 널어 놓고 새가 오면 그것좀 쫓아 달라고 하면 「그리하지」 하고 서 있는데 노장님 앞으로 새가 몰려와 줏어 먹고 있습니다。 그거 먹으면

육신보살이라 한다。

〔註 25〕 행자(行者) 범어 Acarin : 불도를 수행하는 이。아직 중이 되지 않고 절에 있으면서 여러 소임 밑에서 일을 돕고 있는 사람。

〔註 26〕 팔만세행(八萬細行) : 걷고 서고 앉고 눕는 사위의(四威儀)가 二백五〇계에 각각 있으므로 一천 위의가 되는데 이것을 섭률의계(攝律儀戒)등의 삼취정계(三聚淨戒)에 배대하여 곱하면 三천 위의가 되고 다시 살도음(殺盜婬)·양설(兩舌)·악구(惡口)·기어(綺語)의 신삼구사(身三口四)의 업에 곱하면 二만一천 위의가 된다。이것을 다시 탐진치(貪瞋癡)의 三독 등의 四번뇌에 배대하여 곱하면 八만 四천 위의가 되므로 팔만 사천 세행이라 했다。그런데 일반적으로는 큰 수를 뜻하여 팔만이라 하는 경우가 많다。

안 된다고 손을 내저어 쫓으면 저쪽으로 가서 줏어먹고 그리 가면 또 이쪽으로 오고 새가 그 노장님을 전혀 겁내지 않습니다。 사람이 살생할 마음으로 해물지심(害物之心)이 없어지면 그렇게 됩니다。 남을 해칠 마음이 없어지면 온갖 것이 나한테 따르는 법입니다。 또 그 노장님이 있던 어느 절 위에 한참 올라가면 암자가 있는데 가는 길에 바위 모퉁이를 지나야만 법당으로 올라갑니다。 그런데 혹 바위 모퉁이에 시퍼렇게 생긴 살모사 한 마리가 움크리고 앉아 있다가 부처님께 올리는 마지를 들고 아이들이 올라가면 머리를 딱 쳐들고 짝짝 소리를 내고 씩씩거리며 혀를 내두르고 있어서 지나갈 수가 없게 되면 아이들이 「노스님 저 나쁜 독사란 놈좀 쫓아 주십시오。」 그럽니다。「그리하지、나쁘기는 너희가 나쁘지 독사가 나빠。」하고 이 노장님이 가서 독사를 쓰다듬어 주면서 「너를 나쁘단다。 저희가 나쁜 줄 모르고 그러니 참 뭐가 나쁜지 모르겠다。」 이래 가면서 독사 머리를 들고 있으면 이 놈이 죽은 모양으로 흔들지도 않고 축 늘어져서 가만히 있읍니다。 저쪽으로 가만히 놓으면 그쪽에 가만히 도사리고 앉아 있읍니다。 그렇게 해도 평생을 앓지도 않고 솔방울 같은 거나 따 먹고 빗자루 만들어 가지고 가난한 집에 나누어 주고 그런 게 일입니다。 평생을 그렇게 지냈는데 일화(逸話)가 한두 가지가 아닙니다。 중국에 누구누구 일본에 어떤 선사라 하지만 우리나라에 참 희한한 얘기가 많습니다。 한번은 그때 돈으로 이십 오원을 들여 가지고 산골짜기를 돌·나무로 막아 놓고 그 위에 흙을 져다 부어 놓고는 팥을 갈았는데 가을에 팥을 타작해 보니까 반 말 닷 되가 나왔읍니다。 옛날 돈으로 이십 오원이면 팥을 여러 섬 살 때입니다。 수좌들이 모두들 한 마디씩 합니다。「아 노스님、돈 이십 오원을 들여 가지고 고생만 하시고 겨우 이것뿐이니 이거 밑지는 장사가 되었읍니다。」「그러면 멍텅구리 아니냐。 돈 이십 오원은 이 세상에 어디에 그대로 있어。 팥만 반말 공짜로 생겼지」。 일평생 사는 게 그런 식으로 삽니다。

〔註 27〕 **개운사**(開運寺)：서울특별시 동대문구 안암동에 있는 절。 一三九六(조선태조五년) 무학(無學) 대사가 동대문에서 동쪽으로 五리되는 안암산 기슭에 창건。 처음에는 영도사(永道寺)라 이름했는데、一七七九(정조三년)에 홍빈(洪嬪)의 명인원(明仁園)을 절 곁에 쓰게 되어 동쪽으로 二리쯤 되는 곳에 절을 옮겨 짓고 개운사라 고치다。 창건주、인파축홍(仁坡竺洪)。 그뒤 여러번 중건하다。

저 북간도에 가서 돌아가신 수월(水月)스님이라는 도인(道人)이 있었는데、 내가 젊어서 평생 모시고 도를 배우다 같이 죽으려고 내가 그때 개운사[27]강원(開運寺講院)에 있다가 여름 방학을 이용해서 한번 갔는데 그 분은 평생 四○년 동안 그곳에서만 계십니다。 그 스님이 누구에게나 「나한테 농사 지은 양식이 있으니까 탁발(託鉢)하지 말고 이거 먹고 공부하라」고늘 이랬는데、 어찌된 일인지 나한테는 나가라고만 하셔서 아마 일부러 시험해 보는게 아닌가 하고 별 짓을 다 했는데도 나에게는 기어코 나가라고만 하시는 겁니다。 가만히 보니까 진짜로 나가라는 것 같아서 나오기로 작정한 뒤에 동냥이나 한 댓세 해서 양식이나 좀 보태 드리고 떠나야겠다고 동냥을 나섰읍니다。 그곳에서 조금만 더 가면 흑용강(黑龍江)이 나오고 한국 독립군들의 근거지인데 일본 토벌대들이 비행기를 가지고 가서 만주 사람 한국 사람 무수히 죽인 바로 그 뒤에서 무서운 개를 많이 기르고 그럽니다。 여러 사람들에게 「수월 스님을 어떻게 아느냐。」 이러니까 나이 많은 노장님 한 사람이 동냥이나 해 먹고 사는 분으로 알지 별 사람으로 안 본다는 겁니다。 모두들 수월 노장을 이렇게 모른다고 하기에 내가 우리 고국(故國)에서는 굉장한 도인으로 안다고 수월 스님에 대한 얘기를 죽 해주니까 그때에야 얘기를 듣고 보니 정말 도인인가 보다고 하면서 이 얘기를 합니다。

만주 개는 세퍼드보다 더 무섭습니다。 사람을 잡아먹을 정도이고 키도 세퍼드보다 더 큰데 그 개한테 내가 혼이 난 적이 있읍니다。 수백리 먼 길을 가게 돼서 길을 묻고 싶어도 개가 나올까봐 일부러 다른 곳으로 피해서 산을 넘어 다니고 그럽니다。 그 곳에 한국 사람이 한 七백호 살고 중국 사람이 한 三백호 사는데 수월노장님의 모습이 참 기이하다는 겁니다。 옷도 다 떨어져서 빨간 것·푸른 것·흰 것 모두 누덕누덕 기어입고 짚신도 상주(喪主)들 신 모양으로 불룩해 가지고 머리에 쓴 것도 이상스럽게 걸레인지 모자인지 모를 정도로 이런걸 쓰고 오는걸 보면 그야말로 죽은 개도 기겁을 해 짖게 생겼는데도 그렇게 사나운 개들이 그 노장님 보고는 가만히 엎드려 있다는 겁니다。 그래서 수월 스님 보고는 무서운 개가 짖지 않는다 하는 소문이 나 있다는 겁니다。

이와 같이 탐진치(貪瞋痴)의 삼독(三毒)이 뿌리채 딱 떨어지면 호랑이와 함께 있을 수가 있고、토끼나 노루가 그 사람 앉아 있는 곳에 뛰어들어오고 그러는데 그렇게까지 없어져야 하는 겁니다。 그때 나는 나를 보고 자꾸 짖어대는 개를 보고 속으로 참 부끄럽고 고개를 못들었읍니다。 명색이 장삼 입고 수도하는 중이라면서 개가 짖도록 되어 놨으니 이게 말이 됩니까。 그 해물지심(害物之心)이 남아 있어서 그럽니다。 지금도 우리가 정화(淨化)한다고 이러지만 교단종풍(敎團宗風)㉘을 바로잡아서 앞으로 이제 무수한 도인이 나오도록 하느라고 전체를 위해 하는 짓이지마는 한쪽으로는 많은 사람이 싫어하는 짓을 기어코 해 놨으니 남한테 나쁜 과보(果報)도 생기기도 합니다。 그런 시기심(猜忌心)이 있고 해물지심이 있으면 개가 짖는 겁니다。 과거에 모두 남에게 손해를 주고 핍박을 주어서 그 업이 남아 가지고 그래서 짖습니다。 가령 사냥군이 아무리 목욕을 깨끗이 하고 몸에 향수(香水)를 바르고 새옷을 입고 다녀도 개가 틀림 없이 그 사람만 오면 문둥이 오는 것처럼 짖어댑니다。

견성한 뒤의 보림 수행

도가 높아지면 죽을 때 몸뚱이를 옷 벗듯 벗고 갑니다。 실은 죽는 것도 아니지만 육체가 죽는다고 보고 지게를 지고 가다 지게를 세워 놓듯이 합니다。 그렇게 놓고도 어머니 뱃속에 들어갈 때는 미(迷)해서 망상(妄想)이 일어나고 하는 자세한 이야기는 여러가지

〔註 28〕 교단종풍(敎團宗風)：어느 교단이든지 그 교단의 종지(宗旨)가 있고 그 종지에 따른 수행풍기가 있게 마련이다。 우리나라의 불교는 특히 통불교로서 원효대사·보조국사·서산·사명대사 등에 이어지는 특수한 종풍이 있었는데、청담스님 재세시(在世時)에 이 종풍을 바로잡기 위해 많은 노력을 한 바 있다。

있지만 탁한 마음、곧 색정(色情)이 일어납니다。 금생의 자기 몸뚱이는 옷 벗듯이 했지만 어머니 뱃속에 들어갈 때 깜박 미해서 피로 엉켜서 있습니다。 그런데 도가 더 높은 사람은 뱃속에 들어갈 때는 미하지 않고 자기 공부 그대로 하고 있는데 그렇게 열 달 동안 가만히 하는 이도 있고 아홉달 만에 자기 공부하던 걸 나와서 미한 사람도 있고 또 여덟달에 미한 사람、한달에 미한 사람、또 열달을 다 선방에 앉아서 공부하는 모양으로 정진하는 사람도 있습니다。 그런데 이렇게 이백팔십일 동안 하다가 어머니 뱃속에서 나올 때 그 속에서 나오느라고 큰 고통을 겪게 되므로 출태(出胎)할 때 제일 미합니다。 그래서 깊고 완전하게 될 때까지 계속 닦지 않으면 안됩니다。 이렇게 견성하고 닦는 것을 보임(保任)㉙이라 합니다。 옛날에도 견성해 놓고 이십년·삼십년·사십년 수도를 하는데 얼굴에 흙칠하고 잿더미 바르고 미친 사람 짓을 하면서 남들이 미친놈 미친놈 하는 그 가운데 자기는 멀쩡하게 천하태평이 되어 개 닭소리 안 들리고 사람 오지 못하는 산중에 깊이 들어가서 토굴(土窟)하나 만들고 솔잎이나 도토리나 먹고 들어앉아 있습니다。 선가(禪家)에서는 자성(自性)을 잘 보호해서 임의로 거기에 맡겨서 조금도 탈선(脫線) 행동이 없도록 하고 「응무소주 이생기심」되도록 한다는 뜻으로 보임(保任)이라 한 것입니다。 범부가 탐진치(貪嗔痴)로 움직이는 마음과는 달라서 무심(無心)으로 움직이는 이것은 움직이는 것도 안 움직이는 거고 안 움직이는 것도 움직이는 거고 안 움직인 자체가 움직이는 것이어서 마치 물과 파도가 둘이 아니어서(水波不二) 사람이 그것을 파도라 할 뿐 물 자체는 파도가 아니고 움직였다 해도 달라진 것도 아니고 가만히 있다고 해서 물이 더 깨끗해진 것도 아니며、물은 움직인 때나 항상 그런 것처럼 도를 깨쳐 놓고 자기 마음자리를 응무소주(應無所住)하며 이생기심(而生其心)하는 것도 종일 설법해도 설법한 게 아니고 이와 같이 우리가 아무 생각없이 부지런히 농사짓고 종일 일해도 고된 줄 모르고 아무 생각없

〔註 29〕 보임(保任): 보호임지(保護任持)의 준말이니、깨달은 자성을 잘 보호하고 그 본성(本性)에만 맡겨서 번뇌망상의 습성을 끊어나가는 수행。곧 깨달은 뒤에 닦는 수행을 일컬음。

이 일합니다。이게 내 일이라 생각 말고、꼭 나만 먹을 거다 이런 생각 말고、아무나 배고픈 사람이 먼저 먹을 거고 헐벗은 사람이 먼저 입을 옷이라 생각하여 열 벌이고 한 벌이고 장만하는 것이 도인이 하는 행동이며 모든 중생을 구제할 수 있는 대보살이고 자기도 완전히 의식주를 초월하고 생사를 벗어날 수 있는 길입니다。

마음이 이렇게 수양이 돼서 밝아지면 소탈해지고 번뇌가 없어져서 남의 사정을 잘 알게 됩니다。마누라를 대할 때도 그렇고 영감을 대할 때도 그렇고 제 감정으로 대하면 영감 말이 제대로 안 들어옵니다。그래서 마음이 상했을 때 미운 생각으로 대하면 좋게 말해도 밉고 나쁘게 말해도 미웁니다。아무 생각 없이 대하면 영감이 무엇 때문에 그런 짓을 하는지 그것을 척 알게 되니까 마음을 맞추어 나갈 수 있고 해결할 도리가 나옵니다。그렇지만 감정이 앞선 중생이 되어 놓으니깐 마누라가 무슨 소리를 해도 귀에 안 들어오고 팔월 추석이 되면 아이들 고무신 하나 사 주고 옷가지나 사 주자고 이렇게 말하는 어머니의 심정을 이해해서 그렇겠다고 얼른 주고 돈이 없으면 어디가 빚을 내 오든지 해 보자고 하고 빚도 못낼 형편이면「거 참 마음이야 아프겠지만 돈이 없어 참 안됐다고 아이들도 불쌍하지만 당신 말을 못 들어 주니 참 안됐다」고 말이라도 고맙게 해주면 서로 섭섭한 눈물을 흘리며 목을 안고 울 수도 있는 거고 아무 시비가 없는 세상인데、꼭 막혀 있으니까 큰 방에 가면 시어머니 말이 옳고 부엌에 가면 며느리 말이 옳고 그러니 시어머니 사정 모르고 며느리 사정 모릅니다。응무소주로 아무 생각 없이 대하면 시어머니가 무엇 때문에 잔소리를 저렇게 하시는가 하는 걸 환히 알기 때문에 거기에 맞추어 줄 지혜가 나옵니다。「응무소주 이생기심」을 우리가 모르고 있기 때문에、안하기 때문에 주관이 있기 때문에、사꾸 지옥으로、삼악도로만 가서 인간세상이 혼란해집니다。

아무데도 머물지 않는 무소주(無所住)는 옳게 머무는 것이고 머무는 것은 그릇되게 머무는 비극(悲劇)이며 또 중생을 위해서 자기를 위해서 육도만행을 행해야 하니까 그게 이생기심(而生其心)인데 「해도 한 것도 없이하라」 항복기심(降伏其心)이 됩니다。 일체 중생 무량무수 중생을 제도했지만 사실 제도한 나도 제도한 생각이 없고 또 제도 받은 사람이 없읍니다。 고집멸도(苦集滅道)㉚의 법문을 듣고 그 방법 배우고 있는 범부 때 그 자체가 앉아서 배웠고 잠깐 지나간 생각이고 흘러간 강물과 같아서 무슨 이야기를 들었다고 할 것도 없고 무슨 말을 해 줬단 말도 안됩니다。 그러니까 「종일 얘기해 본 일 없이 얘기하라」 하는 게 항복기심(降伏其心)이니 레코오드나 녹음기보다도 더 무심한 것입니다。 범부라도 억지로 이렇게 할 수는 있읍니다。 그렇게 하면 조직으로 하는 것이지만 하면 할수록 그만큼 근사해지고 좀 탈속(脫俗)해져서 마음이 편해지고 일은 일대로 잘 됩니다。

구경에는 마음과 육신이 하나

무아경(無我境)이라 하지만 그것도 하나의 관념(觀念)이 나타난 것에 불과한 것이지 본체(本體)자리는 아닙니다。 이 본체의 실재(實在)는 있기는 있지만 생각이 일어날 수 없는 사량부도지처(思量不到之處)㉛고 시간 공간을 초월한 무극 이전(無極以前)、 태극 이전(太極以前)이며 원자 전자가 성립되기 이전 우주의 생성이전(生成以前)이며 유무(有無)를 초월하여 선악시비(善惡是非)가 일어나기 전입니다。 깨치는 방법이 있는 것은 부득이해서 의지할지언정 그것이 어떤 존재라고 인식(認識)한 게 있으면 벌써 착각(錯覺)이 붙은 것입니다。 그러므로 누구의 지도를 받았느니 안 받았느니 하는 생각이 붙을 수 없으며 맨 처음부터 중생 때부터 지도할 수도 받을 수도 없는 자리입니다。

그래서 예불(禮佛)할 때도 계향(戒香)·정향(定香)·혜향(慧香)·해탈향(解脫香)·해

〔註 30〕 **고집멸도**(苦集滅道): 사제(四諦) 범어 Catvari-aryasatyan 사성제(四聖諦)라고도 함。고(苦)·집(集)·멸(滅)·도(道)의 네 가지 진리를 말함。 제(諦)는 불변여실(不變如實)한 진리(眞理)의 뜻。① 고제(苦諦)、 현실의 인생은 고라고 관하는 것。 ② 집제(集諦)는 고(苦)의 이유근거(理由根據) 혹은 원인(原因)이라고도 하니 고의 원인은 번뇌인데 특히 애욕과 업(業)을 말함。 위의 二제는 중생세계에 흘러 다니는 인과。 ③ 멸제(滅諦)는 깨달음의 목표。 곧 이상(理想)의 열반、 ④ 도제(道諦)는 열반에 이르는 방법。 위의 二제는 깨달음의 인과。

〔註 31〕 **사량부도처**(思量不到處): 진여실상을 깨달은 마음 자리는 대소 장단 시비곡절 등의 생각을 여읜 자리고 희로애락이 떨어진 절대

의 경지이므로 사고와 표상으로 헤아릴 수 없고 동시에 문자나 말로 표현될 수 없으므로 일컫는 말이다.

탈지견향(解脫知見香)하고 오분향례(五分香禮)를 하는데, 부처님께 예경(禮敬)을 함에 있어 음식이나 떡을 올리는 헛된 예경이 아니라 마음을 닦는 참된 예경을 올린다는 뜻입니다. 먼저 계를 지켜서 닦는 마음의 향으로 예경하고 또 참선을 하여 정(定)을 닦는 마음의 향으로 예경하고 지혜의 향, 해탈의 향으로 예경을 올린다는 뜻이니, 해탈했다고 해서 그곳에 머물러 있으면 그것도 소승(小乘)이 되어 반쪽 해탈 밖에 안 되므로 그것까지 없어야 한다는 뜻으로 해탈지견향의 예경을 하는 것입니다.

이와 같이 유무 주객을 초월하여 생사에도 주하지 않고 열반에도 주하지 말라는 것이니, 도인이 밭 갈고 농사도 하고 장사도 하고 좀 더 내라, 덜 받아라, 그런 소리를 해도 조금도 업이 되도록 이익(利益)을 위해서 싸우는 게 아니니 탐진치 삼독(貪瞋痴三毒)으로 하는 일이 아니기 때문입니다.

이때까지 육체를 나라고 하여 자기 본위로만 살다가 이제 견성(見性)을 하고 보니 정말로 자기라는 것은 누가 해롭게 할 수도 없고 보태서 이롭게 해 줄 수도 없는 존재이므로 사는 것도 아니고 죽는 것도 아닌 그저 항상 불변하는 존재이니 정말 자기를 위해서 할 일이 하나도 없읍니다. 이제까지 이 몸뚱이 때문에 천사만려(千思萬慮)를 일으키고 온갖 망상(妄想)을 다 일으켜서 수단방법(手段方法)을 가리지 않고 죄업을 저지른 것은 육체가 나인 줄 알고 저질렀던 짓이었는데 그것도 이제는 필요 없게 됐읍니다. 오직 일체 중생을 구제하는 것만이 일이라면 일입니다. 그렇지만 이야기를 해도 이야기하려고 생각하는 게 아니고 깨우치는 것 일러 주는 것도 아무것도 내가 바랄 게 없읍니다. 마음자리를 깨닫고 보니 돈도 소용 없고 옷도 밥도 소용 없고 차차 도가 높아 가면 육신이 실제로 그렇게 자유자재(自由自在)하게 되어서 불에 앉아도 아무렇지도 않고 물에 들어 앉아도 괜찮습니다. 신라 때에도 그렇고 중국에도 그런 일이 많이 있읍니다. 밤에 우물 속에 물이 한 댓길 되는데 그 물속에 가만히 들어가 밥을 새고 앉아 있다가 날이 새면 나와서 밥 얻어먹고 돌아다니며 절도 하고 중생제도도 하고 그랬읍니다。 마음이 점점 무심해지면 망상이 없어져서 이 육체가 본래 환(幻)이라는 것이 드러나기 때문에 그렇게 됩니다。 이 몸뚱이도 본래 망상 때문에 호흡이 필요해지는 것인데 망상이 죽 끊듯 하는 큰일이 생기면 호흡이 급하게 됩니다。 모든 망상이 뚝 떨어지면 호흡의 필요가 없어져서 줄어집니다。 처음에는 차츰차츰 호흡이 一분간에 일호흡하다가 나중에 二분간에 하다가 한 시간 하다가 극도에 다다르면 자연 호흡이 끊어져서 모공호흡(毛孔呼吸)만 가지고 만족하게 되는데 더욱 깊어지면 모공호흡도 필요가 없어집니다。 그러면 그것이 환신(幻身)인데 그래서 시방제불이 증득제환(十方諸佛證得諸幻)이라 한 것입니다。 범부 중생한테 처음에는 할 수 없어서 육신은 물질로 된 색신(色身)이니까 무상(無常)한거고 부처님도 몸이 돌아가셔서 화장을 해서 사리(舍利)㉜가 나오고 하는 것으로 말합니다。 그리하여 소승(小乘)네에게는 아무리 성불해도 색신(色身)은 죽어 없어진다고 말해 주지만 이것은 아직 일체유심조(一切唯心造)㉝의 도리를 모르는 단계이기 때문에 그렇지 대승(大乘)에 올라오면 차차 환화공신(幻化空身)이 곧 법신(法身)인 것을 설명해 줍니다。 왜냐 하면 현상이 본래 환(幻)이기 때문입니다。 제불이 증득적멸심(諸佛證得寂滅心)이라고 하는 것이 곧 증득제환(證得諸幻)、 모든 것이 환임을 증득한 것이므로 그때는 육신과 내 마음자리가 다르지 않고 둘이 아닌 하나의 도리로 설명합니다。

그런데 우리 중생경계로 보면 말하는 마음자리와 육체는 둘입니다。 꿈속에서 온갖 활동을 하다가 꿈을 깰 때는 꿈에 있던 몸뚱이는 없어지고 또 현실의 딴 몸뚱이를 뒤집어쓰고 나와서 종일 활동을 합니다。 만일 몸뚱이와 마음이 하나라면 마음이 가는 곳이면 어디나 이 몸뚱이도 함께 갈 수 있어야 합니다。 최면술에 걸린 아이가 이야기

〔註 32〕 **사리(舍利)** 범어 Sartr : 신역(新譯)에서는 설리라(設利羅)·실리라(室利羅)라 하고、 신골(身骨)·유신(遺身)·영골(靈骨)이라 번역。 한량 없는 六바라밀 공덕으로 생기며 또 계(戒)·정(定)·혜(慧)로써 훈수(熏修)하여 생기는 것으로 매우 얻기 어렵고 제일 가는 복전이 됨。 본래는 신골이나 주검을 모두 사리라 하였는데 후세에는 화장한 뒤에 나온 작은 구슬 모양으로 된 것만을 사리라 한다。

몇 마디 하는 순간에 동경까지 왔다갔다하는 것이 그게 모두 다 거짓말이라면 거짓말이고 참이라면 둘 다 참이고 그런 것입니다。 지금 우리에게는 육신 말고 마음이 따로 있어서 꼬집어 보면 육신이 아픈데 사실은 육신이 아픈 게 아니라 마음이 아픈 것이지만 육신이 아픈 걸로 우리 마음이 알고 있어서 그런 것일뿐, 실제로는 이것은 본래 육신과 마음이 둘이 아니기 때문에 그렇게 되는 것입니다。 부처님이 다 돼 가지고 환화공신(幻化空身)의 색신(色身)과 법신(法身)이 둘이 아닌 경계가 된거나, 지금 우리가 미(迷)해 가지고 몸뚱이 이것만을 나라고 생각하므로 해서 물질적 요소로 구성된 육체가 아프지도 않고 안 아프지도 않고 아무것도 아닐텐데 불에 닿으면 뜨겁고 손등을 꼬집으면 손등이 아프고 배를 꼬집으면 배가 아프고 다른 데는 아프지 않은 것이 다 마음과 몸이 한 덩어리가 된 때문입니다。 마치 육신과 법신이 다르지 않은 하나가 되어 버려서 하나가 되었다는 점에서는 부처와 다를 것이 없읍니다。 다만 몸뚱이가 환이고 현실이 꿈인 줄을 모르는 것이 다를 뿐입니다。 부처님을 여래(如來)라 하는데, 여(如)라는 것은 진리인 법신의 본체자리를 말하며 이 여로부터 여여(如如)하게 중생의 세계로 오셨다는 뜻으로 한 존칭(尊稱)으로서 그러니 내(來)는 오는 것 없는 걸로 오신 것이고, 여(如)는 변동을 안하는 것인데 어디를 왔다갔다할 수 있읍니까。 진공처럼 변동할 수 없는 자리이고 움직일 수 없는 자리인데 부처님이 육체적으로나 법신(法身)㉞으로나 근원적으로는 부와 같은 것입니다。 아무래도 우리가 보기에는 몸뚱이와 마음의 두 덩어리가 있는 것 같고 신달다태자(悉達多太子)라는 분이 이 세상에 나와서 견성성불(見性成佛)했고 또 천당의 도솔천(兜率天)에 계시다가 이 세상에 내려오시니 부처님을 따라 배우고 모시던 하늘의 대중들도 부처님을 옹호(擁護)하느라고 전부 따라 내려와서 四九년 동안 부처님 불사(佛事)하는 것을 물질적으로나 정신적으로 돕게 되었는데, 그러니 부처님도 보살의 몸으로 계시던 도솔천

〔註 33〕 **일체유심조**(一切唯心造): 우주의 궁극적 실재는 마음뿐이며 현상계는 깊히 관찰해 보면 마음의 그림자이므로 결과적으로 말하면 모든 것은 다 마음이 지은바라는 뜻。 마음을 깨달아 깊이 수행을 하여 불보살의 경지에 이르면 현실적으로도 「일체유심조」의 도리가 그대로 실현되지만 중생들의 마음에는 그것이 확인되지 않아서 깊은 마음 속에서는 그것을 거부하는 마음이 잠재해 있으므로 자기 마음에 의해서 「일체유심조」의 도리가 실현될 수 없다는 것。

〔註 34〕 **법신**(法身) 범어 Dharma-Raya : 三신의 하나。 법은 진여이니 법계의 진리와 일치한 부처님의 진신(眞身)。 빛깔도 형상도 없는 본체신(本體身)。 현실로 인간에 출현한 부처님 이상으로 영원한 불(佛)의 본체를 말한다。

내원궁(內院宮)㉟때의 몸뚱이는 없어지고 또 보살의 몸이 지하로 내려가신 것으로 중생은 봅니다. 그러나 부처님 경지에서는 도솔천 내원궁이 곧 마야부인의 태중(胎中)이고 마야부인의 뱃속이 곧 내원궁이어서 오고가고 할 거리가 없는 것이니 가비라국이 그대로 내원궁에 앉아 있는 것이고 인도의 정반왕국(淨飯王國) 안에 있는 것이 아닙니다. 왜냐 하면 이 자리는 작다고 할 때는 있는 것도 없는 것도 아닌 아무것도 아닌 그 속에 도솔천도 있고 정반왕궁도 있고 오고가고 할 게 없는 자리입니다. 현재도 우리가 마음 쓰는 이대로 이렇게도 되고 저렇게도 되는 절대 자유로운 것인데 우리가 미한 중생이 되어 망상으로 보고 쓸데 없이 부자유(不自由)한 짓을 하는 것뿐입니다. 그러나 이것은 망상이 자꾸 났다는 것뿐이지 열반(涅槃)이니 생사(生死)니 정법(正法)이니 사법(邪法)이니 이런 것도 생각하지 말고 아무 생각 없는 실상(實相)자리에 눈 깜짝해 보면 합치될 수 있읍니다. 지금 이렇게 이야기 듣고 앉았다가 그렇게 될 수도 있고 오늘이라도 육조 스님처럼 깨치는 사람이 생길 수 있읍니다.

〔註 35〕 내원궁(內院宮)： 도솔천(兜率天)의 미륵보살님이 계시는 정토(淨土)를 말함. 도솔천에 외원(外院)과 내원(內院)이 있는데, 외원은 일반 중생들이 사는 보통 하늘이고 내원은 다음 생에 부처될 일생보처보살(一生補處菩薩)이 계시는 정토이니 지금은 미륵보살이 계신데 이곳은 보살의 법력으로 건립된 세계로써 이곳에 태어나면 곧 미륵보살님의 법력으로 나무소리 새소리를 듣고 견성하게 되며 미륵보살 성불할 때에 다 수기를 받고 성도(成道)하여 생사를 해탈하고 마침내 성불하게 된다는 곳. 사바세계와 인연이 가장 많은 정토로써 누구나 태어나면 다 해탈 제도되는 극락세계와 같은 정토이다.

無爲福勝分(무위복승분) 第十一(제십일)

須菩提(수보리)야 如恒河中所有沙數(여항하중소유사수)하야 如是沙等恒河(여시사등항하)하면 於意云何(어의운하)오 是諸恒河沙(시제항하사)ㅣ 寧爲多不(영위다부)아 須菩提言(수보리언)하되 甚多(심다)니이다 世尊(세존)하 但諸恒河(단제항하)도 尙多無數(상다무수)온 何況其沙(하황기사)리잇가 須菩提(수보리)야 我今實言(아금실언)으로 告汝(고여)하노니 若有善男子善女人(약유선남자선여인)이 以七寶(이칠보)로 滿爾所恒河沙數三千大千世界(만이소항하사수삼천대천세계)하야 以用布施(이용보시)하면 得福(득복)이 多不(다부)아 須菩提(수보리)ㅣ 言(언)하되 甚多(심다)니이다 世尊(세존)하 佛告須菩提(불고수보리)하사되 若善男子善女人(약선남자선여인)이 於此經中(어차경중)에 乃至受持四句偈等(내지수지사구게등)하야 爲他人說(위타인설)하면 而此福德(이차복덕)이 勝前福德(승전복덕)이니라

『수보리야、항하 가운데 있는 모래 수와 같이 그렇게 많은항하가 있다면 네 생각에 어떠하냐。이 모든 항하에 있는 모래가 많겠느냐 많지 않겠느냐。』수보리가 사뢰었다。

『매우 많사옵니다、세존이시여。다만 저 모든 항하만 하더라도 수 없이 많사온데 하물며 그 모래이겠나이까。』

『수보리야、내 이제 너에게 실다운 말로 이르노니、만일 선남자 선여인이 저 모든 항하강의 모래처럼 많은 삼천대천세계에 칠보를 가득채워서 다 보시했다면 그 복덕이 많겠느냐 많지 않겠느냐。』수보리가 사뢰었다。

『매우 많사옵니다、세존이시여。』부처님께서 수보리에게 말씀하셨다。

『만일 선남자 선여인이 이 경 가운데 내지 사구게 등만 받아 지니고 남을 위해 일러 준다면 이 복덕이 앞에 말한 복덕보다 뛰어나리라。』

第十一 無爲福勝分—무한대의 절대 복력

〔科解〕

제十一분 무위복승분(無爲福勝分)은 하는 생각 없이 무심(無心)으로 중생을 위해 짓는 복이 제일 거룩하고 비교할 수도 없이 크다는 것을 말씀하신 장(章)입니다。아무리 많은 재산을 보시하고 아무리 좋은 물질을 보시했다 하

二七斷疑論 소명태자(昭明太子) 三十二분법으로 여기서부터 무위복승분(無爲福勝分)이 독립된 장으로 분단됐지

더라도 그것은 다 우리 마음자리의 한 부분에 불과하기 때문이고, 마음이 물질에 머무는 한 그것은 생사법(生死法)이고 중생심의 세계이므로 이것은 참다운 복이 아니기 때문입니다。 우리의 본성(本性)은 이와 같은 물질적 현상을 다 초월했으며 이와 같은 물질은 곧 물질이 아니고 현상이 현상이 아닌 본체(本體)를 깨닫고 번뇌망상의 세계로부터 영원불멸의 진실세계로, 생사윤회(生死輪廻)의 고통으로부터 보리열반(菩提涅槃)의 광명으로 중생을 인도하여 마침내 생사를 해탈하고 우주의 주인공(主人公)으로서 대자유 대자재(大自在)를 성취하게 하는 이 금강경의 진리를 남에게 가르쳐 주는 공덕은 어떠한 물질적인 보시보다도 비교할 수 없이 뛰어난 것임을 말씀하신 대문입니다。

原文 須菩提 如恒河中所有沙數 如是沙等恒河 於意云何 是諸恒河沙 寧爲多不 須菩提言 甚多 世尊 但諸恒河 尚多無數 何況其沙

解義 부처님께서 어번에는 「항하의 모래가 많으냐 적으냐」하고 물으십니다。 항하(恒河)는 지금의 인도 갠지스강을 말하며 중국의 양자강(揚子江)·황하(黃河), 미국의 미시시피강 이집트의 나일강 등과 함께 세계적인 큰 강 가운데 하나입니다。 우리나라 이수로 따지면 한 만 리나 되는 큰 강입니다。

만 저一○분의 장엄정토분 끝 須菩提 譬如有人身如須彌山 王에서부터 제一四분 이상적멸분의 一부까지가 제七단의 「보신을 받는 것은 취하는 것이 되는가 하는 의심을 끊는 대문」으로 된다。

그 가운데 여기서부터는 수승함을 비교하여 나타내는 글인데 여기에다시두 대문으로 나누어져서 거듭거듭 분류된다。 이것을 이하에 보인다。

제七단 보신 받음을 취하는 것이 있는가 하는 의심을 끊다(受得報身有取疑)

一、문답으로 의심을 끊다(問答取疑)

二、須菩提譬如人身에서 是名大身까지 비교하여 수승함을 보임(校量顯勝)여기에 다시

① 밖의 재물로 비교하여 경의 수승함을 보임 (約外財 校量廣顯經勝)—(須菩提如恒河中에서 제一三절 여법 수지분 끝까지)과

② 안의 재물로 비교하여 경의 수승함을 보임(約內財校量 倍

얼마 전(一九五五년)에 지금 종정 스님(河東山宗正)、통영(統營)에 계신 효봉 스님(曉峯) 그리고 몇 분 스님과 같이 인도에 갔을 적에 항하를 기차로 지나 본 일이 있읍니다。 강물이 흐르는 옆에 모래밭이 깔려 있었고 모래밭의 폭만 십 리도 더 되는 것 같았는데 그 강 모래는 아무리 손아귀 힘이 센 사람이라도 모래를 잡으면 손가락 사이로 전부 빠져 버리고 땀에 붙은 모래만 남는다고 합니다。 쥘 수가 없을 정도로 보드랍고 먼지가루처럼 잘기 때문입니다。 강을 따라서 이런 고운 모래가 한 만 리 평야에 뻗쳐 가지고 밀가루 헤친 것보다 더 보드라와서 맨발로 다녀도 참 편리하게 생겼읍니다。 이런 모래는 물이 흐르는 강 물 밑에도 수 없이 많이 깔려 있을 것이니 모래의 수는 생각해 볼 수도 없이 많은 것입니다。 그런데 부처님께서 「이 항하강의 모래가 얼마나 많으냐、많지 않으냐。」 그것을 물으셨읍니다。

그러나 우리가 어릴 때는 셋을 손가락으로 몇번 꼽아 보고서야 알지만 좀 커지고 나서는 척 보면 대번에 알듯이 나한님들은 욕심이 없어져서 마음이 밝아졌고 도가 높아졌으므로 현상계를 한번 보면 다 아시는데 수보리존자는 나한 중에서도 제일 가는 나한이므로 항하강의 그 모래 수가 셀 수도 없이 많은 수지만 한 생각에 알고도 남음이 있읍니다。 그런데 인도 항하강에 가득한 모래 수와 같이 많은 항하강이 또 있다고 하면、예컨대 이같은 항하사를 다른 지구·금성(金星)·화성(火星)·목성(木星)에까지 확대하여 항하사 모래 수만큼 많은 항하가 있다고 하면 그 모든 항하의 모래 수는 얼마나 되겠느냐。」 하고 부처님께서 물으십니다。 수보리 존자께서 여쭈었읍니다。「참 많사옵니다。 세존이시여、단지 한 항하의 모래수도 그 수가 한량 없는데 그렇게 많은 항하의 모래수는 이루 다 말할 수나 있겠사옵니까。」 만일 전 인류가 다 모여서 한 항하의 모래 수를 손으로 헤아린다고 하면 백년을 세더라도 안 될 것입니다。 그러므로 그 모래 수만 한 항하강의 모래는 무

顯經勝)제一三전 여법수지분 끝의 須菩提 若有善男子善女人 以恒河沙等身命布施에서 제一四절 이상 적멸분의 중간(非第一波羅蜜 是名第一波羅蜜)의 두 대문으로 나뉜다。

그러므로 「제七단의」는 제一〇절에서 제一四절에 걸치고

涵虛堂詮 한 항하강의 모래 수만 해도 수 없이 많은 것인데、그 모래수처럼 많은 항하 또한 무궁한 것이다。 한 성품 가운데 항하사 모래처럼 많은 작용이 있으니 항하사 수 같은 용이 한량 없도다。 하나하나의 항하마다 모래가 수 없이 많으니 하나하나의 법도 항하의 모래수같은 용을 갖추었다。(一恒河、數無窮沙等恒河 亦無盡 一性中有恒沙用 如恒沙用法無盡二恒沙亦無盡 二法有恒沙用)

하늘과 땅·해와 달·삼라 만상·본체와 현상·공한 것과 있는 것·밝은 것과 어둠·죽임과 살림·범부와 성인·원인과 결과 등 모든 명

한수(無限數)일 것이므로 많다고 하신 것입니다。

原文 須菩提 我今實言 告汝 若有善男子善女人 以七寶 滿爾所恒河沙數 三千大千世界 以用布施 得福多不 須菩提言 甚多 世尊

解義 또 부처님께서 말씀하시기를 『수보리야、내가 이제 참 진정한 말로 네게 이르노니 만일 어떤 착한 남자나 착한 여인이 금·은·호박·진주 등의 七보를 앞에서 말한 항하강 모래수처럼 많은 항하 사장의 모래 수만한 삼천대천세계에 가득히 채워서 보시한다 하면 그 복이 많겠느냐。안 많겠느냐。』하고 물으십니다。작은 일이지만 남이 목마를 때 찬물 한 그릇만 떠 주어도 그 공덕으로 세세생생에 큰 복을 받는다고 하는데 이런 굉장한 칠보를 보시로 다 주었으니 그 복덕이 얼마나 많겠느냐는 것입니다。그러니 수보리 존자께서 『참 굉장합니다。심히 많습니다。세존이시여。』하고 사뢰었읍니다。

原文 佛告須菩提 若善男子善女人 於此經中 乃至受持 四句偈等 爲他人說 而此福德 勝前福德

解義 부처님께서 다시 수보리 존자에게 말씀하시기를 『만일 어떤 착한 남자나 착한 여인이 이 금강경 가운데 사구게(四句偈)만 받아 가졌다가 남을 위해 해설해 주면、예컨대 (응무소주 이생기심」이나 「범소유상 개시허망 약견제상비상 즉견여래」(凡所有相 皆是虛妄 若見諸相非相 卽見如來)등의 법문(法門)을 제대로 일러주면 그 복덕은 앞에서 항하의 모래수처럼 많은 삼천대천 세계에 가득한 칠보를 보시한 것보다도 그 공덕이 훨씬 더 크니라。』고 하셨읍니다。가령 이것의 여러 억천만배 이상 무한대로 벌어져 있는 우주라 하더라도 내 몸뚱이의 털구멍 속에 그것을 전부 집어 넣을 수 있는 그런 인간이 되도록 만들

사와 수를 야부선사(冶父禪師)는 전삼삼후삼삼(前三三後三三)이란 이 한 구절로 대표했다。그것은 하나의 항하강의 모래만 해도 수 없이 많은 것인데、그 모래수와 같은 항하강의 모래를 다시 든 것은 더욱 많은 수를 가리킨 것이다。그러나 계산할 수 있는 길이다 하여 눈앞에 한 법도 없어야 바야흐로 능히 고요한 곳、구경을 성취하리라。

일이삼사 등의 항하는 그 한 항하강 속에 있는 모래로 셈한 것인데 한 항하강의 모래수만 가지고 흡족하지 못해서 모래수와 같은 항하가 있다는 가정을 하여 더욱 많은 수를 표현한 것이다。모든 법이 가없는 법이어서 그 수를 헤아리기 어려우니 궁극에 이르러 헤아림이 다하고 나면 그 모든 법이 서로 다른 법 아니되。그 모든 법과 법이 서로 다른 법 아님을 사무쳐 증득하여야 비로소 고요한 곳 구경을 성취하리라。(天地一月萬像森羅性想空有明暗殺活凡聖因果凡諸名數

一句都說破 一二三四 數恒河 沙等恒河數更多 算盡目前無一法 方能靜處薩婆訶 一二三四等恒河恒河沙 以爲數 一恒河沙猶未足 沙等恒河 數更多 諸法 無邊數難窮 窮盡諸法 無異法 得法法無異法 方能靜處薩婆訶)

六祖口訣 칠보를 보시하는 것은 이 세상의 부귀의 과보를 얻을 수 있는 복이지만 대승경전을 연설해 주면 듣는 대중으로 하여금 큰 지혜를 내게하여 위 없는 도를 이루는 것이니, 복덕 받는 것이 앞에서 말한 칠보를 보시하여 얻은 것보다 더 위대한 줄을 마땅히 알아야 할 것이다。

布施七寶 得三界富貴報 講說大乘經典 令諸聞者 生大智慧 成無上道 當知受持福德 勝前七寶福德也

어 주는 방법이 사구게(四句偈)이기 때문입니다。 자기 자성을 깨달아서 「응무소주 이생기심」으로 산을 대할 때나 물을 대할 때나 큰 사람이나 작은 사람을 대할 때 크다 작다 분별이 없으며 산이나 물이나 분별이 없이 대합니다。 육도만행(六度萬行)을 행해도 무심으로 하고 모든 것을 다 하는 것 없이 하는데, 결국은 부처님께서 자꾸 금강경 수지독송하라고 하시는 까닭도 여기에 있습니다。 남에게 이 정법(正法)을 해설해 주는 것이 참말로 그 사람을 영원히 위하는 것이고 그게 참말로 자기의 마지막 복과 지혜를 성취하는 길이라는 것입니다。 물질도 보시하고 몸뚱이도 보시한다고 해도 이 경전에 대한 것을 일러 준 것만 못하다고 한 것입니다。

尊重正教分 第十二

復次須菩提야 隨說是經하되 乃至四句偈等하면 當知此處는 一切世間天人阿修羅ㅣ 皆應供養을 如佛塔廟어든 何況有人이 盡能受持讀誦이리오 須菩提야 當知是人은 成就最上第一希有之法이니 若是經典所在之處는 卽爲有佛과 若尊重弟子ㅣ니라

『그리고 또 수보리야、이 경에 내지 사구게만이라도 따라서 일러 준다면、마땅히 알라。이곳은 일체 세간의 하늘·사람·아수라가 다 마땅히 부처님의 탑과 절같이 공경할 것인데 하물며 어떤 사람이 능히 받아 지니어 읽고 외는 것이겠느냐。

수보리야、마땅히 알라。이 사람은 최상의 제일 가는 희유한 법을 성취한 것이니、만일 이 경전이 있는 곳이면 곧 부처님이 계신 곳이 되고 존경 받는 제자가 있는 곳이 되느니라。』

第十二 尊重正教分 ―바른 교법을 존중하다

〔科 解〕

다음은 존중정교분 제십이(尊重正教分 第十二)입니다。 정교(正教)라 하면 부처님의 가르침이야말로 정교이고 사교(邪教)가 아니며 삿된 경전이 아니니 생존경쟁(生存競爭)의 원리나 적은 자본을 들여 많은 수익을 올리려는 경제 원리도 아니고 남의 노동력을 착취해 가지고 부자가 되자는 개인주의도 아닙니다。 남을 나쁜 곳으로 인도하고 남을 해롭게 하는 것이 사교(邪教)입니다。 아무리 많은 재산을 내 곳간에 잘 저장해 놓아도 내 것이 아닙니다。 모든 것을 내가 점령하지 않으면 천지가 다 내 것이고 천지가 다 내 집이니 이렇게 마음을 쓰면 그 사람이 무슨 궁색한 일이 있고 그 사람이 주관을 해 가지고 안되는 일이 있겠읍니까。 이것이 부처님께서 중생을 도탄에서 건져 내는 방법입니다。 부처님의 많은 가르침、八만 대장경 중에도 이 금강경은 더욱 귀중한 바른 법이므로 그래서 부처님의 정법을 존중하는 까닭을 말씀하신 귀절이란 뜻으로 존중정교분(尊重正教分)이라 한 것입니다。

따라서 이런 바른 법이 들어 있는 경책(經冊)이야말로 이 세상의 금은보화나 명예 권력으로 바꿀 수 없고 이 세상을 다 주어도 바꿀 수 없는 그런

二七斷疑論 제二一에서 말한 바「제七단의」중 二、교량현승(較量顯勝) ① 약외 재교량광현경승(約外財 校量廣顯經勝)에 다시 두 대문이 있는데 「무위 복승분」은 그 첫째 대문인 교량승열(校量勝劣)의 과목이었고 여기 존중정교분(尊重正教分)에서부터는 둘째 대문인 「수승한 까닭」을 설명하는 석승소이(釋勝所以)의 과목이다。

이 대문을 다시 다섯 항목으로 나누어 표하면 다음과 같다。

① 곳을 존중하고 사람의 수승함을 찬탄함(尊處歎人勝) 이것을 다시 三절로 나누어

㉮ 처소 존경함을 밝힘(明處可欽)〈復次 須菩提에서 如佛塔

소중(所重)한 법이 담겨져 있는 가장 고귀한 것이며、이 법을 말하는 법사는 더욱 말할 것도 없이 부처님처럼 존중해야 한다는 뜻입니다。 그래서 경문(經文) 가운데 이 경전을 받아서 지니고 읽고 외는 사람은 하늘 위 하늘 아래서 가장 으뜸이고 제일 희유한 법을 성취한 사람이므로 이 경전이 있는 곳은 곧 부처님이 계신 곳이고 一〇대 제자처럼 거룩한 어른들이 계신 곳으로 존중된다고 하셨읍니다。

原文 復次 須菩提 隨說是經 乃至四句偈等 當知此處 一切世間天人 阿修羅 皆應供養 如佛塔廟

解義 수보리야、「수설시경 내지 사구게 등」(隨說是經 乃至 四句偈等) 이 경전을 설명해 주되 내지 사구게 네 글귀 열 여섯자만이라도 설명해 준다고 하면、「당지차처 일체세간 천인아수라」(當知此處 一切世間 天人阿修羅)、마땅히 알라。이곳은 곧 일체세간의 천당이나 인간이나 아수라 등의 온갖 중생들이 「개응공양 여불탑묘(皆應供養 如佛塔廟)」 즉 부처님을 모신 절이나 부처님의 사리를 모신 탑에 공양하는 것처럼 정성으로 받들고 공경하며 공양할 것이니라」 하셨읍니다。

공양한다는 말은 음식을 대접하는 것을 말하며 이 경을 다는 못하더라도 내지 사구게만이라도 말하는 곳이면 가령 절이든지 강당이든지 냇가든지 그 장소에、천인 아수라들이

廟까지〉

㉯ 사람이 이익 얻음을 보임(顯人獻益) 〈何況有人에서 希有之法까지〉

㉰ 경 있는 곳에 불이 있다(顯處有佛) 〈若是經典에서 尊重弟子까지〉

六祖口訣 어느 곳에 있거나 사람을 보면 곧 이 경을 강설하여 생각생각 생각 없는 마음과 얻을 바 없는 마음을 항상 행할 것이며 주관과 객관을 세우는 마음으로 강설하지 말 것이니 만일 마음을 능히 멀리 여의어서 항상 얻을것 없는 마음에 의지하면 곧 이 몸 가운데 여래의 전신 사리가 있는 것이 된다。 그래서 「부처님의 탑묘가 있는 것과 같다」고 하셨던 것이니 얻을 것 없는 마음으로 이 경을 말하는 이는

하늘·용 등의 여덟신중이 큰 감명을 받고 다 와서 듣고 하겠지만 마음이 만일 청정하지 못해서 다만 이름과 잘난 체하고 이권과 공양받을 것이나 생각하며 이 경을 연설하는 사람은 죽어서 三악도에 떨어질 것이니 무슨 이익이 있을 것인가. 마음이 만일 청정하고서 이 경을 설명한다면 미혹되고 망령된 마음을 없애고 본래의 불성을 깨달아서 항상 진실을 행하는 사람이므로 하늘·사람·아수라·사람인듯 아닌 것등이 다 와서 공양할 것이다.

所在之處 如見人即說是經 應念念常行無念心 無所得心 不作能所心說 若能遠離

전부 어울려 가지고 무엇이든지 공양을 올린다는 것입니다. 이런 법사는 우리를 지도해 줄 사람이니만큼 그것을 전공(專攻)해야지 다른 농사나 장사할 사이도 없고 전적으로 정법(正法)만 설명하도록 해야 할 것입니다. 그게 처사(處士)거나 승려거나 불자가 그렇게 하려면 이 세상의 개인 사정, 곧 〈나〉를 잃어버려야 합니다. 그러니까 불법 책임자가 되어 부처님 대신 행동하려면 비구가 되라는 것입니다. 남의 물건 소유권 행사나 하는 사람은 남을 제도할 기회가 없으니 거지가 되어야 한다는 것입니다. 그것도 몸뚱이조차도 내 버리고 나야만 아무 것도 없게 되는데, 없는 것까지 가지면 안 됩니다. 철두철미하게 가난한 그것이 〈도〉입니다. 천지를 집삼아 돌아다니고 지식층(知識層)이나 무식층(無識層)이나 같이 잘 놀고 거지떼 하고도 어울리면서 잘 놉니다. 위로는 천자를 호령하기도 하고 아래로는 거지들 하고도 잘 놉니다. 이것이 제일 밑에서부터 꼭대기까지 다 차지한 것입니다. 이것이 다른 교에서 높은 걸로 끝까지 높으려는 것과 다른 점입니다.

부처님께서 지도하시는 것이 거지가 되어서 하시듯이 걸식생활(乞食生活)하면서 가장 높은 인천의 도사(人天導師)요, 제일 낮은 데서부터 제일 높은 데까지 무상도(無上道)의 도리로 하는 것이 그게 참된 인격자지 높은 것으로만 높아지는건 위험한 존재입니다. 자기가 높은건만 좋아하는 사람이기 때문에 남을 멸시하는 것은 얼마나 죄짓는 사람입니까. 자나 깨나 그 사람은 죄 짓는 사람입니다. 일체 중생을 소중히 여기기를 부처님께 하듯 하라는 것이고 심지어는 일체존재 돌까지라도 필요 없이 함부로 깨뜨리고 발로 차지 말라는 것이 불교의 바른 가르침(正敎)입니다. 이렇게 위대한 정교(正敎)가 실려 있고 인천(人天)의 도사(導師)가 나오는 진리가 이 열 여섯자 네 글귀 속에 들어 있기 때문에 그 뜻을 설법하는 곳이면 그 이상 더 거룩한 곳은 다시 있을 수 없다는 것입니다. 곧 부처가 쏟아져 나올 수 있는 부처님 학교인 것입니다.

諸心　常依無所得心 即此身中 有如來全身 舍利 故　言如佛塔廟 以無所得心 說此經者 感得天龍八部 悉來聽受 心若不清淨　但爲名聞利養 而說是經者 死墮三途　有何利益 心若淸淨 而說是經者 令諸聽者 除迷妄心悟得本來佛性 常行眞實 感得天人阿修羅人非人等 皆來供養持經之人

涵虛說誼 사구게(四句偈)는 경 전체에 대해 그 적은 부분을 가리켜 말하는 것이다。 그러나 비록 적은 부분이지만 그 말하는 곳을 따라 부처님 탑에와 다같이 공양해온다고 하셨으니、 적은 부분만 강설할 때 이렇다면 하물며 경 전체를 연설하는 경우라면 말할 것이 무엇이겠는가。 이 사람은 부처님의 탑이나 묘처럼 존중되는 것뿐만 아니라 반드시 가장 거룩하고 위 없어 견줄

原文 何況有人 盡能受持讀誦

解義 『이 네 글귀만 수지독송(受持讀誦)해도 그 공덕이 이렇게 큰데、 하물며 어떤 사람이 이 금강경 전체를 다 받아서 지니고 읽고 외우고 그 뜻대로 잘 받드는 사람이겠느냐』 하셨는데、 여기서 〈다 받아서 읽고 외운다〉(盡能受持讀誦)는 말은 돈이나 몇 푼 받기 위해서 뜻에도 없는 경문(經文)을 억지로 형식적으로 읽는 것과 같은 수지독송이 아니라、 청정한 신심으로 수지독송하는 것을 뜻합니다。 곧 제六 정신 희유분(正信希有分)에서 말한 정신(淨信)으로 청정한 자성(自性) 자리에서 이 경의 뜻을 받아 지니고 외우고 읽고 그 뜻대로 받들어 행하는 것을 뜻하며、 남에게 설명해 주는 것을 뜻합니다。 그러므로 경을 독송하는 경우에도 그 뜻을 깨우치는 마음으로 읽어야 참으로 경 읽는 것입니다。 그래서 어떤 질문을 해도 막힘이 없고 갖가지의 온갖 중생들의 근기(根機)에 맞추어서 각각 잘 알아들을 수 있는 방법으로 설명을 해 주어서 자기가 아는 것을 남김 없이 친절하게 가르쳐 주고 경의 뜻대로 실천하도록 되어야 그것이 참 경 읽는 태도입니다。

原文 須菩提 當知是人 成就最上第一希有之法 若是經典 所在之處 即爲有佛 若尊重弟子

解義 부처님께서 『수보리야、 마땅히 알라。 이 사람은、 금강경을 수지 독송하고 외우기까지 하는 이 사람은 세상에서 가장 으뜸으로 높고 또 가장 제일 되고 고금에 둘도 없이 신비하여서 뭐라고 말할 수 없고 생각해 볼 수도 없는 그런 희유법(希有法)을 성취한 사람이니라。』 하십니다。 자기만 알고 마는 것이 아니라 남을 위해서 남에게 전부 설

데 없는 제일의 희유하고 얻기 어려운 법을 성취한 것이다。(四句偈者 對全經 而言其小分 隨所說處 皆應供養 如塔 小分尙爾況盡能持說全經者乎 此則不啻 如塔廟尊 崇當知是人 決定成就最上無上第一無比 稀有難得之法也)

六祖口訣 마음으로 이 경을 득송하고 마음으로 이 경의 뜻을 이해하고、다시 차별 없고 상 없는 진리를 체득하여 어느 곳이나 있는 데마다 항상 부처의 행을 닦아서 생각생각 조금도 끊어짐이 없으면 곧 마음이 부처이므로 「있는 곳마다 곧 부처님이 계시다」고 한 것이다。

自心 誦得此經 自心 解得經義 更能體得 無着無相之理 所在之處 常[illegible] 行 念念

명해 주는 것이 경을 잘 안 것입니다。이제 무슨 질문을 해도 막히는 게 없이 내용을 잘 안다고 하면 그 사람은 참 과연 행복한 사람입니다。그러니까 또 이제 인천이 받들어야 할 존재인 것입니다。만일 이 경전이 있는 곳 금강경을 어디다 모셔 놓았다고 하면 곧 그 곳은 부처님이 직접 계시는 것과 똑 같고 존귀한 부처님의 큰 제자들이 계신 곳과 같습니다。그게 겨우 문자반야(文字般若)지만 그래서 흰 종이에 먹칠해 놓은 것에 불과하긴 하지만 그것이 곧 부처가 되는 방법이고 성불할 길을 찾아 낼 수 있는 문서이니 그곳이 바로 부처님 석가여래가 계시는 장소란 말입니다。그래서 옛날에 탑을 모시거나 할 때는 그 속에 반드시 경전을 모십니다。아무 보물(寶物)도 없이 경전을 인쇄해 가지고 탑 안에 모셔 놓은 그런 탑도 있읍니다。**그것이 바로 부처님이기 때문입니다。**

〔說 義〕

지공(至公)이 정법(正法)

내가 전에 어떤 절에 있을 때인데 윤 보신(尹寶山)화상이 나와 만나서 얘기하다가 중이 됐읍니다。그 분은 순전히 윤씨들 기독교 집안의 종가(宗家)로서 호랑이 집이고 풍신(風身)도 잘나고 학문과 덕망이 높고 전에 일본사람들의 수양전집(修養全集) 二五권을 거의 다 외운 천재입니다。우선 집에 상의를 해서 허락되도록 해야 할테니 글을 하나 써 달라고 종이를 내 놓는데 보니까 윤가용전(尹家用箋)이라 쓴 자기네 전용 용지였읍니다。내가 거기다 뭐라고 써 놓았는고 하니「公公至公物 何必尹家用 尹家人非公 天公地亦公 因何人不公 欲識至公人 此知尹家用」

無有間歇 即自心是佛 故言所在地之處 即爲有佛

涵虛說誼 앞에서는 경전의 수승함을 밝히셨고 다음에는 인법을 존중하셨고 이번에는 경이 수승한 까닭을 말씀하신 것이다。 세상 사람들이 가장 존중하는 것은 성현이고 성현이 제일 근본을 삼는 것은 부처님이고 부처님이 근본을 삼는 것은 경이다。 따라서 이 경은 부처님과 성현도 항상 근본을 삼으시는 것이니 그 수승함을 가히 알만하다。

그러므로 앞에서는 불법승 三보가 다 이 환경으로부터 나왔음을 밝히시어서 「모든 부처님과 그 법이 다 이 경으로부터 나왔으며 일체 성현이 다함이 없는 법으로 차별이 있다」고 말씀하셨고 이번에는 불법승 삼보가 이 한 경에 돌아옴을 밝히시어서 경전이 있는 곳이면 어디나 곧 부처님이 계신 곳이고 거룩한 부처님 앞에서는 체로부터 용을 일으킨 것이고 이것은 용을 갈

공공지공물(公公至公物)을 하필윤가용(何必尹家用)이냐。 공공하고 공공하여 지극히 공변된 물건을 어찌하여 윤가집 쓰는 것이라 이름했는가 윤가용비공(尹家用非公)이니 윤가 사람들은 공변되지 못하구나、 천공지역공(天公地亦公)한데 하늘도 공변되고 땅도 공변되어 천지만물이 다 공변된데 인하인불공(因何人不公) 어찌해서 사람만이 공변되지 못한가、 욕식지공인(欲識至公人)인댄 지극히 공변된 생활을 하는 게 누구인가、 날더러 누가 물으면 차지윤가용(此知尹家用)이라 이 윤씨네가 이 종이를 쓰는 것이라 하겠다。 윤가를 욕하다가 끝에 와 가지고 지공한 사람이 누구냐 윤가네가 쓰는 종이라고 대답하니 이게 아주 멋지다는 평을 받은 일이 있읍니다。

우리 불교를 믿는 사람은 탁 트여서 벗어납니다。 천지만물이 제멋데로 있는 것을 왜 사람이 침략을 하느냐。 서로 잡아먹으려고 하느냐。 그래서 이 골짜기 저 골짜기 한계를 막고 삼팔선같이 국경이 생기고 민족이 모두 달라지고 하니 이게 사람이 모두 잘못된 것입니다。 그러니 이런 것을 바로잡은 부처님의 가르침만이 바른 법이고 정교(正敎)입니다。 누에가 제 입으로 실을 내 가지고 번데기가 되어서 고치 안에 가치듯이 사람도 전부 천당이나 지옥이나 제가 만들어 가지고 구속되고 얽혀 있으므로 이런 윤회에서 해방되어 자유로울 수 있도록 사람을 지도하는 게 정교(正敎)입니다。 우리가 다른 경을 다 못 배웠더라도 금강경만 배우면 십년 경 본 것처럼 경 보는 눈이 열린다고 하여 경안(經眼)이라고 그러는데、 이 금강경의 뜻을 바로 알아서 마음이 열리면 곧 부처님의 바른 법、 정교(正敎)에 바로 들어서게 됩니다。

정법을 닦는 인천도사(人天導師)

바른 법이 들어 있는 경책(經冊)을 마땅히 소중(所重)하게 여기고 이 법을 설명하는

무려서 제에 돌아가는 도리이다。

前明經勝 次敎尊重人法 此顯經勝之所以 人間世之所尊重者 賢聖也 賢聖之所宗者 佛也 佛之所宗者 經也 此經 佛及賢聖 尙以爲宗 其勝可知 前明佛法僧三 此從經流出 而言一切佛法 皆從此經出 一切賢聖 皆以無爲法 而有差別 此明佛法僧三 會歸一經 而言經典所在之處即爲有佛 若尊重弟子 前則從體起用 此則攝用歸體也」

〔註 1〕 사미(沙彌)는 범어(梵語)로 Sramana evakazv amaneva라 하니 이것을 발음 그대로 음역(音譯)하여 실라마나락가(室羅摩拏洛迦)·실라마니라(室羅末尼羅)라 하며、실마나이락가(室末拏伊落迦)·실라마나(室羅磨拏)·실라나나(室羅那拏) 등으로 옮겨 적는다。 사미(沙彌)란 말도 범어 그대로를 줄인 말이며 이것을 번역하면 식자(息慈)·식악(息惡)·근책(勤策)·노책(勞策)·구적(求寂)·노지소자(勞之少子)등

법사(法師)도 역시 다시 없이 더욱 공경해 받들어야 할 것입니다。 부처님 탑이나 부처님 모셔 놓은 법당이나 같이 할 것이니 그렇게 해야 할 귀중한 존재라 그런 뜻입니다。 하물며 또한 어떤 사람이 이 금강경 전체를 받아 가지고 또 읽기도 하고 끝까지 외우기도 하고 그랬다면 얼마나 그 사람을 우리가 받들어야 하겠는가。 천자도 꿇어 엎드려서 어깨나 허리를 밟고 법상에 올라가도록 받들고 하는 것은 복 지으려고 그렇게 합니다만 양무제(梁武帝) 같은 그런 굉장한 영웅호걸도 그런 짓을 했읍니다。 이런 금강경·화엄경(華嚴經) 같은 법을 잘 알고 보니 우리 속인은 아무리 국왕이 아니라 천자가 된다 해도 죄악투성이니 수도하는 도인을 한번 존경하여 받들어야 하겠고 큰 인연을 맺자는 뜻입니다。

신라·고려때만 해도 중은 누구에게 인사를 하지 않는 정도로 존중되는 불교중심의 사회였읍니다。 二백 五십계(戒)를 받아서 비구승이 되기 전에 십계를 받아서 사미승(沙彌僧)①만 되어도 그 날부터 이런 대우를 받습니다。 그래서 국가에서 승려가 될 재질(才質)을 검사(檢査)하는데 신체검사(身體檢查)도 하여 몸이 어디 병신(病身)이 아닌가도 조사하고 확실히 도를 통할만한 소질이나 중생구제(衆生救濟)를 할 수 있는 기개(氣槪)가 있는가를 보아서 엄격한 선발(選拔)을 해서 득도식(得度式)이라고 중 만드는 의식을 합니다。 그렇게 하면 부모가 다 와서 앉아야 하고 국왕이 앉고 대신도 앉고 그때는 수천명 국민이 옵니다。 경을 잘 설법하는 이가 나오고 계사(戒師)가 나오고 이래 가지고 행렬을 갖추어서 장엄한 형식을 갖춘 뒤에 사미승 견습생(見習生)이 됩니다。 처음에는 부모도 사랑해서 키우던 자식을 남산 바윗돌만 쳐다보는 건건무미(乾乾無味)하고 적적한 산 중에 들여보내니까 아무리 성불이 좋아서 가기는 가고 보내긴 하지만 세상에 살면 가끔 떡도 먹고 불고기도 먹고 곰탕도 먹고 냉면도 먹고 할건대 그것저것 다 못먹고 파·마늘 들은 음식까지 못 먹고 매일 시레기죽이나 머고 시달리며 재미 없는 세상이나 보낼테니 참

서러운 일입니다。 이런 세상으로 보내니까 부모도 울고 아들도 역시 부모 눈물에 같이 울면서 청하면 나중에야 정식으로 승낙합니다。 그러면 또 국왕한테 가서 정부에 대해 내가 중 노릇 하게 되어 국민의무를 이행하지 못하게 됐으니 싫어하지 말아 달라고 청합니다。 내가 이제 중 노릇 잘 해 가지고 국가 은혜를 갚을 것이고、 부모 은혜 세상 은혜를 갚을 것이고 스승의 은혜를 갚고 사대 은혜(四大恩惠)를 갚을 터이니 호적을 제적(除籍)해 달라고 합니다。 그러면 호적을 정식으로 제적하고 비국민(非國民)이기 때문에 국민으로 취급을 안하게 됩니다。 그래서 가령 국법을 위반하더라도 내나라 백성이 아니니까 승단(僧團)에서 처벌하는데、 사바라이죄(四波羅夷罪)라고 하여 이 네 가지 죄를 범하면 승단에서 축출(逐出)한 뒤에야 국법으로 구속을 하게 됩니다。 이렇게 출가하면 맨 먼저 사미(沙彌)의 십계를 받습니다。 열 가지 계는 살생(殺生)·도둑질(偸盜)·사음(邪婬)·거짓말(妄語) 때아닌 때 밥먹는 것(非時食) 등의 열 가지입니다。

그래서 이제 십계만 받으면、 사미승(沙彌僧)이 되는데 이렇게 되면 벌써 국왕한테 절안하고 부모한테 절하지 않습니다。 그러므로 스님들 자리에는 임금이나 천자가 와도 맨나중에 된 사미승 끝에 앉게 합니다。 옥황상제(玉皇上帝)가 와도 역시 끝에 앉힙니다。 왕이나 옥황상제라 해도 오욕락(五欲樂)을 채우기 위해서는 수단과 방법을 가리지 않는 속인들이고 범부들이기 때문입니다。 지금도 태국에서는 스님이 되면 사미십계 받는 그날부터 그 나라 국왕이 절하고 아버지 어머니가 모두 그에게 절합니다。 이제는 자식이 아니고 국민도 아니고 십계를 받은 그 시간부터 천상(天上)·인간(人間)에 제일 귀중한 존재고 가장 죄없는 존재이고 가장 깨끗한 인물이 되었음을 존중하려는 것입니다。 부모·국왕도 이제는 내가 제도하는 중생이란 뜻입니다。 부처님께서도 성불하신 뒤에 인도 천지를 다 돌고 맨 마지막으로 자기 본국으로 돌아가셨는데、 아버지인 정반왕(淨飯王)이 아들이라고 할

이 된다。 식자(息慈)라 함은 모든 악을 쉬고 자비를 실천한다(息惡行慈)는 뜻이며 근책(勤策)·노책(勞策)이라 함은 장차 비구(比丘)가 되기 위해 책려(策勵=미리 해야 할 일)를 부지런히 행한다、 노책 한다는 뜻이다。 곧 勤은 게으르지 않다는 뜻이고 策은 닦아 나아간다는 뜻이니 마치 좋은 말은 채찍만 봐도 천리를 달리는 것과 같다는 뜻이다。 구적(求寂)은 원적(圓寂)을 구한다는 뜻이니 원적은 범어(梵語)의 열반(涅槃)의 번역한 말이다。 옛 어른 말씀에 덕(德)과 지혜가 구비한 것을 원(圓)이라 했고 번뇌의 미혹과 그 탐진치의 습기와 업장이 다 없어진 것을 적(寂)이라고 했던 것이다。 식자(息慈)는 南山 도선율사(道宣律師)가 번역한 말이고 근책(勤策)은 현장삼장(玄奘三藏)의 번역이며 구적(求寂)은 의정(義淨)삼장의 번역이다。

〔註 2〕 실다태자(悉多太子) 범어 Siddhartha: 석존(釋尊)께서 출

수도 없고 또 싣달다태자②라고 할수도 없고 뭐라고 부를 수가 없어서 「어떻게 불려야 하느냐」고 물었습니다. 부처님은 「세존이시여」하고 부르라 하셨읍니다. 우리나라에서도 옛날신라 고려시대만 해도 승려가 이렇게 존중되었는데 십계는 대개 다음과 같습니다.

사음(邪婬)이라는 것은 성욕에 대한 생각만 해도 파계(破戒)라고 그럽니다. 여자의 근처에 몸뚱이만 대도 안 된다는 겁니다. 그러니까 태국국사(泰國國師)가 작년에 태국부대 위문차 왔다가 갔는데 그 태국부대 지휘관들이 하는 소리가 「우리가 본국에 있으면 국사스님 얼굴 한 평생 한번도 뵙기 힘드는데 우리가 한국에 와 있기 때문에 마음대로 보고 종일 모시고 다니기도 하고 우리 먹는 것 가지고 공양도 올리고 그랬으니 참 우리는 복이 많습니다。」하며 기뻐하는 걸 본 적이 있읍니다. 그런데 칠십이 넘은 노장들이 돌아갈 때는 비행기 회사에 요구하기를 「내가 지금 태국으로 갈 텐데 젊으나 늙으나 여성과 한 자리에 앉히면 비행기를 안 탄다. 또 차장 같은 여자들이 우리한테 음식을 가져와도 안 된다。그러니 이런 비행기가 어디에 있느냐。」고 고르는 겁니다. 그러니까 그 정신이 벌써 십계 받을 때 받은 것입니다. 늙어 죽어도 그렇고 내생에도 그럴 것이고 성불 다 하도록 그렇게 해야 될게 아닙니까.

부처님 말씀에 성욕 같은 것이 두 가지만 더 있어도 성불할 사람이 하나도 없다고 하셨읍니다. 돈에 대한 욕심, 명예에 대한 욕심 이런 것들은 한번 결심하고 내던지면 돈을 봐도 욕심이 안 생기고 또 좋은 부귀 공명, 높은 지위 그까짓 것 헌신짝처럼 볼 수 있지만 비구니가 미남자를 볼 때 생각이 아무래도 흔들리고 또 이제 비구가 미녀를 볼 때 아무래도 한번 더 쳐다보고 안 보는체 해도 옆눈으로라도 한번 슬쩍 봅니다. 그러니까 끊기가 참 어려운 것이어서 이놈 같은 것이 두 가지만 있다면 성불할 사람 하나도 없다고 석가여래께서 고백하신 겁니다. 비구니는 평생 인사도 못합니다. 같이 있지도 못하고 또 큰

가하기 전 태자로 계실 때의 이름으로 살바실달다(薩婆悉達多)가 구족한 이름이고 실다(悉多)·실타(悉陀)라고도 한다.

가비라국의 정반왕(淨飯王)을 아버지로 하고 마야 부인(摩耶夫人)을 어머니로 하여 태자(太子)로 태어났다. 야수다라 부인(耶輸陀羅夫人) 구리성주 선각왕(善覺王)의 딸과 결혼하여 아들 라후라(羅睺羅)를 낳고 四대문을 두루 구경하던중 동대문에서는 늙은 이를 보고 남대문에서는 병든 이를 보고 서대문에서는 죽은 사람을 보고 북대문에서는 승려를 보고서 드디어 출가할 뜻을 결심하였다. 그리하여 부왕의 만류를 무릅쓰고 야반(夜半)에 성을 뛰어 넘어 설산(雪山)에 들어가 고행 수도하여 대각(大覺)을 성취하셨다.

〔註 3〕 원효대사(元曉大師 六一七-六八六): 신라의 유명한 스님으로 팔지보살(八地菩薩)의 대성인(大聖人)으로 전해지고 있다. 속성은 설씨(薛氏)。잉피공(仍皮公)의 손자이며 담내내말

수도원 같은 데서 비구니들이 설법 듣는 데도 따로따로하고 비구승들과 한데 앉히지 않습니다。 그래 이제 도승들이나 법에 따라 비구니들을 교화하지 그렇지 않고는 비구와 비구니는 서로 상대하지 않습니다。 설사 배를 타도 한배를 타지 않아야 원칙입니다。 이것이 다 부처님의 바른 법을 깨달아 온 중생을 바르게 지도하고 국가사회에 정신적 기둥이 될 인천(人天)의 대도사(大導師)를 높이 존중하여 많이 배출(輩出)하자는 뜻입니다。 그렇게 해서 복을 짓는 일반 대중이 많이 생기면 자연히 나라의 복이 되어서 나쁜 업은 사라지고 부강(富强)하게 되리라는 신념(信念)입니다。

한국 선지식(善知識) 세계에서 으뜸

이렇게 정법(正法)을 존중하여 많은 선지식(善知識)과 인천도사(人天導師)가 나왔지만 그 가운데도 특히 석가여래 가신 뒤 삼천년 동안에 부처님을 완전히 대신해서 성도한 이는 중국에도 없고 일본에도 없고 인도에도 없고 오직 한국의 원효대사(元曉大師)③ 밖에 없다고 일본사람들이 저희끼리 하는 소리를 내가 들었읍니다。 일본이나 중국에도 선지식이나 도인이 나왔지만 어느 누구도 원효대사에 비하면 반쪽도 안된다는 겁니다。 한국에는 사명대사(四溟大師)④도 있고 아무 지도 없이 대각(大覺)을 해서 성불한 이가 자주 나온다는 것입니다。 옛날에 불교 유학생(留學生)이 중국으로 갔었는데 중국사람들이 못당합니다。 저번에 말한 왕화산(王火山) 스님의 경우처럼 중국 중은 그렇게까지 다부지게 하지 못합니다。 중국에 건너가기만 하면 우리가 항상 일등을 했고 우승을 했으며 인도까지 건너갔다가 오는 이도 있었읍니다。 그러니까 한국에는 역사적으로 보아 훌륭한 분이 많았다고 하는 것은 선천적으로 머리가 좋은 까닭에 그렇게 된 것입니다。 우리가 단합만 되면 세계

(談㮋乃末)의 아들이다。 경북 압량군(장산) 남불지촌의 북쪽밤나무골 사라수(娑羅樹)아래서 낳았다。 二九세에 출가하여 황룡사(黃龍寺)의 중이 되었고 자기가 출가한 뒤 그 집을 절로 만들었다。 여러 곳으로 다니며 수행을 했으나 일정한 스승 없이 스스로 깨쳐서 무사자통(無師自通)하셨다고 하는데 일찌기 의상조사(義湘祖師)와 함께 당(唐)나라에 들어가서 법을 구하고자 하여 동행하던 중 사막 벌에서 밤에 자는데 목이 말라 헤메다가 바가지에 고인 물을 마시고 아침에 보니 해골바가지에 썩은 송장물이었다。 오장이 뒤집혀 크게 토하다가 물인 줄 알고 마셨던 어제 저녁에는 달고 시원하더니 다 소화하고 난 지금에 구역질이 나는 것이 다 마음의 탓인 줄 크게 깨덛으며 모든 것이 마음으로 나온다는 오도송(悟道頌)을 짓고 불교사상 유례를 볼 수 없을 정도의 대 저술을 남겼다。 대성 화정국사(大聖和諍國師)란 시호를 받았다。

제일의 민족이 되고 우리 삼천만이 불법으로 무장해서 나서면 심십억 되는 인류는 하루 아침거리 밖에 안됩니다。 유엔총회니 연합총회니 하지만 지금 모양으로 도둑놈만 몰아 놓은 총회 만날 있어 봐야 소용 없읍니다。 우리 한국이 불교의 진리로 뭉쳐서 세계를 교화해야 참된 평화가 올 것입니다。

〔註 4〕 사명대사(四溟大師 一五四四—一六一〇): 속성은 임(任)씨이고 자는 이환(離幻)이며 호는 송운(松雲) 사명(四溟)이었다。 一三세에 맹자(孟子)를 읽다가 의문을 풀지 못해 출가할 뜻을 품었던 중 부모를 일찍 잃고 직지사(直指寺) 신묵(信默)화상에게 출가했다。 一八세에 선과(禪科)에 급제하였고 三二세에 선종의 주지가 되었지만 사양하고 묘향산(妙香山)의 청허(淸虛)서산(西山)대사의 법을 이어받았다。 임진왜란 때 승군을 모집하여 서산대사의 휘하에 들어가 평양성을 회복하는데 공을 세웠고 명장 이여송(明將李如松)·의병장 권율(義兵將 權慄) 등과 큰 전공을 세웠으며 一六〇〇년 강화사신(講和使臣)으로 일본에 가서 어려운 일을 성공하고 돌아와 가의대부(嘉義大夫)의 벼슬을 받기도 했으며 자통홍제존자(慈通弘濟尊者)의 시호를 받았다。

如法受持分(여법수지분) 第十三(제십삼)

爾時(이시)에 須菩提(수보리)ㅣ 白佛言(백불언)하사대 世尊(세존)하 當何名此經(당하명차경)이며 我等(아등)이 云何奉持(운하봉지)리잇고 佛(불)이 告須菩提(고수보리)하사대 是經(시경)은 名爲金剛般若波羅蜜(명위금강반야바라밀)이니 以是名字(이시명자)로 汝當奉持(여당봉지)하라 所以者何(소이자하)오 須菩提(수보리)야 佛說般若波羅蜜(불설반야바라밀)은 卽非般若波羅蜜(즉비반야바라밀)이니 是名般若波羅蜜(시명반야바라밀)이니라 須菩提(수보리)야 於意云何(어의운하)오 如來(여래)ㅣ 有所說法不(유소설법부)아 須菩提(수보리)ㅣ 白佛言(백불언)하되 世尊(세존)하 如來(여래)ㅣ 無所說(무소설)이니이다 須菩提(수보리)야 於意云何(어의운하)오 三千大千世界所有微塵(삼천대천세계소유미진)이 是爲多不(시위다부)아 須菩提言(수보리언)하사대 甚多(심다)니이다 世尊(세존)하 須菩提(수보리)야 諸微塵(제미진)은 如來說非微塵(여래설비미진)이라 是名微塵(시명미진)이

며

如來說世界도 非世界라 是名世界니라 須菩提야 於意云何오 可以三十二相으로 見如來不아 不也니이다 世尊하 不可以三十二相으로 得見如來니 何以故오 如來說三十二相이 卽是非相일새 是名三十二相이니이다 須菩提야 若有善男子善女人이 以恒河沙等身命으로 布施어든 若復有人이 於此經中에 乃至受持四句偈等하야 爲他人說하면 其福이 甚多이니라

그때 수보리가 부처님께 사뢰었다。

『세존이시여、마땅히 이 경전을 무엇이라 이름하오며 저희들이 어떻게 받들어 지녀야 하겠나이까。』부처님께서 수보리에게 말씀하셨다。

『이 경전 이름이 금강반야바라밀이니 이 이름으로써 너희가 마땅히 받들어 지녀라。왜냐 하면 수보리야、부처님이 반야바라밀이라고 말하는 것은 반야바라밀이 아

니라 이 이름이 반야바라밀이니라。 수보리야、 네 생각에 어떠하냐。 여래가 어떤 법을 설명한 바가 있느냐 없느냐。』 수보리가 부처님께 사뢰었다。

『세존이시여、 여래께서는 아무것도 말씀하신 바가 없사옵니다。』

『수보리야、 네 뜻에 어떠하냐。 삼천대천세계에 있는 모든 먼지의 수를 많다고 하겠느냐。』 수보리가 사뢰었다。『심히 많사옵니다、 부처님이시여。』

『수보리야、 여래는 이 모든 먼지를 먼지가 아니라고 말하나니 이것이 이름이 미진이며 여래가 말하는 세계도 그것이 세계가 아닌 것이니 이것이 이름이 세계니라。 수보리야、 네 생각에 어떠하냐。 가히 三十二 상으로써 여래를 친견할 수 있느냐 없느냐。』

『아니옵니다、 세존이시여。 가히 삼십 이상으로써 여래를 친견할 수 없사옵니다。 왜냐 하오면 여래께서 삼십 이상이라 말씀하시는 것은 곧 상이 아니오라 이름을 삼십 이상이라 하시는 것이옵니다。』

『수보리야、 만일 어떤 착한 남자나 착한 여인이 있어서 항하사 모래 수와 같은 몸과 생명을 가지고 보시한 사람이 있고、 또 어떤 사람이 이 경전 가운데 내지 네 글귀만이라도 받아 지녀서 남을 위해 설명해 주었다면 그 복이 심히 많으니라。』

第十三 如法受持分—법답게 받아 지니다

〔科 解〕

이제 오늘 저녁엔 제십삼분(第十三分) 여법수지분(如法受持分)인데 부처님 뜻에 어기지 않도록 이 경전을 받아 기진다、수지(受持)한다는 뜻입니다。그러니까 이 경의 문자(文字)를 받아 가지는 형편에 있는 사람도 있을 것이고 견성(見性)을 해 가지고 이 문자 이전(文字以前)의 실상(實相) 자리의 내용을 체득(體得)해서 수지하는 사람도 있을 것이고 또 완전히 성불(成佛)해 가지고 부처님을 수지하는 이도 있을 것입니다。「하여간 범부가 우선 부처님 흉내라도 내어야 할 것이니 먼저 근본적으로는 견성을 해라。그래서 부처도 아니고 중생도 아닌 중간 보살이라도 되어서 육도만행(六度萬行)을 행하라。」그것이며 나중에 필경에는 부처가 되어야겠다는 것입니다。그리하여 불법을 지니는 것을 법답게 진리와 같이 이 경전(經典)의 정법(正法)인 부처님 법을 받아 가진다는 뜻으로 여법수지(如法受持)라 한 것입니다。

二七斷疑論 전장인 존중정교분과 함께 경문의 수승한 소이를 말하는 석승소이(釋勝所以)의 대문인데、이 대문을 다시 다섯분단으로 나누어 풀이한다。

① 처소를 존중하고 사람의 수승함을 찬탄함(尊處歎人勝)。〈존중 정교분 해당〉

② 경의 뜻을 생략하여 그 이름을 분별함(約義辨名勝)。〈爾時須菩提에서 即非般若波羅蜜까지〉

③ 불이 다른 말씀을 하지 않는 수승함(佛無異說勝)。〈須菩提에서 如來無所說까지〉

④ 복을 베푸는 것과 세계의 허망(施福劣塵勝)〈須菩提於意云何에서 是名世界까

原文 爾時 須菩提 白佛言 世尊 當何名此經 我等 云何奉持 佛告須菩提 是經名爲 金剛般若波羅蜜 以是名字 汝當奉持

解義 이제 수보리 존자께서 사십년 동안 부처님을 모시고 밤낮 없이 많이 듣기는 했지만 질서 정연하고 조리(條理) 분명한 논리를 가지고 있어서 누구든지 배우기만 하면 제나름대로 깨닫고 했는데, 이번에 금강경 설명하시는 것을 들으니 참 그야말로 대각세존(大覺世尊)이시라고 느껴졌고 마음이 기뻐서 「이 경전 이름을 뭐라고 저희들이 이름하여 받들어 모시겠읍니까。」하고 여쭈었더니 부처님께서 경 제목을 약하여 금강반야바라밀경이라 하셨읍니다。 이 금강경의 금강철퇴를 가지면 무엇이나 두들겨 부수어서 안 깨지는 것이 없고 다른 것을 가지고는 이것을 깨뜨릴 수가 없는 보물(寶物)입니다。 이것은 여물기만 해도 안 되고 날카롭기만 해도 안 되며 굳세고 날카롭고 아주 불생불멸(不生不滅)하면서 만사만능(萬事萬能)하며 환하게 통달해서 세간중생들 법이나 출세간의 성불하는 보살들 법이나 부처님세계 할 것 없이 하나 빠짐 없이 환히 다 통달한 지혜에 견주어 붙인 이름이 금강입니다。 말하는 이 자리 말 듣고 앉은 자리、그 자리가 불멸의 존재고 영원불멸의 생명체인 동시에 만사만태(萬事萬態)를 다 통달해 가진 금강반야의 자리입니다。 그래서 금강에다 이 마음 자성 자리를 비유한 것입니다。

이것은 곧 지혜이므로 반야라 한 것이니 반야는 곧 지혜입니다。 우리가 지금까지 배웠던 지식은 과학이니 철학이니 종교니 하는 것으로 이런 지혜는 근본적으로는 사람의 본

지〉

⑤ 과보로 받는 상도 여의다(感界離抑勝)〈須菩提에서 是名三十二相까지〉

제一一장 무위복승분

「과해주」에서 설명한 바와 같이 「무위복승분」 처음부터 지금까지는 밖의 재물로 비교하여 경의 수승함을 드러낸 대문이고(約外財校量廣顯經勝) 여기서부터는 안의 재물로 비교하여 경의 수승함을 보인 대문인데(約內財校量倍顯經勝) 여기에 다시 두 대문이 있다。

① 수승하고 용렬함을 비교하다(校量勝劣)〈須菩提 若有善男子에서 爲他人說其福甚多〉까지 이「여법수지분」 끝까지에 해당한다。」

涵虛說誼 처음에 「자리 깔고 앉으시다」(敷座而坐)에서부터 여기의 극에 이르기까지 한 경의 체제를 갖추었고 그 뜻을 두루 다 말씀하셨다。 그러므로 공생존자(수보리)께서 경의 이름을 여쭈었고 받들어 모시기를 구하였다。 이에 여래께서 양 끝을 잡으시어 두 손으

로 분부하셨던 것이다。

從初敷座 極至於此 一經體備 說義已周 由是空生請安經名 以求奉持 如來於是 卽其兩端 再手分付

六祖口訣 부처님께서 반야바라밀을 말씀하시어 모든 학

분(本分)을 망치도록 하는 이야기에 불과합니다。 모든 사람을 결과적으로는 지옥으로 보내고 꽁꽁 묶여져서 생사에 윤회하도록 만드는 이야기뿐입니다。 금강과 같은 그런 존재가 있는데 말하는 이것이 바로 그것이라 하는 것을 가리키는 이야기가 참된 반야고 지혜 입니다。 이렇게 자성(自性)만이 오직 있는 참 구공(俱空)까지 된 그것이 실상반야(實相般若)인데 그러나 그 실상반야를 깨달아 가지고 거기 가만히 머물러 있으면 소승나한(小乘羅漢)이 되어 버릴 뿐이므로 그 때문에 성불하지 못하게 됩니다。 그래서 육도만행(六度萬行)을 조금도 어기지 않고 행해야 하는 것이니 그것이 복혜쌍수(福慧雙修)입니다。 그 방법은 곧、보시·지계·인욕·정진·선정·지혜(布施 持戒 忍辱 精進 禪定 智慧)의 여섯 가지인데 이 육바라밀(六波羅蜜) 중 마지막 바라밀인 지혜 바라밀 하나만 빼 놓고는 앞의 선정하는 데까지는 전부 복을 닦는 수행입니다。 한량 없는 복 닦는 방법이니 우주를 점령해서 마음대로 소유할 수 있는 그만한 신통조화(神通調和)를 성취하기 위해 닦는 것이 앞에 다섯 가지 복짓는 방법입니다。 마지막 지혜바라밀은 참된 지혜로써 영원히 생사를 초월한 그 자리를 밝히는 것이니 그래서 육바라밀이 곧 복혜쌍수(福慧雙修)인 것입니다。

또한 이런 법을 다 듣고 그렇게 해야 하겠다고 깨닫는 그것이 반야이고、필경 견성(見性)까지 해서 견성한 뒤에 하는 수도(修道)가 진짜 수도인데 그렇게 해 가지고 수지(受持)해 올라가야겠구나 하는 것도 내내 그 자리가 하는 것이고 수지할 것도 없는 것이지만 그것이 반야입니다。 그래서 〈금강반야바라밀경〉이라 이름하라 하셨고 이런 뜻으로 받들어 지니라고 하셨던 것입니다。

原文 所以者何 須菩提 佛說般若波羅蜜 卽非般若波羅蜜 是名般若波羅蜜

解義 그 다음에 부처님께서 왜 금강반야바라밀이라고 이름지어 가지고 가지라 했

인들로 하여금 지혜를 써서 어리석은 마음의 생멸심을 없애시었으니 생멸 다해 없어지면 곧 저 언덕에 이르는 것이다。 만일 마음에 얻는 바가 있으면 곧 저 언덕에 이를수 없고 마음에 한법도 얻을 것이 없으면 곧 저 언덕에 이르는 것이니 입으로 말하고 마음으로 행하는 것이 이것이 저 언덕에 이르는 것이니라。

佛說般若波羅蜜令諸學人 用知慧 除却愚心生滅 生滅滅盡即到彼岸 若心有所得即不到彼岸 心無一法可得 即是到彼岸 口說心行 乃是到彼岸也)

느냐 하는 이유를 말씀하십니다。『부처님이 반야바라밀이라고 하는 것은 문자반야바라밀·관조반야바라밀·실상반야바라밀의 세 가지 종류로 나누어서 이제까지 그게 실지로 말하면 반야바라밀이 아니다。 내가 이렇게 설명해서 이 문자반야는 어떻고 또 관조반야는 어떻게 살피는 것이라 했지만 실은 살필 것도 없다。 마지막 자성자리인 실상반야는 어떤 것이라 설명했지만、 또 그래서 그것을 실천해서 바라밀을 해서 부처가 되고 하는데 지혜가 제일이니까 그랬지마는 사실은 그게 반야바라밀이 아닌 것이므로 그래서 금강반야바라밀이라고 이름을 했다。』고 말씀하셨읍니다。

늘 긍정하시는 것 같으면서 부정하시고 긍정도 부정도 아닌 것으로 언제나 같은 말씀같은 그런 내용이지만 그러나 언제나 그 말씀하시는 구절(句節)에 의지해서 그 구절은 해결해야 합니다。 부처님께서 반야바라밀을 여지껏 고구정녕(苦口叮嚀)으로 이십년 동안 설명하셨는데 이제 「사실은 그게 반야바라밀이 아니다。」 이렇게 말씀하신 것은 문자나 반야에 의지해서 걸려 있지 말라고 하신 말씀입니다。 보시하는 것이나 계행 가지는 것이나 인욕이나 다 잘하면 세상에 알려지고 저절로 밖으로 드러납니다。 또 정진하는 것도 모두 보고 알 수가 있고 또 선정한다고 앉아 가지고 며칠씩 먹지도 않고 하게 되므로 그것도 알수 있읍니다。 요새 미술가들도 선정과 같은 그런 것이 있읍니다。 한일 주일씩 안 먹고 삼매(三昧)에 들어가서 구상(構想)을 합니다。 우리 한국에도 그런 굉장한 분이 있읍니다。 그분이 일 주일씩 어떤 땐 한 달씩 자기도 모르고 앉아서 구상하고 그렵니다。 이렇게 일종의 선정삼매(禪定三昧)에 들어가면 자연히 지혜가 나옵니다。 이 여섯가지 바라밀 가운데 구경(究竟)에 들어가면 다 하나가 됩니다。 이 금강경은 반야바라밀을 밝히는 경전이고 반야를 역설(力說)하는 경전이기 때문에 복 짓는 수행도 따라오게 됩니다。 그런데 수즉파 파즉수(水即波波即水)로 물과 물결을 둘로 나눌 수 없는 것처럼 복 짓는 것이 나

六祖口訣 부처님께서 수보리에게 말씀하시기를 「여래의 설법이 마음에 얻은 것이 있느냐.」하

지혜를 닦는 것은 둘이 될 수 없읍니다.

그런데 「내가 반야바라밀을 그렇게 애써 설명했지만 그게 반야바라밀이 아니니 그래서 금강반야바라밀경이라 이름을 해라.」 하신 말씀에 이해가 잘 안 되기도 합니다. 그러나 그 뜻은 앞에서 말한 것과 역시 같은 뜻입니다. 견성하기 위해 참선한다고 벽을 향해 돌아앉아 있지만 그것은 초학자(初學者)가 금강반야(金剛般若)를 체득(體得)해야 하겠으니 이 마음자리를 깨닫는 방법으로 하는 것이지, 실상 금강이란 마음자리에서는 그것은 다 버려야 할 지식입니다. 그러므로 그것은 금강반야의 실체는 아니고 하나의 방법으로 설명하느라고 이름한 것뿐입니다.

바라밀이다, 도피안이다, 하는 말은 생사니 번뇌니 망상이니 하는 것이 멀어져서 불생불멸하고 영원불멸하는 생명체가 온전히 티 하나 없이 드러나면 도피안이고 이것을 성불했다, 생사를 해탈했다, 그럽니다. 그때 가면 일체가 무소부지(無所不知)하고 무소불능(無所不能)한 본체의 지혜가 나타납니다. 그걸 설명하느라고 금강이니 반야바라밀이니 하고 또 부인(否認)하고 그럽니다. 그러므로 우리의 이 마음 자체가 곧 반야바라밀이 다 되어 있읍니다. 이미 말씀은 다 끝나신 것이지만 이것을 문자로 설명하면서 틀림없이 이론으로 이야기가 되어야 한다는 일을 위해 「불설 반야바라밀은 곧 그것이 반야바라밀이 아니니라. 그래서 금강반야바라밀경이라 하라.」고 하셨던 것입니다.

原文 須菩提 於意云何 如來 有所說法不 須菩提 白佛言 世尊 如來 無所說

解義 『수보리야, 여래께서 어떤 법을 설한 게 있느냐.』『세존이시여, 여래께서는 설한 바 아무 법도 없읍니다. 제가 지금까지 모시고 다녔지만 한번도 입을 떼신 일이 없었읍니다.』

시었다。 수보리는 여래의 설법은 마음에 얻은 바가 없는 것입을 알고 계셨으므로 말씀하신 바가 없다고 여쭈었던 것이다。 요컨대 부처님의 뜻은 세상의 중생들로 하여금 얻음이 있는 마음을 여의게 하려는데 있었으므로 반야바라밀법을 말씀하셔서 일체 중생들로 하여금 듣고서 다 보리심을 일으켜서 나고 죽음이 없는 이치를 깨달아 위 없는 도를 이루게 하려 하시는 것이다。

佛 問須菩提 如來說法 心有所得不 須菩提 知如來說法 心無所得故 言無所說也 如來意者 欲令世人離有所得之心故 說般若波羅蜜法 令一切人

지금까지 반야경을 네 곳에서 십 육회의 법회를 가지면서 설법하셨읍니다。 그런데 「내가 무슨 말한 법이 있느냐。」 물으니까 「아니올시다。 부처님께서 입 떼신 일도 없고 언제 누구 보고 법문한 말씀 못 들었읍니다。」 그렇지만 부처님은 지금 계속 얘기하시고 계시면서 하는 말씀입니다。 사실 실상반야는 말로나 생각으로 미치지 못하고 문자로 기록할 수는 더욱 없는 것입니다。 그러므로 부처님도 당신께서 소개하고 싶은 것을 소개하는 말씀이 아니라 필경 아무도 모르게 되어 있는 자리고 말로서는 소개할 수 없는 자리입니다。 깨친다고 하는 것은 번뇌 망상을 제거해서 장난치던 그 사람이 장난 안 하고 앉아 쉬는 것입니다。 그러니 천당 지옥의 생각을 해서 꿈을 꾸고 돌아다니다가 꿈꾸는 생각을 다 거두어 버리니까 눈 뻔히 뜨고 꿈꾸는 것이고 꿈을 깨 놓고 보면 잠자 본 일도 없고 꿈꾼 일도 없고 그렇습니다。 꿈속에도 그 사람이고 꿈밖에도 그 사람일 뿐입니다。 그렇게 되니까 사실 부처님께서 당신 말씀하고 싶은 그 얘기를 한번도 얘기해 보지 못합니다。 꿈속에서 꿈꾸는 사람한테 나도 꿈꾸는 몸뚱이를 하나 만들어 가지고 그 꿈속에 들어가서 얘기를 실컷 하는 격이니、 하고 싶은 말을 하는 게 아니고 그저 헛말 하고 앉아 있는 것이고 잠꼬대에 불과합니다。 그래서 잠꼬대를 가지고 얘기한다 할 수도 없는 것입니다。

꿈을 깨고 보면 꿈속에서 하던 일은 없는 것이니、 그러므로 수보리 존자 말씀이 「부처님께서 언제 무슨 말씀하셨읍니까。」 하고 반문했고、 부처님께서도 「네 말이 옳다。」고 하신 것입니다。 더군다나 이것은 지금 몽중지사(夢中之事)니 꿈꾸는 중생들과 상대하는 얘기인데 또 다시 술이 취해 가지고 여기가 동쪽인지 남쪽인지도 모르고 헤매는 판이므로 이렇게 달래 주는 것이지만 턱도 안 닿는 얘기입니다。 비록 술이 취해서 정신의 착란을 일으키고 있긴 하지만 그렇다고 해서 사람이 달라진 것은 아닙니다。 이런 잠꼬대 같은 말

聞之皆發菩提心悟無生理 成無上道也

六祖口訣 여래께서 말씀하시기를「중생의 성품 가운데 있는 망령된 생각이 마치 삼천대천세계 가운데 있는 먼지와 같아서 일체 중생이 일어나고 꺼지고 하여 그치지 않는 망령된 생각의 티끌에 뒤집어 씌어서 불성을 가리우므로 해탈을 얻지 못하는 바이다。따라서 생각생각 참되고 바르게 하여 반야바라밀의 집착이 없고 상이 없는 행을 닦아서 망령된 생각의 티끌이 곧 청정한 법성임을 사무쳐 깨달아야 할 것이다。그래서 망령된 생각이 이미 없다면 곧 먼지

을 가지고「내가 말한 일이 있느냐。」고 하니까「말이 안됩니다。금강경이고 반야고 이걸 들으라고 하는 것이 아니고 듣는 그게 무엇인지 그 주인공 주체를 찾으라고 하신 말씀입니다。그러므로 부처님께서는 어떤 법도 금강경도 말씀하신 적이 없읍니다」하신 것입니다。

原文 須菩提 於意云何 三千大千世界 所有微塵 是爲多不 須菩提言 甚多 世尊 須菩提 諸微塵 如來說非微塵 是名微塵 如來說世界 非世界 是名世界

解義 부처님께서 또 수보리존자에게 물으십니다。『삼천대천세계에 있는 먼지、삼천대천세계를 구성한 그 전자의 수가 많으냐 많지 않으냐。』하셨는데、수보리존자 경계로 봐서는 우리가 콩 한 개 보는 만큼 쉽게 압니다。그래서『참 많습니다、세존이시여。』하고 사뢰었읍니다。그러나 수보리존자의 경계로 봐서는 엄청날 것도 없읍니다。여기서는 일반 중생을 대신해서 하는 말씀이므로「참 많으옵니다。」하고 말씀하신 것입니다。그러자 부처님께서 말씀하시기를『그리고 수보리야、이 먼지 이 미진 그것을 부처님은 미진이 아니라고 한다。지금까지 미진이라고 내가 설명했던 미진이 그게 곧 미진이 아닌데 그것을 미진이라 말하며、여래가 말하는 세계도 세계가 아니니 이 이름이 세계니라。』하셨읍니다。

천백억 지구덩이 별세계가 모인 것을 사바세계라 하고 극락세계도 무수한 불세계(佛世界)중 하나인데、화엄경(華嚴經) 같은 데서는 화장찰해(華藏刹海)에 대한 말씀이 나옵니다。맨 밑에 무한대의 허공 가운데서 무엇 하나를 근거로 해 가지고 이십중광대찰(二十重廣大刹)이 이루어져 스무 층의 세계가 벌어집니다。이 한 층계 세계의 거리가 얼마냐 하면、삼천대천세계의 열 배、곧 백억의 지구의 열 배에 해당하는 세계를 부순 먼지를 십중찰미진수(十重刹微塵數)라 하는데 이 미진수가 다하도록 별나라 하나에 먼지 하나씩 놓아서 이 미진수가 다하도록 무한히 올라간 거리 그것이 화장세계의 한 계층의 거리입

티끌이 아닌 참이 곧 망령된 것임을 사무치며 거짓이 곧 참입을 사무쳐서 참과 거짓이 다 사라지면 따로 어떤 법이 있는 것이 아니므로 이것을 티끌이라 이름하는 것이다。 성품 가운데 티끌 번뇌가 없으면 곧 이것이 불세계고 마음 가운데 티끌 번뇌가 있으면 이것이 중생의 세계니 모든 망령된 번뇌가 본래 비어서 고요함을 사무치므로 세계가 아니라 했고 여래의 법신을 증득하여 온 세계에 두루 나투어 응용함에 아니 가는 곳이 없음을 세계라 하느니라。

如來 說 衆生性中 妄念 如三千大千世界中 所有微塵 一切衆

니다。

여기서 찰(刹)자는 절찰자로만 알지만 세계란 뜻입니다。 십중찰세계 곧 지구덩이 백억배에 해당하는 삼천대천세계의 열 배나 되는 지구덩이들을 전자나 원자로 환원시킨다면 그 수가 불가사의한 무한대의 수일 것입니다。 불보살이나 헤아릴 수 있는 이렇게 많은 수의 전자 원자를 가지고 지구덩이 하나 지나갈 때마다 한 개씩 놓고 올라가서 그 전자가 다하도록 수 없이 많은 지구를 일직선으로 통과해 올라갑니다。 이렇게 해서 십중찰세계의 미진수가 다하도록 올라가서 이렇게 하기를 동서남북과 네 간방(間方) 상하방(上下方)의 사방으로 다 올라간 세계、 거기엔 부처님 계신 세계도 있고 안 계시는 세계도 있읍니다。 부처님이 안 계신 세계는 범부 세계인데、 지금 우리 세계는 불세계 아닌 것으로 됐읍니다。 그렇지만 대장경이 아직 남아 있으니까 아주 불세계가 아닌 것도 아닙니다。 이렇게 십주찰세계의 전자·원자가 다하도록 한 것을 한 계층으로 해서 이렇게 이십층이나 올라간다고 그랬는데 이것이 하나의 화장찰해입니다。

현대의 천문학자들도 이렇게 광대무변한 세계는 측정(測定)하지 못하는데 부처님께서는 그렇게 굉장한 세계를 설명해 놓으셨지만 「그건 세계가 아니니 그래서 세계라고 하느니라」 그러셨읍니다。「미진은 미진이 아니기 때문에 그걸 미진이라 하고 세계가 세계가 아니기 때문에 그래서 그걸 세계라 한다。」 하신 것이 그것입니다。

原文 須菩提 於意云何 可以三十二相 見如來不 不也世尊 不可以三十二相 得見如來 何以故 如來說三十二相 即是非相 是名三十二相

解義 『수보리야、 네 뜻에 어떠하냐。 어떻게 생각하느냐。 가히 三二상으로、 부처님의 설흔 두 가지 거룩한 특별한 상과 여든 가지 뛰어나게 생긴 모양(八十種好)으로 여래를

生 彼妄念微塵 起滅不停 遮蔽佛性 不得解脫 若能念念眞正修般若波羅蜜 無著無相行 了妄念塵勞 即清淨法性 妄念 既無即非微塵 了眞即妄了妄即眞 眞妄俱泯無別有法 故云是名微塵 性中 無塵勞即是佛世界 心中 有塵勞 即是衆生世界了諸妄念空寂故云非世界 證得如來法身普現塵刹 應用無方是名世界

六祖口訣 삼십 이상이란 곧 서른 두가지 거룩한 행을 뜻하니 오관(五官)으로 육바라밀을 닦으며 생각으로 상 없고 함 없음을 닦으면 이것을 서른 두가지 청정행이라 이름한다。 이렇게 서른 두 가지

친견(親見)할 수 있느냐。 부처님을 뵐 수 있느냐 없느냐。』『아니옵니다。 세존이시여, 가히 삼십이상으로써 여래를 친견할 수 없는 것이옵니다。 어째 그러냐 하오면 여래께서 삼십이상이라 말씀하시는 것은 곧 이것이 상이 아니기 때문이옵니다。 그래서 이것을 〈삼십이상〉이라 하신 것이옵니다。』

부처님의 三十二상도 비록 육도만행(六度萬行)을 하고 억만겁 동안 몸뚱이와 온갖 것을 남을 위해 보시한 공덕으로 얻어진 거룩한 상호(相好)이긴 하지만 그러나 그것도 역시 세계나 먼지처럼 상대적으로 있는 허망한 거짓 존재이며 따라서 상(相)이 아닙니다。 육체의 오장육부(五臟六腑)나 혈액(血液)과 신경(神經) 등이 다 물질에 불과하고 그 물질은 곧 있는 것이 아니므로 三十二상은 곧 상이 아니라고 하신 것입니다。 그래서 「三十二상이라고 한다。」고 하셨는데 이것은 아주 없는 것이 아니라 역시 다생겁(多生劫)으로 보살의 인행(因行)을 닦으면 그 정도에 따라서 상호도 거룩해지고 하나하나 갖추어지게 되며 그래서 없는 것도 있는 것도 아닌 도리를 밝힌 말씀입니다。

原文 須菩提 若有善男子善女人 以恒河沙等身命 布施 若復有人 於此經中 乃至 受持四句偈等 爲他人說 其福甚多

解義 『수보리야, 만일 어떤 착한 남자나 착한 여인이 있어서 항하사 모래수와 같은 몸뚱이와 생명을 가지고 보시를 했다면 옷 없는 사람·돈 없는 사람·밥 없는 사람을 위해 돈도 주고 옷도 주고 재산 다 털어 주고 나서 더 줄 것이 없으면 코도 베 주고 온갖 것을 다 보시하기를 항하의 모래수처럼 많은 몸을 버려서 보시한 사람이 있고 다른 사람이 있어서 이 경전 가운데 내지 사구게만이라도 잘 수지해 가지고서 다른 사람을 위해 설명해 준다면 그 복이 심히 많나니라。」삼천 대천 세계에 먼지수 같은 몸뚱이를 가지고

거룩한 행을 항상 닦으면 곧 부처를 이루게 될 것이니 만일 서른두 가지 거룩한 행을 닦지 않으면 마침내 성불할 수 없을 것이며 다만 서른 두 가지 상을 애착하기만 하면 마침내 여래를 보지 못하리라。

三十二相者 是三十二淸淨行 於五根中修六波羅蜜 於意根中修無相無爲 是名三十二淸淨行 常修三十二淸淨行 即得成佛 若不修三十二淸淨行 終不成佛 但愛着如來三十二相 自不修三十二行 終不見如來

六祖口訣 세간에서 소중하게 여기는 것은 그 육신의 목숨보다 더한 것은 없는 것인데、보살이 법을 위하며 한량 없는 겁여러 백천 겁을 두고 약도 되어 주고 잡아 먹혀서 양식도 되어 주고 나면 그 복이 한량없을 겁니다。 그러나 재산이나 칠보를 삼천 대천 세계에 가득히 채워서 보시했다 해도 그것은 한 생각 비우면 할 수 있지만 몸뚱이 생명을 보시한다는 것은 참 어렵습니다。 그것도 한 해 두 해도 아니고、한 평생 두 평생도 아니고、한량없는 세월을 두고 한량없이 몸만 남한테 보시했다면 그 공덕이 얼마나 많겠읍니까。 그렇지만 이 금강경의 사구게(四句偈)만이라도 남한테 설명해 주는 공덕에 비하면 아무것도 아니라는 것입니다。

부처님 당시에 사리불존자가 공부하고 앉아 계시는데 한 사람이 와서 말하기를 「부처님 제자이시죠。 부처님 제자는 다 대자대비하시다지요。」 「네 그렇습니다。」 「그러면 무엇이든지 다 보시할 수 있읍니까。」 「아 그렇습니다。」 「스님 왼 눈이 하나 필요한데 빼 주실 수 있읍니까。」 사리불존자는 자기 스스로 자기 눈을 빼 줍니다。 그 사람은 그걸 받아서 더럽다고 탁 침을 뱉아 가지고 집어던지더니 발로 비벼서 짓이겨 버립니다。 남은 애써서 아픈 눈을 빼서 줬는데 필요 없어서 내 버리더라도 자기 안 보는 데 가서 했으면 좋을 텐데 그 빼 준 사람 앞에서 그러니 아무리 사리불이라 해도 마음이 동해서 고약한 놈이라고 속으로 꾸짖었읍니다。 그랬더니 그 사람 말이 「아 스님이 발심을 덜 했읍니다。 철저히 발심했으면 내가 그걸 갖다가 똥 속에 집어 넣거나 발로 밟아 버리거나 주는 것뿐이요。 무심해야 할 것이 아닙니까。 안색을 보니까 속으로 마음이 동한 것 같으니 아무래도 응무소주한 보시가 아닙니다。」 하면서 자기는 제석천(帝釋天) 인데 스님을 시험해 보느라고 그랬다고 하면서 부처님 비슷한 제석천의 본신(本身)을 나타냈읍니다。 그리고 「내가 대단히 죄송스럽습니다。 나는 그것도 못합니다。」 사리불존자는 그 말을 듣고 부끄러워했다는 이야기가 있읍니다。

아직 깨닫기 전이라도 이런 경전을 읽고 배워서 마음을 조복을 받고 항복하는 법을 익을 두고 이렇게 소중한 몸뚱이를 버리어 일체 중생을 위해 보시하면 그 복이 비록 많지만 그러나 이 경의 네 귀절을 받아 지닌 복만 못한 것이다。 그것은 아무리 오랜 겁을 두고 육신을 버리어 선행을 하더라도 공한 진리를 사무치지 못했다면 망령된 마음을 버리지 못했으므로 원래 중생일 수밖에 없기 때문이다。 그런데 일념으로 경을 지니어 나와 남이 몰록 다 없어지면 망령된 생각이 다 없어진 것이니、 말 아래 성불한 것이므로 아무리 오랜 겁을 두고 목숨을 버린다 해도 이 경의 네 귀절 지니는 복만 못한 것이다。

혀 나가면 자기 목을 못 빼 준다 하더라도 이 목을 못 빼줄 때마다 마음이 아프고 참회가 되고 진실히 중 노릇을 잘하고 인욕도 하고 보시도 하고 모두 잘 할줄 알면 깨친 뒤에 훨씬 수월해집니다。 경을 읽을 때마다 하루에 열 번 읽어도 읽을 때마다 부끄러운 생각이 나고 꼭 이래야 하겠다는 다짐을 해야 합니다。 그래서 길을 지나다가 개가 날 보고 짖으면 마음에 부끄럽고 부처님 뵙기에 황송하고 신도를 대하기에 얼굴이 화끈하고 이런 식으로 정진되어 올라가야 오늘은 안 돼도 내일은 할 수 있게 되는 것입니다。 만일 법문 들을 때만 그렇겠다 생각해 놓고는 개가 짖거나 말거나 그게 나하고 무슨 상관이냐 이런 식으로 되어서는 천만 겁을 가도 큰 수행이 안 됩니다。 내 것을 주고 내가 다 참아야 할 것을 남더러 주라 하고 참아 달라고 해도 안 되는 일이고 내가 참지 않으면 안 되고 내 것을 주지 않으면 안 됩니다。

그런데 설사 억만겁을 두고 몸뚱이를 보시하고 재물을 보시하고 큰 공덕을 지었다 해도 그것은 물질로 지은 복이고 몸뚱이라는 형상으로 지은 공덕인데 물질이나 몸뚱이 자체가 허망한 존재이고 상대적인 한계가 있는 존재이므로 그 공덕 또한 무한대한 절대적 공덕에 비하면 비교도 할 수 없는 한 부분에 불과합니다。 또 상대적인 공덕으로는 생사를 해탈할 수 없고 자기 자성을 체득하지 못한 중생의 경계일 수밖에 없지만 이 금강경의 사구게(四句偈)는 자성을 깨달아 우주를 소유하고 주재하며 생사대사(生死大事)를 해탈하여 영원불멸의 대성자인 부처님을 성취하는 비결(秘訣)이므로 그 복이 비교도 안되게 더욱 많다(其福甚多)고 하신 것입니다。

世間重者 莫過於身命 菩薩 爲法 於無量劫中 捨施身命 分與一切衆生 其福 雖多 亦不如受持此經四句之福 多劫捨身 不了空義 妄心 不除 元是衆生 一念持經 我人頓盡 妄想 旣除 言下成佛 故知多劫捨身不如持經四句之福

〔註 1〕 **반야**(般若)**:** 반야에 대해 육조대사의 설법(說法)을 후인이 결집(結集)하여 「금강경」과 함께 선종의 소의 경전으로 중시하여 오는 「육조법보단경」(六祖法寶壇經)에 의한 법문을 소개하는 것은 매우 중요하리라 본다。 제一 오법전의(第一悟法傳衣)조에서 다음과 같이 기록되어 있다。

『선지식아、 만약 아주 깊은 법계와 및 반야삼매에 들고자 하거던 모름지기 반야행을 닦고 금강반

〔說 義〕

문자반야는 곧 실상반야

반야①라는 말은 우리 말로 눈이 보배란 말이고 소견(所見)이 있어야 한다는 말인데、 소견이란 말은 역시 지혜라는 뜻이 됩니다。 그러니까 세상 사람도 머리를 쓸 줄 알아야 하는데、 머리를 아무리 쓰려고 해도 안 되는 것은 탐진치(貪嗔痴) 욕심만 꽉 차 있기 때문입니다。 미친 사람이 제가 미친 줄 모르듯이 자기가 욕심 때문에 어리석은 줄을 모르고 욕심을 더욱 더 부릴 따름입니다。 그러나 옳든 그르든 세상의 지혜도 반야라고 볼 수 있읍니다。

처음에 경의 제목을 풀이할 때 반야에 대해서 자세히 말했지만 관조반야(觀照般若)·실상반야(實相般若)·문자반야(文字般若)를 말했는데 이 세 가지가 실상은 하나입니다。 문자반야인 이 경전이 우리가 성불할 수 있는 실상반야·관조반야의 조리를 알아들을 수 있도록 기록한 것이므로 이 뜻을 나중에 참말로 성취하고 보면 문자반야가 곧 실상반야고 그래서 문자가 곧 실상이고 문자가 문자 자체가 아니라 그것이 곧 마음자리입니다。 그 실상반야가 있다는 것도 문자가 소개해서 알고 관조반야를 옳게 가지는 방법도 역시 문자반야 이것이 지도하는 때문입니다。 그러므로 이 경전의 문자가 역시 참으로 소중해서 이 경전이 계시는 데는 곧 부처님이 계시는 데고、 이 경전을 설명하는 분은 곧 부처님과 같이 공경하라 하는 말씀을 하신 것입니다。

부처님께서 반야바라밀이라고 늘 말씀하셨지만 그것이 곧 반야바라밀이 아니라 그래서

야경을 지니고 외면 곧 견성하게 될 것이니라。 마땅히 알라。 이 공덕이 한량없고 가 없나니 경가운데 분명히 찬탄하였는바 이루 다 말할 수 없다。

이 법문은 최상승 법문이니 큰 지혜 있는 이를 위하여 설명하며 근기가 높은 이를 위하여 설하신 것이니 적은 지혜 낮은 근기의 사람이 들으면 믿지 않기 때문이니라。 왜 그러냐 하면 비유컨대 마치 큰 용이 염부제에 비를 내릴 적에 도시와 마을이 다 떠내려가는 것이 대추 잎이 물에 떠내려가는 것 같겠지만, 그러나 만일 큰 바다에 비를 내렸다면 물이 더 많아지

이 경이 금강반야바라밀경이라고 말씀하셨으니, 그 말 조리가 어떤 것인지 똑 떨어져야 될 것입니다。 이것은 산 보고 높은 줄 알고 물 보고 깊은 줄 아는 목전지사(目前之事)를 설명한 것이니까 수보리를 불러서 「개미나 굼벵이를 하나 놓고 이 자체가 금강반야바라밀이니라。」한 것과 같은 말씀입니다。 굼뱅이나 지옥 중생이나 천당 중생이나 누구든지 지도를 하면 전부 금강반야바라밀의 존재이니 이게 모두 그런 것을 설명해 놓은 말씀이고 사람이 모두 그렇다는 말씀입니다。 금강경 본문을 말하기 전에 이것이 지금 완전히 꿈이라는 것을 설명했읍니다。 지금 우리가 원자니 전자니 하는 것 그게 그대로가 환의 존재인데, 그렇다고 해서 과학적인 사실을 부인한 것도 아니고 또 그렇다고 해서 그대로 유물론자가 인식하듯이 그런 전자나 하면 그런 것도 아니고 사실 진공이고 없는 존재고 그런 것이기 때문에, 그렇다고 하면 유정 무정 이것도 금강반야바라밀의 존재일 따름입니다。

여기까지 하면 금강경 설명 다 된 편입니다。 부처님께서 「반야바라밀을 설명한 것은 곧 반야바라밀이 아니다, 반야바라밀이 아니니 그러기 때문에 이 경전의 이름을 금강반야바라밀경이라고 했다。」하셨으니, 이러면 설명이 다 된 셈입니다。 그런데 우리가 금강경 한번 죽 들어서는 어느 대문에 어떤 내용의 골자(骨字)가 있는지 기억에 잘 안 남지만 이것을 천독만독(千讀萬讀)을 하면 확실히 내 자식이 되어 버립니다。 그래서 거듭거듭 이렇게 저렇게 말씀하시는 이것이 문자반야바라밀이고 이 문자반야바라밀이 아무것도 아니지마는 반야를 차차 자꾸 익혀서 실제로 알아지고 깨닫게 해 주는 공덕이 되기도 합니다。

혹 무한동력(無限動力)을 말하지만 아무리 물질절대론자(物質絶對論者)가 있다 해도 상대성 원리에 의해서 존재하고 절대적 존재란 하나도 없는 것이 현상계인데 무한동력도 마음내 놓고는 따로 있을 수 없읍니다。 마음 이것만이 아무렇게나 해도 죽지도 않고

지도 않고 적어지지도 않는 것과 같기 때문이니라。

만일 대승인과 최상승인이 금강경 설하는 것을 들으면 마음이 열리어 깨달아 알게 되나니 그러므로 본성에 스스로 반야의 지혜가 있어서 그 지혜로 항상 관조하므로 문자를 빌리지 않느니라。비유컨대 비와 물이 하늘에 있는 것이 아니고 원래 조화작용의 상징인 용이 일으켜서일체 중생과 온갖 초목의 유정 무정이 다 윤택하게 되고 백천의 흐르는 물이 다 큰 바다에 들어가서 합하여 일체가 되는 것과 같으니 중생의 본래 성품인 반야의 지혜도 또한 이와 같으니

가만 있지도 않고 사실상 무한동력입니다。제가 내었던 욕심을 만족하려고 할 때 가령 안 죽으려고 하는 사람의 욕심은 무한인 만큼 남이 나를 죽이려고 해서 하나가 달려들면 하나 죽이고 둘이 달려들면 둘을 죽이고 백 명이 달려들면 백 명을 다 죽입니다。또 二七억이 다 달려들어도 할 수만 있으면 二七억을 다 죽이고라도 나는 살아야 합니다。마음이 악할 때는 무한히 무섭고 악하기도 하면서 또 가장 착하기도 한 존재이어서 착한 생각을 내면 이보다 더 착할 수 없는 짓을 합니다。

그러면 무엇을 가지고 실상(實相)이라고 하느냐 하는 것을 지금까지 부처님께서 역설하셨고、내가 그것을 또 어떻게든지 바로 인식하도록 하려고 애를 써서 이야기했읍니다。말하고 있는 이 자리、말 듣고 있는 이 자리가 실상입니다。실존철학자(實存哲學者)들이 말하고 있는 바 그 실존자리는 산 보면 높다 하고 물 보면 깊다고 알 줄 아는 자리、공산당은 죽일 놈들이라고 서로 적대시하는 그 자리가 실상자리입니다。허공도 그 생각 못 내고 물질도 그런 생각 못 내는 것이니 이 실상자리 빼놓고는 그런 생각 내 놓을 곳이 없읍니다。육체도 못 내고 아무 것도 못 내는데 오직 마음자리 이것 하나만이 그렇게도 하고 저렇게도 합니다。이것은 어두운 밤에 켜 놓은 촛불처럼 항상 드러나 있고 이것은 숨을 곳도 없고 사라질 곳도 없는 아무것도 아닌 자리입니다。깨달아야 하겠다는 생각、견성해야 하겠다 또 무엇을 체득해서 증득을 해야 하겠다 하는 생각 때문에 사실 막히게 되고 그게 역시 장애입니다。이 자리는 다 드러나 있읍니다。그렇기 때문에 이놈이 얘기하다가、법문을 듣다가 깨치고 육조대사가 「응무소주 이생기심」(應無所住而生其心) 법문 듣고 그 자리에서 깨쳐 버리는 게 다 드러나 있기 때문에 그렇게 된 거지 그게 어디 이론으로 설명할 정도로는 그렇게 안 됩니다。그러니까 아는 것을 어디까지나 깨쳐야 하겠다는 이것이 가장 큰 근본지장입니다。그래서 사실은 견성하기가 아주 쉽다는 겁니다。다 드러나 있기 때문

라。』(善知識若欲入甚法界 及般若三昧者 須修般若行 持誦金剛般若經 即得見性 當知此功德 無量無邊 經中 分明讚嘆 莫能具說 此法門 是最上乘 爲大智人說 爲上根人說 小根小智人聞 心生不信 何以故譬如大龍下雨於閻浮提城邑聚落悉皆漂流 如漂棗葉若雨大海不增不減 若大乘人若最上乘人 聞說金剛經 心開悟解 故知本性 自有般若之智 自用智慧常觀照故 不假文字)

『선지식아、 낮은 근기의 사람이 이 돈교를 듣는 것은 오히려 뿌리가 아직 약한 풀이나 나무가 만일 큰 비를 만나면 다 뽑히어 거꾸러져서 더 자랄 수 없는 것처럼

에 세수하다 코만지기보다 쉽다는 것입니다。또 산 보면 높은 줄 알고 미운 것 보면 밉다고 싸우기도 하는 이것이 금강반야입니다。실상 보리심을 발해 가지고 닦는다고 하는 것이 금강의 용(用)인데、실상이 용이고 용이 실상입니다。우리가 실제로 깨달아 체득하지는 못했다 하더라도 개념이나마 확실히 그렇겠다고 생각해야 이것이 불교를 깨달을 수 있는 밑거름이 되고 신심(信心)이 튼튼해집니다。범부로서 일으키는 아뇩다라삼먁삼보리심、곧 자성(自性)에 대해 그 존재가 어떤 거라고 개념으로나마 깨치기 전에 알 수 있을 정도로 부처님께서 설명을 자주 해주십니다。그렇지만 사실 부처님께서 애써서 소개하시고 싶은 것은 말 듣는 그 자리、일체 시비언설(是非言說)이 다 끊어져서 이것은 있는 것도 아니고 없는 것도 아닌 동시에 곧 이것이 없는 거로 있는 거고 있는 것으로 없는 그 자리입니다。그러니 논리를 초월한 자리이지만 부득이 억지로 말을 붙여서 금강반야바라밀이라 한 것이므로 실상은 금강반야바라밀이 아닙니다。부처님께서 소개하고 싶어하는 그 내용은 문자도 아니고 그러면서 역시 마음에서 나온 겁니다。마치「바람이 움직인 것도 아니고 깃발이 움직인 것도 아니고 전체가 그대들 마음이라。」고 하신 육조대사의 말씀과 같습니다。

그러니까 반야바라밀이라고 임시로 이름은 만들었지、그 자체가 어디 이름을 가졌느냐는 것입니다。깨치기 전에 아무리 반야바라밀이라고 하는 그런 무슨 객관적인 진리가 있는 것같이 인식을 하고 그러지만 그 실상과는 멀리 어그러집니다。그 실상은 반야바라밀이 아니라 그런 내용을 가진 것을 설명하는 것이기 때문에 이름을 금강반야바라밀경 이라고 붙이라고 하는 것이니 실지는 금강반야바라밀이 아니라는 말입니다。이놈은 이름도 아니고 우리가 그런 얘기 듣고 추상(推想)할 수 있는 그런 내용도 아니고 생각조차도 아니란 뜻입니다。

낮은 근기의 사람도 또한 이와 같으니라。

원래 가지고 있는 반야의 지혜는 큰 지혜 있는 사람과 서로 다를 것이 없건만 적은 지혜의 사람은 왜 법을 들어도 스스로 깨닫지 못하는가。그것은 삿된 소견의 업장이 무거워서 번뇌의 뿌리가 깊기 때문이니 마치 큰 구름이 해를 가리웠을 적에 바람이 불어서 그 구름을 벗기지 않으면 햇빛이 나타나지 않는 것과 같으니라。반야의 지혜도 본래 대소가 없지만 일체 중생이 그 마음에 미함과 깨달음이 같지 않을 뿐이며、마음이 미해서 밖으로 보고 수행하여 부처를 찾고 자성을 깨닫지 못하

욕도 칭찬도 없는 자리

요사이 구두선(口頭禪)이란 말을 많이 하는데、우리 절에서 쓰는 문자가 하나씩 하나씩 사회에 나간 말입니다。선을 입으로 배운 사람이지 참말로 앉아서 정진한 사람은 아니라는 뜻을 구두선이라 한 것입니다。사회에서는 거짓말하는 것、책임 없는 말、실천 없는 말을 뜻하는데 그러나 부처님께서 법화경에서 이런 말씀을 하셨읍니다。『큰 집에 불이 났는데 집안에서 장난에 정신 빠진 자식들을 살리기 위해 아이들이 평소에 좋아하던 양수레(羊車) 사슴 수레(鹿車) 소수레(牛車)가 밖에 있으니 나와서 가지고 놀라고 하여 아이들을 불덩이의 재난 일보직전에서 무사히 구출해 냈다는 얘기입니다。이렇게 자식들을 살리려고 부모가 거짓말한 것은 거짓말이 아니라 참말보다 더한 참말입니다。부처님이 四九년 동안 고구정녕으로 말씀하신 八만四천의 법문도 사실은 중생들의 꿈을 깨워 주기 위한 방편일 뿐 그 실상 자리는 말로 표현되지 않는 것입니다。

지금 살아 계신 박고봉(朴古峯)스님이라고 공부를 잘하는 스님인데 만공 스님(宋滿空) 제자입니다。한번은 고봉스님이 만공스님 계시는 토굴을 내려다보고 「도둑놈 만공아 송만공아、네가 견성을 했어、이 도둑놈아、견성을 좀 내놔 봐라。」이렇게 욕을 한나절이나 퍼부어 놓고는 절 큰 방에 내려가 앉아 있었읍니다。그 절에 참나무 절구대가 큰 게 있읍니다。보통 사람은 찧을 수도 없는 것인데 만공스님은 이것을 들고 「이 놈을 이것으로 쳐 없앨 수밖에 없다。욕을 해도 분수가 있지。」하며 이 몽둥이를 들고 찾아 다닙니다。만공스님의 힘이 장사입니다。밥 푸는 놋주걱、놋그릇 두꺼운 것을 좀 만든다고 많이 모았는데、만공스님 혼자 앉아서 종이 포개듯이 접어서 갭니다。우리가 평생에 만공스님

나니 곧 이것이 낮은 근기며、 만일 돈교를 깨달아서 밖으로 닦는 것을 고집하지 않고 자신의 마음에 항상 정견을 일으켜서 언제나 번뇌망상이 물들지 못하게 하면 이것이 곧 견성이니라。』

(善知識 小根之人 聞此頓敎猶如草木 根性小者 若被大雨 悉皆自倒 不能增長 小根之人 亦復如是 元有般若之智 與大智人如大雲 覆蓋於日不得風吹 日光 不現 般若之智 亦無大小 爲一切衆生 自心 迷悟不同 迷心外見 修行爲佛 未悟自性 即是小根 若開悟 頓敎 不執外修 但於自心 常起正見 煩惱塵勞 常不能染 即是見性)

『선지식아、 안과

힘쓰는 것을 이때 처음 봤읍니다。 만공스님이 힘이 장사인 줄을 대개 알고 있는 것은 김좌진 장군과 팔씨름을 하면 왼팔은 만공스님이 이기고 오른팔은 비기어 승부가 없을 정도입니다。 김 좌진 장군과 잘 알아서 가끔 놀러 오고 그랬는데 뚝심으로 우뚝 쓰는 힘은 만공스님의 힘이 훨씬 셉니다。 그것은 생각 없이 쓰는 힘이기 때문입니다。 그 스님 하품하는 소리가 이십리 밖에까지 들린다고 하는 말이 있읍니다。 이런 만공스님이 「이놈의 자식 세상에 망신을 줘도 분수가 있지 이렇게까지 할 수가 있느냐。 비구니 비구가 다 있는 데서 이게 무슨 짓이냐。 용서할 수 없다。 이놈이 여기 있느냐。 어서 큰 방문을 열어라。」 호통을 칩니다。 그러자 고봉스님은 문을 활짝 열고 쓱 내다보면서 「스님 왜 그러십니까。」 하고 태연하게 인사를 합니다。 그러니까 만공스님은 「허 허」하며 돌아서 가면서 바윗돌을 번개처럼 때리는데 바윗돌이 잘라져서 몇 동강이 나 버렸읍니다。

「스님 왜 이러십니까。」하는 소리는 무슨 뜻이냐 하면 우리가 지금 금강경을 배웠으니 알 수 있는 소리입니다만 송만공이라는 존재가 뭐 있느냐는 말입니다。 존재가 아닌 존재인데 그것은 욕을 할 수도 없는 거고 칭찬도 할 수 없는 거고 껍데기가 욕을 할거고 욕은 실제로 없는 것이고 그런 것인데 화를 낸다는 것은 더 우스운 일이 아니냐는 뜻입니다。 만일 성내는 마음이 생기면 언제 성불하려고 그러느냐는 겁니다。 그렇지만 깨쳤어도 한편에 역시 중생이 남아 있고 한편엔 근본사리를 부처님과 같이 깨쳐 놨고 아직 수치가 덜 떨어져서 그런 것입니다。 자성을 깨쳐서 사기 본래의 면목을 보면 그중에 공부를 옳게 하거나 약간 잘못 하거나 시장을 돌아다닐 때도 그것을 보고 산중에 있을 때도 그것을 보고 전부 그겁니다。 가만히 앉아 있을 때도 그것을 보고 돌아앉을 때도 그것을 보고 그런 경지인데 만공스님 고봉스님 두 분이 서로 충고한 것입니다。

당나라 당시 조주(趙州)스님이라고 굉장한 도인이 있었는데、 그 분이 계시던 절에서 십

밖에 머물러 있지 않고 가고 옴이 자유로와서 능히 집착하는 마음을 제하고 통달해 걸림이 없어야 하나니 이 행을 닦으면 반야경과 더불어 본래 다름이 없으리라。

선지식아 모든 수다라 경전과 모든 문자로 된 대소 二승의 十二부 경전이 모두 사람으로 말미암아 있는 것이며 지혜의 성품으로 말미암아 바야흐로 세워진 것이니 만일 세상에 사람들이 없다면 일체 만법이 본래 제 스스로 있을수 없는 것이니라。 그러므로 알라 만법이 본래 사람으로부터 일어난 것이며 일체의 경서가 또한 다 사람이 설명하므로 있는 것이니、그

리 밖 산 밑에 한 노인이 호떡 장사를 벌리고 있었읍니다。 공부하는 스님네들이 조주 스님을 한정 없이 찾아오는데 처음 오는 사람은 그 노인이 있는 곳에 갈림길이 있어서 자연히 길을 묻게 됩니다。 그러면 그 노인은 절로 가는 길이 아닌 다른 길을 가리켜 줍니다。 그 행인은 바로 가는 줄 알고 한참 올라가면 그 노인이 스님 스님 불러 놓고는 아 그리 가면 절이 없으니 이리 가라고 합니다。 그래서 되돌아서서 내려와서는 다시 올라가서 절에 가게 마련입니다。 이것이 한 사람 두 사람이 아니고 열 사람 백 사람이 그렇게 당하고 보니 「늙은이가 처음부터 바로 길을 가리켜 주지 않고 꼭 한번 저쪽으로 잘못 가리켜 놓고는 다시 불러서 가리켜 주고 스님네를 놀린다。」고 여론이 일어났읍니다。 이 소문을 들은 조주스님이 당장 주장자를 들고 「오늘 이 자를 타살(打殺)해야겠다。 공부하는 스님네 한 시간이 바쁜데 이리 가라 저리 가라 하니 당장 때려 죽여서 지옥업보(地獄業報)를 적게 받게 할 수밖에 없다。」고 하면서 내려가십니다。 그러니 스님네들도 뒤에 멀찍이 떨어져서 어떻게 하나 하고 따라갑니다。 조주 스님은 일부러 다른 데서 처음 오는 사람처럼 노인 있는 데로 옵니다。 노인한테 길을 물어 보니까、 역시 비뚜로 가리켜 줍니다。 조주스님은 가리켜 주는 대로 얼마를 가니까 또 불러 잘못 됐다고 다시 가리켜 줍니다。 그래 스님들은 저놈의 늙은이 오늘 혼난다고 하면서 어떻게 되는가 하고 지켜 보고 있는데 조주스님은 그저 고맙다고 하고 그냥 올라옵니다。 그리고는 절에 와서 앉아 계십니다。 이것이 조주스님이 그 늙은이를 쳐서 타살한 것입니다。 그게 어찌해서 타살인가。 여러분 스스로 한번 풀어 보십시오。 천번 만번 설명한 것입니다。

아인쉬타인이 원자가 우주의 궁극체(窮極體)인 줄 알았는데 요새는 또 더욱 분석이 돼서 전자니 중성자니 양성자니 하는 것을 밝혔고 또 그게 마지막인 줄 알고 이렇게 생각했더니 더 근본이 되는 에네르기를 말합니다。 그러나 이것은 개념으로 알지 사실은 어떤 것

사람 가운데 어리석은 이가 있고 지혜로운 이가 있음을 말미암아 어리석은 것은 소인이 되고 지혜로운 것은 대인이 되는 바 어리석은 자는 지혜로운 이에게 묻고 지혜로운 이는 미련한 자에게 법을 설명하느니라。 그러나 어리석은 자도 홀연히 깨달아서 마음이 열리면 지혜로운 사람과 다를 것이 없느니라。』(善知識 內外不住 去來自由 能除執心 通達無碍 能修此行 與般若經 本無差別 善知識 一切修多羅 及諸文字 大小二乘 十二部經 皆因人置 因知慧性 方能建立 若無世人 一切萬法 本自不有 故知萬法 本自人興 一切經

인지 모르는 것입니다。 세밀한 그것도 물질은 물질이겠는데 이놈이 때로는 물질로 전자로 양자로 중성자로 보이고 어떤 때는 그게 또 그것도 저것도 아닌 에네르기 존재로 보인다 그것입니다。 그러니 이것은 물질도 아니고 전자도 아니고 에네르기도 아닙니다。 이래도 보이고 저래도 보이고 하니까 마치 종소리가 강강도 댕댕도 아니라고 하면 사실 종소리의 실상은 우리가 모르고 있는 것과 한가지입니다。 그러니 아인쉬타인이 현상계가 아니고 먼지가 먼지 아닌 이 이치까지는 충고를 해 준 턱입니다。

그러니까 이렇다 저렇다 생각할 수 있는 것 말할 수 있는 것은 다 참 진리인 실상과 현상계는 틀립니다。 우리가 어떤 사물(事物)의 이름을 듣고 어떤 개념을 가졌을 때 그 개념과 딱맞는 사실 똑 같은 물건은 하나도 없읍니다。 내가 그 이름을 듣고 그 내용의 설명을 듣고 짐작해서 이렇게 생기지 않았을까 추측하는 것과 사실과는 맞춰 보면 전혀 반대로 있고 또 비슷한 것도 있지마는 딱 맞는 것은 하나도 없읍니다。 가령 비행기의 경우에도 세밀한 설계를 해가지고 그대로 잘 만들었다고 하더라도 이미 조립해서 내어 놓는 그 시간부터 숨쉬는 시간부터 설계와는 달리 부패해 가는 세상입니다。 또 만드는 그 도중에 설계와는 달라지는 것입니다。 물질적인 모든 것은 찰라도 쉬지 않고 변멸하는 것이므로 완성품(完成品)의 반만 만들었다 해도 실제의 설계와는 천지 차이가 있읍니다。 천 시간쯤 비행해도 모르지만 엄밀하게 따져서 물질적으로는 변동을 하고 있다 그 말입니다。 이와 같이 우리가 설계에 맞는 건축도 제대로 할 수 없는 저고 현상이란 본래 그런 것입니다。

부처님께서는 이렇게까지 세밀하게 따지는 분입니다。 그런데 불교를 비과학적이라고 하는 것은 불교의 불자(佛字)도 안 들어 보고 하는 소리 밖에 안 됩니다。 이런 식으로 따진 게 금강경이니 글자의 뜻은 전부 확실하지 못한 것이 됩니다。

삼천대천세계도 세계가 비세계(非世界)고 이렇게 됩니다。 그러니 불교는 과학적이요

書 因人說有 緣其人中有愚有智 愚爲小人智爲大人 愚者 問於智人 智者 與愚說法愚人 忽然悟解心開即與智人 無別)

『선지식아, 깨닫지 못하면 곧 부처가 중생이고 한생각 깨달으면 곧 중생이 부처인 것이다. 그러므로 알라, 만법이 다 제 마음에 있으니 어찌 제 마음 가운데에서 진여의 본성을 몰록 보지 못하는가. 「보살계경」에 말씀하시기를

「나의 본원자성이 원래 스스로 청정하니 만일 제 마음을 알아서 성품을 보면 다 불도를 이루는 것이다」하였으며, 「정명경」에 말씀하시기를 「즉시 환히 트이

철학적이요 동시에 완전한 종교입니다. 과학이 아닌 과학·종교가 아닌 종교·초과학·초종교인 동시에 초(超)도 아닙니다. 그런데 더구나 아무것도 없는 걸 가지고 몇 억만배 했다면 말이 안 되고 그게 몇 배나 되는지 모른다는 것입니다. 우리 마음이 맑아지면 없는 걸 없는 것으로 보는 도수가 있고, 그와 동시에 사실은 아무 도수가 없는 것이기 때문에 그렇게 뵈는 것이니 도수가 있다고 하면 마지막이고 없다고 하면 하나도 없는 것입니다.

이렇게 전부 과학적으로 완전히 이해할 수 있는 것이고, 현대의 과학이나 철학이 고도로 발달할지언정 이런 원리를 떠나서 허황되게 설명한 것은 한 자도 없읍니다. 아무 것도 아닌 미진 전자 같은 요소(要素)들이 뭉쳐서 태양이니 지구덩이니 화성이니 목성이니 금성이니 하는 세계가 이루어진 것이므로 세계가 아닙니다. 그게 있는 것같이 보이지마는 있는 것 같은 거지 그게 있는 게 아닙니다. 그러니 이제까지 세계라 말하고 중생이라 말했지만 그게 세계가 중생이 아니며, 있다면 모두 꿈같이 있는 것입니다.

파초 줄기 속에 알맹이가 있는지 자꾸 벗겨 보면 껍데기뿐이고 알맹이는 없읍니다. 이처럼 현상계 전체를 파고 들어가면 나중에는 아무것도 없는 데 도달합니다. 그래서 허공이나 마찬가지가 되어 전자 이전 에네르기 이전에 허공이 변해서 이렇게 되었다는 것을 추측하게 됩니다. 역시 광명이 멀리 가서 소모되고 없는 데로 돌아가는 걸 보니 역시 물질의 생긴 것도 없는 데서 생겨 없는 데로 돌아가는 게 아니냐 하는 것을 과학자들도 인정하는 단계에 도달하고 있읍니다. 이렇듯 우주의 구성이 아무것도 아닌 허공인데 허공이 우주나 전자·산소·수소로 보일 뿐 참으로 있는 게 아니라는 것입니다.

불교에서 반야심경에 색즉시공 공즉시색(色則是空 空則是色) 그러는데 아무 것도 없는 것이 물질, 곧 색이요 지금 있는 것이 곧 없는 거라는 그 말입니다. 금강반야바라밀다경은 오천여 자나 되는 요점을 二백 七십 자로 종합해서 기묘하게 되어 있는데 이 반야심

면 도리어 본심을 얻는다」고 하셨느니라。』(善知識 不悟即佛是衆生 一念悟時衆生是佛 故知萬法盡在自心 何不從自心中頓見眞如本性 菩薩戒經云 我本元自性淸淨 若識自心見性 此成佛道 淨名經 云 即時豁然還得本性)

경의 첫 구절이 「색즉시공 공즉시색」입니다。 즉 「있는 것이 곧 없는 것이고 없는 것이 곧 있는 것」이니 진공(眞空)에 돌아가서 소모되어 없는 게 아니라 있는 그대로 없는 것이고 있는 채로 없는 것입니다。 왜냐 하면 현실이 꿈이기 때문이고 내 자신이 꿈을 일으켜 놨기 때문에 있는 채로 없는 것입니다。 이 손이 아무것도 거리낄게 없는데 괜히 쓸데 없이 여기 초가 있고 손도 있는 것으로 알고 초가 부러지기 전에는 손이 통과되지 않는다는 관념이 있기 때문에 손에 초가 걸리게 되는 것입니다。 즉、 이렇게 생긴 티끌으로 쪼개기 전에 물체인 채 그대로 지구가 아니라는 말이 되고 그러므로 미진 자체가 미진이 아니라는 게 어디까지나 물질의 근본을 얘기하는 말이면서 그것이 합해서 구성된 지구라는 이 현상계 모든 물건도 그대로 곧 물질이 아니라는 것입니다。 근본적으로도 그렇고 동시에 바다·물·보배다 하는 현상계의 존재 그대로 역시 그렇다는 이야기입니다。 그런걸 세계라 하고 미진이라고 한 것이므로 곧 미진이 아니고 세계가 아닌 것입니다。

그걸 무엇 때문에 문제로 삼았느냐 하면 「이게 지구다、 요거는 우리 대한민국이다、 저거는 중공이다。」 그런 생각 이런 착각을 갖고 쓸데 없는 객관에 대한 욕심을 가지게 하는 데서 문제가 벌어진 것입니다。 내가 사는 동안에 천지도 있는거고 만일 천지가 나를 죽이려고 하는 존재라면 천지가 무슨 소용이 있읍니까。 그 천지는 두드려 부숴야 할 것입니다。 모든 것은 〈나〉라고 하는 생명의 실재(實在)로부터 시작되는 것인데 이 〈나〉를 도외시하고 공자니 맹자니 노자니 예수니 하는 분들이 객관이나 신에게 자신을 예속시켜서 구속되고 얽히게 만들고 그랬지만、 인류의 五천년 문화와 사상은 다 〈나〉를 중심으로 해서 생긴 것이고 존재하는 것인데 이〈나〉를 밝히지 않고 항상 객관에서 진리를 구하려 한 데서 잘못되기 시작한 것입니다。 불교는 이 〈나〉의 실재를 깨닫는 것으로부터 시작됩니다。 그러므로 다른 종교에서 말하는 현인(賢人)이나 성인(聖人)은 불교에서 말하는 불보살의 근처도 못가는 정도입니다。이런 점으로 볼때 있는 것도 없는 것도 틀린 겁니다。모두 가다 마음의 그림자고 꿈이고 환(幻)으로 있는 겁니다。그러니 미진이 미진이 아니기 때문에 그걸 미진이라 한다는 말은 미진이라 이름지을 수 있는 것은 존재가 아니라는 말이고 무엇이든지 이름을 붙여 주면 있는 것이란 말입니다。크다고 하면 안 크다는 말이고 작다고 하면 크다는 말이고 이렇게 정반대의 의미를 가지고 있는것 입니다。요새 상대성 원리를 연구한다고 하지만 아인쉬타인은 수박 겉 핥기로 조금 얘기하려고 하다 갔지 불교에서 말하는 근원을 철두철미하게 알맹이까지는 미처 모릅니다。

이와 같이 우리가 마음을 탁 놓아 버리고 세상을 살면 수월합니다。돈 모으는 것도 참말로 모으려는 욕심으로 모으는 게 아니고 아무 쓸데 없는 것이라 생각하고 하는 것이므로 남주는데도 아무 힘 안 들이고 줄 수 있읍니다。이것이 시수물 삼자(施受物三者)가 청정한 것입니다。누가 내 눈이 필요하다면 눈도 빼 주고 코도 베어 주고 온갖 것을 다 보시하자는 것입니다。삼천대천세계의 먼지 같은 몸뚱이를 가지고 여러 백천겁을 두고 약도 되어 주고 잡아 먹혀서 양식도 되어 주고 하면 그 복이 한량 없을 겁니다。그런데 재산이나 칠보를 삼천대천세계에 가득히 채워서 보시하는 것은 한 생각 비우면 할 수도 있지만 몸뚱이 생명을 보시하는 것은 참 어렵습니다。그것도 한 해 두 해도 아니고 한평생 두평생도 아닌 한량 없는 세월을 두고 한량 없이 많은 몸을 남에게 보시했다면 그 공덕이 한없이 많겠지만 그러나 아까 조주 스님(趙州)이 길을 잘못 가리켜 주는 노인을 타살(打殺)하겠다고 내려가서 별일 없이 고맙다고만 하고 돌아온 소식、만공스님(滿空)이 절구공으로 고봉(古峯)스님을 때려 죽인다고 하다가「스님 무슨 일이 있으셨읍니까。」하는 한마디에 박장 대소하고 그만 둔 그 소식을 체득하지 못하고서는 참으로 큰 공덕을 지을 수는 없으며 법다웁게 금강반야의 도리를 받아 지닐 수도 없는 것입니다。

離相寂滅分(이상적멸분) 第十四(제십사)

爾時(이시)에 須菩提(수보리)ㅣ 聞說是經(문설시경)하시고 深解義趣(심해의취)하야 涕淚悲泣(체루비읍)하사 而白佛言(이백불언)하사대 希有世尊(희유세존)하 佛說如是甚深經典(불설여시심심경전)하심은 我從昔來(아종석래)의 所得慧眼(소득혜안)으론 未曾得聞如是之經(미증득문여시지경)이니이다 世尊(세존)하 若復有人(약부유인)이 得聞是經(득문시경)하고 信心淸淨(신심청정)하면 卽生實相(즉생실상)하리니 當知是人(당지시인)은 成就第一希有功德(성취제일희유공덕)이니 世尊(세존)하 是實相者(시실상자)는 卽是非相(즉시비상)이니 是故(시고)로 如來說名實相(여래설명실상)이니이다 世尊(세존)하 我今得聞如是經典(아금득문여시경전)하고 信解受持(신해수지)는 不足爲難(부족위난)이어니와 若當來世後五百歲(약당래세후오백세)에 其有衆生(기유중생)이 得聞是經(득문시경)하고 信解受持(신해수지)하면 是人(시인)은 卽爲第一希有(즉위제일희유)니 何以故(하이고)오 此人(차인)은

無我相(무아상)하며 無人相(무인상)하며 無衆生相(무중생상)하며 無壽者相(무수자상)이니 所以者何(소이자하)오 我相(아상)이 卽是非相(즉시비상)이며 人相衆生相壽者相(인상중생상수자상)도 卽是非相(즉시비상)이라 何以故(하이고)오 離一切諸相(이일체제상)이 卽名諸佛(즉명제불)이니이다 佛(불)이 告須菩提(고수보리)하사대 如是如是(여시여시)니라 若復有人(약부유인)이 得聞是經(득문시경)하고 不驚不怖不畏(불경불포불외)하면 當知是人(당지시인)도 甚爲希有(심위희유)니 何以故(하이고)오 須菩提(수보리)야 如來說第一波羅蜜(여래설제일바라밀)이 卽非第一波羅蜜(즉비제일바라밀)일새 是名第一波羅蜜(시명제일바라밀)이니라 須菩提(수보리)야 忍辱波羅蜜(인욕바라밀)도 如來說非忍辱波羅蜜(여래설비인욕바라밀)일새 是名忍辱波羅蜜(시명인욕바라밀)이니 何以故(하이고)오 須菩提(수보리)야 如我昔爲歌利王(여아석위가리왕)에 割截身體(할절신체)로되 我於爾時(아어이시)에 無我相(무아상)하며 無人相(무인상)하며 無衆生相(무중생상)하며 無壽者相(무수자상)이니라 何以故(하이고)오 我於往昔(아어왕석) 節節支解時(절절지해시)에 若有我相人相衆生相壽者相(약유아상인상중생상수자상)이면 應生瞋恨(응생진한)이니라

須菩提야 又念過去於五百世에 作忍辱仙人하야 於爾所世에 無我相하며 無人相하며 無衆生相하며 無壽者相이니라 是故로 須菩提야 菩薩이 應離一切相하고 發阿耨多羅三藐三菩提心이니 不應住色하고 生心이며 不應住聲香味觸法하고 生心이요 應生無所住心이니라 若心有住면 卽爲非住니라 是故로 佛說菩薩은 心不應住色하고 布施라하니라 須菩提야 菩薩이 爲利益一切衆生하야 應如是布施니 如來說一切諸相이 卽是非相이며 又說一切衆生이 卽非衆生이니라 須菩提야 如來는 是眞語者며 實語者며 如語者며 不誑語者며 不異語者니라 須菩提야 如來所得法은 此法이 無實無虛하니라 須菩提야 若菩薩이 心住於法하야 而行布施하면 如

人入闇하야 卽無所見이요 若菩薩이 心不住法하야 而行布施하면 如人이 有目하야 日光明照에 見種種色이니라 須菩提야 當來之世에 若有善男子善女人이 能於此經에 受持讀誦하면 卽爲如來ㅣ 以佛智慧로 悉知是人하며 悉見是人하나니 皆得成就無量無邊功德하리라

그때 수보리가 이 경 설하심을 듣고 그 뜻을 깊이 알고는 눈물을 흘리고 슬피 울며 부처님께 사뢰었다。

『참 희유하시옵니다、세존이시여。부처님께서 이와 같이 심히 깊은 이 경전을 말씀하시는 것을 제가 예로부터 오면서 얻은 바 지혜의 눈으로는 일찌기 이와 같은 경을 얻어 듣지 못하였나이다。세존이시여、만약 어떤 사람이 이 경의 말씀을 듣고 신심이 청정하면 곧 실상이 생긴 것이오니 이 사람은 제일 희유한 공덕을 성취할 줄로 마땅히 알겠나이다。세존이시여、이 실다운 상이라는 것은 곧 상이 아니오니 **그러므로 여래께서 실다운 상이라고 이름하셨나이다。**

세존이시여、제가 이제 이와 같은 경전을 얻어 듣고 믿고 알아서 받아 지니는 것은 어렵지 않사오나、만일 이 다음 세상 후오백세에 어느 중생이 이 경을 얻어 듣고 믿고 알아서 받아 지닌다면 이 사람은 곧 제일 희유한 사람이옵니다。왜그러냐 하오면 이 사람은 〈나라는 생각〉도 없고 〈남이라는 생각〉도 없고 〈중생살이라는 생각〉도 없고 〈오래 산다는 생각〉도 없는 까닭이옵니다。왜그러냐 하오면 〈나라는 생각〉이 곧 관념이 아니오며 〈남이라는 생각〉·〈중생살이라는 생각〉·〈오래 산다는 생각〉도 곧 관념이 아닌 때문이옵니다。왜그러냐 하오면 일체의 온갖 상을 다 여읜 것을 부처님이라 이름하는 때문이옵니다。』

부처님께서 수보리에게 말씀하셨다。『그러하다 그러하다。만일 또 어떤 사람이 이 경을 듣고 놀라지 않고 겁내지 않으며 두려워하지 않으면 이 사람은 참으로 희유한 사람인 줄 알라。왜 그러냐 하면 수보리야、여래가 말하는 제일바라밀이란 곧 제일바라밀이 아니니 그래서 제일바라밀이기 때문이니라。수보리야、인욕바라밀을 인욕바라밀이 아니라 이름을 인욕바라밀이라 한다고 여래가 말하였느니라。왜 그러냐 하면 수보리야、내가 옛날에 가리왕에게 몸뚱이를 베이고 찢기었을 적에 내가 그때에 〈나라는 생각〉·〈남이라는 생각〉·〈중생살이라는 생각〉·〈오래 산다는 생각〉이 없었나니、어찌한 까닭이냐 하면 내가 지난 날 마디마디 사지를 찢길 때에

만야 〈나라는 생각〉·〈남이라는 생각〉·〈중생살이라는 생각〉·〈오래 산다는 생각〉이 있었다면 마땅히 성내고 원망하는 마음을 내었을 것이기 때문이니라。

수보리야、또 생각하니 과거 오백세 동안 인욕선인이 되었던 저 세상에서도 〈나라는 생각〉이 없었고 〈남이라는 생각〉도 없었으며 〈중생살이라는 생각〉도 없었고 〈오래 산다는 생각〉도 없었느니라。그러므로 수보리야、보살은 마땅히 일체의 상을 여의고 아뇩다라삼먁삼보리심을 일으킬 것이니、물질에 머물지 말고 마음을 내며 마땅히 소리·향기·맛·부딪침·법에 머물지 말고 마음을 낼 것이며 마땅히 머물은 바 없이 마음을 낼 것이니라。설사 마음에 머물은 것이 있어도 머물은 것이 아니니 그러므로 부처님이 「보살은 마음을 물질에 머물지 말고 보시하라。」고 말하느니라。수보리야、보살은 일체 중생을 이익되게 하기 위하여 이와 같이 보시하나니、여래가 말한 일체의 상도 곧 이 상이 아니며 또한 온갖 중생이라 한 것도 곧 중생이 아니니라。

수보리야、여래는 이 참다운 말을 하는 이고 실다운 말을 하는 이며 진여의 말을 하는 이며 속이는 말을 하지 않는 이며 다른 말을 하지 않는 이니라。수보리야、여래가 얻은 바 법은 이 법이 진실한 것도 아니고 허망한 것도 아니니라。수보리야、만일 보살이 마음을 법에 머물러 보시를 행하면 어두운 데 있는 사람이 아무것도 볼 수 없는 것 같고、만일 보살이 마음을 법에 머물지 않고 보시를 행하면 밝은 눈으로 햇빛이 밝게 비칠 적에 갖가지의 온갖 물건을 보는 것과 같으니라。 수보리야、다음 세상에 만일 어떤 선남자 선여인이 능히 이 경을 받아 지니고 읽고 외면 곧 여래가 부처의 지혜로써 이 사람을 다 알고 다 보나니 한량 없고 가없는 공덕을 성취하느니라。』

第十四 離相寂滅分——초현상의 적멸 경계

〔科 解〕

이상적멸(離相寂滅)이라 함은 제상비상(諸相非相)、곧 모든 상이 상이 아니므로 그 상을 모두 떠나 버리면 적멸(寂滅)해진다는 뜻입니다。 마음 가운데 일체 죄악이 다 정적(靜寂)해지고 모든 혼란이 다 없어지니까 적멸하게 되고 일체 악한 생각이 다 무너져 없어지니까 적멸이라고한 것입니다。 그런데 불교는 적멸을 앞세우니 허무적멸지도(虛無寂滅之道)라 하여 세상 사람과는 아무 인연도 없는 염세주의자(厭世主義者)라고 유생(儒生)들이 종래 욕해 왔었읍니다。 허무적멸지도라고 욕을 하긴 했지만 한쪽만 보면 그게 옳게 말한 소리이기도 합니다。 금강경 이론을 듣고 「참 그렇겠구나」 하고 좋아하며 쓸데 없는 번뇌·망상·지식을 청산합니다。 자꾸 청산해서 청산했다는 생각도

二七斷疑論 상과 재물로 비교하여 경의 수승함을 보이는 대문 (約內財校量倍顯經勝) 가운데 둘째 문단인 수승한 소이를 해석하는 대문(釋勝所以)에 해당한다。 이것을 다시 다섯 문단으로 나눈다。

① 깊은 묘법을 처음 듣게 된 것을 감격찬탄함(泣歎未聞深法勝)。〈爾時에서 如是之經까지〉

② 마음이 깨끗해서 실다움에 합함으로 공덕을 갖추다(心淨

내면 안 되고 「내가 부처가 되리라 해도 안 되겠구나。」 하는 것도 번뇌이고 망상입니다。 자꾸 이런 식으로 들어가면 점점 백척간두(百尺竿頭)로 마음이 깊어 들어 갑니다。 나중에는 송곳 끝도 올려 놓을 데가 없이 올라갑니다。 이렇게 자꾸 해서 실제로 번뇌를 해탈하고 초월하다 보니까 나중에는 참말로 적멸이 현전(現前)해집니다。

그러므로 이상적멸분(離相寂滅分)은 모든 상이 상 아닌 도리를 사무쳐서 번뇌·망상·현상을 여의고 본체 자리、산 보면 높은 줄 알고 물 보면 깊은 줄 아는 마음자리만 오로지 남아서 드러나는 도리를 밝히는 대문이라는 뜻입니다。 그러나 적멸이라고 허공처럼 아무것도 없는 자리만 지키고 있으면 소승(小乘)에 떨어집니다。「나혼자 생사를 해탈했고 자유자재(自由自在)하게 됐으니 나만 다 됐으면 그만이지、우주가 깨지거나 온 중생이 고해(苦海)에 빠졌거나 말았거나 나하고는 아무 상관도 없는 일이다。」하여 적멸만 지키고 있으면 이것은 그야말로 허무적멸지도(虛無寂滅之道)가 됩니다。 그러므로 대승보살(大乘菩薩)은 이러한 적멸(寂滅)만을 지키고 거기에 빠져서 혼자만의 안락(安樂)에 만족하지 않고 무심(無心)한 그 자리에서 마음을 내어 남을 위해 온갖 것을 다 보시하고 육도만행(六度萬行)을 하라는 것입니다。 곧 응무소주(應無所住)하여 이생기심(而生其心)하는 보살행(菩薩行)을 뜻하는 이상적멸(離相寂滅)이라야 합니다。

契寶具德)。〈世尊若復에서 說名實相까지〉

③ 三공을 신해함은 곧 불승과 같다 (信解三空同佛勝)。〈世尊我今에서 如是如是까지〉

④ 시간을 초월해서 희유하다 (時間不動希有勝)。〈若復有人에서 甚爲希有까지〉

⑤ 청정제일의 제一승 (大因淸淨第一勝)。〈何以故에서 第一波羅蜜까지〉

다음은 같은 「이상적멸분」이지만 「二七단의」 과판법(科判法)으로는 「제八단」에 해당한다。 제八단은 「지경연설만으로는 고의 과보를 해탈하지 못하는 의문을 끊는 대문이다 (持說未脫苦果疑)。

여기에 참음을 뛰어난 도리로 의심을 끊는 것을 밝히는 대문(明超忍以斷疑)과、상을 여의어 편안히 참는 대문(勸離相以安忍)의 두 대문으로 나눈다。

一、명초인이단의(明超忍以斷疑)

① 참는 체를 밝힘(明

忍德)。〈須菩提에서 非忍辱波羅蜜까지〉

② 참는 상을 밝힘(明忍相)。

㉮ 일생동안 지극한 고를 참는 예(初引一生證極苦忍)。〈何以故에서 應生嗔恨까지〉

㉯ 다생동안 상을 끊고 참은 예(復引多生證相續忍)。〈須菩提又念에서 無壽者相까지〉

二、권이상이 안인(勸離相以安忍)

① 총표(總標)〈是故須菩提에서 三菩提心까지〉

② 각론(別顯)

㉮ 유전하는 고를 참지 못하는 것을 다스림 (對治不忍流轉苦)。〈不應住色에서 不應住色布施까지〉

㉯ 四상이 있는 고통을 참지 못하는 것을 다스림(對治不忍相違苦)。〈須菩提菩薩爲利益에서 即非衆生까지〉

다음은 또 같은 「이상적멸분」인데 「제九단」이 된다。 곧 「체가 없어서

原文 爾時 須菩提 聞說是經 深解義趣 涕淚悲泣 而白佛言 希有世尊 佛說如是 甚深經典 我從昔來 所得慧眼 未曾得聞 如是之經

解義 그때 수보리존자는 부처님께서 이 경전을 이렇게 자세히 설명해 주시는 걸 듣고 그 이치가 거룩하고 묘한 데로 돌아가는 것을 깊이 잘 알고서는 감격해서 두 눈에서 눈물이 죽죽 쏟아졌읍니다。 그래서 흐느껴 울면서 부처님께 사뢰기를、

『참 희유하옵니다。 세존이시여、 부처님께서 이와 같이 심히 깊은 이 경전을 설명해 주신 것은 제가 四○년 전부터 부처님 모시고 다니며 공부를 해서 얻은 저의 지혜 안목으로서는 일찌기 이와 같은 경전을 들어 본 적이 없읍니다。 四○년후인 지금에서야 금강경의 정체를 알아듣겠사오며 여지껏 이렇게까지 깊은 도리를 가르쳐 주시는 것은 듣지 못했사옵니다。』 하고 감격해서 사뢰었읍니다。

팔만대장경(八萬大藏經)이란 경전(經典)도 있고 염불(念佛)도 있고 계율(戒律)도 있지만 오조홍인(五祖弘忍)대사나 육조스님도 이 금강경을 가지고 단속을 해서 범부를 딱 벗기는 도리를 밝히셨읍니다。 육조대사께서 금강경에 「응무소주 이생기심」을 듣고 그 자리에서 견성을 했으니 이 금강경이 그런 것인데、 중생들은 문자를 잘 못 봅니다。 그래서 우리나라 절에서는 강당(講堂)에서 먼저 경을 가르치고 한편으로는 선방(禪房)을 만들어서 참선시키고 그랬읍니다。 부처님 당시에도 역시 그러셨읍니다。

옛날 우리 한국의 도인(道人)이라 하면 선교(禪敎)를 다 통해야 되는 것이므로 세계에

인이 아닌 의심을 끊는 대문」(能證無體非因疑)이니 여기에 두 대문이 있다。

一、의심을 끊다(初斷疑)〈須菩提 如來是眞語者에서 不異語者까지〉

二、관념을 여윈다(二離執)。〈須菩提 如來所得法 此法無實無虛까지〉

다음은 또 「제一〇단의」에 해당한다。「얻음과 얻음 없음이 두루한 의심을 끊는 대문〈如徧有得無得疑)인데 여기에 두 가지 구분이 있다。

一、비유를 들어 의심을 끊다(擧喩斷疑)。〈須菩提 若菩薩心에서 見種種까지〉

二、경의 공덕을 찬양함(讚經功德)。

① 총론(總標)〈須菩提 當來之世에서 無邊功德까지〉

② 각론(別顯)은 지경공덕분(持經功德分)으로 넘어간다。

이렇게 볼 때 「이상적멸분」은 「제七단의」 제八·제九·제一〇의 四단의에 걸쳐 과판(科判)되어 있음을 알수 있다。

서 제일 어렵습니다。중국이나 일본에서는 모두 자기 전문이 따로 있고 그 전문분야에 따라 절이 따로 있읍니다。금강경 하면 금강경 잘하는 법사가 금강경만 전문으로 강의하는 강당을 만들어서 그 금강경 전문강원(專門講院)에 학인(學人)들이 경책(經冊)을 싸가지고 다니게 마련입니다。우리 한국 강사(講師)는 무엇이든지 잘해야 하고 또 견성(見性)까지 해야 선지식(善知識)이라 하게 됩니다。이런 선지식네들의 말을 들어 보면 훨씬 티를 벗어서 탁 트입니다。이렇던 한국 불교가 근래에 와서 잘못돼 가지고 「경전 보지 마라。그걸 보면 사람 버린다。그 경이 무슨 필요가 있느냐。」고 공공연(公公然)하게 말하면서 「그 맛있는 고기 무엇 때문에 안 먹느냐。먹기도 좋고 기운도 나고 건강해져서 속히 성불(成佛)한다」는 겁니다。「시래기 산초나 뜯어 먹고 노랗게 시들어 앉아 있으면 그거 언제 성불할 수 있겠느냐。」이런 식으로 변했읍니다。경을 못 보고 발심이 잘못 되면 자기도 잘못 되고 남도 역시 그릇됩니다。정법(正法)을 비방(誹謗)하는 이런 사람들의 과보(果報)는 세세생생(世世生生)에 삼악도(三惡道)에 떨어지고도 남읍니다。

原文 世尊 若復有人 得聞是經 信心淸淨 即生實相 當知是人 成就第一希有功德 世尊 是實相者 即是非相 是故 如來說名實相

解義 『세존이시여、만일 다시 어떤 사람이 있어서 이 경전을 얻어 듣고서 신심(信心)이 청정하면 「틀림없이 그렇겠다。꼭 그와 같이 해야겠구나。사실 그런게 있다。내가 그런 존재다。이 말하는 게 바로 그것이로구나。내가 듣고 앉아 있는 이 마음 자리가 부처님과 조금도 손색이 없는 자리겠구나。단지 현상계를 보고 좋으니 나쁘니 하고 집착하는 그것이 허물이구나。그러니 일체 생각만 내 버리면 되겠구나。」하는 실다운 상이 생길 것이옵니다。이렇게 생각해 가지고 마음이 청정해져서 나중에는 「아아 이것도 틀렸구

六祖口訣 자성이

어리석지 않은 것을 혜안이라 이름하고 법을 듣고 스스로 깨달은 것을 법안이라 이름하니、수보리는 곧 아라한으로서 五백제자 가운데 아공·법공·구공(我空·法空·俱空)의 공의 도리를 제일 잘 깨친 이시고 이미 많은 부처님을 부지런히 받드신 분이었다。 그러니 어찌 이와 같은 깊고 깊은 법을 듣지 못하고 있다가 이제야 석가모니 부처님 처소에서 비로소 들은 것이겠는가。 그러나 혹 수보리존자께서 지난 옛날에 들은 것은 성문의 혜안이었는데 이제야 비로소 이와 같이 깊은 경을 듣고 부처님의 뜻을 바야흐로 깨나。」하고 차근차근 밤 껍데기 벗기듯이 한겹두겹 벗기 들어 갑니다。 밤 껍질 자꾸 까다 보면 재미가 나서 나중에 밤도 어디로 가고 없어지도록 깎습니다。 이렇게 되고 보니 영락 없이 부처입니다。 그래서 신심이 청정하면 곧 실상(實相)이 나온다고 하신 것입니다。 그래야 참말로 철저하다는 말도 되고 때 없는 신심이니까 아무것도 붙은 게 없는 것、티 없는 옥과 같이 되어 간다는 뜻입니다。 그러면 즉 실상(實相)입니다。 곧 그 자리에서 그 사람한테는 실상자리가 생길 것이니、실상자리만 남아서 즉견여래(即見如來)하면 여래를 보고 곧 부처가 될 겁니다。

『마땅히 제일 가는 마지막 최후의 참 희유한 공덕을 성취하는 사람인 줄 알겠나이다。 그 법문을 이렇게 듣고 그 자리에서 실천해 가지고 실상자리까지 체득해 버리니 참 맹렬한 사람이오며 아주 약고 영리한 사람이옵니다。』 그러십니다。

『세존이시여、그렇지만 이 실상이라는 것도 상이 아니고 있는 것이 아니오니 이름이 붙을 수 없는 자리이므로 그렇기 때문에 세존께서 실상이라 이름하셨사옵니다。』(實相者 即是非相 是故 如來說名實相)

수보리존자께서 이렇게 말씀하셨는데 이 말씀의 조리가 논리에 맞는지 안 맞는지 한번 생각해 보십시오。 이 실상이라고 하는 것은 온갖 것 다 정리해 버리고 즉견여래(即見如來)한 자리입니다。 신심이 청정한 그 자리、앉은 그 자리에서 얻어 낸 그 실상이라는 것을 무엇이든 얻은 것이 있다고 잘못 알까 염려하여 이렇게 또 그 잘못된 생각·덧붙이기 생각·가질 거 있는 것으로 아는 그걸 떼려고 하신 겁니다。 사실 그 이름을 실상이라고 했지마는 그것을 실상이라고 할 수도 없는 겁니다。 그러니까 실상이라고 하는 것은 어떤 객관적인 존재가 아니라는 말입니다。 객관적 존재가 아니기 때문에 사실 그것이 실상이 아닙니다。 실상이라고 하는 인식을 일으키면 벌써 인식하는 주관이 있고 인식된 객관이 있어야

닮은 것이므로 옛날에 깨닫지 못했음을 슬퍼하시어 눈물을 흘려 슬피 울으셨던 것이다. 경을 듣고 법을 아는 것은 이른바 청정이며 청정함을 따라서 반야바라밀의 깊은 법이 흘러나오는 것이니 마땅히 알라, 모든 부처님의 공덕을 반드시 성취할 것이다.

自性不癡 名慧眼 聞法自悟 名法眼 須菩提 是阿羅漢 於五百弟子中 解空第一 已曾勤奉多佛 豈不得聞如是深法 今於釋迦牟尼佛所 始聞也 然或是須菩提 於往昔所得乃聲聞慧眼今始得聞如是深方經 悟佛意 悲昔未悟 故涕淚悲泣 聞經諦會 謂之清淨 從清淨中 流出

하므로 그것은 실상이 아닙니다. 그러니 그게 실상도 아니고 실상이 아닌 것도 아니므로 그래서 이름을 실상이라고 합니다.

『마음을 정리해서 번뇌 망상을 해탈하면 실상이 현전(現前)한다, 견성한다.』는 말입니다. 그러니 성품이 다 드러나면 사실 그것은 성품자리도 아닙니다. 성품자리라고 하는 것은 견성하기 전에 내가 말하는 그 근본자리인데 모르는 사람이 하는 소리지 아는 사람한테는 그것을 성품이라 하면 야단 벼락을 맞을 소리입니다. 그러니 일반적인 논리로는 「이것이 성품이 아닙니다. 성품이 아닌 것이기 때문에 그러므로 해서 실상이라고 설명할 수도 없는 겁니다.」 이래야 논법에 맞습니다.

따라서 일반적인 논법으로는 「세존이시여, 이 실상자리라고 하는 것은 곧 실상이 아닙니다. 그러므로 실상이라고 할 수 없읍니다.」 해야 할 것인데, 「실상이 실상이 아니므로 이것을 실상이라고 합니다.」 했으니 이 말의 조리가 어떻게 된 것입니까. 공부하는 사람이 구공만 지키고 앉았으면 나한(羅漢)이고 소승(小乘)이 됩니다. 그래서 보시(布施)·지계(持戒)·인욕(忍辱)·정진(精進)하는 데 범부처럼 보시한다는 생각에서 보시해도 안 되고 보시하는 것이 아니라는 생각도 해서는 안 되는 것이므로 그러니 무주색(無住色)하고 보시하라 그런 뜻입니다. 그러니까 적멸(寂滅) 그것 하나만 자꾸 내세우면 그 구공(俱空) 그것만 지키라는 말로 돌아가게 되는데 이 금강경에서는 구공을 체득한 사람이거나, 체득하지 못한 사람이거나, 응무소주해서 자꾸 육도만행(六度萬行)을 행하라는 것입니다. 이것이 대승불교와 소승불교가 다른 점입니다. 이런 뜻에서 이름을 실상이라고 한다는 말을 생각해 보십시오. 그때도 이론에 어긋난 것인가. 옳은 것인가. 〈응무소주 이생기심〉에 맞는 것인가 맞추어 보십시오.

우리가 견성하기 전이라도 견성할 수 있는 발심이 잘못되면 가령 몇 천만 겁을 선

般若波羅蜜多深法 當知決定成就諸佛功德

六祖口訣 비록 거룩한 행을 해도 만일 더럽고 깨끗한 두 가지 상을 보는 식정(識情)이 있으면 아울러 때묻은 마음이며 곧 청정한 마음이 아니다。그러므로 단지 마음에 얻은 바가 있으면 곧 실다운 상이 아니니라。

雖行淸淨行 若見垢淨二相當情 竝是垢心 卽非淸淨心也 但心有所得 卽非實相)

涵虛說誼 경의 말씀은 사람마다 본래 가지고 있는 자리를 나타내신 것이다。본래 있는 첫째의 이한 물건은 단단하기가 쇠벽과 같고 부드럽기는 솜과 같도다。부드럽기가 솜과 같으므로 받아 지니기가 쉽고 굳세기가 철벽 같으므로 받아 지니기가 어려우니 공생존자께서 왼쪽을 두드리고

방(禪房) 한복판에 앉아 참선만 해도 그 사람이 부처가 되지는 못합니다。그래서 신심이 똑바로 발심(發心)되어야 합니다。범부때 불교를 무엇 때문에 믿는지 어느 곳으로 향해서 성불할 수 있는 것인지 발심이 바로 되어야지 그렇지 않고 사신(邪信)이 앞서 있으면 참선보다 더한 방법으로 앉아 정진해도 안 됩니다。

그래서 부처가 되고 난 그때 부처님 마음이나 부처님이 맨 처음에 중생으로서 연등불한테 처음으로 발심한 그때 초발심한 그 마음이나 다 무분별(無分別)입니다。그 두 마음이 다르지 않고 하나입니다。그렇지만 처음 발심하는 마음과 마지막 성불하는 마음, 그 두 마음 가운데 처음 발심을 잘 하기가 어렵다고 합니다。그래서 옛글에도「發心究竟二不別 如是二心先心難」마음을 처음 낸 것과 마지막을 성취한 것과 그 둘이 다르지 않은데 이 두 마음 가운데 먼저 낸 첫 마음이 어려우니라。」라고 한 법문(法門)이 있습니다。

그러니 이와 같이 발심(發心)을 바로 해 가지고 화두(話頭)를 잘 드는 것 그것이 수좌(首座)이고 중이지 다른 것은 중생과 똑같습니다。술도 마시고 고기도 먹을 수 있고 남녀도 서로 알고 다른 것 똑같은데 화두(話頭) 드는 그것이 다릅니다。

原文 世尊 我今得聞如是經典 信解受持 不足爲難 若當來世 後五百歲 其有衆生 得聞是經 信解受持 是人 卽爲第一希有

解義 보살님네들은 팔지(八地) 이상 십지(十地)·등각(等覺)보살까지 부처님이 거의 다 되신 이런 분들도 부처님께 법을 청하실 때에는 역시「앞으로 말세가 돼서 법이 해이(解弛)해지면 계정혜(戒定慧) 삼학(三學)이라든지 보시·지계·인욕·정진·선정·지혜(布施 持戒 忍辱 精進 禪定 智慧)의 육바라밀(六波羅蜜)이라든지 보살만행을 닦을 적에 자기자신을 위해서 대도(大道)를 수행해야 하겠다고 하는 것은 둘째 세째 네째이고 단지

오른쪽을 쳐서 그 가운데를 드러나게 하셨도다。

經顯人人本有此本有底一着子 硬如鐵壁 軟似兜羅 軟似兜羅故 受持即易 硬如鐵壁故 受持即難 空生左 扣右擊 以現其中

六祖口訣 수보리 존자께서 부처님의 뜻을 깊이 깨달오시어 스스로 본 경지를 드러내신 것이다。업이 다하고 번뇌가 없어져서 혜안이 철저히 밝아지면 믿고 해득하고 받아 지니는 것이 어렵지 않은 것이다。그런데 세존께서 세상에 계시어서 법을 연설하시던 그 당시에도 또한 능히 믿고 해득하고 받아 지니지 못하는 중생이 한량 없었는데 하필 후오백세만 말씀하심은 웬일인가。 대저 부처님이 계시던 그 때에는 믿지 않는 하

그날그날 생활을 계획하기 위해 무량한 죄만 지어서 스물 네 시간을 심지어는 꿈에 나가서까지도 무량한 죄만 짓는 이 불쌍한 중생들을 위해서 부처님께서 미리 좀 법을 설해 주십시오。」하고는 눈물을 흘리면서 청합니다。

이런 경문(經文)을 가만히 읽다가 생각하면、현재 우리 목전에 세계 인류가 이렇게 도탄(塗炭)에 빠져서 참 그야말로 얼키고 설켜서 수백명이 물에 한꺼번에 빠져 가지고 서로 저만 살겠다고 남을 아래로 짓눌러 밟고 위로 올라서려고 하다가 그게 한 덩어리가 되어 함께 죽어 가는 판입니다。오늘도 그렇고 옛날도 그랬읍니다。그 중에서 제일 혼란(混亂)한 게 대한민국일 것입니다。이런 혼란한 가운데 없는 사람 살아나갈 양식을 돌보지 않고 수단 방법을 가리지 않고 자기만 잘 살겠다고 긁어모아서 한 시간에도 몇 십만원씩 소비하고 그저 주색잡기에 두드리고 놀고 먹고 하는 그런 사람들이 옛날이나 지금이나 얼마나 많습니까。지금 이 시간에도 한량 없을 겁니다。우리들은 눈으로 이런 것을 보고도 눈물은커녕 아무렇지도 않게 느끼고 삽니다。

그렇지만 二천년·三천년 전에 보살님들은 오늘날 형편이 이렇게 될 것을 미리 아시기 때문에 그 불쌍한 중생들을 생각해서 부처님께서 법을 미리 좀 설해 주시라고 눈물을 흘리면서 청합니다。마치 어린 귀한 자식이 몹쓸 중병에 걸려서 숨이 넘어 가려고 헐떡이고 신음하는 것을 보는 부모 마음처럼 차마 눈을 뜨고 볼 수 없어서 애태워하는 불보살님의 대자비를 경을 읽다 보면 환하게 알 수 있읍니다。

『세존이시여、제가 이제 이와 같은 경전을 얻어 듣고 절대적으로 믿고 그걸 그대로 잘 알고 받들어 실천하고 지니는 것은 조금도 어려운 일이 아닙니다。그러하오나 만일 당래세 후오백세 二천 五백년 뒤에 어떤 중생이 이 경을 얻어 듣고 신해수지(信解受持)한다면 이 사람은 참으로 제일 희유한 사람이옵니다。』그랬읍니다。

근기의 중생들이나 의심을 품은 중생들이라도 곧 부처님께 가서 여쭈어 보면 부처님께서 다 그 정도에 맞추어 말씀해 주시므로 듣고 마음에 깨닫게 하지 않음이 없으시지만 부처님께서 저 세상으로 멸도하신 뒤 다섯번째 五백 년의 말법 시대가 가까와지면 성인께서 가신 지 오래되어 다만 말씀으로만 남아 있는 가르침뿐이므로 사람들이 의심하면 어디에 가서 물어서 결단할 수가 없으며、어리석은 데만 잔뜩 미하고 집착하여 생멸없는 진리를 깨치지 못하고 상에 집착하여 달리면서 온갖 중생세계에 윤회할 때름이로다。

原文 何以故 此人 無我相 無人相 無衆生相 無壽者相 所以者何 我相 即是非相人相 衆生相 壽者相 即是非相 何以故 離一切諸相 即名諸佛

解義 어째 그러냐 하면 이 사람은 곧 수보리처럼 금강경을 옳게 알아들은 사람일 것이니 아상(我相)이라는 주관(主觀)의 관념이 없어진 사람이고 남이라는 객관에 대한 관념、곧 다른 것이 있다는 생각(人相)이 없어질 것이고 다 허망한 존재이니까 시집간다 장가간다 살림한다 하는 중생살이(衆生相)하는 생각도 없고、설사 시집가고 장가간다고 하더라도 마누라니 남편이니 그런 생각도 없을 것입니다。저 사람이 우리 남편이라는 게 인상(人相)이고 내가 마누라라는 생각이 아상(我相)이고、살림살이한다는 생각이 있으면 그것이 곧 중생상(衆生相)이기 때문입니다。중생 살림살이 차리는 그런 생각도 다 떨어져 버려서 내가 누구집 맏며느리인지 누구 맏아들인지 그런 것을 다 없애 버리고 나면 앞뒤가 끊어진 인간이 됩니다。

또 수자상(壽者相)이 떨어져서 이 몸뚱이가 죽고 사는 게 나한테 무슨 상관이 있느냐。죽어도 죽는 게 아니고 살아 있어도 살아 있는 게 아니다。사는 게 사는 것 아니니까、이것이 사는 것이고、죽을 수도 없고 죽어도 죽는 게 아니니 그렇게 죽는 겁니다。왜냐 하면、그 사람이 왜 그렇게 되느냐 하면、아상이 즉시비상(我相即是非相)이어서 아상이 곧 아상이 아니고、맹꽁이를 가지고 아상(我相)으로 삼는 것처럼 몸뚱이를 가지고 있는 그 당시에도 확실한 실체가 아니라 번개 번쩍하듯 찰라의 도중에 있기 때문입니다。

그러므로 이런 말 알아듣는 사람이 아상·인상·중생상·수자상이 다 안 끊어지겠읍니까。그래서 수보리 존자께서 「금강경을 똑바로 알아듣는 사람이 무슨 아상·인상·중생상·수자상이 있겠읍니까。」이렇게 말한 것입니다。

『그것은 중생상·수자상이 즉시 비상(非相)이기 때문이니 왜냐 하면 상을 다 떠나 버

이러한 때에 깊은 경을 듣고 마음을 깨끗이 하고 믿음을 공경스럽게 하여 나고 죽음을 초월한 이치를 깨달은 자는 심히 희유한 자이므로「제일희유하옵니다。」하고 여쭈었던 것이다。 여래께서 멸도하신 뒤 다섯번째 오백년이 되었을 때 어떤 사람이 반야바라밀의 아주 깊은 경전을 믿고 해득하고 받아 지니면 곧 이 사람은 〈나라는 생각〉·〈남이라는 생각〉·〈중생이라는 생각〉·〈오래 산다는 생각〉이 없는 것이니 이 네 가지 생각이 없으면 이것을 이름하여 〈실다운 상〉이라 하는데 이것이 곧 부처의 마음이므로 일체의 상을 여읜 것이

리고 나면 그것이 모든 부처님이기 때문입니다』(何以故離一切諸相 即名諸佛) 이런 사람은 곧 부처님 경지에 들어섰다 그런 뜻입니다。 그러니 이 사상(四相)이 완전히 녹아 없어지면 불과(佛果)를 증득한 셈입니다。 수보리존자 모양으로 구공(俱空)을 증득해서 아직 불과는 증득하지 못했지만 그래도 사상(四相)은 다 떨어졌으니까 구공 한 쪽으로는 부처가 다된 셈이 아닙니까。

原文 佛告須菩提 如是如是 若復有人 得聞是經 不驚不怖不畏 當知是人 甚爲希有

解義 부처님께서 수보리존자가 분명히 자신 있게 들어선 것을 보시고 참 고마와서 하시는 말씀입니다。『그렇다 그렇다。 만일 다시 어떤 사람이 이 경전을 얻어 듣고 놀라지도 않고 조금도 두려워하지도 않고 조금도 겁내거나 근심 걱정 다 없이 참 그렇겠다고 긍정을 한다면 그래서 청정한 신심을 내고 참다운 실상을 낸다면 마땅히 알아라、이 사람이 참 심히 희유한 사람이니라。』

이렇게 희유한 것을 맹구우목이요 침개상투라(盲龜遇木 針芥相投)라는 문자로 비유합니다。 아주 힘들다는 뜻입니다。 태평양 한 복판의 제일 험하고 깊은 곳에 두 눈이 다 먼 거북이가 하나 있었는데 삼천년 만에 한번씩 물 위에 머리를 내 밀고 떠올라 구경은 못해도 맑은 공기를 한번 크게 호흡을 하고 들어갑니다。 그런데 요행히 바다 가운데 거북이 머리가 들어갈 만한 구멍이 뚫려 있는 널판에 머리를 걸쳐 놓을 수 있어야 숨을 쉬게 됩니다。 목을 걸쳐 놓고 둥둥 떠서 헤엄칠 것도 없이 한참 있다가 물 속 생각이 나서 다시 고개를 빼고 내려가면서도 참 어쩌다가 평생에 이런 좋은 기회를 한번 만났는가 하고 생각합니다。 그리고 다시 삼천년 만에 또 올라왔는데、구멍 뚫린 널판 또 만날 수는

관 모든 부처님이라 이름한다고 하셨던 것이다。

須菩提 深悟佛意 묘自見處 業盡垢除 慧眼 明徹 信解受持 即無難也 世尊在世說法之時 亦有無量衆生不能信解受持 何必獨言後五百歲 蓋佛在之日 雖有下根不信及懷疑者 即往問佛 佛即隨宜爲說 無不契悟 佛滅度後 後五百歲漸至末法 去聖遙遠 但存言敎 若人 有疑 無處諮決 愚迷抱執 不悟無生 着相馳求輪廻諸有 於此時中 得聞深經 清心敬信 悟無生理者 甚爲希有 故言第一希有也 於如來滅後後五百歲 若有人能於般若波羅蜜甚深經典 信解受持 即知此人 無我人衆生壽者相

없을는지 우리네 참선하듯이 간절히 생각하고 있읍니다。 그렇지만 이 나무가 풍파에 시달려 태평양으로 갔다 대서양으로 갔다 인도양으로 갔다 북대서양으로 갔다 하는 판이므로 눈먼 거북이로서는 날마다 그것만 찾아서 몇 십만년을 헤맨다 하더라도 못만날 것입니다。 그런데 삼천년 만에 한번 나올 때 우연히 썩은 나무 구멍에 목이 들어가기는 하늘의 별 따기보다 더 어려우므로 이것을 어려운 것에 비유하여 〈맹구우목〉이라 합니다。

침개상투(針芥相投)는 하늘 가운데도 맨 꼭대기 하늘인 색구경천(色究竟天)에서 바늘을 떨어뜨려 이 땅 위에 지정된 곳에 겨자씨를 맞히는 것을 말합니다。 바늘 끝으로 겨자씨를 맞히기로 말하면 한 길 위 한 미터 위에서도 어려울 것인데 높은 빌딩 위에서 맞히라거나、 비행기를 타고 공중에 높이 떠서 맞혀 보라 하면 이것은 거의 불가능(不可能)한 일이라고 할 것입니다。 그런데 하물며 초음속(超音速) 비행기나 인공위성(人工衛星)을 타고 몇 평생을 가도 도달할 수 없는 하늘 꼭대기의 아득한 먼 거리에서 바늘을 떨어뜨려 조계사(曹溪寺) 마당에 작은 접시를 놓고 그 위에 겨자씨를 담아 가지고 맞히라 하면 그것은 아마 불가능의 불가능이 될 것입니다。 겨자씨(芥子)는 식물 중에서 가장 열매가 작으므로 흔히 제일 작은 것에 비유해서 씁니다。

이 세상에 아주 드문 일、 있을 수 없는 인이 있는 것을 맹구우목(盲龜遇木)·침개상투(針芥相投)에 비유해서 설명하는 경우가 불경(佛經)에 종종 많은데 우리가 사람의 몸뚱이로 타고나기가 이렇게 어렵다고 그럽니다。 사람 중에서도 대장부 남자로 태어나기가 어렵고 또 남자로 태어나도 불법(佛法)을 만나기가 어렵다는 것입니다。 불교 이론을 배운다 하더라도 참다운 정법을 배운다는 것、 가령 금강경을 연구한다고 하면 금강경을 문자로 생각으로만 배우지 말고 부처님 뜻에 따라서 아상(我相)·인상(人相)·중생상(衆生相)·수자상(壽者相)이 떨어진 상태에 들어가야 합니다。 만일 사신(邪信)이 앞서 놓으면 천

無此四相 是名實相 即是佛心 故云離一切諸相 即名諸佛也

六祖口訣 부처님께서 수보리존자의 알고 있는 바가 부처님의 마음에 틀림 없이 잘 맞으므로 거듭 「그러하고 그러하다」고 하셨던 것이다。

佛印可須菩提所解 善契我心故 重言如是也

六祖口訣 성문은 이것이 진리라는 관념에 오래 집착하여 이것이 아는 것이 되므로 모든 법이 본래 공한 도리를 사무치지 못한다。그래서 일체의 문자는 다 거짓으로 세운 것인데 홀연히 깊은 경을 듣고 모든 상에 대한 관념을 내지 않으면 말아래 곧 부처인 것

하 없는 짓을 해도 성불할 수 없읍니다。참선 아니라 우참선을 해도 근본으로 꼬부라진 생각이 붙어 놓으면 안 됩니다。신심이 청정해서 한 생각도 없는 실상(實相)을 배워야 합니다。그 이론을 똑똑히 알아 가지고 단지「이 무엇인가。」하나만 남고 과학이고 철학이고 종교고 이런 것은 더 할 말도 없고 들을 말도 없고 배울 것도 없고 단지 이 문제 하나만 해결하면 다 돼 버리는 것으로 딱 들어서야 합니다。

그러니 정법을 만나기 어렵다고 한 것입니다。불법을 만나도 모두 의식적(儀式的)으로 불공·시달림이나 하고 식은 밥이나 벌어 먹고 사는 그런 불법을 하기가 쉽습니다。또 「다라니를 한다。염불을 한다。」해도 모두 무엇을 구하는 생각에서 하기가 쉽지、보리심(菩提心)을 일으켜서 염불을 하든지 주문을 외우든지 참선을 하든지 하는 정말 성불하는 방법으로 하기는 어렵습니다。정말 정법을 성취한 선지식(善知識) 밑에서 배워서 연구를 하든지 염불 참선을 하면 가령 경을 안 봐도 눈먼 장님이 눈 뜬 사람한테 끌려가는 것 한가지로 바른 길로 바로 갈 수 있으니까。이게 참 어렵고 난득(難得)입니다。

原文 何以故 須菩提 如來說第一波羅蜜 即非第一波羅蜜 是名第一波羅蜜

解義 제일바라밀(第一波羅蜜)은 구공소식(俱空消息)을 말하고 지혜바라밀(智慧波羅蜜)을 말하니 성불하는 데 근본법이 됩니다。이 〈지혜바라밀〉이 육바라밀(六波羅蜜) 가운데 제일 끝이 되지만 성불하는 데는 지혜를 제일 앞세워서 바로 들어가는 성불의 첫째 조건이 되므로 이것을 제일바라밀이라고 한 것입니다。그런데 여래가 제일바라밀을 말한 것은 이것이 곧 제일바라밀이 아니라 이름이 제일바라밀이라고 하셨는데、공했다는 생각까지 다 떨어져 버려서 완전한 실상만 남아 있는 것、이렇게 해서 온전한 자기 정신만 자유자재하게 된 그때라야 자기가 자기로 말미암아 있는 것이고 객관의 어디에도 의지한 데

이니 그러므로 놀라고 두려워하거니와 오직 상근보살만은 이런 이치를 듣고 환희하여 받아지니어 마음에 두려워하고 물러서는 마음이 없을 것이니 이런 사람들은 심히 희유한 것이다。

聲聞 久着法相 執有爲解 不了諸法本空 一切文字 皆是假立 忽聞深經 諸相不生 言下即佛 所以驚怖 唯是上根菩薩 得聞此理 歡喜受持 心無怖畏退轉 如此之流 甚爲希有也

六祖口訣 입으로는 연설하지만 마음으로 행하지 않으면 곧 그른 것이고, 입으로 말하고 마음으로 행하면 곧 오른 것이다。 또 마음에 주관 객관이 있으면 곧 그른 것이고, 마음에 주가 없는 때입니다(自由)。 영감한테도 의지하지 않고 아들한테도 의지하지 않고 이 천지에도 의지하지 않고 하나님 부처님한테도 의지하지 않습니다。 범소유상 개시허망 약견제상비상 즉견여래(凡所有相 皆是虛妄 若見諸相 非相 即見如來)의 실상을 깨달으면 곧 내가 여래가 된 것입니다。 그래서 그것을 〈제일바라밀〉이라 말합니다。

그런데 「내가 제일바라밀을 설했다。」라는 말씀은 이 구공(俱空)이 아상·인상·중생상·수자상(我相 人相 衆生相 壽者相)이 완전히 몰락(沒落)되고 탈락(脫落)해 버린 참 순수한 자유자재의 경지를 말합니다。 자기 정신이 오로지 자기로 말미암아 저 하나만이 있다는 뜻으로 자유자재(自由自在)라 하는데, 그렇게 자유자재하여 딱 자기 마음만 오뚝할 뿐이니 이렇게 되면 그때는 만법(萬法)이 자유가 됩니다。 안팎으로 마음대로 되는데 안이 먼저 자유자재해야 밖으로도 자유자재합니다。 여기서 제일바라밀을 설했다 함은 법공(法空)해서 그것까지도 공했다는 생각도 내 비리는 구공소식(俱空消息)이어서 참말로 자유자재한 그것을 〈제일바라밀〉이라 이름한 것입니다。 그런데 이 〈지혜반야바라밀〉이 〈반야바라밀〉이 아니고 내가 그 경지를 소개하기 위해 할 수 없이 〈반야바라밀〉이라 이름한 것뿐이라는 것입니다。

原文 須菩提 忍辱波羅蜜 如來說非忍辱波羅蜜 是名忍辱波羅蜜 何以故 須菩提 如我昔爲歌利王 割截身體 我於爾時 無我相 無人相 無衆生相 無壽者相 何以故 我於往昔 節節支解時 若有我相 人相 衆生相 壽者相 應生瞋恨 須菩提 又念過去 於五百世 作忍辱仙人 於爾所世 無我相 無人相 無衆生相 無壽者相

解義 인욕이라 함도 참는 겁니다。 욕을 해도 참고 때려도 참고 현풍 파씨네 깡패 처녀 하나 데려다 발십시켜서 사람 만들려고 그 신랑이 지독하게 참듯이 참으라는 것입니다。

관 객관이 없으면 곧 오른 것이다。

口說心不行 即非 口說心行 即是 心有能所 即非 心無能所 即是

六祖口訣 욕된 경계를 당하여 감정이 있으면 곧 그른 것이고、욕된 경계를 당하여 감정이 움직이지 않으면 오른 것이며、몸뚱이가 어떤 상해를 입었을 때 생각이 있으면 그릇된 것이고、몸뚱이가 상해를 당해도 생각 없으면 곧 옳은 것이다。 여래의 보살 인행의 초지보살 적에 일찌기 인욕선인이 되시어 가리왕에게 몸뚱이를 베이고 찢기었어도 한 생각도 아프고 괴롭다는 마음이 없으셨으니 만일 아

내가 늘 하는 말이지만 공자(孔子)님도 칠거지악(七去之惡)을 만들어서 여자 내쫓는 법을 두었는데、그 신랑은 안될 뻔한 일을 해낸 것을 보면 암만 해도 불경을 본 사람이었는가 생각됩니다。 이 사람이 전생에라도 불법을 닦지 않고서는 이렇게 할 수 없을 것입니다。 아마도 보살이 나와 가지고 그 여자 하나 제도하라고 그랬는지도 모릅니다。 이런 걸 인욕이라고 하는데、욕되는 걸 참을 뿐 아니라 남이 날 나쁘다고 입으로 욕을 하든지 매로 때리든지 칭찬을 하든지 마음에 움직임이 없이 전부 참는다는 것입니다。 그런데 참는다는 것은 억지로 참는 것만을 뜻하지 않고、억지로 참는 것도 참는 것이지만 생각없이 참는 것이 정말 참는 것입니다。

부처님의 인욕에 참 굉장한 얘기가 나옵니다。『어째서 그것을 인욕바라밀이 아니라고 하느냐 하면 수보리야、내가 저 옛날에 가리왕(歌利王)이란 폭군에게 사지(四肢)와 몸뚱이를 찢겼지만 아상·인상·중생상·수자상이 없어서 성내거나 원한이 없었느니라。』고 하십니다。 가리라는 말은 포악(暴惡)이란 뜻인데 아주 포악한 성질을 가진 임금입니다。 중국의 걸주(桀紂) 같은 포악한 임금이 역사상에 더러 있읍니다。 이 포악한 가리왕이 깊은 산으로 사냥놀이를 갔다가 자기 궁녀들이 산 속에서 수도하고 있는 인욕선인(忍辱仙人)과 얘기하는 것을 보자 노하여 칼로 사지(四肢)와 온 몸뚱이를 갈기갈기 찢은 일이 있읍니다。 그때 그 인욕선인이 과거세의 부처님의 전신(前身)이니 석존이 전세에 참는 공부를 하는 도인이었던 시절이었읍니다。「그때 인욕선인 시절의 내가 온 몸을 찢기어 죽어 가면서도 그 가리왕에 대해 조금도 원망하거나 미워하는 마음을 내지 않았는데 그것은 그때 이미 나는 아상·인상·중생상·수자상이 없었기 때문이다。 내가 만일 그때 배까지 잘라서 창자를 끄집어낼 때 내가 아상·인상·중생상 수자상이 있었다면 그 즉시에 원한이 일어나고 성이 났을 것이다。 그런데 내가 그때 아무 생각이 없었기 때문에 내가 그렇

프고 괴롭다는 생각이 있으면 곧 성내고 원통한 생각을 내셨을 것이다. 가리왕은 범어니 우리 말로 하면 극악무도한 임금이란 뜻이다. 일설에는 여래께서 보살행을 행하실 때에 일찌기 국왕이 되시어 열 가지 선행을 하시므로 창생을 이롭게 하셨으므로 그 나라 사람들이 노래로 이 왕을 칭송해 마지 않으므로 가리왕이라 했다. 왕이 위 없는 보리를 구하여 인욕의 수행을 닦으시었는 바 그때에 제석천이 전다라의 몸을 나투어 왕의 몸을 구하므로 왕이 몸을 잘라서 보시했는데 조금도 성내고 괴로와하지 않으셨다고 한다. 이상의

게 참을 수 있었던 것이다.」 그런 뜻입니다. 아상이 있으면 아픕니다. 우리가 당장 코를 벨 때, 참으려 해도 눈을 찡그려도 됩니다. 참을 수 없이 아플 때 안 찡그릴 수 있읍니까. 팔이며 다리를 떼어 놓을 때 그렇게까지야 참을 수가 없는 것입니다. 아주 지독한 사람은 참을 수도 있지만 그것은 아픈 것을 억지로 참는 것입니다. 六·二五사변 직후에 경남 고성(固城)에서 공산당 청년이 한 사람 붙잡혔는데 고성 경찰서에서 잡아 놓고 고문을 합니다. 그때는 빨갱이라고 하면 고생하던 일을 생각해서 대번에 모두 씹어 먹으려 하고 참 지독한 원수를 갚기도 하고 그랬읍니다. 그런데 이 청년이 참 똑똑하게 생겼고 얼굴도 잘 생긴 대학 졸업생이었읍니다. 이 청년이 그때 모진 고문을 당했는데 억지로 참는 걸 본 일이 있읍니다. 이런 청년이 길을 잘 못 들어서 그렇지, 길을 바로 들어섰더라면 큰 일을 할 수도 있는 청년인데 그렇게 일찍 오사(誤死)를 한 그런 청년을 보고 몹시 애석해 한 일이 있는데 이것도 참는 것으로 참는 인욕입니다.

그렇지만 부처님 말씀에는 인욕바라밀이 인욕바라밀이 아닌 경지에서 그렇게 한다는 말입니다. 그러니까 그때는 마음이 공해 있어서 아공·법공·구공(我空 法空 俱空)이 드러나 있게 되니까 이 몸뚱이를 탁 잊어버리면 전신을 송곳으로 쑤시고 불에 그슬러도 하나도 뜨거운 줄 모르는 겁니다. 마음이 무심경계(無心境界)에 들어가서 생각이 없으면 경계가 침범을 못하기 때문입니다. 물도 침범 못하고 불도 불 행세를 못합니다. 그래서 육조대사께서도 「깃발이 움직이는 것도 아니고 바람이 움직이는 것도 아니다. 전부 네 마음이 움직이고 있는 그림자다.」라고 하신 것입니다. 그림자라는 것보다도 있는 채로 내 마음이고 전부 허공입니다. 그러니까 약견제상비상(若見諸相非相)이어서 모든 상이 상 아닌 겁니다. 이런 무심으로 참는 게 정말 참는 것입니다.

부처님께서 또 말씀하십니다. 『수보리야, 내가 또 생각해 보니 저 과거에 오백생 동안

을 계속해서 인욕선인 노릇을 했는데 그때에도 내가 아상·인상·중생상·수자상이 있었느니라. 오백 생을 계속해서 한 번도 아상을 일으키지 않고 무슨 잡념이란 한 번도 일어난 일이 없었느니라.』 하십니다.

말세에는 괜히 대중 간섭하고 살림살이 간섭하고 남 시비하고 이래가지고 공부를 해서 좀 알아 놓고도 그만 뒷수습을 못합니다. 그래서 아나마나하게 배워 놓은 격인데, 이것 참으로 애타는 일입니다.

原文 是故 須菩提 菩薩 應離一切相 發阿耨多羅三藐三菩提心 不應住色生心 不應住聲香味觸法生心 應生無所住心

解義 『수보리야, 보살은 일체상을 떠나서 아녹다라 삼먁삼보리심을 일으킬 것이니라.』(須菩提菩薩應離一切相發阿耨多羅三藐三菩提心) 하셨는데 일체 생각이 떠나 버렸으면 그게 아녹다라삼먁삼보리인데 발한다는 말이 무슨 말이냐고 호통을 하고 그 자리는 한생각 까딱만 해도 안 되고 거기다가 무상정등정각(無上正等正覺) 아녹다라삼먁삼보리심을 발한다는 말이 어디 붙을 수 있느냐고 큰소리하는 사람이 있을지 모르지만 이런 사람은 한쪽 눈만 가지고 한쪽만 공부한 사람입니다. 적멸(寂滅)에 들어앉아서 적멸을 체득했다는 생각도 없는 그 지경에서 비로소 아녹다라삼먁삼보리를 체득해야 하겠다고 발심해서 불과(佛果)가 나타나도록까지 어떻게 되는 것인지 경전도 더 봐야 할 것이고 용맹정진(勇猛精進)도 해야 합니다. 그런걸 모르고 공부하면 그만 낭패 당하고 맙니다. 그러니 이생기심이 주장입니다. 응무소주하되 이생기심하는 겁니다. 거기 가서 응무소주하여 거기서 온갖 서원을 다 세우는 겁니다. 중생무변서원도(衆生無邊誓願度) 그것이 곧 이생기심입니다. 또 번뇌무진서원단(煩惱無盡誓願斷)이라는 뜻은 아직 불과가 증득되지 않

두가지 이 얘기가 있지만 그 뜻은 서로 다 통하는 이치가 있다.

見有辱境當情 即非 不見有辱境當情 即是見有身相當彼所害 即非 不見有身相當彼所害 即是 如來因中在初地時 曾爲忍辱仙人 被歌利王割截身體 無一念痛惱之心 若有痛惱之心 即生嗔恨 歌利王 是梵語 此云無道極惡君也 一說如來因中曾爲國王 甞行十善 利益蒼生 國人 歌稱此王故 云歌利王 求無上菩提 修忍辱行 爾時 天帝釋化作施陀羅 乞王身肉 王即割施 殊無嗔惱 今存二說 於理俱通

六祖口訣 세라힘은 생을 뜻하니 여래께서 보살 인행하실 적에 五백 생을 인

욕바라밀을 닦으시며 〈네 가지 상〉이 없으시었다. 여래께서 스스로 지난 세상의 인행을 말씀하심은 일체의 수행하는 사람들로 하여금 인욕바라밀을 성취하게 하고자 하심이니 인욕바라밀을 닦는 사람이 이미 인욕의 행을 닦고자 한다면 먼저 모름지기 일체 모든 사람의 허물과 잘못을 보지 말아서 원수나 친한이나 평등하게 하며 옳은 것도 없고 그른 것도 없어서 남에게 욕을 당하고 상해를 받더라도 기쁘게 받아 주어서 더욱 더 공경해야 한다. 이와 같은 수행을 하는 이는 곧 인욕바라밀을 이루느니라.

았기 때문에 그런 서원을 한다는 겁니다. 그런 것을 안 하면 또 아무 생각 없는 적멸 속에 천만 겁을 앉아 있어 봐야 불과(佛果)를 얻을 수 없고, 아뇩다라삼먁삼보리를 증득할 수 없고, 그야말로 일체종지(一切種智)가 생길 수 없으며 무소불능(無所不能)한 절대 자유로운 존재가 될 수 없읍니다.

부처님께서 또 말씀하십니다. 『똑똑히 마땅히 색에 머물러서 마음을 내지 말라(不應住色生心) 물질에 주하지 말고 생심을 해라. 보살행육바라밀을 행하라.』 하셨는데, 이것이 이생기심하고 똑같은 말입니다. 이것을 「마땅히 색에 주해서 마음을 내지 말라.」 이렇게 새기면 마음을 내지 말라는 데 치우치게 됩니다. 그러므로 「마음을 색에 머물지 말고 생심을 하라. 저건 산이다 물이다 보는데 무슨 허물이 있느냐.」 그게 생심이고, 또 보시도 하고 인욕·지계·정진 하는 게 그게 생심입니다. 그러니까 색에도 주하지 말고 부주성향미촉법심(不住聲香味觸法心) 내지 불법까지라도 구공까지라도 열반까지에라도 어디에고 마음을 두지 말고 〈이생기심〉하라는 것입니다.

여기서 부주성향미촉법의 법(法)에는 보리·열반까지 부처님 법·중생의 세속법 할 것 없이 다 들어가 있읍니다. 그런 데에도 주하지 말고 보시도 하고 지계도 하고 정진하라 그말입니다. 그래서 내가 이 경문 중간에다가 토를 하나 더 달아서 「불응주색하야 생심하고」(不應住色하야 生心하고) 「불응주성향미촉법하고 생심하라」(不應住聲香味觸法하고 生心하라) 이렇게 새깁니다. 무소주심을 생하라(應生無所住心), 처음부터 끝까지 생하라는 것만 주장한 겁니다. 지금 나한들을 대승으로 끌고 올라가려는 것이니까 그렇게 돼야 할 것입니다. 현상을 떠나가지고 자꾸 고요한 것만 좋아해서 푹 잠들고 있는 모양으로 중생제도고 뭐고 천하가 다 망하거나 말거나 보살행 안 한다는 겁니다. 「그놈이 망하거나 말거나 나하고 무슨 상관이 있느냐.」 그래가지고는 성불되지 않는다는 것입니다.

世者 生也 如來因中 於五百生 修行忍辱波羅蜜 以得四相不生 如來 自述往因者 欲令一切修行人成就忍辱波羅蜜 行忍辱波羅蜜人 既行忍辱行 先須不見一切人過惡 寃親平等 無是無非 被他 打罵殘害 歡喜受之 倍加恭敬 行如是行者 即能成就忍辱波羅蜜

涵虛說誼 이미 자신의 마음이 부처와 다르지 않음을 깨달았다면 다시는 티끌 번뇌에 집착하지 않고 생각생각 생멸이 없어야 이것이 참 발심이며 참 보살이니、그러므로 무릇 발심한 바 있는 사람은 요컨대 마땅히 상을 여읠 것이니、이것은 상을 여읜 발심을 바로 권하는 것이다。또 상을 여읜 발심이란 〈남이다〉·〈나다〉 하는 생각을 옳다 그르다 하는 것이 다 허망한 것이니 다 멀리 여의어야 할

그래서 나는 이렇게 새기는 게 좀 가깝지 않은가 합니다。또 전혀 틀렸다고 하는 사람도 있을지 모르지만 그렇게 새기나 저렇게 새기나 아주 틀린 것은 아닙니다。

原文 若心有住 即爲非住 是故 佛說菩薩 心不應住色布施 須菩提 菩薩 爲利益一切衆生 應如是布施 如來說一切諸相 卽是非相 又說一切衆生 即非衆生

解義 만일 마음이 어디에 머물든지 생사번뇌의 망상심을 내고 앉아 있거나 그 마음이 무심한데 머물거나、그렇지 않으면 유심(有心)으로 뭄뚱이를 내라고 하고 범부와 같이 현상에 머물거나、생사에 머물다가 열반에 머물다가 하거나、우리 본 마음이라는 것은 아무것도 없는 거기 있을 때나 또 그전 몸뚱이가 간섭해서 아프다고 생각하던 중생때나、열반을 아는거나 아픈 줄 아는거나 아는 생명의 본체는 조금도 줄지도 않고 늘지도 않고 본래의 그대로입니다。이래도 알고 저래도 알 따름입니다。그러니까 어디에 주하든지 그건 불법이 아닙니다。열반이 아무리 좋다고 하더라도 열반이 좋다는 마음이 있어서 낙착이 되면 거기는 벌써 온전한 열반이 아닙니다。아상·인상·중생상·수자상이 그 가운데서 다 놀아나고 있는 겁니다。

그러니 만일 마음에 머무는 게 있으면 유주(有住)하면 즉위비주니라。이 비주라는 것은 「그릇된 주다」 이렇게 새길 수도 있고 「주가 아니다」 이렇게 새길 수도 있는데 「주가 아니다」로 새길 때에는 주(住)자 앞에 바를 정(正)자가 숨어 있는 것으로 「정주(正住)가 아니다」 이렇게 새겨야 합니다(若心有住 即爲非住)。그러므로 부처님께서 「보살이 심불응주색하고 보시하라、마음에 머무는 것 없이 보시하라。」고 하셨읍니다(是故菩薩 心不應住色布施)。항상 보살을 보살심(菩薩心)이라 하여 마음심(心)자를 위로 붙이는 사람도 있읍니

것이며、다만 위없는 보리심을 일으켜야 하겠다。그러나 이른바 상을 여읜다 함은 다만 현상이 허망하여 주관 객관의 관념을 일으킬 것이 없음을 여의었다 하는 것이며 따로 있는 상을 억지로 여의는 것이 아니다。

旣悟自心 與佛無殊 更能塵塵無着 念念無生 是眞發心·名眞菩薩 由是凡有發心者 要應離相也 此正勸離相發心也 又離相發心者 是非人我 俱是虛妄 悉應遠離 但發無上菩提之心也 然 所謂離相 但了相虛妄 能所不生 卽名爲離 非別有相爲可離也

六祖口訣 빛깔이나 모양에 머물지 말고 마음을 내라는 것은 종합적으로 표시한 말이고、소리·향 등은 개별적으로 나열한 이름이다。여섯 가지 객관 경계에 미워하고 좋아하는 마음을 일으키므로 이것 때문에 망령된 마

다。 그렇게 붙이면 조금 어색한 것 같습니다。 『이런고로 불설하시되 그러므로 부처님께서 말씀하시기를 보살이 마음을 마땅히 물질에 주하지 말고 아무 생각 없이 보시하라고 했느니라。 금을 주거나 밥을 주거나 옷을 주거나 옷이나 밥을 주었거니 하는 생각을 하지 말고 보시를 하라。』 그런 뜻입니다。

『수보리야、보살이 일체 중생을 이익하게 해 주기 위해서 마땅히 이와 같이 보시할 것이니라』(菩薩爲利益一切衆生 應如是布施) 아무 생각 없이 무조건 무심으로 주라는 것입니다。 그래야 이익이 되고 나중에는 이 중생이 보리심을 발할 때가 있게 되고 그러면 중생도 또 나를 보고 남과 같이 무심히 받을 수 있지、나한테 밥그릇이나 얻어 먹었다고 나를 보면 그만 황공무지해서 고개를 못들고 뭣 좀 줬다고 그렇게 만들면 되겠읍니까。우리가 그렇게 가르쳐야 합니다。 아들 딸 낳아서 자꾸 무주상하라고 가르쳐야 됩니다。 그래야 우주의 대통령이 되지 조그만 나라의 대통령쯤 해서 뭘합니까。

『여래가 일체 모든 상이 곧 이것이 상이 아니라고 설명했고 또한 일체 중생이 곧 중생이 아니라고 내가 이제까지 설명하지 않았느냐。』(如來說一切諸相 卽是非相 又說一切衆生卽非衆生) 한 장이나 두 장만 써도 많고 여시(如是) 두 자 한 마디만 남겨도 되고 여 한 자만 남겨도 되고 이미 다 되어 있으니까 암 말도 안 해도 됩니다。 그렇지만 후래중생(後來衆生) 더구나 말세중생들을 위해서 말을 지어 글을 만들어 놓으려니까 고구정녕(苦口叮嚀)으로 두 번 세 번 열 번 백 번 말씀하시는 것인데 또 원체 어려운 말씀이고 들었다고 해도 돌아서면 중생들은 잊어버리니까 이런 까닭에 이렇게 설명에 설명을 하십니다。

음이 쌓이고 모여서 한량없는 법이 얼키고 설키어 마침내는 불성을 덮어 씌워서 가리우게 되는 것이다. 그래서 비록 갖가지 고행과 수행을 한다 해도 마음의 때를 없애지 못하면 마침내 해탈한 도리가 없을 것이니 그 근본을 미루어 보건대 오로지 물질에 마음을 머무르는 때문이니, 막일 생각 생각 반야바라밀을 항상 수행하여 모든 법이 공한 이치에 미루어 생각에 집착하는 마음을 내지 말며 생각생각 끊임없이 정진하여 한마음으로 지키고 방일함이 없어야 할 것이다. 정명경에 말씀하기를 〈온갖 것 다 아는 지혜〉를 구하여 때

原文 須菩提 如來 是眞語者 實語者 如語者 不誑語者 不異語者 須菩提 如來所得法 此法 無實無虛

解義 『수보리야, 여래는 진어자(眞語者), 곧 진실한 말을 하는 이 진리대로만 말하는 이고, 실어자(實語者), 곧 사실대로 말하는 이며, 여어자(如語者), 곧 조금도 변동이 없이 말하는 이니』 한번 생각하고 말하면 마음을 변경하지 않아서 국가의 법률처럼 꼭 그대로 집행한다는 그런 뜻이 아니고, 부처님은 진실의 실재를 법 그대로 된 결 객관적으로 말씀하시는 것이지 중생이 부처님한테 잘못 했다고 해서 벌을 준다든지 하는 그런 것이 아닙니다. 그것은 제가 잘못해서 제가 제벌 받는 거지 부처님이 그 사람을 나쁘게 봐서 벌줄 마음으로 곱사가 되게 하고 문둥이 되도록 하는 그런 심술을 하나라도 가지신 것은 아닙니다. 앞에서 인욕선인(忍辱仙人)으로 도를 한참 닦을 때나 처음 불교 닦을 때에도 도할에 양무심(塗割兩無心)으로 뼈를 부수고 사지를 찢을 때 가리왕(歌利王)에게나 몸을 원상 복구시켜 준 제석천(帝釋天)한테나 두 군데 다 밉다는 생각, 고맙다는 생각이 없었읍니다. 그것은 그때 벌써 아상이 없어서 그런 것인데 부처님이 되시고 나서야 하물며 분별심·생사심(生死心)·생멸심(生滅心)이 있을 수 있읍니까. 우리도 꼭 그와 같은 무심을 배워야 됩니다. 그러므로 부처님은 진리 그대로 변동이 없는 말씀만 합니다.

『불광어자(不誑語者), 곧 미치광이 말을 하는 사람이 아니며, 불이어자(不異語者), 곧 이렇다고 하다가 저렇다고 하면서 자꾸 바꿔 가며 말하는 이가 아니니라』 하십니다. 부처님께서 대승과 소승을 말이 다르게 하시지마는 그런데는 다를 수 있는 이유·조리를 가지고 하시는 말씀이지 그 근본 마음자리의 실재는 항상 불변입니다.

『수보리야, 여래 소득법(所得法), 곧 여래께서 얻은 법이라고 하는 것은 이 법이 실다운

아님이 없이 구하라 했고 대 반야경에、「보살마하살이 밤낮으로 정진하여 항상 반야바라밀다에 머물메 그때그때 응하여 뜻을 세워서 때없이 잠시도 마음을 놓지 말라」하였다。

不應住色生心者 是都標也 聲香等 別列其名也 於此六塵 起憎愛心 由此 妄心積集 無量業結 覆蓋佛性 雖種種勤苦修行 不除心垢 終無解脫之理 推其根本 都由色上住心 如能念念常行般若波羅蜜 推諸法空 不生計着 念念常自精進 一心守護 無令放逸 淨名經 云 求一切智 無非時求 大般若經 云 菩薩摩訶薩 晝夜精進 常住般若波羅蜜多 相應作意 無時

것도 없고 헛된 것도 없어서 참된 진리란 법도 아니고、그리고 허망한 법이 있느냐 하면 그런 것도 없으며 허망법(虛妄法)이 있을 수도 없고 진실법(眞實法)이 있을 수도 없읍니다。그것은 항상 하나이니까 하나도 아니고 절대이니까 절대도 아니니 그러면 무엇이냐。배고프면 밥 생각하는 게 무슨 허물이 있느냐 그것입니다。

原文 須菩提 若菩薩 心住於法 而行布施 如人入闇 即無所見 若菩薩 心不住法 而行布施 如人有目 日光明照 見種種色

解義 『수보리야、만일 보살이 마음을 어떤 것에 머물러 가지고 보시를 행하게 되면 마치 어떤 사람이 깜깜한 어두운 방에 들어가서 아무것도 못보게 되는 거와 마찬가지로 장님 놀음과 같으니라。만일 보살이 마음이 일체 법에 주하지 않고 불법에도 주하지 않고 내 자신에도 주하지 않고 아무 생각 없는 데서 보시를 하면、그것은 무엇과 같으냐 하면、어떤 사람이 두 눈이 밝고 건전한데 또 가을 하늘 처럼 맑은 하늘에 태양이 잘 비치는 가운데 모든 물체를 환히 볼수 있어서 붉으면 붉은 대로 검으면 검은 대로 큰 것은 큰 대로 작은 것은 작은 대로 똑바로 제대로 아는 것 같으니라。』아무런 생각 없이 보시를 하면 똑 떨어진 보시가 됩니다。그야말로 평등하고 청정해서 깨끗한 사람、「참인간」하나 생긴 것입니다。

原文 須菩提 當來之世 若有善男子善女人 能於此經 受持讀誦 即爲如來 以佛智慧 悉知是人 悉見是人 皆得成就無量無邊功德

解義 『수보리야、당래지세에、곧 이 다음 세상에 어떤 선남자와 선여인이 이 경을 받아 지니고 읽기도 하고 외우기까지 했다면 여래께서 부처님의 지혜로써 이 사람이 한량

暫捨

六祖口訣 만일 마음이 열반에 머물면 이것은 보살이 머무는 곳이 아니다. 열반에도 머물지 않고 모든 법에도 머물지 않아서 온갖 곳에 머물지 않아야 바야흐로 이것이 보살의 머무는 곳이니, 윗글에 「마땅히 머무는바 없이 그 마음을 내라」고 말씀하셨음이 그 것이다.

若心住涅槃 非是菩薩住處 不住涅槃不住諸法 一切處不住方是菩薩住處 上文說應無所住 而生其心者 是也

六祖口訣 보살이 자신의 五욕 쾌락을 위해 보시를 행하지 않고 다만 안으로 인색한 마음을 깨

없는 공덕을 성취하는 것을 다 아시기도 하고 다 보시기도 하느니라.』 하십니다. 요새 여기 모이는 여러분은 선남자나 선여인이십니다. 그렇지 않고는 이 지루한 잔소리깨나 하는데 또 이렇게 어려운 얘기만 하는데 이렇게 앉아 배기지 못할 것입니다. 십리길 동행하는 것도 오백 생의 인연이 있어야 한다고 하는데 하룻밤 함께 자는 것도 여럿이 함께 자는 것도 과거세에 천생 만생의 인연이 없으면 그런 결과가 생기지 않는다는 것입니다. 우리가 상당히 오랜 시일을 두고 이렇게 부처님 법문 가운데 이 존중한 금강경 살림을 한 법당에서 한다는 것은 무한 겁래로 불법에 같은 인연이 있어야만 되는 것입니다. 여러분은 내세에 또 불법을 만나고 세세생생(世世生生)이 불법을 만나서 이 금강경의 한량 없는 공덕을 반드시 성취하실 것입니다.

〔說 義〕

신해수지(信解受持)

불교는 신해수지(信解受持)의 네 가지에 의지해서 점점 깊이 들어갑니다. 첫째, 믿어야 하고 둘째, 그것을 이해하고 깨쳐야 합니다. 금강경 산림법회(金剛經山林法會)를 한다는데, 실달태자(悉達太子)님이 깨달으셨다 하는데, 모든 사람에게 그것이 있다는데, 어떤 것인지 나도 좀 들어야겠다고 해서 들어서 이해하고 토론(討論)을 하고 연구를 하는 이것이 해(解)입니다. 이유 없는 믿음은 그건 미신(迷信)이고 사신(邪信)이 됩니다. 너는 생각하지 말고 어디까지나 내 말만 들으라고 하는 식이 미신입니다. 기독교의 독신자(篤信者)는 감기가 들어도 약을 안 먹습니다. 쌍화탕을 먹으면 하나님의 명령을 거역하는 것이

뜨리고 밖으로 온갖 중생을 이롭게 하기 위하여 보시를 행하는 것이다.

菩薩 不爲自身五欲快樂 而行布施 但爲內破慳心 外利益一切衆生 而行布施

六祖口訣 보살이란 법과 재물 등의 보시를 행하여 이익이 한 없는 것이니 만일 이익이 된다는 마음을 지으면 곧 그릇된 법이고 이로웁다는 마음을 내지 않으면 이것이 머무름 없는 것이니, 머무름 없는 것이 곧 부처의 마음이다.

菩薩者 行法財等施 利益無疆 若作能利益心 即是非法 不作能利益心 是名無住 無住 即是佛心也

六祖口訣 「여래」의

니 하나님이 나에게 이만큼 시련(試練)을 주고 고생을 주신 것인데 내가 약을 먹는다고 하는 것은 하느님의 명을 거역하는 게 되기 때문이라는 것입니다. 이것은 맹목적(盲目的)인 믿음이고 무조건적(無條件的)인 믿음입니다.

불교에서는 신(信)을 앞세우고 해(解)가 뒤로 갑니다. 가령 불교에 처음 들어와서 여시(如是)가 어떤 것인지 전혀 모르던 분들도 계셨을 것인데, 이번 금강경 산림(山林)에 나와서 자꾸 듣다 보면 캄캄한 밤중 같던 여시(如是)의 뜻이 요새는 조금 알듯말듯할 겁니다.

불교는 이렇게 믿음 뒤에 해가 따라가는 것이므로 무조건 맹목적 믿음의 미신과는 다릅니다. 그런데 또 뭣을 좀 따져서 알았다고 해서 예컨대 이번의 금강경을 조금 들어서 「불교가 이런 것이구나.」하는 것을 어렴풋이 알게 됐다고 해서 신심(信心)이 없어지면 「불교가 별거 아니구나, 내가 부처인데 뭐 절에 갈 것도 없고, 내가 마음만 착하게 쓰면 안 되겠느냐.」하고 맙니다. 이래 가지고는 신앙생활이 되지 않고 그 이상은 더 들어가지 못해서 수도가 되지도 않고 대도(大道)를 성취하지도 못합니다. 다 되지도 않았으면서 다 된 것 같기도 하고 안 된 것 같기도 하여, 남이 부처가 되려 해도 틀렸고 안 되려 해도 틀렸고 까딱하면 틀렸다고 합니다. 그러면서 산 보고 까딱하면 안 된다고 까딱거리고 물보고 까딱하면 안 된다고 까딱거리고 하여 까딱 안 하는데 걸려 가지고 건방져서 그야말로 입으로만 하는 구두선(口頭禪)입니다.

실상 비슷한 이런 원리를 좀 알았다고 하더라도 관조반야(觀照般若)를 철저히 알기 위해서 또 다른 교리를 들어야 하고 그래서 삼장(三藏)①까지라도 다 통해야 합니다. 칠식(七識)・팔식(八識)에 잠재해 있는 깊은 허물들을 제거하기 위해서 견성(見性)을 하고도 계정혜(戒定慧)② 三학을 두루 익히고 오십이위(五十二位)의 보살행(菩薩行)을 닦는 것입니

「여」는 생겨나지 않음을 뜻하고「여래」의 「래」는 멸하지 않는다는 뜻이니 생겨나지 않는다는 것은〈나라는 생각〉·〈남이라는 생각〉이 나지 않는 것이고, 멸하지 않는다는 말은 깨달음의 광명이 항상 비추어 꺼지지 않는다는 말이다.

아래 글에 말씀하시기를, 「여래」라는 말은 어디로부터 온 곳이 없으며 돌아갈 곳도 또한 없으므로 그래서 이름을 「여래」라 하신 것이니, 여래께서 말씀하신〈나다〉·〈남이다〉하는 등의 네 가지 상은 마침내 다 무너지는 것이고 참다운 깨달음의 본체가 아니며, 일체 중생은 이것이

다. 부처가 될 때까지 이렇게 해야 합니다. 그래서 먼저 신(信)이 앞잡이로 끌고 나가고 다시 그에 대한 이유를 자꾸 연구해서 그럴 수 있겠다고 하는 진리를 깨달아 들어가고 그렇게 돼야 철저한 수행을 할 뜻이 더해져서 잘 받들어 지니게 되므로 이렇게 하여 잘 수지(受持)하게 되면 마침내 실상(實相)을 체득(體得)하게 되고 이렇게 함으로써 완전히 부처가 됩니다. 이것이 신해수지(信解受持)의 뜻입니다.

부처님 당시에는 아무나 몇 천명이라도 다 부처님을 만났으니까 신(信)할 수 있고 깨달아질 수도 있고 했지만 말세(末世)의 혼란할 때에는 일념도 가만히 앉아 있을 수 없이 복잡하고 혼란해서 머리 속에 번뇌 망상이 왔다갔다하고 들끓어대는 그러한 때에 어떤 사람이 이 경전을 신해수지하면 참 그야말로 이 세상에 다시없는 제일 가는 희유한 일이라고 수보리존자께서 찬탄하셨던 것입니다.

구공(俱空)을 실제로 체득하신 대아라한(大阿羅漢) 수보리존자께서 부처님의 아주 고구정녕(苦口叮嚀)하신 참 대자대비하신 이 지도한 생각이라도 그르칠까 잘못 들었을까 해서 이렇게 참 애를 써서 일러 주신 것을 제가 사십년동안 부처님을 모시고 법을 들었지마는 이렇게까지 남김 없이 조금도 아낌 없이 일러 주시는 것은 이번에 처음 들었읍니다. 그래서 그런 대아라한과(大阿羅漢果)를 증득(證得)한 이니까 부처님은 아니지마는 성인입니다. 이런 분이 눈물이 쏟아졌읍니다. 부처님이 참으로 너무나 감사하시고 대자대비하시게 남김 없이 조금도 아낌 없이 이렇게까지 사람을 지도해 주실 수가 있는가 해서 자연히 눈물이 났을 것입니다. 이제 이런걸 우리가 한편으로 보면 이것이 역시 감사해서 눈물이 쏟아지기도 했겠지마는 그 수보리존자 편으로 본다고 하더라도 이 세상이 그저 잘 먹고 잘 살고 호강하다가 죽게 되면 죽는다고 하는 이러한 생각으로 허망한 세상을 부득이해서 그러나 저러나 살 수밖에 없다는 식으로, 할 수 없이 살던 우리가 이렇게 생

다 거짓으로 이름한 것이다。 만일 망령된 마음을 여의면 곧 중생이란 생각을 할 수 없으므로 「중생이 아니라」고 말씀하신 것이다。

如者 不生 來者 不滅 不生者 我人不生 不滅者 覺照不滅 下文云 如來者 無所從來 亦無所去 故名如來 如來說我人等四相 畢竟可破壞 非眞覺體也 一切衆生盡是假名 若離妄心 即無衆生可得 故 言即非衆生也

六祖口訣 「참된 말씀」(眞語)이라 함은 일체의 유정 무정의 온갖 존재가 다 부처의 성품을 갖었음을 뜻하고、「실다운 말씀」(實語)이라 함은 중생들이 악업을 지어

사를 해탈하고 또한 생사에 자유로운 완전무결(完全無缺)한 인간이 될 수 있도록 하는 이런 지도의 말씀을 들을 때에는 자기도 한쪽으로 감사를 느끼고 동시에 만약에 부처님 같은 어른을 만나지 못했다면 내 신세가 어떻게 될 뻔했느냐、그저 멋도 모르고 전생(前生)이 있는지 우리는 그런 것도 모르고 앞으로 영원한 미래세(未來世)가 다하도록 생사고해(生死苦海)를 헤매고 그 참 어디 호소할 데도 없이 자업자득(自業自得)으로 제 죄를 제가 지어서 끝 없는 고생을 할 뻔한 이 신세가 참 다행히도 이렇게 마지막 높은 도、최후의 길을 걸어서 완전한 해탈을 얻게 된 자기자신을 생각하는 것입니다。

우리가 이런 불교를 듣기 전에는 머리 들고 갈 곳이 없었읍니다。 참으로 다행히도 이렇게 생사를 초월하고 또한 우주의 주재자(主宰者)로서 영원불멸한 자기의 생명을 건지게 된 것을 생각해 보니 과거를 회고(回顧)할 때 자연히 눈물이 나온 것입니다。

성불도 신해수지의 인과

부처님 당시에 부처님께서 제자들을 데리고 뜰을 거닐고 계실 때입니다。 미침 비둘기 한 마리가 매나 독수리한테 쫓겨 가지고 대중 앞에 탁 떨어졌읍니다。 정신을 못차리고 벌벌 떨고 어떻게 할 줄 모르고 사람한테 살려 달라고 오기는 왔지마는 사람 역시 어쩔는지 알 수가 없어서 그러는 것입니다。 짐승들은 큰 짐승한테 쫓겨서 죽게 되면 꼭 사람 집에 들어옵니다。 그런데 자기 집에 꿩 같은 것 한 마리 쫓겨 들어왔다고 재수 좋다고 볶아 먹어 버립니다。 살려 달라고 들어오는 짐승을 잡아 먹으니 보통 사람은 인과(因果)를 모르니까 그렇지 반드시 좋지 않은 재앙이 생깁니다。 부처님께서 이것을 사리불존자 뒤에다 갖다 놔 두라고 하셨읍니다。 그런데 사리불은 나한과(羅漢果)도 증득한 성인이니 안심할 것

인데 그런데도 마찬가지로 떱니다. 부처님께서는 다시「내 뒤에 갖다 놓아 봐라.」하셔서 부처님 뒤에 갖다 놓았더니 갖다 놓은 지 얼마 안 돼서 꼬부리고 앉아서 꼬박꼬박 졸고 앉아 있읍니다. 그래서 다 같은 성과(聖果)를 증득한 성인이시므로 거리가 얼마 아닐 전데 그렇게 차이가 나는 것이 이상해서 여쭈어 보았읍니다.

나한을 증득하기 전의 과거세(過去世)에 그 살생하던 악의(惡意), 곧 남의 생명을 죽이기도 하고 해롭게도 하고 살해하던 살해심(殺害心)이 덜 떨어져서 미세(微細)한 습기(濕氣)가 남아 있으므로 그래서 그 밑에 가서는 안심을 못한다는 겁니다. 우리가 몰라서 그렇지 독한 그림자가 비치고 나쁜 냄새가 나고 하는 것을 짐승들이 촉감(觸感)으로 압니다. 우리가 마음 속에 살인이라도 할 독한 마음을 품으면 대번에 오장(五臟)이 푹푹 썩는 냄새가 납니다. 입에서도 나고 정신으로 풍깁니다. 사리불존자가「언제부터 불법을 만나서 출가④하여 중이 됐읍니까.」하고 여쭈었더니「지금 이생까지 五백생을 살생한 일이 없느니라.」하십니다. 五백생을 계속해서 지금까지 쭉 연속해서 살생해 본 일이 없고 풀 한 포기도 밟아 본 일이 없는 수행생활을 하고 있다는 것입니다. 그러니까 오백생 전에 살해하던 습기 때문에 그렇게 된다는 것입니다. 다달이 몇 번씩 우리가 신도단체에서 방생불사(放生佛事)를 합니다. 죽게 된 것을 살려 주는 게 복 가운데 가장 제일 큰 복이 됩니다. 재산·지구 덩어리를 다 줘도 그 사람의 생명을 살려 주는 것만 못합니다. 미꾸라지가 죽으나 사람이 죽으나 고기나 개미가 죽으나 생명이 죽기 싫어하는 생각은 똑같습니다. 또 부처님께「죽기 싫어하는 이 비둘기가 언제나 비둘기를 면하고 사람이 되어서 또 이 불법을 만나서 대법(大法)을 성취하겠읍니까.」하고 여쭈었읍니다. 부처님께서는 도로 십대제자들에게 물어 보라 하십니다. 그래서 신통제일(神通第一)인 목련존자(目連尊者)에게 물었읍니다. 그래서 목련존자가 가만히 천안(天眼)으로 보니까 언제까지나 자

서 괴로움의 과보를 받는 것을 뜻하고,「진리다운 말씀」(如語)이란 중생이 선법(善法)을 닦으면 반드시 즐거움의 과보를 받는다고 말씀하신 예이고「속이지 않는 말씀」(不誑語)이라 함은 반야바라밀법이 三세의 모든 부처님을 낸다고 말씀한 것이 반드시 헛되지 않음을 뜻하며,「다르지 않은 말씀」(不異語)이라 함은 여래께서 하신 말씀은 처음에도 거룩하고 중간에도 거룩하고 마지막에도 거룩하여 그 깊은 뜻이 미묘하여 일체의 하늘 마귀나 외도가 더 뛰어난 말을 할수 없고 부처님의 말씀을 파괴할 수 없음을 뜻

한다。

眞語者 說一切有情無情 皆有佛性 實語者 說衆生 造惡業 定受苦報 如語者 說衆生 修善法 定受樂報 不誑語者 說般若波羅蜜法 出生三世諸佛 決定不虛 不異語者 如來所有言說 初善中善後善 旨意微妙 一切天魔外道 無有能超勝 及破壞佛語者也

六祖口訣 「실다움이 없다」(無實) 함은 법체가 공적해서 상이 없고 얻을 수 없다는 뜻이며, 그러나 그 가운데 항하사 수의 신령한 공덕이 있어서 써도 써도 달아 없어지지 않으므로 「허망하지 않다」 한 것이다。 그 실다움을 말하자면 상없

꾸 비둘기로만 계속합니다。 비둘기의 몸 바꾸기가 좀처럼 어렵게 지독스런 업을 가지고 있읍니다。 일겁(一劫)만 해도 굉장한 세월인데 목련존자만 해도 여러 천만겁(千萬劫)의 과거를 보고 미래를 보는 신통입니다。 몇 천만억겁 동안 어느 생엔 뭐가 되고 어느 생엔 뭐가 되고 하는 것이 다 있읍니다。 내생에도 비둘기로 태어나서 어디서 콩 먹고 저희끼리 어디가서 쌍쌍이 되어 사는 것까지 모든 현실이 하나하나 다 보이고 그러는데 이렇게 오랜 세월을 두고 사람의 몸을 받지 못합니다。 이렇게 우리의 업이 한번 막히면 어려운데 그 가운데도 남자가 여자되기 어렵고 여자가 남자되기 어렵다는 것입니다。

그래서 다시 부처님께 여쭈니까 부처님께서는 인제 몇 겁을 지난 뒤에 다른 뭐가 되어 가지고 언제 또 사람으로 인도환생(人道還生)하지만 불법을 만나지는 못한다。 그 뒤에 다시 삼악도(三惡道)를 왔다갔다하다가 얼마 뒤에는 다시 사람이 되어 가지고 불법을 만나서 사리불 네가 후세에 성불하면 그때는 부처님의 호(號)가 무엇이고 그렇듯이 비둘기도 아득한 내세에 성불해 가지고서 필경 일체 중생을 제도(濟度)하는 시간이 있다는 것입니다。 일체 중생이 필경 성불을 다하는데 그것도 인연이 있어야 하는 것이니만큼 이 비둘기도 지금 오늘 우리에게 뛰어 와서 숨겨 주고 감춰 달라고 하는 그것도 인연이 있어서 그런 것이라는 것입니다。 하필 우리가 나오자 이 시간에 독수리한테 쫓겨 가지고 여기 와서 내 그늘에서 잠을 자는 게 이런 게 다 앞으로 사람이 되어 가지고 중이 되어서 수도를 철저히 해서 성불하는 데 기초적인 인연이 되며 나시 이 기초적인 인연을 밑천으로 더욱 깊은 인연을 맺게 된다는 것을 설명하셨읍니다。 이와 같이 우리가 불법을 신해수지(信解受持)한 인과(因果)도 필경 성불(成佛)할 인연이 됩니다。

음을 감히 얻은 것이고、그 헛됨을 말하자면 사용함에 사이가 없음이니 그러므로 있다고 말하지 못한 것이고 없다고 말하지 못한 것이다。있어도 있는 것이 아니고 없어도 없는 것이 아니니 말로써 미치지 못하는 것이 오직 참다운 지혜이니라。그러므로 만일 상을 여의지 않고 수행하면 여기에 이를수 없을 것이다。

無實者 以法體空寂 無相可得 然中有恒沙性德 用之不匱 故言無虛 欲言其實 無相可得 欲言其虛 用而無問 是故 不得言有 不得言無 有而不有 無而不無 言辭不及者 其唯眞智乎 若不離相修行 無由臻

초견성이 제일바라밀 아니다

이광수 선생이 법화경(法華經)을 번역한다고 해서 어떤 스님이 크게 걱정하며 나에게 가보라고 하여 겪은 이야기가 있읍니다。그때는 이광수 선생이 불교를 안 믿고 예배당에 다닐 시절인데、그 분이 법화경을 보고 글이 좋고 내용이 매우 이상적으로 기록돼 있어서 소설적으로 불교를 보았을 뿐、경문 그대로를 다 진리라고 볼 수는 없다고 판단하고 있을 적입니다。그러면서 그이가 세계 종교서적 가운데 완전한 체제를 가지고 있는 것이 법화경이라 판단하고 있었읍니다。실제로 세존께서 사십 구년 동안 설명하신 것을 총합해 가지고 이렇게 저렇게 완비해 놓은 부사의한 경인데 춘원(春園)으로서는 소설적으로 들으면 구수하니 그럴 수도 있는 일입니다。그러니 그 청년이 예술적으로만 보는 그런 소견으로 법화경을 번역해 놓으면 그 사람의 솜씨나 권위 때문에 좀처럼 다른 사람이 손을 대 봐야 잘 안 될 터인데 이 한국 불교는 그만 망치고 말 것이니 내가 춘원을 찾아가서 설교를 해 가지고 불교 신도가 되도록 한번 해 보라는 것입니다。나와 춘원선생은 전부터 인연이 있어서 서로 안면(顔面)이 있었읍니다。

그때 마침 춘원이 자하문(紫霞門) 밖에 집을 짓고 있을 때입니다。그 옆에 소림사(少林寺)에 춘원선생이 돈을 내가지고 나를 있게 하면서 일주일이고 한달이고 한번 토의해 보자는 것입니다。아침만 먹고 내려오면 깔 것 하나씩 들고 산이나 개울가에 앉아서 얘기하다가 둘이서 점심때 되면 올라와서 점심 먹고 또 개울이나 산이나 아무데나 가마니 하나 깔고 누워서 얘기하고 앉아서 얘기하고 이렇게 해서 나흘 동안까지는 자기는 자기 얘기하고 나는 내얘기 하고 공산주의하고 자본주의하고 유엔총회하듯이 그랬읍니다。이렇게

此也

六祖口訣 온갖 법에 마음이 주착함이 있으면 三륜(보시하는 이·받는 이·주고 받는 물건)의 체가 공적함을 사무치지 못하여 마치 장님이 어둔 곳에 처하여 밝음을 알 수 없는 것과 같다。 그래서 화엄경에 「성문이 여래의 모임 가운데서 법문을 들음에 장님 같고 귀먹어리처럼 모르게 되는 것은 법과 상에 머물은 때문이다。 만일 보살이 반야바라밀다에 집착하지 않고 상 없는 행을 항상 실천한다면 사람이 눈이 있고 햇빛이 밝게 비치는 곳에 있어서 무엇이나 다 잘 볼 수 있는 것과 같으니라。

나흘이 되니 내가 한쪽으로 슬그머니 분한 마음도 일어나고 또 한쪽으로는 내 부족이 느껴지기도 하고 그러다가 닷새 되는 날까지 얘기를 하니까 춘원선생 얘기는 다 끝났읍니다。 그런 뒤에 내가 이렇게 저렇게 주장을 하면 말이 안 된다고 질문을 하고 그러면 나는 대답하고 해서 하루 종일 얘기하고 밤새도록 얘기해서 엿새 이래까지 됐읍니다。

그때 마침 내가 법화경 육신통(六神通)을 말했는데 사람이 어떻게 육신통을 할 수가 있느냐는 것이었읍니다。 그래서 경 가운데 이상한 것 불교에서 말한 일체 부사의한 얘기는 낱낱이 묻기로 했읍니다。 이렇게 해서 나중에는 사람이 부처가 될 수 있다는 것을 확신하게 됐고 불경을 보는 태도가 전에 보던 것과 지금과는 차원이 달라졌다는 것입니다。 전에는 예술시(藝術視)했고 소설시(小說視)했으며 신화시(神話視)했는데、이제는 글자 한 자만 빼도 안 되는 내용이며 그것이 다 온전한 참말이고 진실한 과학의 소리·철학의 소리며 완전한 종교라는 것입니다。 그래서 「한 자라도 잘못 됐다고 생각되는 게 있으면 말하라。」 하니 「이제는 없다。 사실로 다 인정하겠다。」 이렇게 됐읍니다。

심지어 조선 독립 문제까지 불교적으로 나오고 민족개조론(民族改造論)을 자기가 주장했다는 얘기도 나왔는데、사람의 근성(根性)을 가르쳐서 우리가 바르게 살도록 해야지 오백년 동안 나쁜 습성(習性)이 있어서 나라가 이렇게 된 것이니 일본이 차지 안했다면 소련이 차지했든지 중국이 차지했든지 그렇게 되었을 것입니다。 온 국민이 다 잘 살 수 있도록 복을 지어야 나라 운수가 왕성해져서 백전백승(百戰百勝)하게 됩니다。 이런 인과의 원리를 쭉 이야기하는 것을 듣고는 과연 그렇겠다고 민족의 잘못된 관념을 먼저 개조해야 한다는 데 합치했읍니다。

마지막에는 법화경을 펴 놓고 품품(品品)마다 평소에도 한번만 보면 안 잊어버리는 기억력(記憶力)인데 책장을 한장 한장 넘기면서 물어 보면 설명을 하고 해서 법화경 처

於一切法　心有住者　則不了三輪體空　如盲處暗　無所曉了　華嚴經 云 聲聞 在如來會中 聞法 如盲如聾 爲住法相故 若菩薩 常行般若波羅蜜多 無着無相行 如人 有目 處於皎日之中 何所不見也

六祖口訣 이 다음 세상(當來之世) 이라 함은 여래께서 멸도하신 뒤 제五五백년의 시대를 말하니 이때는 삿된 벗이 다투어 일어나는 때어서 바른 법이 실현되기 어려운 때다。 이러한 때에 선남자와 선여인이 이 경을 만나서 스승을 따라서 받아서 마음으로 독송하여 오로지 전념하라 하므로 잃지 않으며 그 뜻을 의지해

음부터 끝까지 하나도 의심없이 경문(經文) 그대로 전부 다 신해(信解)하겠다는 것입니다。 그래서 잠깐 앉아서 둘이 얘기하는데 몇 천만년이 지나갔다는 그런 소리 저런 소리 시공(時空)이 모두 마음대로 자유자재하게 된다는 얘기、 불교의 인과설(因果說)십계 二백계를 꼭 지켜야 하는 까닭을 모두 인정하게 됐읍니다。 그래도 내가 또 말하기를「그렇지만 법화경을 이렇게만 읽어 가지고 번역하지 마시오。 아직도 법화경 읽어 볼 때마다 모르는 게 또 나타날겁니다。」 그랬읍니다。 지금 우리가「제일바라밀이 곧 제일바라밀 아닌 이것을 제일바라밀이라 한다」는 내용을 앞에서 백 번도 더했고 오늘도 종일 내가 그 얘기를 했지만 아직 확실히 알지 못하는 것처럼 그랬읍니다。 그래서 내가 원각경(圓覺經)·능엄경(楞嚴經)을 읽어 보라 했읍니다。

원각경(圓覺經)은 상하(上下) 두 권으로 금강경의 몇 배나 될 겁니다。 그래서 원각경을 읽어 보고 또 새로 법화경을 읽어 보라 그랬읍니다。 그리고 한 三년 후에 만났는데 원각경을 읽어 보고 법화경을 또 읽어보니 법화경에 대해서는 정말 모르겠다는 겁니다。 자꾸 읽어 볼수록 모르는 게 더 많아지고 전에 알았던 게 뭐라고 어떻게 알았었는지、 전에 알았던 생각도 다 잊어버렸다는 것입니다。 이렇게 해서 그때부터 불교의 독신자(篤信者)가 된 셈입니다。 한국 불교인으로 춘원 이 한분이 청년 남녀에게 불교 포교한 것이 대처승(帶妻僧) 七천명이 한 것보다도 몇 一○배나 더 됐읍니다。 내가 그때 해방 전에도 그런 소리를 대처승에게 늘 했읍니다。 그 뒤에 자기가 참선(參禪)도 하고 진실한 불자가 되고 철두철미한 민족주의자(民族主義者)가 되었읍니다。

이 춘원의 경우처럼 이 구공소식(俱空消息)·제일바라밀(第一波羅蜜)도 알듯 하면서 자세히 보면 아직 덜 알았고 또 이것은 이론이나 지식으로 아는 것이 아니니 아는 것으로 알 수도 없읍니다。 또 설사 깨달았다 그래서 초견성(初見性)쯤 했더라도 제일바라밀을

서 그대로 수행하여 부처의 지견에 깨달아 들어간다면 곧 아뇩다라 삼먁삼보리를 성취할 것이다. 그러므로 삼세의 부처님이 아시지 못함이 없다고 하신 것이다.

當來之世 如來滅後後五百歲 獨惡之時 邪法 競起 正法 難行 於此時中 若有善男子善女人 得遇此經 從師稟授 讀誦存心 專精不忘 依義修行 悟入佛之見 則能成就阿耨多羅三藐三菩提 以是三世諸佛無 不知之

〔註 1〕 삼장(三藏): 불교의 八만법문(法門)을 예부터 경(經=sutta)・율(律=vinaya)・논(論=Abhidhana)의 三대부로 분류하고 이를 삼장(三藏)이라 불러 왔다.

세존(世尊)은 임종을 앞두고 이렇게 최후의 유계(遺偈=유언의 교훈)를 제자들에게 말씀하시

다 안 것은 아니며 응무소주(應無所住)해서 이생기심(而生其心)하는 보임행(保任行)을 해야 합니다.

신통은 반야가 아니다

이 반야바라밀은 말도 아니고 생각도 아니고 이것은 있는 것도 아니고 없는 것도 아닌 그야말로 절대(絶對)도 아니며 말로 할 수도 없고 생각을 어떻게 붙일 수 없는 실재(實在)입니다. 그런걸 어떻게 바라밀이라고 이름지을 수 있읍니까. 생각하면 벌써 바라밀이 아니고 바라밀이란 생각이 있을 뿐 그것이 바라밀이 아닙니다. 그런데 또 이렇게만 생각하다 보면 또 아무것도 아닌 걸로만 있는 것인가 보다 하는 데 떨어집니다.

그러니 이렇게 「바라밀이 무슨 바라밀이냐. 바라밀은 이것도 저것도 아니다.」하여 없다는 생각에 한편으로 치우쳐서 응무소주(應無所住)에만 집착하고 이생기심(而生其心)의 도리는 빠뜨리게 됩니다. 아무데도 주한 데 없는 것, 어떤 생각에도 이끌리지 않는 것 그것에만 치우치게 되므로 제일바라밀과 그것이 제일바라밀이 아닌 것과 두 개가 뭉친 것을 뜻하여 「제일바라밀을 설한 게 그게 곧 제일바라밀이 아니니 그것이 제일바라밀이니라.」고 하신 것입니다. 물이 곧 파도고 파도가 곧 물이고 그런 뜻입니다. 중생들은 절대자성(絶對自性) 자리에서 듣지 않고 들으려 하여 상대적으로 움직이는 분별심(分別心)으로 들으니까 허물이 생깁니다. 「마음자리는 절대 있는 것도 아니고 없는 것도 아니다.」 이렇게 말한다고 하면 말로만 더 구별하는 것이 됩니다. 「있다고 할 수도 없는 것이다.」 그렇게 해 놓고 보면 보통 문장으로 공부하는 사람이나 말로만 하는 사람은 깨치지는 못했지만 알기는 다 알았다고 그럽니다. 그런데 이것도 실제로 비판해 보면 있는 것도 아니고 없는 것

는 가운데 경(經)의 법문과 율(律) 두 가지만을 말씀하셨고、기타의 많은 경전 가운데서도 법(法=經)·율의 二대 부분만을 말씀해 주셨을뿐 경·율·논·三장 중 논부(論部)에 대한 말씀은 하시지 않고 있다。따라서 법·율 二부만이 불타 당시부터 있었던 분류법이라고 생각되는 것이다。

원래 법은 불타의 가르침 전부를 총칭(總稱)하는 말이고 율은 승단(僧團)의 수행생활상(修行生活上) 필수(必須)되는 신성(神聖)한 내규(內規)를 말하며 논(論)은 불타의 경을 주석(註釋)하고 그 교법(敎法=敎理分析)을 판별하는 것을 말한다。또 경은 순수한 불타의 말씀이고 율은 대부분의 불설(佛說)과 승가(僧伽)의 자제적(自制的) 결정으로 이루어져 있는 데 대해 논은 불제자와 보살(菩薩)은 논사(論師)들에 의해 성립된 것이다。그러므로 경과 율은 불타 재세시부터 수립(樹立)된 불교 분류법이지만 논은

도 아니라고 할 때 이것은 한번은 있는 것이라 생각하고 있는 것이라 말한 것이고 그 다음에는 그것을 다 내 버린 없는 거라고 한번 생각하고 있는 것이 아니라 하는 말이고 보니 있는 거 한번 생각해 보다가 없는 거 한번 생각해 보다가 이리 갔다 저리 갔다 이러는 거지 이것이 어째 실재의 면목(實在面目)을 생각하는 것입니까。 근사한 생각도 아닙니다。 그런 생각 내 버리고 그게 무슨 말인지 모르고 들어야 합니다。 있는 게 있는 것도 없는 것도 아니고 생사도 아니고 열반도 아니고 그러면 그게 무엇입니까。 그러니 이것은 언어의 도가 끊기고(言語道斷) 마음이 갈 곳이 없는 것、곧 이것저것 따져 볼 것 없이(心行處滅) 그렇게 듣는 게 실체(實體)인데 그게 무엇이냐 하면 「반야바라밀이 제일바라밀」이다。 그게 근본이기 때문인데、 그렇지만 그게 또 바라밀이라고 할 수가 없는 내용이다 그러한 「바라밀이다。」 그러니까 아는 사람은 「바라밀이라」 해도 허물이 없고 「바라밀이 아니다」 해도 더 철저한 실재(實在)를 얘기하는 것도 아닙니다。 그러니까 바라밀이 아니기도 하고 바라밀이기도 하고 바라밀이라고 해도 괜찮고 바라밀이 아니라고 해도 허물 없고 그런 바라밀입니다。 그게 무엇이냐 하면 「지금 수보리 너하고 부처님 나하고 얘기하는 이대로가 실상이다、중생하고 부처가 둘이 아니다。」 이런 것을 자꾸 얘기하려고 하는 것이 금강경입니다。

소승불교가 염세주의(厭世主義)가 되어서 적멸(寂滅)만 자꾸 지키고 그것을 애착하고 인정도 모르고 없는 것만 애착하는데 이것은 아주 잘못된 것입니다。

한번은 진묵(震默)대사가 길을 가다가 강을 건너게 됐는데 얼굴이 참 예쁘게 생긴 사미동자(沙彌童子)가 나타났읍니다。 애기 중이 나타나서 공손히 인사를 해서 「물이 깊어서 못가는데 어디로 가는지 길을 아느냐。」 물었더니 「소승만 따라 오십시오。 제가 이 물을 잘 압니다。」 「그래 그러면 앞에 건너가 봐라。」 하고 따라갑니다。 앞에 가는 사미승을 보니 물이 무릎 밖에 안 차서 껑충껑충 거너갑니다。 진묵대사도 안심하고 따라가는데 갑

자기 물이 목까지 쑥 빠져 버렸읍니다。 그게 나한(羅漢)이 나와서 그런 것인데 진묵대사가 대승 불교의 진리를 깨쳐서 반야바라밀을 알고 있지마는 신통(神通)은 아직 나한만 못합니다。 그래서 대승 보살 한번 골려 먹느라고 나한들이 그런 짓을 했다는 것입니다。 진묵대사 같은 이는 나한님을 모셔 놓은 법당에 가서 주장자를 가지고 머리를 똑똑 두들기면서 「아무개는 자식이 없다는데 이거 마지밥(佛供) 얻어 먹고 자식 하나 점지해 줘라。」 하는 그런 식입니다。 신통이 없고 이래도 법이 높으니까 그래도 나한들이 꼼짝 못하고 나한들은 큰스님 명령이니 할 수 없다고 또 아들 하나 점지해 주고 그럽니다。 이것이 대승사상(大乘思想)과 소승사상(小乘思想)의 비교하는 예입니다。

그러므로 말은 다르지만 「제일바라밀이 즉비 제일바라밀 시명제일바라밀(第一波羅蜜 即非第一波羅蜜 是名第一波羅蜜)이라는 말이 내내 「실상자 즉시비상 시명실상(實相者 即時非相 是名實相)과 똑 같은 논법(論法)이고 내용도 같고 이름만 다를 뿐입니다。

막행막식은 바라밀이 아니다

이런걸 모르는 무식한 선지식은 음주식육무방반야(飮酒食肉無妨般若)라고 막 놀아납니다。 그래 가지고 중생까지 버려놓고 나중에 공부하는 중들 다 버리고 그렇게 떠들던 분들이 해방이 돼서 이제 불교정화(佛敎淨化)가 됐지만 그렇게 우리 비구들 가운데에도 그런 분들이 수십명이 있읍니다。 무식하기는 해도 발언이 세고 주먹질 잘 하고 그렇게 불량하게 사는데、 소견이 비뚤어져서 불법이 어디로 어떻게 돌아가는지도 모르고 무식하니까 마구잡이로 그런 사람들은 그런 패대로 젊은 수좌들이 해제(解制)하여 다니다가 만나면 마구잡이로 가르칩니다。 우리는 사월보름과 시월보름이 되면 모두 금족(禁足)을 하고 석달동

그 경우기 디를 것은 지명(自明)한 일이다。

〔註 2〕 **계정혜**(戒定慧) : 불법(佛法)을 배워 마음을 깨치려면 반드시 통과하지 않으면 안 될 세 가지 수학(修學)의 요체(要諦)가 있다。 그것이 곧 몸으로 나쁜 짓을 하지 않고 객관 환경의 나쁜 자극을 멀리하여 심신으로 나쁜 짓을 하지 않는 계율(戒律)에 대한 수학(修學)과 생각·감정·욕구등 지정의(知情意)의 번뇌망상에 흔들리지 않고 기멸(起滅)없는 절대 경지에 들어가 고요하고 편안한 마음 자세를 얻는 선정(禪定)에 대한 수련과 번뇌미혹을 끊고 진리를 달관하는 지혜를 밝히는 공부를 말한다。 이것을 계정혜삼학(戒定慧三學)이라하고 계는 부처의 몸이고 부처의 행이며、 혜는 부처님의 말씀이고 부처님의 가르침(敎)이며 정은 부처님의 마음이고 선(禪)이라고도 한다。 이것을 또 만일 三장의 구별로 본다면 계학은 율장(律藏)에 해당하고 정학은 경장(經藏)에 해

당하며 혜학은 논장(論藏)에 해당한다。三장에 대해서는 앞에서 언급한 바 있으므로 생략한다。그러나 三장의 수학은 서로 분리되어 아무 관련이 없는 상태에서 성숙(成熟)되는 것은 아니며 삼위일체(三位一體)여서 마치 솥에 세발처럼 일신(一身)의 관계에 있는 것이다。그래서 계를 의지하여 선정이 이루어지고 선정에 의해서 지혜가 일어나며 이렇게 됨으로써 계는 더욱 굳건해지고 그 행은 한층 거룩하게 빛날 것이다。곧 밝은 이치를 증득한 혜가 있다면 자연히 죄악은 범하지 않게 되고 번뇌망상에 흔들리지 않는 정력(定力)이 있다면 역시 악의 유혹에 끄달리지 않게 되므로 계를 깨뜨릴 염려는 없어지는 것이다。따라서 계정혜삼학은 이름만 다르고 세가지일 뿐 실상은 다 마음 하나를 붙들고 닦고 밝히자는 것이다。중생들은 주관과 객관을 나누고 나와 남을 대립시키며 육체를 나로 삼아서 객관 경계에 육근이

안 전부 용맹정진합니다。그걸 결제(結制)한다고 그러는데 구십일이 지나면 해제를 해서 동·서·남·북 모두 돌아다니다 사월초승께쯤 되면 그 절에 전부 다 모입니다。공부하는 장소에 모이면 제가끔 공부하고 싶은 데로 가고 늘 이러는데、그날 처음 오는 날 식을 거행하고 금강경을 떠든지、그걸 내놓고라도 깨친 소식을 한번 보여 주고 알아듣든지 말든지 그리고 또 깨치려면 어떻게 공부를 해야 한다고 전부 가르쳐서 모두 정신 가다듬도록 만들어서 석달동안 용맹정진하도록 일러 주는 법입니다。그런데 이런 사람들은 큰 방으로 들어가서 술 먹으라는 겁니다。술을 안 먹는 수좌가 있으면 저놈 막걸리도 먹을 줄 모르는 자식이 무얼 하려고 그런다고 이러면서 막 쫓아내는 겁니다。계를 지킨다고 틀어박혀서 소승불교(小乘佛敎)나 하고 그래 가지고 뭐가 되겠냐고 욱박지릅니다。그래서 한번 두번 이런식으로 하면 그 사람은 결국 술이나 먹고 그렇게 되어 버리고 맙니다。그것도 그런 식으로 또 깨달은 것이 조금 있어서 남 못하는 다른 소리도 할 줄 알고 이래 가지고 모두 그 정신이 옳은가 싶어서 아리송하게 만듭니다。경전도 그만 똥걸레처럼 만들어서 이게 다 무엇이냐고 하여 확실히 그렇게 알도록 만듭니다。이런 소중한 금강경 같은 것도 그렇게 만들고 성불하는 데 방해가 된다는 것입니다。그러니 그 죄가 얼마나 크겠읍니까。아무리 제가 일승법(一乘法)을 뭐좀 아는 것 같다 해도 정법(正法)을 비방한 그 과보는 이제 세세생생 지옥고(地獄苦)를 몇 천만겁을 받는 법이고、어쩌다가 아수라가 되어 가지고 지옥보다는 조금 낫지만 여러 백천만겁을 비둘기보를 면하지 못하듯이 축생계를 돌아다니다가 어쩌다 인도환생(人道還生)을 하면 모두 문둥이 만신창이 생긴다는 겁니다。부처님 말씀을 거역한 것이기 때문에 그런 겁니다。

대처승들이 생기기 시작하고 사오십년 동안에 몇 번씩 공적으로 사적으로 웃으면서도 싸우고、찡그리면서도 싸우고 한정 없이 싸웠읍니다。이래 가지고 수좌들이 그만 마구잡이

응하여 번뇌망상을 일으킴으로써 좋은 것 나쁜 것과 통하고 막힌 것이 있게 되므로 여기에 온갖 시비가 생기고 문제가 생겼으며 생사 대사도 마라 일어나게 되었던 것이다. 이런 것은 다 이런 것들의 근원인 마음의 본바탕 자리에 돌아가지 않고서는 해결될 수 없는 것이므로 부처님께서 계정혜 三학을 세우신 바이다.

정학(定學)과 혜학(慧學)에 대해서는 다른 기회에 언급하기로 하고 여기서는 계학(戒學)에 관한 총괄적인 윤곽이라도 이해해 두는 것이 본문 이해에 다소의 보탬이 되리라 믿는다. 계에 대한 단편적인 설명은 해제(解題)와 본문을 주석 강의하는 과정에서 풀이된 것으로 믿고 여기서는 개괄적인 윤곽만을 설명하기로 한다. 계(戒)는 소극적인 뜻으로는 그른 것을 막고 악을 그치다(防非止惡)는 금계(禁戒)로 보지만, 적극적인 뜻으로는 일만 선의 근원(萬善之本源)으로 본다. 계율을 소승계(小乘戒)

로 행동했음이 불애보리요(行盜行婬不碍菩提)、 도둑질하고 음행하는게 보리에 무슨 거리낄게 있으며、 음주식육무방반야(飮酒食肉無妨般若)、 술먹고 고기 먹는 것이 반야세계에 무슨 장애가 될게 있느냐。「반야바라밀이 그게 뭔데 그게 어디가 걸리고 막히느냐。」 이래가지고 막행막식(莫行莫食)을 했는데 듣고 보면 그 말이 어려운 법담(法談)같이 들립니다。 그러나 정법에 턱도 안 닿는 말입니다。 그렇지만 말이 그럴듯 하고 어렵게 하는 수도 보여 유혹이 되어 대중이 따라갑니다。 그래서 「파·마늘 먹지 마라。 중이면 이렇게 해야 한다。」하면 몰아 세우고 어디 가서 이런 얘기를 할수도 없이 됐읍니다。 술 생기면 술 먹고 여자 생기면 계집질하는 것 이것 떼기보다도 파 마늘 안 먹기라는 건 보통 정신으로는 안 되는 겁니다。 이제 마음이 약해서 눈물 흘려 가면서 하는 사람도 있겠지만、 정말 발심한 사람이면 항복기심(降伏其心)을 해 보려고 하는 그 마음으로 보시·지계·인욕·정진·선정·지혜를 닦으라는 것입니다。 마음 한번 항복 받기라는 게 내가 완전한 인간이 되는 게 그렇게 어렵구나 하는 이론을 자세히 치밀하게 알면 그렇게 되지 않습니다。

도할양무심(塗割兩無心)의 인욕

가리왕은 본래 폭군인데 따뜻한 어느 봄날 대신 장군들을 이끌고 큰 산으로 사냥을 가게 됐읍니다。 이날은 특별히 궁녀들도 따라갔는데 산에서 놀다가 가리왕은 몸이 좀 피곤해서 잠이 들었읍니다。 임금이 잠이 들면 궁녀들이 옆에 있다가 행여나 개미라도 기어 올라갈까 염려되어 모두 시위를 하고 있는 법인데、 이 날은 대신과 장수들도 많고 그러니 궁녀들 수십명이 산 구경하자고 임금 곁을 떠났읍니다。 궁 안에만 갇혀 있다가 모처럼 산에 올라오니 여기저기 구경하다가 돼지 막처럼 지어 놓은 토굴(土窟)이 하나 있는 것이 눈에 띄어 그 안을 들여다보니 사람이 하나 앉아 있는데 얼굴을 보니까 인간 세상 사람은 아니고 백옥 같은 선풍도골(仙風道骨)의 도사(道師)였읍니다。 세상에서 욕심만 팍 차고 심술이 팍 차서 속된 욕심이 줄줄 흐르는 인간만 대하다가 욕심이 뚝 떨어진 신선(神仙)을 보니 아무것도 모르는 범부 눈이라도 존경심(尊敬心)이 생겨서 「선생님, 여기서 무얼하십니까。」하고 물었읍니다。「아무것도 하는 게 없다。」「그러면 아무것도 하는 거 없이 무엇 때문에 여기 앉아 계십니까。」 이렇게 문답을 하는데 그만 시간이 간 줄 모르고 한 시간이 넘었읍니다。

그때 임금이 잠이 깨어 일어나서 궁녀들 수십명이 어디로 가고 없는 것을 보고 눈이 휘둥그래졌읍니다。 옛날에 나쁜 제왕(帝王)들이 시기 질투 많고 참 고약했읍니다。 자존심만 많아 가지고 날 조금이라도 덜 좋아하는 눈치가 있는 여자가 하나라도 있으면 당장 목숨이 달아나고 그렇게 지독합니다。 그런데 가리왕은 궁녀가 없어졌으니 그만 골이 잔뜩 나서, 여기저기 찾다가 궁녀가 있는 곳으로 단걸음에 달려와서 보니 조그마한 초막 안에 거기다 함께 들어가 있는데 극도의 시기심이 일어나 가지고 다짜고짜로 막 들어갔읍니다。 그리고 너희들 나 아닌 어떤 놈 하고 얘기하느냐 싶어서 자세히 살펴 보니 얼굴이 그럴듯 하게 잘생긴 도인 남자하고 저희끼리만 앉아서 갖은 얘기 다 했을 것이라 생각해 보니까 당장 그 놈을 칼을 빼서 전부 목을 베어야 하겠지마는 거기까지는 너무 심한 것 같고 또 옷은 다 제대로 입고 있는 걸 보고는 훑어보기만 합니다。

궁녀들은 잠깐 한 십분 동안만 갔다 온다는 것이 신선놀음에 도끼자루 썩는 줄 모른다고 그만 임금이 잠이 깨도록 있었으니 이젠 죽었다 싶어서 뜰 아래 꿇어 엎드려서 대죄(待罪)를 합니다。 가리왕은 그 신선에게 「네가 이런 산중에서 혼자서 뭘하느냐。」「아무것도 아니합니다。」「그러면 아무 것도 안 한다면 여기 무슨 재미로 있느냐。 사농공상(士農

・대승계(大乘戒)로 크게 나눌 수 있는데 三귀계(歸戒) 三취정계(聚淨戒)・一〇중금계(重禁戒) 四八경계(輕戒) 등이 대승계이니 〇〇페이지 보살계(菩薩戒)조를 참조하기 바라며, 소승계에는 五계・八계・一〇계 등의 재가계(在家戒)와 비구의 二五계・비구니의 三四八계・사미계(沙彌戒)・사미니계(沙彌尼戒) 등 율의(律儀)가 있지만 그러나 대승계인 三취정계 가운데 첫째 정계(淨戒)인 섭률의계(攝律儀戒)에는 소승의 모든 율의(律儀)를 다 포함하는 것으로 되어 있으므로 사미율의는 물론 비구・비구니의 구족계까지도 다 대승계의 섭률의계에 포섭되는 것이다

〔註 4〕 출가(出家): 출가에 먼저 二종이 있다。 첫째는 출세속가(出世俗家)니 부모 은정(恩情)과 처자의 애정을 끊고 세속을 떠나서 머리 깎고 먹물 옷 입은 출가를 뜻하고, 둘째는 출삼계가(出三界家)니 번뇌 미망의 혹(惑)을 끊고 생사를 뛰어난 성과(聖

工商)에 뭐 하나 책임을 지든지 그렇지 않으면 산중에 와서 도를 닦든지 뭐 하나 해야 할 것이 아니냐。」하며 이렇게 꼬집어 묻는데도 아무것도 안 한다는 것입니다。「정말 네가 아무것도 안 하느냐。」이제 칼이 곧 빠지려고 하는 판인데 「제가 참는 공부를 좀 하고 있읍니다。」 마지 못해 이렇게 대답합니다。「그러면 네가 참는 공부를 했으면 잘 참느냐 참는 거 몇 해나 공부했느냐。」「얼마 되지 않습니다。」「그러면 네가 어느 정도까지 참느냐。」「참는 데까지 참습니다。」 극도로 노해 있는 국왕의 무서운 모습에도 아랑곳없이 냉정한 태도에 왕은 더 괘씸한 생각이 들었읍니다。 「그러면 네 신체를 도려 내도록까지 참겠느냐。」「글쎄요、참는 데까지 참지요。」 그러자 왕은 칼을 쑥 빼어 가지고 한 눈을 푹 도려내 버렸읍니다。 피가 툭 터졌는데도 신선은 가만히 남은 한쪽 눈을 끔짝도 안하고 앉아 있읍니다。 왕은 이놈의 자식 항복도 안하고 이런 나쁜 놈이 있느냐고 또 한 눈을 마저 빼 버렸읍니다。 그래도 아무 말도 안하고 찡그리지 않고 등상불 모양으로 가만히 그대로 앉아 있읍니다。 가리왕은 참는 공부를 한다고 하더라도 임금의 말대접을 해서라도 항복을 해야 할텐데 이 놈이 임금을 이기려고 한다고 더 화가 나서는 「네가 참는 데까지 잘 참는다고 했으니 참아 봐라。」 하고는 그만 양쪽 귀를 싹싹 오려 버립니다。 아、 그래도 선인은 까딱 안하고 앉아 있읍니다。 양볼을 다 베어서 서른 두 개 이빨이 다 나오게 했읍니다。 그래도 신선은 아무말도 안 합니다。 요런 죽일 놈 보라고 두 팔을 짤라 내고 두 다리를 짤라 내어 버렸읍니다。 그러니까 몸뚱이 동체만 남았는데 그리고는 또 두 젖을 도려내고 그래도 선인은 까딱 안 하고 앉아 있읍니다。

그런데 이때 도리천(忉利天) 하늘의 제석천(帝釋天)은 둘째 하늘의 천주(天主)인데 위에서 내려다 보니 가리왕의 소행이 하도 악해서 더 참을 수가 없어서 곧 내려와 가지고는 태풍을 일으켰읍니다。 뇌성벽력을 하고 바윗돌이 갔다왔다 산이 막 무너지는 판입니다。

果)、곧 무생과(無生果)를 증득(證得)한 출가를 뜻한다。 따라서 참된 출가는 후자(後者)를 뜻하며 그러므로 정명거사(淨名居士)는 「출가라 함은 무위법(無爲法)을 위한 것이라」 했고 또 옛 어른 말씀에 「출가는 대장부의 할일이 아니랴。」고 했던 것이다。 또 유마경제자품(維摩經弟子品)에 「내가 부처님 말씀을 들으니 부모가 허락하지 않으면 출가할 수 없다」 하셨고、 그 방편품(方便品) 유마거사 말씀에 「그러나 그대들은 아뇩다라삼먁삼보리심을 일으키는 것이 출가니라。」고 했다

또 출가에 二종출가와 四종출가가 있다。 二종출가라 함은 첫째 신출가(身出家)니 소승의 비구와 대승의 보살승(菩薩僧)이며、 둘째는 심출가(心出家)니 대승의 보살거사를 일컫는다。 四종출가는 「첫째 신출가 심불출(身出家心不出)。 몸은 출가하여 승려가 되었지만 마음은 아직도 세속의 미련을 가지고 있는 이를 말하며、 둘째

그래 흙이 수백길씩 올라갔다 내려치고 하니 가리왕이 겁이 나서 「아、천벌(天罰)이 내리는구나。」하고 꿇어 엎드려서 살려 달라고 빌고 대신들이고 궁녀들이고 돌에 묻혀 죽을 판입니다。 그런데 그 때 선인이 제석천에게 자기는 다 죽게 되어 말도 할 수 없을 정도지만、말하기를 「오늘 내가 참는 이 인욕이 정말 인욕다운 인욕이거든 내 앞에 있는 가리왕을 해롭게 하지 마옵소서。」합니다。 이것이 참는다고 하는 생각이 조금도 없는 인욕 곧 참으려고 억지로 참는 게 아니고 인욕바라밀이 즉비 인욕바라밀입니다。 무심한 지경에 들어서서 하는 인욕입니다。

그러자 태풍이 싹 꺼지면서 앞에 참 거룩한 이가 하나 나타났는데 하늘에 옥황상제가 자기 본신(本身)을 그대로 나타내신 것입니다。 천동천녀(天童天女)를 함께 데리고 와서 무수한 절을 인욕선인에게 하면서 하늘에 전당포라는 신기한 약이 있는데 이것을 가지고 팔을 갖다 붙이고 눈도 도로 제자리로 붙이고 귀도 약을 발라서 붙이고 그리고 나니 그게 본래대로 되었읍니다。 그리고 천당에서 미리 준비했던 음식으로 천공(天供)을 올리고는 미래세(未來世)에 성불하시거던 부디 저부터 먼저 제도해 달라고 간청을 하고 하늘로 올라갔읍니다。 그런데 이 인욕선인(忍辱仙人)은 제석천에 대해서 고맙다는 생각도 없고 가리왕에 대해 아무 괘씸한 생각이 없었읍니다。 그래서 이것을 도할에 양무심(塗割兩無心)이라 합니다。 전당포로 발라 줄 때에도 무심하고 할절신체(割截身體)로 사지백해(四肢百骸)를 찢어 놓을 때도 무심했읍니다。〈전당포〉를 발라 주는 제석천한테나 내 몸뚱이를 잘라 낸 가리왕한테나 똑같이 양무심(兩無心)으로 아무 생각 없이 여여부동(如如不動)하다는 뜻으로 한 말입니다。

신자가 심출가(身在家心出家)니 비록 처자를 데리고 살림은 하지만 유마(維摩)거사나 방거사(龐居士)·부설거사(浮雪)처럼 세속에 물들지 않는 이를 말하며、세째는 신심구출가(身心俱出家)니 몸으로만 출가했을 뿐 아니라 五욕에 대한 마음을 여읜 이를 말한다。 네째 신심구불출가(身心但不出家)니 처자를 거느리고 세속의 욕락(欲樂)에 깊이 탐착하는 것이라」고 법온족론(法蘊足論)에 기록돼 있다。

〔註 5〕 십계(十戒)：一○계는 살생·투도·음행·음주·망어·행만가무 등 열 가지 금계(禁戒)를 말한다。

一、살생(殺生)은 산목숨을 죽인다는 뜻이니 자비를 근본으로 하는 불법문중(佛法門中)에서 제일 꺼리는 최대의 치욕(恥辱)이다。 비단 사람을 죽이는 것뿐 아니라 감정이 있고 알음알이가 있는 모든 것은 다 생명이 있는 것이므로 사람으로부터 짐승·벌레에 이르기까지의 중생을 일컫는다。 이들은

디 죽음을 제일 싫어하고 서로 윤회를 하는 동등한 생명이기 때문이다.

二、도덕질(盜戒): 모든 물건은 각각 주인이 있어서 다 지니고 자기 생명처럼 보호하고 아끼고 있다. 그러므로 주지 않는 것을 강제로 갖든지 몰래 갖든지 빼앗든지 하는 등의 행동은 다 남의 피해를 가져오는 죄업으로서 사미계의 경우 두번째로 중요한 죄악으로 지목되고 있다. 자기 소유물을 아끼고 탐착하는 것도 탐업이 되는데 하물며 남의 물건을 욕심 낸다는 것은 더 말할 나위가 없다.

三、음계(婬戒)에 있어서 재가계(在家戒)에서는 사음(邪婬)만을 금하니 재가 불자는 처자가 있는 생활이므로 예 아닌 음행만 끊으면 되지만 출가 불자는 열반에 나아가는 정인(正因)을 닦는 자이고 고해를 건너는 구명대를 탄 것과 같으니 구명대는 작은 구멍만 나도 가라앉게 되는 것이므로 음행을 전혀 끊어야 하는 것이다.

부루나존자의 인욕

설법제일(說法第一)인 부루나존자(富樓那尊者)께서 체험한 거룩한 인욕의 일화(逸話)가 있읍니다. 부루나 존자는 마음에 움직임이 없이 전부 참는다는 것입니다. 또 이 세상의 허무함을 여실히 깨닫고 중될 사람 중 되어 철저히 수행하도록 하고 신도될 사람 있으면 특별한 신도가 되도록 설법을 제일 잘하는 분입니다. 십대제자가 다 대아라한(大阿羅漢)이고 다 성인이시지만 수보리존자는 아공·법공·구공의 원리를 제일 잘 깨달은 해공제일(解空第一)이고 계를 잘 지키는 분은 우바리존자(優婆離尊者)시고 이렇게 각각 특별히 잘하는 분이 열입니다. 부루나 존자께서 한 번은 아직 불교가 전도되지 않은 외딴 지방에 가서 포교할 생각을 냈읍니다. 그때는 인거일동(一擧一動)을 부처님께 반드시 다 여쭈고 실천했읍니다. 부처님 곁을 떠나는 것을 어린아이들이 어머니 아버지한테 하듯 지금 국민학교 학생이 선생님한테 하듯이 그랬읍니다. 그때만 그러는 게 아니라 지금도 그렇게 하도록 되어 있읍니다. 선생이 있으면 제자로서 그래야 할 것이고, 부모가 있으면 아들 딸이 꼭 물어서 행동을 해야 할 것입니다. 설사 제자가 스승보다 낫다 하더라도 스승은 선각자(先覺者)이니 물어서 해야 하고, 부모가 설사 대학을 못 나오고 아들만 못하다 하더라도 나보다 경험이 많은 분이니까 상의하고 물어서 하면 부자간(父子間)이고 내외간이고 그 사이가 서로 이해하게 되고 달라질 겁니다. 또 동네 노인들한테도 그래야 할 겁니다. 아무리 무식하고 농사만 짓고 있더라도 그래도 내가 평생 못한 경험을 갖고 있는 것도 있을 것이니 공경해야 합니다. 사람이 겸손해야 하고 그만큼 얌전해야 하고 틀림 없어야 합니다.

보현햇(普賢齊)이란 비구니의 이름인데, 처음으로 보살계(菩薩戒)를 넌 비구니라 하여 좋게 지어진 이름이었다。 계의 체는 존귀하다 하여 賢善라 했고 계의 체가 청정하여 연꽃과 같으므로 賢이라 했으며、 존귀청정하여 어디에나 두루 퍼지므로 香이라 했다고 한다。 그는 수행하던 도중에 한 생각 망녕된 마음이 일어나서 자신의 마음을 지키지 않고 음계를 범하고도 부끄러워할 줄도 모르고 뉘우칠 줄도 몰랐을 뿐 아니라 더욱 삿된 소견을 일으켜서 말하기를 「음행은 죽이는 것도 훔치는 것도 아니니 죄보를 받지 않는다」고 하였다。 이에 「사사로이 음욕을 몰래 행하여 청정을 잃었으니 도적이 아니며 지혜의 목숨을 베었으니 죽인 것이 아닌가。」 하고 옛 선지식이 말씀하셨다。 대지도론(大智度論)에 이런 계송이 또 있다。「부끄러움 아는 입도한 사람이여、 바리 들고 중생 건져야 하리니 어찌하여 욕망의 떠끌

그래서 부처님께 「아무 지방으로 가서 전도를 하고 싶은데 가도 되겠읍니까。」 하고 여쭈었읍니다。 부처님께서 「가기는 가거라마는、 그 지방 사람들이 불볍이 없고 아주 강강난폭(剛剛亂暴)한 탐재호색(貪財好色)하는 중생들만 사는 곳이니 요새말로 깡패 투성이의 우범지대(虞犯地帶)인데 거기 가서 전도하기 힘들 것이다。 만일 네가 가서 피땀 흘려서 아는 것、 공부한 것、 애써서 일러 주지만 한 사람도 잘 들어서 받들지 않고 도리어 무슨 미친 소리인지 개 같은 소리 자꾸 하고 돌아다닌다고 하나도 네 말 듣지 안하고 비방만 하면 어찌할테냐。」하고 물으십니다。 「그래도 대단히 어질고 착한 중생들이라고 생각하고 듣고 안 듣고간에 전도를 계속하겠읍니다。」 「그러면 욕만 하면 다행인데 봉변을 하고 몽둥이로 매질을 당한다면 그 때는 어떻게 하겠느냐。」 「그래도 대단히 어질고 착한 중생이라고 생각하겠읍니다。」 「아 사람을 때리고 돌질하고 병신 만들어 놓는데 그런 사람들이 어떻게 어질고 착한 중생이냐。 억지로 지어서 하는 소리 아니냐。」 「아니올시다。 이유가 있읍니다。 왜냐 하오면、 나에게 달려 들어 죽이는 것보다는 어질고 착한 사람이기 때문입니다。」 「그건 그렇겠다。 그러면 그만 달려 들어서 사정 없이 머리에 돌멩이질을 해서 죽게 하면 어찌할 것이냐。」

십대 제자 가운데 실제로 이렇게 포교하다가 돌에 맞아서 죽은 이도 있읍니다。 신통이 제일 가는 목련존자가 그랬읍니다。 태산도 뚫고 들어가고 바위 속에도 뚫고 들어가는 신통이 있는 이가 돌멩이에 맞아 죽었다는 건 말도 안 되는 소리입니다。 사실은 바윗돌로 때려 봐도 허공으로 아무것도 없는 허공 때리는 것 같아서 아무렇지도 않을 건데 그렇지만 맞아 죽는 법이 또 있읍니다。 이와 같은 예가 있기 때문에 부처님께서 하신 말씀입니다。

부루나 존자는 「그래도 어질고 착한 중생이라 생각하겠읍니다。」 「사람을 죽인 중생을 어째서 어질고 착한 중생이라 하느냐。」 「부처님、 저희들이 억겁다생(億劫多生)으로 이 생

에 끌려 다섯 가지 정에 빠지느냐

이미 五욕락을 버리엇거니 던졌거던 돌아 보지 받아야 하겠거늘

다시 어찌 욕락에 들어가서 뱉은 침을 먹는 듯 어리석음까」라고。

四、거짓말(妄語)은 그 내용이 다양하다。그래서 구족계에서는 큰 거짓말(大妄語)은 四바라이 곧 四중죄(重罪)에 해당하고 기타의 거짓말은 경우에 따라서 죄의 무게가 각각 다르다。큰 거짓말은 마음을 깨치지 못했으면서 남에게 도인 대우를 받기 위해 도를 알았다고 거짓말하는 것을 말한다。 능엄경(楞嚴經)에 말씀하시기를 「불제자여、곧은 마음이 이 도량이니 네 가지 위의와 일체의 행위 가운데 허망한 거짓말을 하지 말라」하셨으며、또 「六도중생이 비록 몸과 마음에 죽이는 것·도적질·음란한 짓을 하지 않아서 이 세 가지 행이 원만하더라도 만일 큰 거짓말을 하면 곧 정을 닦는데 깨끗하지 못하여 마침내 마구니가 좋아

사고해(生死苦海)를 면하지 못하는 것은 그때그때 받아서 태어난 육신(肉身) 이것을 가지고 항상 〈나〉라고 했기 때문에 그래서 중생이 이 생사를 못 면합니다。그래서 중생이 죄업(罪業)을 제가 일부러 지어서 만들어 가지고 제죄 제가 받는 것이지 누가 어디 다른 사람이 하겠읍니까、그 죄의 원인은 단지 허망한 육신을 애착(愛着)하는 이것 때문에 저희가 이렇게 생사고해를 허덕이는 것이오며 아무 까닭도 이유도 없는 고생의 대가(代價)도 없는 고생뿐입니다。그런데 이 육신을 그만 두드려 깨 부셔서 해탈시켜 저의 법신(法身)·참나·진아(眞我)를 드러나게 해 주니 그것이 어질고 착한 대보살이고 부처님 행위 아니겠읍니까。그래서 참으로 감사하고 어질고 착한 부처님이라 믿고 아무 원한이 없겠읍니다。」그때에야 부처님께서 고개를 끄덕끄덕하시면서 「그래、네가 전도할 자격이 있다。」고 허락하셨다고 합니다。

이와같이 법사(法師)라면 자신부터가 이만한 각오가 있어야 할 것입니다。우리도 각오부터 먼저 하고 그리해야 할 이유부터 이론으로 철저히 따져서 알고、그런 다음에 오늘 실천을 못했지만은 내일은 기어코 실천하리라 결심하고 다짐해야 할 것입니다。그렇지 않고는 부처님께서 전도하러 가라는 허가의 말씀을 안 하십니다。네가 전도가 뭐야、너도 안 배운 주제에 설법이 뭐냐고 그렇게 걱정을 하실 건데 부루나 존자는 설법제일부루나(說法第一富樓那尊者)라고 아는 것도 많고 설법도 잘 하지마는 사실 설법할 자격이 되어 있고 참 머리깎을만했고 먹물 옷 입을만한 분이 되었읍니다。

인욕을 하여 이렇게까지 들어서면 적이 없읍니다。나를 죽이는 사람도 적이 아니요、살리는 사람도 은인(恩人)이 아닙니다。그런데 이렇게 나를 해롭게 하고 괴로움을 주는 사람한테 원한(怨恨)을 품지 않는 것은 오히려 쉽습니다。기가 막히게 죽자 하고 그야말로 나를 숭배(崇拜)하고 나를 따르고 온갖 것 갖다 대접하고 그게 생명을 바쳐서 나를 위하

하는데 떨어져서 여래의 종자를 잃게 되느니라。」 하셨다。

「거짓말에 크게 네가지 구별이 있으니 혹 기쁘기 때문에 나오는 거짓말이 있고 혹 성을 내어 하는 거짓말 질투를 해서 하는 거짓말과 남을 유혹하기 위해 하는 거짓말이 있다。 그러나 거짓말을 하게 된 동기는 다르지만 거짓말을 한 내용에 대소가 있고 죄의 경중이 있는데 그 근원을 캐고 보면 다 망령됨으로 말미암아 일어난 것이다。 마치 눈병이 나면 일천 개의 꽃이 하늘에서 떨어지듯이 한번 망령이 마음에 일어나면 한없는 생멸이 일어나나니 마음의 왕이 바르면 여섯 기관의 신하가 삿되지 않다。」고 주석에 말씀하였다。

① 거짓말(妄語)은 허망하고 실다웁지 않은 것이니 옳은 것을 그른 것으로 하기 위해 본 것을 안 봤다 하고 그른 것을 옳은 것으로 만들기 위해 보지 않은 것을 봤다고 하는 것이니、본 것을 보지 않았다 함은

려고 하고 나를 따르는 그런 이를 고맙게 안 생각하는 것이 맞아 죽어 가면서 원망 안하기 보다 참 어렵습니다。 날마다 황금을 한 말씩 갖다 주고 불사(佛事)에 보태쓰고 용돈 쓰라고 매일 그렇게 하는 신도가 있다고 하더라도 그거는 제가 하고 싶어서 하는가 보다 하고 그렇게 생각할 것도 없는 겁니다。 누가 가져 왔는지도 몰라야지 사실 또 어디 가져온 사람 있읍니까。 가져온 사람 있다고 생각해야 옳겠읍니까。 그러면 비보살(非菩薩)이지 보살이 아닙니다。

조건부로 이렇게 저렇게 세상을 사니까、이 세상이 이렇게 혼란해서 도무지 살 수가 없지 앞으로는 우리가 무주상세계(無住相世界)가 될 겁니다。 그래서 사바세계(娑婆世界)이름을 고쳐서 무주상 세계(無住相世界)라 그럴 겁니다。 이번 금강경 산림이 끝나면 우리가 금강경 부대(金剛經部隊)를 조직해 가지고 무주상세계로 개조(改造)하는 역군이 되고 독립군이 되어야 할 겁니다。 이렇게 배우는 것이 인간을 개조하는 공부를 하는 게 아닙니까。 그렇게 되어야 우리가 안심할 수 있는 시간이 있을 수 있겠다고 꿈에라도 안심할 수 있을 겁니다。 아까 부루나존자처럼 그렇게 굉장한 인욕일지라도 그런게 인욕이 아니라고 부처님은 말씀하십니다。 인욕이 아닌데 그러나 억지로라도 하기는 해야 합니다。 참아야겠다。 참아야겠다。 이러며는 머리끝까지 골이 올라와서 당장 때려 죽일 놈인데 그래도 「참아라、참아라、그래도 참아야지。」 이렇게 하다 보면 도인(道人)이 됩니다。

모든 것은 실상으로부터

이러한 인욕도 실상자리를 깨쳐서 무심한 마음의 본체를 깨닫지 않으면 안 됩니다。 실상자리가 배고프면 밥 생각하고 산 보면 높은 줄 아는 것이니、모든 것은 근본실상(根本

속이는 것이고 보지 않은 것을 봤다고 하는 것은 허황된 것이다. 분별하는 알음알이가 눈에 있는 것이 보는 것이고 알음알이가 귀에 있으면 듣는 것이며 알음알이가 코·입·몸에 있으면 냄새맡고 맛을 알고 느끼게 되며 뜻에 있으면 지식을 일으키니, 이렇게 느끼고 앎으로부터 나오지 않음이 없다. 그러므로 들은 것을 안 들었다 하고 안 들은 것을 들었다 하며 느끼고 지식하는 것도 이렇게 거짓된 것을 뜻한다.

② 기어(綺語)라 함은 비단결같이 아름답고 발리는 말, 아첨하는 말을 뜻한다. 분바르고 화장하고 갖가지로 꾸미는 간사한 말로 남의 마음을 유혹하고 현혹하는 거짓말을 뜻한다.

이와 같이 비단결 같은 아첨하는 말로 염착하는 마음을 이끌어 사람의 슬퍼하는 마음을 기르고 사람의 번뇌를 사랑하게 하여 사람의 떳떳한 성품을 나쁘게 만들고 사람의 바른 생각을 상실하게 한다.

實相)이 하는 일이고 무심체(無心體)가 아는 거지 생각이 따로 있어 아는 것은 아닙니다. 이 자리는 생각하면 안되는 것이니 금송아지 얘기처럼 이 마음 자체가 무슨 관념이 있는 것이고 어떤 생각이 있는 존재라면 다른 것은 모릅니다. 제 생각이 벌써 하나 정해져 있어서 딴 것은 귀에 들어오지 않고 보이지도 않으니까 그런데 이것이 일체 생각이 아니기 때문에 그래서 닥치는 대로 압니다.

산 보면 높다 물 보면 깊다고 아는 것은 높은 것도 깊은 것도 아니기 때문에 두 가지를 다 압니다. 거울에 먼지 투성이가 시꺼멓게 붙어 있으면 무엇을 비춰도 안 나타납니다. 중생 범부들은 탐심·치심·욕심덩어리의 온갖 먼지가 마음 자리에 묻은 셈입니다. 일상생활(日常生活)의 쉬운 예로 차려 자세를 해도 몸이 가만히 오래 있는 사람이 아주 드문데 이것도 그 마음에 때가 많이 묻고 흔들리기 때문입니다. 우리 한국 사람이 세계에서 부동자세를 잘 하는 사람이 많이 있다는 것을 들었읍니다. 우리 민족이 질투심만 없고 노력만 잘하면 세계에서 큰 소리 한 번 할 것입니다. 이 실상자리와 마음이 쉽게 계합(契合)할 수 있는 소질이 있기 때문입니다. 이 실상자리인 마음은 있기도 하고 없기도 하고 있게도 보이고 없게도 보이고 그럽니다. 그러니까 유정 무정(有情無情)이라는 관념도 응무소주(應無所住)해서 봐야 유정 무정이 다 부처가 돼 있는 내용을 알게 됩니다.

이것을 또 진공묘유(眞空妙有)라고 하는데 있어도 있는 걸로 있는 것이 아니라는 뜻입니다. 있는 걸로 없고 없는 걸로 있고 있는 것 그대로가 없는 것이니 그것이 곧 진공입니다. 없는 것도 있는 것도 아닌 참말로 없는 겁니다. 있는 채로 없는 게 이것이 참말 진공이지 요새 진공이란 아무 것도 없는 겁니다. 현상이고 보니까 없는 존재입니다.

우리 마음도 아무 것도 없는 것 같은데 부르면 네 하고 똑똑히 대답을 합니다. 무슨 일을 하라고 시키면 그대로 가서 하고 이렇게 하는 걸 보면 있는 것이고, 또 그렇다고 해서 찾아 보면 아무것도 없읍니다. 시방(十方)을 초월하고 유무(有無)를 초월하고 부처도 중생도 아닌, 생사도 열반도 아닌 이것이 없는 겁니다. 이렇게 없는 가운데서도 분명히 설법을 하고 여기 이렇게 듣고 앉아 있읍니다. 듣는 것인 줄도 알고 말하는 것인 줄도 아니까 하는 말인데 부처님께서 가리왕에게 사지를 찢기고 마디마디를 찢길 때 「아상·인상·중생상·수자상이 없었기 때문에 내가 참았지, 만일 그때 내가 내라는 생각을 내든지 육체를 내라고 단정해 버렸다면 도할양무심(塗割兩無心)의 인욕을 할 수 있었겠느냐.」고 말씀하십니다.

그러나 무심경계에 못 들어갔더라도 정말 발심을 했다면 아파 죽으면서 눈물을 줄줄 흘리고 잘못했읍니다 하고 죽지만, 남을 조금도 원망하지 않습니다. 우리가 불교 이론을 확실히 알아 놓으면 원망해야 내 신세만 낭패고 죽어서 삼악도(三惡道)로 갈 텐데, 내가 맞아 죽는 것도 억울한데 남을 원망해서 삼악도까지 가면 내 신세가 어떻게 되겠읍니까. 그러니까 우리가 단식하고 순교할 각오로 하는 것은 정법으로 죽는다는 게 마음입니다. 옳고 바른 생각 아무 생각 없는 데서 죽고 그리고 나를 죽이는 사람을 도리어 빌어 줍니다. 이것이 이생기심(而生其心)입니다.

③ 악구(惡口)는 역시 망어(妄語) 가운데 하나니 거친 소리와 나쁜 기운을 일으켜서 성내는 불길이 한 번 일어나면 입을 헐고 마음을 태우며 사람을 칼로 베고 송곳으로 찌르는 것처럼 아프게 해롭히는 죄업을 짓는다. 그래서 옛 어른이 말하기를 「불법을 즐기는 사람에게 원수가 있는 일이나 착한 마음을 가진 사람에게 원수의 도적이 따르는 것은 악구로 말미암은 것이다」라고 했다. 악구를 매리(罵詈)라고 하니 정면으로 욕하는 것이 罵고 뒤에서 헐뜯고 욕설하는 것은 詈다. 자기만 잘난 것으로 하고 남은 잘못이 많은 것으로 비방하고 욕하는 것을 말한다.

④ 양설(兩舌): 역시 망어 가운데 하나이니 이쪽 저쪽을 어긋나게 선동하여 사이를 이간질시키는 것을 말한다. 여기에 조사(挑唆)는 앞사람이 말하지 않았는데 피차의 말썽을 일으켜 싸움하는 것을 말한다.

(五五七페이지에 계속)

持經功德分(지경공덕분) 第十五(제십오)

須菩提(수보리)야 若有善男子善女人(약유선남자선여인)이 初日分(초일분)에 以恒河沙等身(이항하사등신)으로 布施(보시)하고 中日分(중일분)에 復以恒河沙等身(부이항하사등신)으로 布施(보시)하며 後日分(후일분)에 亦以恒河沙等身(역이항하사등신)으로 布施(보시)하야 如是無量百千萬億劫(여시무량백천만억겁)에 以身布施(이신보시)어든 若復有人(약부유인)이 聞此經典(문차경전)하고 信心不逆(신심불역)하면 其福(기복)이 勝彼(승피)하리니 何況書寫受持讀誦(하황서사수지독송)하야 爲人解說(위인해설)이리오 須菩提(수보리)야 以要言之(이요언지)컨댄 是經(시경)이 有不可思議不可稱量無邊功德(유불가사의불가칭량무변공덕)하니 如來爲發大乘者說(여래위발대승자설)이며 爲發最上乘者說(위발최상승자설)이니라 若有人(약유인)이 能受持讀誦(능수지독송)하야 廣爲人說(광위인설)하면 如來(여래)ㅡ 悉知是人(실지시인)하며 悉見是人(실견시인)하야 皆得成就不(개득성취불)

可量不可稱無有邊不可思議功德하리니 如是人等은 卽爲荷擔如來阿耨多羅三藐三菩提니 何以故오 須菩提야 若樂小法者는 着我見人見衆生見壽者見일새 卽於此經에 不能聽受讀誦하야 爲人解說하리라 須菩提야 在在處處에 若有此經하면 一切世間天人阿修羅의 所應供養이니 當知此處는 卽爲是塔이라 皆應恭敬하야 作禮圍繞하야 以諸華香으로 而散其處하리라

『수보리야、 만일 어떤 선남자 선여인이 아침에 항하 모래와 같이 많은 몸으로 보시하고 한낮에 또 항하 모래와 같은 몸으로 보시하고 저녁 때에 또한 항하 모래와 같은 몸으로 보시하여、 이와 같이 한량 없는 백천만억겁을 몸으로 보시하더라도、 만일 또 다른 사람이 이 경전을 듣고 신심으로 거슬리지 아니했다면 그 복이 저보다 뛰어나리라。 하물며 이 경을 쓰고 받아 지니고 읽고 외고 남을 위해 해설해 줌이

겠느냐。

수보리야、요긴하게 말하면 이 경이 가히 생각할 수 없고 가히 헤아릴 수 없는 한없는 공덕이 있나니、여래가 대승을 일으킨 이를 위하여 설명한 것이요、최상승을 일으킨 이를 위하여 설명한 것이니라。

만일 어떤 사람이 능히 받아 지니고 읽고 외워서 남을 위해 일러 주면 여래가 이 사람을 다 알고 이 사람을 다 보시는 바 헤아릴 수 없고 일컬을 수 없고 끝 없으며 가히 생각해 볼 수도 없는 공덕을 다 얻어 성취하리니、이러한 사람들은 여래의 아뇩다라삼먁삼보리를 짊어진 것이 되느니라。왜 그러냐 하면、수보리야、소승의 법을 좋아하는 이는 〈나라는 생각〉·〈남이라는 생각〉·〈중생살이라는 생각〉·〈오래 살겠다는 생각〉에 집착하여 이 경을 능히 알아듣고 읽고 외운다든지 남을 위해 해설하여 주지 못하기 때문이니라。수보리야、어느 곳이나 이 경이 있는 곳이면 일체 세간의 하늘과 사람과 아수라가 응당 공양하리니、마땅히 알라。이곳은 곧 탑을 모신 곳이어서 응당 모두 공경하고 예배하고 돌면서 모든 꽃과 향을 그곳에 뿌리느니라。』

第十五 持經功德分—경을 받아 지니는 공덕

〔科解〕

제一五 〈지경공덕분〉은 이 금강경을 지니는 공덕을 찬양한 것입니다。 경에 말씀하기를 「아침결에 항하강의 모래 수와 같은 자기 몸으로 보시하고 한낮 되어 다시 항하강의 모래 수와 같은 몸으로 보시하고 저녁 때에 다시 그렇게 보시하되 이렇게 무량겁을 두고 할지라도 다른 어떤 사람이 이 경을 듣고 신심으로 받아들이어 거슬리는 생각이 없다면 그 복이 저보다 더 수승하니라。 하물며 그 경을 쓰고 읽고 외며 사람들을 위해 해설하는 공덕은 더 말할 것도 없다。」고 하였읍니다。

왜 이 경을 지니는 공덕이 그처럼 굉장한가。 이 경은 불가사의하고 헤아릴 수 없는 공덕이 있기 때문입니다。 그것은 모든 부처님의 「아뇩다라 삼먁 삼보리」가 다 이 경으로 좇아 나오기 때문입니다。 부처님을 성취하는 최상공덕은 그 무엇으로 비교할 수 없는 부사의한 공덕이 있으니 그것은 한량없는 몸과 목숨을 보시한 공덕으로도 비교가 되지 않기 때문입니다。

그렇기 때문에 이 경은 대승심을 낸 이를 위하여 설하며 최상승심을 낸 이를 위하여 설하신 것이니 곧 금강과 같이 다시 파괴할 수 없는 반야지혜를 성취하여 영원한 이상세계인 열반의 저 쪽에 도달하는 것입니다。 그러므

二七斷疑論 이 「지경공덕분」은 「제一〇단의」의 첫째 대문인 一、「거유단의」(擧喩斷疑)와 둘째 대문인 찬경공덕(讚經功德) 두 문단 가운데 一、찬경공덕(讚經功德)에 해당한다。 여기에 다시

① 총표(總標)와 ② 별현(別顯)이 있으니

①총표는 전절에 해당한 문단이고 ②별현에서부터 지경공덕분에 해당한다。

② 별현(別顯) 여기에 다시 一〇소분단이 있다。

㉮ 목숨을 버리는 것보다 더한 공덕(捨命不如)

ㄱ、목숨 버리는 복(捨命福)(須菩提에서 以身布施까지)

ㄴ、경을 믿는 복(信經福)(若復

有人에서 爲人解說까지〉

㉯ 다른 것으로 비유 안된다(餘乘不喩)〈須菩提에서 無邊功德까지〉

㉰ 대심자 위한 설법(三、依大小說)〈如來爲에서 大乘者說까지〉

㉱ 덕을 갖추어 전함(四、具德能傳)〈若有人能에서 三菩提까지〉

㉲ 소승인은 감당 못하다. (五、樂小不堪)〈何以故에서 爲人解說까지〉

㉳ 있는 곳이 곧 탑(六、所在如塔)〈須菩提에서 而散其處까지〉

㉴㉵㉶㉷까지는 다음 제一六 능정업장분으로 넘어간다.

로 불법에서 가장 소중하고 최상의 값이 있는 것은 〈금강반야〉입니다. 三세제불이 이 〈금강반야〉를 얻음으로써 부처가 되었던 것입니다.

이 〈금강반야〉를 성취하는 길은 〈나라는 생각〉 〈남이라는 생각〉 〈중생살이라는 생각〉 〈오래 산다는 생각〉이 없이 저 허공처럼 텅 빈 이치를 체득해야만 그 곳에 〈금강반야〉가 드러납니다. 금강경은 이러한 진리를 드러낸 경이므로 이 경전을 모셔 둔 곳에는 인간·천상·아수라가 다 공양 드리게 되며 이 경이 있는 곳은 곧 부처님의 탑을 모신 것과 같다고 하셨던 것입니다.

原文 須菩提 若有善男子善女人 初日分 以恒河沙等身 布施 中日分 復以恒河沙等身 布施 後日分 亦以恒河沙等身 布施 如是無量百千萬億劫 以身布施

解義 그때 수보리가 이 경 말씀하시는 것을 들어 그 뜻을 깊이 알고는 눈물을 흘리면서 부처님께 사뢰었습니다.

『수보리야, 만일 착한 남자·착한 여인이 있어서 초일분(初日分)에 항하사의 몸으로 보시를 한다면』 하셨는데, 초일분이라는 건 오전입니다. 아침결 한 열 시 전입니다. 초일분에 항하사 모래 수와 같은 몸뚱이로서 보시를 한다는 것은 우리 경계로는 말이 안되는 소리입니다. 몸뚱이가 하나뿐이고 몸뚱이 하나도 어려운데 한나절 동안에 무슨 항하사 모래와 같은 몸뚱이를 가지고 남을 위해 보시한다는 것은 말이 안 됩니다. 중일분(中日分)이란 점심 때를 말하고 또 후일분(後日分)은 오후 해질 때를 말합니다. 아침결에 보시했으면 점심때나 저녁때는 보시할 몸뚱이도 없는데 어떻게 그럴 수 있읍니까。 이것은 우리들 중생의 경계에서는 말이 안 됩니다。 이것은 어디까지나 신통(神通)이 있고 공부가 장해서 눈 깜짝할 사이에 이 항하사 모래 수와 같은 그런 분신(分身)①으로 나타낼 수 있는 분들을 두고 하는 소리입니다。

이런 신통이 있는 선남자 선여인이 한량 없는 몸을 나투어서 중생들을 위해 보시를 해 주는데 아들도 돼 주고 딸도 돼 주고 영감도 돼 주고 아내도 돼 주고 음식도 돼 주고 눈도 빼 주고 코도 떼 주고 손도 잘라 주는 이런 보시를 말합니다。 그래도 이것은 아무 생각없이 하는 거니까 그런 경지가 되면 활동사진에 사람이 노는 것처럼 변화신(變化身)으로 하게 됩니다。 온갖 중생을 위해서 관세음보살 삼십이응신(觀世音菩薩三十二應身)②을 나투어 아들도 되고 딸도 되고 과부도 되고 국왕도 되고 하늘의 제석천(帝釋天)이 되고 무엇이든지 안 되는 게 없읍니다。 어떤 때는 불신(佛身)도 나투고 어떤 때는 천대장군신(天大將軍身)도 나투고 온갖 것이 다 된다고 그랬읍니다。

이와 같이 항하사 수의 많은 몸뚱이로 온갖 궁색한 중생을 다 맞추어 주는데 거지가 혼자 얻어 먹기 어려우면 한 수백명 거지떼가 되어서 같이 동무가 되어 주고 이런 식으로 하는 것을 아침에 열시 쯤에 그렇게 하고 한나절 한시 두시에 또 항하사 수 한량없는 몸으로 보시하고 저녁때 오후 세시쯤 해서부터 해가 지도록 항하사 수의 몸뚱이를 또 보시해서 이렇게 하기를 한겁 두겁도 아니고 무량 백천만억겁을 두고 하는 사람이 있다면 그 복이 한량없이 많을 겁니다。

그런데 불교에서는 흔히 겁(劫)이라고 하는 말을 쓰는데 사회에서 많이 쓰는 영겁이란 말도 불교의 겁이란 말에서 온 것입니다。 불교의 겁에 대겁(大劫)이 있고 중겁(中劫)·소겁(小劫)이 있읍니다。 겁이라는 소리는 그것도 하루다 한 달이다 한 해다 하는 시간의

〔註 1〕 분신(分身)：여러 곳의 중생을 제도하기 위해 불보살이 그 몸을 여러 가지로 나타내는 몸。 미륵상생경(彌勒上生經)에 미륵보살이 도솔천에서 중생을 제도하기 위해 여러 분신으로 나타내는 예。

〔註 2〕 관세음보살삼십이응신(觀世音菩薩三十二應身)：관세음보살이 중생을 제도하기 위해 여러가지 모습을 나타내는데 중생들의 근기에 따라 三十二종의 변화하는 몸을 나타낸다。 ① 불(佛) ② 독각(獨覺) ③ 연각(緣覺) ④ 성문(聲聞) ⑤ 범왕(梵王) ⑥ 제석(帝釋) ⑦ 자재천(自在天) ⑧ 대자재천(大自在天) ⑨ 천대장군(天大將軍) ⑩ 사천왕(四天王) ⑪ 사천왕태자(四天王太子) ⑫ 인왕(人王) ⑬ 장효(長孝) ⑭ 거사(居士) ⑮ 재관(宰官) ⑯ 바라문(波羅門) ⑰ 비구(比丘) ⑱ 비구니(比丘尼) ⑲ 우바

단위입니다.

그리고 겁에도 대겁(大劫)·중겁(中劫)·소겁(小劫)이 있는데 대겁은 지구가 한번 이루어졌다가 무너져 없어지는 시간을 말하는 시간이므로 굉장히 긴 시간을 뜻합니다. 대겁은 四중겁이고 八○소겁이 됩니다. 그러니 무량 백천만겁이라고 하는 것은 한량 없는 세월이 됩니다.

原文 若復有人 聞此經典 信心不逆 其福勝彼 何況書寫受持讀誦 爲人解說

解義 그런데 다시 또 어떤 사람이 이 경전을 듣고서 「아! 그럴 수 있겠다. 응무소주이생기심(應無所住 而生其心)의 진리가 확실히 있겠다. 그래서 우리는 필경 생사를 면하고 해탈하여 참 자유한 인간이 한번 되겠구나.」 하여 이 금강경을 듣고서 마음에 하나도 거슬리지 않았다면, 곧 완전히 이해가 되고 납득이 되어서 확실하다는 신심만 낸다고 하더라도 그 복이 아까 무량백천만억겁으로 하루에 三항하사의 모래 수와 같은 몸으로 중생을 위해서 보시한 복보다 더 크다는 것입니다. 그런데 하물며 이 경전을 쓰기도 하고 또 요새 말로 하면 인쇄도 해서 여러 사람에게 보시하고 번역하고 강의도 하는 경불사(經佛事)도 하고 한다면, 요전에도 어떤 여신도(女信徒) 한 분이 자기 환갑(還甲)에 유마경(維摩經)을 번역만 해 놓고 출판하지 못했던 것을 큰 돈을 들여서 천 부를 출판해 가지고 각계 각 학교 도서관에 전부 돌리고 선남·선녀와 불교 안 믿는 사람에게까지 보시를 했는데 이것도 정말 참 큰 복입니다. 경을 전부 다 쓰면 말할 것도 없지만 손으로 써 보기도 하고 그렇지 않으면 四구게 한 줄이라도 다 쓰면 좋고 더욱 더해서 손가락에 피를 뽑아서 종지에 담아 놓고 흘린 피를 가지고 다 쓰고 짜고 짜다 피가 안 나오면 다른 손가락을 베어서 피를 또 짜 가지고 법화경 일곱 권을 쓰고 화엄경 팔십 권도 씁니다.

새(優婆塞) ⑳ 우바이(優婆夷) ㉑ 여주 국부인 명부 대가(女主 國夫人 命婦 大家) ㉒ 동남(童男) ㉓ 동녀(童女) ㉔ 천(天) ㉕ 용(龍) ㉖ 야채(夜叉) ㉗ 건달바(乾闥婆) ㉘ 아수라(阿修羅) ㉙ 긴나라(緊那羅) ㉚ 마후라가(摩睺羅伽) ㉛ 사람 ㉜ 비인(非人)

六祖口訣 부처님께서 말씀하시기를 「말법시대에 이 경을 듣고 신심으로 어기지 않으면 네 가지 상을 내지 않게 될 것이니 이것이 곧 부처의 지견이니라. 이 사람의 공덕은 앞에서 다겁을 두고 몸을 버려서 보시한 공덕에 비유하면 백천만억배보다 더 수승하여 비유할 수도 없나니 한 생각 동안 경을 들어도 그 복이 많은 것인데 하물며 경을 쓰고 받아 지니고 독송

하여 남을 위해 해설하는 것이겠는가。마땅히 알라 이 사람은 반드시 아뇩다라삼먁삼보리를 성취할 것이니 그래서 갖가지 방편으로 이와 같이 깊고 깊은 경전을 연설하여 모든 상을 여의고 아뇩다라삼먁삼보리를 얻게 하노니 그렇게 하여 얻은 공덕은 가 없이 많으니라。

대저 오랜 겁을 두고 몸을 버리었다 해도 모든 상이 본래 공한 줄을 사무쳐 알지 못하면 몸을 버린 주관과 몸을 버렸던 대상이 있어서 두 가지 마음이 남아 있으므로 원해 중생의 소견을 여의지 못한 것이다。그래서 마치 경을 듣고 도를 깨달아

이렇게 금강경이나 대승 법문을 듣고 마음에 거슬리지 않으면 총명해서 그랬던지 신심이 지극해서 그랬던지 그 복이 아까 그렇게 한량없이 많은 몸뚱이로 보시해서 지은 복보다도 더 많다고 했는데 하물며 수지독송해서 또 다른 사람들을 위해서 이런 법회산림(法會山林)을 하고 강의(講義)도 하고 경전 간행도 해서 얻어지는 복이야 더군다나 말한 게 있겠느냐고 하신 것입니다。

原文 須菩提 以要言之 是經 有不可思議 不可稱量 無邊功德 如來爲發大乘者說 爲發最上乘者說

解義 부처님께서 결론으로『수보리야、대강 요긴한 것만 간략히 말한다면 이 경의 공덕이 가히 생각도 못하고 얘기할 수도 없고 이름할수도 없는 불가사의 불가칭량한 공덕이 있느니라。』고 하신 것입니다。이 금강경을 뜻도 모르고 자꾸 읽어도 그런 공덕이 생긴다고 그럽니다。이 경 자체가 우주 인생의 근원이 여실히 표시된 문서이기 때문이니 구공·아공·법공(俱空 我空 法空)의 진리를 가지고 있어서 과학이니 철학이니 종교니 하지만 이러한 인생의 근본면목、우주의 본체、참된 실상(實相)을 다른 곳의 어느 경에서도 들어볼 수 없는 문서이기 때문입니다。비록 이 경책이 검은 것은 먹이고 흰 것은 종이지만은 이것이 또 그런 큰 공덕이 들어 있는 글이기 때문입니다。

그래서『이 경전이 그런 불가사의 불가칭량 무변공덕이 있는 것이니、부처님께서「대승심(大乘心)을 일으키는 이」、「큰 마음을 깨치고 온 중생을 제도하려는 마음을 일으키는 이」를 위해서 또는「대승심을 일으킬 수 있는 이」를 위해서 설명하신 것이고 성불하신 뒤 四○년 만인 이제야 처음으로 설명하는 것이라。』고 하셨읍니다。대승심(大乘心)이란 제三 대승정종분(大乘正宗分)에서 설명한 것처럼 일체 중생을 모두 다 내가 제도하지만 제도

서 나와 남이 다 없어지면 말 아래 곧 부처인 것이니라。그러므로 몸을 버려서 얻은 상대세계의 북을 가지고 이 경을 지니는 절대경계의 지혜에 비유한다면 실로 미칠 수 없는 것이니 비록 시방세계의 무더기 보배와 삼세의 몸을 버릴지라도 이 경의 네 글귀의 게송을 지닌 것만 못하다」고 말씀하셨던 것이다。

佛說末法之時 得聞此經 信心不逆 四相不生 即是佛之知見 此人功德 勝前多劫捨身功德 百千萬億不可譬喩 一念聞經 其福尚多 何況 更能書寫受持讀誦 爲人解說 當知此人 決定成就阿耨多羅三藐三菩提 所以 種種方便 爲說

했다는 마음 없이 하는 보살행을 말합니다。

原文 若有人 能受持讀誦 廣爲人說 如來悉知是人 悉見是人 皆得成就不可量不可稱 無有邊 不可思議功德 如是人等 即爲荷擔如來 阿耨多羅三藐三菩提

解義 만일 어떤 사람이 이미 이 경전을 수지독송도 하고 자기가 받아 가지고 외우기까지 할뿐 아니라 또 남을 위해서 좋은 법사가 될 수 있도록 금강경을 잘 알고 공부를 잘해서 남에게 널리 설명해 주면 그리고 전성까지 하면 더욱 좋고 그러면 여래께서는 이 사람이 다 불가량 불가칭 무유변하여 가장자리가 없이 무한대하고 불가사의한 공덕을 성취하는 것을 다 아시고 다 그렇게 되는 것까지도 가만히 보시기까지 합니다。

그래서 이와 같은 사람들은 곧 부처님의 아뇩다라삼먁삼보리를 책임질 수 있어서 중생계의 지도자가 될 수 있고 일체의 도사가 될수 있으니、「이 경을 듣고 배워서 받아 가지고 이 금강경의 진리에 의지하여 꼭 그와 같이 하겠다고 마음 속에서 진심으로 감동하여야 하겠읍니다。」하고 마음으로 받아가지는 것을 수지(受持)라고 합니다。길가던 사람이 우연히 벽보나 보고는「금강경 강의가 어떤 것인가。」하고 구경하는 식으로 와서 들어보는 것은 받아가지는 수지가 아닙니다。꼭 받아 가지려는 마음이 있는 것을 수지라 합니다。또 수지하면서 읽고 외는데 하루에도 백독 천독을 하고 그저 잠 안 자고 자꾸 외고 합니다。그렇게 한번 읽어 다르고 두번 읽어 다르고 자꾸 염념(念念)히 달라져서 깊이 들어갑니다。또 한번 두번 설명 듣고 나면 자꾸 그때마다 희유함을 느끼게 되고 몰랐던 것이 알아지고 마음의 골수에 박히고 몸뚱이 이대로가 금강경이 되어 피와 살이 되고 뼈가 되는 것입니다。

전에 법화경 읽는 어떤 스님이 밤에 경을 외우면 불이 꺼져도 방이 환히 밝아서 대중

如是甚深經典 俾離諸相 得阿耨多羅三藐三菩提 所得功德無有邊際 盖緣多劫捨身 不了諸相本空 有能捨所捨心在 元未離衆生之見 如能聞經 悟道我人頓盡 言下卽佛 將彼捨身有漏之福 比持經無漏之慧 實不可及 雖十方聚寶 三世捨身 不如持經四句之偈也

六祖口訣 경을 지니는 이는 마음에 나와 경계가 없을 것이니 나와 경계가 없으므로 곧 이것이 부처의 마음이며 부처의 마음의 그 공덕이 가 없고 끝 없으므로 생각으로 헤아릴 수 없고 말이나 글로 표현할 수 없다는 뜻으로 불가 칭량이라 한 것이다。

持經之人 心無我

이 다 불을 안 키고 경을 보게 되고 한 이런 법사들이 있읍니다。 견성까지는 못한 법사지만 그런 이가 있어서 평생 삼매에 들어서 금강경 또는 법화경이나 화엄경 읽는다고 하면 딴 잡념이라는 건 없어집니다。 그저 불보살님들이 모두 수행하시고 중생제도하시는 걸 보니 모든 잡념이 없어지고 법열(法悅)이 생겨서 중생들이 영화 보는 것보다 더 재미가 난다는 것입니다。 그런 경지에 들어서면 그렇게 됩니다。

이렇게 해서 그 뜻을 잘 알아 가지고 많은 사람을 위해서 잘 알아들을 수 있게 설명해준다면 이 사람은 마침내 구경(究竟)의 한량 없는 공덕을 성취하는 것을 부처님께서 다 아시고 다 보시게 됩니다。 그것은 이런 사람은 곧 부처님의 아뇩다라삼먁삼보리를 짊어지고 다니는 사람이기 때문에 부처님께서 기특하게 여기시고 갸륵하게 보십니다。 부처님의 법을 실천하는 사람이고 보살의 행을 하는 이이기 때문입니다。

原文 何以故 須菩提 若樂小法者 着我見人見 衆生見 壽者見 卽於此經 不能聽受讀誦 爲人解說

解義 부처님께서 다음에 그 이유를 말씀하십니다。『왜 그러냐 하면 수보리야、 만일 저 소승아함경(小乘阿含經)을 배워서 소승불교(小乘佛敎)만 배우고 거기에 마음이 만족해 있는 나한이 되었다고 하면 비유컨대 어디 요양 와서 좀 편히 쉰다고 해서 잠만 자는 것과 같은데 오히려 정신을 차리고 앉아 있으면 그것이 훨씬 건강에 좋은 효과도 가져 오게 되는 것이고 또 아무리 일을 하고 종일 지껄이고 종일 노동하고 돌아다니고 종일 무슨 회담(會談)을 하고 아주 어렵고 까다로운 회의에서 까딱 한마디만 잘 못하면 나라가 망하고 전쟁이 일어날 회담을 하는 가운데도 보통 사람 같으면 여러 달을 연구해서야 대답할 수 있는 어려운 것도 번쩍번쩍 한두 마디 건너면서 다 따져 알고 말 한마디 실수 안

所 無我所故 卽是佛心 佛心功德 無有邊際故 言不可稱量也

六祖口訣 대승이란 지혜가 광대하여 능히 온갖 법을 건립할 것이며、 최상승이란 때 묻은 법 싫어해야 할 속된 법을 보지 않는 것이며 구해야 할 거룩한 법을 보지 않는 것이고 제도할 중생을 보지 않는 것이다。 또한 열반이 있어서 증득할 것을 보지 않고 중생을 제도했다는 마음을 내지 않으며 또한 중생을 제도하지 않았다는 마음도 두지 않는 것이니 이것이 이름이 최상승이며 또한 온갖것 다 아는 지혜며 또한 생멸 없는 진리며 또한 대반야라 하느니라。 누구든지

하도록 하여 정신 노동이 굉장한 일을 하더라도 무심한 가운데서 하면 피로한 줄을 모릅니다。

그런데 소승불교만 배워 놓은 사람은 홀가분하니 굉장히 좋은 것 같지만 길게 이렇게 하다 보면 결국 아견(我見)도 남아 있는 사람입니다。 왜 그런가 하면 현상계는 무상한 거고 생사세계에서 성주괴공(成住壞空)·생로병사를 하고 또 생주이멸(生住異滅)하는 것이라 하여 그런 무상을 기피해서 소승적멸(小乘寂滅)의 나한열반(羅漢涅槃)에 앉아 있는 것이라 하여 그걸 한 없이 좋아하는 것이 됩니다。 그렇기 때문에 그것은 상대적인 열반이고 미세한 주관·객관 그런 것이 저도 모르게 남아 있는 것입니다。 따라서 주관은 아상(我相)이고 아견(我見)이며 그러니까 자기가 증득한 내용을 객관처럼 여기게 됩니다。 그러니 중생견·수자견이 일어나게 되고 그렇기 때문에 이런 사람에게 금강경 경전을 설명해 주면 일체 중생이 중생이 아니기 때문에 이게 중생이고、 또 일체 불법이 불법 아니니 그래서 그게 불법이라는 소리가 도대체 무슨 소리인지 소승불교의 논티로 모든 것을 보다가 이런 말을 들으면 논리에 안 맞는 말이라 하여 이해가 안 됩니다。 있는 게 없는 거고 없는 게 있는 거고 이러니까 이걸 싫어합니다。

그래서 이런 법문을 청수(聽受)하지 못하고 듣지도 못하고 더군다나 감당도 못하고 독송도 안 합니다。 그러므로 남한테 해설할 수도 없고、 하기도 싫어하고 보기부터 싫어하고 그런 건 불법이 아니라고 비방만 합니다。 요새 유물 본위의 사상을 배운 남녀 청년들이나 노인들이 예비강의(豫備講義) 일 주일을 거쳐서 들으시니까 어느 정도 이해하는 데 힘이 덜 듭니다。 그래도 지금 상권만 설명하는 데 이십일(첫번법회) 걸렸는데 만일 이런 강의를 듣지 못하고 처음으로 금강경을 구해 본다면 그 말이 희안하고 군데군데 보면 무주상으로 보시하라는 내용이 있으니、 그러면 이것은 「상에 머무름 없이 주라는 말인가。」

마음을 내어 위 없는 도를 구하고자 하면 이상없고 함 없는 깊고 깊은 법을 듣고나서 곧 믿고 이해하고 받아 지니어 남을 위해 해설하며 그들로 하여금 깊이 깨달아서 헐뜯고 비방하는 마음을 내지 않게 하여 크게 참는 힘과 큰 지혜의 힘과 큰 방편의 힘을 얻으면 능히 이 경을 유통하게 하는 사람이 되리라。

大乘者 智慧廣大 善能建立一切法 最上乘者 不見垢法可厭 不見淨法可求 不見衆生可度 不見涅槃可證 不作度衆生之心 亦不作不度衆生之心 是名最上乘 亦名一切智 亦名無生忍 亦名大般若 有人 發心 求無上道 聞此無相無爲甚深

이렇게 저렇게 생각대로 새기면서 좋다고 보기는 볼 겁니다。 그렇지만 바른 뜻은 모릅니다。 구공(俱空)이란 말이 무슨 말인지 그런 문장은 나오지도 않았으니 더구나 모를 것이고 「아라한이 아라한이라는 생각이 없다。」 이런 정도의 말도 알 수 가 없는 소리일 것입니다。 그러므로 부처님께서 『수보리야、 만일 적은 법을 좋아하는 자는 아견·인견·중생견·수자견에 집착해서 이 경을 들어서 받아 지니지 못하고 독송하지 못하며 남을 위해 해설할 수 없느니라。』고 하신 것입니다。

原文 須菩提 在在處處 若有此經 一切世間 天人阿修羅 所應供養 當知此處 即爲是塔 皆應恭敬 作禮圍繞 以諸華香 而散其處

解義 부처님께서 또 말씀하십니다。『수보리야、 이 경전을 모셔 놓은 데가 있으면 재재처처(在在處處)에 금강경의 문자가 있는 곳마다 일체 세간의 천당 사람이나 인간 사람이나 아수라인 등 세계에 사는 중생들이 마땅히 공양을 올려서 지극히 존경하고 꽃이나 향을 갖다가 사루고 뿌리어 공양하느니라。』 또 의복 음식까지 갖다 놓으라고 한다고 법화경 같은 데선 그렇게 말합니다。 그건 아주 마지막 존경입니다。 이 금강경에서는 소위 형식적·의식적인 불교는 잘 안 나옵니다。 근본 발심만 얘기하는데 이걸 지나서서 법화경에 가면 쌀도 갖다 놔라。 돈도 갖다 놔라。 절도 지어라。 이런 소리가 나옵니다。 그게 모두 금강경 사상 지나간 사람들이 법화경 사상을 알아 놓으니까 어쨌든지 모두 신심으로 하는 행동이므로 복이 되고 공덕이 됩니다。 일체 행동이 요새 불공한다고 떡과 밥을 갖다 놓는데 그게 모두 복이 됩니다。 다만 이런 도리를 모르고 하는 것은 미신에 가깝지만 그래도 인연이 되는 정도의 복이 되지 죄는 안 될 것입니다。 아무리 등상불(等像佛)에게 했다 하더라도 또 등상불이 부처님 모셔 놓은 것이지 등상불이 따로 있읍니까。 전

之法 聞已 即便信解受持 爲人解說 令其深悟 不生毀謗 得大忍力 大智慧力 大方便力 即能流通此經

六祖口訣 상근기의 사람은 이 같은 경을 듣고 부처님의 뜻을 깨달아서 스스로 마음의 경을 참그려 성품의 구경을 보고는 다시 남을 위한 행을 능히 하여 남을 위해 해설하고 모든 배우는 이들로 하여금 스스로 상 없는 도리를 깨닫게 하여 여래의 본래의 성품을 보고서 위 없는 도를 이루게 하나니 마땅히 알라, 설법하는 사람이 얻는 공덕은 끝이 없어서 헤아릴 수 없고 일컫을 수 없는 것이다. 경을 듣고 그 뜻을 풀어서 가르혀 헛일은 아닙니다.

그러니까 같은 값이면 금강경을 알고 법화경을 들어서 그 뜻을 어느 정도 십분의 일이라도 좀 짐작을 하고 불공을 하면 여러 천만 억배의 공덕이 생깁니다. 그래서 부처님께서 『마땅히 알아라, 이 금강경을 모신 곳은 이것이 곧 부처님 사리를 모신 곳이고 부처님 정신을 모신 탑이라는 것이니, 그래서 꽃을 공양하고 향을 사루고 예경하고 주위를 돌면서 공경하리라.』 하셨읍니다.

사리를 정골(精骨)이라 그러는데 십계③ · 二백 五〇계를 잘 지키고 참선 정진 잘해서 정신이 모인 결정(結晶)이라 그 말입니다. 몸뚱이 속에서 정신이 모여 생긴 것이 사리이므로 부처님의 사리는 부처님의 몸에서 부처님의 정신으로 이루어진 것인데 이것을 모신 부처님 탑은 부처님을 모신 것이고 부처님 법신을 모신 것과 같습니다. 이런 것이 바로 사리탑인데 이 경전을 모신 곳도 법당에다 모셨든지 그 누가 자기집 어디 깨끗한 곳에 모셨든지 일본사람들처럼 부처님 모셔 놓듯이 경전 모시는 곳을 따로 만들어 가지고 경전을 모셔 놓든지 하면 곧 부처님 탑을 모신 거와 한가지입니다. 그 곳에 향도 올리고 꽃도 올리고 흐트기도 하고 절도 하고 정례(頂禮)도 하고 금강경을 모시고 탑을 쌓고 그걸 돌기도 합니다. 그러니까 절에 가면 신도들이 탑 주위를 돌아가면서 예경하며 좋은 꽃이라는 꽃은 다 갖다 올리고 좋은 향 사다 올리고 이래서 그 근방에 흐트기도 하는데 그게 불공하는 겁니다.

태국에 가보니까 음식은 물론 과일도 안 놓고 꽃과 향과 촛불의 세 가지 밖에 안 놓습니다. 물도 여기처럼 다기(茶器)에 안 떠 놓습니다. 산에 있는 산 꽃을 많이 올리고는, 우리 한국에서도 할 수 있는 것이었는데, 전부 탑이나 법당에 들어가니까 향내가 진동했고 향 사르고 그저 생화 갖다 전부 장엄했는데 우리가 떡과 곶감 대추 갖다 놓는 것보다 신취 대로 수행하고 다시 남을 위해 널리 연설하여 모든 중생들로 하여금 상 없고 집착 없는 수행을 할 것을 깨달아서 이런 행을 능히 행하게 하면 곧 지혜의 광명이 나타나서 티끌의 번뇌를 여의었지만 번뇌를 여의었다는 생각을 내지 않으면 곧 아뇩다라삼먁삼보리를 얻은 것이므로 여래를 업고 다니는 것과 같다고 한 것이니, 마땅히 알라, 경을 지니는 사람은 한량없고 가 없는 그리고 불가사의한 공덕을 스스로 가지고 있는 사람이다.

上根之人 聞此深經 得悟佛意 持自心經 見性究意 復能起利他之行 爲人解說 令諸學者自悟無相之理得

성하고 좋았읍니다.

〔說 義〕

하늘도 땅도 몸도 허망한 것

무량백천만억겁(無量百千萬億劫)이니 무량아승지겁(無量阿僧祗劫)이니 하는데 겁에도 소겁(小劫)·중겁(中劫)·대겁(大劫)이 있읍니다. 소겁을 먼저 말하면, 이 세상이 처음 생겼을 때 천당 사람이 내려와서 사는데 그때 수명(壽命)이 팔만 사천세였고 몸도 날아 다니고 그랬지만 차차 의식주를 생각하게 되는 데 따라 아무데나 자도 좋던 태평세월이 몸도 날지 못하게 되고 의식주 세 가지가 점차 발달하므로 모든 것이 다 역시 점차 우리의 지식이 열림에 따라서 그렇게 됩니다. 마치 어린애들이 젖만 먹으면 자고 먹고 자고 늘 이러다가 차차 엄마하고 눈을 맞춰 보기 시작하고 그러면서 의식(意識)이 차차 생깁니다. 이것은 무엇인가 이름을 배우고 그 문서(文書)를 배워서 기억해 가지고 말이 한마디 두 마디 늘어 갑니다. 이렇게 늘어 가는 것이 모두 소위 번뇌가 늘어 가는 것이고 망상이 하나씩 늘어 가는 겁니다.

그래서 팔만사천세(八萬四千歲)를 살던 사람들의 수명(壽命)이 백년 동안에 한살씩 까먹는 정도로 차차 차차 복잡해집니다. 이렇게 줄어서 수명이 一〇세가 될 때까지 내려갑니다. 지금 우리가 한 七〇세·七五세까지 살 수 있는 것도 나이가 이렇게 줄어서 내려가는 도중에 있기 때문입니다. 지금 평균 연령이 통계적으로 위로 올라갑니다만 그것도 八만 四천세까지 올라가는 것이 아니고 얼마동안 어느 정도의 한계를 지나면 결국은 복과

見本性如來 成無上道 當知說 法之人 所得功德無有邊際 不可稱量聞經解義 如敎修行復能廣爲人說 令諸衆生 得悟修行無相無着之行 以能行此行 卽有大智慧光明 出離塵勞 雖離塵勞不作離塵勞之念 卽得阿耨多羅三藐三菩提故 名荷擔如來當知持經之人自由無量無邊 不可思議功德

六祖口訣 작은 법을 좋아한다 함은 二승의 성문 같은 이들이 작은 과를 즐겨하여 큰 마음을 일으키지 못하는 이들을 가리키는데, 큰 마음을 내지 못하므로 곧 여래의 깊은 법을 능히 받아 지니고 독송하지 못하며 남을 위해 연**설하지 못하는 것이다**

목숨이 감해서 자꾸 내려가게 됩니다. 이것을 복도 감하고 목숨도 감한다고 하여 감겁(減劫)이라 그럽니다. 이렇게 해서 차차 一〇세까지 내려가면 세 살 먹은 때가 한창 청년입니다. 아주 조숙(早熟)해져서 대여섯 살 먹어 놓으면 벌써 장년이 되고 일곱 여덟살 되면 요새 한 四〇·五〇된 늙은이 턱이 됩니다. 아홉살 열살되면 아주 六〇·七〇 노인처럼 됩니다. 이런 식으로 수명이 자꾸 감해 내려갈 때는 복을 감하고 생존경쟁(生存競爭)만 치열(熾烈)해져 가지고 그야말로 사람이 일체 동물 가운데 제일 나쁜 동물이라는걸 우리가 요전에 얘기했읍니다만 그 대표적인 현상의 인간사회가 됩니다.

사람을 많이 죽일 수 있는 것을 연구하는 게 사람이지만 그래도 짐승들은 그렇지는 않습니다. 그저 일대 일로 싸우다가 하나가 지거나 하나가 이기거나 둘이 다 죽으면 끝날 뿐인데, 어떻게 하면 좋은 무기로 사람을 하나 이상 더 많이 죽일 수 없나 해서 이렇게 경쟁이 심해지고 죄업이 점점 많아집니다. 그래서 사람들이 극악무도(極惡無道)해지는 말겁(末劫)에는 삼재(三災)가 일어납니다. 사람의 나이가 이십세정명(二十歲定命)이 되면 첫째 기근겁(飢饉劫)이 와서 흉년이 자꾸 들어 먹을 것이 없게 되고 둘째는 질병겁(疾病劫)이 오는데 생전 이름도 내용도 알 수 없는 나쁜 전염병(傳染病)이 돌아다니면서 집집마다 모두 앓는 사람 천지입니다. 그 다음 세번째는 도병겁(刀兵劫)인데 산천초목(山川草木)이 모두 칼날같이 보이고 창같이 보이고 모두 죄업(罪業)으로 현상계가 그렇게 되어서 닥치는 곳마다 몸을 상하게 되고 찔려서 죽기도 하고 모두 이런 것뿐이라는 겁니다.

죄업으로 지옥 같은 그런 무서운 업을 지으니까 인간 세상이 그렇게 점차로 나쁜 상태로 됩니다. 이것을 적은 삼재, 곧 소삼재(小三災)라 그럽니다. 이 소삼재 때에 거기에서 복이 제일 많고 마음씨가 아주 나쁘지 않은 얼마의 사람만이 뒷 세상까지 살아 남았다가

樂小法者 爲二乘聲聞人 樂小果 不發大心以不發大心故即於如來深法 不能受持讀誦 爲人解說

六祖口訣 어떤 사람이 입으로 반야를 외우고 마음으로 반야를 행하여 있는 곳곳마다 항상 함이 없고 상이 없는 행을 항상 행한다면 이 사람이 있는 곳이면 어더나 부처님 탑이 있는 것과 같아서 모든 사람과 하늘이 각각 공양을 가지고 와서 예배하고 공경하기를 부처님과 같이 조금도 다름없이 할 것이니 이 경을 능히 받아 지니는 사람은 이 사람의 마음 가운데 세존이 계신 것이므로 부처님의 탑이나 묘와 같다고 한 것이니 마땅히 알라。 이 사람은

그게 차차 번져서 인구가 증가하기 시작하는데 거기서부터 다시 수명도 길어지고 복버 많아져 올라갑니다。 이것을 증겁(增劫)이라 하는데 백 년에 한 살씩 더 늘어서 열 한살씩 살던 세상이 백 년 지나면 열 두살 먹고 열 두살씩 살던 세상이 백 년 되면 열세살이 되고 자꾸 이렇게 올라가서 팔만 사천 세까지 올라갑니다。 이렇게 수복(壽福)이 붙어 올라가서 八만 四천 세가 됐다가 다시 또 내려오다가 하는데 한 번 증감하는 걸 소겁(小劫)이라고 하고 일증감겁(一增減劫)이라고도 합니다。

이 지구가 하나 생성하는 기간이 얼마동안 되느냐 하면 팔십번 증감을 해서 팔십 증감만 하면 지구덩이가 전자나 원자시대로 돌아가 버리고 현상은 다 흩어져 없어져서 허공으로 됩니다。 그래서 지구가 한 번 생겼다 꺼지는 기간을 팔십 소겁(八十小劫)이라 그럽니다。 이 지구가 없어지는 때가 있을 것이라는 것은 지금 물리학자들이 추상하고 있읍니다。 그리고 나서 텅 비어 있는 공간으로 안개처럼 있든지 안개 같은 그런 모양도 없이 아주 맑은 공기로 있게 되는데 그 비어 있는 기간이 이십소겁(二十小劫)이라고 그럽니다。 곧 이십증감을 할만한 시간 동안 공간으로 텅 비어 있는데 이것을 비어 있는 시기라고 하여 공겁(空劫)이라 합니다。 二〇증감 후에 차차 수증기가 모여서 안개가 되고 안개가 차차 모여서 구름처럼 되고 구름이 차차 모여 물이 되고 이렇게 완전히 이루어지듯이 안개처럼 모이기 시작할 때부터 완전히 이 지구의 형상이 산과 들 육지 바다 등의 형태가 이대로 되기까지 二〇소겁이 걸린다고 하는데 이걸 성겁(成劫)이라고 그럽니다。 지구가 이루어지는 시기라는 말입니다。

이렇게 二〇소겁이 걸려서 이 세계가 동물이나 식물이 생길 수 있도록 완전히 형성되는데 그때 천당에서 천복(天福)을 받을 만큼 다 받고 인간으로 내려가게 된 복 있는 인연을 가진 사람이 이 세상으로 내려옵니다。 그래서 맨 처음에는 八만 四천세를 살고 사람들도

그 지은바 북덕이 한량없고 끝없느니라。

若人 口誦般若 心行般若 在在處處 常行無爲無相之行 此人所在之處 如有佛塔 感得一切人天 各持供養 作禮恭敬 與佛無異 能受持經者 是人心中 自有世尊 故云如佛塔廟 當知是人所作福德 無量無邊

〔註 3〕 십계(十戒)：〈이상적멸분 五四〇페지주에서 계속〉

六、불착향화만 불향도신(不着香華鬘 不香塗身)：꽃다발·장식·화장등을 하지 않는 것은 곧 탐애심을 끊는 것이니、탐애를 끊으면 곧 부처님 몸과 같아서 의보(依報)와 정보(正報)의 몸을 자연히 구족하여 장엄을 갖추게 되기 때문이다。 의보는 가옥·국토·의복·식물 등 몸과 마음에 따라 존재하는 문물을 뜻하며、과거세에 지은 업인(業因)에 의해 그 과보로 받는 몸을 정

다 허공으로 날아다닐 줄 알고 옷도 입을 줄 모르고 그냥 완전히 나체시대가 됩니다。 그래 가지고 차차 차차 二〇증감 동안을 이런 세계가 지나갔는데 이렇게 한 번 사람이 생기면 八만 四천살에서 一〇세까지 내려갔다가 八만 四천세까지 올라갔다가 또 一〇세까지 내려왔다가 올라갔다 하기를 그런 것이 二〇증감입니다。 이것을 주겁(住劫)이라고 그럽니다。

그러니 지구가 이루어지는 동안의 성겁(成劫)과 허공으로 있는 공겁(空劫)과 완성된 뒤에 이십 증감 동안 현상대로 있는 주겁(住劫)과 그 다음에는 차차 지구가 부서지는 시기가 있는데 이것도 역시 二〇소겁 동안 걸려서 다 무너지게 되는 이것을 괴겁(壞劫)이라 그럽니다。 이 지구가 형성된 채로 二〇소겁동안 머물러 있다고 해도 엄격히 따지면 변화가 없을 수도 없지만 전체로 봐서 지구의 형상을 그대로 보존하고 있는 시기이므로 이렇게 이름합니다。 무너지는 시기인 二〇소겁 동안의 괴겁 때에도 역시 태양이 폭파되어 큰 변동이 생기듯이 그런 변화도 있겠지만 차차 무너지게 되는 것입니다。

아까 소겁을 설명할 때 소삼재(小三災)를 말했는데 지구가 무너지기 시작했을 때인 괴겁이 다하면 수화풍삼재(水火風三災)가 일어나서 지구가 다 없어집니다。 큰 폭풍 바람이 일어나서 땅을 부수고 돌을 날려 버립니다。 지금 태풍 같은 것 몇 억배로 불면 돌 흙 낱낱이 날려서 없어질 겁니다。 이 대삼재(大三災)가 일어날 때는 화재(火災)가 먼저 일곱번 일어나고 그 뒤에 수재(水災)가 한번 있고 다시 화재가 일곱번 일어난 뒤에 수재가 한번 있고 하여 이렇게 일곱번 수재와 마흔 아홉번의 화재가 있고 나서는 다시 일곱번의 화재가 있고 풍재(風災)가 있게 됩니다。 그러므로 대삼재(大三災)가 한번 있기에는 화재가 五六번 수재가 七번 풍재가 한번 있게 마련입니다。 그러므로 六四번의 대재(大災)를 거쳐서 이 지구는 완전히 허공으로 돌아갑니다。 화재(火災)가 일어날 때에는 태양이 열개나 나타난

보라 한다。 여래의 의보와 정보의 장엄은 아득한 과거세로부터 고행을 닦아서 삶의 五욕락을 끊고 오직 중생을 위해 살을 베어 주고 눈을 빼어 주며 온갖 지도와 봉사를 희생적으로 베풀었기 때문에 얻은 장엄이다。 오늘날 공부하는 사람들이 하기 어려운 고행을 하지 않고 화장을 하고 모양을 꾸며서 여래의 뛰어난 모습을 닮으려고 한다면 비유컨대 평범한 사람이 법관이나 기관원 행세를 하는 것과 같으니 그 재화가 곧 이를 것이 틀림 없다。 그래서 옛 어른이 말하기를 「지나치게 꾸미는 것은 도둑질하는 것이나 같고 얼굴을 다듬는 것은 음란함이나 다름없다。」고 하셨다。 화만(華鬘)은 영락(瓔珞)이라고도 한다。 인도 사람이 소마나 등의 꽃을 흔히 이용해서 이리저리 꿰매어 머리에 쓸 수 있는 장엄구(莊嚴具)를 만든 것이다。 남녀를 막론하고 이것으로 머리를 예쁘게 꾸미는데 아마도 인도는 옷도 짐승의 털

다는 것입니다。 인도 적도 같은 데는 뜨거울 때 사람이 나서면 머리가 막 벗어질 지경인데 해가 열 개가 나와 쪼이면 지구가 몽땅 불덩어리가 되어 다 타고 맙니다。 이렇게 하기를 화재가 일곱번이나 하고 나면 그 뒤에는 상대적으로 수재가 한번 오는데 온 지구가 물로 뒤덮이어서 모든 물체는 다 썩어 무너집니다。 그리고 나면 다시 화재가 나서 태양이 열 개나 나타나 가지고 태워서 온 천지가 뜨겁게 탑니다。 이렇게 하기를 일곱번 하면 수재가 한번 있고 이렇게 하기를 일곱번 하면 화재가 四九번이 되고 수재가 일곱번이 되는데 그리고 다시 일곱번 화재가 있은 뒤에 풍재가 옵니다。 이렇게 하고나면 모든 동물 식물은 다 없어지고 지구도 다 부서집니다。 이것을 대겁의 삼재(三災)라고 하여 대삼재(大三災)라고 합니다。 그러다가 마지막에는 지구가 다 없어지고 허공으로 되는데 이렇게 부서지는 동안이 二〇소겁이 걸립니다。 그러므로 일대겁(一大劫)은 八〇소겁이 되는데 二〇소겁을 一중겁(一中劫)이라고도 합니다。 그래서 지구가 이루어지는 성겁(成劫)의 二〇소겁이 一중겁이고 지구가 머물러 있는 주겁(住劫)의 二〇소겁이 一중겁·부서지는 동안의 괴겁(壞劫)의 二〇소겁이 一중겁、다 부서져서 허공으로 있는 공겁(空劫)의 二〇소겁이 一중겁 이렇게 해서 一대겁은 四중겁이 됩니다。

그러므로 이 지구는 성주괴공(成住壞空)이 네 개의 과정을 통과하게 마련입니다。 어떤 별이든지 해든지 달이든지 다 한가지 이치로 성겁이 있고 주겁이 있고 괴겁·공겁이 있읍니다。

이 세계에는 성·주·괴·공의 무상이 있고 이 사람의 몸뚱이에는 생·노병사가 있고 마음에는 생·주·이·멸(生住異滅)이 있읍니다。 그 사람 잘 생겼다고 좋다고 엎어질듯 야단이더니 나중에는 슬그머니 권태증이 나 가지고 보기 싫어집니다。 날마다 한 시간도 안 빠지고 가더니 이제 이틀에 한번씩 가기 시작하고 차치착차 나중에는 찾아 와도 보기 싫

이나 누에고치로 만든 옷을 입지 말라는 것이다. 짐승의 가죽이나 털로 짠 베처럼 짐승을 상해서 만든 옷감이나 누에고치로 짠 명주 옷을 뜻하는데 이런 옷들은 다 살생하는 과정을 거쳐야만 되므로 불자의 도리인 자비심을 상하게 한다는 뜻이었다. 능엄경(楞嚴經)에 「동쪽나라에서 만드는 명주 비단과 이 쪽 나라(인도)의 가죽신이나 털옷·가죽옷으로 만든 타락 등 의류를 쓰지 않는다면 이런 비구는 세상을 참으로 해탈하여 三계를 윤회하지 않을 것이니라.」고 말씀하셨다.

옛날에 한 비구가 분소의(糞掃衣)를 가지고 개울에 가서 빨려고 하는데 하늘 신들이 그물을 찍어서 자기네 몸들을 씻으면서 더러웁다 하지 않았다. 그런데 다음에 외도한 사람이 좋은 털 옷을 가지고 와서 빨래할 적에는 하늘 신들이 막고 피하면서 연못 물보다 더 더럽다고 했으니 이것은 다 그 더울 중히 여긴 것이고 물

올 지경으로 됩니다. 그렇게 그 사람 좋아하면 마음이 딱 없어지고 그래 가지고 나중에는 미운 생각이 앞서 있게 됩니다. 그러다가 미운 생각이 차차 차차 없어져 가지고 또 좋아하는 생각이 납니다. 「아이고 불쌍해라 너무했다.」 이렇게 변합니다. 그러니 마음에 한 생각이 생겨 가지고 무엇이든지 하고 싶은 일이 있으면 벼락같이 꼭 그대로 내가 죽어도 해야지 하고 글씨를 배운다 문장을 배운다 소설가가 된다 하고 죽어도 한다고 이렇게 서둘다가도 슬그머니 하기 싫어지는 때가 옵니다. 남녀간에 연애하는 경우에도 이렇게 처음에는 서로 좋아하는 생각이 일어나는 것을 생(生)이라 하고 그 좋아하는 마음이 계속해서 남아 있는 동안을 주(住)라 하고 좋아하는 도수가 자꾸 식어지고 마음이 달라지는 때를 이(異)라 하고 차차 서로 지조가 없어져 쳐다 봐도 인사도 제대로 안 하고 좋다는 마음이 하나도 없어진 때를 멸(滅)이라고 합니다.

중생의 마음에 생·주·이·멸 이것이 있기 때문에 몸에 생로병사의 그림자가 나타나고 이 지구와 세계에 성주괴공(成住壞空)의 모양이 나타나게 되는 것이니, 이것이 다 순전히 마음에 원인이 있는 것입니다.

그런데 경에서 겁이라 할 때는 흔히 대겁(大劫)으로 칩니다. 그리고 지구가 성겁(成劫)·괴겁(壞劫) 때에만 변하는 것이 아니라, 지구가 가만히 있는 二○중감 동안의 주겁(住劫) 때에도 현상이 변화하고 수륙(水陸)이 갈리고 그럽니다. 지축(地軸)의 방향이 바뀌어 바다가 육지가 되고 육지가 바다가 되는 것이 다 그것입니다. 산꼭대기 높은 데 가서 조개껍질 같은 게 붙어 있는 데가 더러 있읍니다. 육지와 바다가 갈린다는 걸 부처님께서 늘 말씀을 해 놓으셨는데 그런 예로 봐서 이 지구가 항상 안전하게 있는 그대로만 있는 것이 아님을 알 수 있읍니다. 물론 자주 있는 것도 아닙니다. 사람도 얘기하다가 갑자기 사망하듯이 지구도 역시 그런 변동이 있읍니다. 그러니까 현상계인 이 땅덩어리도

그렇게 믿을 수 없는 무상한 존재이고 몸뚱이도 믿을 수 없는 허망한 것입니다。

호법징계에서 포기된 중생

예전에 묘향산(妙香山)에 법사가 한 분 있었는데、그 분이 다른 건 다 중노릇 잘하는데 한 가지 곡차(穀茶)、곧 술을 자십니다。가끔 술집에 나가서 곡차를 한 잔씩 먹고 들어오고 그랬는데 한번은 그 스님이 화엄경 강의를 하게 됐읍니다。그 곡차 팔던 노인도 법회에 참석했는데 평소에 자주 만나니까 서로 허물 없이 농도 하는 그런 처지인 모양입니다。그 노인이 한번은 농으로 「곡차를 먹으러 왔을 때는 술 주정군이더니 그 법상에 딱 올라가니 제법 부처 같네。」이러면서 놀려 줍니다。그래 그 노장님이 그러지 말라고 그랬지만 노파는 계속해서 자꾸 농을 하므로 그러면 신상에 좋지 않다고 그랬는데 그만 사흘만에 술 장사하는 보살이 피를 토하고 죽었읍니다。이것은 신장(神將)들이 호법(護法)한다고 그러지 그 스님 마음이 나쁘거나 불보살님이 그러지는 않습니다。

해방 전 한일 합방한 그 당시까지만 해도 도량에서 가사를 만드는 불사를 한다든지 탑을 조성(造成)한다든지 이런 경전을 인쇄해서 만든다든지 이런 도중에 승려나 신도간에 개고기 먹고 모르고 들어갔다면 그 자리에서 즉시 피를 토하고 엎어져서 죽습니다。또 승려도 일 주일 이상 밖에서 목욕재계(沐浴齋戒)하고 양치질하고 기도하고 들어와야지 그렇지 않으면 그냥 중이고 무엇이고 벌을 받습니다。그렇던 건데 요사이 같아서는 다 때려 없애야 할 판이니 절에 남아 있을 사람도 없을 정도이므로 이제는 안 그럽니다。그러나 언제 또 완전한 도량으로 되면 다시 그렇게 됩니다。

경상도 금천군 김장이라고 하는 데가 옛날 성주군(星州郡)인데 산꼭대기 올라가면 해인

질을 중히 여기지 않은 것이라 했다。당고승전(高僧傳)에 혜휴(慧休)법사는 十六세에 출가하여 경론(經論)에 통하고 도업을 잘 닦고 하루종일 정진에 정진을 거듭하며 계를 받들고 도를 지켜서 지나치게 쇠하고 지나치게 돈독히 하였다。그리하여 의복은 몸을 덮는데 그쳤고 한 켤레 신으로 三〇년을 지냈는데 연한 땅에서는 맨발로 다녔다。누가 물으면 신심으로 시주한 물자를 소비하기 어렵노라 하더니 황제가 여러번 입경(入京)하기를 청했으나 굳이 사양한 스님도 있는데 그렇게는 어렵더라도 사치하고 화장하고 三보의 정재(淨財)를 허비하는 것은 참으로 청담 스님의 높은 뜻에 크게 어긋난다。

「만일 꽃다발 장식하고 향을 몸에 바르면서 이것을 쓴다면 곧 불에 다른 쇠꽃다발을 쓴 것이며 또한 똥오줌을 몸에 바른 것이나 같으니라」했다。

七、불가무창기불왕관청(不歌舞倡妓不往觀聽): 속된 음악과 무용·놀이

속된 연극·영화 등은 다 오락본위의 유희물(遊戲物)일 뿐 아니라 한 걸음 더 나아가서 저속한 본능을 자극하여 마침내는 수도하는 데 큰 장애가 되는 것이므로 금계로 제지하는 것이다。노래나 춤은 몸과 입의 허물이고 보고 듣고 하지 않으면 눈과 귀의 업을 조촐하게 하는 것이다。따라서 소리와 빛깔·모양 등 경계의 티끌을 멸하자는 것이며 몸과 입으로 짓는 죄업을 여의자는 것이 이 계의 본의다。대저 출가하여 도를 배운다는 것은 몸과 마음을 닦는 것으로 근본을 삼는 것이니 입은 병처럼 막아야 하고 뜻은 성처럼 움직이지 말아야 하며 그래서 오직 한 마음으로 정근수도하고 도를 판별해야 한다고 옛어른이 말씀하셨다。

그러나 三계 중에 발을 들어 걸음을 걷는 데도 죄 아닌 것이 없는 것이니 그러므로 고인의 말씀에 「잠시라도 마음이 없으면 죽은 사람과 꼭 같거니 도업을 이루지

사 가야산(海印寺 伽倻山)이 앞으로 다 보이는 높은 곳입니다。이곳에 있는 한 절에서 아무렇게나 막행막식(莫行莫食)하는 사탄중들이 술 고기 먹고 이런 사람들이 들어가면 또 산신(山神)이 옹호(擁護)를 안 해서 감자든지 무우 배추 갈아 놓으면 돼지가 와서 다 뜯어먹고 밭 곡식 해 놓으면 다 해쳐 버리고 안 됩니다。수행을 어렵게 하고 공부를 잘하고 중 노릇 제대로 하는 이가 거기 있으면 산돼지가 옆에 새끼를 수십 마리씩 낳아 가지고 절밭 옆으로 지나가면서도 밭에 들어올 생각도 안 합니다。그 밑에 마을로 내려가서 무우 감자 밭을 자꾸 뒤지고 일 년을 한결같이 그러다가 그 스님이 떠나고 다른 사람이 들어오면 그때에는 또 뒤져서 먹어 버립니다。이것은 순전히 산신이 옹호하기 때문입니다。

설악산 봉정(雪岳山峰頂) 같은 데도 六·二五 사변에 부서져서 새로 지었는데 거기에 한 동냥중 땡추가 와서 주인이 되어 있을 적인데、한 늙은 영감 신도가 백일기도한다고 가서 드러눕지 않고 백일 동안 잠을 안 자고 아랫목에 딱 앉아서 정 고단하면 조금 졸고 백일 계속해서 기도를 한 사람이 경험한 이야기입니다。그때 봉정암의 이 중이 땡추가 되어 그저 동냥해다가 술 고기 먹고 바람 피우고 그럽니다。냉면 집에 가면 엎어 놔달라하여 밑에다 고기 놓으라는 뜻입니다。이 중이 어디를 가서 한 보름 있다가 들어오더니 저녁에 누워서 잠을 한잠 곤하게 자다가 깜짝 놀라 일어나면서「에이 꿈도 고약하다、고약하다」중얼거립니다。그래서 노인이 「무슨 꿈을 꾸었느냐。」「아 수염이 허연 영감이 오더니 나를 보고 대단히 나무래고 날더러 이제 네가 버릇을 안 고치면 우리 집 개를 보내겠다고 하며 대단히 꾸중을 했읍니다。」영감이 가만히 앉아서 들어 보니까 아 이놈의 중이 어디가서 나쁜 짓하고 온 것으로 짐작을 했읍니다。설악산 산신이 본래 참 영감하다는 말이 있는데 그 이튿날 아침을 먹고 앉아서 젊은 중에게「당신이 암만 해도 어디 가서 좋지 못한 짓을 한 모양이니 이제 아주 끊어야지 여기 설악산 산신을 그렇게 봐

못했다면 어찌 즐거운 곳이 있겠는가。첫째 마음을 한번 잃으면 후회해도 돌이키기 어려우니라。」 했으니、그러므로 노래하거나 춤추지 말고 구경하지도 말라 한 것이다。귀와 눈에 소리와 모양·빛깔이 접촉하여 망상을 일으켜서 사람의 슬기로운 지혜를 흐리게 하기는 극히 쉽고 사람의 깨달음을 촉발하는 기틀이 될 수도 있다。지혜가 흐리게 되는 이유는 소리와 모양 빛깔이 변천하는 거짓된 현상에 마음이 덮어 씌운 때문이고 깨달음을 일으키는 근본은 소리와 빛깔 모양이 변천하는 데 영향받지 않기 때문이다。이제 마음 바탕이 엷은 범부는 소리와 빛깔·모양이 변천하는데 영향받지 않는 자 없으므로 도에서 날로 멀어지는 것이다。그러므로 처음 배우는 사람은 마땅히 소리와 빛깔 모양 등을 날카로운 칼날처럼 무섭게 보고 희롱과 웃음을 통곡하는 것으로 볼 것이며 노래하고 춤추는 것을 미치광이처럼 볼 것이니 바

서 안 됩니다、요다음에 또 그러면 정말 개를 보낼 것이니 조심하시오。」 그러니까 맹추중 말이 「꿈이라는 건 다 헛건데 뭐 별것 아닙니다。」 그러면서 인과도 모르고 그런 것이 있는 줄도 모릅니다。한 달쯤 지난 뒤에 또 동냥을 나간다고 하더니 한 보름 있다가 또 들어왔는데 저녁을 해 먹고 이러고 영감은 아랫목에 앉아 있고 그 중은 옆에 누워 자는데 밤 열두시쯤 해서 문 밖에서 큰 벼락치는 소리가 납니다。 산중의 절 문은 미닫이문 닫고 그 안에 보통 살문 닫고 그러고 방에 들어오면 또 살문이 있읍니다。산중이니까 문이 튼튼하게 짜서 대개 세 겹인데 와지끈 소리가 나더니 방문이 탁 열리면서 그 중을 데꺽 집어내 버렸읍니다。그리고 영감님도 혼이 나가서 기도하던 정신도 없어져 가지고 가만히 앉아 멍청해졌다는 것입니다。설악산이 음력 칠월 그믐께 팔월 초승만 되어도 상당히 춥습니다。아무리 삼복 중이라도 문을 안 닫고는 못 자고 햇볕이 잘 나는 날이 아니면 물을 따뜻하게 데우지 않고는 목욕을 못할 정도로 기후가 찹니다。 이 영감도 날이 새도록 문을 못 닫고 가만이 앉아서 기도하는 것도 다 잊어버리고 해가 높이 뜨고서도 다리가 안 펴져서 나갈 생각도 못했다는 겁니다。자기가 손부터 움직여 가지고 전신만신을 주물러 가지고 살살 다리도 뻗어 보고 한나절 그런 뒤에야 나가서 식은 밥 있는 것 좀 데워 먹고 그랬는데도 겁이 나서 나갈 수가 없더라는 겁니다。 한참 뒤에야 보니까 마당 한쪽에서 위 탑으로 올라가는데 큰 바윗돌이 삐딱하게 누워 있는데 거기다가 턱을 탁 부딪쳤는지 피가 묻어 있고 대소변을 본 것이 있더랍니다。 그래서 오세암이라는 큰 절로 수족(手足)을 벌벌 떨며 내려가는데 한 시오리쯤 내려가면 수석(水石)이 좋은 데가 있읍니다。거기를 내려오니가 맹추중의 목은 목대로 떼어서 바윗돌 위에 조각품 모양으로 얹혀 놓고 사지를 찢어서 팔은 팔대로 다리는 다리대로 창자는 창자대로 여기저기 나무에 걸어 놨더라는 겁니다。하나도 먹지는 않았는데 그걸 본 이 영감은 그만 탁 주저 앉아

같 경계를 탐하지 않으면 깊은 속 마음이 스스로 고요하리라 했다.

八、부좌고광대상(不坐高廣大床) : 인도나 중국 같은 데는 옛날에 온돌방에서 자는 제도가 아니었고 평상 같은 침대에서 자는 제도였으므로 평상을 너무 크고 넓게 하여 호화스럽게 꾸미지 말라는 뜻이었다. 우리나라의 경우로 말하면 너무 큰 방에 요란스럽게 꾸며 놓지 말라는 뜻이라 봐야겠다.

몸에 접촉하는 객관에 이끌리지 않는 것이 부좌(不坐)이고 그 크기가 부처님이 정하신 것보다 큰 것을 고광(高廣)이라 한 것이다.

불제자는 계에 의지해서 수행하고 앉고 서고 눕고 거니는 위의 가운데 모든 것을 다 만족하게 여길 것이며 평상함을 좋아하며 교만하고 방자함을 기르지 말라. 그리고 오로지 참선과 독경·염불·진언 등의 수행에 힘을 다하라 했다. 그래서 계경(戒經)에 항상 삼매를 구하는 것으로는 산을 삼고 지혜로

정신을 못차린 채 얼마를 있다가 정신을 가다듬고 그대로 오세암을 내려가는데 하루 종일 걸려 가지고야 사람들을 데리고 와서 화장을 했읍니다.

그런데 이 청봉에서 산을 넘어 한 오십리쯤 내려가면 들 복판에 외딴 집 하나가 있읍니다. 지금도 그 집이 있고 한 백 석 하는 집인데 그 집 며느리와 동냥중이 눈이 맞았던 모양입니다. 그날 저녁에 그 호랑이는 동냥중을 발기발기 찢어서 나무에 걸어 놓고는 그 길로 그 집으로 가서 그 집 며느리가 누에꼬치로 실을 뽑는다고 앉아 있는데 뒷 창문으로 발을 집어 넣어 머리채를 확 잡아채서 끌어내는 바람에 창에 걸려서 머리만 쏙 빠져 버렸읍니다. 이십년 전까지 그 노인이 팔십 노인이 되어 살아 있었읍니다. 그런 얘기를 내가 청봉에 있을 때 그 곳을 지나가다 어느 정자나무 밑에서 쉬는데 웬 영감이 내가 청봉에 있다고 그러니까 저 집이 외딴 집으로 있던거라 하면서 그런 얘기를 해 주는 것을 들었읍니다.

그렇지만 나뭇군이나 채벌군들이 거기 가서 명태를 사다 지져 먹든지 산돼지를 잡아서 솥에다 삶아 먹든지 하는 것은 그것은 또 속인이니까 내버려 둡니다. 그러니까 중 노릇하기란 이렇게 어려운데 법을 차차 세워서 사찰정화가 되어 참으로 계행을 지키는 이런 이들이 있는 그때는 모두 호법신장(護法神將)들이 모여 온다고 그럽니다. 천당에서도 오고 산에서도 오고 시방(十方)에서 와서 날마다 순시하고 그래서 잘못하는 게 있으면 일벌천계(一罰千戒)로 나쁜 한 사람 벌해 가지고 다른 천명이나 만명 대중이 정신 차리도록 하느라고 특별히 그런 짓을 합니다.

요새 우리는 이런 호법징계(護法懲戒)에서 포기(抛棄)된 불쌍한 대중입니다. 그러니까 「길 가에 앉아서 똥누는 사람은 시비를 해야 하고 길 한복판에 궁둥이 내놓고 앉아서 똥누는 사람한테는 시비를 못한다.」고 그런 말과 같습니다. 길 옆에 똥누는 사람은 한쪽

어디에 조금 양심이 남아 있으니까、부끄러워할 줄 아는 사람이어서 나무래면 그만 옷을 올려 입고 도망갈 사람입니다。 그렇지만 한복판에 똥을 누는 사람은 각오(覺悟)가 있는 사람이고 양심이 없는 사람이어서 듣지 않을 사람입니다。 그런 것같이 영 그만 세상이 혼란해져서 마구잡이로 되면 다 지옥으로 떨어질 판이어서 응징해 봐야 별수가 없고 제발로 걸어서 지옥 갈 판이니 도리가 없는 것입니다。

천신들의 서원

진주에 가면 송보살이라고 내가 어려서 봤는데 길가에 다니다가 만나서 우리가 「어디가십니까。」 인사를 하면 「응」하고 사람은 쳐다보지도 않고 그대로 가기만 하는 그런 여자가 한 분 있었읍니다。 내가 중이 된 뒤 그이가 거진 구십살이나 살다가 돌아가셨는데 그 집이 가난한 살림인데 절에 불공이 있으면 와서 거들어 주고 떡 부스러기나 얻어다 아이들 먹이는 이런 형편입니다。 그렇게 가난하게 살면서도 염불을 자나 깨나 하고 있는 그런 보살입니다。 그 분이 돌아가신 뒤에 내가 진주에 가 보니까 시내 연화사(蓮華寺) 포교당(布敎堂)에 낯설은 탑이 하나 생긴 것을 보고 「이게 무슨 탑이냐。」고 물었더니 이렇게 얘기하는 것을 들었읍니다。

이 송보살이 자기가 죽기 나흘 전에 진주 신도 다 찾아 보면서 「내가 나흘 뒤 아무 날 저녁을 먹고서 어둑해질 때 가겠으니 부디 염불 잘 하십시오。 나는 먼저 극락세계 가니까 같이 거기 가서 만납시다。」 이런 인사를 하고 다니는데、사람들은 아마 나이가 하도 많은 노인이라 망녕이 들어서 정신이 좀 이상해진 것 같다고 모두 곧이듣지를 않고 지나쳐 버렸읍니다。 그런데 그날 아침 먹고 나서 손자고 누구고 식구들을 아무데도 못가게 하고는

자리 삼아서 한 마음으로 뜻을 도에 둘 것이며 세속 사람과 함께 행동하여 가지고 쓰는 물자를 좋은 것으로만 탐하지 말라。」 했으며、또 털로 만든 자리나 이부자리를 사용하는 자는 불법을 여읜 사람이니 몸과 마음을 방일하여 허물을 더할 뿐이기 때문이다。

九、불비시식 (不非時食): 때아닌 때 먹지 말라(不非食時) 함은 재(齋)에 해당하며 十계 중 앞의 八계와 뒤의 一계만이 계에 해당한다。 혀(舌根)에 한낮이 지나서 먹는 맛의 경계를 여의는 수행이다。

옛날에 법혜선사(法慧禪師)는 이웃 절에 있는 비구니들이 오후에 밥지어 먹는다는 말을 듣고 스스로 생각하기를 (성현께서 가신 지 오래어 사람들이 계를 많이 폐했도다)라고 하면서 불법이 쇠진하는 것을 심히 슬퍼하고 자기도 모르게 눈물이 흘러 옷을 적셨다고 한다。 오늘날 고현(古賢)들의 법을 본받는 마음이 없고 오히려 헐뜯고 비방하는 여의

마음을 내면서도 도리어 부끄러워할 줄도 모르니 한심하다 한 것이다。

그러나 오늘날과 같은 말세에는 몸도 약하고 병도 많아서 하루에 한 끼만으로는 지탱하기 어렵고 근기가 약해서 큰 신심이 없으므로 저녁을 먹기는 하지만 이것은 밥이 아니고 약석(藥石)이라 했는데 이것은 옛날에 침을 처음 만드는 법에 돌을 갈아서 침을 만들었기 때문에 石은 곧 병을 치료하는 뜻으로 한 말이다。 병든 비구가 죽을 먹을 적에 약으로 복용하였으며 침으로 병을 다스렸기 때문에 지어진 이름이니 한갖 영양을 구하고 배부르고자 하여 먹는 것이 아니란 뜻이다。

一〇、불착지 생상금은보물(不捉持生像金銀寶物):수도하는 데 탐애심이 제일 큰 장애가 된다。금·은·보물 같은 것은 우리의 축적본능을 자극하여 자성을 잃고 번뇌망상을 뿌리 깊게 하여 생사윤회의 근원인 무명만 더하게 되므로 금하신 것이다。

불러 앉혀 놓더니 「내가 오늘 저녁때 해질 무렵에 간다。 너희들은 부디 딴 짓하지 마라、 극락도 있는 거고 천당도 있고 지옥도 있는 줄 알고 또 사람이 부처가 되는 법이 있으니 잘 명심(銘心)하고 신심으로 살아야 한다。」고 당부를 하더라는 겁니다。 일념으로 마음이 통일이 되어 놓으니까 그 무식한 노인이지마는 밝은 마음의 혜가 열려서 무얼 알던 모양입니다。 그리고 오후가 되니까 가서 물 데워 오라고 해서 목욕을 하고 그리고 새옷으로 갈아 입고는 「너희들 밥 먹고 나서 아무데도 가지 마라。 저녁 일찍 해 먹으라」는 겁니다。 그래서 식구들은 할머니가 뭐 정신이 돌았거나 망녕이 든 것같지도 않게 태연하고 엄숙하니까 행여나 싶어서 식구들이 모두 시키는 대로 저녁 일찍 해 먹고 모두 아이들도 못나가게 하고 그랬는데 어두워지기 시작하니 요를 펴라고 해서 요를 펴니까 요 위에 앉아서 또 얘기를 합니다。

「이 세상이 다 무상하고 여기는 고해고 불붙은 집이고 그러니 아예 방심하지 말고 네 일좀 해야지 만날 육체·몸뚱이 그렇게 가꾸어 줘 봐야 갈 때는 헛수고했다고 인사도 안하고 나를 배반하고 가는 놈이며 몸뚱이라는 건 그런 무정한 놈이니 그놈만 위해서 그렇게 살지 말아라。 나도 평생에 염불해서 이런 좋은 수가 있지 않느냐。 구십장수(九十長壽)도 하고 병 안앓고 꼬부러지지도 안하고 그리고 가는 날짜 알고 내가 지금 말만 떨어지면 간다 곧 갈 시간이 되었어。 이러니 너희들도 그랬으면 좀 좋겠느냐。 두달이고 일년이고 드러누워 똥을 받아 내고 이래 놓으면 그 무슨 꼴이냐。 너희한테도 벌어먹을 것도 못벌어먹고 모자간에 서로 정도 떨어지고 얼마나 나쁘냐。 부디 신심으로 염불도 하고 부디 그렇게 해라。」

이렇게 말한 뒤 살며시 눕더니 사르르 잠든 것처럼 가 버렸는데 그리고 얼마 있다가 그만 그 집에서 굉장히 좋은 향내가 나고 또 조금 있으니 서쪽을 향해서 환히 서기방광을 해서 소방대가 불났다고 동원이 되기까지 했다는 겁니다。 불교 신도들이 이 소문을 듣고 송보살이 예언한 대로 돌아갔다、 열반을 했다、 이래 가지고 진주 신도라는 신도는 수천명이 모여 와서 송장에 대해서도 부처님같이 생각하고 무수배례(無數拜禮)하고 마당에서 길에서 뜰에서 신도들이 꽉 차게 모여 가지고 절도 하고 돈도 내고 이래서 장사를 아주 굉장하게 화장으로 지내는데 사리가 나와서 사리탑을 지어 모셔 놓은 것이 연화사에 있는 낮선 저 탑이라는 것입니다。

그러니 「나무아미타불 나무아미타불」 그것만 불러도 이렇게 됩니다。 아무 뜻도 모르고 극락세계 갈 거라고 그것만 해도 공덕이 되고 정신통일이 되어 혜(慧)도 열립니다。 그런데 더군다나 상하권 되는 이 금강경을 죽 한번 읽는데 좀 빠르면 삼십분 걸리고 남이 듣기 좋게 외우면 한 시간은 걸립니다。 그러니까 이것을 하루에 한번씩 외도 처음에 외울 적에는 조금 힘을 들여야 하겠지마는 하루에 한 장 외고 그 다음에 또 한 장씩 외고 그 다음에 연속해서 외면 됩니다。 처음 배울 때부터 여시아문(如是我聞)에서부터 자꾸 줄줄 따라 외기 시작하면 되는데 팔십 노인들도 석 달을 공부하고 반년이 걸려서 다 외운 이도 많이 있읍니다。 이런 법문 듣고 나면 좀 읽어 보고 싶고 외고 싶어집니다。 그러니까 먹칠해 놓은 종이부수러기지마는 그 내용이 이렇게 굉장한 것이기 때문에 천룡팔부(天龍八部)라든지 저 위에 이십팔천(二十八天)·무색계천(無色界天)의 사람까지도 부처님 열반하실 때 전부 와서 부처님 법 옹호할 것을 서원(誓願) 했읍니다、

사분율(四分律)에 해와 달에 네 가지 근심이 있으니 밝지 못하고 깨끗하지 못하고 잘 비치지 못하고 위신력이 없게 되느니라〉 어떤 것이 네 가지인가。 아수라 연기·구름·먼지·안개니 이것이 해와 달의 큰 근심이니라。 사문 바라문도 또한 네 가지 근심이 있어서 밝지 못하고 깨끗하지 못하며 잘 비치지 못하고 위신력이 없나니 무엇이 넷인가。 술 마시는 것을 버리지 못하고 음욕을 버리지 못하는 것이며 금은을 가지는 것을 버리지 못하는 것이고 삿된 업으로 스스로 살려는 것을 버리지 못하는 것이니라고 했음이 그것이다。

금은 같은 것은 설사 단월이 시주해 왔더라도 깨끗한 사람이 받아서 三보께 공양하도록 하였으니、「만일 三보를 위하지 않고 중생의 고난을 구제하지 않으면 감추어서 어디 쓰려는가。 그러므로 금은을 두어서 쓸 데가 없다」한 것이다。

能淨業障分 第十六

復次須菩提야 善男子善女人이 受持讀誦此經하야 若爲人輕賤이면 是人이 先世罪業으로 應墮惡道언마는 以今世人이 輕賤故로 先世罪業이 卽爲消滅하고 當得阿耨多羅三藐三菩提하리라 須菩提야 我念過去無量阿僧祇劫하니 於然燈佛前에 得値八百四千萬億那由他諸佛하야 悉皆供養承事하야 無空過者니라 若復有人이 於後末世에 能受持讀誦此經하면 所得功德이 於我所供養諸佛功德으로 百分不及一이며 千萬億分乃至算數譬喩로 所不能及이니라 須菩提야 若善男子善女人이 於後末世에 有

受持讀誦此經(수지독송차경)하야 所得功德(소득공덕)을 我若具說者(아약구설자)댄 或有人聞(혹유인문)하고 心卽狂亂(심즉광란)하야 狐疑不信(호의불신)하리니 須菩提(수보리)야 當知是經(당지시경)은 義不可思議(의불가사의)며 果報(과보)도 亦(역)不可思議(불가사의)니라

『또 수보리야, 어떤 선남자 선여인이 이 경을 수지독송하는 데 만약 남에게 업신여김을 당한다면 이 사람은 선세 죄업으로 응당 악도에 떨어질 것이지만 이 세상 사람이 천히 여김으로써 선세의 죄업이 곧 소멸되고 마땅히 아뇩다라삼먁삼보리를 얻을 것이니라. 수보리야, 내가 생각하니 과거 한량 없는 아승지겁 전에 저 연등부처님 앞에서 팔백사천만억나유타 수의 모든 부처님을 만나서 다 공양하고 받들어 섬기며 그냥 지나쳐 버린 적이 없었느니라. 만일 또 다른 사람이 이 다음 말세에 능히 이 경을 받아 지니고 독송한다면 그 공덕은 내가 모든 부처님께 공양한 공덕으로는 백분의 하나도 미치지 못하며 천만억분 내지 어떤 수의 비유로도 능히 미치지 못하느니라.

수보리야, 만일 선남자 선여인이 이 다음 말세에 이 경을 받아 지니어 독송하는

이가 얻는 공덕을 내가 다 갖추어 말한다면 어떤 사람은 그 말을 듣고 마음이 곧 미치고 어지러워 여우처럼 의심하고 믿지 않으리라。수보리야、마땅히 알라、이 경은 그 뜻도 가히 생각할 수 없고 그 과보 또한 가히 생각할 수 없느니라。』

第十六 能淨業障分—업장을 맑힘

〔科 解〕

이 대문은 금강경을 수지독송하는 공덕으로 능히 지난 세상에 지어온 많은 죄업이 깨끗이 소멸된다는 뜻을 밝힌 대문입니다。

다시 말하면 이 경을 수지독송하는 데도 남의 천대를 받는 수가 있읍니다。금강경을 수지독송하는 공덕이 한량 없다고 하였는데 어찌하여 남의 천대를 받는 일이 있게 되는가。그것은 더 깊은 뜻이 거기에 있기 때문이니 곧 그 사람이 지난 세상에 지은 죄업으로 장차 지옥에 떨어질 것인데 금강경을 읽어 외운 인연 공덕으로 그 무거운 죄업이 소멸되어 이 세상에서 남에게 천대 받는 과보로써 그 지옥 죄과를 소멸한다는 것입니다。무거운 업을 가볍게 받는다고 하여 이것을 중업경수(重業輕受)라고 그럽니다。

왜 금강경을 받아 지니고 읽어 외운 공덕이 그처럼 신비로운가。금강경은 모든 부처님의 최상승(最上乘)으로서 〈나라는 생각〉·〈사람이라는 생각〉·〈중

二七斷疑論 전장의「제 一〇단의」중 二、「찬경공덕」(讚經功德) 대문 가운데 둘째 분단인 二、「별현」(別顯) 문이 있었다。그리고 이「별현문」가운데 一〇소분단이 있는데 그 중 여섯 분단이「지경공덕분」에 해당했다。그러므로「능정업장분」인 본장은 제七분에서부터 해당된다。

㉦ 죄를 가볍게 소멸하고 부처되다(七轉四罪非當佛)〈復次에서 三菩提까지〉

㉧ 현상을 초월하여 많은 부처님 존경

함(顯事多尊)
ㄱ、부처님께 공양하여 큰 복짓다(供佛多中全具福)(須菩提에서 無空過者까지)
ㄴ、경을 지닌 복이 더크다(持經多中少福)(若復有人에서 所不能及까지)
㉶ 다 들으면 의심한다。(九、具聞則疑)(須菩提에서 狐疑不信까지)
㉷ 결론(總結幽邃)(須菩提에서 不可思議까지)

六祖口訣 부처님께서 말씀하시기를 「경을 지니는 사람은 모든 사람과 하늘의 공경·공양을 얻는 것인데、다생의 무거운 업장이 있으므로 금생에 비록 모든 부처님의 그윽하고 깊은 경전을 받아 지니지만 항상 남에게 업신여김을 받고 사

생살이라는 생각〉·〈오래 산다는 생각〉조차 초월하여 주관적으로 나라는 관념이 텅 비고 객관적으로 법(진리)이라는 생각도 공하고 주관 객관이 다 공한 절대의 경계를 설한 경이기 때문에 모든 부처님과 부처님의 아뇩다라삼먁삼보리가 다 이 경으로부터 나온다고 한 것이 그것입니다。이 경이 이러한 위대한 신력을 지닌 경전이므로 이 경을 모셔 둔 곳에는 부처님의 큰 제자나 부처님의 사리탑을 모신 것과 같다고 하였고、이러한 위신력을 지닌 경이므로 능히 지옥에 떨어질 죄를 지었더라도 이 세상에서 사람의 천대를 받는 과보로써 대신한다고 하셨는 바 이것이 능히 업장을 맑힌다는 대문의 대의입니다。

原文 復次須菩提 善男子善女人 受持讀誦此經 若爲人輕賤 是人 先世罪業 應墮惡道 以今世人 輕賤故 先世罪業 即爲消滅 當得阿耨多羅三藐三菩提

解義 『또한 다시 수보리야、선남자 선여인이 이 경전을 수지독송도 하고 또한 남을 위해 해설도 잘 해 주는 어떤 사람이 남한테 천대를 받는 수가 있으니、이 경전은 아수라·인간·천상 사람이 모두 호위를 하고 공경을 한다는데 도리어 역효(逆效)가 난다면 이것이 어찌된 것인가。그것은 이 사람이 과거의 선세、저 전생의 전생으로부터 지어 온 한량 없는 죄업 때문에 삼악도(三惡道)에 저 깊은 지옥으로 갈 사람이니 이 몸뚱이가 죽고 나면 당장 그대로 곧 삼악도로 갈 것인데 이 경전을 읽은 공덕으로 해서、인간 세상에서

랍에게 공경·공양을 받지 못하지만 스스로 경전을 받아지니므로 남이다 나다 하는 생각을 일으키지 않아서 원수와 친한이를 가리지 않고 항상 공경을 행하여 마음에 번뇌가 없으며 아무것도 없이 텅 비어서 계교할 것 없이 생각생각 반야바라밀을 항상 행하여 한 번도 물러서지 않나니 능히 이와 같은 수행을 하므로 한량 없는 겁으로부터 금생에 이르기까지 있는 바 모든 지극히 무거운 온갖 나쁜 업장이 다 소멸되리라.」고 하셨다. 또 이치로만 생략하여 말한다면 선세라함은 곧 앞 생각의 망상을 뜻하고 금세라 함은 곧 이 뒷

천대를 받는 그걸로 해서 지옥으로 갈 죄를 면해 버리게 되느니라。 그리고 아뇩다라삼먁삼보리를 증득하게 되는데 그 길로부터 금강경을 알고 깨닫지는 못했더라도 금강경의 지취가 어디로 간다 하는 것。 곧 마음씀씀이를 어떻게 하고 어떻게 공부를 해야 한다는 것을 벌써 짐작을 하게 되므로 결국은 아뇩다라삼먁삼보리심을 얻게 되는 원인이 되느니라。』는 뜻의 말입니다。

법화경에 상불경보살(常不輕菩薩)이라고 있읍니다。 사람을 만나면 아이나 어른이나 그저 남녀 노소간에 만나기만 하면 합장을 하고 절을 공손히 하고 「내가 당신 업신여기고 천대하지 않습니다。 왜 그런고 하니 중생 그대로 부처님이기 때문입니다。 그러니 부처님께 대해서 어떻게 공손하게 하지 않고 업신여기거나 천대를 하겠읍니까。」 그럽니다。 사실 일체 중생이 즉비중생이니 시명중생(一切衆生 卽非衆生 是名衆生)입니다。 중생이 중생 아니면서 부처란 말로 되어 있고 육체가 육체 이대로가 모두 다 환이란 말입니다。 「이런 것이 사실 있는거로 있는 게 아니다。」 그런 뜻도 있고 시명중생(是名衆生)이라 하면 중생이 곧 부처고 부처가 중생이고 그런 광장한 뜻이 있읍니다。

그렇기 때문에 상불경보살이 그렇게 하는데, 그 따위 소리 하지 말라고 그래도 또 하고 하니 이번엔 이 놈 매나 맞아라 나중에 그런 소리 또 하면 때려 죽인다고 하고 차고 밟고 그럽니다。 안 맞으려고 쫓겨 도망가고 또 따라오면 멀찍이 달아나서 서 가지고 안 따라오면 다시 합니다。 「내가 당신네들 공경합니다。」 이렇게 자꾸 합니다。 그럴수록 듣기 싫다고 매를 무수히 맞았읍니다。 이 보살도 일종의 경천보(輕淺報)를 받는 것입니다。 지옥 갈 사람이 금강경을 읽어서 그 죄가 가벼워져서 경천보를 받는 것은 금강경을 읽어 복이 생겼기 때문입니다。 그래서 죄가 원체 많은 사람은 금강경을 읽고 천대를 받는 것으로 면하는데 그 경천보를 받는 종류가 가지가지입니다。 그러니 이런 사람일수록 내가 전생의

생각이 깨달았음을 뜻하니, 뒷 생각의 깨달은 마음으로 앞 생각의 망령된 마음을 업신여기는 것인바 망령된 것은 능히 오래 머무를 수 없는 것이므로 선세의 죄업이 곧 소멸된다 하신 것이다。망령된 생각이 이미 소멸된다면 죄업이 성립될 수 없는 것이므로 곧 보리를 얻는다고 한 것이다。

佛言 持經之人 合得一切天人 恭敬供養 爲多生 有重業障故 今生 雖得受持諸佛如來甚深經典 常被人輕賤不得人恭敬供養自以受持經典故 不起人我等相 不問寃親 常行恭敬 心無惱恨 蕩然無所計較 念念常行般若波羅蜜 曾無退轉

업이 무거운 것을 이제 경천보로 대신하는가보다 하며 조금이라도 해태해지면 신심이 부족하거나 정신이 모자라서 그런 줄로 알고 더욱 더 자꾸 읽어야 할 텐데, 이런 것을 모르는 사람은 내가 금강경 덕을 못봤다고 해서 그 경전 다 거짓말이라고 이럴 수가 있느냐고 하면서 섭섭해 하고 신심을 안 냅니다。이런 사람은 금강경을 잘못 배운 것입니다。

原文 須菩提 我念過去 無量阿僧祇劫 於然燈佛前 得値八百四千萬億那由他諸佛 悉皆供養承事 無空過者 若復有人 於後末世 能受持讀誦此經 所得功德 於我所供養諸佛功德 百分不及一 千萬億分 乃至 算數譬喩 所不能及

解義 『수보리야, 내가 또 생각해 보니 저 과거 무량 아승지겁 전에 그때 연등불이 계셨는데 내가 그 연등부처님 앞에서 팔백사천만억 나유타 부처님께 공양하고 받들어 모셨느니라。』하십니다。요새 우리 수자는 만까지는 열배하는 십진법이고 만부터는 만을 만하면 억이고 억을 만하면 조(兆)이고 조를 만배하면 경(京)하여 만배법(萬倍法)입니다。동양에서는 이렇게 하여 스물 네 단위 밖에 없지만 불교가 온 뒤에는 불교 수자를 뒤에다 붙여서 많이 쓰고 있읍니다。불교의 수는 구지(俱只)에서부터 배수입니다。인도의 낙차(洛叉)라는 수자가 우리 수로 십만인데 십만을 백배로 하면 그게 구지(俱只)、곧 일천만입니다。그 구지를 구지배로 하면 천만을 천만배로 한다는 말인데、그러면 일아유타(阿由他)라 합니다。

또 아유타를 아유타배하면 나유타(那由陀)인데 이렇게 해서 나간 수의 단위가 일백스물넉자입니다。그런데 아승지 이 수자는 일백다섯번째 나오는 수의 단위이니 아승지라는게 우리의 일반수학 상식으로는 생각지도 못할 만큼 그런 굉장한 수자입니다。아승지수의 무량아승지라 했는데 무량도 수자입니다。아승지 바로 위에 있는 일백 네번째 수자입니다。八

以能如是修行故 得從無量劫 以至今生 所有極重惡障 悉皆消滅 又約理而言 先世者 即是前念妄心 今世者 即是後念覺心 以後念覺心 輕賤前念妄心 妄不能住故 云先世罪業 即爲消滅妄念 既滅 罪業 不成即得菩提也

六祖口訣 항하사수의 모든 부처님께 공양하고 삼천대천세계의 가득찬 보배를 보시하고 먼지같이 많은 수의 몸을 희생하여 갖가지 복을 닦았다 하더라도 이 경을 지닌 것에는 미치지 못한다 함은 한 생각에 상 없는 이치를 깨달아서 바라는 마음을 쉬고 중생의 뒤집힌 지견을 멀리 여의어 곧 저

백 四천만억 나유타수의 부처님들을 연등부처님 불자로서 부처님 모시고 있는 동안에 다 친견하셨다는 것입니다。 공부가 높고 신통이 많은 대도인들은 시방에 한량 없는 부처가 여기 앉아 계신 것을 다 친견합니다。 최면술을 걸어 놓으면 여기 앉아서 동경 가서 보고 얘기하고 그렇듯이 하는 것입니다。 그래서 십만억 이런 지구를 직선으로 지나가서 우리 사바세계하고 똑같이 극락세계가 있다고 그랬는데 여기 이대로 앉은 채 찰라 사이에 십만억 세계를 지나가서 우리하고 얘기하듯이 아미타불을 친견(親見)하고 법문도 듣고 묻기도 하고 그럽니다。 본체 자리에서 보면 항상 시간도 공간도 아닌 조그만 초점 안에서 극락세계니 십만억 국토를 지나가느니 하는 것이기 때문에 가는거 없이 가고 다 알고 보고 그렇게 될 수 있는 겁니다。 그러니까 이 연등불을 만나 가지고 연등불을 모시고 있는 그 동안에 팔백사천만억 나유타 모든 부처님을 만나서 내가 다 그 부처님에게 모두 음식도 올리고 옷도 올리고 향도 올리고 꽃도 올리고 온갖 시봉도 다 해서 공경공양했고 도량청소도 하고 변소도 모두 소제해 드리고 부처님 제자를 시봉했는데 이렇게 하기를 한량 없는 백천만억나유타 모든 부처님께 한분도 빠짐 없이 공양 안 드리고 간 일이 없었다는 것입니다。

『이렇게 내가 공양한 공덕을 그 때 참 많이 지었지만 그러나 만일 어떤 사람이 저 후오백세 말세에 지금 (이 때입니다。) 이 혼란한 말세에 능히 이 경전을 받아 가지며 읽고 외우고 하면 내가 지은 그 공덕으로는 백분의 일도 미치지 못하고 천만억분의 일도 안되는 거고 내지 일백스물녁자를 다 써서 비유를 한다 해도 미치지 못한다』는 것입니다。 십만억국토의 미진수분의 일도 안됩니다。 부처님 세상에는 모두 선지식 천지이고 돈이 천지이니까 아무나 할 수 있고 아무나 들을 수 있지마는 이 말세에 이 금강경을 옳게 알아들을 수 있는 그런 금강경 학자가 나와서 일한다면 참 하늘에 별따기 같은 일이고 맹구우목(盲龜遇木) 같은 참 희유한 일입니다。 그렇듯이 대단히 희유한 일이 되느니라。 그러셨읍니다。

언덕에 건너가서 길이 삼악도의 고통을 벗어나고 절대의 열반을 증득하는 것이기 때문이다。

供養恒沙諸佛 施寶滿三千界 捨身如微塵數 種種福德 不及持經 一念 悟無相理 息希望心 遠離衆生顚倒知見 即到波羅彼岸 永出三途苦 證無餘涅槃

六祖口訣 부처님께서 말씀하시기를 「말법의 중생들이 덕은 얇고 업의 때는 무거우며 질투가 아주 깊어서 뭇 성인이 잠기고 숨으며 삿된 소견이 치성할 따름이다。 이러한 때에 만일 선남자 선여인이 이 경을 받아 지니어 독송하면 모든 **상을** 원만히 여의고

原文 須菩提 若善男子善女人 於後末世 有受持讀誦此經 所得功德 我若具說者 或有人聞 心即狂亂 狐疑不信

解義 부처님께서 말씀하십니다。『수보리야、 만일 선남자 선여인이 저 말세에 사람들이 이 경전을 수지독송하고 또 이 경전을 수지독송한 공덕을 얻는 그걸 내가 만일 갖추어서 다 말한다면 혹 어떤 사람이 듣고 나면 마음이 미쳐서 혼란해지고 미칠 것이다。』 했읍니다。 향적세계(香積世界)라는 불세계가 있는데 거기서는 말이 없읍니다。 부처님께서 중생을 제도하시려면 향을 한 대 향로에 꽂아 놓으면 백년이고 천년이고 그 향내가 뻗혀 나갑니다。 그러면 그 불세계에 사는 중생들은 누구나 그 향내를 맡으면 그만 고집멸도(苦集滅度)의 네 가지 진리를 깨쳐 버립니다。

「아! 이 세상이 다 고로구나。 이 세상이 다 허망한 것이 모여 가지고 거짓 있는 것이고 흩어져 가는 도중에 있는 것이구나。」하고 곧 압니다。 그리고 그 부처님이 주먹을 번쩍 들어 보이면 그만 대중이 전부 다 깨달아 버립니다。 이건 말이 없는 불세계입니다。

이와 같이 향으로 하는데、 꽃으로 하는데、 또는 음식으로 하든지 그 교화 방법이 불세계마다 각각 다릅니다。 그런데 석가모니 부처님께서 교화하시는 이 사바세계는 교체(敎體)가 무엇이냐 하면 음성교체(音聲敎體) 곧 음성으로 가르치는 곳입니다。 문자만 가지고도 또 안되고 글로 된 경전이 있지마는 그것보다도 꼭 혀를 놀려서 가르쳐야 빠릅니다。 글도 역시 혀의 표현이긴 합니다。 그래도 여기는 어디까지나 음성이 교체가 되어 있고 향적세계 같은 데는 향이 교체가 되어 있는 것입니다。 제석천천당에 올라가면 굉장한 복력으로 저절로 생긴 궁전이 있읍니다。 우리도 꿈에 가면 큰 도시가 있고 우리 집도 있고 그런 것이 생각으로 저절로 생겨 가지고 있는 것이며 누가 목수를 데려다 지은 것도 아니고 그렇듯

얻을 바 없는 도리를 사무쳐서 생각생각 자(慈=중생에게 즐거움을 주려는 마음)·비(悲=중생의 고통을 없애 주려는 마음)·희(喜=중생에게 낙을 얻어 희열하게 하려는 마음)·사(捨=원수와 친한 이를 구별하지 않고 중생을 위하는 마음)를 항상 행하고 겸손하고 마음을 낮추고 부드럽게 하고 화목한 마음을 항상 행하면 위없는 보리를 마침내 성취하게 된다。

그러나 혹 성문의 작은 소견을 가진 사람이면 여래의 정법이 항상 있고 멸하지 않는 법임을 모르기 때문에 여래께서 입멸하신 뒤 다섯번째 오백년 뒤에 어떤 사람이 상

이 제석천궁도 제석천의 복력으로 생긴 것입니다。 그 궁전의 크기를 아주 줄이고 줄여서 우리 한국 땅덩이만 하다고 할수 있습니다。 우리 법당에도 바깥 천정에 비둘기나 새들이 못들어가게 그물을 쳤는데 제석천궁은 새 똥이 걱정돼서가 아니라 장엄으로 장식을 하느라고 진주·다이야몬드 같은 아주 좋은 보석으로만 그물을 칩니다。 그런데 이쪽 구슬이 저쪽 구슬에 비춰지고 하여 이 구슬들끼리 전부 서로 통하여 비춰 가지고 있으니 우리 한국만한 궁전이라고 한다면 그 구슬이 수가 몇 개나 되겠읍니까。 그 많은 구슬이 한 구슬 속으로 그림자가 다 들어온다는 겁니다。 그러면 이 구슬 이것이 그 여러 억천만 개나 되는 구슬의 그림자가 밑으로 보이고 동서남북으로 들어와 가지고 그 전체를 받아 가지고 그 옆에 구슬에 비추니까 이거는 전체가 하나고 하나가 전체로 보입니다。 이것을 받아 또 저쪽으로 넘기고、 제 구슬의 것을 또 이쪽으로 넘겨 주고 저는 저대로 받아 있읍니다。 제 그림자 가지고 있으면서도 저쪽은 비춰 주고 또 저놈이 제 구슬 가지고 있으면서 또 받고 이러면 복수(複數)로 자꾸 곱수로 됩니다。 이런 것이 한 시간만 되면 그 얼마나 많은지 알수 없고 두 개 구슬로만 해도 무한의 수가 될 것인데 이것은 정말 아승지의 수자보다 더 많습니다。 일백 스물 넉자라도 못따라 갑니다。 이런데 그 구슬과 구슬 전체가 또 다 그러니 전체가 전체를 전부 포함한 그것이 여러 수 억만불찰미진수 아승지 항하사 수자 이런게 모두 다 들어옵니다。 그래서 그것을 중중무진(重重無盡)이라 하고 제망중중(帝網重重)이라 합니다。 지금도 자꾸 그렇게 점점 비춰 나갈 것이며 서로 반사가 될 것이니 그런 수를 누가 세겠읍니까。 그렇지만 부처님은 그 제망 중중 구슬들을 서로 비춰서 만년 아니라 몇 아승지 겁을 지나도 이 수를 다 아십니다。

부처님의 반야법문이 六백권이라고 하지만 그 실제로는 미진수의 법문이 있다고 합니다。 二一년간 말씀하신 것이 우리 인간만 듣는게 아니라 천당 사바세계 할것 없이 다 듣

없는 마음을 성취하여 상 없는 행을 행하여 아뇩다라삼먁삼보리를 얻으리라 하면 곧 마음에 놀라고 놀라서 여호같이 의심하고 믿지 않게 되는 것이다。

佛言 末法衆生 德薄垢重 嫉妬彌深 衆聖潜隱 邪見熾盛 於此時中 如有善男子善女人 受持讀誦此經 圓離諸相 了無所得 念念常行慈悲喜捨 謙下柔和 究竟成就無上菩提 或有聲聞小見 不知如來正法 常在不滅 聞說如來滅後 後五百歲 有人 能成就無相心 行無相行 得阿耨多羅三藐三菩提 則心生驚怖 狐疑不信

도록 말씀하십니다。 부처님이 같은 말씀을 하셔도 여러 세계의 중생들이 각각 다 자기 말로 알아듣도록 하십니다。 이 금강경도 이제 「운하응주 운하항복기심」 이 두 가지만 가지고도 다 되는데 상하 두 권이나 되는 것은 화엄경 같으면 하나만 물어도 몇 가지로 대답하시듯이 백 마디 물으면 천 가지가 나오고 만 가지가 나오고 그런 식으로 나오는 게 부처님 말씀입니다。 그래서 어떤 제자가 「부처님께서 말씀하신 경전 수가 모두 몇 권이나 되며 사실 그걸 다 펼쳐 놓으면 모두 얼마가 되겠읍니까。」 물으니까、 백억 세계를 두드려 무슨 미진수 전자수와 같이 많은 장수(張數)가 있다는 것입니다。 중중무진의 시방세계에서 불보살님까지 「저 사바세계의 석가여래께서 출세를 하셔 가지고 중생을 제도하시느라고 마지막 법화경 설하신단다、 금강경 설하신단다。」 이래 가지고 막 모여옵니다。 그러니 허공이 가득차고 이러는데 또 제몸을 포개고 보살이 보살을 포개고 또 그 보살이 보살을 포개가지고 중중 포개지만 하나도 머리가 안 아프고 밑에 깔리는 사람도 없읍니다。 그러니까 원융무애(圓融無碍) 원만하고 두루하고 그래서 서로 방해도 안 되고 그런 것입니다。 그러니 우리로서는 하나도 아니고 둘도 아닌 그 희유한 경계를 상상할 수도 없고 들을 수도 없는 이런 희유한 도리를 다 설명하신다면 근기가 여간 높지 않아 가지고는 의심하지 않을 수 없을 것입니다。

호의(狐疑)라는 말을 여호 같은 의심이라고 하는데 이런 의심이 있는 사람은 성불 못합니다。 사람들이 여호를 찾겠다고 쇠고기나 돼지고기나 그 속에다가 무슨 폭팔물 같은 것을 넣든지、 무슨 독약을 넣든지 하고는 겉으로 냄새를 피우지 않게끔 잘 밀봉해서 여우 다니는 데다 놔 둡니다。 이 놈이 무엇 좀 줏어 먹으러 다니다가 돼지고기가 한 뭉치 있는 것을 보고 생각하기를 「이게 이런 데 떨어질 수가 없는 건데 필연 무슨 조화가 붙어 있는거 아닌가 하는 생각이 들어서 그것을 들고 요리저리 벼른 뒤에 여기도 좀 맡아 보고 저리

六祖口訣 이 경의 뜻이라 함은 집착 없고 상 없는 행을 뜻하고、사의할 수 없다 함은 집착 없고 상 없는 행이 아뇩다라 삼먁삼보리를 능히

맡아 보고 하다가 아무래도 못 먹겠다 하여 그대로 놓아 두고는 한 댓발 간다는 겁니다。가다가는 그놈이 또 아까와서 냄새라도 맡아 보고 가야지 하고는 다시 되돌아와 보고 하기를 열번 백번 하다가 나중에는 할 수 없이 먹어 버립니다。까불다가 탁 터져 죽는 수도 있고 그렇지 않으면 먹고 나서 몇 시간 뒤에 그만 죽기도 하는데 어떤 놈은 기어코 먹지 않는 놈도 있다는 겁니다。

그래서 여호를 중생들 중에 제일 의심이 많고 제일 영리하다고 하고 사람도 호의(狐疑)를 하는 사람이 있어서 그「말로 들어 봐서는 꼭 그럴 것 같기는 한데 참 그럴까」하고 괜히 그런 생각 저런 생각 갖다 붙이는 사람이 있읍니다。남을 의심 많이 하는 성질이 있어 군자를 만나도 도인을 만나도 의심을 많이 하는 성질이 있어서 이렇게 호의증에 걸려 가지고 있는 사람이 장가 가면 의처증(疑妻症)이 걸리고 또 의부증에 걸려서 영감을 의심하고 그럽니다。

그렇게 의심할 게 없읍니다。그렇다면 그런가 보다 내버려 두고 그런 세상을 살면 편한데 의심을 하면 사람의 마음이 안 편해지고 의심이 왔다갔다 하는 사람은 백사불성(百事不成)으로 아무것도 되지 않습니다。만날 사사건건 의심만 붙어 있으니 무슨 일을 누구하고도 같이 할 수가 없기 때문입니다。

原文 須菩提 當知是經 義不可思議 果報亦不可思議

解義 『수보리야、마땅히 알아라。이 경전의 뜻은 참으로 불가사의하고 동시에 그 과보도 불가사의하느니라。』

이 경전을 읽고 나면 그때부터 금생에서부터 차차 이 경전 읽은 공덕을 받기 시작하여 두고두고 세세생생에 자꾸 견성해 올라 가게 됩니다。그런데 그걸 다 설명하라고 하

성취할 수 있음을 찬탄한 것이다。

是經義者　即是無着無相行 云不可思議者 譽讚歎無着無相行能成就 阿耨多羅三藐三菩提也

면 듣는 사람이 놀라서 기절할 정도로 그 뜻과 과보도 공덕도 불가사의한 것입니다。지금 우리가 이번에 금강경 살림에 참여한 분들은 금강경의 이런 도리를 깊이 믿고 대게 그게 그럴거라고 십분 이해했으리라고 믿고 있읍니다。

究竟無我分(구경무아분) 第十七(제십칠)

爾時(이시)에 須菩提(수보리)ㅣ白佛言(백불언)하사되 世尊(세존)하 善男子善女人(선남자선여인)이 發阿耨多羅三(발아뇩다라삼)
藐三菩提心(먁삼보리심)하면 云何應住(운하응주)하며 云何降伏其心(운하항복기심)하리이까 佛告須菩提(불고수보리)하사되 若(약)
善男子善女人(선남자선여인)이 發阿耨多羅三藐三菩提心者(발아뇩다라삼먁삼보리심자)는 當生如是心(당생여시심)이리니 我(아)
應滅度一切衆生(응멸도일체중생)하리라 滅度一切衆生已(멸도일체중생이)이되 而無有一衆生(이무유일중생)도 實滅度(실멸도)
者(자)니라 何以故(하이고)오 須菩提(수보리)야 若菩薩(약보살)이 有我相人相衆生相壽者相(유아상인상중생상수자상)이면 卽(즉)
非菩薩(비보살)이니라 所以者何(소이자하)오 須菩提(수보리)야 實無有法(실무유법)이 發阿耨多羅三藐三(발아뇩다라삼먁삼)
菩提心者(보리심자)니라 須菩提(수보리)야 於意云何(어의운하)오 如來(여래)ㅣ於燃燈佛所(어연등불소)에 有法(유법)하야 得(득)

阿耨多羅三藐三菩提不아 不也니이다 世尊하 如我解佛所說義하여는 佛於燃燈佛所에 無有法하야 得阿耨多羅三藐三菩提하니이다 佛言하사되 如是如是니라 須菩提야 實無有法하야 如來得阿耨多羅三藐三菩提니라 須菩提야 若有法하야 如來得阿耨多羅三藐三菩提者인댄 燃燈佛이 卽不與我授記하사되 汝於來世에 當得作佛하야 號釋迦牟尼런마는 以實無有法하야 得阿耨多羅三藐三菩提일새 是故로 燃燈佛이 與我授記하사 作是言하시되 汝於來世에 當得作佛하야 號釋迦牟尼라하시니라 何以故오 如來者는 卽諸法如義니라 若有人言하되 如來得阿耨多羅三藐三菩提라면 須菩提야 實無有法하야 佛得阿耨多羅三藐三菩提니라 須菩提야 如來所

得阿耨多羅三藐三菩提(득아뇩다라삼먁삼보리)는 於是中(어시중)에 無實無虛(무실무허)하니라 是故(시고)로 如來說一切法(여래설일체법)이 皆是佛法(개시불법)이니라 須菩提(수보리)야 所言一切法者(소언일체법자)는 卽非一切法(즉비일체법)이라 是故(시고)로 名一切法(명일체법)이니라 須菩提(수보리)야 譬如人身長大(비여인신장대)니라 須菩提言(수보리언)하되 世尊(세존)하 如來說人身長大(여래설인신장대)는 卽爲非大身(즉위비대신)이요 是名大身(시명대신)이니이다 須菩提(수보리)야 菩薩(보살)도 亦如是(역여시)하야 若作是言(약작시언)하되 我當滅度無量衆生(아당멸도무량중생)이라하면 卽不名菩薩(즉불명보살)이니 何以故(하이고)오 須菩提(수보리)야 實無有法(실무유법)이 名爲菩薩(명위보살)이니 是故(시고)로 佛說一切法(불설일체법)이 無我無人無衆生無壽者(무아무인무중생무수자)라하니라 須菩提(수보리)야 若菩薩(약보살)이 作是言(작시언)하되 我當莊嚴佛土(아당장엄불토)라하면 是不名菩薩(시불명보살)이니 何以故(하이고)오 如來說莊嚴佛土者(여래설장엄불토자)는 卽非莊嚴(즉비장엄)이요 是名莊嚴(시명장엄)이니라 須菩提(수보리)야 若菩薩(약보살)이 通達無我法者(통달무아법자)면 如來說名眞是菩薩(여래설명진시보살)이니라 그때、수보리가 부처님께 사뢰어 말씀했다。『세존이시여、선남자 선여인이 아뇩다라삼먁삼보리심을 일으킨 이는 마땅히 어떻게 머물며、어떻게 그 마음을 항복 받아야 하나이까。』부처님께서 수보리에게 말씀하셨다。

『만일 선남자 선여인이 아뇩다라삼먁삼보리심을 일으킨 이는 마땅히 이와 같이 마음을 낼 것이니、내가 응당 일체 중생을 제도하리라 하여 일체 중생을 다 제도하지만 실은 한 중생도 제도된 자가 없느니라。왜 그러냐 하면 수보리야、만일 보살이 아상·인상·중생상·수자상이 있으면 곧 보살이 아니기 때문이니라。수보리야、그것은 실로 어떤 법이 있어서 아뇩다라삼먁삼보리심을 일으킨 이가 없기 때문이니라。수보리야、네 뜻에 어떠하냐。여래가 연등부처님 처소에서 어떤 법이 있어서 아뇩다라삼먁삼보리를 얻었느냐。』

『아니옵니다。세존이시여、부처님께서 말씀하신 뜻을 제가 아는 바로는 부처님께서 연등부처님 처소에서 어떤 법이 있어서 아뇩다라삼먁삼보리를 얻은 것이 아니옵니다。』부처님께서 말씀하셨다。

『그러하고 그러하다。수보리야、실로 어떤 법이 있어서 여래가 아뇩다라삼먁삼보리를 얻은 것이 없느니라。수보리야、만일 어떤 법이 있어서 여래가 아뇩다라삼먁삼보리를 얻었다면、 연등불께서 곧 나에게 「네가 다음 세상에 마땅히 부처를 이루어서 호를 석가모니라 하리라。」고 〈수기〉를 주시지 않으셨을 것인데、 실로 어떤 법이 있어서 아뇩다라삼먁삼보리를 얻은 것이 없으므로 그래서 연등불께서 나에게 수기를 주어 말씀하시기를 「네가 다음 세상에 마땅히 부처가 될 것이니 호를 석가모니라 하리라。」 하셨느니라。 왜 그러냐 하면 여래라 함은 곧 모든 법이 같다는 뜻이니、 만일 어떤 사람이 말하기를 「여래가 아뇩다라삼먁삼보리를 얻었다。」고 하더라도 수보리야、 실로 부처님은 어떤 법이 있어서 아뇩다라삼먁삼보리를 얻은 것이 없느니라、 수보리야、 여래가 얻은 아뇩다라삼먁삼보리 이 가운데에는 실다움도 없고 허도 없느니라。 그러므로 여래가 말하기를 「일체 법이 다 이 불법이라」고 하였느니라。 수보리야、 이른바 일체법이라 함은 곧 일체법이 아니니、 그러므로 이름이 일체법이니라。 수보리야、 비유컨대 사람의 몸이 아주 큰 것과 같으니라。』

수보리가 말하였다。 『세존이시여、 여래께서 사람의 몸이 아주 크다고 말씀하신 것은 곧 큰 몸이 아니라 그 이름이 큰 몸이옵니다。』 『수보리야、 보살도 또한 이와 같으니、 만일 「내가 한량없는 중생을 제도했노라。」하고 말하는 이라면 곧 보살이라 할 수 없느니라。 어째서 그러냐 하면、 수보리야、 실로 어떤 법도 두지 않는 것이 보살이기 때문이니라。 그러므로 부처님께서 말씀하시기를 「〈일체법〉이 〈나〉도 없고 〈남〉

도 없고 〈중생살이〉도 없고 〈오래산다는 것〉도 없다。」고 하셨사옵니다。』『수보리야、만일 보살이 「내가 마땅히 불국토를 장엄했노라。」하고 말한다면 이 사람은 곧 보살이 아니니、왜 그러냐 하면 여래가 말씀한 불국토의 장엄은、곧 장엄이 아니라 그 이름이 장엄이기 때문이니라。수보리야、만일 보살이 〈나〉 없는 진리를 통달했다면、여래가 「참으로 이것이 보살이라」 말하리라。』

第十七 究竟無我分—마침내 나 없다

〔科 解〕

여기서는 처음에 선현기청분 제이(善現其請分第二)에서 수보리존자께서 부처님께 여쭈어 보았던 금강경의 최초의 문제이며 근본문제인 아뇩다라삼먁삼보리심을 발심한 이가 「어떻게 마음을 가지며 어떻게 마음을 항복받을 것이냐」에 대한 법문을 다시 한번 여쭈어 봅니다。그러므로 이제까지의 법문을 다시 한번 정리해서 되풀이하여 여쭈어 보는 것과 같습니다。

중생들은 아직 「아뇩다라삼먁삼보리심」을 일으키지 못한 번뇌 망상 속의 범부들이므로 「마음을 가지는 법과 번뇌 망상 항복하는 법」을 한두 번 말씀했더라도 확실하게 파악하지 못하고 그 요령과 핵심을 마음 깊이 간직하지

二七斷疑論 다음은 「제一단의」에 해당한다。「머물고 닦고 항복하는 것은 누가 하는 것인가에 대한 의심을 끊는 대문이므로 (第十一斷住修降伏是我疑)라 했다。여기에 다시 二대문이 있으니、

一、물음(初問) 〈爾時에서 云何降伏其心까지 수보리존자의 물은 내용〉

二、대답하심(二答) 여

못하기 때문에 다시 한번 거듭 여쭈어 본 것입니다。수보리존자는 아공·법공·구공의 도리를 남김 없이 완전무결하게 깨달으신 해공제일(解空第一)의 부처님 상수제자(上首弟子)이시므로 이미 〈보리심〉을 일으킨 보살의 닦는 길을 다 아시고 계시지만, 그렇지 못한 당시의 대중과 미래 중생들을 위해 거듭 여쭈어 보는 것이며, 동시에 〈항복기심〉하고 머물고 닦는 자가 누구인가를 거듭 밝혀 주시기를 여쭈어 본 것입니다。

부처님께서는 「무량중생을 제도하셨지만 한 중생도 제도되었음을 보지 않으시니 보살은 아상·인상·중생상·수자상이 없기 때문이라」고 대승정종분(大乘正宗分)의 대의를 말씀하시고, 어떤 법이 있어서 아뇩다라삼먁삼보리심을 일으키고 얻는 것이 아니라는 뜻이며 일체법이 다 불법이어서 마침내는 불법이니 일체법이니의 구별이 없으며, 불국토를 장엄하는 것도 없다는 말씀을 차례대로 연결하여 이야기해 주십니다。그러므로 이제까지 말씀하신 금강경 상권을 종합정리해서 함축성 있게 말씀해 주신 것이 이 〈구경무아분〉입니다。발심한 〈나〉도 없고 중생을 제도한 〈나〉도 〈중생〉도 없어서 이 〈무아〉의 진리를 통달해야 한다는 뜻으로 〈통달무아분〉이라 한 것입니다。

기 다시 세 문단이 있다。

① 보살은 반드시「나」가 없다(一若名菩薩必無我)〈佛告에서 滅度者까지〉

② 아상이 있으면 보살이 아니다(二若有我相非菩薩)〈何以故에서 非菩薩까지〉

③ 주관 객관이 없어야 보살(能所俱寂是菩薩)〈所以者에서 三菩薩心者까지〉

다음은 「제一二단의」에 해당한다。부처의 씨앗은 보살인가에 대한 의심을 끊다〈第十二斷佛因是菩薩疑〉이니 이것은 다시 네 대문으로 구분된다。

一、의심되는 곳을 들다(一擧疑處)〈須菩提에서 三菩提不까지〉

二、의심하는 생각을 끊음(二斷疑念)〈不也에서 三菩提까지〉

三、인가하심(三印決定)〈佛言에서三菩提까지〉

四、거듭 해석함(四反覆釋)。〈須菩提에서 號釋迦牟尼까지〉

다음은 또 「제一三단의」에 해당한다。곧「인이 없으면 불법도 없을 것인가에 대한 의심을 끊는 대문이므로 「第一三斷無因則無佛法疑」라 한다. 여기에 다시 三대문이 있다.

一、부처가 없는가에 대한 의심을 끊다(一斷一向無佛疑).

① 진여가 곧 부처니 없는 것이 아니다. (一顯眞如是佛故非無)〈何以故如來者即諸法如義

② 불은 곧 보리이니 얻음 없다(二明佛即菩提故無得). 〈若有人에서 三菩提까지〉

二、법이 없는가에 대한 의심을 끊음(二斷一向無得疑). 여기에 다시 二대문이 있다.

① 집착을 없앰(初遣執遮疑)〈須菩提에서 無實無虛까지〉

② 뜻을 풀고 의심을 끊음(釋義斷疑). 〈是故에서 名一切法까지〉

三、참 부처와 참법의 본체(三顯眞佛眞法體〈須菩提에서 是名大身까지〉

다음은 「제一四단의」로 된다. 「중생을 제도하고 불도를 장엄한 것

原文 爾時 須菩提 白佛言 世尊 善男子善女人 發阿耨多羅三藐三菩提心 云何應住云 何降伏其心

解義 그때 수보리께서 부처님께 『세존이시여、선남자 선여인이 아뇩다라삼먁삼보리심을 일으킨 이는 마땅히 어떻게 마음에 머물며 어떻게 마음을 항복하겠읍니까.」 하고 사뢰었읍니다. 이것을 〈아뇩다라삼먁삼보리심〉을 발하려면 이렇게 새길수도 있읍니다. 〈아뇩다라삼먁삼보리〉를 발하는 것을 견성하는 것이라고 생각을 해서 토를 그렇게 답니다. 「아뇩다라삼먁삼보리심을 발하려고 하면 어떻게 그 마음을 가지며 어디다 그 마음을 두며 어떻게 우리가 한량 없는 번뇌망상을 항복 받겠읍니까. 어떻게 해야 나중에 아뇩다라삼먁삼보리심을 발할 수 있겠읍니까.」 그렇게 여쭈어 본 것으로 푸는 것입니다.

그러니까 이건 범부로서 불교가 지금 어디가 붙었는지、견성한다는 것이 무엇을 깨닫는 것인지、그것을 모르는 사람이 묻는 소리인데 범부로서도 아뇩다라삼먁삼보리심을 발할 수는 있읍니다. 견성하기 전에 선지식을 만나고 훌륭한 법사스님을 만나 가지고 지도를 받아서 「아! 이말하고 말 듣고 하는 이것이、배고프면 밥 생각하는 이것이 영원불멸의 〈참 나〉의 존재이겠구나.」 이렇게 알아서 아직 깨치지는 못했지만 자기가 그렇게 믿을 수 있도록 이론을 배웠다고 하면、그래서 「사람이 다른 거 하는 것보다 견성을 해서 해탈해야 하겠구나.」 하는 도리를 확실히 알았고 「지금 말하고 밥먹고 남과 싸우고 온갖짓을 다 하는 이것이 곧 이미 성불한 것이로구나.」 하는 이런 이론에 아무 의심 없는 사람이라

이 없는 도리에 대한 의심을 끊다(第十四斷無人度生嚴土疑)。 여기에 다시 세 큰 대문이 있으니 다음과 같다。

一、중생 제도했다는 생각을 막다 (一遮度生念)。

① 생각 잃음을 밝힘(一明失念)。〈須菩提에서 不名菩薩까지〉

② 남 없음을 밝힘(二明無人)〈何以故에서 名爲菩薩까지〉

③ 앞에 것을 이끌어 증언하다。 (三引前說是故에서 無壽者까지〉

二、국토를 장엄했다는 생각을 끊음(二遮嚴土念)。 여기에 다시 二소문이 있다。

① 생각없음을 밝히다(一明失念)。〈須菩提에서 不名菩薩까지〉

② 소이를 밝힘(二釋所以)。〈何以故에서 是名莊嚴까지

③ 보살을 이루려면(三釋成菩薩)〈須菩提에서 眞是菩薩까지〉

면 그 사람은 역시 범부로서 아뇩다라삼먁삼보리심을 발한 겁니다。 그래서 이 사람은 아뇩다라삼먁삼보리를 깨달아 얻는 일 이외에는 아무것도 할 게 없는 것을 확실히 안 것입니다。

이런 것을 위해서 부처님께서 四○여년 동안을 이렇게 횡야설 수야설(橫也說竪也說)로 해서 잠시도 쉴새 없이 말씀을 해서 남겨 놓으신 것이 대장경(大藏經)입니다。 그래서 자꾸 이렇게 말하고 저렇게 설명하지만 못알아 차리니까 말씀을 하셔서 자꾸 여기까지 몰고 오는데、 이제 내가 어지간히 알기는 알았는데 한 부처님 뜻을 확실히 알아서 내가 부처님한테 배운 것도 없고 증득한 것도 없고 확실히 내가 그렇게 된 줄 알고 있는데、 그래도 행여나 싶어서 한번 더 여쭈어 보는 겁니다。 내가 또 혹 어디 결점이 있나 하고 조심하는 것이니 배우는 사람은 이렇게 정신자세가 돼야 할 겁니다。

그래서 공부하는 수좌들은 완전히 알았다 싶어도 또 선지식한테나 도인 스님네한테 또 물어 보고 물어 보는 겁니다。 자기가 아는 소리를 가지고 이리도 묻고 또 달리도 물어 보고 같은 소리로 또 물어 보기도 하고 이런 것이 그게 참 조심성 있게 공부하는 태도입니다。

호리유차(毫厘有差)면 천리현격(千里懸隔)으로 약간만 틈이 있어도 천리가 멀어지는 것이니 부처님 성불하는 데 그만 뒷걸음이 됩니다。 또 하나는 나는 위대한 법을 똑바로 알아듣고 깨달았지만 후세의 중생들이 내가 깨치듯이 깨칠 수 있을까。 그게 염려되어 또 물으시고 부처님께서 되풀이해서 말씀하십니다。 조금은 다른 것 같아도 같은 이야기입니다。 여시아문부터도 내내 그 소리가 그 소리인데 그게 모두 조금조금 달라 가지고 있을 뿐입니다。

우리 중생은 이렇게 법문을 들을 때는 그럴듯 해도 돌아서면 또 잊어버리고 그냥 탐진치로 중생심이 그대로 일어납니다。 좋은 거 궂은 거 우리가 구별할 수 없는 건데 평소에 좋은 거라고 생각하던 게 앞에 나서니 관습적으로 좋다는 생각을 냅니다。 보기 싫은 사람 볼 때에 보기 싫다는 미운 생각이 앞에 나와 놓으면 미워하게 되는 것이 중생입니다。 그래서 금강경 산림을 하기 전이나 마찬가지가 되니 육두문자(肉頭文字)로 금강경 들으나 마나 한가지입니다。 그러니까 배우는 제자나 가르치는 스승이나 이 수보리존자처럼 이렇게 묻고 저렇게 대답하고 하여 철두철미하게 해야 합니다。

原文 佛告 須菩提 若善男子善女人 發阿耨多羅三藐三菩提心者 當生如是心 我應滅度一切衆生 滅度一切衆生已 而無有一衆生 實滅度者

解義 수보리존자가 마음 가지는 법과 번뇌 항복 받는 법을 다시 또 여쭈어 본데 대해 부처님께서는 앞에서와 똑같이 대답하신 것입니다。

『선남자 선여인이 아뇩다라삼먁삼보리심을 일으킨 이는 마땅히 이와 같이 마음을 낼 것이니、 내가 마땅히 한 중생도 남기지 않고 일체 중생을 다 제도하리라。」 이렇게 생각하라는 것입니다。

지장보살(地藏菩薩) 같은 분들도 처녀때 이런 법문을 듣고는 어디를 가다가 옷을 벗고 떠는 거지를 만나서 옷을 훌떡 벗어 줍니다。 그리고 자기는 벌거벗은 나체의 몸을 남한테 보일 수 없으니 땅에 구덩이를 파고 들어가서 가만히 앉아 있읍니다。 그래서 땅에 몸을 감추었다고 해서 〈지장보살〉이라고 합니다。

중생도진아성보리(衆生度盡我成菩提) 「중생을 다 제도해서 마친 뒤에라야 내가 대보리를 증득하리라」하는 원리입니다。 지장보살은 일체 사생육도(四生六道)의 분신(分身)으로 변화신(變化身)까지 나타내시어 제도하시지마는 치우쳐서 지옥을 많이 가십니다。 지옥 문 앞에 딱 섰다가 들어가는 중생 보고 개심(改心)을 시켜서 알아듣고 착한 생각 내도록 해 가지고 도로 인간 세상이나 천당에 올라가게 하는데 그렇게 내 보내 놓으면 금방 눈 깜박할 사이에 또 되돌아오고 합니다。 그래서 지옥 문전에 지장보살이 눈물 마를 새가 없다고 합니다。

지장보살님처럼 우리도 보리심을 발했거던 마땅히 이와 같은 마음을 낼 것이니「내가 마땅히 일체중생을 다 제도하리라」고 마음 먹고 또「일체중생을 다 제도해 마치고 나서는 실로는 한 중생도 멸도를 얻은 자가 없다、 제도된 중생이 없다、 이렇게 생각하라。」 그러셨읍니다。

대용맹심을 내서 인간적으로 아주 훌륭한 인간이 되고 한번 아무 생각 없이 되어 남보다 잘났다고도 안 하고 뒤떨어지려고도 안 하고 무심 경계에 들어가서 천지가 내집이라 하는 게 도리어 약한 소리입니다。 천지가 그만 내 주머니 가운데 들어 있는 이런 배짱으로 해야 합니다。 사실이 또 그런 것입니다。 밥은 아무데 얻어 먹고 방방곡곡서나 다니며 금강경의 사구게(四句偈)를 일러 주어서 중생교화를 하지만 교화했다는 생각도 없고 교화한 중생도 없이 해야 합니다。 이것을 줄여서 말하면「생각 없이 일하자」하는 간단한 말입니다。

그래서「내가 일체 중생을 제도하리라。」 이런 생각을 갖고 그 생각대로 일체 중생을 다 제도해서 마쳤지마는 다 제도된 걸 보고는 역시「한중생도 제도했거니」 하는 생각을 안 합니다。 실제로도 사실 중생이 제도받은 사람이 없기 때문입니다。

原文 何以故 須菩提 若菩薩 有我相人相衆生相壽者相 即非菩薩 所以者何 須菩提 實無有法 發阿耨多羅三藐三菩提心者

解義 보살이 일체중생을 제도했는데도 아무도 제도한 이도 없고 한 중생도 제도 받은

六祖口訣 수보리 존자께서 부처님께

여쭈어 말씀하시기를 「여래께서 멸도하신 뒤 다섯번째 五백세에 어떤 사람이 아뇩다라삼먁삼보리심을 일으킨 이는 어떤 법에 의지하여 머물며 어떻게 그 마음을 항복하오리이까」했다。

부처님께서 말씀하시기를,「일체중생을 다 제도하여 해탈시킬 마음을 일으킬 것이니, 일체중생을 제도하여 해탈하게 하여서 모두 다 부처를 이루고 나서는 한 중생도 내가 제도한 중생이 있다고 보지 말라。」하셨다。 왜그러냐 하면 주관과 객관이란 마음을 없이하고 중생의 소견을 없이하며 나라는 생각을 또한 없이 해야 하는 것이기 때문이

사람도 없는 까닭을 부처님께서 다음과 같이 말씀하십니다。

『왜냐 하면 만일 보살이 〈아상〉이 있거나 〈인상〉이 있거나 〈중생상〉이 있거나 〈수자상〉이 있으면 이런 이는 곧 보살의 자격이 없는 때문이니, 그 까닭이 무엇이냐 하면 수보리야, 실로 어떤 법이 있어서 아뇩다라삼먁삼보리심을 일으킨 것이 없느니라。』

〈아상〉 하나만 있으면 밑에 삼상(三相)이 따라 나옵니다。찰나에 연기법(緣起法), 곧 상대법으로 일어납니다。〈나〉라고 할 때 벌써 저쪽을 상대로 해서 또 저쪽 때문에 〈나〉라는 생각이 나는 것입니다。그러니 〈나〉는 저쪽과 동시에 일어나는 생각입니다。그렇게 되면 〈중생상〉이 벌어지는 것이니 사람은 사회적인 것이기 때문에 모든 것은 사회적으로 단체적으로 움직이기 때문이며 따라서 서로 어울려 가지고 〈중생상〉으로 중생놀음으로 살게 됩니다。그러다 보면 또 칠팔십은 넘도록 살아야겠다고 또 살 것이라고 믿고 또 그렇게 살려고 애쓰는 것 그게 〈수자상〉입니다。만일 이런 것들이 있으면 보살이 아니니까 아무리 견성 아니라 그 무엇을 해도 보살하면 벌써 무생법인(無生法忍)을 증득해야 보살이라고 그럽니다。

그렇지만 그게 만일 아상이 있을 때에는 무생법인을 증득한 채 그대로 중생이고 깨쳐 놓은 그게 그만 사도(邪道)가 됩니다。그러니 불법 깨친 게 아니라는 그말인데, 이런 것은 용심(用心) 때문에 그런 것입니다。금방 사도가 됐다가 번쩍 정도가 됐다가 들락날락하는 게 초심보살(初心菩薩)입니다。

『그것은 왜 그런고 하니 수보리야, 「사실 어떤 법이 있어서 그런 발심을 할만한, 아뇩다라삼먁삼보리라 할만한 그런 법이 없기 때문이니라。그래서 어떤 마음이 아뇩다라삼먁삼보리다 설명할 수 있는 그런 마음이 없고 어떠한 발심 그것을 아뇩다라삼먁삼보리라 한다。본래부터 보리심 발했다, 나중에 견성을 해야 보리심 발한 것이다, 또 부처님이 확

다。

須菩提 問佛 如來滅後後五百歲 若有人發阿耨多羅三藐三菩提心者 依何法而住 如何降伏其心 佛言 當發度脫一切衆生心 度脫一切衆生 盡得成佛已不得見有一衆生是我度者 何以故 爲除能所心也 除有衆生見也 亦除我見也

六祖口訣 보살이 만일 제도할 중생이 있음을 보면 이것이 곧 나라는 관념이고、능히 중생을 제도하는 마음이 있으면 이것이 곧 남이라는 관념이며、구해야 할 열반이 있다고 하면 이것이 중생의 관념이고、열반이 있어서 증득했음을 보면 이것이 곧 오래 산다는 관념이니、이 네 가지

실히 될 때에야 사실 보리심이 증득된 것이다」하는 말은 했지마는 사실 그런 법은 없다。』고 하신 겁니다。 그 이유를 누가 한번 말씀해 보십시오。〈대중대답생략〉

原文 須菩提 於意云何 如來 於燃燈佛所 有法 得阿耨多羅三藐三菩提不 不也 世尊 如我解佛所說義 佛 於燃燈佛所 無有法 得阿耨多羅三藐三菩提

解義 석존께서 무량아승지 겁전의 과거세에 연등불(燃燈佛)한테 법문 듣고 발심해서 견성하고 수행해서 성불했읍니다。 그래서 세존께서 수보리존자에게 물으신 것입니다。

「수보리야、네 생각에는 어떠냐。 여래가 연등부처님 처소에서 어떤 법이 있어서 아뇩다라삼먁삼보리를 얻은 것이 있느냐 없느냐。」

이에 대해 수보리존자는 〈어떤 법〉이 있어서 「아뇩다라삼먁삼보리를 얻은 것이 없다」고 대답했읍니다。 그러니까 어떤 내용이 있어서 「이것이 부처님께서 증득하신 「아뇩다라삼먁삼보리다 이것이 부처님께서 깨달으신 진리다。」하고 내세울만한 게 없다는 것입니다。

물론 석존께서 범부 때 처음으로 연등부처님의 설법을 들은 적도 있지만 그것은 「아뇩다라삼먁삼보리」를 얻기 전이고 도깨비 소리를 도깨비가 들은 것이며 꿈속에서 꿈 사람이 꿈 얘기하는 것이니、꿈 가운데 부처、꿈 가운데 중생은 부처도 아니고 중생도 아닙니다。

석존께서 무량아승지겁(無量阿僧祇刼) 전의 과거 연등불한테 법문 듣고 발심 수행하고 참선해서 견성했읍니다。「일체 부처는 부처가 아니다。 그렇기 때문에 그게 부처다。 그러니까 법문하신 법문도 없고 법문 들었다고 하면 벌써 나는 도깨비 말 들은 것이니、도깨비 말 듣고 도깨비 사람 되는 것이다。」그러니 이렇게 한 가지는 정리가 되어야 할 판인데 이런 얘기는 뚝 떨어진 말입니다。

그러니까 뚝 떨어지게 글자 한자 한자를 전부 다 그렇게 배우고 나면 자꾸 그 뜻을 외

관념이 있으면 곧 보살이 아니니라。

菩薩 若見有衆生可度 即是我相 有能度衆生心 即是人相 謂涅槃可求 即是衆生相 見有涅槃可證 即是壽者相 即非菩薩也

워야 합니다。 하루 한번씩이라도 경책을 펴지 않고 외우게 되면 그때는 눈을 감고 앉아서 「여시아문하사오니」 이렇게 죽 외워야 합니다。

이때 「여시는 말도 아니고 글자도 아니고 이건 참 뭐라고 할 수 없는 그런 내용이 있겠다」 하는 걸 배웠읍니다。 그런 〈여시〉자부터 끄덕이면서 읽어야 합니다。 「참 그렇다。 부처님한테 옳은 말씀 들었고、 세상 어디를 다녀 봐도 들을 수 없는 말씀을 몇 억만생을 살면서 오묘한 진리의 법문 처음 듣는 법문이로구나。 꼭 그렇겠구나。」 하면서 참선하는 마음으로 읽어야 합니다。

原文 佛言 如是如是 須菩提 實無有法 如來得阿耨多羅三藐三菩提 須菩提 若有法 如來得阿耨多羅三藐三菩提者 然燈佛 即不與我授記 汝於來世 當得作佛 號 釋迦牟尼 以實無有法 得阿耨多羅三藐三菩提 是故 然燈佛 與我授記 作是言 汝於來世 當得作佛 號 釋迦牟尼

解義 수보리존자의 대답을 들으신 부처님께서 말씀하십니다。

「그렇다。 그렇고 말고、 옳은 말이다。 수보리야 실로 어떤 법이 있어서 여래가 아뇩다라삼먁삼보리를 얻은 것이 없느니라。 수보리야 만일 내가 어떤 법이 있어서 아뇩다라삼먁삼보리를 얻었다면 연등불께서 나에게 「네가 참 불법을 바로 깨달았으니 이 다음 세상에 사바세계에 태어나서 석가모니라는 부처님이 되어 八만四천 법문의 장광설(長廣說)을 하여 많은 중생을 제도하리라。」 하고 〈수기〉(授記)를 주시지 않으셨을 것이다。

실로 얻은 법이 없기 때문에 연등불께서 나에게 예언하시기를 「네가 이 다음 세상에 많은 보살행(菩薩行)을 닦아서 무한한 공덕을 쌓고 사바세계에 나아가서 석가모니라는 부처님이 되어 그 첫번째 법회에서 다섯 비구를 설법하여 도를 깨닫게 하고 또한 많은 중생을 제도하리라」고 〈수기〉를 주셨느니라。』고 말씀하셨읍니다。

그러면「왜 내가 얻은 게 없기 때문에 그 수기를 받게 됐다。」고 하겠는가。 내가 얻은 게 있으면 불법 적멸(佛法寂滅)에 들어서지 못한 것이니 수기를 줄 수 있읍니까。 얻을 게 있다고 생각하는 건 아직 불법과는 십만 팔천리 밖에 떨어져 있는 것입니다。 저 밖에 일주문(一柱門) 안에는 못 들어간 사람입니다。

그렇다고 해서 남한테 보시도 안 하고 시계·수행도 다 집어치우느냐 하면 그건 또 그대로 해야 합니다。 그런 거 저런 거 다 안 한다고 하면 복도 안 짓고 오직 열반에만 주하는 나한이니 그렇게 되면 아무리 자기가 진보했다 하더라도 중생제도를 안 한 사람이므로 불법을 성취할 수 없고 또 그건 발심 못한 사람이며 이생기심 못한 사람입니다。 따라서 성불할 수도 없읍니다。 그러므로 역시 발심해야 하고 일체중생을 아무 생각없이 제도해야 합니다。

일체보살이 즉비보살 시명보살(一切菩薩 即非菩薩 是名菩薩)로 모든 보살이 곧 보살이 아니기 때문에 보살이라 한다는 것이며、 일체세계가 즉비세계니 시명세계(一切世界 即非世界 是名世界)、 곧 일체 우주는 곧 물질이 아니기 때문에 그걸 우주라 한다는 것입니다。

그러니까 여래께서 내려온 것도 아니고 안 온 것도 아닙니다。 그러니 법신에도 육신에도 치우치지 말아야 하는데 왔다 하면 법신에 치우치고 열반·적멸에 치우친 것이며、 안 왔다 하면 현상계·중생세계에 치우친 것이 됩니다。 그러니 이런 사람들은 둘 다 분별 못하는 소리입니다。

그러므로 열반을 해서 성불하는 부처님한테도 뜻을 두지 말고、 또 그렇다고 해서 망상 탐진치에도 이끌리지 말라、 거기에도 뜻을 두지 말라、 만일 마음을 생사나 열반이나 어느 한곳에 주하거나 하면 그것은 한쪽에 떨어진 것이니、 하나는 없는 데 떨어지고 하나는 있는 데 떨어진 것입니다。 따라서 이것은 응무소주(應無所住)가 아닙니다。

原文 何以故 如來者 即諸法 如義

解義 부처님께서 실무유법(實無有法)에 대한 이유를 말씀하시는데 〈여래〉(如來)의 뜻을 들어 다음과 같이 말씀하십니다。

『왜그러냐 하면、 여래 곧 불께서 실로 아뇩다라삼먁삼보리를 얻은 게 있으면 수기를 안 주시는 이유가 무엇이냐 하면、〈여래〉라 함은 모든 법이 같다는 뜻이기 때문이니라。』고 하셨읍니다。

여래(如來)라 함은 같다는 뜻인데 한문 五만자 가운데 하필 왜 〈如〉자를 놓았나 한번 생각해 봅시다。 이 글자는 같을여(如) 자인데 같다는 말은 첫째 변하지 않는다는 말입니다。 어제도 그 모양、 오늘도 그 모양、 내일도 그 모양、 늙기 전에도 그 모양、 늙은 뒤에도 그 모양、 죽은 뒤에도 그 모양、 여기 사바세계에 있을 때도 그렇고 극락세계 갔을 때도 그렇고 성불해 놓아도 그것이어서 안 변한다는 뜻입니다。 변하지 않는다는 게 같다는 말이고 같다 하는 게 변하지 않는다는 말 아닙니까。 그러니까 그게 또 불생불멸(不生不滅)한다는 뜻입니다。〈如來〉 이 두 글자에 불법의 뜻이 다 들어가 있읍니다。 하고 많은 글자 중에 이 두 자를 갖다 놓았을 때는 이유가 있읍니다。 자꾸 같아서 참말로 같다는 말이니、 이 〈여〉라는 건 물질도 아니고 형상도 아니요、 엄연한 진공도 아닌 이 말 듣는 그 자리입니다。 아무 것도 없는 허공 이것도 움직일 수 없는 건데、 이건 허공보다도 더 없는 겁니다。 그런데 래(來)는 〈올래〉(來)자이니 온다는 뜻인데 변동을 할 수 없는 그게 어떻게 오고가고 할 수 있느냐는 것입니다。 있는 것 같으면 오고가고 하겠는데 없는 것이 오고간다는

六祖口訣 법이 있다 함은 나라는 관렴・남이라는 관념・중생이라는 관념・오래 산다는 관념의 네 가지 법을 뜻한다。 이 네 가지 법을 만일 없애지 못하면 마침내 보리를 얻지 못할 것이다。 만일 나는 보리심을 일으키지 못한 사람이라고 말한다면 역시 나다 남이다 하는 등의 법이 있는 것이니、 나다 남이다 하는 등의 법은 이것이 곧 번뇌의 근본이니라。

有法者 我人衆生壽者四法也 若不除四法 終不得菩提 若言我不發菩提心者 亦是我人等法 我人等法即

是煩惱根本

것은 말이 안 되니 그러고 보면 없는 것도 아닙니다. 그렇다고 있는 것은 더욱 아니고 그러니까 이렇게 얘기할 줄 알고 들을 줄도 알고 이러는 겁니다. 그래 가지고 그게 그런걸 주장하는 사람이 이 세상에 나오기도 하고 없어지기도 하니 이것이 곧 부처님입니다.

그러니까 여가 온거다. 그러니 오고가는 자체가 있어서 여기에 오는 게 아니라 와도 온 게 아닙니다. 부처님의 이 〈여〉는 갈 수도 없고 올 수도 없는 말이니 이 온다는 말이 온다는 의미가 아니고 오는 게 곧 오는 게 아니기 때문에 이것을 오는 거라고 하는 것입을 알아야 합니다.

「그래서 여래는 모든 법이 같다는 뜻이다」하셨는데, 〈여래〉(如來)란 〈여〉는 모든 법이 〈여래〉(如來)하다는 뜻이므로 부처님이 성불하셨기 때문에 성불해서 오되 그〈여〉가 왔지 온 걸로 온 게 아니다. 그래서 일체법이 다 그와 같다(諸法如意)고 한 것입니다. 곧 모두가 불생불멸한 존재라는 뜻이니 이것도 이 초도 불멸(不滅)이라는 것입니다. 초를 여기다 켜 놓으면 한 치 이상 탔지만 하나도 안 탔다는 것입니다. 이 초는 공장에서 만들기 전에 여기 벌써 서 있는 것이고 공장에서 만든 초가 온 게 아닙니다. 여기서 타는 것은 본래 있던 게 타고 있는 것이고 타도 타는 게 아니라는 뜻입니다. 공장에서 초를 가지고 온 것 같지만 사실은 가지고 온 것이 아니라 우리가 착각으로 그렇게 아는 것입니다. 이것이 제법 여의이며 이번 금강경 살림을 통해서 그런 것 쯤은 누구나 쉽게 알 게 됐읍니다. 이번에 우리가 금강경을 이렇게 듣고 배우고 연구하고 또 되풀이하고 이러는 데 따라 한국 불교가 바로 됩니다. 이것이 참 기도이고 부처님이 춤을 추실 것입니다.

六祖口訣 부처님께서 수보리에게 말씀하시기를 「내가 스승의 처소에서 네 가지 관념을 없애지 않았다면 수기를 얻을 수 있었겠는가。 수보리존자께서 상없는 진리를 깊이 이해하고 계시기 때문에 아니라고 여쭈었던 것이다。

佛 告須菩提 我於師處 不除四相 得受記不 須菩提 深解無相之理故 言不也

原文 若有人 言 如來得阿耨多羅三藐三菩提 須菩提 實無有法 佛得阿耨多羅三藐三菩提 須菩提 如來所得阿耨多羅三藐三菩提 於是中 無實無虛 是故 如來說一切法 皆是佛法

解義 부처님께 말씀하시기를 『만일 어떤 사람이 「부처님께서 아뇩다라삼먁삼보리를 얻었느니라。」 이렇게 말하는 사람이 있다면、 그렇다고 하더라도 수보리야、 실로 부처님께서는 『아뇩다라삼먁삼보리를 얻은 게 없느니라。 수보리야、 여래께서 아뇩다라삼먁삼보리를 얻었다고 하는 것은 그 법은 사실도 아니고 그렇다고 해서 허망한 것도 아니니라。』 하셨는데 그게 무슨 말씀입니까。 「수보리야、 내가 아뇩다라 삼먁삼보리를 얻었다고 시방세계에다 공포하고 떠들었지만 설사 내가 그렇게 선전하지 안했더라도 내가 깨달았다는 것 때문에 시방의 모든 부처님이 그것을 다 아신다。 사실 또 부처님께서 아뇩다라삼먁삼보리를 얻은 게 없는데 그렇지만 또 얻긴 얻었지만은 얻은 그게 실지도 아니고 거짓도 아니라」고 하셨으니、 없다 해 놓고 있다고 했다가 하여 이리저리 잡아 매십니다。 「실도 없고 허도 없어서 참말도 아니고 거짓말도 아니라」 했으니 얻었다는 말씀도 이상한 말입니다。 그런데 부처님께서 또 말씀하시기를、 「여래가 말한 일체법이 다 불법이라」고 하셨으니、 그건 또 무슨 말씀입니까。 「아뇩다라삼먁삼보리」를 얻긴 얻었는데 그 얻은 것이 내용으로 있기도 하고 없기도 하여 무인무과(無因無果)이니 그러기 때문에 또 일체만법이 그대로 불법이라는 것입니다。

부처님께서 四九년간 설법하신 것이 그게 불법이 아니라 즉비불법(即非佛法)이라고 하는 것은 우리가 어느 정도 알아듣게 됩니다。 팔만대장경(八萬大藏經)이 아무 쓸데 없는 경이니、 그러기 때문에 누가 경을 밟으려고 하면 우리가 밟지 못하게 말립니다。 가만히 있으면 죽어서 지옥에 갈 것이니 일체 불법이 불법이 아니기 때문에 내 목숨이 죽었으면 죽었지 경전을 아무렇게나 함부로 밟고 다니도록 할 수 없다는 것입니다。 이것이 일체불법이 즉비불법이니 시명불법(一切佛法 即非佛法 是名佛法)의 도리입니다。

그런데 여기서는 「아뇩다라삼먁삼보리」를 얻기는 얻었는데 실다운 것도 아니고 헛 것도 아니다。」 하는 말씀은 「말할 수 없는 내용이다。」 그런 뜻입니다。 그러므로 여기서 얻었다는 말이 참 심원(深遠)한 뜻이 들어 있어서 깊다면 한량 없이 깊은 것이고 얕다면 바늘로 찔러 볼 수도 없이 깊이가 없는 도리입니다。 그러니 발심한 것이 없기 때문에 아무런 내용도 없는 이름만의 「아뇩다라삼먁삼보리」를 얻은 것이니 그것은 정법(正法)도 아니고 사법(邪法)도 아닙니다。 여기까지는 어느 정도 이해가 다 가실 줄 압니다만、 그 다음에 그렇기 때문에 내가 일체법이 다 불법이라고 한다。」 한 이 말씀은 또 엉뚱한 말씀이고 생소합니다。 그런데 부처님 말씀은 염주 알을 차례대로 쭉 꿰듯이 그 조리가 딱 들어 맞게 되어 있읍니다。 그 말씀을 바로 알아듣는 사람은 틀림 없이 성불합니다。 이런 사람은 머리 깎고 중이 되거나 농사하고 장사하는 신도로 있거나 성불 안 할 도리가 없는 겁니다。

부처님께서 四九년 설법하신 것이 그게 불법이 아니라 즉비불법(即非佛法)이라고 하는 것은 우리가 어느 정도 알아듣게 됐는데 일체법이 다 불법이라는 말은 세속의 법도 불법이고 출가의 법도 불법이라는 말이고 유성무정(有情無情)이 다 불법이고 초도 불법이라는 뜻이며 또 불법이란 그 말은 모두가 부처라는 말이 됩니다。 근본 마음자리가 불교라는 그건 한쪽 얘기는 다 됩니다。 물이 파도고 파도가 물이라 해서 우리 탐진치 번뇌망상이 직접 보리와 열반이라 그런 말이고、 마음과 부처와 중생이 다 다른 것이 아니며(心佛及衆生 是三無差別) 현상계와 본체계(本體界)인 마음의 경계가 다 같은 것이기 때문입니다。

그래서 실다운 것도 허망한 것도 아니라고 했으며、 일체법이 곧 불법이라고 한 것입니

六祖口訣 부처님의 뜻에 잘 계합했으므로「그러하고 그러하다」고 말씀하셨던 것이니、이것은 곧 인가하신다는 뜻의 말씀이었다。

善契佛意故 言如是如是之言 是印可之辭

다。설사 중생들이 싸운다 하더라도 싸우고 싶은 마음을 내는 그 자리는 변동이 없으니 그러므로 이 자리에선 싸운다는 것이 불세계에서 싸운다는 것이 됩니다。

그런데 마음자리 하나만 얘기하는 데는 통과가 되는데 일체법(一切法)이라고 할 때는 마음만을 가리키는 것이 아닙니다。

우리가 지금까지 부처가 되는 불법과 세속의 생사법과의 두 가지를 말해 왔읍니다。사서삼경(四書三經) 다 읽고 성경·도덕경(道德經) 아무리 해 봐야 그것은 다 생사법이고 세속법이어서 생사 안에 있는 일일 뿐입니다。과학이니 심리학이니 철학이니 다 생사법이지만 오직 그렇지 않은 것은 불법입니다。팔만대장경 어디를 펼쳐 보든지 생사 밖에 일이고、우리가 지금까지 들은 게 생사를 초월할 수 있는 얘기이고 확실히 선도를 행하는 근본 실상(實相) 자리이고 아무 생각없는 이것이 모든 행동의 주체가 되어서 성인이 될 마음으로 발심해서 중이 되고 수도해서 불쌍한 중생제도를 하자는 것입니다。

늙은 때나 젊은 때나 변하지 않는 이 자리가 선도 아니고 악도 아닌 자성자리가 착한 마음을 내 가지고 선한 행동을 해서 복을 받고 악한 생각을 내 가지고 악한 행동을 해서 고생을 하니 인과가 다 그런 것입니다。따라서 선할 때나 악할 때나 한 사람이 하지 두 사람이 하는 게 아닙니다。그러니 이건 말이 됩니다。

그러므로 이 자리는 악도 선도 아니니 아무것도 안 하는 가운데서 악은 안 하고 선만 합니다。이것이 모든 부처님의 가풍(家風)이니 이렇게 해서 복과 지혜를 닦아 올라갑니다。그래서 이것을 제악만작 중선봉행(諸惡萬作 衆善奉行)이라 합니다。만일 이것이 악한 생각을 내어 극악하게 되면 서울 사람 다 때려 죽이는 그런 짓을 능히 하는데、이런 생각이 다른 데서는 나올 곳이 없읍니다。육체에서도 나올 수도 없고 나만 알지 다른 사람은 알 수도 없는 것입니다。이것이 그러면 무엇이냐。그것은 불생불멸(不生不滅)하는 실재이고 실상 자리입니다。 이것은 우리가 다 알 수 있는 문제이고 말로도 분명합니다。 그런데 일체법(一切法)이라는 것은 유정무정(有情無情)을 다 통해서 하는 소리인데 이야기할 때는 모든 것은 다 공한 것이고 실재(實在)、곧 실상자리의 그림자라고 하지만 이 초대 현상계의 근본 도리를 이대로 불법이라고 할 때에는 조금 아름해집니다。 이것도 온갖 생각이 불생불멸(不生不滅)하는 〈나〉로부터 나왔고 실상자리인 여(如)로부터 나왔다고 하는 것을 설명하듯이 만법 이대로 다 불법이라는 도리도 설명이 돼야 할 것입니다。 그 이유를 다음 부처님께서 말씀하시는데 그 논법 역시 생각을 해 봐야 할 문제입니다。

原文 須菩提 所言一切法者 即非一切法 是故 名一切法 須菩提 譬如人身長大 須菩提言 世尊 如來說人身長大 即爲非大身 是名大身

解義 부처님께서 일체법이 다 불법이라고 하는 이유를 말씀하십니다。『수보리야、소언 일체법자(所言一切法者)는 일체법이라 하는 것은 즉비일체법(卽非一切法)이니、곧 그것이 일체법이 아니니 그러므로 그걸 일체법이라 이름했다。』하셨읍니다。

「일체법이 불법이라고 한다。」 여기까지는 三단논법이 딱딱 떨어지는 소리입니다。 그런데 비유로 그 실례를 하나 들면、사람 몸뚱이가 굉장히 커서 九척 장신만한다든지 백두산만하다든지 그렇게 몸뚱이가 큰 것과 같다고 했읍니다。 비유도 이상스럽게 하셨읍니다。

그러자 수보리존자의 대답입니다。『세존이시여、여래께서 사람의 몸뚱이가 큰 것을 보고 크다고 설명하신 것은 곧 큰 몸뚱이가 아닙니다。 그것은 이름을 큰 몸뚱이라고 하신 것입니다。』 부처님과 수보리존자가 물으시고 대답하시는 내용이 시비사정(是非事情)에 척척 잘 들어맞습니다。 우리의 몸뚱이는 결국 따지고 보면 물질적 요소로 묘하게 만들

六祖口訣 부처님께서 말씀하시기를、『실로 〈나라는 관념〉·〈남이라는 관념〉·〈중생이라는 관념〉·〈오래 산다는 관념〉이 없었기 때문에 비로소 깨달았다는 수기를 주신 것이니라。 만일 내가 보리심을 일으켰다는 마음이 조금이라도 있었다면 연등부처님께서 나에게 수기를 주시지 않으셨을 것이니、실로 얻은 바 법이 없기 때문에 연등불께서 비로소 나에게 깨달음의 수기를 주셨니라』하셨다。 이 일단의 글은 수보리의 〈나

없는 진리〉를 다 밝힌 대문이라 하겠다。

佛言 實無我人衆生壽者 始得授菩提記 我若有發菩提心 然燈佛卽不與我授記 此一段 文摠成須菩提無我義

어진 구성체(構成體)에 불과한 것입니다。 그런데 물질적 현상은 본체를 캐어 보면 아무것도 없는 공한 것이므로 그것을 크다 작다 하는 것은 실체(實體)를 보지 못하고 거짓 모습인 겉만 잘못 보고 하는 소리입니다。 또 크다는 것은 작은 것에 비유해서 하는 소리고 작다는 것도 큰 것에 비유해서 하는 소리지 절대적인 개념이 아닙니다。 설사 지구만하고 우주만하더라도 그것은 마음에 비하면 크다고 할 수 없기 때문에 수보리존자는 여래께서 크다고 하신 말씀은 큰 몸이 아니라 이름을 크다고 하는 것뿐이라고 하신 것입니다。 그러니 이것은 다 비유로 하신 말씀이고 실제로 크다는 뜻은 아닙니다。

原文 須菩提 菩薩 亦如是 若作是言 我當滅度無量衆生 卽不名菩薩 何以故 須菩提 實無有法 名爲菩薩 是故 佛說一切法 無我無人無衆生無壽者

解義 『수보리야、 보살이 또한 이와 같아서、 보살의 사상·내용·정신 가짐 곧 소주지처(所住之處)가 이와 같고 마음 항복하는 법이 이와 같아서 만일 어떤 보살이 「내가 마땅히 한량 없는 중생을 제도했다。」 이렇게 말한다면 그는 곧 보살이라고 할 수 없느니라。』 이것은 보살의 용심(用心)을 설명한 것입니다。

『왜 그러냐 하면 수보리야 사실 어떤 법이 있어서 그것을 성취해야 보살이다 할만한 내용이 없다。 이렇고 이런 것이 보살이다、 초견성(初見性)을 해야 보살이다。 마하반야바라밀을 체득해야 보살이다 그러는데 어떤 내용이 마하반야바라밀이냐 하면 그런 것이 없다。 그러므로 부처님께서 일체법에 〈나〉도 없고 〈너〉도 없고 〈중생 살림살이도〉 없고 〈오래 살려니 하는 생각〉도 없다고 부처님이 말씀하느니라。』

原文 須菩提 若菩薩 作是言 我當莊嚴佛土 是不名菩薩 何以故 如來說莊嚴佛土者 即非莊嚴 是名莊嚴

解義 부처님께서 또 보살이 무량한 중생을 제도하고 불세계를 이루는 것도 없는 가운데 무심으로 해야 한다는 말씀을 하십니다. 『수보리야, 만일 보살이 이와 같은 말을 하기를, 내가 마땅히 불토를 장엄했다. 자꾸 공부를 하고 정진을 하고 보시하고 지계하고 육도만행(六度萬行)을 해서 내가 사는 세상이 모두 극락세계처럼 되고 천상국토가 되어 장엄되고 있다. 지옥을 가도 불세계요, 천당을 가도 불세계요, 오탁악세도 불세계요, 우리 중생의 사바세계가 모두 불세계다. 내가 중생일 때에는 모두 험악한 세상이 되고 모진 고통과 불평과 불안과 고독함만 느끼던 험한 세상이더니 이제 그렇지 않다.』 그런 사람이 있으면 그건 보살이 아닙니다. 왜냐 하면 부처님께서 불토를 장엄하신다는 말씀은 곧 장엄이 아니란 말입니다. 장엄하는 생각이 아니라 아무런 생각 없이 무심히 체득(體得)되어 있기 때문에 생사나 열반에 주하지 않고, 불법에도 치우치지 않고, 중생법에도 치우치지 않습니다. 왜 그러한지 그걸 발견해야 할 겁니다. 쉽게 말하자면 아무 생각이 없기 때문에 무심하기 때문에 없다는 것도 없읍니다. 그렇게 되니까 자꾸 업장이 녹아 없어지는 동시에 중생되기 전 미하기 전에 본래 있던 불세계가 자꾸 드러나는데 이것이 굉장한 장엄입니다. 굉장한 화장찰해(華藏刹海)의 세계를 만든다는 생각이 있으면 절대 그런 화장찰해의 불세계가 안 나타납니다. 그러니까 장엄한다는 게 생각으로 하는 게 아니라 아무런 생각도 없이 하는 그걸 가지고 장엄이라고 그럽니다. 그러므로 장엄도 아닙니다. 또 그렇기 때문에 장엄이 되는 것입니다.

六祖口訣 「모든 법이 같다」는 말씀은 모든 법, 곧 빛깔과 모양·소리·향내·맛·닿임·이치의 이 여섯 가지 경계 가운데 잘 분별되지만 본체는 항상 맑고 고요하여 물들지 않고 집착하지 않으며 일찍 변함이 없었고 다름이 없어서 허공처럼 움직임 없으며 원만하게 통하여 속까지 환하게 비치며 겁을 지내도 항상 그대로 있는 것을 「모든 법이 같다」고 하신 것이다. 〈보살 영락경〉에 「헐뜯거나 칭찬하거나 움직이지 않는 것을 여

래의 행이라 했으며、〈입불경계경〉에「모든 욕망에 물들지 않으므로 보는 바 없는데 예경하느니라」고 했다。

言諸法如義者 諸法 即是色聲香味觸法 於此六塵中 善能分別 而本體湛然 不染不着 會無變異 如空不動圓通瑩徹 歷刧常存 是名諸法如義 菩薩瓔珞經云 毀譽不動 是如來行 入佛境界經云 諸欲不染故 敬禮無所觀

니다。

原文 須菩提 若菩薩 通達無我法者 如來說名眞是菩薩

解義 부처님께서 이 〈구경무아분〉(究竟無我分)의 결론으로 〈무아〉(無我)를 말씀하십니다。

『수보리야、만일 보살이 〈통달무아법자〉(通達無我法者)、〈나〉없는 진리를 확실히 통달하면 그래서「육체가 내가 아니로구나」하는 진리를 통달하면 그것이 참된 보살이니라。』하셨읍니다。

온갖 지식이나 사상이 모두 망상이고 과학자니 철학자니 하는 사람들 정신 빠진 사람들이어서 뭐가 뭔지 모르고 도깨비 얘기하고 글 써 놓은 것이니、만일 그것을 내가 배웠다면 그래서 내가 대학에까지 졸업하고 석사·박사가 됐더라도 그것은 모두 가질 바 지식이 못되니 다 포기해야겠다는 것입니다。

일자 무식인이 되어야 할 것인데 그걸 내가 옳게 배웠다고 남에게 얘기한다면 어리석은 사람입니다。그러니 지식도 버리고 버릴 것 다 내버려서 버릴 망상이 없어진 상태의 번뇌장(煩惱障)이 아닌 소지장(所知障)까지 다 버리고 나면 이런 거 딱 떼어 놓고 보니 정말 참 통달무아(通達無我)입니다。진실한 마음자리 이것은 〈나〉다、이렇게 생각하면 그것도 또 불법을 아는 사람이 아닙니다。그게 무아법(無我法)인데 그러면서 농사도 짓고 장사도 하고 참선도 하고 경전도 보고 염불도 하고 모두 하라는 것입니다。그러니까 이렇게 통달무아하면 그게 정말 진실한 보살이다。틀림 없이 성불해 가는 사람이다。정말 내 제자다。그렇게 말씀하신 것입니다。이런 생각 없이 공연히 머리만 깎아 가지고「중입니다。」하고「신도입니다。」그래봤자 정말 큰 일 납니다。삼악도(三惡道)에 떨어집니다。머리를 깎지 않아 껍질까지 다 깎았더라도 큰 일 납니다。

〔說 義〕

부주열반 부주생사

「그 마음을 어떻게 두고 어떻게 가져야 하며 번뇌 망상을 어떻게 항복 받느냐。」(云何應住 云何降伏其心) 하는 데 대해서 이론적으로 「내가 꼭 불법을 체득해야 하겠다。확실히 아뇩다라삼먁삼보리를 깨달아 증득해야 하겠다。」고 하는 마음이 결정된 사람의 입장에서 묻는 것으로 해석하는 경우가 있고、또 실제로 아뇩다라삼먁삼보리를 깨달은 초심보살(初心菩薩)、곧 견성한 입장에서 묻는 것으로 해석할 수도 있읍니다。

앞에서 〈응무소주〉(應無所住)해서 이생기심(而生其心)하라는 도리를 여러 백 번도 더 말했지만 이것은 생사에도 주하지 말고 열반에도 주하지 말라는 뜻입니다。 정말 진실하게 받십하려면 어떻게 해야 되느냐。 까딱하다가는 열반에 주하지 않으면 생사에 주하거나 두 군데 다 주하게 되기 쉽습니다。 그래서 부처님께서 「수보리존자가 대아라한(大阿羅漢)이니 욕심을 떠난 아라한 가운데 제일 가는 이욕아라한(離欲阿羅漢)이라」고 하셨듯이 수보리존자는 이미 팔만 사천대겁(八萬四千大劫)을 먹지도 않고 자지도 않고 가만히 앉아 일초 동안에 지나간 것처럼 잠깐 지낼 수 있는 공부가 된 분입니다。 그래서 수보리존자는 열반에 들어가 있지만 나는 나한이라는 생각도 없고 이런 걸 증득했다는 생각도 없고 생각 없다는 것도 없고 그런 줄 알고 앉아 있는데 그렇게 된 수보리를 지금 아상·인상·중생상이 있다는 걸로 부처님께서 몰아세웠읍니다。

六祖口訣 부처님께서 말씀하시기를 실로「얻을 바 없으므로 보리를 얻은 것이라」 하셨으니, 얻었다는 마음을 내지 않으므로 보리를 얻은 것이며 이 마음을 여의는 것 말고 다시는 보리를 얻을 길이 없으므로 실다움이 없다고 말씀하셨던 것이다. 또 얻었다는 마음이 고요하게 멸하여 온갖것 다 아는 지혜가 본래 있고 만가지 행이 두루 원만하고 항하강의 모래 수와 같은 덕을 갖추었으며 성품의 작용이 모자람이 없으므로 헛됨이 없다고 하신 것이다.

沸言　實無所得心而得菩提　以所得心不生 是故 得菩提 離

그래서 이렇게 말해 보고 저렇게도 말해 보고 갖은 짓을 다해 가지고 수보리가 알아챘읍니다. 이제는 생사열반에 주하지 않고 그리고 나한들처럼 중생제도 집어치우고 염세주의자로 앉아 있지 않고 이제는 보살행을 해야 하겠으니 세상에 나와서 보시도 하고 계행까지도 낱낱이 잘 지켜서 여자를 대하여서도 아무 생각이 없이 지킬 수 있는 분이 된 것입니다. 나한만 되면 일체 생각이 뚝 끊어지지만 이 현상계 생사고해에는 안 나가려고 하여 열반에 애착한다는 겁니다. 그러니까 「너는 진짜 열반이 아니다. 진짜 열반이라고 하는 것은 열반도 아니고 생사도 아니고 부주열반 부주생사(不住涅槃 不住生死)하는 것이다.」 그런 뜻입니다. 그러면 그게 어떤 것이냐, 한 생각도 없는 열반에도 머물지 않고 그렇다고 해서 망상 번뇌에도 머물지 않고 그러면 그런 보살의 주체가 어떤 것이냐. 그것은 지금 자꾸 따지고 캐내려는 게 그겁니다.

일체 중생이 중생이 아니기 때문에 그게 중생이고 또 일체 부처가 부처가 아니기 때문에 부처고 일체 불법이 불법이 아니기 때문에 그게 불법이고 이러는 것이 지금 열반에도 주하지 않고 생사에도 주하지 않는 그걸 알아차리도록 하느라고 「일체 불법이 불법이 아니기 때문에 그게 불법이다.」 하는 말이 여기저기도 주하지 않고 지도한다는 그 말인데 이 말이 어디로 떨어지느냐는 것입니다.

자셔야 자신거죠

생각으로 아무리 생각해 봤자 될만큼 되고는 더 안됩니다. 그러므로 이러니저러니 망상내지 말고 네가 할 수 있는 일 아무 생각없이 부지런히 해라. 망하든지 흥하든지 집착할 것 없이 농사짓게 되거던 농사짓고 장사하게 되거던 장사해야 합니다. 흉년이 들는지 풍

此心外 更無菩提可得故 言無實也 所得心寂滅 一切智 本有 萬行 悉圓備 恒沙德性用無乏少故 言無虛也

부하게 되려는지 앞으로의 일을 알 수 없읍니다。볏단 거두어 놓고도 그렇고 타작 다 해서 곳간에 들여 놔도 그런줄 알고 하면 아무렇게 해도 안심이 되는 겁니다。

여기 인과를 믿는 기이한 얘기가 있읍니다。스님이 상좌를 하나 뒀는데 이 상좌가 꼭 스님에게 어겨서 반대로 말을 합니다。무슨 뜻이 있는 말인데도 그렇게 합니다。봄에 산 한쪽에 밭을 일구어 가지고 모밀을 갈았는데 그것을 갈아 놓고 와서는「야、야、금년 가을에는 모밀은 실컷 먹겠다。」그러면 그 상좌는「자셔야 자신거죠。」하고 빗대서 대답합니다。「네、그렇겠읍니다。」하고 대답하면 마음이 편할 건데 이것도 수양이 덜 돼서 그런 겁니다。「저놈이 꼭 내가 말을 하면 긍정을 안 하고 반대로만 하고 고약한 놈이다。」속을 썩입니다。

그 뒤에 모밀이 꽤 커서 김매 주고 거름을 뿌려 주고 나서「이만큼 잘 됐으니까 가을엔 꼭 먹는가 보다。」이러니까 이놈이 또「암만 해도 자셔야 자신겁니다。」이렇게 말합니다。스승이 가만히 생각해 보면 말은 옳아서 나무랄 수도 없고 속으로만 끙해 가지고 그러저럭 모밀이 다 익어서 다 베어 가지고 와서 타작해 가지고 마당에 널어 놓고는 두들기면서 스승이 하는 소립니다。「인제 내년까지는 잘 먹었다。」「암만 그러셔도 자셔야 자신거지요。」그 말은 그렇다 하지만 한번이라도 어른 대접을 해야 할 텐데 속이 상해서 빨리 말려 가지고 가루를 만들어 가지고는「오늘 저녁은 많이 먹어 놨구나。」하니 상좌가 또「암만 그러셔도 자셔야 자신 겁니다。」반죽을 하고 물을 뿌려 가며 연방 누르면서「참 오늘 저녁에 냉면 한 그릇 잘 먹겠구나。」「암만 그러셔도 자셔야 자신거지요。」그래서 이놈 봐라 두고 보자 하고는 냉면을 실제로 좋은 동치미국에다가 말아 놓고는「너도 냉면 먹고 나도 이렇게 참 냉면 한번 잘 먹는 게 아니겠느냐。」하니 역시「그래도 자셔야 자신 거지요。」그래서 냉면 그릇을 밀뜨리면서、「이놈의 자식 어른을 놀리느냐。」그러니까「보십시오 자셔야 자신게 아닙니까。」 그러니까 그 아이 말이 옳은 겁니다。 세상에 믿을게 하나도 없는거지요、 그게 스님이 아이한테 딸리는 겁니다。 인격적으로 모자라고、하는 것도 딸리고 생각도 딸리고 아이가 웃을 일입니다。 스님도 그런 줄 알고 말이 옳은 줄은 첫마디부터 알긴 알지만 내가 어른이라는 그런 〈아상〉이 있어서 그 〈아상〉 때문에 그러다 결국은 그만 국수를 못먹었읍니다。「아! 거 네말이 옳구나。」 그랬으면 마음이 편히 지냈을 건대 서로 안 지려는 〈아상〉 때문에 둘이 똑같긴 같습니다。 나중에는 생기든지 말든지 사발이 깨질 때 깨지더라도 농사를 또 부지런히 지어야 합니다。 또 다른 사람이 누가 먹더라도 그것도 먹는거니 아무 생각 없이 농사를 지어야 합니다。 아무 생각 없이 장사를 하고 오고가는 데도 난리가 나도 아무 생각 없이 남이 뛰면 나도 뛰어서 피난간다고 가도 그게 죽으러 가는 건지 어떻게 압니까。 그렇지만 그렇게 갑니다。 중국에 있는 이야기입니다。 어떤 부자집 외아들이 하나 있었는데 산에 들에 놀러 다니다가 좋은 천리마(千里馬)를 얻어서 기뻐하니 마을 사람들이 아버지한테 와서 좋은 경사(慶事)라고 치하를 하러 왔읍니다。 그러니 그 영감도「먹어야 먹는 거라」는 사미 모양으로「어찌 그게 화근(禍根)이 아닌줄 알겠느냐」고 대답을 했읍니다。 그러니 모두 인사 간 사람들이 싱거워졌읍니다。 수천 냥짜리 좋은 말을 얻었는데 그 아들이 그것을 타고 밤이고 낮이고 만날 좋다고 돌아다니다가 나무에 걸려 떨어져 가지고 다리가 부러졌읍니다。 그러니 이번엔 동네 사람들이「그 영감이 보통이 아닌 것 같다。 다리가 부러질 것을 미리 알고 대답한 것 같았다。」고 하면서 모두들 가서「참 안됐읍니다。」하며 위로하니까 그 영감 말이「그것을 어찌 복의 근본이 아닌 줄 알 수가 있겠느냐。」 또 이렇게 대답을 합니다。 그놈의 영감 알기는 아는 모양인데 말은 어찌 저렇게 하느냐고 투덜거리며 모두 돌아갑니다。 그 뒤에 난리가 나서 젊은 사람은 다 군대에 불려 나가는데 그 아들은 군대를 안 갔읍니다。 이때는 다리 부

六祖口訣 모든법에 대해 마음으로 취하고 가릴 것 없고、주관 객관이 없으며 온갖 법을 치성하게 세우지만 마음이 항상 공적하므로 일체법이 다 불법임을 아시는 바이다。 그러므로 미한 사람이 일체법을 탐착하여 이것으로 불법을 삼을까 두려워해서 이 병을 없애시고자 하는 뜻으로「곧、일체법이 아니라」고 말씀하셨던 것이다。 마음에

주관·객관이 없어서 고요한 가운데 항상 비추어 정과 혜를 가지런히 행하고 체와 용이 일치하는 것을 「그러므로 일체법이라고 하느니라.」고 말씀하신 것이다.

能於諸法 心無取捨 亦無能所 熾然建立一切法 而心常空寂 故知一切法 皆是佛法 恐迷者 貪着一切法 以爲佛法 爲遣此病故 言卽非一切法 心無能所 寂而常照 定慧齊行 體用一致 是故名一切法也

러진 게 덕이 됐읍니다.

세상 일이라는 것이 그때그때 어떻게 됐다고 해서 그게 아주 망하는 건가, 이렇게 말할 수도 없는 거고, 지금 한참 잘된 것이 나중에는 큰 화근이 되어 백 년 살 것을 십 년도 못 살고 죽는 일이 생겨 날지도 모르는 겁니다. 좋은 일이 아무리 생겨도 그것을 좋다고 생각 안 하고 아무리 지금 불행한 일이 생겼다 하더라도 그것도 나중에 복 받을 일인지 알 수가 없읍니다. 그런데 이것도 오히려 조각이 붙은 속입니다. 그것도 저것도 없는 도대체 아무 생각 없이 하는 것이 무소주(無所住)입니다.

현실은 마음의 그림자

옛날 공자나 맹자의 사서삼경(四書三經)이나 장자 남화경(南華經)이나 노자 도덕경(道德經)을 많이 보든지 하면 마음이 벗어납니다. 이 인간 세상살이에 꽁꽁 얽어매여서 그만 장아치로 사는 게 중생인데 이것을 털고 세상을 훨훨 살아 보자는 겁니다. 그렇다고 해서 이런 사람이 일을 거칠게 하느냐 하면 안 그렇습니다. 오히려 누구보다도 일을 야무지게 합니다. 몸을 아끼지 않으니까 종일 일해도 피곤을 모르기 때문에 훨씬 잘 합니다. 또 억세다 하더라도 이제 무심한 사람처럼 억센 사람이 없읍니다. 무심해야 이렇게 끝까지 나오는 기운이 있지 무심치 못하고 무슨 조건이 붙어 가지고 있는 사람 같으면 그렇게 최후까지 큰 힘이 나오지 못합니다. 아무런 거리낌 없는 무심한 사람이 되면 그 마음이 무한 동력인 때문입니다.

그래서 사명대사(四溟大師)께서 처음으로 승려의용군(僧侶義勇軍) 육천명을 데리고 수십만 왜군을 평양서 부산까지 밀었읍니다. 일본사람 가등청정(加藤淸正)이고 누구고 만나는 대로 칼을 다 빼 놓고 갑니다。그런 이는 다 마음을 깨친 높은 도인이니까 생각하는 대로 제대로 됐지만은 대중 범부는 이런 금강경 법문을 듣고서 마음을 쉬어 버리면 훨씬 편해집니다。조그마한 생각들 그 개미 생각、개미 발톱 같은 생각、오나오나 만날 해봐야 뭐가 아무 것도 없읍니다。밤낮 해봐야 나한테 돌아오는 것은 밥 세 그릇뿐이지 아무 딴 것이 없읍니다。밥 세 그릇 옷 한 벌 밖에 아무것도 더 되는 것도 없는데 그런 것 때문에 사람이 괜히 동네 사람이 다 굶어 죽어도 밥 한 그릇 안 내 놓으려 하고 거기에 애착이 돼 가지고 행여나 죽을까 싶어 그러니、이렇게 사람이 궁색하게 비열하게 살 게 뭐 있읍니까。여기 중들이 걸망 하나 지고 돈 없이 다니는 그런 사람을 운수객(雲水客)이라 하는데、구름 같고 물 같은 손님이란 뜻으로 지어진 이름입니다。절도 내 집이 아니라 잠깐 여기 와서 공부하고 가는 곳입니다。그런 가운데도 옆에 도반(道伴)이 감기 몸살을 앓든지 중병을 앓든지 하여 한달 두달 앓고 이러면 우리가 전부 약을 끓이고 혹시 어떻게 쓰려고 감추었던 돈 십원・백원 비상금을 모아서 한쪽에다 놓아 둡니다。그래서 밤중이라도 약 지으러 가고 그래서 구원하게 됩니다。약 지어 오면 내가 다리겠다고 제일 잘 다린다고 이러면서 하나같이 그럽니다。그래 복 짓는 거고 내가 하심(下心)하는 것도 지혜를 닦는 거고 모두 이런 것입니다。

그래도 돈이 누구보다도 많은 건 누구인지 대중이 다 아는데 탐심이 많은 사람은 십원 한 장 없다고 안 내 놓습니다。그런 사람은 나중에 병이 들든지 그래도 남이 도울 수 없는 그런 장소에 가서 앓습니다。그 사람의 마음의 그림자가 다른 사람에게 비쳐 가지고 대중은 아무도 도와 주려고 하지 않습니다。옷도 한 두서너 벌 있으면 없는 사람과 나누어 입고 그런 사람은 아무데 나가서도 의식주 걱정이 안 됩니다。또 서로가 그래집니다。

이면 사람은 대중 가운데서 인색하여 양말 한 켤레라도 떨어진거 꼭꼭 집어 넣어 쌓아 놓

六祖口訣 여래께서「사람의 몸이 아주 크다고 함은 곧 큰 몸이 아니라고 말씀하신 것은 중생의 법신이 둘이 아니어서 한량이 없으므로 그 이름이 큰 몸이,라」고 말씀하신 것이다。「법신은 본래 처소가 없는 것이므로 곧、큰 몸이 아니니라」고 말씀하셨으며 또 물질로 된 이 육신은 비록 크지만 안으로 지혜가 없으면 곧 큰 몸이 아닌 것이다。 육신이 비록 작지만 안으로 지혜가 있으면 큰 몸이

습니다。당초 남한테 보이지도 않게 돌아앉아 일하고 남을 도울 줄 모르는 그런 사람은 평생 남의 덕을 못 봅니다。인과는 틀림 없이 그림자와 한가지입니다。꼿꼿한 놈은 그림자도 꼿꼿하고 굽은 놈은 그림자도 굽듯이 꼭 그럽니다。

부처님 당시에도 어떤 귀부인들 스물 다섯명이 있었는데 인도 사람처럼 새까만 깜둥이고 눈도 코도 없고 무슨 흙으로 뭉쳐 놓은 것같이 이상스럽게 생겼읍니다。그래서 부처님 법문이 하나도 들리지 않고 거룩하게 보이지도 않는다는 것입니다。

그래서 부처님께 여쭈었더니、『아 그게 인과가 있다。과거에 저희들이 창녀들인데 그때 마침 어떤 나한이 바리때를 들고 다니는 길에 밥을 얻으러 그 집을 들르게 되었느니라。그러니 창녀들이 되어 놓으니 남성 만났다고 놀리는데 얼굴이 못생겼다、떨어진 누더기에다 거지처럼 꾸몄다、아이고 얼굴도 못났지만 저렇게도 못났느냐 하며 온갖 흉을 다 봤읍니다。눈도 눈같지 않고 코도 코같지 않다고 하면서 갖은 욕을 다 했다。그러다가 밥을 좀 달라고 그러니깐 복 지려는 마음으로 공양은 서로 많이 줘서 바리때로 하나 가득 담아 올렸는데、그러니 이 노장이 바리때를 들고 시방 삼보에 공양을 하고는 그 창녀들을 위해서「오늘 나를 위해 공양한 인연으로 해서 죄가 되지 않게 해주시옵소서。」하고 기도를 하고서 마당 한가운데서 바리때를 들고 공중으로 날라서 부처님 처소로 간 일이 있다。창녀들이 그만 그 자리에서 놀래 가지고 우리가 성인에게 잘못 했다고 하며 마당에 내려가서 무수히 배례를 하고 참회를 했다。「이제 그 과보(果報)로 한량 없는 지옥고(地獄苦)를 받은 뒤 그 나한 마음에는 아무런 생각도 없었지만 제가 죄 짓고 자기 발로 지옥에 들어가서 그 고생을 했고 아귀(餓鬼)가 되고 축생이 되어 돌아다니며 고생하다가 그래도 그때 참회를 하고 또 예배를 드리고 또 밥을 많이 올렸으므로 여럿이 나누어 먹었는데、그 공덕으로 부처님이 출세하신 이 세상에 같이 태어났고 참회한 공덕과 또 밥을 많이 시주한

라 이름할 수가 있으며, 비록 지혜가 있으나 그대로 실행하지 못하면 곧 큰 몸이라 할 수 없으니, 가르침에 의지해서 수행하고 모든 부처님의 위 없는 지견에 깨달아 들어가서 마음의 자동과 부동의 한량이 없으면 이것을 큰 몸이라 이름하는 것이다.

如來 說人身長大 即爲非大身者 以顯一切衆生 法身 不二無有限量 是名大身 法身 本無處所故 言即非大身 又以良身雖大 內無智慧 即非大身也 色身 雖小 內有知慧 得名大身 雖有智慧 不能依行 即非大身 依敎修行 悟入諸佛無上知見 心無能所限量 是名大身

공덕으로 이제 저 사람들이 부자로 사는 것이며 그때 나한을 비방했기 때문에 평생에도 내 얼굴을 보지 못한 것이다.』 하고 부처님께서 말씀하셨읍니다.

부처님 말씀을 듣고 있던 대중이 부처님께 여쭈었읍니다. 『저 중생을 위해서는 무슨 방법이 없읍니까.』『있다, 그때 그 나한이 대승불교를 해 가지고 보살이 되었으니 그때 나한으로 있던 그 이름을 부르고 백일기도를 하라. 그러면 나의 장륙금신(丈六金身)을 볼 수 있을 것이다.』 그렇게 말씀하셨읍니다. 그래서 이 여자들이 참회를 하고서 곧 백일기도를 충실히 했더니, 기도 마치는 날 밤 꿈에 좋은 상서가 보이고 그 이튿날부터 부처님의 거룩한 얼굴을 봤다는 것입니다.

이것은 전생의 죄업이 녹아서 마음의 나쁜 그림자가 사라져서 그렇다는 것인데, 이런 얘기가 마음을 항복 받는 데 도움이 됩니다.

일체가 오로지 꿈

인생이 꿈 같은 것이 아니라 그대로 꿈입니다. 꿈으로 한 일 그게 사실로 한 게 아니고 모두 거짓말로 한 것입니다. 성불했다는 것도 역시 거짓말입니다. 성불 아닌 것 때문에 상대적으로 성불했다는 말이 있는 거지 성불해야겠다는 말까지도 그게 꿈입니다. 정말 실상(實相)자리에서 보면 본래 제대로 돼 있으니 누가 꿈꿀 사람도 없읍니다. 조신대사가 눈 깜빡하는 사이에 눈 뻔히 뜨고 잠도 아니고 정신이 희미해진 것도 아니고 부처님 법을 배우려는 이 생각 그대로 팔십이 돼 버린 것입니다. 이건 깜빡 잠자는 순간에 그렇게 된 것도 아니고 사실로 꿈에서 한 일이나 거짓말이고 헛일입니다. 그러므로 또 일초 동안에 꿈을 꾸어서 그 일초 동안에 했다는 그것도 거짓말입니다. 그러니까 견성을 했다는 것도 역시 그런 내용이고 나중에 아주 아뇩다라삼먁삼보리를 확실히 체득해서 부처가 됐다는 것도 역시 그렇게 말할 수 있고 생각할 수 있는 모든 것이 다 몽중지사(夢中之事)입니다。 그런데 몽중가외몽중몽(夢中可畏夢中夢)이라、 꿈 가운데 겁낼만한 꿈은 꿈 속에서 또 꿈꾸는 일입니다。 훗꿈도 겨운 일인데 꿈속에 또 한 겹 더 들어가서 또 꿈을 꾸니 언제 생사를 면할는지 그것 참 큰 일 날 일입니다。 몽중막작몽중몽(夢中莫作夢中夢)하소。 꿈가운데서 또 꿈꾸는 것은 아예 하지 마소。 헛꿈이나 꾸라는 것입니다。 일초에 돈파생사몽(一超頓破生死夢)하면 하루 아침에 몽땅 생사대몽(生死大夢)을 탁 부수고 나면 산하진처역무몽(山河盡處亦無夢)이라 산하대지 없어진 곳에 또한 꿈도 없어졌다。 전부 꿈만 가지고 마음 깨치는 글을 지은 시인데、 우리가 돌아다니는 이 현실이 모두 그런 형편이란 것을 표현한 겁니다。

그러니 「아뇩다라삼먁삼보리심을 어떤 결정된 모양을 갖고 있는 그런 것이라고 할 뭐가 있느냐。」 그런 뜻입니다。 부처님께서는 그렇게 다 됐다고 하시지만 우리가 지금 생각하는 것과는 말로 설명할 수 있는 그런 아뇩다라삼먁삼보리심이 아닙니다。 또 부처님은 이래도 아뇩다라삼먁삼보리이고 저래도 아뇩다라삼보리이고 다 아뇩다라삼보리입니다。 중중무진(重重無盡)의 존재이고 제망중중(帝網重重)의 존재이고 무슨 짓을 해도 그게 완전합니다。

돌이 되고 바윗덩이가 되어 가지고 길 가에 있지만 그렇더라도 그것이 돌이 아닙니다。 또 돌 중에도 완전한 돌이고、 바위 그대로가 아뇩다라삼먁삼보리입니다。 그런데도 두들겨 부셔서 가루로 만들어 봐도 돌 가루지 그게 다른 것은 아닙니다。 제망중중도 없고 그것도 하나의 신통(神通)입니다。 이미 중생이 그렇게 만들어 가지고 있고 부처님도 역시 그렇게 만듭니다。 우리와 같이 아무리 나무를 쪼개 봐도 오동나무는 오동나무고 감나무는 감나무이지 오동나무 속에 감나무 성질이 안 들어 있고 돌은 돌이고 나무는 나무입니다。

六祖口訣 보살이 말하기를, 「나의 설법으로 말미암아 저 사람이 번뇌를 없앨 수 있었다。」고 말하면 이것이 곧 진리라는 관념이고 만일 「내가 능히 중생을 제도하겠다 말한다면 이것은 곧 나와 상대가 있는 것이다。 그러므로 비록 중생을 제도했다 하더라도 마음에 주객이 있어서 나와 남을 없애지 못하면 보살이란 이름을 얻지 못할 것이고 갖가지 방편을 치성하게 세워서 중생

우리 중생과 똑같이 신통을 부립니다。 그렇게 나타나기도 하고 또 그러면서 그게 단불(單佛)이냐 하면 단불이 아니고 제망중중의 내용을 가지고 있으면서 일체가 곧 하나로만 보이고 하나가 곧 일체로 보이기도 합니다。

결정할 수 없는 법

그러니까 어떤 내용이 있어서 또는 어떤 모양을 쳐들어서 부처님이 「아뇩다라삼먁삼보리를 증득한 법이다 진리다。」 그렇게 말하겠느냐는 것입니다。 이렇게 결정된 법이 없는데 그렇다고 결정된 법이 없는 것으로 말하고 말면 또 그 내용이 결정됩니다。 그러니까 측량할 수 없는 불가사의(不可思議)가 그러한 실재이고 실상자리입니다。

범부가 처음에 「아뇩다라삼먁삼보리」가 있다는데 그것을 얻어서 내가 성불해야겠구나、견성해야겠구나。」 하는 이런 이론을 확실히 믿고 그렇게 한다고 하더라도 또 그런 생각 안할 수도 없읍니다。 그런 이론을 의지해서 그런 개념을 얻어야 비로소 성불할 수 있으니 성불할 수 있는 공부를 할 수 있고 견성을 할 수 있고 참선을 할 수 있읍니다。 그것이 역시 성불하는 마음이지 딴 마음은 아닙니다。 도둑질하는 마음도 아니고 협잡하는 마음도 아닙니다。 성불하려는 마음이니까 그래도 「아뇩다라삼먁삼보리심」이 아닌 것도 아니고 범부로서 마음 낼 수도 있는 겁니다。 또 그래 가지고 견성을 할 수 있는 거니까 그것이 또 한쪽 견성(見性)이지만 보살초심(菩薩初心)까지 이룰 수 있겠다 생각하고 애를 쓰고 그렇게 견성을 합니다。

그래가지고 사실 「아뇩다라삼먁삼보리」를 체득하게 되는 겁니다。 그렇지만 어떤 내용이냐 하고 정면으로 따져 들려면 또 범부가 처음에 이론으로 발심한 것도 딱 맞는 소리는

을 교화하고 제도하지만 마음에 주관 객관이 없어야 이것이 보살이니라.

菩薩 若言因我說法 除得彼人煩惱 即是法我 若言我能度得衆生 即有我所 雖度脫衆生 心有能所 我人不除 不得名爲菩薩 熾然說種種方便 化度衆生 心無能所 即是菩薩也

아닙니다. 그렇게 해 놓고도 그 발심을 가지고 근기(根機)가 약해서 참선하다가 미쳐 나가는 수도 있읍니다. 뭐 어디 조금만 이상한 게 보이면「아 이제 다 된 게 아니냐.」이래 가지고 방향 없이 덤비는 사람도 있읍니다. 처음에 근사하게 발심을 가졌지만 그게 도깨비도 되고 미친 놈도 되는 방법이 되기도 합니다. 그러니「틀림 없이 견성한다.」그렇게도 못 믿어집니다. 이를테면 배우기는 똑같은 선생한테 똑같이 배워 가지고 열이 앉아서 참선한다 하더라도 열이면 열이 다 같이 옳게 견성을 하느냐 하면 꼭 그런 것은 아닙니다. 열이면 아홉은 견성을 하고 하나는 잘 못되는 수도 있읍니다. 물론 이 다음 생에 어느때인가는 잘 못된 그 한 사람도 견성해서 성불하는 날이 있겠지만, 그러나 만일 그 법이 꼭 결정된 법이라면 열이면 열 백이면 백이 다 금생에 성불해야 할 것이며 만의 하나라도 낙오자가 있어서는 안 될 것입니다. 그런데 이것은 근기에도 달려 있고 또 발심을 부족하게 한 데도 달려 있어서 그런 것도 알아야 합니다.

무실 무허(無實無虛)

이 금강경 三十二분의 말씀이 비슷비슷하여 같은 말씀 같은데 자세히 보면 약간씩 다릅니다. 약간 다른 게 아니고 많이 다르지만 나중에 결론을 맞춰 보면 똑 같은 말입니다. 이렇게 한 소리를 되풀이하지만 거기 있는 말의 조리가 각각 달라서 마치 서울역에서 하는 안내와 대구역에서 안내하는 말소리와 평양역에서 하는 안내 소리가 조금씩 다르듯이 경문의 소리도 조금씩은 다릅니다.

어떤 때는『부처님께서 아뇩다라삼먁삼보리를 얻은 게 있느냐.』고 물으시면 수보리존자께선『부처님께서 아뇩다라삼먁삼보리를 얻으신 일이 없읍니다. 아뇩다라삼먁삼보리는 그런 법도 없고 사실 얻은 일도 없으십니다.』하고 없다고 하십니다. 그런데 부처님께서 다시 『수보리야, 여래가 아뇩다라삼먁삼보리를 얻었다고 내가 너에게 그런 말을 했는데 사실 얻긴 얻었지만 그 얻은 법이 그건 무실무허(無實無虛)해서 실다운 것도 없고 허망한 것도 없다. 그렇기 때문에 또 부처님께선 일체법이 다 불법이라 하느니라.』하고 말씀하셨읍니다. 이 말의 조리는 결국 따지면 「아뇩다라삼먁삼보리」라는 게 어떤 결 꼭 꼬집어서 「요것이다」할 수도 없고 또 「이렇기도 하고 저렇기도 하며 이렇지도 저렇지도 않은 것을 몽뚱그려서 이것이 아뇩다라삼먁삼보리다.」 그렇게 말할 수도 없으며 또 「그것도 저것도 전부 아니다.」 그렇게 해도 안 맞고 이래도 안 맞고 저래도 안 맞는 것입니다.

이것이 만일 물질적으로 있는 것이라면 변동조화가 있는 무상의 존재일 것이며 따라서 그렇게 변동하는 어느 한 모퉁이를 집어서 이거다 저거다 할 수 없읍니다. 그렇지만 그것은 마치 꿈을 깨어 보면 아무것도 아닌 허망이지만 꿈을 깨기 전엔 확실히 있는 것과 같습니다. 그러면 꿈을 꾸고 있을 때 꿈 가운데 있는 그게 참으로 있는 거냐 하면 그게 있는 것도 아니고 없는 것도 아니어서 실다운 것도 아니고 허망한 것도 아닙니다. 꿈속에서도 전혀 허무한 것은 아니어서 사실 배가 부르면 배가 뿌듯합니다 그렇다고 해서 참말로 진실한 불변의 존재냐 하면 또 그런 것은 더구나 아닙니다. 그런데 꿈에 있는 사람도 그렇고 천지만물도 다 그렇습니다.

그러니 무실무허한 것도 그와 같아서 부처님께서 「아뇩다라삼먁삼보리」를 얻었다 하시는 것은 범부가 「이 마음자리, 말하는 이것은 불생불멸의 존재구나 하는 원리를 의지해서 그걸 한번 깨달아 봐야겠다.」고 확실히 인식이 돼서 하나서부터 열까지 목숨을 걸고 할 일이 이것뿐이라고 마음 속에 깊이 작정이 되면 이것은 범부의 발심입니다. 그렇게 하다가 정진해서 계행을 지키고 만행(萬行)을 닦아 점점 깊어져서 아공·법공·구공을

六祖口訣 보살이 만일 「내가 능히 세계를 건립했다」는 말을 한다면 곧 보살이 아니고 비록 세계를 건립하지만 마음에 주객이 있으면 곧 보살이 아니며 세계를 치성하게 건립하지만 마음에 주관·객관에 대한 마음이 생기지 않아야 이것을 보살이라 이름할 수 있다。「최승묘정경」에 「가사 어떤 사람이 백은으로 지은 정사를 삼천대천 세계에 가득하게 채웠다 하더라도 한 생각의 선정심만 같지 못하다。」 하셨으니 마음에 주객이 있으면 곧 선정이 아니고 주객이 일어나지 않아

초월해서 뭐라고 이름지을 수 없는 그런 자리에 이르면 그걸 「아뇩다라삼먁삼보리」라 그럽니다。

그런데 이렇게 해서 나중에 일여(一如)하게 되어 구공의 일심을 체득했다고 해서 불법이 여기까지만 되고 말았다면 그건 소승불교 밖에 안 됩니다。 그뿐 아니라 다른 외도(外道)까지라도 이 적멸(寂滅)하는 정도가 얕긴 하지만 어느 정도는 다 체득하고 있읍니다。 그러니까 나이도 끊어지고 생각도 끊어지고 모양도 끊어지고 일체 것이 다 끊어진 그 속에 들어가 놓으면 八만 四천 외도가 서로 모여 살며 너나 내가 똑 같다 하고 그 때는 다 실력행사합니다。 그렇지만 정도(正道) 앞에 사도가 꼼짝 못하는 것은 외도는 공을 얻어도 상대적인 내용이 완전히 떨어지지 않아서 정도의 정력(定力)에는 비교되지 못합니다。 정도의 정은 아상·인상·중생상·수자상까지 떨어져서 그 신통이 비교도 안 되게 많기 때문입니다。

그러니까 부처님 당시에도 마왕 파순(魔王波旬)이 백만억 마구니 권속을 데리고 와서 온갖 짓을 다 해도 부처님께서는 아무렇지 않게 고요히 앉아 계셨는데、 마왕의 하는 꼴이 하도 안타까와서 부처님께서 마왕 파순에게 「네가 아무리 그래봐도 소용 없다。 그러니까 네 신통이 얼마나 되는지 내가 한번 시험해 볼테니 네가 날 이기면 내가 너한테 항복하고 법문도 안 하고 그냥 내가 열반하마。」 그렇게 말씀하시고는 물 떠 자시는 물병 같은 빈 수통을 촛대처럼 세워 놓으시고는 「너 혼자 하든지、 네 권속을 다 데리고 와서 하든지、 또 삼천대천세계 중생을 다 데리고 와서 하든지、 네 재주로 시방제불을 다 모시고 올 수 있으면 일체 부처님 보살님 다 데리고 와서 하든지、 이 통을 한번 넘겨뜨려 보아라。」 마왕은 「뭐 그것쯤이야 가만히 앉아서 넘어가라 하면 넘어갈 텐데。」 생각하고는、 자기 신통을 다 발휘했지만、 되지 않았고 나중에는 쇠줄 같은 것을 걸어 가지고 마귀 권속을 다 데리고 와

야만 이것을 선정이라 이름할 것이며 선정은 곧 청정한 마음이니라。

菩薩 若言我能建立世界者 即非菩薩 雖能建立世界 心有能所 即非菩薩 儼然建立 世界 能所心 不生 是名菩薩 最勝妙定經云 假使有人 造得白銀精舍 滿三千大千世界 不如一念禪定心 心有能所 即非禪定 能所不生 是名禪定 禪定 即是淸淨心也

서 수·말 몰듯에 채찍질해서 수억만명이 끌어도 끄떡도 안합니다.

그것은 부처님께선 아무 생각도 없는 적멸을 증득했기 때문에 적멸속에 들었을 그때에 어떤 생각을 해서 이것을 안 넘어 가게 한다든지 넘어가게 한다든지 한 번 정해 놓으면 마음 전체、우주 전체의 힘이 그렇게 하나가 되어 따라오기 때문입니다。 그러니 한 부처님이 한번 마음에 정하면 시방제불(十方諸佛)이 다 와서 같이 힘을 합해서 하는 것과 같이 됩니다。 그것이 제망중중의 도리이기 때문입니다。 그런데 우리는 보든지 듣든지 하는 것이 온갖 망상의 틈바구니에서 요것도 하나 해보자 하는 일부의 쪼각 힘이므로 그것은 망상의 하나일 뿐입니다。 와도 이 병은 안 넘어갑니다。 그러니 마왕 파순은 할 수 없이 필경에는 항복을 하고 맙니다。

우리 육체의 힘도 실제로 알고 보면 참는 데서 나옵니다。 금생에 많이 참으면 내생에는 아주 장사가 됩니다。 평생 감기 한번 안 걸리고 건강하게 있다가 죽을 시간이 되면 앓지도 않고 돌아앉아 죽습니다。

부처님께서 이런 정력을 얻었고 〈아뇩다라삼먁삼보리〉를 얻었다고 하지만 얻었다 하는 것은 즉시 비득 곧 얻은 것이 아니란 뜻입니다(所謂得法即是非得)。

일체 유심(一切唯心)

단유언설도무실(但有言說都無實)이란 말로만 있지 실제는 그런 일이 없다。 도무지 실다운 뜻이 없다는 뜻입니다。 연기법칙(緣起法則) 상대성 원리로 보아도 그렇게 됩니다。 많다고 하면 벌써 부분입니다。 정말 마지막 말로 전체를 많다고 하더라도 그건 하나뿐이니까 많은 것도 아니고 사실 또 하나도 아닙니다。 더구나 많다 적다는 안 됩니다。 벌써 많다고 할 때는 적은 것, 많지 않은 것을 이미 상대하고 있으므로 그건 전체에서 그만한 부분을 빼고 하는 말이므로 그것은 전체에 비하면 적다는 말이 됩니다. 그러니 작다고 하는 그것이 작은 것도 아니고 작다 했으니까 그건 크다는 말도 되고 또 작지도 않다는 말도 되고 그런 게 아니란 말도 되고 그럽니다. 그것은 다 환(幻)이기 때문입니다. 부처님께선 꿈 밖에서 꿈을 깨어 가지고 「그대로 전체가 꿈 아니라」고 하신 그게 바로 무실무허(無實無虛)한 존재라는 것입니다. 그러니 참으로 있는 것도 아니고 그렇다고 거짓말로 있는 것도 아니고 그것을 한마디로 하자면 환의 존재이기 때문에 허망하다 실답다 하는 말을 붙일 수 없는 존재라는 것입니다.

그래서 「내가 일체법이 다 불법이라 한다.」고 하셨읍니다. 또한 그것도 무실무허(無實無虛)하다가도 그 경지에 들어서 놓으면 참다운 것도 있고 허망한 것도 있고 그렇게도 됩니다. 이렇게 하나가 되어진 그 경지는 시간을 여의어 일체 생각이 다 끊어진 때고 무분별지(無分別智) 본래의 실상자리인데 그러면서 거기서 내내 중생살림살이와 똑같고 하지만 보고 듣고 하는 마음을 지어서 작심으로 하는 게 아니라 무위(無爲) 무심으로 하는 겁니다. 그 경지에 가면 부처님 살림살이일 뿐이고 마음 하나뿐입니다. 일체유심조(一切唯心造)라 하여 일체가 모두 마음으로 만들었다 그러는데, 마음이 만들었다고 하면 만든 마음과 만들어진 객관이 있게 되어 거기에는 주관 객관이 또 벌어질 수 있으니 일체유심(一切唯心)이라 지을조(造)자 하나를 빼 버려야 알기 쉽습니다. 「오직 마음뿐이다.」일체가 마음이다. 그러므로 일체가 불법이다. 그런 뜻이 됩니다.

주관이 곧 객관이고 거리가 없읍니다. 거울 가운데 동서남북이 있어 보이지만 이것은 빛으로 그림자로 거울 면에 나타난 것이지 거울을 뚫고 들어가서 동서남북 상하 중간이 된 것은 아닌 것과 같습니다. 꿈도 역시 그와 같아서 전체 그대로가 거리가 없는 거고 실제로 멀어 거리가 있으면서 또 그대로 없는 거고 그대로 전체가 마음이고 그러니 일체법이 개시불법(一切法皆是佛法)이고 무실무허(無實無虛)한 지경까지 하나가 되고 한 덩어리가 되어서, 주관·객관의 관념이 없어져서 없어졌다는 생각조차 없어지면 구공(俱空)인데 그래도 구공됐다는 잠재의식이 남아 있기 때문에 현실적으로 공의 도리가 하나로 쉽게 활용되지 않다가 점점 닦아서 수치(修治)돼 들어가면, 참 그야말로 미세한 습기(濕氣)까지 전자가 움직이고 에네르기가 움직이는 것보다 더 미세한 폭으로 움직이는 그 〈습기〉까지 마음에서 다 끊어지면 그때는 전체가 하나가 됩니다. 그러면 그것을 〈아뇩다라삼먁삼보리〉라고 하는데 그렇다고 해서 전체를 몽똥그려 한 덩어리로 만들어 놓는 거냐 하면 그런 것이 아니라 제망중중(帝網重重)의 도리로 그 가운데는 모래도 있고 흙도 돌도 있지마는 모래 한 알 그게 또 우주·인생 전체이기도 합니다.

그러므로 전체가 하나가 되었다. 그러니까 큰 걸로 생각할지 모르지만 그런 것이 아니고 여기 먼지 한 알이 그와 같아서 그 가운데 어떤거 하나를 들추어 이것이 〈아뇩다라삼먁삼보리〉 다 이렇게 말할 수가 없는 것입니다.

전체가 하나이고 하나가 전체

전체가 하나이고 하나가 전체이면서 또 차별이 있고 거리가 있고 고금이 있고 동서가 있읍니다. 또 그대로가 없는 것이어서 고금이 아니고 현상이 아니고 모두가 아닙니다. 이 촛대가 모두 이렇게 섰는데 우주 전체가 모두 이 촛대 선 자리에 같이 서 있읍니다. 그 거리가 있는게 아니고 이 촛대가 선 곳이 내내 모든 것이 선 자리이고 저기 선 것이 여기입니다. 이와 같이 포개 있는 거리 없는 것을 보는 것이 불가사의한 신통을 부리는 것입니다.

六祖口訣 모든 법이 걸리고 막힘이 없는 것을 통달이라 이름하고 법을 안다는 마음을 짓지 않아야 이것을 「나와 법이 없는 것」이라 이름할 것이다. 「나와 법이 없는 것」을 여래께서 「참으로 이것이 보살이니라.」 하셨으니, 분수를 따라 행하고 지니는 것을

또한 보살이라 이름하는데 그러나 참된 보살은 되지 못한다。 아는 것과 행하는 것이 원만하여서 일체의 주관 객관에 대한 마음이 다하여야 바야흐로 참된 보살이라 이름할 것이니라。

於諸法相 無所滯礙 是名通達 不作解法 心是名無我法 無我法者 如來說名眞是菩薩 隨分行持 亦得名爲菩薩 然 未爲眞菩薩 解行圓滿 一切能所心盡 方得名爲眞是菩薩也

이렇게 되어 있으니 과학적・철학적・종교적으로 따져 가지고 그 실상을 알 수 있겠읍니까。 아무리 생각하고 따져도 끝이 안 납니다。 자기 실상・마음자리만 깨쳐 버리면 그게 참 진공묘유(眞空妙有)이고 이렇다 저렇다 날할 수 없는 불가사의입니다。 그러니 완전히 중생처럼 중생이 본 그런 자리 한바탕 있고 또 그러면서 원융무애한 그대로의 소식으로 제망중중으로 되어 있읍니다。 그렇다고 혼란하냐 하면 조금도 그런 것 없고 또 질서정연하냐 하면 또 거리가 없으니까 질서정연하지도 않습니다。

그러므로 전체가 하나란 소리가 일체가 다 불법이란 소리와 한가지이니 일체법이 다 불법이고、 일체법이 다 불법이란 소리가 일체가 다 마음이라는 뜻이고 마음이 부처라는 뜻이 됩니다。 그러다 보니 마음대로 변해서 제망중중으로 이 초 하나에 한량 없는 백성이 들어가 있는 그것이 한번에 봐도 낱낱이 따로따로 보입니다。

오색물감을 물에 떨어뜨려 놓으면 그 빛이 무슨 물감인지 우리가 이름지을 수가 없지만 부처님께서는 그걸 낱낱이 보십니다。 또 부처님은 만고에 불변하는 중생의 근본불성도 보시고 중생의 이런저런 용심도 보시고 다 보십니다。 마음을 깨닫고 보면 제 자체가 그러는 게 아니고 전부 우리 관념이고 생각이며 우리 마음이 모두 그런 장난을 하는 것입니다。 그러니 「아뇩다라삼먁삼보리를 얻었다는 말이 얻은 게 아니라 실제로 얻은 게 아니고 아뇩다라삼먁삼보리가 됐다。」 그 말인데、 또 됐다 하는 것은 마치 무슨 작품을 만들듯 새로 되는 것을 뜻하는 것 같지만 그런 것도 아닙니다。 내가 본래 그대로 부처였는데 쓸데 없는 딴 생각을 한번 냈던 것을 놓아 버리니까 제자리로 됐다、 본래 그렇더라는 뜻으로 하는 말입니다。

그래서 『그런 일체법이 곧 일체법이 아니니 그것을 일체법이라 한다。』고 하신 것이니、 경전 다르고 촛대 다르고 접시 다르고 책상 다르고 그런 게 아니라 그건 모두 하나라는 뜻입니다。 그렇지만 일체가 다 아니니까 하나도 아닙니다。 그러므로 또 그걸 이름해서 일체라 한다는 것입니다。

환으로 크고 환으로 작다

사람 몸뚱이가 크다는 말은 안 크다는 말이니 크다고 할 때는 벌써 작은 걸 상대로 해서 작은 걸 떼어 놓은 큰 것이므로 참말로 큰 것은 아닙니다。 또 사실로 현상은 환으로 있는 것이므로 정말 크거나 정말 작거나 그렇지 않은 것입니다。

그러니까 조그만 종지 속에 독을 집어 넣어도 종지가 넓어지지도 않고 독은 줄지도 않습니다。 그것은 독이 참말로 크나 하면 환으로 큰 것처럼 보이는 것이고 종지가 작은 게 아니라 작은 것같이 보이는 환이니까 정말로 큰 게 아닌 독이 정말로 작은 게 아닌 종지 속에 들어갈 수 있는 것이고、 안 들어갈 수도 없는 것이고、 또 못들어갈 수도 없는 겁니다。 또 종지가 깨지거나 터지면 터졌지 독을 그 안에 집어 넣을 수 없는 법도 있고 도대체가 모두 마음의 작용이고 마음의 짓입니다。

그러니 〈아뇩다라삼먁삼보리〉를 얻어 놓고 보니 크다 하면 벌써 큰 게 아니고 크다 할 수 있는 건 어떤 존재적 한계가 있는 것이므로 설사 우주 전체라 해도 우주 전체 아닌 것을 상대로 전제한 관념이고 모자라는 것 제외해 놓고 크다는 뜻이며、 그러니 그건 정말로 큰 것은 아닙니다。 정말로 큰 것은 전체 하나뿐일 때는 크다고 이름지을 수도 없는 것이며、 상대적으로 크다 하면 벌써 크지 않다는 말이고 전체도 아니란 말이고 또 실제가 환으로 된 것입니다。

손바닥만한 거울을 가지고 서울을 비치면 동서남북으로 이십리 이상 되는 큰 서울이 입체적으로 다 들여다보입니다。 상식적인 이론으로는 손바닥만한 거울 안으로 서울이 들어가면 큰 빌딩이 깨알보다도 작게 축소돼서 보여야 할 겁니다。 그렇지만 손바닥만한 거울 안에 몇 억만배나 되는 서울이 그대로 들어가는 것처럼 큰 것과 작은 것이 서로 구애없이 들어갑니다。 큰 것도 아니고 작은 것도 아닙니다。

、四〇년 이상 부처님의 가르침을 잘 익혀서 공의 원리를 누구보다도 잘 아시고 현상계의 모든 존재가 다 환으로 있다는 진리를 부처님 다음으로 잘 아시는 수보리존자이므로 그 진리를 한 마디에 다 알아들으시고 몸이 큰 것은 큰 것이 아니라고 말씀 드렸던 것입니다。

一體同觀分(일체동관분) 第十八(제십팔)

須菩提(수보리)야 於意云何(어의운하)오 如來(여래)ㅣ有肉眼不(유육안부)아 如是(여시)니이다 世尊(세존)하 如來有肉眼(여래유육안)이니이다 須菩提(수보리)야 於意云何(어의운하)오 如來(여래)ㅣ有天眼不(유천안부)아 如是(여시)니이다 世尊(세존)하 如來(여래)ㅣ有天眼(유천안)이니이다 須菩提(수보리)야 於意云何(어의운하)오 如來(여래)ㅣ有慧眼不(유혜안부)아 如是(여시)니이다 世尊(세존)하 如來有慧眼(여래유혜안)이니이다 須菩提(수보리)야 於意云何(어의운하)오 如來有法眼不(여래유법안부)아 如是(여시)니이다 世尊(세존)하 如來有法眼(여래유법안)이니이다 須菩提(수보리)야 於意云何(어의운하)오 如來有佛眼不(여래유불안부)아 如是(여시)니이다 世尊(세존)하 如來有佛眼(여래유불안)이니이다 須菩提(수보리)야 於意云何(어의운하)오 如恒河中所有沙(여항하중소유사)를 佛說是沙不(불설시사부)아 如是(여시)니이다 世尊(세존)하 如來說是沙(여래설시사)니이다 須菩提(수보리)야 於意云何(어의운하)오 如一恒河中所有沙(여일항하중소유사)히 有如是沙等恒河(유여시사등항하)하고 是諸恒河(시제항하)

所有沙數(소유사수)로 佛世界(불세계)ㅣ 如是(여시)하면 寧爲多不(영위다부)아 甚多(심다)니이다 世尊(세존)하 佛告須菩提(불고수보리)하사되 爾所國土中(이소국토중)에 所有衆生(소유중생)의 若干種心(약간종심)을 如來悉知(여래실지)하나니 何以故(하이고)오 如來說諸心(여래설제심)이 皆爲非心(개위비심)이요 是名爲心(시명위심)이니 所以者何(소이자하)오 須菩提(수보리)야 過去心不可得(과거심불가득)이며 現在心不可得(현재심불가득)이며 未來心不可得(미래심불가득)일새니라

『수보리야、어떻게 생각하느냐。여래가 육안이 있느냐。』『그러하옵니다。세존이시여、여래께서 육안이 있사옵니다。』『수보리야、어떻게 생각하느냐。여래가 천안이 있느냐。』『그러하옵니다。세존이시여、여래께서 천안이 있사옵니다。』『수보리야、어떻게 생각하느냐。여래가 혜안이 있느냐。』『그러하옵니다。세존이시여、여래께서 혜안이 있사옵니다。』『수보리야、어떻게 생각하느냐。여래가 법안이 있느냐。』『그러하옵니다。세존이시여、여래께서 법안이 있사옵니다。』『수보리야、어떻게 생각하느냐。여래가 불안이 있느냐。』『그러하옵니다。세존이시여、여래께서 불안이 있사옵니다。』

『수보리야, 어떻게 생각하느냐. 항하에 있는 모래에 대해 부처님이 그 모래를 말한 적이 있느냐.』『그러하옵니다. 세존이시여, 여래께서 이 모래를 말씀하셨사옵니다.』『수보리야, 어떻게 생각하느냐. 한 항하 가운데 있는 모래와 같은 수의 항하가 있고 이 모든 항하의 모래와 같은 수의 불세계가 있다면, 참으로 많다 하겠느냐.』『매우 많사옵니다. 세존이시여.』

부처님께서 수보리에게 말씀하셨다. 『저 세계 가운데 있는바 모든 중생의 갖가지 마음을 여래가 다 아느니라. 왜 그러냐 하면 여래가 말한 모든 마음은 다 마음이 아니고 그 이름이 마음이기 때문이니, 그것은 수보리야, 지나간 마음도 얻을 수 없고 현재의 마음도 얻을 수 없으며, 미래의 마음도 얻을 수 없기 때문이니라.』

第十八 一體同觀分—온갖 것 하나로 보다

〔科 解〕

부처님의 마음자리에서 보면 일체의 현상계가 다 곧 마음 하나이므로 마음과 객관을 떼어서 볼 수 없읍니다. 따라서 중생의 마음도 그 근본을 살펴보면 중생이 아니고 알고 보면 다 부처님의 마음과 같은 자리에서 나온 한마

二七斷疑論 다음은 제一五단의에 해당한다. 「부처님이 모든 법을 보지 못하는 것인가」에 대한 의심을 끊는 대문으로

음의 일입니다。그러므로 부처님의 다섯가지 신통도 따지고 보면 마음하나고 중생들의 온갖 번뇌 망상도 과거심·미래심·현재심도 다 한 가지 마음일 뿐이므로 하나로 봐야 한다는 뜻에서 일체동관분(一體同觀分)이라 한 것입니다。

原文 須菩提 於意云何 如來有肉眼不 如是 世尊 如來有肉眼 須菩提 於意云何 如來有天眼不 如是 世尊 如來有天眼 須菩提 於意云何 如來有慧眼不 如是 世尊 如來有慧眼 須菩提 於意云何 如來有法眼不 如是 世尊 如來有法眼

解義 부처님께서 이번에는 다섯가지 눈을 가지고 물어 보십니다。

『수보리야、네 생각에 어떠하냐。여래가 육안(肉眼)이 있느냐。고기덩이 눈、짐승 같은 눈이 있느냐。』하고 물어보십니다。『그러하옵니다。부처님께서도 육안이 있으시옵니다。마야부인의 몸에서 받아 나온 그런 육안이 우리 같은 육안이 있으시옵니다。』『수보리야、네 생각에 어떠하냐。부처님이 천안(天眼)이 있느냐。』천당 사람이 가진 눈은 땅 속도 들여다보고 극락세계도 보고 지옥도 보고 다 보는 눈입니다。눈앞에 구슬을 들여다보듯이 삼천대천세계를 우리가 앞에 있는 물건 보듯이 다 보고 있읍니다。『그런 천안이 부처님한테 있느냐。』하고 물으신 것입니다。『세존이시여、여래께서 그런 천안이 있으십니다。』『수보리야、네 뜻에 어떠하냐。여래께서 혜안(慧眼)이 있느냐。』혜안이라 하는 것은 근본 자성자리를 통달해서 일체 만법이 둘이 아닌걸 아는 지혜의 눈입니다。있는 것 없

서(第十五 斷諸佛不見諸法疑) 여기에 두 가지 분단이 있다。다섯가지 눈으로 밝게 보심(約能見五眼明見淨)。부처님은 다섯 가지 눈으로 중생들의 전도된 마음을 다 보신다(諸佛五種實以彼顚倒)。여기에 다시 두 대문이 있는데

가、육안·천안·법안·혜안·불안의 다섯가지 여래의 마음의 눈을 말함(須菩提 於意云何 如來有肉眼不에서부터 如是世尊 如來有佛眼까지)

나、모든 마음을 다 아시는 것에 대한 말씀으로 須菩提 於意云何如恒河中에서부터 未來心不可得의 본절의 끝까지에 해당한다。규봉(圭峯)대사의 과해에는 이것을 다시 다섯 대문으로 나누어 一、항하의 모래 수에 대한 것(如來說是沙까지) 二、한 항하의 모래 수대로 항하가 있다(如是

는 걸 다 초월해서 아공·법공·구공까지 들어가면 없는 것조차 없어졌고 부처님도 중생도 모두 다 없어졌읍니다。 그래서 오로지 자기 정신만 있어서 만법이 평등해진 근본지혜를 보는 눈을 〈혜안〉이라 그럽니다。 수보리존자께서 대답하십니다。『세존이시여、여래께서 그런 혜안이 있으시옵니다。』

『수보리야、네 뜻이 어떠하냐。 여래가 법안(法眼)이 있느냐。』〈법안〉이란 산은 물이 아니고 물은 산이 아니며 촛대는 책상이 아니고 책상은 촛대가 아니며 안경이 시계가 아니고 시계도 안경이 아닌 그런 차별상을 잘 알아서 미한 건 중생이고 깨달은 건 부처고 그런 현상계의 차별원리를 하나도 놓치지 않고 잘 아시는 밝은 눈을 말합니다。 만고 평등하여 구별이 없는 그 가운데 또 구별이 분명히 있어서 확실히 하나는 둘이 아니고 둘은 하나가 아니란 그런 걸 아는 눈을〈법안〉이라 그럽니다。 그러므로 혜안으로 볼 때는 여자니 남자니 하는 구별이 붙을 데가 없고 그렇지만 현상계로 보면 남자、여자의 확실한 구별이 있어서 육체 조직부터 다른 것입니다。

우리가 종소리를 듣는 경우에도 한국 사람은 땡땡으로 듣고 일본 사람들은 강강으로 듣고 하지만 그러나 종소리는 강강도 아니고 땡땡도 아니라는 것입니다。 그러니 댕댕으로 들으면 댕댕으로 들리고 강강으로 들으면 강강으로 들리지만 그건 사실 참다운 종소리는 아니며 우리가 듣고 보는 것이 다 그렇습니다。 부처님께서는 강강도 아니고 땡땡도 아닌 참 종소리、본래의 종소리를 들으실 줄도 아시지만 또 강강으로 우리가 들은 그대로도 들을 줄 아시니 틀린 대로도 알고 안 틀린 대로도 아시어서、본체계(本體界)의 진실일여상(眞實一如相)과 현상계의 만법차별상(萬法差別相)을 다 아십니다。 그래서 수보리존자는 『그러하옵니다。 세존이시여、여래께서 법안이 있으시옵니다。』그랬읍니다。

沙等恒河까지)三、저 모래수대로의 세계(甚多世尊까지)四、 저국토의 중생들(所有衆生까지)五、 그들의 갖가지 마음(若干種心에 끝까지)에 해당하는데 이것을 다시 세문단으로 구분한다。 첫째 다 아심을 전체적으로 밝힘 둘째 如來悉知까지 허망을 버리고 참 돌아감을 보임—是名爲心까지—세째 망령되고 물든 마음은 마음이 아님을 밝힘—未來心不可得까지—이 그것이다)

六祖口訣 모든 사람이 다섯 가지 눈을 다 가지고 있는 것인데 마음이 미하여 덮히었기 때문에 스스로 볼 수 없을 따름이다。 그래서 부처님께서 이 미한 마음을 제거하면 곧 다섯 눈이 두루하게 밝

아서 생각생각 반야바라밀법을 닦아 행하도록 가르치셨던 것이다。 미한 마음을 첫번 벗기는 것이 육안이고、일체중생이 다 불성이 있음을 보고 가련하게 여기는 마음을 일으키는 것이 천안이며、어리석은 마음을 내지 않는 것이 혜안이고、법에 집착하는 마음을 제거하는 것이 법안이며 미세한 업장 미혹까지 다 없어져서 원만하게 밝고 두루 비치는 것을 불안이라 한다。

또 육신 가운데 법신이 있는 것을 육안이라 하고、일체 중생이 반야성품 가지고 있는 것을 보는 것이 천안이고、반야바라밀이 능히 三세의 일체법을 뛰어났음을 보

原文 須菩提 於意云何 如來有佛眼不 如是 世尊 如來有佛眼

解義 다섯가지 눈 가운데 마지막 눈인 부처님 눈(佛眼)에 대해서 물어 보십니다。

『수보리야、네 뜻에 어떠하냐。 여래가 불안(佛眼)이 있느냐。』『그러하옵니다。 부처님께서는 불안이 계시옵니다。』

앞에서 말한 네 가지 눈、곧 혜안·법안·천안·육안을 다 하나로 합한 것을 〈불안〉이라 합니다。 쪼각쪼각이 아니고 마음이 하나이면서 그렇게 차별이 있읍니다。 만법을 다 차별로 알고 차별 아닌 것도 다 아는 근본 마음은 하나이지 눈이 여럿이 달린 것은 아닙니다。 육안이 불안이고 육안이 법안이고 혜안이고 천안이지 육안은 고기 덩어리고 흙으로 만들어 놓은 것인데、그게 홀로 어떻게 무엇을 봅니까。 그러니 모두 부처님이 되어 놓으면 육안·천안·법안·혜안·불안의 五안을 다 갖춥니다。 천당 사람들의 천안도 자기 공부한 만큼 그 한계만 보이고 그 이상은 못 봅니다。 그래서 천당에도 二八천의 구별이 있게 되어 있읍니다。 신선이 돼도 정신통일해서 어느 정도 공부만 돼도 그렇고 정신통일한 사람도 그렇고 이 혜안·법안이 다 있기는 있는데 그 능력이 얼마 안 됩니다。

부처님처럼 철저히 깨닫고 보면 우리가 과거에 잘못 생각했던 과학이니 철학이니 종교니 심지어 불법도 팔만대장경까지도 배운 것 다 버립니다。 평등청정한 자성이 본래면목(本來面目) 그대로 돌아가면 쓸데 없는 망령을 낼 필요가 없고 기억할 것도 없고 그러니 자꾸 무심해 갑니다。 중생은 공해서 듣기 때문에 천만년 가도 안 됩니다。 공한 그것만 내버리면 영감이 옆에서 아무리 욕을 해도 「제 욕 제 마음대로 실컷 하고 욕만 해서 시원치 않으면 마음껏 때리시오。」하고、공한 것만 없으면 그만 만사태평입니다。 당장 그 자리에서 복

는 것이 혜안이、요일체 불법을 스스로 다 구비했음을 보는 것이 법안이고、성품을 보아서 밝게 사무쳐서 주관 객관이 영원히 제거된 것이 불안이니라。

一切人 盡有五眼 爲迷所覆 不能自見故 佛敎除却迷心 卽五眼圓明 念念修行般若波羅蜜法 初除迷心 名爲肉眼 見一切衆生皆有佛性 起憐憫心 名爲天眼 癡心不生 名爲慧眼 着法心除ㅣ 名爲法眼 細惑永盡 圓明偏照 名爲佛眼 又云見色身中 有法身 名爲肉眼 見一切衆生 各具般若性 名爲天眼 見般若波羅蜜 能出生三世一切法 名爲慧眼 見一切佛法 本來自備 名爲法眼 見性明徹

받고 집안이 조용하고 동네가 조용하고 세계가 평탄해집니다。

그러니 이 꽁해서 이 방정맞은 놈이 이것이 버릇이 되어 가지고 문제니 이걸 두드려 부숴야 합니다。 이 꽁한 생각이 나오거던 사정 없이 처부셔서 이렇게 항복기심하는 것입니다。 이게 항복하는 방법이니 망상이 움직일 수 있는 버릇을 고쳐야 합니다。

중이 남이 나를 욕한다고 얼굴을 붉히며 골을 내고、신도들이 좀 잘해 준다고 크게 내 신도라고 다른 절에 가지 말라 하고 남의 법문 소리 듣는다고 샘을 하고 그러면 그것은 중 같은 것도 아닙니다。 그러니 이렇게 「응무소주 이생기심」하는 것이며 승속간에 이대로 번뇌 망상을 다스려 나가야 올바른 신도가 되고 승려가 되는 법입니다。

그러니 부처님은 제망중중(帝網重重)의 현상계가 있다고도 못하고 없다고도 못하고 하나라 해도 안 되고 여럿이라 해도 안되고 그런데 이런 제망중중의 촛대요、시계요、종이요、목침이요 이런 것을 낱낱이 아시는 것이 육안이요 법안이요 그런데 이게 혜안이요 사실은 모두 불안 하나입니다。 우리 중생도 불안이 있어서 실제로는 마음 자신이 직접 보는 것입니다。 그래서 부처님께서는 『불안이 있느냐。』 하시니 『그러하옵니다。 부처님께서는 불안이 있으십니다。』 하신 것입니다。

原文 須菩提 於意云何 如恒河中所有沙 佛說是沙不 如是 世尊 如來說是沙 須菩提 於意云何 如一恒河中所有沙 有如是沙等恒河 是諸恒河 所有沙數 佛世界如是 寧爲多不 甚多 世尊

解義 『수보리야、네 마음에 어떠하냐。 여러 만리나 되는 항하 가운데 있는 강 모래를 부처님께서 그걸 모래라고 설명했느냐。 설명하지 안했느냐。』『옳습니다。 부처님은 그걸 모

能所永除ㅣ 名爲佛眼也)

六祖口訣 항하라 함은 인도의 기원 정사 부근에 있는 큰 강이다。여래께서 설법하심에 항상 이 강을 비유하여 말씀하셨으니、이 항하 가운데 있는 모래 한 알마다 한 세계에 비유하여 이 불세계가 많으냐고 물으신 것인데、수보리께서 「심히 많으시옵니다。 세존이시여。」하고 대답하셨다。 이에 부처님께서 「이 많은 국토를 바유로 드신 것은 그 가운데 있는 중생들의 낱낱의 마음씨를 말씀하시고자 하심이었다。

恒河者 西國祇園精舍側近之河也 如來說法 常指此河爲喩

래라고 하셨읍니다。 항하에 한량 없는 모래가 있다고 설명하셨읍니다。』『수보리야、네 뜻에 어떠하냐。 한 항하 강 가운데 있는 모래 수만 해도 한정이 없겠는데 그 모래수와 같은 항하강이 또 있다고 하고 그 모든 항하에 있는 모래수와 같은 그런 부처님 세계가 있다고 하면 그 세계가 얼마나 많은 것이냐。』『예 그 참 많사옵니다。 부처님 그건 굉장하게 많습니다。』하고 수보리가 여쭈었던 것입니다。

原文 佛告須菩提 爾所國土中所有衆生 若干種心 如來悉知

解義 항하사수 모래와 같은 항하사 강 이렇게 한량 없는 이 많은 강에 있는 모래수 처럼 많은 세계 그 가운데 사는 중생들의 마음 씀씀이 그 낱낱의 심리를 부처님께서는 한 몫에 일목요연하게 탁 보면 다 알아 내십니다。 누구는 무열하고 누구는 어떤 생각을 하고 하는 것이 다 말로 되어 가지고 들리기두 하고 모양으로 보이기도 합니다。 마음의 근본 자리에서는 생각이 말이고 음성이 생각이기 때문에 말로도 들리고 생각이 보이고 촉감처럼 느껴서도 다 아십니다。 밤에 꿈 속에 말하는 음성 그게 목소리가 아니고 마음 소리이고 생각 소리입니다。 생각 그 자체가 소리로도 들리고 또 그 생각이 냄새로도 되어 알아집니다。 생각 따라서 욕심 내서 나는 냄새가 다르고 또 진심으로 화를 내는 냄새가 다르고 그런 것이어서 한 마음이 냄새도 나고 소리도 되고 빛깔로도 됩니다。 꿈을 보면 마음이 모두 눈도 되고 코도 되고 온갖 피부도 되고 동시에 코로 맡는 냄새도 되고 그럽니다。

이와 같이 중생의 마음 속에 일어나는 온갖 탐진치가 다 냄새로 되고 빛깔도 되고 소리도 되어서 다 아시게 되는데 그것이 왜 그러냐 하면 부처님께서 말한 한량 없이 많은 모든 중생들의 온갖 마음은 곧 마음이 아니기 때문이라고 하십니다。 한두 중생의 마음

佛說此河中沙 一沙 況一佛世界 以爲多不 須菩提ー言 甚多 世尊佛擧此衆多國土者 欲明其中所有衆生 一一衆生、皆有爾許心數

六祖口訣 저 많은 국토 가운데 있는 바 중생의 갖가지 마음 씀씀이가 비록 한량 없겠지만 한 말로 한다면 망령된 마음이다。그 망령된 마음이 마음이 아닌 줄만 알면 이것을 곧 마음이라 이름할 것인 바、이 마음이 참된 마음이고 항상 한 마음이며、부처님 마음인 동시에 반야바라밀의 마음이고 청정한 보리·열반의 마음이다。

爾所國土中所有衆生 一一衆生 皆有若

만 해도 제팔장식(第八藏識)에 붙어서 움직이는 미세한 번뇌 망상의 용심(用心)만 다 세어서 알려고 하더라도 우리 중생이 다 달려들어서 여러 겁을 센다 하더라도 다 헤아리지 못합니다。한 사람의 마음을 완전히 분해한다는 것은 그건 곧 우주 전체의 분해가 되기 때문입니다。

만약 물질계에 대해 알고 있는 지식、곧 우리 마음의 지적활동、그 가운데 우리가 사는 이 지구덩이 하나만 없애 가지고 전자시대로 돌려 보내더라도 그 수가 한없이 많을텐데 그것이 다 마음이 움직여서 만들어진 마음의 그림자입니다。한 사람 망상만 해도 그러니 그 수 없이 많은 무한 수의 우주세계에 가득찬 온갖 중생의 굵은 생각、미세한 생각 온갖 생각을 다 안다는 것은 정말 참 불가사의입니다。그런데 부처님께서는 이걸 다 아십니다。그 이유를 다음에 말씀하십니다。

原文 何以故 如來說諸心 皆爲非心 是名爲心

解義 부처님께서 일체 중생의 온갖 마음을 다 아는 것은 왜 그러냐 하면 그것은 마음이 아니기 때문이라고 부처님께선 말씀하십니다。「일체 중생이 이런 생각 저런 생각하는 건 그건 생각이 아니고 마음도 아니다。그것을 곧 마음이라고 한다。」는 것입니다。그게 정말 마음이 아니기 때문에 남의 마음을 알 수 있읍니다。이것도 일반적인 논법으로는 이상한 데가 있읍니다。「부처가 되면 온갖 중생의 마음·망상이 어떻게 돌아가는 걸 보기도 하고 모양도 나타나고 냄새로도 알고 생각으로도 알고 마음으로도 알고 남김 없이 다 아시는데、그것은 왜 그렇게 알게 되느냐 하면 그게 마음이 아니기 때문에 알 수 있다。」고 하셨으니、「마음이 아니기 때문에 알 수 있다。」는 말씀의 조리가 어떻게 되는 것

干差別心數 心數雖多 總名妄心 識得妄非心 是名爲心 此心 即是 眞心常心佛心 般若波羅蜜心 清淨菩提涅槃心也)

六祖口訣 과거심을 얻을 수 없다는 것은 앞 생각의 망령된 마음은 이미 지나간 것이니 아무리 찾아 봐도 있는 데가 없음을 말하고, 현재심을 얻을 수 없다는 것은 참된 마음은 그 모양이 없는 것이므로 볼 수 없는 것을 말하고, 미래심을 얻을 수 없다 함은 본래 얻을 것이 없음을 말한다。 이렇게 하여 습관의 업이 다해서 다시는 일어나지 않을 것이니 이렇게 三세의 마음을 얻을 수 없는 것임을 뚜렷이

입니까。 이것은 금강경을 천독만독을 자꾸 하면 그 뜻이 풀어져서 이런데 걸리지 않게 됩니다。 그것은 온갖 생각이 아니라 물 위에 떠 있는 파도나 한가지란 뜻입니다。 중생이 아무리 그 마음이 많다고 하더라도 그것은 생멸(生滅)이 있어서 가령「여기 사람이 하나 있는데 그게 사람이 아니다。」그러면 그것은 사람이 아니라 껍떼기 그림자 사람이라는 말입니다。 그게 또 그런 사람이면서 그건 또 진실한 사람이란 말도 되고 부처란 말도 되고 그런 말이기도 합니다。

부처님께서 큰 적멸(寂滅)에 드시어 대열반(大涅槃)에 계시니까 다른 중생은 다 부처님의 대열반의 마음이 바다 위에 떠 있는 파도처럼 드러났다 꺼졌다 하는 것이며, 내 몸 위에 나타나는 현상이므로 환히 알게 되고 보인다는 것입니다。 만일 일체 중생이 한 생각도 까딱 안 하고 모두 성불해 가지고 중생제도도 하지 않은채 모두 본연자체 그대로만 있으면 부처님도 그것을 볼 수가 없읍니다。 생각이 아니고 모양도 아니고 보는 것도 아니고 아무것도 아니니까 일체가 다 떨어진 자리를 불불(佛佛)이 서로 볼 수가 없는 자리입니다。 볼 수 있는 것, 알 수 있는 것은 벌써 어떤 형태의 존재가 일어난 것입니다。 그러므로 탐진치의 생각에 얽매인이 마음 그것은 참 마음이 아니고 마음의 그림자에 불과하기 때문에 마음이 아니라고 한 것입니다。

原文 所以者何 須菩提 過去心不可得 現在心不可得 未來心不可得

解義 『그건 왜 그러냐 하면 수보리야, 인체 마음을 마음이 아니라고 한 것은 과거의 마음도 얻기 어렵고 현재의 마음도 얻기 어렵고 미래의 마음도 얻기 어렵기 때문이다。』라고 부처님께서 마지막 결론을 하십니다。

사무치면 이것을 곧 부처라 이름하리라。

過去心不可得者 前念妄心 瞥尒已過 追尋無有處所 現在心不可得者 眞心 無相 憑何得見 未來心不可得者 本無可得 習氣已盡 更不復生 了此三心不可得 是名爲佛也

과거심이란 아까 내가 무엇을 물었을 때는 묻고 싶은 그 마음을 가지고 물었지만 그것이 지나고 나면 그 다음에는 한번 지나가 버린 그 생각은 다시는 거두어들일 도리가 없으니 과거는 현실화할 수 없는 것입니다。 그 생각은 그 시간에 일어나서 그렇게 설명하고 다른 생각으로 넘어올 때 벌써 완전히 소멸되어 없어지고 또 다른 걸 생각하게 됩니다。 예컨대 경을 새기는 데 있어서도 한 자 한 자 새겨 내려 가면 먼저 새기던 마음은 자꾸 과거심이 되어 없어지니 그게 불가득입니다。

또 현재심도 불가득입니다。 지금 현재 이렇게 설명하는 이 마음이 한 자 한 자 새길 적마다 과거심으로 자꾸 넘어갑니다。 과거심이라 하는 경우에도 과하는 생각 다르고 거하는 생각 다르고 이렇게 찰라찰라 변하는 이것이 현재심입니다。 말을 열 마디 하면 생각이 열 번 지나가게 되니 마치 흘러간 한강 물처럼 자꾸 흘러가는 것의 연속일 뿐이어서 그 가운데 어떤 것을 한강 물이라고 지적할 수 없는 것과 같습니다。 한강에 흐르는 물은 인천 바다에 들어가느라고 흘러가는 동안 지금 잠깐 통과하는 것뿐이고、 이것이 한강 물이라고 할만한 물은 없는 것입니다。

이와 같이 「여시아문」(如是我聞) 첫번부터 금강경을 쭉 읽어 보든지 강의를 해도 역시 글자 한 자 한 자를 설명할 때마다 그 뜻이 다르므로 그걸 우리가 소위 현재심(現在心)이라고 하지만 글자마다 뜻이 다르니 천 자나 만 자나 벌써 과거로 흘러서 현재・과거・현재・과거로 넘어갔으므로 어느 것을 지적해서 이것이 현재라고 할만한 현재는 없이 과거로 되어 버립니다。 마음심(心)할 때도 「마음심」의 심까지 읽고난 순간 벌써 과거 마음이 됩니다。 그리고 그 다음에 생각상(想)할 차례라면 생각 상은 아직 안 나왔으므로 미래이니 〈마음심〉은 과거로 떨어지고 〈생각상〉은 미래로 남아 있고 이러다 보니까 현재는 항상 없는 겁니다。 그러므로 우리 범부가 생각하면 현재심이 있는 것으로 봤지 사실 〈현재심불가득〉이란 말은 지금 당장 이 마음도 잡아 쥐어 볼 수 없고 챙겨볼 수 없다는 말입니다。 왜냐 하면 과이부지(過而不止)、곧 자꾸 지나가고 머물지 않으니 지나간 마음、아직 오지 않은 마음、금방 현전해서 자꾸 지나가는 마음이러니까 다음 생각 다음 말이 머리를 내밀면서 붙잡을 수 없이 광선 모양으로 달아납니다。 그래서 현재심을 얻을 수가 없다고 하신 것입니다。

또 미래심(未來心)은 마음이 나오기 전이니 예컨대 유심(有心)의 두 글자를 새기는 경우에 지금 위에 있을유(有)자를 새기고 있으면 아직 마음심하는 생각이 없읍니다。 그러니 미래 마음은 생기지도 않은 것이므로 그것도 붙잡을 수 없읍니다。

그러므로 결국 삼세심불가득(三世心不可得)、곧 과거심·현재심·미래심의 삼세심(三世心)은 얻을 수가 없다는 것입니다。

〔說義〕

참 마음은 볼 수 없다

사람들은 흔히 「나는 생각한다。그러므로 나는 존재한다。」고 하는 서양 철인의 말을 그대로 믿는 것 같은데、그러나 이것이 적어도 철인의 말이라면 심히 서글픈 일입니다。 생각은 어디까지나 주인공인 나로부터 창조되어진 二차적인 것이기 때문입니다。 좋아하고 싫어하고 이것저것 생각하는 것은 마음의 본체는 아닙니다。 당나라 때 인도에서 스님 한 분이 오셨는데 이 분이 모르는 게 없어서 뭐든지 물으라는 것입니다。 그야말로 일체중생의 마음을 다 알아맞히는 신통을 얻은 이입니다。 이것을 다른 이의 마음을 안다고 타심통

(他心通)이라고 합니다. 그때 남양혜충국사(南陽慧忠國師)라고 육조 스님의 법을 이어받은 조사님이 계실 때인데 이 어른이 국사로 계실 적에 그런 소문이 나서 인사를 하러 가셨읍니다. 혜충국사 말씀이 「소문을 들으니 스님께서 타심통까지 하셔서 모든 사람의 마음을 잘 아신다는데 사실 그렇습니까.」「예 그렇습니다.」「그럼 내 마음 좀 알아맞춰 보십시오. 자 그럼 내 마음이 지금 어디 있읍니까.」하고 물었읍니다. 이때 혜충국사는 강가에 배를 타고 놀던 일을 생각했읍니다. 「국사님께서는 지금 아무 강에서 뱃놀이를 하십니다.」 혜충국사는 이번에는 다른 생각을 하며 「지금은 어디 있읍니까.」「아, 대선사님이시고 일국의 국사님이 어떻게 원숭이하고 같이 노십니까.」 그때 혜충국사는 창경원 같은 데서 보던 원숭이를 생각하고 있었읍니다. 그러니 이건 속일 수가 없읍니다. 그래서 또 이번에는 다시 마음을 대 선정에 두시고는 「지금은 내 마음이 어디 있읍니까.」하고 물으니 그는 알아맞힐 수가 없었읍니다. 그래서 그는 혜충국사에게 귀의하여 정법(正法)을 닦았다는 말이 있읍니다.

「그렇다고 해서 아무 생각도 없는 것이다.」 그렇게만 알아도 안 됩니다. 우리가 흔히 체니 용이니 하고 말하지만, 「아무 생각 없는 게 자기 근본성품이다. 이것을 발견해서 깨달아 가지고 나중에는 〈아뇩다라삼먁삼보리〉를 얻는 것인가 보다.」 그렇게 알고 있고 이 반야경도 그렇게 새겨 있기도 하지만 그러나 부처님께서는 「실제로 체득하신 것은 〈아뇩다라삼먁삼보리〉를 얻은 일이 없다.」고 딱 잡아떼시다가 「얻긴 얻었지만 참말로 얻은 건 아니다. 그게 무실무허한 법이라 실로 얻은 것도 아니고 그렇다고 해서 허무한 것도 아니다.」고 하십니다. 그러니 뭐라고 말할 수 없는 그런 내용이기 때문에 하신 말씀 또 하신 것입니다.

시간은 무엇인가

사람들은 흔히 「과거다・현재다・미래다・시간은 흘러가는 것이다」 하지만 과거나 미래는 다 현재를 기준으로 해서 하는 말입니다。 그런데 지금이 오후 六시라면 六시 一분 뒤는 아직 오지 않은 시간이니 미래의 시각이고 五시 五九분까지는 지나갔으니 과거라 하겠고、그러면 五시 五九분 一초부터 六시 ○초까지는 현재가 되는데 그 一분을 六○초로 나누어 생각할 때 五九분 三○초가 현재라면 五九분 二九초는 과거고 五九분 三一초는 미래가 될 것입니다。 그러나 一초를 현재라고 하더라도 一초의 시간을 만분의一초 백만분의 一초로 나누어 생각할 때는 그것도 현재라고 지적할만한 시간의 표준은 없어집니다。 왜냐하면 시간이란 강물처럼 흘러가는 것이므로 흐름의 연속일 뿐 어느 순간도 정지되어 있는 순간이 아니기 때문입니다。 다만 시간이 흐르는 것을 우리가 육안으로 보지 못할 뿐입니다。

만일 시간이 흘러갈 수 있는 것이라면 하나의 물질이어야 합니다。 최소한 에너지라도 되어 가지고 흘러가야 할 것입니다。 그렇지만 에너지나 물질을 가지고 시간이라고 하지는 않습니다。 또 물질의 운동을 가지고 시간이라고 하지는 않습니다。 또 물질의 운동을 가지고 시간이라고 말하지만 그럴 수도 없읍니다。 왜냐하면 모든 물체의 운동법칙이 각각 다르기 때문입니다。 일치하는 표준이 없으면 같은 한 시간이 긴 것도 있고 짧은 것도 있기 때문입니다。 또 물질의 움직임이 한 순간도 쉬지 않고 움직이고 있으므로 어느 순간을 가리켜 현재라고 할만한 순간이 없다는 것입니다。 따라서 현재는 있을 수 없다고 하면 무엇을 기준으로 해서 과거나 미래는 성립될 수 없는 말입니다。 다만 우리가 가정을 해서 하는 말에 불과합니다。 진실 그대로를 말한다면 삼라만유의 모든 존재가 다 과거도 아니고 미래도 아닌 것입니다。 물질 그 자체가 잠시도 가만히 있지 않고 변화하고 있기 때문입니다。 그러니 우리가 과거라고 하는 것은 지나간 일을 추억한다는 말이지만 작년은 이미 작년으로서 지나가 버렸읍니다。 작년 三백 六십 五일 다 흘러가 버린 것이므로 작년이라고 하는 사실은 다 소모되고 없어진 것입니다。

그렇다면 어떠한 것을 현실이라고 할 것인가。 우리는 흔히 현실 현실하고 현실주의를 내세우지만 우리들이 말하고 생각하는 그 내용을 따지고 보면 사실 그런 현실이 있을 수 없읍니다。 물론 현실을 무시하자는 것은 아닙니다。 그것은 언제든지 있는 것만이 현실이지 지나가 버린 것은 현실이 아니기 때문입니다。 어제는 추억으로는 인식할 수 있지만 어제를 다시 만날 수는 없읍니다。 따라서 어제라는 것은 생각뿐이지 어제란 확실한 시간이란 게 없읍니다。 일초도 쉬지 않고 돌아가는 시계바늘도 우리 눈으로 볼 수 없지만 한 시간이면 어김 없이 한 바퀴를 돕니다。 죽순(竹筍)이 밤 사이에 한 길을 크지만 크는 모습은 육안으로는 보이지 않습니다。 그것은 죽순이 크는 속도나 시계 바늘이 돌아가는 속도가 최고 속도로 움직이기 때문입니다。 여기서 알 수 있는 것은 우리는 어느 정도의 속도는 볼 수 있지만 속도 이전의 움직임을 볼 수 없다는 사실입니다。

예컨대 프로펠러가 처음 돌기 시작할 적에는 확실히 보이지만 빨리 돌면 차차 안 보이다가 나중에는 동그라미만 보이게 됩니다。 우주 만물은 끊임 없이 성주괴공(成住壞空)이 되어가고 있으니 현실을 볼 수 없고 시간이 일초라도 머물러 있는 순간이 없어서 과거나 미래를 가지고 생각하는 것뿐이므로 현실은 있을수 없읍니다。 어느 순간에는 그 본래의 형태는 없읍니다。 보이지 않게 돌아가는 시계 바늘이 어떤 장소에 잠시도 머무르지 않듯이 아무 것도 없는 데서 자꾸 커가고 나중에는 없는 데로 자꾸 돌아가는 한 개의 과정을 보는 것이지 현실을 보는 것은 아닙니다。 따라서 볼 수 있는 현실은 없다는 것입니다。 요컨대

〔註 1〕 주금강(周金剛)은 유명한 덕산화상(德山=七八二—八六五)이미 중국 당나라때 검남(劍南) 사람으로 속명은 선감(宣鑑)이었다。 일찌기 어려서 출가하여 율장을 깊이 연구했고 성상(性相)의학에 통달했으며 금강경에 깊이 통하여 항상 강설하므로 「주금강」이라 했던 것이다。 떡 파는 노파가 묻는 금강경의 뜻을 대답하지 못하고 그의 지시로 용담숭신(龍潭崇信) 조사에게 나아가 크게 깨달은 뒤 예양에서 三〇년간 머물었으며、 당나라 무종(武宗)이 불법을 파괴할 때에는 독부산(獨浮山)의 바위 굴에서 법난을 피했으며 대중년간(大中年間 八四七—八六〇)에 불교를 부흥할 때에는 무릉태수(武陵太守) 설연망(薛延望)의 도움으로 덕산정사(德山精舍)에 들어가 종풍을 크게 일으켰으며 七四세에 입멸하였는데 시호를 견성대사(見聖大師)라 했다。

덕산화상은 특히 방(德山棒)으로 유명한데

그의 법계는 六조대사의 양신족(兩神足)인 남악회양(南嶽懷讓) 선사와 청원행사(靑原行思)선사 가운데 청원의 문손이였다. 곧 六祖—靑原—石頭—天皇—龍潭—德山으로 된다.

어느때 덕산은 거리에 말뚝을 박고 다음과 같은 글귀를 써 붙였다.

「부처가 오면 부처를 치고 조사(祖師)가 오면 조사를 치리라!」

이것은 불조(佛祖)도 그 앞에 와서는 꼼짝을 못하게 한다는 방(棒)의 선언이다.

「오늘은 일체의 문답(問答)을 하지 않겠다. 만일 문답을 하는 자가 있으면 삼십방(三十棒)을 주리라!」

이 말이 떨어지자마자 한 사람의 운수객(雲水客)이 선뜻 앞으로 나와 묵묵히 절을 하니 대뜸 그 중의 어깨에 서른 대의 몽둥이(三十棒)가 날아들었다.

「스님! 저는 한 마디의 말도 묻지 않았는데 어찌하여 삼십 방(三十棒)을 칩니까.」

「……도대체 너는 누

객관세계인 이 우주에는 현실이란 없읍니다. 그러나 현실을 무시하라는 것은 아닙니다. 현실이 절대존재가 아니라는 확실한 안목을 가지고 현실을 대해야 한다는 것입니다.

불교는 염세철학이 되어서 「염세다. 우상이다. 무상이다.」하여 현실을 무시한 것 같지만 사실은 그렇지는 않습니다. 오히려 현실을 있는 것으로 있는 줄로 잘못 알았기 때문에 중생들은 자꾸 속아서 고해의 길을 세세생생을 잘 못 살아 가게 마련인데, 이런 중생들로 하여금 이런 현실을 바로 살게 하며 속지 않게 해서 복과 지혜가 원만한 정토(淨土)의 참다운 현실을 살게 하자는 것이 불교입니다. 이런 뜻에서 현실이란 무엇인가 하고 뚜렷하게 말하자면, 현실이라 할 수도 없고 무엇이라 대답할 수도 없는 것이 현실입니다.

덕산화상과 삼세심(三世心) 불가득

당나라 때 선풍(禪風)을 크게 떨쳤던 덕산(德山)스님이란 유명한 조사 스님이 계셨읍니다. 별명을 주금강(周金剛)[1]이라고 했는데, 금강경에 대해 하도 잘 알기 때문에 그렇게 불렸던 것입니다. 당시 금강경에 대해 공부한 이들은 모두 제나름대로 주석해 놓은 것이 있었읍니다. 간단하면서 뜻이 한량없이 깊기도 하므로 불법 전체의 대의를 금강경에서 끄집어 낼 수가 있읍니다. 그러니까 어지간하면 여기에 붓대를 듭니다. 그래서 팔백대가(八百大家)나 되는 많은 이들이 금강경 주석을 해 놓았는데 주금강도 자신이 직접 주석하여 짊어지고 다녔던 것입니다.

그런데 그때 남방에 육신보살(肉身菩薩)이 한 분 나왔는데 일자무식한 나뭇군으로 견성을 해서 그 종지가 크게 떨친다는 소문을 들은 주금강은, 「여러 백천만겁 아승지겁을 닦아서 구공을 얻고 보살행을 해야 한다고 일체 경전에 쓰여 있는데 땔나뭇군이 견성을 구이며 어디서 왔느냐。」

「동국에서 왔읍니다。」

「동국에서 떠나기 전에 자, 삼십방!」 하며 또 삼십방을 휘둘렀다고 한다。

어느때 덕산은 대중에게 수시(垂示)하여 가로되,

「여기에서 묻는 사람은 그르칠 것(過)이며 묻지 않음은 어긋날것(背)이니 대중들아! 자, 어떻게 할 것인고。」

이때 한 중이 나와 절을 하니 느닷없이 몽둥이가 날았다。

「저는 한 마디도 물은 바가 없는데 무슨 허물이 있어서 방(棒)을 치십니까。」

「너의 입 열리기를 기다려 무엇하려구!」

하며 또 한 대의 몽둥이가 날았다고 한다。

어느때 기골(氣骨)이 건장한 중이 찾아와서 덕산을 상면하자마자 돌연 몽둥이로 내려칠 기세를 보였다。 범상한 인물이 아님을 간파(看破)한 덕산은 미소를 지우며

「이놈, 네가 그렇게 무례한 행동을 하면 내가

하다니 그리고 또 쉽게 성불한다고 하니 그런 법이 어디 있느냐。 어디서 마구니가 왔는가 보다。 내가 한번 가봐야겠다。」 하고 나섰읍니다。 그래서 자기가 팔백여가를 집대성하고 자기가 쓴 것이 제일 완전하게 됐다고 하여 항상 「금강경은 나한테 물어라。」 하며 돌아다니는 판인데, 육조대사가 나와서 이런 요망된 소리를 하며 부처님 뜻에 어긋나는 내용을 가지고 수 많은 제자가 있다니 이들한테 항복을 받아야겠다는 생각이었읍니다。

그래서 금강경을 짊어지고 남방 양양 밑에 광동(廣東)으로 수만리 길을 걸어가는 중이었읍니다。 한참 가다가 한 노파가 길가에서 호떡을 팔고 있는 집을 보고 「점심을 좀 먹어야겠으니 호떡 좀 팔으시오」 했읍니다。 그 노파 말이 「호떡은 팔기가 어렵지 않은데 스님이 짊어진 게 무엇입니까。」 하고 묻습니다。「이것은 금강경입니다。」「금강경에 대해서 내가 의심나는 게 있는데 물어 보면 대답할 수 있읍니까。」「아 금강경이라면 다 잘 알고 있으니 무엇이나 물으시오。」「금강경에 과거심불가득 현재심불가득 미래심불가득이란 말이 있지 않습니까。」「그렇습니다。 있읍니다。」「그걸좀 설명해 주십시오。」 그래서 지금 내가 설명한 것처럼 우리 모두 삼세심뿐인데 이름이 삼세심이지 과거심 미래심뿐입니다。 그러니 삼세심이 불가득 이라고 설명을 했읍니다。

듣고 있던 노파가 묻기를, 「잘 알아들었읍니다。 그런데 삼세심이 불가득인데 점심이라 하셨으니 어느 마음에 점심을 합니까。」하고 추궁합니다。 점심이란 배고프다는 생각을 없애기 위해서 마음에 점 찍는다。 잠깐 요기한다는 말인데, 그러니 어느 마음에다 점을 칠 것이냐는 뜻입니다。 이 물음에 금강경 대강주(大講主)인 주금강의 입이 탁 틀어막혔읍니다。 과거심에다 점을 칠겁니까。 현재심에다 점을 칠겁니까。 말도 실수고 생각해 봐도 알 수가 없읍니다。 불교라면 자기 혼자 하는 판인데 그야말로 무식한 호떡장수 할머니에게 꼼짝 못하게 됐읍니다。 호되게 방망이를 맞은 주금강은 태도를 고치어 「이 근방에 어디 선

쥐고 있는 이 방(棒)이 용서하지 않을 것이다。」

라고 꾸짖으니 당황하여 불현듯 일어서서 문을 열고 나가려고 하는 찰나 덕산의 방이 휙하고 그 중의 어깨에 떨어졌다。

「이것은 약과니라。」

하니 중이 뒤를 돌아보는 순간、

「으악!」

하고 일성대갈(一聲大喝)하였다。덕산은 놀라는 중에게 거듭 방을 내려치며

「네 밑천이 고작 그뿐이냐。」

고 하였다고 한다。

이러한 유의 덕산과 방에 대한 이야기는 부지기수이다。 그러므로 방은 덕산 스님의 독특한 기풍(氣風)을 상징(象徵)할 정도로 유명하게 되어 소위 덕산의 방이라고까지 일컫게 되었다。

지식이 계신 절이 있읍니까。」하고 물었읍니다。「여기서 조금만 들어가면 용담선사(龍潭禪師)라고 아주 큰 선지식이 있읍니다。」하고 가리켜 줍니다。

그래서 자못 심각해져 가지고 거길 들어가서 여러가지 얘기 많이 하고 금강경 떠 놓고 그 얘기를 저물도록 하다가 어두워서 자기가 잘 방으로 가려고 하는데 용담 스님이 등불을 하나 켜 줬읍니다。덕산스님은 고맙게 받아서 들고 문을 열고 막 나가려고 하는 찰라에 용담선사가 등이 깨지도록 쳐서 불을 확 껐읍니다。그 바람에 덕산스님은 확철대오해서 그 이튿날로 자기의 손수 쓴 금강경주석을 뒷산에 올라가서 다 불질러 버렸읍니다。「내가 큰 죄를 지을 뻔했다。」고 그러면서 문자법사니까 글을 잘 새기고 불법종취(佛法宗趣)가 이렇다 하는 정도지 견성한 이가 아닙니다。실상반야 없이 문자반야란 말입니다。문자반야도 그대로 잘하면 문자견성(文字見性)으로 그 조리를 잘 알게 됩니다。그러니까 껍데기만 해석하는 데는 잘 안다는 말입니다。그렇지만「견성하면 그렇다 하더라、부처가 되니까 이렇다더라」하는 정도였지 실제로 자신이 깨달아 보지는 못했는데 이제 참 깨치고 보니 참 굉장한 이가 됐읍니다。

그래서 그때 선방에 가면 선지식 같은 이가 혹 견성을 했다거나 뭣좀 아는 것같이 하는 학인이 있으면 이것을 물어 봅니다。「그때 어떻게 해야 덕산스님이 그 노인한테 호떡을 얻어 먹었겠느냐。」는 겁니다。과거심불가득·현재심불가득·미래심불가득이고 모두 불가득인데 어느 마음에다 점을 칠 것이냐。그걸 대답하면 내가 떡을 거저 드리고 그걸 대답 못하면 떡을 안 준다는 그 노파의 말을 어떻게 대답해야 할 것인가를 시험합니다。인제 어떻게 해야 떡을 얻어 먹겠느냐는 겁니다。여기 꼼짝 못하고 떡을 내 주는 법이 있읍니다。그러니 여기 숙제가 하나 더 붙었읍니다。

法界通化分(법계통화분) 第十九(제십구)

須菩提(수보리)야 於意云何(어의운하)오 若有人(약유인)이 滿三千大千世界七寶(만삼천대천세계칠보)로써 以用布施(이용보시)하면 是人(시인)이 以是因緣(이시인연)으로 得福多不(득복다부)아 如是(여시)니이다 世尊(세존)하 此人(차인)이 以是因緣(이시인연)으로 得福甚多(득복심다)니이다 須菩提(수보리)야 若福德(약복덕)이 有實(유실)인댄 如來不說得福德多(여래불설득복덕다)니 以福德(이복덕)이 無故(무고)로 如來說得福德多(여래설득복덕다)니라

『수보리야、어떻게 생각하느냐。만일 어떤 사람이 삼천대천세계에 가득찬 칠보로써 보시한다면 이 사람이 이 인연으로 해서 받는 복이 많겠느냐、많지 않겠느냐。』

『그러하옵니다。세존이시여、이 사람이 이 인연으로 얻는 복이 매우 많사옵니다。』

『수보리야、만일 복덕이 진실로 있는 것이라면 여래가 복덕을 얻음이 많다고 말하지 아니할 것인데 복덕이 없는 것이기 때문에 여래가 복덕이 많다 말하느니라。』

第十九 法界通化分—법계를 통화한다

〔科解〕

七보를 보시한 인연으로 받는 복덕은 인간세상이나 천상에서 받는 유위적인 복을 말하며、이에 대해 함이 없는 절대의 복덕은 범부와 성인을 초월하는 통화의 공을 말한다。 그러나 유위(有爲)의 상대적인 복이라 하여 그것을 버리면 공행(功行)을 이루지 못하고 무위법이 비록 참되긴 하지만 그러나 그것에 기대려 하면 성과(聖果)는 증득할 수 없다。 그러니 기대지도 말고 버리지도 않는 보살만행이라야 이것이 구경의 진리이고 성불하는 법이 된다。 그러므로 이 법은 현상계와 본체계를 다 통하는 통화의 공을 얻게 된다는 뜻으로 법계통화분(法界通化分)이라 했다。 (청담스님의 설법이 누락되어 종경(宗鏡)선사의 제강(提綱) 중에서 추림)

二七斷疑論 다음은 제一六단의에 해당한다。 복덕의 마음이 전도된 것인가에 대한 의식을 끊는 것이 그것이니 (第十六斷福德心顚倒疑) 여기에 다시 두 대문이 있다。

一、복을 묻고 대답함(問福答福)。 (以是因緣得福甚多)

二、반대로 새기고 바로 새기고(反釋順釋)、반대로 새기다 함은 그 복덕이 참다웁지 않음을 밝힌 것을 말하고、바른대로 새긴다고 함은 이런 복덕의 근본 성품이 없으므로 복덕이 많다고 한 물질적인 복덕일뿐임을 밝힌 것을 뜻한다。

原文 須菩提 於意云何 若有人 滿三千大千世界七寶 以用布施 是人 以是因緣得福多不 如是世尊 此人以是因緣 得福甚多

涵虛說誼 복이 있다 함은 상을 취하는 것이고 복이 없다 함은 상을 여읜 것이다。경중에 무릇 꾸짖은 바는 상에 머무를까 하여 주의시키신 것이고 찬양하신 바는 상을 여의고 정진함을 뜻한다。그러므로 상을 여의고 보시를 행하면 이것이 참된 수행이 되는 것이니、대저 보시한다는 것은 많고 적고 수승함을 헤아리는 것뿐만 아니라 상에 머무르는 것을 책망하는 것이다。그러므로 전자는 상에 머무르는 것을 책망하므로 보배를 보시한 복덕이 세속의 상대적인 복에 떨어지게 되고 이번의 이 복은 상이 없고 머무르는 것이 없는 마음에서 보배를 보시한 복덕이 참으로 깨끗한 절대의 무루복에 돌아감을 밝힌 것이다。

福有者 取相也 福無者 離相也 經中 凡所以

解義 『수보리야、네 뜻에 어떠하냐。만일 어떤 사람이 삼천대천세계에 칠보를 가득 채워 모든 사람에게 그것을 다 보시했다고 하면 이 사람이 이 인연으로 해서 얻은 복이 얼마나 많겠느냐。』『세존이시여、이 사람이 이 인연으로 해서 받는 복이 심히 많습니다。』삼천대천이 숫자의 단위라는 것은 앞에서 말한 바 있지만 이번에는 범망경(梵網經)에 있는 백억화신불(百億化身佛)의 말씀과 견주어 설명해 보겠읍니다。 삼천대천은 곧 백억이란 말인데 석가모니 한 부처님의 화신의 숫자와 같기 때문입니다。

한 부처님이 성불하시면 색구경천(色究竟天)에 세세생생으로 닦은 과보(果報)로 생기는 보신(報身)이 생깁니다。만척이나 되는 신장에 三二상과 八〇종호를 갖춘 〈보신〉이 나타나는데 인도의 석가모니 부처님은 이 〈보신〉의 천백억분의 하나인 화신(化身)입니다。 그런데 이런 부처님이 나시면 연꽃자리가 생깁니다。연꽃을 불교의 이상화로 하는데는 몇가지 이유가 있읍니다。이 꽃은 더러운 썪은 물에서만 크지만 그 꽃과 잎은 더러운데 물들지 않으면서 향기가 좋고 활짝 깨끗하게 피는 뜻이 깊은 꽃이기 때문입니다。 다른 꽃들은 비 한번 맞으면 다 시들게 되지만 연꽃이나 잎은 물방울을 또르르 굴려서 떨어뜨립니다。이와 같이 연꽃은 제일 더러운 데서 생겨나서 더러운 데 물들지 않고 제일 고귀한 꽃으로 피기 때문에 불보살이 중생의 세계에 들어가서 그들을 구제하지만 중생들의 탐진치에 물들지 않는 이치와 같은 뜻을 지니기 때문에 불교를 상징하는 꽃으로 된 것입니다。

그래서 한 부처님이 출현하시면 색구경천 하늘에 만척이나 되는 〈보신〉이 생기고 연꽃 천 잎에 당신의 일천 화신을 나타냅니다。 그래서 천불의 화신을 소집합니다。 범망경(梵網經) 심지품(心地品)에 자세한 얘기가 나와 있읍니다。 보신인 노사나불이 천 불의 화신에게 범망경의 보살계 십중사십팔경계(十重四十八輕戒)를 설법하시면서 이 계를 가지고 가서 천당에서부터 인간에 이르기까지 다 가르쳐 주라고 합니다。 그러면 일천 연꽃의 천 화

訶之者 譬其住相也 贊之者 進其離相也 離相行施是眞修行 故知 凡言施者非但爲較量經勝 蓋責其住相也 前則責其住相故寶施福德 皆歸世諦有漏 此則直示無相無住故 寶施福德 得歸眞淨無漏

六祖口訣 칠보로 얻는 복은 불타의 과보인 보리를 성취할 수 없는 것이므로 없다고 한 것이며, 양적으로 그 수가 많으므로 많다 한 것인데

신불이 또 낱낱이 백억화신이 나타나서 무수한 중생들이 한량 없는 고통을 받고 있으니 어서 가서 이 법으로 구제해 주라고 합니다.

이렇게 해서 나오신 분 중의 한 분이 신달태자이시니, 일부러 발심 출가해서 六년 고행 끝에 성불하는 것도 보여 주고 실제로 그렇게 하면 되는 것이기 때문에 간절히 四九년 동안 가르쳐 주셨으니 이것이 방편입니다」 그래서 절에서 예불할 때에로 천백억화신 석가모니불 원만보신 노사나불이라고 하는 것이 그것이며, 이렇게 한 부처님이 한 교구씩 맡는데 석가모니 부처님은 사바세계를 맡은 것입니다.

부처님의 법신 자리에서의 마음은 본래 무한대이어서 무한한 공간을 점령하고 있는 것입니다。오히려 공간을 부처님 마음에 비하면 허공에 뜬 구름 한 점에 불과합니다。이런 것을 제자들을 중생하시려니까 삼천대천세계니 아승지니 무량아승지니 하고 말씀하시게 된 것입니다。길 가는 사람에게 물 한 그릇만 떠 줘도 큰 복이 되는데 이렇게 많은 천백억 세계에 보물을 가득 채워서 보시했으니 ㄱ 복은 말할 것도 없읍니다。

原文 須菩提 若福德 有實 如來不說得福德多 以福德 無故 如來說得福德多

解義 『수보리야、보배를 아무리 많이 가지고 중생을 위해 썼다고 하더라도 그것은 물질적인 복덕이니 그것은 절대적인 복덕이 될 수 없고 마음의 복이 될 수 없다。물질은 거짓된 것이고 마음의 그림자이므로 물질에 끄달린 복은 엄격한 의미에서는 복이라 할 수 없는 까닭이다。그러니 수보리야、만일 그 복이 참으로 있는 것이라면 내가 복덕이 많다고 말하지 않을 것이다。이 복덕이 없는 것이기 때문에 내가 복덕이 많다고 하느니라。』 하셨읍니다。이 말씀은 위 제八 의법출생분(依法出生分)과 제一一 무위복승분(無爲福勝

그 량적인 수량의 세계를 초월하고 보면 곧 많다는 말을 할 수 없을 것이다.

(七寶之福 不能成就佛果菩提故 言無也 以其在量數故 名曰多 如能超過量數 即不說多也)

分)에서도 설명한 바 있읍니다.

　그러면 참말로 있는 복덕이 뭘 가리키는 뜻입니까。 키가 작다 하면 크다 작다 하는 생각에 떨어지는 것이고 많다 적다 하면 우리는 많다 작다는 생각에 그만 구속이 되어 머리가 자꾸 안 돌아갑니다。 여기 많다는 말은 안 많다는 말이고 작다는 말은 크다는 말이고 실제가 그런 것입니다。 복덕이 실로 있는 것이라면(若福德有實)하는 뜻은 「불생불멸(不生不滅)하는 복덕일진댄」 그런 뜻입니다。 불생불멸하는 그런 자기 마음이 복이지 진복(眞福)은 복이라고 할 수 없으니 많다 적다는 말도 못합니다。 그래 놓고는 「그 복덕이 없는 거기 때문에 또 복덕이 많다고 한다。」 하셨으니 앞에 말씀과 전혀 반대로 모순된 말씀입니다。

　그런데 정반대이면서 같은 말씀입니다。 「복덕이 참말로 있는 복덕이면 그게 정말 불생불멸하는 복이니까 그것은 진복(眞福)이고 그 진복은 내 마음 밖에 없고 자성자리는 어떻게 많다고 말할 수 없는 것이니 복덕이 없는 것이기 때문에 그래서 많다고 한다。」 그런 말씀이 얼른 껍데기만 보면 그 뜻이 금방 이랬다 저랬다 하시는 말씀 같지만 정말 복덕이 아닌 복덕은 진복이고 자성자리이므로 많다고 할만도 한 것입니다。 이 복은 불생불멸하는 복이고 많다 적다를 초월한 복이며 항상 할 수 있는 복이니 많은 복입니다。 그러므로 많다는 말은 많다고 할 수 없는 많지 않다는 말입니다。

　그러므로 이 복은 쌀가마니나 돈보따리처럼 있고 없는 것도 있는 복이 아니라 정말 이런 복덕이 없는 자성입니다。 지금 말 듣고 말하는 이 자리、 온 우주의 주인공 자리、 그게 참복덕이지 복덕 아니면 그런 게 없는 것입니다。 그러니 그것은 정말 복덕이 많다고 할만하다는 뜻입니다。

離色離相分 第二十

須菩提야 於意云何오 佛을 可以具足色身으로 見不아 不也니이다 世尊하 如來를 不應以具足色身으로 見이니이다 何以故오 如來說具足色身이 卽非具足色身이요 是名具足色身이니이다 須菩提야 於意云何오 如來를 可以具足諸相으로 見不아 不也니이다 世尊하 如來를 不應以具足諸相으로 見이니 何以故오 如來說諸相具足은 卽非具足이니 是名諸相具足이니이다

『수보리야、어떻게 생각하느냐。부처를 구족한 육신으로 볼 수 있느냐。』『아니옵니다。세존이시여、여래를 구족한 육신으로 볼 수 없사옵니다。왜그러냐 하오면 여

래께서 말씀하신 구족한 육신이 곧 구족한 육신이 아니라, 이름이 구족한 육신이기 때문이옵니다.』『수보리야, 어떻게 생각하느냐. 여래를 구족한 몸매로 볼 수 있느냐.』『아니옵니다. 세존이시여, 여래를 구족한 몸매로 볼 수 없사옵니다. 왜 그러냐 하오면 여래께서 말씀하신 모든 몸매의 구족은 곧 구족이 아니옵고 그 이름이 몸매의 구족이기 때문이옵니다.』

第二十 離色離相分——색상을 여의다

〔科 解〕

모든 부처님은 다 무위법을 증득했기 때문에 부처라 하는 것이고 상호를 성취했기 때문에 부처라 하는 것은 아닙니다. 그것은 마치 거울이 아무런 티도 없어서 모든 물건을 비칠 수 있는 이치와 같이 여래의 법신은 필경은 육신이 아닌 것이며 따라서 상호로 알 수 없는 것이기 때문입니다. 그러나 이 상호 두 가지가 부처 아닌 것도 아니어서 법신을 여읜 것도 아니므로 여래는 색신이 아니라 법신이란 뜻으로 「색신이 아니라」했고 또한 색상이 없는 것도 아니므로 『이름을 구족할 색신·구족할 제상이라 한다』고 한셨던 것이니 색

二七斷疑論 열 일곱번째로 끊는 의심은 무위법에 어떻게 상호가 있겠느냐는 것이다(第十七斷無爲何有相好疑)。 여기서는 법신의 뜻을 나타내기위한 법문이니 여기에 두 대문이 있다。

一、부처는 본래 색신이 없으므로 몸을 나타내는 것(由無身故現身)。(須菩提에서 是名具足色身까지)

二、상이 없으므로 상

상을 여읜 법신의 여래를 말씀한 대문이란 뜻으로 이색이상분(離色離相分)인 것입니다。

原文 須菩提 於意云何 佛 可以具足色身 見不 不也 世尊 如來 不應以具足色身見 何以故 如來說具足色身 卽非具足色身 是名具足色身

解義 『수보리야, 네 뜻에 어떠하냐, 부처님은 가히 구족색신으로 볼 수 있느냐。 三二상과 八○종호가 구족한 그런 색신으로 부처님을 볼 수 있느냐。』『아니옵니다。 볼 수 없읍니다。 부처님은 거룩한 몸의 구족한 모습으로는 볼 수 없는 것이옵니다。 왜 그러냐 하오면 여래께서 구족색신이라고 설명하시는 것은 곧 그게 구족색신이 아니기 때문이옵니다。 아무리 부처님이 거룩하셔서 눈썹 사이에 백호상(白毫相) 금빛으로 된 몸이나 머리 위에 열 길의 광명이 항상 따라 있는 등의 거룩한 三二상이나 八○종호는 그것은 오직 육체적인 것이고 현상적인 것으로 구족한 게 아닙니다。 그렇기 때문에 그걸 구족색신이라 말씀하신 것이옵니다。』

그것은 물질로 있는 것이고 환으로 있는 것이므로 그런 내용은 참으로 구족한 게 아니고 이 말 듣는 이 마음자리만이 참다운 것입니다。 그러므로 물질적인 환으로 부처님을 보려고 해선 안됩니다。 부처님께서 구족색신이라고 설명하신 것은 그게 사실로 있는 구족색신이 아니고 불생불멸하는 구족색신이 아니므로 아무리 부처님의 몸일지라도 물질적 요소를 갖추면 있고 흩어지면 없고 그런 것입니다。 부처님의 법신(法身)만이 상주불멸

을 나타냄(由無相故現相)。〈是名諸相具足까지〉

六祖口訣 부처님의 뜻은 중생들이 법신을 보지 않고 다만 三二상 八○ 종호의 붉고 누런 금색의 몸만을 보고 그것으로 여래의 진신인 줄로 여김으로써 이것 때문에 미할 것을 두려워하시어 수보리에게 물으셨던 것이다。「부처님을 구족한 몸매로 볼 수 있는가 볼 수 없는가。」하셨는데, 三二상은 곧 구족한 몸매가 아니고 안으로 서른 두가지 청정행을 갖추어야만 이것을 구족한 몸매라 할 것이니 청정행이라 함은 곧 육바라밀을 일컫는다。 또 다섯 감관에 대해 육바라밀을 닦고 뜻

에 대해 정과 혜를 쌍으로 닦는 이것을 구족한 몸매라 이름할 것이다.

따라서 서른 두 가지 몸매란, 애착할 뿐 안으로 서른 두 가지 청정한 행을 닦지 않으면 곧 구족한 몸매가 아니며 여래의 육신을 애착하지 말고 능히 청정한 행을 스스로 지니는 것을 구족한 몸매라 이름할 것이다.

佛意 恐衆生 不見法身 但見三十二相八十種好 紫磨金軀 以爲如來眞身 爲遣此迷故 問須菩提佛 可以具足色身見不 三十二相 即非具足色身 內具三十二淸淨行 是名具足色身 淸淨行者 即六波羅蜜 是也 於五根中 修六波羅蜜 於

(常住不滅)하고, 보신(報身)이나 화신(化身)은 다 우리 중생 몸뚱이나 한가지로 생멸합니다. 그러니 환으로 봐서도 그렇고 모양으로 설명되는 것은 상주하는 것이 아니라 무상의 존재이므로 그런 것으로는 부처님 비슷한 것도 볼 수 없읍니다.

原文 須菩提 於意云何 如來 可以具足諸相 見不 不也 世尊 如來 不應以具足諸相見 何以故 如來說諸相具足 即非具足 是名諸相具足

解義 『수보리야, 네 뜻에 어떠하느냐. 여래를 가히 구족제상으로 볼 수 있느냐.』 아까는 몸뚱이를 말한 것이고 이것은 어떻게 묘하게 생긴 온갖 모양으로 여래를 볼 수 있겠느냐는 뜻이니 이것은 좀더 자세히 구체적으로 뜯어 보는 것을 말합니다. 이에 수보리존자는 『안될 말씀이옵니다. 여래를 구족제상으로 볼 수는 없사옵니다. 왜 그러냐 하오면 부처님께서 눈은 어떻고 코는 어떻고 살결은 어떻고 손가락 발가락은 어떻고 낱낱이 모두 설명을 하셨는데 그런 구족상이란 참말로 있는 구족상이 아니옵니다. 참말로 눈이라고 할 만한 눈이란 없읍니다. 부처님께서 말씀하신 그렇게 생긴 눈은 없고 그렇게 생긴 얼굴이라는 것도 없사옵니다. 그런걸 구족한 상이라 하옵니다.』

그렇게 별로 오래지 않은 왜정 때 환량으로 잘 놀고 하던 분이 출가했는데 이 이는 저녁 九시가 되어 잠자리에 눕기만 하면 손바닥으로 방바닥을 치면서 밤새도록 노래를 부릅니다. 육자배기도 하고 온갖 노래를 밤새도록 하는데 아침에 깨어나면 아무 것도 모릅니다. 그런 것도 심리학적으로 전부 이해될 수 있을 겁니다. 이건 전혀 의식적으로 하는 게 아닌데 몸뚱이 저 혼자는 그렇게 못합니다. 이와 같이 부처님의 몸이 아무리 거룩해서 광명이 나고 금빛으로 빛난다 하더라도 부처님의 육신 그것은 물질에 불과하고 허깨비

意根中 定慧雙修 是名具足色身 徒愛如來三十二相 內不行三十二淸淨行 卽非具足色身 不愛如來色相 能自持淸淨行 亦得名具足色身

六祖口訣 여래는 곧 상 없는 법신이 그것이니, 육안으로는 볼 수 없고 혜안으로라야 능히 볼 수 있는 것이니, 혜안이 밝지 못하므로 아상 인상 등의 四상을 가지고 서른 두가지 상을 보는 것으로 여래를 삼는 자는 곧 구족한 것이라 할 수 없다. 혜안이 밝게 사무쳐서 아상·인상 등이 생기지 않으므로 바른 지혜의 광명이 항상 비치는 것을 모든 상을 구족했다고 이름하는 바이다.

그림자에 불과한 것이니 그러므로 그 색상(色相)을 가지고 부처님을 볼 수는 없다고 하신 것입니다.

또 중생들은 색상에만 떨어질 뿐 아니라 과학이니 철학이니 종교니 하는 법에도 걸립니다. 그래서 「아뇩다라삼먁삼보리라 할 수 없는 그런 것을 아뇩다라삼먁삼보리라 한다」하면 중생들은 그 말에 떨어지기 때문에 그 말에도 떨어지지 말라는 것입니다. 겉 모양이 좋다고 눈에 걸려 넘어지고 귀에 걸려 넘어지고 맛에 걸리고 몸에 걸리고 전부 이럽니다. 그래서 자꾸 같은 말씀을 되풀이하십니다. 우리의 신념·사상이 확고부동해지고 어떤 방해에도 걸리지 않도록 하시려는 것입니다. 술 보면 술 마시고 싶은 사람은 벌써 술에 걸린 사람이고, 남녀끼리 서로 만나면 좋아지고 싶은 사람은 여자한테 걸린 사람이니 그러면 그 마음에 벌써 애착이 있어서 인과가 있는 사람이므로 인과를 초월한 무괘애(無罣碍)가 아닙니다. 술에도 밥에도 옷에도 남자한테도 여자한테도 명예에도 돈에도 무엇에도 뜻이 없고 세상 만사에 뜻이 없는 것이 그게 무괘애입니다. 이것을 잘못 해석해서 고기 생기면 고기 먹고 안 생기면 억지로 먹으려고 할 것도 없으며, 술도 생기면 마시고 안 생기면 안 먹고 이런 것을 무괘애라는 사람이 있읍니다. 그것은 부처님한테 하면 말씀이 됩니다. 부처님께서는 이게 먹은 게 안 먹은 거고 안 먹은 게 먹은 거고 사람을 죽여도 죽인 게 아닙니다.

그러니 화엄경(華嚴經) 五三 선지식 가운데 어떤 보살은 국왕인데 선재동자가 그 분을 한번 만나 보니 아주 폭군이 돼 가지고 말 한마디만 잘 못해도 목을 베고 하루에도 수백명을 죽이는 겁니다. 그래서 선재동자가 보니 도무지 선지식이 아닌 것 같아서 「아무래도 마귀굴로 내가 잘못 찾아왔구나.」하고 의심하다가 먼저 선지식으로부터 「그렇게 의심하지 말고 어서 들어가서 법을 물으라.」는 당부를 재차 듣고 할 수 없이 들어가 절을 하고 세 가지 마음의 독이 없어지지 않고서 여래의 참 몸을 보았다고 말하는 자는 이와 같은 이치가 없는 것이니 비록 몸을 보았다 하더라도 그것은 화신을 본 것이고 참되고 실다운 무상의 법신을 본 것이 아니니라。

如來者 卽無相法身是也 非肉眼所見 慧眼乃能見之 慧眼未明 具足我人等相 以觀三十二相爲如來者 卽不名爲具足也 慧眼明徹 我人等相不生 正智光明常照 是名諸相具足 三毒未泯 言見如來眞身者 固無此理 縱有見者 秖是化身 非眞實無相之法身也

는 법문을 청했읍니다。 그리하여 한량 없는 무량삼매를 깨달을 수 있는 큰 법문을 들었읍니다。 그래 놓고 보니 참말로 선지식임을 깨닫고는「그 중생 제도하는데 가지가지 방법이 있겠지마는 어째서 보살님께서는 그렇게 사람을 쉽게 죽여야 되겠읍니까。」그러니까 그 보살님이 웃으면서「너 그렇게 생각하지 말라。 내가 살인 안 하는 사람이다。 내가 금생뿐 아니라 내생에도 과거에도 백천만생을 돌아다녀도 개미 한번 밟아 본 적이 없느니라。」「그러면 지금 이렇게 살생을 하시는 이것은 무엇입니까。 일년만 해도 사람이 여러 수십만명이 죽는데 그래도 안 죽였다 하시면 되겠읍니까。」「그것은 네가 잘 몰라서 그렇지 이것은 모두 내 화신이다。 내 화신이 남의 집 아들로 태어났고 딸로 태어났고 그래서 八○년전에 태어나서 지금 八六세가 된 것도 있고 그러하니라。」

시간·공간을 초월한 자리니까 그 보살님으로 봐서는 지금 곧 하고 앉아 있는 건데 우리가 보기에는 남의 집 아들이 八六년이 되었으니까 역사적 사실인 것처럼 보입니다。 그러니 그 보살이 그렇게 화신을 보내서 역사적인 인간이 되어 가지고 일만 저지릅니다。 부모한테 불효하고 국가에 위법하고 탐진치 해탈 안 하면 그걸 잡아다가 사정 없이 목을 베어 버립니다。 그렇게 해서 중생들이 비린내나는 피가 푹푹 쏟아지는 것을 보도록 만들은 눈가림입니다。 그러니 이게 다 환입니다。

불 보살님 경계에서는 이와 같이 마음이 색상(色相)을 다 떠나서 있기 때문에 육신이나 현상계를 자유자재로 전능하게 할 수 있읍니다。 그것은 다 색상이 아닌 말 듣고 생각하고 하는 주체、 마음자리인 법신을 확실하게 깨달아서 성취했기 때문입니다。 그러므로 여래를 참으로 본다는 것은 곧 자기의 법신을 깨닫지 않으면 안 되는 것이며 三十二상 八○종호(種好)를 가지고 알 수는 없으니 그것은 법신의 그림자이고 마음의 환이기 때문입니다。

非說所說分 第二十一

須菩提야 汝勿謂如來作是念하되 我當有所說法이니 莫作是念하라 何以故오 若人이 言하되 如來有所說法이라하면 卽爲謗佛이니 不能解我所說故니라 須菩提야 說法者는 無法可說이 是名說法이니라 爾時에 慧命須菩提ㅣ白佛言하되 世尊하 頗有衆生이 於未來世에 聞說是法하고 生信心不이까 佛言須菩提야 彼非衆生이며 非不衆生이니 何以故오 須菩提야 衆生衆生者는 如來說非衆生일새 是名衆生이니라

『수보리야、 너는 말하지 말라。 여래가 「내가 설명한 바 법이 있다고 생각하리라」

는 이런 생각을 내지 말라。왜냐 하면 만일 어떤 사람이 말하기를 「여래가 설명한 바 법이 있다」고 하면 곧 부처님을 비방하는 것이고、나의 말한 바 뜻을 알지 못하는 것이기 때문이니라。수보리야、법을 말한다는 것은 법이 없는 것을 말하는 것이니 이것을 설법이라 이름하느니라。

그때 혜명 수보리가 부처님께 사뢰었다。『세존이시여、자못 어떤 중생이 이 다음 세상에 이런 법문을 듣고 믿는 마음을 내는 이가 있겠나이까。』

부처님께서 말씀하셨다。『수보리야、중생이다 중생이다 하지만 여래는 중생이 아닌 것을 중생이라 이름하여 말하느니라。』

第二十一 非說所說分—설법 아닌 설법

〔科解〕

여래는 육신으로 있는 것이 아니므로 어떤 모양으로 볼 수 없고 여래의 법은 생각으로 헤아려 알 수 없는 법입니다。이렇게 말이 아니고 설명할 법도 없는 것인데、중생을 제도하기 위해 거짓으로 가정을 해서 법을 설하시어 八만四천 법문을 하십니다。그러나 이 설법은 설법하시는 주체인 부처님도 공하고

二七斷疑論 열 여덟번째 몸이 없다면 어떻게 설법을 하는가에 대한 의심을 끊는다(第十八斷無身何以說法疑)。
만일 여래는 색신과 상호로서 볼 수도 없는

설하는 내용인 법 자체도 또한 공한 것이니 설법하는 말씀의 실체가 또한 공한 것이고 내지는 설법의 대상인 중생도 역시 공의 도리로 이끌어 오기 위한 대상이어서 부처님의 설법은 종일 말씀하셔도 한 말씀도 하신 것이 아니며 四九년 설하신 것이 한 마디의 설법도 아닙니다。

그러나 아무 설할 것도 없는 공한 자리에만 주저앉아서 중생제도도 안 하고 설법도 안 하면 소승이고 역시 집착입니다。 그러므로 부처님은 한 마디의 설법도 없는 자리에서 큰 자비심으로 말이 아닌 말로 설법하신다는 뜻으로 비설소설분(非說所說分)이라 한 것입니다。

原文 須菩提 汝勿謂如來作是念 我當有所說法 莫作是念 何以故 若人言 如來有所說法 即爲謗佛 不能解我所說故 須菩提 說法者 無法可說 是名說法

解義 부처님께서 하시는 설법은 결정된 법이 있어서 설법하시는 것이 아니니、곧 설법 없는 가운데 불생불멸하는 법、참으로 신실한 법을 말씀하시지만 그 설법하는 법의 내용이 객관적으로 따로 있는 것은 아닙니다。 곧 설명할 수 있는 법이기 때문에 말씀하시는 것이 아닙니다。 그래서 부처님께서 수보리존자에게 말씀하시기를 『수보리야、너는 여래가 이런 생각을 한다고 말하지 말라。 곧 여래가 「내가 중생들을 제도하기 위해 팔만대장경을 설법했도다」하는 생각을 하리라는 말도 하지 말고 그런 생각도 하지 말아야 한다。

것이고 생각해 볼 수도 없는 것이라면 말과 생각이 다 끊어진 것인데 어떻게 여래께서 설법을 하신다고 하는가。
여기에 세 대문이 있으니、

一、그릇된 생각을 끊는다(遮錯解)。〈須菩提에서 莫作是念까지〉 여래께서 스스로「내가 설한 바 법이 있다」고 생각하리라 말한다면 그것은 불법을 근원적으로 모르는 사람이므로 이런 그릇된 생각을 하지 말라고 막으신 것이다。

二、소이를 밝히심(釋所以)。〈何以故에서 不能解我所說故까지〉 여래의 말씀하신 뜻을 모르고 법을 잘 못 말하는 것이니 곧 부처님을 욕먹이는 것이 되기 때문이라고 이유를 말씀하신 것이다。

三、바른 진리를 보임(示正見)。〈須菩提에서 是名說法까지〉 여래께서 말씀하신

왜냐 하면 어떤 사람이 「여래께서 참 거룩한 진리의 감로법문(甘露法門)을 우리에게 많이 해 주셨다고 말하는 자가 있다면 이것은 곧 부처님을 비방하는 것이니 여래의 법문의 뜻을 모르는 사람이기 때문이로다。』

우리가 지금까지 금강경을 배워 오는데 아공·법공·구공이 있어서 「깨달았다 알았다」 하는 생각이 붙어 있으면 똑 떨어진 적멸(寂滅)이 아닙니다。 구공이 된 적멸자리는 설법으로 할 수 없는 진리이고 보니 불법을 못 설(說)한 것입니다。 또 생로병사가 있다고 했지만 그것도 참말로 있는게 아니니 거짓말이고 소승법을 말씀하셨지만 그게 다 설법했다고 할 수 없는 것이며 임시로 가정(假定)을 해서 설명한 것에 불과합니다。 말로도 어떻게 할 수 없고 글로도 어떻게 표해 볼 수 없는 것、참으로 있는 이것 하나 말하고 말 듣는 이 자리 이것 하나 설명하려고 하는 것입니다。

그런데 중생들은 이것이 먼데 어디 높은 데 있는 것같이 그런 생각을 가지고 있기 때문에 그런 것 같은 데서부터 설법을 시작하려니까 생로병사도 있고 소승법도 있는 것처럼 말씀이 된 것뿐입니다。 그래서 차차 제 지식을 내어 버리게 하는데、그러니까 「이게 옳은 것이었구나。」 하는 관념이 남게 됩니다。 그래서 처음에는 체(體)니 용(用)이니 하여 분성 자리인 체는 불생불멸하고 용은 생멸하는 현상계인 것처럼 설명해 놓으신 데도 있읍니다。 그러나 나중에는 체가 용이고 용이 체고、또 체가 체 아니고 용이 용 아닌 것으로 전부 떼어 버리는 설법을 하십니다。 그래서 이제까지 설명해 놓은 것이 모두 턱도 안 닿는 것으로 하여 중생들의 이런저런 소견을 다 떼어 버리고 마지막에는 불경도 덮어 버리고 「배고프면 밥 생각하고 밤이면 자고 낮이면 깨어나고 하는 이게 대체 무엇인가。 알고 생각하는 것이 확실히 내가 하는데 이게 무엇인가。 온갖 생각 온갖 지식을 무한히 내는 이것이 무엇인가。 이것이 참으로 나의 진면목일 것인데 이것이 무엇인가。」 하는 이것밖에 안

설법은 설법도 아닌 것을 설법이라 한 것이라고 결론을 말씀하셨다。

六祖口訣 범부의 설법은 마음에 얻는 것이 있으므로 부처님께서 수보리에게 말씀하시기를 「여래의 설법을 마음에 얻는 바가 없으니 범부는 아는 마음으로 설법하지만 여래는 말하는 것이나 잠잠한 것이나 다 같아서 말을 일으키는 것이 산울림처럼 맡겨서 무심하게 하는 것이어서 모든 범부가 생멸하는마음으로 설법하는 것과는 다른 것이니、만일 여래의 설법이 그 마음에 생멸이 있다고 말한다면 곧 부처를 비방하는 것이니라。」 하셨다。

유마경에 「무릇 설

법은 말도 없고 보이는 것도 없어야 하며 법을 듣는 것은 듣는 것도 없고 얻는 것도 없느니라。」하셨으니 일만 법이 공적해서 온갖 이름과 말이 다 거짓으로 성립되었음을 사무쳐야 한다。 스스로 공한 성품 가운데 일체의 말을 부산하게 세워서 설법하지만 상도 없고 하는 것도 없어서 미한 사람을 계몽해서 근본 성품을 보게 하고 무상의 보리를 닦아서 증득하도록 하는 것이 정말 설법이라 하겠다。

凡夫說法 心有所得故 佛告須菩提 如來說法 心無所得 凡夫作能解心說 如來語默皆如所發言辭 如響應聲 任運無心 不同

남게 됩니다。이제까지 보고 듣던 것 우리한테는 쓸데 없는 것이고 거짓말이라는 것을 다 알아서 과학이니 철학이니 종교니 뭐니뭐니하는 것들은 일체가 다 정리되고 오직「이것 하나」깨칠 때까지는 다른 생각은 하나도 없읍니다。이것 하나만 깨치면 사람 할 일 다한 것이고 근심·걱정 생로병사 다 없어져서 마음 턱 놓고 낮잠 한번 자도 됩니다。 그러기 전에는 큰 문제가 남아 있으니 낮잠 한번 길 수도 없고 배고프다고 음식 찾을 수도 없읍니다。우리 몸뚱이는 아무리 건강하더라도 소용 없는 일이니 오늘 가다가 죽을는지 내일까지 꼭 산다고 믿는 것은 어리석은 사람입니다。

그러므로 부처님의 자리에서는 법을 설한 것이 없으므로『법을 설했다는 것은 없는 법을 말한 것뿐이니 이것을 설법이라고 이름하느니라。』라고 말씀하셨던 것입니다。설법해 볼 수 없는 이런 내용을 일러 주기 위해 四〇년 동안 설법하신 뒤에 이 금강경을 말씀하셨는데, 부처님 당시의 대제자들은 근기가 다 수승한 분들이고 四〇년을 배우고 닦은 분들이므로 부처님의 말씀을 십분 다 알아들었지만 오늘날 우리들은 근기가 나약할 뿐만 아니라 짧은 시간에 로켓처럼 달리다 보니 같은 말을 물어도 막히고 비슷한 경문이 나와도 설명을 듣고 보면 별것도 아닌데 그 뜻을 곧 알 수 없는 것은 말에 따라다니고 글에 따라나니기 때문입니다。말도 아니고 글도 아니고 생각도 아닌 마음자리에서 보면 설법할 것도 없는 자리입니다。그렇다고 해서 중생을 위해 설법도 안 하면 아무 것도 안 하는 데 떨어진 것이고 공(空)에 떨어진 것이며 소승이 됩니다。그러므로 설할 것 없는 법을 대비심을 일으켜서 설법하는 것을 설법이라고 이름한다는 것입니다。

凡夫 生滅心說 若言 如來說法 心有生滅者 即爲謗佛 維摩經 云 夫說法者 無說無示 聽法者 無聞無得 了 萬法空寂 一切名言 皆 是假立 於自空性中 熾然建立一切言辭 演 說諸法 無相無爲 開 導迷人 令見本性 修 證無上菩提 是名說 法

涵虛說誼 함허스님은 수보리존자께서 부처님께 다음 말세 중생들이 부처님의 법문을 듣고 신심을 내겠사옵니까」(世尊 頗有衆生 於未來世 聞說是法 生信心不)한 데 대해 다음과 같이 말하고 있다.

「수보리 공생존자께서 후세에 중생들이 믿는 마음을 낼 것인지 내지 않을 것인지를 여쭈었는데, 부처님께서 이 중생이 중생이 아니라고 대답하신 것은 이들이 중생이므로 생사에 시달려서 생사로부터 뛰어나고자 하는 마음이 있게

原文 爾時 慧命須菩提 白佛言 世尊 頗有衆生 於未來世 聞說是法 生信心不 佛言 須菩提 彼非衆生 非不衆生 何以故 須菩提 衆生衆生者 如來說非衆生 是名衆生

解義 그때 수보리존자님이 부처님께 사뢰어 말씀하시기를,『세존이시여, 이 다음 말세에 사는 중생들이 그 업장이 두터워서 자성자리를 엿보기 어려울 터인데 이런 어려운 법을 듣고 신심을 낼 수 있겠읍니까。부처님께서 많은 법문을 가정을 해서 해 주셨지만 부처님의 마음자리에서 보면 한 법도 설명하신 일이 없다는 이런 말씀을 듣고 신심을 내겠읍니까。」라고 여쭙니다。이에 부처님께서는 수보리에게 말씀하시기를,「말세 중생들이 비록 두터운 번뇌·망상 속에 살고 탐·진·치 三독에 심히 취해 있긴 하지만 그러나 그들은 중생이 아니고 중생 아닌 것도 아니다。중생 아닌 것도 아니라 함은 중생이란 말도 아니고 중생 아니란 말도 아니어서 중생이 아니라고 할 수도 없다。왜냐 하면 중생이다 중생이다 하지만 여래는 중생이 아닌 것을 중생이라고 이름을 붙이는 것이기 때문이니라。』고 하셨읍니다。

화엄경에 나오는 선재동자가 五三 선지식을 찾아다니며 법문을 듣고 배울 적에 어떤 선지식은 폭군이 되어 가지고 하루에도 수백명씩 죽이고 그렇지만, 이것이 다 참으로 중생을 죽이는 것이 아니라 중생의 마음을 일깨워 주기 위해 자기의 화신(化身)을 미리 나투어서 그 나라의 중생으로 태어나게 했다가 가혹한 벌을 주어 보이십니다。중생들이 탐진치 三독에 깊이 중독되어서 좀처럼 빠져나올 생각을 내지 않으므로 보살님네들이 여러가지 방편을 가지고 중생들의 마음을 일깨워 줍니다。

마련이니 이것은 신심이 있는 이치며 또 중생이 아니라 본래 부처이므로 부처가 부처를 구하지 않는 것이니 이것은 신심을 내지 않는 도리라 하겠다。 그런데 불법을 믿지 않는 이것이 참으로 신심을 내는 것이니 어떤 것이 법이라고 할 만한 내용이 아예 없기 때문이다」라고 했다。(空生 以後世 信與不信 發問 佛以是生非生 答者 以是生故 因於生死 以求出要 應有信之理 以非生故 本來是佛 不應以佛求佛 應有不信之理 不信佛法 是眞生信 以無法相故也)

이런 방편을 베풀지 않고는 아무리 법당 지어 놓고 금강경 강의한다고 해 봐야 잘 안 옵니다。 그래서 먼저 이 세상의 현실이라는 것은 허망한 것이고 이 몸뚱이는 믿을만한 것이 못된다。 〈참다운 나〉·〈주인공〉을 찾지 않고서는 정말 안심할 수 없구나。 이대로는 안되겠구나 하는 마음부터 넣어 준 뒤에 불법을 들려 줘야 들어갑니다。 그렇지 않고는 욕심 하나로만 꽉 차 있는 그 마음 그대로 놓아 두고서는 아무것도 안됩니다。

그래서 보살님들이 아무 생각 없이 만사에 뜻이 없는 가운데 아무 할 일 없고 말할 것도 없지만 중생을 위하기 때문에 이렇게 힘들여 일러 주고 중생을 제도하고 그럽니다。 아무것도 없이 법문 좀 해달라고 그러면 말해 주고 하지만 누가 와서 나한테 법을 배워 갔거니 하는 것도 없읍니다。 매일 와서 법문 듣고 그래도 그 선지식은 어떤 사람인지 처음 배우러 온 것같이 그렇게 됩니다。 아무 생각 없이 하기 때문입니다。 우리도 그렇게 해보면 당장 되는데 저 사람이 지금 나한테 쓸모 없을 사람인가 쓸모 있을 사람인가 그걸 자꾸 점검을 해 가지고 보니까 얼굴이 익어집니다。 서울역에 하루 십만명이 내려도 아무 생각 없이 보면 한 사람의 얼굴도 모르게 됩니다。 중생들은 그 많은 남녀 노소를 낱낱이 따져서 저건 좀 잘났다、 저건 아주 잘났다、 저건 좀 못났다、 낱낱이 따져서 보내지 그냥 통과시키지 않습니다。 그것은 모두 식·색(食色) 두 가지 욕심이 머리에 차 있기 때문에 그럽니다。 그래서 애착이 많은 사람、 가령 음심(婬心)이 많은 사람은 제 눈에 좀 드는 사람이 있으면 며칠까지 그만 얼굴이 환히 나다납니다。「아 그 처녀 잘났더라。 그 총각 잘났더라。」 해서 그만 四·五일씩 일주일을 눈을 감아도 환히 알게 됩니다。 백년이 지나서 만나도 「아이고 그 사람이로구나。」 그렇게 됩니다。

그런데 아무 생각 없이 보면 금방 만났다 돌아서 가지고도 또 첫 인사합니다。 그러니까 한 절에서 삼년이나 같이 공부하고는 바랑 짊어지고 간다고 서로 떠나서 그 밑의 마을에 가서 만나면 처음 만난 사람처럼 초면인사를 하는데 그것은 공부를 열심히 한 사람은 그렇게 됩니다。 그래서 세속 선비들에게 공부하는 이가 욕을 먹는 수가 많습니다。 그렇지 않은 사람처럼 생겼더니 그 뒤에 일년 뒤에 가서 만나 보니까 영 모른체 하더라는 겁니다。 그러니 공부하는 사람들이 무심한 마음을 배우다 보니 그렇게 되는 것인데 이런걸 이해하지 못하는 세속사람들은 중이 음흉해서 그렇다고 욕하는 수도 있습니다。 공부 한참 하는 사람들끼리는 무심 공부에만 열중하다 보면 하루에도 한 두서너 시간씩 서로 법담(法談)을 주고받고 얘기한 사람도 다른 절에서 여러 사람 가운데 만나면 어디서 보긴 본 것 같은데 어디 있는 사람인 줄 모르겠다고 어리벙벙해집니다。 두 사람이 다 그러면 다행이겠는데 한쪽 사람은 그렇지 못할 경우엔 저하고 얼마나 말을 많이 하다가 이제 겨우 열흘도 못됐는데 「어디서 보긴 봤는데 어디 삽니까。」 하고 물으니 거짓말하는 것처럼 「사람이 그렇게 될 수 있는가」 하고 웃습니다。

그러니 이런 경지가 돼야 공부가 될 수 있지 그만 사사건건 걸려 가지고 칠전팔도(七顚八倒)로 이리 엎어지고 저리 자빠지고 한면 그런 사람은 공부가 좀 어렵습니다。 그렇더라도 이제 탁 끊어 버리면 끊어집니다。 마음이 굳기만 하면 결정법이 아니고 잠깐 생각을 길들여서 업으로 그렇게 된 것이므로 한 생각 없이 청룡도를 내어서 딱 끊어 버리면 끊어집니다。 그런 애착이 남녀간에 비교적 여성들이 남자들보다 더합니다。 그래서 여자는 남자보다 더 많은 五백계를 받습니다。 애기 낳아 키우는 것만 보아도 남자의 천배만배나 됩니다。 남자에게 애기 낳아서 키우라면 다 도망가고 하지 못할겁니다。 그래서 성불하려면 먼저 남자가 돼야 한다고 했읍니다。 그러니 여자도 마음씨를 대범하게 해야지 너무 간을 내어 먹일 듯이 그렇게 하면 안됩니다。

그러므로 아무리 말세중생이 독한 탐진치에 취해서 제 정신을 못차리고 욕심으로만 산다고 하지만 무심한 본 마음자리가 있는데 그 마음이 미해 가지고 지독한 중생놀음을 하는 것뿐입니다。 부처님께서 보실 때는 중생들이 중생놀음하는 짓거리는 다 술 취한 주정뱅이의 노름으로 보십니다。 술이 좀 덜 취한 중생도 있고 아주 곤드레만드레로 취한 사람이 있는가 하면 또 독주를 마시고 취한 사람、좋은 고급 술을 마시고 취한 사람도 있어서 그 취한 모양과 정도가 다른 것뿐입니다。 그러나 많이 취한 사람이나 좀 덜 취한 사람이나 술만 깨어서 제 정신을 차리면 다 멀쩡한 사람이 됩니다。

이와 같이 말세 중생을 술이 아주 심하게 취한 사람에 비할 수 있으니、술이 취했다고 사람이 아닌 것은 아닌 것처럼 중생들도 담진치 삼독주(三毒酒)에 취해 있는 부처고 보살일 뿐이니 이름만 중생이라고 지었을 뿐이지 불보살과 조금도 다를 것이 없는 것입니다。 그러므로 그 술만 깨면 곧 성한 사람으로 되고 부처가 되는 것이므로 말세중생도 중생이 아니라 한 것입니다。 제六 정신희유분(正信希有分)에서 같은 얘기가 나왔고 여러번 중복된 얘기이므로 여기서는 이만 생략합니다。

無法可得分 第二十二

須菩提ㅣ白佛言하되 世尊하 佛이 得阿耨多羅三藐三菩提는 爲無所得耶이까 佛言하사대 如是如是니라 須菩提야 我於阿耨多羅三藐三菩提에 乃至無有少法可得이니 是名阿耨多羅三藐三菩提니라

수보리가 부처님께 사뢰었다。

『세존이시여、 부처님께서 아뇩다라삼먁삼보리를 얻으신 것은 얻은 것이 없는 것이옵니까。』

부처님께서 말씀하셨다。

『그러하다 그러하다。 수보리야、 내가 아뇩다라삼먁삼보리에 내지 조그마한 법도 얻은 것이 없으니 이것을 아뇩다라삼먁삼보리라 이름하느리라。』

第二十二 無法可得分—법은 얻을 수 없다

〔科解〕

마음의 본성은 지옥 갔을 때나 천당 갔을 때나 변한 것이 없고 새로운 것이 없읍니다。 부처인 때나 중생인 때나 그 근본은 조금도 다르지 않은 것이므로 깨달은 것도 아니고 얻은 것도 아닙니다。 그러면 무엇을 닦아서 증득하고 아뇩다라삼먁삼보리를 성취하는가。 그것은 얻은 것이 있고 아는 것이 있던 것을 다 없애어서 아무것도 얻음이 없는 경지에 이르는 것을 깨달음이라 합니다。 그래서 무법가득분이라 한 것입니다。

原文 須菩提 白佛言 世尊 佛 得阿耨多羅三藐三菩提 爲無所得耶 佛言 如是 如是 須菩提 我於阿耨多羅三藐三菩提 乃至 無有少法可得 是名阿耨多羅三藐三菩提

解義 수보리존자가、「중생이 중생이 아니고 말씀하실만한 법이 아예 없다」고 하신 부처님 말씀을 듣고 또 부처님께 여쭈어 부처와 중생이 본래 둘이 아니고 따라서 부처님이 본래 얻을 것이 없다는 것을 또 다시 거듭 확인하기 위해 여쭈어 봅니다。

二七斷疑論 열 아홉째 법이 없다면 어떻게 닦고 증득하는가에 대한 의심을 끊다(第十九斷無法 如何修證疑)

여기에 다시 세 대문이 있으니

一、법 없는 것으로 정각을 삼다(以無法爲正覺)。〈須菩提에서 阿耨多羅三藐三菩提까지〉

소명태자(昭明太子)의 三二분법으로는 무법가득분(無法可得分) 제二二가 한 장절로 독립되어 있지만 「二七단의법」으로 보면 「제一九단의」의 세 가지 대문 가운데 첫째 대문에 불과하다。 둘째 대문과 세째대문은 정심행선분(淨心行善分)에 해당한다。

六祖口訣 수보리존자께서 「소득이 있는 마음이 다 없어진 것이 곧 보리옵니까。」하시니、부처님께서 말씀하시기를 「옳다、옳다、내가 보리에 대해 실로 조금도 바라고 구하는 마음이 없으며 또한 그것을 중득했다는 마음도 없다。 그렇기 때문에 아뇩다라삼먁삼보리라는 이름을 명명했느니라」 하신 것이다。

須菩提 言所得心盡 即是菩提 佛言如是如是 我於菩提 實無希求心 亦無所得心 以如是故 得名爲阿耨多羅三藐三菩提也

『세존이시여、부처님께서 아뇩다라삼먁삼보리를 얻으셨다고 하신 것이 그게 참말로 아무것도 얻은 것이 없는 것입니까。」

부처님은 수보리존자의 그 말씀을 그대로 긍정하시고 한걸음 더 나아가 아주 작은 법도 얻은 것이 없다고 이렇게 말씀하십니다。『옳다、옳다、그렇다、그렇다。수보리야、아뇩다라삼먁삼보리는 그만 두고 조그만 법이라도 나는 얻은 것이 없다。이렇게 얻은 것도 깨달은 것도 없는 그런 것을 아뇩다라삼먁삼보리라 한다。마음에 얻었다는 생각이 하나도 없이 뚝 떨어진 것、돈이나 명예는 그만두고 진리나 불법을 구하는 마음까지도 다 없어져서 부처와 중생이 하나인 자리이므로 본래 얻을 것이 없는 그것을 아뇩다라삼먁삼보리라 합니다。얻을 것이 없고 말할 수 없는 것이 불법이란 말은 수백번 이상 중복해서 설명되었으므로 이상 생략합니다。본래 이 대문은 다음의 정심행선분(淨心行善分)으로 계속된 대문입니다。정심행선분에서 아뇩다라삼먁삼보리의 뜻을「고하가 없고 아인중생수자의 사상(四相)이 없는 마음으로 일체의 선법을 닦아서 얻는 것」이란 말씀이 있기 때문입니다。그래서 무착보살님(無着菩薩)께서 지으신 금강경론(金剛經論)의 二七단의법(二七斷疑法) 가운데는 이 무법가득분(無法可得分)과 정심행선분(淨心行善分)을 한 대문으로 보셨던 것입니다。

淨心行善分(정심행선분) 第二十三(제이십삼)

復次須菩提(부차수보리)야 是法(시법)이 平等(평등)하야 無有高下(무유고하)하니 是名阿耨多羅三藐三菩提(시명아뇩다라삼먁삼보리)니 以無我無人無衆生無壽者(이무아무인무중생무수자)로 修一切善法(수일체선법)하면 卽得阿耨多羅三藐三菩提(즉득아뇩다라삼먁삼보리)하리니 須菩提(수보리)야 所言善法者(소언선법자)는 如來(여래)ㅣ說卽非善法(설즉비선법)을 是名善法(시명선법)이니라

『또 수보리야、이 법이 평등해서 높고 낮음이 없으니 이것을 아뇩다라삼먁삼보리라 이름하느니라。〈나〉도 없고 〈남〉도 없고 〈중생살이〉도 없고 〈오래 산다〉는 생각도 없이 온갖 착한 법을 닦아서 아뇩다라삼먁삼보리를 얻느니라。수보리야、이른바 착한 법이라 함은 여래가 곧 착한 법이 아니라고 말하나니 이것이 이름이 착한 법이니라。』

第二十三 淨心行善分——깨끗한 마음으로 선행하라

〔科 解〕

이 정심행선분(淨心行善分)은 깨끗한 마음으로 일체의 선을 행한다는 뜻이지만 제二二분의 무법가득분(無法可得分)에서 말씀하신 아녹다라삼먁삼보리의 뜻을 계속해서 설명해 주시는 뜻이 됩니다。 앞 장에서 내지 아주 작은 법도 얻은 것 없는 것을 아녹다라삼먁삼보리라 하셨는데、 이 법이 평등해서 고하가 없다고 하십니다。 또 이 아녹다라삼먁삼보리는 아무 생각 없이 무심하게 깨끗한 마음으로 선법을 닦아라、 거룩한 보살행을 해라。 그러면 아녹다라삼먁삼보리를 얻는다는 말씀을 하십니다。 따라서 조건이 남아 있고、 아상·인상·중생상·수자상이 붙어 있는 마음으로 깨끗하지 못한 마음으로는 아무리 선행을 해도 아녹다라삼먁삼보리는 얻지 못한다는 뜻으로 〈정심행선분〉이라 했읍니다。

二七斷疑論 법이 없다면 어떻게 닦고 증득하는가에 대한 의심을 끊는 열 아홉번째 단의(第十九斷 無法如何修證疑) 가운데 두번째와 세번째 대문이 이 정심행선분에 해당한다。

첫째 대문인 법 없는 것으로 깨달음을 삼는(以無法爲正覺) 대문으로 소명태자(昭明太子)의 三二분의 제二二분 무법가득분(無法可得分)이 그것이다。

그 둘째 대문은 평등한 것으로 깨달음을 삼는 대문인 이평등위정각(以平等爲正覺)의 문단이니 復次須菩提에서 是名阿耨多羅三藐三菩提까지이다。

세째 바르게 도와서 닦는 것으로 깨달음을 삼는 이정조수위정각(以正助修爲正覺)의 문단이니 以無我無人에서 是名善法까지이다。

原文 復次 須菩提 是法平等 無有高下 是名阿耨多羅三藐三菩提

解義 이 법문은 앞의 제二二분과 따로 장절을 나누기는 했지만 실상은 아녹다라삼먁

六祖口訣 보리법이란 위로 모든 부처님으로부터 아래로 곤충에 이르기까지 다 가지고 있는 근본지혜를 가리킨다。

부처와 더불어 다름이 없으므로 평등해서 높고 낮음이 없다고 말씀한 것이고、보리는 둘이 없으므로 다만 네 가지 관념(상)을 여의어 일체의 선법을 닦으면 보리를 얻는 것이다。

만일 네 가지 관념(相)을 여의지 못하고 일체의 선법을 닦으면 아상·인상 등을 더하게 하여 해탈을 증득하고자 하는 마음을 얻을 수 없을 것이며、 만일 네 가지 관념(상)을 여의고 일체의 선법을 닦으면 해탈을 기약할 수 있

삼보리에 대해 계속되는 말씀입니다。

『또 다시 수보리야、아뇩다라삼먁삼보리라는 것은 위 아래가 없고 높고 낮은 것도 없이 평등하다。 지금 말하고 듣고 무엇을 알 줄 아는 이 자리가 불법이고 아뇩다라삼먁삼보리이며 무상정등정각(無上正等正覺)인데、 이 자리는 부처님께서 깨달아 얻은 것도 아니고 객관적으로 존재하는 진리도 아니며、 부처님이나 중생이나 똑같이 본래부터 있던 너니 나니가 떨어진 평등한 마음자리니라。』 이렇게 말씀하십니다。

이 자리는 시방제불과 일체중생이 다 평등한 성품 자리이기 때문입니다。 거울에 물건이 비치는 것은 물건을 통과하는 광선의 그림자가 비친 것이지 거울 속으로 물건이 들어간 것은 아니니 거울 바탕은 물건이 비칠 적이나 안 비칠 적이나 조금도 변함이 없읍니다。 또 물결이 없이 고요하고 평평하던 바다에 갑자기 폭풍이 몰아쳐서 큰 파도가 일어났다 하더라도 역시 바다물이란 점에서는 평평할 때나 물결이 일 때나 똑같은 것입니다。 우리의 마음도 이와 같아서 탐진치의 번뇌 망상이나 보리 열반이나 다 같은 마음자리라는 것입니다。 자기 욕심을 채우느라고 남을 해치고 살생을 하며 성을 내고 거짓말을 하는 것도 지금 무엇을 알 줄 아는 이 마음이 하는 짓이고 발심해서 여러가지 선행(善行)을 하고 육바라밀을 닦고 참선을 해서 견성성불(見性成佛)하는 것도 다 그 마음이 합니다。

그러므로 부처님께서 보리수(菩提樹) 나무 밑에서 새벽 별을 보시고 아뇩다라삼먁삼보리를 깨치신 그때나、 태자의 몸으로 출가하려고 발심했던 그때나、 또는 어머니 마야부인의 태중에서 태어나 왕자의 몸으로 세속의 학문을 배우던 그때나 깨치고 나서 보니 조금도 다르지 않은 한 마음이더라는 것입니다。 모든 사고와 언어를 초월한 심행처멸 언어도단(心行處滅言語道斷)하여 구공지경(俱空地境)에 들어간 마음이나 一〇원 二〇원 가지고 싸우고 밥 한 그릇 서로 뺏어 먹으려고 칼로 찔러 죽이고 하는 그 마음이 다 평등한 한

마음이어서 고하(高下)가 없는 자리입니다。

그런데 또 「이 법이 평등해서、고하가 없는 것이 아뇩다라삼먁삼보리다。」하는 이 말을 듣고 「아、그러면 항하사수의 시방제불(十方諸佛)도 다 없는 것이구나。」하고 생각하는 사람이 있다면 이것은 또 없다는 말에 떨어진 사람입니다。그러니 「평등해서 고하가 없는 그게 아뇩다라삼먁삼보리다。」이렇게 말하는 사람이 있다면 이것도 금강경 잘못 들은 사람입니다。금강경의 말씀이 전부 틀린 소리이기 때문입니다。그러면서 틀린 소리 그대로 또 옳은 소리고 옳은 소리 그대로 틀린 말인 것입니다。그러므로 한번을 들어도 말 듣고 알 줄 아는 이 자리에서 들어야 바로 들리지 그렇지 않으면 천번만번 들어도 하나도 바로 들리지 않습니다。

原文 以無我 無人 無衆生 無壽者 修一切善法 卽得阿耨多羅三藐三菩提

解義 부처님께서 계속해서 말씀하시기를 「아상・인상・중생상・수자상이 없이 일체의 선법(善法)을 닦으면 아뇩다라삼먁삼보리를 얻느니라」고 하십니다。이 말씀은 곧 〈응무소주 이생기심〉(應無所住 而生其心)이란 말과 같은 뜻입니다。몸뚱이가 나라는 생각인 아상・인상・중생상・수자상이 없다는 말씀은 곧 아무 생각도 없는 마음、아무데도 걸림 없는 마음을 가리키므로 〈응무소주〉에 해당하고 일체의 선법을 닦는다는 것은 곧 마음을 내는 것이니 〈이생기심〉에 해당합니다。또 아뇩다라삼먁삼보리를 얻는다는 말은 곧 성불(成佛)한다는 뜻이니 〈응무소주〉(應無所住)해서 이생기심(而生其心)하면 성불한다는 뜻이 됩니다。

「아무 생각 없이 온갖 착한 일을 다 하라。눈도 빼 주고 코도 베어 주고 영감도 남 주고

을 것이다。

일체의 선법을 닦는다는 것은 일체법에 대해 물들고 집착함이 없어서 일체의 객관 경계에 대해 움직이지 않고 흔들리지 않으며 세간 법이나 출세간 법이나 탐하지 않고 애착하지 않으며 어느 곳에서나 항상 알맞게 방편을 베풀어서 중생을 따라 주어 기쁜 마음으로 믿고 복종하게 하며 바른 법을 설명해 주어서 하여금 보리를 깨닫게 하는 것이니、이런 것이라야 비로소 수행이라 할 수 있을 것이다。그러므로 일체의 선법을 닦는다고 말하느니라。

菩提法者 上至諸佛 下至昆蟲 盡含種

智與佛無異故 言平等 無有高下 以善提無二故 但離四相 修一切善法 即得菩提 若不離四相 修一切善法 轉增我人 欲證解脫之心無由可得 若離四相 而修一切善法 解脫可期 修一切善法者 於一切法 無有染着 對一切境 不動不搖 於世出世法 不貪不愛 於一切處 常行方便 隨順衆生 使之歡喜信服 爲說正法 令悟菩提 如是 始名修行 故言修一切善法)

六祖口訣 일체의 선법을 닦아서 과보를 희망하는 것은 곧 선법이 아니고 육바라밀과 만행을 현실적으로 갖추어 행하지만 마음에 과보를 바라지 않는 것을 선법이라 이름하느니라。

마누라도 남주고 재산도 주고 하여 아무 조건 없이 남만 위해서 희생해서 착한 일을 베풀어 주라、 이렇게 무심(無心)으로 육바라밀을 닦으라」는 뜻입니다。 이렇게 하면 선이 되고 저렇게 되면 죄가 된다 하는 아무 생각 없이 보시도 하고 지계(持戒)하고 인욕·정진 선정·지혜를 닦아서 〈이생기심〉하라는 것입니다。 이것이 보살행(菩薩行)이고、 이렇게 하면 아뇩다라삼먁삼보리를 얻어서 성불할 것입니다。

原文 須菩提 所言善法者 如來說即非善法 是名善法

解義 『수보리야、 이른바 선법(善法)이라고 하는 것을 여래가 선법이 아니라고 말하는데 그것은 이름을 선법이라 할 뿐이니라。 내가 착하다고 하는 말은 착하다는 말이 아니니 그런 것을 착한 법이라 한 것이다。』 금강경을 배워서 외워 가지고 천독만독(千讀萬讀)하면 부처님의 이런 말씀이 알아집니다。 아상·인상·중생상·수자상이 없이 생사와 열반에 구애되지 않고 무심으로 중생을 위해서 선행을 하라。 배고픈 사람 밥도 주고 옷 없는 사람 옷도 주고 금강경의 사구게도 가르쳐 주고 하여 이렇게 착한 법을 닦으면 아뇩다라삼먁삼보리를 얻어서 성불하게 되는데、 그러나 그 착한 법이 곧 착한 일이 아니다 그런 말입니다。 착하다는 말은 악하다는 말의 상대어(相對語)인데 〈응무소주〉의 열반 해탈의 경지에서는 선악·시비·죄복이 있을 수 없는 자리입니다。

중생들의 세계에서는 선악의 절대적인 기준도 세울 수 없읍니다。 이해와 관념·사상·주의를 따라 여기서 선이던 것도 저쪽에서는 악으로 규정됩니다。 이와 같이 자기 본위로 하는 행동은 자기 생각으로 아무리 좋은 일을 하든 좋지 않은 일을 하든 사사건건이 악한 일이며 남을 위해서 봉사적으로 희생적으로 하는 보살행은 일거수 일투족(一擧手一投

修一切善法 希望果報 即非善法 熾然善法 心無望果 是名善法

涵虛說誼 함허득통 스님은 그의 설의에서 다음과 같이 말하고 있다.

「부처님께서 공생 수보리존자의 청법을 말미암아 중생이 곧 중생이 아니고 부처님이 또한 얻음이 없다고 말씀하시었으며 내지 이 법이 평등하여 높고 낮음이 없는 이것을 아뇩보리라고 이름한다고 말씀하셨다. 그러므로 중생이 중생이 아니므로 곧 부처와 다르지 아니하고 부처가 얻을 것이 없으면 중생과 다름 없으니 그러므로 평등해서 높고 낮음이 없도다.

앞에서는 얻음이 없다 하시고 여기서는 얻음이 있는 것처럼 말씀하심은 무슨 까닭인가. 앞에서는 본래부터 있는 마음 자체를 밝혀서 나는 법부라는 낮추고 꾸부러진 마음을 떠게 하셨고 여기서는 물들인 습기를 밝혀서 모든 성인의 공

足)이 다 선행입니다. 그러므로 구공(俱空)의 자리에 들어가 보면 도덕이나 윤리니 하는 말도 그 절대적인 표준을 세울 수 없읍니다. 우주 천지의 모든 것이 큰 바람 한 번 만나면 꺼져 없어지는 물거품 같고 아침 이슬처럼 잠깐 동안 존재하는 초로인생(草露人生)인데 이런 것 저런 것이 얘기가 되지 않습니다. 구멍 뚫어진 독에 물 붓기입니다.

그러니 「부처님께서 일체선법을 닦아라.」하신 말씀은 물거품 같고 이슬 같은 이 세상에 집착하지 말고 오직 중생을 위해서 무조건 남을 위해 살아라. 그것이 보살행이다. 「저러면 어떻게 되고 이러면 불리하겠다」하는 모든 것이 보살의 입장에서 보면, 불교를 참으로 아는 이가 보면 이 육신을 나라고 생각하던 도둑스런 생각, 원수스런 잘못된 생각을 정리하는 방법입니다.

〔說 義〕

「아상·인상·중생상·수자상이 없이 일체의 선법을 닦으라.」(以無我無人 無衆生 無壽者修一切善法)는 말은 곧 아무 생각 없이 응무소주해서 이생기심(應無所住而生其心)하라는 뜻인데, 이런 대승사상은 소승경전(小乘經典)에는 안 나옵니다. 무슨 생각이든지 까닥하면 이것이 다 망상이고 중생놀음이니 시방제불한테도 속지 않고 귀신도 이 사람 볼 수 없고 제불도 이 사람 마음 찾아 볼 수 없는 구공(俱空)의 자리에 들어간 것을 〈응무소주〉라 합니다. 중생들의 탐진치(貪瞋痴)도 없고 대보리를 증득하고 성불해야겠다는 생각도 없어서 해탈도를 닦을 것도 없고 생사를 윤회하는 것도 아니어서 생사열반을 다 초월한 자리입니다. 생사는 유심(有心)이고 망상이며 열반은 아무 생각이 없는 것, 없는 것도 없는 것, 그것이 구공입니다. 앞뒤가 끊어지고 시간공간이 없어진 절대자유입니다.

덕을 성취하도록 하시는 것이니 본래부터 있는 성품만 믿고 중생의 습기로 물들어 있는 것을 마음의 성품으로 깨끗하게 훈습하지 않으며 구습을 가지고만 다니면서 빌어 먹는 것과 같아서 길이 윤회를 벗어나지 못할 것이다.

佛 因空生之問 答以生亦非生 佛亦無得 乃云是法平等 無有高下ㅣ是名阿耨菩提 生非生則不異於生 是名平等 無有高下 前言無得 此言即得何也 前明本有 令不屈於凡下 此明新熏 使功齊於諸聖 若恃其本有 不以新熏熏之 則持珠行丐 永墮輪迴

그런데 이렇게 된 사람이 여기에 낙착(落着)해서 멀어지면 그것이 바로 소승입니다. 생사 열반이 없는 이 자리에서 열반이 생사고 생사가 열반이며 생사도 열반도 아닌 이 자리에서 일체에 걸림 없이 중생을 제도해야 합니다. 아무 생각 없이 일하면 스물 네시간 하루 종일 일해도 피로도 모르고 잘 됩니다. 어떤 대가를 바라고 하기 싫은 일을 억지로 하면 빨리 피로하고 능률이 오르지 않습니다. 설사 기쁜 마음으로 일을 하더라도 그 기쁜 생각도 오래 못갑니다. 기쁜 생각 뒤에는 반드시 싫어하는 마음이 꼭 일어나기 때문입니다. 그러니까 악한 마음으로 하는 일은 물론 나쁘지만 선심으로 하는 일도 오래 못갑니다. 선악심을 초월해서 오직 농사짓고 장사할 뿐입니다. 이것을 꼭 내가 먹을 것이란 생각도, 남만 먹을 것이란 생각도 없이 그저 부지런히 일해서 누구든지 배고픈 사람이 먼저 먹을 양식 준비합니다. 아무 생각 없이 부지런히 합니다. 이것이 보살행이고 대자대비이니 이것이 소승네의 열반과 다르고 그래서 아뇩다라삼먁삼보리를 증득하게 되는 것입니다.

그런데 또 그 아뇩다라삼먁삼보리가 아뇩다라삼먁삼보리가 아닙니다. 이렇게 한면 되는 것이라는 절대적인 방법이 아니고 강을 건너가기 위한 임시방편으로 할 수 없이 타는 배에 불과합니다. 그래서 아뇩다라삼먁삼보리라는 내용이 있는 것도 아닙니다. 내용이 있다면 제망중중(帝網重重)의 내용이니, 있는 것도 아니고 없는 것도 아니면서 절대적으로 있는 거고 절대적으로 없는 것이고 하여 이걸 무어라고 할 수 없어서 결국은 또 아뇩다라삼먁삼보리라며 할 수밖에 없읍니다. 이래도 아뇩다라삼먁삼보리고 저래도 아뇩다라삼먁삼보리이고 탐진치도 아뇩다라삼먁삼보리이고 사생육도(四生六道)를 갖춘 것도 아뇩다라삼먁삼보리어서 일체중생이 중생이 아니라 그런 것을 중생이라 했고, 그러므로 여래께서 선법(善法)이라 하신 것도 선법이 아닌데 그런 것을 이름하여 선법이라 한 것입니다.

福智無比分(복지무비분) 第二十四(제이십사)

須菩提(수보리)야 若三千大千世界中(약삼천대천세계중)에 所有諸須彌山王(소유제수미산왕)의 如是等七寶聚(여시등칠보취)를 有人(유인)이 持用布施(지용보시)라도 若人(약인)이 以此般若波羅蜜經(이차반야바라밀경)으로 乃至四句偈等(내지사구게등)을 受持讀誦(수지독송)하야 爲他人說(위타인설)하면 於前福德(어전복덕)으론 百分(백분)에 不及一(불급일)하며 百千萬億分(백천만억분) 乃至算數譬喩(내지산수비유)로도 所不能及(소불능급)이니라

『수보리야、만일 어떤 사람이 삼천대천세계에 있는 모든 수미산왕만한 칠보의 덩어리로 보시해도 만약 다른 사람이 이 반야바라밀경에서 네 글귀의 게송만이라도 받아 지니고 읽고 외고 남을 위해 설명해 주었다면、앞의 복덕으로는 백분의 일에도 미치지 못하고 백천만억분 일에도 미치지 못하며 온갖 산수의 비유로도 미칠 수 없느니라。』

第二十四 福智無比分—복과 지혜는 비교할 수 없다

〔科 解〕

물질을 가지고 보시하고 중생을 구제하는 것은 그 육신을 구제하는 것에 불과하고 금강반야의 구경법(究竟法)으로 사람을 구제하는 것은 대해탈(大解脫)을 성취하고 부처를 이루게 하는 것이므로 그 공덕의 차이는 비교할 수 없읍니다。마음을 깨쳐서 보리를 증득(證得)하면 삼천대천세계의 칠보(七寶)덩어리가 아니라 온 우주의 몇 억만곱을 더한 것과 비교하더라도 견줄 수 없기 때문입니다。

原文 須菩提 若三千大千世界中 所有諸須彌山王 如是等七寶聚 有人 持用布施 若人 以此般若波羅蜜經 乃至四句偈等 受持讀誦 爲他人說 於前福德 百分不及一 百千萬億分 乃至算數譬喩 所不能及

解義 『수보리야、만일 삼천대천세계에 있는 모든 수미산왕만한 그런 덩어리의 칠보를 가지고 어떤 사람이 보시를 했다면、그 복이 많을 것이다。그렇지만 만일 또 어떤 사람이 이 금강반야바라밀경 가운데 사구게、곧 「범소유상 개시허망 약견제상비상 즉견여래

二七斷疑論 제二〇무기법을 설한 것인가에 대한 의심을 끊는다(第二十斷所說無證非因疑)。일체의 선법을 닦으면 아뇩다라삼먁삼보리를 얻는다 함은 말로써 가르친 법이고 보리를 증득하지 못함은 무기법이기 때문이다。

六祖口訣 대철위산의 높이와 폭이 二백二四만리이고 소철위산의 높이와 폭은 一백一二만리이며 수미산의 높이와 폭은 三백三六만리이다。그러므로 이름은 삼천대천세계라 하거니와 이치대로 말한다면 곧 탐진치의 망령된 생각이 각각 천 가지

가 되느니라。

삼천대천세계의 있는 수미산 수대로 칠보의 무더기를 가지고 보시를 했다면 그래서 얻는 복덕이 한량 없고 끝이 없겠지만 그러나 이것은 마침내 상대세계의 다함이 있는 인에 불과하고 해탈하는 진리는 없는 바이다。 그런데 마하반야바라밀다의 네 귀는 비록 그 경문이 얼마 되지는 않지만 그대로 의지해서 수행하기만 하면 곧 부처를 이룰 수 있는 것이니 그러므로 알라。 경을 지니는 복이 능히 중생으로 하여금 보리를 증득하게 하는 바이므로 가히 견줄 수 없다고 말씀하신 것이니라。

(凡所有相 皆是虛妄 若見諸相非相 即見如來: 제五 如現實見分 참조)라 한 이러한 한 게송만 받아 지니어 읽고 외워서 그 뜻을 잘 이해해 가지고 남을 위해 설명해 준다면 이 사람의 복이 수미산처럼 큰 칠보 덩어리를 삼천대천세계에 있는 수미산만큼 하여 보시를 한 그 복보다 훨씬 많으니라。 그 복이 많은 정도가 보통 많은 것이 아니라 백분의 일로도 비교가 안 되고 백천만억분 내지 헤아릴 수 없는 온갖 산수로 비유한다 한더라도 도저히 견주어 볼 주 없느니라』고 말씀하셨읍니다。

한 삼천대천세계 가운데는 수미산이 백억개나 있는데、큰 지구 덩어리 백억개에 해당하는 칠보 덩어리를 가지고 한량 없는 중생에게 보시했다면 그 복이 한량 없이 많을 겁니다。 밥 없는 사람에게 평생 먹을 밥을 주고 옷 없는 사람에게 옷을 주고 집 없는 사람에게는 집을 줍니다。 고아원도 세워서 불우아동을 보살펴 주고 양로원을 세우고 무료 병원을 세워서 병든 이 외로운 이를 돌봐 줍니다。 학교를 세워서 교육도 시키고 절을 세워서 중생을 지도합니다。 이렇게 좋은 일을 한량 없이 베풀어서 삼천대천세계에 있는 모든 수미산만한 다이아몬드·금·은 비취 등의 칠보의 덩어리가 다 없어지도록 보시를 한다면 그 복이 얼마나 많겠읍니까。 그렇지만 금강경 사구게 한 게송을 잘 받아서 지니고 외워서 남에게 이해시켜 주는 공덕만은 못하다는 것입니다。 못한 정도가 우리가 사용하고 있는 수학상의 수자를 아무리 동원해서 비유를 한다 해도 되지 않는다는 것입니다。

이와 같이 물질이나 내지 몸뚱이를 가지고 온갖 중생을 위해서 아무리 많은 보시를 했더라도 그것은 금강경의 사구게송의 도리를 잘 배워서 익히고 남을 위해 설명해 주는 공덕에 비하면 아무것도 아니라는 말씀은 벌써 여러번 나왔읍니다。 제八 의법출생분(依法出生分)에서도 나왔고 제一 무위복승분(無爲福勝分)에서도 말씀하셨고 제一五 지경공덕분(持經功德分)에서도 말씀하셨고 제一九 법계통화분(法界通化分)에서도 말씀하셨고 이

大鐵圍山高廣 二百二十四萬里 小鐵圍山高廣 一百一十萬里 須彌山高廣 三百三十六萬里 以此 名爲三千大千世界 約理而言 即貪嗔癡妄念 各具一千也 如爾許山 盡如須彌 以況七寶數 持用布施 所得福德 無量無邊 終是有漏之因 而無解脫之理 摩訶般若波羅蜜多四句 經文雖少 依之修行 即得成佛 是知持經之福 能令衆生 證得菩提故 不可比也

번 제二四 복지무비분(福智無比分)에서도 말씀하셨는데 처음에는 「삼천대천세계에 가득한 칠보를 보시하는 것보다 금강경 사구게를 수지하여 남에게 연설해 주는 공덕이 더 크다」고 하셨고、 나중에는 항하강의 모래 수 같은 삼천대천세계에 가득한 칠보로 비유하여 말씀하셨읍니다。 그리고 그 다음에는 항하 사수의 몸을 보시한 공덕으로 비유해도 안된다고 하셨고、 그 다음에는 아침나절에 항하사 수의 몸으로 보시하고 한낮에 항하사 수의 몸으로 보시하고 저녁나절에 항하사 수의 몸으로 보시하더라도 금강경의 공덕에 비하면 아무 것도 아니라는 것입니다。 그런데 이번에는 백천만억분 내지 산수비유로도 비교되지 않는다고 말씀하셨으니、 그 내용은 다 같은 원리로 설명될 수 있으므로 거듭 되풀이해서 말할 것은 아니지만 하여튼 이렇게 금강경의 골자를 한번 죽 말씀하시고는 금강경 사구게의 공덕은 상을 여윈 무상공덕(無相功德)이므로 물질이나 육신 보시와 같은 상(相)에 주착(住着)한 보시의 공덕으로는 억만분의 일도 못 미치고 산수비유로도 미치지 못한다고 말씀하셨는데、 이것은 금강경의 아공(我空)·법공(法空)·구공(俱空)의 도리만을 알고 있으면 되고 온갖 보시 공덕을 짓지 말라는 뜻으로 하시는 말씀이 아니라、 아무 생각 없이 무심하게 응무소주(應無所住)해서 보시공덕을 지으라는 뜻으로 하시는 말씀입니다。

化無所化分(화무소화분) 第二十五(제이십오)

須菩提(수보리)야 於意云何(어의운하)오 汝等(여등)은 勿謂如來(물위여래)ㅣ 作是念(작시념)하되 我當度衆生(아당도중생)이라하라 須菩提(수보리)야 莫作是念(막작시념)이니 何以故(하이고)오 實無有衆生(실무유중생)하야 如來度者(여래도자)니 若有衆生(약유중생)하야 如來度者(여래도자)면 如來卽有我人衆生壽者(여래즉유아인중생수자)니라 須菩提(수보리)야 如來說有我者(여래설유아자)는 卽非有我(즉비유아)어늘 而凡夫之人(이범부지인)이 以爲有我(이위유아)하니라 須菩提(수보리)야 凡夫者(범부자)도 如來說卽非凡夫(여래설즉비범부)요 是名凡夫(시명범부)이니라

『수보리야, 어떻게 생각하느냐。 너희들은 여래가 생각하기를 「내가 마땅히 중생을 제도하리라。」 한다고 말하지 말라。 수보리야, 그런 생각을 하지 말라。 왜냐 하면 실로 여래가 제도할 중생이 없기 때문이니라。 만일 중생이 있어서 여래가 제도

히였다면 여래는 곧 〈나라는 생각〉·〈남이라는 생가〉·〈중생살이라는 생각〉·〈오래 산다는 생각〉이 있는 것이니라。

수보리야、여래가 〈나라는 생각〉이 있다 함은 곧 〈나라는 생각〉이 있는 것이 아닌데 범부들이 〈나라는 생각〉이 있다고 함이니라。수보리야、범부라는 것도 여래는 곧 범부가 아니라고 말하나니 이름을 범부라 하느니라』

第二十五 化無所化分—교화한 것 없다

〔科解〕

일체 중생이 본래 성불이어서 부처님은 중생을 제도했다는 생각이 없으시며 오직 평등한 성품、자타가 없는 진여의 법계 속이 계시다。그러므로 만일「내가 중생을 제도했다는 생각이 조금이라도 있으면 그것은 곧 마음 속에 교화받을 중생이 있고 교화한 내가 있는 것이니 이렇게 되면 주객·자타 우열의 차별세계에 떨어지는 것이므로 이런 것은 다 부처님 경계에는 있을 수 없는 것이다。따라서 부처님은 무량중생을 제도하시지만 제도한 것이 아니며 교화의 주체도 제도된 중생도 없다는 뜻으로 화무소화분(化無所化分)이라 했다。

二七斷疑論 제二一은 평등한 자리에서 어떻게 중생을 제도하는가에 대한 의심을 끊는 대문이다(第二十一斷平等 云何度生疑)。여기에 다시 네가지 대문이 있으니

一、그릇된 생각을 막음(遮其錯解)。〈須菩提에서——莫作是念까지〉

二、정견을 보임(示其正見)。〈何以故 實無有衆生 如來度者〉

三、까닭을 설명함(反

釋所以。〈若有衆生에서 我人衆生壽者까지〉

四、자취를 멸치라(底轉拂跡)〈須菩提에서 是名凡夫까지〉

六祖口訣 수보리 존자의 생각에 「여래께서 중생을 제도했다는 마음이 있으실 것인가。」하고 의심하므로 부처님께서 수보리의 이같은 의심을 없애 주시기 위해 「그런 생각을 하지 말라」고 말씀하신 것이다。일체 중생이 본래 부처인데 여래가 중생을 제도하여 성불시켰다고 말한다면 곧 망령된 말이니 망령된 이 말이 곧 아상·인상·중생상·수자상을 두는 것이 된다。 모든 중생이 비록 불성이 있으나 만일 모든 부처님의 설법에 말미암지 않으

原文 須菩提 於意云何 汝等 勿謂如來 作是念 我當度衆生 須菩提 莫作是念 何以故 實無有衆生 如來度者 若有衆生 如來度者 如來卽有我人衆生壽者

解義 부처님께서 수보리에게 말씀하십니다。이것도 역시 앞에서 금강경의 공덕이 너무나 커서 무엇으로도 비유할 수 없다고 말씀하시고 나서 불법의 광대무변함에 집착상이 조금이라도 남아 있을까 하여 하시는 말씀입니다。

『수보리야、네 뜻에 어떠하냐。너희들은 행여 이런 말을 하지 말라。여래께서 「내가 마땅히 중생을 제도했도다。」라고 생각한다고 말하지 말라。수보리야、그런 말은 하지도 말고 생각도 하지 말라。왜 그러냐 하면 실로 중생을 여래가 제도한 일이 한 번도 없고 제도 받을 중생도 없기 때문이니라。만일 부처님이 제도할 중생이 있다면 이는 부처님이 아상·인상·중생상·수자상이 있는 것이 되느니라。』

제七 무득무설분(無得無說分)을 말씀하실 적에 「부처님의 아뇩다라삼먁삼보리법은 결정된 법이 없어서 설명할 수도 없고 얻을 수도 없고、바른 법도 그른 법도 아니니라。여래가 그런 법을 말하느니라」(無有定法 名 阿耨多羅三藐三菩提 亦無有定法 如來可說 何以故 如來所說法 皆不可取 不可說 非法 非非法)고 하셨읍니다。

또 제一七 구경무아분(究竟無我分)에 『수보리야、만일 법이 있어서 여래가 아뇩다라삼먁삼보리를 얻었다면 연등불께서 나에게 「네가 이 다음 세상에 성불하여 석가모니라 하리라。」하고 수기를 주시지 않으셨을 것이다。」(須菩提 若有法 如來 得阿耨多羅三藐三菩提者

면 어떻게 스스로 깨달을 수 있으며 어떻게 수행을 의지하여 불도를 이루겠는가。

須菩提 意謂如來有度衆生心 佛 爲遣須菩提 如是疑心故 言莫作是念 一切衆生本自是佛 若言如來度得衆生成佛 即爲妄語 以妄語故 即是我人衆生壽者 此 爲遣我所心也 夫一切衆生雖有佛性 若不因諸佛說法 無由自悟 憑何修行 得成佛道。

六祖口訣 여래가 말씀하신 〈나〉는 자성이 본래 청정하여 상락아정의 〈나〉로 범부의 탐진、무명의 허망불실의 〈나〉와는 다르다。그러므로「범부들이 〈나〉가 있는 것으로 여긴다고 말씀하신 것이다。〈나〉와 〈남〉이 있으면 곧

燃燈佛 即不與我授記 汝於來世 當得作佛 號釋迦牟尼) 하셨으며、제二一 비설소설분(非說所說分)에서도 같은 뜻의 말씀을 하시면서、『만일 어떤 사람이 여래가 말씀한 법이 있다고 하면 곧 부처를 비방하는 것이며 내가 말하는 바를 알지 못하는 것이니 수보리야、법을 말한다는 것은 곧 법이 없음을 말하는 것이니 이것을 설법이라 이름하느니라。』라고 하셨읍니다。

이와 같이 여래께서는 얻은 법이 없고 법을 말씀한 적도 없고 중생을 제도하신 일도 없읍니다。사실 알고 보면 제도할 중생은 없읍니다。중생중생 하지만 비설소설분(제二一)에서 말씀한 것처럼 그것은 중생이 아니라 이름을 중생이라 할 뿐 잠깐 꿈꾸는 것에 불과합니다。제도한 부처님도 제도 받은 중생도 없기 때문입니다。만일 여래가 중생을 제도한 적이 있으면 제도한 내가 있고 제도 받은 중생이 있게 되므로 곧 아상(我相)·인상(人相)이 생기게 되고 그러면 따라서 중생상·수자상이 있기 마련입니다。그러므로 이렇게 아상·인상이 있고 주관·객관이 벌어지게 되면 그것은 곧 중생일 수밖에 없고 부처일 수는 없는 것입니다。

原文 須菩提 如來說 有我者卽非有我 而凡夫之人 以爲有我 須菩提 凡夫者 如來說卽非凡夫 是名凡夫

解義 일체중생이 모두 아상·인상·중생상·수자상으로 산다고 그러지만 그런 것이 참말로 있는 것이 아니라 범부들이 아무 것도 모르는 중생들이 아상을 제가 만들어 놓고 제가 아상이라고 합니다。그리고「내가 중생인데 어찌할 수 있느냐。」하고 좌절합니다。그래서 부처님께서『〈아상〉이 있다、〈인상〉이 있다 하셨지만 실제로는 〈상〉이 아니다。

범부이고〈나〉와〈남〉이라는 생각을 내지 않으면 곧 범부가 아니며 마음에 생멸이 있으면 곧 범부이고 마음에 생멸이 없으면 곧 범부가 아니며 반야바라밀을 깨닫지 못했으면 곧 범부이고 반야바라밀을 깨달으면 곧 범부가 아니며 마음에 주관 객관이 있으면 범부이고 주객이 나지 않으면 범부가 아니리라。

如來說有我者 是自性清淨 常樂我淨之我 不同凡夫 貪嗔無明虛妄不實之我 故言凡夫之人 以爲有我 有我人 即是凡夫 我人不生 即非凡夫 心有生滅 即是凡夫 心無生滅 即非凡夫 不悟般若波羅蜜多 即是凡夫 悟得般若波羅蜜多 即非凡夫 心有能所 即是凡夫 能所不生 即非凡夫也

범부들은 그것을 모르고 참말로 〈아상〉이 자기한테 있는 줄 알고 「내가 〈아상〉이 있는 중생이다」 이렇게 인정을 한다。 그러나 수보리야、 범부란 여래가 범부가 아니라고 말한다。 그렇지만 또 범부가 아닌 것도 아니니、 그래서 이름을 범부라고 하느니라。』

그러므로 범부는 범부인데 정말 범부는 아닙니다。 부처님께서는 항상 이렇게 말씀하시는데、 만일 한쪽 말씀만 하시면 중생들이 다 그렇게 되고 말 것이요、 시방제불께서 부처님이 설법 잘못한다고 하실 것입니다。(제二一 비설소설분 참조)

法身非相分(법신비상분) 第二十六(제이십륙)

須菩提(수보리)야 於意云何(어의운하)오 可以三十二相(가이삼십이상)으로 觀如來不(관여래부)아 須菩提言(수보리언)하되 如是如是(여시여시)니이다 以三十二相(이삼십이상)으로 觀如來(관여래)니이다 佛(불)이 言(언)하사대 須菩提(수보리)야 若(약)以三十二相(이삼십이상)으로 觀如來者(관여래자)면 轉輪聖王(전륜성왕)도 卽是如來(즉시여래)로다 須菩提(수보리)—白佛(백불)言(언)하되 世尊(세존)하 如我解佛所說義(여아해불소설의)컨댄 不應以三十二相(불응이삼십이상)으로 觀如來(관여래)니이다 爾時(이시)에 世尊(세존)이 而說偈言(이설게언)하사대 若以色見我(약이색견아)거나 以音聲求我(이음성구아)하면 是人(시인)은 行邪道(행사도)라 不能見如來(불능견여래)니라

『수보리야, 네 생가에 어떠하냐。 가히 서른 두 가지 상으로써 여래를 볼 수 있겠느냐。』 수보리가 사뢰었다。 『그러하옵니다。 서른 두 가지 상으로써 여래를 뵐 수 있

사옵니다。』

부처님께서 말씀하셨다。『수보리야、 만일 서른 두 가지 상으로써 여래를 볼 수 있다면 전륜성왕도 곧 여래라 하겠느냐。』 수보리가 부처님께 사뢰었다。『세존이시여、 부처님께서 말씀하시는 뜻을 제가 아옵기로는 서른두 가지 상으로써 여래를 뵐 수 없사옵니다。』

그때 세존께서 게송으로 말씀하셨다。『만일 모양으로 나를 보려 하거나 음성으로써 나를 찾는 이는 삿된 도를 행하는 사람이니 여래를 볼 수 없으리。』

第二十六 法身非相分 ―법신은 상 아니다

〔科 解〕

제二六분에서는 법신(法身)은 거룩한 상、 즉 복상(福相)이 아니라는 도리를 말씀하시는 대문입니다。 우리의 참 마음이 곧 여래의 법신인데 이 참 마음 자리는 선이니 악이니 복이니 죄니 하는 차별상이 떨어진 자리이기 때문입니다。 복을 지으면 복된 상을 받고 죄를 지으면 추한 세상에 나쁜 모습으로 태어나서 화를 받는데、 그러나 설사 아무리 복을 많이 짓고 아무리 거룩한 선행을 많이 해서 三二상·八○종호를 타고났다 하더라도 그 상만을 보고 여

二七斷疑論 스물 두번째는 상으로 견주어 참 부처임을 알 수 있는가 하는의심을 끊는 대문이다。 상을 성취한 것만 보고는 여래의 법신을 볼 수 없는 것이니、 상을 성취하는 것에 대한 집착을 지혜에 견주어 설명함으로써 여래의 법신을 알게 하자는 뜻이다。 여기에

다섯가지 대문이 있으니
一、상으로써 부처를 묻는 대문이니(問以相表佛)、須菩提於意云何 可以三十二相觀如來不까지이다。
二、싹을 보고 뿌리가 있음을 아는 뜻을 말한 대문(答因苗識根)이니、須菩提言如是如是 以三十二相觀如來의 대문이다。
三、범부와 성인을 구분하지 않을 수 없는 대문(難凡聖不分)이니、佛言須菩提에서 轉輪聖王即是如來까지이며
四、부처는 상이 아닌 것으로 보는 것임을 깨닫는 대문(悟佛非相見)이니、須菩提白佛言에서 不應以三十二相觀如來까지이며
五、보고 듣는 것으로는 미칠 수 없음을 인가하는 대문(印見聞不及)이니、爾時世尊 而說偈言에서 不能見如來까지이다

六祖口訣 세존께서 큰 자비로 수보리 존자가 상에 집착

래를 식별한다는 것은 곧 현상계에 벌어진 것이고 생각·지식·망상에 집착된 중생경계라는 것입니다。

그래서 부처님께서 『색·성·향·미·촉·법(色聲香味觸法)으로 여래를 찾으면 곧 사도를 하는 것이 된다。』고 말씀하셨던 것입니다。 그렇지만 또 상도 아니고 생각도 아닌 무상무위(無相無爲)에 열반적정에 가만히 앉아서 복도 짓지 말고 육바라밀(六波羅蜜)을 하지 말라고 하신 말씀도 아닙니다。

原文 須菩提 於意云何 可以三十二相 觀如來不 須菩提言 如是如是 以三十二相 觀如來

解義 『수보리야、네 뜻에 어떠하냐。 삼십이상으로 부처님을 본다고 할 수 있겠느냐。』 부처님께서 수보리존자에게 이렇게 물으셨는데 청중(聽衆) 가운데 누가 한번 대답해 보십시오。 삼십이상으로 부처님을 보겠읍니까。

수보리존자님은 삼십이상으로 부처님을 볼 수 있다고 이렇게 사뢰었읍니다。『그러하옵니다。 삼십이상으로 여래를 뵈옵니다。』 제一七 구경무아분(究竟無我分)에서 설명된 것처럼 일체법이 다 불법인데(一切法 皆是佛法) 왜 삼십이상으로 부처님을 보지 못하겠읍니까。 삼십이상을 껍질로만 보니까 부처님을 못보지 삼십이상이 즉시 불법인 도리로 보면 곧 그것이 부처님입니다。 그런데 중생들은 천만억겁을 두고 겉으로만 보고 겉만 알기 때문에 부처님을 보지 못하는 것입니다。

原文 佛言 須菩提 若以三十二相 觀如來者 轉輪聖王 卽是如來 須菩提 白佛言 世尊 如我解佛所說義 不應以三十二相 觀如來

解義 『수보리야、네 말과 같이 만일 삼십이상으로 여래를 보는 것이라면 전륜성왕은 삼십이상을 갖추었으니 그러면 그도 곧 여래이겠구나。』

그러면 부처님께서는 왜 또 이렇게 안된다고 하셨는지 그 내용을 알고 넘어가야지 말만 따라다녀서는 안됩니다。 일체제법 개시 불법인데 전륜 성왕만이 유독 불이 아니라고 할 수 있겠읍니까。 전륜왕은 인수(人壽) 二만세 때에 나타나서 온 세계를 통치하는 성왕(聖王)인데 보배수레를 타고 하늘을 날아다니므로 비행황제(飛行皇帝)라고도 하며 三二상을 갖춘 아주 복이 많은 성왕입니다。 나이가 늘어나는 증겁(增劫) 때에는 二만세에서 나이가 줄어드는 감겁(減劫)때는 八만세까지 사이에 나타나는 복덕의 왕이고 성왕입니다。 일체중생이 다 불성(佛性)이 있고 부처인데 어찌 전륜 성왕이 부처가 아니라고 하겠읍니까。

수보리존자님이 이에 대한 대답을 다음과 같이 사룁니다。『세존이시여、제가 부처님께서 말씀하시는 바의 뜻을 아는 것 같아서는 삼십이상으로 부처님을 뵐 수는 없사옵니다。』 그러니 앞에서 말한 말씀을 뒤집어서 수정합니다。 이때에 수보리존자님이 「부처님께서 말씀하시는 뜻」이란 곧 삼십이상의 껍질만 보고서 부처를 볼 수 없다는 뜻이기 때문에 그대로 얼른 받아서 먼저의 말을 수정했던 것입니다。

하는 병을 미처 떨어버리지 못할까 걱정하시어서 일부러 이렇게 물으신 것이다。 이에 수보리 존자는 부처님 뜻을 짐작하지 못하시고 「그러하옵니다。 그러하옵니다」하고 사뢰었던 것이니、이것은 순간적으로 미한 생각에서 문득 三十二상으로 여래를 뵐 수 있다고 사뢰었던 것이다。 따라서 또한 이것은 한번 거듭 미한 마음이니 참을 떠나서 멀리 떨어진 생각이므로 여래께서 그 미한 마음을 제거해 주시기 위해 말씀하시기를 「만일 三十二상으로 여래를 볼 수 있다면 전륜성왕도 곧 여래가 아니겠느냐。」하고 말씀하셨던 것이다。 전륜성왕은 비록 三十二상은 갖추었지만 여래와 같을 수는 없는 것이므로 세존께서 이렇게 물으신 것이니, 수보리존자의 상에 집착한 병을 떼어내서 깨달음을 깊이 사무치게 하시자는 뜻으로 하신 말씀이었다。

수보리존자가 부처님의 물으심을 받고 미한 마음이 온통 한꺼번에 풀렸으므로 부처님께 여쭈옵기를 『제가 부처님 말씀하시는 뜻을 아는것 같아서는 三十二상으로 여래를 뵐 수 없사옵니다」 하셨던 것이다。

수보리존자는 큰 아라한이시므로 그 깨달음이 아주 깊으신 분이신데, 방편으로 미한 것처럼 보이시어서 세존께서 세밀한 미혹을 제해 없애주심으로써 후세의 중생들로 하여금 그 소견이 잘 못되지 않도록 해 주시기를 바라는 수단으로 그렇게 하셨던 것이다。

世尊 大慈 恐須菩

原文 爾時 世尊 而說偈言 若以色見我 以音聲求我 是人行邪道 不能見如來

解義 그때 세존께서 게송으로 읊어서 말씀하시기를 『약이색견아(若以色見我) 어떤 모양으로, 삼십이상 팔십종호(三十二相 八十種好) 같은 겉모양으로 부처를 보거나, 이음성구아(以音聲求我) 다라니를 하거나 염불을 해서 부처가 될 것이라고 하거나 하면 이 사람은 곧 사도(邪道)를 행하는 사람이고 정도를 하는 사람이 아니니 이런 사람은 천만겁을 두고 공부를 해도 부처를 보지 못할 것이다。』 그러셨읍니다。 그러니 부처님께 떡이며 돈이며 갖다 놓고 불공을 하거나 참선하는 수자들도 화두를 말로만 외는 사람도 있고 경을 봐도 글자에 매어 달려서 불법을 구하는 사람도 있지만 이런 사람은 다 견성하지 못한다는 뜻입니다。

〔說 義〕

전에 한 수좌(首座)가 조주무자(趙州無字) 화두를 하는데 「무! 무!」 하고 소리내어 외는 사람이 있었읍니다。 이 화두의 뜻은 이렇읍니다。 부처님께서 「온갖 것이 다 불성(佛性)이 있다」(有情無情 皆有佛性)고 하셨는데, 조주(趙州)스님이라고 옛날 중국에서 유명한 선지식에게 어떤 학인(學人)이 찾아와서 「개에게 불성이 있읍니까。」 하고 물었을 적에 〈무〉(無)하고 없다고 하셨으니 「도대체 조주스님은 무슨 뜻으로 〈무〉라고 하셨을까。」 하는 화두입니다。 그런데 이 수좌는 「무! 무!」 하고 소리를 내지 않으면 자꾸 다른 생각이 나기 때문에 어떤 때는 큰소리까지 내어서 「무! 무!」 합니다。 그러니 마지막에는

提執相之病 未除 故作此問 須菩提 未知佛意 乃言如是如是 早是迷心 更言以三十二相 觀如來 又是一重迷心 離眞轉遠故 如來 爲說 除彼迷心 若以三十二相 觀如來者 轉輪聖王 卽是如來 輪王 雖有三十二相 豈得同如來也 世尊 引此言者 以遣須菩提執相之病 令其所悟深徹 須菩提 被問迷心 頓釋故 言如我解佛所說義 不應以三十二相 觀如來 須菩提 是大阿羅漢 所悟甚深 方便 示其迷路 以冀世尊 除遣細惑 令後世衆生 所見不謬也

六祖口訣 두 자로 말씀의 단서를 삼으신 것이니、色은 모양이고 見은 인식이며 我는 일체 중생의 몸 가운데 있는 함없고 상 없는 청정한 자성자리니 참답고 항상한 실체여서 고

옆사람 참선에 방해가 되므로 쫓겨나게 됩니다。할 수 없이 수좌는 걸망을 지고 이 절 저 절 다니다가 마지막에는 나무 꼭대기에 올라 앉아서 혼자 참선을 하는데 밑은 깊고 험한 낭떠러지어서 떨어지면 즉사(卽死)하게 될 그런 데 올라 앉아서 마음 놓고 「무! 무!」하며 참선을 합니다。그러다가 이 사람이 결국은 견성까지 한 일이 있었읍니다。애를 쓰면 이런 정도로 애를 써야 합니다。

이 사람이 본래는 조그만 보따리장사였는데 만공스님 회상에 와서 법문을 듣고 우리의 마음이 그렇게 위대한 것이라면 생명을 걸고 한번 해 봐야겠다고 발심을 해서 깨쳤던 것입니다。그런데 이 사람이 「무! 무!」하고 소리를 내어 음성으로 부처를 구한 것 같지만 그러나 사실은 이 사람은 모양이나 말을 따라 부처를 구한 것은 아닙니다。아둔해서 처음에 그랬지만 마음의 부처를 찾으려 한 수좌입니다。

이렇게 견성을 해서 마음을 깨쳐 놓으면 三十二상을 갖추신 부처님이 온갖 신통을 하시며 종로에 나타나셨다 하더라도 그래서 서울의 온 시민이 다 나와서 마중을 하시더라도 이 정도 된 사람은 윈눈 하나 깜짝하지 않습니다。이 마음 깨친 자리에서 보면 그런 부처님도 다 도깨비인데 거기 무엇하러 갑니까。이와 같이 근본문제를 해결해 놓아야 부처님께서 고맙게 여기시지 떡을 갖다 놓고 절을 하고 돈을 바치고 복을 많이 달라고 그래봐야 불보살님은 고맙게 생각하시지 않습니다。불보살님이 보인다고 기도하다가 도통했다고 하고、참선하다 일어나서 절하고 하면 이런 사람은 다 헛 공부한 것이고 삿된 공부한 것입니다。

부처님 당시에도 제일 수제자(首弟子)인 가섭존자께서 본래 명문대가(名門大家)의 부자집 아들이고 대학자 큰 인격자로 늦게 출가하신 분인데、한번은 부처님께서 먼데 어디가셔서 설법해 주시고 한 달쯤이고 얼마쯤 계시다가 돌아오시게 되었는데、그러면 대중

성념불로 성취할 수 없고 모름지기 바른 지견이 분명해야만 바야흐로 깨달아 알 수 있는 것이다。그러므로 모양이나 목소리같은 두 가지 상으로 구한다면 볼 수 없는 자리이다。그러므로 알라。모양으로 부처를 보거나 소리로 법을 구한다면 마음 가운데 생멸이 있는 것이므로 여래를 깨닫지 못할 것이다。

若以兩字　是發語之端 色者 相也 見者 識也 我者 是一切衆生身中 自性淸淨無爲無相眞常之體 不可高聲念佛 而得成就 會須正見分明 方得解悟 若以色聲二相　求之 不可見也 是知以相觀佛 聲中求法 心有生滅 不悟如來矣

들이 환희에 넘쳐서 모두 마중을 나갑니다。그런데 가섭존자는 부처님 마중도 안 나가고 그대로 앉아 계십니다。그러니 대중들이 한결같이 지탄을 합니다。「가섭존자라는 이는 법도 모르고 어떻게 된 사람이냐。」하면서 대중들의 여론이 분분하게 됐읍니다。그러자 부처님께서 대중들에게 이렇게 말씀을 하십니다。『너희들이 그런 불평을 하는 것은 다 법을 잘 모르기 때문이다。너희들이 여래를 환영한다는 것은 도깨비가 도깨비를 환영하는 것에 불과하다。가섭은 여래를 정말 존경한 줄도 알고 참으로 환영한 것이다。』부처님께서 가섭존자를 이렇게 칭찬해 주셨고、시방제불이 석가여래의 상수(上首)인 가섭존자 참 거룩하다고 칭찬하십니다。그런데 사실 또 가섭존자께서는 이런 도리를 아시고 마중도 하시고 존경도 하시고 하니 거룩하신 것입니다。그러므로 이런 도리를 알고 참선도 하고 경도 보고 염불도 하고 그래야 하는데 이것이 잘못 되어 염불도 안 하고 기도도 필요 없고 경도 참선도 할 것 없다고 하면 이것이 탈입니다。

無斷無滅分(무단무멸분) 第二十七(제이십칠)

須菩提(수보리)야 汝若作是念(여약작시념)하되 如來不以具足相故(여래불이구족상고)로 得阿耨多羅三藐三菩提(득아뇩다라삼먁삼보리)면 須菩提(수보리)야 莫作是念(막작시념)하라 如來不以具足相故(여래불이구족상고)로 得阿耨多羅三藐三菩提(득아뇩다라삼먁삼보리)니라 須菩提(수보리)야 汝若作是念(여약작시념)하되 發阿耨多羅三藐三菩提心者(발아뇩다라삼먁삼보리심자)는 說諸法斷滅(설제법단멸)가 莫作是念(막작시념)이니 何以故(하이고)오 發阿耨多羅三藐三菩提心者(발아뇩다라삼먁삼보리심자)는 於法(어법)에 不說斷滅相(불설단멸상)이니라

『수보리야, 네가 만일 생각하기를, 「여래는 구족상을 쓰지 않음으로써 아뇩다라삼먁삼보리를 얻으셨도다。」 하겠느냐, 그런 생각을 하지 말라。「여래가 구족상을 쓰지 않음으로써 아뇩다라삼먁삼보리를 얻었다。」고 하지 말라。

수보리야, 네가 만일 생각하기를 「아뇩다라삼먁삼보리심을 낸 이는 모든 법이 단멸하는 것으로 말하는구나。」 한다면 그런 생각을 하지 말라。 왜 그러냐 하면 아뇩다라삼먁삼보리심을 낸 이는 모든 법에 대해 단멸상을 말하지 않기 때문이니라。」

第二十七 無斷無滅分—단멸이 아니다

〔科解〕

앞에서 제二六 법신은 상이 아니란 법신비상분(法身非相分)을 말씀하실 적에 여래는 三二상·八〇종호(種好)로 볼 수 없다고 하셨고, 또한 모양이나 소리로 부처님을 찾는다면 이것은 곧 사도라고까지 말씀하셨읍니다。 그러니 「부처님은 三二상·八〇종호 같은 복된 상에는 아무 생각도 없고 일체의 법에 대해서 모든 진리는 아주 다 없어지는 것이란 단멸상(斷滅相)을 가지기 때문에 아뇩다라삼먁삼보리심을 얻으시는 것인가 보다。」하고 잘못 생각할까 보아 염려해서 이 잘못된 생각을 미리 막으시는 말씀입니다。

二七斷疑論 스물 세번째로 부처님의 과는 복상으로 되는 것이 아니라는 의심을 끊는 대문이다(第二十三斷佛果非關福相疑)。 앞 장에서 상으로 법신을 알려고 하는 것은 불가능한 것이며 모양으로 보거나 소리를 듣고 부처를 구한다면 이것은 곧 삿된 도라는 말씀을 듣고 불과(佛果)는 오로지 상없고 함없는 무상무위(無相無爲)만을 불과로 삼는데 복덕의 인(因)을 닦는 것은 나만 상을 이루는 것이니 상

原文 須菩提 汝若作是念 如來不以具足相故 得阿耨多羅三藐三菩提 須菩提 莫作是念 如來不以具足相故 得阿耨多羅三藐三菩提

解義 『수보리야、 네가 혹 이런 생각을 했다면 그것은 큰 잘못이다。「부처님께서 구족한 상을 쓰지 않음으로써 아뇩다라삼먁삼보리를 얻으셨다。 여래가 구족상에 마음을 두지 않으므로 아뇩다라삼먁삼보리를 얻으셨다。」고 생각하느냐。수보리야、 너는 아예 그런 생각을 하지 말라。 여래가 구족한 상에 집착하지 않음으로 해서、 곧 상에 아무 상이 없기 때문에 아뇩다라삼먁삼보리를 얻으신 것이라고 생각하지 말아라。』

『여래께서 처음에 아뇩다라삼먁삼보리심을 일으켜 가지고 오랜 세월 무량겁을 두고 육바라밀을 닦으셨읍니다。 보시(布施)도 하고 지계도 하고 인욕도 하고 정진·선정도 하고 그래서 마지막에는 지혜바라밀을 얻으셨읍니다。 이렇게 해서 세세생생에 인격이 점점 향상해 왔고 일체 현상계에 이(理)로나 사(事)로나 두루 다 원만하게 통하셨읍니다。』

그래서 무량 중생을 제도해서 많은 복을 지으므로 三二상·八〇종호(種好)를 비롯한 구족상(具足相)을 갖추셨지만 이런 구족상에는 아무런 관심도 가지지 않기 때문에 그래서 아뇩다라삼먁삼보리를 얻으셨구나 하는 생각을 하지 말라는 뜻입니다。

사실 우리는 금강경을 배워서 응무소주(應無所住)해라、 여하한 경우 여하한 조건에도 집착하지 말라는 글귀의 뜻도 수 없이 들어 잘 알고 있는 것 같지만、 그러나 여기서 지금 말씀하시는 것처럼 「상에 치우치지 않았기 때문에 아뇩다라삼먁삼보리를 얻으셨구나。」 하고 생각하기도 쉽습니다。 등상불(等像佛)이나 실제 부처님 생존 당시의 三二상을 갖춘 부처님을 친견(親見)하더라도 「그게 다 상인데 볼 게 무엇이 있느냐。」 하는 그런 소견으로 아뇩다라삼먁삼보리를 얻는 것이라는 생각을 하지 말라는 말씀이었읍니다。

이 이미 불이 아니고 불과가 아니라면 상을 구족한 것에 마음 두지 않고 얻은 것이므로 불과는 필경 복상과는 관계하지 않는다는 뜻이다。

이와같은 마음을 일으키고서 복덕에 의지하지 않고 대보리를 얻었다면 이와같은 보살은 복덕을 잃고 과보를 잃게 될 것이다。 여기에 네 가지의 문단이 있다。

一、 상을 허는 생각을 막는 대문(遮毀相三念)으로 須菩提 汝若作是念에서 故得阿耨多羅三藐三菩提까지이다。

二、 상을 허는 허물이니(出毀相之過)、 須菩提 汝若作是念에서 說諸法斷滅 莫作是念까지

三、 복상을 잃지 않음을 밝히는 대문(明福相不失)이니 何以故에서 不說斷滅相까지인바 상을 허는 것은 곧 단멸에 떨어지는 것이기 때문이다。

六祖口訣 수보리 존자께서 진신은 상을 여의었다는 부처님의 말씀을 듣고 문득 서른 두 가지의 거룩

한 행을 닦지 않고서 부처님의 보리를 얻는 것이라고 생각할까 하여 부처님께서 수보리에게 이렇게 말씀하신 것이다。

「여래가 서른 두가지 거룩한 행을 닦지 않고서 보리를 얻었다고 하지 말라。 네가 만일 서른 두가지 거룩한 행을 닦지 않고서 아뇩다라삼먁삼보리를 얻는 것이라고 말한다면 이것은 곧 부처님의 종자를 끊어 없애는 것이니 도저히 그런 이치가 있을 수 없느니라。」

須菩提 聞說眞身離相 便謂不修三十二淸淨行 得佛菩提 佛語須菩提 莫言如來不修三十二淸淨行 而得菩提 汝若言不修三十二淸淨行 得阿耨菩提者 即是 斷滅佛種 無有是處

原文 須菩提 汝若作是念 發阿耨多羅三藐三菩提心者 說諸法斷滅 莫作是念 何以故 發阿耨多羅三藐三菩提心者 於法 不說斷滅相

解義 『수보리야、 네가 만일 이런 생각은 하되、 「아뇩다라삼먁삼보리를 일으킨 자는 모든 법이 단멸했다。」고 한다면、 그런 생각을 아예 하지 말라。』 가령 여기 이 등상 위에 켜 놓은 이 초를 두고 말하는 경우에도 처음에는 새 것이었던 것이 자꾸 닳아서 더 있으면 다 닳아 없어질 것인데 그러면 초는 다 닳아서 단멸했다 그렇게 말할 수 있읍니다。 늙어서 죽든지 병으로 죽든지 교통사고 같은 참변을 당해서 죽든지 한번 죽으면 그만이다。 육체적으로는 물론 생명의 본질、 영혼 같은 것이 있어서 내생(來生)이 영속(永續)된다든지 하는 것을 부인하고 한번 죽으면 그만이다。 아주 죽고 마는 것이다。 이렇게 생각하면 그것은 사람 생명에 대한 단멸상(斷滅相)입니다。 또 반대로 사람이 죽으면 지옥에 가든지 천당에 가든지 영혼이 계속해서 존재한다고 보는 것은 상견(常見)입니다。 그러나 이렇게 항상하다고 하여 보리·열반의 참다운 진리를 체득할 줄 모르면 이것도 구경법(究竟法)이 되지 못하는 때문에 불교에서는 제법을 단멸상으로 보는 단견이나 항상하다고 보고 마는 상견을 다 정견으로 보지 않습니다。

이와 같이 『여래께서 구족상에 대해 아무 관심이 없어서 모든 것을 끊었기 때문에 아뇩다라삼먁삼보리를 얻은 것이어서 아뇩다라삼먁삼보리라는 것은 모든 법에 대해 말도 없고 생각도 없는 다 끊어 없어진 단멸이라고 생각하겠느냐。 그렇게 생각하지 말라。 왜냐 하면 아뇩다라삼먁삼보리심을 낸 이는 일체 만법에 아주 없어져서 아무 것도 없다는 단멸상을 말하지도 않고 생각하지도 않기 때문이니라。』

不受不貪分 第二十八

須菩提야 若菩薩이 以滿恒河沙等世界七寶로 持用布施하고 若復有人이 知一切法無我하야 得成於忍하면 此菩薩이 勝前菩薩의 所得功德이니 何以故오 須菩提야 以諸菩薩은 不受福德故니라 須菩提ㅣ 白佛言하사대 世尊하 云何菩薩이 不受福德이니잇고 須菩提야 菩薩의 所作福德은 不應貪着이니 是故로 說不受福德이니라

『수보리야、 보살이 항하의 모래 수와 같은 많은 세계에 칠보를 가득 채워서 보시했더라도、 만일 또 다른 사람이 일체 법에 내가 없음을 알아서 참다운 진리를 이루어 얻었다면、 이 보살이 앞의 보살이 얻는 공덕보다 더 뛰어나리라。 왜 그러냐 하면

수보리야、모든 보살은 복덕을 받지 않기 때문이니라。』 수보리가 부처님께 사뢰어 말씀하셨다。『세존이시여、어떤 것이 보살이 복덕을 받지 않는 것이옵니까。』 『수보리야、보살이 복덕을 짓는 것은 탐착해서가 아니니 그러므로 복덕을 받지 않는다고 말하느니라。』

第二十八 不受不貪分—보살은 복덕을 탐하지 않는다

〔科解〕

불수불탐(不受不貪)이란 주관·객관을 초월하여 선악을 여읜 자리에는 화복을 받는 주체도 객관도 없으며 미추호오(美醜好惡)가 붙을 수 없으므로 탐착할 것도 없다는 뜻입니다。마음 속에 나와 남이 있고 부처와 중생이 남아 있는 한 아무리 물질적인 복덕을 많이 짓는다 하더라도 그것은 상대적인 인과이므로 한계가 있고 생명이 있는 생사법에 불과할 뿐입니다。 그러므로 내가 없는 〈참나〉의 자리、상에 머무르지 않는 〈응무소주〉의 마음자리를 깨달아서 체득해야만 참다운 큰 복을 지을 수 있읍니다。 그래서 제四 묘행무주분(妙行無住分)의 말씀처럼 상에 머무르지 말고 보시하고 만행을 하라는 것입니다。

二七斷疑論 제二八 보살은 복덕을 탐하지 않는다(不受不貪分)는 二七단의(斷疑)의 과판으로 분때 제二三단불과비관복상의(斷佛果非關福相疑) 가운데 한 부분으로서 그 네째 내문에 해당한다。곧、잃지 않는 까닭을 밝히는 내문(明不失所以)이니 그 글 가운데 다시 두 문단(文段)이 있다。

① 진리를 얻었으므로 잃지 않게 되는 도리를 밝힘(明得忍故不失)。須菩提 若菩

상에 머무름 없이 아무 조건 없이 남을 위해서 장사도 하고 농사도 하고 보시·지계·인욕을 하는 보살의 무심한 자리에 탐착이 있을 수 없고 복덕도 받을 것이 없는 것입니다。 몸뚱이가 없으니 밥이 필요 없고 옷이 필요 없으며 돈·생명까지 다 떨어진 자리이기 때문입니다。

原文 須菩提 若菩薩 以滿恒河沙等世界七寶 持用布施 若復有人 知一切法無我 得成於忍 此菩薩 勝前菩薩 所得功德

解義 『수보리야、만일 어떤 보살이 아뇩다라삼먁삼보리심을 일으킨 보살이 항하강의 모래 수와 같이 많은 삼천대천세계에 가득찬 칠보(七寶)를 가지고 온 세계에 있는 모든 중생에게 보시한 보살이 있고、또 다른 어떤 보살은 「일체법에 내가 없다。 몸뚱이가 내가 아니다。 이제까지의 모든 지식이 참된 것이 아니다。 모든 것이 무아의 경계이고 유정무정(有情無情)이 다 응무소주의 경계구나。」하는 진리를 깨쳐서 완전히 증득했다면 이 보살의 공덕이 앞에서 칠보를 보시한 공덕보다 더 많으니라。』

석가모니 부처님께서 연등부처님에게 만법이 무아인 도리를 깨쳤읍니다。 나만 무아가 아니라 만법이 다 무아이기 때문에 성불할 수 있는 도리를 깨쳤읍니다。

인욕하는 것도 처음에는 힘이 들지만 이것도 자꾸 노력을 하고 무아의 도리를 닦아 나가면 도가 높아지는 데 따라서 힘 안들이고 잘됩니다。 그 전에 어떤 노장님이 인욕을 아주 참 잘해서 평생에 노한 얼굴 한번 안 한 분도 있읍니다。 성나는 것만 참는 것이 아니

薩에서 勝前菩薩所得功德까지

② 받지 않으므로 잃지 않는 이치를 밝히는 대문(明不受故不失)인데 여기에 다시 두 구분이 있다。

㉮ 바로 밝힘(正明)이니 須菩提 以諸菩薩 不受福德故

㉯ 증명하여 해석함(徵釋)이니 須菩提白佛에서 不受福德까지

六祖口訣 일체법을 통달해서 주관 객관의 분별이 떨어진 것을 인(忍)이라 한다。 이 사람이 얻는 바 복덕이 앞에서 말한 칠보를 보시해서 얻은 복덕보다 더욱 수승한 것이다。

通達一切法 無能所心者 是名爲忍 此人所得福德 勝前七寶之福也

六祖口訣 보살이 짓는 바 복덕은 자기를 위하여 하는 것이 아니고 그 뜻이 일체중생을 이롭게 하는 데 있으므로 복덕을 받지 않는다고 하신 것이다.

菩薩 所作福德 不爲自己 意在利益一切衆生故 言不受福德也

라 아픈 것도 참아야 하는데 몸을 톱으로 켜고 칼로 찌르더라도 아픔이 없는 경지에 도달해야 합니다. 그러나 법력이 아직 그렇게 되지는 못했지만 말만이라도 그렇게 할 수 있어야 발심한 불자입니다.

내가 한 三〇년 전에 맨발로 짚신만 신고 다니며 방에 불도 안 때고 안국동 선학원(禪學院)에서 한동안 인욕공부를 하며 지낸 일이 있습니다. 요사이 추위는 三〇년 전 추위에 비하면 훨씬 덜 춥습니다. 그때 장안에는 선학원에 장사 중이 하나 나왔다고 떠들썩한 일이 있었지만 나는 그때 몸뚱이를 내 버리고 인욕하기로 작정했기 때문에 그대로 견디어 낼 수 있었습니다.

그런데 참는 것도 석가모니부처님께서 五백생 동안 인욕선인(忍辱仙人)으로 계실 적에 가리왕에게 사지백해(四肢百骸)를 찢길 때처럼 아무 생각없이 참을 줄 알아야 하고 또 제석천왕(帝釋天王)이 전당포라는 하늘나라의 고약을 가지고 와서 찢어진 육신을 완전하게 치료해 줄 그때에도 조금도 기쁜 마음을 내지 않으셨던 것처럼 참는 것 없이 참아야 합니다.

이렇게 도할양무심(塗割兩無心)의 경지에 도달하면 단순한 참음이 아니라 마음의 참바탕자리를 튼튼하게 지키고 일체의 객관경계에 조금도 흔들리지 않는 〈참나〉의 진리를 체득했다는 뜻을 가진 인(忍)①이 됩니다. 그러므로 여기서 득성어인(得成於忍)의 〈인〉(忍)은 어긋나고 모순되고 거슬리는 경계를 잘 참고 성내지 않으며 좋다 싫다는 생각이 없어서 갚음이 없는 것을 말하며, 무생법인(無生法忍)의 생멸(生滅)이 없는 진리에 머물러서 그 마음이 도할양무심으로 움직이지 않는 것을 뜻합니다.

原文 何以故 須菩提 以諸菩薩 不受福德故 須菩提 白佛言 世尊 云何菩薩 不受福德 須菩提 菩薩 所作福德 不應貪着 是故 說不受福德

解義 『수보리야, 저 모든 보살은, 한량 없는 삼천대천세계에 칠보를 채워서 보시한 공덕보다도 더 큰 복을 지은 그런 보살들은 다 생멸이 없는 진리, 곧 무생법인을 체득했으니 그러므로 그 보살들은 복덕을 받지 않기 때문에 그렇게 많은 복을 받느니라.』 보살은 복을 하나도 받지 않는다는 부처님 말씀을 듣고 수보리존자는 깜짝 놀라서 부처님께 여쭙니다. 『세존이시여, 보살이 복을 하나도 받지 않는다는 말씀이 무슨 뜻입니까.』 『수보리야, 보살이 복을 짓는 것은 무엇을 탐착해서 하는 것이 아니기 때문에, 자기를 위해서 한 것은 하나도 없고 아무 생각 없이 오직 중생만을 위해서 했기 때문에 그래서 복덕을 받지 않는다고 말하느니라.』

중생들 소견으로는 「복을 받지 않는 것이라면 그런 복은 지으나마나 한 것이 아니냐.」 고 의심할 것입니다. 그런데 보살은 자기를 위해서 무엇을 할 필요 없이 된 분이고 수행을 하거나 불법을 할 필요가 없이 된 분입니다. 몸뚱이가 내가 아니니 밥이 필요합니까. 옷이 무슨 필요 있읍니까. 생각이 아니니 지식도 소용 없읍니다. 그러니 무량 대복을 짓지만 아무 소용이 없는 것입니다. 그러면 무엇 때문에 복을 지을 필요가 있느냐. 그것은 이치에만 착하지 말고 사(事)에도 자유롭자는 것입니다. 곧 원리로만 통할 것이 아니라 현실적으로 현상계에 대해서도 자유해야 마지막 자유가 되기 때문입니다. 그러니 지혜만 닦아 놓았을 뿐 복을 닦지 않은 것은 마치 열·백가지 박사학위를 받은 대천재가 있다 치고 이 사람이 비록 아는 것은 세계 제일이지만 그러나 어느 백화점이던 조그만 구멍 가

〔註1〕 인(忍) 범어 ksanti : 자기 뜻에 안 맞는 환경 사건에 대해 성내거나 불쾌한 마음을 내지 않고 참는 것 또는 진리·도리에 마음을 계합하여 편안히 머무르므로 일체에 요동하지 않는 마음을 뜻한다. 또는 확실하게 인정하여 확정한다는 인가(印可)의 뜻으로 풀이되기도 한다. 이인(二忍)·삼인(三忍)·사인(四忍)·오인(五忍)·육인(六忍)·십인(十忍)·십사인(十四忍) 등이 있다.

게에 들어가서 바늘 한 개만 집어 오면 당장 도둑으로 몰려 잡혀 가는 것과 같습니다。 가서 구경을 하는 데는 백화점 주인이나 거지나 한가지지만 그 물건을 직접 내가 소유해서 쓰려고 할 때는 복이 없으면 안됩니다。

그러므로 말하고 듣는 〈마음자리〉、〈참나〉의 본성자리서에는 복이니 복이 아니니 선이니 악이니가 붙을 수 없는 자리이고 생사니 열반이니가 붙을 수 없는 자리입니다。 그런데 중생들은 욕심으로만 살다 보니까 우주를 다 차지해도 만족이 안 됩니다。 본성을 깨쳐서 정혜(定慧)만 닦으면 욕심이 다 떨어져서 중생도 부처도 없으니 아침 나절에 성불해 가지고 저녁때 열반합니다。 복을 안 지어서는 나한테 제도 받을 중생이 하나도 없으니 그러므로 그래서 복도 중생이라 그러는데 시방제불이 복을 갖추어서야 비로소 중생을 제도하시지 지혜만 가지고는 안됩니다。 그렇다고 복에만 치우쳐도 안되고 그래서 부처님은 복혜(福慧)를 쌍으로 구족하신다고 그럽니다。 곧 복에서 완전히 자유롭고 지혜로도 완전히 자유로우면 이것이 복혜구족(福慧具足)이고 성불입니다。

그래서 보살이 육바라밀을 닦고 복을 짓는데、그러나 보살은 자기를 위해서 복을 짓지 않습니다。 자기 살림살이 늘리기 위해 복짓는 게 아니고 보시를 해도 저절로 되고 아무 생각 없이 오직 중생만을 위해서 살생 안 하고 도둑질 안 하고 일체의 악은 다 안 하고 꼭 선행만 하고 복을 짓지만 복에 탐착하는 것이 아니기 때문에 불수복덕(不受福德)입니다。

이인(二忍)

첫째 ①중생인(衆生忍)—일체 중생에게 성내지 않고 보복하지 않고 참는 것。
②무생법인(無生法忍)—생멸 없는 진리에 안주(安住)하여 마음을 움직이지 않는 것。

둘째 ① 생인(生忍)—남의 공경·공양을 받지만 집착하는 마음이 없이 잘 참는 것과 남이 나를 욕하고 때리고 해롭게 하는데도 성내지 않고 잘 참는 것。
② 법인(法忍)—춥고 더웁고 비바람 기갈 생로병사 등에 번민이나 원망을 두지 않고 잘 참는 것과 희로애락 등 정신적인 번뇌를 잘 참는 것。

〔說 義〕

부처님께서 어느 두 보살의 과거세의 역사를 말씀하셨는데、그야말로 〈일체법무아〉의 법인을 체득해서 불수복덕(不受福德)의 무량복을 짓는 내용입니다。

이 보살이 어느 부처님 말법시대(末法時代)에 태어나서 정법(正法)을 심어 주기 위해 사법(邪法)과 싸우게 됐읍니다. 그때도 지금 우리 한국과 같이 정법이 사법에 몰리는 말세였읍니다. 석가세존불법에는 정법 천 년, 상법(像法) 천 년, 말법(末法) 만 년인데 현재 불멸기원(佛滅紀元) 二천 五백년이 세계통일년대이므로 말법의 운수는 아직도 九천 五백 년이 남아 있고 지금은 말법의 초기입니다. 그런데 그때는 지금 우리 한국보다도 더한 말법시대가 되어서 비구승들이 전부 장가가고 술 고기 먹고 다 가짜중 썩은 중들만 있고 정말 수행을 하는 참비구는 이 보살 한 분만 남았읍니다. 불교신도도 말이 불자지 전부 마구니 신도고 그럴 때입니다. 그래서 술·담배 먹고 곰탕·불고기 먹어가며 참선도 하고 기도를 해야 속히 견성성불한다는 것입니다. 하루저녁에 열 여자하고 자더라도 생각이 있으면 안되지만 아무 생각 안하면 된다는 것입니다. 이렇게 불교가 엉망으로 되어 마구니떼로 변해 가고 있으니 이 보살은 피눈물을 흘리며 원력을 세우고 정진을 하기로 했읍니다.

그리고 세밀한 계획을 잘 세워서 서울 같으면 먼저 파고다공원에서 법문을 한 번 하고 다음에는 장충공원에서 한 번 하고 역전에서, 시청 앞에서 이렇게 돌아가며 설법을 합니다. 청중 가운데 신심이 있는 신도도 있고 불교를 연구하는 지식층의 인사도 끼여서 듣어 보고는 「이제야 정말 참 불법 바로 하는 스님 한 분 우리가 만났다. 이 대사님을 옹호해 가지고 정법을 펴자.」 이렇게 하여 모여든 대중이 몇 만명이 됐읍니다.

그러니 그 반대편에 있는 삿된 무리들이 우리 한국 같으면 만신·무당·불법을 삿되게 하는 불교인들, 막행막식주의(莫行莫食主義)로 하는 불교인 천주교·기독교·천도교·유교 등 이런 것도 모두 삿되게 하는 무리들이 원체 많은데 전부 단결해 가지고 일거에 대항해 옵니다. 그 스님이 공부도 대단하고 원력도 커서 목숨을 조금도 돌보지 않는데다

삼인(三忍)=무량수경에 제一법인·제二법인 제三법인이 있고 유식론(唯識論)에 ①내원해인(耐怨害忍) ②안수고인(安受苦忍) ③관찰법인(觀察法忍) 등이 있다.

사인(四忍)=① 무생인(無生忍) 일체의 모든 법은 다 자성이 **공적해서** 본불생(本

不生)이나。이 법을 깨쳐서 보살이 계율 깨뜨리는 죄를 범하지 않는다。② 무멸법인(無滅法忍)—일체의 모든 법이 본래 무생이니 또한 멸하는 것도 없는 것이 법을 체인하면 역시 계율 파하는 죄를 벗어난다。③ 인연인(因緣因)—일체의 법은 다 인연 화합의 원리로 화합해서 생기는 것이며 자체의 불변하는 성품은 없는 도리를 깨닫는 것。보살이 이 법을 체인하면 금계의 죄를 능히 뛰어난다。④ 무주인(無住忍)—모든 법에 주착(住着)하지 않는 이치이니 보살이 이 법을 체인(體認)하면 금계(禁戒)의 죄로부터 뛰어난다。

그 교세가 일취월장(日就月將)으로 팽창돼 가고 있으며 자기네 신도들을 다 빼앗기게 생겼기 때문입니다。

그래서 예컨대 저쪽에는 몇 백만명이 되고 이쪽은 몇 십만 되는 많은 신도들이 도처에서 생명을 걸고 싸움질을 하게 됐읍니다。그러나 중과부족(衆寡不足)으로 정법의 신도들이 다 죽어갑니다。이때에 마침 그 나라 국왕은 불교를 깊이 연구하고 있었으며 과거세부터 불법을 많이 공부했던 인연이 있는 이어서 경을 바로 보는 안목(眼目)이 있었읍니다。그래서 군중을 소집해 가지고 「이제 정법이 망하면 나라가 망한다。지금 우리나라가 이렇게 혼란한 것도 다 불교가 이렇게 혼란한 때문이다。이제 다행히 옳은 스님이 한 분 나오셨는데 무자비한 사도들에게 목숨을 잃을 직전에 있으니 다같이 가서 구하자。」고 호소했으나 군중들은 그릇된 신앙을 하는 사람들이 대부분이었으므로 국왕의 호소에도 잘 호응하지 않았읍니다。그 나라의 당시 국법으로도 도와 줄 수 없고 국회 같은 회의나 조정대신들도 다 반대했으므로 국왕은 할 수 없이 자기의 직속 호위병들 정도만을 이끌고 그 스님을 보호하기로 했읍니다。그렇지만 저 쪽이 원체 수가 많아서 이 쪽은 다 몰살당할 지경에 이르렀는데 그러자 스님을 한 가운데 두고 둘러싸서 모셔 놓고 「우리는 다 죽더라도 이 스님만은 살려야 한다。」고 결심했읍니다。국왕도 왕위를 걸고 헌신적으로 나섰지만 이쪽은 자꾸만 밀리고 무너져서 이대로는 그 스님을 보호할 수 없게 됐읍니다。그래서 국왕은 속임수로 진을 하나 더 만들어 놓고 「우리는 다 죽어도 좋지만 스님 한 분만은 꼭 사셔야 합니다。어서 피해서 누더기옷이라도 입고 살아 계셔야만 저 마구니들이 이 나라를 다 점령하더라도 스님께서 이 나라에 생존해 계신 한 그만한 덕이 될 것입니다。」하며 피하도록 했읍니다。스님도 할 수 없이 그길로 산으로 피해 가서 변형(變形)을 하고 공부만 하면서 기회를 보았으나 인연이 맞지 않아서 그대로 돌아가셨읍니다。그 나라

오인(五忍)=① 복인(伏忍) ② 신인(信忍) ③ 순인(順忍) ④ 무생인(無生忍) ⑤ 적멸인(寂滅忍) 등이 있다。

국왕도 끝까지 싸우다가 전사하고 말았읍니다。 부처님께서 그 두 보살의 과거의 보살행을 이렇게 설명하셨는데、 열반경(涅槃經) 같은 데도 보살이 과거에 어떤 나라의 국왕으로 있었다는 등의 내용이 많이 나옵니다。

이런 보살님들의 다생겁래의 모든 행은 다 자기의 복덕이나 자기의 무엇을 위해서 하는 것이 아니며 아무 생각 없이 무심으로 중생을 구제하기 위한 도할양무심의 행이기 때문에 탐착이 아니며 복덕을 받는 것도 아닙니다。

威儀寂靜分 第二十九

須菩提야 若有人이 言하되 如來ㅣ 若來若去若坐若臥라하면 是人은 不解我所說義니 何以故오 如來者는 無所從來며 亦無所去일세 故名如來니라

『수보리야、 만일 어떤 사람이 말하기를、「여래가 만약 온다거나 간다거나 앉았다거나 눕는다거나」 한다 하면 이 사람은 내가 말한 바 뜻을 알지 못하는 것이니라。 왜 그러냐 하면 여래는 어디로부터 온 바가 없으며 또한 어디로 가는 것도 없으니 그러므로 여래라 이름하는 때문이니라。』

第二十九 威儀寂靜分 — 위의 또한 공적하다

〔科解〕

부처님이 이 세상에 출현하시어 팔상성도(八相成道)를 나투시고 열반해 보이시고 하는 것은 다 중생을 제도하시기 위해서 만행만덕(萬行萬德)을 지으신 복덕의 보응으로 응화신(應化身)을 나타내시어 베푸신 자비연극입니다。위의적정분(威儀寂靜分)이란 말은 거래좌와(去來坐臥)의 네 위의가 다 공하여서 공적한 가운데 중생을 제도하기 위해 허깨비 놀음을 보인 것에 불과하다는 뜻으로 붙인 이름입니다。 여래의 법신인 마음자리에는 오고가고하는 것이 없기 때문입니다。

룸비니 꽃동산에 강탄하신 것을 오셨다(若來) 하고 사라수 수풀에서 열반해 보이신 것을 가셨다(若去) 하는데、부처님은 오셔도 온게 아니고 가셔도 간게 아니며 그렇게 가셨고 그렇게 오셔서 오신 것도 가신 것도 아니란 뜻으로 위의적정분이라 한 것이니、위의(威儀)라 함은 육신의 거동·행주좌와(行住坐臥)·어묵동정(語默動靜)의 일체를 가리킵니다。

二七斷疑論 스물네번째로 화신의 출현이 복을 받는 것인가에 대한 의심을 끊는 대문이니(第二十四斷化身出現受福疑)、만일 모든 보살이 복덕을 받지 않는다면 어떻게 모든 보살이 복덕 중생을 수용하겠는가 하는 의심을 끊는 대문인데 여기에 두 대문이 있다。

一、가정하여 풀이하다(佯錯解)。(須菩提에서 我斷說義까지)

二、정견을 보이는 대문(示正見)이니 何以故에서 故名如來까지이다。가고 오고 앉고 눕고는 없지만이 복덕의 보응으로 모든 중생을 교화하기 위하여 자연히 이와 같은 업으로 모든 부처님이 시방에 출현하시는 도리를 말씀하신 것

六祖口訣 「여래는 오는 것도 아니고 오지 않는 것도 아니며 가는 것도 아니고 가지 않는 것도 아니며 앉는 것도 아니고 앉지 않는 것도 아니며 눕는 것도 아니고 눕지 않는 것도 아니다。 그러므로 앉고 눕고 다니고 서고 하는 네 거동 가운데 항상 공적한 것을 여래라고 할 것이다。

如來者 非來非不來 非去非不去 非坐非不坐 非臥非不臥 行住坐臥四威儀中 常在空寂 即是如來也

原文 須菩提 若有人言 如來 若來若去若坐若臥 是人 不解我所說義

解義 『수보리야、어떤 사람이 말하기를、부처님께서 이 세상에 오셨다 하거나 여래가 열반을 하여 이 세상을 떠나가셨다 하시거나 부처님이 가부좌하고 앉아서 계시다고 하거나 대중과 같이 누워 계시다고 하면 이 사람은 내가 설명하는 근본 뜻이 어디에 있는지를 전혀 모르는 사람이니라。』

현재의 지구설(地球說)로 보더라도 우리는 지금 거꾸로 매어달린 것으로 됩니다。 따라서 누워 있는 때가 지구에 붙어서 서 있는 때입니다。 중생들이 각각 제 입장에서 판단하기 때문에 앉았다 섰다 누웠다 하는 것으로 보일 뿐이고、여기서 보니까 동쪽에 서 있는 것으로 보이고 저쪽에서 보니까 서쪽으로 보이지만 과학적으로 보더라도 이것은 성립될 수 없는 말입니다。

우리가 보니까 이것은 머리고 발이고 그렇지、부처님은 발가락으로 말씀도 하시고 음식도 잡수시고 대소변도 듣기도 보기도 하시고 다 하십니다。 우리가 보기에는 석가여래께서 앉고 서고 하시지만 이치로나 현상으로나 위 아래가 없는 것입니다。 그러므로 「부처님이 앉아 계시구나、누으셨구나。」하고 말하는 사람은 불법 같은 얘기도 못들은 사람입니다。 설사 들었더라도 두 귀의 고막이 다 없어진 귀머거리에 벙어리가 되어 가지고 지나가는 바람소리 들은 거나 한가지고 벼락소리 들은 거나 한가지입니다。 이렇게 들은 사람은 부처님 四〇년 동안 모시고 다녀도 부처님 법문 한마디도 못 들은 것이 됩니다。

原文 何以故 如來者 無所從來 亦無所去 故名如來

解義 『왜 그러냐 하면 여래는 어디로부터 오는 것도 아니고 어디로 가는 것도 아니니, 그것을 마음의 성품 자리로 봐도 그렇고 현상적으로 봐도 그런 것이니 그래서 이름을 여래라 하느니라.』

「부처님께서 바리때 들고 장삼 입으시고 탁발(托鉢) 나가신다」고 하면 그것은 불법을 모르기 때문에 하는 말이지 부처님은 탁발을 하셨지만 사실은 탁발하신 것이 아닙니다. 그런 것을 탁발이라고 하는 것뿐입니다. 내가 오늘 하루 종일 밭 맸다고 치고 누가 나에게 말하기를, 「당신 오늘 밭매느라고 수고했소」 하는 사람은 나를 모르는 사람입니다. 또 오늘 내가 누구하고 싸움을 했다 해도 「싸움한 그게 싸움한 게 아닌데, 그런 싸움을 싸움했다 한다. 싸움 아닌 싸움이다.」 그렇게 말해야 합니다. 이번에 금강경 법문을 들으신 분들은 누가 고약한 놈이라고 욕을 하더라도 「그 욕이 욕이 아닙니다. 그런 것을 욕이라고 합니다.」 그렇게 하십시오. 모든 일이 다 이 세 마디뿐입니다. 이렇게 생각하고 말하고 실천하면 선정도 잘 되고 성불도 빨리 됩니다. 그러니 사구게까지 갈 것도 없읍니다. 있다 해도 좋고 없다 해도 좋고 무슨 짓을 해 놓고도 이 세 마디만 하면 됩니다.

이 마음자리는 작기로 말하면 바늘로 찔러 볼 수도 없는 자리고 크기로 말하면 무한대의 우주가 되고 부처님의 화장세계인데 이게 사실은 아무 것도 아니면서 그런 속에 필름만 돌리면 온갖 것이 다 나오는 영화의 화면처럼 가는 것 같은 것이고 오는 것 같은 것으로 벌어진 현상입니다. 그러므로 오는 것이 오는 게 아니고 그렇게 오는 것이며, 가도 가는 게 아니고 그렇게 가는 것입니다.

〔說 義〕

현상계의 모든 것이 환인 줄을 확실히 알면 현실에 구애되지 않을 뿐 아니라 신통조화를 부리게 되지만 그런 걸 모르는 사람은 제 마음으로 주위 환경을 만들어 가지고 구속이 되고 속는데 사실은 속는 것도 아닙니다。 밥 먹고 물 긷고 산에 가서 나무하고 장사하고 농사짓고 하는 것이 모두 신통묘유(神通妙有)입니다。

그러므로 있다 하면 용(用)이고 또 없다 하면 체(體)이고 있는 것도 없는 것도 아니라면 체와 용을 초월한 것이며、「이렇게 있기도 하고 없기도 한 그런 것을 체와 용이라 이름할 뿐이다」하면 체와 용을 겸한 것이 되는데 이것이 불교의 사구(四句)가 됩니다。 이것을 현상계의 삼라만상은 있는 것이 공해서 없는 것이 아니라는 소견을 제一구(句)의 유문(有門)이라 하고、 모든 것은 그 근본을 자세히 따지고 보면 있는 것이 아니라 아무 것도 없는 공이라고 보는 것을 제二구(句)의 공문(空門)이라 하며、 있기도 하고 없기도 하다면 제三구인 역유역공문(亦有亦空門)이라 하고、 있는 것도 아니고 없는 것도 아니면 제四구의 비유비공문(非有非空門)이라 그럽니다。

나쁘다고 보는 사람이 있으면 다른 사람은 반드시 좋다고 보는 사람이 있는데 또 한 사람은 좋지도 않고 나쁘지도 않다는 사람이 있읍니다。 정반합(正反合)의 서양 논리로는 이렇게 긍정 부정해서 그 양자를 종합해서 진보하는 정반합의 법칙으로 끝나지만 불교에서는 하나가 더 있읍니다。「있는 것도 아니고 없는 것도 아니다」 그러면 이론이 다 끝난 것 같지만 하나 더해서 있기도 하고 없기도 하다 그래야 마지막 이론이 끝납니다。 그러니 이것으로 보더라도 정반합의 변증법적 논리보다 불교의 四구논법이 훨씬 완전한 논법임을 알 수 있읍니다。 천문학이나 자연과학이나 모든 학문을 하는데 있어서도 이 사구의 이론으로 하면 더욱 완전하게 더욱 빨리 성공할 수 있다는 점을 인식해서 활용하기를 바랍니다。

그런데 이 사구에 사구백비(四句百非)라는 말이 있읍니다。 백까지가 아니다、곧 온갖 것 온갖 이치를 다 부정하여 어떠한 존재나 이론·원리 무엇이든지 용납하지 않는다는 뜻으로 백비(百非)라 한 것이고 사구 자체에 이미 백 가지로 부정하는 내용이 들어 있다는 뜻으로 사구백비라 한 것입니다。 사구로 네 번 부정하는 것만 가지고는 만족할 수 없어서 백비란 말을 붙였지만 사실은 사구 가운데 이미 백비의 원리가 다 들어 있는데 그 뜻을 더욱 강조하기 위해서 그렇게 풀이해서 붙인 이름입니다。

처음에 있다 하는 것도 없는 것이 아니라는 부정으로 봐서 제一비(非)가 되고 다음에 없다 하는 것은 있는 것이 아니란 〈제二비〉입니다。 있는 것도 없는 것도 아니다 그러면 〈제三비〉가 되고 있기도 하고 없기도 하다 하는 말은 〈제四비〉가 됩니다。 그런데 또 중생들이 이 사구의 논법에 집착해서 사구의 본래의 뜻을 바로 깨달을 줄은 모르고 「있기도 하고 없기도 하다。」는 그것만을 주장하니까 그런 주장을 부정하는 제五비가 나오게 됩니다。 마치 아인쉬타인이 물질의 본질은 에네르기도 아니라고 했듯이 물질의 본질을 원소라 하지만 원소의 근본체는 무엇이냐 하는 것이 연구돼야 하고 원자·전자라고 하더라도 역시 원자·전자를 이루는 본질이 또 있어야 하기 때문에 끝이 없는 것입니다。 이렇게 정반합을 부정하고 사구를 부정하고 거기다 다시 아닐비(非)자를 하나 더 붙이면 긍정이 되는데 다시 또 비(非)자를 붙이면 부정이 됩니다。 이렇게 비자를 천 자 만 자 지구를 몇 바퀴 돌 수 있는 비자를 붙여서 사고·관념을 초월하자는 구극적인 뜻을 밝히려는 목적으로 백비를 세웠읍니다。

그러나 말하는 이 자리、산보고 높은 줄 아는 이 자리는 사구로도 설명될 수 없고 백구

(百句)로도 안됩니다。 말을 붙이면 붙이는 대로 모순만 나오기 때문입니다。 작다고 하면 바늘로 찌를 수도 없이 작고 몇 천만억배로 확대해 볼 수 있는 현미경으로도 살펴 볼 수 없는 자리입니다。 또 크다고 할 때는 천만억배의 우주를 제망중중 무한대 수로도 비교할 수 없이 마지막으로 큰 이 마음자리는 작으면 작은 대로 큰거고、 크면 큰 대로 작은 자리입니다。 그런 자리에 무엇이 가고 올 것이 있겠느냐는 겁니다。 천백억 화신을 나타내서 천백억 세계에 부처님의 몸을 한 분씩 나누어 중생들을 모두 제도했지만 오고 간 것이 아닙니다。 소승경전만 잘못 본 사람은 실달 태자가 이 세상에 실제로 오셔서 팔상성도(八相成道)하셨고 七九세에 진지를 잘못 잡수시고 혹은 돼지고기 잡수시고 잘못되어 돌아가신 것으로 말하는 사람도 있지만、 대승경의 도리를 아는 이 부처님의 참 모습、 마음자리를 아는 이는 부처님이 몸뚱이로 이 세상에 출현하셨지만 온 것이 아니고 가셨어도 간 것이 아닌 줄로 압니다。

그러므로 금강경의 지혜、 대승의 지혜로 볼 때는 신이 나타나고 하느님이 나타나는 것이 다 도깨비이고 설사 시방제불이 나타났다 해도 다 도깨비들이 나타난 것밖에 안됩니다。 상(相)으로 나타난 그것을 참으로 있는 것으로 보면 속는 것이고 견성성불과는 천리만리 멀어진 것입니다。 하물며 부처님이 오시고 가시고 앉고 눕고 하신다고 말할 수 있겠읍니까。 그것은 부처님의 육신상을 보고 하는 말이므로 참 부처를 본 것이 아닙니다。

一合理相分(일합이상분) 第三十(제삼십)

須菩提(수보리)야 若善男子善女人(약선남자선여인)이 以三千大千世界(이삼천대천세계)를 碎爲微塵(쇄위미진)하면 於意云何(어의운하)오 是微塵衆(시미진중)이 寧爲多不(영위다부)아 甚多(심다)니이다 世尊(세존)하 何以故(하이고)오 若是微塵衆(약시미진중)이 實有者(실유자)인댄 佛(불)이 卽不說是微塵衆(즉불설시미진중)이니 所以者何(소이자하)오 佛說微塵衆(불설미진중)이 卽非微塵衆(즉비미진중)일새 是名微塵衆(시명미진중)이니이다 世尊(세존)하 如來所說三千大千世界(여래소설삼천대천세계)도 卽非世界(즉비세계)일새 是名世界(시명세계)니 何以故(하이고)오 若世界(약세계)ㅣ 實有者(실유자)인댄 卽是一合相(즉시일합상)이니 如來說一合相(여래설일합상)은 卽非一合相(즉비일합상)일새 是名一合相(시명일합상)이니이다 須菩提(수보리)야 一合相者(일합상자)는 卽是不可說(즉시불가설)이어늘 但凡夫之人(단범부지인)이 貪着其事(탐착기사)니라

『수보리야、만일 선남자 선여인이 삼천대천세계를 부수어 먼지를 만들었다면 어떻게 생각하느냐。이 먼지를 많다고 하겠느냐。』『아주 많사옵니다。세존이시여、왜 그러냐 하오면 만일 이 먼지가 참으로 있는 것이라면 부처님께서 이것을 먼지라고 말씀하시지 않으셨을 것이기 때문이오니、그 까닭은 부처님께서 말씀하시는 먼지는 곧 먼지가 아니오라 이런 것을 먼지라 하신 것이옵니다。세존이시여、여래께서 말씀하시는 삼천대천세계도 곧 세계가 아니므로 이것을 세계라 하신 것이오니、왜 그러냐 하오면 만일 세계가 참으로 있는 것이라면 그것은 곧 하나로 되었을 것이기 때문이온데、여래께서 말씀하시는 〈하나로 된 것〉은 곧 〈하나로 된 것〉이 아니므로 이것을 〈하나로 된 것〉이라 하셨사옵니다。』

『수보리야、〈하나로 된 것〉은 곧 말로 할 수 없는 것인데 다만 범부들이 그 일을 탐하고 집착하느니라。』

第三十 一合理相分—이치와 상이 하나다

〔科解〕

일합이상분(一合理相分)이란 이치와 상, 곧 진리와 현상이 하나여서 둘이 아니라는 도리를 설명했다고 하여 지어진 이름입니다. 혹 「一合離相分」이라고도 하나 이 대문은 본래 법신(法身)이나 화신(化身)이 하나여서 다르지 않다는 옛 보살님들의 논(論)에 따라 理자 대신 離자는 잘 쓰지 않습니다. 티끌이나 세계가 그대로 하나의 법신자리이고 현상계가 그대로 진여(眞如)의 마음자리이며 일체법이 개시불법(皆是佛法)이니 이치와 상은 둘이 아니라 하나입니다. 그러므로 현상계의 삼라만상은 하나의 진여에 통해서 하나로 된 일합상(一合相)임을 말씀한 대문입니다.

그러나 그렇다고 해서 일합상에 집착해도 안되는 것이니 그 일합상은 말이나 글로 풀이되는 것이 아니고 생각으로 따져서 알아지는 것이 아닌데 범부들이 그것을 탐착한다고 크게 경계하기까지 합니다. 앞 장에서 법신은 상이 아니고 三二상 八〇종호의 화신으로 여래의 진신인 법신을 알 수 없다는 말씀을 하셨고 상을 여읜 여래의 참 모습은 가고 오고 앉고 눕고가 없다는 말씀을 하셨으므로 여기서는 다시 현상과 마음이 하나여서 여래는 하나

二七斷疑論 스물다섯번째로 법신과 화신은 하나인가 다른 것인가에 대한 의심을 끊는 대문이니(第二十五斷 法身化身一異疑) 앞 장에서 화신으로 법신을 비교하여 알 수 없으며 법신은 거래가 없고 앉고 눕고도 없음을 말했다. 여기서는 또 여래가 진여의 법계 가운데 하나가 아닌데 머물렀고 또한 다른 것도 아닌데 머물러서 이치와 상이 하나임을 보이신 대문이다. 여기에 두 대문이 있으니 첫째 대문은 티끌과 세계를 들어 하나와 다른 것을 파하는 과단(果段)이니(約塵界破一異) 이 대문은 일합이상분(一合理相分)전체에 해당한다.

六祖口訣 부처께서 말씀하시는 삼천

에도 머물지 않으시고 이것 저것이 다른 데에도 머물지 않으심을 밝히시게 된 것입니다。

原文 須菩提 若善男子善女人 以三千大千世界 碎爲微塵 於意云何 是微塵衆寧爲多不 甚多 世尊 何以故 若是微塵衆 實有者 佛 卽不說是微塵衆 所以者何 佛說微塵衆 卽非微塵衆 是名微塵衆

解義 『수보리야、 만일 어떤 선남자 선여인이、 신통력이 높은 보살이 이 삼천대천세계의 전 우주를 쳐부셔서 원자시대 전자시대 내지 에네르기 상태로 돌려 보냈다고 하면 그 전자의 수는 그 먼지가루는 얼마나 되는 것이냐 대단히 많겠느냐 많지 않겠느냐。』

『참 굉장히 많사옵니다。 왜 그러냐 하오면 그 미진중인 먼지가루가 참말로 있는 실물이라면 그것을 처음부터 말씀하시지 않으셨을 것이옵니다。 왜 그러냐 하오면 부처님께서 먼지가루라고 말씀하신 그 먼지는 모두 다 환으로 된 것이옵고 먼지가 아니기 때문이옵니다。 그런 것을 미진이라 하고 먼지라고 이름을 붙여서 말씀하시는 것이기 때문이옵니다。』

그 미진이 참말로 있는 것이라면 절대적 존재이고 불생불멸하는 그것을 미진이라 할 수는 없을 것입니다。 불생불멸하는 그런 먼지를 더구나 많다 적다 이렇다 저렇다 할 수도 없고 먼지라고 이름 지을 수는 더욱 없읍니다。 바늘로 찔러 볼 수도 없는 그런 틈에서 모두 환으로 벌어져 있는 것이기 때문이니 그러다 보니까 그게 또 불가사의한 미진이

대천세계는 낱낱이 중생 성품 속에 망상의 티끌이 삼천대천세계에 있는 먼지와 같이 많기 때문이고、 일체 중생의 성품 위에 있는 망상의 티끌이 곧 티끌이 아님은 경을 듣고 도를 깨쳐서 깨달음의 지혜가 항상 비쳐 보리를 향해 나가며 생각 머물지 않아 항상 청정하니 이같이 청정한 티끌을 곧 티끌이라 하느니라。

佛說三千大千世界 以喩一一衆生性上妄念微塵之數 如三千大千世界中所有微塵 一切衆生性上 妄念微塵 卽非微塵 聞經悟道覺慧常照 趣向菩提念念不住 常在淸淨如是淸淨微塵 是名微塵衆也

六祖口訣 삼천이란 이치로 따져 간략히 말하면 탐하고 성내고 어리석은 마음이 각각 일천가지 망령된 생각을 갖추고

있어 삼천이 됨을 가리키고 마음은 선악의 근본으로 능히 범부를 짓고 성인을 짓는바 움직이고 고요한 바를 헤아려 측량할수 없으니 이렇게 광대하고 끝이 없으므로 대천세계라 한 것이다。

마음 가운데 밝게 사무침이 가련하게 여기는 마음과 지혜의 이 두 가지 법을 지나갈 것이 없으니 이 두가지 법을 말미암아 보리를 얻는 것이다。 하나로 된 상이라 말하지만 이것은 마음에 얻어진 것이므로 곧 하나로 된 상이 아니며、마음에 얻음이 없어야 이것을 하나로 된 상이라 할수 있다。 하나로 된 상이란 거짓으로 지은 이름을 허물지 않고 실다운 상을 말하려 한 것이니 가엾이 여기는 마음과 밝은 슬기 이 두 가지 법으로 말미암아 부

기도 합니다。 이것이 다 사구의 도리이고 사구백비(四句百非)의 도리인데、예컨대 여기 있는 이 초、이 촛대를 두고 말하더라도 「분명히 초는 초지만 초가 아니니 그러므로 이름이 초다。」 그러면 이것은 역시 불가사의한 촛대가 됩니다。 또 이 촛불이 자꾸 타서 닳아지고 있지만 닳는 형태는 안 보입니다。 그렇게 닳는 것이 곧 안 닳는 것이기 때문인데 닳기 전이나 닳고 난 뒤나 그 근원을 따지면 하나이니、그것이 닳는 것이니라。」 이렇게 이 사구는 어디에다 붙여도 다 되고 성불할 수 있읍니다。

原文 世尊 如來所說三千大千世界 卽非世界 是名世界 何以故 若世界實有者 卽是一合相 如來說一合相 卽非一合相 是名一合相 須菩提 一合相者 卽是不可說 但凡夫之人 貪着其事

解義 『세존이시여、여래께서 말씀하시는 삼천대천세계는 곧 세계가 아니옵니다。 그 이름이 세계입니다。 왜냐 하오면 저 세계가 참으로 실존하는 것이라면 그것은 일합상、곧 하나의 세계일 것이옵니다。 최초의 우주에 있어서 있는 것 없는 것이 하나가 되고 시간 공간이 하나로 된 때가 일합상이온데 여래께서 말씀하시는 일합상은 곧 일합상이 아닙니다。 그래서 일합상이라 한 것이옵니다。』『수보리야、그러니 일합상이란 말로 설명될 수 없는 것인데 범부들이 공연히 그 일이 되는 줄 알고 곧 생각으로 알 수 있고 학문하듯 되는 줄 알고 탐착하느니라。』

제망중중의 무진장한 현상들이 그대로 하나인 그런 세계라면 그 세계는 세계도 아닙니다。 유무・시방・중생・범부・부처・보살・아뇩다라삼먁삼보리・탐진치 三독이 모두가 하나로 뭉쳐진 세계를 일합상이라 그럽니다。 그러다 보니 중생도 아니고 부처도 아니고 깨

처의 과보인 보리를 성취하는 것이다。따라서 말로 설명해서는 다할수 없으며 그 못함을 또한 가히 말할 수 없는 것인데 범부들이 문자의 일을 탐착해서 가없이 여기고 밝은 지혜인 비지의 二법을 행하지 않고 위 없는 보리를 구하고 있으니 그것이 어떻게 얻어질 수 있으랴。

三千者 約理而言 即貪嗔癡妄念 各具一千數也 心爲善惡之本 能作凡作聖 動靜不可測度 廣大無邊故 名大千世界 心中明了 莫過悲智二法 由此二法 而得菩提 說一合相者 心有所得故 即非一合相 心無所得 是名一合相 一合相者不壞假名而談實相 由悲智二法 成就佛果菩提 說不可盡 妙不可言 凡夫之人 貪着文字事業 不行悲智二法 而求無上菩提何由可得

친 것도 미한 것도 아니고 남자도 여자도 아닙니다。 그러니 중생들이 발심을 해 가지고 성불해 보려고 하는 것도 안되는 생각입니다。 얻으려는 생각이 있으면 안되고 공부를 해서도 안 되며 깨쳐서도 안되고 방심을 해도 안되고 까딱도 하지 말아야 합니다。 그런데 중생들은 「나도 일합상이 되어 보겠다。 둘 아닌 하나인 일합상의 마음이 되어야 하겠다。 가장 원만하고 구족하고 완전한 〈참나〉가 되어야 하겠다。」하기 때문에 안됩니다。 일합상이라고 말을 하지만 그것은 사실은 일합상도 아닌데 그것을 어떻게 증득하려고 하느냐 그런 뜻입니다。 그런데 이것을 모르고 발심해서 깨달으려 하고 증득하려 하므로 그것을 탐착기사(貪着其事)라 한 것입니다。

범부는 부처님께서 말씀하시는 근본 취지를 모르고 말에만 따라다니고 글에만 따라다니기 때문에 깨치기가 어렵게 됩니다。 그래서 경문에 맨 처음에 여시아문(如是我聞)을 설명할 적에 〈여시〉의 뜻을 숙제로 돌린 일이 있는데 그것은 〈여시〉의 참 뜻은 말과 글을 떠난 자리이므로 설명만 가지고는 다 풀어지지 않기 때문이었읍니다。 일체법이 개시불법(皆是佛法)이고 일체불법이 즉비불법(卽非佛法)이라는 것도 숙제였고 또 삼세심불가득(三世心不可得)인데 어느 마음에다 점을 칠 것이냐。 이 말을 대답하지 못해서 덕산(德山)화상은 점심을 굶고 용담(龍潭)스님을 찾아 갈 수밖에 없던 일이 숙제였읍니다。 그런데 또 여기서 〈일합상〉을 깨치려 해도 안되고 얻으려 해도 안되면 그러면 어떻게 해야 하느냐。 일합상이 아닌 일합상 이런 일합상이라 하니 그만 숨통까지 막아 놨읍니다。 이런 숙제는 설명에 의해서만 해결될 수 없고 직접 마음으로 깨달아 계합하지 않고서는 다른 방법이 없읍니다。

知見不生分(지견불생분) 第三十一(제삼십일)

須菩提(수보리)야 若人(약인)이 言(언)하되 佛說我見人見衆生見壽者見(불설아견인견중생견수자견)이라하면 須菩提(수보리)야 於意云何(어의운하)오 是人(시인)이 解我所說義不(해아소설의부)아 不也(불야)니이다 世尊(세존)하 是人(시인)이 不解如來所說義(불해여래소설의)니 何以故(하이고)오 世尊(세존)이 說我見人見衆生見壽者見(설아견인견중생견수자견)은 卽非我見人見衆生見壽者見(즉비아견인견중생견수자견)일새 是名我見人見衆生見壽者見(시명아견인견중생견수자견)이니이다 須菩提(수보리)야 發阿耨多羅三藐三菩提心者(발아뇩다라삼막삼보리심자)는 於一切法(어일체법)에 應如是知(응여시지)며 如是見(여시견)이며 如是信解(여시신해)하야 不生法相(불생법상)이니 須菩提(수보리)야 所言法相者(소언법상자)는 如來說卽非法相(여래설즉비법상)일새 是名法相(시명법상)이니라

『수보리야、 만일 어떤 사람이 말하기를 「부처님이 〈나라는 소견〉·〈남이라는 소견〉·〈중생살이라는 소견〉·〈오래 산다는 소견〉을 말했다」고 하면 수보리야、 네 생각에 어떠하냐。 이 사람이 내가 말한 뜻을 안다고 하겠느냐。』

『아니옵니다。 세존이시여、 이 사람은 여래께서 말씀하신 뜻을 알지 못한 것이옵니다。 왜 그러냐 하오면 세존께서 말씀하신 〈나라는 소견〉·〈남이라는 소견〉·〈중생살이라는 소견〉·〈오래 산다는 소견〉은 곧 그것이 〈나라는 소견〉·〈남이라는 소견〉·〈중생살이라는 소견〉·〈오래 산다는 소견〉이 아니오니、 이런 것을 〈나라는 소견〉·〈남이라는 소견〉·〈중생살이라는 소견〉·〈오래 산다는 소견〉이라고 하시었기 때문이옵니다。』

『수보리야、 아뇩다라삼먁삼보리의 마음을 일으킨 이는 일체의 법에 대하여 마땅히 이렇게 알고 이렇게 보고 이렇게 믿고 깨달아서 법이란 생각을 내지 말 것이니라。 수보리야、 법상이라 하는 것은 곧 법상이 아니니 이런 것을 여래가 법상이라 말하느니라。』

第三十一 知見不生分—지견을 내지 말라

〔科解〕

부처님께서 처음부터 「이렇게 마음을 항복하고 이렇게 머무르라。」하신 것을 비롯해서 〈나라는 생각〉·〈남이라는 생각〉·〈중생살이라는 생각〉·〈오래 산다는 생각〉을 끊어야 보살이라。」하셨읍니다。 또 「아무데에도 마음을 두지 않고 응무소주(應無所住)해서 마음을 내라(而生其心)」하셨고、많은 사구게(四句偈)를 말씀하셨는데 「이런 것이 불법이다。 이런 법을 얻으면 부처가 되겠다。」하는 생각을 가지면 그것이 법에 대한 집착이 되기 때문에 여기서는 금강경에 대한 뜻을 총체적으로 결론하여 일체의 지견을 끊으라는 말씀이므로 지견불생분(知見不生分)이라 했읍니다。 금강반야의 법문을 듣고 「이런 것이 반야바라밀이구나。」하는 법에 대한 집착을 가져서는 안 되며 여시(如是)하게 알고 여시하게 받아 지니고 여시하게 깨달아서 「여시여시」하라는 말씀을 하신 대문입니다。

二七斷疑論 제三一 지견불생분(知見不生分)은 〈二七단의〉 중 〈二五단의〉에 해당한다。 제三○ 일합이상분(一合理相分) 과해 주에서 설명한 바와 같이 二五단의 법신과 화신은 하나인가 다른 것인가에 대한 의심을 끊는 대문(第二五斷身化身一異疑)에 두 분단이 있는데 그 첫째 분단은 티끌과 세계를 들어 하나와 다른 것을 파하는 내용(約塵界破一異)이었으니 〈일합이상분〉의 전문이 이에 해당한다。 그리고 그 둘째 분단은 지견을 없애고 바른 관찰을 들어 아집과 법집을 파하는 대문(二約止觀 破我法)이니 곧 제三一 지견불생분(知見不生分)이 이에 해당한다。

여기에 다시 두 분단이 있다。

一、아집을 제하는 내용이니(除我執)須菩提에서 是名我見人見衆生見壽者見까지

二、법집을 제하는 내용이니(除法執) 須菩提發阿耨多羅에서 是名法相까지이다。

六祖口訣 여래께서 이 경을 말씀하시어 온갖 중생으로 하여금 스스로 반야의 지혜를 깨달아서 스스로 보리의 과를 닦아서 증득하게 하셨도다。그러나 범부 중생들이 부처님의 뜻을 알지 못하므로 여래께서 아상·인상 등의 소견을 말씀하셨다고 알고 있을 뿐 여래께서 말씀하신 바 깊고 깊은 상 없고 함이 없는「반야바라밀법」을 모르는도다。

여래께서 말씀하신 아상·인상 등의 소

原文 須菩提 若人言 佛說我見人見衆生見壽者見 須菩提 於意云何 是人 解我所說義不 不也 世尊 是人 不解如來所說義 何以故 世尊 說我見人見衆生見壽者見 卽非我見人見衆生見壽者見 是名我見人見衆生見壽者見

解義 『수보리야、만일 어떤 사람이 말하기를、「부처님께서 아견·인견·중생견·수자견을 말씀하셨다。석가여래가 말씀하시는 법문을 들어 보니 〈나라는 소견〉·〈남이라는 소견〉·〈중생살이라는 소견〉·〈오래 산다는 소견〉이 있으면 보살이 아니라는 말씀을 하셨다。」고 하는 사람이 있으면 수보리야、너는 어떻게 생각하느냐。이 사람이 내가 말한 뜻을 잘 알고 있는 사람이냐。』『아니옵니다。세존이시여、이 사람은 부처님이 말씀하신 뜻을 전혀 모르고 있는 사람이옵니다。왜 그러냐 하오면 세존께서 아견·인견·중생견·수자견을 설명하신 것은 곧 그것이 아견·인견·중생견·수자견이 아닙니다。아견도 아니고 인견도 아니고 중생견도 아니고 수자견도 아닌 것을 아견·인견·중생견·수자견이라고 하셨기 때문이옵니다。』

原文 須菩提 發阿耨多羅三藐三菩提心者 於一切法 應如是知 如是見 如是信解 不生法相 須菩提 所言法相者 如來說卽非法相 是名法相

解義 『수보리야、아뇩다라삼먁삼보리심을 일으킨 이는 일체법에 대해 마땅히 이와

견은 범부들의 아상 인상 등의 소견과 같지 않으니, 여래께서 일체중생이 다 불성이 있다고 말씀하신 것이 참된 아견이고 일체 중생이 절대 지혜의 불성을 스스로 다 구족하고 있음을 말씀하신 것이 인견이며 일체중생이 본래 번뇌가 없음을 말씀하신 것이 중생견이며 일체중생의 성품이 본래 생멸이 없음을 말씀하신 것이 수자견이니라.

如來 說此經 令一切衆生 自悟般若智 自修證菩提果 凡夫之人 不解佛意 便爲如來 說我人等見 不知如來 說甚深無相無爲般若波羅密法 如來所說我人等見 不同凡夫我人等見 如來 說一

같이 알아야 할 것이며 이와 같이 봐야 할 것이며 이와 같이 믿고 가져서(信) 이와 같이 깨달아야(解) 할 것이며 그래서 「이런 것이 법이다. 저것은 진리가 아니고 이것은 결정된 진리다.」하는 생각을 내지 말아야 하느니라. 수보리야, 이른바 법이라는 생각은 곧 법이 아니라고 여래가 말하나니 이런 것을 법상이라 하느니라.』

「이와 같이 알고 이와 같이 보고 이와 같이 믿고 깨달으라.」하셨는데, 여기서 「이와 같이」란 어떻게 알며 어떻게 보라는 뜻입니까. 이런 문제는 생사를 해결하는 문제이고 생명의 일체를 해결하는 근본 문제입니다. 선방(禪房)에 오래 다니면서 많이 얻어 듣고 입으로 흉내만 내는 사람을 구두선객(口頭禪客)이라 그럽니다. 말이나 행동으로 문답하는 것은 많이 배워서 열 마디 물으면 열 마디 다 대답할 줄 알고 있지만 그렇지만 생사는 그대로 남아 있어서 열반은 조금도 증득되지 않은 채입니다.

우리가 불법을 아는 것은 결국은 생사 문제, 인생의 근본 문제를 해결하자는 것인데 내가 처음부터 이것은 「반쪽 공부다, 한쪽 공부다.」한 것도 까닭이 있어서 한 말입니다. 『부처님께서 아상·인상·중생상·수자상을 끊는 데 대한 말씀 참 잘 하셨다고 누가 말하는 사람이 있으면 이 사람이 부처님의 뜻을 바로 아는 사람이냐.』하고 물으시니 수보리존자 말씀이 『안될 말씀이올시다. 그 사람은 부처님 뜻을 전혀 모르고 말하는 사람이옵니다. 왜 그러냐 하오면 아상·인상·중생상·수자상이라고 하지만 그게 곧 아상·인상·중생상·수자상이 아니기 때문이옵니다. 아상·인상이 있다고 하면 말에 떨어진 것이오니 이것은 아상도 아니고 아상 아닌 것도 아니고 그래서 아상·인상·중생상·수자상이라고 하신 것이옵니다.』하고 말씀하셨읍니다. 그러니 『옳게 알았다. 그렇게 보고 그렇게 알아라.』하고 부처님께서 말씀하셨는데, 그런 〈여시〉라는 뜻입니다.

그런데 이것을 말로만 배우다 보니 경계에 부딪치면 막히어 엎어지고 뒤집히고 허둥댑

切衆生 皆有佛性 是眞我見 說一切衆生無漏智性 本自具足是人見 說一切衆生本無煩惱 是衆生見說一切衆生性 本自不生不滅 是壽者見也)

六祖口訣 보리심을 일으킨다。이는 일체 중생이 다 불성이 있음을 알며 일체 중생이 번뇌 없는 청정한 지혜를 본래 구족하고 있음을 알며 일체 중생의 자성 본래 생멸이 없음을 믿을 것이니 비록 일체 지혜의 방편을 행하여 중생을 이롭게 하지만 주관 객관을 짓지 않는도다。입으로 상 없는 법을 짓지만 마음에 주객이 있으면 곧 법상이 아니고 마음에 상 없는 행을 행하여 주객이 없으면

니다。그래서 부처님은 자꾸 이렇게 물으시고 저렇게 물으시는 것인데 수보리존자는 번갯불처럼 밝고 빠른 지혜로 부처님 말씀에 속지 않은 것입니다。깨달은 이들끼리는 주먹을 들고 소리 지르고 방망이질하고 하지만 다 그 경계에 맞는 짓을 하는지 미친 짓을 하는지 다 압니다。

부처님께서 어떤 때는「三二상으로 부처님을 볼 수 있느냐。」하고 물으시면「예 부처님을 삼십이상으로 뵐 수 있읍니다。」하고 말씀 드렸다가 다시 또「참 부처님을 三二이상으로 뵐 수 없읍니다。」하고 정정하기도 합니다。그러나 두 가지 말이 다 맞는 말이지만 三二상으로 볼 수 있다는 말이 三二상으로 볼 수 없다는 말보다 더 깊이 들어간 말입니다。부처님께서「그러면 三二상이 여래냐。」하시니까 수보리존자가 말을 바꾸어 가지고「아닙니다。뵈올 수 없읍니다。」하고 이랬다저랬다 말을 숨겼다 드러냈다 하며 번갯불처럼 왔다갔다하시지만 그게 다 꼭 꼭 들어맞는 조리가 있는 말씀입니다。「소위 불법이라는 것이 곧 불법이 아니다。」(所謂佛法者 即非佛法) 하셨다가「일체법이 다 불법이다(一切法皆是佛法)、난로니 석탄이니 촛대니 경전이니 종이니 하는 이것이 다 불법이다。」이렇게도 하셨다가 저렇게도 하시는데 그렇게 들으면 그 말이 옳고 저렇게 들으면 저말이 옳고 그 조리만 따를 줄 알면 다 옳은 말씀이고 어려울 것도 없읍니다。

「이와 같이 알고 이와 같이 보고 이와 같이 믿고 이와 같이 행하라。」「이와 같이 신행하라」의 신은 견성하기 전에 불법을 똑똑히 바로 아는 신심을 말하고 〈해〉는 견성하는 것 깨닫는 것을 뜻합니다。〈불생법상〉(不生法相)하라는 것은「이것이 결정된 불법이다。아상・인상・중생상・수자상을 떨어내면 되는 것이다。」이런 생각을 하지 말라는 뜻입니다。「일체중생이 즉비중생인데 그런 것을 중생이라 한다。」「아상・인상・중생상・수자상 아닌 것을 네 가지 상이라 이름한다。일합상(一合相)이라 하면 범부가 또 거기에 집착하고 그

이것이 법상이니라。

發菩提心者 應知一切衆生 皆有佛性應知一切衆生 無漏種智本自具足 應信一切衆生自性 本無生滅 雖行一切智慧方便 接物利生 不作能所之心 口說無相法 而心有能所 即非法相 口說無相法 心行無相行 而心無能所 是名法相也

말에 떨어지므로 일합상이 아닌데 범부들이 그것을 탐착한다。 그러니 이와 같이 알고 이와 같이 보고 이와 같이 믿고 깨달아서 법상을 내지 말아라。」 하신 것입니다。

결정된 법이 있다고 해도 〈법상〉이고、 결정한 법이 없다고 알아도 〈법상〉입니다。 결정한 법이 없는 줄 알면 없다고 결정된 것이므로 역시 법상입니다。 그러므로 우리들이 이번에 금강경 산림을 마치고 나서 「불법은 이런 것이다。」 하고 알고 있어도 안되고 「아무런 내용이 없는 것이 불법이구나。」 해도 안되고 아무것도 모르겠다 해도 안됩니다。 법상을 내지 말아야 합니다。 법상을 내지 않는다고 하여 불법은 배울 것도 없고 경전도 다 필요없고 무조건 참선만 하면 된다고 해도 그것이 법상이 됩니다。

應化非眞分(응화비진분) 第三十二(제삼십이)

須菩提(수보리)야 若有人(약유인)이 以滿無量阿僧祇世界七寶(이만무량아승지세계칠보)로 持用布施(지용보시)라도 若有善男子善女人(약유선남자선여인)이 發菩薩心者(발보살심자)하야 持於此經(지어차경)하되 乃至四句偈等(내지사구게등)을 受持讀誦(수지독송)하며 爲人演說(위인연설)하면 其福(기복)이 勝彼(승피)하리니 云何爲人演說(운하위인연설)고 不取於相(불취어상)하야 如如不動(여여부동)일지니 何以故(하이고)오 一切有爲法(일체유위법)이 如夢幻泡影(여몽환포영)하며 如露亦如電(여로역여전)하니 應作如是觀(응작여시관)하라 佛說是經已(불설시경이)하시니 長老須菩提(장로수보리)와 及諸比丘比丘尼(급제비구비구니)와 優婆塞優婆夷(우바새우바이)와 一切世間天人阿修羅(일체세간천인아수라)가 聞佛所說(문불소설)하고 皆大歡喜(개대환희)하야 信受奉行(신수봉행)하니라

『수보리야、만일 어떤 사람이 한량 없는 아승지 세계에 가득찬 칠보를 보시했더라도、다른 선남자 선여인이 보살심을 내어 이 경전을 지니되 내지 사구게만이라도 받아 지니고 읽고 외어 남을 위해 연설해 주면 그 복이 저 복보다 더 뛰어나리라。어떻게 하는 것이 남을 위해 연설하는 것인가。상을 취하지 않고 여여하여 움직이지 않는 것이니라。그 까닭은 이러하니라。

일체의 함 있는 법은 꿈같고
꼭두각시·거품·그림자이며
또한 이슬같고 번개같거니
마땅히 이와 같이 볼지어다。』

부처님께서 이 경을 말씀하여 마치시니、장로 수보리와 비구·비구니와 우바새·우바이와 여러 세계의 하늘사람·세상사람·아수라가 부처님 말씀을 듣고 모두 다 크게 기뻐하며 믿고 받들어 행하였다。

第三十二 應化非眞分——응신·화신 참된 것 아니다

〔科解〕

제三二 응화비진분(應化非眞分)은 부처님의 응신(應身)이나 화신(化身)은 참다운 법신이 아니라는 것을 말씀한 대문입니다。 물질적인 보시를 아무리 많이 해도 설법하는 공덕에 비하면 아무 것도 아닌데 「참다운 설법은 이 세상의 온갖 현상에 대해 마음을 이끌리지 말고 여여부동하라。」 곧 응무소주 이생기심의 도리로 하라는 것입니다。 이 세상이 확실히 꿈인 줄 알면 무엇에 집착할 것이 없으며 꼭두각시를 조종하는 사람이 뒤에 있는 줄만 알면 꼭두각시에 홀리지 않게 되는 것처럼 현상계에 대해서도 그렇게 볼 줄 알아야 합니다。

그런데 사실은 응화비진분의 내용은 「須菩提 若有人以滿에서 應作如是觀」까지이고 그 다음 「佛說是經已」에서 끝까지는 응화비진분의 내용은 아닙니다。 이렇게 해서 경을 마쳤다는 내용의 유통분(流通分)에 해당합니다。 제일 처음 법회인유분(法會因由分)을 설명할 때 말한 것처럼 어떤 경이든지 경 전문을 서분(序分)·정종분(正宗分)·유통분(流通分)의 세 부분으로 나누는데 그 가운데에는 부처님의 말씀뿐이며 본론에 해당하는 정종분과 서분과 유통분은

二七斷疑論 二六번째는 화신의 설법은 복이 없는 것인가에 대한 의심을 끊는 대문이다(第二十六斷化身說法無福疑)。참된 진리와 나의 근본면목은 하나도 아니고 다른 것도 아니라(非一非異)는 도리를 앞에서 말씀하셨는데, 만일 하나가 아니라는 편에서 말하면 화신은 곧 헛되고 거짓된 것이며 또 만일 다른 것이 아니란 편에서 말하면 하나로 돌아가서 법신이 곧 화신이므로 그 자체가 없는 것이다。 그러면 말이나 글로 된 법문을 수지연설하는 것은 복이 되지 않을 것이 아니냐 하는 의심을 끊는다는 뜻이다。

그런데 제三二 응화비진분(應化非眞分)은 二七단의 법으로는 〈제二

경을 결집할 당시 아란존자의 말씀으로 엮어진 것이며, 부처님 말씀 앞뒤에 붙여서 법회(法會)를 하기 전과 마친 뒤의 경위를 간략히 설명한 부분입니다.

原文 須菩提 若有人 以滿無量阿僧祇世界七寶 持用布施 若有善男子善女人 發菩薩心者 持於此經 乃至四句偈等 受持讀誦 爲人演說 其福勝彼

解義 『수보리야, 만일 마음이 넓고 훌륭한 어떤 사람이 있어서 무량아승지세계에 칠보를 가득 채워서 남에게 자선을 베풀었다면, 즉 옷 없는 사람에게 옷을 주고 밥 없는 사람에게 밥을 주고 병든 사람에게 약을 주고 고학생에게 장학금도 주고 실업자에게는 직장을 주는 등의 온갖 좋은 일을 하였다면, 이 사람의 복덕이 한량없이 많을 것이다. 그러나 또 다른 선남자 선여인이 보살심을 내서, 아뇩다라삼먁삼보리의 마음을 내서, 위로는 보리를 구하고 아래로는 중생을 제도하려는 마음을 낸 보살이 이 금강경을 정성으로 받아 지니고 잘 배우는데, 어려우면 내지 사구게만이라도 받아서 지니고 읽고 외며 또한 남을 위하여 잘 설명해 준다면 그 복이 아까 삼천대천세계의 칠보를 보시한 사람의 복보다 더 뛰어나리라.』

물질을 보시하거나 몸뚱이를 보시해서 얻는 공덕이 금강경을 수지독송해서 남에게 연설해 주는 공덕보다 못하다는 말씀은 여러번 하셨읍니다. 여기서도 같은 뜻으로 하시는 말씀인데 그러나 남을 위해 금강경의 뜻을 설명해 주려면 마음을 어떻게 가지고 어떻게

六단의〉·〈제二七단의〉 두 대문과 유통분(流通分)으로 구분되니, 須菩提 若有人에서 不取於相 如如不動까지는 〈二六단의〉에, 그 다음에서 끝까지는 〈二七단〉과 유통분에 해당한다.

一、 설법공덕을 밝힘(明說法功德)에 須菩提 若有人에서 其福勝彼까지

二、 설법에 물들지 않는 도리를 밝힘(明說法 不染)。 云何爲人演說에서 如如不動까지

제二七은 적멸에 들어서 어떻게 설법하는가에 대한 의심을 끊는 대문이니 (第二七斷入寂如何說法疑)、 만일 모든 부처님께서 항상 중생을 위해 설법하시는 것이라면 여래께서 왜 열반에 드셨을까에 대한 의심이다。 何以故에서 應作如是觀까지이다。

맨처음 과해주에서 설명한 바와 같이 어느 경이든지 서분(序分)·정종분(正宗分)·유통분(流通分)의 三과분(科分)하는 법을 언급한 바 있다。 금강경의 유통분은 다음

의 四四자로 경미(經尾)를 장엄하고 있다。곧 佛說是經已에서 信受奉行까지이다。

六祖口訣 칠보의 덕이 비록 많지만 보리심을 일으켜서 이 경의 사구게를 받아 지니고 남을 위하여 연설하는 것만 못하니 그 복이 백천만배나 더하여 비유할 수도 없다。 뛰어난 방편으로 근기를 살피고 잘 헤아려서 가지가지로 맞추어 대하는 것을 남을 위하여 연설한다고 하는 바이다。 그리하여 법문을 듣는 사람이 가지가지로 모양도 같지 않지만 분별심을 짓지 않나니 다만 공정하고 일여한 마음자리를 사무쳐서 얻었다는 생각을 짓지 않으며 낫고 못하고 하는

일러 주어야 하느냐 하는 근본적인 마음가짐을 끝으로 말씀하십니다。

原文 云何爲人演說 不取於相 如如不動

解義 『어떻게 하는 것이 참으로 남을 위해서 하는 연설이냐、부처님의 깊고 깊은 법을 남에게 잘 가르쳐 주려면 어떻게 해야 되느냐。그것은 모든 상을 취하지 않고 여여하여 부동하는 것이다。내가 남을 위해서 법문을 해 줬거니 하는 생각을 가지면 그것도 불법을 설했다는 상에 떨어진 것이니 여여하게 까딱도 하지 말라。』

내가 남에게 백만원쯤 주어서 살게 해 주었더라도 내가 누구를 위해 보시를 했거니 하는 생각이 조금이라도 남아 있으면 곧 상에 떨어진 것입니다。「금을 보시했다、옷을 보시했다、고아원을 만들었다、양노원을 만들었다、절을 지었다。」하는 생각을 두지 않는 것이 불취어상(不取於相)입니다。

여여부동(如如不動)은 마음자리는 생로병사・남녀노소・빈부귀천이 없고 천지음양・시간공간・주관객관을 다 초월한 자리이므로 항상 그대로고 변하지 않는 자리입니다。그래서 여여부동이라 한 것인데、그러면 우리가 이 정도라도 법문을 들어 놨으니 「불취어상。여여부동하라。」하면 그 뜻을 어느정도 짐작할 수 있지、그렇지 않고는 사회의 일반적인 상식으로는 「불취어상 여여부동하라。」그리면 곧 깜깜하게 꽉 막힙니다。시간 공간이 나누어지기 이전、생사 유무 이전의 자리이므로 여여부동하게 되고 좋고 싫은 것이 없고 주관 객관이 떨어진 자리에서 하는 것이므로 상을 취할 것도 없읍니다。

생각이 없으며 바라는 마음이 없고 생멸하는 마음이 없는 것을 여여하여 움직임이 없다고 하느니라。

七寶之德 雖多 不如有人 發菩薩心 受持此經四句偈等 爲人演說 其福 勝彼百千萬倍 不可譬喩 說法善巧方便 觀根應量 種種隨宜 是名爲人演說 所聽法人 有種種相貌不等 不得作分別心 但了空寂一如之心 無所得心 無勝負心 無希望心 無生滅心 是名如如不動

六祖口訣 꿈이란 망령된 몸이고 환(幻)은 망령된 생각이며 물거품은 곧 번뇌이고 그림자는 업장이다。 따라서 꿈과 환과 물거품과 그림자의 업은 함이 있는 상대세

原文 何以故 一切有爲法 如夢幻泡影 如露亦如電 應作如是觀

解義 『왜 그러냐 하면 일체의 유위법、곧 할 수 있는 법、조작이 있는 생사법은 다 꿈과 같고 환과 같고 물거품 같고 그림자 같고 그런 것이니 마땅히 이렇게 볼지어다。 이렇게 허망한 꿈인 줄 확실히 알았다면 그것을 소유하겠다고 집착할 것도 없고、 그것 때문에 기쁘다든지 슬프다든지 놀라고 할 것이 없지 않겠느냐。 그러니 오직 상에 떨어지지 말고 여여하여 부동해야 하지 않겠느냐。』라고 하시어 금강경 본문의 대단원의 마지막 끝마무리를 하셨읍니다。

일체 유위법이라 함은 상대세계의 상사법 일체를 말합니다。 춘하추동이 유위법이고 음양조화가 유위법이며、 있는 것 없는 것이 유위법이고、 할 수 있는 것 하여지고 있는 것 변하는 것 이루어지는 것은 다 유위법입니다。 부처니 중생이니가 다 유위법이며、 중생을 제도하기 위해서 사구게를 설명하는 것도 유위법이고 부처님께서 四九년간 설법하신 팔만대장경도 유위법입니다。

이와 같은 유위법은 다 아침에 잠깐 있다 해가 반짝 나면 없어지는 이슬 같은 것이므로 초로인생(草露人生)이라고 하듯이 언제 날아갔는지 없어진 줄도 모르게 사라집니다。 또 번쩍하는 번갯불이고 물거품 같고 꼭두각시 허깨비 같으니、 물거품은 일어나면서 한쪽으로 꺼지는 것이고 꼭두각시는 요술하는 사람이 물건을 가지고 사람처럼 만든 것을 말하며 허깨비는 없는 것을 있는 것으로 헛보는 것이니、 눈병이 나면 아무 것도 없는 허공에 꽃이 피어 보이는 등의 예를 말합니다。 현상계가 그대로 꿈이고 인생의 현실이 그대로 꿈이라고 하는데 이것을 꿈과 같다고 말하지만 같은 것이 아니라 그대로 꿈입니다。

계의 유위법이니 진실은 이름과 상을 떠나는 바이며 깨달음은 모든 업이 없는 바이니라。

夢者 是妄身 幻者 是妄念 泡者 是煩惱 影者 是業障 夢幻泡影業 是名有爲法 眞實 離名相 悟者 無諸業

일체 유위법(一切有爲法)에 대해 구유경(九喩經)에서는 별(星)·눈꽃(翳) 등(燈)·꼭둑각시(幻)·이슬(露)·물거품(泡)·꿈(夢)·번개(電)·구름(雲)의 아홉 가지에 비유했다。

一、별(星)—무엇을 보는 것은 광명이 있어서 가능하지만 그러나 광명이 있어도 보는주관、곧 마음과 보이는 객관、곧 대상이 있기 마련이다。그런데 지혜가 없는 것은 깜깜할 때에 저 별빛이 반짝이는 것과 같고 지혜가 있는 것은 햇빛이 밝으면 별빛이 곧 사라지는 것과 같다。

그러므로 아무 생각 없이 농사짓고 아무 생각 없이 시집가고 아무 생각 없이 장가가서 좋은 일만 하고 상에 취하지 말아야 하며 여여부동해야 한다는 것입니다。 그리고 이렇게 여여부동한 마음으로 이생기심(而生其心)하여 중생제도도 하고 성불도 합니다。

原文 佛說是經已 長老須菩提 及諸比丘 比丘尼 優婆塞 優婆夷 一切世間天人阿修羅 聞佛所說 皆大歡喜 信受奉行

解義 『부처님께서 이 금강경을 다 말씀하시고 다시 장로 수보리와 비구 비구니와 우바새 우바이、 곧 청신사 청신녀를 비롯해서 일체 세간의 하늘사람 인간 세상사람 아수라 등의 백만억 중생들이 설법하시는 것을 듣고 마음에 아주 기쁘고 좋아서 받들어 행하였다。

장로 수보리의 장로는 나이가 많고 덕이 높고 지식이 높다고 하여 지어진 존칭입니다。 그러므로 장로라는 존칭을 쓴 것은 부처님께서 하신 말씀이 아니라 아란존자께서 엮은 말임을 알 수 있읍니다。「부처님께서 이 경을 다 말씀하시고 나니 장로 수보리(佛說是經已 長老 須菩提)」에서부터 끝까지는 유통분(流通分)에 해당하기 때문입니다。

비구(比丘) 비구니(比丘尼)는 출가해서 구족계(具足戒)를 받고 독신수행을 하는 승려를 가리킵니다。 처음 출가하면 사미계(沙彌戒)를 받아서 승려 후보로서 수행생활을 하다가 스무살이 되면 남자는 二백 五〇계를 받아서 비구가 되고 여자는 三四八계를 받아서 비구니가 됩니다。

작년 가을에 합천(陜川) 해인사(海印寺)의 비구니 승방에서 대중공양할 때 고등학교를 졸업한 대전 처녀가 승려가 되겠다고 찾아 온 일이 있었읍니다。 학교를 졸업하고 집에 있는데 어서 시집가라는 어른들의 성화가 있었지만 학교 다닐 적에 절에 다니며 무상법문을 여러번 들었고 사회의 혼란한 것도 직접 보고 해서 발심하기에 이르렀다는 것입니다。그런데 우리 불교계에는 이 비구총림(比丘叢林)이나 비구니총림(比丘尼叢林)이 하나씩만 있어도 중노릇 잘할 수 있는 처녀 총각이 많이 있읍니다。중노릇하려 절에 갔다가도 참다운 수행의 길로 인도하는 사람이 없고 청정한 수행도량의 모습도 보기 어려우면 머리깎아 봐야 별 수가 없을 것 같아서 되돌아서는 사람도 많습니다。

우바새(優婆塞)는 청신남(清信男)·선남자(善男子) 곧 남자 신도를 뜻합니다。 우바이(優婆夷)는 청신녀(清信女) 선여인(善女人)、곧 여자 신도를 뜻합니다。

한 二〇년 전쯤 되는 일인데 내가 직접 들은 얘기입니다。 그때만 해도 대개 그랬지만 부모가 정하여 처녀 총각이 얼굴도 모르고 결혼식을 올린 신부 신랑이 있었읍니다。 손님들이 다 물러가고 신랑이 신방에 들어갔는데 어찌된 일인지 신부는 윗목에 딱 앉아 가지고 밤새도록 까딱도 하지 않고 참선만 하고 있읍니다。 신랑은 그 광경을 보고 놀라서 새벽이 되어서는 별별 무서운 생각이 다 들어 그 이튿날 그대로 혼자 도망을 갔읍니다。 집에 일이 있으면 조석이든 무엇이든 일을 다 해 놓고 틈만 있으면 그렇게 앉아 있는 것입니다。 그래서 색시 부모들이 여러가지로 알아 보니 참선을 하는 것이었읍니다。 말하자면 참선에 어느 정도 맛을 안 것입니다。 정신이 밝아서 참 좋고 모두 다 내 세상이니 시집가고 장가가는 것보다 훨씬 더 좋았던 것입니다。 이런 사람은 출가해서 비구니가 되면 큰 공부를 할 사람이고 재가해서 우바이가 되어도 많은 정진을 할 사람입니다。

요새 세상은 총각으로 믿고 시집갈 데 없고 어떤 처녀 믿고 장가갈 수도 없다는 말까지 나옵니다。 서양풍속이 자꾸 들어와서 좋지 않은 것만 본따다 보니 서로 의지하고 믿고 살 수 있는 처녀 총각이 없다는 것입니다。 이게 바로 되는 문명인지 거꾸로 후퇴하는 것인

二、눈꽃은 보이는 대상을 가리키니 사람은 눈병이 있으면 사물을 제대로 볼 수 없는 것처럼 현상계의 일체의 유위법을 보는 데 있어서도 그 실상이 아니라는 것이다。

三、등은 기름을 떨어뜨리지 말아야 불이 계속해서 켜질 수 있는 것처럼 중생의 생각 번뇌망상도 생사를 탐하기 때문에 쉬지 않는다는 것에 비유했다。

또 몽환 포영(夢幻泡影)은 공의 원리를 들어 말한 것이고 이슬·번개(露·電)는 무상한 것에 비유했다。 별과 등(燈)은 체(體)에 구름은 번뇌의 근본 종자인 아뢰야식(阿賴耶識)에도 비유한다。

〔註1〕 **하늘**(天)：범어로 Deva 라 하며 한자로 提婆라 음역한다。 광명·자재(自在)·청정·최승(最勝)등의 뜻이 있다。 인간보다 좋은 과보를 받는 하늘나라이니、여기에 욕계천(欲界天)의 여섯하늘·색계천(色界天)의 열 여덟 하늘·무색계(無色界)의 네 하늘이 있어서 二八천이 된

지 모릅니다。 개도 새끼 날 때 되면 흰개고 검은개 정해서 몇번 교미하고 그러는 것인데 소위 인간이라면서 정조나 지키려 들고 그러면 그것은 十八세기다 미개했다고 그러니 가만히 생각해 보면 현대인의 사상이라고 하는 이런 사고방식이 다 유물론이 그렇게 만든 것입니다。 참으로 기가 막히는 일입니다。 부부간에도 서로 믿을 수가 없이 된 이런 세상에 불법이 하루 바삐 널리 전해지지 않고서는 안심하고 살 수 없읍니다。

부처님 경전에는 남녀간의 애정에 대한 말씀도 한량 없이 많습니다。 중생들은 오히려 그렇게 자신이 살고 있지만 잘 모릅니다。 술 취한 사람이 자기 상태를 모르는 것 같고 아주 만취(滿醉)가 되면 아무 것도 모르는 것과 같습니다。 춘원 이 광수가 연애소설을 아주 잘 쓴다고 하지만 내가 얘기를 하면 몇 백배 더 죽고 못살 재미있는 연애방법을 말할 수도 있읍니다。 스님은 소설도 안 보고 신문도 안 보면서 어떻게 그런 걸 아느냐고 그러지만 그것은 다 경전을 보고 아는 것입니다。 또 부처님 법의 원리를 듣고 공부를 좀 해서 마음이 맑아지면 문일지십(聞一知十)으로 한가지 들으면 열 가지 백 가지를 알아집니다。 그래서 중생살이의 내용을 다 알고 사람의 마음을 꿰뚫어서 남편이나 아내에게도 말 못할 숨은 살림살이를 끄집어 내서 그 실지를 말해서 이 금강경의 정법을 신수봉행해 주니까 고독해지고 서러워지고 불법에 마음을 돌리게 됩니다。

이렇게 해서 인생의 근본문제를 참으로 해결하기 위해 발심한 구법불자(求法佛子)들이 많이 나와서 계행도 잘 지키고 경도 바르게 배운 뒤 목숨을 걸고 철저한 참선을 해서 견성(見性)을 하면 더 좋고、 견성은 못했더라도 이런 금강경의 정법을 신수봉행할 줄 아는 비구·비구니·우바새·우바이가 많이 나와야 합니다。 그래서 정법이 무엇인지 하는 것만이라도 바로 육도만행(六度萬行)하여 여시항복기심(如是降伏其心)하는 선지식(善知識)이 나오면 말할 것도 없지만 정법이 무엇인지 하는 것만이라도 바로 아는 사부대중(四

다。 일반적으로 조물주(造物主)라고 하며 색계천 가운데 대범천(大梵天)을 가리키며 옥황상제(玉皇上帝)는 욕계천 가운데 도리천주(忉利天主)를 가리킨다。

〔註2〕 아수라(阿修羅) 범어 Asyr : 아소라(阿素羅)·아수륜(阿須倫)라고 음역하며 줄여서 수라(修羅)라고도 한다。 인간·천상·지옥·아귀·축생과 함께 육도(六道) 세계의 하나인데 복이 많아서 천상에 살지만 싸우기를 좋아하고 포악한 마(魔)에 해당하므로 비천(非天)·부단정(不端正)이라 번역한다。

部大衆)이 많이 나와야 우리 한국불교가 바로 되고 그래야 우리나라가 잘 되며 세계평화의 길이 열립니다。 금강경의 아공・법공・구공의 도리를 잘 알고 아상・인상・사상(四相)을 여의고 응무소주하여 이생기심할 줄 아는 불자들이 많이 나와서 이 금강경의 정법을 널리 펴야만 이 혼란한 사회가 바로잡히고 정말 살기 좋은 나라가 될 것입니다。

〔說 義〕

꿈의 실상(實相)

경전을 천독만독 억만독하라는 것은 한 번 읽어서는 경의 깊은 뜻이 이해되지 않지만 두 번 읽고 세 번 읽고 여러번 읽는 동안에 그 뜻이 조금씩 깨달아지게 되기 때문입니다。 그와 같이 내가 한번 한 얘기를 또 하고 또 하게 되는데 이제 꿈에 대한 이야기를 한번 더 해야겠읍니다。 꿈이 과학이라는 것은 사람이 확실히 경험할 수 있는 심리학적 내용을 가지고 있는 문제이기 때문인데、 그리고 꿈에 대해 그 동안 여러가지 측면에서 얘기해 왔는데、 먼저 꿈에 대한 시간을 말하겠읍니다。

사람이 자는 시간이 대체로 하룻밤에 일곱 시간 내지 여덟 시간이므로 내가 잠이 든 전시간 동안 꿈을 꾸었다고 해도 여덟 시간 밖에 되지 않습니다。 그러나 우리가 꿈속에 들어가서는 여덟 시간만 경험하는 것은 아닙니다。 잠자는 동안 꿈속에서 경험하는 시간은 닷새 사는 때도 있고 한 달 사는 때、 몇 해 사는 때、 까딱 잘못하면 한평생을 사는 때도 있읍니다。

그러니까 밤을 새워 가며 꿈을 꾸었다 하더라도 여덟 시간 밖에 소요되지 않았는데 그것이 꿈에 들어가서는 일평생이 되는 수도 있다는 것입니다。 하루나 반나절 꿈도 꾸지마는

술몽쇄언(述夢瑣言)

월창거사(月窓居士) 김대현(金大鉉)의 꿈에 대한 명저 술몽쇄언(述夢瑣言)을 이에 소개한다。 월창거사는 우리나라 최근세 선문(禪門)의 거벽(巨擘)이었던 경허(鏡虛)스님과의 일문일답에서 개오(開悟)의 기연(機緣)을 열어 준 선지식이었다。

상(常)**과 환**(幻): 세상 사람들은 깬 것을 떳떳하다(常) 하고 꿈꾸는 것을 환상(幻想)이라 한다。 꿈이란 깨지 않은 것을 이름하고 깨었다 함은 미혹(迷惑)하지 않는 것을 일컫는다。

꿈이 환상(幻想)이라면 꿈속에 있는 것은 무상(無常)한 것이리라。 그

저녁마다 일평생 꿈을 꿀 수도 있는 것이므로 생시에 산 시간보다 꿈속에서 사는 시간이 훨씬 더 많게 됩니다。 그러면 「꿈을 꾼 실제의 시간은 얼마 동안이냐。」 꿈을 꾼 시간을 조사해 보는 방법도 여러가지가 있는데서 그 가운데 제일 쉬운 방법은 잠이 들어 있을 때 눈동자의 움직임을 보아 알아내는 것입니다。

예를 들어 눈 위에다 가만히 가볍게 손을 대고 있으면 꿈을 꾸는 사람은 눈동자가 움직인다고 합니다。 눈동자는 우리가 눈 감고도 굴릴 수 있기 때문입니다。 만일 눈동자가 놀지 않고 가만히 있는 때는 꿈을 꾸지 않는 때로 판단합니다。 이제 꿈 꾸는 시간이 五분 동안이라면 눈동자가 움직이는 시간도 五분 동안이 되는데 단 五분 동안에 꾼 꿈을 이야기하라고 하면 꿈속에서는 하루도 살고 이틀도 지내고 때로는 한 달 산 것도 이야기합니다。

꿈을 꾸는 실제의 시간은 연구 조사한 사람에 따라서 일정하지 않습니다。 어떤 사람의 조사 결과는 四五분 걸렸다고도 하고 또 어떤 사람은 三六분 걸렸다、 三五분 걸렸다、 이렇게 차츰차츰 줄어서 심지어는 결국 모든 꿈은 단 일초 동안에 이루어진다는 결론까지 나옵니다。 이렇게 보면 현실에서는 일초 동안의 짧은 시간이지만 꿈속에 들어가서는 五〇년·六〇년의 긴 생활을 경험했다는 말이 됩니다。 그러면 四五분 가지고 一〇년·五〇년을 봤다는 얘기는 일초를 가지고 一〇년·五〇년을 만들어 살았다는 것과 다름이 없읍니다。 四五분이 一〇년이 될 수 있고 一〇년이 또한 단 五분이 될 수 있는거나 一초 가지고 一〇년 살았다는 얘기나 마음대로이기는 마찬가지고 四五분이나 一초나 시간을 초월했다는 점에서는 동일한 원리라 하겠읍니다。

또 한걸음 더 나아가 생각하면 一초보다도 훨씬 작은 몇 만분의 一초쯤 되는 시간을 가지고 몇 해의 긴 꿈을 꾸었다고 할 수도 있읍니다。 그렇게 차츰차츰 올라가다 보면 나중에는 시간도 아닌 것、 시간이 채 움직일까 말까하는 아주 짧은 순간에 과거·현재·미래의 무

러므로 깨어 있음이 떳떳한 것이라면 꿈 밖에 벗어난 것이라야 할 것이다。 세상의 소위 대장부는 과연 그 어떤 것이 떳떳한 것이고 어떤 것이 무상한 것인지 알고 있는가。 떳떳함이란 변하지 않고 환상도 아닌 것이다。 실로 자기 몸 가운데 변하지 않고 환상도 아닌 존재가 있음을 알아야 떳떳함을 안다고 말할 수 있으리라。

몽환(夢幻)

깨어서 생각하면 꿈속에서 하던 행동이 다 망동(妄動)이고 본 게 다 환상이다。 대체로 꿈꾸는 사람은 아는 것이 다 환상(幻想)임을 깨닫지 못하고 생각이 깨지 못함을 모른다。 그리곤 도리어 꿈 밖으로 벗어난 말을 가리켜 허망하다고 한다。

대몽소몽(大夢小夢)

일원(一元)은 천지의 꿈이고 일세(一世)는 사람(人物)의 꿈이다。 일원은 큰 꿈이고 일세는 작은 꿈이다。

만물 중에는 그 생명이 만년 천년 가는 것이 있고 백년 십년 가

궁한 세계를 꿈에 가서 창조한 것이 됩니다. 시간이 아닌 것을 가지고 우리가 꿈에 가서 항상 시간을 만들어 살았다는 것입니다.

마음이 시공을 창조

우리는 마음으로 꿈속에서 시간을 창조하여 연애도 하고 결혼도 해서 아들 딸 낳고 그 아이 기르고 교육을 시킵니다. 유치원에서 국민학교로 중·고등학교에 보내느라고 가정교사를 대어 입학 시험준비도 시키고 해서 교육을 마치고 나면 또 결혼을 시켜 가지고 슬하에 손자를 많이 두게 됩니다. 우리가 생시의 현실사회에서 한평생 산 그대로 꼭 생시와 똑같은 남녀가 결혼을 하게 됩니다.

그러나 아까 말한 것처럼 꿈속에서 이렇게 한평생을 살았다는 것은 실제에 있어서 시간이 채 움직이기도 전의 순간이라고 할 수가 있읍니다.

여하튼 시간도 아닌 것을 가지고 세월을 보냈다는 말이 되는데, 그렇다고 하면 그곳에도 공원이 있고 공장이 많았을 것이며 사회가 있고 우주가 있으니 이것이 무한대 공간이라고 하지 않을 수 없읍니다. 무한대 공간 이것은 참말 공간이냐 하면 그것도 작은 점에 불과한 것을 가지고 이런 무한대 공간으로 인식하고 있는 것입니다. 다시 한 걸음 더 나아가 생각하면 억만분의 일에 해당하는 점을 가지고 무한대 공간을 본데 불과하고 자꾸자꾸 이렇게 추구해서 따져 나가다 보면 점도 아닌 것을 가지고 무한대의 공간으로 창조한 것이라는 결론이 나옵니다.

꿈이란 확실히 마음이 창조한 것입니다. 그러므로 무궁한 시간이나 무한대의 공간이 찰나도 점도 아니어서 말하자면 시간도 아니고 공간도 아닌 것입니다. 그렇다면 공간도

는 것이 있으며 잠깐 났다가 곧 죽는 것이 있다. 장수(長壽)한다는 것은 긴 꿈이요 요사(夭死)한다는 것은 짧은 꿈이다.

꿈을 깨기 전이라면 수(壽)가 비록 만 년 천 년이 된다 하더라도 그것은 즉 만 년 천 년의 긴 꿈속의 일일 뿐이다. 저 하룻밤의 꿈이 어떤 것은 해를 지나는 긴 꿈이 있고 어떤 것은 찰나의 꿈이 있다. 그러나 길고 짧음이 비록 다르나 모두 다 환각(幻覺)으로 오는 것이니 한 번 웃고 말아야 할 것인데, 꿈속에 사는 이들은 오히려 간절히 연모(戀慕)하여 마지 않는도다.

망성(妄成)

꿈속에도 또한 천지만물이 있다. 그것은 천지와 만물이 나의 꿈속으로 와서 들어온 것인가. 아니면 내가 가서 천지와 만물을 본 것일까. 그런데 꿈에 갑과 을이 함께 술을 마셨다 해도 갑과 을은 같은 꿈을 꾸지 않으니 어찌 오고 감이 있었겠는가. 다 내 마음이 스스로 허망

(虛妄)하게 이룬바로다。

생사몽(生死夢)

세상 사람들은 삶을 참이라 하고 죽음을 환상(幻相)이라 한다。 죽음을 환상이라 한다면 죽음이란 산 사람의 꿈이고 사는 것을 잠깐 였혀 있는 것이라면 산다는 것은 죽은 사람의 꿈이 된다。

대체로 살아도 깨지 못했으면 그 삶은 참이 아니고 죽어서도 깨이었다면 그 죽음은 제자리로 돌아간 것이 아닐 것이다。 그러므로 삶을 알면 죽음을 알고 죽음을 알면 돌아간다는 것을 알 것이다。 돌아간다는 것을 아는 자는 생사(生死)의 꿈 밖에 뛰어난 사람이다。

몽아각아(夢我覺我)

깬 것을 나라고 한다면 꿈꾸는 자는 누구인가。 또 꿈꾸는 것을 나라고 한다면 깬 자는 누구인가。 깨어서 꿈을 알지 못한다면, 깨었다는 것은 꿈의 환상일 것이고 꿈에서 깸을 알지 못한다면 꿈은 깸의 환상일 것이다。

따라서 살아서 죽음을

아닌 것 시간도 아닌 것을 물질이라고 하는 것과 마찬가지라는 이야기입니다。 그러므로 마음이 움직이는 것을 가지고 우리가 시간이라고 하는 것입니다。 그것은 물체가 움직이고 있는 것이 시간이라는 정의에 의해서 평소에 시간이란 물질계의 한 현상이라는 관념을 가지고 있기 때문에 그래도 무엇인가 움직인다고 하는 인식을 가지고 있기 때문에 시간·공간이 현실적으로 존립하는 것으로 인식되어진다는 말입니다。

그러니까 꿈에 시간이란 하나의 물질현상이라고 볼 수 있는데, 꿈에는 공간도 아니고 시간도 아닌 것을 가지고 무궁한 세월이 흘러 갔다고 생각하고 무한대의 공간이 벌어져 있는 것같이 생각하는 관념이 꿈을 꾸었다는 것입니다。

그러면 이런 원리가 현실적으로도 존재하는가 하는 것을 한번 비유해서 생각해 보기로 합시다。

가령 여기서 조그만 거울을 가지고 남산에 올라가서 시내를 비추어 보기로 합시다。 그러면 서대문에서 동대문·남대문·청량리까지 다 들어옵니다。 그런데 그렇게 작은 거울 속에 거울의 몇 억만배도 넘는 큰 서울의 질량이 그대로 변함 없이 나타납니다。 사람만한 것은 사람만하게 보이고 자동차만한 물건도 빌딩도 각각 자기의 크기 그대로 비춰져서 나타납니다。 또 거리도 一미터 떨어진 것 백미터 떨어진 것 一킬로 二킬로의 거리가 각각 조그만 차이도 없이 그대로 나타납니다。

그러나 거울에 나타난 서울은 한개 그림일 뿐입니다。 그런데 그림이라고 하면 또 실제의 청량리가 거울 안에 들어와 똑같은 크기로 나타날 수는 없는 겁니다。 작은 손바닥만한 렌즈 속에 큰 서울을 그대로 옮겨다 떼어 놓는다면 북악산이 깨알 만큼한 크기로 될 것이고 남산이 콩알만한 것이 되어야 할 것입니다。 그런데 우리가 실제로 남산에 가서 거울을 비춰 보면 확실히 서울만한 질량이 그대로 보입니다。 그러니 우리는 그것을 착각하는 알지 못한다면 산다는 것은 죽음의 변형(變形)일 따름이고 죽어서 삶을 알지 못한다면 죽음은 삶의 변형일 것이다。꿈과 깸이 서로 변형일 뿐이라면 그래서 그 사이에 나를 찾으나 진실한 곳을 알지 못한다면 사람들은 한 사람도 참나에 도달하지 못한 것이다。아아! 온 세상이 바야흐로 꿈속에 있는 것인가。

유무(有無)

어떤 이는 말하기를 「사람이 난다는 것은 없던 것이 홀연히 있게 되는 것이고、죽는다는 것은 있던 것이 갑자기 없어지는 것이다」고 한다。또 혹은 있다고 하고 혹은 없다고 하며、오래되면 장차 없어지리라고 한다。 이것은 다 정식(情識)의 망령된 추측이고 무생(無生)의 이치를 모르는 것이라고 한다。

홀연히 꿈을 꾸고 홀연히 깨고 하므로 능히 꿈을 꾸기도 하고 능히 깨기도 하고 주인공이 있다는 것을 알 수 있다。또 꿈이 있기도 하고 꿈이 없기도 하니、능히 꿈을 꿀 수도 있고 꿈을

것입니다。 광학상(光學上)의 원리가 그렇다고 하지만 광학 자체도 결국 우리의 감각작용상 작은 것이 큰 것으로 착각된다는 사실을 밝힌 것에 불과합니다。

그러면 왜 그렇게 보이느냐。 이유 없이 그렇게 보인다고 해야 합니다。 꼭 무슨 이유가 있다면 우리의 이 마음이 신기해서 신통으로 그렇게 작은 것을 크게 본다는 것입니다。 이 거울 반만한 작은 거울을 가지고 비추어 보더라도 역시 서울은 큰 거울과 똑같이 보이게 됩니다。

만약 이것을 더욱 작은 것으로 차츰차츰 더 줄여서 나중에는 사람들이 육안으로는 못 볼 정도의 작은 거울이라 하더라도 그 속에 비춰진 서울은 그 크기가 변함 없이 그대로 보일겁니다。 그러니까 나중에 과학이 발달해서 산소나 수소나 원자처럼 작은 거울이 나타났다면 원자 크기의 거울 거기에도 역시 서울만한 것이 나타날 것입니다。 그래서 이렇게 작아지고 작아지다가 작은 것까지 없어진 것 나중에는 작은 것이 없어진 것까지도 없어진 상태에 도달하면 우리 마음의 참 거울이 드러날 것입니다。

아무 것 아닌 것조차도 아닌 것

우리의 이 시간 공간이 본래 마음이고 보면 지금 우리가 꿈을 꾸고 있다는 것 이것은 시간도 공간도 아니기 때문에 아무 것도 아닙니다。 있는 것도 아니고 없는 것도 아니고 아무 것도 아닌 것도 아닙니다。 그런데 그것이 지금 말 듣고 앉아 있습니다。 여러분이 지금 이 경을 읽고 있는 그 마음자리가 참거울입니다。 돌을 갈아서 무엇을 비추게 했다든지 유리의 뒤에 약을 붙여서 비추게 하든지 해서 만든 거울은 죽은 거울이고 아무 것도 아닙니다。

구지 않을 수도 있는 주체가 있다는 것을 알 수 있다.

죽고 사는 것도 큰 꿈이다. 깨고 잠자고 하는 것은 작은 꿈이다. 작은 꿈은 큰 꿈을 따라 그 속에 있게도 되고 없게도 된다. 그리고 큰 꿈은 꿈 아닌 것에 의지하여 숨기도 하고 나타나기도 한다.

몽중몽(夢中夢)

꿈속에서 고관(高官)이 되고 진귀한 보물을 얻고 귀한 아들을 낳았으며 아름다운 여인을 얻는다. 이에 사업을 이루고 전지(田地)와 저택을 마련한다. 자녀를 교육하여 영화를 찾고 미인과 즐거움을 누리기도 한다.

그러다가 홀연히 꿈을 깨면, 그 사람이나 환경은 다 사라진다. 무엇을 잃어버린 듯 어리석게 미련을 남긴다. 본래 이 꿈이 없었던 그 전에는 이러한 미련이 일찌기 없었는데, 꿈이 이미 사라진 이제 미련이 오히려 남아 있는 것은 무슨 까닭인가.

사람들은 경륜(經綸)

그런데 여기 누구나 가지고 있는 보배거울이 있읍니다. 이것은 허공도 아니고 공기가 없는 진공도 아니고 물질도 아니고 아무 것도 아니며 아무 것도 아닌 것조차도 아닙니다. 그런데 이번에는 여기에도 무엇이 나타났읍니다. 지금 여러분이 하나씩 가지고 있는 보배 거울인 것입니다. 지금 내가 보이고 있읍니다.

그러니까 유리가 물질로 만든 거울들은 다 죽은 거울들이고 여기 우리의 마음은 즉 산 거울입니다. 아는 능력을 지닌 거울이기 때문입니다. 이 보배 거울은 생명이라고도 얘기할 수 있고 나의 참 모습이라 할 수도 있으며, 마음이라고도 할 수 있고 불성(佛性: 부처될 요인)이라고도 할 수 있는 이 마음은 무엇이든지 자기 마음에 맞지 않았을 경우에는 하지 않습니다. 그러니 우리 마음은 작다고 한다면 작다가 작은 것도 없어져 버린 경지, 말하자면 무한소(無限小)가 됩니다. 이 무한소는 결국 무한대(無限大)와 동일한 통일경(統一境)이 되어 마침내 모두가 다 〈마음〉뿐이고 〈나〉일 뿐입니다. 지금 말하고 있는 나의 법문을 듣고 앉아 있는 여러분의 이 〈아무 것도 아닌 것〉, 〈마음〉 오직 그것뿐입니다.

무한소가 무한대로 통한다는 것은 우리의 전 우주가 다 이것으로 충만해 있기 때문이고 무한소·무한대로 한계가 없기 때문에 하늘·땅·태양계·은하계 할 것 없이 가득차 있다는 말입니다.

한계가 있다면 어디는 있고 어디는 없어야 할 것이지만 이 마음은 무한소 그대로 무한대이고 전 우주 그대로이기 때문에, 꿈을 꾸는 찰나에 우주를 이루고 시간세계·공간세계를 창조한다는 것입니다. 그러니까 작다 작다 작은 것조차 없어진 이 무한소(無限小)·바로 그곳에 무한대의 세계인 대 우주가 나타났다는 겁니다.

우리가 꿈을 꾸는 그 꿈속의 우주나 생시에 보는 이 우주나 똑같은 우주인데, 그 우주가 이 아무 것도 아닌 여기에 나타나 있읍니다. 그러니까 지구도 있고 태양도 있고 별들도 있고 무한대 허공도 있고 모든 온갖 것이 다 이루어져 있는 겁니다.

꿈으로 불법을 이해하면 쉽다

이와 같이 마음을 꿈으로 풀어 보면 더 확실해지고 재미있읍니다. 저녁마다 꿈속에서 우리가 대우주를 창조합니다. 그렇지만 꿈 세상이 생시에 살던 세상과 너무 똑같기 때문에 우리는 그것이 꿈인 줄 모릅니다.

어머니가 나를 낳아서 유치원 대학까지 공부시키고 했는데, 그리고 내 아들 딸들도 내가 나온 대학에 다 들어갔는데, 우리 어머니가 나를 낳아 키운 이 몸 말고 내가 어디 또 따로 있기에 이것을 꿈이라고 하느냐. 생시가 따로 있을 수 있느냐. 이렇게 됩니다. 감히 꿈이려니 의심도 안합니다. 그 꿈 세상이 참이고 생시라고만 믿고 살 뿐, 정말 생시는 아예 부인합니다. 그러다가 꿈을 깨고 나면 웃어 버립니다. 그래서 꿈이 되고 생시가 됩니다.

그런데 꿈속에서 수십년을 살면서 아들 딸 다 낳고 교육시키고 하지만 꿈을 깨고 나면 손목시계는 一분도 안됩니다. 사람들은 누구나 생시의 一분 이것은 참말로 알고, 꿈속의 수십년은 거짓말인 줄 알지만, 꿈나라의 시간도 역시 六○초가 一분이고, 六○분이 一시간이고, 二四시간이 하루고, 三백 六십 五일이 一년인 그런 시간으로 아들 딸 여러 남매를 낳아서 키웠으면서 이것은 소홀히 압니다. 그러나 꿈은 천년 만년이지만 생시는 모아봐야 一○년도 안됩니다. 이런 꿈과 생시가 번갈아 반복되는 것이 인생입니다.

그러면 어떤 것이 참말이고 어떤 것이 꿈이냐 한번 생각해 볼 일입니다. 一분 전에 살던

이 겨우 이루어지려는가 했을 때 홀연히 죽는 일이 있다. 만일 그들이 죽어서 어리석은 미련이 오히려 남아 있다면, 신(神)은 어둡고 혼(魂)은 탁하며 정(精)은 맺히고 넋은 굳어서 곳을 따라 아득히 헤매다가 물건을 만나면 나타날 것이니 그리하여 꿈속의 꿈, 환상 중의 환상이 되어 이르지 않는 데가 없게 된다.

몽각일야(夢覺一也)

꿈속에서 간혹 괴로운 경우를 만나 신음하거나 매우 고초를 당하면, 깬 뒤에도 오히려 숨결이 헐떡여지고 몸이 거북하다. 꿈이란 것은 환상(幻想)일 뿐인데 그 영향을 실지로 받는 것은 무슨 까닭인가. 객관경계는 마음이 만든 것이고 업(業)은 스스로 부른 것이다. 본래부터 이런 일이 없던 것을 허망(虛妄)하게 그런 꿈을 꾸었으며 본래부터 이런 꿈이 없는데도 허망하게 그 고통을 받는다.

그래서 신 매실(酢梅)의 이야기를 들으면 입안에 침이 생기고, 깎아

지른 듯한 벼랑을 밟았다고 생각하면 발바닥이 찌릿하게 움츠러든다。이야기 듣는 것은 거짓인데 능히 실상(實相)을 낳고 벼랑 밟는 걸 생각하는 것은 허망한 것인데 능히 본체를 요동한다。이것은 유무(有無)가 서로 즉했고 허와 실이 서로 통한 증거이다。따라서 꿈과 깸이 하나이고 사와 생이 하나이며 유와 무가 하나이다。그런 것인데 세상 사람들은 오히려 죽은 뒤에는 아는 것도 없고 받는 것도 없다고 한다。이것은 유무(有無)의 이치를 모르는 소치이다。

혼백(魂魄)

세상 사람들이 말하기를「사람이 죽으면 혼(魂)은 올라가고 넋(魄)은 내려간다。형체는 썩고 정신은 사라지는데 다시 무엇이 있어서 죄와 복을 받으며 괴로움과 즐거움을 알겠느냐。」고 한다。그러나 그들은 도대체 꿈속의 사람도 역시 그러면 아는 것이 있고 받는 것이 있다는 사실을 알지 못하는 것이 아닌가。

생시를 꿈에 가서는 부인하지만 우리가 저녁마다 꾸는 꿈은 생시에도 부인하지 못합니다。그러니 우리 머리에 어느 것이 더 많이 남아 있읍니까。꿈에 들어가서 깜박 잊어버리는 얼마 안 되는 생시 이것이 꿈인가。생시에도 잊지 못하는 천 년 만 년 되는 꿈이 생시인가。생시를 깨면 꿈에 들어간 꿈이 되고 꿈을 깨면 생시에 들어온 꿈인데、생시를 깬 꿈에는 생시는 완전히 부정됩니다。또 간밤 꿈만 꿈이 아니라 생시에 사는 것도 살아 놓고 보면 다 꿈입니다。지나가고 나서만 꿈이 아니라 생시가 지나가기 전에도 깨어 있는 이대로 꿈입니다。왜냐 하면 꿈을 깨기 전까지는 꿈인 줄을 확실히 모르기 때문인데 깨지 않고 꿈인 줄 모르는 그대로가 꿈이듯이 생시도 똑같습니다。생시가 꿈인 줄 모르는 생시 그대로 생시 그것도 꿈입니다。

한국 갑부가 되어 돈을 마음대로 쓰면서 몇 십년 호강을 했다 하더라도 그렇게 하는 전체가 다 꿈입니다。돈이 모였다는 것、갑부가 되었다는 것도 꿈이고 거지가 되어 돌아다녔다는 것도 꿈이고 모두 헛것입니다。우리가 지금 낮꿈으로 나와 있으니까 이 낮꿈을 깨기 전에는 이게 꿈인 줄 알 도리가 없지만 그것은 꿈속에서 꿈을 꿈인 줄 모르는 것과 같습니다。이러한 꿈속에서 꿈 아닌 소식、꿈 밖에 있는 자기 참 얼굴은 모르고 꿈속에 행동하는 겉 마음밖에 모르는 것이 인생입니다。

그래서 먹어야 한다는 관념 때문에 생존경쟁을 해야 하는 것인데、이런 것들이 다 생시가 꿈인 줄을 모르기 때문에 저지르는 짓들입니다。꿈에도 사실은 때가 되면 밥을 먹어야 하고 하루 세 그릇씩 꼭 먹어야 합니다。그래서 꿈에도 싸움을 하고 전쟁을 하고 생존경쟁을 합니다。一초도 안 되는 시간에 많은 싸움을 하고 생존경쟁을 하면서 수십년 동안 사는 꿈으로 됩니다。

연애 꿈을 꾸었을 때는 그게 꿈이 아니었더라면、깨지나 말았더라면 할 것입니다。연애도 오래 해 보고, 부자가 되어 자가용 차도 타고 수천명 부하를 거느리고 멋지게 살아 봤으면 하고 꿈에서라도 이 소원을 성취할 수 있게 꿈좀 꾸어 봤으면 좋겠다고 할 것입니다。

한 달 동안 꿈만 꾼 여인

옛날 평안도 어느 산골에 감자 농사나 지어서 겨우 살아 나가는 외딴 농가가 한 집 있었읍니다。 하루는 사람을 사서 감자 밭의 풀을 매게 됐읍니다。 아내는 집에서 감자를 가지고 적도 부치고 수재비도 만들어서 일군들의 점심을 해가지고 오기로 되어 있었읍니다。 점심 시간이 두세 시간이나 지나도 아내가 오지 않자 남자가 집으로 달려가는 도중에 아내를 만났읍니다。 그는 점심을 가뜩 해 오다가 길 옆에 내려 놓고는 누워서 딩굴고 웃고 헛소리하고 미쳐 있는 것이었읍니다。 남자는 즉시 약을 먹이고 침을 놓고 온갖 수단을 다 썼지만 효과가 없었읍니다。 들과 산으로 돌아다니고 춤도 추고 노래 부르고 웃고 또 내외간에도 말 못할 이야기도 막하고 그럽니다。

남자는 할 수 없이 아내의 손 발을 묶어 방안에 가두고 재워 놓았더니 거의 한 달 후에 깨었읍니다。 이리하여 제 정신이 돌아 오기는 했는데、 웬일인지 자꾸 울기만 합니다。 하두 이상해서 친정 어머니가 한 달 이상을 두고 달래면서 물어 보니 아버지한테 절대로 말하지 말라고 몇 번을 당부한 뒤에 다음과 같은 사연을 말했읍니다。

『사람을 사서 일하던 그날 밥을 해 가지고 밭으로 나가려는 참인데、 웬 초립동 소년이 예쁜 당나귀를 타고 들어오는 것이었읍니다。 초립동을 보니 옷도 잘 입고 얼마나 잘났는지 세상 사람들과는 대조할 수도 없이 뛰어나 보였읍니다。 이 초립동이 자기 옆에 탁 무

저 꿈속의 사람이 몸뚱이는 자리를 떠나지 않았으면서 동으로 가고 서로 가는 주체는 누구이며 현실의 몸뚱이는 아무 이상이 없는데 괴로움을 받는 것은 누구인가。 또 소위 올라간다는 혼(魂)과 내려간다는 넋(魄)은 앎이 있는 것인가 없는 것인가。 앎이 없다면 누가 올라가고 내려가는가。 또한 앎이 있다면 한 사람이 두 가지로 아는 것이니 이런 수는 없을 것이다。 하나는 올라가고 하나는 내려간다면 그 안다는 것은 어느 곳에 해당하는가。

이미 혼백이 올라가고 내려간다는 뜻을 알지 못하거니 어찌 형체와 정신이 있고 없는 이치를 알 수 있으랴。

구원(仇怨)

꿈속에서 남과 원수를 지어 분노하고 원망을 하다가 깨어서 생각하면 그것은 환각(幻覺)이고 허망뿐이다。 원수도 없고 원망할 주체도 없다。 실로 나를 원수로 삼는 자도 없는데 내가 원망하는 것은 망령된

행동일 뿐이다. 내가 진실로 망령된 것만 하지 않으면 실로 원수는 없는 것이다.

세상에는 원한을 품어서 독기가 엉키고 맺혀서 죽은 뒤에도 오히려 그 기운이 흩어지지 않고 악귀(惡鬼)가 되고 도깨비가 되는 일이 있다. 이것은 다 자신의 마음이 불러 온 죄업(罪業)의 힘이 그렇게 만드는 것이다. 진실로 마음을 평화롭게 가지고 스스로 반성한다면 모든 것이 다 꿈이고 환상이라는 것을 알게 될 것이다. 백세(百世)에 걸쳐 맺어진 인연도 한 생각으로 소멸된다. 어찌 생각하지 않을 수 있겠는가.

취몽(醉夢)

취중(醉中)에 사람이 스스로 옳다고 하다가 깬 뒤에야 비로소 취한 것을 알고 본성(本性)이 아니었음을 알게 된다. 꿈속의 사람이 스스로 옳다고 우기다가 깬 뒤에야 비로소 꿈이었고 본성이 아님을 알게 된다.

세상 사람들이 스스로

를 꿇고 앉았다가 일어서서 하는 말이 「대단히 실례입니다. 우리 집은 아무 데에 있고 우리 부모는 누군데 정승 판서 집이고 농사는 수만 석을 하는 부자입니다.

내가 일년 전에 부자집 처녀에게 장가를 들어 정이 깊이 들었는데 자식도 하나 낳아 보지 못한 채 금년 봄에 죽었읍니다. 이렇게 홀로 된 나는 궁리하기를 죽은 마누라는 다시 만날 수 없으므로 할 수 없이 마누라와 똑같은 여자를 만나서 살겠다고 결심하고 이렇게 팔도강산을 헤매고 있던 중 오늘 이곳을 지나다 보니 당신은 우리 마누라와 조금도 안 틀리고 똑같이 생겼읍니다. 당신이 이런 두메 산골에서 감자농사나 지어 먹고 살면 되겠읍니까. 지금 당장 이 당나귀를 타고 이 길로 곧장 갑시다. 이 당나귀는 하루에 천리를 가는 말이니 잠깐 가면 됩니다.」하고 말하는 것이었읍니다.

나는 그만 마음이 끌려 살림살이고 뭐고 정신이 다 나가 버린 채 그 당나귀를 타고 같이 가는데 어찌나 빨리 달리던지 삽시간에 강과 들판을 지나서 산골짜기를 들어가니 남녀 하인들이 마중을 나와 인사를 합니다. 그 하인이 입은 옷 모양과 미모가 어찌 뛰어났던지 자기 같은 것은 곁에 서지도 못하게 잘 생겼읍니다. 동구(洞口)안으로 들어가니 큰 동네가 있는데 전부가 기와집이고 낙원 같은 좋은 집에서 조부모 시부모도 마중나와 환영해 주었읍니다.

나는 데운 물로 목욕을 하고 그곳에서 주는 옷을 갈아입고서 거울에 내 얼굴을 비춰 보니 내가 언제 이렇게 예뻤던가 싶을 정도였읍니다.

나는 그곳에서 시간 가는 줄 모르고 살면서 해마다 아들 딸을 자꾸 낳고 그 집의 살림살이도 다 차지했읍니다. 예쁘고 잘난 얼굴만 해도 천당에 사는 느낌인데 아들들도 재주가 다 좋아서 공부 잘하고 참 재미나게 한 십년 호강을 하고 있었읍니다. 그러던 어느 날 뜻밖에 전신이 아프고 몸이 부자유해서 고함을 질러 보니 꽁꽁 묶여 있는 것이었읍

옳다고 고집하지만 기혈(氣血)에 취하고 정식(情識)에 갉각고 있음을 깨닫지 못한다. 소위 알고 생각하는 것과 옳고 그름과 사랑하고 미워하는 것과 원망하고 연모(戀慕)하는 것은 다 취중의 심정과 꿈속의 생각을 벗어나지 못한 것이다. 맑고 깨끗한 성품〔淸淨性〕 속에야 어찌 이런 일이 있겠는가。

음양굴신(陰陽屈伸) 양(陽)이 극에 이르면 음(陰)이 생기고 음이 극에 이르면 양이 다시 온다。한번 굽히면 한번 펴고 한번 전진하면 한번 후퇴하는 것은 진리의 떳떳함이다。

복이 지나치면 장차 화(禍)가 오게 되고 뉘우침이 깊으면 길조(吉兆)가 싹트게 된다。남을 원수로 여기면 꿈에 그의 욕보임을 당하게 되고 남을 속이면 꿈에 그 사람의 성냄을 받게 된다。

그것은 왜 그러냐하면 겉으로는 속일 수 있지만 마음은 속일 수 없기 때문이다。스스로 짓고 스스로 받는 것이며 요

니다』하고 설명하는 것이었읍니다。한 달 미친짓하는 동안 一五년을 살았고 그래서 꿈속에서 정든 아들과 남편이 보고 싶어서 우는 것이니、이 소리를 누구 보고 할 수 있겠읍니까。「지금이라도 한번 더 미쳐 가지고 가 봤으면 좋겠다」하면서 그 꿈이 그리워 운다는 것입니다。그렇게 꿈을 못잊고 사는 것이 인간이기도 합니다。

꿈속에 평생을 산 조신 대사

여하튼 중생인 우리는 마음을 깨치지 못하는 한 모두 꿈속에서 사는 것인데 전부 자기 마음으로 꿈을 꾸어 가지고 그 속에서 시집간다、장가간다、살림살이 차린다、아들딸 낳는다 하는 것이니 마치 아까 산골 밭에서 정신이상된 여자가 정상(正常)을 잃은 채 웃으며 행복한 생활을 의식하는 꿈속의 생활과 같습니다。요새 꿈에 대한 학자가 과학적으로 연구한 바에 의하면 꿈이란 큰 꿈이나 작은 꿈이나 최고의 시간이 四五분이 걸린다는 것입니다。이 四五분이 며칠도 되고 몇 년도 되고 일평생 되는 꿈으로도 된다는 것입니다。

조신 대사의 실제의 꿈을 이광수 선생이 「꿈」이란 역사소설로 엮어서 세상에 발표한 일이 있읍니다。옛날 신라 때 조신 대사라는 스님이 강원도 낙산사(洛山寺)에 있을 적인데 법당에 사시마지(巳時供養)를 올려 놓고 경쇠(법당에 있는 작은 종)를 땡하고 치는 사이 깜박하고 졸음을 조는 동안에 八〇년 긴 꿈을 경험했읍니다。이 경쇠라는 종은 천천히 때리면 소리가 죽고 힘껏 빨리 때리고 가만히 있어야 소리가 죽지 않습니다。그 경쇠를 때리는 순간은 몇 십분의 일초에 불과합니다。깜박하고 조는 순간 중노릇하는 현실은 어디론가 사라지고 꿈속에 들어가서 그 고을 사또님 심부름으로 마을에 내려가는 도중이었읍니다。내려가다 보니까 단골 신도인 무남독녀 딸 하나가 있는 신도 집이 있는 곳을 지

행으로 모면할 수는 없다。

억지와 초연(超然)

세상에는 간혹 물질이나 몸뚱이에 초연(超然)하여 아무 근심 없는 이가 있다。 사람들은 억지로 그렇게 한다고 하여 하기 어려운 것을 억지로 하는 것은 인정(人情)에 가깝지 않다고 한다。

대저 꿈속에서도 사물(事物)에 근심과 기쁨을 이끌어 얽어매는 일이 있지만 깨어보면 아무것도 없다。 진실한 사람은 몸과 마음에 자연히 일이 없다。 이 어찌 억지의 정으로 그렇게 하랴。 본래 일이 없는 것인데 다시 무엇을 억지로 근심한단 말인가。

무아(無我)

꿈꾸기 전에는 꿈속의 천지(天地)를 볼 수 없고 이미 깨고 난 뒤에는 꿈속의 세계를 다시 볼 수 없다。 이것은 다 내 생각의 망동(妄動)인 때문이다。

나기 전에는 이 세계를 보지 못하며 이미 죽은 뒤에도 이 세상의 사물을 볼 수 없다。

나게 됐읍니다。 그 집은 다른 일가친척도 없고 살림은 한 삼백 석 하는 시골의 부자였읍니다。 그 처녀에게 장가를 들면 누구든지 삼백 석을 얻어 팔자가 폅니다。

그 집은 일 년에 몇 번씩 조신 대사가 있는 절에 오는 것으로 알고 있었고 그때마다 그 처녀가 어머니를 따라오는 것을 보아 왔는데 이제는 시집갈 때가 되었던 것입니다。

조신 대사는 지나가는 길에 그 집에 들러서 인사나 하고 가기로 마음 먹고 잠깐 방문했읍니다。 사또님 심부름으로 어디까지 가는 연유를 말하니 돌아오려면 저물겠다고 하면서 집에 와서 저녁 자시고 가라고 친절히 해 줍니다。

그래서 그렇게 하겠다고 약속해 놓고 볼일 보고 늦게야 올라오다 보니 어두워지고 나서야 그 신도 집에 도달하게 됐읍니다。 그 신도 집에서는 언제 돌아올지 모르니까 반찬감만 장만해 놓고 밥도 안 짓고 반찬도 안 만들고 있다가 조신 스님이 들어오니까 하인에게 「밥해라 반찬해라。」 하며 부랴부랴 시켜 놓고는 스님과 법담을 하고 있었읍니다。 집안식구 모두인 모녀도 이제까지 밥을 먹지 않고 조신 대사가 오면 같이 먹는다고 기다렸다가 밥상이 들어오니 같이 먹도록 했읍니다。

그때는 불교가 크게 융창했고 스님들에 대한 대우가 대신보다 더 존경하던 신라 때였읍니다。 딸 방에서 진수성찬을 차린 저녁 밥상을 놓고 셋이서 같이 먹고는 법문해 달라고 해서 아는 대로 얘기해 주었읍니다。 그러는 동안 이들은 그만 신선놀음에 도끼자루 썩는 줄 모른다는 식으로 시간이 오래 지나가서 한밤중이 되어 버렸읍니다。

그래 사람들이 다 잠을 자는데 십여리나 가기도 어렵고 그 집에서는 자고 가라고 붙잡는 바람에 그대로 자게 됐읍니다。 그리고는 어머니 신도는 어떻게 된 건지 그만 자기 딸과 조신 대사를 한 방에 가두어 놓고 문을 잠가 버렸읍니다。

조신 대사는 그래서는 안될 것인 줄은 알지만 어려서부터 잘 알고 서로 얘기도 하고 이 세상의 사물은 다 내가 벌여 놓은 것이기 때문이다。 그러므로 내가 있은 뒤에라야 세계(世界)와 사물(事物)이 있는 것이다。

마음에 진실로 〈내〉가 없다면 세계와 사물이 〈나〉에게 어찌 있으랴。

능지(能知)의 지혜

어떤 이가 말하기를、 일찌기 옛 사람은 「인간의 생사(生死)란 곧 한 기운(一氣)이 모이고 흩어지는 것이다。 기운이 모이면 물체(物體)를 이루었다가 기운이 흩어지면 따라서 물체도 없어진다。 그런데 기운이 모여서 물체를 이루면 자연히 그 속에 정신이 생겨 물체와 함께 성장하고 아는 것이 이루어진다。 물체가 오래 되면 그 형체는 낡아지고 정신은 쇠약하며 혼미하여져서 물체와 함께 없어지고 그리하여 마침내 빈 것으로 돌아간다」고 하였다。 그러나 사람의 나고 죽음을 살펴 보니 이 말에 의심되는 바가 있나。

사람이 처음 낳을 때 생각은 아직 없지만 신

친숙하게 지내다가 그렇게 되어 놓으니까 그만 그날 저녁에 장가를 들어 버렸읍니다。 이제 절에는 다 갔읍니다。 그래서 지금 심부름 갔다 온 사정을 보고할 수도 없고 그만 그 집에 숨어 가지고 머리를 길러서 상투를 얹고 결혼식할 새도 없이 신혼생활을 했읍니다。

그 해에 단번에 아들을 하나 낳았고 소문도 없이 감쪽같이 그러고 있는 판입니다。 그런데 해마다 아들을 낳아 꼭 달팽이 같은 아들을 수두룩하게 낳았읍니다。 그놈들이 자꾸 크고 두 살 세 살 되면 천자 다 외고 글도 가르치고 했는데 공부를 다 잘합니다。 이렇게 해서 八년 만에 아들 팔 형제를 낳았읍니다。 그때는 한문 짓는 어려운 문장인데도 글 잘 짓고 글씨 잘 쓰고 그림 잘 그리고 말 잘하고 얼굴도 잘 생겼고 이래서 서울에 올라가면 단번에 급제를 합니다。

아들들이 경상 감사·전라 감사도 있고 평안도 충청도 나중에는 팔도강산에 다 자기 아들이 있게 돼서 나라 임금보다 오히려 권력이 센 편이 됐읍니다。 집안 살림도 삼백 석짜리가 이제는 십만 석이 넘었고 아까 나귀 타고 간 처녀보다 훨씬 더 재미나게 잘 삽니다。

그런데 큰 아들이 죽고 둘째 아들이 죽었고 그리고 나서 한 一○년이나 지났는데 아들딸 형제가 다 죽고 며느리 다 죽고 손주들까지도 다 죽어 버렸읍니다。 이렇게 하여 끝내는 자기 마누라도 죽고 자기 혼자 늙은 몸으로 나쁜 부하들한테 재산도 다 빼앗기고 이제는 하인들까지 전부 다 달아나 버려서 자기 혼자만 남게 됐읍니다。 아차하다가는 그놈들한테 맞아 생명도 위험하게 되었고、 재산을 다 빼앗기고 보니 있는 돈이나 꾸려 꽁무니에 차고는 팔도강산 유람차 나섰읍니다。 구경다니는 판입니다。

세상이 허망해도 그렇게 허망할 수가 없읍니다。 아까 꿈을 깨어 가지고 자꾸 울어대는 그 여자보다 더 허망할 것입니다。 그래 이리저리 한없이 돌아다니다가 가을이 됐는데 해는 저물고 배도 고프고 다리도 아파서 길가 잔디 밭에 두 다리를 뻗고 앉아서 신세 한탄을

명한 정신이 환하게 밝으며 사람이 곧 죽게 되었을 때 수족은 비록 혼란하여져도 신령한 마음은 전과 다름이 없다。 일찌기 기(氣)의 모이고 흩어짐이 단속(斷續)이 없고 정신의 혼미함과 밝음이 증감(增減)이 없다。

그러나 난다는 것은 본래 없던 것이 홀연히 생기는 것이 아니고 죽는다는 것은 본래 있던 것이 홀연히 없어지는 것이 아니다。 이미 생사(生死)를 궤뚫어서 한결 갈다면 그 처음과 끝을 누가 능히 구명(究明)할 수 있으랴。 알 수 없는 일은 그 속에 과연 이법칙이 있는 것이냐고 하였다。

나는 대답한다。「이 법칙이 밝혀지지 못한지 이미 오래다。 너는 잠자고 깨고 하는 것을 알지 못하는가。 꿈꾸고 깨는 것이 서로 갈아들어서 천번 변하고 만 번 바뀌며 지해(知解)가 성립하고 괴멸하며 생각이 단속(斷續)함을 몇 번이나 하였던가。 그러한 많은 변환 속에 그 변환을 따르

하며 쉬고 있읍니다。

그런데 때마침 산 위로부터 절에서 종치는 소리가 은은히 울려 내려 옴을 느끼고 근처 어닌가에 절이 있는가 보다 하고 가만히 살펴보노라니 자기가 십여년 전에 살다가 떠났던 집 근처 낙산사에서 울려오는 종소리였고, 자기가 앉은 그 자리가 바로 자기가 살던 그 집 터였읍니다。 지금은 잔디밭이 되었고 쑥대들이 나오고 거기에 있던 동네는 어디로 갔는지 다 없어지고 말았읍니다。

가만히 생각해 보니 이제는 꼼짝 없이 큰일 났읍니다。 내 나이 벌써 아흔이 다 되어서 이세는 오늘밤에 죽을는지 내일 아침에 죽을는지 모르는 판이 됐읍니다。 그런데 부처님이 하지 말라던 二백 五십 가지 계를 낱낱이 나 파계하고 팔만 가지 세행(細行 : 주의할 작은 계) 다 부숴 버리고 이제 눈만 감으면 꼼짝없이 지옥에 갈판이니 생각하면 전신이 떨려 옵니다。 이제 곧 죽게 생겼는데 부처님께서 하지 말라는 것은 다 범해 놨으니 진작 이렇게 허망한 줄 알았으면 차라리 장가 안 가고 그날 저녁 내가 절로 올라갔으면 되었을 것이 아닌가。 그 하루 저녁을 못 참고 장가를 들었기 때문에 이제 죽기만 하면 지옥행은 끊어 놨고 아들 딸이 또 그렇게 다 죽을 줄도 모르고 있다가 이제 몸은 늙고 곰곰이 신세를 생각해 보니 기가 막힙니다。

그동안 하던 공부나 열심히 했더라면 성불했을지도 모르는데 아무것도 아닌 자기가 아무것도 한 것 없이 이 모양 이 꼴이 됐으니 내가 그렇게 어리석었던가 하고 탄식하며 두 다리를 뻗고 방성통곡하고 울다가 깨었읍니다。

눈을 떠보니 자기가 깜빡하고 졸기 전에 경쇠를 치던 망치를 잡은 채 그대로여서 경쇠의 종소리가 채 끝나기도 전이었읍니다。 몇 십분의 일초가 지났을까 말까 한 짧은 찰나에 아흔 살이 지났으니 당시 스님의 나이 스물 대여섯살 되었다고 치면 한 六○여년 근

七〇년쯤 지난 것입니다。 조신 대사의 실제의 생활 경험이었고 인생의 일대 교훈이었읍니다。 인간 세상이라는 게 일체의 꿈이라는 것을 바로 알아야 합니다。

생시는 곧 낮꿈

지금까지 여러분한테 밤 꿈을 얘기했지만 우리가 깨어서 활동하는 생시라는 것도 낮꿈입니다。 왜 그러냐 하면 밤에 가서 꿈속의 생시라는 것도 만드는데 내 마음 가운데서 무한대 우주를 낮과 똑같이 건립한 때문입니다。 현 생시에 에너지로부터 모든 여러가지가 창조되어 우주의 현실이 벌어졌듯이 이 꿈에도 가 보면 그렇게 되어 있읍니다。

꿈속에서도 사업을 하게 되고 생활을 하게 되는데 불은 뜨겁고 물은 차갑고 소금은 짜고 설탕은 달고 하여 생시의 이 자연계와 똑같은 자연계가 있는데 그것은 모두 마음이 건립한 것입니다。 마음이 만들은 것이라기보다 마음이 그렇게 되었다고 해야 할 일입니다。 마음이 산도 되고 물도 되고 남자 여자、 호랑이도 되고 구렁이도 되고 온갖 유정물이 되어 가는 것이 꿈의 세계、 즉 꿈의 우주인데 이렇게 될 수 있는 것은 다 전체가 마음뿐인 때문입니다。

가령 밤에 잠이 들어 자다가 이불 속에 자기 몸뚱이와 처자를 다 그대로 노아둔 채 마음만 나와 가지고 꿈속의 세계를 새로 만듭니다。 그러나 나온 것도 들어간 것도 아니고 어디로 갔다 안 갔다 그렇게 생각할 수도 없읍니다。 만일 마음이 어디로 들어가는 것이라고 한다면 세포 하나를 가지고 말하는 경우에도 이 마음은 수 억만 가지로 들어갈 수 있을 것입니다。 나를 중심으로 사는 중생이면서 제일 작은 것이 제일 큰 것이 되고 큰 게 작은 것이 되는 원리와 하나가 되다 보니 어디까지가 경계인지 그 한계를 지을 도리가 없게

지 않는 것이 존재한다。 그러므로 이것에 의하여 꿈꾸기도 하고 이것에 의하여 변화하기도 한다。 만약 이것이 없다면 무엇이 꿈꾸고 깨고 하는 것을 알 수 있으며 바뀐 것을 알겠는가。 알아지는(無知) 지혜는 알 줄 아는(與知) 지혜와는 다르니 네가 어찌 알 줄 아는 지혜를 가지고 알아지는 지혜만 알려 하는가。

귀호(鬼狐)

도깨비나 여우에게 홀린 사람은 다만 그것의 교태와 고운 얼굴만 보기 때문에 사랑하고 연모하고 친근하게 하여 그것의 농락을 받고 있는 줄을 알지 못한다。 그리하여 정신을 빼앗기고 기운을 소모하여 죽게 되어도 달게 여긴다。 그러다가 뒤에 그것이 여우 아니면 도깨비라는 것을 깨닫게 되면 머리털이 일어서고 소름이 끼쳐서 참으려 해도 참을 수 없게 된다。

요사이 세상 사람들이 여인의 자태와 얼굴 모습에 미혹하여 어리석게 사모하여 제몸이 어떻게 되는지를 잊어버린다。

되어 버렸읍니다。

이 마음자리가 꿈에 가서 대 우주를 창조하게 될 능력이 있다 보니 꿈속에서 자기 몸뚱이를 끌고 장가도 가고 시집도 가고 아이도 낳아 기르고 하다가 그 살림살이 그대로 다 내버리고 어딘가 다른 세계로 나오는데 그것을 소위 생시라고 말합니다。 꿈에 가서도 우주를 창조할 능력이 있으니까 생시에 나와 가지고도 다시 현실의 우주를 창조합니다。 생시에 마치 활동사진의 필름을 바꿔서 새로운 화면이 갑자기 나타나는 것과 같이 금강산이 나왔다、 지리산이 나왔다、 석굴암이 나왔다 하는 것입니다。

그러므로 꿈을 깼다 하는 것은 내가 꿈을 꾼 그 자리에서 필름이 바뀌어 딴 필름이 돌아가게 되어 소위 생시라는 그런 영화가 나오게 된다는 것입니다。 그런데 밤의 꿈속에 있는 영화나 생시에 있는 영화나 다 마음의 조화로 된 것입니다。 그래서 그건 밤꿈이고 이건 낮꿈이고 하지만 또 따지고 보면 꿈도 없는 것이어서 생시도 꿈도 아닙니다。 지금 말하는 이대로일 뿐입니다。

그러나 그러면서 밤꿈은 확실히 낮꿈과는 또 다른 겁니다。 다른 꿈이니까 밤꿈은 낮꿈이 아니고 낮꿈은 밤꿈이 아닌 것입니다。 밤에도 마누라가 있고 낮에도 그 남편 그대로이고 모든 것이 다 그대로 있는 것 같지만 확실히 밤꿈에 만난 자기 마누라는 지금 생시에 있던 그 마누라는 절대로 아닙니다。

꿈에 같이 산 그 마누라가 틀림없는 자기 마누라이고 꿈인 줄도 모르고까지 살게 됩니다。 모든 것이 똑같으니까 서로 부둥켜 안아 봐도 다를 바 없읍니다。 그렇지만 낮에 있던 마누라는 꿈 세계로 들어갈 때 자기가 재워 놓고 간 자기 몸뚱이 옆에 자고 있으니까 밤에 있는 마누라와 다르다고 할 수밖에 없읍니다。 그뿐만 아니라 자기자신도 밤꿈에 있던 자기 몸과 생시의 자기 몸과는 다릅니다。

기운을 손상하고 재물을 소모하여 도깨비나 여우에게 홀린 것보다도 더 심해서 죽어도 뉘우칠 줄을 모르고 있으니 도깨비나 여우에게 죽는 것과 무슨 차별이 있겠는가。 더군다나 그 여인이 눈썹 두덩과 빰에 분 바르고 연지 칠한 꼴이 귀신이나 도깨비와 다름이 무엇이며 간교한 말과 얼굴 빛이 여우가 사람을 홀리는 것과 무엇이 다르랴。 또 남의 집 재산을 손해보이고 남의 골육 사이를 이간질하고는 손바닥 뒤집듯 변심하여서 또 다른 남자에게 애정을 주고 단장(丹粧)하여 껴안는 그 마음 가짐은 도리어 도깨비나 여우보다도 더욱 심한 것이다。

그런데도 사람들이 그 마음이 미혹하여 꿈속에 빠져서 죽음도 돌아보지 않으니 다시 무엇을 더 깊이 생각하랴。

그러나 대저 여색(女色)이 능히 나를 미혹하는 것이 아니라 내가 스스로 미혹되는 것이며 환경이 능히 나를 얽매는 것이 아니라 내가 스스로 얽매인 것이다.

환경이 다르고 경이 치우치는 곳에서는 언제나 마음을 가라앉히고 고요하게 하여 생각하고 헤아려 보라. 그리하여 마음이 항상 자재(自在)하여 꿈의 지경에 들어가지 않는다면 저것이 어찌 나를 홀리게 하고 미혹하게 할 수 있으랴.

귀천(貴賤)

옛날에 낮에는 종노릇을 하고 밤이면 밤마다 천자가 되는 꿈을 꾸는 사람이 있었으니 실로 알지 못하겠도다. 이 사람의 경우 천자가 낮이면 종의 꿈을 꾸는 것인가. 종이 밤이 되면 천자의 꿈을 꾸는 것인가. 깼을 때의 세상사람들은 나를 천(賤)하다고 하고 꿈 세상의 사람들은 나를 귀(貴)하다고 하는구나.

그러므로 귀하다 천하다 하는 것은 남에게 있고 내게 있지 않다. 그렇다면 귀하고 천한 것이 나에게는 실로 뜬구름 같은 것이며 밤과 낮은 다 마음이 만드는 환상(幻像)의 세계일 뿐 천하다고 해서 무엇을

그런데 이 가운데서 정말 다르지 않은게 있읍니다. 이것이 곧 〈마음〉입니다. 밤꿈에서도 이 마음 그대로이고 낮꿈에서도 밤꿈에 있던 그 마음이 그대로 낮꿈을 꾸는 격입니다. 여기에 대우주의 꿈을 똑같이 만들어 놓았읍니다.

그런데 밤꿈이 순전히 마음의 조화라고 말한다면 낮꿈도 역시 마음이 그렇게 할 수 있다는 것입니다. 마음이 밤에 굉장한 창조의 힘을 발휘했다고 한다면 낮꿈인 지금 이 순간에도 역시 그런 힘이 그대로 발휘되고 있을 것입니다. 꿈이나 생시나 마음은 달라지지 않았기 때문에 내가 조화하고자 하는 그대로 밤꿈이나 낮꿈이나 필름대로 나타나게 되는 것입니다.

꿈속의 객관은 곧 나

마음의 본성을 깨치지 못한 범부중생들은 꿈속에 들어가서 꿈을 꿈인줄 모르듯이 생시 이것도 낮꿈인 줄 모르고 생시라고만 보는 겁니다. 우리가 꿈을 꿀 때 그것을 생시라고 느낄 뿐 꿈이라고는 생각하지 않습니다. 그것은 꿈이기 때문에 꿈을 깨봐야 그것이 꿈이었다는 것을 알 수 있읍니다.

밤꿈에 들어가서는 그것이 밤꿈이고 생시의 낮꿈이 있는 것을 알아야 되지 않겠읍니까. 그러나 실제로는 낮꿈에 와서는 밤에 꾼 꿈을 기억할 뿐 밤꿈에 들어가면 낮꿈을 전혀 기억하지 못하고 완전히 잊어버리게 됩니다. 낮꿈에 가서는 밤꿈에 있었던 일을 말못할 내용도 있읍니다. 가령 사람을 죽였다든지 윤리도덕을 어기면서까지 범행을 저질렀다든지 그야말로 생시에는 엄두도 내지 못할 것을 밤꿈에 할 때가 있읍니다. 그래서 말은 못하지만 기억은 하고 있읍니다.

근심하며 귀하다고 해서 무엇을 교만하랴。

세상에서 부하고 귀한 것을 가지고 스스로 거만하게 구는 자는 깊은 잠을 깨지 못한 잠꼬대다。

탐욕(貪慾)

사람들이 부귀를 좋아하는 것은 그것이 세상을 구제하고 남을 이롭게 하는 권한이며 또한 몸을 기르고 마음을 기쁘게 하는 근본이라고 믿기 때문이리라。

그런데 마음을 수고하고 몸을 위태롭게 하여 화를 다투고 욕됨을 찾고 있으니 자기 스스로도 구제할 겨를도 없는데 어느 여가에 세상을 구제하고 남을 이롭게 하며 자신을 보양하고 마음을 기쁘게 할 수 있단 말인가。

부(富)는 쓰는데 모자람이 없음을 말하고 귀(貴)는 몸이 영화롭고 이름이 높음을 일컫는다。녹봉(祿俸)이 이미 쓰기에 넉넉하고 벼슬이 이미 이름을 영화롭게 할만하면 마땅히 분수를 지키고 명에 순종하여 선행을 닦고 직책에 부지런함으로써 몸이 늙어

밤꿈 속에서 몇 시간 며칠을 살았지만, 꿈을 깨어 보면 실제로는 일분도 채 경과하지 않은 시간이지만, 그 일분 전에 살던 낮꿈 소식을 전혀 모르게 되는 것이 밤꿈입니다。다시 말하면 밤꿈에 가서는 낮 소위 생시가 있다는 것을 부정해 버립니다。

밤꿈에 생시를 모르고 밤꿈을 꿈인 줄 모르게 되는 원인에 두 가지가 있읍니다。하나는 꿈이 현실과 너무나 똑같기 때문에 그걸 꿈인 줄 모르는 동시에 꿈 아닌 현실이 있다는 것을 전혀 망각하게 됩니다。또 생시가 있었다는 것을 꿈에 들어가 아무리 설명을 하고 설득을 한다고 하더라도 듣지 않습니다。우리 엄마가 우리 아버지와 연애해서 결혼하여 나를 낳아서 유치원에서 대학까지 보내고 내가 유치원 대학까지 나온 학교가 다 이렇게 엄연히 있는데 이 몸뚱이 말고 또 내가 어니 있겠느냐고 항의하게 됩니다。이것이 왜 꿈이겠느냐。소위 현실을 완전히 부인한다는 말인데 절대 부당하다는 것입니다。

그러니까 밤꿈 속에는 꿈 그것이 생시입니다。소위 생시라는 것은 기억에서 사라지기 때문에 밤꿈에 가서는 낮꿈을 완전히 부인해 버립니다。그러나 생시에는 밤꿈을 우리가 부인하지 못합니다。이런 걸 보면 소위 생시라는 이것도 밤꿈을 깨듯 낮꿈을 깰 수 있는 꿈이 아니겠느냐。

이렇게 생각할 수 있고 이것을 좀 에누리해서 밤꿈 낮꿈으로 나누어 볼 수 있읍니다。밤꿈에 들어가서는 낮꿈을 다 부정했는데 이것은 낮꿈 꿀 때 생각해 보면 참 섭섭한 일이 아닐 수 없읍니다。밤꿈에서는 언제나 낮꿈을 부정해 버리고 밤꿈에 있는 그 몸뚱이만 참이라고 하고 낮에 있는건 다 거짓이라고 하는 것이 되기 때문입니다。

만일 내가 오늘 저녁에 꿈을 꾸어 대우주가 나타나고 또 이 마이크가 내 기억에 잠재해 있다가 꿈에 나타나서 대중이 가득한 이 법당 안에 내가 이 마이크 앞에서 법문을 하게 된다면 이 마이크도 내 마음을 나타낸 것이고 이 육체도 똑같이 내 마음을 나타낸 것입

가고 자손을 위하는 좋은방편으로 삼아야할텐데 더욱 부를 탐내고 싫어할줄 모르니 한 벌 옷 한 그릇 밥 그밖에 또 무엇을 더 할 것인가 이미 귀하면서 더욱 올라가기를 바라니 말 한 필 수레 하나 그 위에 또 무엇이 더 필요한가。

이로 말미암아 아들은 교만해가고 딸은 사치해져서 복이 지나치므로 재앙이 생기게 되는 것이니 자신을 위한 방편으로도 현명하지 못하며 자손을 위하는 방편으로도 또한 서투르다。

목숨이 다하여 영혼이 몸에서 떠나가면 만 상자에 쌓아 둔 황금이 나에게 소용 없는 것이며 천가지 계교가 다 허망한 웃음거리일 따름이다。

생전의 번화는 문득 꿈이고 환상(幻想)이며 죽은 뒤에 죄업(罪業)은 산처럼 쌓이니 도대체가 다 스스로 불러 온 것으로써 뉘우쳐도 이미 어찌할 수 없으리라。

업(業)과 명(命)

선(善)과 악이 업(業)이라면 경사와 재앙은 명(命)이라 할까、사람에

니다。 그런데 이때 이 육체를 만약 〈나〉라고 한다면 이 마이크도 〈나〉라는 말이 됩니다。 내 마음에서 모두 다 나타난 것이기 때문입니다。 몸뚱이를 〈나〉라고 한 것처럼 여기에 있는 이 탁자도 나고 저 촛불도 〈나〉고 저 석등도 〈나〉고 종도 〈나〉고 이 앞에 정자나무도 〈나〉라는 말이 됩니다。

그런데 왜 그런 것들은 다 〈나〉를 안 닮았느냐。 그것은 이 육체에는 자유가 있고 감각이 있어서 연장에 발을 다치든지 고장이 조금만 나도 아픔을 느낍니다。 그런데 왜 다른 물건들은 다쳐도 아픈 줄 모르느냐。 그것은 다같이 〈나〉로 나타난 것이지만 객관으로 인정하고 〈나〉로부터 떼어 버렸기 때문입니다。 그래서 찔리거나 부러지거나 불에 타거나 아무 걱정도 안됩니다。 이 몸뚱이는 〈나〉라고 하고 애착을 했기 때문에 그래서 손등에 가시만 들어도 큰 문제이고 우주의 제일 큰 사고입니다。 이 육체의 경우도 몸뚱이가 〈나〉라는 애착을 완전히 떼어 버리면 객관처럼 도끼로 발을 찍어도 정말 아픈 줄 모릅니다。 객관의 물질들이 아무 것도 모르듯이 지금 이 몸뚱이도 꿈이거나 생시거나 마음에서 애착을 떼어 버리면 톱으로 몸뚱이를 썰어 내려 가더라도 아픈 줄 모릅니다。 마음이 오로지 살아 있을 뿐입니다。 이 몸뚱이는 한 객관의 물질이고 〈참 나〉가 아닙니다。 그러므로 정말 몸뚱이를 완전히 버려 버린다면 창자가 썩어서 흘러 내려간다 해도 나하고는 아무 상관이 없읍니다。

낮꿈의 현실도 나

꿈 자체가 마음에서 나타난 것이며 동시에 꿈속에 있는 객관들도 다 내 마음에서 나타난 것입니다。 따라서 마이크 기둥도 저 나무도 탑도 석등도 종도 전부 다 〈나〉라는 것을 앞에서 말했읍니다。

그런데 중요한 것은 이런 원리는 밤꿈의 세계에만 해당하는 것이 아니고 낮꿈의 현실에도 적용된다는 사실입니다. 따라서 우리는 낮꿈 밤꿈을 다 깨어서 밤꿈도 없어지고 낮꿈도 없어져서 마음이 오직 드러난 밝은 세계, 그래서 거짓으로 존재하는 객관과 이 몸뚱이의 속박으로부터 벗어나야 합니다. 그렇게 하려면 어떻게 하느냐 하는 것이 문제인데 그것은 기분을 완전히 떠나는 것입니다. 좋다 싫다 하는 기분, 밉다 예쁘다 하는 기분을 떠나야 됩니다.

모든 만물을 대할 때 모든 선입관·분별심 모든 기분을 떼어 버리고 무심하게 되면 곧 만물하고 나하고는 둘이 아니고 거리가 없게 된다는 것입니다. 즉 경계가 끊어져 버려서 객관·주관의 분간을 할 수 없다는 겁니다. 그러면서도 부처님은 부처님이고 중생은 중생이고 보살은 보살이고 또 천당은 천당이고 지옥은 지옥이고 완전히 각각 다르게 있읍니다.

그러나 이것은 중생들이 스스로 그렇게 다르게 만들어 놓으니까 그런 뿐 실상은 다르지 않은 것이 달라져 있는 것입니다. 내가 늘 하는 얘기이지만 육체만을 나라고 애착하기 때문에 모두 객관이 되어 주객이 벌어졌고 전 우주가 다 그렇다는 것입니다.

꿈에 보는 태양도 억만리 허공 위에 떠 가지고 열과 광을 발산하여 제일 무더운 삼복중엔 머리가 뜨거워 모자 안 쓰고 우산 안 들고는 도저히 밖에 나갈 수 없읍니다. 저 태양은 여러 수억만 년 동안 저 허공 위에서 열을 쬐고 있다고 하겠지만 그러나 그것도 「태양은 저 높은 위에 뜨겁게 있는거다.」 하는 기억이 다 그렇게 만들어 놓은 것입니다. 태양은 또 저렇게 먼 데 무한대로 먼 공간에 있는 것이라고 하는 생각이 꿈에 가서 무한대의 허공을 나타나게 합니다. 생각 그것이 그대로 나타난 겁니다. 따라서 그 생각하고 태양하고는 거리가 없읍니다. 생각이 그렇게 되어 있기 때문에 그렇게 나타난 것입니다.

게 있는 것이 업이고 하늘에 있는 것이 명이다. 스스로 닦고 원망하지 않는 자는 업(業)이란 자신이 스스로 지은 데서 오는 것임을 아는 사람이다. 순순히 받아들이고 근심하지 않는 자는 명(命)이란 이미 정(定)함이 있다는 것을 아는 사람이다. 꿈속의 일들을 생각해 보면, 한 가지의 치욕도 모두 자기 마음대로 된 것이 아니니 명(命)이 있는 것이다. 그러나 실은 한 가지 물건 한 가지 일이 다 마음이 지은 것이니 세계는 곧 한 생각일 뿐이다. 하하 번쩍 깨달으니 비로소 옛 사람이 근심하지 않은 뜻을 알겠도다.

살생(殺生)

겨울 꿩은 기름지고 살찌며 봄 준치는 달고 아름답다. 세상 사람들은 천지가 생물을 길러 사람을 먹인다고 하면서 새와 짐승으로 철따라 반찬을 한다.

활을 쏴서 사냥하고 그물을 쳐서 잡는 것을 떳떳한 일로 여기며 죽이고 베고 삶고 요리하는 것은 조금도 불쌍히 여기지 않는다.

그러나 뭇 생물들은 모두가 동일한 성품에서 태어난 것이니 비록 감정과 지혜와 업력(業力)은 다르지만 제나름의 성명(性命)을 받았기 때문에 품류(品類)가 각각 같지 않은 그대로 모두 삶을 사랑하고 죽음을 두려워하는 것은 한가지이다.

강한 자는 약한 자를 업신여기고 교묘한 자는 졸렬한 자를 속이면서 힘으로 싸워서 잡아먹고 덫을 놓아 잡으니 이것이 과연 하늘의 공급이며 물건이 스스로 오는 것이라 할 수 있을까. 범과 이리가 사람을 잡아 먹고 모기는 사람의 피를 빨아 먹으니 그러면 사람의 피와 살은 저것들을 기르기 위하여 살찌는 것인가.

뭇 생물들이 약육강식을 하는데 사람도 또한 생물들과 서로 싸운다는 책망을 면치 못할 것이니 대저 생물들의 형체가 비록 크고 작음은 다르나 제각기 성명(性命)이 있으며 스스로 사랑하고 귀중하게 여기는 마

말하자면 우리 주관하고 객관하고는 거리가 없읍니다. 주관 객관은 본래 둘이 아니기 때문입니다. 우리가 육체를 〈나〉라고 하는 착각을 가지고 있기 때문에 그 거리를 인정하게 된 것뿐입니다.

〈나〉의 발하고 머리하고 사이에는 거리가 있겠지마는 「나」하고는 거리가 없듯이 몸뚱이의 어느 곳이든 〈나〉하고는 거리가 없읍니다. 〈나〉하고는 뒤도 등도 아닙니다. 이게 그대로 나입니다. 내 등이 내 뒤가 아니고 가슴이 내 앞이 아닙니다. 그저 이렇게 생겼다는 것입니다. 그 전체가 나이기 때문입니다.

따라서 앞뒤도 없고 좌우도 없읍니다. 발이 곧 〈나〉자신이므로 〈내〉밑에 있는 것이 아니고 머리 또한 〈나〉이므로 머리가 내 위에 있는 것도 아닙니다.

이와 같이 내 마음에서 나타난 객관 일체가 다 〈나〉이니 거기에도 거리가 있을 수 없읍니다. 따라서 경계와 경계가 없고 주관 객관 사이에 거리가 없읍니다. 전 우주 무한대의 극대(極大)와 원자·전자 같은 제일 작은 극소(極小)가 서로 거리가 없읍니다. 곧 하나라는 말이니 현실의 객관이 〈나〉고 마음이며 〈내〉가 곧 현실이고 마음이어서 둘이 아닙니다.

색즉시공 공즉시색(色卽是空 空卽是色)

앞에서 말한 것처럼 조그만 거울에 서울이 나타났듯이 우리가 있다고 생각하는 것, 소위 현실이라고 하는 대 우주가 곧 아무 것도 아닙니다. 대우주라고 하는 것이 작은 점 속에 있기 때문에 눈으로 볼 수 없고 현미경으로도 절대 볼수 없을 겁니다. 작다가 작은 것까지 없어져 버렸단 말입니다. 그런 것들을 가지고 우리가 대우주라고 이렇게 말을 합니다. 그렇다 보니 있다고 하는 대우주라는 것이 점도 아니고 점 속에 다 들었다 하더라도

움씨가 있어서 괴로움과 아픔을 알고 어미와 새끼의 모성애가 있고 암컷 수컷의 애정이 있어 함께 다니기를 좋아하고 따로 떨어지기를 슬퍼한다。

요사이 세상 사람들은 한끼 밥을 위해 몇 생물의 슬픔을 앗으며 두 젓가락에 몇 생물들이 사랑의 이별을 당하게 하는가。그 새끼를 죽이면 어미의 창자가 마디마디 끊어지고 수컷을 삶으면 암컷이 그 솥 속에 몸을 던진다。눈동자를 굴리며 흘겨 보는 그 슬픈 모양은 살려 달라고 애원하는 표정이 역력하며 혹 꿈에 나타나서 살려달라고 빌어 보이기도 하는 것은 신령한 성품이 막히지 않았기 때문이다。그런데 사람들은 그것을 조금도 느낄 줄 모르고 아무 깨달음도 없이 오직 영양과 맛좋은 것만 탐하고 있는 것이다。측은하게 여기는 어진 맘이 어디 갔으며 만물에게까지 미치는 의로움이 어디 있는가。슬프다。이 세상의 혼미한 꿈이여 길고 길구나。

전 그것마저 없어져서 없는 것조차 없다는 말입니다。가령 없는 거라고 정한다면 있는 것이 없는 거고 없는 것이 있는 것이 됩니다。

「반야심경」에 색즉시공 공즉시색(色即是空空即是色)이라는 것이 이것입니다。색불이공은 있는 현재의 모든 것은 허공과 같고 아무 것도 없는 것과 다르지 않다는 뜻입니다。또 「공불이색」은 아무 것도 없는 것 빈 것이라 해도 그 가운데 온갖 것이 다 숨어 있다 그 만입니다。

마치 텅 빈 방에 사람 대여섯 명이 잠은 자는데 한 사람은 대구 꿈을 꾸고 한 사람은 부산 꿈꾸고 한 사람은 오대산 꿈、또 한 사람은 설악산 꿈、또 한 사람은 서울 꿈을 꾸고 있다면 방 하나에 대구를 건설하고 설악산·오대산·서울을 만들고 별별 세계가 다 건설되어 있는 셈입니다。

그러니까 사람의 업에 따라 천당도 지옥으로 볼 수 있고 복 지은 사람은 지옥을 가도 거기가 천당입니다。착한 일 했으니까 착한 마음에서 나타난 행복스러운 영화가 생긴다는 말입니다。죄 많은 사람은 천당에 올라가도 지옥으로 보인다는 겁니다。

제 마음이 나타난 것이므로 지옥과 천당을 자유로 선택하는 것이 아니고 그 결과를 임의로 도피할 수 없다는 것입니다。인과에 따라 탄생한 것으로 되어 있기 때문입니다。곧 마음이 지옥으로 나타나고 마음이 천당 사람 몸뚱이로 태어나고 있다는 것입니다。그러므로 있다、없다、살았다、죽었다 하는 말이 안된다는 겁니다。가령 죽었다 살았다 하는 것도 꿈속에서 중생이 하는 말이기 때문입니다。

우리가 과학을 한다、철학·종교를 한다 전쟁을 한다 해서 어느 나라는 지고 어느 나라가 이겼다고 하는 이 모두가 꿈입니다。전부 거짓말이라는 겁니다。석가여래가 성불했다 그래서 四九년 동안 중생을 제도했다는 그것도 모두 거짓말입니다。이것이 다 꿈에서 하

취착(取着)

그윽이 살피니 사람의 몸은 세방 같고 생각은 품팔이하는 것이다. 어째서 세방인가. 세방은 아무리 좋다 하더라도 때가 이르면 물러나야 하고 사람의 몸이 아무리 아름답다 해도 목숨이 다하면 버리고 가야만 하기 때문이다. 어째서 품팔이라 하는가. 품팔이는 이 일을 하다 다하면 저 일을 해야 하고 우리의 생각도 종일 바쁘게 이리저리 쫓기므로 한 가지도 내 마음대로 할 수 없기 때문이다. 사람의 번뇌는 이 일에 이끌리지 않으면 반드시 저 일에 이끌려서 잠시도 자기 마음대로 하지 못하거니 어찌 품팔이라 하지 않으랴.

그런데 집은 돈만 있으면 다시 세낼 수도 있지만 우리 몸뚱이는 수명이 한번 다하면 대신할 물건이 없구나. 품팔이는 일을 마치면 쉴 수가 있지만 번뇌의 수고로움은 잠시도 쉴 수 없다.

이와같이 꿈속의 마음과 몸도 반드시 어디에

는 소리입니다. 내 꿈에 석가여래께서 지나가신 겁니다.

아무것도 없는 것이 몸처럼 보이게 된다는 겁니다. 없는 것같이 보이고 있는 것같이 보인다는 말입니다. 그러니까 있는 게 없는 거고 없는 게 있는 겁니다. 그렇기 때문에 「있다 없다」 말하는 것이 다 틀린 겁니다. 있다 해도 안 맞고 없다 해도 안 맞고 있는 것도 없는 것도 아니라 해도 다 틀리고 하나도 없고 말도 없고 글도 없는 것입니다.

글자는 본래 내용이 없읍니다. 가령 있을유(有)자를 본래 없을유자라 했다면 없을유자라고 현재도 사용할 것입니다. 글자 자체는 아무 의미도 가지고 있지 않습니다. 그러나 있다 없다는 글자가 따로 있다는 말은 확실히 있다는 말이고 없다는 말은 없다는 말이 틀림없으며 있다는 말이 없다는 말도 아니고 없다는 말이 있다는 말은 아닙니다. 확실히 우리는 다른 것으로 알고 있지만 그러나 무엇을 가지고 어떤게 있느냐는 것을 깊이 따져 보면 있어야 할 아무런 이유가 없다는 겁니다. 지금 없다고 그러지만 무엇을 가지고 없다고 하느냐. 허공을 있다고 하겠읍니까. 그러면 허공도 없어지면 그때 가서 없어지는 거냐 하면 그렇지도 않습니다. 모두 내 생각입니다. 지금 말하고 있는 내 생각이 이러니까 모두 생각으로 그렇게 보이는 겁니다. 또 생각이 그렇게 되면 그것이 나타나 보이게 됩니다.

부처도 중생도 생각도 몸도 다 꿈이다

이 모두가 꿈이라는 겁니다. 부처도 꿈이고 중생도 꿈이고 우리가 보고 듣고 생각할 수 있는 게 전부 다 꿈입니다. 하나도 실제가 아닙니다.

그러므로 있다고 해도 말이 되고 없다고 해도 말이 되고 있다 해도 말이 안 되고 없다 해도 말이 안 되고 이렇게 안 되기도 하고 안 되고 된 것도 다 없읍니다.

이끌리고 매달리면서 그것을 참이라 하고 즐겁다고 한다. 또한 죽어서도 붙잡고 매달리는 것이 없으면 매우 허전하게 여기나니, 안타깝다. 죽어서도 살아서도 꿈에서도 깨어서도 자유자재할 줄을 모르는구나.

대화(大化)

사람은 하루에 一만二천五백번 호흡하는데 태양은 사람이 한번 호흡하는 사이에 四백만 리를 가나니 대화(大化)의 빠름이 이와 같도다. 사람이 그 사이에 살고 있으니 어떻게 한가할 수 있겠는가.

그러므로 하루가 쉴새없이 자라서 어느덧 장년이 되고 장년이 되면 노쇠하지 않는 날이 없이 지나가니 잠깐 사이에 늙음에 이른다. 그러나 늙고 자라는 때를 제외하면 남는 세월이 얼마 되지 않는데 그 가운데 질병·근심·고통이 반 이상 차지한다.

부귀하면 사무에 얽매이고 가난하면 굶주림과 추위에 쪼달리어 항상 바쁘다. 날마다 바쁘게 시달림 받고 하루도 뜻

우리가 무엇을 보고 자유라고 하겠읍니까. 다 없어져 버린 것뿐입니다. 철학자·과학자·종교가가 와도 모든 문제에 대해 그 사람하고 똑같이 이해하고 얘기하고 듣고 긍정할 수도 있지만 또 그것을 근본적으로 절대 부인할 수도 있읍니다. 부처님까지도 꿈이고 다 쫓아 낼 수 있읍니다. 그러나 이렇게 쫓아가고 쫓겨가는 것도 다 꿈이고 이론으로 거부하는 것도 꿈이고 모두 꿈인 것입니다.

인생과 우주의 현실 그대로가 낮꿈 밤꿈인 줄을 대오(大悟)해서 모든 것을 쳐부실 수도 있고 다 받아들일 수도 있는 경지에 들어간다면 정말 마음 턱 놓고 이제 할 일도 없고 생각할 것도 없고 낮잠을 잘 수도 있게 됩니다.

이렇게 되면 인생의 생사대사(生死大事)를 해결할 수 있고 어떤 마음도 가질 수가 있지만 이와 같은 마음의 바탕에 못들어갔다면 어떤 이상을 가지고 마음 놓고 실현할 수 없읍니다. 무엇인가 한 가지 근심걱정이 생기게 됩니다. 있을 것이 없어 걱정이 되고 없었던 사건이 또 생길까 걱정이 됩니다. 꿈에 가서도 걱정이고 잠을 자도 잠 속에서 잠재의식에 사로잡혀 몸부림치게 되어 언제나 마음이 편하지 못합니다. 잠재의식이 꿈에 나타나기도 하고 안 나타날 때도 항상 마음 속에서 잠재력으로 영향되고 움직입니다.

가령 우리가 한편으로만 누워 있게 된다면 아파서 다른 방향으로 돌아눕게 됩니다. 이 몸뚱이가 정말 있는 것이라 생각했기 때문에 꿈에 가서도 자꾸 돌아눕게 되고 오래도록 앉아 있게 되면 궁둥이가 아파서 일어났다 앉았다 하게 됩니다. 꿈속에 있는 궁둥이가 정말 이렇게 아프겠읍니까. 그건 아플 수도 없고 안 아플 수도 없고 앉을 수도 없는 겁니다. 아무렇지도 않아야 할 꿈의 몸뚱이입니다. 그러나 꿈에서도 감기 들어 놓으면 약을 먹지 않고는 일어나지 못하게 됩니다. 또 기도해야 병이 납니다. 만약 현실이 확실히 꿈인 줄로 증득되지 않는다면「오늘까지 한 공부가 다 되었나 보다」하는 생각을 지키지 말

대로 살수 있는 날은 없다. 걱정하고 계획하고 따지고 헤아리고 번민하여 한 생각도 자기의 마음대로 자유자재할 때가 없다.

이와같은 일생을 살다가 어느덧 죽음을 당하면 살아서 하던 버릇(習性)과 관념으로 마치 꿈꾸듯 살게 된다. 이와같이 되풀이하여 잠깐 사이에 몇 겁(劫)을 거듭하다 보면 살아 있을 때의 총명도 흐려져서 깨닫지 못하게 되는데 하물며 죽은 뒤의 혼(魂)이 소되고 나귀 되어 아득하거니 어찌 지혜 있고 깨달음이 있기를 기대할 수 있으랴.

옛 사람이 말하기를 이 몸을 금생에 제도하지 못하면 다시 어느 생(生)을 기다려 제도하랴.」(此身不向今生度更待何生度此身)했으니 그 뜻이 지극히 간절하다.

그런데 세상 사람들은 모두 꿈속에 살면서 한 사람도 머리를 들어 생각하는 이가 없으니 애닯구나.

환몽(幻夢)

파리는 궂은 냄새를

라는 것입니다.

이제 이 세상은 꿈과 같다. 그러니까 「이 생시가 허망한 것이구나」하고 단정하게 되는데 꿈과 같은가 보다 하는 정도로 생각하는 것 가지고는 그것은 착각입니다. 그렇게 생각해 볼 도리가 없읍니다. 그런 정도의 생각으로 경을 봐서는 팔만대장경 거꾸로 외워내더라도 부처님 말씀 한 마디도 제대로 알아들을 수 없읍니다. 이것이 정말 꿈인 줄 알면 금강경 전체 내용이 하나도 어려울 것 없읍니다.

제一七 구경무아분(究竟無我分) 가운데 일체법이 즉비일체법 시명일체법(一切法即非一切法 是名一切法)이라는 말씀이 있읍니다. 부처님께서 일체법이라고 하는 것은 저것은 동물이고 이것은 사람이고 저것은 나무고 이것은 돌이다 하는 현상계의 삼라 일체를 통틀어 말합니다. 우리는 이것은 불법이니까 정법이고 저것은 모두 다른 교당에 나가는 외도니까 사도라고 합니다. 불법이 마음의 법인데 마음 밖에서 진리를 구한다고 해서 이름하는 말입니다.

그러나 진리의 혜안(慧眼)으로 보면 일체법이 따로 있고 불법 아닌 다른 외도가 있고 외도가 아닌 불법이 홀로 있는 것은 아닙니다. 꿈에 가서 부처가 있고 석가가 있다 해도 꿈에 도깨비가 나와서 설법한 것에 불과합니다. 불교도 유교도 기독교도 다른 외도도 다 꿈에 들어 있다는 것입니다.

그래서 꿈의 전부는 마음의 한 개 장난의 조화입니다. 그러니까 옳고 그른 것도 없고 전부 꿈일 뿐입니다. 그런데 이 몸뚱이 하나만을 내라고 해가지고 하루 밥 세그릇 먹어야 하는 이 사고 때문에 전쟁을 해야 하고 새파란 젊은 사람들이 총을 메고 싸움터에 나가야 합니다. 죽게 되니까 전쟁에 나가서 죽는 그 시간만이라도 더 살아 보려고 애를 쓰는 것입니다. 불쌍한 것이 인간입니다. 어서 깨어나야 할 꿈입니다.

따라 동으로 갔다 서로 갔다 하고 벌은 울긋불긋한 꽃을 찾아 분주하게 넘나든다。 세상 사람들은 이것을 보고 『미물(微物)의 행동이 가볍다』고 한다。

그러나 세상 사람들이 꿈속에서 청하니 동으로 갔다 서로 옮겼다 하면서 즐거움을 만나면 기뻐서 웃고 걱정거리를 만나면 슬퍼 운다。 뜻은 환경에 따라 구르고 마음은 일을 쫓아 변한다。 사람들은 말하기를 「꿈의 환상이란 무상한 것이다」 한다。

총명하고 지식 있다는 사람들도 아침에는 동쪽에서 웃고 저녁에는 서쪽에서 성낸다。 전에는 장(張)에게 쫓아 다니더니 이제는 이(李)를 따라서 세력을 따라 나아가고 물러서며 이끝을 보아 마주하기도 하고 등을 돌리기도 하나니, 그 행동이 어찌 벌이나 파리만 하며 꿈속의 환상만 하랴。 세상에 이런 꿈속에 살지 않는 사람이 몇이나 되는가。

좋아하고 미워함(愛憎)

꿈꾸면서 홀연히 울고

미친 것도 꿈

일본 식민치하에 있을 때 만주에 가 있던 한국사람들이 모여 사는 부락이 있었읍니다。 그때 만주에서 일본사람들이 만주를 점령하려고 만주 동쪽 땅을 토벌하려는 때였읍니다。 그런데 한국인 한 사람이 어디를 갔다 오는데 자기 부락이 온통 수라장이 된 것을 보았읍니다。 일본사람들이 와 가지고 무조건 한국사람이 모여 사는 곳이 있기만 하면 총살시켜 버리고 석유를 뿌려 불을 질러 참멸시킨 것입니다。

동포와 가족들은 죽은 시체로 나동그라져 있고 집과 재산은 탄 채 재만 남았고 온통 쑥밭이 된 것입니다。 이 사람이 그런 비참한 광경을 보고서 그만 미친 사람 모양으로 고함을 지르고 대성통곡을 하며 웁니다。 그래서 이 사람이 「어디 두고 보자、 내가 꼭 이 원수를 갚고야 말겠다。」는 일념으로 부산 가는 기차에 막 뛰어 오른 겁니다。 기차를 못타게 하면 막 죽이려고 합니다。 「너희놈들만 타라고 만든 기차냐。 왜 조선사람은 못타느냐。 네놈들만 잘 살 줄 아느냐。」고 두서도 없이 욕을 마구 하며 달리는 차에 뛰어올랐읍니다。 감시원도 감당할 수가 없어서 그대로 목적지인 부산까지 갔는데 차에서 내리자마자 곧장 경찰서로 들어가서는 서장을 보고 내가 지금 돈이 하나도 없으니 당신이 돈을 내라는 겁니다。 하두 기세가 대단하고 어처구니가 없어서 「당신이 누구요。 무슨 용건으로 왔소。」하며 호통을 쳐도 어서 잔말 말고 내가 필요한 돈이나 내놓으라고 생떼를 쓰고 막 쓰러져 버리는 겁니다。 서장도 그 기에 눌려서 그만 얼떨결에 돈을 주어 보냈는데 이 사람은 도리어 고약한 놈이라고 마구 욕을 하며 고맙다는 말도 없이 그냥 나옵니다。 그래서 가난한 사람 모두 나누어 주고 올때 갈때 없는 거시에게 나누어 주는 것입니다。 정말로 미쳐 가

웃는다。그래서 사람들은 꿈의 장면은 쉽게 바뀐다고 한다。그런데 꿈속에서 울고 웃는 것도 또한 슬프고 즐거움으로 말미암은 것이니 꿈의 내용이 잘 변한다는 것은 곧 우리의 감정이나 생각(情識)은 떳떳하지 못한 까닭이니、어찌 특별히 꿈에서만 그러하겠느냐。

옛날 위(衛)나라 임금에게 총애하는 신하가 있었다。어느날 그가 복숭아를 먹다가 나머지를 임금님께 바치니 임금이 말하기를「그대가 진정 나를 생각하도다。한 개 과일 맛에서도 나를 잊지 않다니」한다。밤에 그 어머니의 병이 중하다는 말을 듣고 궁궐의 문을 인어 궁궐의 말을 내어 타고 나가니 임금이 또 말하기를「저 사람은 참으로 효자로구나。죽음의 형법도 돌아보지 않았으니。」했다。

그 뒤 임금의 총애가 풀어짐에 좌우에서 날로 그의 단점을 들춤에 임금이 말하기를「내가 그 사람의 바쁜 것을 알고 있는지 오래다。먹다 남

지고 그러는 것이 아니고 너무 분개한 일념으로 자기도 모르는 사이에 초인간적인 힘을 발산하는 것입니다。울다가 웃다가 소리를 지르기도 하고 독립만세를 부르기도 하고 몇 달씩 무엇을 제대로 먹은 것도 없는데 얼굴도 별로 축난 것도 없고 힘도 더 셉니다。

이 사람의 소문이 굉장하게 나 있었을 무렵 그해 七월 백중날 내가 어느 절에 가서 있을 적인데 마침 어느날 그 절에 이 사람이 온 일이 있었읍니다。내가 곁에 가서「선생님 심정을 내가 잘 알고 있읍니다。평생을 두고 울다 죽어도 분함이 풀리지 않겠지마는 마음을 진정하시고 방에 잠깐 들어가서 이야기나 좀 합시다。」하며 좋게 대해 주고 자기 심정 알아 준다고 하니까 아무 말도 않고 방으로 따라 들어왔읍니다。「그동안 음식을 제대로 잡수시지 않으셨을 텐데、여기는 음식도 많은 데니까 오늘 여기까지 오신김에 한번 실컷 잡수시기 바랍니다。」하고는 상을 차려서 갖다 주고 옆에서 많이 드시라고 권하면서 먹는 걸 봤는데、몇 달 동안 먹지 않고 있다가 먹으니 굉장합니다。밥이 적은 듯 싶어서 남은 밥 다 갖고 오라고 하여 주었더니 나물하고 김치하고 국하고 밥하고 주머니 속에서 자기가 차고 다니는 고춧가루를 꺼내서 큰 그릇에다 한데 붓고는 숟가락을 댓개 가지고 척척 비비면서 침을 꿀꺽꿀꺽 넘기고 있읍니다。그래서 내가「이 밥을 잡수시는 데까지 한번 잡숴보십시오。」하니까 먹기 시작하는데 그 많던 밥을 다 먹는 겁니다。소금보다 짠 김치를 막 먹고 고춧가루를 너무 많이 넣어서 보통 사람은 도저히 먹지 못할 짜고 매운 것을 막 먹는 겁니다。원체 마음이 한데 몰려서 집중되어 있기 때문에 아무 음식이나 의식과 애착이 없다는 겁니다。이 많은 밥을 다 먹을 거라고 생각했으니까 위장이 늘어나지도 않고 아무 탈이 없읍니다。소화도 잘 될 거라고 마음을 과감하게 먹었기 때문입니다。옆의 일행에게 물어보니 석달 동안 아무것도 먹지 않았는데도 얼굴 하나 축나지 않았고 기운도 펄펄하다는 겁니다。마음 속에 일본 사람 죽이려는 생각 하나뿐 해가 뜨고 지는 것도 모

은 것을 과인에게 올렸으니 그 마음에 임금이 없는 것이고 밤에 궁궐의 문을 열고 임금의 말을 훔쳐 탔으니 마음에 법이 없는 것이로다」했다。 전날 사랑할 때는 얼마나 사랑스러웠더니 이제 미워함에 얼마다 다 미워하거니 세상사람들의 시비를 누가 능히 정할 것이냐。

탐심의 주취

아름답고 요염한 여인을 만나 음란한 마음을 일으키는 사람은 꿈에 보면 반드시 껴안게 되고 황금이나 비단을 보고 탐심을 내는 사람은 꿈에 반드시 달려 들어 빼앗은 것이니 그것은 왜 그런가。 현실적으로는 감히 범하지 못했지만 마음은 이미 죄를 지은 때문이다。

옛날에 시장에서 밝은 대낮에 남의 황금을 도둑질하다가 관리에게 잡힌 사람이 있었는데 이때 심문을 하니 대답하기를 「눈앞에 황금만 보였고 그 주인이 있는 것은 보이지 않았읍니다。」했다고 한다。 대저 욕심의 불길이 훨훨 타오르르는 정신일도(精神一到) 상태이기 때문에 밥을 먹었는지 안 먹었는지 그것을 생각하지 않는 까닭입니다。 그러니 굶었더라도 굶었다는 생각만 안하면 배도 고프지 않고 축이 나지 않는다는 것입니다。 거리에 다른 미친 사람들을 보아도 남자·여자 미쳐 가지고 열흘씩 한 달씩 아무 것도 안 먹고 돌아다니는 사람들도 있지만 얼굴이 그렇게 흉하게 축나지 않습니다。 우리가 생각하기에는 그 사람들 나체로 다닌다고 미쳤다고 하지만 이 사람 사실 미친 것이 아닙니다。 가령 연애하다 실패했다고 한다면 보고 싶은 그 한 생각뿐이어서 보고 싶으면 봐야 하는데 어떤 장애가 생겨 가지고 소원대로 이루어지지 않았을 때 그 분한 생각、 보고 싶은 생각 일념뿐이지 먹었든지 굶었든지 그런 것은 다 귀찮다는 겁니다。 이렇게 한 생각으로 미쳐서 딴 세상이 되어 버리는 것입니다。

이 남자도 이렇게 일본 사람에 대한 적개심 일념으로 미쳐서 일본 경찰만 보면 욕을 하고 그러다가 결국은 경찰서에 붙들려 유치장에 갇히었읍니다。 독방을 정해 주고 음식도 자기 집에서 먹는 이상으로 갖다 주고 건강진단까지 해서 가두었는데 음식을 먹지 않습니다。 하루 이틀 동안은 먹지 않는다 해도 닷새 이상은 굶을 수 없겠지 생각했는데 그러나 닷새가 되어도 계속 안 먹습니다。 그럭저럭 일주일이 되었을 때까지 물 한모금 안 마셨는데도 얼굴이 축나지 않고 눈 딱 감고 꼭 참선하는 사람모양 앉아 있다는 겁니다。 이렇게 三주일이 되던 날 담당 의사를 불러 체중을 달고 건강 진단을 했는데 三주일 전에 달아보던 체중이 변함 없이 그대로 있더라는 것입니다。 진맥을 해 봐도 그대로 있고 그래서 이 사람이 어찌하여 이러냐고 물으니까 담당 의사말이 내가 알고 있는 의학지식으로서는 도저히 판단할 수가 없다는 겁니다。 그래서 본인 보고 얼마나 더 건강을 유지할 수 있겠느냐고 물으니、

「나는 그것을 대답할 기력도 없지만 내 추측으로는 이 체질 가지고 三주일 동안 조금면 연기가 공중을 가리듯이 마음이 취하고 눈이 어두워져서 아무것도 깨닫지 못하는 지경에 이른 것이다。

아아! 사람이 불의(不義)를 범하고 차마 하지 못할 일을 저지르는 사람이라 해도 처음부터 어찌 사람의 마음이 없었으랴。 악한 잡념이 한번 일어나면 집착(執着)이 심해지고 정이 오로지 하게 된다。 그래서 이런 버릇이 오래 되면 뜻이 변하고 점차 부끄러움도 모르게 되며、 마침내 몸을 돌보지 않게 된다。 그리하여 사정이 크게 달라지면 형세는 급하고 마음이 바빠서 드디어 금수(禽獸)의 행동에 이르러도 마음에 달게 여긴다。 그리하여 살아서는 악(惡)을 퍼뜨리고 뒷 세상에 더러운 냄새를 풍기거니 어찌 대낮에 남의 황금을 빼앗는 일에 그치랴。 한 개비 작은 불이 능히 태산을 다 태우고 한 생각 악이 하늘을 삼키는 큰 죄를 짓는도다。 서리를 밟으면 반드시 얼음이 이는 날이 곧 올 것이니

도 축나지 않았으니 앞으로 또 三주일까지는 이렇게 더 있을는지 모르겠다。 그러나 나의 이런 추측이 어떤 근거가 있어서 하는 말은 아니다。」

하면서 굳은 표정으로 나가더라는 겁니다。

그후 또 三주일 동안 먹지도 않고 자지도 않고 동상같이 앉았는데 마지막 三주일째 되던 날 그대로 쓰러져 버렸읍니다。 그러니까 六주일 四〇일 동안 아무 것도 먹지 않은 채 동포를 학살한 일본 경찰들、 그리고 자기를 유치장에 가둔 사람을 원망하고 간겁니다。 「고약한 놈들、 나쁜놈들、 내가 뭐 잘못했다구。」 이렇게 원망하는 일념으로 차라리 내가 사형을 당하느니 내 스스로 깨끗이 이곳에서 죽자는 일념으로 지낸 겁니다。 처음 三주일 동안은 날짜가 지나간다는 것을 전혀 의식하지 못했는데 담당자가 三주일이 지났다는 애기를 해 주어서 비로소 三주일이 지나갔다는 인식을 했읍니다。 만일 이때 주위 사람들이 이 사람에게 六주일이란 날짜를 인식시켜 주지 않았다고 한다면 그보다 더 살아 있었을지도 모릅니다。 그 사람의 꿈이 깨지 않았을 것이기 때문입니다。

육체가 꿈인 줄 몰라서

육체를 〈나〉라고 하기 때문에 공포증이 나고 분하고 억울하고 편하지를 못한 마음이 항상 우주에 가득 차 있읍니다。 시집을 가면 별수 있을까 하여 트집을 잡고 시집을 가 보지만 별수 없읍니다。 첫날 저녁부터 맞지 않습니다。 그러니까 시집을 가나 안 가나 一초도 마음 편할 시간은 없읍니다。 잠이 들어도 편하지 못합니다。 홧김에 술이나 한 잔 먹자고 병으로 되로 들이마셔도 마음이 편하지 못합니다。 술이 취하면 마음이 더 불안해 집니다。 취중에 진정하라고 술이 만취돼 버리면 할 소리 안 할 소리 평소에 비밀로 간직

가히 두렵지 않으랴.

인연(因緣)

속언(俗諺)에「평소의 마음이 취중(醉中)에 나오고 정(情)에 있는 것은 꿈속에 보인다」는 말이 있다.

꿈이 비록 헛된 환상(幻想)이지만, 반드시 원인이 있어서 이루어진다. 하물며 인생의 영고성쇠(榮枯盛衰)가 어찌 그 원인이 없으랴. 옛말에「전세(前世)의 인연을 알고자 하거던 이생에서 받는 것이 그것이고 내세(來世)의 인연을 알고자 하거던 금생에 짓는 것이 그것이다.」라고 했다.

사람의 일에 비추어 관찰한다면, 운을 타고 세력을 얻어 함부로 형벌과 복을 지어 덕으로 가르치고 기세를 부리지만 감히 원수로 삼아 원망할수 없다가, 운이 가고 세력이 없어지면 묵은 감정과 옛 빛이 때를 타고 한꺼번에 몰아 닥친다.

세상 사람들은 다만 엎치락뒤치락하는 시세(時勢)만을 알고 뜨겁디 차다 하는 인정(炎涼

해 놓았던 불평불만을 다 얘기해 버리게 됩니다. 나중에는 그 불평을 털어 놓은 줄도 모르고 코 깨지고 소리치고 다 해 봤자 하나도 편하지를 않습니다. 본 마음을 잘 모르고 인생을 잘못 살아 가기 때문에 마음 속이 항상 편하지 못합니다. 아무 것도 모를 것 같지만 자기가 하고 싶은 것을 다 무의식적으로 하게 됩니다.

미쳐서 옷을 훌렁 벗어 버리고 나체가 된 채 길을 활보하는 미치광이를 더러 볼 수 있읍니다. 혹은 요즘 히피족 모양으로 옷에 온갖 잉크를 다 바르고 살에도 바르고 아무렇지도 않은 듯이 의젓하게 다니는 광인도 있읍니다. 이들은 쓰레기통에서 썩은 고기·창자·닭 창자 이런 것을 줏어 먹습니다. 그래도 아무렇지도 않고 병도 안나고 또 석달·넉달 밥도 먹지 않고 물도 마시지 않은 채 돌아다닙니다. 평소에 십 배 백 배나 떠들면서 굶고 돌아다니지만 성한 사람보다 기운이 몇 배 더 셉니다. 소위 미쳤다고 하는 그때는 모든 속박으로부터 마음을 탁 놓았기 때문입니다.

처녀가 십년 동안 열렬히 연애를 하다가 남자로부터 버림을 당해서 마음에 큰 충격을 받은 나머지 머리를 풀고 나서면 그때에는 세상에 아무 것도 쓸데 없게 됩니다. 믿고 믿었었는데 그 자식 그런 줄 누가 알았느냐. 이젠 남자는 다 싫어졌고 다시는 연애 안 하고 시집 같은 거 안 간다는 겁니다. 탁 놔 버리면서 하하 웃고 나서는 그때부터 자유입니다. 아무것도 근심 걱정이 없게 되는 겁니다. 또 미친 사람이 하는 말들은 대개 다 옳은 말만 합니다.

어떤 의미에서는 소위 미쳤다고 하는 그때가 제일 건전한 상태입니다. 하고 싶은말 그 자리에서 바로 다 하고 죽는거 사는거 걱정하지 않습니다. 세상에 아무것도 믿을 것이 없다는 것입니다. 나도 못믿겠다는 겁니다. 내가 나를 믿지 못하기 때문에 그 청년이 날 괄시했다는 말입니다. 그러다 보니까 총각만 보면 보기도 싫어집니다. 다 그놈이 그놈

世態)만을 알 뿐 그 원인이 먼 데 있음을 생각치 않나니 진실로 생각이 여기에 이르면 무엇을 한탄하겠는가。

꽃과 나비(花鳥)

봄 동산에 온갖 꽃들이 아름다움을 다투고 뭇 새들이 노래를 함께 한다。보면 사랑스럽고 들으면 싫지 않다。그러나 그 아름다운 광경이 얼마나 가겠는가。백일을 지나지 않아서 헛됨(空)을 이룬다。

저 총명과 지혜가 무리에 뛰어 나서 세상을 울리는 자、혹 머리 속에 만권(萬卷)의 지식을 쌓아두기도 하고 이름이 온 나라를 진동하기도 하지만 그 기개가 얼마나 가겠는가。백 년을 못가서 꿈으로 변하고 말 것이니、꿈속에 드날린 이름이고 지하에서 잠든 귀신일 따름이며 일생동안 고심한 것이 무엇인가。장차 남에게 바치기 위해한 짓이었던가。그러나 그림자를 잡아서 남에게 준들 무엇이 남에게 유익한 것이며、장차 자신을 위하려 했다면 헛된 이름뿐 실지는

일거라는 생각이 들어서 마음을 탁 놔 버리게 됩니다。

남자도 여자와 다를 것이 없읍니다。참 불쌍한 인간 현황입니다。이렇게 되면 어떤 일도 마음에 맞을 수 없고 믿을 사람도 없읍니다。이 우주는 한 곳도 믿을 데도 없고 의지할 수도 없고 그래서 모든 것을 단념하고 마음 탁 놓게 됩니다。

그러니까 우리는 미치지 못해 가지고 어디에 구속되어 있는 셈입니다。혹 행여나 싶어서 구속되어 견디어 보면 좀 나아지려니 하고 날마다 해마다 속아서 나중에는 칠십 팔십 된 후에 늙어서 죽게 됩니다。

여자는 말을 하지 않아서 그렇지 시집 잘못 간 한탄이 굉장합니다。이 문둥이 같은 인간한테 시집을 잘못 와서 내가 이 고생을 한다는 것입니다。늙은 여자는 나중에 자식에 대한 원망이 큽니다。자식한테 천대를 받고는 다 젊어 시집 잘못 간 것 후회합니다。청춘과부도 자식들 불쌍해서 돌보기 위해 머리가 하얗게 세도록 어려운 고비도 다 참아 가며 남한테 천대 받아 가면서 시집 안 간 것인데 자식들은 이제 와서 어머니 고생한 것 만분의 일도 안 알아 줍니다。그런 얘기를 하려 하면 들으려고 하지도 않습니다。이럴 줄 알았으면 벌써 시집이나 갈건데 괜히 청춘과부로 늙었다고 후회가 되어 죽겠다는 겁니다。

꿈인 줄 몰라 철저한 원수로

이것은 여자만 그런 것이 아니라 남자의 경우도 마찬가지입니다。예를 하나 들면 청년 순경 한 사람이 후처를 잘못 얻어 자식에게 못할 일을 한 비통한 얘기가 있읍니다。

그 순경은 본래 자기 아버지가 새로 맞아들인 어머니한테 무서운 천대를 받았읍니다。밥도 안 먹이려 하고 옷도 안 입히려 하고 학교도 보내지 않으려 했는데 겨우 아버지 덕

으로 학교에 다니게 되었읍니다。 학교수업이 끝나면 자기 아버지한테 갑니다。 자기 아버지도 순경이었으므로 학교에서 지서로 갔다가 저녁에 아버지하고 같이 집으로 갑니다。 그것은 계모가 자꾸 때려 주고 구박을 하기 때문입니다。 아버지 순경은 자기 아들을 가만히 쳐다 보면 피를 토할 것 같은 심정입니다。 그렇지만 이제 와서 새 마누라를 도로 가라고 하지는 못하겠고 자식한테 대하는걸 보면 당장 총살이라도 하고 싶지만 그러지도 못하고 부자가 함께 눈물로 세월을 보냈읍니다。

그래서 그 아들은 결심하기를、

「나는 어린 자식을 두고 마누라 죽으면 절대 장가 안 가겠다」고 했읍니다。 그런데 자기도 불행하게 마누라가 일찍 죽었읍니다。 젊은 몸으로 혼자 살 수는 없으니까 장가를 가고 보니 그 사람 아들이 자기 어렸을 때처럼 되었다는 것입니다。 자기도 또 순경이 되었는데 학교 안 가는 일요일에도 아버지 없이는 하도 구박을 하기 때문에 밥도 먹을 수 없고 집에 못 들어간다는 겁니다。 그래서 아버지가 꼭 데리고 가서 옆에 앉혀 놓고 밥을 먹는다는 겁니다。

그러던 어느 일요일 아침에 아들이 자기하고 밥먹고 나서 역시 낮에도 집으로 가지 않으려고 합니다。 아버지는 아들을 데리고 바람도 쐬일 겸 들로 나갔다가 그 아들이 어느 다리에 올라서서 기둥에 걸터 앉아 있게 되었는데、

「네가 이렇게 살면 무엇하느냐」는 생각이 든 아버지는 등뒤에서 총을 쐈읍니다。 자기도 총을 쏴서 부자가 죽었다는 얘기입니다。

꿈속의 아무 것도 아닌 인간인데 철저한 원수가 되어 가지고 내 생애 또 만나서 그 여자하고 아버지하고 아들하고는 서로 원수가 되어 너 때문에 내가 죽고 나 때문에 네가 죽고 그렇게 되어야 합니다。 중생 생활을 하다 보면 그 누구도 이러한 경우를 만나지 않는

없으니 무엇이 자신에게 도움이 된 것이랴。 자신을 위해서 정신을 소모하였을 뿐이며 남에게 전한다고 도(道)를 깎고 덕(德)을 잃었던가 애닯다。

차라리 꽃과 새가 성하고 시드는데 무관한 것만도 못하구나。

연객(燕客)

꿈속에서 혹 집안식구의 상사(喪事)를 당하면 슬퍼하여 마지 않으며、 혹 문장의 이름을 얻고 대학자가 되는 수도 있지만 꿈을 깨고 나면 슬픔을 찾으려 해도 그 감정은 간곳 없고 학식을 구하려 해도 찾아 볼 수 없다。

그것은 정식(情識)이란 환상이며 변화하는 것이기 때문이다。

옛날에 연(燕)나라 사람이 어릴 적에 고향을 떠나 초(楚)나라에 가서 자랐다。 그 뒤에 연나라 손님과 고향에 돌아가게 되었는데、 연나라 국경에 들어서서니 산을 보나 물을 보나 슬퍼하지 않은 것이 없었다。

지나치게 상심하는 그를 본 손은 거짓으로 한

다고 장담할 수는 없읍니다.

불법도 낮꿈 밤꿈 깨자는 것

마음을 깨쳐 자아완성을 하면 남자가 여자를 봐도 아무런 생각 안 나고 남자를 봐도 아무 생각도 안 납니다. 이렇게 일 없는 한가한 사람이 되고 부처가 되어야 마음이 편하고 태산같이 든든해지고 우주가 나 자신이고 우주의 일이 전부 내 일입니다.

따라서 중생은 한이 없기 때문에 중생 하나하나를 다 따라다니며 타이르고 깨워 줘야 하고 밥먹여 줘야 하고 옷입혀 줘야 하고 이렇게 거들어 주면서 발심시켜 꿈을 깨도록 해 줘야겠읍니다.

결국 부처님 四九년 동안 설법하신 것도 꿈을 깨라는 말씀뿐입니다. 이제 꿈을 완전히 깨어서 꿈속의 의식을 깨고 잠재의식까지 깨워야 됩니다. 그러니까 의식이 통일되고 잠재의식이 통일되어야 하는데 잠재의식에도 계단이 있고 깊이가 있읍니다. 잠재의식이 七할쯤 움직이는 것도 있고 또 좀더 들어가면 五할 움직이는 것, 또 깊이 더 들어가면 一○분의 五할 움직이는 것, 一○분의 一할 움직이는 것, 그것도 만분의 一할 움직이는 것 등 여러 가지가 있읍니다.

이 모든 잠재의식이 다 정리되어지도록 공부하는 법이 있읍니다. 그 공부는 먼저 공부한 선각자(先覺者)한테 의지해야 합니다. 공부를 해 보면 정말 재미있읍니다. 돈 모으는 것보다 훨씬 더 재미납니다. 점점 마음과 정신이 밝아지고 깨끗해지고 아무 근심걱정이 없고 해탈의 경지에 깊이 들어가게 되어 모든 것을 차차 다 알아지게 됩니다. 아까 강원도 여자가 밭에 점심을 가지고 가다가 도깨비한테 홀려 십오년 동안 잘 산 것처럼 확실

무덤을 가리키면서, 이것이 당신 부모의 무덤이라 하였다. 그러자 몸을 던져 절하고 엎드려 통곡하다가 기절하였다. 손이 말하기를, 「어서 일어나시오. 내가 술에 취하여 잘못 가리켜 드렸으니 용서하시오.」하였다. 그러자 그 사람은 실망하여 눈물을 거두었다. 또 다시 한 무덤을 가리키며, 「이것은 정말 당신 아버지의 무덤이요」하니, 그 사람이 주저하는 듯 사방을 둘러 보고, 한 마디 곡(哭)을 하고 그친 뒤 두번 절하고 일어났다고 한다.

대저 물질이 나를 얽는 것이 아니라 내가 스스로 얽히는 것이며, 환경이 나를 속박(束縛)하는 것이 아니라 스스로 속박되는 바이다.

명실(名實)

귀중한 보물을 얻으면 비밀하게 감추어 자취를 숨기면서 오직 남이 알까 두려워하나니 이것은 보물 얻는 것은 실지이고 이름을 얻는 것은 헛된 것이기 때문이다. 그러나 실제의 보물은 열

히 그 여자는 꿈속에 애착을 가지고 생시와 다름없이 십오년을 잘 산 것인데 생시의 보름이 꿈속의 십오년이 되었던 것입니다。 그러니까 이 마음이 도깨비에게 홀린 격이지만 그래도 꿈 복이 있었기 때문에 아주 잘 사는 도깨비에게 시집을 가서 애기도 낳아 주고 호강도 했읍니다。 이 모든 것은 낮에는 낮꿈이 되어 있고 밤에는 밤꿈이 되어 있듯이 그 도깨비한테 홀려간 것도 사실은 도깨비한테 홀린 것이 아닙니다。

지금 산골에서 호미로 밭을 매고 있는 것도 꿈이라는 점에서는 결국은 도깨비한테 홀린 것과 공통됩니다。 거기서도 도깨비한테 홀려 가지고 있는 것이고 지금 말하는 생전이라는 것도 그런 것입니다。 그러니 기왕에 홀린 바에는 다시 한번 좋은데 홀려 가지고 그 당나귀 타고 다시 한번 더 가 보면 좋겠다는 그 말은 무리가 아닙니다。

이 모두가 다 꿈이라는 것입니다。 이것도 꿈이고 저것도 꿈이고 또 현실이라면 이것도 현실이고 꿈도 역시 현실입니다。 이렇게 모든 것이 똑같으니까 무시할 수가 없다는 말입니다。

그러니까 우리가 깨닫고자 하는 이 마음이 전부 이렇게 만들어서 천당 꿈을 꾸어 보고 지옥 꿈을 꾸어 보고 중생 꿈을 꾸어 보고 남자 꿈·여자 꿈·아이 꿈·어른 꿈도 꾸어 보고 그런 중생놀음을 하고 있단 말입니다。 제 마음 뜻하는 대로 선(善)이 아니면 악(惡)、악이 아니면 선、선도 악도 아닌 멍청한 짓 중에 어느 짓을 하게 됩니다。 소위 수도(修道)한다고 하는데도 멍청하게 선도 악도 아닌 무아지경에 들어섰다 하고 정신통일했다 하고 자기 마음을 깨우친다고 하지만 의식에서 망상을 내고 있거나 망상을 갈아 치우고 하는 방황상태에서 그치는 수도가 많습니다。 불교에서는 성불한다는 생각도 망상이라고 거부합니다。 또 망상을 그대로 두어도 안 되고 망상을 떼어도 안 되는 것이며 성불한다는 생각도 잘못된 것입니다。

으면 헛된 이름을 겁내는 것은 이름이 복(福)에 보탬이 되지 않고 화를 부르기에 알맞기 때문임을 알 수 있다。 실제가 있는 명예도 현혹되어서는 안되거늘 실로 없는 이름이 어찌 화(禍)가 아니고 무엇이겠는가。

가령 꿈에 삼공(三公)의 벼슬을 얻었더라도 깬 뒤의 한잔 술만 못한 것이니、실제로 있는 일은 비록 작더라도 소중하지만 빈 이름은 비록 크더라도 천한 것이기 때문이다。

오공(悟空)

내전(內典)에 「처음으로 정각(正覺)을 이루니 산하대지(山河大地)가 일시에 녹아 없어지는 것이 마치 꿈속에서 산이 있고 강이 있고 사람이 있고 만물이 있어서 몹시 애착(愛着)하고 연모(戀慕)하여 실제로 있는 것처럼 하다가 홀연히 잠을 깨면 즉시 사라져 없어지므로 그렇게 애착하고 연모하던 생각도 이미 마음에 공(空)했고 산하와 인물의 모습도 또한 공(空)했을 뿐인 것과 같다。
꿈을 깬 깨달음도 이러하니 하물며 세상을 뛰어난 정각(正覺)의 깨달음에 있어서랴。

우리가 정신통일하고 선정(禪定) 상태에 들어가는 것을 번뇌망상을 쉰다고 합니다。 번뇌망상을 쉬어 가지고 더욱 정밀하고 깊은 선정에 들어가 오래 있으면 신통이 난다고 합니다。

실달태자가 마음을 깨쳐 석가여래가 될 수 있었던 것도 六년 동안을 꼬빡 앉아 가지고 이렇게 선정을 닦았기 때문입니다。

그래서 섣달 여드렛날 새벽에 별 뜨는걸 보고 묘하게 깨쳤다고 하는 것입니다。 그리고 깨친 뒤에 보니 내가 실달태자로서 있을 적에 세상이 허무해서 싫다고 짜증을 내고 그랬는데 그 놈이 바로 그놈입니다。 실달태자가 한참 인간염증이 나서「왜, 늙어야 하고 병들고 죽어야 하는가。」하고 생각하던 바로 그 마음을 깨친 것이며 깨치고 보니 바로 그놈이었읍니다。 그렇다고 생각을 깨친 것은 아니며 생각을 내는 마음을 깨친 것인데, 마음을 깨치면 깨친 그 마음으로 생각을 알고 세상을 알게 됩니다。 그러므로 그게 묘법이란 것입니다。 묘한 깨침이란 말입니다。

불법은 마음 깨치는 공부이므로 지식이나 학문하는 태도로 임해서는 석존의 깨달음을 몸소 자기 것으로 체득할 수 없읍니다。 스스로 그 경지에 도달해서 성불하기 전에는 불가능하며 이것은 오직 석가여래 한 분만이 우리에게 전해 준 소식입니다。

이제 마음을 깨치는 선법(禪法)에도 전문적으로 하는 달마선(達磨禪)과 천천히 닦아 익히는 의리선(義理禪)이 있읍니다。 달마선이란 〈마음〉을 곧 깨치는 선법으로서 고속으로 가는 방법이고 의리선은 과학적·철학적·이론적으로 따져 볼 것 다 따져 가며 닦는 방법입니다。

비유하면 여러 수억만 킬로의 거리를 올라가는데 제트기나 우주선 로켓 같은 것을 타고 가는 것이 달마선인데 그러나 그것들은 모두 다 위험한 것입니다。 인력거나 자동차나 우마차를 타고 천천히 올라가는 것이 의리선인데 그러나 의리선도 지도자 없이는 정말 위험합니다。 중간에 가다 보면 자꾸 주저앉게 되고 또 마음 세계의 과정을 모르고 잘못되면 허황된 또다른 꿈속 세계에 빠져서 잘못되기 때문입니다。

꿈과 같은 것이 아니라 꼭 꿈이다

그래서 부처님께서 「모든 것이 너의 업으로 있다。 하나의 환상이고 몽환(夢幻 : 꿈)이지 이것이 참으로 있는 것이 아니다。」 하셨읍니다。 그런데 여기서 문제는 여몽환(如夢幻)하니까 이 세상이 꿈과 같다、 이렇게만 해석을 하고 넘어가는 데 있읍니다。 〈여몽환〉이란 여(如)자가 비슷하다 같다는 뜻이 아니라 꼭 그렇다는 뜻입니다。 그러니까 「꼭 꿈이다、 참 꿈이다。」 그래야 합니다。 불교에서 여여(如如)다 진여(眞如)다 그러는데 이때 여(如)자의 뜻은 「비슷하다 닮았다」 그런 뜻이 아니고 「꼭 그렇다 바로 그것이다」 이렇게 새깁니다。 그러면 〈여몽환〉(如夢幻)의 여(如)도 비슷하다는 뜻이 아니라 〈여여〉하다 꼭 같다는 뜻으로 봐야 합니다。 그러므로 불교 이대로가 정말 과학이고 물질세계 그대로가 꿈입니다。

우리가 말하는 자연계 이대로가 꿈이라는 겁니다。 꿈이라는 게 아무 것도 아닌게 아니고 요새 공산주의자들이 주장하는 유물사상 그것이 바로 꿈이라는 것입니다。 그런데 우리가 만일 이것이 꿈인 줄 모르고 참선하는 이는 신도이거나 스님이거나간에 참선이 잘 안됩니다。

무언가 자기가 이 세상에 원한이 있다고 오인하게 되고 그 한이 가슴 속에 남아 있는 한 사람을 원망한다든가 세상을 비판한다든가 하게 되어 아무리 참선을 해도 안됩니다。

어떤 여인이 첩 때문에 억울하게 남편을 뺏기고 아들딸과 집까지 뺏기고 입은 옷 그대로 쫓겨 난 여자가, 분하고 세상이 원망스러워서 비구니가 되었다고 하면 그 귀여운 자식들 생각이 눈에 선하고 남편에 대한 원망이 마음 속에 가득차게 됩니다.

이것이 곧 업장(業障)인데 이 장애의 경계선이 가로막혀 절대로 안됩니다. 그러므로 참선을 하려면 우선 남을 사랑하는 생각이나 미워하는 생각을 일체 다 버리기 전에는 절대 견성을 할 수 없읍니다. 그걸 일단 떠났을 때 해야 됩니다. 그런데 그런 대로 발심을 한번 해 놓으면 됩니다. 어느 땐가는 선지식(善知識)만 만나 가지고 이런 법문 듣고 번뇌 망상 탁 집어 내던질 기회가 생길 수도 있읍니다. 그래서 인연이 되는 것인데, 만일 또 그렇더라도 이런 보통 사람은 마음 속 깊이 남아 있는 집착을 잘 모릅니다. 말로는 「나는 집착 다 떼어 버려서 없다」고들 하지만 없기는 뭐가 없읍니까. 잠재의식 속에 꽉 막혀 있읍니다.

그래서 저도 모르게 업장이 잠재의식으로 남아 있어서 참선이 잘 안 되거나 염불이 잘 안되고 다라니를 해도 일념(一念)이 안될 때에는 참회를 하라는 것입니다. 부처님한테 절을 천배 만배 하고 참회를 하여 업장이 녹아 내려 가고 나도 모르는 잠재의식이 뿌리째 뽑아져 버리기 전에는 참선도 견성도 아무것도 안됩니다. 그래서 옛날 스님들도 공부하다 안되면 기도를 하라는 것입니다.

업장과 잠재의식을 완전히 참회하지 않고 참선하다가는 크게 잘못될 수가 많습니다. 참선을 열심히 해서 몸과 마음이 하나가 되어 며칠 안 있으면 견성할 정도가 되었을 때 미쳐 버리는 수가 있읍니다.

공부하다 미친 사람은 완력도 굉장하고 무서워서 갈 수도 없읍니다. 벽이나 돌담 같은 것도 탁 치면 무너지는 정력이 나옵니다. 그래서 어쩌다가 마음을 쉬어 가지고 약을 먹고 미친 병이 다 낳아서 다시 공부를 시작했을 때 견성 직전쯤 가면 다시 미쳐 버립니다。이런 사람은 다 그 사람의 중죄업장(重罪業障)이 잠재의식 속에 남아 있다가 참선할 때 참선한 큰 힘을 타고 나타난 때문에 그렇게 되는 것입니다。 다른 것은 다 공부가 되고 다른 망상은 뿌리가 뽑아졌는데 마지막 그놈만은 잠재의식 속에 있다가 참선을 하게 되면 참선과 싸웁니다。

우리가 참선할 때 졸음이 오면 화두(話頭：참선하는 마음을 이끌어 가는 과제)하고 잠 싸움하는 것과 같습니다。 온 마음하고 잠하고 싸우다가 지치면 화두가 졸음에 지듯이 나중에는 업장 그놈만이 남아서 마음이 감당을 못하게 되면 미쳐 버리는 것입니다。

그러므로 업장이 지중한 사람은 업장하고 옥신각신 싸우다간 미치기 쉬우니、이런 사람은 참선이나 다라니보다는 먼저 관세음보살님이나 지장보살님한테 기도해 가지고 업장이 다 없어지는 상서라도 있어서 꿈이거나 생시거나 이런 징조를 먼저 얻도록 하라는 것입니다。

이번에 금강경 산림을 마치신 분들은 모두 다 금강경의 정법을 신수봉행(信受奉行)하는 비구·비구니·우바새·우바이가 되시고 또한 더욱 많은 불자들이 나오도록 정법을 널리 펴시면 이 혼란한 사회가 바로잡히고 정말 살기 좋은 나라가 될 것입니다。

우리가 이번에 모두 금강경 설법 듣는다고 너무 많이 애를 쓰셨읍니다。 한번 죽죽 새겨서 읽는 정도로 하면 한 세 시간 좀더 걸리면 되고 약간 설명을 해도 한 三일이면 될 것인데、이것을 三주일이 넘어 四주일이나 되도록 지루하게 해서 여러분이 큰 고역을 했읍니다。 눈도 깜짝거리지 못하게 하고 땀이 바짝바짝 나게 했으니 아마 내가 죄가 많을 겁니다。

원이차공덕 願以此功德 원컨대 이 공덕
보급어일체 普及於一切 온 누리에 두루하여
이등여중생 我等與衆生 온 중생 우리와 함께
개공성불도 皆共成佛道 모두 다 성불해지이다.

나무석가모니불

曹溪六祖口訣序

正宗旨—종지를 보임

夫金剛經者는 無相爲宗하고 無住爲體하며 妙有爲用이니라

대저 금강경은 상 없는 것으로 종을 삼고, 머무름 없는 것으로 체를 삼으며, 묘하게 있는 것으로 용을 삼느니라.

達磨立法—달마께서 법을 세움

自從達磨西來로 爲傳此經之義가 令人悟理見性이니 祇爲世人不見自性일새 是以로 立見性之法하노니 世人若了見眞如本體하면 即不假立法이리라

달마조사께서 오신 이래로 이 경의 뜻을 전하신 것은 사람으로 하여금 진리를 깨닫고 성품을 보게 하기 위하신 것인데, 세상 사람들이 스스로 성품을 보지 못하기 때문에 이에 견성하는 법을 세우신 것이다. 세상 사람들이 만일 진여의 본체를 깨닫고 본다면 법을 세우는 일을 하지 않았을 것이다.

* 육조대사(六祖=六三八—七一三)는 선종(禪宗)의 제六대 조사로서 달마(達磨)대사와 함께 중국 선종의 창시자(創始者)이며 불보살(佛菩薩)과 더불어 절대적인 귀의대상(歸依對象)으로 존중되어 왔다.

물론 달마대사 이래 二조 혜가(慧可)대사와 三조 승찬(僧璨)대사·四조 도신(道信)대사·五조 홍인(弘忍)대사 같은 역대조사가 있었지만 이런 분들은 법을 이어받을 제자 한두 사람을 기르는 정도에 불과했고 선풍(禪風)을 크게 일으키는 역할을 하지 못했다.

五조 홍인 문하에는 七백여명의 제자들이 모

여 수학하였고 四조 도신대사 문하에도 五백명 내지 七백명의 수학인이 모여서 선풍을 떨쳤지만 아직 一종의 종세(宗勢)를 떨치기에는 미흡하였다.

선종 초기에는 六조 혜능대사와 쌍벽을 이루어 자못 그 기세가 놀라왔던 신수(神秀)의 북종(北宗)도 있었지만 이것은 곧 六조 문하에서 쏟아져 나온 대선장(大禪丈)들에 눌려 얼마 안가서 그 자취마저 찾아볼수 없게 되었으므로 선종의 참다운 생명과 오묘한 정법(正法)은 오직 六조 문하에 의해 세계 만방에 그 빛을 유감없이 떨쳤다 하겠다.

그런데, 이 금강경(金剛經)은 선종 제오조(禪宗第五祖) 때부터 선종의 소의경전(所依經典)으로 받들어져 왔으며, 제五조 홍인(弘忍)대사 문하(門下)에, 뒤에 북종(北宗)의 종주(宗主)가 된 신수(神秀)대사와 뒤에 六조가 된 혜능(慧能)대사가 있었는데, 신수대사에게는 달마대사 이래 전수(傳授)

諸家解說 — 제가의 해설

此經을 讀誦者ㅣ 無數하며 稱讚者ㅣ 無邊하며 造疏及註解ㅣ 凡八百餘家로되 所說道理는 各隨所見하니 見雖不同이나 法則無二라 宿植上根者는 一聞便了이니라. 若無宿慧하면 讀誦雖多나 不悟佛意ㅣ일새 故로 解釋其義하야 庶斷學者疑心하노니 若於此經에 得旨無疑하면 即不假解說이니라

이 경을 읽고 외는 이가 무수하고 찬탄하는 이가 한이 없으며 소를 짓고 주해한 이가 八백여가나 되어서 그 말한 바의 도리는 각각 소견을 따라서 비록 같지는 않지만 그 법은 둘이 아니니다. 다생으로 상근기를 심어 익힌 자는 한번 듣고 문득 사무치거니와 전생부터 익혀 온 지혜가 없는 이라면 비록 많이 읽고 왼다 해도 부처님의 도리를 깨닫지 못할 것이니 그러므로 깊은 뜻을 해석해서 학자의 의심을 끊으려 하노니 만일 이 경에서 종지를 얻어서 의심이 없다면 해설함을 빌릴 것이 없느니라.

自家造訣 — 스스로 요결을 지으심

구결을 지으신 뜻(正明造訣文)

從上如來所說善法은 爲除凡夫不善之心이시니 經是聖人之語라 敎人聞之하고 從

凡悟聖하야 永息迷心이니 此一卷經은 衆生性中에 本有언마는 不自見者는 但讀誦文字하나니 若悟本心하면 始知此經이 不在文字하리라 但能明了自性하면 方信一切諸佛이 從此經出하리니 今恐世人이 身外覓佛하고 向外求經하야 不發內心하며 不持內經일가하야 故造此訣하야 今諸學者로 持內心經하야 了然自見淸佛心이 過於數量하야 不可思議케하노니 後之學者ㅣ 讀經有疑어든 見此解義하야 疑心이 釋然하면 更不用訣하리니 所冀는 學者ㅣ 同見鑛中金性하야 以智慧火로 鎔煉하야 鑛去金存이로다

대저 여래의 거룩한 법은 다 범부들의 착하지 못한 마음을 없애기 위하신 말씀인데, 경은 성인의 말씀이므로 사람으로 하여금 이 말씀을 듣고 범부로 부터 성인을 깨닫게 하여 미한 마음을 길이 쉬게 하자는 것이다. 이 한 권의 경은 중생의 성품 가운데 본래 있는 것인데 스스로 보지 못하는 이가 다만 문자만을 독송할 따름이다.

만일 본래의 마음을 사무쳐 깨달으면 비로소 이 경이 글자에 있지 않음을 알 것이니, 다만 능히 자성을 밝게 깨닫고서야 바야흐로 모든 부처님이 이 경으로부터 나오는 도리를 믿을 것이다.

이제 세상 사람들이 몸 밖에서 부처를 찾고 밖으로 경을 구해서 속 마음을 일으키지 않고 안의 경을 갖지 아니하므로 이 결을 지어서 모든 학자들로 하여금 속 마음과 안의 경을 갖게 하여 청정한 불성이 수와 양을 넘어서 불가사의함을 사무쳐 스스로 보게 하노라. 뒤에 배우는 학자는 경을 읽

되어오던 능가경(楞伽經)을 전했고, 선종의 대종주(大宗主)로서 중국 선종을 크게 일으킨 六조 혜능(慧能)에게는 금강경을 전수했던 것이다.

그런데 六조대사는 아직 출가하기 전 나무장사하던 소년시절에 어떤 객승(客僧)이 금강경 읽는 것을 듣고 몇마디 문답하다 마음을 깨달아 곧 견성(見性)하고 五조 홍인대사를 찾아 출가했다. 그러므로 六조대사와 금강경은 불가분(不可分)의 관계에 있었다 할 것이며 사실상 선(禪)을 전수(傳受)하면 그것은 곧 금강경의 본지(本旨)를 전수한 것과 다름 없는 것으로 볼 수 있다 하겠다.

六조대사가 한번 듣고 깨달은 금강경의 글귀는 다음의 구절(句節)에서 였다.

응무소주 이생기심(應無所住而生其心)이 그것이니 그 뜻은 「어디에도 머물지 말고 마음을 내라」곧 아무리 어려운 조건에도 싫다 하지 말고 아무리 좋은 조건에도 좋다고 탐하지 말고 오직

남을 위해서 도와주고 마음을 닦아서 수행을 하라는 뜻이다. 六조스님은 이 한마디에 깨닫고 금강경을 완전히 더 깨우치기 위해 五조 스님을 만나 인가(印可)를 받고 금강경 강의를 받은 후 의발(衣鉢)을 전해 받아 六조가 되었다.

금강경 오가해(金剛經五家解) 가운데 六조대사의 그것은 금강경의 본 뜻을 가장 이상적으로 풀이했음은 물론 선지(禪旨)를 남김없이 밝힌 것으로 볼 수 있다.

六조 대사의 구결(口訣)은 글로써 직접 지으신 것이 아니라 六조께서 제자에게 금강경을 구두로 가르치신 말씀을 그 제자들이 기록한 것이란 뜻이다.

이 六조스님의 「구결」은 가장 권위 있고 유명할뿐 아니라 청담스님의 법문과 종지가 잘 통하므로 여기에 일일이 수록하여 소개하는 바이다.

다가 의심이 나거던 이 풀이를 보면 의심이 환하게 풀릴 것이며 그러면 다시 이 결을 쓰지 않으리라.

바라는 바는 학자가 광 가운데 금의 성품을 보고 지혜의 불로 녹이어 쇳돌은 버리고 금만 두어야 하리라.

경 제목의 해설(因釋經題)

我釋迦本師ㅣ 說金剛經하실새 在舍衛國하사 因須菩提起問하사 大悲爲說하시니 須菩提ㅣ 聞說得悟하사 請佛與法安名하사와 今後人으로 依而受持케하시니 故로 經에 云하사대 佛이 告須菩提하사대 是經은 名爲金剛般若波羅蜜이니 以是名字로 汝當奉持하라하시니 如來所說金剛般若波羅蜜로 與法爲名하신 其意謂何오 以金剛은 世界之寶라 其性이 猛利하야 能壞諸物하나니 金雖至堅이나 羖羊角이 能壞ㅣㄹ새 金剛은 喩佛性하고 羖羊角은 喩煩惱니 金雖堅剛이나 羖羊角이 能碎하고 佛性이 雖堅이니 煩惱能亂하고 煩惱雖堅이니 般若智ㅣ 能破하고 羖羊角이 雖堅이니 賓鐵이 能壞하나니 悟此理者는 了然見性하리라 涅槃經에 云하사대 見佛性者는 不名衆生이요 不見佛性하니는 是名衆生이라하시니 如來所說金剛喩者는 祇爲世人이 性無堅固하야 口雖誦經이나 光明不生이라 外誦內行하야사 光明齊等하리며 內無堅固하면 定慧卽亡하고 口誦心行하야사 定慧均等하리니 是名究竟이라 金在山中이나 山不知是寶하며 寶亦不知是山이니 何以故오 爲無性故라 人則有性하야 取其寶用일새 得遇金師하야 斬鑿山破하고 取鑛烹鍊하야 遂成精金하야 隨意使用하야 得免貧苦하나니 四大身中에

＊六조대사께서 지으신 오가해서문(五家解序文)은 금강경의 대의(大意)를 가장 간요(簡要)하게 설명했을 뿐 아니라 마음의 본바탕 자리를 드러내어 보이고、마음을 밝혀 성불(成佛)해 가는 선교양종(禪敎兩宗)의 지침(指針)이라 할 것이다。

佛性도 亦爾하야 身은 喩世界하고 人我는 喩山하고 煩惱는 喩鑛하고 佛性은 喩金하고 智慧는 喩工匠하고 精進勇猛은 喩斬鑿이니 身世界中에 有人我山하고 人我山中에 有煩惱鑛하고 煩惱鑛中에 有佛性寶하고 佛性寶中에 有智慧工匠이라 用智慧工匠하야 鑿破人我山하고 見煩惱鑛하야 以覺悟火로 烹煉하야 見自金剛佛性이 了然明淨하리니 是故로 以金剛으로 爲喩하사 因爲之名也시니 空解不行하면 有名無體요 解義修行하면 名體俱備며 不修하면 卽凡夫요 修하면 卽同聖智일새 故名金剛也시니라

우리 석가본사께서 금강경을 설법하신 것은 사위국에 계실 때였다。 수보리존자의 물음으로 인하여 대비의 말씀을 하시게 된 것인데 수보리존자께서 이 말씀을 듣고 깨달음을 얻으시고 부처님께 이 법을 어떻게 이름해야 할 것인지를 청하시어 뒷사람으로 하여금 이에 의지하여 받아 지니도록 하였도다。 그러므로 경에 「부처님께서 수보리에게 말씀하시기를、이 경은 이름이 금강반야바라밀이니 이렇게 이름하여 너희들은 마땅히 받들어지니라。」 하셨으니、여래께서 이 법을 금강반야바라밀이라고 이름하여 말씀하신 뜻은 어디에 있을까。 금강은 이 세상의 보배이니 그 성품이 비할 데 없이 날카로와서 모든 물건을 능히 부수어 버린다。 금이 비록 지극히 강하지만 양의 뿔이 능히 깨뜨리나니、금강은 불성에 비했고 고양각은 번뇌에 비했느니라。 금이 비록 강하지만 산양의 뿔이 능히 깨뜨리고、불성이 비록 굳세지만 번뇌가 능히 어지럽히며 번뇌가 비록 굳세지만 반야의 지혜가 능히 부수고、산양의 뿔이 비록 강하지만 강철이 능히 부수는 것이니 이 이치를 깨닫는다면 밝게 사무

쳐 견성할 것이다。

열반경에、「불성을 본 이는 중생이라 이름하지 않고 불성을 보지 못한 이는 중생이라 이름한다。」고 하셨으니、여래께서 말씀하신 금강의 비유는 세상 사람이 그 성품이 견고하지 못하여 입으로는 비록 경을 읽지만 광명이 나지 않으므로 밖으로 읽고 안으로 행해야만 광명이 가지런히 평등할 것이며 안으로 견고하지 못하면 정과 혜가 곧 없어지고 입으로 외고 마음으로 행해야만 정과 혜가 고루 가지런해질 것이니 이것을 이름하여 구경이라 하느니라。

금이 산 가운데 있으나 산이 이 보배를 알지 못하고 보배 또한 이 산을 알지 못하는 것이니 왜 그러냐 하면 성품이 없기 때문이니라。 사람은 성품이 있어서 그 보배를 캐내어 사용하되 정밀한 순금을 만들어서 뜻을 따라 사용하므로 가난한 괴로움을 면하느니라。이 몸뚱이 가운데 불성도 또한 이러해서 몸은 세계에 비유되고 남이다 나다 하는 것은 산에 비유되며、번뇌는 광석에 비유되고 불성은 금에 비유하며 지혜는 장인에 비유하고 정진하는 용맹은 자르고 깎는 데 비유한 것이니、몸의 세계 가운데 나다 남이다 하는 산이 있고、나다 남이다 하는 산 가운데 번뇌의 광석이 있으며 번뇌의 광석 가운데 불성의 보배가 있고 불성의 보배 가운데 지혜의 장인이 있으며 이 지혜의 장인을 사용하여 나다 남이다 하는 산을 깨뜨려 부수고 번뇌의 광석을 발견하여 깨달음의 불로 녹히어 자기의 금강 불성을 보아 밝고 깨끗함을 사무치느니라。

* 금강경(金剛經)의 논소주(論疏註)는 수 없이 많으니 그것은 이 경이 부처님 법의 중심을 이루고 있는 중요한 경전이기 때문이다。미륵보살(彌勒菩薩)의 게송(偈頌)을 위시해서 무착보살(無着菩薩)의 금강반야바라밀경론(金剛般若婆羅蜜經論) 二권、천친보살(天親菩薩)의 三권의 논(論)등 六조대사 당시에 벌써 八백여 대가(八百餘大家)의 유명한 논소(論疏)가 있었으니、그 뒤에 더해진 주석서(註釋書)들을 합하면 실로 헤아리기 어려울 정도에 이른다。

그래서 금강으로 비유하여 이름하신 것이니 헛되이 알기만 하고 행하지 않으면 이름만 있고 실체는 없는 것이고, 뜻도 알고 행도 닦으면 이름과 실체가 다 갖춘 것이니, 닦지 않으면 범부고 닦으면 곧 성인의 지혜와 같은 것이므로 금강이라 한 것이다。

반야의 해석(釋般若)

何名般若오 是梵語어던 唐言에 智慧니 智者는 不起愚心이요 慧者는 有其方便이라 慧是智體요 智是慧用이니 體若有慧면 用智不愚며 體若無慧면 用愚無智니 祇緣愚癡未悟하야 遂假智慧除之也니라

반야란 말은 무슨 뜻인가。 이것은 범어로써 당나라 말로는 지혜다。 지혜로우면(智) 어리석은 마음을 내지 않고 총명하면(慧) 방편이 있느니라。 혜는 지의 체고 지는 혜의 용이 된다。 체가 만일 혜가 있으면 지혜를 써서 어리석지 않고 체가 만일 혜가 없으면 어리석음을 써서 슬기가 없는 것이니, 다만 우치하여 깨닫지 못한 것이 원인이 되어 드디어 지혜를 거짓되게 하고 막혀버리게 하느니라。

바라밀 해석(釋波羅蜜)

何名이 波羅蜜고 唐言에 到彼岸이니 到彼岸者는 離生滅義요 祇緣世人性無堅固하야 於一切法上에 有生滅相하야 流浪諸趣하야 未到眞如之地니 並是此岸이며 要求大

주석서를 아무리 많이 본다 해도 상근기(上根機)의 지혜를 다생으로 닦아 심어 놓지 않은 사람이라면 글자에 얽매이고 어귀에 막혀서 마음을 깨닫지 못할 것이다。 六조대사는 금강경의 유명한 사구게(四句偈)인 「응무소주 이생기심」(應無所住而生其心)·곧 아무 조건없이 마음을 그대로 쓰라는 게송을 한번 듣고 견성을 하셨다。 그리하여 五조 문하에서 수십년간 수학(修學)한 대덕(大德) 신수대사(神秀)의 게송인 「몸은 보리수、마음은 밝은 거울 바탕、때때로 부지런히 닦아 먼지 때 안묻게 하라」(身是菩提樹 心如明鏡臺 時時勤拂拭 勿使惹塵埃)는 게송(偈頌)에 대해 「응무소주 이생기심」의 四구게 한번 듣고 깨달은 六조는 「보리에 나무 없고、거울 또한 바닥 없거니、본래 한물건도 없는데 어디에 먼지 일겠나」(菩提本無樹明鏡亦非臺本來無一物 何處惹塵埃)하는 이 한게송을 지어 五조로부터 깨달음을 인가(印可)받기에 이르렀다。

우리는 이 금강경의 경문만을 따라서 읽고 외고 글자를 풀이하는 것으로 능사(能事)를 삼을 것이 아니요 「본래 한 물건도 없는(無一物) 마음자리」(心地)를 깨닫는 상근기(上根機)의 날카로운 지혜 밝히기를 힘써야 할 것이니, 상근기의 지혜 밝히는 일 또한 무상(無相)·무주(無住)·묘유(妙有)의 도리로 갈지 않으면 안 될 것이다.

智慧하야 於一切法에 圓離生滅하면 即是到彼岸이라 亦云心迷則此岸이요 心悟則彼岸이며 心邪則此岸이요 心正則彼岸이며 口說心行하면 即自法身에 有波羅蜜이요 口說心不行하면 即無波羅蜜也니라

바라밀이란 말은 무슨 뜻인가. 당나라 말에 「저 언덕에 건너간다」는 뜻이니 저 언덕에 건너간다는 것은 생멸을 여의었다는 뜻이다. 다만 세상사람이 성품이 견고하지 못하여 일체법에 대해 생멸한다는 생각이 있으므로 중생 세계에 흘러 다니며 진여의 땅에 이르지 못하는 까닭에 저 언덕이라 한 것이다.

큰 지혜를 요구하여 일체법에 대해 생멸이 있다는 관념을 원만히 여읜다면 이것이 곧 「저 언덕에 건넌」 것이니라. 또 마음이 미하면 이 언덕이고, 마음을 깨달으면 저 언덕이며, 마음이 삿되면 이 언덕이고 마음이 바르면 저 언덕이니, 입으로 말하고 마음으로 행하면 스스로 자기 법신에 바라밀이 있는 것이고 입으로만 말하고 마음으로는 행하지 않으면 곧 바라밀이 없는 것이니라.

경의 뜻을 밝힘(釋經字)

何名爲經고 經者는 徑也니 是成佛之道路니라 凡人이 欲臻斯路인댄 應內修般若行하야 以至究竟이니와 如或但能誦說하고 心不依行하면 自心에 即無經이요 實見實行하면 自心에 即有經이니라 故로 此經을 如來ㅣ 號爲金剛般若波羅蜜也니라

경이라 이름한 것은 무슨 뜻인가。 경이란 길이란 뜻이니 성불하는 길이기 때문이다。 무릇 사람이 이 길로 가고자 하거든 마땅히 반야행을 안으로 닦아서 구경에 이를 것이니라。 다만 읽고 말로만 할뿐 마음으로 행하지 않으면 자기 마음에 경이 없는 것이고 실로 보기도 하고 실제로 행하기도 하면 자기 마음에 경이 있는 것이니라。 그러므로 이 경을 부처님께서 「금강반야바라밀」이라 부르셨느니라。

涵虛說誼—함허설의

반야의 신령한 근원은 확연히 모든 상이 없으며 넓고 커서 머무름이 없으며 비어서 있을 것 없고 맑고 고요하여 앎이 없으니、 이제 이 한 경이 이로써 종을 삼고 체를 삼음으로써 아는 것도 없지만 알지 못하는 것도 없으며、 있는 데가 없지만 있지 않은 데도 없으며 모양이 없지만 모든 상에 걸리지 않으니、 이것이 묘하게 있는 것으로 용을 삼는 소이다。 모든 부처님께서 증득하신 것도 이것이고 역대조사께서 전하신 것도 이것이었으며、 사람에게 열어 보이신 것도 또한 이것이었도다(般若靈源 廓然無諸相 曠然無所住 空而無在 湛而無知 今此一經 以此 爲宗爲體 無知而無不知 無在而無不在 無住而無所不住 無相而不礙諸相 此所以妙有爲用也 諸佛所證 蓋證此也 諸祖所傳此也 其所以開示人者 亦以此也)

* 백파선사는 一六조대사의 서문을 다음의 네 장으로 나누어서 판석(判釋)했으며 그러면서 더욱 자세히 절항(節項)으로 분류하여 설명하고 있지만, 그것을 너무나 세밀히 분석하다 보면 도리어 난삽해지고 지나친 천착이 될 염려가 있으므로 여기서는 다음의 네가지 대문(大文)으로만 나누어 그 뜻을 살피는 것이 도움이 될 것으로 믿어 본문을 소개할 때도 이에 의거했다。

一、종지를 보임(正示宗旨) 夫金剛經

二、달마께서 법을 세운 뜻(達磨立法) 自從達磨

三、제가의 해설총평、(諸家解說) 此經讀誦者無數

四、스스로 요결을 지음(自家要訣) 從上如來

白坡解—백파해

夫金剛經者——妙有爲用

이 대문은 진공과 묘유를 쌍으로 밝힌 쌍명공유(雙明空有)의 장(章)이다。 무상(無相)이라 함은 진(眞)과 속(俗)과 중도(中道)의 세 가지 진리(三諦)가 다 한 경계 위에 나타난 도리임을 뜻하고(所證理)、무주(無住)는 공(空)과 가(假)와 중도(中道)의 삼관(三觀)이 다 한 마음의 경계임을 뜻한다(能證者)。 따라서 머무는 데 없는 지혜 곧 무주지(無住智)로써 상 없는 진리、곧 무상리(無相理)를 증득(證得)하면 능소(能所=주관 객관)가 뚜렷해져서 진리 그대로 지혜 그대로인 한덩어리어서 움직일 것 없으므로 일규(一竅)라 하는데 이것이 진공(眞空)의 도리이다。 또 이지(理智)의 뜻이 없지 않으니 그러므로 묘유(妙有)인데、이것은 진공(眞空) 가운데 갖추어 있는 바니 그러므로 일규가 된다。 경중에 「약견제상비상 즉견여래」(若見諸相非相 即見如來) 등은 상 없는 진리로서 최후 결과의 지위인 여래의 과무상(果無相)의 경지를 밝힌 것이고、「응무소주 행어보시」(應無所住 行於布施)등은 불타가 될 원인인 보살행(菩薩行)으로서의 머무름 없는 인무주(因無住)의 도리를 밝힌 것이다。 따라서 이 한 경의 대의가 「무상무주」(無相無住)의 네 글자를 벗어나지 않을 뿐 아니라 그 종(宗)과 체(體)는 이름은 다르지만 뜻은 다르지 않으므로 「상 없는 것으로 종을 삼고 머무름 없음으로 체를 삼으며 묘유로 용을 삼는다。」(無相爲宗 無住爲體 妙有爲用)고 하신 것이다。

自從達磨——即不假立法

달마조사(達磨祖師)께서 서역(西域)의 중앙아시아로부터 오셨음을 드신 것은 달마 이전에는 주로 교가(敎家)의 교리해설(敎理解說)만 추종(追從)했으므로 육조대사 자신의 이 구결(口訣)이 비록 경문의 글을 해석하는 교가(敎家)의 그것과 다르지 않은듯 하지만 실제는 달마께서 전하신 마음을 바로 가리켜 성품을 보게 한다(直指人心 見性成佛)는 격외선지(格外禪旨)를 밝히셨음을 말씀하신 것이다。

* 함허득통(涵虛得通)(一三七六—一四三三)：이조 초기의 스님으로 속성 劉씨 충주태생으로 二一세에 관악산의 상암(義湘庵)에서 출가했다。

그 다음해 二二세때 회암사(檜岩寺)의 무학대사(無學)에게 나아가 불법의 법요(法要)를 배웠으며 이래 여러 곳으로 두루 다니며 정진참학(精進參學)했고 다시 회암사에 와서 참선하다가 크게 깨달았다。

이래 공덕산 대승사、천마산 관음굴 등에 있으면서 학인을 교도했고 자모산 연봉사에 작은 방을 하나 차지하고 있으면서 함허당(涵虛堂)이라 이름하고 三년동안 용맹정진(勇猛精進)했다。

세종 二년(一四二一)에 오대산에 가서 여러 성인에게 공양하고 영감암에서 기이한 영몽(靈夢)을 꾸었고 월정사에 있을때 세종임금이 청하여 대자어찰(大慈御刹)에 四년 동안 머물며 많은 불사와 교화를 하였고、세종一五년(一四三三) 희양산 봉암사에서 입적(入寂)했다.

세수(世壽) 五八、법랍(法臘) 三八이었으며 저서로 원각소(圓覺疏) 三권、 금강경오가해설의(金剛經五家解說誼) 二권、 현정론(顯正論) 一권 등이 유명하다. 그 가운데 특히 금강경오가해설의는 육조대사의 구결(口訣)과 야부선사(冶父禪師)의 송(頌)과 종경선사(宗鏡)의 제강(提綱)・종밀선사(宗密)의 찬요서(纂要序)와 부대사(傅大士)의 찬(贊)에 함허득통선사의 간요(簡要)하고 친절한 해의를 붙인 것으로 세조二년에 왕명으로 판각(板刻)된 이래 학인필독(學人必讀)의 명저로 되기에 이르렀다.

선(禪)의 오묘한 수단은 흙을 가지고 금을 만드는 법이니(把土成金)、 물건마다 일마다 선지(禪旨) 아님이 없는 것인데、 어찌하여 유독(唯獨) 부처님의 교법(敎法)만이 선지(禪旨)가 되지 않을 수 있겠는가. 육조대사의 십대 제자 가운데는 어떤 이 열반경(涅槃經)의 종지(宗旨)에 대한 육조스님의 말씀을 듣다가 깨치셨고 어떤 이는 아미타경(阿彌陀經)의 법문을 듣다가 깨친 이도 있다.

그래서 직지인심 견성성불(直指人心 見性成佛)의 법구(法句)가 달마서래(達磨西來)의 종지(宗旨)인 것은 틀림 없지만、 사람들이 잘못 이 말에만 지나치게 매달리므로 이에 육조께서 부처님께서 말씀하신 이 언구(言句)의 구경(究竟)의 뜻、 곧 그 지귀처(指歸處)가 선지(禪旨)와 둘이 아님을 간절히 밝혀 말씀하신 바이다. 이렇게 하여 금강경(金剛經)만은 선종(禪宗)의 유일무이(唯一無二)한 소의경전(所依經典)으로 존중되기에 이르렀고 따라서 금강경의 뜻을 통하지 못한 선객(禪客)은 인정될 수 없을 정도로까지 되었다.

從上如來——永息迷心

위로부터의 여래(從上如來)라 함은 비단 석가여래(釋迦如來) 뿐만 아니라 모든 여래가 다 그렇다(佛佛皆然)는 뜻이다. 이상은 부처님께서 경을 설하시게 된 까닭을 말씀하신 대문이다(說經因由). 「此一卷經 從此經出」이 대문(大文)은 경의 뜻을 밝히는 구절로서 「此一卷經」부터 「衆生性中本有」까지는 중생의 성품 가운데 본래 이 금강경이 들어 있다는 뜻을 전제한 것이며(標結本有一卷經)、 「不自見者 但讀誦文字」는 중생이 스스로 미하여 글자에만 얽매이어 독송할 줄 밖에 모른다는 뜻을 밝혔고(迷者不見 但讀文)、 「若悟本心에서 從此經出」까지는 본 마음을 깨달으면 이 경이 문자가 아닌 줄 알게 된다(若悟本心 始知此經不在文字)는 이 세 구절은 마음 밝히는(明心) 뜻을 말씀한 것이다. 자성을 사무쳐 깨달아야 비로소 이 경에서 보는 부처님이 나왔다는 것을 믿게 될 것이라(但能明了自性 方信一切諸佛從此經出)는 세 구절은 견성성불(見性成佛)의 뜻을 밝힌 대문이다. 그러므로 此經은 진공이고 체이며(眞空是體此經) 諸佛은 묘유(妙有)고 용(用)이니. 이상의 여섯 구절은 경의 뜻을 밝히는 가운데 마음·

을 깨달으면 다 견성성불한다(悟心見性皆成佛)는 뜻을 밝힌 대문이다。

今恐世人——更不用訣

몸 밖에서 부처를 찾는 것(身外覓佛)과 속마음을 일으키지 않는 것(不發內心)은 묘유(妙有)를 알지 못하므로 산란한 정(亂定)이고、밖으로 경을 구하고 안의 경을 갖지 않음(向外求經不持內經)은 진공(眞空)을 깨닫지 못한 것이므로 어지럽게 달아나는 난주(亂走)인 것이다。 今恐世人에서 故造此訣까지는 종지를 선양하는 대문(正明自家發揚宗旨文) 가운데 밖으로 달리는 마음을 경계하는 구절이다。 그 다음에 今諸學者에서 不可思議까지는 종지를 발양하는 대문 가운데 마음의 경을 가져서 견성성불할 것(今持心經 見性成佛)을 당부하는 구절이니、 마음을 가지면 곧 불심(佛心)을 보게 되고 경을 지니면 곧 청정한 성품을 보게 된다。 마음과 성품이 동일한 성품이므로 수와 양을 초월한다는 뜻이다。 後已學者에서 更不用訣까지는 종지를 선양하는 대문(正明自家發揚宗旨文) 가운데 마음의 경을 깨달으면 다시는 사용할 필요 없음(若悟心經更不用訣)을 밝힌 구절이다。

所冀學者——鑛去金存

「학자가 광(쇳돌) 가운데 있는 금의 성품을 발견한다」는 「同見鑛中金性」이란 초구(初句)는 견성(見性)하는 대목이고、지혜의 불로 쇳돌을 녹이어서 쇳돌은 버리고 금만 남겨둔다는 「以智慧火 鎔煉 鑛去金存」의 양구(兩句)는 마음의 성품 자리를 닦아서 완전한 자신의 것으로 체득(體得)하는 것을 뜻한다。 함허득통(涵虛得通)선사의 서문 가운데 있는 「만행의 꽃을 피워서 일승의 불과를 이룬다」(敷萬行華成乘果)한 대문과 같은 내용의 표현이라 하겠다。

我釋迦本師——汝當奉持

六조께서는 경제목(經題目) 풀이에 앞서 부처님의 십대 제자 가운데 진공묘유(眞空妙有)의 진리를 제일 잘 깨치신 해공제일(解空第一)의 수보리 존자(須菩提尊者)께서 이 경의 이름을 물으심에 따라 「금강반야바라밀경」(金剛般若波羅蜜經)이라 하라고 하신 부처님 말씀을 인용(引用)하여、이 경명(經名)이

* 백파긍선(白坡亘璇)(一七六七—一八五二) 속성은 李씨로 十二세에 일찍 출가하여 선운사(禪雲寺)에서 시헌(詩憲)의 제자가 되었고 용문암에서 정진하던 중 심지(心地)가 열렸다。

그 뒤 지리산 영위암의 설파선사(雪坡)에게 서래 종지(西來宗旨)를 전해 받았으며 구암사의 설봉(雪峰)선사의 법통(法統)을 이었다。

백양산 운문암에서 개당(開堂)하여 전국의 납자(納子)가 구름처럼 모여들었으며 구암사에서 선강법회(禪講法會)를 열어 침체한 이조 불교계에 선문중흥(禪門重興)의 종주(宗主)가 되었다。

세수 八六·법랍 七五였으며 저서도 많아서 선문수경(禪門手鏡)·오종강요기(五宗綱要記)·선문염송기(禪門拈頌記)·금강팔해경(金剛八解鏡)·선요기(禪要記)·정혜결사문(定慧結社文) 등이 있다。

백파 선사의 금강팔해경에서 보이는 특징은 선

종특유(禪宗特有)의 논리를 통해 부처와 조사의 스승이 된다는 제일구(第一句)와 사람과 하늘의 스승이 된다는 제이구(第二句)、자신도 구제하지 못한다는 제삼구(第三句)에 배대(配對)하여 설명하는등 임제풍(臨濟風)의 예리한 점이 있으나 이것이 도리어 천착함이 되었다는 비난을 받기도 하다。

육조대사의 구결서(口訣序)에 대한 백파선사의 아래와 같은 해의(解義)에서도 그 일단을 엿볼 수 있다。

정해진 내력(來歷)을 먼저 밝히셨다(來意)。 본문(本文)에 「與法爲名」이라 함은 「이 법을 위해서 어떻게 이름해야 가장 여법(如法)할까」를 여쭈어 본 것으로서 與는 곧 爲로 해석해야 한다。

「如來所說 金剛般若波羅蜜 與法爲名 其意謂何」 이상은 「금강반야바라밀경」의 경명(經名) 전체의 뜻을 물은 대문이니、 그래서 고인(古人)들은 이 대문을 총징(總徵)이란 과목(課目)을 붙여서 새겼다。 그것은 이렇게 경제(經題)를 들어 놓은 다음에야 금강(金剛)에 대한 풀이를 낱낱이 비유(比喩)를 들어 자세히 말씀해 주셨고、 이어서 반야(般若)에 대한 설명과 바라밀(波羅蜜)에 대한 또는 경(經)에 대한 설명을 차례대로 해주셨기 때문이다。

以金剛世界之寶——不見佛性是名

衆生以金剛에서 七七〇 페이지 即同聖智 故名金剛經까지는 금강에 대한 뜻을 광석·양의 뿔·인아산(人我山)·지혜의 장인(智慧匠人)·번뇌의 광산·깨달음의 불 등의 비유로 설명하신 대문이다。 그 가운데 이 대문은 진공(眞空)의 도리와 묘유(妙有)의 이치를 밝혀서 금강에 대한 대의(大義)를 밝히는 동시에 아울러 경 제목 전체의 뜻도 짐작할 수 있도록 풀이하신 부분이라 하겠다。 곧 「금강은 이 세상의 보배인데 그 성품이 맹렬하고 날카로와서 온갖 물건을 부수지 않는 것이 없다」(以金剛 世界之寶其性猛利 能壞諸物)까지는 우리의 성품이 금강의 맹렬한 성품처럼 남겨 두는 것 하나도 없다고 부정(否定)하여 일체의 존재를 인정하지 않는 진공(眞空)의 도리와 합(合)하고 있음을 설명한 대문이다。 물질이든 정신이든 생각이든 공이든 다 쳐부수어 하나도 남겨 두지 않는 명진공(明眞空)의 장(章)이다。 또 그 다음의 以金剛에서 不見佛性是名衆生까지는 공한 불성자리에 번뇌의 현상이 일어나는 묘유(妙有)의 여지(餘地)가 아울러 잠재(潛在)해 있음을 밝힌 명묘유(明妙有)의 장(章)이었다。 그 가운데 특히 금이 비록 지극히 굳세지만 산양의 뿔이 능히 부술 수 있으니 금강은 불성에 비유되고 양각은 번뇌에 비유되므로 금이 비록 강하지만 양의 뿔에 부서지듯이 불성이 비록 강하지만 번뇌가 능히 어지렵히느니라」(金剛至堅 羖羊角 能壞金剛 喩佛性 羖羊角 喩煩惱 金雖堅剛 羖羊角能碎 佛性雖堅 煩惱能

亂)까지는 번뇌가 일어나고 꺼지는 연기의 법칙·현실세계의 인과(因果)에 물드는 경계를 들어 보인 대문이며(約染緣起明前二禪)、 따라서 언어(言語)와 사색(思索)의 경지를 완전히 초월한 조사선(祖師禪)의 도리가 아닌 전이선(前二禪)·의리선(義理禪)의 경계에 해당할 따름이다。

여기서 번뇌(煩惱)라 함은 주관 객관을 여의지 못한 아(我)와 법(法)이 있다는 소견(我法見)은 물론 불조(佛祖)의 지해(智解)가 어떤 것이라는 지견(知見)까지 포함해서 번뇌라 일컫는다。 마음에 「깨달은 바른 지견」을 고집하여 얻은 것이 있으면 이것이 향상불성(向上佛性)이고 진공(眞空)이란 관념에 걸려서 참 불성이 나타날 수 없게 되기 때문이다。 양의 뿔이 금(金)을 부순다는 말은 대지도론(大智度論)의 파금강연법(破金剛緣法)에 「금강을 거북이 뼈 위에 놓고 산양각(山羊角)으로 치면 부서진다」는 대문을 인용한 것이다。 「번뇌가 비록 굳세지만 반야의 지혜가 능히 부수고 산양의 뿔이 비록 강하지만 강철이 능히 부수나니、 이 이치를 깨닫는다면 밝게 사무쳐 견성하리라。」(煩惱雖堅 般若智能破 羖羊角 雖堅 賓鐵能壞 悟此理者 了然見性)까지는 인과생사(因果生死)의 상대경계(相對境界)를 청정하게 하는 도리를 들어서 조사선(祖師禪)을 밝히는 대문이니(約淨緣起正明祖師禪)、 첫 사구(四句)인 「번뇌가 비록 강하나 반야지혜가 능히 부순다。」(煩惱雖堅 般若智能破)는 마음을 밝힌 뜻이고(明心句)、 산양의 뿔이 굳세지만 강철이 능히 부순다。」(羖羊角雖强 賓鐵能壞)고 함은 견성을 밝힌 구절이다(見性句)。 그러므로 앞에서 말한 金雖至堅에서 煩惱能亂까지의 「約染緣起明前二禪句」와 煩惱雖堅에서 了然見性까지의 「約淨緣起正明祖師禪句」는 미하고 깨달은 이치를 함께 밝힌 대문이므로 쌍명미오(雙明迷悟)의 도리를 밝힌 과목(科目)으로 분류한다。

열반경에 말씀하기를、 「불성을 보면 중생이라 하지 않고 불성을 보지 못하면 중생이라 한다。」(涅槃經云 見佛性者 不名衆生 不見佛性 是名衆生)이란 대문은 미하고 깨달음은 다르긴 하지만 한가지 진여(眞如)의 묘용(妙用)으로서 미오분상(迷悟分上)을 밝힌 글이므로 쌍증미오(雙證迷悟)라 하고、 미하고 깨달음이 비록 다르긴 하지만 다 같은 진여(眞如)의 묘용(妙用)이므로 金雖至堅에서 是名衆生까지의 대문은 묘유를 밝힌 명묘유문(明妙有文)이라 과분(科分)한다。

＊백파해 삼구三(句) 임제삼구(臨濟三句)를 뜻하니 달마조사 이후의 선법(禪法)으로 학인(學人)을 지도하는 세가지 차별법을 말한다。 어떤 중이 임제(臨濟)선사에게 묻기를

「어떤 것이 진불(眞佛)이고 어떤 것이 진법(眞法)이며 어떤 것이 진도(眞道)입니까、 화상께서 말씀해 주십시오」 했다。

임제선사는 「마음이 청정한 것이 진불이고 마음의 밝은 광명이 진법이며 어느 곳이나 걸림없는 청정한 광명이 진도니라。 또한 이 셋은 곧 하나이니 이름을 그렇게 따로따로 했을뿐 참으로 있는 것은 아니다。 그러므로 진정한 도인은 잠깐도 마음이 끊어지지 않느니라。 달마대사께서 서쪽으로부터 오신 뒤로 남의 유혹을 받지 않을 사람을 기다리셨는데 나중에 二조를 만나시니 한마디 가르침에 알아버려서 이제까지의 공부가 다 헛된 것이었음을 알았느니라。

나의 오늘이 소견은

부처님이나 조사와 다르지 않으니 제일구(第一句)에 깨달으면 불조사(佛祖師)가 되고 제이구(第二句)에서 깨달으면 인천사(人天師)가 될 것이며 제三구에서 깨달으면 자기도 구제할 수 없느니라」 했다。

如來所說金剛喩者——是名究竟

⑤ 앞 구절(句節)에서는 현상계의 연기법(緣起法)에 물드는 것과 깨끗해지는 두 가지를 다 설명했으나 여기서는 연기법을 깨끗이 하는 법, 곧 밖으로 금강경(金剛經)을 읽고 안으로 행하면 광명이 가지런히 평등하다고 말했다。 안으로 성품이 견고해지는 것은(內性堅固) 견성(見性)을 뜻하고 광명이 가지런히 평등해진다(光明齊等) 함은 진불진법(眞佛眞法)을 가리키고 정과 혜가 균등하다(定慧均等) 함은 걸림없는 거룩한 광명(無碍淨光)이니 진도(眞道)를 뜻한다。

金在山中——得免貧苦

금광(金鑛)에서 쇳돌을 캐서 제련(製鍊)하여 정금(精金)을 만드는 비유로서, 견성수증(見性修證)하는 이치를 설명한 대문이다。 여기에 세 가지 구분이 있으니, 金在山中에서 爲無性故까지는 전이선(前二禪)·의리선(義理禪)을 비유한 것이고, 人則有性에서 得免貧苦까지는 조사선(祖師禪)을 비유한 글이다。 자성(自性)을 알지 못하므로 산은 있지만 보배는 없다는 유전이선(喩前二禪)의 三구는 서로 멀어져서 같지 않은 격별부동(隔別不同)이 되며, 人則有性에서 取鑛煆鍊까지의 五구는 전이선의 인아산(人我山)을 처부순 것이며, 遂成精金에서 得免貧苦는 견성성불(見性成佛)한 마지막 과득(果得)을 비유한 것이다。

四大身中——以金爲喩因爲之名

몸뚱이 가운데 불성도 이와 같아서 몸은 세계에 비유하고 남과 나는(主客) 산에 비유하고 번뇌는 광산에 비유하고 불성은 금에, 지혜는 장인에, 정진 용맹은 제련에 비유한다(四大身中——喩斬鑿)는 데까지는 법에 비유하는 가운데 따로따로 각각 배대(配對)한 대문이고, 몸뚱이의 세계에 산이 있고 나니 남이니 하는 산 가운데 번뇌의 광이 있고, 번뇌의 광 가운데 불성의 보배가 있으며, 불성의 보배 가운데 지혜의 장인이 있으니(身世界中——有智慧工匠)까지의 대문은 통합해서 배대한 대문이다。 또 「지혜의 장인을 써서 나·너의 산을 부수고 번뇌의 광산을 발견한 뒤 깨달음의 불로 녹이고 달구어」(用

이에 다시 중이 물었다. 「어떤 것이 제一구입니까」 임제선사는 「삼요의 도장을 찍으니 붉은 인빨이 비좁고 어떤 생각이나 주관 객관을 용납하지 않도다(三要印開朱點窄 未容擬議主賓分)」이라 대답했다.

「어떤 것이 제二구입니까.」

「묘희 선사가 어찌 무착보살의 물음을 용납하랴. 그러나 방편으로야 어찌 동뜬 근기를 저버리겠느냐」(妙喜豈容無着問 漚和爭負截流機)

「어떤 것이 제三구입니까.」

「무대 위에 꼭두각시 놀리는 것을 보라. 앉고 서고 하는 것이 모두 속에 들어 있는 참사람의 것이니라」(但看棚頭弄傀儡 抽牽元是裏頭人)

智慧工匠——以覺悟火煆鍊)까지는 대의를 합해서 밝히는 가운데 망상을 부수고 마음을 밝히는 구절이며, 「자기의 금강불성을 봄이 밝고 깨끗하여 사무치리라」(見自金剛佛性 了然明淨)고 한 데까지는 자성의 삼보를 보는 도리(見自性三寶)를 밝힌 대문이다. 「그러므로 금강으로 비유하여 이렇게 이름한 것이다」(是故以金剛 爲喩因爲之名)한 대문은 결론적으로 비유하여 이름을 붙인 것임을 끝으로 보인(結示喩名)대문이다.

空解不行——即同聖智 故名金剛

전이선(前二禪)의 범부가 되는 소이는 三구의 이해만 있고 향상일구(向上一句)의 행(行)이 없기 때문인데, 조사선(祖師禪)은 위로 향상(向上)의 본체(本體)와 향하(向下)의 이름을 다 구비했으므로 성인의 지혜인 것이다. 이름만 있고 실체가 없음(有名無體)은 성품이 없는 것과 같아서 보배를 알지 못하는 것이 되며, 이름과 체가 구비한 것(具存名體)은 성품이 있으므로 보배를 취하여 불성을 알지 않을 수 없는 것과 같다.

何名般若——智是慧用

혜(慧)는 근본지(根本智)를 뜻한다. 근본지는 주관 객관을 초월하여 생사(生死)의 상대경계(相對境界)를 여의고 절대의 참 진리를 뜻하므로 이것은 곧 기틀(機)이고 아는 힘·인식능력(認識能力)의 본체(本體)인 것이다. 따라서 이것은 이것저것을 비교하거나 글과 말을 배워서 아는 지혜가 아니고, 본래의 마음자리에 계합하여 아는 근본적인 지혜인 것이다. 이에 대해 지(智)는 후득지(後得智)를 뜻하니, 근본지를 깨달아 얻은 뒤에 일체의 현상계·차별세계를 통달한 지혜이므로 후득지라 하며, 근본지가 근본 이치 곧 실재(實在)를 깨달은 것이라면 이 후득지는 현실 곧 사물(事物)을 요달(了達)한 것이므로 용(用)이라 한 것이다.

어리석은 생각을 일으키지 않는다(不起愚心) 함은 생각을 하지만 생각하는 것 없는 본 마음(念而無念)을 뜻함이니, 이것은 곧 큰 마음 그대로의 작용이란 뜻으로 대용직절(大用直截)이라 하고, 방편이

* 종승(宗乘)을 말함에 있어 一구 가운데 三현문(玄門)을 구족하고 一문 가운데 다시 三요(要)를 구족하여 권(權)도 있고 실(實)도 있고 조(照)도 있고 용(用)도 있어야 하나니 그대들은 어떻게 아는가。

어떤때의 할(喝)은 금강왕보검(金剛王寶劒)과 같고 어떤 할은 쭈구리고 앉은 사자와 같고 또 어떤 할은 한 하는 작용을 하지 않느니라。」

이에 묻던 중이 생각해 보려고 마음을 움직이려는 찰나에 임제선사는 문득 할하였다。

그 가운데 있다(有其方便) 함은 생각 없으면서 생각하는 것(無念而念)이므로 큰 기틀 그대로 두루 응한다는 뜻으로 대기원응(大機圓應)이라 한다。근본 지혜로서 현상을 초월해서 있는 절대의 진리를 증득(證得)한 뒤에야 능히 사물(事物)을 바로 사무치는 것이므로 근본지는 후득지의 방편이 되고 혜는 인(因)이며 지(智)는 과(果)인 것이다。그래서 무착보살(無着菩薩) 말씀에 「혜는 지혜의 인(因)이다。」 하였다。

體若有慧——用愚無智

이 대문은 진공본래의 경계를 얻으면 반드시 지혜가 열림을 강조한 대문이다。따라서 혜의 인(因)을 요달(了達)하는 마음의 본체가 열렸다면 곧 그 결과로서의 작용(果用)이 지혜롭고 어리석지 않을 것이며 반대로 혜의 인을 증득(證得)하는 본체가 열리지 않았다면 반드시 결과로서의 용도 어리석어서 지혜로울 수 없다는 뜻이었다。

祇緣愚痴未悟——智慧除之

이 대문은 어리석기 때문에 마음의 본체 자리인 진공의 도리를 깨닫지 못하는 것인데 지혜가 열리면 바야흐로 진공을 깨닫게 된다는 도리(智慧方悟眞空)를 밝힌 과장(科章)이었다。

何名波羅蜜——即是到彼岸

이 대문은 생멸문(生滅門)과 생멸 없는 문(不生滅門)을 상대해서 설명한 과목(科目)이다。생멸문은 나고 죽고 크고 작은 주관객관의 관념 속의 상대 세계에 사는 중생살이를 뜻하고、「불생멸문」은 중생세계의 번뇌 망상을 초월하여 생사 해탈의 불보살 경계를 뜻한다。그러므로 여기서 「바라밀」은 제일구 향상(第一句向上)의 도리를 말한 것이지만 저 언덕은 이 언덕을 상대하게 되고 삼선인(三禪人)이 향상진여(向上眞如)에 이르지 못하여 三구의 생멸(生滅)을 여의지 못했기 때문에 이 언덕(此岸)을 말한 것이다。이제 공을 관(觀)하고 현상계가 진금이 아님을 관하며 진공묘유의 도리를 관하는 三관이 다 한 마음임을 요달한 지혜로서、이 세 가지 진리가 하나임을 증득하여 하근기(下根機)·상대 경계

백파 선사는 이상에서 말한 三구의 원리를 배대하여 경문의 요의(要義)를 밝히며 하였다。

의 향하삼요(向下三要)의 생멸을 완전히 여읜 향상 일구의 경계를 뜻하여 「저언덕(到彼岸)」이라 한 것이다。

亦云心迷則此岸——心悟則彼岸

마음 자리를 몰라서 캄캄하게 막혀 있는 것을 미했다(迷) 했고, 마음의 본분(本分) 자리를 아는 것을 깨달았다(悟) 했는데, 여기서는 다만 제이구(第二句)의 본분을 피안(彼岸)이라 한 것이니, 피안과 차안을 설명하기 위해 한 걸음 낮추어 말씀했기 때문이다。그러므로 여기서는 미하고 깨달음을 상대시켜서 (迷悟對) 차안과 피안을 설명한 대문이다。

心邪則此岸——心正則彼岸

여기서는 삿되고 바른 것을 상대적으로 풀이하여 차안 피안을 설명했으니, 높고 귀한 것(尊貴)을 애착하는 것이 사(邪)이며 기틀과 활용(機用)이 자재한 것이 정(正)이다。따라서 여기서는 제일구의 삼요(三要)로써 「피안」을 삼은 것이다。

口說心行——即無波羅蜜

여기서는 말하고 행동하는 것(說行對)을 대조하여 〈차안〉〈피안〉을 설명했으니, 이것은 곧 상하(上下)를 구족(具足)한 것으로 〈피안〉을 삼은 까닭이다。아래만 있고 위가 없으면(但下無上) 〈차안〉이고 상하가 구비하여야 〈피안〉이 된다。〈피안〉을 설명한 이상의 네 대문 중 제二문 곧 「마음이 미하면 〈차안〉이고 마음을 깨달으면 〈피안〉이니라」(心迷則此岸 心悟則彼岸)고 한 대문만은 여래선(如來禪)으로 〈피안〉을 삼았고 나머지는 다 조사선(祖師禪)으로 〈피안〉을 삼은 바이다。

何名爲經 經者 徑也 是成佛之道路

이 대문은 진공이 곧 성불하는 길임을 밝힌(示眞空是成佛徑) 과목(科目)이다。이 한 권의 경이 묘유(妙有)의 三보를 성취하는 첩경(捷徑)이 되는 때문이다。

凡人欲臻斯路 應內修般若行 以至究竟

이 대문은 반야의 실천을 통해서만 이 길에 도달할 수 있음을 뜻한다。 여기서 반야의 행은 마음의 본체인 불성의 대기(大機) 대용(大用)을 온전하게 실현함을 뜻한다。 그러므로 고인은 三요를 닦아서 이 길에 이르는 과목이라 하여 「應修三要方至此經」이라 했다。

如或但能——自心即有經

입으로만 외고 마음으로 행하지 못하면 자신의 마음에 곧 경이 없는 것이고(但能誦說 心不依行 自心即無經) 「실답게 보고 실답게 행하면 마음에 경이 있는 것이다」(實見實行 自心即有經) 했는데 실답게 본다(實見) 함은 마음을 밝힌다(明心)는 뜻이고 실다운 행동(實行)은 견성(見性)한다는 뜻이다。 그러므로 마음에 경이 있다(自心有經)고 한 것이다。 위 아래를 다 통한 것이 마음의 경(圓具上下方曰心經)인 도리를 밝힌 대문이다。

故此經 如來 號爲金剛般若波羅蜜也

결론적으로 말하면 금강이 곧 향상일구(向上一句)이고 마지막 경계이니、 그 가운데 진공(眞空)·맹리(猛利)·묘유(妙有)·염정(染淨)·연기(緣起)의 두 뜻이 들어 있고、 반야는 향하삼요(向下三要)이며 바라밀(波羅蜜)은 三요를 닦아서 향상진공(向上眞空)에 도달하기 위한 방법이고、 경(經)은 저 언덕에 도달한 이로 하여금 불도(佛道)를 빨리 성취케 하는 길이란 뜻을 가진다。

金剛經大講座

2025年 9月 15日 再版印刷
2025年 9月 22日 再版發行

著 者 李 青 潭

發行處 普 成 文 化 史
서울 용산구 후암동 10 (2층)
TEL : 733-7244, 734-4365
FAX : 722-9927
등록번호 : 2011-000081

〈값 39,000원〉